DIREITOS FUNDAMENTAIS
Uma Leitura da Jurisprudência do STF

OSCAR VILHENA VIEIRA

DIREITOS FUNDAMENTAIS
Uma Leitura da Jurisprudência do STF

Colaboração de
FLÁVIA SCABIN e
MARINA FEFERBAUM

Pesquisadores da obra

ELOISA MACHADO • JOSÉ FRANCISCO SIEBER LUZ FILHO
KARINA SPOSATO • FELIPE GONÇALVEZ SILVA
THIAGO AMPARO • DIOGO PARRA
BRUNA ROMANO PREZTEL • LUIZA ANDRADE CORRÊA
GUILHERME FORMA KLAFKE

2ª edição

MALHEIROS EDITORES

DIREITOS FUNDAMENTAIS
Uma Leitura da Jurisprudência do STF

© Oscar Vilhena Vieira

1ª edição: 04.2006.

Direitos reservados desta edição por
MALHEIROS EDITORES LTDA.
Rua Paes de Araújo, 29, conjunto 171
CEP 04531-940 – São Paulo – SP
Tel.: (11) 3078-7205
Fax: (11) 3168-5495
URL: www.malheiroseditores.com.br
e-mail: malheiroseditores@terra.com.br

Composição
Acqua Estúdio Gráfico Ltda.

Capa
Criação: Vânia Lúcia Amato
Arte: PC Editorial Ltda.

Impresso no Brasil
Printed in Brazil
01.2017

Dados Internacionais de Catalogação na Publicação (CIP)

V658d Vieira, Oscar Vilhena.
    Direitos fundamentais : uma leitura da jurisprudência do STF / Oscar Vilhena Vieira ; colaboração de Flávia Scabin e Marina Feferbaum ; pesquisadores da obra Eloisa Machado ... [et al].– 2. ed. – São Paulo: Malheiros, 2017.
    632 p. ; 23 cm.

    ISBN 978-85-392-0350-5

    1. Direitos fundamentais – Brasil. 2. Brasil, Supremo Tribunal Federal – Jurisprudência. I. Scabin, Flávia. II. Feferbaum, Marina. III. Machado, Eloisa. IV. Título.

CDU 342.7(81)
CDD 342.81085

Índice para catálogo sistemático:
1. Direitos fundamentais : Brasil   342.7(81)

(Bibliotecária responsável: Sabrina Leal Araujo – CRB 10/1507)

*Aos meus pais, Maria Izabel e José Oswaldo,
e minhas filhas, Clara e Luiza.*

AGRADECIMENTOS

Muitas pessoas contribuíram para a realização deste livro, especialmente meus alunos, que ao longo dos anos foram cobaias de minha insistência em trabalhar com jurisprudência. Gostaria, no entanto, de destacar algumas pessoas que deram contribuição direta ao trabalho que aqui se encontra. Muitos desses alunos se tornaram meus colegas, e hoje estão na vanguarda do ensino, da pesquisa e da efetivação dos direitos fundamentais. Com todos eles tenho aprendido muito. ELOISA MACHADO, FLÁVIA SCABIN e MARINA FEFERBAUM constituem um exemplo desse múltiplo compromisso com os direitos fundamentais, e de diversas formas contribuíram enormemente para a elaboração deste volume.

Gostaria de agradecer também aos amigos e colegas que colaboraram com a 1ª edição deste livro e hoje, ao redor do mundo, têm dado uma contribuição essencial ao campo dos direitos humanos. Falo de JOSÉ FRANCISCO SIEBER LUZ FILHO, ELOISA MACHADO, KARINA SPOSATO, FELIPE GONÇALVEZ SILVA, THIAGO AMPARO e DIOGO PARRA. Nesta 2ª edição o meu especial agradecimento vai para uma nova geração de pesquisadores com que tenho tido o privilégio de trabalhar na FGV Direito-SP. BRUNA ROMANO PREZTEL, LUIZA ANDRADE CORREA e GUILHERME FORMA KLAFKE contribuíram de maneira incansável, animada e inteligente para que o livro chegasse ao Editor.

Este livro é uma decorrência direta do projeto da FGV Direito-SP, centrado na inovação pedagógica, na pesquisa aplicada e no compromisso com o Brasil. A FGV Direito-SP tem propiciado a formação de um ambiente acadêmico vibrante e plural, marcado pela excelência de seus professores e alunos, do qual este livro é um resultado direto. Na pessoa do professor CARLOS IVAN SIMONSEN LEAL, agradeço a todos que têm contribuído para essa distinta e ousada empreitada. Ainda na Escola, gostaria de fazer referência específica aos amigos ADRIANA ANCONA DE FARIA e ROBERTO DIAS, pelo enorme entusiasmo e pela generosidade para com o projeto deste livro, e sobretudo pelo carinho e pelo cuidado para comigo ao longo de tantos anos. Não poderia deixar de reconhecer também o apoio oferecido pela Faculdade de Direito da Universidade de Colúmbia, na pessoa do professor CURTIS MILHAUP, que me criou as condições necessárias à finalização deste livro. Por fim, quero agradecer ao Dr. ÁLVARO MALHEIROS, exemplo de integridade e persistência no mundo editorial brasileiro, que jamais abandonou este livro ou o seu autor.

Meu reconhecimento mais intenso, no entanto, vai para BEATRIZ, pelo simples fato de existir.

SUMÁRIO

Introdução: A Marcha do Direito 15

Parte I – A GRAMÁTICA DOS DIREITOS FUNDAMENTAIS

Capítulo 1 – O QUE SIGNIFICA TER UM DIREITO? 20
   1.1 Prevalência dos direitos 21
   1.2 O papel dos direitos 23
   1.3 Fundamentos morais dos direitos da pessoa humana 24
   1.4 Crítica à ideia de direitos da pessoa humana 28

Capítulo 2 – O QUE SÃO DIREITOS FUNDAMENTAIS? 30
   2.1 Que direitos foram expressamente reconhecidos pela Constituição? 31
   2.2 Há outros direitos fundamentais apenas implicitamente reconhecidos pela Constituição? 33
   2.3 Quem são os sujeitos dos direitos fundamentais? 34
   2.4 Quem são os sujeitos de obrigações correlatas aos direitos fundamentais? . 35
   2.5 Da prevalência dos direitos fundamentais 36
   2.6 Da independência dos direitos fundamentais 37

Capítulo 3 – NORMAS DE DIREITOS FUNDAMENTAIS E SEUS SENTIDOS .. 39
   3.1 O problema das normas de direitos fundamentais 39
   3.2 Principais tipos de normas de direitos fundamentais 41
   3.3 Posturas institucionais: deferência ou responsividade? 44
       3.3.1 Postura institucional definida pela Constituição de 1988 46
   3.4 Interpretação e modalidades de argumentos constitucionais 47
       3.4.1 Argumentos morais 50
       3.4.2 Argumentos instrumentais 52
       3.4.3 Argumentos dogmáticos constitucionais tradicionais 53
           3.4.3.1 Princípio da força normativa da Constituição 54
           3.4.3.2 Princípio da unidade da Constituição 54
           3.4.3.3 Princípio da interpretação conforme à Constituição 54
       3.4.4 A regra da proporcionalidade: conflito de regras e colisão de princípios .. 55

Parte II – O SUPREMO E OS DIREITOS FUNDAMENTAIS

Capítulo 4 – DIGNIDADE HUMANA 60
  4.1 A dignidade humana como construção moral 61
  4.2 Dignidade humana na Constituição de 1988 63
  4.3 Caso das células-tronco (*ADI 3.510-DF*) 64
  4.4 Caso da anencefalia (*ADPF 54-DF*) 79
  4.5 Caso DNA (*HC 71.373-4-RS*) 85
  4.6 Caso da extradição Qian Hong (*Extr 633-República Popular da China*) 90
  4.7 Caso da progressão do regime a condenados por crimes hediondos (*HC 82.959-7-SP*) 96
  4.8 Caso da Súmula das algemas (*HC 91.952-9-SP*) 104
  4.9 Caso do depositário infiel (*RE 466.343-1-SP*) 112
  4.10 Caso da Lei da Anistia (*ADPF 153-DF*) 118
  4.11 Situação do sistema carcerário brasileiro (*ADPF/MC 347-DF*) 125

Capítulo 5 – LIBERDADE 135
  5.1 A liberdade na Constituição de 1988 136
  5.2 Liberdade como não intervenção (ou liberdade negativa) 137
  5.3 Liberdade como autonomia (ou liberdade positiva) 140
    LIBERDADE COMO AUTONOMIA DE VONTADE
  5.4 Descriminalização do uso de drogas (*RE 635.659-SP*) 143
    LIBERDADE DE MANIFESTAÇÃO, DE EXPRESSÃO E DE IMPRENSA
  5.5 Caso da manifestação na Praça dos Três Poderes (*ADI/MC 1.969-4-DF*) .. 151
  5.6 Caso da Marcha da Maconha (*ADI 4.274-DF*) 156
  5.7 Caso Ellwanger (*HC 82.424-2-RS*) 162
  5.8 Caso "O Globo" versus "Garotinho"(*Pet. 2.702-7-RJ*) 174
  5.9 Caso da Lei da Imprensa (*ADPF 130-DF*) 178
  5.10 Caso "Estadão" versus "Sarney" (*Rcl 9.428-DF*) 181
  5.11 Publicação de biografias não autorizadas (*ADI 4.815-DF*) 186
    LIBERDADE PROFISSIONAL
  5.12 Exigência de diploma para jornalistas (*RE 511.961-SP*) 194
    PRIVACIDADE, SIGILO E INVIOLABILIDADE DO DOMICÍLIO
  5.13 Caso da quebra de sigilos bancário, fiscal e telefônico por CPI (*MS 23.452-1-RJ*) 203
  5.14 Caso da invasão de barracos (*SS 1.203-DF*) 208
  5.15 Direito à informação (*RE 673.707-MG*) 211

SEGURANÇA

5.16 Caso do desarmamento (*ADI 3.112-1-DF*) 216

DIREITO À PROPRIEDADE E LIBERDADE ECONÔMICA

5.17 Caso das mensalidades das escolas particulares (*ADI/QO 319-4-DF*) 222

5.18 Caso do desbloqueio dos cruzados (*ADI/ML 534-1-DF*) 227

5.19 Aplicação do Código de Defesa do Consumidor às instituições financeiras (*ADI 2.591-1-DF*) 231

5.20 Caso da pesagem obrigatória do botijão de gás (*ADI 855-2-PR*) 234

5.21 Caso do monopólio dos Correios no serviço postal (*ADPF 46-7-DF*) 241

5.22 Proibição da importação de pneus usados e meio ambiente (*ADPF 101-DF*) 246

Capítulo 6 – *IGUALDADE*

6.1 A ilusionista gramática da igualdade 257

6.2 A igualdade na Constituição de 1988 258

6.3 Igualdade como imparcialidade 261

6.4 Igualdade redistributiva 263

6.5 Igualdade como reconhecimento da diferença 268

IMPARCIALIDADE

6.6 Licença-maternidade como obrigação previdenciária (*ADI/MC 1.946-5-DF*) .. 271

6.7 União homoafetiva (*ADI 4.277 e ADPF 132-RJ*) 276

RECONHECIMENTO DA DIFERENÇA

6.8 Caso do ProUni (*ADI 3.330-DF*) 288

6.9 Caso das cotas na UnB (*ADPF 186*) 294

6.10 Caso da demarcação contínua na terra indígena Raposa Serra do Sol (*Pet. 3.388-4-RR*) 301

6.11 Homicídios contra indígenas como crime de genocídio (*RE 351.487-3-RR*) .. 310

6.12 Índios Crenac (*ACO 312-BA*) 315

6.13 Caso da Lei Maria da Penha (*ADC 19-DF*) 322

6.14 Caso da "Farra do Boi" (*RE 153.531-8-SC*) 328

SAÚDE

6.15 Caso do coquetel do HIV (*RE/AgR 271.286-8-RS*) 331

6.16 Concessão de medicamentos excepcionais (*STA/AgR 175-CE*) 334

EDUCAÇÃO

6.17 Caso do direito a creche (*RE 436.996-6-SP*) 343

6.18 Caso dos deficientes auditivos (*RE/AgR 241.757-2-MA*) 348

6.19 Piso salarial nacional dos professores públicos do ensino fundamental (*ADI/MC 4.167-3-DF*) 350

DIREITO À TERRA E À MORADIA

6.20 Reforma agrária e limitação para expropriação de imóveis rurais
 (ADI/MC 2.213-0-DF) 357
6.21 Caso da desapropriação de imóvel invadido pelo MST *(MS 24.133-1-DF)* .. 372
6.22 Penhorabilidade do bem de família do fiador *(RE 407.688-8-SP)* 377
6.23 IPTU progressivo pós-EC 29/2000 *(RE 423.768-SP)* 381

TRABALHO

6.24 Caso Air France *(RE 161.243-6-DF)* 386
6.25 Caso do salário-mínimo *(ADI/MC 1.458-7-DF)* 389
6.26 Caso da Convenção 158 da OIT *(ADI/ML 1.480-3-DF)* 395
6.27 Regulamentação do direito a greve dos servidores públicos *(MI 670-9-ES)* ... 402

Capítulo 7 – **DEVIDO PROCESSO LEGAL** 409
 7.1 *A origem do conceito* 409
 7.2 **Desenvolvimento do conceito pela Suprema Corte norte-americana** 411
 7.3 **Devido processo legal procedimental** 413
 7.4 **Devido processo legal substantivo** 414
 7.5 **Estado de Direito como meio ambiente indispensável ao devido processo** .. 415
 7.6 **A Constituição brasileira e o governo das leis** 415

PRINCÍPIO DA RESERVA LEGAL

 7.7 Caso da tortura de adolescentes pela PM *(HC 70.389-5-SP)* 420
 7.8 Caso do IPMF *(ADI 939-7-DF)* 429
 7.9 Caso da lista suja de trabalho escravo *(ADI/MC 5.209-DF)* 435

SEGURANÇA JURÍDICA

 7.10 Caso da Reforma da Previdência – PEC 33 *(MS/MC 23.047-3-DF)* 437
 7.11 Caso da ampliação do prazo da ação rescisória *(ADI/MC 1.910-1-DF)* 439
 7.12 Caso de flexibilização da coisa julgada *(RE 363.889)* 444
 7.13 Caso dos candidatos com "ficha suja" *(ADPF 144-DF)* 450
 7.14 "Ficha Limpa" *(ADC 29-DF, ADC 30 e ADI 4.578)* 458

DIREITO À PRESTAÇÃO JURISDICIONAL

 7.15 Caso das liminares no "Plano Collor" *(ADI 223-6-DF)* 467
 7.16 Obrigatoriedade para defensoria de Convênio com a OAB
 (ADI 4.270-SC) 477
 7.17 Caso Georgina e fraude ao INSS *(RO/HC 79.785-7-RJ)* 482
 7.18 Caso "Mensalão" – Garantia do duplo grau de jurisdição *(AP/vigésimo sexto AgR 470-MG)* 484
 7.19 Crime de redução a condição análoga à de escravo e competência
 (RE 398.041-6-PA) 497
 7.20 Lei de Arbitragem *(SE/AgR 5.206-7-Reino da Espanha)* 504

DEVIDO PROCESSO FORMAL

7.21 Caso de pedofilia – Provas ilícitas *(RE 251.445-GO)* 510
7.22 Caso do crime hediondo e da presunção de inocência *(HC 82.770-5-RJ)* 517
7.23 Caso da legitimidade da representação pelas associações nas ações coletivas *(RE 573.232-SC)* 528

Capítulo 8 – DIREITO À CIDADANIA

8.1 O que significa "cidadania"? 534
8.2 Um pouco de história do conceito 534
8.3 Democracia e cidadania 537
8.4 Democracia participativa 538
8.5 Democracia representativa 540
8.6 Democracia pluralista (e a nova sociedade civil) 542
8.7 O direito à cidadania na Constituição brasileira 545
8.8 Gratuidade nos Registros de Nascimento e Óbito, condição para exercício da cidadania *(ADI/MC 1.800-1-DF)* 547
8.9 Caso do Direito de Antena do PC do B *(ADI/MC 1.408-1-DF)* 552
8.10 Caso da divisão do tempo de propaganda entre partidos com e sem representação no Congresso *(ADI 4.795 e 4.430-DF)* 555
8.11 Caso da representação política desproporcional na Câmara dos Deputados *(ADI 815-3-DF)* 564
8.12 Caso Mira Estrela *(RE 197.917-8-SP)* 567
8.13 Caso da propaganda eleitoral *(ADI 956-7-DF)* 572
8.14 Cláusula de barreira e pluralismo *(ADI 1.351-3-DF)* 581
8.15 Restrições a novos partidos *(MS 32.033-DF)* 595
8.16 Financiamento de campanha eleitoral *(ADI 4.650-DF)* 601

INTRODUÇÃO: A MARCHA DOS DIREITOS

Este é um livro que se propõe a apresentar a gramática dos direitos fundamentais, tal como vem sendo conjugada pelo STF a partir de 1988. Trata-se, portanto, de um livro de casos, em que teoria e prática se encontram para a resolução de problemas dramáticos inerentes a quase todas as sociedades contemporâneas. Encontramos em boa parte dos casos aqui elencados não apenas discussões jurídicas altamente técnicas, como argumentações de natureza filosófica, econômica e política. E não poderia ser diferente, pois as Cartas de Direitos das democracias constitucionais constituem o principal mecanismo de reconhecimento pelo direito positivo de valores em disputa na esfera política e social.

A Constituição de 1988 reconheceu um catálogo de direitos fundamentais sem precedentes na história brasileira. Como documento reativo, tanto a um passado imediato, marcado pelo arbítrio e pela violência de Estado, quanto a uma história mais longa de desigualdade e hierarquização, que permeia a sociedade brasileira desde sua origem, a Constituição traduziu-se num "compromisso maximizador" ao buscar compatibilizar demandas por direitos de distintas matrizes históricas e filosóficas. Sensivelmente liberal, ao reconhecer robustos direitos civis contra o Estado, abrigou também um forte viés social-democrata ao determinar ao Estado e à própria comunidade sólidas obrigações decorrentes dos direitos à educação, saúde, assistência social, por exemplo. Por outro lado, estabeleceu direitos políticos típicos de uma democracia representativa, alargando, porém, os espaços de participação direta dos cidadãos. Incorporou, por fim, uma nova gama de direitos de grupos vulneráveis, como crianças, índios, negros e idosos, além de se propor à realização de um pacto intergeracional, ao assegurar direitos relativos ao meio ambiente e à preservação do patrimônio histórico e cultural em benefício daqueles que virão depois de nós.

A relação entre esse pretensioso programa normativo assumido pela Constituição e a dura realidade que pretende alterar tem sido marcada por enorme ambiguidade, onde avanços e reveses se sucedem continuamente. Não há como negar, no entanto, que nestas últimas três décadas vivemos um período de forte expansão dos direitos fundamentais. Isso não significa que tenhamos sido capazes de superar os inúmeros obstáculos decorrentes de uma estrutura social profundamente desigual, ou mesmo os quistos autoritários presentes no aparato estatal e no seio da sociedade. O arbítrio da violência contra os jovens negros e pobres das nossas periferias continua intocado. Ainda assim, avançamos de maneira surpreendente em diversos setores, o que justificaria dizer que estamos vivendo uma revolução incremental e silenciosa no campo dos direitos.

Num primeiro plano, as diversas políticas públicas decorrentes dos direitos fundamentais reconhecidos pela Constituição, em especial no campo da educação, saúde, assistência e previdência social, alteraram profundamente a perspectiva que passou a ter o brasileiro sobre sua própria condição de sujeito de direito. Embora as quase três décadas de democracia e os progressos no campo socioeconômico não tenham sido suficientes para "erradicar a pobreza e as desigualdades sociais e regionais", para gerar uma "sociedade livre, justa e solidária" ou, ainda, para eliminar os "preconceitos de origem, raça, sexo, cor, idade (...)", como proposto pelo art. 3º da CF, essas décadas foram capazes de dar às novas gerações de brasileiros a expectativa de que são autênticos titulares de direitos. E, quando esses direitos não são respeitados, deve-se e pode-se reivindicá-los nas ruas ou nos tribunais. A velha sociedade hierarquizada, onde cada um tinha seu lugar, vem passando por intenso processo de erosão, onde as desigualdades de natureza social, racial, econômica, de gêneros etc. não mais são vistas como clivagens legítimas na determinação dos diretos que cada um tem. Embora continuem a impactar fortemente os destinos de cada um de nós, há, hoje, uma consciência muito mais ampla de que as pessoas devem ser tratadas com igual respeito e consideração independentemente das posições que ocupam na sociedade.

Num segundo plano, de natureza propriamente institucional, a sociedade civil e os diversos setores que se viam constrangidos em seus direitos passaram a utilizar as ferramentas jurídicas criadas pela Constituição de 1988 para reivindicar nos tribunais a realização desses direitos. Esse movimento, associado com a própria mudança geracional no corpo dos tribunais, do Ministério Público, assim como dos diversos setores da Advocacia, pública ou privada, transformou o sistema de justiça numa esfera relevantíssima de disputa em torno do sentido e da dimensão dos direitos fundamentais. Neste aspecto, o STF confirmou sua posição como arena central para a definição desses direitos. A jurisprudência do Supremo, especialmente na última década, passou a refletir um País em transformação, onde há grupos que buscam expandir seus direitos, num movimento de emancipação e ruptura com as velhas hierarquias, e outros grupos que resistem a essas transformações, buscando barrar a força emancipatória dos direitos assegurados pela Constituição. A leitura desses acórdãos prolatados no decorrer das últimas três décadas, se, por um lado, demonstra um processo de ampliação das liberdades, de outro, dá clara demonstração de que os avanços são muitas vezes tênues. Os debates realizados no Plenário do Supremo, organizados neste livro, nos oferecem uma leitura privilegiada desta batalha em torno da realização dos direitos fundamentais.

Além de a leitura da jurisprudência do STF nos oferecer uma visão privilegiada dessa tortuosa marcha dos direitos, ela também favorece o cumprimento de uma missão mais específica, que é servir como instrumento de trabalho para todos aqueles que pretendem compreender, de maneira mais técnica, a forma como nossa jurisprudência de direitos fundamentais vem se conformando. Falo especialmente de profissionais, professores e alunos de Direito. Embora contemos com inúmeros excelentes livros doutrinários na área do direito constitucional e cada vez mais atenção venha sendo conferida ao papel que a jurisprudência do STF veio a ocupar no Brasil, poucos são os trabalhos que procuram apresentar *in natura* a jurisprudência de direitos fundamentais do Supremo, dando voz a essa fonte primária de conhecimento sobre os direitos. Ao deslocarmos nosso olhar em direção à jurisprudência, podemos perder em sistematicidade, organicidade e clareza, mas ganhamos em complexidade e realismo. Realismo, aqui, no sentido de buscar conhecer o Direito não exclusivamente por intermédio daquilo que dizem seus cultores, mas daquilo que determinam seus aplicadores. Há, portanto, um convite para que o leitor mergulhe nos argumentos que estão sendo considerados e produzidos por uma instância de aplicação do Direito tão relevante como o STF. Com isto não se pretende desconsiderar a doutrina, até porque ela exerce enorme influência sobre aqueles que operam o sistema jurídico; mas considerar os inúmeros benefícios pedagógicos de iniciar os alunos a partir de casos concretos, que envolvem situações dinâmicas e complexas, em que as ideias abstratas sobre o Direito em geral e sobre os direitos fundamentais em particular são colocadas em teste.

O método

O livro não é apenas composto pela jurisprudência do Tribunal. Cada uma de suas partes é introduzida por textos teóricos, redigidos pelo autor, que buscam oferecer ao leitor algumas ferramentas analíticas, bem como apresentar alguns dos debates de natureza moral que estruturam a gramática dos direitos. O argumento central desses ensaios é que o debate em torno dos direitos não pode ser travado sem o devido cuidado analítico e à margem de um discurso de natureza moral, no qual conceitos como igualdade, liberdade, dignidade, estão necessariamente inseridos.

Assim, o que se pretende com este livro é contribuir para o fortalecimento das habilidades do jovem leitor na conjugação da gramática dos direitos, especificamente dos direitos fundamentais, nas suas dimensões jurídica e moral, sem perder de vista, no entanto, as dimensões política e econômica deste debate.

Os acórdãos do STF foram escolhidos e editados pelo autor e sua equipe a partir de dois critérios. O primeiro deles refere-se à relevância do tema. Ao invés de buscar exaurir todas as questões pertinentes aos direitos fundamentais, buscou-se detectar as questões mais complexas, que, bem apreendidas pelo leitor, o habilitarão a enfrentar os mais diversos problemas no campo dos direitos. Assim, nosso objetivo pedagógico não é enciclopédico, mas, antes de tudo, voltado a melhor capacitar o leitor a operar no campo dos direitos fundamentais, pelo domínio das diversas estruturas de raciocínio jurídico. O segundo critério para escolha dos acórdãos diz respeito à qualidade do debate realizado no STF, não apenas do ponto de vista jurídico, mas especialmente da perspectiva educacional. O que se espera é que os leitores, ao final da empreitada, sejam capazes de resolver questões complexas de direitos fundamentais, que envolvam não apenas conflitos de normas jurídicas, mas especialmente colisão de princípios morais, políticos e econômicos inerentes à conjugação da gramática dos direitos fundamentais.

Embora tenhamos a expectativa de que este trabalho possa servir a estudantes e profissionais das diversas áreas das ciências humanas que tenham interesse sobre o tema dos direitos fundamentais, ele foi organizado com a finalidade precípua de servir como ferramenta na formação de profissionais do Direito, ou seja, como livro didático.

O livro foi montado a partir de três elementos essenciais: ensaios teóricos, jurisprudência do STF e baterias de perguntas. Cada um destes elementos tem um objetivo específico no programa de ensino. Os ensaios buscam introduzir o leitor ao tema a ser tratado num capítulo específico. Embora o tom seja coloquial, o propósito desses textos é reduzir o arbítrio pelo qual as expressões essenciais de nossa Carta de Direitos são empregadas no debate político-constitucional. A jurisprudência, como já foi dito, cumpre dupla missão: apresentar o Direito tal como aplicado pelo órgão de cúpula do Judiciário brasileiro e oferecer ao aluno a oportunidade de conhecer casos com toda a complexidade com que se apresentam na realidade. As perguntas propostas têm por finalidade favorecer que os alunos possam organizar suas leituras, aferir apreensão e, sobretudo, aferir a consistência das decisões analisadas.

Nos vários cursos em que apliquei este material, assim como os de muitos colegas que o fizeram, duas estratégias de ensino se demonstraram as mais mais frutíferas. A primeira é o chamado método socrático. A ideia básica é exigir dos alunos a leitura do material como preparação prévia para cada aula. Ao professor incumbe planejar uma bateria de perguntas que possam levar os alunos a compreender o conteúdo essencial das decisões, seus pontos mais polêmicos e, em especial, os raciocínios que levaram às decisões. Tem sido muito útil ter uma lista com os nomes e as fotos de todos os alunos, para que eles possam ser estimulados ou demandados a participar do debate em sala de aula. A nosso ver, o professor que se propõe a empregar um livro de casos, como este, tem três grandes desafios. O primeiro deles é a contenção: o professor deve se ver sobretudo como alguém que instiga e baliza o debate entre os alunos, não mais como aquele que detém o monopólio do saber e o impõe sobre os alunos. O segundo desafio é não "entregar o ouro" logo no começo da aula. As perguntas devem partir do mais especifico e concreto para o mais geral e abstrato ao longo da aula. Como dizia um velho e experiente professor que tive, a arte é "esconder a bola", estabelecendo um jogo que prenda a atenção do aluno até o último instante. O terceiro desafio é estabelecer o debate a partir das colocações dos alunos. Ao invés de o professor reagir a cada uma das colocações, ele deve buscar provocar a discordância entre os alunos, de maneira a engajar o maior número de pessoas no diálogo. Acreditamos que esse tipo de dinâmica favoreça a que cada aluno, ao longo do curso, vá se apropriando da gramática fundamental dos direitos, que irá sendo refinada ao logo de suas vidas.

Essa, porém, não é única forma de aplicação deste livro. Outra estratégia pedagógica, que na nossa experiência é igual, se não ainda mais eficiente que o método socrático, é a simulação, onde a cada grupo em sala de aula é dado interpretar um papel (uma posição argumentativa). Aqui, a ideia é apresentar, a cada aula, um novo problema a ser resolvido pelos alunos. A solução desses problemas deve se dar a partir das referências estabelecidas pela leitura da jurisprudência, sem o quê cairíamos numa conversa de senso comum. Os alunos terão um curto tempo para consultar a jurisprudência lida, suas notas, e fazer mais pesquisas na Internet. A classe, então, deve ser dividida em grupos com em torno de cinco alunos cada. A cada grupo é sorteado um papel (advogado, Ministério Público, juízes, *amicus curiae* etc.). Os alunos deverão ter tempo para livremente pesquisar e formular seus argumentos. A cada grupo será conferido um tempo determinado para apresentar seus argumentos, cabendo, ao final, um julgamento. Dependendo da organização e do tamanho da sala, esse exercício pode permitir que todos os alunos se manifestem.

Estes são apenas exemplos de métodos de ensino que podem se beneficiar deste material que o leitor tem em mãos. A nosso ver, o que verdadeiramente importa, na adoção de uma estratégia de ensino, é que esta estabeleça o aluno como seu protagonista.

Parte I
A GRAMÁTICA DOS DIREITOS FUNDAMENTAIS

Capítulo 1
O QUE SIGNIFICA TER UM DIREITO?

1.1 Prevalência dos direitos. 1.2 O papel dos direitos. 1.3 Fundamentos morais dos direitos da pessoa humana. 1.4 Crítica à ideia de direitos da pessoa humana.

Embora todos os dias falemos sobre direitos, parece ser mais fácil compreender o que é ter um objeto ou poder criticar o governo livremente do que entender o significado de ter direito à propriedade ou à liberdade de expressão. O objeto nós podemos ver ou pegar; quanto a criticar o governo, nós simplesmente criticamos, mas o direito é algo mais abstrato.

Por outro lado, nós sabemos que as pessoas não podem pegar o que é nosso ou impedir a nossa crítica. Ou seja: as demais pessoas têm o dever de respeitar nossa propriedade ou nossa liberdade, porque estes são nossos direitos. *Daí se dizer que ter um direito é ser beneficiário de deveres de outras pessoas ou do Estado.*[1] Assim, se eu tenho o direito de andar pelas ruas, conclui-se que as demais pessoas têm, por esta razão, o dever de respeitar esse meu direito, não podendo restringir minha liberdade. Se eu sou um deficiente físico, por exemplo, e as calçadas não têm rampas que permitam que me locomova com minha cadeira de rodas, alguém está deixando de cumprir seu dever e, portanto, restringindo ou violando meu direito. Se tenho direito à educação, isto justifica que alguém tem uma obrigação, para comigo, de estabelecer escolas e bibliotecas, treinar e pagar professores, para que eu possa aprender. Se cada um de nós tem o direito de votar, estes votos devem ser levados em consideração na escolha dos que irão nos governar e, mais do que isso, significa que aqueles que foram eleitos têm uma obrigação de nos representar.

Temos direitos a coisas distintas, como educação, saúde, propriedade, liberdade de expressão, voto ou prestação jurisdicional. Para cada um desses direitos existirão distintas formas de deveres. Nesse sentido, é muito difícil falar em direito sem imediatamente pensar em uma ou várias obrigações.

Destaque-se, ainda, que para cada um desses direitos há distintas pessoas ou instituições que estarão obrigadas a respeitá-los ou garanti-los. Há direitos que obrigam apenas uma pessoa, como os derivados de um contrato. Outros obrigam o Estado, como o direito à educação básica, expresso em nossa Constituição. Há direitos, por sua vez, que criam obrigações universais, ou seja, que obrigam todas as pessoas e instituições. O direito a não ser torturado, como reconhecido por diversos instrumentos, entre os quais a Convenção Contra a Tortura, é um bom candidato a essa categoria.

Como se pode perceber pelos exemplos acima, empregamos indistintamente o termo "direitos" para designar realidades e situações muito diferentes, o que pode gerar certa con-

---

1. Esta é a formulação básica de David Lyons, a partir da obra de J. Bentham, "Rights, claimants and beneficiaries", *American Philosophical Quarterly* 6/173, n. 3, 1969.

fusão. Assim, um passo essencial para aqueles que buscam compreender os direitos em geral e os direitos da pessoa humana em particular é analisar as diversas formas como esse termo é comumente empregado por advogados e juízes.

De acordo com uma formulação já clássica de Hohfeld, o termo "direitos" tende a ser empregado ora como uma reivindicação legal, outras vezes como poder, imunidade ou privilégio.[2]

Assim como Benthan, Hohfeld também identifica a ideia de direitos com a de deveres, ou seja: em qualquer uma de suas manifestações apenas teríamos autênticos direitos quando houvesse deveres a eles correlatos, bem como um responsável por estes deveres. Os direitos se organizariam, assim, pela relação de três elementos básicos: o sujeito ou titular do direito; o interesse ou valor protegido; e o responsável ou titular da obrigação.

1.1 Prevalência dos direitos

As pessoas que têm um direito encontram-se numa posição mais confortável do que as que são sujeitos de obrigações. Isto não apenas porque os direitos constituem razões para o estabelecimento de obrigações em terceiros, mas também porque os direitos normalmente estabelecem uma prevalência dos valores e interesses por eles protegidos em relação a outros valores e interesses que não se constituem em direitos. Em quase todas as línguas modernas a expressão "direitos" – *rights* em Inglês, *droits* em Francês ou *Rechte* em Alemão – designa que determinados interesses e valores devem ser protegidos por intermédio de uma ação ou omissão dos demais membros da comunidade, ou mesmo do Estado.

Para alguns autores, como Robert Nozick, ícone do pensamento neoliberal, os direitos não apenas estabelecem uma prioridade relativa em favor dos valores e interesses por eles protegidos, senão uma prioridade absoluta desses valores e interesses. Para esse autor, o estabelecimento de direitos absolutos (como a liberdade ou propriedade) é a única forma de se dar a devida proteção à pessoa, entendida como ser individual, que deve ser sempre considerada como fim em si mesmo, como postulava Kant. Os direitos são instrumentos voltados a destacar cada pessoa e seus interesses da sociedade. Se não forem capazes de designar e estabelecer uma fortíssima trincheira aos interesses de um único indivíduo, em face do agregado de interesses da sociedade, os direitos perdem todo seu sentido, para Nozick. Se não houvesse direitos capazes de excluir (impedir) determinadas ações em relações às pessoas, o único critério para avaliar a validade moral das ações seria o princípio utilitário. Assim, todas as ações que ampliassem a felicidade do maior número deveriam ser consideradas válidas ainda que em detrimento de direitos.[3]

---

2. Hohfeld detecta quatro relações entre direitos e deveres que são mais comumente encontradas no dia a dia dos tribunais. Refazendo seu argumento, poderíamos dizer que:
 • A tem um direito-reivindicação a X, em relação a B, se, e somente se, B tem um dever X em relação a A.
 • A tem um direito-liberdade a X, em relação a B, se, e somente se, B tem um não direito-reivindicação de que A deva X.
 • A tem um direito-poder a X, em relação a B, se, e somente se, B está sujeito a que sua posição jurídica possa ser alterada por A, ao realizar X;
 • A tem uma imunidade a X, em relação a B, se, e somente se, B tem um não poder (uma incompetência) para alterar a posição jurídica de A em relação a X (Hohfeld, *Fundamental Legal Concepts*, New Haven, Yale University Press, pp. 36 e ss.).
3. "Os direitos dos outros determinam constrangimentos sobre as suas ações (...). Constrangimentos colaterais expressam a inviolabilidade dos outros, na forma por eles especificada. Essas formas de inviolabilidade são expressas pela seguinte injunção: 'Não use as pessoas pelas formas especificadas' (...). Os constrangimentos colaterais (...)

Esta forma de hiperindividualismo proposta por Nozick compreende os direitos como esferas de proteção absoluta de cada indivíduo frente aos demais e ao Estado. Qualquer limitação desses direitos por interesses coletivos é vista como uma forma de usurpação e violação da pessoa. A tributação, por exemplo, é vista como equivalente ao "trabalho forçado", pois a pessoa estaria sendo expropriada de parte dos frutos do seu trabalho em favor do bem-estar de outras pessoas, que receberiam benéficos como educação, saúde etc.

Mesmo entre os autores liberais, que partilham da ideia de que os direitos não devem ceder a demandas utilitárias, poucos aceitam a proposta da existência de direitos absolutos, tal como formulada por Nozick. De acordo com famosa passagem de Ronald Dworkin:

> Os direitos são mais bem entendidos como trunfos sobre alguma justificativa de fundo para decisões políticas que estabeleçam uma meta para a comunidade como um todo. Se alguém tiver o direito [*a right*] de publicar pornografia, isto significa que por alguma razão é errado para as autoridades agir em violação àquele direito, mesmo que elas (corretamente) acreditem que a comunidade como um todo se encontrará numa melhor posição se elas o fizerem.[4]

Assim, quando numa discussão reivindicamos um interesse ou um valor que nos diz respeito, como a integridade física, que é protegida por um direito, esta reivindicação deve prevalecer sobre outros valores ou interesses que não são protegidos por direitos. Por exemplo: reduzir os gastos do Estado pode ser um objetivo ou um interesse legítimo do governo, mas isto não pode ser feito fechando escolas ou deixando de pagar professores, pois o governo tem um dever de prestar este serviço, que decorre do direito que todas as crianças e jovens têm à educação. O mesmo exemplo poderia ser dado quanto ao objetivo de reduzir a criminalidade, que é uma meta mais do que desejável, mas isto não pode ser feito por intermédio da tortura ou da eliminação de suspeitos, pois todas as pessoas têm direito à sua integridade física e moral – portanto, o Estado deve respeitá-las. Os direitos servem, assim, para estabelecer prioridades entre interesses, recursos, oportunidades ou liberdades. Aqueles interesses que forem protegidos como direitos devem ter prevalência sobre os que não tiverem recebido a mesma proteção. Essa prevalência, no entanto, não é absoluta, senão *a priori*, ou seja: ela pode ser objeto de ponderação, conforme propõe Joseph Raz:

> Dizer que um indivíduo tem um direito é indicar um fundamento a exigir uma ação de certo tipo, isto é, que um aspecto de seu bem-estar é um fundamento para um dever de outra pessoa. O papel específico dos direitos no pensamento prático é, portanto, fundamentar obrigações a partir do interesse de outras pessoas (...).[5]

Neste sentido:

---

refletem o fato da individualidade de nossa existência. Eles refletem o fato de que nenhum ato de ponderação moral deve existir entre as pessoas (...) não existe sacrifício justificado de um em benefício dos demais. Essa ideia (...) de que existem diferentes indivíduos com vidas separadas e que ninguém deve ser sacrificado pelos outros (...) leva a um constrangimento colateral libertário que proíbe a agressão contra os outros" (Robert Nozick, *Anarchy, State and Utopia*, Nova York, Basic Books, 1974, pp. 28 e 33).

4. Ronald Dworkin, "Rights as trumps", in Jeremy Waldron, *Theory of Rights*, Oxford, Oxford University Press, 1984, p. 153.

5. Joseph Raz, "On the nature of rights", *Mind* XCLLL/207-208, 1984.

X tem um direito se e somente se X pode ter um direito, e, outras coisas sendo iguais, algum aspecto do bem-estar de X (seu interesse) é uma razão suficiente para manter uma outra pessoa a ele obrigada.[6]

Para Raz, portanto, os direitos precedem os deveres, são razões pelas quais outras pessoas se tornam sujeitos de obrigações. Surge, assim, uma relação mais dinâmica entre direitos e deveres, posto que o dever não decorre diretamente da existência do direito, mas os direitos criam razões para que obrigações sejam impostas a terceiros. Conforme nos propõe Raz, ter um direito significa ter uma boa justificativa, uma razão suficiente, para que outras pessoas estejam obrigadas, e, portanto, tenham deveres em relação àquela pessoa que tem um direito. Os direitos não geram obrigações diretas nas outras pessoas, mas razões para que as outras pessoas se encontrem obrigadas.

Neste sentido, um direito não se confunde com uma presunção absoluta ou com a ideia de uma esfera intransponível e incompatível com o interesse da coletividade e mesmo com liberdades e direitos alheios, pois, antes de se realizarem no mundo prático, os direitos terão que ser ponderados em face de interesses e valores da sociedade, muitos deles também protegidos como direitos. Somente a partir de uma ponderação num caso concreto é que poderemos vislumbrar com segurança a dimensão de um direito. Antes disso ele é apenas uma razão *a priori*, ou seja, uma sinalização de que o valor ou interesse deverá ter um peso maior quando em confronto com outros valores e interesses não protegidos por direitos. Este peso maior, porém, pode ser relativizado, especialmente quando o confronto se dá entre diversos valores e interesses, todos protegidos por direitos.

1.2 O papel dos direitos

Os direitos da pessoa humana constituem uma formidável construção da modernidade, que está diretamente associada ao sentimento de que as pessoas podem dispor de uma esfera de proteção que lhes assegure determinados valores ou interesses fundamentais.

A principal distinção entre a moderna linguagem dos direitos, que surge com as Declarações e Constituições do final do século XVIII, e os privilégios existentes no período medieval é a ideia de universalidade e reciprocidade intrinsecamente ligada aos direitos. Enquanto os privilégios constituem proteção de interesses de determinado grupo ou classe, os direitos da pessoa humana se apresentam como algo que deve a todos proteger. No mais, os direitos tendem a estabelecer relações horizontais e de reciprocidade, em contrapartida às relações verticais e hierarquizadas decorrentes de um universo regulado por privilégios. Evidente que essas características da gramática dos direitos se colocam num plano ideal, e muitas vezes o que chamamos de direitos funciona na realidade como privilégios. No entanto, ainda no plano ideal, a adoção de um sistema de direitos da pessoa humana permite o estabelecimento de relações de reciprocidade entre os diversos sujeitos, ou seja: permite a construção de um mundo fundado na igualdade entre os seres humanos.

A ideia kantiana de que "toda ação que por si mesma ou por sua máxima permite que a liberdade de cada indivíduo possa coexistir com a liberdade de todos os demais de acordo com uma lei universal é direito"[7] encontra na gramática dos direitos um instrumento indis-

---

6. De acordo com Joseph Raz, *The Morality of Freedom*, Oxford, Clarendon Press, 1986, p. 166.
7. Kant, "The metaphysics of morals", in H. Reiss, *Kant Political Writings*, Cambridge, Cambridge University Press, 1970, p. 133.

pensável à sua realização. O papel formal dos direitos de harmonizar e preservar uma esfera de interesses da pessoa também pode ser aceito, com ponderações, por alguns utilitaristas. A distinção básica se dará mais em função do fundamento último do sistema de direitos do que em relação à sua função de mediação de relações de reciprocidade. Enquanto para Kant os direitos servem para preservar e realizar a autonomia, para Stuart Mill os direitos devem harmonizar interesses, e não valores pretensamente intrínsecos. Mill renuncia à "(...) ideia de direito abstrato, como algo independente da utilidade. Eu encaro a utilidade como última instância em todas as questões éticas; utilidade baseada nos interesses permanentes do homem (...)".[8] Nesse sentido, os direitos são instrumentos de realização de interesses e não de valores como a dignidade ou a autonomia.

A leitura kantiana somente é possível quando admitimos que os direitos e o Direito (o chamado sistema jurídico), em si, são criações voltadas a organizar ou a mediar relações entre pessoas. Neste sentido, não seria incorreto dizer que os direitos são uma consequência do fato de as pessoas atribuírem umas às outras uma esfera de valores e decidirem, ainda que implicitamente, que isto deve ser respeitado, seja por uma razão ética ou utilitária. A diferença, aqui, é que o respeito ao direito por razões utilitárias desaparece quando cessam os benefícios para o sujeito. Trata-se, assim, de fundamento muito fraco para sustentar um sistema de direitos. De toda forma, apenas as relações de reciprocidade decorrentes de razões éticas, onde nos vemos como pessoas dignas de direitos na mesma medida em que reconhecemos essa condição às outras pessoas, é capaz de gerar um sistema de direitos da pessoa humana, no sentido contemporâneo. Para alguns, é dessa mesma relação de reciprocidade moral que surge o próprio Direito, enquanto sistema.[9]

Assim, o papel dos direitos é assegurar esferas de autonomia ou dignidade para os kantianos, ou de interesses, para os utilitaristas, que permitam aos seres humanos se relacionarem e conviverem sem que essa liberdade ou que esses interesses se encontrem constantemente ameaçados pelas liberdades e interesses dos demais. Invocar valores ou interesses a partir da linguagem dos direitos significa reivindicar uma situação especial para esses valores ou interesses.

1.3 Fundamentos morais dos direitos da pessoa humana

Quando associamos as expressões "humanos", "fundamentais" ou "da pessoa humana" à ideia de "direitos", a presunção de superioridade, inerente aos direitos em geral torna-se ainda mais peremptória, uma vez que esses direitos buscam proteger valores e interesses indispensáveis à realização da condição de humanidade de todas as pessoas. Agrega-se, aqui, valoração moral à ideia de direitos, passando estes direitos a servir de veículos aos princípios de justiça de determinada sociedade.

Numa definição preliminar, *os direitos da pessoa humana poderiam ser compreendidos como razões peremptórias, pois eticamente fundadas, para que outras pessoas ou instituições estejam obrigadas e, portanto, tenham deveres em relação àquelas pessoas que reivindicam a proteção ou realização de valores, interesses e necessidades essenciais à realização da dignidade, reconhecidos como direitos da pessoa humana.*

---

8. John Stuart Mill, *Sobre a Liberdade*, Petrópolis, Vozes, 1991, p. 54.
9. Para esta inversão na proposição tradicionalmente reconhecida pela doutrina jurídica positivista, na qual os direitos subjetivos derivam do direito objetivo, v.: Lon Fuller, *The Morality of Law*, Yale University Press, 1969.

Alguns destes valores, interesses e necessidades, protegidos como direitos da pessoa humana, são tão relevantes que não seria incorreto afirmar que se sobrepõem às demais ordens de valores, interesses e necessidades. O direito de não ser torturado, por exemplo, coloca-se como obstáculo absoluto em face dos interesses do Estado de descobrir um crime. A liberdade de religião também é uma vedação a que o Estado determine uma religião oficial. Porém, o exercício da liberdade religiosa não pode ser utilizado de forma a infringir a liberdade das outras pessoas. Daí a necessidade de conciliação entre direitos.

A grande dificuldade que tem monopolizado os debates entre filósofos e teóricos do Direito é saber que moralidade é essa a fundar direitos que se sobrepõem aos demais interesses e valores. De onde ela vem, e se precisa de alguma forma de reconhecimento positivo para que possa efetivamente se transformar em direitos legais.

Exemplo desta discussão sobre o fundamento dos direitos humanos pode ser encontrado desde a Grécia Antiga, como na tragédia *Antígona*, de Sófocles. Morto Polícines, irmão de Antígona, numa batalha contra o reino de Tebas, o rei Creonte baixa um édito determinando que o corpo do traidor fique insepulto, para ser devorado pelos cães e abutres. Revoltada, Antígona enterra o irmão. É presa pelos soldados do rei e levada à sua presença, que indaga: "Sabias que um édito proibia aquilo?". Antígona responde que "Sabia. Como ignoraria? Era notório". O rei, então, a questiona "Como ousastes desobedecer às leis?". Ao que Antígona, por fim, responde:

Mas Zeus não foi o arauto delas para mim, nem essas leis são as ditadas entre os homens pela Justiça...

E nem me pareceu que tuas determinações tivessem força para impor aos mortais até a obrigação de transgredir normas divinas, não escritas, inevitáveis; não é de hoje, não é de ontem, é desde os tempos mais remotos que elas vigem, sem que ninguém possa dizer quando surgiram.

A resposta de Antígona, além de corajosa, tem profundo sentido crítico, pois questiona, de forma veemente, a ideia de que é direito tudo aquilo que é colocado pelo poder constituído, limitando o fenômeno jurídico a uma mera expressão do poder, a uma questão de fato. Na linguagem de Kant, "uma teoria empírica pura do Direito", que reduza o Direito ao fato social, "como a cabeça de madeira na fábula de Fedrus, pode ter uma bela aparência, mas não irá infelizmente conter cérebro".[10]

Porém, ao buscar dar outro fundamento de validade ao Direito que não o poder, Antígona vacila entre a transcendência divina e a Justiça, que também é uma deusa. Ao fundar os direitos na autoridade divina e colocá-los como entidades atemporais, Antígona pressupõe a crença e a própria existência de deuses. Muito embora este tipo de argumento tenha sido aceito por um longo período da História, principalmente durante aquele em que prevaleceu no Ocidente o domínio quase que absoluto do cristianismo, este direito de origem divina perde seu principal suporte numa sociedade dominada pelo racionalismo.

Com o fim da hegemonia cristã há uma ruptura dos paradigmas de verdade impostos pelo pensamento dogmático. E, com isto, a ideia de direitos naturais, decorrentes de Deus, perde sua sustentação. Já no Renascimento o pensamento de base cristã começa a ser desafiado. Os fundamentos do poder e da própria arte, que estavam diretamente submetidos ao domínio cultural da Igreja, começam a se esgarçar. Basta, para isto, ter em mente as figuras e as obras de Michelangelo e Maquiavel. O que une o gênio da arte ao criador da ciência

---

10. Kant, "The metaphysics of Morals", cit., in H. Reiss, *Kant Political Writings*, p. 132.

política moderna é a capacidade destes dois homens não apenas de se libertar dos paradigmas dominantes nas suas esferas de ação, mas de reencontrar o humano, separando-o do religioso. Se compararmos a arte pré-renascentista com as pinturas e esculturas produzidas por Michelangelo, podemos perceber que seus personagens são homens e mulheres que não são feitos à imagem e semelhança de um deus idealizado, mas são o resultado da sobreposição de tecidos, músculos e veias e que têm movimentos que resultam de uma vontade estritamente humana. Era o homem de carne e osso que o interessava. Basta pensar em seu *Moisés*, na escultura do escravo em fuga ou, mesmo, no Deus da Capela Sistina para reencontrarmos o humano mesmo nas figuras divinas.

Da mesma forma, Maquiavel, n'*O Príncipe*, nada mais fez que desvendar o poder. Assim como Michelangelo, ao descrever o modo como o príncipe conquista e se mantém no poder, Maquiavel está dissecando seu objeto de análise. Afastando as visões religiosas que fundamentavam o poder e buscando demonstrar a forma pela qual esse poder é efetivamente exercido. Como salientou o insuspeito Rousseau, ao dar lições ao príncipe sobre como alcançar o poder Maquiavel estava, na realidade, demonstrando ao povo a forma pela qual o poder é sobre ele exercido. Qualquer que tenha sido a intenção de Maquiavel, o fato é que ele nos demonstrou que o poder do Estado e a legitimidade dos reis não decorrem da vontade divina ou, mesmo, da tradição, senão da ação humana.[11]

Neste contexto, os jusnaturalistas modernos, como Hobbes e Locke irão fundar o Direito não mais numa entidade transcendente, mas na razão humana. Utilizando-se da abstração do contrato, especialmente Locke aponta que, se seres racionais fossem submetidos a uma situação de natureza, ou seja, a ausência do Estado, certamente eles acordariam em criar uma entidade voltada a regular a vida em sociedade, desde que limitada pelo Direito.[12] A criação do Estado e do Direito, assim, passa a ser compreendida como resultante da vontade humana. Evidente que nenhum destes autores seria ingênuo o suficiente para acreditar que o estado de natureza tenha realmente existido. Mas a utilização desta abstração serve para demonstrar como a razão funcionaria caso ela fosse consultada no vazio de instituições e outras condições que limitam sua liberdade.

A grande diferença entre Hobbes e Locke é o modo como cada um destes autores descreve o ser humano. Dotados de menos qualidades morais, os indivíduos hobbesianos viveriam num estado de guerra de todos contra todos, que para ser pacificado exigiria um Estado forte. Já, os indivíduos descritos por Locke, que no estado de natureza sabem diferenciar o justo do injusto mas não têm quem resolva um conflito de modo imparcial quando este aparecer, vivendo num mundo precário, optariam pelo seu aperfeiçoamento, através da criação de uma entidade imparcial, que auxiliasse no bom relacionamento entre os indivíduos.[13]

O que importa, para efeito dessa introdução, é que para os jusnaturalistas modernos será a razão que ditará qual o fundamento último do Direito. Como explicita Locke: "O estado de natureza tem uma lei de natureza para governá-lo, que a todos obriga; e a razão, que é essa lei, ensina a todos os homens que a consultem, sendo todos iguais e independentes, que nenhum deles deve prejudicar a outrem na vida (...)".[14]

Da mesma forma, Kant colocará a razão como ponto central na sua reflexão sobre direitos. Para ele, as leis da natureza não constituem algo inerente à natureza, "mas construções

---

11. Alberto Moravio, *L'Uomo come Fine*, Bompiani, 1980, pp. 45 e ss.
12. John Locke, *Segundo Tratado sobre o Governo*, São Paulo, Nova Cultural, 1991, §§ 95 e ss.
13. Idem, § 6.
14. Idem, ibidem.

da mente utilizadas para o propósito de entender a natureza".[15] O estabelecimento de regras éticas não deriva da experiência, mas de proposições lógicas *a priori*, que possam ser adotadas como lei universal. Esses "imperativos categóricos", na linguagem de Kant, são juízos formais, que não estipulam o conteúdo dos direitos, mas a fórmula pela qual a razão humana pode descrever esferas recíprocas de autonomia para os indivíduos.

O que importa para Kant é o estabelecimento de uma lei necessária para todos os seres racionais, para que estes possam julgar suas ações "segundo máximas tais que possam os mesmos querer que elas devam servir como leis universais".[16] Tomando os "homens com fins em si mesmos" e obedecendo às máximas concluídas livremente e que possam ser universalizáveis, estaremos construindo racionalmente com a esfera ética, na qual se insere o Direito. Conforme Kant, o "Direito é portanto a soma total dessas condições dentro das quais a vontade de uma pessoa possa ser reconciliada com a vontade de outra pessoa de acordo com a lei universal da liberdade".[17] No sentido kantiano, os direitos são fruto dessa razão ética, daí não deverem ser confundidos com direitos transcendentes no sentido religioso, mas como construção humana, como uma decorrência do processo de emancipação da Humanidade, em que os homens se utilizam do Direito como instrumento de realização da liberdade ao mesmo tempo em que serve de autolimitação dos interesses.

Esse racionalismo levado à prática impõe necessariamente que o Direito seja fruto da vontade humana, como pretendia Rousseau. "Já que nenhum homem tem autoridade sobre seu semelhante, e uma vez que a força não produz direito algum, restam então as convenções como base de toda a autoridade legítima entre os homens."[18] Sendo todos os homens iguais, ou seja, tendo o mesmo valor moral, para que se justifique uma regra que vincule a conduta de todos é fundamental que todos participem de sua formulação. Desta forma, passamos de um jusnaturalismo substantivo, comprometido com os conteúdos dos direitos que deveriam ser protegidos, para um jusnaturalismo racional ou formal, que se concentra na construção de procedimentos racionais que favoreçam a produção de decisões justas. Deve-se destacar, no entanto, que em nenhum momento esses autores abrem mão da ideia de dignidade humana. Pois a igualdade e o valor moral atribuído a todos é que justificam a ideia de contrato social ou o estabelecimento de leis universais.

As Revoluções Francesa e Americana, assim como as Declarações e Constituições que delas derivaram, são fruto dessa ideia de um homem racional, emancipado e livre para decidir seu próprio destino. Ao redigir a Declaração de Direitos de Virgínia, de 1776, logo após a ruptura dos laços com a Metrópole, Jefferson acolhe a argumentação dos jusnaturalistas ao afirmar que "todos os homens são por natureza igualmente livres e independentes e têm certos direitos inatos de que, quando entram no estado de sociedade, não podem, por nenhuma forma, privar ou despojar a sua posteridade, nomeadamente o gozo da vida e da liberdade, com os meios de adquirir e possuir a propriedade e procurar e obter felicidade e segurança".[19] Da mesma forma, os franceses, ao redigirem a Declaração de Direitos do Homem e do Cidadão, de 1789, estabeleceram que todos "os homens nascem e são livres e iguais" e que o fim de toda "associação política é a conservação dos direitos naturais e imprescritíveis do

---

15. H. Reiss, *Kant Political Writings*, Cambridge, Cambridge University Press, 1970, p. 17.
16. Kant, *Fundamentos da Metafísica dos Costumes*, Rio de Janeiro, Ediouro, 1996, p. 76.
17. Kant, "The metaphysics of Morals", cit., in H. Reiss, *Kant Political Writings*, p. 133.
18. Rousseau, *O Contrato Social*, São Paulo, Martins Fontes, 1996, Livro I, Capítulo IV.
19. Jorge Miranda, *Textos Constitucionais Estrangeiros*, Lisboa, 1974, p. 31.

homem"[20] – numa clara sintonia com a ideia de direitos como fruto da razão, declarada por intermédio da lei, expressão da vontade geral rousseauniana.

O Estado e os direitos são, portanto, obras humanas que têm por única finalidade a preservação da esfera de dignidade das pessoas. Apesar de Jefferson se utilizar da ideia de direitos inatos, que se encontram em estado de natureza, trata-se de utilização retórica, que esconde uma construção ética. Evidente que os homens não são iguais (como afirmado por Jefferson) do ponto de vista de sua riqueza, poder, complexão física, inteligência etc., mas, sim, do ponto de vista moral. Como destaca Habermas, os direitos básicos não são uma dádiva transcendente, mas uma consequência da decisão recíproca dos cidadãos iguais e livres de "legitimamente regular suas vidas em comum por intermédio do direito positivo".[21] O contrato social é uma metáfora dessa decisão, assim como os momentos constituintes, em que se declaram direitos, são tentativas de dar concretude aos ideais de autonomia; do livre estabelecimento das leis sob as quais a comunidade pretende viver.

1.4 Crítica à ideia de direitos da pessoa humana

Essa razão abstrata será, no entanto, intensamente criticada por autores conservadores, como Edmund Burke, e por escritores progressistas, como Hume, Bentham e Marx. Para Burke, as instituições decorreriam de um longo processo de sedimentação histórica. O Direito era algo que se herdava das gerações anteriores, a partir de um processo de erros e acertos que iria apurando a lei e o governo. Pretender que todas as instituições fossem recriadas de um só ato, como o poder constituinte, que é a materialização da vontade geral rousseauniana, é pretender que a razão de um grupo de homens, num determinado momento histórico, se sobreponha a séculos de experimentação.[22] Como dizia um de seus seguidores, fazer uma Constituição não é como fazer um pudim, não basta que se siga uma receita para que o resultado seja bom.[23] Por fim, afirma que a Declaração poderia levar as pessoas a crer que elas realmente tinham aqueles direitos, o que provocaria uma grande desordem se viessem a exigi-los.

A crítica progressista ou radical, embora tenha finalidade distinta, também desconfia desta razão abstrata da qual os jusnaturalistas derivam direitos. Hume critica Locke e os demais contratualistas tanto em relação ao uso que fazem da racionalidade, ao dela derivarem o direito natural, quanto à ideia de contrato, que, além de não ter existido, tem por única função mistificar o verdadeiro exercício do poder. Não há, para Hume, como derivar obrigações morais e políticas da razão abstrata proposta pelos contratualistas, pois os valores que dela derivam, e que apontam como obrigatórios, não passam de justificação a uma determinada forma de organização da sociedade e exercício do poder,[24] como um dia esses mesmos direitos naturais serviram para justificar o poder absoluto dos reis.

Bentham, por sua vez, descreve os direitos, tal como expressos na Declaração Francesa, como "falácias anárquicas". Ao seu ver, a natureza colocou a Humanidade sob o governo de dois princípios soberanos, que são a dor e o prazer. Nesse sentido, as decisões morais são aquelas que derivam da maior felicidade, ou maior prazer. Os sistemas jurídicos, ao invés de

---

20. Idem, p. 68.
21. Jürgen Habermas, *Between Facts and Norms*, Cambridge, MIT Press, 1996, p. 119.
22. Edmund Burke, *Reflexões sobre a Revolução em França*, Brasília, Editora da UnB, 1982, pp. 88 e ss.
23. Charles H. McIlwain, *Constitucionalismo Antiguo y Moderno*, Buenos Aires, Editora Nova, pp. 11 e ss.
24. David Hume, "Da origem do governo", in *Escritos Políticos*, São Paulo, Abril Cultural, 1979, p. 228.

darem atenção aos "caprichos" de uma falsa razão, deveriam fundar-se no princípio da utilidade, único derivado da verdadeira razão.[25] Para Bentham, o bem-estar da sociedade só pode ser alcançado a partir do sacrifício de todos, e não pelo fortalecimento do egoísmo de cada um, como assegurado pela Declaração de 1789.

Este também será o ponto básico da crítica de Marx, ao fazer uma análise da Declaração francesa em sua obra *Questão Judaica*. Ao garantir direitos que separam a esfera pública da esfera privada, a Declaração estaria apenas mantendo uma situação de natureza dentro da nova esfera privada, assegurada pelo Estado, que deve preservá-la, sem intervir. A esfera cercada por direitos burgueses tem por função básica garantir o mercado, que nada mais é que uma extensão do estado de natureza, onde deve prevalecer o mais forte, aquele que tenha domínio sobre os meios de produção. Ao venderem sua força de trabalho, ou seja, ao realizarem um contrato que é protegido pela Declaração de Direitos, como parte intrínseca do direito de propriedade, as pessoas estão indiretamente alienando também seus demais direitos. "O direito humano à propriedade privada, portanto, é o direito de desfrutar o seu patrimônio e dele dispor arbitrariamente, sem atender aos demais homens, independentemente da sociedade (...) [*sendo*] a segurança o conceito social supremo da sociedade burguesa."[26]

Estas críticas à direita e à esquerda da Declaração, somadas a uma reação historicista no pensamento jurídico alemão, retiraram a credibilidade desse Direito racional, com pretensões universalistas. Assim, para esses autores, a legitimidade do Direito deve derivar ou de sua sincronia com os valores e a herança cultural de determinada comunidade, do princípio da utilidade – ou felicidade para o maior número – ou de uma total reformulação da sociedade, a partir da igualização material.

Nesse contexto de diversos princípios e ideologias com pretensão de validade, mas que, no entanto, são autoexcludentes, surge uma espécie de descrença em verdades superiores e absolutas. O mundo que se abre com o século XX é cético, daí a força do positivismo como método interpretativo do Direito. Nesse sentido, não mais se deve indagar sobre a legitimidade ou a justiça do Direito, mas sobre sua eficácia, sobre sua fonte de produção. O que nos recoloca na posição de Antígona, ou seja, de nos vermos obrigados a um Direito que tem como único título de legitimidade o fato de ser posto por aqueles que se encontram no poder.

O holocausto e a erosão da ideia de direitos da pessoa humana na primeira parte do século XX geraram forte reação, tanto no plano político como filosófico, em favor de uma nova gramática dos direitos da pessoa humana. A comunidade internacional estabeleceu a Declaração Universal dos Direitos Humanos de 1948 como novo parâmetro moral para mediar a relação entre os Estados e as pessoas. Novas Constituições foram elaboradas, com fundamento na ideia de prevalência, inalienabilidade e fundamentalidade dos direitos da pessoa humana. No plano filosófico, autores como Rawls e Habermas têm efetuado enorme esforço para justificar a ideia de direitos como princípios fundamentais de organização de uma sociedade justa.[27]

---

25. Jeremy Benthan, "An introduction to the principles of morals and legislation", Capítulo 1, in Henkin e outros, *Human Rights*, Nova York, Foundation Press, 1999, p. 52.
26. Karl Marx, *A Questão Judaica*, São Paulo, ed. Moraes, 1991, pp. 43-44.
27. John Rawls, *Uma Teoria da Justiça*, São Paulo, Martins Fontes, 2002; Jürgen Habermas, *Between Facts and Norms*, cit., 1996.

Capítulo 2
O QUE SÃO DIREITOS FUNDAMENTAIS?

2.1 Que direitos foram expressamente reconhecidos pela Constituição?. 2.2 Há outros direitos fundamentais apenas implicitamente reconhecidos pela Constituição?. 2.3 Quem são os sujeitos dos direitos fundamentais?. 2.4 Quem são os sujeitos de obrigações correlatas aos direitos fundamentais?. 2.5 Da prevalência dos direitos fundamentais. 2.6 Da independência dos direitos fundamentais.

"Direitos fundamentais" é a denominação comumente empregada por constitucionalistas para designar o conjunto de direitos da pessoa humana expressa ou implicitamente reconhecidos por determinada ordem constitucional. A Constituição de 1988 incorporou esta terminologia para designar sua generosa carta de direitos. Embora incorporados pelo direito positivo, os direitos fundamentais continuam a partilhar de uma série de características com o universo moral dos direitos da pessoa humana. Sua principal distinção é a positividade, ou seja, o reconhecimento por uma ordem constitucional em vigor.

Ao servir de veículo para a incorporação dos direitos da pessoa humana pelo Direito, os direitos fundamentais passam a se constituir numa importante parte da reserva de justiça do sistema jurídico.[1] Isto em três sentidos: em primeiro lugar, pela abertura dos direitos fundamentais à moralidade – o que se pode verificar pela incorporação pelos direitos fundamentais de valores morais, como a dignidade humana, a igualdade ou a liberdade;[2] por outro lado, a gramática dos direitos fundamentais impõe que o mesmo padrão de respeito e consideração exigido no tratamento de uma pessoa seja dispensado em relação a todas as outras pessoas ou, ao menos, para todas as pessoas que se encontrem numa mesma situação, tratando-se, assim, de meio voltado a distribuir de forma imparcial os interesses e valores que são protegidos como direitos;[3] por fim, os direitos fundamentais organizam procedimentos, como o devido processo legal e a própria democracia, que favorecem que as decisões coletivas sejam tomadas de forma racional.[4]

Como direitos reconhecidos por ordens constitucionais particulares, no entanto, é natural que os distintos catálogos de direitos fundamentais possuam regimes jurídicos que guardam suas especificidades. Nossa missão é buscar compreender o regime jurídico dos direitos fundamentais tal como estabelecido pela Constituição de 1988.

---

1. Oscar Vilhena Vieira, *A Constituição e sua Reserva de Justiça*, São Paulo, Malheiros Editores, 1999 e 2002, pp. 224 e ss.
2. Robert Alexy, *Teoría de los Derechos Fundamentales*, Madri, Centro de Estudios Constitucionales, 1993, pp. 525 e ss.
3. Brian Barry, *Justice as Impartiality*, Oxford, Clarendon Press, 1999, pp. 72 e ss.
4. Jürgen Habermas, *Between Facts and Norms: Contributions to a Discourse Theory of Law and Democracy*, Cambridge/Massachusetts, The MIT Press, 1992, pp. 118 e ss.

2.1 Que direitos foram expressamente reconhecidos pela Constituição?

Diversos poderiam ser os pontos de partida para se compreender os direitos fundamentais na ordem jurídica brasileira. Gostaria de chamar a atenção, em primeiro lugar, para seu aspecto político. Os direitos da pessoa humana, como já mencionamos, constituem uma ideia reguladora, ou seja, algo que estabelecemos como um parâmetro ou ideal a ser buscado por nossas sociedades. Uma sociedade que respeite os direitos da pessoa humana poderia ser considerada, se não uma sociedade justa, ao menos muito próxima do ideal de justiça.

Não vivemos, no entanto, num mundo ideal, mas num mundo composto por pessoas, que, muito embora sejam capazes de articular alguns princípios de justiça, de discernir entre o certo e o errado, nem sempre estão de acordo sobre quais desses princípios devem informar a organização da sociedade, ou seja: não estão de acordo sobre quais direitos as pessoas devem ter. E, como não seria desejável viver em uma sociedade em que não houvesse um conjunto de princípios aos quais todos devessem se submeter, indispensável que se constitua alguma instância com autoridade para determinar quais princípios devem reger esta sociedade. Essa instância é que se denomina política.

A política é a esfera de autoridade que decide de forma vinculante, ou seja, onde são definidas as condutas ou normas que se impõem sobre os membros de determinada comunidade. Nas sociedades ditas democráticas entende-se que todas as pessoas são dotadas de igual valor e, portanto, são merecedoras de igual consideração. Nesse sentido, não se pode aceitar que as decisões políticas, que a todos vincularão, sejam decorrentes da vontade de apenas um ou alguns dos membros da comunidade. Se partirmos do pressuposto de que todos têm igual valor, então, todos devem participar do processo de tomada de decisão política, que sobre todos se imporá.

As Constituições democráticas pressupõem, assim, um processo político onde os cidadãos, reunidos em sociedade, tomam uma série de decisões fundamentais de natureza política, entre as quais a de definir os direitos que serão reconhecidos às pessoas dentro daquela comunidade. Essa é uma decisão fundamental, tanto no sentido de sua importância como no sentido de ser basilar, pois deverá informar e conformar as demais decisões daquela comunidade. É por intermédio do catálogo de direitos fundamentais assegurados em determinada sociedade que poderemos tentar descobrir os princípios de justiça escolhidos para regular o convívio entre as pessoas, bem como dessas pessoas com a autoridade política. Assim, diferentes Nações adotam diferentes cartas de direitos fundamentais. Em algumas Constituições temos ampla proteção dos direitos à propriedade e à liberdade, o que nos permite configurá-las como sistemas mais liberais. Em outras abundam direitos voltados a atender às necessidades materiais básicas da pessoa humana, inerentes a regimes mais sociais ou solidários. Há sistemas políticos, por sua vez, em que o regime de direitos privilegia a igualdade de participação e os processos de decisão coletiva, conferindo à maioria a responsabilidade de tomar as decisões fundamentais da sociedade. Esses são regimes mais democráticos ou majoritários. Enfim, existem Constituições que privilegiam os direitos e valores da comunidade, como grupo, sobre os direitos dos indivíduos, como nas sociedades tradicionais. A Constituição brasileira, como já mencionado, estabelece certo sincretismo entre essas diversas concepções de direitos.

Fala-se em direitos de primeira, segunda, terceira e quarta geração, buscando repercutir a evolução dos direitos na história europeia. Em primeiro lugar teriam surgido os *direitos civis*, de não sermos molestados pelo Estado, direito de termos nossa integridade, nossa propriedade, além de nossa liberdade, a salvo das investidas arbitrárias do Poder Público.

Esse grupo de direitos demarcaria os limites de ação do Estado Liberal. Uma segunda geração de direitos estaria vinculada à participação política, ou *direitos políticos*. Partindo do pressuposto de que as pessoas são dotadas de igual valor, a todos deve ser dado o direito de participar em igual medida do processo político. Esses direitos são constitutivos dos regimes democráticos. Uma terceira geração de direitos, decorrente da implementação dos regimes democráticos e da incorporação do povo ao processo de decisão política, seria o reconhecimento pelo Estado de responsabilidades em relação ao bem-estar das pessoas – logo, de deveres correlatos aos *direitos sociais* estabelecidos pela ordem legal. São esses os direitos que caracterizam as democracias sociais.[5] Por fim, fala-se num quarto conjunto de direitos relativos ao bem-estar da comunidade como um todo, como o meio ambiente, ou de comunidades específicas, como o direito à cultura.

Há outras classificações que se celebrizaram com o tempo, como a de Benjamin Constant, que diferencia a liberdade dos antigos da liberdade dos modernos. A primeira liberdade seria a de participar do processo político, característica das democracias gregas. A liberdade dos modernos, por sua vez, seria a de ser deixado em paz pelo Estado, para que cada um pudesse levar sua vida com o maior grau de liberdade individual possível. Num sentido semelhante, Isaiah Berlim fala em "liberdade negativa" e "liberdade positiva".[6]

A classificação dos direitos em si não é algo negativo. Do ponto de vista pedagógico essas classificações são quase indispensáveis para que o iniciante possa compreender que tipo de dever ou de ação está sendo demandado quando se reivindica um direito específico. Ocorre, no entanto, que essas classificações são constantemente utilizadas para hierarquizar direitos, ou seja, para reivindicar que determinado grupo de direitos é mais relevante que outro e, quando confrontados, uns devem prevalecer sobre os outros. Também se empregam essas classificações para buscar demonstrar que alguns direitos são mais "perfeitos" que outros, no sentido de que a realização desses direitos não gera custos à sociedade; portanto, devem ter prevalência sobre os direitos que para sua realização impõem aos demais que arquem com pesado ônus. Como demonstram Cass Sunstein e Stephen Holmes em seu instigante *The Cost of Rights*, o argumento de que os direitos civis devem ter precedência, pois não impõem custos públicos como os direitos de natureza social, é fundado em uma falácia. Talvez não haja direito tão caro para ser assegurado como o direito à propriedade, que pressupõe a existência de Polícia, Justiça, além de mecanismos para sua preservação em caso de acidentes, como um corpo de bombeiros. Ou a própria democracia, quanto custa? Assim, é equivocado falar que apenas os direitos sociais têm custos, e os direitos civis e políticos não.[7]

A Constituição de 1988 de certa forma busca reconhecer e acomodar essas diversas categorias de direitos (civis, políticos, econômicos e sociais, culturais e de grupos vulneráveis) por intermédio do que chamei em outro lugar de "compromisso maximizador".[8] Se, por um lado, esses direitos se fortalecem mutuamente, pois não podemos ter democracia sem liberdades, e estas serão inúteis sem que as pessoas tenham por satisfeitas suas condições materiais básicas, por outro lado, a implementação de uma gama tão extensa de direitos cria, necessariamente, um campo de tensão entre eles. Não se pode esquecer que as obrigações

---

5. Para uma análise clássica da evolução dos direitos de cidadania no Reino Unido, v.: T. H. Marshall, *Citizenship and Social Class and Other Essays*, Cambridge, Cambridge University Press, 1950. Também do ponto de vista histórico, v.: Fábio Konder Comparato, *A Afirmação Histórica dos Direitos Humanos*, São Paulo, Saraiva, 2003.
6. V. capítulo sobre "Liberdade" (Parte II, Capítulo 5).
7. Stephen Holmes e Cass Sunstein, *The Cost of Rights*, Nova York, Norton, 1999.
8. Oscar Vilhena Vieira, *A Constituição e sua Reserva de Justiça*, cit., pp. 29 e ss.

correlatas a um direito invariavelmente impõem restrições a outros direitos. Temos uma Constituição extremamente generosa em termos de direitos. Somente no art. 5º temos 78 incisos dispondo, basicamente, sobre direitos civis, ou seja: direitos relativos às liberdades, à não discriminação e ao devido processo legal (garantias do Estado de Direito). Alguns dos direitos de liberdades são retomados a partir do art. 170, que rege nossa ordem econômica. Do art. 6º ao art. 11, por sua vez, temos direitos sociais, que serão ainda estendidos entre os arts. 193 e 217. Neste campo nossa Constituição reconhece como direitos fundamentais os direitos à educação, à saúde, ao trabalho, à previdência e à assistência social – entre outros. O art. 12 articula as condições de nacionalidade, e do art. 14 ao art. 17 temos as bases para o exercício dos direitos de cidadania política, ou direitos políticos. Por fim, há ainda direitos ligados a comunidades e grupos vulneráveis, como a proteção especial à criança, ao idoso, ao índio (arts. 227, 230 e 231), ou, ainda, a proteção ao meio ambiente (art. 225 da CF).

Esta tentativa de conciliar princípios liberais, democráticos, sociais e comunitários ou solidários gera, necessariamente, enorme dificuldade não apenas ao intérprete da Constituição, mas especialmente àqueles que têm como responsabilidade primária implementá-la.

2.2 Há outros direitos fundamentais apenas implicitamente reconhecidos pela Constituição?

A compreensão sobre quais sejam os direitos fundamentais reconhecidos pela Constituição não parece se resolver a partir de uma mera leitura de seu texto. Há um enorme problema relativo a direitos que, embora não expressos na Constituição, parecem reclamar o mesmo tratamento daqueles por ela expressos. Os §§ 2º e 3º do art. 5º de nossa CF apontam para uma abertura para outros direitos fundamentais não reconhecidos explicitamente pelo seu texto. Há duas situações distintas. No primeiro caso a Constituição determina a equiparação a direitos fundamentais daqueles direitos decorrentes de tratados dos quais o Brasil seja parte, desde que aprovados por quórum de três quintos dos membros do Congresso Nacional, ou seja, o mesmo quórum exigido para as emendas à Constituição. Esta questão não parece oferecer tantas dúvidas a partir da reforma constitucional imposta pela Emenda 45/2004. A questão que pode permanecer sem resposta refere-se ao eventual conflito entre norma constitucional e tratado aprovado por maioria de três quintos, como eventualmente ocorreu com o Tratado de Roma, que criou o Tribunal Penal Internacional, e do qual o Brasil é parte. O fato de o Congresso Nacional ter autorizado a ratificação do Tratado de Roma pelo Governo Brasileiro, por intermédio de uma emenda à Constituição, facilita a solução de eventuais conflitos entre dispositivos do Tratado e dispositivos da Constituição? Que direitos devem prevalecer em caso de conflito: os originariamente previstos na Constituição ou aqueles previstos em tratados? Esta discussão nos remete necessariamente à questão das cláusulas superconstitucionais ou pétreas de nosso ordenamento. Conforme disposto pelo art. 60, § 4º, IV, de nossa CF, não poderão ser objeto de deliberação aqueles projetos de emenda que tendem a abolir, entre outros valores, os direitos e garantias individuais. Neste sentido, os direitos originariamente reconhecidos pela Constituição parecem não poder ser suprimidos por direitos derivados de tratados, ainda que tenham sido aprovados com quórum de emenda.

A questão é bastante mais complexa, no entanto, no que se refere àqueles outros direitos da pessoa humana que não estão expressos em tratados dos quais o Brasil seja parte mas decorrem do "regime e dos princípios" adotados pela Constituição. Quais são os critérios para se determinar quando um direito é decorrente do regime e dos princípios adotados pela Constituição? Quem é a autoridade legítima para determinar o reconhecimento de um direito como direito fundamental, com todas as consequências que isso tem? Essas questões não parecem alcançar resposta unânime por parte da doutrina ou, mesmo, da jurisprudência. O que se pode dizer, a princípio, é que o constituinte deixou uma porta aberta para a construção argumentativa de outros direitos que se demonstre decorrerem de nosso sistema.

2.3 Quem são os sujeitos dos direitos fundamentais?

Agora que temos uma ideia preliminar de quais são os direitos fundamentais reconhecidos por nossa Constituição, é importante se perguntar quem são seus beneficiários. Ou seja: quem são os titulares de direitos fundamentais? Se olharmos a CF, mais especificamente o *caput* do art. 5º, veremos que o tratamento dado pelo constituinte é, no mínimo, ambíguo. Diz lá que "todos são iguais perante a lei"; por outro lado, também afirma que se garante apenas aos "brasileiros e aos estrangeiros residentes no País a inviolabilidade do direito à vida, à liberdade, à igualdade, à segurança e à propriedade, nos termos seguintes: (...)". Afinal, são titulares de direitos fundamentais todos que estejam sob a jurisdição do Estado Brasileiro ou apenas aqueles que, sendo brasileiros ou estrangeiros, aqui residam? Um imigrante ilegal pode ser torturado? Evidente que aqui houve uma confusão por parte do legislador constituinte. Os direitos fundamentais devem se aplicar a todos que estejam sob a jurisdição do Estado Brasileiro, com gradações decorrentes da peculiar situação dos estrangeiros que aqui se encontrem. Assim, é evidente que um imigrante ilegal não pode ser torturado só porque não tem o *status* de estrangeiro residente no país. Evidente também que o imigrante ilegal não se encontra protegido por uma série de outros direitos assegurados pela Constituição.

A questão mais relevante, no entanto, quando buscamos compreender a titularidade dos direitos fundamentais, é a perspectiva universalista adotada pela Constituição. "Universalismo", aqui, não no sentido geográfico, mas moral. Atentem para o fato de que diversos dos dispositivos relativos aos direitos fundamentais têm início com os pronomes "todos" ou "ninguém". Esta não é uma característica peculiar apenas aos direitos fundamentais, como reconhecidos pela Constituição de 1988. Se analisarmos a *Declaração Francesa dos Direitos do Homem e do Cidadão*, de 1789, ou a *Declaração de Direitos Humanos da ONU*, de 1948, também encontraremos lá inúmeros artigos que iniciam com "todos" ou "ninguém". Façam uma busca em outras Constituições. Isso é algo comum.

Como vimos no capítulo sobre os direitos da pessoa humana, além de protegerem a esfera de dignidade das pessoas, os direitos da pessoa humana, para que mereçam assim ser chamados, devem fazê-lo de forma igualitária, ou seja, devem ser distribuídos de maneira imparcial a todas as pessoas. Os direitos fundamentais, tal como reconhecidos em nosso ordenamento jurídico, parecem seguir a mesma exigência de natureza moral. Seria correto afirmar, então, que os direitos fundamentais reconhecidos por nossa Constituição têm uma dimensão formalmente moral derivada da forma imparcial com que foram concebidos.

Um terceiro problema relativo à titularidade dos direitos fundamentais, quando assumimos a importância de olhá-los como direitos universais, no sentido moral, diz respeito a alguns direitos fundamentais que não são igualmente distribuídos, mas que são destinados apenas a algumas categorias de pessoas, como crianças, índios, mulheres, deficientes, trabalhadores. Como aceitar esta desigualdade na distribuição dos direitos? Como diferenciar estes direitos de privilégios? Certamente, quando analisarmos o princípio da igualdade teremos melhores condições de diferenciar um direito fundamental, justificadamente atribuído a uma categoria de pessoas, de um privilégio, indevidamente conferido a uma pessoa ou grupo de pessoas. Embora ambos tenham a mesma estrutura, dificilmente encontraremos uma justificação moral para a distribuição de privilégios. Já, a distribuição de direitos fundamentais de forma desigual tem por finalidade gerar igualdade material entre as diversas categorias de pessoas. Neste sentido, é passível de justificação, se for possível demonstrar que há um nexo de razoabilidade entre as diferenças específicas daquele grupo e os direitos voltados a equipará-los, em termos de respeito e consideração, aos demais membros da sociedade.

2.4 Quem são os sujeitos de obrigações correlatas aos direitos fundamentais?

Como vimos anteriormente, os direitos se apresentam como razões para a constituição de obrigações de terceiros. Nesse sentido, há sempre uma relação mediata entre direitos e deveres. Analisada a questão de quem são os sujeitos de direitos, cumpre indagar quem se encontra do outro lado, ou seja: quem são os responsáveis pela prestação de obrigações indispensáveis à realização dos direitos fundamentais?

Essa questão tem sido pouco iluminada, até mesmo pelos principais teóricos do Estado Liberal. Quando hipoteticamente deixamos o estado de natureza e ingressamos em sociedade, concebendo o Estado Civil, abdicamos de uma série de direitos naturais e estabelecemos, por intermédio do pacto social – ou de um pacto constitucional –, os direitos fundamentais, dos quais não abrimos mão. Estes direitos, num primeiro momento, são direitos oponíveis ao Estado. Assim, se a Constituição assegura a liberdade de reunião, isso significa que a Polícia não pode proibir as pessoas de se reunirem pacificamente. Logo, é obrigação do Estado abster-se de qualquer ato que frustre o direito de reunião. Não fica muito claro, no entanto, quais as obrigações que as pessoas privadas têm em relação aos direitos fundamentais. Quais são as minhas obrigações em relação ao direito de liberdade de reunião se um sindicato resolve marcar suas reuniões na porta de sua sede, da qual eu sou vizinho? Quais as obrigações de uma agência de publicidade em relação ao direito de igualdade quando contrata seus modelos? Quais as obrigações de um clube ou de uma igreja no sentido de não discriminar?

O pacto social não pode ser visto apenas como instrumento voltado a mediar as relações da sociedade com o Estado. Antes disto o pacto se realiza entre os membros da sociedade. Assim, se estabelecemos a vida como um direito, isto significa que todas as pessoas têm a obrigação de respeitar a vida dos demais. Se vivemos em comunidade, o direito de um exige condutas compatíveis com sua implementação por parte dos demais. A questão fundamental a saber é se as obrigações impostas às pessoas privadas são da mesma natureza ou têm a mesma intensidade que aquelas impostas sobre uma pessoa pública, sobre o Estado.[9] Esta resposta me parece só poder ser alcançada analisando-se o caso concreto a partir de um conjunto de fatores, que envolvem a natureza do direito, a forma como este foi estruturado na Constituição, a menção ou não ao sujeito da obrigação. De forma genérica, no entanto, pode-se dizer que o Estado tem obrigação não apenas de respeitar os direitos fundamentais, como também de garanti-los. Já, aos indivíduos cumpre primeiramente respeitar os direitos dos demais, sem que tenham o mesmo ônus que o Estado na garantia destes direitos. O papel dos indivíduos na garantia dos direitos é mais indireto. Quando pagamos nossos tributos estamos realizando nossas obrigações correlatas à garantia de um sem-número de direitos.

---

9. Daniel Sarmento, *Direitos Fundamentais e Relações Privadas*, Rio de Janeiro, Lumen Juris, 2004.

2.5 Da prevalência dos direitos fundamentais

O reconhecimento expresso ou implícito pela Constituição de um direito fundamental tem como consequência colocá-lo no topo da hierarquia das escolhas públicas. Ou seja: o interesse ou valor por ele protegido deve prevalecer sobre outros interesses ou valores não protegidos como direitos fundamentais. No mais das vezes, no entanto, a colisão entre valores ou interesses presentes na sociedade pode ser reduzida a uma colisão entre direitos fundamentais. Aí, a prevalência dos direitos reconhecidos pela Constituição precisa ser relativizada, pois, entre direitos de uma mesma hierarquia, qual deve prevalecer? A prevalência dos direitos fundamentais deve, assim, ser vista como uma prevalência *a priori*: como uma razão para a imposição de obrigações a terceiros. Esses são casos difíceis, que imporão ao intérprete a realização de algum processo de valoração moral e escolha político-fundamental.

Esta hierarquização imposta pela prevalência dos direitos reconhecidos pela Constituição tem diversas consequências de natureza propriamente jurídica. A primeira delas refere-se à supremacia dos direitos fundamentais em relação à lei. Por essa perspectiva, a lei ordinária e outros atos normativos infraconstitucionais podem ser declarados inválidos toda vez que entrarem em choque com um direito fundamental.[10] A questão, no entanto, não é tão simples como pode parecer. No mais das vezes a função da lei é conciliar a convivência entre dois direitos, como, por exemplo, liberdade e privacidade. Ao restringir o direito à liberdade (por intermédio dos crimes contra a honra, por exemplo) a lei penal não estará necessariamente realizando uma tarefa inválida, pois a restrição é necessária para que o direito à privacidade possa também se realizar. A questão a ser formulada é se a restrição à liberdade feita pelo Código Penal ou pela antiga Lei de Imprensa é aceitável, a partir de critérios pouco objetivos, como razoabilidade ou proporcionalidade.

A lei é o mecanismo pelo qual o sistema político democrático realiza o processo de ponderação primário entre direitos. Essa é sua função. Como reprimi-la por ter realizado exatamente sua função? Duas são as alternativas para solucionar esse problema. A primeira, de natureza mais democrática ou majoritária, impõe um alto grau de deferência à decisão parlamentar. Se o legislador optou por uma maior restrição à liberdade de expressão em benefício da privacidade, ou vice-versa, esta é uma decisão que se respeita pelo simples fato de ter sido tomada pela autoridade democrática. O segundo caminho, mais compatível com o constitucionalismo, é autorizar o Judiciário a fiscalizar o legislador. Nesse segundo caso, o juiz irá verificar se a escolha do Legislativo é adequada, no sentido de preservar o conteúdo de ambos os direitos em colisão – o que se deve fazer por intermédio de um processo de ponderação.[11]

Ainda no que se refere à hierarquia das normas de direitos fundamentais, a Constituição estabelece, por intermédio de seu art. 60, § 4º, IV, que não poderão ser objeto de deliberação as emendas tendentes a abolir "os direitos e garantias individuais". Deve isto significar que as emendas, para efeitos de abolição dos direitos fundamentais, devem receber o mesmo tratamento das leis e demais atos normativos infraconstitucionais? Se restringirem um direito fundamental devem simplesmente ser consideradas inválidas? Em outras palavras: deu-se aos direitos fundamentais uma posição de supremacia não apenas frente às normas infraconstitucionais, mas também sobre atos que se incorporariam à Constituição, com a mesma hierarquia das demais normas constitucionais? Sim, o constituinte de 1988 parece ter criado

---

10. Hans Kelsen, *Teoria Pura do Direito*, Coimbra, Livraria Almedina, 1976.
11. Rex Martin, *A System of Rights*, Oxford, Clarendon Press, 1997, pp. 109 e ss.

uma superesfera de proteção aos direitos fundamentais, entrincheirando-os contra os ataques eventualmente perpetrados pelo legislador, seja ele ordinário ou reformador.

Os direitos fundamentais aparecem, assim, não apenas como um instrumento de limitação da vontade parlamentar, mas também de qualquer maioria que se manifeste dentro do sistema político, por mais qualificada que seja. Como, no entanto, justificar que os direitos fundamentais estejam autorizados a criar obstáculos à vontade da maioria? Uma primeira corrente sustenta que as limitações impostas pelos direitos fundamentais são legítimas apenas na medida em que estão protegendo os próprios pressupostos da democracia. Trata-se, assim, de uma limitação habilitadora da democracia.[12] Isto, no entanto, permitiria que apenas uma pequena quantidade de direitos tivesse autoridade para bloquear a vontade da maioria, nomeadamente iguais direitos de participação, assim como as pré-condições de liberdade para a realização do processo político.[13] Um segundo argumento sustenta que a democracia não deve ser vista como única fonte legitimadora do sistema político. A justiça, representada por um amplo conjunto de direitos fundamentais, é um fim independente. Nesse sentido, bloquear decisões majoritárias contrárias aos princípios de justiça do sistema consistiria em uma ação legítima, em favor da preservação da dignidade humana.[14]

Por fim, a prevalência dos direitos fundamentais parece reclamar algum mecanismo de fiscalização, para que não se transforme numa prevalência meramente nominal. Sem que sejam protegidos por algum tipo de sistema de controle de constitucionalidade, os direitos fundamentais ficariam à mercê de ataques do legislador e da Administração.

2.6 Da independência dos direitos fundamentais

Talvez como medida de proteção contra o alto grau de insinceridade do legislador, o constituinte brasileiro, ao lado da prevalência dos direitos fundamentais, tenha buscado assegurar sua independência (conceito correlato) em relação ao Legislativo, ao próprio Judiciário e ao Executivo. Se lermos com atenção o § 1º do art. 5º da CF, veremos que exige o constituinte a "aplicação imediata" das normas garantidoras de direitos e garantias fundamentais. Ou seja: estas não podem ter sua aplicação retardada por inexistência de lei ou qualquer outro ato normativo. Novamente a questão não é de simplicidade elementar. Como sabemos, diversas são as normas de direitos fundamentais que reclamam expressamente regulamentação legal ou, ainda, um conjunto de políticas públicas voltadas à sua concretização. Ainda que se compreenda que essas dificuldades devam ser superadas pela implementação direta desses direitos pelo Judiciário, isso cria problemas de ordem teórica e prática. Tem o Judiciário legitimidade democrática e capacidade técnica para se substituir ao Legislativo e ao Executivo? Em que medida suas interferências voltadas à realização de um direito específico devem levar em conta seu impacto sobre outros direitos? Por exemplo: ao conceder o direito a tratamento hospitalar diferenciado a uma pessoa – com um custo muito elevado – estará o juiz indiretamente impactando o tratamento de outros beneficiários do sistema de saúde, pois estará determinando de que forma devem ser distribuídos recursos escassos. Isso constitui um problema? Está o Judiciário bem colocado para fazer esse tipo de escolha pública?

A independência dos direitos fundamentais também pode significar que muitas vezes as escolhas do legislador, como já foi visto, ou dos próprios magistrados não devem afetar a

---

12. Stephen Holmes, *Passions and Constraints*, Chicago, Chicago University Press, 1995, p. 134.
13. John Hart Ely, *Democracy and Distrust*, Cambridge, Harvard University Press, 1980, pp. 4 e ss.
14. Oscar Vilhena Vieira, *A Constituição e sua Reserva de Justiça*, cit., pp. 224 e ss.

realização dos direitos fundamentais, tal como previstos na Constituição. Isto significa que o conteúdo dos direitos não deve depender da compreensão que deles o façam o legislador ou, mesmo, o juiz. O que nos remete à questão relativa a quem tem a última palavra em termos da definição da dimensão e do conteúdo dos direitos fundamentais: legislador ou magistrado? De certa forma, nosso ordenamento constitucional, por força do inciso XXXV do art. 5º, favorece a ideia de que a última palavra sobre os direitos fundamentais sempre pode ser dada pelo Judiciário. Isto não significa, no entanto, que o magistrado não deva certo respeito à escolha feita pelo Parlamento. A linha divisória entre o papel do legislador e o do magistrado é muito tênue. A leitura dos acórdãos do STF talvez nos ajude a compreender como a divisão de Poderes funciona na prática em nosso País.

Capítulo 3
NORMAS DE DIREITOS FUNDAMENTAIS E SEUS SENTIDOS[1]

3.1 O problema das normas de direitos fundamentais. 3.2 Principais tipos de normas de direitos fundamentais. 3.3 Posturas institucionais: deferência ou responsividade?: 3.3.1 Postura institucional definida pela Constituição de 1988. 3.4 Interpretação e modalidades de argumentos constitucionais: 3.4.1 Argumentos morais – 3.4.2 Argumentos instrumentais – 3.4.3 Argumentos dogmáticos constitucionais tradicionais: 3.4.3.1 Princípio da força normativa da Constituição – 3.4.3.2 Princípio da unidade da Constituição – – 3.4.3.3 Princípio da interpretação conforme à Constituição – 3.4.4 A regra da proporcionalidade: conflito de regras e colisão de princípios.

Hoje em dia é muito difícil pensar no conceito de direitos de maneira dissociada da ideia de norma. Muito embora para algumas teorias morais do Direito os direitos possam ser reivindicados independentemente da existência de uma norma que os veicule, pois eles derivam da própria condição humana (ou outros argumentos), no mundo moderno as normas jurídicas tornaram-se o veículo por excelência dos direitos fundamentais. Na prática, na imensa maioria das vezes quando falamos de um direito fundamental estamos nos referindo a um direito que foi reconhecido expressa ou implicitamente por uma norma constitucional.

3.1 O problema das normas de direitos fundamentais

As Constituições são compostas por dispositivos com pretensão prescritiva, ou seja, enunciados que pretendem determinar condutas. Não devemos confundir estes dispositivos ou enunciados com as próprias normas de direitos fundamentais, como nos alerta Alexy.[2] Quando lemos o enunciado do art. 5º, IV, da CF– "é livre a manifestação do pensamento, sendo vedado o anonimato" – devemos tentar compreender qual é a prescrição derivada desse enunciado, ou seja, qual a proibição ou obrigação prescrita pelo enunciado. Assim, poderíamos dizer que a norma expressa por esse enunciado é que "o Estado encontra-se proibido de impedir alguém de manifestar seu pensamento" ou que as "pessoas encontram-se autorizadas a manifestar seu pensamento sem que sejam censuradas pelo Estado". O elemento normativo (proibição, autorização ou obrigação) nem sempre se encontra claro no enunciado. Isso ocorre com grande incidência na esfera dos direitos fundamentais.[3]

---

1. Como sugestão, este tema pode ser apresentado a partir da leitura das decisões do MS 18.634 (Caso da Revista *Realidade*) e do HC 82.424-2 (Caso Ellwanger) – que tratam da interpretação do conteúdo do termo "obsceno" e do termo "racismo" no contexto da definição do direito à liberdade de expressão – e da decisão do HC 71.373 (Caso DNA), que propõe uma solução "proporcional" à colisão entre o direito à dignidade humana e o direito à intimidade.
2. Robert Alexy, *Teoría de los Derechos Fundamentales*, Madri, Centro de Estudios Constitucionales, 1993, pp. 50 e ss.
3. Idem, ibidem.

Nesse sentido, é necessário destacar que muitos são os enunciados de direitos fundamentais que deixam pouco claro quais condutas estão sendo prescritas. Isso por dois motivos principais. Em primeiro lugar, pela baixa tecnicalidade com que são concebidos diversos dos dispositivos que compõem as cartas de direitos fundamentais. Diferentemente de um Direito mais dogmatizado, como o direito penal ou civil, em que há maior rigor sintático na construção das frases que compõem enunciados normativos, as frases muitas vezes usadas numa Constituição são lacônicas ou ambíguas. Em segundo lugar, a maior dificuldade de se compreender o prescrito por normas constitucionais deriva das próprias palavras frequentemente utilizadas pelos enunciados de direitos fundamentais. Novamente comparando com a legislação ordinária, verificamos que as cartas de direitos fundamentais tendem a empregar uma linguagem menos técnica. As normas jusfundamentais de uma Constituição são predominantemente compostas por um grande número de termos que não apenas não dispõem de um significado pacífico, mas são constantemente objeto das mais acirradas disputas políticas e filosóficas. Obviamente que o intérprete das normas que veiculam direitos fundamentais terá mais dificuldade de extrair o significado exato de enunciados como "todos são *iguais* perante a lei, (...)", inscrito no *caput* do art. 5º da CF, do que de enunciados do Código Civil ou do Código Penal que eventualmente tragam palavras desconhecidas do senso comum mas de conteúdo dogmaticamente determinado, como locação, enfiteuse ou latrocínio, posto que estas palavras vêm tendo seu significado lapidado há mais de 1.000 anos pelos tribunais e pelos doutrinadores. Como termos técnicos, as expressões jurídicas significam aquilo que se quer, aquilo que se convenciona. A estabilização de seus significados é essencial para que o sistema jurídico possa funcionar, sem que a todo momento seja necessário rediscutir o significado de cada palavra que governa o conflito. Por isso que boa parte do tempo dos estudantes de Direito é destinada à aprendizagem de termos técnicos, que jamais são usados fora do contexto do trabalho. Já, as expressões centrais de nossa carta de direitos são objeto não de consenso, mas de disputas seculares. A adoção de valores como *liberdade* e *igualdade* por nossa Constituição não transforma essas expressões políticas em expressões técnico-jurídicas, neutralizando seu significado, assim como não encerra a disputa política sobre a natureza e a direção do pacto político firmado pela comunidade no processo constituinte. Simplesmente transfere para a esfera de aplicação da Constituição a disputa sobre o valor desses princípios. Daí os tribunais estarem sempre envolvidos nas mais intrincadas disputas de caráter político e moral, tendo frequentemente que resolver conflitos entre valores, a partir de conceitos muitas vezes imprecisos.

As cartas de direitos transformaram-se em depositários de valores éticos positivados, expressa ou implicitamente, pela comunidade. Daí se falar que servem como paradigmas de justiça,[4] sob os quais deve se desenrolar todo o processo político. Estes princípios são necessariamente abstratos, deixando aos juízes a tarefa de determinar seu conteúdo e, principalmente, harmonizar sua coexistência – o que está para lá de ser tarefa simples, devido à tensão entre muitos deles. Em face dessa indeterminação, as Cortes Constitucionais há muito vêm sendo obrigadas a argumentar moralmente na hora de determinar o sentido de normas de textura aberta, como as que abrigam os conceitos de vida, liberdade, dignidade humana ou igualdade. Pensem em questões como aborto, eutanásia, quotas, desarmamento etc.

A Constituição aponta, assim, em direções diferentes ao tratar de um mesmo tema. Esse tipo de ambiguidade gera forte sensação de insinceridade constitucional. A resolução via Judiciário desses conflitos de valores e também de idiossincrasias constitucionais impõe

---

4. Nesse sentido, v.: John Rawls, *Theory of Justice*, Cambridge, Harvard University Press, 1977, pp. 221 e ss.

aos juízes exercícios interpretativos e harmonizadores extremamente complexos e não poucas vezes infrutíferos. Como destaca Hesse, "ali onde não se quis nada de modo inequívoco, resulta impossível descobrir uma vontade autêntica senão (...) uma vontade suposta ou fictícia (...)".[5]

Caso verdadeira a colocação de que, ao interpretar normas de textura aberta, os juízes exercem atividade discricionária, grande parte da atividade de interpretação na esfera dos direitos fundamentais e dos princípios constitucionais ocorrerá num ambiente extremamente movediço.

3.2 Principais tipos de normas de direitos fundamentais

A ideia de que os juízes, em casos difíceis, que envolvem a interpretação de termos abertos, inevitavelmente decidem de forma discricionária, afirmada e reafirmada pelo realismo e pelo positivismo jurídico, foi surpreendentemente refutada por Ronald Dworkin, em 1967.[6] O projeto de Dworkin foi, a partir de então, construir uma teoria da adjudicação que não deixasse espaço para discricionariedade judicial, ao menos no sentido admitido por Frank, Kelsen ou Hart. Iniciou sua argumentação elaborando uma crítica ao positivismo. Ao seu ver, a conceitualização do Direito como um sistema de regras, ainda que elaborada de forma extremamente sofisticada, como o fez Hart, a partir do estabelecimento de uma regra de reconhecimento que confere validade a todas as demais, seria insuficiente para compreender o fenômeno jurídico como um todo,[7] gerando distorções como a teoria da discricionariedade judicial.[8]

Para Dworkin, quando os advogados debatem e os juízes decidem casos difíceis,[9] que envolvem questões abstratas sobre direitos e obrigações, eles também fazem uso de critérios que não são propriamente regras, mas princípios e *policies*. Por *policies* entendam-se programas, metas a serem atingidas pelo governo, geralmente para a melhoria de algum aspecto econômico ou social da comunidade.[10] Princípios, por sua vez, são critérios que devem ser observados pelos magistrados não em função da melhoria ou avanço de determinada situação econômica, política ou social tida como desejável, mas porque constituem "uma exigência de justiça ou *fairness* (equidade) ou alguma outra dimensão da moralidade".[11] Essa dis-

---

5. Hesse, *Escritos de Derecho Constitucional*, Madri, Centro de Estúdios Constitucionales, 1983, p. 39.
6. Ronald Dworkin, "Models of rules", originalmente publicado pela *University of Chicago Law Review*, em 1967; a versão utilizada neste trabalho foi publicada na coletânea do mesmo autor, *Taking Rights Seriously*, 1977.
7. Para Paulo Bonavides, "a construção doutrinária da normatividade dos princípios provém, em grande parte, do empenho da Filosofia e da Teoria Geral do Direito em buscarem um campo neutro onde se possa superar a antinomia clássica direito natural/direito positivo", que denomina de "pós-positivismo" jurídico (*Curso de Direito Constitucional*, 31ª ed., São Paulo, Malheiros Editores, 2016, p. 281). Consultar o mesmo para uma análise extremamente erudita da questão dos princípios na teoria constitucional, pp. 232 e ss.
8. No Brasil, a doutrina mais autorizada reconhece a insuficiência da conceituação do Direito como um simples sistema de normas e aponta para a importância que os princípios desempenham em dar unidade e coerência às normas jurídicas. Neste sentido, v., especialmente: Eros Roberto Grau, *A Ordem Econômica na Constituição de 1988*, 17ª ed., São Paulo, Malheiros Editores, 2015; e Carlos Ari Sundfeld, *Fundamentos de Direito Público*, 5ª ed., 6ª tir., São Paulo, Malheiros Editores, 2015.
9. Por "casos difíceis" entenda-se a dificuldade de alcançar qual o conteúdo específico do Direito regendo a matéria; principalmente ao se tratar de normas abertas, é muitas vezes pouco claro se existe uma norma específica que regulamente aquele caso.
10. Dworkin, "Models of rules", cit., in *Taking Rights Seriously*, p. 22.
11. Idem, ibidem.

tinção muitas vezes pode ficar obscurecida, pois princípios podem ser articulados através de políticas públicas, e vice-versa. O fato a ser destacado é que, se o Direito for entendido apenas como sistema de regras, os princípios e as *policies* serão desprezados pelas teorias do Direito como elementos que fazem parte do sistema jurídico. Ao trazer os princípios para o sistema jurídico e, consequentemente, à tarefa de aplicação do Direito, Dworkin buscou demonstrar que o espaço deixado ao magistrado não é tão amplo como pretendem os realistas ou positivistas, e que o fato de os juízes se utilizarem de outros critérios, que não apenas regras, na aplicação do Direito não significa que estejam agindo discricionariamente, mas apenas aplicando elementos estruturantes do sistema jurídico, que não se confundem com seus próprios valores.

Regras e princípios funcionam diferentemente. As regras são normalmente aplicadas de forma peremptória, num "tudo ou nada". Dados os fatos, as regras devem ser aplicadas de forma implacável, consideradas as exceções por elas próprias estabelecidas. Já, os princípios devem contar como razões *a priori*, ou *prima face*, que indicam ao juiz a direção a ser tomada, mas não exigem uma única conclusão. Diferentemente das regras, não são razões determinantes, pois pode haver outros princípios que apontem em direção oposta. Quando se diz que um princípio faz parte do Direito, o que se pretende é que ele seja levado em conta por aquele que tem a responsabilidade de tomar a decisão. Ao julgador cabe avaliar o peso do princípio, de que forma ele pode cooperar na compreensão do sentido que deve ser dado a determinada norma e como, num caso concreto, princípios concorrentes devem ser harmonizados.[12] Enquanto as regras são aplicáveis ou não a um determinado caso, os princípios são mais ou menos importantes àquele caso. Na hipótese de conflito entre regras, apenas uma delas deverá ser aplicada. Já, em relação aos princípios, os conflitos devem ser resolvidos por intermédio de uma ponderação a respeito da sua importância num caso específico.[13]

Muitas vezes um dispositivo jurídico pode ser tratado tanto como uma regra quanto como um princípio. Os resultados dessa distinção serão muito grandes. No *habeas corpus* referente a investigação de paternidade a ser analisado no próximo capítulo, se tratarmos o direito à intimidade, previsto no inciso X do art. 5º da CF, como uma regra que proíbe a interferência do Estado na esfera de intimidade das pessoas, teremos enormes dificuldade em aceitar que o Estado possa coletar sangue de uma pessoa para que seja utilizado como prova contra ela. Por outro lado, se entendermos que ali se encontra esculpido um princípio, então, teremos que realizar um processo de ponderação em relação ao princípio da dignidade humana do pretenso filho, que, no caso, lhe é contraposto. O trabalho do magistrado é avaliar qual ou quanto de cada um dos princípios deve prevalecer na apreciação do caso concreto.

Nesse sentido, os juízes não decidem casos difíceis de forma discricionária, pois, apesar de o enunciado normativo muitas vezes não conter todos os elementos para a tomada de decisão, o Direito oferece outros critérios que também compelem o magistrado. Não há uma liberdade total, onde o magistrado decide a partir de valores externos ao Direito, que na maioria das vezes são os seus próprios, mas uma esfera carregada de princípios (que pertencem ao sistema jurídico) que limitam e impõem determinado sentido às decisões judiciais. É

---

12. Idem, p. 26. Para uma conceituação técnica de princípios no Direito Brasileiro, v. Roque Antônio Carrazza, para quem "o princípio jurídico é um enunciado lógico, implícito ou explícito, que, por sua grande generalidade, ocupa posição de preeminência nos vastos quadrantes do Direito e, por isso mesmo, vincula, de modo inexorável, o entendimento e a aplicação das normas jurídicas que com ele se conectam" (*Curso de Direito Constitucional Tributário*, 30ª ed., São Paulo, Malheiros Editores, 2015, p. 49).

13. Idem, p. 59.

dentro dessa esfera que se deve decidir. Caso haja discricionariedade, essa ocorre apenas num sentido fraco. Dworkin não aceita, dessa forma, a proposição dos positivistas de que toda norma aberta é, na realidade, um convite a que os juízes exercitem suas próprias escolhas. Ao invés de se buscar controlar a discricionariedade por intermédio da regulamentação e do detalhamento minucioso de como devem se comportar os agentes do Estado, tradicional ao direito administrativo, busca-se densificar o ambiente decisório a partir dos princípios. Como salienta Fletcher, "uma abordagem alternativa à discricionariedade requer que pensemos não sobre pesos externos da lei, mas sobre a sensação interna de se estar limitado pelo Direito".[14]

O juiz deve decidir conforme a direção indicada pelo princípio ao qual ele se veja obrigado, da mesma forma que se vê obrigado a aplicar uma regra. "Ele pode, é claro, estar errado na escolha dos princípios, mas também pode estar errado no seu julgamento sobre a regra que deve ser aplicada."[15] A mera possibilidade de erro não significa a existência de uma esfera de discricionariedade. A obrigação de decidir conforme a lei e, na penumbra, conforme os princípios que integram o campo dos direitos fundamentais afasta a ideia criada pelos realistas de que o Direito é aquilo que os juízes determinam.

Para Dworkin, "mesmo quando nenhuma regra estabelecida regula o caso, uma das partes tem mesmo assim o direito de vencer. Permanece a obrigação de o juiz, mesmo em casos difíceis, descobrir quais são os direitos das partes, e não inventar novos direitos retrospectivamente".[16] Há, assim, a necessidade de se buscar uma resposta correta, que se encontra dentro do Direito. A questão que se coloca é se há algum caminho para alcançar esta resposta correta. E mais: se são os juízes os mais habilitados a cumprir essa tarefa.

Sendo os direitos fundamentais permeados de enorme carga moral, envolvendo questões de justiça e equidade, Dworkin entende que os juízes não só podem como devem e, de fato, realizam investidas na esfera do debate moral, a fim de decidir casos concretos. Cláusulas abertas da Constituição, como a do devido processo legal ou a da igualdade, remetem o magistrado, obrigatoriamente, à esfera dos conceitos morais; "desta forma, uma Corte que assume o ônus de aplicar essas cláusulas integralmente como Direito deve ser uma Corte ativista, no sentido de que deve estar preparada para enquadrar e responder a questões referentes à moralidade política".[17] Dworkin convida, então, à leitura de John Rawls, que, ao seu ver, construiu uma teoria moral sobre bases mais sólidas que as do passado, sendo imprescindível aos constitucionalistas.[18]

As normas-programas impõem uma dificuldade adicional ao intérprete constitucional. Originalmente, muitos autores – entre os quais o próprio Rui Barbosa – entendiam que essas normas eram meras declarações de boas intenções, não gerando qualquer consequência efetivamente jurídica. Daí a designação de "normas não autoaplicáveis". Logo se percebeu a inconsistência dessa posição, pois, se foi reconhecida pela Constituição – e, portanto, é uma norma jurídica –, não pode ser destituída de eficácia. Entre nós, foi José Afonso da Silva a alertar para este fato.[19]

---

14. George Fletcher, *Perspectives on Legal Thought*, Nova York, Columbia Law School Materials, 1995, p. 59.
15. Dworkin, "Models of rules", cit., in *Taking Rights Seriously*, p. 36.
16. Ronald Dworkin, "Hard cases", *Harvard Law Review*, 1975 (também na coletânea *Taking Rights Seriously*, 1977, p. 81).
17. Ronald Dworkin, "Constitutional cases", originalmente publicado no *New York Review of Books*, 1972, e também na coletânea *Taking Rights Seriously*, 1977, p. 147.
18. Idem, p. 149.
19. José Afonso da Silva, *Aplicabilidade das Normas Constitucionais*, 8ª ed., 2ª tir., São Paulo, Malheiros Editores, 2015.

Se admitirmos que os magistrados devem se engajar em argumentações de natureza moral para resolver questões de princípios que surgem na implementação dos direitos fundamentais, temos boas razões para argumentar que os mesmos magistrados estão autorizados a realizar indagações de natureza consequencialista, ou seja, fazer cálculos sobre o impacto de suas decisões, quando estiverem decidindo sobre normas-programas, ou *policies*. Se essas normas determinam metas a serem atingidas, como "erradicar a pobreza e a marginalização e reduzir as desigualdades sociais e regionais", como determinado pelo art. 3º, III, de nossa CF, quando chamados a interpretar um dispositivo como este numa situação concreta podem os juízes avaliar e eventualmente invalidar uma política pública de combate à pobreza, caso entendam que esta seja ineficiente?

Estas não são questões fáceis. Toda vez que os juízes são chamados a interpretar o sentido de uma norma que não é claro, eles estarão exercendo poder sobre outras pessoas, ou seja, estarão agindo politicamente, sem que tenham o devido lastro democrático para fazê-lo. Assim, a questão da interpretação do sentido dos direitos fundamentais não é apenas uma questão técnico-jurídica, mas também uma questão política e de separação de Poderes, ou seja, de determinação constitucional de quem é competente para dar a última palavra sobre os direitos fundamentais.

3.3 Posturas institucionais: deferência ou responsividade?

Duas podem ser as posturas institucionais essenciais do Judiciário na determinação dos conteúdos das normas constitucionais, em geral, e dos direitos fundamentais, em particular: deferência ou responsividade.

Por *deferência*, em sentido mais estrito, entende-se a postura institucional pela qual os tribunais demonstram alto grau de respeito pela decisão do legislador que definiu o conteúdo de um direito ou regulamentou seu exercício. A deferência não deve ser confundida com a omissão, que pode ser uma simples decorrência de falta de autoridade, integridade, tradição ou autonomia do campo jurídico em face da esfera política. A deferência é uma postura institucional, fundada numa concepção robusta de democracia majoritária ou de rígida separação de Poderes, que determina ao Judiciário demonstrar maior acatamento às decisões dos órgãos representativos. Isso porque, além de representarem a vontade da população, Legislativo e Executivo podem ser sancionados por essa mesma população – o que não ocorre com o Judiciário. A deferência é, portanto, uma postura de acatamento ou respeito *a priori* à vontade dos representantes da maioria.

Num sistema jurídico dotado de uma Constituição rígida e de instituições autorizadas a realizar o controle de constitucionalidade das leis e outros atos normativos não se pode falar em deferência em sentido absoluto. Se a deferência ao legislador ordinário fosse absoluta, não estaríamos nos referindo a uma democracia constitucional, senão a um regime puramente majoritário. Também não estaríamos nos referindo a um regime de direitos fundamentais, como uma categoria especial de direitos de *status* superior, graças ao seu reconhecimento e à sua proteção pela Constituição, mas de direitos ordinários.

Entendida nesse sentido condicionado, o Poder Judiciário poderá desenvolver uma postura mais ou menos deferente quando enfrenta questões relacionadas à aplicação dos direitos fundamentais, em função de vários elementos. Em primeiro lugar, das características intrínsecas dos enunciados normativos que são objeto da disputa.

Todas as vezes que a própria Constituição expressamente determina que a configuração de um direito ou sua harmonização com os demais direitos serão feitas pelo legislador, o Judiciário deve ser o mais deferente possível para com a resposta concebida pelo legislador. Basta olharmos a Constituição para verificarmos que em diversas circunstâncias ela própria convoca o legislador para dar contornos ao direito por ela reconhecido. Expressões como "conforme lei", "de acordo com a lei"' ou regulada por "lei complementar" permeiam diversos dispositivos da Constituição, e não podem ser ignoradas. Como hoje é consenso, as normas instituidores de direitos fundamentais, ainda que demandem regulação legal, são autoaplicáveis, como determina o próprio § 1º do art. 5º da CF. Isso não significa, no entanto, que a vontade do legislador seja irrelevante para a definição do regime do direito fundamental em discussão.

Uma postura deferente reclama do Judiciário uma posição a mais respeitosa possível para com a decisão legislativa. A deferência não está em o Judiciário manifestar sua concordância com os contornos jurídicos dados pelo legislador na determinação do conteúdo de um direito, mas, sim, no reconhecimento de que a competência para realizar essa operação de determinação do conteúdo do Direito foi conferida primariamente ao legislador.

A deferência judicial também é comumente invocada quando as circunstâncias da decisão exigiriam o engajamento de magistrados em raciocínios prevalentemente consequencialistas, ou seja, onde a razão fundamental para a tomada de decisão seja mais uma especulação sobre seus potenciais resultados do que uma dedução lógica daquilo que foi determinado pelo legislador constitucional. O mesmo se diga para decisões que envolvam questões de natureza alocativa ou orçamentárias onde o Judiciário tenha que dizer quem merecerá mais recursos para a efetivação de seus direitos.

A discussão sobre a distribuição de medicamentos ou de tratamentos bastante dispendiosos para um grupo de pacientes, que poderá eventualmente comprometer a alocação de recursos para o tratamento de um número muito mais elevado de pessoas, pode gerar a pergunta sobre a propriedade de ser o Judiciário aquele a dar a palavra final sobre a questão. Não por que se pretenda tornar o Executivo ou o Legislativo imunes a controle judicial, mas porque uma eventual decisão judicial errada não poderá ser objeto de responsabilização. O que seria possível no caso de uma decisão errada tomada pelo campo político. Bastando para isso que aquele que tomou a decisão seja punido na próxima eleição.

Por fim, importa destacar que diferentes esferas do Direito, e mesmo diferentes esferas dos direitos fundamentais, podem reivindicar distintos graus de deferência. Para alguns sistemas políticos certos temas de direitos fundamentais, por razões históricas e culturais, podem ser mais sensíveis que outros, devendo exigir mais ou menos deferência dos tribunais. Por exemplo, em Países como os Estados Unidos e a África do Sul, que tiveram regimes de segregação racial definidos por lei, há tendência a estabelecer um escrutínio mais estrito para questões que podem gerar discriminação racial do que para outras áreas dos direitos fundamentais, como o direito de propriedade, onde a Corte pode assumir postura mais deferente à regulação estabelecida pelo legislador majoritário. Da mesma forma, o Tribunal Constitucional alemão tende a ser menos deferente quando cuida de questões que podem ter repercussão sobre a discriminação dos judeus do que que quando cuida de questões menos sensíveis. Esta gradação de mais ou menos intervenção, para que não seja puramente aleatória ou discricionária, depende da construção de *standards* ou padrões que possam gerar estabilização de expectativas sobre como se comportarão os tribunais.

A *responsividade*, por sua vez, está associada à ideia de que o Judiciário deve estar ativamente envolvido em prover respostas para que os direitos fundamentais sejam efetivados na maior extensão possível.[20] A proposição de que o Judiciário deva ter uma postura institucional mais responsiva deriva sobretudo do desenho institucional escolhido pela Constituição. O que, por sua vez, deveria ser um reflexo da compreensão sobre o papel do Direito na regulação da vida social; sobre a função do Judiciário, como esfera privilegiada na conformação desse Direito, em especial dos direitos fundamentais; e sobre o contexto histórico no qual as disputas em torno da implementação dos direitos fundamentais se encontram necessariamente imbricadas. Em outras palavras: qual o grau de confiança nas instâncias majoritárias na promoção e proteção de direitos ou, ainda, qual a vulnerabilidade de determinados grupos sociais dentro de determinado contexto em face da maioria?

Ao entrincheirar direitos fundamentais e criar sistemas mais ou menos responsivos para promover e proteger esses direitos, as Constituições estão em grade medida definindo não apenas a relação entre a vontade da maioria e sua própria força normativa, mas também determinando a arquitetura do sistema de separação de Poderes. Assim, quando as barreiras para alterar os direitos fundamentais são muito elevadas ou, mesmo, intransponíveis (pela adoção de cláusulas pétreas, por exemplo), temos um regime mais constitucional do que majoritário. Quanto mais decisões na estipulação dos direitos e na definição de seus conteúdos são tomadas pelo próprio constituinte, em detrimento do legislador ordinário, menos poderes estão sendo conferidos aos representantes da maioria. Por fim, quanto mais poderes são conferidos a órgãos não representativos, como os tribunais, para interpretar e proteger direitos, isso significa que o desenho constitucional optou por demandar uma postura mais responsiva dos tribunais na implementação dos direitos fundamentais.

3.3.1 Postura institucional definida pela Constituição de 1988

Ao criar uma carta de direitos tão ampla e ambiciosa, ao estabelecer uma proteção tão forte sobre esta carta, por intermédio de cláusulas pétreas, e ao estabelecer que a lei não poderá excluir da apreciação do Judiciário, nenhuma lesão ou ameaça a direito, como o fez a Constituição de 1988, definiu que o Poder Judiciário no Brasil, e em especial o STF, deve exercer de forma responsiva sua jurisdição sobre questões relacionadas à aplicação dos direitos fundamentais.

Ao Judiciário foi incumbida a função, *ultima ratio*, de resolver problemas decorrentes da definição do conteúdo das normas de direitos fundamentais, assim como arbitrar a eventual tensão existente entre direitos de *ranking* constitucional e, inclusive, colaborar na construção de alternativas para a solução de problemas relacionados à efetividade fática dos direitos. Se o espaço primário para a definição do conteúdo jurídico dos direitos fundamentais cabe ao legislador, assim como o da promoção de políticas de efetivação incumbe ao Executivo, ao Judiciário cumprirá aferir se essas respostas são condizentes com os direitos reconhecidos pela Constituição.

Ser responsivo, portanto, não pode ser decorrência de uma postura voluntarista de uma Corte, mas, sim, de uma decisão institucional à qual ela está submetida. E, assim como a deferência, a responsabilidade tem limites, que, ultrapassados, transformam-na em usurpação.

Também como a deferência, a responsividade tem graus diversos e deve se fazer presente com distinta intensidade nas inúmeras áreas de aplicação dos direitos fundamentais. De

---

20. Luís Roberto Barros, "A efetividade das normas constitucionais revisitada", *Revista de Direito Processual Geral* 48, Rio de Janeiro, 1995.

fato, deferência e responsividade constituem duas faces da mesma moeda. Mesmo um sistema onde estruturalmente se exige uma postura mais responsiva das Cortes na implementação dos direitos fundamentais há setores onde os enunciados normativos especificamente conferem maior liberdade aos legisladores ou aos administradores na conformação dos direitos fundamentais.

Poucos discordariam hoje de que a Constituição de 1988 determinou que o Poder Judiciário deve manter uma postura institucional mais responsiva na proteção dos direitos fundamentais. Isso não significa que o mesmo grau de responsividade deva se impor em todas as áreas de proteção de direitos e mesmo que, em determinadas circunstâncias, os tribunais não devam ter uma postura mais deferente. A definição de em que circunstâncias os tribunais devem se comportar de uma ou outra maneira e as nuances deste comportamento, como já dito, exigem a construção de *standards* (padrões) racionais para a tomada de decisões.

Esses padrões devem ser elaborados pelos tribunais, em forte diálogo com a academia, por intermédio de seus precedentes. O estabelecimento de padrões racionais e consistentes é indispensável para que a sociedade (e a comunidade jurídica) possa estabilizar suas expectativas em relação ao comportamento do Judiciário, assim como para o próprio controle social da atuação do Judiciário.

O STF, assim como o Judiciário em geral, tem se demonstrado apenas parcialmente capaz de estabelecer padrões claros e consistentemente aplicados em sua jurisprudência de direitos fundamentais. Embora para alguns críticos essa dificuldade de estabilizar os padrões de interpretação e aplicação do Direito pelo Supremo seja mais aguda, não se deve perder de vista que as jurisdições constitucionais em geral, e em especial aquelas que assumiram uma posição responsiva, têm que lidar não apenas com uma ordem constitucional que abriga valores e lógicas dificilmente conciliáveis, como têm que arbitrar conflitos entre atores sociais que conformam suas pretensões a partir de discursos muitas vezes irreconciliáveis do ponto de vista teórico, mas que necessitam de uma solução prática no plano jurídico.

Na próxima seção, portanto, buscarei apresentar as principais formas de argumento constitucional que estruturam o debate em torno dos direitos fundamentais, tal como capturadas pelos casos tratados neste livro.

3.4 Interpretação e modalidades de argumentos constitucionais

Interpretar significa extrair sentido de determinado conjunto de símbolos. Dado o fato de boa parte dos enunciados simbólicos não ter um sentido único e eventualmente preciso, muitas vezes interpretar pode significar oferecer uma explicação sobre o sentido de determinado enunciado.

Quando estamos falando de interpretação no campo jurídico, e em especial no campo dos direitos fundamentais, os enunciados normativos que reconhecem esses direitos e os estruturam, como já foi visto, não são muitas vezes compostos por termos com significado preciso ou construídos gramaticalmente de forma a orientar, com precisão objetiva, aquele que tem por responsabilidade aplicá-los como solução para um problema concreto.

Assim quando falamos em interpretação constitucional, especialmente no campo dos direitos fundamentais, estamos fazendo referência ao conceito de interpretação no sentido de uma operação onde se estabelece uma espécie de diálogo entre o texto e o intérprete (Gadamer), na busca da definição de um sentido para a solução jurídica de um problema.

Evidente que essa operação que envolve um texto normativo, fatos juridicamente relevantes, uma pessoa ou conjunto de pessoas razoavelmente treinadas na conjugação da gramática do Direito, bem como a necessidade imperativa de encontrar uma solução, não ocorre numa esfera de plena objetividade.

Criar regras ou métodos de interpretação voltados a reduzir a esfera de subjetividade do intérprete tem sido tarefa contínua da Teoria do Direito, assim como dos diversos campos do Direito, em face de suas peculiaridades. No campo do direito constitucional a busca por objetividade não pode ser por demais pretensiosa. Há que se reconhecer os limites da linguagem inerentes à legislação a ser aplicada. Isso não significa, como propõe Dworkin, que estejamos num campo de completa discricionariedade. Num sistema jurídico que é estruturado por regras e determinados princípios, no sentido forte do termo, há uma obrigação do intérprete de buscar a melhor solução jurídica a partir do que determina o Direito, ou seja, o espaço de discricionariedade se vê constantemente comprimido por normas que orientam a solução jurídica da questão.

Como essa malha normativa oferece zonas de penumbra, o dever ou ônus do intérprete é apresentar o melhor argumento possível em favor de determinada solução do problema que necessita ser resolvido. Como propõem Konrad Hesse e, entre nós, Virgílio Afonso da Silva,[21] a finalidade dessas construções doutrinárias é a redução da subjetividade ou da discricionariedade judicial. Ao estabelecer regras para o exercício da função de interpretação do Direito, os teóricos do Direito e os próprios tribunais estão, de fato, criando condicionantes para a atividade interpretativa, que não apenas permitem uma redução da subjetividade na aplicação do Direito, como também ampliam as possibilidades de controle sobre essa atividade.

Ainda que a interpretação constitucional tenha suas peculiaridades – e a adjudicação no campo dos direitos fundamentais enfrente, com muita frequência, problemas específicos, como o conflito entre direitos – , ela não se encontra absolutamente dissociada dos cânones que regulam o pensamento jurídico.

Portanto, como nos demais campos do Direito, a interpretação constitucional deve ser vista como atividade voltada a extrair ou explicar o sentido de algo que seja reconhecido como direito – no caso, como direito constitucional –, com a finalidade de solucionar um problema real. Havendo uma Constituição escrita, este deve ser o ponto de partida fundamental. Este alerta pode parecer uma trivialidade, porém é importante que se deixe claro que, por mais sofisticadas que sejam as teorias contemporâneas de interpretação e por mais que a teoria constitucional hoje dialogue com a teoria política e moral, e mesmo com a teoria econômica, se o ponto de partida não forem as normas da Constituição estaremos tratando de uma outra atividade que não de interpretação jurídica. A interlocução com outras disciplinas assim como a utilização de raciocínios de natureza moral ou econômicos apenas fazem sentido na medida em que são exigidos pela norma jurídica.

Assim, as dimensões semântica e gramatical são os pontos de partida para o processo de interpretação. Mesmo o emprego de termos polissêmicos, como "igualdade" ou "liberdade", não dispensa o intérprete de buscar encontrar o sentido emprestado a esses termos, ao menos no contexto constitucional. Não é incomum, nos dias atuais, certa negligência com a dimensão semântica, que é a pedra fundamental do Direito. Ainda que as palavras gerem

---

21. Konrad Hesse, *A Força Normativa da Constituição*, 1991; e Virgílio Afonso da Silva, "Comparing the incomensurable: constitucional principles, balancing and rational decision", *Oxford Journal of Legal Studies* 31, n. 2, 2011.

fortes disputas sobre seu significado, há uma história dessas disputas a ser percorrida e sentidos reconhecidos ao longo dessa história a serem descobertos.

Da mesma forma, todas as normas jurídicas têm necessariamente um sentido prescritivo. Criam direitos, obrigações, proíbem condutas, estabelecem competências etc. Como vimos na sessão anterior, as normas são construídas de maneiras distintas.

Em face da incorporação pela Constituição, em especial no campo dos direitos fundamentais, de distintos valores e interesses que permeiam as relações dentro de nossa sociedade, o debate em torno da aplicação dos direitos fundamentais estará necessariamente permeado pelas mesmas lógicas e tensões que estruturam esses valores e interesses no campo social. Na medida em que o campo dos direitos fundamentais e o dos valores e interesses sociais se encontram intimamente imbricados, a operação de interpretação e aplicação dos direitos deixa de ser atividade ordinária de extração de sentido do texto normativo, que poderia ser operada com os instrumentos tradicionais de interpretação do Direito. A colonização do Direito por outras racionalidades requer daqueles que operam a aplicação do Direito também conjugar e se engajar em novas formas de argumentação que disputam primazia com a própria lógica jurídica. A interpretação e a aplicação dos direitos fundamentais por intermédio de uma Corte como o STF, embora devam se realizar predominantemente no campo da gramática jurídica, não escapam à forte tensão imposta pela disputa entre as demais racionalidades ou modelos de argumentação.[22]

A pretensão positivista de que a formalização do Direito, como proposta por Max Weber, seria capaz de extirpar essas outras racionalidades de dentro do campo do Direito, criando um campo autônomo de conhecimento, assim como de atuação do jurista, não se realizou no mundo contemporâneo.[23] Nesse sentido, o desígnio de transformar a atividade do jurista numa atividade objetiva, onde sua principal tarefa seria determinar se dada conduta é legal ou ilegal, a partir de um texto com sentido claro e definido, a partir de uma operação de subsunção lógica, dificilmente se realiza na solução do que se convencionou chamar de casos difíceis, em especial onde há colisão entre direitos estruturados como princípios.

Nesse sentido, ao analisarmos cada um dos casos apresentados neste livro, o que se pode constatar é que os distintos Ministros não apenas empregam um vasto conjunto de raciocínios que podemos chamar de propriamente jurídicos, mas também se permitem engajar em outras formas de argumentação, mais comumente articuladas no campo da economia, da política ou da moralidade. Se para uma concepção formalista do Direito essa realidade constitui uma forma de erosão ou decadência do campo jurídico, para os que compreendem o Direito como um fenômeno social complexo e necessariamente imbricado na cultura da sociedade em que se insere a concorrência de outras formas de argumentação para a solução de problemas jurídicos, embora possa causar perplexidade, é inelutável, pelo simples fato de que essas gramáticas foram acolhidas pela Constituição.

A questão central é compreender de que forma essas modalidades de argumentação se articulam com o discurso propriamente jurídico. Essa questão é relevante, pois cada uma dessas modalidades de argumentação tem uma pretensão de oferecer a melhor maneira de solucionar problemas concretos existentes dentro da sociedade. Assim, buscam naturalmente se impor sobre as demais modalidades de argumentação. O problema é que a autoridade dos tribunais, mesmo quando estamos falando de um tribunal de natureza constitucional,

---

22. Robert Post, *Constitutional Domains*, Cambridge, Harvard University Press, 1995, pp. 1-20.
23. Gunther Teubner, *Altera Pars Audiatur: Law in the Collision of Discourses*, 1995.

deriva da sua capacidade de articular suas decisões a partir de raciocínios que sejam aceitáveis como jurídicos. Ou seja: para que os tribunais continuem existindo como tribunais, em um mundo onde o Direito se vê permeado por dispositivos que exigem raciocínios econômicos, morais ou políticos, precisam ser capazes de domesticar essas diversas racionalidades a argumentos juridicamente plausíveis. O enorme impacto das estratégias de ponderação que passaram a ser empregadas pelas Cortes Constitucionais ao redor do mundo é uma consequência direta dessa tentativa de dar uma configuração jurídica, ainda que de matriz pragmática, à solução de problemas que, de fato, exigem a articulação de valores e racionalidades que estruturam as esferas econômica, científica, política etc.

Antes, porém, de apresentar a argumentação de natureza jurídica constitucional propriamente dita, com ênfase na regra de proporcionalidade, talvez seja prudente que o leitor se aproxime das principais modalidades de argumentos moral e instrumental que são cada vez mais presentes nos processos de interpretação e aplicação das normas de direitos fundamentais pelo Supremo.

3.4.1 Argumentos morais

Encontramos no debate sobre interpretação e aplicação das normas de direitos fundamentais dois tipos básicos de argumentos de natureza ética, que poderiam ser classificados em argumentos sobre valores morais e argumentos ligados à exigência de imparcialidade.

Aqui, cumpre destacar que conceitos éticos são constantemente invocados na retórica dos direitos fundamentais. A preocupação central da argumentação moral é estabelecer qual a conduta correta a ser desempenhada. Daí se falar em razão prática, pois voltada a determinar nossa práxis, ou conduta, em relação a nós mesmos e em relação ao outro. Nesse sentido, os argumentos morais são baseados em princípios com algum grau de primazia. Assim, é natural que a argumentação moral mantenha relação íntima com a gramática dos direitos fundamentais, na medida em que também a gramática dos direitos é baseada em argumentos normativos, que tomam (no caso) os direitos como fundamento para a determinação das condutas. Em ambos os casos, portanto, o que se busca é a determinação de um fundamento, de uma razão, que determine a retidão ou a correção de uma ação. Deve-se, ou não, autorizar o aborto? Deve-se, ou não, censurar os discursos de ódio? Deve-se, ou não, criar programas para socorrer os mais necessitados? Para responder a cada uma das perguntas deve se ter parâmetros. Os argumentos morais basicamente buscam construir esses parâmetros, de forma que possamos justificar nossas condutas como certas ou erradas.

O que distingue esse campo é seu grau de objetividade. Enquanto na argumentação moral de natureza filosófica o que se está discutindo é qual princípio deve guiar a ação, no campo dos direitos fundamentais pressupõe-se que os princípios já estejam determinados, pois incorporados pela Constituição. Dessa forma, a argumentação moral no campo da interpretação constitucional se dá sobretudo na solução de disputas entre princípios reconhecidos pela norma.

Uma primeira forma de argumentação moral costumeiramente encontrada nos diálogos em torno da aplicação dos direitos fundamentais assume a existência de valores morais como "bens jurídicos" encampados pelo texto constitucional e que, nesta condição, devem ser protegidos e promovidos. Assim, a igualdade ou a liberdade, mas em especial a dignidade, são tratados como conceitos razoavelmente definíveis e que têm papel central na legitimação de todo ordenamento jurídico. É com o objetivo de proteger esses bens e valores que o ordenamento jurídico é criado, e, portanto, todas as condutas que atentarem contra esses bens carecem de validade. Claramente, o que se tem aqui é um postulado de que esses valores ocupam posição de supremacia dentro do ordenamento jurídico, não apenas emprestando-lhe legitimidade, mas servindo como critério último para a solução de controvérsias.

Diferentemente da ideia de princípio apresentada por Robert Alexy, que se refere a princípios como um tipo específico de norma constitucional, a incorporação de um princípio moral à Constituição tem por finalidade conferir supremacia jurídica ao referido preceito. Neste sentido, a realização desses valores deveria triunfar sobre outros interesses protegidos pela Constituição mas que não possuem necessariamente estatura moral. Alguns autores chamam esse uso do argumento moral de "jurisprudência de valores". Assume-se que o sistema jurídico é uma função dos valores morais que o legitimam, e que esses mesmos valores ocupam posição de supremacia hierárquica em relação aos demais bem jurídicos protegidos pela ordem jurídica. A proposição de que os direitos fundamentais têm "núcleos essenciais", que não podem ser objeto de constrangimento, está associada a este tipo de argumento de natureza moral.

O que se percebe na jurisprudência do Supremo é que, quando os Ministros utilizam argumentos de natureza moral, especialmente quando invocam a violação do princípio da dignidade humana ou o direito à vida, estão buscando invalidar qualquer outro argumento (e fundamento) que contra ele se contraponha. Essa questão fica explícita, por exemplo, na primeira discussão sobre a distribuição de medicamentos, realizada pelo Min. Celso de Mello. Ao estabelecer que os argumentos de natureza financeira colocavam em risco o direito à vida, que era o valor fundamental da ordem jurídica, não havia como tomar outra decisão que não aquela que determinasse a distribuição dos medicamentos. No caso da discussão sobre células-tronco o argumento moral foi utilizado pelo Min. Ayres Britto para defender a supremacia da dignidade. Conferindo ao direito à vida um *status* constitucional ordinário, não teve por que não o relativizar, deixando ao legislador ordinário a competência para determinar sua origem, seu fim, e grau de proteção. No entanto, quando invoca o princípio da dignidade humana, claramente está estabelecendo uma barreira mais elevada, de hierarquia superior, com a qual se deve tratar. Da mesma forma as decisões sobre a obrigatoriedade da realização de exames de DNA para determinação da paternidade. Ao perceber que o exame de paternidade *sub* vara consistiria numa autorização para o Estado interferir na esfera mais íntima da pessoa, que é seu corpo, o Min. Marco Aurélio veda a medida. O que há em comum em todos esses casos é o estabelecimento de uma hierarquia de valores que determina uma decisão que não toma em consideração suas consequências. Há, portanto, uma primazia do princípio sobre a consequência da decisão.

O problema com essa forma de argumentação moral no campo da aplicação dos direitos fundamentais é que ela estabelece alto grau de subjetivismo, seja na definição de quais valores morais ocupam esses espaços ou, mesmo, em qual deva ser a hierarquia entre esses valores. Num conflito sobre a descriminalização do uso de drogas, qual valor deve prevalecer: a autonomia do indivíduo ou seu bem-estar? No caso do discurso de ódio, deve-se privilegiar a liberdade de expressão ou o direito de uma pessoa ou de um grupo de não ser ofendido? Se o intérprete estabelece *a priori* quais são os valores protegidos pela ordem constitucional e qual sua hierarquia, tem, então, um critério para solução desses conflitos. Isso, porém, potencializa a discricionariedade na aplicação da Constituição.

Uma segunda modalidade de uso de argumento moral empregada na interpretação e na aplicação de direitos fundamentais está associada mais diretamente ao pensamento kantiano. O que se propõe aqui não é o estabelecimento *a priori* de quais são os valores que legitimam a ordem jurídica e qual a hierarquia que existe entre eles, mas a proposição básica de que a pessoa não pode ser tratada como objeto. A função do argumento moral é sobretudo processual: o estabelecimento de um método que busque assegurar, na maior medida possível, uma distribuição imparcial de direitos. Não se escapa do pressuposto moral de que todas as pessoas devem ser tratadas como fins em si mesmas. Esta premissa, no entanto, não decorre de uma dádiva da natureza ou de uma vontade divina transcendente, mas de uma definição da sociedade que quer estabelecer essa regra como a pedra fundamental da vida coletiva. Se as pessoas são fins em si, as regras do Direito devem ser formuladas de forma a que todas sejam igualmente respeitadas e ninguém possa ser tratado como objeto, destituído de vontade. Sendo assim, uma vez distribuídos de forma imparcial, os direitos têm uma função de garantir a reciprocidade no tratamento. Neste caso, o argumento moral é usado não com a finalidade de estabelecer o "núcleo" ou a hierarquia dos direitos, mas, sim, sua realização recíproca, e em igual medida, num conjunto de relações e tensões jurídicas e sociais.

3.4.2 Argumentos instrumentais

É cada vez mais comum encontrarmos na jurisprudência de direitos fundamentais do Supremo a utilização de argumentos de natureza instrumental. Por *argumento instrumental* compreenda-se aquele tipo de raciocínio voltado a justificar a ação ou o emprego de determinados meios não em função de um princípio previamente estabelecido, mas em função dos fins a que se pretende chegar. São argumentos de natureza consequencialista. Não se deve confundir os argumentos instrumentais utilizados no campo da interpretação e aplicação de direitos fundamentais com o que se convencionou vulgarmente chamar de raciocínio maquiavélico. Digo isso porque os argumentos instrumentais, quando propriamente utilizados no campo da interpretação dos direitos fundamentais, não podem estar dissociados do objetivo de atingir fins autorizados pelos próprios direitos fundamentais. Em outras palavras: os fins são necessariamente legítimos, o que não ocorre na ideia vulgar de maquiavelismo.

Talvez os exemplos mais explícitos de aplicação de argumentos instrumentais no campo dos direitos fundamentais possam ser encontrados na área de regulação da propriedade e, mesmo, da distribuição de alguns direitos sociais. A propriedade é um direito fundamental. Como a fruição do direito da propriedade depende da exclusão de outros de exercer qualquer domínio sobre aquela propriedade, não é incomum que na gramática constitucional esse direito seja constantemente relativizado. A própria ideia de função social (fim legitimado pela ordem jurídica) da propriedade estabelece uma série de condicionantes para o exercício desse direito. Muitas vezes essas condicionantes são formuladas em ternos instrumentais. A constrição do direito à propriedade para alguns, através da majoração de tributos por exemplo, pode gerar maior fruição do direito à educação ou à saúde para outros.

Quando do congelamento dos ativos financeiros durante o governo do Presidente Collor de Mello um caso chegou ao Supremo onde se questionava se aquele congelamento não feria o direito à propriedade. O Min. Sidney Sanches, ao despachar a liminar, utilizou-se do argumento de que, muito embora parecesse haver grave infringência do direito à propriedade, o retorno dos ativos financeiros ao mercado poderia gerar uma hiperinflação, prejudicando a todos. Logo, a avaliação sobre os potenciais resultados prevaleceu sobre o julgamento *a priori* da validade das medidas.

Também temos encontrado o emprego de argumentos instrumentais de maneira cada vez mais rotineira em casos que exijam dilemas de distribuição. Ao conceder tratamento muito dispendioso para uma pessoa, que eventualmente lhe salvará a vida, quantas pessoas terão seu direito à saúde constrangido ou, mesmo, inviabilizado, dado o fato de que os recursos não são infinitos? Este tipo de argumento gerou a formulação do conceito de "reserva do possível", que propõe ao magistrado buscar verificar qual o potencial impacto de sua decisão em face dos recursos escassos.

A utilização de argumentos instrumentais no campo dos direitos fundamentais pode, no entanto, gerar distorções, não apenas pelo fato de que nem sempre os juízes são capazes de determinar quais serão as referidas consequências de suas decisões, ou fazê-lo com precisão, como também porque o emprego deste tipo de argumento pode, inclusive, esvaziar a própria lógica dos direitos fundamentais. Peguemos um caso concreto, que está no horizonte de decisão do Supremo. O sistema penitenciário vive forte crise. Não há vagas, as condições são cruéis e degradantes. Claramente constrangem a dignidade dos presos. Diversas ações vêm sendo propostas ao longo dos anos com o objetivo de reformar o sistema, construir mais presídios, determinar o fechamento de estabelecimentos degradados ou, mesmo, autorizar a soltura de presos. Como deve proceder o Tribunal? Se tomar o princípio da dignidade e o direito de não ser submetido a tratamento degradante como razão peremptória para sua decisão, deverá atender a grande parte das demandas. Se, no entanto, der prevalência a argumentos instrumentais, inclusive de natureza estritamente orçamentária ou, mesmo, de ordem pública, corre o risco de relativizar o direito à integridade física, abdicando de sua função de proteção de direitos.

3.4.3 Argumentos dogmáticos constitucionais tradicionais

A premissa fundamental do argumento jurídico é que as decisões devem ser uma consequência necessária de uma norma jurídica prevista no texto constitucional ou, ao menos, de uma norma jurídica reconhecida pelo texto constitucional como válida. Esta proposição pode parecer um truísmo, mas quando analisamos as discussões sobre interpretação constitucional, por exemplo, nos Estados Unidos percebemos que a referência ao texto constitucional é algumas vezes secundária. Lá os precedentes ocupam muitas vezes o papel de fonte primária de autoridade constitucional, que, no caso brasileiro, no entanto, é conferida ao texto da Constituição.

Também dentro da categoria de argumentos propriamente jurídicos os Ministros emprestam autoridade à doutrina jurídica, ou seja, à forma como os juristas definem os conceitos jurídicos e estabelecem os padrões de racionalidade para articular a relação entre as diversas normas do ordenamento jurídico, bem como apresentam propostas sobre as formas aceitáveis de como se deve interpretar o Direito. Se a citação doutrinária é frequente, sua utilização se demonstra muitas vezes apenas retórica, ou seja, é incorporada na argumentação, mas as decisões não constituem uma decorrência lógica das premissas firmadas doutrinariamente. À doutrina internacional também é conferido um espaço razoável na jurisprudência do Supremo, o que não significa que seu emprego não seja igualmente retórico.

O que parece mais paradoxal quando analisamos de maneira sistemática a jurisprudência do Supremo no campo dos direitos fundamentais é o espaço secundário reservado à sua própria jurisprudência. É comum ao trabalho dos tribunais, especialmente em Países de *Common Law* (mas também nas Cortes Constitucionais de Países de tradição civilista), que a atividade jurisdicional tome os precedentes como fonte primária de autoridade. Quando analisamos a jurisprudência do Supremo, no entanto, embora haja a citação de um grande número de casos relacionados à questão sob julgamento, pode-se perceber que a citação dessa jurisprudência não tem muitas vezes a função de condicionar as decisões do

Tribunal, reduzindo a discricionariedade dos magistrados. Como no caso do emprego da doutrina, a jurisprudência cumpre muitas vezes uma função sobretudo instrumental e retórica. É fato que o Tribunal tem conferido mais força à sua jurisprudência. Isso ocorre especialmente na solução de casos que chegam em grande número ao Tribunal, por intermédio da declaração de repercussão geral e dos respectivos julgamentos em lista. No entanto, em casos novos, que são enfrentados em Plenário, como os analisados neste livro, o papel da jurisprudência do Supremo não se equipara ao papel dos precedentes em muitas outras partes do mundo. Ainda no que se refere ao papel da jurisprudência, importante notar que não é incomum a invocação de um precedente internacional, em especial da Corte Constitucional alemã ou da Suprema Corte norte-americana. A jurisprudência dos tribunais de direitos humanos, especificamente da Corte Interamericana de Direitos Humanos, vem paulatinamente ganhando espaço no processo de decisão do Supremo. Como ocorre com a doutrina, a jurisprudência internacional também ocupa um espaço bastante retórico na jurisprudência do Supremo.

Ainda no campo da argumentação propriamente jurídica, o Supremo tem empregado nestas últimas décadas um conjunto de ferramentas dogmáticas, ou argumentos dogmáticos, que favorecem a racionalização das discussões e deliberações dentro do Tribunal. É constante o emprego dos seguintes postulados:

3.4.3.1 *Princípio da força normativa da Constituição*

Entende-se por esse princípio que as normas constitucionais têm plena eficácia jurídica, não sendo enunciados retóricos ou postulados meramente programáticos.

Associado a esse princípio, no campo específico dos direitos fundamentais, dá-se muita relevância ao postulado da *máxima efetividade dos direitos fundamentais*. Ou seja: ao intérprete cumpre buscar assegurar que os valores e bens jurídicos protegidos pelas normas de direitos fundamentais sejam realizados da forma mais ampla, eficaz e eficiente possível.

3.4.3.2 *Princípio da unidade da Constituição*

Por seu intermédio o intérprete se vê obrigado a tomar a Constituição como um conjunto sistêmico de normas de mesma hierarquia, que não podem ser interpretadas e aplicadas em separado. Não se pode buscar solucionar uma questão concreta pela interpretação de apenas um dispositivo da Constituição, sem uma análise da sua relação com outros dispositivos que também podem vir a ser relevantes para a determinação da solução constitucionalmente mais adequada da questão. Ligado a esse postulado há o princípio da *concordância prática*, que determina ao intérprete não apenas realizar uma análise sistêmica do texto, mas também se empenhar em buscar a harmonização entre os dispositivos que muitas vezes se demonstram em aparente tensão. Tendo em vista que o Judiciário não é o único intérprete da Constituição, assim como não é o único responsável pela sua aplicação, deve buscar sempre ser o mais deferente possível para com o modo como os demais Poderes interpretam e aplicam a Constituição.

3.4.3.3 *Princípio da interpretação conforme à Constituição*

Daí deriva o princípio da *interpretação conforme à Constituição*, pelo qual a Corte, sempre que possível, deve preferir determinar uma interpretação que se demonstre em conformidade com a Constituição do que a supressão de um ato normativo produzido pelos demais Poderes. Assim, ao invés da supressão de um texto de lei, por exemplo, o Supremo determina a forma como deve ser interpretado para que se ajuste à vontade constitucional.[24]

Embora esses postulados contribuam para a criação de uma linguagem comum entre intérpretes da Constituição, reduzindo a cacofonia do diálogo constitucional, eles são muito genéricos. Não asseguram balizas claras e racionais a partir das quais os juízes possam realizar a atividade e muito menos parâmetros objetivos pelos quais essa atividade interpretativa pode ser controlada. Por outro lado, detecta-se uma falta de consistência e coerência com que o Tribunal aplica cada uma dessas ferramentas. Como suas decisões são compostas da soma dos votos de cada um dos Ministros, muitas vezes não temos como determinar quais foram os critérios jurídicos, nem os métodos argumentativos, que fundamentaram a decisão, pois não há o que se possa chamar propriamente de *decisão da Corte*, senão uma soma aritmética dos votos dos juízes. Adicione-se a isso o fato de que os magistrados não se veem obrigados a ser coerentes com suas decisões anteriores, o que é apenas parte do problema da falta de deferência do Tribunal com sua própria jurisprudência.

Essa característica do Supremo gera dois efeitos negativos e um positivo. Os efeitos negativos são, claramente, a falta de estabilidade de sua jurisprudência, assim como a dificuldade de poder tomar um precedente como argumento de autoridade para a solução de casos posteriores. A falta de criação de *standards* (padrões) de decisão é parte deste problema. O ponto eventualmente positivo é a liberdade do Tribunal para inovar. São, evidentemente, duas faces da mesma moeda.

A simples leitura dos casos demonstra, no entanto, que, muito embora predominem, os Ministros não se limitam ao emprego de argumentos da dogmática constitucional para solucionar as questões que lhes são apresentadas. Também é comum a utilização de argumentos de natureza moral, política, econômica e, mesmo, científica.

Em face dessa enorme dificuldade dos argumentos dogmáticos constitucionais de articularem racionalidades e argumentos de natureza moral e instrumental, tem sido cada vez mais comum ver as Cortes Constitucionais buscarem meios de ponderar e balancear conflitos entre valores, princípios e distintos interesses articulados por essas modalidades de argumentação.

3.4.4 A regra da proporcionalidade:
conflito de regras e colisão de princípios

Um dos problemas centrais no campo dos direitos fundamentais, sobretudo no contexto de uma Constituição que tem funcionado como um *compromisso maximizador* de distintos interesses e valores dispersos na sociedade, é a solução prática desses conflitos e colisões. Nesse contexto, os métodos de ponderação passam a desempenhar função essencial na solução de casos relativos aos direitos fundamentais.

Como foi acima proposto, as normas que veiculam os direitos fundamentais são de três categorias básicas: regras, princípios e programas (ou políticas). A forma como se resolvem tensões entre esses diversos tipos de normas também deve ser distinta. Importante destacar que essas tensões podem se dar entre normas de uma mesma categoria e normas de categorias distintas. Aqui, daremos especial atenção aos conflitos entre regras e à colisão entre princípios.

---

24. J. J. Gomes Canotilho, *Direito Constitucional e Teoria da Constituição*, Coimbra, Livraria Almedina, 2015.

Quanto ao conflito entre regras, o que distingue uma regra das demais normas é o fato de elas serem ou não aplicáveis a uma situação específica. O conflito entre duas regras com pretensão de regular determinada circunstância deve ser resolvido no plano da validade, em que a validade de uma exclui ou excepciona a da outra. Logo quando existem duas ou mais regras com a ambição de governar determinada situação, apenas uma delas deve prevalecer.

O modelo para a solução de conflito entre regras consolidado pelo pensamento jurídico é razoavelmente simples. Regras de hierarquia superior devem prevalecer sobre regras de hierarquia inferior. Regras mais específicas devem prevalecer sobre regras mais genéricas. E, por fim, regras posteriores devem prevalecem sobre regras anteriores. Esse sistema geral de solução de conflito de regras cumpre bem a função de resolver o conflito entre regras que veiculam direitos fundamentais. Nesse sentido, quando temos o conflito entre uma regra de direito fundamental e uma regra ordinária, a regra constitucional prevalece sobre a ordinária. Quando há conflito entre duas regras de direitos fundamentais, se ambas foram produzidas num mesmo momento, é essencial que se verifique qual delas é a mais específica.

Na medida em que o que caracteriza uma regra do ponto de vista de sua aplicação é essa sua pretensão de excluir outras normas que ambicionem regular a mesma situação, no caso de conflito entre uma regra e um princípio, a regra, e não o princípio, deve prevalecer, inversamente do que muitos vezes se propõe, exceto para aqueles que conferem aos princípio não apenas estrutura e função normativas distintas, mas também compreendem que esses ocupam posição hierárquica superior no ordenamento constitucional. Porém, para os que assumem que todas as normas constitucionais – portanto, todas as normas de direitos fundamentais – têm a mesma hierarquia, não pode haver outra solução para o conflito entre regras e princípios que não a prevalência da regra, sem que para isso seja necessária a invalidação do princípio.

De outro lado, está um problema bastante mais complexo, que é a necessidade de solucionar colisão entre princípios. Conforme a sintética e precisa formulação de Robert Alexy, os princípios são "mandados de otimização". Sua finalidade é maximizar a efetividade do valor ou interesse por eles veiculado, tendo em vista as condicionantes jurídicas e fáticas que incidem sobre uma situação concreta.

A solução da colisão entre princípios exige um procedimento mais complexo do que a resolução do conflito de regras. A competição das normas com pretensão de incidência em determinado caso não se dá no campo da validade, mas, sim, de uma ponderação entre o peso que deve se dar a cada um desses princípios numa situação específica. Se os princípios têm por finalidade a maximização dos valores e interesses por eles veiculados, a contraposição entre dois princípios pode ser harmonizada pela verificação, condicionada àquela situação específica, de qual desses valores ou interesses deve prevalecer com maior peso na regulação da questão.

Para enfrentar a questão da colisão entre princípios que veiculam direitos fundamentais a jurisprudência da Corte Constitucional alemã desenvolveu, ao longo das últimas décadas, o que se convencionou chamar de "regra da proporcionalidade". A regra da proporcionalidade é, portanto, uma construção jurisprudencial e doutrinária que tem por finalidade a solução de colisões concretas entre princípios constitucionais, muito comuns no capo dos direitos fundamentais.

Essa ferramenta analítica tem tido enorme difusão e impacto sobre o trabalho de tribunais ao redor do mundo.[25] Embora tenha afinidade com modelos teóricos bastante antigos,

---

25. Alec Stone Sweet e Jud Matheus, *Proportionality and Global Constitutionalism*, Yale Law School Legal Scholarship Repository, Faculty Scholarship Series, 1.1.2008, p. 74.

que remontam ao tempo de Aristóteles,[26] para solucionar o problema de conflitos e colisões entre valores e, mesmo, direitos, ou ainda com os mecanismos de balancing, decorrentes da cláusula do devido processo legal substantivo do Direito Norte-Americano (objeto de análise do Capítulo 7 deste livro), a regra da proporcionalidade ganhou contornos mais precisos e instrumentais por intermédio, por exemplo, de uma sofisticada e concisa formulação apresentada pelo jusfilósofo Robert Alexy. Essa doutrina não tem por objetivo resolver todos os problemas da interpretação constitucional e nem mesmo se propõe a eliminar todos os problemas derivados da indeterminação e da subjetividade inerentes ao processo de interpretação no campo do direito constitucional. Sua finalidade é reduzir a subjetividade e ampliar a possibilidade de controle mais racional da atuação do Judiciário em casos relacionados à solução de tensão entre direitos fundamentais.[27] Trata-se, portanto, de ferramenta analítica voltada à solução de casos concretos.

É operação que envolve três etapas fundamentais, precedidas de duas premissas. A primeira premissa é que tenhamos um *caso concreto*, onde a solução de um problema jusconstitucional acarrete, a princípio, tensão entre princípios que veiculam direitos fundamentais ou interesses constitucionalmente estabelecidos. Esta natureza prática da regra de proporcionalidade determina que os processos de ponderação sejam condicionados ao problema concreto que se pretende resolver. Nesse sentido assume-se a ideia, decorrente do princípio da unidade da Constituição, de que não há uma norma ou um princípio que tenha, *a priori*, precedência sobre os demais. A precedência será determinada pela aplicação da regra da proporcionalidade e *condicionada* por aquele conjunto de fatores levados em consideração no caso concreto. Daí se falar que os princípios são harmonizados por relações de precedência condicionada.

A segunda premissa é que o objetivo a ser alcançado pela lei, medida administrativa ou, mesmo, sentença judicial questionadas em face do Judiciário seja, *a priori*, *legítimo*, ou seja, não seja manifestamente incompatível com a ordem jurídica. Assim, uma lei voltada a estabelecer a censura prévia ou a discriminar pessoas com base em seu credo religioso sequer mereceria ser submetida a um processo de ponderação, pois sua finalidade está claramente vedada pela Constituição. Ultrapassadas essas duas premissas, a aplicação da regra da proporcionalidade pode ser de grande utilidade na solução de casos que envolvam tensão entre direitos fundamentais.

A primeira fase desse processo consiste na aferição da *adequação* entre os meios escolhidos e os fins pretendidos. Nessa etapa o juiz deve aferir se os meios escolhidos pelo legislador, pelo administrador ou, mesmo, por um outro juiz são pertinentes à promoção dos objetivos (legítimos) que se busca promover por intermédio da referida medida. Trata-se, assim, de mera verificação da existência de um vínculo racional entre o que se quer e o que se escolheu para chegar ao objetivo pretendido.

Ultrapassada essa primeira etapa, ou aprovada nesse primeiro teste, a medida deve ser submetida a um segundo escrutínio, este um pouco mais rigoroso. Nessa segunda etapa o juiz deverá, por intermédio do teste da *necessidade*, aferir se o meio escolhido é "menos restritivo" a direito(s) fundamental(ais) do que outros meios igualmente adequados e efetivos para a promoção do fim almejado. Ou seja: para que o ato possa passar no teste da necessidade é imperativo demonstrar que, ainda que existam outros meios adequados e igual-

---

26. John Finnis, *Natural Law and Natural Rights*, Oxford, Claredon University Press, 1996, pp. 85-86.
27. Virgílio Afonso da Silva, "Comparing the incommensurable: constitutional principles, balancing and rational decision", cit., *Oxford Journal of Legal Studies* 31/273-301.

mente eficientes para a realização de um fim legítimo pretendido, o ato só superará o teste de necessidade se for possível demonstrar, argumentativamente, que causa menos constrangimento aos demais direitos fundamentais envolvidos na solução da questão; ou, de forma mais sintética, o "mandato do meio mais benigno".[28]

Caso a medida em questão, além de superar o teste da *adequação*, demonstrando-se hábil a realizar o objetivo legítimo pretendido, também superar o teste da *necessidade*, pelo qual se afere se a medida é o meio mais benigno para promover os objetivos pretendidos, então, deve ser submetida ao teste final, que é o da proporcionalidade em sentido estrito. Nesse sentido, como enfatiza Virgílio Afonso da Silva, é importante que se compreenda que essas fases se relacionam e devem ser aplicadas numa ordem específica. Da que exige menor grau de subjetividade (adequação) para a que exige maior (proporcionalidade em sentido estrito).

Assim, caso não passe no teste da adequação, o juiz sequer será obrigado a se engajar no teste do meio mais benigno. E, se a medida não superar o teste do meio mais benigno, também não será necessário realizar a última etapa, que é a da ponderação em sentido estrito. Em resumo: esta ferramenta analítica funciona como um funil, que, se bem aplicado, reduz substantivamente a necessidade de os juízes se verem obrigados a realizar um sopesamento, ainda que condicionado, entre dois princípios.

A última etapa desse processo constitui a *proporcionalidade em sentido estrito*. Aqui, o que se busca aferir é se uma medida que seja considerada adequada e necessária também é capaz de se demonstrar proporcional, ou seja: se a importância do ganho para o princípio que se busca otimizar justifica a restrição e o sacrifício parcial do princípio que com ele entra em colisão.

Importante destacar que nas primeiras duas etapas de aplicação da regra da proporcionalidade se está aferindo as possibilidades fáticas relacionadas aos valores ou interesses que se pretende otimizar. Já, na última etapa o que está em jogo são as possibilidades jurídicas.

---

28. Alexy, *Teoría de los Derechos Fundamentales*, cit., pp. 91-92.

Parte II
O SUPREMO E OS DIREITOS FUNDAMENTAIS

Capítulo 4
DIGNIDADE HUMANA

4.1 A dignidade humana como construção moral. 4.2 Dignidade humana na Constituição de 1988. 4.3 STF, ADI 3.510-DF. 4.4 STF, ADPF 54-DF. 4.5 STF, HC 71.373-4-RS. 4.6 STF, Extr 633-República Popular da China. 4.7 STF, HC 82.959-7-SP. 4.8 STF, HC 91.952-9-SP. 4.9 STF, RE 466.343-1-SP. 4.10 STF, ADPF 153-DF. 4.11 STF, ADPF/MC 347-DF.

A Constituição brasileira estabelece a dignidade da pessoa humana como um dos fundamentos de nossa República, por intermédio de seu art. 1º, III. A expressão não volta mais a aparecer no texto como um direito subjetivo expressamente reconhecido. Talvez essa tenha sido uma posição sábia de nosso constituinte, pois a dignidade é multidimensional, estando associada a um grande conjunto de condições ligadas à existência humana, a começar pela própria vida, passando pela integridade física e psíquica, integridade moral, liberdade, condições materiais de bem-estar etc. Nesse sentido, a realização da dignidade humana está vinculada à realização de outros direitos fundamentais, estes, sim, expressamente consagrados pela Constituição de 1988.

Isso não deve significar, no entanto, que a dignidade não tenha um sentido autônomo e juridicamente relevante, como um direito que imponha deveres ao Estado e aos demais membros da sociedade. Até porque em muitas situações encontraremos a ideia de dignidade em confronto com os direitos fundamentais acima mencionados.

Pensemos apenas nas seguintes situações: eutanásia e contrato para prestação de serviços degradantes.

No primeiro caso temos, de um lado, o direito à vida e a obrigação correlata do Estado de agir a favor dessa vida e, do outro, a dignidade de uma pessoa, que não quer permanecer em estado vegetativo indefinidamente, em decorrência de uma doença ou acidente cruel. Esse é um caso clássico de colisão entre os direitos à vida e à dignidade.

Na situação do contrato degradante podemos ter uma pessoa – um anão, por exemplo – que, no gozo de seu direito à liberdade, aceita trabalhar num programa de televisão onde ela é sistematicamente humilhada em face de sua condição física; temos aqui uma situação patente de confronto entre o valor liberdade e o valor dignidade.[1] Este contrato, livremente firmado, é válido em face do princípio da dignidade humana?

Para resolver situações como essas precisamos de um conceito de dignidade que não se confunda com o de vida ou liberdade, pois em ambos os casos vida e liberdade aparecem em contraposição a um outro valor, que se refere à condição de uma vida que valha a pena ser vivida ou à condição pela qual merecemos ser tratados pelo simples fato de sermos humanos. Embora a vida e a liberdade sejam na grande maioria dos casos pré-condições da dignidade, em situações extremas podem encontrar-se em polos distintos desse valor.

---

1. Para essa discussão, v. o excelente trabalho de Alexandre dos Santos Cunha, *A Normatividade da Pessoa Humana*, Rio de Janeiro, FGV/Forense, 2004, pp. 59 e ss.

4.1 A dignidade humana como construção moral

À margem de concepções religiosas que atribuam ao ser humano uma posição especial no cosmo, somos apenas seres compostos por "cem trilhões de células, de milhares de tipos diferentes. Estes conjuntos de células são filhas da célula ovo com a célula esperma que unidos te começaram; no entanto, estas células são superadas numericamente por trilhões de bactérias caronas de diferentes linhagens alojadas em seu corpo (...). Cada uma de suas células hospedeiras é um mecanismo destituído de mente, primariamente um microrrobô autônomo. Sem maior grau de consciência do que o das suas convidadas bactérias. Nenhuma das células que te compõem sabe quem você é, ou se importa com isso".[2]

O que faz com que esse trilhão de células humanas mereça ser tratado com mais dignidade do que suas congêneres que compõem um animal em Português chamado boi, que, aliás, faz parte da refeição de milhões de pessoas todos os dias?

Como este trabalho é sobre o direito das pessoas, e não dos animais, vamos buscar compreender de que forma se tem justificado a reivindicação de que as pessoas devem ter uma esfera fundamental de seu bem-estar e de seus interesses protegida, dispensando-nos de uma discussão extremamente complexa sobre o direito de outros seres.[3]

Embora as recentes descobertas científicas apontem que há poucas diferenças entre nossa cadeia de DNA e a de alguns outros animais, o fato é que ao longo de nossa história evolutiva desenvolvemos a capacidade de refletir sobre nós mesmos, de nos perguntar de onde viemos e para onde vamos. Mais que isso, os seres humanos desenvolveram a capacidade de fazer escolhas em torno de qual direção querem dar às suas ações. Diferentemente dos demais animais, que agem predominantemente em função de seus instintos ou de sua programação genética, os humanos têm a capacidade de desafiar seu ímpeto (instinto ou pulsão) de agir apenas em favor da maximização de seus interesses primários. A ação moral está diretamente associada a esta aptidão de agir conforme aquilo que se julga correto em relação às demais pessoas, e não simplesmente em conformidade com aquilo que maximize o bem-estar imediato do indivíduo.[4]

A ideia de dignidade humana está, portanto, vinculada à nossa capacidade de nos conduzirmos pela nossa razão e não nos deixarmos nos arrastar apenas pelas nossas paixões. Consultada nossa razão, como diria Rousseau, o ser humano pode conceber o que é certo e o que é errado, o que é moral do que é imoral, e seu livre arbítrio o habilitará a seguir um ou outro caminho. A autonomia é, assim, um pressuposto da moralidade.

Quando um leão persegue uma manada de zebras, matando a mais fraca e lenta, não há aí nenhuma imoralidade ou crime, porque o leão não tinha liberdade de tomar uma decisão contrária aos seus instintos de predador. Nós, no entanto, temos essa liberdade. Em *Totem e Tabu*[5] Freud aponta de que forma a criação de regras, que separam o admitido do proibido, desempenha um papel crucial em nosso processo civilizatório. Hoje, mesmo nas situações mais extremas, em que nossa vida se encontra em eminente perigo, como uma guerra, matar pode ser considerado um crime: basta ler as Convenções de Genebra, de 1949, para compreender isso.

A ideia de que as pessoas têm um valor que lhes é "intrínseco" não é, portanto, natural, mas uma construção de natureza moral. Assim, ninguém nasce com algum valor que lhe

---

2. Daniel Dennett, *Freedom Evolves*, Londres, Penguin Books, 2004, p. 2.
3. Peter Singer, *Writings on a Ethical Life, Practical Ethics*, Nova York, Harper Perennial, 2000, pp. 21 e ss.
4. Thomas Pink, *Free Will: a Very Short Introduction*, Oxford, Oxford University Press, 1983.
5. Sigmund Freud, *Totem e Tabu*, São Paulo, Imago, 1999.

seja inerente. Este valor é artificialmente conferido às pessoas. "Artificialmente", aqui, no sentido de que é um valor construído socialmente, e não presente na natureza ou na ordem cósmica. Quando a Assembleia-Geral Francesa proclamou, em 1789, que todos as pessoas eram iguais, isso não era uma constatação de fato, mas uma decisão política de dar a todas as pessoas uma condição de igualdade. Da mesma forma a *Declaração Universal de Direitos Humanos*, de 1948, ao estabelecer, em seu art. 1º, que "todas as pessoas nascem livres e iguais em dignidade e direito (...)", não está fazendo uma análise sociológica, mas, sim, estabelecendo um parâmetro ético-jurídico a partir do qual os Estados deveriam se relacionar com as pessoas sob sua jurisdição. A dignidade é, portanto, um princípio derivado das relações entre as pessoas; e o direito à dignidade está associado à proteção daquelas condições indispensáveis para a realização de uma existência que faça sentido para cada pessoa.

Embora muitos autores entendam que nós somos merecedores de dignidade pelo simples fato de sermos racionais, essa proposição parece-me um tanto simplista, pois não explicaria por que também devemos tratar com dignidade os seres humanos não dotados de racionalidade. Nesse sentido, seria mais correto dizer que o papel fundamental da razão é habilitar o ser humano a construir parâmetros morais, como a concepção de que as pessoas devem ser tratadas com dignidade pelo simples fato de serem pessoas; de que não podem ser tratadas como meios ou meros instrumentos na realização de nossos desejos, mas que têm desejos e anseios próprios, que devem ser respeitados. Esta é a famosa segunda formulação do imperativo categórico que encontramos na *Fundamentação da Metafísica dos Costumes*, de Kant: "Age de tal forma que trates a Humanidade tanto em sua pessoa quanto na pessoa de qualquer outro, sempre como um fim e jamais simplesmente como um meio".[6] Há dois aspectos importantes nesta construção. O primeiro de ordem substantiva, e o segundo de ordem formal. Vejamos cada um.

O princípio da dignidade, expresso no imperativo categórico, refere-se substantivamente à esfera de proteção da pessoa enquanto fim em si, e não como meio para a realização de objetivos de terceiros. A dignidade afasta os seres humanos da condição de objetos à disposição de interesses alheios. Nesse sentido, embora a dignidade esteja intimamente associada à ideia de autonomia, de livre escolha, ela não se confunde com a liberdade no sentido mais usual da palavra, qual seja, o da ausência de constrangimentos. A dignidade humana impõe constrangimentos a todas as ações que não tomem a pessoa como fim. Esta a razão pela qual, do ponto de vista da liberdade, não há grande dificuldade em se aceitar a legitimidade de um contrato de prestação de serviços degradantes. Se o anão decidiu, à margem de qualquer coerção, submeter-se a um tratamento humilhante em troca de remuneração, qual o problema? De fato, da perspectiva da liberdade não há nenhum problema. A questão é se podemos, em nome de nossa liberdade, colocar em risco nossa dignidade. Colocada a questão em termos clássicos, seria válido o contrato em que permito a minha escravidão? Da perspectiva da dignidade, certamente não.

Por outro lado, no que se refere ao aspecto formal, Kant contempla a dignidade humana, expressa pelo imperativo categórico, como uma exigência de imparcialidade. Se todas as pessoas são um fim em si, todas devem ser respeitadas. E ser "fim em si" significa ser considerado como fecho de razão e sentimentos que não podem ser injustificadamente suprimidos. Essa noção de imparcialidade impõe que as pessoas se tratem com reciprocidade, não apenas como uma medida de prudência, mas como um imperativo derivado da assunção de

---

6. Kant, in Reiss, *Kant Political Writings*, Cambridge, Cambridge University Press, 1996, p. 18.

que o outro tem o mesmo valor que atribuo a mim mesmo – portanto, é merecedor do mesmo respeito. A reciprocidade derivada do princípio da dignidade humana não pode, assim, ser confundida com a reciprocidade instrumental, que aparece de forma mais clara no contrato hobbesiano, onde eu o respeito apenas porque eu espero que você me respeite, e isso é extremamente conveniente para mim.[7]

4.2 Dignidade humana na Constituição de 1988

Se olharmos nossa carta de direitos fundamentais, encontraremos um razoável conjunto de direitos que circulam diretamente na órbita do direito à dignidade, como a proteção à vida, expressa pelo *caput* do art. 5º, o direito à integridade física, psíquica e moral, protegido pelo inciso III do mesmo artigo, ao afirmar que "ninguém será submetido a tortura nem a tratamento desumano ou degradante", ou, ainda, a vedação às penas de morte, de caráter perpétuo ou cruel, estipulada pelo inciso XLVII ainda do art. 5º. Em todas essas ocasiões o constituinte está proibindo que a vida seja extinta ou que seja submetida a padrões inadmissíveis, da perspectiva do que se compreenda por "vida digna". A proibição à pena de morte é autoevidente, posto que elimina a base física da existência moral. No que tange às demais situações de crueldade, estamos lidando com um dos dispositivos mais abertos à construção de sentido. No caso da tortura, a lei penal conceituou aquilo que deve ser considerado inadmissível. Os conceitos de "cruel", "degradante" ou "desumano", no entanto, ficaram abertos à interpretação ou construção de seus sentidos. A sociedade e o Direito é que refletem seus valores, que vão a cada momento dizer o que é ou não "cruel", o que é ou não "desumano" ou "degradante"; logo, o que afeta ou não a dignidade.

O que parece comum a todas essas situações, desde a morte até a submissão à crueldade, é que a pessoa está deixando de ser tratada como um fim em si, servindo de objeto à realização do interesse exclusivo de seu algoz. A ação do pelotão de fuzilamento ou a do torturador não levam em consideração a vítima, mas apenas o interesse do carrasco em punir ou obter uma informação.

A Constituição, por outro lado, parece ter se omitido em regular uma série de situações que envolvem questões de dignidade, como, por exemplo, a vedação ao trabalho escravo, ou a ele análogo, regulada hoje pelo Código Penal. A escravidão, ao submeter a pessoa ao controle total do outro, é uma das formas mais antigas de afronta à ideia de dignidade como esfera de realização da autonomia moral. No mesmo plano coloca-se a exploração sexual de adolescentes, ou prostituição infantil, problema sistêmico em nossa sociedade. Esta e outras omissões ficam claramente supridas pelo acolhimento do princípio da dignidade humana.

Também no campo da dignidade humana, como âmbito de proteção geral da pessoa, enquanto fecho de sentimentos e razão e não como objeto, surgem questões extremamente complexas como o aborto, o transplante de órgãos, a gravidez encomendada e, por fim, o campo da engenharia genética. O princípio da dignidade humana incide diretamente sobre todas essa situações dramáticas, normalmente em tensão com o direito à liberdade e à vida biológica.

Nos diversos casos a seguir elencados algumas destas questões foram enfrentadas pelos Ministros do STF. Nosso desafio é tentar compreender se ao longo dos anos foi o Tribunal capaz de articular este conceito com os demais direitos fundamentais que se colocaram em tensão com o princípio da dignidade.

---

7. Brian Barry, *Justice as Impartiality*, Oxford, Clarendon Press, 1999, p. 51.

4.3 Caso das Células-Tronco (ADI 3.510-DF)

(Plenário – rel. Min. Ayres Britto – j. 29.5.2008)

Constitucional – Ação direta de inconstitucionalidade – Lei de Biossegurança – Impugnação em bloco do art. 5º da Lei n. 11.105, de 24.3.2005 (Lei de Biossegurança) – Pesquisas com células-tronco embrionárias – Inexistência de violação do direito à vida – Constitucionalidade do uso de células-tronco embrionárias em pesquisas científicas para fins terapêuticos – Descaracterização do aborto – Normas constitucionais conformadoras do direito fundamental a uma vida digna, que passa pelo direito à saúde e ao planejamento familiar – Descabimento de utilização da técnica de interpretação conforme para aditar à Lei de Biossegurança controles desnecessários que implicam restrições às pesquisas e terapias por ela visadas – Improcedência total da ação.

I – O conhecimento científico, a conceituação jurídica de células-tronco embrionárias e seus reflexos no controle de constitucionalidade da Lei de Biossegurança. (...).

ACÓRDÃO – Vistos, relatados e discutidos estes autos: Acordam os Ministros do Supremo Tribunal Federal em julgar improcedente a ação direta, o que fazem nos termos do voto do Relator e por maioria de votos, em sessão presidida pelo Min. Gilmar Mendes, na conformidade da ata do julgamento e das notas taquigráficas. Vencidos, parcialmente, em diferentes extensões, os Mins. Menezes Direito, Ricardo Lewandowski, Eros Grau, Cézar Peluso e o Presidente.

Brasília, 29 de maio de 2008 – *Ayres Britto*, relator.

RELATÓRIO – *O Sr. Min. Ayres Britto*: Cuida-se de ação direta de inconstitucionalidade, proposta pelo então Procurador-Geral da República, Dr. Cláudio Lemos Fonteles, tendo por alvo o art. 5º da Lei federal n. 11.105 ("Lei da Biossegurança"), de 24.3.2005. Artigo assim integralmente redigido:

"Art. 5º. É permitida, para fins de pesquisa e terapia, a utilização de células-tronco embrionárias obtidas de embriões humanos produzidos por fertilização *in vitro* e não utilizados no respectivo procedimento, atendidas as seguintes condições: I – sejam embriões inviáveis; ou II – sejam embriões congelados há 3 (três) anos ou mais, na data da publicação desta Lei, ou que, já congelados na data da publicação desta Lei, depois de completarem 3 (três) anos, contados a partir da data de congelamento.

"§ 1º. Em qualquer caso, é necessário o consentimento dos genitores.

"§ 2º. Instituições de pesquisa e serviços de saúde que realizem pesquisa ou terapia com células-tronco embrionárias humanas deverão submeter seus projetos à apreciação e aprovação dos respectivos comitês de ética em pesquisa.

"§ 3º. É vedada a comercialização do material biológico a que se refere este artigo e sua prática implica o crime tipificado no art. 15 da Lei n. 9.434, de 4 de fevereiro de 1997."

2. O autor da ação argumenta que os dispositivos impugnados contrariam "a inviolabilidade do direito à vida, porque o embrião humano é vida humana, e faz ruir fundamento maior do Estado Democrático de Direito, que radica na preservação da dignidade da pessoa humana" (fls. 12).

3. Em sequência, o subscritor da petição inicial sustenta que: (a) "a *vida humana* acontece *na, e a partir da*, fecundação", desenvolvendo-se continuamente; (b) o zigoto, constituído por uma única célula, é um "ser humano embrionário"; (c) é no momento da fecundação que a mulher engravida, acolhendo o zigoto e lhe propiciando um ambiente próprio para o seu desenvolvimento; (d) a pesquisa com células-tronco adultas é, objetiva e certamente, mais promissora do que a pesquisa com células-tronco embrionárias. (...).

VOTO – *O Sr. Min. Ayres Britto* (relator): (...). 19. Falo "pessoas físicas ou naturais", devo explicar, para abranger tão somente aquelas que sobrevivem ao parto feminino e por isso mesmo contempladas com o atributo a que o art. 2º do CC brasileiro chama de "personalidade civil", *litteris*: "A personalidade civil da pessoa começa do nascimento com vida; mas a lei põe a salvo, desde a concepção, os direitos do nascituro". Donde a interpretação de que é preciso vida pós-parto para o ganho de personalidade perante o Direito (teoria "naturalista", portanto, em oposição às teorias da "personalidade condicional" e da concepcionista"). Mas personalidade como predicado ou apanágio de quem é pessoa numa dimensão *biográfica*, mais que simplesmente biológica, segundo este preciso testemunho intelectual de José Afonso da Silva: "Vida, no texto constitucional (art. 5º, *caput*), não será considerada apenas no seu sentido biológico de incessante atividade autofuncional, peculiar à matéria orgânica, mas na sua acepção biográfica mais compreensiva (...)". [**Rodapé**: Em *Curso de Direito Constitucional Positivo*, 20ª ed., p. 196, Malheiros Editores, 2001.]

20. Se é assim, ou seja, cogitando-se de personalidade numa dimensão *biográfica*, penso que se está a falar do indivíduo já empírica ou numericamente agregado à espécie animal-humana; isto é, já contabilizável como efetiva unidade ou exteriorizada parcela do gênero humano. Indivíduo, então, perceptível a *olho nu* e que tem sua história de vida incontornavelmente interativa. Múltipla e incessantemente relacional. Por isso que definido como

membro dessa ou daquela sociedade civil e *nominalizado* sujeito perante o Direito. *Sujeito que não precisa mais do que de sua própria faticidade como **nativivo** para instantaneamente se tornar um rematado centro de imputação jurídica.* Logo, sujeito capaz de adquirir direitos em seu próprio nome, além de, preenchidas certas condições de tempo e de sanidade mental, também em nome próprio contrair voluntariamente obrigações e se pôr como endereçado de normas que já signifiquem imposição de "deveres", propriamente. O que só pode acontecer a partir do nascimento com vida, renove-se a proposição.

21. Com efeito, é para o indivíduo assim biograficamente qualificado que as leis dispõem sobre o seu *nominalizado* registro em cartório (Cartório de Registro Civil das Pessoas Naturais) e lhe conferem uma nacionalidade. *Indivíduo-pessoa*, conseguintemente, a se dotar de toda uma gradativa formação moral e espiritual, uma cosmovisão não exatamente darwiniana ou evolutiva do ser humano, porém criacionista ou divina (prisma em que Deus é tido como a nascente e ao mesmo tempo a embocadura de toda a corrente de vida de qualquer dos personalizados seres humanos). segundo última esta, Com o que se tem a seguinte e ainda provisória definição jurídica: *vida humana já revestida do atributo da personalidade civil é o fenômeno que transcorre entre o nascimento com vida e a morte.*

22. Avanço no raciocínio para assentar que essa reserva de personalidade civil ou biográfica para o nativivo em nada se contrapõe aos comandos da Constituição. É que a nossa Magna Carta *não diz quando começa a vida humana.* Não dispõe sobre nenhuma das formas de vida humana pré-natal. Quando fala da "dignidade da pessoa humana" (inciso III do art. 1º), é da pessoa humana naquele sentido ao mesmo tempo notarial, biográfico, moral e espiritual (o Estado é confessionalmente leigo, sem dúvida, mas há referência textual à figura de Deus no Preâmbulo dela mesma, Constituição). E quando se reporta a "direitos da pessoa humana" (alínea "b" do inciso VII do art. 34), "livre exercício dos direitos (...) individuais" (inciso III do art. 85) e até dos "direitos e garantias individuais" como cláusula pétrea (inciso IV do § 4º do art. 60), *está falando de direitos e garantias do indivíduo-pessoa. Gente. Alguém.* De nacionalidade brasileira ou então estrangeira, mas sempre um ser humano já nascido e que se faz destinatário dos direitos fundamentais "à vida, à liberdade, à igualdade, à segurança e à propriedade", entre outros direitos e garantias igualmente distinguidos com o timbre da fundamentalidade (art. 5º). Tanto é assim que ela mesma, Constituição, faz expresso uso do adjetivo "residentes" no País (não em útero materno e menos ainda em tubo de ensaio ou em "placa de Petri"), além de complementar a referência do seu art. 5º "aos brasileiros" para dizer que eles se alocam em duas categorias: a dos brasileiros *natos* (na explícita acepção de "nascidos", conforme as alíneas "a", "b" e "c" do inciso I do art. 12) e brasileiros *naturalizados* (a pressupor formal manifestação de vontade, a teor das alíneas "a" e "b" do inciso II do mesmo art. 12).

23. Isto mesmo é de se dizer das vezes tantas em que o Magno Texto Republicano fala da "criança", como no art. 227 e seus §§ 1º, 3º (inciso VII), 4º e 7º, porque o faz na invariável significação de indivíduo ou criatura humana que já conseguiu ultrapassar a fronteira da vida tão somente intrauterina. Assim como faz o Estatuto da Criança e do Adolescente (Lei federal n. 8.069, de 13.7.1990), conforme este elucidativo texto: "Art. 2º. Considera-se criança, para os efeitos desta Lei, a pessoa até 12 (doze) anos de idade incompletos, e adolescente aquela entre 12 (doze) e 18 (dezoito) anos de idade". Pelo quê somente só é tido como criança quem ainda não alcançou 12 anos de idade, a contar do primeiro dia de vida *extrauterina*. Desconsiderado que fica todo o tempo em que se viveu em estado de embrião e feto.

24. Numa primeira síntese, então, é de se concluir que a Constituição Federal não faz de todo e qualquer estádio da vida humana um autonomizado bem jurídico, *mas da vida que já é própria de uma concreta pessoa, porque nativiva e, nessa condição, dotada de compostura física ou natural.* É como dizer: a inviolabilidade de que trata o art. 5º é exclusivamente reportante a um já personalizado indivíduo (o inviolável é, para o Direito, o que o sagrado é para a religião). E, como se trata de uma Constituição que sobre o início da vida humana *é de um silêncio de morte* (permito-me o trocadilho), a questão não reside exatamente em se determinar o início da vida do *homo sapiens*, mas em saber que aspectos ou momentos dessa vida estão validamente protegidos pelo Direito infraconstitucional e em que medida. (...).

26. Sucede que – este o *fiat lux* da controvérsia – a dignidade da pessoa humana é princípio tão relevante para a nossa Constituição que admite transbordamento. Transcendência ou irradiação para alcançar, já no plano das leis infraconstitucionais, a proteção de tudo que se revele como o próprio início e continuidade de um processo que deságue, justamente, no indivíduo-pessoa. Caso do embrião e do feto, segundo a humanitária diretriz de que a eminência da embocadura ou apogeu do ciclo biológico justifica a tutela das respectivas etapas. Razão por que o nosso Código Civil se reporta à lei para colocar a salvo, "desde a concepção, os direitos do nascituro" (do Latim *nasciturus*); *que são direitos de quem se encontre a caminho do nascimento.* Se se prefere – considerado o fato de que o fenômeno da concepção já não é exclusivamente intracorpóreo –, *direitos para cujo desfrute se faz necessário um vínculo operacional entre a fertilização do óvulo feminino e a virtualidade para avançar na trilha do nascimento.* Pois essa aptidão para avançar, concretamente, na trilha do nascimento é que vai corresponder ao conceito legal de "nascituro". Categoria exclusivamente jurídica, porquanto não versada pelas ciências médicas e biológicas, e assim conceituada pelo civilista Sílvio Rodrigues (in *Direito Civil*, ano de 2001, p. 36): "Nascituro é o ser já concebido, mas que ainda se encontra no ventre materno".

27. Igual proteção jurídica se encontra no relato do § 3º do art. 9º da Lei n. 9.434/1997, segundo o qual: "É vedado à gestante dispor de tecidos, órgãos ou partes de seu corpo vivo, exceto quando se tratar de doação de teci-

do para ser utilizado em transplante de medula óssea **e o ato não oferecer risco à saúde do feto**" (negritos à parte). Além, é claro, da norma penal de criminalização do aborto (arts. 123 a 127 do Decreto-lei n. 2.848, de 7.12.1940), com as exceções dos incisos I e II do art. 128, a saber: "se não há outro meio de salvar a vida da gestante" (aborto terapêutico); se "a gravidez resulta de estupro e o aborto é precedido de consentimento da gestante, ou, quando incapaz, de seu representante legal" (aborto sentimental ou compassivo). Dupla referência legal ao vocábulo "gestante" para evidenciar que o bem jurídico a tutelar contra o aborto é um organismo ou entidade pré-natal, quer em estado embrionário, quer em estado fetal, *mas sempre no interior do corpo feminino*. Não em placa de Petri, cilindro metálico ou qualquer outro recipiente mecânico de embriões que não precisaram de intercurso sexual para eclodir.

28. Não que a vedação do aborto signifique o reconhecimento legal de que em toda gravidez humana já esteja pressuposta a presença de pelo menos duas pessoas: a da mulher grávida e a do ser em gestação. Se a interpretação fosse essa, então, as duas exceções dos incisos I e II do art. 128 do CP seriam inconstitucionais, sabido que a alínea "a" do inciso XLVII do art. 5º da Magna Carta Federal proíbe a pena de morte (salvo "em caso de guerra declarada, nos termos do art. 84, XIX"). O que traduz essa vedação do aborto não é outra coisa senão o direito penal brasileiro a reconhecer que, *apesar de nenhuma realidade ou forma de vida pré-natal ser uma pessoa física ou natural*, ainda assim faz-se portadora de uma dignidade que importa reconhecer e proteger. Reconhecer e proteger, aclare-se, nas condições e limites da legislação ordinária mesma, devido ao mutismo da Constituição quanto ao início da vida humana. Mas um mutismo hermeneuticamente significante de transpasse de poder normativo para a legislação ordinária ou usual, até porque, segundo recorda Sérgio da Silva Mendes, houve tentativa de se embutir na Lei Maior da República a proteção ao ser humano desde a sua concepção. É o que o que noticiam os *Anais* da Assembleia Nacional Constituinte de 1986/1987, assim invocados por ele, Sérgio da Silva Mendes (Mestre em Direito e Doutorando em Filosofia pela Universidade Gama Filho/ RJ): "O positivismo lógico apela para os métodos tradicionais de interpretação, entre eles o da vontade do legislador. A averiguação, se não vinculante, ao menos conduz a hermenêutica sobre caminhos objetiváveis. A primeira sugestão na Constituinte acerca da matéria foi feita no capítulo 'Da Família', com a seguinte preocupação: 'Sugere normas de proteção à vida *desde sua concepção*'" [**Rodapé**: Refiro-me ao texto, ainda inédito, que Sérgio da Silva Mendes escreveu sob o título de *O Constituinte, a Constituição e a Inviabilidade Genética do Positivismo Lógico*, elaborado com base no banco de dados da nossa última Assembleia Nacional Constituinte, disponível no *site* do Senado Federal.] Sugestão de n. 421, de 7.4.1987, feita pelo então parlamentar Carlos Virgílio, porém avaliada como não convincente o bastante para figurar no corpo normativo da Constituição. (...).

33. Retomo a tarefa de dissecar a lei para deixar ainda mais explicitado que os embriões a que ela se refere são aqueles derivados de uma fertilização que se obtém *sem o conúbio ou acasalamento humano*. *Fora da relação sexual*. Do lado externo do corpo da mulher, então, e do lado de dentro de provetas ou tubos de ensaio. "Fertilização *in vitro*", tanto na expressão vocabular do diploma legal quanto das ciências médicas e biológicas, no curso de procedimentos de procriação humana assistida. Numa frase, concepção artificial ou em laboratório, *ainda numa quadra em que deixam de coincidir os fenômenos da fecundação de um determinado óvulo e a respectiva gravidez humana*. A primeira já existente (a fecundação), mas não a segunda (a gravidez). Logo, particularizado caso de um embrião que, além de produzido sem cópula humana, não se faz acompanhar de uma concreta gestação feminina. Donde a proposição de que, se toda gestação humana principia com um embrião igualmente humano, nem todo embrião humano desencadeia uma gestação igualmente humana. Situação em que também deixam de coincidir concepção e nascituro, pelo menos enquanto o ovócito (óvulo já fecundado) não for introduzido no colo do útero feminino.

34. Acontece – insistimos na anotação – que o emprego de tais células-tronco embrionárias para os fins da Lei de Biossegurança tem entre os seus requisitos a expressa autorização do casal produtor do espermatozoide e do óvulo afinal fecundado. Fecundado em laboratório ou por um modo artificial – também já foi ressaltado –, *mas sem que os respectivos doadores se disponham a assumi-los como experimento de procriação própria, ou alheia*. Pelo quê não se cuida de interromper gravidez humana, pois, assim como nenhuma mulher se acha "mais ou menos grávida" (a gravidez é radical, no sentido de que ou já é fato consumado, ou dela não se pode cogitar), também assim nenhum espécime feminino engravida à distância. Por controle remoto: o embrião do lado de lá do corpo, em tubo de ensaio ou coisa que o valha, e a gravidez do lado de cá da mulher. Com o quê deixa de haver o pressuposto de incidência das normas penais criminalizadoras do aborto (até porque positivadas em época (1940) muito anterior às teorias e técnicas de fertilização humana *in vitro*). (...).

38. Se a realidade é essa, ou seja, se o tipo de embrião a que se refere a lei não precisa da cópula humana nem do corpo feminino para acontecer como entidade biológica ou material genético (embrião que nem saiu de dentro da mulher nem no corpo feminino vai ser introduzido), penso que uma pergunta se impõe ao equacionamento jurídico da controvérsia nodular que permeia o presente feito. Ei-la: *há base constitucional para um casal de adultos recorrer a técnicas de reprodução assistida que incluam a fertilização artificial ou **in vitro**?* Casal que não consegue procriar pelo método convencional do coito? Respondo que sim, e é sem nenhuma hesitação que o faço.

39. Deveras, os arts. 226 e ss. da Constituição brasileira dispõem que o homem e a mulher, seja pelo casamento civil, seja pela união estável, são as células formadoras dessa fundamental instituição que atende pelo nome

de "família". Família de pronto qualificada como "base da sociedade" e merecedora da "proteção especial do Estado" (*caput* do art. 226). Família, ainda, que se expande com a chegada dos filhos, referidos 12 vezes, ora por forma direta, ora por forma indireta, nos artigos constitucionais de ns. 226, 227 e 229. Mas que não deixa de existir quando formada apenas por um dos pais e seus descendentes (§ 4º do art. 226), situação em que passa a receber a alcunha de monoparental. Sucedendo que, nesse mesmo conjunto normativo, o Magno Texto Federal passa a dispor sobre a figura do "*planejamento familiar*". Mais exatamente, planejamento familiar que, "*fruto da livre decisão do casal*", é "**fundado nos princípios da dignidade da pessoa humana e da paternidade responsável**" (§ 7º desse emblemático art. 226, negritos à parte). Donde a intelecção de que: I – dispor sobre o tamanho de sua família e possibilidade de sustentá-la materialmente, tanto quanto de assisti-la física e amorosamente, é modalidade de decisão a ser tomada pelo casal. Mas decisão tão voluntária quanto responsavelmente tomada, tendo como primeiro e explícito suporte o princípio fundamental da "dignidade da pessoa humana" (inciso III do art. 5º); II – princípio fundamental da dignidade da pessoa humana, esse que opera por modo binário ou dual. De uma parte, *para aquinhoar o casal com o direito público subjetivo à "liberdade"* (Preâmbulo da Constituição e seu art. 5º), aqui entendida como autonomia de vontade ou esfera de privacidade decisória. De outra banda, *para contemplar os porvindouros componentes da unidade familiar, se por eles optar o casal, com planejadas condições de bem-estar e assistência físico-afetiva.*

40. Dá-se que essa figura jurídico-constitucional do planejamento familiar para o exercício de uma paternidade responsável é ainda servida pela parte final do dispositivo sob comento (§ 7º do art. 226), que impõe ao Estado o dever de "*propiciar recursos educacionais e científicos para o exercício desse direito*" (direito ao planejamento familiar com paternidade responsável, repise-se), "*vedada qualquer forma coercitiva por parte de instituições oficiais e privadas*" (original sem destaque). (...).

42. Uma segunda pergunta ainda me parece imprescindível para a formatação do equacionamento jurídico-constitucional da presente ação. Formulo-a nos seguintes termos: se é legítimo o apelo do casal a processos de assistida procriação humana *in vitro*, fica ele obrigado ao aproveitamento reprodutivo de todos os óvulos eventualmente fecundados? Mais claramente falando: *o recurso a processos de fertilização artificial implica o dever da tentativa de nidação no corpo da mulher produtora dos óvulos afinal fecundados? Todos eles? Mesmo que sejam 5, 6, 10?* Pergunta que se impõe, já se vê, pela consideração de que os procedimentos de procriação assistida não têm como deixar de experimentar todos os óvulos eventualmente produzidos pela doadora e dela retirados no curso de um mesmo período mensal, após indução por injeções de hormônios. Coleta e experimento que se impõem para evitar novas práticas invasivas (incômodas, custosas, arriscadas) do corpo da mulher em curto espaço de tempo.

43. Minha resposta, no ponto, é rotundamente negativa. Não existe esse dever do casal, seja porque não imposto por nenhuma lei brasileira ("ninguém será obrigado a fazer ou deixar de fazer alguma coisa senão em virtude de lei", reza o inciso II do art. 5º da CF), seja porque incompatível com o próprio instituto do "planejamento familiar" na citada perspectiva da "paternidade responsável". Planejamento que só pode significar a projeção de um número de filhos *pari passu* com as possibilidades econômico-financeiras do casal e sua disponibilidade de tempo e afeto para *educá-los* na senda do que a Constituição mesma sintetiza com esta enfática proclamação axiológica: "A educação, direito de todos e dever do Estado **e da família**, será promovida e incentivada com a colaboração da sociedade, visando ao pleno desenvolvimento da pessoa, seu preparo para o exercício da cidadania e sua qualificação para o trabalho" (sem negrito ... no texto original). (...).

62. Como se não bastasse toda essa fundamentação em desfavor da procedência da ação direta de inconstitucionalidade *sub judice*, trago à ribalta mais uma invocação de ordem constitucional. É que o referido § 4º do art. 199 da Constituição faz parte, *não por acaso*, da seção normativa dedicada à "Saúde" (Seção II do Capítulo II do Título VIII). Saúde já precedentemente positivada como o primeiro dos direitos sociais de natureza fundamental, a teor do art. 6º, e também como o primeiro dos direitos constitutivos da seguridade social, conforme a cabeça do artigo constitucional de n. 194. Mais ainda, saúde que é "direito de todos e dever do Estado" (*caput* do art. 196 da Constituição), garantida mediante ações e serviços de pronto qualificados como "de relevância pública" (parte inicial do art. 197). Com o quê se tem *o mais venturoso dos encontros entre esse direito à saúde e a própria ciência.* No caso, ciências médicas, biológicas e correlatas, diretamente postas pela Constituição a serviço desse bem inestimável do indivíduo que é a sua própria higidez físico-mental. Sendo de todo importante pontuar que o termo "ciência", já agora por qualquer de suas modalidades e enquanto atividade individual, também faz parte do catálogo dos direitos fundamentais da pessoa humana. Confira-se: "Art. 5º. (...); IX – é livre a expressão da artística, intelectual, atividade científica e de comunicação".

63. E aqui devo pontuar que essa liberdade de expressão é clássico direito constitucional-civil ou genuíno direito de personalidade, oponível sobretudo ao próprio Estado, por corresponder à vocação de certas pessoas para qualquer das quatro atividades listadas. Vocação para misteres a um só tempo qualificadores do indivíduo e de toda a coletividade. Por isso que exigentes do máximo de proteção jurídica, até como signo de vida em comum civilizada. Alto padrão de cultura jurídica de um povo.

64. Acresce que o substantivo "expressão", especificamente referido à atividade científica, é vocábulo que se orna dos seguintes significados: primeiramente, a liberdade de tessitura ou de elaboração do conhecimento científi-

co em si; depois disso, igual liberdade de promover a respectiva enunciação para além das fronteiras do puro psiquismo desse ou daquele sujeito cognoscente. Vale dizer, direito que implica um objetivo subir à tona ou vir a lume de tudo quanto pesquisado, testado e comprovado em sede de investigação científica.

65. Tão qualificadora do indivíduo e da sociedade é essa vocação para os misteres da ciência que a Constituição mesma abre todo um destacado capítulo para dela, ciência, cuidar por modo superlativamente prezável. É o Capítulo de n. IV do Título VIII, que principia com a peregrina regra de que: "O Estado promoverá e incentivará o desenvolvimento científico, a pesquisa e a capacitação tecnológicas" (art. 218, *caput*). Regra de logo complementada com um preceito (§ 1º do mesmo art. 218) que tem tudo a ver com a autorização de que trata a cabeça do art. 5º da Lei de Biossegurança, pois assim redigido: "A pesquisa científica básica receberá tratamento prioritário do Estado, tendo em vista o bem público e o progresso das ciências".

66. Sem maior esforço mental, percebe-se, nessas duas novas passagens normativas, o mais forte compromisso da *Constituição-cidadã* para com a ciência enquanto ordem de conhecimento que se eleva à dimensão de sistema; ou seja, conjunto ordenado de um saber tão metodicamente obtido quanto objetivamente demonstrável. O oposto, portanto, do conhecimento aleatório, vulgar, arbitrário ou por qualquer forma insuscetível de objetiva comprovação.

67. Tem-se, neste lanço, a clara compreensão de que o patamar do conhecimento científico já corresponde ao mais elevado estádio do desenvolvimento mental do ser humano. A deliberada busca da supremacia em si da argumentação e dos processos lógicos ("Não me impressiona o argumento de autoridade, mas, isto, sim, a autoridade do argumento", ajuizou Descartes), porquanto superador de todo obscurantismo, toda superstição, todo preconceito, todo sectarismo. O que favorece o alcance de superiores padrões de autonomia científico-tecnológica do nosso País, numa quadra histórica em que o novo Eldorado já é unanimemente etiquetado como "era do conhecimento".

68. "Era do conhecimento", ajunte-se, em benefício da saúde humana e contra eventuais tramas do acaso e até dos golpes da própria natureza, num contexto de solidária, compassiva ou fraternal legalidade que, longe de traduzir desprezo ou desrespeito aos congelados embriões *in vitro*, significa apreço e reverência a criaturas humanas que sofrem e se desesperam nas ânsias de um infortúnio que muitas vezes lhes parece maior que a ciência dos homens e a própria vontade de Deus. Donde a lancinante pergunta que fez uma garotinha brasileira de três anos, paraplégica, segundo relato da geneticista Mayana Zatz: *Por que não abrem um buraco em minhas costas e põem dentro dele uma pilha, uma bateria, para que eu possa andar como as minhas bonecas?*

69. Pergunta cuja carga de pungente perplexidade nos impele à formulação de outras inquirições já situadas nos altiplanos de uma reflexão que nos cabe fazer com toda maturidade: deixar de atalhada ou mais rapidamente contribuir para devolver pessoas assim à plenitude da vida não soaria aos médicos, geneticistas e embriologistas como desumana omissão de socorro? Um triste concluir que no coração do Direito Brasileiro já se instalou de vez "o monstro da indiferença" (Otto Lara Resende)? Um atestado ou mesmo confissão de que o nosso ordenamento jurídico *deixa de se colocar do lado dos que sofrem para se postar do lado do sofrimento*? Ou, por outra, devolver à plenitude da vida pessoas que tanto sonham com pilhas nas costas não seria abrir para elas a fascinante experiência de um novo parto? Um heterodoxo parto pelos heterodoxos caminhos de uma célula-tronco embrionária que a Lei de Biossegurança pôs à disposição da ciência? Disponibilizando para ela, ciência, o que talvez seja o produto de sua mais requintada criação para fins humanitários e num contexto familiar de legítimo não aproveitamento de embriões *in vitro*? Situação em que se possibilita ao próprio embrião cumprir sua destinação de servir à espécie humana? Senão pela forja de uma vida estalando de nova (porque não mais possível), mas pela alternativa estrada do conferir sentido a milhões de vidas preexistentes? Pugnando pela subtração de todas elas às tenazes de u'a morte muitas vezes tão iminente quanto não natural? Morte não natural que é, por definição, a mais radical contraposição da vida? Essa vida de aquém-túmulo que bem pode ser uma dança, uma festa, uma celebração?

70. É assim ao influxo desse olhar pós-positivista sobre o Direito Brasileiro, olhar conciliatório do nosso ordenamento com os imperativos de ética humanista e justiça material, que chego à fase da definitiva prolação do meu voto. Fazendo-o, acresço às três sínteses anteriores estes dois outros fundamentos constitucionais do direito à saúde e à livre expressão da atividade científica para julgar, como de fato julgo, totalmente improcedente a presente ação direta de inconstitucionalidade. Não sem antes pedir todas as vênias deste mundo aos que pensam diferentemente, seja por convicção jurídica, ética ou filosófica, seja por artigo de fé. É como voto. (...).

VOTO – *O Sr. Min. Marco Aurélio*: (...) sempre vejo com restrições a denominada interpretação conforme à Constituição. É que há o risco de, a tal título, redesenhar-se a norma em exame, assumindo o Supremo, contrariando e não protegendo a Constituição Federal, o papel de legislador positivo. Em síntese, a interpretação conforme pressupõe texto normativo ambíguo, a sugerir, portanto, mais de uma interpretação, e ditame constitucional cujo alcance se mostra incontroverso. Essas premissas não se fazem presentes.

Também é de todo impróprio o Supremo, ao julgar, fazer recomendações. Não é órgão de aconselhamento. Em processo como este, de duas, uma: ou declara a constitucionalidade ou a inconstitucionalidade, total ou parcial, do ato normativo abstrato atacado. Nestes praticamente 18 anos de Tribunal jamais presenciei, consideradas as diversas composições, a adoção desse critério, a conclusão de julgamento no sentido de recomendar esta ou aquela providência, seja para adoção pelo Poder Legislativo, seja pelo Executivo, em substituição de todo extravagante. (...).

Pinço do dispositivo impugnado [*Lei de Biossegurança*] certos requisitos para a realização da pesquisa e da terapia mediante o uso de células-tronco embrionárias:

1. Haver embriões humanos produzidos por fertilização *in vitro* não utilizados.
2. Tratar-se de embriões inviáveis ou estarem os embriões congelados há três anos ou mais na data da publicação da lei ou, se já congelados em tal data, após completarem três anos de congelamento.
3. Existir o consentimento daqueles que forneceram o material.
4. Submeterem as instituições de pesquisa e serviços de saúde os respectivos projetos, com vistas à aprovação, a comitês de ética em pesquisa.
5. Não ocorrer a comercialização do material biológico, configurado, no caso de inobservância da lei, tipo penal.

Ante tais requisitos, cabe indagar, simplesmente, onde reside a ofensa do citado art. 5º à Carta Federal a ponto de levar à declaração de inconstitucionalidade. Mas, até mesmo em respeito a ópticas diversas, à atuação do então Procurador-Geral da República, Dr. Cláudio Fonteles, ao ajuizar esta ação, cumpre a análise do tema.

Devem-se colocar em segundo plano paixões de toda ordem, de maneira a buscar a prevalência dos princípios constitucionais. Opiniões estranhas ao Direito por si sós não podem prevalecer, pouco importando o apego a elas por aqueles que as veiculam. O contexto-alvo de exame há de ser técnico-jurídico, valendo notar que declaração de inconstitucionalidade pressupõe sempre conflito flagrante da norma com o Diploma Maior, sob pena de relativizar-se o campo de disponibilidade, sob o ângulo da conveniência, do legislador eleito pelo povo e que em nome deste exerce o poder legiferante. Os fatores conveniência e oportunidade mostram-se, em regra, neutros quando se cuida de crivo quanto à constitucionalidade de certa lei e não de medida provisória. Somente em situações extremas, nas quais surge, ao primeiro exame, a falta de proporcionalidade, pode-se adentrar o âmbito do subjetivismo e exercer a glosa. No caso, a lei foi aprovada mediante placar acachapante – 96% dos Senadores e 85% dos Deputados votaram a favor, o que sinaliza a razoabilidade.

No tocante à questão do início da vida, não existe balizamento que escape da perspectiva simplesmente opinativa. É possível adotar vários enfoques, a saber: (a) o da concepção; (b) o da ligação do feto à parede do útero; (c) o da formação das características individuais do feto; (d) o da percepção pela mãe dos primeiros movimentos; (e) o da viabilidade em termos de persistência da gravidez; (f) o do nascimento.

Os filósofos da Antiguidade e Santo Agostinho revelaram ópticas diversas. [Rodapé: "Roe *versus* Wade", 410 U.S. 113, 133 (1973).] Aqueles acreditavam que o embrião ou o feto não se mostrava formado senão após 40 dias da concepção no caso masculino e entre 80 e 90 dias no caso feminino. O pensamento de Aristóteles derivava da teoria dos três estágios da vida: vegetal, animal e racional. O estágio vegetal era alcançado na concepção, o animal na animação – quando incorporada a alma – e o racional logo após o nascimento com vida. Essa teoria passou a ser aceita pelos primeiros pensadores cristãos. O debate teológico refletiu-se nos escritos de Santo Agostinho, que traçava distinção entre *embryo inanimatus*, quando não presente a alma, e *embryo animatus*, portanto o já animado. Tal enfoque, acredita-se, teria origem na interpretação emprestada a versículo do livro bíblico Êxodo, cuja autoria é atribuída a Moisés: Êxodo *21:22*: "Se alguns homens brigarem, e um ferir uma mulher grávida, e for causa de que aborte, não resultando, porém, outro dano, este certamente será multado, conforme o que lhe impuser o marido da mulher, e pagará segundo o arbítrio dos juízes; *23* mas se resultar dano, então, darás vida por vida, *24* olho por olho, dente por dente, mão por mão, pé por pé, *25* queimadura por queimadura, ferida por ferida, golpe por golpe".

Nota-se que haveria punição diferente para a hipótese de aborto se comparada à ocorrência de outro dano. O certo é que se encontra nos escritos de Santo Agostinho a visão de que poderes humanos não podem determinar o ponto, durante o desenvolvimento do feto, em que a mudança crítica ocorre, ou seja, o feto adquire a alma.

Houvesse a necessidade de abordar tema que não está em pauta – o aborto –, poder-se-ia citar a possibilidade de sobrevivência do feto – inconfundível com o embrião – sob o ângulo científico. Nessa perspectiva, a Suprema Corte americana, no controverso caso "Roe *versus* Wade", decidido em 1973, estabeleceu que a viabilidade se dá a partir de 28 semanas, podendo ocorrer até com 24 semanas. Em síntese, para efeito de proteção da vida em potencial, a Suprema Corte americana assentou que o ponto revelador de interesse obrigatório a ser protegido surge com a capacidade do feto de sobreviver fora do útero. Considerou, sim, a presença do interesse em garantir a saúde materna antes desse período, autorizando a realização do aborto apenas nos três primeiros meses de gravidez, pois, a partir desse momento, a intervenção faz-se mais perigosa que o próprio parto. [Rodapé: Idem, pp. 162-163.] Vale frisar que esse precedente tornou irrelevante a discussão, na América, sobre a constitucionalidade da pesquisa em células-tronco em face de suposta transgressão ao direito à vida, havendo tão somente questionamentos sobre o financiamento público federal em tal campo.

No caso concreto, não está envolvida a denominada viabilidade. Em primeiro lugar, o art. 5º da Lei n. 11.105/2005 versa sobre o uso de embriões humanos produzidos por fertilização *in vitro*, não cogitando de aproveitamento daqueles fecundados naturalmente no útero. Em segundo lugar, a lei contendo inúmeras cláusulas acauteladoras e até mesmo proibitivas, como é o caso da referente à clonagem, condiciona a pesquisa a embriões não utilizáveis no procedimento de inseminação. É bem explícita ao considerar apenas os inviáveis e os congelados há três anos, ao prever o consentimento dos fornecedores dos óvulos e dos espermatozoides e ao proibir a comercialização, versando diversos tipos penais. A viabilidade, ou não, diz diretamente com a capacidade de desenvolver-se a ponto de surgir um ser humano.

Ora, está-se diante de quadro peculiar a afastar tal resultado. Levem em conta, para tanto, a existência do embrião *in vitro* e não no útero, e mais a constatação da inviabilidade de uso considerada a destinação inicial. Soma-se a essa limitação o necessário consentimento daqueles que forneceram o material, os elementos, ficando assim descartada, quer sob o ângulo da utilidade, quer sob o ângulo da vontade do casal, a possibilidade de implantação no útero.

Vale dizer que, na prática, ocorre a fecundação de vários óvulos, mantendo-se banco próprio para fazer frente ao insucesso da inseminação. Verificando-se o contrário – e a realidade tem se mostrado extremada no que gerados gêmeos, trigêmeos, quadrigêmeos –, os óvulos que sobejam acabam desprezados, dando-se-lhes o destino do lixo, já que dificilmente quem de direito delibera por implantá-los em terceira pessoa.

Então, quer pela passagem do tempo sob o estado de congelados, quer considerada a decisão dos que forneceram o material, os embriões jamais virão a se desenvolver, jamais se transformarão em feto, jamais desaguarão no nascimento. A propósito, expressivas são as palavras do biólogo David Baltimore, ganhador de Prêmio Nobel, ao ser indagado sobre a discussão ora submetida a este Tribunal: "Não sei falar a respeito do aspecto jurídico do assunto, mas do ponto de vista científico é uma discussão sem sentido. Afinal, os embriões humanos foram descartados porque o casal já teve o número de filhos que queria ou por qualquer outra razão. O fato é que os embriões serão destruídos de qualquer modo. A questão é saber se serão destruídos fazendo o bem a outras pessoas ou não. A meu ver, a resposta é óbvia". **[Rodapé:** *Veja*, "Páginas Amarelas", Editora Abril, edição 2.062, Ano 41, n. 21, 28.5.2008.**]**

No tocante ao aspecto constitucional e considerado o direito à vida, expressou-se José Afonso da Silva, para quem as pesquisas não podem ser interrompidas: **[Rodapé:** José Afonso da Silva, "A questão das células-tronco embrionárias", jornal *Folha de S. Paulo* 21.3.2008.**]** "Não intentaremos dar uma definição disto que se chama vida, porque é aqui que se corre o grave risco de ingressar no campo da metafísica suprarreal, que não nos levará a nada. Mas alguma palavra há de ser dita sobre esse ser que é objeto de direito fundamental. Vida, no texto constitucional (art. 5º, *caput*), não será considerada apenas no seu sentido biológico, mas na sua acepção biográfica mais compreensiva. Sua riqueza significativa é de difícil apreensão porque é algo dinâmico, que se transforma incessantemente sem perder sua própria identidade. É mais um processo (processo vital), que se instaura com a concepção (ou germinação vegetal), transforma-se, progride, mantendo sua identidade, até que muda de qualidade, deixando, então, de ser vida para ser morte. Tudo que interfere em prejuízo deste fluir espontâneo e incessante contraria a vida".
[Rodapé: José Afonso da Silva, *Curso de Direito Constitucional Positivo*, 29ª ed., revista e atualizada, São Paulo, Malheiros, 2007, p. 197.**]**

Cito este trecho de José Afonso da Silva para revelar o descompasso entre a situação concreta versada no artigo em comento da Lei de Biossegurança e aquela outra que pode resultar, sem interferências estranhas, em uma vida.

No enfoque biológico, o início da vida pressupõe não só a fecundação do óvulo pelo espermatozoide como também a viabilidade antes referida, e essa inexiste sem a presença do que se entende por gravidez, ou seja, gestação humana.

Assentar que a Constituição protege a vida de forma geral, inclusive a uterina em qualquer fase, já é controvertido – a exemplo dos permitidos aborto terapêutico ou do resultante de opção legal após estupro –, o que se dirá quando se trata de fecundação *in vitro* já sabidamente, sob o ângulo técnico e legal, incapaz de desaguar em nascimento. É que não há a unidade biológica a pressupor, sempre, o desenvolvimento do embrião, do feto, no útero da futura mãe. A personalidade jurídica, a possibilidade de considerar-se o surgimento de direitos, depende do nascimento com vida e, portanto, o desenlace próprio à gravidez, à deformidade que digo sublime: vir o fruto desta última, separado do ventre materno, a proceder à denominada troca oxicarbônica com o meio ambiente. Por isso mesmo, o Pró-Reitor de Graduação da Universidade Federal de São Paulo e Presidente da Federação de Sociedade de Biologia Experimental, o médico Luiz Eugênio Mello, ressaltou: "Um embrião produzido em laboratório, sem condições para implantação em um útero de uma mulher, ou, nos termos da lei, um embrião inviável, que seria descartável, não é uma pessoa humana". **[Rodapé:** Luiz Eugênio Mello, "Entre células e pessoas: a vida humana", jornal *Folha de S. Paulo* 1.3.2008.**]**

Se, de um lado, é possível dizer que a criminalização do aborto compele a grávida a gerar o filho concebido – concebido naturalmente mesmo contra a respectiva vontade, ficando com isso enfatizado na legislação de regência o interesse do nascituro –, de outro, não se pode conceber estejam os fornecedores dos óvulos e dos espermatozóides obrigados a dar consequências a esses atos, chegando a forçar a mulher a gerar todos os embriões fecundados artificialmente, potencializando, a mais não poder, o ato de vontade inicial. Caminhar em tal sentido – isso para não se levar em conta o destino dos óvulos fecundados que tenham sobejado ao êxito da inseminação – é transformar a mulher em verdadeira incubadora, é contrariar-se o planejamento familiar assegurado na Constituição. Em síntese, aqui não se trata de questionar a possibilidade de obrigar uma pessoa – a gestante – a ficar fisicamente conectada a outra, tema a ser discutido, sob o ângulo constitucional, oportunamente, mas, sim, de definir o destino dos óvulos fecundados que fatalmente seriam destruídos e que podem e devem ser aproveitados na tentativa, sempre inesgotável, de progresso da Humanidade.

Vale notar ainda que, no campo da doação de órgãos, inexiste base na Carta Federal ou em lei que compila os pais a fazê-la para salvar a vida dos filhos.

Contrapõe-se à visão avessa à utilização dos embriões *in vitro* dado da maior importância, considerado até mesmo predicado que transparece em desuso – a solidariedade. É fundamento da República a dignidade da pessoa humana. Ora, o que previsto no art. 5º da Lei n. 11.105/2005 objetiva, acima de tudo, avançar no campo científico visando a preservar esse fundamento, a devolver às pessoas acometidas de enfermidade ou às vítimas de acidentes uma vida útil razoavelmente satisfatória.

No mundo científico é voz corrente que as células embrionárias não são substituíveis, para efeito de pesquisa, por células adultas, uma vez que estas últimas não se prestam a gerar tecidos nervosos, a formar neurônios. Então, doenças neuromusculares e o tratamento da medula de alguém que ficou paraplégico ou tetraplégico bem como de acometidos por Parkinson não terão possibilidade de serem alcançados pela pesquisa a partir de células adultas. Confiram a entrevista da bióloga Mayana Zatz a seguir referida.

Em outras palavras, os valores cotejados não possuem a mesma envergadura, surgindo triste paradoxo no que, ante material biológico que terá, repito, destino único – o lixo –, seja proibida a utilização para salvar vidas. Quanto preconceito, quanto egoísmo, fazendo lembrar Vieira no *Sermão* da Quinta-Feira da Quaresma em 1669: "A cegueira que cega cerrando os olhos não é a maior cegueira; a que cega deixando os olhos abertos, essa é a mais cega de todas".

Sob esse aspecto, faz-se necessário ter presente passagem de obra de Márcio Fabri dos Anjos: "A ética não se nutre simplesmente da ordem colocada, mas de objetivos e finalidades segundo os quais a ordem se refaz para garantir o processo humano". [**Rodapé**: Márcio Fabri dos Anjos, "Ética e clonagem humana na questão dos paradigmas", in Leo Pessini e Christian Paulo de Barchifontaine (orgs.), *Fundamentos da Bioética*, São Paulo, Paulus, 1996, p. 126.]

A óptica dos contrários às pesquisas não merece prosperar, distanciando-se de noção humanístico-racional. Sob o ângulo prático, sob o ângulo do tratamento igualitário, tão próprio à sociedade que se diga democrática, a conclusão sobre a inconstitucionalidade do art. 5º em análise prejudicará justamente aqueles que não têm condições de buscar, em outro centro no qual verificado o sucesso de pesquisas com células-tronco, o tratamento necessário. Será que tudo isso interessa à sociedade brasileira?

Trago, para ilustrar, informações sobre o assunto, relativamente a diversos Países, veiculadas em sítios na Internet. [**Rodapé**: Informações obtidas nos sítios eletrônicos do *Jornal Herald Tribune* e *Wikipedia*, confirmadas no sítio eletrônico da *The International Society for Stem Cell Research*/ISSCR. Endereços eletrônicos [...]: *http:// www.iht.com/articles/ap/2006/12/07/asia/AS_GEN_Australia_Stem _ Cell_Glance.php*, acessado em 19.5.2008; *http://pt.wikipedia.org/wiki/C%C3%A9lula_tronco*, acessado em 19.5.2008; *http://www.isscr.org/public/regions/index.cfm*, acessado em 27.5.2008.]

E o faço em ordem alfabética:

África do Sul – Permite todas as pesquisas com embriões, inclusive a clonagem terapêutica. É o único País africano com legislação a respeito.

Alemanha – Permite a pesquisa com linhagens de células-tronco existentes e sua importação, mas proíbe a destruição de embriões.

Austrália – Lei aprovada em dezembro/2006 permite o clone terapêutico, a união do DNA de células da pele em ovos para produzir células-tronco, também conhecidas como células-mestre, capazes de produzir todos os tecidos do corpo humano. Os embriões clonados não podem ser implantados no útero e precisam ser destruídos em 14 dias. Em 2002 o Parlamento autorizou os cientistas a extraírem células-tronco de embriões divididos para fertilização *in vitro*, mas baniu a clonagem de células.

China – Permite todas as pesquisas com embriões, inclusive a clonagem terapêutica.

Cingapura – O País se proclamou como um centro internacional para a pesquisa em células-tronco, atraindo cientistas de diversas partes do mundo, incluindo os cientistas britânicos que clonaram a ovelha Dolly. São fornecidos incentivos robustos para a pesquisa em células-tronco, incluindo a clonagem de embriões humanos.

Coreia do Sul – Permite todas as pesquisas com embriões, inclusive a clonagem terapêutica.

Espanha – Em maio/2006 o Parlamento votou para expandir o número de embriões disponíveis para a pesquisa em células-tronco, de forma a incluir qualquer congelado até 14 dias da concepção. Antes, os pesquisadores apenas poderiam usar os embriões congelados anteriormente a julho/2003. A lei também permite aos pais de crianças com doenças incuráveis conceberem novos embriões e escolherem um saudável para servir como doador de tecidos, em casos em que todos os demais tratamentos falharam.

Estados Unidos – Proíbe a aplicação de verbas do Governo Federal a qualquer pesquisa envolvendo embriões humanos – a exceção é feita para 19 linhagens de células-tronco derivadas antes da aprovação da lei norte-americana. Mas Estados como a Califórnia permitem e patrocinam esse tipo de pesquisa – inclusive a clonagem terapêutica.

França – Não tem legislação específica, mas permite a pesquisa com linhagens existentes de células-tronco embrionárias e com embriões de descarte.
Índia – Proíbe a clonagem terapêutica, mas permite as outras pesquisas.
Israel – Permite todas as pesquisas com embriões, inclusive a clonagem terapêutica.
Itália – Proíbe totalmente qualquer tipo de pesquisa com células-tronco embrionárias humanas e sua importação.
Japão – Permite todas as pesquisas com embriões, inclusive a clonagem terapêutica. Mas a burocracia para obtenção de licença de pesquisa é tão grande que limita o número de pesquisas.
México – Único País latino-americano além do Brasil que possui lei permitindo o uso de embriões. A lei mexicana é mais liberal do que a brasileira, já que permite a criação de embriões para pesquisa.
Reino Unido – Tem uma das legislações mais liberais do mundo e permite a clonagem terapêutica.
Rússia – Permite todas as pesquisas com embriões, inclusive a clonagem terapêutica.
Suíça – Os eleitores aprovaram a pesquisa em célula-tronco embrionária mediante um referendo nacional ocorrido em novembro/2004, autorizando apenas o uso de células-tronco embrionárias não utilizadas em processo de fertilização *in vitro*. A lei proíbe a clonagem humana e a criação de embriões para a pesquisa em células-tronco.
Turquia – Permite pesquisas e uso de embriões de descarte, mas proíbe a clonagem terapêutica (como o Brasil).

No Brasil, pesquisa efetuada em janeiro último pelo Instituto IBOPE revelou o pensamento da população, e este deve ser sopesado neste julgamento. O índice dos que se manifestaram em apoio ao uso de células-tronco embrionárias – desconsiderada a parcela dos que não opinaram – chegou a 95%. [**Rodapé**: Pesquisa IBOPE/CDD, IBOPE Inteligência, *JOB* 110/2008, janeiro/2008. Base de cálculo: 1.863 entrevistados, desconsiderando a parcela de pessoas que não concorda e nem discorda, não sabe dizer e não respondeu.]

Relembro o que consignei no exame da Questão de Ordem na ADPF n. 54-8-DF, quando o Plenário veio a mitigar a medida acauteladora deferida, que implicara o afastamento da glosa penal quanto à gestante e ao pessoal médico no caso de interrupção de gravidez de feto anencéfalo: "A questão, a partir de 1.7.2004, data em que concedida a medida acauteladora no processo, movimentou, como não tinha acontecido jamais com qualquer tema submetido ao Judiciário – salvo, agora, relativamente à possibilidade de pesquisa em células-tronco –, os mais diversos segmentos da sociedade brasileira. Muitos foram os artigos publicados, pró e contra o pedido formulado, variando as opiniões conforme as concepções técnicas, religiosas e morais. Tal como nas Cortes Constitucionais estrangeiras, o tema alusivo à vida, seja qual for o ângulo – o da pena capital, o do aborto, o da eutanásia e o da interrupção da gravidez, ante a deformidade inafastável inviabilizadora da própria vida –, vem sendo alvo, no Brasil, de enorme expectativa. Frisei que os olhos da Nação voltavam-se ao STF – e permanecem voltados – e este há de se pronunciar quer em um sentido, quer em outro, evitando a insegurança jurídica, a grande perplexidade que advém de teses díspares sobre a matéria. Lembrei que a História é impiedosa, não poupando posturas reveladoras de atos omissivos".

Cumpre a esta Corte a guarda da Constituição Federal, e a estará implementando a todos os títulos, sob as mais diversas ópticas, vindo a julgar improcedente o pleito formulado nesta ação direta de inconstitucionalidade, mantendo a esperança, sem a qual a vida do homem torna-se inócua. Bem o disse a Pró-Reitora de Pesquisa e Coordenadora do Centro de Estudos do Genoma Humano da Universidade de São Paulo, Professora Mayana Zatz, ao ressaltar que: "A terapia com células-tronco pode ser considerada como o futuro da Medicina Regenerativa. Entre as áreas mais promissoras está o tratamento para diabetes, doenças neuromusculares, como as distrofias musculares progressivas e a doença de Parkinson. Com as células-tronco também se poderá promover a regeneração de tecidos lesionados por causas não hereditárias, como acidentes, ou pelo câncer (...)". [**Rodapé**: *Veja*, "Páginas Amarelas", Editora Abril, edição 2.050, ano 41, n. 9, 5.3.2008.]

Então, que se aguarde o amanhã, não se apagando a luz que no Brasil surgiu com a Lei n. 11.105/2005.

Acompanho o Relator, Min. Carlos Ayres Britto, e os que o seguiram no voto proferido, e julgo improcedente o pedido formulado na inicial, assentando a harmonia do art. 5º da lei atacada com a Constituição Federal, notadamente com os arts. 1º e 5º e com o princípio da razoabilidade. (...).

VOTO – *O Sr. Min. Ricardo Lewandowski*: (...).
11. Significado de "inviabilidade" dos embriões
Outro aspecto relevante para o exame da constitucionalidade da norma impugnada é a total indeterminação do conceito de "inviável", que figura no inciso I do art. 5º da Lei de Biossegurança, a partir do qual será definido o destino do embrião gerado *in vitro*. Com efeito, a redação do referido dispositivo permite que lhe seja conferida a mais elástica das interpretações, ao arbítrio do médico, do biólogo, do geneticista ou mesmo do técnico de laboratório encarregado da realização do diagnóstico pré-implantacional.

A título de confronto, ressalto que a *Stammzellgesetz* alemã é muito rigorosa no tocante ao critério de aproveitamento dos embriões para as pesquisas, vedando o seu uso caso tenham "sido descartados por razões inerentes às células-tronco", como por doenças, pretendendo-se, com isso, "rejeitar todo o apoio a PID" – diagnóstico pré-implantacional – "ou qualquer vontade eugênica". [**Rodapé**: Idem, loc. cit.] É que, como explica von Plattenberg, o tema suscita "profundas emoções", porquanto a experimentação com células-tronco e o diagnóstico pré-implantacional "exemplificam um perigo de 'criação seletiva' (genética), de eugenia, na qual o homem coloca-se a si mesmo à disposição para a suposta melhoria de sua espécie por meios técnicos". [**Rodapé**: Cf. PLATTENBERG, Walter von, ob. cit., p. 214.]

Na Espanha, por sua vez, a Comissão Nacional de Reprodução Assistida, no já citado Relatório de 2000, [**Rodapé**: V. nota de rodapé n. 81.] estabeleceu que "o significado de 'não viável' aplicado aos embriões é de índole biológica, no sentido de que não sejam aptos para iniciar ou continuar o processo de divisão celular". [**Rodapé**: Cf. RUIZ-CALDERÓN, José Miguel, ob. cit., p. 230.]

É a mesma conclusão a que chega o acima mencionado José Miguel Ruiz-Calderón, o qual afirma que "não podem ser considerados legalmente inviáveis os embriões crioconservados que por diversos motivos ou circunstâncias pessoais ou sociais relacionados aos progenitores não podem ser destinados à reprodução (inviabilidade funcional), pois seria contrário ao espírito e à letra da lei, independentemente do juízo que mereça essa consideração". Também não se mostra admissível, diz ele, deixar a definição de inviabilidade ao alvedrio exclusivo do pesquisador, permitindo que decida livremente sobre a possibilidade de o embrião continuar ou não o seu desenvolvimento no meio adequado, porquanto isso "tornaria supérflua a limitação protetora da lei". [**Rodapé**: Idem, pp. 229-230.]

Já, na França, embora o diagnóstico pré-natal e o pré-implantacional sejam lícitos, este último sofre rigorosa restrição, uma vez que é admitido "apenas se um médico certifica que o casal, por sua situação familiar, tem grandes probabilidades de procriar um filho vítima de uma doença genética especialmente grave, reconhecida como incurável no momento do diagnóstico". [**Rodapé**: Cf. MINTIER, Brigitte Feillet-le, ob. cit., p. 148, arts. L 1231-1/5 do CSPub.]

Com efeito, não obstante constitua o diagnóstico pré-implantacional um valioso instrumento para detectar a presença de anomalias genéticas ou a possibilidade de desenvolvimento de moléstias graves, incuráveis, que podem comprometer o embrião durante a gestação ou mesmo após o seu nascimento, trata-se de uma metodologia que suscita inúmeros questionamentos éticos e jurídicos, pois, como adverte Renata da Rocha, "tem-se verificado que tal prática vem sendo utilizada como um meio para a escolha de determinados traços genéticos, como por exemplo, a escolha do sexo do bebê, a cor de sua pele, o seu coeficiente intelectual, entre outros atributos". [**Rodapé**: ROCHA, Renata da, *O Direito à Vida e a Pesquisa com Células-Tronco: Limites Éticos e Jurídicos*, Rio de Janeiro, Elsevier, 2008, p. 52.]

Essa técnica permite que sejam descartados, isto é, deixem de ser implantados no útero receptor e tenham outro destino, não apenas os embriões considerados anormais ou defeituosos, mas também aqueles tidos como indesejáveis por razões de preferência, de caráter absolutamente subjetivo, seja da equipe médica, seja dos genitores.

Por isso, mostra-se válida a preocupação externada por Stella Maris Martínez, a qual chama atenção para o perigo representado pela possibilidade de estabelecer-se uma espécie de "controle de qualidade" dos embriões, *incompatível com o Estado Democrático de Direito*, cujo cerne é o respeito à dignidade humana, "*que impede taxativamente todo tipo de discriminação*" (grifei). [**Rodapé**: Apud ROCHA, Renata da, ob. cit. e loc. cit.]

Pelos mesmos motivos é que a suprarreferida Convenção dos Direitos do Homem e da Biomedicina do Conselho da Europa proíbe, no art. 11, qualquer forma de discriminação decorrente do patrimônio genético de uma pessoa. Também a Declaração Universal sobre o Genoma Humano é taxativa nesse sentido, ao estampar, no art. 6, que "ninguém poderá ser discriminado com base em suas características genéticas de forma que viole ou tenha o efeito de violar os direitos humanos, as liberdades fundamentais e a dignidade humana".

Atento a essas questões, o Congresso dos Estados Unidos acaba de aprovar o *Genetic Information Nondiscrimination Act*, que proíbe a discriminação de pessoas com base em seus dados genéticos pelos empregadores ou por parte das seguradoras. Na Exposição de Motivos, o novo diploma legal consigna que, atualmente, algumas anomalias genéticas são associadas a determinados grupos raciais ou étnicos, sabendo-se também que certos indivíduos, em virtude da conformação de seus genes, estão mais propensos a desenvolver dadas enfermidades, ensejando eventual discriminação ou estigmatização por aqueles que detêm tais informações. [**Rodapé**: Cf. *http://www. congress.org/congressorg/headlines.tt#news2*, acesso em 1.5.2008.]

Entre nós, a disciplina desse importantíssimo aspecto da Lei de Biossegurança foi relegada a um mero decreto, complementado por instruções normativas das autoridades sanitárias, regras, por definição, mutáveis *ad libitum* de seus editores, sem qualquer intervenção dos representantes da cidadania congregados no Parlamento. Mesmo assim, cumpre registrar que o Decreto n. 5.591, de 22.11.2005, em seu art. 3º, XIII, o qual regulamenta dispositivos da Lei n. 11.105/2005, prudentemente, define os "embriões inviáveis" como "aqueles com alterações genéticas comprovadas por diagnóstico pré-implantacional, conforme normas específicas estabelecidas pelo Ministério da Saúde, que tiverem seu desenvolvimento interrompido por ausência espontânea de clivagem após período superior de 24 horas a partir da fertilização *in vitro*, ou com alterações que comprometam o pleno desenvolvimento do embrião".

12. Critérios para o uso de embriões criopreservados

O inciso II do art. 5º também apresenta problemas do ponto de vista de sua constitucionalidade, em especial quando examinado sob o prisma do princípio da isonomia, estampado no art. 5º, II, da Carta Magna, o qual se arrima no postulado da dignidade da pessoa humana e tem como uma de suas vertentes o axioma da não discriminação. Sua interpretação há de fazer-se no sentido que lhe dá Celso Antônio Bandeira de Mello, ou seja, o de um comando que determina que haja "uma correlação lógica entre o elemento distintivo e o tratamento dispensado". **[Rodapé:** Cf. MELLO, Celso Antônio Bandeira de, "Compostura jurídica do princípio de igualdade", in *Revista de Direito Administrativo e Constitucional* 3, n. 11, janeiro-março/2003, p. 27.**]**

Mais especificamente, "se o tratamento diverso outorgado a uns for justificável, por existir 'correlação lógica' entre o fator de discrímen tomado em conta e o regramento que lhe deu, a norma ou a conduta são compatíveis com o princípio da igualdade; se, pelo contrário, inexistir esta relação de congruência lógica ou – o que ainda seria mais flagrante – se nem ao menos houvesse um fator de discrímen identificável, a norma ou a conduta serão incompatíveis com o princípio da igualdade". **[Rodapé:** Idem, p. 24.**]**

Na mesma linha, ensina Canotilho que "o princípio da igualdade é violado quando a desigualdade de tratamento surge como arbitrária", explicitando que há "uma violação arbitrária da igualdade jurídica quando a disciplina jurídica: (a) não se basear num fundamento sério; (b) não tiver um sentido legítimo; e (c) estabelecer diferenciação jurídica sem um fundamento razoável". **[Rodapé:** CANOTILHO, J. J. Gomes, *Direito Constitucional*, Coimbra, Almedina, 1991, p. 577.**]**

No caso sob exame, o discrímen empregado pelo legislador para permitir a destruição de embriões a partir dos três anos de congelamento afigura-se infundado, sem sentido e destituído de justificativa razoável, pois não há qualquer explicação lógica para conferir-se tratamento diferenciado aos embriões tendo em conta apenas os distintos estágios de criopreservação em que se encontram.

Cuida-se, *data venia*, de uma decisão arbitrária, que, como tal, repugna ao Direito. Com efeito, a explicação que se colhe da resposta a essa questão, apresentada no debate público levado a efeito nesta Suprema Corte, a saber, a de que tal prazo nada teria a ver com a viabilidade dos embriões, mas constitui, apenas, um lapso temporal para que o "casal tenha certeza se, porventura, quiser doar aqueles embriões para pesquisa". **[Rodapé:** Transcrição dos debates no STF, pp. 113 e 219-220.**]** Tal motivação, ao que consta, acolhida pelos legisladores, apequena-se e deslegitima-se ante a informação de cientistas segundo a qual embriões com muito mais tempo de congelamento, até mesmo após 13 anos de criopreservação teriam logrado sobreviver hígidos e se transformado em crianças saudáveis, depois de sua implantação no útero receptor. **[Rodapé:** Idem, p. 223.**]**

Essa seríssima preocupação encontra guarida no item V, 2, da Resolução do CFM, que é taxativo ao estabelecer que "o número total de pré-embriões produzidos em laboratório será comunicado aos pacientes, para que se decida quantos pré-embriões serão transferidos a fresco, devendo o excedente ser criopreservado, *não podendo ser descartado ou destruído*" (grifei).

A propósito, em profundo e abrangente estudo sobre o tema, que veio a lume em dezembro/2005, a Comissão de Bioética de Rheinland-Pfaltz, do Ministério da Justiça daquela unidade da Federação Alemã, recomendou aos legisladores que garantissem aos embriões que não pudessem ser implantados no útero das respectivas mães genéticas, ou seja, aos extranumerários, como alternativa preferencial à sua destruição, a "chance de sobreviverem no corpo de uma mulher" que se disponha a adotá-los. **[Rodapé:** *Fortpflanzungsmedizin und Embryonenschutz: Medizinische, ethische und rechtliche Gesichtspunkte zum Revisionsbedarf von Embryonenschutz und Stammzellgesets*, Bericht der Bioethik–Kommission des Landes Rheinland-Pfalz vom 12.12.2005, pp. 54 (These 4) e 112 (Empfehlung 5).**]**

O critério para a utilização de embriões criopreservados em pesquisas, pois, há de compatibilizar-se com a definição de "inviabilidade" acima proposta. Quer dizer, enquanto tiverem potencial de vida ou, por outra, enquanto for possível implantá-los no útero da mãe de que provieram os oócitos fertilizados ou no ventre de mulheres inférteis para as quais possam ser doados, a destruição de embriões congelados, a meu sentir, afigura-se contrária aos valores fundantes da ordem constitucional. Quem deu azo à produção de embriões excedentes, assepticamente denominados de "extranumerários", há de arcar com o ônus não só moral e jurídico, mas também econômico, quando for o caso, de preservá-los, até que se revelem inviáveis para a implantação *in anima nobile*.

Nesse aspecto, causa espécie, do ponto de vista ético, a lógica de cunho puramente voluntarista existente por detrás da resposta oferecida à pergunta por mim formulada, quando da audiência pública realizada nesta Suprema Corte, no tocante ao destino dos embriões congelados, segundo a qual sua utilização nas pesquisas estaria sujeita ao exclusivo alvedrio dos assim chamados "genitores". **[Rodapé:** Transcrição dos debates no STF, p. 219.**]** O pragmatismo extremado de que se reveste tal solução parece-me deveras assustador. Lembro, a propósito, a observação de Horkheimer acima transcrita, para quem a ciência que entroniza a práxis, separando o pensamento da ação, "já renunciou à humanidade".

Aliás, esse tipo de ética, fundada em critérios de utilidade, que avalia a conduta humana com base apenas em seus resultados, foi superiormente refutada por Kant, já no século XVIII, ao argumento de que "o valor moral de uma ação não reside no efeito que dela se espera", mas num "bem supremo e incondicionado" para o qual a vontade de um ser racional deve convergir. [**Rodapé:** Cf. KANT, Immanuel, *Fundamental Principles of the Metaphysics of Morals*, New York, Dover Publications, 2005, p. 17.] Isso porque, para o filósofo de Königsberg, a utilidade constitui um predicado das coisas e não do homem, que existe como um fim em si mesmo, razão pela qual é defeso subordiná-lo, como simples meio, ao arbítrio de quem quer que seja. [**Rodapé:** Idem, pp. 27 e ss.]

Cumpre registrar, por oportuno, que alguns estudos recentes apontam para a possibilidade de extrair-se uma ou duas células dos zigotos produzidos *in vitro*, para a obtenção de células-tronco, sem danificá-los ou com um risco mínimo de que isso aconteça, à semelhança do que ocorre com o diagnóstico pré-implantacional. [**Rodapé:** *http://www.naturecom/stemcells/2007/0706/070614/full/stemcells.2007.28.htmle*, acesso em 12.5.2008.] Caso tal método se revele efetivamente viável, nada impede seja ele empregado em experimentos voltados à cura de doenças, desde que observados os parâmetros éticos e legais pertinentes. (...).

15. Parte dispositiva do voto

Em face de todo o exposto, pelo meu voto julgo procedente em parte a presente ação direta de inconstitucionalidade para, sem redução de texto, conferir a seguinte interpretação aos dispositivos abaixo discriminados, com exclusão de qualquer outra:

(i) Art. 5º, *caput* – as pesquisas com células-tronco embrionárias somente poderão recair sobre embriões humanos inviáveis ou congelados logo após o início do processo de clivagem celular, sobejantes de fertilizações *in vitro* realizadas com o fim único de produzir o número de zigotos estritamente necessário para a reprodução assistida de mulheres inférteis.

(ii) Inciso I do art. 5º – o conceito de "inviável" compreende apenas os embriões que tiverem o seu desenvolvimento interrompido por ausência espontânea de clivagem após período superior a 24 horas contadas da fertilização dos oócitos.

(iii) Inciso II do art. 5º – as pesquisas com embriões humanos congelados são admitidas desde que não sejam destruídos nem tenham o seu potencial de desenvolvimento comprometido.

(iv) § 1º do art. 5º – a realização de pesquisas com as células-tronco embrionárias exige o consentimento "livre e informado" dos genitores, formalmente exteriorizado.

(v) § 2º do art. 5º – os projetos de experimentação com embriões humanos, além de aprovados pelos comitês de ética das instituições de pesquisa e serviços de saúde por eles responsáveis, devem ser submetidos à prévia autorização e permanente fiscalização dos órgãos públicos mencionados na Lei n. 11.105, de 24.3.2005. (...).

VOTO – *O Sr. Min. Cézar Peluso* – (...).

III – Os embriões humanos ostentam dignidade constitucional, embora em grau diverso daquele conferido à vida das pessoas humanas

13. Pesa-me, no passo seguinte de meu raciocínio, divergir do eminente Ministro-Relator, no ponto em que S. Exa. proclama que a proteção normativa dos embriões residiria no nível infraconstitucional, [**Rodapé:** Mesma opinião tem a *CONECTAS*: "Neste caso, são as leis ordinárias, em ponderação legislativa, que dispõem sobre a suposta vida de embrião congelado (...) e dimensionam a sua proteção. (...) a Lei de Biossegurança reconhece que, mesmo que tais embriões não estejam sujeitos à mesma proteção constitucional do direito à vida conferida ao feto ou à pessoa já nascida, trata-se de material sujeito a alguma proteção. (...). Não bastaria ao legislador apenas relativizar a proteção jurídica da vida e da dignidade da célula-tronco embrionária para autorizar fazer-se qualquer coisa com tais células" (fls. 157-160).] parecendo nisso admitir, de maneira implícita, possibilidade de cenário diverso, no qual pudera faltar-lhes essa mesma tutela.

Prefiro confrontar a lei impugnada com a Constituição, porque, como já antecipei, entendo provenha diretamente dela, ainda que em grau ou predicamento mais reduzido em comparação com os das pessoas, o substrato jurídico para o reconhecimento e garantia de específica tutela dos embriões, dada sua dignidade própria de *matriz* da *vida humana*. Noutras palavras, estou em que os embriões devem ser tratados com certa dignidade por força de retilínea *imposição constitucional*. E o fundamento intuitivo desta convicção é a dimensão constitucional da dignidade da pessoa humana (art. 1º, III), enquanto supremo valor ético e jurídico, de que, posto não cheguem a constituir equivalente moral de pessoa, compartilham os embriões na medida e na condição privilegiada de única matéria-prima capaz de, como prolongamento, reproduzir e multiplicar os seres humanos, perpetuando-lhes a espécie.

14. Porque embriões congelados não têm vida atual, suscetível de proteção jurídica plena (art. 5º, *caput*), eliminá-los não constitui, em princípio, crime, nem ato ilícito menos grave. Mas este juízo abstrato não dispensa o intérprete de apurar se, em qualquer hipótese, independente do fim a que se predestine, está sempre a salvo a compatibilidade entre o tipo de destruição de embriões excedentes ou inaproveitáveis e a dignidade e o estatuto jurídico-constitucionais de que se revestem. Nesta, como em outras tantas questões jurídicas, é preciso discernir.

Para reinfundir-lhes a embriões isolados o impulso vital que transforme em ato sua totipotência, é preciso implantá-los em útero feminino. Ora, assim, no caso de desembaraço puro e simples de células-tronco embrionárias, como no de seu sacrifício em experimento científico de finalidade terapêutica, a implantação *jamais* se dará, porque já tecnicamente impossível ou inviável, ou porque não desejada ou não consentida pelos genitores. [**Rodapé:** Pode, é verdade, ocorrer implantação em caso da adoção de embriões, mas esse caminho está igualmente subordinado à deliberação dos genitores, porque tal possibilidade teórica lhes não subtrai nem reduz o poder decisório. Ademais, embora se sugira, utopicamente, que seria preferível a alternativa da adoção de embriões, como sustentaram, da tribuna, a *CNBB* e a *PGR*, estas entidades não têm dados para se contrapor ao fato estatisticamente comprovado da baixíssima aceitação social dessa prática.]

É certo, a meu aviso, que nem todo tratamento ou destinação última de células embrionárias se harmonizam com o grau de valor ético e de tutela constitucional que se lhes deve reconhecer, assumindo, em algumas hipóteses, como as de clonagem, projetos eugênicos e engenharia genética, a natureza criminosa de severos atentados à dignidade humana, mas neles não se pode incluir o descarte de embriões congelados. Por mais paradoxal que à primeira vista se revele, o raciocínio não sofre, porque em si o embrião, que não pode vindicar sequer expectativa de direito à vida, é deveras protegido pelo ordenamento jurídico, mas tal proteção lhe não assegura direito subjetivo de evoluir e de nascer. Doutro modo, fora mister descobrir ou inventar absurda obrigação jurídica de gerar filhos, com inconcebível recurso a métodos de forçada fertilização em massa!

Ora, bem, se o despretensioso e rotineiro descarte de embriões congelados, como ato que não traz benefício algum à sociedade, é autorizado pela ordem constitucional, *a fortiori* é-o seu emprego em pesquisas científicas dirigidas exclusivamente ao desenvolvimento de terapias. Cabe, aqui, estoutra opinião de *Klaus Roxin*, invocada com toda a pertinência por um dos *amici curiae*: "(...) enquanto um embrião destruído não cria qualquer valor positivo, um embrião que não possa mais ser salvo, e que seja sacrificado para fins de pesquisas, pode contribuir consideravelmente para a futura cura de doenças graves (...). Quem renuncia a esta possibilidade não serve à vida, mas a lesiona". [**Rodapé:** CONECTAS, fls. 163.]

15. A legislação infraconstitucional posta sobre o tema, à qual os críticos lhe não regateiam os atributos de "prudência e moderação", [**Rodapé:** MOVITAE, p. 6 de sua manifestação.] cerca de eficientes e compreensíveis cuidados o manejo desse nobre material genético, aliás em reverente e linear submissão às exigências constitucionais. Veda-lhe a comercialização. Proíbe a produção intencional de embriões para pesquisas. Obriga as instituições e serviços de saúde a obter autorização dos respectivos comitês de ética e pesquisa. Tipifica como crime, punível com detenção de um a três anos e multa, o uso de embriões em desacordo com o disposto no art. 5º. Pune, com penas de reclusão ainda mais acerbas, a engenharia genética em material genético ou embrião humanos (art. 25), bem como a clonagem humana (art. 26).

A racionalidade da lei inspira-se também em outros valores de estatura constitucional, em particular o amplo direito à vida com dignidade daqueles cuja saúde, sobretudo física, depende de tratamentos que possam, eventualmente, [**Rodapé:** Não se vê propósito em indagar acerca da suficiência, ou não, das pesquisas com células-tronco *adultas* (CTA), pois, tratando-se de argumento prático (*practical reasoning*), basta que a rotina contida na premissa conjectural – no caso, as pesquisas com CTE – "possa contribuir para a conclusão prática proposta, ou seja, fomentá-la, promovê-la (no sentido do verbo alemão *fördern*, cf. Virgílio Afonso da Silva, 2002, p. 36)... Utilizamos a expressão "contribui para" ou "fomenta" a fim de dar conta das mais variadas concepções sobre como uma ação pode colaborar para a consecução da meta. Seja necessária, indispensável ou apenas aumente o grau de probabilidade de o agente conseguir atingir o fim, será uma justificativa para a ação" (SILVA NETO, Paulo Penteado de Faria E., *Estratégias Argumentativas em Torno da Política de Cotas (...): Elementos de Lógica Informal e Teoria da Argumentação*, dissertação (Mestrado em Filosofia), Brasília: UnB, 2007, pp. 42-50). Por isso, não releva saber quais células-tronco, adultas ou embrionárias, estejam em etapas mais avançadas de pesquisas ou abram mais vastos horizontes terapêuticos. Como ambas contribuem para a persecução de um fim prestigiado pela Constituição, sem ferir-lhe outras normas ou princípios, reputam-se ambas adequadas, perdendo todo o sentido a discussão sobre a superioridade técnica de uma sobre outra.] resultar das pesquisas com células-tronco embrionárias. [**Rodapé:** Aliás, do ponto de vista constitucional, o direito de uma família a ter filho não é maior nem mais nobre do que o de um doente a ter esperanças de salvar a vida ou aplacar o sofrimento, por meio do desenvolvimento de terapia para seus males.] É o caso, também, da admissibilidade da doação de embriões para adoção reprodutiva e do rigoroso controle biossanitário de seu descarte. Daí, aliás, se infere, logo, que sob nenhum aspecto esta causa envolve conflito de normas ou de princípios constitucionais, nem, por conseguinte, necessidade de recurso ao critério mediador da proporcionalidade, cuja invocação, de todo modo, em caso de algum contraste hipotético ou aparente, não excluiria à lei as qualificações de adequada, [**Rodapé:** Cf. nota n. 54, *supra*.] necessária [**Rodapé:** Porque, conquanto sejam também adequadas as pesquisas com CTA, não parecem elas representar expediente capaz de promover com igual amplitude, traduzida aqui pela velocidade, plasticidade e versatilidade das CTEs, a realização dos mesmos bens jurídicos.] e proporcional em sentido estrito. [**Rodapé:** Insisto em que não há colisão alguma de princípios ou regras. Mas, se a houvera, a limitação do direito à suposta "vida" dos embriões (que estes não têm, como penso estar demonstrado) ou ao grau de sua dignidade ética e constitucional seria suficientemente justificada pelo resguardo do direito à vida e à dignidade de tantas pessoas suscetíveis de serem beneficiadas pelos resultados das pesquisas, aliada à promoção da saúde e à livre expressão científica.]

16. Mas o Direito posto, e aqui se confirma uma das minhas divergências mais relevantes com o brilhante voto do ilustre Ministro-Relator, *não poderia*, a meu ver, *ser diferente*. Se a lei subalterna não previsse, nos signi-

ficados emergentes dos textos normativos interpretados à luz da Constituição, estratégias eficazes para resguardo da dignidade imanente aos embriões, seria *inconstitucional*.

17. E, nesse contexto, é mister extrair-lhe, ainda com apoio na técnica da chamada *interpretação conforme*, todas as garantias inerentes à intangibilidade constitucional do genoma humano, na sua expressão e valor de programa hereditário que identifica, caracteriza e distingue, na sua irredutível singularidade, toda pessoa humana, sobretudo no plano prático das limitações necessárias das pesquisas científicas e da regulamentação de um sistema de atribuição e controle de responsabilidades, sem as quais não se passa dos apelos dos princípios gerais à instauração de uma práxis consentânea.

E a primeira e mais importante dedução respeita à inteligência das expressões "para fins de pesquisa e terapia" e "pesquisa ou terapia", constantes do *caput* e do § 2º [*do art. 5º*] da lei, cujo único significado normativo afeiçoado ao disposto no art. 6º, III, que proíbe engenharia genética em célula germinal, zigoto e embrião humanos (...), e à própria Constituição, que não toleraria degradação destes organismos, é de autorização exclusiva de uso de células-tronco embrionárias em pesquisas para fins exclusivamente terapêuticos. Para ser mais claro e preciso, nem a Constituição nem a lei permitem produção de embriões humanos por fertilização *in vitro* senão para fins reprodutivos no âmbito de tratamento de infertilidade, nem tampouco o uso de excedentes em pesquisas ou intervenções genéticas que não sejam de caráter exclusivamente terapêutico (*a*).

A segunda observação está em que, não obstante haja a lei instituído, para fiscalização e controle das múltiplas atividades regulamentadas incidentes sobre os chamados *organismos geneticamente modificados* (OGMs), o Conselho Nacional de Biossegurança (CNBS), a Comissão Técnica Nacional de Biossegurança (CTNBio) e as Comissões Internas de Biossegurança (CIBios), além de prever a atuação de "*órgãos e entidades de registro e fiscalização*", como os Ministérios da Saúde, da Agricultura e do Meio Ambiente, relegou os deveres substantivos dessa tremenda responsabilidade, quando tratou das pesquisas com CTE, apenas aos comitês de ética e pesquisa (CEPs) das respectivas instituições e serviços de saúde (art. 5º, § 2º).

Esses comitês, cuja pontual disciplina em vigor consta da Resolução n. 196, de 10.10.1996, do Conselho Nacional de Saúde, são formados por, pelo menos, sete profissionais das mais variadas áreas (saúde, ciências exatas e humanas: juristas, teólogos, sociólogos, filósofos, bioeticistas) e no mínimo por um representante dos usuários da instituição ou do serviço. Embora lhe ressalte a heterogeneidade disciplinar e a respectiva autonomia, prevendo, em tese, sua independência (itens VII.5 e VII.12), estatui a resolução, no item VII.9, que "a composição de cada CEP deverá ser definida a critério da instituição".

Tal regra envolve, quando menos, sério risco de ocorrência daquilo que a teoria econômica denomina *problema de agência*, [**Rodapé**: Joseph Stiglitz resume assim a teoria: "The principal-agent problem is simply the familiar problem of how one person gets another to do what he wants (...), ensuring that [the latter's] behavior conforms with [the former's] whishes" (*Economics of the Public Sector*, 3ª ed., New York, W. W. Norton, 1999, pp. 202-203). Na hipótese, o problema é precisamente o oposto, já que não há relação de mandato: o grande risco é o de ocorrer subordinação dos CEPs, que se tornariam agentes das instituições, em lugar de manter a altivez e a independência reclamadas. O alinhamento de interesses, neste caso, é ostensivamente deletério para todo o sistema.] ou seja, grave *conflito de interesses* que compromete a independência da entidade, enquanto instância imediata responsável pela garantia de rigorosa observância das gravíssimas restrições de ordem constitucional e legal das pesquisas autorizadas. Na reconstituição desse quadro deficiente, a possibilidade real de dominação ou subjugação dos comitês pelas instituições e serviços não pode ser ignorada, nem subestimada. A incerteza ou omissão da lei, ao propósito, apesar de não *afrontar*, no sentido etimológico da palavra, a Constituição da República, deixa de atender-lhe a uma exigência essencial à eficácia prática da tutela outorgada às células-tronco embrionárias, porque por si só é inoperante a qualificação teórica de antijuridicidade de certos comportamentos. Como já se acentuou na Itália, à falta de normas penais expressas sobre o assunto, "l'importanza della riflessione sull'antigiuridicità attuale di determinate condotte, pur in assenza di corrispondenti norme sanzionatorie, non va transcurata. La 'nuda' antigiuridicità, infatti, non è priva di riflessi pratici". [**Rodapé**: EUSEBI, Luciano, ob. cit., p. 1.060.]

18. Ora, as células-tronco embrionárias não são OGMs (art. 3º, § 1º), donde as pesquisas e experimentos que as tomem por objeto não se sujeitam a controle direto do CNBS, da CTNBio, nem da CIBio. Qual, então, a solução viável, reclamada por injunção constitucional? Não pode ser a de as submeter a essas instituições, porque sua composição e tarefas são outras, nem a de esta Corte criar por si órgão congênere, porque carece da competência de legislador positivo para condicionar a validade da lei.

A legislação vigente precisa ajustar-se, no ponto, aos ditames constitucionais, para que compreenda, no alcance de normas mais severas e peremptórias, todos os responsáveis pelo efetivo controle que pretende seja exercido, sobretudo pelo Estado, de modo bastante próximo. [**Rodapé**: Acertado, a respeito, o diagnóstico do *Senado Federal*: "O único caminho eficaz do Estado, nesse campo, é a regulamentação, com o objetivo de prevenir abusos e arroubos desnecessários, bem como assegurar a observância de normas éticas" (fls. 240). E não menos sensata a sugestão de que a fiscalização deva ser exercida também pelo Ministério da Saúde, pelo Conselho Nacional de Saúde e pela Agência Nacional de Vigilância Sanitária.] Isto exige edição de lei específica para cominação de responsabilidade criminal, ou interpretação que não excluísse das hipóteses legais da lei vigente, à primeira vista só imputável aos pesquisadores, os integrantes dos comitês de ética e pesquisa. Não sendo possível, no âmbito da função jurisdicional, nem a criação de normas, nem tal extensão hermenêutica em matéria criminal, será preciso acentuar, perante a ordem constituída, a responsabilidade penal dos membros dos comitês de ética (CEPs) e da própria Comissão Nacional de Ética em Pesquisa (CONEP/MS), nos termos do art. 319 do CP, sob pena de ficar dúvida sobre a existência de instrumentos de intimidação ou inibição legal com força suficiente para, acomodando as normas à Constituição, refrear a tendência à lassidão ou a estudada passividade no controle das pesquisas. É que os membros dos comitês estão obrigados a: (a) revisar os protocolos de pesquisa, para os aprovar, até sob condições, ou não; (b) acompanhar os desenvolvimentos dos projetos; (c) receber denúncia de abusos e irregularidades, fazendo instaurar sindicância a respeito e decidindo sobre a continuidade, modificação ou suspensão da pesquisa (item VII.13, letras "a", "b", "d", "f" e "g"). E os da Comissão Nacional de Ética têm dever de aprovar e acompanhar os protocolos nas áreas temáticas de genética e de reprodução humanas, provendo normas específicas no campo da ética em pesquisa, bem como de rever responsabilidades, proibir ou interromper pesquisas, definitiva ou temporariamente (item VIII.4, letras "c", "d" e "f"). E, considerando que todos são, para esses efeitos, reputados servidores públicos *lato sensu*, submetem-se àquele tipo penal (art. 319 do CP), mas sem prejuízo de incorrerem nas penas dos delitos previstos nos arts. 24, 25 e 26 da Lei n. 11.105/2005, por omissão imprópria, quando, dolosamente, deixarem de agir de acordo com tais deveres (*b*).

Dada a superlativa magnitude dos bens jurídicos envolvidos na causa, todos conexos com o primado da dignidade da pessoa humana e das suas expressões genéticas, cujo imperativo de integridade radica na Constituição, mais do que conveniente, seria mister que o Parlamento logo transformasse todas as formas de inadimplemento de tão graves deveres em tipos penais autônomos, com cominação de penas severas (*c*).

Também tenho por indispensável submeter as atividades de pesquisas ao crivo reforçado de outros órgãos de controle e fiscalização estatal, declarando-lhes, expressa e inequivocamente, a submissão dos trabalhos, como da tribuna sugeriu a Advocacia do Senado Federal, ao "Ministério da Saúde, (o) Conselho Nacional de Saúde e (a) Agência Nacional de Vigilância Sanitária", na forma que venha a ser regulamentada, em prazo que delibere a Corte (*d*).

19. Diante do exposto, julgo *improcedente* a ação direta de inconstitucionalidade, ressaltando, porém, que dou interpretação conforme à Constituição aos artigos relativos aos embriões na legislação impugnada, para os fins já declarados (*a*, *b* e *d*). (...).

EXTRATO DE ATA

Decisão: Após os votos do Sr. Min. Carlos Britto (Relator) e da Sra. Ministra Ellen Gracie (Presidente) julgando improcedente a ação direta, pediu vista dos autos o Sr. Min. Menezes Direito. Falaram: pelo Ministério Público Federal, o Procurador-Geral da República, Dr. Antônio Fernando Barros e Silva de Souza; pelo *amicus curiae* Conferência Nacional dos Bispos do Brasil/CNBB, o Professor Ives Gandra da Silva Martins; pela Advocacia-Geral da União, o Min. José Antônio Dias Toffoli; pelo requerido, Congresso Nacional, o Dr. Leonardo Mundim; pelos *amici curiae* Conectas Direitos Humanos e Centro de Direitos Humanos/CDH, o Dr. Oscar Vilhena Vieira, e pelos *amici curiae* Movimento em Prol da Vida/MOVITAE e ANIS – Instituto de Bioética, Direitos Humanos e Gênero, o Professor Luís Roberto Barroso. Plenário, 5.3.2008.

Decisão: Após os votos dos Srs. Mins. Menezes Direito e Ricardo Lewandowski, julgando parcialmente procedente a ação direta; dos votos da Sra. Min. Carmen Lúcia e do Sr. Min. Joaquim Barbosa, julgando-a improcedente; e dos votos dos Srs. Mins. Eros Grau e Cézar Peluso, julgando-a improcedente, com ressalvas, nos termos de seus votos, o julgamento foi suspenso.

Presidência do Sr. Min. Gilmar Mendes. Plenário, 28.5.2008.

Decisão: Prosseguindo no julgamento, o Tribunal, por maioria e nos termos do voto do Relator, julgou improcedente a ação direta, vencidos parcialmente, em diferentes extensões, os Srs. Mins. Menezes Direito, Ricardo Lewandowski, Eros Grau, Cézar Peluso e o Presidente, Min. Gilmar Mendes. Plenário, 29.5.2008.

* * *

PERGUNTAS

1. Quais são os fatos?
2. Qual a questão jurídica central de acordo com o Min. Carlos Ayres Britto?
3. A partir de que momento a Constituição protege o direito à vida, de acordo com o Ministro-Relator?
4. Qual o impacto disso sobre a decisão?
5. Como o Min. Carlos Ayres Britto desenha o regime de proteção ao nascituro? Explique o que significam em seu esquema o "transbordamento" da dignidade humana, por um lado, e as exceções à criminalização do aborto, por outro.
6. O que significa o conceito de "viabilidade"? De que maneira o caso "Roe *versus* Wade" pode ser considerado importante para o exame da ação direta de inconstitucionalidade?

7. O Min. Lewandowski traz ao debate a questão da elasticidade do conceito de viabilidade. De que maneira essa elasticidade poderia levar a práticas discriminatórias?

8. Toda a argumentação da maioria é perpassada pela questão da proteção da vontade dos fornecedores de óvulos e espermatozoides. De que maneira os dois votos divergentes selecionados limitam essa vontade?

9. Para o Min. Peluso a dignidade dos embriões tem caráter constitucional. Ele atribui ao voto do Min. Carlos Ayres Britto um esvaziamento do que seria a proteção constitucional ao embrião. Qual a extensão da discordância entre os Ministros?

10. Qual é a extensão da proteção conferida aos embriões nos votos de cada um desses Ministros?

11. O que é *interpretação conforme à Constituição*? Como ela se diferencia de uma decisão tradicional?

12. Como o STF decidiu o caso?

4.4 Caso da anencefalia (ADPF 54-DF)

(Plenário – rel. Min. Marco Aurélio – j. 12.4.2012)

Estado – Laicidade. O Brasil é uma República laica, surgindo absolutamente neutro quanto às religiões – Considerações.

Feto anencéfalo – Interrupção da gravidez – Mulher – Liberdade sexual e reprodutiva – Saúde – Dignidade – Autodeterminação – Direitos fundamentais – Crime – Inexistência. Mostra-se inconstitucional interpretação de a interrupção da gravidez de feto anencéfalo ser conduta tipificada nos arts. 124, 126 e 128, incisos I e II, do CP.

ACÓRDÃO – Vistos, relatados e discutidos estes autos: Acordam os Ministros do Supremo Tribunal Federal em julgar procedente a ação para declarar a inconstitucionalidade da interpretação segundo a qual a interrupção da gravidez de feto anencéfalo é conduta tipificada nos arts. 124, 126 e 128, incisos I e II, do CP, nos termos do voto do Relator e por maioria, em sessão presidida pelo Min. Cézar Peluso, na conformidade da ata do julgamento e das respectivas notas taquigráficas.

Brasília, 12 de abril de 2012 – *Marco Aurélio*, relator.

RELATÓRIO – O Sr. Min. *Marco Aurélio*: Reporto-me às balizas expostas no julgamento da Questão de Ordem, a fls. 289, quando o Tribunal assentou a adequação instrumental da medida:

"Em 17.6.2004, a Confederação Nacional dos Trabalhadores na Saúde/CNTS formalizou a arguição de descumprimento de preceito fundamental ora em exame parcial. Sob o ângulo da admissibilidade, no cabeçalho da petição inicial apontou, como envolvidos, os preceitos dos arts. 1º, IV – dignidade da pessoa humana –, 5º, II – princípio da legalidade, liberdade e autonomia da vontade –, 6º, cabeça, e 196 – direito à saúde –, todos da Carta da República, e, como ato do Poder Público, causador da lesão, o conjunto normativo ensejado pelos arts. 124, 126, cabeça, e 128, incisos I e II, do CP – Decreto-lei n. 2.848, de 7.12.1940. Afirmou, mais, que diversos órgãos investidos do ofício judicante – juízes e tribunais – vêm extraindo do Código Penal, em detrimento da Constituição Federal, dos princípios contidos nos textos mencionados, a proibição de se efetuar a antecipação terapêutica do parto nos casos de fetos anencéfalos. Alegou ser a patologia daquelas que tornam inviável a vida extrauterina. Em nota prévia, a CNTS, representada pelo Dr. Luís Roberto Barroso, buscou demonstrar que a antecipação terapêutica do parto não consubstancia aborto, no que este envolve a vida extrauterina em potencial. Aludiu ao art. 2º, inciso I, da Lei n. 9.882/1999, segundo o qual têm legitimação ativa aqueles que a têm para a propositura da ação direta de inconstitucionalidade. A seguir, disse inequívoca a pertinência temática, de vez que congrega, no ápice da pirâmide das entidades sindicais, os trabalhadores na saúde, incluídos médicos, enfermeiros e outros que atuem no procedimento da antecipação terapêutica do parto, sujeitando-se, em visão imprópria, à ação penal pública, considerado o tipo aborto. Então, discorrendo sobre o cabimento da medida, empolgou o requerente o art. 1º da Lei n. 9.882/1999: 'Art. 1º. A arguição prevista no § 1º do art. 102 da Constituição Federal será proposta perante o Supremo Tribunal Federal, e terá por objeto evitar ou reparar lesão a preceito fundamental, resultante de ato do Poder Público'". (...).

A requerente, a fls. 984, sustenta o não enquadramento da antecipação terapêutica da gravidez de anencéfalo às hipóteses previstas nos arts. 124 a 126 do CP brasileiro. Segundo alega, a conduta não constitui aborto, consideradas a inviabilidade do feto e a equivalência ao morto, presente a similitude com o conceito versado na Lei n. 9.434/1997, relativa à remoção de órgãos, tecidos e partes do corpo humano para fins de transplante e tratamento. Defende a interpretação evolutiva do direito penal quanto à matéria, a qual estaria alcançada na excludente de ilicitude contida no inciso I do art. 128 do CP, tendo em conta o estágio atual da ciência, capaz de diagnosticar a gestação de risco. Alude à dignidade da pessoa humana, a assegurar a integridade física e moral, e ao direito fundamental da mulher à saúde, a afastar, na hipótese de anencefalia, a incidência dos tipos penais. Requer o acolhimento do pedido formulado na inicial, procedendo o Supremo à interpretação dos dispositivos do Código Penal que regem a matéria, no sentido da não incidência do tipo no caso de a gestante de feto anencéfalo, por deliberação própria, preferir interromper a gravidez. Acompanham a peça quadro sintético das manifestações extraídas da audiência pública.

A Advocacia-Geral da União, representada pelo então Advogado- Geral da União interino, Dr. Evandro Costa Gama, a fls. 1.010, manifestou-se no sentido da procedência do pedido formulado na inicial. Disse ser legítimo à gestante decidir sobre o prosseguimento da gravidez. Mencionou a participação do Ministro da Saúde, José Gomes Temporão, na audiência, garantindo estar a rede pública de saúde preparada para diagnosticar com certeza a anomalia e atender à mulher, qualquer que seja a decisão quanto à gestação.

A Procuradora-Geral da República em exercício, Deborah Macedo Duprat de Britto Pereira, a fls. 1.022, opinou pelo acolhimento integral do pedido. Apontou a possibilidade de certeza absoluta do diagnóstico prematuro e a incompatibilidade da anomalia com a vida extrauterina, conforme assegurado pelos especialistas ouvidos na audiência pública. Ressaltou a inexistência dos meios científicos aludidos quando da promulgação do Código Penal brasileiro, em 1940, a contemplar a hipótese da anencefalia como excludente de ilicitude, razão pela qual não poderia incidir o tipo na espécie. Consignou a inviabilidade, consideradas as liberdades públicas, de o Estado intervir nas relações privadas de modo a ofender o direito à liberdade, à privacidade e à autonomia reprodutiva, colocando em risco a saúde da gestante. Alfim, entendeu não violar o direito à vida a antecipação terapêutica do parto, ante a ausência de potencialidade de vida extrauterina. Por esse motivo, disse dever ser dispensável a autorização judicial para a intervenção médica quando diagnosticada a anomalia.

É o relatório.

VOTO – *O Sr. Min. Marco Aurélio* (relator): (...). A questão posta nesta ação de descumprimento de preceito fundamental revela-se uma das mais importantes analisadas pelo Tribunal. É inevitável que o debate suscite elevada intensidade argumentativa das partes abrangidas, do Poder Judiciário e da sociedade. Com o intuito de corroborar a relevância do tema, faço menção a dois dados substanciais. Primeiro, até o ano de 2005 os juízes e Tribunais de Justiça formalizaram cerca de 3.000 autorizações para a interrupção gestacional em razão da incompatibilidade do feto com a vida extrauterina, o que demonstra a necessidade de pronunciamento por parte deste Tribunal. Segundo, o Brasil é o quarto País no mundo em casos de fetos anencéfalos. Fica atrás do Chile, México e Paraguai. A incidência é de aproximadamente 1 a cada 1.000 nascimentos, segundo dados da Organização Mundial de Saúde, confirmados na audiência pública. Chega-se a falar que a cada três horas realiza-se o parto de um feto portador de anencefalia. Esses dados foram os obtidos e datam do período de 1993 a 1998, não existindo notícia de realização de nova sondagem.

Para não haver dúvida, faz-se imprescindível que se delimite o objeto sob exame. Na inicial pede-se a declaração de inconstitucionalidade, com eficácia para todos e efeito vinculante, da interpretação dos arts. 124, 126 e 128, incisos I e II, do CP (Decreto-lei n. 2.848/1940), que impeça a antecipação terapêutica do parto na hipótese de gravidez de feto anencéfalo, previamente diagnosticada por profissional habilitado. Pretende-se o reconhecimento do direito da gestante de submeter-se ao citado procedimento sem estar compelida a apresentar autorização judicial ou qualquer outra forma de permissão do Estado.

Destaco a alusão feita pela própria arguente ao fato de não se postular a proclamação de inconstitucionalidade abstrata dos tipos penais, o que os retiraria do sistema jurídico. Busca-se tão somente que os referidos enunciados sejam interpretados conforme à Constituição. Dessa maneira, mostra-se inteiramente despropositado veicular que o Supremo examinará, neste caso, a descriminalização do aborto, especialmente porque, consoante se observará, existe distinção entre aborto e antecipação terapêutica do parto. Apesar de alguns autores utilizarem expressões "aborto eugênico ou eugenésico" ou "antecipação eugênica da gestação", afasto-as, considerado o indiscutível viés ideológico e político impregnado na palavra "eugenia".

Inescapável é o confronto entre, de um lado, os interesses legítimos da mulher em ver respeitada sua dignidade e, de outro, os interesses de parte da sociedade que deseja proteger todos os que a integram – sejam os que nasceram, sejam os que estejam para nascer –, independentemente da condição física ou viabilidade de sobrevivência. O tema envolve a dignidade humana, o usufruto da vida, a liberdade, a autodeterminação, a saúde e o reconhecimento pleno de direitos individuais, especificamente os direitos sexuais e reprodutivos de milhares de mulheres. No caso, não há colisão real entre direitos fundamentais, apenas conflito aparente. (...).

Sr. Presidente, na verdade, a questão posta sob julgamento é única: saber se a tipificação penal da interrupção da gravidez de feto anencéfalo coaduna-se com a Constituição, notadamente com os preceitos que garantem o Estado laico, a dignidade da pessoa humana, o direito à vida e a proteção da autonomia, da liberdade, da privacidade e da saúde. Para mim, Sr. Presidente, a resposta é desenganadamente negativa. Comecemos pelo Estado laico. (...).

Na mesma linha andou o constituinte de 1988, que, sensível à importância do tema, dedicou-lhe os arts. 5º, inciso VI, e 19, inciso I, embora àquela altura já estivesse arraigada na tradição brasileira a separação entre Igreja e Estado. Nos debates havidos na Assembleia Nacional Constituinte, o Presidente da Comissão da Soberania e dos Direitos e Garantias do Homem e da Mulher, Antônio Mariz, enfatizou: "o fato de a separação entre Igreja e Estado estar hoje incorporada aos valores comuns à nacionalidade não é suficiente para eliminar do texto constitucional o princípio que a expressa".

Nesse contexto, a Constituição de 1988 consagra não apenas a liberdade religiosa – inciso VI do art. 5º –, como também o caráter laico do Estado – inciso I do art. 19. Citados preceitos estabelecem:

"Art. 5º. Todos são iguais perante a lei, sem distinção de qualquer natureza, garantindo-se aos brasileiros e aos estrangeiros residentes no País a inviolabilidade do direito à vida, à liberdade, à igualdade, à segurança e à propriedade, nos termos seguintes: (...); VI – é inviolável a liberdade de consciência e de crença, sendo assegurado o livre exercício dos cultos religiosos e garantida, na forma da lei, a proteção aos locais de culto e a suas liturgias; (...).

"Art. 19. É vedado à União, aos Estados, ao Distrito Federal e aos Municípios: I – estabelecer cultos religiosos ou igrejas, subvencioná-los, embaraçar-lhes o funcionamento ou manter com eles ou seus representantes relações de dependência ou aliança, ressalvada, na forma da lei, a colaboração de interesse público; (...)."

Conclui-se que, a despeito do Preâmbulo, destituído de força normativa – e não poderia ser diferente, especialmente no tocante à proteção divina, a qual jamais poderia ser judicialmente exigida –, o Brasil é um Estado secular tolerante, em razão dos arts. 19, inciso I, e 5º, inciso VI, da Constituição da República. Deuses e césares têm espaços apartados. O Estado não é religioso, tampouco é ateu. O Estado é simplesmente neutro. (...).

Se, de um lado, a Constituição, ao consagrar a laicidade, impede que o Estado intervenha em assuntos religiosos, seja como árbitro, seja como censor, seja como defensor, de outro, a garantia do Estado laico obsta a que dogmas da fé determinem o conteúdo de atos estatais. Vale dizer: concepções morais religiosas, quer unânimes, quer majoritárias, quer minoritárias, não podem guiar as decisões estatais, devendo ficar circunscritas à esfera privada. A crença religiosa e espiritual – ou a ausência dela, o ateísmo – serve precipuamente para ditar a conduta e a vida privada do indivíduo que a possui ou não a possui. Paixões religiosas de toda ordem hão de ser colocadas à parte na condução do Estado. Não podem a fé e as orientações morais dela decorrentes ser impostas a quem quer que seja e por quem quer que seja. Caso contrário, de uma democracia laica com liberdade religiosa não se tratará, ante a ausência de respeito àqueles que não professem o credo inspirador da decisão oficial ou àqueles que um dia desejem rever a posição até então assumida. (...).

A questão posta neste processo – inconstitucionalidade da interpretação segundo a qual configura crime a interrupção de gravidez de feto anencéfalo – não pode ser examinada sob os influxos de orientações morais religiosas. Essa premissa é essencial à análise da controvérsia.

Isso não quer dizer, porém, que a oitiva de entidades religiosas tenha sido em vão. Como bem enfatizado no parecer da Procuradoria-Geral da República relativamente ao mérito desta arguição de descumprimento de preceito fundamental, "numa democracia, não é legítimo excluir qualquer ator da arena de definição do sentido da Constituição. Contudo, para tornarem-se aceitáveis no debate jurídico, os argumentos provenientes dos grupos religiosos devem ser devidamente 'traduzidos' em termos de razões públicas" (fls. 1.026 e 1.027), ou seja, os argumentos devem ser expostos em termos cuja adesão independa dessa ou daquela crença.

2. A anencefalia

As informações e os dados revelados na audiência pública em muito contribuíram para esclarecer o que é anencefalia, inclusive com a apresentação de imagens que facilitaram a compreensão do tema. A anomalia consiste em malformação do tubo neural, caracterizando-se pela ausência parcial do encéfalo e do crânio, resultante de defeito no fechamento do tubo neural durante a formação embrionária. (...).

O feto anencéfalo mostra-se gravemente deficiente no plano neurológico. Faltam-lhe as funções que dependem do córtex e dos hemisférios cerebrais. Faltam, portanto, não somente os fenômenos da vida psíquica, mas também a sensibilidade, a mobilidade, a integração de quase todas as funções corpóreas. O feto anencefálico não desfruta de nenhuma função superior do sistema nervoso central "responsável pela consciência, cognição, vida relacional, comunicação, afetividade e emotividade". [**Rodapé**: SHEWMON, David A., *Anencephaly: Selected Medical Aspects*, New York, Hasting Cent Rep., 1988, 18 (5), pp. 11-19. No mesmo sentido, o Dr. Thomaz Rafael Gollop asseverou, durante o pronunciamento na audiência pública de 28.8.2008: "Esta é a condição de um feto anencefálico: ele não tem crânio nem cérebro. Logo, não pode ter nenhum tipo de sentimento, porque não há uma estação que processe isso" (fls. 99).] (...).

A anencefalia configura – e quanto a isso não existem dúvidas – doença congênita letal, pois não há possibilidade de desenvolvimento da massa encefálica em momento posterior. A afirmação categórica de que a anencefalia é uma malformação letal funda-se na explanação de especialistas que participaram da audiência pública. (...).

De fato, em termos médicos, há dois processos que evidenciam o momento morte: o cerebral e o clínico. O primeiro é a parada total e irreversível das funções encefálicas, em consequência de causa conhecida, ainda que o tronco cerebral esteja temporariamente em atividade. O segundo é a parada irreversível das funções cardiorrespiratórias, com a finalização das atividades cardíaca e cerebral pela ausência de irrigação sanguínea, resultando em posterior necrose celular. Conforme a Resolução n. 1.480, de 8.8.1997, do Conselho Federal de Medicina, os exames complementares a serem observados para a constatação de morte encefálica deverão demonstrar, de modo inequívoco, a ausência de atividade elétrica cerebral ou metabólica cerebral ou, ainda, a inexistência de perfusão sanguínea cerebral. Não foi por outra razão que o Conselho Federal de Medicina, mediante a Resolução n. 1.752/2004, consignou serem os anencéfalos natimortos cerebrais.

O anencéfalo jamais se tornará uma pessoa. Em síntese, não se cuida de vida em potencial, mas de morte segura. O fato de respirar e ter batimento cardíaco não altera essa conclusão, até porque, como acentuado pelo Dr. Thomaz Rafael Gollop, a respiração e o batimento cardíaco não excluem o diagnóstico de morte cerebral. [**Rodapé:** Segundo dia de audiência pública, transcrição, fls. 96.] (...).

Ainda sobre os contornos da anomalia, cumpre registrar que a anencefalia pode ser diagnosticada na 12ª semana de gestação, por meio de ultrassonografia, estando a rede pública de saúde capacitada para fazê-lo. Geralmente, os médicos preferem repetir o exame em uma ou duas semanas para confirmação. Trata-se de um diagnóstico de *certeza*, consoante enfatizaram doutos especialistas na audiência pública. (...).

3. Doação de órgãos de anencéfalos

Ao contrário do que sustentado por alguns, não é dado invocar, em prol da proteção dos fetos anencéfalos, a possibilidade de doação de seus órgãos. E não se pode fazê-lo por duas razões. A primeira por ser vedado obrigar a manutenção de uma gravidez tão somente para viabilizar a doação de órgãos, sob pena de coisificar a mulher e ferir, a mais não poder, a sua dignidade. A segunda por revelar-se praticamente impossível o aproveitamento dos órgãos de um feto anencéfalo. Essa última razão reforça a anterior, porquanto, se é inumano e impensável tratar a mulher como mero instrumento para atender a certa finalidade, avulta-se ainda mais grave se a chance de êxito for praticamente nula. (...).

4. Direito à vida dos anencéfalos

Igualmente, Sr. Presidente, não é dado invocar o direito à vida dos anencéfalos. Anencefalia e vida são termos antitéticos. Conforme demonstrado, o feto anencéfalo não tem potencialidade de vida. Trata-se, na expressão adotada pelo Conselho Federal de Medicina e por abalizados especialistas, de um *natimorto cerebral*. Por ser absolutamente inviável, o anencéfalo não tem a expectativa nem é ou será titular do direito à vida, motivo pelo qual aludi, no início do voto, a um conflito apenas aparente entre direitos fundamentais. Em rigor, no outro lado da balança, em contraposição aos direitos da mulher, não se encontra o direito à vida ou à dignidade humana de quem está por vir, justamente porque não há ninguém por vir, não há viabilidade de vida.

Aborto é crime contra a vida. Tutela-se a vida em potencial. No caso do anencéfalo, repito, não existe vida possível. (...).

Sr. Presidente, mesmo à falta de previsão expressa no Código Penal de 1940, parece-me lógico que o feto sem potencialidade de vida não pode ser tutelado pelo tipo penal que protege a vida. No ponto, são extremamente pertinentes as palavras de Padre Antônio Vieira com as quais iniciei este voto. O tempo e as coisas não param. Os avanços alcançados pela sociedade são progressivos. Inconcebível, no campo do pensar, é a estagnação. Inconcebível é o misoneísmo, ou seja, a aversão, sem justificativa, ao que é novo. (...).

4.1 O caráter não absoluto do direito à vida

Inexiste hierarquia do direito à vida sobre os demais direitos, o que é inquestionável ante o próprio texto da Constituição da República, cujo art. 5º, inciso XLVII, admite a pena de morte em caso de guerra declarada na forma do art. 84, inciso XIX. Corrobora esse entendimento o fato de o Código Penal prever como causa excludente de ilicitude ou antijuridicidade o aborto ético ou humanitário – quando o feto, mesmo sadio, seja resultado de estupro. Ao sopesar o direito à vida do feto e os direitos da mulher violentada, o legislador houve por bem priorizar estes em detrimento daquele – e, até aqui, ninguém ousou colocar em dúvida a constitucionalidade da previsão. (...).

Além de o direito à vida não ser absoluto, a proteção a ele conferida comporta diferentes gradações, consoante enfatizou o Supremo no julgamento da ADI n. 3.510. Para reforçar essa conclusão basta observar a pena cominada ao crime de homicídio (de 6 a 20 anos) e de aborto provocado pela gestante ou com seu consentimento (de 1 a 3 anos), [**Rodapé:** Transcrição suprimida dos arts. 121, 123 e 124 do CP.] a revelar que o direito à vida ganha contornos mais amplos, atraindo proteção estatal mais intensa, à medida que ocorre o desenvolvimento. (...).

5. Direito à saúde, à dignidade, à liberdade, à autonomia, à privacidade

A Organização Mundial de Saúde, no Preâmbulo do ato fundador, firmado em 22.7.1946, define saúde como "o estado de completo bem-estar físico, mental e social e não simplesmente como a ausência de enfermidade". [**Rodapé:** O ato constituidor da Organização Mundial da Saúde encontra-se disponível no sítio eletrônico http:// apps.who.int/gb/bd/PDF/bd47/EN/constitution-en.pdf, acesso em 4.5.2011.] No Plano de Ação da Conferência Mundial sobre População e Desenvolvimento, realizado na cidade do Cairo, Egito, em 1994, além de reconhecerem-se como direitos humanos os sexuais e os reprodutivos, estabeleceu-se como princípio que "toda pessoa tem direito ao gozo do mais alto padrão possível de saúde física e mental".

Sob o ângulo da saúde física da mulher, toda gravidez acarreta riscos. [**Rodapé:** Conforme informações prestadas no segundo dia de audiência pública – fls. 7. O Dr. Roberto Luiz D'Ávila, em manifestação no segundo dia de audiência pública, destacou ser alta a taxa de mortalidade materna devido à presença de doenças hipertensivas, hemorragias e infecções, inclusive, em gestações de fetos viáveis (transcrição, fls. 12).] Há alguma divergência se a gestação de anencéfalo é mais perigosa do que a de um feto sadio. (...).

Sob o aspecto psíquico, parece incontroverso – impor a continuidade da gravidez de feto anencéfalo pode conduzir a quadro devastador, como o experimentado por Gabriela Oliveira Cordeiro, que figurou como paciente no emblemático *HC* n. 84.025-RJ, da relatoria do Min. Joaquim Barbosa. (...).

O sofrimento dessas mulheres pode ser tão grande que estudiosos do tema classificam como tortura o ato estatal de compelir a mulher a prosseguir na gravidez de feto anencéfalo. Assim o fizeram, nas audiências públicas, a Dra. Jaqueline Pitanguy [**Rodapé:** Socióloga e Cientista Política, ex-Professora de Sociologia na Pontifícia Universidade Católica do Rio de Janeiro e na Rutgers University, Nova Jérsei, Estados Unidos, representante do Conselho Nacional dos Direitos da Mulher.] e o Dr. Talvane Marins de Moraes. [**Rodapé:** V. nota de rodapé 81 – Médico especialista em Psiquiatria Forense, Livre-Docente e Doutor em Psiquiatria pela Universidade Federal do Rio de Janeiro, membro das Câmaras Técnicas de Perícia Médica e Medicina Legal do Conselho Regional de Medicina do Rio de Janeiro, representante da Associação Brasileira de Psiquiatria.] Nas palavras da Dra. Jaqueline Pitanguy, "obrigar uma mulher a vivenciar essa experiência é uma forma de tortura a ela impingida e um desrespeito aos seus familiares, ao seu marido ou companheiro e aos outros filhos, se ela os tiver". Prosseguiu, "as consequências psicológicas de um trauma como esse são de longo prazo. Certamente a marcarão para sempre. Seu direito à saúde, entendido pela Organização Mundial de Saúde como o direito a um estado de bem-estar físico e mental, está sendo desrespeitado em um País em que a Constituição considera a saúde um direito de todos e um dever do Estado". [**Rodapé:** Terceiro dia de audiência pública, transcrição, fls. 1.350.] (...).

Ante o exposto, julgo procedente o pedido formulado na inicial, para declarar a inconstitucionalidade da interpretação segundo a qual a interrupção da gravidez de feto anencéfalo é conduta tipificada nos arts. 124, 126 e 128, incisos I e II, do CP brasileiro. (...).

VOTO – *O Sr. Min. Ricardo Lewandowski:* (...). O legislador infraconstitucional, todavia, isentou de pena, em caráter excepcional, o aborto, desde que praticado por médico, em duas únicas hipóteses, taxativamente definidas: no chamado "aborto necessário" e no denominado "aborto sentimental", caracterizados, respectivamente, nos incisos I e II do art. 128 do *Codex* repressivo.

O primeiro, também conhecido como "terapêutico", materializa-se quando "não há outro meio de salvar a vida da gestante". Já, o segundo evidencia-se quando a gravidez resultar de estupro praticado com violência, real ou presumida. (...).

Em outras palavras, o legislador, de modo explícito e deliberado, não afastou a punibilidade da interrupção da gravidez nessas situações. Quer dizer, considerou penalmente imputável o abortamento induzido de um feto malformado.

E não se diga que à época da promulgação do Código Penal ou de sua reforma, levadas a efeito, respectivamente, por meio do Decreto-lei n. 2.848, de 7.12.1940, e da Lei n. 7.209, de 11.6.1984, não existiam métodos científicos para detectar eventual degeneração fetal. Como se sabe, os diagnósticos de deformidades ou patologias fetais, realizados mediante as mais distintas técnicas, a começar do exame do líquido amniótico, já se encontram de longa data à disposição da Medicina. [**Rodapé:** *Bsc.gwu.edu/mfmu/history.pdf*, acesso em 10.4.2012.]

Permito-me insistir nesse aspecto: caso o desejasse, o Congresso Nacional, intérprete último da vontade soberana do povo, considerando o instrumental científico que se acha há anos sob o domínio dos obstetras, poderia ter alterado a legislação criminal vigente para incluir o aborto eugênico dentre as hipóteses de interrupção da gravidez isentas de punição. Mas até o presente momento os parlamentares, legítimos representantes da soberania popular, houveram por bem manter intacta a lei penal no tocante ao aborto, em particular quanto às duas únicas hipóteses nas quais se admite a interferência externa no curso regular da gestação, sem que a mãe ou um terceiro sejam apenados. (...).

Dado, porém, o princípio básico da conservação das normas – que deriva da presunção de constitucionalidade destas –, é possível ou, melhor, desejável, desde que respeitados seus fins, conferir-lhes uma interpretação conforme a Lei Maior, sem declará-las inconstitucionais. (...).

Em resumo, a interpretação conforme à Constituição configura método preferível à pura e simples declaração de inconstitucionalidade, quando mais não seja em homenagem à vontade soberana do legislador. (...).

Cumpre registrar, por oportuno, que a tarefa dos exegetas, não raro, esbarra em limites objetivos, em obstáculos insuperáveis, representados pela univocidade das palavras, os quais impedem que, em linguagem popular, "se dê o dito pelo não dito" ou vice-versa.

Nessa linha de raciocínio, a tão criticada – e de há muito superada – Escola da Exegese, que pontificou na França no século XIX, na esteira da edição do Código Civil napoleônico, legou-nos uma assertiva de difícil, se não impossível, contestação: *In claris cessat interpretatio*. Ou seja, quando a lei é clara não há espaço para a interpretação. [**Rodapé:** V. SICHES, Luis Recaséns, *Nueva Filosofía de la Interpretación del Derecho*, 3ª ed., México, Porrúa, 1980, pp. 199 e ss.]

Impende ressaltar, ademais, naquilo que interessa para a presente discussão, que a técnica de interpretação conforme à Constituição, embora legítima e desejável, dentro de determinadas circunstâncias, defronta-se com duas barreiras intransponíveis, quais sejam: de um lado, não é dado ao hermeneuta afrontar a expressão literal da lei; de outro, não pode ele contrariar a vontade manifesta do legislador, e muito menos substituir-se a ele. (...).

De fato, como é sabido e ressabido, o STF, à semelhança do que ocorre com as demais Cortes Constitucionais, só pode exercer o papel de legislador negativo, cabendo-lhe a relevante – e por si só avassaladora – função de extirpar do ordenamento jurídico as normas incompatíveis com o Texto Magno.

Trata-se de uma competência de caráter, ao mesmo tempo, preventivo e repressivo, cujo manejo, porém, exige cerimoniosa parcimônia, tendo em conta o princípio da intervenção mínima que deve pautar a atuação da Suprema Corte. Qualquer excesso no exercício desse delicadíssimo mister trará como consequência a usurpação dos poderes atribuídos pela Carta Magna e, em última análise, pelo próprio povo aos integrantes do Congresso Nacional.

Destarte, não é lícito ao mais alto órgão judicante do País, a pretexto de empreender interpretação conforme à Constituição, envergar as vestes de legislador positivo, criando normas legais, *ex novo*, mediante decisão pretoriana. Em outros termos, não é dado aos integrantes do Poder Judiciário, que carecem da unção legitimadora do voto popular, promover inovações no ordenamento normativo como se parlamentares eleitos fossem. (...).

É fácil concluir, pois, que uma decisão judicial isentando de sanção o aborto de fetos portadores de anencefalia, ao arrepio da legislação penal vigente, além de discutível do ponto de vista ético, jurídico e científico, diante dos distintos aspectos que essa patologia pode apresentar na vida real, abriria as portas para a interrupção da gestação de inúmeros outros embriões que sofrem ou venham a sofrer outras doenças, genéticas ou adquiridas, as quais, de algum modo, levem ao encurtamento de sua vida intra ou extrauterina.

Insista-se: sem lei devidamente aprovada pelo Parlamento, que regule o tema com minúcias, precedida de amplo debate público, retrocederíamos aos tempos dos antigos romanos, em que se lançavam para a morte, do alto da Rocha Tarpeia, ao arbítrio de alguns, as crianças consideradas fracas ou debilitadas. (...).

Cumpre destacar, ademais – até para demonstrar que o Congresso Nacional não está alheio à problemática –, que se encontram sob o crivo dos parlamentares pelo menos dois projetos de lei objetivando normatizar o assunto.

Ambos revelam a complexidade do tema, sobretudo a dificuldade envolvida no regramento de seus distintos aspectos técnicos, jurídicos e científicos, os quais, por isso mesmo, são insuscetíveis de disciplina judicial. (...).

Por todo o exposto, e considerando, especialmente, que a autora, ao requerer ao STF que interprete extensivamente duas hipóteses restritivas de direito, em verdade pretende que a Corte elabore uma norma abstrata autorizadora do aborto eugênico nos casos de suposta anencefalia fetal, em outras palavras, que usurpe a competência privativa do Congresso Nacional para criar, na espécie, outra causa de exclusão de punibilidade ou, o que é ainda pior, mais uma causa de exclusão de ilicitude, *julgo improcedente o pedido*. (...).

VOTO – *O Sr. Min. Gilmar Mendes*: (...).

Conclusão

Com essas considerações, voto no sentido da procedência da arguição de descumprimento de preceito fundamental, para dar interpretação conforme à Constituição, com efeitos aditivos, ao art. 128 do CP, para estabelecer que, além do aborto necessário (quando não há outro meio de salvar a vida da gestante) e do aborto no caso de gravidez resultante de estupro, "não se pune o aborto praticado por médico, com o consentimento da gestante, se o feto padece de anencefalia comprovada por junta médica competente, conforme normas e procedimentos a serem estabelecidos no âmbito do Sistema Único de Saúde (SUS)".

Para o cumprimento desta decisão, é indispensável que o Ministério da Saúde regulamente adequadamente, com normas de organização e procedimento, o reconhecimento da anencefalia. Enquanto pendente regulamentação, a anencefalia deverá ser atestada por no mínimo dois laudos diagnósticos, produzidos por médicos distintos, e segundo técnicas de exame atuais e suficientemente seguras. (...).

EXTRATO DE ATA

Decisão: Após o voto do Sr. Min. Marco Aurélio (Relator), que julgava procedente o pedido para declarar a inconstitucionalidade da interpretação segundo a qual a interrupção da gravidez de feto anencéfalo é conduta tipificada nos arts. 124, 126 e 128, incisos I e II, todos do CP, no que foi acompanhado pelos Srs. Mins. Rosa Weber, Joaquim Barbosa, Luiz Fux e Carmen Lúcia, e o voto do Sr. Min. Ricardo Lewandowski, que julgava improcedente o pedido, o julgamento foi suspenso. Impedido o Sr. Min. Dias Toffoli. Falaram, pela requerente, o Dr. Luís Roberto Barroso e, pelo Ministério Público Federal, o Procurador-Geral da República, Dr. Roberto Monteiro Gurgel Santos. Plenário, 11.4.2012.

Decisão: O Tribunal, por maioria e nos termos do voto do Relator, julgou procedente a ação para declarar a inconstitucionalidade da interpretação segundo a qual a interrupção da gravidez de feto anencéfalo é conduta tipificada nos arts. 124, 126 e 128, incisos I e II, todos do CP, contra os votos dos Srs. Mins. Gilmar Mendes e Celso de Mello, que, julgando-a procedente, acrescentavam condições de diagnóstico de anencefalia especificadas pelo Min. Celso de Mello; e contra os votos dos Srs. Mins. Ricardo Lewandowski e Cézar Peluso (Presidente), que a julgavam improcedente. Ausentes, justificadamente, os Srs. Mins. Joaquim Barbosa e Dias Toffoli. Plenário, 12.4.2012.

Presidência do Sr. Min. Cézar Peluso. Presentes à sessão os Srs. Mins. Celso de Mello, Marco Aurélio, Gilmar Mendes, Ayres Britto, Ricardo Lewandowski, Carmen Lúcia, Luiz Fux e Rosa Weber.

* * *

PERGUNTAS

1. Quais são os fatos?
2. Qual é o pedido dos autores e qual o meio processual por eles utilizado?
3. O que alega o Procurador-Geral da República?
4. Qual a questão jurídica relevante, conforme o Min. Marco Aurélio?
5. Em que medida o direito à vida se relaciona com este caso?
6. Como decide o Min. Marco Aurélio? Em que medida esse caso poderia servir de precedente para casos futuros sobre aborto?
7. Qual é a decisão do Min. Gilmar Mendes? Seria papel do Poder Judiciário estabelecer esse tipo de critério?
8. Qual o ponto central da discordância entre o Min. Lewandowski e os Ministros que o antecederam?
9. Em que ponto os Ministros têm concepções distintas sobre o Poder Judiciário?
10. Em que medida os Ministros estão decidindo estrategicamente em função do eventual impacto deste caso sobre a questão da descriminalização do aborto no Brasil?
11. O Min. Ricardo Lewandowski afirma que o Legislativo já criou as causas de exclusão de antijuridicidade?
12. O que o STF fez nesse caso? O que seria uma interpretação conforme à Constituição? Quais seriam os limites do Tribunal?

4.5 Caso DNA (HC 71.373-4-RS)

(Plenário – red. para o acórdão rel. Min. Marco Aurélio – j. 10.11.1994)

Investigação de paternidade – Exame DNA – Condução do réu "debaixo de vara". Discrepa, a mais não poder, de garantias constitucionais implícitas e explícitas – preservação da dignidade humana, da intimidade, da intangibilidade do corpo humano, do império da lei e da inexecução específica e direta de obrigação de fazer – provimento judicial que, em ação civil de investigação de paternidade, implique determinação no sentido de o réu ser conduzido ao laboratório "debaixo de vara", para coleta do material indispensável à feitura do exame DNA. A recusa resolve-se no plano jurídico-instrumental, consideradas a dogmática, a doutrina e a jurisprudência, no que voltadas ao deslinde das questões ligadas à prova dos fatos.

ACÓRDÃO – Vistos, relatados e discutidos estes autos: Acordam os Ministros do Supremo Tribunal Federal, em sessão plenária, na conformidade da ata do julgamento e das notas taquigráficas, por maioria de votos, em deferir o pedido de *habeas corpus*.

Brasília, 10 de novembro de 1994 – *Octávio Gallotti*, presidente – *Marco Aurélio*, redator para o acórdão.

RELATÓRIO – *O Sr. Min. Francisco Rezek*: A inicial, que expõe com propriedade a questão jurídica, foi redigida pelo próprio paciente, J. A. G. P. M., e diz:

"(...). Contra o impetrante tramita, na 2ª Vara de Família e Sucessões do Foro Centralizado da Comarca de Porto Alegre, uma ação de investigação de paternidade promovida por T. M. R. e L. M. R., gêmeas nascidas a 19.11.1990, filhas de H. M. M. R..

"Ordenada prova pericial específica, mediante análise de grupos sanguíneos e outras investigações, o impetrante intimado comunicou que não se submeteria a exames, o que foi aceito pela Dra. Juíza a 20.5.1992, reconhecendo que a parte não está obrigada à realização da prova, mas sua negativa será analisada de acordo com o restante da prova.

"Depois, antes de ser concluída a audiência, a Dra. Juíza adotou outra solução, para coagir o impetrante a submeter-se aos exames periciais cogitados no início. A última decisão (de 27.11.1992) tem este teor que interessa, sendo do impetrante os sublinhamentos:

"'Tendo em vista nova jurisprudência que começa a despontar sobre o tema da recusa em fazer o exame para comprovação da paternidade, representada pelo AI n. 588021022, da 44ª Câmara Cível do egrégio TJRS, *Revista de Jurisprudência* n. 147, pp. 301 a 304, reviso minha posição de fls. 81.

"'No presente caso estão em jogo interesses de duas menores. Outrossim, pelo que está nos autos, uma das partes está faltando com a verdade e o exame dirime dúvida, estabelecendo, praticamente em definitivo, com quem está a verdade, desmascarando-se ou a oportunista ou o que tenta eximir-se da responsabilidade da paternidade.

"'Não há motivo para que o réu se negue ao exame, a menos que esteja com receio do resultado. Hoje, com o avanço das pesquisas genéticas, é inconcebível que não seja feito tal exame neste tipo de ação.

"'Assim, determino a realização do exame, a ser realizado pelo Dr. Jobim, já compromissado. Oficie-se para marcação de data. Deverá o réu comparecer, assim que intimado, *sob pena de condução sob vara*, eis que, no caso, seu corpo é 'objeto de direitos', não sendo cabível invocar direito personalíssimo de disponibilidade do próprio corpo'. (...)."

É o relatório.

VOTO – *O Sr. Min. Francisco Rezek* (relator): Observo, de início, ser de inteira lógica, embora não cotidiano, que do foro cível promane constrangimento ilegal corrigível mediante *habeas corpus*. No caso em exame, cuida-se de saber se o investigado, na ação de verificação de paternidade, pode ser forçado, à vista de sua recusa, a se submeter a certa prova pericial, o exame hematológico. O tema ganha relevo seja por causa do advento, no campo da Medicina Legal, do exame de determinação de paternidade pelo método do DNA (ácido desoxirribonucleico), seja à conta da crescente preocupação do legislador e dos tribunais com os direitos da criança e do adolescente.

O Professor Caio Mário da Silva Pereira ponderou há anos, em obra sobre o tema, que "o progresso constante da ciência pode conduzir à fixação do tipo sanguíneo em termos tão precisos, que venha a constituir elemento de convicção definitiva de hereditariedade biológica" (in *Reconhecimento de Paternidade e seus Efeitos*, Forense, 1977, p. 128). A nova técnica acabou por materializar a premonição do respeitado jurista.

O peso desse novo instrumento pericial revela-se em sua insignificante margem de erro, o que leva alguns especialistas a afirmar que os testes de paternidade pelo exame direto do DNA – geralmente feito no sangue, embora possa dar-se em qualquer outro tecido do corpo que o contenha – ostenta confiabilidade superior a 99,99%. A certeza científica proporcionada pela nova técnica oferece ao julgador um elemento sólido para a construção da verdade.

De outro lado, observa-se uma superlativa atenção do legislador, a partir da Carta de 1988, para com os direitos da criança e do adolescente. As inovações constitucionais no capítulo da família, da criança, do adolescente e do idoso deram nova conformação ao direito da criança, de que é exemplo o art. 227 da Carta Política. A legislação infraconstitucional tem acompanhado, por igual, os avanços verificados neste exato domínio. Assim, a Lei n. 8.069/1990, que dispõe sobre o Estatuto da Criança e do Adolescente; a Lei n. 8.560/1992, que regula a investigação de paternidade dos filhos havidos fora do casamento, entre outras.

O que temos agora em mesa é a questão de saber qual o direito que deve preponderar nas demandas de verificação de paternidade: o da criança à sua real (e não apenas presumida) identidade, ou o do indigitado pai à sua intangibilidade física.

No julgamento do RE n. 99.915 (*RTJ* 110/1.133), sob minha relatoria, ponderei que me parecia "ainda presente na Justiça brasileira – como, de resto, na sociedade brasileira – uma tendência majoritária a enfrentar estes casos centrando atenções na pessoa do investigado, e sempre empregando uma ótica essencialmente penal". É alentador observar, na hora atual, que a visão individuocêntrica, preocupada com as prerrogativas do direito do investigado, vai cedendo espaço ao direito elementar que tem a pessoa de conhecer sua origem genética. A verdade jurídica, geralmente fundada em presunção, passa a poder identificar-se com a verdade científica.

Esteve sempre no domínio da prova a dificuldade maior das ações investigatórias. Não obstante a autonomia proporcionada pelo Código de Processo Civil ao juiz no campo probatório, o problema que se lhe coloca é como demonstrar relacionamento sexual – nas ações baseadas no art. 363, II, do CC –, eventualmente um ato singular, e a necessária relação de causa e efeito entre esse fato e a concepção da criança. Provas documental e testemunhal são quase sempre impossíveis. No campo pericial, o desenvolvimento científico facilita a busca da verdade, mas obstáculos como a recusa à submissão ao exame podem ocorrer. Deve o julgador saber valorar, com os demais elementos de prova, a insubordinação. A recusa mesma induz à presunção de paternidade, facilitando o desfecho da demanda, mas resolvendo de modo insatisfatório o tema da identidade do investigante.

Provas periciais vinham servindo até pouco tempo atrás para produzir apenas a certeza negativa da paternidade. De outro modo, conduziam ao *non liquet* no campo da ciência, e à busca de formas menos seguras de convicção. Com o novo exame surge, pela vez primeira, a possibilidade de se substituir a verdade ficta pela verdade real. Há hoje uma técnica que proporciona certeza tanto para exclusão como para confirmação do vínculo genético.

É certo ainda, como ponderou o Ministério Público Federal, que a recusa do investigado implica descumprimento de um "dever processual de colaboração, normativamente posto no art. 339 do CPC, *verbis*: 'Art. 339. Ninguém se exime do dever de colaborar com o Poder Judiciário para o descobrimento da verdade'".

Sustenta, mais, o Subprocurador-Geral Cláudio Fonteles:

"Nem se queira argumentar, em paralelo com o direito processual penal, que, neste, o direito de calar tem previsão constitucional (art. 5º, LXIII), porque é repudiada a autoincriminação cogente.

"Certo, mas as perspectivas são inconciliáveis.

"O processo persegue a verdade, qualquer que seja sua natureza: penal, civil etc.

"Mas, a tal *desideratum*, e quando o conflito põe-se entre a sociedade e o indivíduo para privar ou preservar a liberdade – perspectiva típica do processo penal –, ninguém pode ser obrigado a autoincriminar-se.

"Se, todavia, o conflito põe-se entre o filho investigante e o pai investigado a que se estabeleça, ou não, o vínculo familiar – perspectiva típica do processo civil –, ninguém pode furtar-se à colaboração na definição deste vínculo."

Nesta trilha, vale destacar que o direito ao próprio corpo não é absoluto ou ilimitado. Por vezes a incolumidade corporal deve ceder espaço a um interesse preponderante, como no caso da vacinação, em nome da saúde pública. Na disciplina civil da família o corpo é, por vezes, objeto de direitos. Estou em que o princípio da intangibilidade do corpo humano, que protege um interesse privado, deve dar lugar ao direito à identidade, que salvaguarda, em última análise, um interesse também público. Não foi sem razão que o legislador atribuiu ao *Parquet*, à vista da importância da determinação do vínculo de filiação, a iniciativa para que, em determinadas circunstâncias, intente a investigatória de paternidade (§§ 4º e 5º do art. 2º da Lei n. 8.560/1992).

A Constituição é clara ao preceituar: "Art. 227 . É dever da família, da sociedade e do Estado assegurar à criança e ao adolescente, com absoluta prioridade, o direito à vida, à saúde, à alimentação, à educação, ao lazer, à profissionalização, à cultura, à dignidade, ao respeito, à liberdade e à convivência familiar e comunitária, além de colocá-los a salvo de toda forma de negligência, discriminação, exploração, violência, crueldade e opressão".

A Lei n. 8.069/1990 – Estatuto da Criança e do Adolescente –, por seu turno, é categórica ao afirmar que: "Art. 27. O reconhecimento do estado de filiação é direito personalíssimo, indisponível e imprescritível, podendo ser exercitado contra os pais ou seus herdeiros, sem qualquer restrição, observado o segredo de justiça".

O impetrante alega que a ordem de condução expedida contra si afronta o art. 332 do CPC. Da sua ótica, o exame é ilegítimo, já que ninguém pode ser constrangido a submeter-se a prova pericial contra sua vontade. Ocorre que a lei, conquanto não autorize diretamente o exame hematológico, como qualquer outro exame, é geral. Tem o magistrado a faculdade de determinar as provas que julgar necessárias à perfeita instrução do processo, podendo a parte, por igual, propor a realização de todas aquelas em Direito permitidas, tal como fez o paciente em sua contestação (fls. 37). É o que diz o art. 130 do CPC, complementado pelo art. 332, que inclui "todos os meios moralmente legítimos, ainda que não especificados neste Código". E é contundente a relação de pertinência entre a prova pretendida e o objeto da ação, onde se discute o tema da paternidade.

Lembra o impetrante que não existe lei que o obrigue a realizar o exame. Haveria, assim, afronta ao art. 5º, II, da CF. Chega a afirmar que sua recusa pode ser interpretada, conforme dispõe o art. 343, § 2º, do CPC, como uma confissão (fls. 6). Mas não me parece, ante a ordem jurídica da República neste final de século, que isso frustre a legítima vontade do juízo de apurar a verdade real. A Lei n. 8.069/1990 veda qualquer restrição ao reconhecimento do estado de filiação, e é certo que a recusa significará uma restrição a tal reconhecimento. O sacrifício imposto à integridade física do paciente é risível quando confrontado com o interesse do investigante, bem assim com a certeza que a prova pericial pode proporcionar à decisão do magistrado.

Um último dispositivo constitucional pertinente que o investigado diz ter sido objeto de afronta é o que tutela a intimidade, no inciso X do art. 5º. A propósito, observou o parecer do Ministério Público: "a afirmação, ou não, do vínculo familiar não se pode opor ao direito ao próprio recato. Assim, a dita intimidade de um não pode escudá-lo à pretensão do outro de tê-lo como gerado pelo primeiro", e mais, a Constituição impõe como dever da família, da sociedade e do Estado assegurar à criança o direito à dignidade, ao respeito, além de colocá-la a salvo de toda forma de negligência. Como bem ponderou o *Parquet* Federal, no desfecho de sua manifestação, "não há forma mais grave de negligência para com uma pessoa do que deixar de assumir a responsabilidade de tê-la fecundado no ventre materno (...)" (fls. 206).

Estas as circunstancias, parece-me que o Tribunal *a quo* conduziu-se com acerto que não merece censura.

Indefiro o pedido. (...).

VOTO – *O Sr. Min. Marco Aurélio*: Sr. Presidente, jamais pensei que, tendo assento no STF, pudesse defrontar-me com um quadro de tão extravagante – sob a minha óptica, e com a devida vênia dos Srs. Ministros que me antecederam – abuso de poder, a implicar inegável constrangimento para o paciente.

Na espécie, tem-se que, em determinado processo civil – ação de investigação de paternidade –, requereu-se (as autoras devem tê-lo feito com o objetivo de comprovar fato constitutivo do direito) o exame denominado DNA, em relação ao qual não coloco dúvidas quanto à valia, à segurança do resultado. Aquele que deveria fornecer, do próprio corpo, a substância indispensável para que fosse realizado recusou-se a tanto. E o que fez o Colegiado no exercício do crivo revisional? Tal como o Juízo, determinou a submissão do paciente ao exame, contra a respectiva vontade. E mais: a condução "debaixo de vara", como se fosse possível colocar o paciente em uma camisa de força e aí levá-lo ao laboratório para, imobilizado, ver recolhido do próprio corpo – repito – o material necessário.

Sr. Presidente, para mim a violência é ímpar e discrepa, sobremaneira, não só da ordem constitucional em vigor, como também das normas instrumentais comuns aplicáveis à espécie. É certo que inexiste, no Código de Processo Civil, dispositivo que discipline, de forma expressa, o tema. Todavia, há outros dos quais, uma vez interpretados, emana luz suficiente à definição das consequências da recusa. Refiro-me ao teor do § 2º do art. 343 do

CPC, quanto ao depoimento pessoal, a intimação para prestá-lo, mostrando-se o destinatário silente e deixando de comparecer em juízo. Qual é a consequência prevista, expressamente, no Código de Processo Civil? A execução específica da ordem judicial? Não. O legislador encontrou outra solução: a admissibilidade – ficta, é certo – dos fatos. Distingam-se as posições – de réu e de testemunha. Dou mais um exemplo: o do art. 359, que cuida da exibição de documento, quando a parte é intimada para tanto mas não o faz. A repercussão jurídica não é, em si, a prisão ou a ameaça à mesma, para que apresente o documento.

No caso concreto, o Juízo competente, que é o de investigação de paternidade, saberá dar à recusa do réu, ora paciente, o efeito jurídico-processual mais consentâneo, isto no âmbito da prova e da distribuição respectiva, afastada e execução específica e direta da obrigação de fazer.

Sr. Presidente, quando o nobre Relator começou a relatar este *habeas corpus*, a matéria pareceu-me de simplicidade franciscana, mas vejo que não é, e que os enfoques – e já temos dois votos no sentido da denegação da ordem – são diversos. (...).

Ninguém está compelido, pela ordem jurídica, a adentrar a Justiça para questionar a respectiva paternidade, da mesma forma que há consequências para o fato de vir aquele que é apontado como pai a recusar-se ao exame que objetive o esclarecimento da situação. É certo que compete aos cidadãos em geral colaborar com o Judiciário, ao menos na busca da prevalência dos respectivos interesses, e que o sacrifício – na espécie, uma simples espetadela – não é tão grande assim. Todavia, princípios constitucionais obstaculizam a solução dada à recusa. Refiro-me, em primeiro lugar, ao da legalidade, no que "ninguém é obrigado a fazer ou deixar de fazer alguma coisa senão em virtude de lei". Inexiste lei reveladora de amparo à ordem judicial atacada neste *habeas corpus* – no sentido de o paciente, réu na ação de paternidade, ser conduzido ao laboratório para a colheita do material indispensável ao exame. Ainda que houvesse, estaria maculada, considerados os interesses em questão – eminentemente pessoais e a inegável carga patrimonial –, pela inconstitucionalidade. Digo isto porque a Carta Política da República – que o Dr. Ulisses Guimarães, em perfeita síntese, apontou como a "Carta-Cidadã" – consigna que são invioláveis a intimidade, a vida privada, a honra e a imagem das pessoas – inciso X do rol das garantias constitucionais (art. 5º). Onde ficam a intangibilidade do corpo humano, a dignidade da pessoa, uma vez agasalhada a esdrúxula forma de proporcionar a uma das partes, em demanda civil, a feitura de uma certa prova? O quadro é extravagante, e em boa hora deu-se a impetração deste *habeas corpus*. É irrecusável o direito do paciente de não ser conduzido mediante coerção física ao laboratório. É irrecusável o direito do paciente de não permitir que se lhe retire, das próprias veias, porção de sangue, por menor que seja, para a realização do exame. A recusa do paciente há de ser resolvida não no campo da violência física, da ofensa à dignidade humana, mas no plano instrumental, reservada ao Juízo competente – ou seja, o da investigação de paternidade – a análise cabível e a definição, sopesadas a prova coligida e a recusa do réu. Assim o é porque a hipótese não é daquelas em que o interesse público sobrepõe-se ao individual, como a das vacinações obrigatórias em época de epidemias, ou mesmo a da busca da preservação da vida humana, naqueles conhecidos casos em que convicções religiosas arraigadas acabam por conduzir à perda da racionalidade.

Por tudo, peço vênia ao nobre Relator para conceder a ordem e cassar a determinação no sentido de o paciente ser conduzido, "debaixo de vara", para colheita do sangue viabilizador do exame, ao laboratório.

VOTO – *O Sr. Min. Carlos Velloso*: Sr. Presidente, a Constituição estabelece, no art. 227, *caput*: "É dever da família, da sociedade e do Estado assegurar à criança e ao adolescente, com absoluta prioridade, o direito à vida, à saúde, à alimentação, à educação, ao lazer, à profissionalização, à cultura, à dignidade, ao respeito, à liberdade e à convivência familiar e comunitária, além de colocá-los a salvo de toda forma de negligência, discriminação, exploração, violência, crueldade e opressão".

Vai além a Constituição. No § 6º do mesmo art. 227 estabelece: "Os filhos, havidos ou não da relação do casamento, ou por adoção, terão os mesmos direitos e qualificações, proibidas quaisquer designações discriminatórias relativas à filiação".

Daí resultar para o filho, ao que penso, o direito de conhecer o seu pai biológico. Esse direito se insere naquilo que a Constituição assegura à criança e ao adolescente: o direito à dignidade pessoal. (...).

Registre-se que não presta obséquio à dignidade de uma pessoa ser esta sustentada por outrem, como se fora seu pai, simplesmente porque esse outrem não quis submeter-se ao exame, ficou sujeito à pena processual de confissão ficta. Isto, vale repetir, resolve a questão patrimonial. Nessas questões, entretanto, não conta apenas a questão patrimonial. Questões como esta demonstram, aliás, que o direito de família não contêm disposições privatísticas, que o direito de família é muito mais público do que privado. (...).

VOTO – *O Sr. Min. Néri da Silveira*: Sr. Presidente, cuida-se de uma ação cível de investigação de paternidade. No curso desse procedimento foi requerida a realização de certa prova pelo autor; o réu opôs-se à efetivação dessa prova, porque, para tanto, mister se faria dispor de seu próprio corpo. Pergunta-se: o réu pode opor-se à realização de uma prova pedida pelo autor com objetivo de esclarecer a verdade dos fatos? Há um dispositivo no CPC, acerca das provas, art. 339, que estabelece: "Ninguém se exime do dever de colaborar com o Poder Judiciário para o descobrimento da verdade".

DIGNIDADE HUMANA

É de indagar se esse comando tem a força de compelir o réu, pelo dever de colaborar com o Poder Judiciário, a dispor de direito indisponível, segundo a Constituição. Em verdade, de acordo com a Constituição, é direito individual indisponível o que pretende, aqui, assegurar, por esta via do *habeas corpus*, o paciente. O réu não quer que lhe seja extraído do corpo material hematológico destinado ao exame do DNA. Pergunta-se: o Poder Judiciário pode obrigar alguém a submeter-se a esse tipo de exame? O paciente considera constrangimento ilegal ser obrigado ao exame aludido. Em favor desse posicionamento invoca-se o disposto no inciso X do art. 5º da Constituição, que assegura a inviolabilidade da intimidade, e aqui cabe ver compreendida, também, a inviolabilidade do corpo. Há outro dispositivo que, a meu ver, não pode deixar de ser levado em conta: é o inciso II do art. 5º da Constituição, que reza: "ninguém será obrigado a fazer ou deixar de fazer alguma coisa senão em virtude de lei".

Não há lei alguma obrigando pai presumido, ou quem seja réu em ação de investigação de paternidade, a sujeitar-se a prova dessa natureza, que pressupõe, para a sua consecução, material extraído do corpo do próprio réu. Dessa maneira, se não há sequer lei – ponto que seria questionável, se existisse – regulando essa matéria, ninguém pode ser realmente obrigado, compelido, a se sujeitar a tal exame. Dir-se-á: mas, se não for constituída essa prova, será frustrada a eventualidade da procedência da ação, e com isso o paciente estará não só deixando de colaborar com o Poder Judiciário, como a impedir que o autor veja assegurado, pela ordem jurídica, direito que está a pleitear ao Poder Judiciário lhe seja reconhecido: a relação de filiação com o réu. O próprio sistema constitucional, entretanto, responde a essa questão quando se admite, em matéria de ação de investigação de paternidade, o decreto de sua procedência não só em razão de provas documentais ou testemunhais, mas também por indícios e por presunções. Trata-se, é certo, de demanda, ordinariamente, com prova de difícil produção. Sustenta-se, pois, que a prova pretendida pelo autor é extremamente eficiente, de alta qualidade, no processo de investigação de paternidade, tornando-se quase definitiva a certeza a embasar o juízo do magistrado quando positivo o resultado.

No caso concreto, o voto vencido do ilustre Des. José Carlos Teixeira Georgis colocou em termos precisos a *quaestio juris*. A recusa do réu implica presunção de reconhecimento do fato da paternidade, e tem que ser assim tratada, com consequência favorável ao autor. Dir-se-á: sempre alguém poderá levantar dúvida, e isso feriria a dignidade do autor, porque o complexo das provas não seria definitivo. Tanto numa circunstância como na outra, ajuizada a ação, a paternidade somente será reconhecida por via de decisão judicial, que é sempre suscetível de ser discutida; daí os recursos. Esta prova, que hoje se tem como quase incontrastável, admite, entretanto, erro. Há, teoricamente, a possibilidade de erro.

Dessa maneira, penso que se resguardam os princípios constitucionais da privacidade e da legalidade, que favorecem ao paciente; não resulta do *decisum*, no caso concreto, no que concerne à realização da prova, prejuízo definitivo ao autor, porque há uma consequência dessa negativa, qual seja, a confissão, o reconhecimento da paternidade. Em verdade, em princípio, nenhum juiz deixará, diante da recusa do réu de submeter-se ao exame do DNA, de dar pela procedência da ação, tendo nessa recusa o reconhecimento do réu quanto à paternidade. Por isso não quer se sujeitar ao exame que sabe ser bastante preciso.

O que considero, aqui, em debate não é bem esse resultado da ação cível, mas, sim, questão concernente à liberdade e aos direitos individuais. Ninguém pode ser constrangido, contra sua vontade, a um exame que implica extração de material hematológico de seu corpo.

Assim sendo, posta a questão nesses termos, com a devida vênia do brilhante voto do eminente Relator e dos que o acompanham, meu voto fica de acordo com o dos Ministros que concedem o *habeas corpus*, a partir do voto do Sr. Min. Marco Aurélio. (...).

EXTRATO DE ATA

Decisão: Por proposta do Min. Francisco Rezek (Relator), a Turma, por unanimidade, deliberou afetar ao Plenário o julgamento do presente *habeas corpus*. Ausentes ocasionalmente os Mins. Carlos Velloso e Marco Aurélio. 2ª Turma, 30.8.1994.

Decisão: Por maioria de votos, o Tribunal deferiu o pedido de *habeas corpus*, vencidos os Mins. Francisco Rezek (Relator), Ilmar Galvão, Carlos Velloso e Sepúlveda Pertence, que o indeferiam. Votou o Presidente. Relator para o acórdão o Min. Marco Aurélio. Plenário, 10.11.1994.

Presidência do Sr. Min. Octávio Gallotti. Presentes à sessão os Srs. Mins. Moreira Alves, Néri da Silveira, Sydney Sanches, Sepúlveda Pertence, Celso de Mello, Carlos Velloso, Marco Aurélio, Ilmar Galvão e Francisco Rezek.

* * *

PERGUNTAS

1. Quais são os fatos?
2. Como justificar a interposição de *habeas corpus* numa ação civil?
3. Quais direitos se encontram em confronto no presente *habeas corpus*?
4. Se o direito ao próprio corpo não é um direito absoluto, que outro direito seria?

5. Qual o significado do direito à dignidade no presente caso? Existe distinção entre o modo como cada Ministro entende este princípio?
6. Qual foi o critério adotado pelo Min. Marco Aurélio para resolver a colisão de direitos colocada frente ao Tribunal?
7. A solução oferecida pelo Min. Marco Aurélio atende à ideia de dignidade humana?
8. O fato de termos de um lado o direito de crianças e de outro o direito de um adulto deveria ter tem alguma relevância para o desfecho do caso?
9. Existe algo de estratégico no voto do Min. Marco Aurélio?
10. Qual a decisão do STF?

4.6 Caso da Extradição Qian Hong (Extr. 633-República Popular da China)

(Plenário – rel. Min. Celso de Mello – j. 28.8.1996)

Extradição – República Popular da China – Crime de estelionato punível com a pena de morte – Tipificação penal precária e insuficiente que inviabiliza o exame do requisito concernente à dupla incriminação – Pedido indeferido – Processo extradicional e função de garantia do tipo penal. (...).

ACÓRDÃO – Vistos, relatados e discutidos estes autos: Acordam os Ministros do Supremo Tribunal Federal, em sessão plenária, na conformidade da ata de julgamentos e das notas taquigráficas, por unanimidade de votos, em indeferir o pedido de extradição.
Brasília, 28 de agosto de 1996 – *Sepúlveda Pertence*, presidente – *Celso de Mello*, relator. (...).

VOTO – *O Sr. Min. Celso de Mello* (relator): A República Popular da China ajuizou a presente ação de extradição passiva com o objetivo de postular, junto ao Governo Brasileiro, a entrega de Qian Hong, de nacionalidade chinesa, contra quem foi instaurado procedimento de investigação penal destinado a apurar o seu alegado envolvimento na prática do crime de estelionato (defraudação) tipificado no art. 152 do CP daquele País.

O extraditando, ao ser interrogado, não só negou a prática delituosa que lhe é atribuída, mas também enfatizou que a presente extradição nada mais representa senão perseguição política que lhe é movida arbitrariamente pelo Estado Chinês, asseverando, ainda, que, se entregue às autoridades da República Popular da China, "será condenado à pena de morte, sem possibilidade de defesa justa" (fls. 175).

O Estado requerente imputou ao ora extraditando a prática de delito patrimonial, qualificando-o expressamente, nos termos de seu Código Penal (art. 152), como crime de estelionato. (...).

O extraditando, ao apresentar a sua defesa técnica, assim fundamentou as suas objeções ao pedido de extradição formulada pelo Governo Popular da China (fls. 188-201 e 583-875): (a) a ausência de compromisso formal por parte do Governo Chinês de comutar a pena de morte cominada para o delito em pena de prisão; (b) inexistência de certeza, mesmo havendo compromisso de comutação, quanto à não aplicação da pena de morte, pois a República Popular da China não possui qualquer credibilidade em tema de respeito aos direitos humanos; (c) ausência de provas que evidenciem a própria materialidade do delito atribuído ao ora extraditando; (d) irregularidade do mandado de prisão expedido pelo Ministério Público chinês contra o ora extraditando, por não se tratar de ordem emanada de autoridade judiciária; (e) insuficiência de dados descritivos da imputação penal deduzida contra o ora extraditando e incompletude do mandado de prisão, que não contém qualquer elemento de individualização concernente ao fato delituoso; (f) ausência de texto legal referente à prescrição penal; (g) insuficiência da própria descrição típica contida no preceito inscrito no art. 152 do CP da República Popular da China; (h) incapacidade de o Governo Chinês apresentar, ao extraditando, julgamento justo e independente, com todas as garantias inerentes ao postulado do *due process of law*; (i) existência de perseguição política como razão motivadora do pedido de extradição. (...).

Passo a analisar o pedido de extradição e os diversos fundamentos em que se apoia a defesa do ora extraditado.

Impõe-se afastar, desde logo, a pretendida análise concernente à alegação de que inexistem elementos comprobatórios de incriminação do extraditando e, também, de que este – considerada a prova documental produzida pelo Estado requerente – "não cometeu crime algum..." (fls. 863).

Cumpre enfatizar, na linha de recentíssima decisão proferida pelo Plenário do STF, no julgamento de QUESTÃO de ordem suscitada na Extr. 622-Peru, rel. Min. Celso de Mello, que nenhum relevo tem para o sistema extradicional vigente no Brasil a pretendida discussão probatória sobre a realidade material do fato supostamente delituoso e dos elementos de convicção concernentes ao alegado envolvimento do extraditando na prática criminosa. (...).

O ordenamento positivo brasileiro, dentre os diversos sistemas extradicionais existentes no plano do Direito Comparado, optou pelo modelo normativo que outorga ao STF, em tema de extradição passiva, competência meramente deliberatória, que lhe permite simples controle limitado sobre os fundamentos em que se apoia a postulação deduzida pelo Estado estrangeiro. (...).

O extraditando sustenta, em sua defesa, que o Governo Chinês omitiu, fraudulentamente, a circunstância de que, desde 1962, o delito de estelionato tipificado no art. 152 do CP daquele País é também punível com pena de morte, que, em tese, se revela aplicável ao caso ora em exame.

Devo reconhecer que, na fase inicial deste processo extradicional, o Estado requerente efetivamente omitiu esse aspecto, que assume relevo jurídico indiscutível, somente vindo a admitir a possibilidade de imposição da pena de morte ao ora extraditando depois que, mediante despacho – e atendendo a uma solicitação da Defesa –, determinei à Missão Diplomática da República Popular da China que esclarecesse, de modo preciso e sem qualquer ambiguidade, esse relevante aspecto da questão (fls. 223-224).

Foi então – e somente então – que o Chefe da Missão Diplomática da República Popular da China, dirigindo-se ao STF, comunicou que o Ministério das Relações Exteriores de seu País assumira "o compromisso de aplicar meramente ao extraditando a pena de privação de liberdade, e não a pena de morte". Esse compromisso formal acha-se consubstanciado na Nota (94) BU TIAO ZI n. 792. Em consequência dessa posição oficial do Estado requerente, o Sr. Yuan Tao, na condição de Embaixador Extraordinário e Plenipotenciário de seu País, assim se manifestou em documento encaminhado a este Suprema Corte (fls. 325): "Reitero tal compromisso e declaro que o Governo da República Popular da China aplicará ao extraditando Qian Hong meramente a pena de privação de liberdade e não a pena de morte".

O ora extraditando questiona a validade jurídica desse compromisso, por sustentar que "o Estado requerente não fez juntar aos autos cópia da lei que autoriza Ministro de Estado a assumir compromisso em nome de seu País" (fls. 869).

Devo salientar, neste ponto, que o Conselho Permanente da Assembleia Nacional da República Popular da China alterou, em 8.3.1982, o preceito inscrito no art. 152 do CP do Estado requerente, para nele incluir, como sanção jurídica imponível, a pena de morte nas hipóteses de transgressão da norma legal em causa (fls. 202-205 e 206-208).

Esse aspecto suscitado pela Defesa do extraditando assume inquestionável importância jurídica em faze do que dispõe o ordenamento jurídico brasileiro, que impede, nas hipóteses em que se delineia a possibilidade de imposição do *suplicium extremum*, a entrega do extraditando ao Estado requerente sem que este previamente assuma o compromisso formal de "comutar em pena privativa de liberdade a pena (...) de morte (...)" (Lei n. 6.815/1980, art. 91, III).

Impõe-se destacar, no entanto, e no que concerne à pena de morte, que há casos (e este não é um deles) em que o próprio Estatuto do Estrangeiro, fundado em nossa Constituição (art. 5º, XLVIII, "a", segunda parte), permitiu a válida aplicação da sanção capital.

É de registrar que essa situação extraordinária somente ocorre em se tratando de certos delitos tipificados no Código Penal Militar, desde que cometidos em tempo de guerra externa devidamente declarada pelo Presidente da República, com a autorização do Congresso Nacional, nos termos fixados pelo art. 84, XIX, c/c o art. 49, II, ambos da Constituição (Manoel Gonçalves Ferreira Filho, *Comentários à Constituição Brasileira de 1988*, vol. 1/63, 1990, Saraiva; Celso Ribeiro Bastos, *Comentários à Constituição Brasileira de 1988*, vol. 2/241, 1989, Saraiva; José Cretella Jr., *Comentários à Constituição Brasileira de 1988*, vol. 1/511, item 341, 1989, Forense Universitária; José Afonso da Silva, *Curso de Direito Constitucional Positivo*, p. 185, 9ª ed., 3ª tir., 1993, Malheiros).

Cumpre assinalar, no que concerne a este tema, que a jurisprudência do STF tem ressaltado, nos casos em que impõe a substituição da sanção capital, que o compromisso de comutação conste do pedido de extradição, muito embora possa ele ser também validamente prestado em momento posterior "pelo Estado requerente antes da entrega do extraditando" (*RTJ* 43/169, rel. Min. Victor Nunes Leal – *RTJ* 24/247, rel. Min. Pedro Chaves), eis que a formalização desse compromisso – quando presente a possibilidade de execução da pena de morte – atua, na realidade, como pressuposto "da entrega do extraditando, e não do deferimento da extradição pelo STF" (*RTJ* 83/3, rel. Min. Cordeiro Guerra).

O Estado requerente, no caso, assumiu formalmente o compromisso de comutar em pena privativa de liberdade a pena de morte eventualmente imponível ao extraditando, em caso de condição criminal que venha a ser contra este eventualmente proferida (fls. 325).

Esse compromisso, por sua vez, derivou de Nota Diplomática emanada do Embaixador da República Popular da China, que se manifestou devidamente autorizado pelo Ministério das Relações Exteriores de seu País, não cabendo, em consequência, sustentar-se que a promessa em questão teria sido feita por quem não dispõe de poderes para tanto.

É preciso enfatizar que a Nota Diplomática, que goza da presunção de autenticidade, vale pelo que nela se contém. Na realidade – e como já decidiu esta Suprema Corte –, esse documento, que possui reconhecida eficácia no meio diplomático, reveste-se de idoneidade que deriva das "condições e peculiaridade de seu trânsito, não de assinaturas ou lacres" (*RTJ* 124/6, rel. Min. Sydney Sanches).

Demais disso, cumpre salientar, nos termos da própria Convenção de Viena sobre Relações Diplomáticas – subscrita pelo Brasil em 20.4.1963 –, que a função mais expressiva da Missão Diplomática consiste, precisamente, em "representar o Estado acreditante perante o Estado acreditado" (art. 3º, n. 1, "a"), derivando dessa eminente função política um complexo de atribuições e de poderes reconhecidos ao agente diplomático que exerce a atividade de representação institucional de seu País.

Vê-se, portanto, que essa cláusula da Convenção de Viena – que, consoante preleciona o Embaixador Geraldo Eulálio do Nascimento e Silva (*A Convenção de Viena sobre Relações Diplomáticas*, p. 45, 2ª ed., 1978, Brasília), "codificou de maneira precisa os ensinamentos da doutrina no tocante aos deveres da Missão Diplomática, ou seja, os deveres de representação, de observação, de proteção e de negociação" – confere base jurídica idônea ao compromisso validamente assumido pelo Embaixador chinês em nome da República Popular da China.

É possível constatar, desse modo, Sr. Presidente, que o Governo Chinês efetivamente assumiu o formal compromisso, reclamado pelo ordenamento jurídico brasileiro (Lei n. 6.815/1980, art. 91, III), de comutar em pena privativa de liberdade a pena de morte cominada pela legislação chinesa para o delito imputado ao ora extraditando.

Não devo questionar a sinceridade desse compromisso diplomático. Na realidade, essa promessa solene assumida pela República Popular da China goza de presunção *juris tantum* de verdade. Deve ser aceita como necessário efeito do princípio da boa-fé que rege, no plano internacional, as relações entre os Estados soberanos.

Essa circunstância, contudo, não me impede de mencionar à Corte a existência de um precedente, revelado pela organização não governamental Anistia Internacional em seu boletim *Ação Urgente* n. 97, de 24.8.1995, que evidenciou a quebra ilegítima e gravíssima de igual compromisso assumido, em contexto semelhante, pelo Governo da República Popular da China junto ao Reino da Tailândia.

Consta que as autoridades chinesas teriam dado formal garantia de que, caso lhes fosse efetivada a entrega extradicional de Wang Jianye e Shi Yanging, estes réus, embora acusados de peculato, corrupção e infração contra a ordem econômica – delitos passíveis da pena capital –, não seriam condenados à morte e nem executados.

Ocorre, no entanto, que, concedida a extradição e realizado o julgamento – com graves restrições ao exercício do direito de defesa –, ambos os acusados foram condenados à morte, embora ainda não executados, posto que esse veredicto pende de revisão pela Suprema Corte do Povo.

É claro que esse dado gravíssimo, denunciado por uma instituição idônea como a Anistia Internacional, afeta, profundamente, a credibilidade do Estado requerente e torna questionável a sinceridade do compromisso por ele formalmente assumido em sede diplomática. (...).

O Estado requerente – que enviou duas delegações de policiais chineses ao Brasil, "para tratar do assunto da extradição do nacional chinês Qian Hong (...)" (fls. 308 destes autos e fls. 29 da PPE n. 207) –, certamente por considerar extremamente vago o conteúdo da norma incriminadora constante do art. 152 do CP chinês (que não define e nem indica com a necessária precisão os aspectos materiais do delito de defraudação), viu-se na contingência de esclarecer, em peça processual posteriormente produzida nestes autos, o real sentido da cláusula de tipificação do delito de estelionato, esclarecendo, então (fls. 570):

"Segundo a explicação das autoridades judiciais da República Popular da China, o crime de estelionato se refere a obter para si ou para outrem, de forma ilícita e fraudulenta, mediante invenção de fatos ou encobrimento da verdade, quantidade relativamente grande de propriedade pública ou privada (*sic*).

"O objeto deste crime trata-se de direitos de propriedade, direitos de propriedade do Estado, da coletividade ou particulares. A demonstração material desses direitos se refere a bens públicos ou privados, mas não a outros interesses (*sic*).

"Objetivamente, as manifestações do crime tratam-se de ardil ou manobras de maquinação ou encobrimento, no sentido de fraudar bens públicos ou privados em quantidade relativamente grande. A invenção de fatos significa a invenção de fatos não existentes para ganhar, de maneira puramente fictícia, a confiança da vítima. O encobrimento da verdade significa que o praticante de atos encobre intencionalmente os fatos existentes, fazendo a vítima acreditar. A intenção das duas formas praticamente é para obter ilicitamente, para si ou para outrem, bens da vítima, deixando-a no ardil e a entregar voluntariamente os bens (*sic*).

"Subjetivamente, este crime manifesta-se em agir de forma deliberada para a posse ilícita de bens. O praticante tem que usar intencionalmente meios fraudulentos para obter, para si ou para outrem, bens alheios" (*sic*).

Para sustentar essa interpretação judicial do sentido, do conteúdo e do alcance do preceito incriminador inscrito no art. 152 do CP chinês, o Estado requerente fez juntar aos autos cópia de um texto legal – denominado "Resolução sobre o Reforço do Trabalho de Interpretação Legal" (aprovada na 19ª Sessão do Comitê Permanente do Quinto Congresso da Assembleia Popular Nacional, no dia 10.6.1981) – que outorga competência ao Supremo Tribunal Popular para promover, inclusive para efeito de esclarecimento do teor das cláusulas de tipificação, "a interpretação das questões relacionadas com a aplicação concreta das leis e decretos no trabalho de julgamento dos tribunais" (fls. 329).

Esses aspectos ora ressaltados inviabilizam, por completo, a possibilidade de apreciar-se o teor da imputação penal diante do princípio da dupla tipicidade, eis que, embora os fatos sejam passíveis de análise na perspectiva do ordenamento penal brasileiro, não se revelam suscetíveis de igual e seguro exame em face da norma inscrita no art. 152 do CP chinês, cujo conteúdo – além de não realizar a função da garantia que é própria do tipo penal – veicula preceito primário de incriminação excessivamente aberto e perigosamente desprovido da necessária, precisa e clara definição dos elementos que lhe compõem a estrutura normativa.

Cumpre destacar que a norma de incriminação constante do art. 152 do CP chinês pode ser qualificada como expressão de um discurso normativo absolutamente incompatível com a essência mesma dos princípios que estruturam o sistema penal no contexto dos regimes democráticos.

O reconhecimento da possibilidade de instituição de estruturas típicas flexíveis não confere ao Estado o poder de construir figuras penais com utilização, pelo legislador, de expressões ambíguas, vagas, imprecisas e indefinidas. É que, tal como adverte Alberto Silva Franco (*Código Penal e sua Interpretação Jurisprudencial*, p. 23, 5ª ed., 1995, RT), o regime da indeterminação do tipo penal implica, em última análise, a própria subversão do postulado constitucional da reserva da lei, daí resultando, como efeito consequencial imediato, o gravíssimo comprometimento do sistema das liberdades públicas.

Para esse eminente Magistrado, o ato de tipificação penal identifica-se com o dever estatal de "estruturar, com clareza, condutas criminosas, de modo que possam ser, com facilidade, compreendidas por seus destinatários (...). Se o legislador recorre às cláusulas gerais, tornando indefinida e imprecisa a definição do comportamento humano, ou se dá ao tipo margens penais alargadas, de forma a transformar o juiz em legislador, a arbitrariedade judicial poderá campear à solta (...)".

Desse modo, e considerando o conteúdo vago e virtualmente indeterminado da descrição normativa inscrita no art. 152 do CP chinês – cujo teor frustra e inibe a própria função de garantia do tipo penal –, não vejo, sob tal perspectiva, como acolher a postulação extradicional ora em exame.

Mesmo, contudo, que esse fundamento não se revelasse acolhível, ainda assim a postulação formulada pela República Popular da China não seria suscetível de acolhimento, eis que há uma alegação fundada em prova documental idônea, que também não foi contrariada pelo Estado requerente, evidenciadora de que este processo extradicional foi motivado por razões de ordem essencialmente política.

O ora extraditando, ao destacar a existência de perseguição política contra ele movida pelo Estado requerente, enfatizou que essa atitude do Governo Chinês deve-se ao fato de que constituiu, regularmente, naquele País, um grupo de empresas denominado Kang Tai, contando com o apoio decisivo, na época, "de mais de 40 autoridades governamentais de alto escalão" (fls. 175). Quando essas autoridades foram substituídas no poder, iniciou-se a perseguição criminal contra o ora extraditando e mais uma dezena de cidadãos chineses. O caráter político dessa perseguição foi motivado pelo circunstância de que as autoridades governamentais substituídas no Governo Chinês integravam um grupo que, hoje, opõe-se aos novos corifeus do regime (fls. 176).

O ora extraditando também alega que ajudou muitas famílias de pessoas vitimadas no massacre ignominioso da Praça da Paz Celestial, em Pequim, em 1989 (fls. 176).

Convém acentuar, neste ponto, que o ora extraditando não só alegou, mas comprovou, sem qualquer oposição do Estado requerente, que é membro do Partido de Promoção de Direitos Humanos na China (fls. 896-902), achando-se igualmente filiado ao Partido Fu Hsing (Partido da Restauração da China – fls. 907-908), ambos sediados em Taiwan e com atuação militante e clandestina na República Popular da China, a cujo regime político tais agremiações se opõem e pretendem derrubar.

O Partido da Restauração tem por objetivo político a reunificação da China sob o regime democrático. E o Partido da Promoção de Direitos Humanos da China, por sua vez, busca realizar a defesa dos direitos fundamentais da pessoa humana, lutando pela consecução da liberdade e promovendo a busca da igualdade e da solidariedade (fls. 897).

O caráter político das atividades desenvolvidas pelo ora extraditando comprova-se, inclusive, em manifestações dirigidas a esta Suprema Corte por instituições, organizações não governamentais e pessoas, tanto domiciliadas no Brasil quanto no Exterior, que demonstram a sua extrema preocupação com o eventual deferimento deste pedido extradicional.

Assim, a Comissão de Direitos Humanos, órgão parlamentar da Câmara dos Deputados, noticia que recebeu de entidades brasileiras defensoras dos direitos humanos manifestos subscritos por centenas de cidadãos nos quais se ressalta a conotação político-ideológica da perseguição estatal promovida na República Popular da China contra o ora extraditando, reconhecido por atuar e achar-se filiado a agremiações partidárias que lutam em prol dos direitos humanos e pela restauração da ordem democrática naquele País (autos em apenso). (...).

A extradição política disfarçada, como sabemos, constitui fator impeditivo do deferimento do pedido extradicional, especialmente naquelas hipóteses em que as circunstancias do caso evidenciam que a instauração arbitraria de processo penal com acusação de delitos comuns tem por finalidade dissimular, de maneira fraudulenta, o censurável intuito do Estado requerente – de qualquer Estado requerente – de promover a perseguição de natureza política. (...).

Diversos documentos emanados de instituições governamentais (como o *Anual Report* do Departamento dos Estados Unidos da América – março/1996) e de organizações não governamentais idôneas, como a Anistia Internacional (*Report/1996*) e a *Human Rights Watch* (*Report/1996*) deixaram claramente evidenciado que, desde o massacre da Praça da Paz Celestial, vêm se intensificando as críticas da comunidade internacional ao regime político vigente na República Popular da China, qualificado, de forma explícita, como um Estado autoritário, responsável por práticas institucionais reveladoras de intolerância e desrespeito aos direitos e garantias fundamentais da pessoa humana.

Um Estado que não sabe conviver em harmonia com o pluralismo político e que também se mostra incapaz de respeitar a essencial dignidade da pessoa humana – ainda que se mostre aberto, pragmaticamente, a reformas em seu sistema econômico – não pode deixar de ser estigmatizado com o labéu de Estado desprovido de legitimidade democrática.

Ainda são profundas as restrições impostas pelo ordenamento positivo chinês ao regime das liberdades públicas, tanto que o *Relatório Anual* do Departamento de Estado Norte-Americano divulgado em março/1996, após destacar que a República Popular da China "*é um Estado autoritário no qual o Partido Comunista Chinês constitui a fonte mais importante de poder*", revela a existência, naquele País, de inúmeros abusos cometidos por autoridades governamentais contra os direitos básicos das pessoas, relacionando, dentre várias outras, as seguintes situações de flagrante anormalidade: detenções arbitrárias; regime de incomunicabilidade por períodos muito prolongados; confissões obtidas mediante violência; pratica de tortura; execuções extrajudiciais; desaparecimento de pessoas; tratamento cruel e degradante dispensado pela Polícia e por outros agentes da repressão; dificuldade de acesso dos indiciados presos a seus advogados; impossibilidade de organizações humanitárias internacionais, como a Cruz Vermelha Internacional e instituições congêneres, terem acesso ao universo concentracionário chinês; detenções arbitrárias; concessão de fiança criminal sujeita ao poder discricionário das autoridades incumbidas da segurança pública; utilização do processo penal e da decretação de prisão como instrumentos de pressão sobre disputas meramente comerciais, valendo destacar, no ponto, os casos "Cui Pseyan" e "Troy Mac Bride"; prática de sequestro com o objetivo de introduzir em território chinês réu domiciliado em área sujeita à soberania de Estado estrangeiro (refiro-me ao caso de James Peng, sequestrado em 1994 por autoridades policiais chinesas em Macau, que ainda se acha sob domínio português e levado à República Popular da China para julgamento, de que resultou longa condenação penal); recusa de julgamento público e justo. (...).

Essa mesma percepção da realidade política chinesa, com todas as gravíssimas limitações que se projetam sobre o estatuto das liberdades individuais, foi também revelada pela Anistia Internacional, cujo *Relatório Anual* datado de 1996, após destacar que o julgamento das causas penais na República Popular da China não se ajusta aos padrões internacionais das garantias processuais básicas, assevera:

"Extreme limitations on the right to defense continued. Defendants had no right to call witnesses and had insufficient time and a facilities to prepare their defense. Verdicts and sentences were routinely decided by the authorities before trial.

"Torture and ill-treatment of detainees and prisoners held in prisons, detention centers and labor camps were reported. Methods most often cited were beatings, electric shocks, the use of shackles, sleep deprivation and exposure to extremes of cold or heat. Prison conditions were frequently harsh and many prisoners suffered from serious illness as a result. Medical care and food were often inadequate, and punishments frequently threatened the physical and psychological well-being of prisoners. (...).

"The widespread use of the death penalty continues. At least 3.110 death sentences and 2.190 executions were recorded by Amnesty International, but the true figures were believed to be far higher. At least 16 people were executed in Beijing in August: official said the executions were carried out to ensure 'public order' during the World Conference on Women. At least 68 criminal offences, many of them non-violent, are punishable by death in China. For example, in March a man was sentenced to death in Zhejiang province for stealing car. Wang Jianye, a former senior official in Shenzhen, Guang dong province, was sentenced to death in july for alleged economic offences. His lawyer was reportedly not allowed to present arguments in his defense during the trial and had 10 days to examine a 10 volume file compiled by the prosecution during an 18 month investigation. The Supreme People's Court approved the sentence and he was executed in late December." (...).

Tendo presentes as circunstâncias referidas no *Relatório* em questão – peça, esta, que não sofreu, nestes autos, qualquer objeção por parte do Estado requerente –, impõe indagar se deve o STF deferir a extradição, não obstante o ordenamento jurídico do Estado requerente falhe gravemente em assegurar, de maneira plena, aos réus, em juízo criminal, a garantia de um julgamento imparcial, justo, regular e independente.

Em outras palavras: a possível inocorrência de um *fair trial* atuaria como causa impeditiva da extradição?

É certo, Sr. Presidente, que a cooperação processual dos Estados em matéria penal revela-se instrumento de inquestionável relevo na consecução dos fins ditados pela necessidade de coibir a ação criminosa dos delinquentes comuns.

A extradição, nesse contexto, representa um instituto de natureza político-jurídica destinado a conferir efetividade a essa cooperação no domínio penal, permitindo, em consequência, que se empreste eficácia mais intensa às ações persecutórias e repressivas exercidas pela comunidade internacional contra os infratores comuns da legislação penal ordinária. (...).

A essencialidade da cooperação internacional na repressão penal dos delitos comuns, contudo, não exonera o Estado Brasileiro – e, em particular, o STF – de velar pelo respeito aos direitos fundamentais do súdito estrangeiro que venha a sofrer, em nosso País, processo extradicional instaurado por iniciativa de qualquer Estado estrangeiro.

O fato de o estrangeiro ostentar a condição jurídica de extraditando não basta para reduzi-lo a um estado de submissão incompatível com a essencial dignidade que lhe é inerente como pessoa humana e que lhe confere a titularidade de direitos fundamentais inalienáveis, dentre os quais avulta, por sua insuperável importância, a garantia do *due processo f law*.

É preciso enfatizar – sempre na perspectiva de um regime democrático que tem por fundamento valores que consagram e dão primazia ao sistema de liberdades públicas – que o extraditando não constitui mero objeto de pretensões, muitas vezes contestáveis, manifestadas por soberanias estrangeiras perante esta Suprema Corte.

Na realidade, o extraditando assume, no processo extradicional, a condição indisponível de sujeito de direitos, cuja intangibilidade há de ser preservada pelo Estado a quem foi dirigido o pedido de extradição. (...).

O exame destes autos claramente revela um fato que, simultaneamente, constitui um anacronismo histórico, uma anomalia política e um gravíssimo retrocesso nas garantias liberais reconhecidas pelas sociedade de formação democrática: a possibilidade absurda e inimaginável de aplicação retroativa, na República Popular da China, de lei penal mais grave, ainda que veiculadora da pena de morte, a fatos delituosos cometidos em momento anterior ao de sua própria vigência...!

Constitui exemplo flagrante dessa anomalia jurídica – repudiada pela consciência jurídica dos povos livres – a própria resolução editada pelo Conselho Permanente da Assembleia Popular Nacional, em 8.3.1982, que, ao instituir a pena de morte para diversas modalidades delituosas (dentre as quais aquela motivadora deste pedido de extradição), prescreveu que a sanção capital estender-se-ia aos crimes praticados "antes da data de vigência desta Resolução", desde que o criminoso não se entregasse às autoridades até 1.5.1982 ou, já se achando preso até essa data, não confessasse todos os crimes e nem informasse, honestamente, sobre todos os fatos criminosos cometidos em momento anterior ao do início de vigência desse novo diploma legislativo (fls. 204).

Concluo o voto, Sr. Presidente.

Após amplo exame deste processo extradicional e das graves implicações dele emergentes, e depois de profunda reflexão sobre as relevantíssimas questões nele suscitadas, entendo – ante as razoes com que longamente fundamentei este voto – que o pedido de extradição formulado pela República Popular da China não pode ser acolhido pelo STF.

Desse modo, e tendo presentes os fundamentos ora expostos, indefiro o pedido de extradição.

É o meu voto. (...).

VOTO – *O Sr. Min. Marco Aurélio*: Sr. Presidente, o nobre Ministro-Relator dissecou a hipótese dos autos. S. Exa. discorreu sobre cada um dos itens deste processo. E o fez com a verve que lhe é própria, a partir, portanto, da formação humanística e profissional que possui. Os óbices ao deferimento da extradição, ao meu ver, são muitos e saltam aos olhos. (...).

Os elementos coligidos revelam que o extraditando, uma vez deferido o pedido ora examinado, não teria, junto ao País requerente, um julgamento equidistante, em que observada a legalidade em sua concepção maior.

Para mim, o aspecto concernente à pena de morte também deve ser sopesado.

E aí constatamos a impossibilidade de desconsiderar-se o que houve relativamente a um compromisso assumido em outro processo de extradição pelo Governo requerente: de maneira formal, comprometeu-se, junto ao Estado da Tailândia, a não processar o extraditando, de forma a impor-lhe a pena de morte. E o que ocorreu, no caso? Foi editado um provimento judicial prevendo justamente essa pena.

Não podemos, Sr. Presidente, deixar de considerar esses aspectos, por mais que possam desagradar. E uma solução contrária a interesses isolados e momentâneos do Governo requerente é sempre possível. Precisamos apreciar, e com absoluta fidelidade, espontaneidade, todas as circunstâncias reveladas nestes autos, concluindo, a seguir, se o pedido é deferível, ou não.

Sob o ângulo do crime político, o § 2º do art. 77 da Lei n. 6.815, de 1988 [*1980*], como que repete o teor do art. 355 do Código de Bustamante. Estão excluídos da extradição os delitos políticos, em relação aos quais há de ser observada a própria cultura do Estado requerido, no caso, do Brasil.

Sr. Presidente, para mim, o deferimentos desta extradição implicaria, a mais não poder, a colocação em plano secundário da nossa Carta de 1988, da dignidade da pessoa humana, buscada em preceito pedagógico, como é o do art. 1º, no sentido de que: "A República Federativa do Brasil, formada pela união indissolúvel dos Estados e Municípios e do Distrito Federal, constitui-se em Estado Democrático de Direito e tem como fundamentos (...); III – a dignidade da pessoa humana; (...)".

E também acabaria por se mitigar o que previsto, quanto às relações internacionais, no art. 4º desta mesma Constituição: "II – prevalência dos direitos humanos". Por derradeiro, no campo da simetria, seria ainda atingida a garantia referente ao respeito à integridade física e moral do preso.

Acompanho S. Exa., o Ministro-Relator, indeferindo, portanto, o pedido formulado.

É o meu voto. (...).

EXTRATO DE ATA

Decisão: Por votação unânime, o Tribunal indeferiu o pedido de extradição. Votou o Presidente. Falou: pelo Governo requerente, o Dr. Luiz Freitas Pires de Saboia e, pelo extraditando, o Dr. Airton Esteves Soares. Plenário, 28.8.1996.

Presidência do Sr. Min. Sepúlveda Pertence. Presentes à sessão os Srs. Mins. Moreira Alves, Néri da Silveira, Sydney Sanches, Octávio Gallotti, Celso de Mello, Carlos Velloso, Marco Aurélio, Ilmar Galvão, Francisco Rezek e Maurício Corrêa.

* * *

PERGUNTAS

1. Quais são os fatos?
2. O que é uma ação de extradição? Por que a ação chegou ao STF?
3. Qian Hong é sujeito de direitos fundamentais em face da Constituição brasileira? Quem é sujeito de direitos fundamentais, de acordo com nosso ordenamento jurídico?
4. Que direitos do extraditando se encontram ameaçados, conforme o voto do Relator?
5. No Brasil a pena de morte é permitida ou proibida?
6. Qual foi o conteúdo da Nota Diplomática oferecida pelo Governo Chinês? Qual a sua idoneidade, conforme o Ministro-Relator?
7. Como o STF tratou a referida Nota Diplomática?
8. Qual o tratamento dado no STF ao *Relatório* da Anistia Internacional sobre a questão dos direitos humanos na China? Este tem presunção de veracidade?
9. Como o Governo Chinês reagiu à apresentação de *Relatório* da Anistia Internacional pelo extraditando? Isto tem alguma relevância?
10. O que significa o princípio da dignidade, neste caso?
11. Existe alguma relação entre o direito à dignidade e o Estado Democrático de Direito?
12. Qual foi a decisão do STF?
13. Estaria o STF intervindo indevidamente em assuntos domésticos chineses?

4.7 Caso da progressão do regime a condenados por crimes hediondos (HC 82.959-7-SP)

(Plenário – rel. Min. Marco Aurélio – j. 23.2.2006)

Pena – Regime de cumprimento – Progressão – Razão de ser. A progressão no regime de cumprimento da pena, nas espécies fechado, semiaberto e aberto, tem como razão maior a ressocialização do preso, que, mais dia ou menos dia, voltará ao convívio social.

Pena – Crimes hediondos – Regime de cumprimento – Progressão – Óbice – Art. 2º, § 1º, da Lei n. 8.072/1990 – Inconstitucionalidade – Evolução jurisprudencial. Conflita com a garantia da individualização da pena – art. 5º, inciso XLVI, da CF – a imposição, mediante norma, do cumprimento da pena em regime integralmente fechado – Nova inteligência do princípio da individualização da pena, em evolução jurisprudencial, assentada a inconstitucionalidade do art. 2º, § 1º, da Lei n. 8.072/1990.

ACÓRDÃO – Vistos, relatados e discutidos estes autos: Acordam os Ministros do Supremo Tribunal Federal, em sessão plenária, sob a presidência do Min. Nelson Jobim, na conformidade da ata do julgamento e das notas taquigráficas, por maioria, em deferir o pedido de *habeas corpus* e declarar, *incidenter tantum*, a inconstitucionalidade do § 1º do art. 2º da Lei n. 8.072, de 25.7.1990, nos termos do voto do Relator, vencidos os Mins. Carlos Velloso, Joaquim Barbosa, Ellen Gracie, Celso de Mello e Nelson Jobim, Presidente. O Tribunal, por votação unânime, explicitou que a declaração incidental de inconstitucionalidade do preceito legal em questão não gerará consequências jurídicas com relação às penas já extintas nesta data, pois esta decisão plenária envolve, unicamente, o afastamento do óbice representado pela norma ora declarada inconstitucional, sem prejuízo da apreciação, caso a caso, pelo magistrado competente, dos demais requisitos pertinentes ao reconhecimento da possibilidade de progressão.

Brasília, 23 de fevereiro de 2006 – *Marco Aurélio*, relator.

RELATÓRIO – *O Sr. Min. Marco Aurélio*: O STJ, ao indeferir a ordem no *habeas corpus* com o qual se defrontou, assim resumiu as teses sufragadas (fls. 31):

"Processual penal – *Habeas corpus* – Atentado violento ao pudor – Inexistência de lesão corporal grave ou morte – Violência presumida – Crime hediondo – Regime integralmente fechado – Art. 2º, § 1º, da Lei n. 8.072/1990 – Constitucionalidade – Não revogação pela Lei n. 9.455/1997.

"A jurisprudência deste STJ consolidou-se no sentido de que os crimes de estupro e atentado violento ao pudor, nas suas formas qualificadas ou simples, ou seja, mesmo que deles não resulte lesão corporal grave ou morte, e ainda que praticados mediante violência presumida, são considerados hediondos, devendo as suas respectivas penas ser cumpridas em regime integralmente fechado, por aplicação do disposto no art. 2º, § 1º, da Lei n. 8.072/1990.

"E, na linha do pensamento predominante no STF, consolidou, majoritariamente, o entendimento de que a Lei n. 9.455/1997, que admitiu a progressão do regime prisional para os crimes de tortura, não revogou o art. 2º, § 1º, da Lei n. 8.072/1990, que prevê o regime fechado integral para os chamados hediondos.

"É firme o posicionamento desta Corte, em consonância com a jurisprudência do STF, no sentido da compatibilidade da norma do art. 2º, § 1º, da Lei n. 8.072/1990 com a Constituição Federal.

"*Habeas corpus* denegado."

O paciente, com a peça de fls. 2 a 7, sustenta: que o ato praticado deveria merecer enquadramento como obsceno, e não como atentado violento ao pudor; que a violência presumida em relação à vítima menor de 14 anos não qualifica o crime de atentado violento ao pudor como hediondo; a ausência de fundamentação do acórdão proferido pelo STJ; a impossibilidade de aumento da pena em um sexto, por não revelar a espécie crime continuado; a incoerência de ter-se progressão no regime de cumprimento da pena em se tratando de crime de tortura e não se lograr o mesmo na espécie. Requer a absolvição e, assim não se concluindo, a redução da pena e a progressão no regime de cumprimento.

O parecer da Procuradoria-Geral da República é no sentido do indeferimento da ordem (fls. 41 e 42).

VOTO – *O Sr. Min. Marco Aurélio* (relator): (...).
Da inconstitucionalidade do § *1ª* do art. *2ª* da Lei n. *8.072*, de *25.7.1990*
"(...) tenho como relevante a arguição de conflito do § 1º do art. 2º da Lei n. 8.072/1990 com a Constituição Federal, considerado quer o princípio isonômico em sua latitude maior, quer o da individualização da pena, previsto no inciso XLVI do art. 5º da Carta, quer, até mesmo, o princípio implícito segundo o qual o legislador ordinário deve atuar tendo como escopo maior o bem comum, sendo indissociável da noção deste último a observância da dignidade da pessoa humana, que é solapada pelo afastamento, por completo, de contexto revelador da esperança, ainda que mínima, de passar-se ao cumprimento da pena em regime menos rigoroso.

"Preceitua o parágrafo em exame que nos crimes hediondos definidos no art. 1º da citada lei, ou seja, nos de latrocínio, extorsão qualificada pela morte, extorsão mediante sequestro e na forma qualificada, estupro, atentado violento ao pudor, epidemia com resultado morte, envenenamento de água potável ou de substância alimentícia ou medicinal, qualificado pela morte, genocídio, tortura, tráfico ilícito de entorpecentes e drogas afins e, ainda, terrorismo, a pena será cumprida integralmente em regime fechado.

"No particular, contrariando-se consagrada sistemática alusiva à execução da pena, assentou-se a impertinência das regras gerais do Código Penal e da Lei de Execuções Penais, distinguindo-se entre cidadãos não a partir das condições sociopsicológicas que lhes são próprias, mas de episódio criminoso no qual, por isto ou por aquilo, acabaram por se envolver. Em atividade legislativa cuja formalização não exigiu mais do que uma linha, teve-se o condenado a um dos citados crimes como senhor de periculosidade ímpar, a merecer, ele, o afastamento da humanização da pena que o regime de progressão viabiliza, e a sociedade, o retorno abrupto daquele que segregara, já então com as cicatrizes inerentes ao abandono de suas características pessoais e à vida continuada em ambiente criado para atender a situação das mais anormais e que, por isso mesmo, não oferece quadro harmônico com a almejada ressocialização.

"Sr. Presidente, tenho o regime de cumprimento da pena como algo que, no campo da execução, racionaliza-a, evitando a famigerada ideia do 'mal pelo mal causado' e que sabidamente é contrária aos objetivos do próprio contrato social. A progressividade do regime está umbilicalmente ligada à própria pena, no que, acenando ao condenado com dias melhores, incentiva-o à correção de rumo e, portanto, a empreender um comportamento penitenciário voltado à ordem, ao mérito e a uma futura inserção no meio social. O que se pode esperar de alguém que, antecipadamente, sabe da irrelevância dos próprios atos e reações durante o período no qual ficará longe do meio social e familiar e da vida normal a que tem direito um ser humano, que ingressa em uma penitenciária com a tarja da despersonalização?

"Sob este enfoque, digo que a principal razão de ser da progressividade no cumprimento da pena não é em si a minimização desta, ou o benefício indevido, porque contrário ao que inicialmente sentenciado, daquele que acabou perdendo o bem maior que é a liberdade. Está, isto, sim, no interesse da preservação do ambiente social, da sociedade, que, dia menos dia, receberá de volta aquele que inobservou a norma penal e, com isso, deu margem à movimentação do aparelho punitivo do Estado. A ela não interessa o retorno de um cidadão, que enclausurou, embrutecido, muito embora o tenha mandado para detrás das grades com o fito, dentre outros, de recuperá-lo, objetivando uma vida comum em seu próprio meio, o que o tempo vem demonstrando, a mais não poder, ser uma quase utopia. Por sinal, a Lei n. 8.072/1990 ganha, no particular, contornos contraditórios. A um só tempo dispõe sobre o cumprimento da pena no regime fechado, afastando a progressividade, e viabiliza o livramento condicional, ou seja, o retorno do condenado à vida gregária antes mesmo do integral cumprimento da pena e sem que tenha progredido no regime. É que, pelo art. 5º da Lei n. 8.072/1990, foi introduzido no art. 83 do CP preceito assegurando aos condenados por crimes hediondos, pela prática de tortura ou terrorismo e pelo tráfico ilícito de entorpecentes, a possibilidade de alcançarem a liberdade condicional, desde que não sejam reincidentes em crimes de tal natureza – inciso V. Pois bem, a lei em comento impede a evolução no cumprimento da pena e prevê, em flagrante descompasso, benefício maior, que é o livramento condicional. Descabe a passagem do regime fechado para o semiaberto, continuando o incurso nas sanções legais a cumprir a pena no mesmo regime. No entanto, assiste-lhe o direito de ver examinada a possibilidade de voltar à sociedade tão logo transcorrido quantitativo superior a dois terços da pena.

"Conforme salientado na melhor doutrina, a Lei n. 8.072/1990 contém preceitos que fazem pressupor não a observância de uma coerente política criminal, mas que foi editada sob o clima da emoção, como se no aumento da pena e no rigor do regime estivessem os únicos meios de afastar-se o elevado índice de criminalidade.

"Por ela, os enquadráveis nos tipos aludidos são merecedores de tratamento diferenciado daquele disciplinado no Código Penal e na Lei de Execuções Penais, ficando sujeitos não às regras relativas aos cidadãos em geral, mas a especiais, despontando a que, fulminando o regime de progressão da pena, amesquinha a garantia constitucional da individualização.

"Diz-se que a pena é individualizada porque o Estado-Juiz, ao fixá-la, está compelido, por norma cogente, a observar as circunstâncias judiciais, ou seja, os fatos objetivos e subjetivos que se fizeram presentes à época do procedimento criminalmente condenável. Ela o é não em relação ao crime considerado abstratamente, ou seja, ao tipo definido em lei, mas por força das circunstâncias reinantes à época da prática. Daí cogitar o art. 59 do CP que o juiz, atendendo à culpabilidade, aos antecedentes, à conduta social, à personalidade do agente, aos motivos, às circunstâncias e consequências do crime, bem como ao comportamento da vítima, estabelecerá, conforme seja necessário e suficiente para reprovação e prevenção do crime, não só as penas aplicáveis dentre as cominadas (inciso I), como também o quantitativo (inciso II), o regime inicial de cumprimento da pena privativa de liberdade – e, portanto, provisório, já que passível de modificação até mesmo para adotar-se regime mais rigoroso (inciso III) – e a substituição da pena privativa da liberdade aplicada por outra espécie de pena, se cabível.

"Dizer-se que o regime de progressão no cumprimento da pena não está compreendido no grande todo que é a individualização preconizada e garantida constitucionalmente é olvidar o instituto, relegando a plano secundário a justificativa socialmente aceitável que o recomendou ao legislador de 1984. É fechar os olhos ao preceito que o junge às condições pessoais do próprio réu, dentre as quais exsurgem o grau de culpabilidade, os antecedentes, a conduta social, a personalidade, alfim, os próprios fatores subjetivos que desaguaram na prática delituosa. Em duas passagens o Código Penal vincula a fixação do regime às circunstâncias judiciais previstas no art. 59, fazendo-o no § 3º do art. 33 e no inciso II do próprio art. 59. Todavia, ao que tudo indica, receou-se, quando da edição da Lei n. 8.072/1990, de que poderia faltar aos integrantes do aparelho judiciário, aos juízes, aos tribunais, o zelo indispensável à definição do regime e sua progressividade, e, aí, alijou-se do crivo mais abalizado que pode haver tal procedimento.

"Assentar-se, a esta altura, que a definição do regime e modificações posteriores não estão compreendidas na individualização da pena é passo demasiadamente largo, implicando restringir garantia constitucional em detrimento de todo um sistema e, o que é pior, a transgressão a princípios tão caros em um Estado Democrático, como são os da igualdade de todos perante a lei, o da dignidade da pessoa humana e o da atuação do Estado sempre voltada ao bem comum. A permanência do condenado em regime fechado durante todo o cumprimento da pena não interessa a quem quer que seja, muito menos à sociedade, que um dia, mediante o livramento condicional ou, o mais provável, o esgotamento dos anos de clausura, terá necessariamente que recebê-lo de volta, não para que este torne a delinquir, mas para atuar como um partícipe do contrato social, observados os valores mais elevados que o respaldam.

"Por último, há de se considerar que a própria Constituição Federal contempla as restrições a serem impostas àqueles que se mostrem incursos em dispositivos da Lei n. 8.072/1990, e dentre elas não é dado encontrar a relativa à progressividade do regime de cumprimento da pena. O inciso XLIII do rol das garantias constitucionais – art. 5º – afasta, tão somente, a fiança, a graça e a anistia, para, em inciso posterior (inciso XLVI), assegurar de forma abrangente, sem excepcionar esta ou aquela prática delituosa, a individualização da pena. Como, então, entender que o legislador ordinário o possa fazer? Seria a mesma coisa que estender aos chamados crimes hediondos e assim enquadrados pela citada lei a imprescritibilidade que o legislador constitucional somente colou às ações relativas a atos de grupos armados, civis ou militares, contra a ordem constitucional e o Estado Democrático (inciso XLVI). Indaga-se: é possível ao legislador comum fazê-lo? A resposta somente pode ser negativa, a menos que se coloque em plano secundário a circunstância de que a previsão constitucional está contida no elenco das garantias constitucionais, conduzindo, por isso mesmo, à ilação no sentido de que, *a contrario sensu*, as demais ações ficam sujeitas à regra geral da prescrição. O mesmo raciocínio tem pertinência no que concerne à extensão, pela lei em comento, do dispositivo atinente à clemência ao indulto, quando a Carta, em norma de exceção, apenas rechaçou a anistia e a graça – inciso XLIII do art. 5º.

"Destarte, tenho como inconstitucional o preceito do § 1º do art. 2º da Lei n. 8.072/1990, no que dispõe que a pena imposta pela prática de qualquer dos crimes nela mencionados será cumprida integralmente no regime fechado."

As razões acima foram lançadas quando proferi voto no HC n. 69.657-1-SP, havendo ficado vencido na companhia do Min. Sepúlveda Pertence. O Pleno concluiu de forma diversa. Consigno que continuo convicto da inconstitucionalidade do preceito. (...).

Concedo a ordem para, cassando o acórdão proferido pelo STJ, assentar o direito do paciente à progressão no regime de cumprimento da pena, declarada a inconstitucionalidade do § 1º do art. 2º da Lei n. 8.072/1990. (...).

VOTO (Vista) – *O Sr. Min. Gilmar Mendes*: (...).

A orientação do STF

Tem-se revelado assaz polêmica na jurisprudência da Corte a interpretação do disposto no art. 5º, XLVI, da Constituição, sobre a natureza do princípio da individualização da pena. A questão tem assumido relevo em razão da expressa disposição da Lei de Crimes Hediondos que nega a possibilidade de progressão de regime.

No julgamento do HC n. 69.657, *DJU* 18.6.1993, essa questão foi amplamente discutida, tendo restado vencedora a posição que sustentava a constitucionalidade da norma da Lei n. 8.072/1990 que veda a progressão de regime.

Registre-se a orientação adotada por Rezek, *verbis*:

"Se o legislador ordinário estabelece, no que diz respeito à pena, algo não caracterizado pela plasticidade; se o legislador diz que no caso de determinado crime o regime da pena será necessariamente fechado, não me parece que esteja por isso sendo afrontado o princípio isonômico – mediante um tratamento igual para seres humanos naturalmente desiguais –, nem tampouco o preceito constitucional que manda seja a pena individualizada. Tenho dificuldade em admitir que só se estaria honrando, em legislação ordinária, a norma constitucional que manda individualizar a pena na hipótese de dar-se ao magistrado certo elastério em *cada um* dos seus tópicos de decisão, de modo que ele pudesse optar *sempre* entre pena prisional e outro gênero de pena, e ainda entre regimes prisionais diversificados, além de poder naturalmente alvitrar a intensidade da pena. Não me parece que, passo por passo, o legislador deva abrir opções para o juiz processante para não ofender o princípio da individualização. (...).

"'Toda a linha de argumentação que o Min. Marco Aurélio imprime ao seu voto parece-me sábia, e a tudo daria minha adesão prazerosa se estivéssemos a elaborar, em lugar do Congresso, a Lei dos Crimes Hediondos – seguramente não lhe daríamos esse nome, e provavelmente, na esteira da melhor doutrina, não permitiríamos que ela se editasse com tantos defeitos" (*RTJ* 147/604-605).

Na defesa dessa posição, destaque-se também a manifestação de Celso de Mello, ao enfatizar que a norma constitucional teria como destinatário apenas o legislador, *verbis*:

"Impõe-se ressaltar que esse postulado tem por exclusivo destinatário o próprio legislador, a quem competirá, em função da natureza do delito e de todos os elementos que lhe são circunstanciais – e a partir de uma opção político-jurídica que se submete à sua inteira discrição –, cominar, em momento de pura abstração, as penas respectivas e definir os correspondentes regimes de sua execução.

"O princípio constitucional da individualização das penas, que é de aplicabilidade restrita, concerne, exclusivamente, à ação legislativa do Congresso Nacional. Este, em consequência, constitui o seu único destinatário. O princípio em causa não se dirige a outros órgãos do Estado, pois.

"No caso, o legislador – *a quem se dirige a normatividade emergente do comando constitucional em questão* –, atuando no plano normativo, e no regular exercício de sua competência legislativa, fixou em abstrato, a partir de um juízo discricionário que lhe pertence com exclusividade, e em função da maior gravidade objetiva dos ilícitos referidos, a sanção penal que lhes é imponível. A par dessa individualização *in abstracto*, o legislador – ainda com apoio em sua competência constitucional – definiu, sem qualquer ofensa a princípios ou a valores consagrados pela Carta Política, o regime de execução pertinente às sanções impostas pela prática dos delitos referidos.

"A fixação do *quantum* penal e a estipulação dos limites, essencialmente variáveis, que oscilam entre um mínimo e um máximo, decorrem de uma opção legitimamente exercida pelo Congresso Nacional. A norma legal em questão, no ponto em que foi impugnada, ajusta-se a quanto prescreve o ordenamento constitucional, quer porque os únicos limites materiais que restringem essa atuação do legislador ordinário não foram desrespeitados (CF, art. 5º, XLVII) – não se trata de pena de morte, de pena perpétua, de pena de trabalhos forçados, de pena de banimento ou de pena cruel –, quer porque o conteúdo da regra mencionada ajusta-se à filosofia de maior severidade de consagrada, em tema de delitos hediondos, pelo constituinte brasileiro (CF, art. 5º, XLIII).

"A progressividade no processo de execução das penas privativas de liberdade, de outro lado, não se erige à condição de postulado constitucional. A sua eventual inobservância, pelo legislador ordinário, não ofende o princípio de individualização penal" (*RTJ* 147/607-608). (...).

A reserva legal

(...). O entendimento segundo o qual a disposição constitucional sobre a individualização estaria exclusivamente voltada para o legislador, sem qualquer significado para a posição individual, além de revelar que se cuidaria então de norma extravagante no catálogo de direitos fundamentais, esvaziaria por completo qualquer eficácia dessa norma. É que, para fixar a individualização da pena *in abstracto*, o legislador não precisaria sequer de autorização constitucional expressa. Bastaria aqui o critério geral do *nullum crimen, nulla poena sine lege*.

Em verdade, estou convencido de que a fórmula aberta parece indicar, tal como em relação aos demais comandos constitucionais que remetem a uma intervenção legislativa, que o princípio da individualização da pena fundamenta um direito subjetivo, que se não se restringe à simples fixação da pena *in abstracto*, mas que se revela abrangente da própria forma de individualização (progressão).

Em outros termos, a fórmula utilizada pelo constituinte assegura um direito fundamental à individualização da pena. A referência à lei – princípio da reserva legal – explicita, tão somente, que esse direito está submetido a uma restrição legal expressa e que o legislador poderá fazer as distinções e qualificações, tendo em vista as múltiplas peculiaridades que dimanam da situação a reclamar regulação.

É evidente, porém, como todos sabem, que a reserva legal também está submetida a limites. Do contrário ter-se-ia a possibilidade de nulificação do direito fundamental submetido à reserva legal por simples decisão legislativa. Este é o cerne da questão. Se se está diante de um direito fundamental à individualização da pena e não de uma mera orientação geral ao legislador – até porque para isso –, despicienda seria a inclusão do dispositivo no elenco dos direitos fundamentais – então há que se cogitar do limite à ação do legislador na espécie.

Em outras palavras, é de se indagar se o legislador poderia, tendo em vista a natureza do delito, prescrever, como o fez na espécie, que a pena privativa de liberdade seria cumprida integralmente em regime fechado, isto é, se na autorização para intervenção no âmbito de proteção desse direito está implícita a possibilidade de eliminar qualquer progressividade na execução da pena.

Essa indagação remete-nos para discussão de um outro tema sensível da dogmática dos direitos fundamentais, que é o da identificação de um núcleo essencial, como limite do limite para o legislador. (...).

No âmbito da controvérsia sobre o núcleo essencial suscitam-se indagações expressas em dois modelos básicos:

1. Os adeptos da chamada *teoria absoluta* (*absolute Theorie*) entendem o núcleo essencial dos direitos fundamentais (*Wesensgehalt*) como unidade substancial autônoma (*substantieller Wesenskern*) que, independentemente de qualquer situação concreta, estaria a salvo de eventual decisão legislativa. [**Rodapé:** VON MANGOLDT/ KLEIN, Franz, *Das Bonner Grundgesetz*, 2ª ed., 1957, art. 19, nota V 4; Schneider, Ludwig, *Der Schutz des Wesensgehalts von Grundrechten nach Art 19 Abs. II GG*, 1983, p. 189 s. Cf. sobre o assunto, também, Pieroth/Schlink, *Grundrechte – Staatsrecht* II, p. 69; Herbert, "Der Wesensgehalt der Grundrechte", *EuGRZ* 1985, p. 321 (323).] Essa concepção adota uma interpretação material, segundo a qual existe um espaço interior livre de qualquer intervenção estatal. [**Rodapé:** MARTÍNEZ-PUJALTE, Antonio-Luis, *La Garantía del Contenido Esencial de los Derechos Fundamentales*, Madri, 1997, pp. 22-23.] Em outras palavras, haveria um espaço que seria suscetível de limitação por parte do legislador; outro seria insuscetível de limitação. Nesse caso, além da exigência de justificação, imprescindível em qualquer hipótese, ter-se-ia um "limite do limite" para a própria ação legislativa, consistente na identificação de um espaço insuscetível de regulação.

2. Os sectários da chamada *teoria relativa* (*relative Theorie*) entendem que o núcleo essencial há de ser definido para cada caso, tendo em vista o objetivo perseguido pela norma de caráter restritivo. O núcleo essencial seria aferido mediante a utilização de um processo de ponderação entre meios e fins (*Zweck-Mittel-Prüfung*), com base no princípio da proporcionalidade. [**Rodapé:** MAUNZ, in Maunz-Dürig-Herzog-Scholz, *Grundgesetz – Kommentar*, art. 19, II, ns. 16 e s.] O núcleo essencial seria aquele mínimo insuscetível de restrição ou redução com base nesse processo de ponderação. [**Rodapé:** Cf. SCHMIDT, Walter, "Der Verfassungsvorbehalt der Grundrechte", *ASR* 106 (1981), p. 497-525 (515); v., também, HERBERT, "Der Wesensgehalt der Grundrechte", *EuGRZ* 1985, p. 321 (323).] Segundo essa concepção, a proteção do núcleo essencial teria significado marcadamente declaratório. (...).

Independentemente da filiação a uma das teorias postas em questão, é certo que o modelo adotado na Lei n. 8.072/1990 faz *tabula rasa* do direito à individualização no que concerne aos chamados crimes hediondos.

A condenação por prática de qualquer desses crimes haverá de ser cumprida integralmente em regime fechado. O núcleo essencial desse direito, em relação aos crimes hediondos, resta completamente afetado. Na espécie, é certo que a forma eleita pelo legislador elimina toda e qualquer possibilidade de progressão de regime e, por conseguinte, transforma a ideia de individualização enquanto aplicação da pena em razão de situações concretas em maculatura.

Daí afirmar Maria Lúcia Karam, em texto já referido por Peluso, que "a imposição de um regime único e inflexível para o cumprimento de pena privativa de liberdade, com vedação de progressividade em sua execução, atinge o próprio núcleo do princípio individualizador, assim indevidamente retirando-lhe eficácia, assim indevidamente diminuindo a razão de ser da norma constitucional que, assentada no inciso XLVI do art. 5º da Carta de 1988, o preconiza e garante" ("Regimes de cumprimento da pena privativa de liberdade", in *Escritos em Homenagem a Alberto Silva Franco*, São Paulo, 2003, p. 314).

No caso dos crimes hediondos, o constituinte adotou um conceito jurídico indeterminado que conferiu ao legislador ampla liberdade, o que permite quase a conversão da reserva legal em um caso de interpretação da Constituição segundo a lei. Os crimes definidos como hediondos passam a ter um tratamento penal agravado pela simples decisão legislativa. E a extensão legislativa que se emprestou à conceituação de crimes hediondos, como resultado de uma política criminal fortemente simbólica, agravou ainda mais esse quadro.

A ampliação dos crimes considerados hediondos torna ainda mais geral a vulneração do princípio da individualização, o que, em outras palavras, quase que transforma a exceção em regra. Todos os crimes mais graves ou que provocam maior repulsa na opinião pública passam a ser tipificados como crimes hediondos e, por conseguinte, exigem o cumprimento da pena em regime integralmente fechado. Os direitos básicos do apenado a uma individualização são totalmente desconsiderados em favor de uma opção política radical.

Não é difícil perceber que fixação *in abstracto* de semelhante modelo, sem permitir que se levem em conta as particularidades de cada indivíduo, a sua capacidade de reintegração social e os esforços envidados com vistas à ressocialização, retira qualquer caráter substancial da garantia da individualização da pena. Ela passa a ser uma delegação em branco oferecida ao legislador, que tudo poderá fazer. Se assim se entender, tem-se a completa descaracterização de uma garantia fundamental.

Portanto, nessa hipótese, independentemente da doutrina que pretenda adotar sobre a proteção do núcleo essencial – relativa ou absoluta –, afigura-se inequívoca a afronta a esse elemento integrante do direito fundamental. É que o próprio direito fundamental restaria violado.

É interessante notar que o próprio Governo Federal, na gestão do Min. Jobim no Ministério da Justiça, encaminhou projeto de lei (Projeto de Lei n. 724-A/1995) que pretendia introduzir uma nova política para os denominados crimes de especial gravidade. A Exposição de Motivos do Projeto ressaltava a filosofia que haveria de lhe dar embasamento nos seguintes termos:

"(...). Essa proposta, transformada em lei, permitirá o tratamento rigoroso desses crimes, que se irradiará para todo o sistema, seja na aplicação da pena, seja na sua execução, sem contudo inviabilizar a individualização dessa mesma pena. "(...).

"O Projeto, em resumo, estabelece como nítida orientação de política criminal tratamento penal mais severo para os crimes nele referidos mas permite, por outro lado, que esse tratamento se ajuste ao sistema progressivo do cumprimento de pena, instituído pela reforma de 1984, sem o qual torna-se impossível pensar-se em um razoável 'sistema penitenciário'. Se retirarmos do condenado a esperança de antecipar a liberdade pelo seu próprio mérito, pela conduta disciplinada, pelo trabalho produtivo durante a execução da pena, estaremos seguramente acenando-lhe, como única saída, a revolta, as rebeliões, a fuga, a corrupção" (Jobim, Nelson, "Mensagem n. 783", *Diário da Câmara dos Deputados*, 19.1.1996, p. 1.898).

O aludido projeto de lei, aprovado na Câmara dos Deputados, acrescentava o seguinte § 4º ao art. 33 do CP: "§ 4º. O juiz determinará o cumprimento de metade da pena aplicada em regime fechado, desde o início, quando o crime for de especial gravidade".

Tal proposta demonstra que o modelo previsto na Lei n. 8.072/1990, se já não se revela inadequado, é, pelo menos, *desnecessário*, uma vez que existem alternativas igualmente eficazes e menos gravosas para a posição jurídica afetada. (...).

Fica evidente, assim, que a fórmula abstrata consagrada pelo legislador, que veda a progressão aos crimes hediondos, não se compatibiliza também com o princípio da proporcionalidade, na acepção da *necessidade* (existência de outro meio eficaz menos lesivo aos direitos fundamentais). Verificada a *desnecessidade* da medida, resta evidenciada a lesão ao princípio da proporcionalidade. (...).

Ressalto que não sou refratário à ideia de que se possa adotar um diferente critério de progressividade para os crimes hediondos. Não preconizo a aplicação do princípio da igualdade em toda a sua extensão, tal como defendido pelo Min. Marco Aurélio, porque, a rigor, foi a própria Constituição que os distinguiu em relação aos demais crimes. O que não encontra amparo constitucional, a meu ver, é a vedação, geral e abstrata, da progressão. Como demonstrado, essa proibição não passa pelo juízo de proporcionalidade.

Demonstrada a inconstitucionalidade da proibição da progressão de regime em crime hediondo, passo a adotar as razões esposadas na Rcl. n. 2.391, pois também agora entendo que o Tribunal, ante a sua reiterada jurisprudência anteriormente firmada, haverá de fixar a eficácia restrita dos efeitos da presente declaração. (...).

Conclusão

Considerando que, reiteradamente, o Tribunal reconheceu a constitucionalidade da vedação de progressão de regime nos crimes hediondos, bem como todas as possíveis repercussões que a declaração de inconstitucionalidade haveria de ter no campo civil, processual e penal, reconheço que, ante a nova orientação que se desenha, a decisão somente poderia ser tomada com eficácia *ex nunc*. É que, como observa Larenz, também a justiça constitucional não se opera sob o paradigma do *fiat justitia, pereat res publica*. Assente que se cuida de uma revisão de jurisprudência, de um autêntico *overruling*, entendo que o Tribunal deverá fazê-lo com eficácia restrita. E, certamente, elas não eram – nem deveriam ser consideradas – inconstitucionais, quando proferidas.

Com essas considerações, também eu, Sr. Presidente, declaro a inconstitucionalidade do art. 2º, § 1º, da Lei n. 8.072, de 1990. Faço isso, com efeito *ex nunc*, nos termos do art. 27 da Lei n. 9.868, de 1999, que entendo aplicável à espécie. Ressalto que esse efeito *ex nunc* deve ser entendido como aplicável às condenações que envolvam situações ainda suscetíveis de serem submetidas ao regime de progressão.

Defiro a ordem de *habeas corpus*, para que se devolva ao juízo de origem o exame acerca do preenchimento pelo paciente das condições para a progressão de regime. (...).

VOTO – O *Sr. Min. Celso de Mello*: Entendo, Sr. Presidente, que razões de política criminal – fundamentadas em preceito da própria Constituição da República, em texto que submete a tratamento penal objetivamente mais rigoroso a prática do tráfico ilícito de entorpecentes e drogas afins, do terrorismo e dos delitos legalmente definidos como hediondos (CF, art. 5º, XLIII) – justificam a norma inscrita no art. 2º, § 1º, da Lei n. 8.072/1990.

Tenho para mim que a determinação legal de cumprimento das penas, por crimes previstos na Lei n. 8.072/1990, em regime integralmente fechado, longe de transgredir o princípio de individualização da pena (CF, art. 5º, XLVI), objetiva dar-lhe concreção e efetividade, consideradas as diretrizes que resultam da cláusula inscrita no art. 5º, inciso XLIII, da Lei Fundamental.

Na realidade, o postulado da individualização penal, presente o contexto em exame, tem por destinatário o próprio legislador, a quem compete, em função da natureza do delito e de todos os elementos que lhe são circunstanciais – e a partir de uma opção político-jurídica que se submete à sua inteira discrição –, cominar, em momento de pura abstração, as penas respectivas e definir os correspondentes regimes de execução.

No caso, o legislador – a quem se dirige a normatividade emergente do comando constitucional em questão –, atuando no regular exercício de sua competência legislativa, fixou em abstrato, a partir de um juízo discricionário que lhe pertence com exclusividade, e em função da maior gravidade objetiva dos ilícitos referidos, a sanção penal que lhes é imponível. A par dessa individualização *in abstracto*, o Poder Legislativo, legitimado por vetores condicionantes de sua atuação institucional resultantes de norma fundada na própria Constituição (art. 5º, XLIII), definiu, de modo inteiramente legítimo, sem qualquer ofensa a princípios ou a valores consagrados na Carta Política, o regime de execução pertinente às sanções impostas pela prática dos delitos em questão.

A opção feita pelo legislador ordinário, consubstanciada no art. 2º, § 1º, da Lei n. 8.072/1990, fundamenta-se em critérios cuja razoabilidade e legitimidade são inquestionáveis. A *ratio* subjacente à definição legislativa em causa encontra apoio em fatores que não se revelam conflitantes com o nosso sistema de direito constitucional positivo, como resulta claro da própria natureza (e especial gravidade) dos delitos hediondos (e daqueles que lhes são equiparados) relacionados na Lei n. 8.072/1990, com as alterações subsequentes nela introduzidas: (...).

Vê-se, desse texto legal, que a escolha legislativa a que procedeu o Estado Brasileiro mostra-se adequada à exigência de rigor que deriva do próprio texto constitucional e cujas prescrições justificam, plenamente, o tratamento penal mais gravoso dispensado aos delitos hediondos e aos crimes a estes equiparados.

Na realidade, a cláusula legal que impõe o cumprimento da execução da pena em regime integralmente fechado revela-se impregnada de racionalidade, cuja justificação – presentes os critérios constitucionais que legitimam reação estatal e tratamento penal mais rigorosos nos casos previstos no art. 5º, XLIII, da Carta Política – resulta da necessidade de o Estado estabelecer mecanismos diferenciados de repressão à criminalidade violenta, cuja perpetração põe em risco valores fundamentais que estruturam a própria organização social, além de produzir, considerada a sua eficácia altamente desestabilizadora, consequências socialmente desestruturantes e profundamente lesivas à segurança dos cidadãos.

Tais fatores viabilizam o exercício, pelo Estado, de seu poder de conformação legislativa, legitimando, em consequência, as formulações normativas de disciplina penitenciária de caráter mais restritivo, cujo regramento reflete, na verdade, diretrizes de política criminal delineadas pelo próprio texto constitucional, ajustando-se, por isso mesmo, ao postulado da individualização penal. (...).

Cumpre referir, no ponto, em face de sua extrema pertinência e inquestionável correção, expressiva passagem do voto proferido pelo eminente Min. Néri da Silveira quando do julgamento do HC n. 69.657-SP (*RTJ* 147/598, rel. Min. Francisco Rezek), oportunidade em que salientou:

"*O Estado*, então, *que há de combater a criminalidade*, sem arma, também, *por via da lei, da cominação*, mas, para o combate *efetivo* a esse tipo de criminalidade, o faz *não só estabelecendo* uma pena mais grave, como estipulando, por igual, que *o cumprimento da pena* se dará segundo regime *mais* severo para o criminoso.

"*Não compreendo* que se atente assim contra o princípio da isonomia, *o tratamento dos criminosos* em geral. *Entendo que o princípio da isonomia só pode ser visualizado*, neste plano, *relativamente* a cada tipo penal *e de acordo* com o regime jurídico estabelecido para determinado crime. *Ninguém poderá impedir que o Estado defina política de combate a determinados crimes* que repercutam, *de forma mais grave*, na sociedade, *numa certa quadra do tempo*, para que esses crimes possam diminuir, *reduzindo-se* os malefícios que trazem para a sociedade, *como também para tornar inequívoca* a reprovação, dentro de uma tábua de valores, a certo tipo de delito" (grifei).

A resposta penal do Estado, Srs. Ministros, concebida na perspectiva da legítima formulação, pelo Poder Público, de uma política de repressão a delitos que afetam as próprias condições existenciais da coletividade e que expõem a riscos gravíssimos os cidadãos desta República, revela-se proporcional e compatível com a extrema seriedade dos crimes que compõem o rol inscrito no art. 1º da Lei n. 8.072/1990, ajustando-se, por isso mesmo, de modo harmonioso, ao postulado constitucional da individualização da pena.

Daí a correta observação que fez o eminente Min. Paulo Brossard quando do julgamento plenário do HC n. 69.603-SP, de que foi Relator (*RTJ* 146/611, 615):

"A disposição constitucional traça um preceito de política criminal que consagra a individualização da pena. Princípio, este, cujos parâmetros vêm sintetizados no art. 59 do CP, que fixa as regras que devem nortear o juiz no cumprimento desse princípio constitucional, estabelecendo que, ao aplicar a pena cominada ao caso concreto, deve o julgador – 'atendendo à culpabilidade, aos antecedentes, à conduta social, à personalidade do agente, aos motivos, às circunstâncias e consequências do crime, bem como ao comportamento da vítima' – estabelecer – 'conforme seja necessário e suficiente para reprovação e prevenção do crime: I – as penas aplicáveis dentre as cominadas; II – a quantidade da pena aplicável, dentro dos limites previstos; III – o regime inicial de cumprimento da pena privativa de liberdade; IV – a substituição da pena privativa da liberdade aplicada, por outra espécie de pena, se cabível'.

"4. Assim, a disciplina da pena, que é deferida à legislação ordinária e se fará de conformidade com o que ela dispuser. Se a lei ordinária dispõe que nos crimes a que for cominada a pena de reclusão superior a oito anos deverá começar a cumpri-la em regime fechado (art. 33, § 2º, 'a', do CP), não pode o juiz dispor em contrário.

"5. É à lei ordinária que compete fixar os parâmetros dentro dos quais o julgador poderá efetivar ou a concreção ou a individualização da pena.

"6. Alguns autores entendem que a individualização da pena pode se dar em três fases: a legislativa, a judicial e a administrativa. Assim, se o legislador ordinário, no uso da prerrogativa constitucional que lhe foi deferida pelo art. 5º, inciso XLVI, dispõe que nos crimes hediondos o cumprimento da pena será no regime fechado, significa que não quis ele deixar, em relação aos crimes dessa natureza, qualquer discricionariedade ao juiz na fixação do regime prisional.

"Poderia o legislador ordinário fazer o que fez? Entendo que sim, já que a própria norma constitucional lhe deferiu esta faculdade. Se a referida disposição é retrógrada ou não, se é justa ou injusta, se o legislador agiu bem ou mal, não é questão que compete ao julgador decidir. Não é o Judiciário o foro adequado para dirimir essa questão." (...)

Não vejo razão, Sr. Presidente, que justifique, de minha parte, mudança na percepção do tema ora em exame, pois também partilho do mesmo entendimento que a eminente Min. Ellen Gracie acaba de expor em seu douto voto.

Caso venha a prevalecer, no entanto, Sr. Presidente, a declaração incidental de inconstitucionalidade do § 1º do art. 2º da Lei n. 8.072/1990, como parece indicar o resultado da presente votação, entendo que a proclamação de inconstitucionalidade em causa, embora afastando a restrição fundada na norma legal em questão, não afetará nem impedirá o exercício, pelo magistrado de primeira instância, da competência que lhe é inerente em sede de execução penal (LEP, art. 66, III, "b"), a significar, portanto, que caberá ao próprio Juízo da Execução avaliar, criteriosamente, caso a caso, o preenchimento dos demais requisitos necessários ao ingresso, ou não, do sentenciado em regime penal menos gravoso. (...)

Em suma: desde que venha a ser declarada, *incidenter tantum*, a inconstitucionalidade do preceito legal em exame (o que se fará contra o meu voto), cabe referir que as considerações ora expostas evidenciam a impossibilidade de se garantir o ingresso imediato do ora paciente em regime penal mais favorável.

É que, se tal ocorrer – e afastado, então, o obstáculo representado pela norma em análise –, caberá ao magistrado de primeira instância proceder à verificação dos demais requisitos, inclusive daqueles de ordem subjetiva, para decidir sobre a possibilidade, ou não, de o condenado, ora paciente, vir a ser beneficiado com a progressão para regime mais brando de cumprimento de pena, sendo lícito, ainda, ao juiz competente, se o julgar necessário, ordenar, em decisão fundamentada, a realização do exame criminológico.

Sendo assim, tendo em consideração as razões expostas, acompanho, integralmente, os votos proferidos pelos eminentes Mins. Carlos Velloso, Joaquim Barbosa e Ellen Gracie, para, reconhecendo a plena constitucionalidade do § 1º do art. 2º da Lei n. 8.072/1990, indeferir o pedido de *habeas corpus*.

É o meu voto. (...).

ESCLARECIMENTO – *O Sr. Min. Marco Aurélio* (relator): Sr. Presidente, como Relator, apenas ressalto que empresto à declaração de constitucionalidade eficácia *ex tunc* quanto às consequências penais, não o fazendo sob o ângulo patrimonial.

O Sr. Min. Gilmar Mendes: Eu parti da premissa, foi todo o desenvolvimento de meu voto, no sentido de que declaramos essa lei inicialmente constitucional – não há dúvida em relação a isso –, e muitas penas se extinguiram segundo esse regime. A Constituição cogita de responsabilidade civil do Estado, ou por erro judicial, ou por prisão excessiva, até mesmo. É uma das hipóteses claras de responsabilidade civil do Estado, por conta desse aspecto. Daí eu ter ressaltado que o efeito *ex nunc* deve ser entendido como aplicável às condenações ainda suscetíveis de serem submetidas ao regime de progressão.

O Sr. Min. Sepúlveda Pertence: Proporia ao eminente Relator que deixássemos claro que a decisão não se aplica a eventuais consequências jurídicas às penas extintas.

O Sr. Min. Gilmar Mendes: É exatamente esse o objetivo.

O Sr. Min. Nelson Jobim (presidente): Se os Colegas concordarem, gostaria de explicitar, como já feito pelo Min. Sepúlveda Pertence, que, na verdade, não estamos decidindo o caso concreto, estamos decidindo o regime de progressão ou não do sistema.

O Sr. Min. Sepúlveda Pertence: Temos de comunicar ao Senado.

EXTRATO DE ATA

Decisão: O Tribunal, por maioria, deferiu o pedido de *habeas corpus* e declarou, *incidenter tantum*, a inconstitucionalidade do § 1º do art. 2º da Lei n. 8.072, de 25.7.1990, nos termos do voto do Relator, vencidos os Srs. Mins. Carlos Velloso, Joaquim Barbosa, Ellen Gracie, Celso de Mello e Presidente (Min. Nelson Jobim). O Tribunal, por votação unânime, explicitou que a declaração incidental de inconstitucionalidade do preceito legal em questão não gerará consequências jurídicas com relação às penas já extintas nesta data, pois esta decisão plenária envolve, unicamente, o afastamento do óbice representado pela norma ora declarada inconstitucional, sem prejuízo da apreciação, caso a caso, pelo magistrado competente, dos demais requisitos pertinentes ao reconhecimento da possibilidade de progressão. Votou o Presidente. Plenário, 23.2.2006.

Presidência do Sr. Min. Nelson Jobim. Presentes à sessão os Srs. Mins. Sepúlveda Pertence, Celso de Mello, Marco Aurélio, Ellen Gracie, Gilmar Mendes, Cézar Peluso, Carlos Britto, Joaquim Barbosa e Eros Grau.

* * *

PERGUNTAS

1. Quais são os fatos?
2. Qual a questão jurídica central a ser resolvida neste caso?
3. O *habeas corpus* é a ação pertinente para discutir regime prisional? Por quê?
4. O que são crimes hediondos, de acordo com a definição legal?
5. Qual o direito subjetivo se que busca proteger no presente *habeas corpus*?
6. Quais são os valores que se encontram em tensão no presente caso?
7. O que significa o princípio da individualização da pena?
8. O Ministro-Relator e o Ministro Gilmar Mendes concordam ao declarar inconstitucional o § 1º do art. 2º da Lei 8.072. Como são distintos os argumentos que apresentam?
9. O Min. Celso de Mello sustenta a constitucionalidade da norma, na medida em que ela expressaria uma escolha discricionária do legislador sobre a "política criminal". Qual é a esfera de discricionariedade conferida aos legisladores para a escolha das penas?
10. Como ficou decidido o caso concreto? Como evoluiu a jurisprudência do STF?
11. Como o Supremo definiu o conceito de dignidade humano neste caso concreto?
12. Quais serão os efeitos da decisão para outros casos? O que significa a necessidade de "comunicar ao Senado", mencionada pelo Min. Pertence?

4.8 Caso da Súmula das algemas (HC 91.952-9-SP)

(Plenário – rel. Min. Marco Aurélio – j. 7.8.2008)

Algemas – Utilização. O uso de algemas surge excepcional, somente restando justificado ante a periculosidade do agente ou risco concreto de fuga.

Julgamento – Acusado algemado – Tribunal do Júri. Implica prejuízo à defesa a manutenção do réu algemado na sessão de julgamento do Tribunal do Júri, resultando o fato na insubsistência do veredicto condenatório.

ACÓRDÃO – Vistos, relatados e discutidos estes autos: Acordam os Ministros do Supremo Tribunal Federal em deferir a ordem de *habeas corpus*, nos termos do voto do Relator e por unanimidade, em sessão presidida pelo Min. Gilmar Mendes, na conformidade da ata do julgamento e das respectivas notas taquigráficas.

Brasília, 7 de agosto de 2008 – *Marco Aurélio*, relator.

RELATÓRIO – *O Sr. Min. Marco Aurélio*: Adoto, como relatório, as informações prestadas pela Assessoria:

"Consta do processo que o paciente foi denunciado como incurso nos arts. 121, § 2º, incisos II – motivo fútil –, III – meio cruel – e IV – mediante recurso que impossibilitou a defesa da vítima. Também foi recebida a denúncia oferecida pelo Ministério Público, em que lhe imputada infração ao art. 10 da Lei n. 9.437/1997, em virtude de possuir, portar e manter arma de fogo, de uso permitido, sem autorização e em desacordo com determinação legal ou regulamentar. O réu foi pronunciado (fls. 155 a 163 do apenso). Desprovido o recurso em sentido estrito interposto contra a decisão (fls. 214 a 219 do apenso), foi submetido a julgamento pelo Tribunal do Júri, sendo condenado à pena de 13 anos e 6 meses de reclusão, por infração ao art. 121, § 2º, incisos II, III e IV, do CP e à pena de 1 ano de detenção e 10 dias-multa, como incurso no art. 10 da Lei n. 9.437/1997, observado o disposto no art. 69 do CP.

"A Defesa interpôs recurso de apelação, arguindo preliminares de nulidade do julgamento: (a) por erro de votação do terceiro quesito; (b) em virtude do fato de o réu ter permanecido algemado durante a assentada em que realizado o Júri; (c) porque indeferidos, pelo Juiz togado, quesitos pertinentes à absorção do delito de porte de arma pelo de homicídio. No mérito, pleiteou o reconhecimento da legítima defesa, da inexigibilidade de conduta diversa, do estado de violenta emoção após injusta provocação da vítima. Insurgiu-se, também, contra as qualificadoras acolhidas no julgamento e quanto ao regime de cumprimento da pena integralmente fechado.

"O Tribunal de Justiça proveu parcialmente o apelo, tão só para fixar o regime semiaberto para o cumprimento da pena atinente ao porte de arma. Interpostos embargos de declaração, foram estes desprovidos. O recurso especial protocolado pela defesa não foi admitido e o agravo de instrumento formalizado contra esta decisão aguarda a remessa ao STJ.

"Nesse interregno, no STJ, mediante *habeas corpus*, os impetrantes alegaram nulidade do julgamento: (a) por erro de votação do terceiro quesito; (b) em virtude do fato de o réu ter permanecido algemado durante a assentada em que realizado o Júri; (c) o regime de pena integralmente fechado, em relação ao crime de homicídio. O Min. Gilson Dipp deferiu a liminar, assegurando ao paciente o direito à progressão de regime prisional, observados os pressupostos e requisitos previstos na Lei de Execuções Penais (fls. 167 do apenso). No julgamento do mérito da impetração a ordem foi parcialmente concedida: confirmou-se a liminar mediante a qual acolhido o pleito de reconhecimento do direito à progressão prisional, sendo indeferidos os pedidos atinentes à nulidade do julgamento por erro de votação do terceiro quesito apresentado aos jurados e relativamente ao fato de o réu ter permanecido algemado durante a sessão do Júri.

"Este *habeas* está voltado a infirmar esse ato, no ponto em que pretendida a nulidade do veredicto popular em razão de o réu ter permanecido algemado durante todo o julgamento realizado pelo Tribunal do Júri.

"Os impetrantes (...) afirmam que, de acordo com o que decidido no HC n. 89.429-1-RO, Relatora a Min. Carmen Lúcia, o uso de algemas há de obedecer aos princípios constitucionais da proporcionalidade e da razoabilidade, sob pena de nulidade.

"Ressaltam que, no caso em exame, não havia razão plausível para tanto. Alegam que a garantia da ordem pública, a conveniência da instrução criminal e a certeza da aplicação da lei penal, pressupostos para a decretação da prisão preventiva, não servem de base para o procedimento adotado pelo Presidente do Tribunal do Júri, uma vez que na decisão de pronúncia não constou a existência de indícios de periculosidade ou de animosidades no paciente. Afirmam que a circunstância de o réu permanecer algemado não pode ser confundida com os requisitos da prisão cautelar, mostrando-se insubsistente também o argumento de que o réu teria permanecido algemado em todas as audiências ocorridas antes da pronúncia. Asseveram paradoxal a assertiva de a segurança no Tribunal ser 'realizada por apenas dois policiais civis', porquanto tal fato demonstraria a desnecessidade do uso das algemas, por não cuidar-se de réu perigosíssimo, como, à primeira vista, poderia transparecer. Apontam ter havido desrespeito ao princípio da isonomia, com desequilíbrio na igualdade de armas que há de ser assegurada à Acusação e à Defesa. Dizem da existência de constrangimento ilegal no uso das algemas quando não verificadas as condições de efetiva periculosidade. Aduzem que o procedimento, além de implicar ofensa à dignidade da pessoa humana, influiria negativamente na concepção dos jurados no momento de decidir. Requerem a concessão da ordem para declarar nulo, a partir do libelo, o Processo-Crime n. 7/2003, em curso no Juízo de Direito da Comarca de Laranjal Paulista, e a submissão do paciente a novo julgamento, desta vez sem as 'malsinadas algemas'.

"A Procuradoria-Geral da República, no parecer de fls. 30 a 35, manifesta-se pelo indeferimento da ordem. Entende que o uso de algemas não afronta o princípio da presunção de não culpabilidade e a manutenção do réu algemado durante a sessão plenária do Tribunal do Júri não configura constrangimento ilegal se a medida se mostra necessária ao bom andamento do julgamento e à segurança das pessoas que nele intervêm. A adoção do procedimento ficaria a critério do Juiz-Presidente do Tribunal do Júri no exercício da polícia das sessões." (...).

É o relatório.

VOTO – *O Sr. Min. Marco Aurélio* (relator): O julgamento perante o Tribunal do Júri não requer a custódia preventiva do acusado, até então simples acusado – inciso LVII do art. 5º da Lei Maior. Hoje não é necessária sequer a presença do acusado – Lei n. 11.689/2008, alteração do art. 474 do CPP. Diante disso, indaga-se: surge harmônico com a Constituição mantê-lo, no recinto, com algemas? A resposta mostra-se iniludivelmente negativa.

Em primeiro lugar, levem em conta o princípio da não culpabilidade. É certo que foi submetida ao veredicto dos jurados pessoa acusada da prática de crime doloso contra a vida, mas que mereça o tratamento devido aos humanos, aos que vivem em um Estado Democrático de Direito. Segundo o art. 1º da Carta Federal, a própria República tem como fundamento a dignidade da pessoa humana. Da leitura do rol das garantias constitucionais – art. 5º – depreende-se a preocupação em resguardar a figura do preso. A ele é assegurado o respeito à integridade física e moral – inciso XLIX. Versa o inciso LXI, como regra, que "ninguém será preso senão em flagrante delito ou por ordem escrita e fundamentada de autoridade judiciária competente, salvo nos casos de transgressão militar ou crime propriamente militar, definidos em lei".

Além disso, existe a previsão de que a custódia de qualquer pessoa e o local onde se encontre hão de ser comunicados imediatamente ao juiz competente, à família ou à pessoa por ele indicada – inciso LXII. Também deve o preso ser informado dos respectivos direitos, entre os quais o de permanecer calado, ficando-lhe assegurada a assistência da família e de advogado – inciso LXIII. O inciso LXIV revela que o preso tem direito à identificação dos responsáveis por sua prisão ou por seu interrogatório policial. Mais ainda, a prisão ilegal há de ser imediatamente relaxada pela autoridade judiciária – inciso LXV – e ninguém será levado à prisão ou nela mantido quando a lei admitir a liberdade provisória, com ou sem fiança – inciso LXVI. (...).

Ora, estes preceitos – a configurarem garantias dos brasileiros e dos estrangeiros residentes no País – repousam no inafastável tratamento humanitário do cidadão, na necessidade de lhe ser preservada a dignidade. Manter o acusado em audiência com algema sem que demonstrada, ante práticas anteriores, a periculosidade significa colocar a defesa, antecipadamente, em patamar inferior, não bastasse a situação de todo degradante. O julgamento no Júri é procedido por pessoas leigas, que tiram as mais variadas ilações do quadro verificado. A permanência do réu algemado indica, à primeira visão, cuidar-se de criminoso da mais alta periculosidade, desequilibrando o julgamento a ocorrer, ficando os jurados sugestionados.

O tema não é novo. Na apreciação do HC n. 71.195-2-SP, relatado pelo Min. Francisco Rezek, cujo acórdão foi publicado no *DJU* de 4.8.1995, a 2ª Turma assentou que a utilização de algemas em sessão de julgamento somente se justifica quando não existe outro meio menos gravoso para alcançar o objetivo visado:

"*Habeas corpus* – Concurso material de crimes – Protesto por novo Júri – Pena inferior a 20 anos – Utilização de algemas no julgamento – Medida justificada. (...).

"II – O uso de algemas durante o julgamento não constitui constrangimento ilegal se essencial à ordem dos trabalhos e à segurança dos presentes.

"*Habeas corpus* indeferido."

Assim também decidiu a 1ª Turma desta Corte no HC n. 89.429-1-RO, Relatora a Min. Carmen Lúcia, acórdão veiculado no *DJU* de 2.2.2007.

Assentou o Colegiado: "(...) o uso legítimo de algemas não é arbitrário, sendo de natureza excepcional, a ser adotado nos casos e com as finalidades de impedir, prevenir ou dificultar a fuga ou reação indevida do preso, desde que haja fundada suspeita ou justificado receio de que tanto venha a ocorrer, e para evitar agressão do preso contra os próprios policiais, contra terceiros ou contra si mesmo".

No STJ, no julgamento do RHC n. 5.663, do qual foi Relator o Min. William Patterson, acórdão publicado no *DJU* de 23.9.1996, outro não foi o entendimento, como se constata da seguinte ementa:

"Penal – Réu – Uso de algemas – Avaliação da necessidade.

"A imposição do uso de algemas ao réu, por constituir afetação aos princípios de respeito à integridade física e moral do cidadão, deve ser aferida de modo cauteloso e diante de elementos concretos que demonstrem a periculosidade do acusado.

"Recurso provido."

Deste julgamento, sem voto discrepante, participaram os Mins. Luiz Vicente Cernicchiaro, Vicente Leal, Fernando Gonçalves e Anselmo Santiago.

De modo enfático, o TJSP, no julgamento da ACr n. 74.542-3, acórdão publicado na *RT* 643/285, estabeleceu que "algema não é argumento e, se for utilizada sem necessidade, pode levar à invalidação da sessão de julgamento". (...).

Na Lei de Execução Penal – n. 7.210/1984 – bem se revelou o caráter excepcional da utilização de algemas, instando-se o Poder Executivo à regulamentação no que previsto, no art. 159, que o emprego de algemas será disciplinado por decreto federal. Se, quanto àquele que deve cumprir pena ante a culpa formada, o uso de algemas surge no campo da exceção, o que se dirá em relação a quem goza do benefício de não ter a culpa presumida, ao simplesmente conduzido, indiciado ou mesmo acusado que responda a processo-crime? (...).

Vale registrar, ainda, que o item 3 das regras da ONU para tratamento de prisioneiros estabelece que o emprego de algemas jamais poderá se dar como medida de punição. Isso indica, à semelhança do que antes previsto no art. 180 do Código de Processo Criminal do Império, que o uso desse instrumento é excepcional e somente pode ocorrer nos casos em que realmente se mostre indispensável para impedir ou evitar a fuga do preso ou quando se cuidar comprovadamente de perigoso prisioneiro.

A ausência de norma expressa prevendo a retirada das algemas durante o julgamento não conduz à possibilidade de manter o acusado em estado de submissão ímpar, incapaz de movimentar os braços e as mãos, em situação a revelá-lo não um ser humano que pode haver claudicado na arte de proceder em sociedade, mas uma verdadeira fera.

Não bastasse a clareza vernacular do art. 284, a afastar o emprego de força, tomada esta no sentido abrangente – ante abusos de toda sorte, vendo-se, nos veículos de comunicação, algemadas pessoas sem o menor traço agressivo, até mesmo outrora detentoras de cargos da maior importância na República, em verdadeira imposição de castigo humilhante, vexaminoso –, veio à balha norma simplesmente interpretativa, e, portanto, pedagógica, específica quanto à postura a ser adotada em relação ao acusado na sessão de julgamento pelos populares, pelos iguais, alfim, pelo Júri. A recente Lei n. 11.689, de 9.6.2008, ao implementar nova redação ao art. 474 do CPP, tornou estreme de dúvidas a excepcionalidade do uso de algemas.

Eis o preceito: "Art. 474. (...). "§ 3º. Não se permitirá o uso de algemas no acusado durante o período em que permanecer no Plenário do Júri, salvo se absolutamente necessário à ordem dos trabalhos, à segurança das testemunhas ou à garantia da integridade física dos presentes."

É hora de o Supremo emitir entendimento sobre a matéria, inibindo uma série de abusos notados na atual quadra, tornando clara, até mesmo, a concretude da lei reguladora do instituto do abuso de autoridade, considerado o processo de responsabilidade administrativa, civil e penal, para a qual os olhos em geral têm permanecido cerrados. A lei em comento – n. 4.898/1965, editada em pleno regime de exceção –, no art. 411, enquadra como abuso de autoridade cercear a liberdade individual sem as formalidades legais ou com abuso de poder – alínea "a" – e submeter pessoa sob guarda ou custódia a vexame ou a constrangimento não autorizado por lei – alínea "b".

No caso, sem que houvesse uma justificativa socialmente aceitável para submeter um simples acusado à humilhação de permanecer durante horas e horas com algemas, na oportunidade do julgamento, concluiu o TJSP que a postura adotada pelo Presidente do Tribunal do Júri, de não determinar a retirada das algemas, fez-se consentânea com a ordem jurídico-constitucional. Proclamou a Corte que "a utilização das algemas durante o julgamento não se mostrou arbitrária ou desnecessária e, por conseguinte, não vinga a nulidade arguida", aludindo, no entanto, a precedente da 2ª Turma do Supremo que vincula a permanência do preso algemado à necessidade de manutenção da ordem dos trabalhos e de garantia da segurança dos presentes (fls. 408 e 409, numeração de origem, dos autos em apenso).

Vale frisar, por oportuno, que, abertos os trabalhos do Júri – o acusado já estava preso há um ano e meio –, o defensor, Dr. Walter Antônio Dias Duarte, pediu a palavra e assim se manifestou: "MM. Juíza: Hão (com a correção vernacular) que ser retiradas as algemas do acusado para que algemado não influencie indevidamente o ânimo dos Srs. Jurados. Se necessário for a Defesa apontará a V. Exa. as correspondentes folhas dos autos onde o MM. Juiz de então cancelou dois dos motivos que autorizavam a decretação da preventiva, vez que a garantia da ordem pública e a conveniência da instrução criminal não mais integravam o rol dos motivos que autorizam a decretação desta custódia (fls. 115). Se, como precedente jurisprudencial e julgado do egrégio TJSP que tem por ementa: 'Írrito o julgamento do Júri se o réu permaneceu algemado durante o desenrolar dos trabalhos sob a alegação de ser perigoso, eis que tal circunstância interfere no espírito julgador e, consequentemente, no resultado do julgamento, constituindo constrangimento ilegal que dá causa à nulidade' (*RT* 643/285) – confiram com a ata da sessão realizada, que se encontra a fls. 301 e 302 do apenso, numeração de origem".

O Ministério Público se opôs à retirada das algemas. Afirmou que ficara o réu algemado durante todas as audiências de instrução, reclamando fosse guardada a coerência. Olvidou, com essa óptica, que o erro anterior não justificava a manutenção da violência.

Então, a Juíza deliberou: "Entendo que não constitui constrangimento ilegal o réu permanecer algemado em Plenário, sobretudo porque tal circunstância se faz estritamente necessária para preservação e segurança do bom andamento dos trabalhos, já que a segurança hoje está sendo realizada por apenas dois policiais civis. Assim, indefiro o pleito da Defesa, observando ainda, como bem notou a Dra. Promotora de Justiça, que o réu permaneceu algemado em todas as audiências ocorridas antes da pronúncia" – ressaltei.

Não foi apontado, portanto, um único dado concreto, relativo ao perfil do acusado, que estivesse a ditar, em prol da segurança, a permanência com algemas.

Quanto ao fato de apenas dois policiais civis fazerem a segurança no momento, a deficiência da estrutura do Estado não autorizava o desrespeito à dignidade do envolvido. Incumbia, sim, inexistente o necessário aparato de segurança, o adiamento da sessão, preservando-se o valor maior, porque inerente ao cidadão.

Concedo a ordem para tornar insubsistente a decisão do Tribunal do Júri. Determino que outro julgamento seja realizado, com a manutenção do acusado sem as algemas. Informo que, hoje, ante pronunciamento em outro *habeas corpus*, o de n. 86.453-8-SP, o paciente encontra-se em liberdade há cerca de três anos, sendo que a sentença de pronúncia – último ato que sobeja, prevalecente o voto, a interromper a prescrição, no caso de 20 anos – data de 2004.

VOTO – *O Sr. Min. Menezes Direito*: Sr. Presidente, a questão trazida pelo eminente Min. Marco Aurélio tem plena atualidade. É preciso destacar, como fez S. Exa., que não estamos julgando o uso das algemas em tese. Estamos julgando o tema do uso das algemas num caso concreto, ou seja, durante a realização do Júri e por determinação da Juíza-Presidente do Tribunal do Júri.

De todos os modos, não é inoportuno que se faça uma observação, ao meu sentir, necessária, de que o uso de algemas é sempre em caráter excepcional. Não existe a normalidade do uso das algemas. É evidente que não se pode, desde logo, em tese, dizer que é vedado o uso das algemas. Sim, é permitido o uso das algemas, mas desde que ele configure realmente uma exceção em casos em que haja justificativa própria para que sejam utilizadas.

Mas neste processo, neste *habeas corpus*, o que nós vamos examinar é se a Juíza-Presidente do Tribunal do Júri tinha condições objetivas de determinar o uso das algemas. (...).

Neste caso, o eminente Min. Marco Aurélio pôs muito bem uma circunstância que, creio, deve ser relevada em toda a linha. É que a leitura da decisão da Juíza-presidente do Tribunal do Júri, indeferindo o pleito da Defesa, considerou a normalidade do uso das algemas. Ou seja, numa palavra: ela não encontrou nenhum dado concreto objetivo que pudesse lastrear, justificar, a determinação do uso das algemas. (...).

O Sr. Min. Marco Aurélio (relator): Apenas, Presidente, para ressaltar mais uma vez certo dado. A alusão é, realmente, à presença de apenas dois policiais, somente dois policiais. Mas a primeira premissa da Juíza foi esta: o uso é normal. Tivemos a outra premissa: ele permaneceu algemado nas audiências anteriores. Então, veio a frase, a cláusula que poderia criar algum embaraço à concessão da ordem – sobretudo porque, hoje, nós só contamos com dois policiais...

O Sr. Min. Menezes Direito: Sr. Ministro, permita-me: ainda assim, esse aspecto não releva, pelo menos na minha concepção, porque é necessário que se demonstre, efetivamente, a periculosidade daquele que está sendo julgado pelo Tribunal do Júri. E, no caso, não houve essa identificação da periculosidade.

O Sr. Min. Marco Aurélio (relator): E sabemos que, geralmente, em homicídio, tem-se um criminoso episódico, um crime passional. E, no caso concreto, houve, inclusive, articulação pela Defesa de reação a uma violenta emoção ante agressão da própria vítima.

O Sr. Min. Menezes Direito: Acresce ainda que o paciente está solto há três anos.

O Sr. Min. Marco Aurélio (relator): Está solto há três anos. A prescrição – já que se verifica o prazo máximo, porque a pena é superior a 12 anos e não se poderá, no novo Júri, chegar a uma pena superior aos 13 – somente ocorrerá em 2024. Talvez não me encontre nem mais aqui entre os presentes, quero dizer, aqui neste mundo. Claro que, no Supremo, não estarei.

A Sra. Min. Carmen Lúcia: (...). No caso, o que mais me preocupa – tal como acentuou o eminente Min. Marco Aurélio – é estarmos diante de um caso em Júri. E a minha parquíssima experiência de Júri faz-me lembrar – eu era ainda estudante – de um réu algemado que chamava mais atenção dos jovenzinhos ali – o que deve ser comum – do que qualquer tese apresentada, porque é a imagem, a visão de alguém provavelmente tão perigoso, que vem – na linguagem vinda das Ordenações – a ferros, quer dizer, ele vem sem condições de se movimentar, porque algum movimento dele pode ser de perigo, ou para ele mesmo ou para terceiros. Isso induz, evidentemente, algum fator para o juízo daqueles que emitirão a decisão sobre a vida dessa pessoa, ou seja, os jurados.

Então, diante do Júri, as algemas projetam uma imagem que é fixada no próprio juízo do julgador. Aliás, conforme já foi acentuado pelo eminente Advogado da tribuna, passa-se uma ideia de periculosidade, e, de alguma forma, isso interfere no juízo que será emitido.

Por essa razão, tal como posto pelo Min. Marco Aurélio, e segundo já se tinha naquele caso citado (HC n. 71.115, Relator o Min. Francisco Rezek), em que se havia a justificativa devidamente demonstrada, o que aqui não há – bem realçou o Ministro, sobretudo porque temos poucas pessoas para fazer a segurança –, providenciasse o Estado outras pessoas, em outro número, caso fosse bastante para não se usarem as algemas, e não era algo com que a Defesa devesse se preocupar – então, eu acompanho o eminente Ministro-Relator.

O Sr. Min. Marco Aurélio (relator): V. Exa. me permite? Claro que são dados metajurídicos. Eu cheguei a conversar com duas pessoas experientes no trato do Tribunal do júri. A primeira, com idade que se aproxima muito da minha, foi Presidente do Tribunal do Júri durante vários anos – uma pessoa que não é de grande estatura, fisicamente – e me informou que jamais realizou um julgamento, no Tribunal do Júri, com o acusado algemado.

A segunda, um Desembargador, que hoje conta 81 anos, com quem eu estagiei quando Titular da 11ª Cível no Rio de Janeiro. Também foi Presidente do 1º, 2º e 3º Tribunais do Júri na referida cidade, e, quando o questionei a respeito, respondeu que também jamais permitiu a permanência de um acusado algemado em frente dos leigos.

O Sr. Min. Cézar Peluso: V. Exa. não invocou meu testemunho, mas em nenhum dos Júris que realizei botei a ferros ou algemas o acusado.

A Sra. Min. Carmen Lúcia: Eu me lembro, Ministro, da única vez em que vi uma pessoa completamente fragilizada, com algemas, no Júri – aí, não era como estudante, mas como menina que era levada pelo pai para fazer o sorteio dos jurados. Eu sou capaz de descrever até hoje a cena, tal o impacto que aquela imagem me causou, porque é como se eu estivesse diante de uma pessoa muitíssimo perigosa. Aquilo me marcou anos a fio.

O Sr. Min. Marco Aurélio (relator): Foi o impacto que tive, quando Presidente da Corte, ao ver descer de um avião, algemado, um ex-Governador e ex-Senador da República. E a minha expressão foi de carioca: "Isso é uma presepada". (...).

VOTO – *O Sr. Min. Eros Grau*: Sr. Presidente, também vou acompanhar o voto do Relator.

Esta sessão é muito importante, porque, embora – como observou o Min. Menezes Direito – não estejamos traçando uma norma geral sobre a matéria, estamos afirmando o que esta Corte entende a respeito da matéria. E me parece oportuno citar duas linhas e meia de um grande jurista – na minha opinião, um dos maiores juristas da minha Faculdade –, um jurista que se foi cedo, meu colega, o grande Professor Sérgio Marques de Moraes Pitombo, Desembargador e figura exemplar. Como professor e magistrado. Em um texto antigo, ele diz: "Aflora intuitivo que o abuso de algemas se constitui em prática atroz, bestial ou aviltante, podendo chegar à tortura. Tal desvio de conduta, antes de tudo, viola o inarredável acatamento à integridade física e psíquica do preso, ou do conduzido, por isso mesmo será crime".

Penso, acompanhando plenamente o voto do Min. Marco Aurélio, que talvez fosse o momento de afirmarmos, com maior ênfase – eu diria até de incitarmos –, o exercício do direito de representação assegurado pela Lei n. 4.898, art. 4º, alínea "b": "Art. 4º. Constitui também abuso de autoridade: (...); b) submeter pessoa sob sua guarda ou custódia a vexame ou a constrangimento não autorizado em lei; (...)".

É preciso dar-se aplicação a essa lei, ao disposto no art. 6º: "Art. 6º. O abuso de autoridade sujeitará seu autor à sanção administrativa civil e penal".

Eu diria, no *obter dictum*, que talvez incumbisse à Corte deixar isso bem claro. Vamos sugerir que o Direito seja aplicado. Se o Direito for aplicado, seguramente viveremos todos em melhor harmonia. Bastaria isso para que conquistássemos a harmonia: dar plena eficácia a todos os preceitos legais que convivem com a Constituição.

Acompanho o voto do Relator.

VOTO – *O Sr. Min. Joaquim Barbosa*: Sr. Presidente, tenho voto relativamente longo sobre a matéria, concordando com o voto do eminente Relator. Peço, portanto, a juntada.

Sr. Presidente, considero que o uso de algemas, *na situação em que se deu, dentro de uma sala de sessões de um Tribunal*, devidamente *guarnecida* (havia dois policiais civis a postos e a Magistrada poderia solicitar outros, se considerasse necessário), tem por fim impressionar os jurados e dramatizar ainda mais a situação do réu submetido a julgamento.

O constrangimento foi infundado, e seus efeitos são ainda mais graves por se cuidar de um *julgamento a ser procedido pelo Tribunal Popular*, e não por um juiz togado, cuja sentença deve estar fundamentada por escrito e que, por isto, não poderia considerar, contra o réu, o fato de estar usando algemas.

No procedimento especialíssimo do Júri, a apresentação do réu algemado diante dos jurados pode sem dúvida *influenciar negativamente a decisão, pois cria a imagem de que o réu seria uma pessoa perigosa e violenta.* Considerando que os jurados decidem com base na **íntima** *convicção*, e não na persuasão racional, e levando em conta que a decisão de *condenar ou não* o réu *não precisa de qualquer fundamentação*, o emprego das algemas *durante a sessão de julgamento* deve ser *excepcional*, somente se justificando quando o *Juiz-Presidente fundamentar a necessidade* do emprego das algemas no *caso concreto*. (...).

No caso ora em análise, considero que *não foi demonstrada a situação de excepcionalidade* que justificaria a manutenção do réu algemado *durante a sessão de julgamento*. Formulações genéricas como a que utilizou a autoridade apontada como coatora, que considerou as algemas necessárias para a "preservação e segurança do bom andamento dos trabalhos, já que a segurança está sendo realizada por apenas dois policiais", não é suficiente, sendo dever do magistrado demonstrar por que, *no caso concreto*, a segurança feita por dois policiais seria *insuficiente* para garantir a ordem dos trabalhos. Assim, deveria destacar, por exemplo, *a eventual periculosidade do paciente, demonstrada nos autos*; *a existência de um histórico de violências*, seja na prisão, seja no seu convívio social; ou qualquer outro *dado concreto* que revelasse o *temor do magistrado, das testemunhas ou dos demais presentes* caso o réu permanecesse sem algemas dentro da sala de sessões do Júri.

Não demonstrada, concretamente, essa necessidade do uso das algemas, *considero ter havido constrangimento ilegal contra o paciente*, razão pela qual *voto pela concessão da ordem*, para que *novo julgamento seja realizado. A eventual necessidade de uso das algemas no novo julgamento deverá ser devidamente fundamentada, por escrito, pelo Juiz-Presidente.*

É como voto.

VOTO – *O Sr. Min. Carlos Britto*: (...). Também entendo, na linha inicial do voto do Relator, imediatamente sequenciado pelo Min. Menezes Direito, que o uso das algemas é excepcional à luz da própria Constituição diretamente, sem precisar sequer do Direito ordinário. A força normativa da Constituição é suficiente, a partir do princípio da dignidade da pessoa humana; fundamento da República lembrado pelo eminente Relator. Mas, se desfilarmos pela passarela da Constituição, nesse âmbito mesmo dos direitos individuais e, portanto, fundamentais, encontraremos outros dispositivos que cimentam o juízo da excepcionalidade do uso das algemas. É sabido que as algemas constrangem fisicamente, psicologicamente, abatem, senão a moral, o moral do preso, do algemado, e evidente que o seu uso desnecessário ou não fundamentado – já chegarei lá – começa por violar o inciso III do art. 5º da Constituição, segundo o qual: "III – ninguém será submetido a tortura nem a tratamento desumano ou degradante; (...)".

Degradante, aqui, sem dúvida que toma o sentido de aviltante, de desonroso, de humilhante, sobretudo quando o preso é exibido à comunidade – lembrava o Min. Sepúlveda Pertence e relembrou a Min. Carmen Lúcia – como um troféu, como o produto de uma caça, se não abatida, pelo menos aprisionada, ali, sob ferros.

Depois, a Constituição mesmo avança para dizer que é assegurado ao preso – e o algemado é um preso – o respeito à integridade física e moral dele.

O Min. Marco Aurélio lembrou que ele está numa situação ainda de gozar do direito – e eu nem chamo de garantia, mas de direito à presunção de não culpabilidade – até que sobrevenha o trânsito em julgado da sentença penal condenatória. Prefiro qualificar esse dispositivo constitucional, inciso LVII do art. 5º, como lídimo direito substantivo, mais do que um direito adjetivo, portanto, uma garantia.

Tive oportunidade de dizer que, quando se faz uso das algemas desnecessariamente, provoca-se um estado de exacerbação – vamos dizer –, uma exacerbação, uma exasperação, um agravo, no estado da privação da liberdade de locomoção. Quer dizer, é preciso separar o estado de privação da liberdade que pode, no caso concreto, ter um fundamento legal, estar respaldado pelo Direito a partir da Constituição, porém o uso desnecessário das algemas passa a significar um agravamento, uma exasperação no estado de privação da liberdade do preso, e, portanto, justificando até o manejo de um *habeas corpus*, não para soltar o preso, mas para que ele não se veja algemado; é autônomo. (...).

Sr. Presidente, no caso concreto, sufrago o entendimento do Relator e dos demais Ministros por uma observação a qual me parece que já foi feita, se não foi, eu agora explicito: entendo que é lícito, sim, ao juiz, em decisão fundamentada, em despacho fundamentado, submeter o preso, o réu, perante o Plenário do Tribunal do Júri, a algemas, desde que o faça fundamentadamente, a partir de critérios objetivos que tenham a ver com a personalidade, com a situação do agente, e não, como foi dito aqui, por fragilidade das forças de segurança. Ora, as fragilidades das forças de segurança devem ser debitadas ou imputadas ao próprio Estado. O preso não pode pagar a fatura por um débito a que não deu causa. Que débito? A momentânea fragilidade das forças de segurança. Então, na medida em que o Juiz deixou de fundamentar a sua decisão – digamos, na periculosidade do agente –, para justificar a presença apenas de dois agentes de polícia, ele lavrou uma decisão em verdade desfundamentada, no que interessa, sobretudo à luz da Constituição.

Por isso, Sr. Presidente, sufrago o voto do Relator para conceder o *habeas corpus*. (...).

VOTO – *O Sr. Min. Cézar Peluso*: (...). Achei que fosse esta observação isolada, mas hoje, pela manhã, li o jornal *O Estado de S. Paulo* e a entrevista do conhecido e respeitado jurista Ary Oswaldo Mattos Filho, Consultor e Diretor da Faculdade de Direito da FGV, que respondia a duas perguntas nestes termos: "*O Sr. concorda com as críticas ao uso de algemas? O criminoso tem os direitos respeitados no Brasil?*

"Não tem, porque o uso da algema, pela própria regulamentação da PF, é quando o preso quer fugir, quer agredir ou quer se agredir. Quando se encaminha normalmente, pacificamente, não se faz necessário. O que fica patente é que a utilização da algema virou pirotecnia. Tanto que, quando o Cacciola veio, sem algemas, não deu IBOPE. Isso tem um subproduto, que eu acho extremamente perigoso, da exacerbação do ânimo da população. Um personagem é algemado, pictoricamente condenado. Quando é absolvido, dá a sensação de desmoralização da Justiça. E a sua imagem ficou irremediavelmente jogada na lama."

E conclui, na segunda pergunta: "*Por que não há indignação quando se trata de preso desconhecido?*

"A diferenciação parte da repercussão, e quem dá a repercussão são os meios de comunicação. Ou seja, nós – você, meio de comunicação, e eu, que tento estudar o direito dos meios de comunicação – devemos nos perguntar: por que não damos a mesma repercussão?"

Essa é uma resposta que se faz à crítica à atuação desta Corte, quando, no exercício da sua típica e exata função jurisdicional, toma as providências necessárias para que cessem constrangimentos ilegais nessa área. Se a opinião pública pode, em geral, ser influenciada pela figura de alguém que é exposto publicamente e, sem necessidade, com uso de algemas, o que não dizer, Sr. Presidente, do Júri de pacata cidade do Interior, Laranjal Paulista, cuja Juíza – de certo, por inexperiência, ou, quem sabe, por receio exacerbado, como bem aventou o Min. Ricardo Lewandowski –, como titular do poder de polícia das audiências, poderia ter convocado mais um policial civil ou, então, permitir que o réu, a cujo respeito não há notícia de periculosidade em relação à ordem dos trabalhos e aos partícipes, não aparecesse como figura previamente julgada como culpada.

Por essas razões, Sr. Presidente, adiro integralmente ao voto do eminente Relator e aos demais que o seguiram. (...).

VOTO – *O Sr. Min. Gilmar Mendes* (presidente): Se a matéria ficasse apenas com fundamento legal, eu não teria voto, mas aparentemente a questão tem feição constitucional.

Percebo que há muito o tema também vem sendo tratado sob a perspectiva constitucional. No já muito citado artigo do Professor Sérgio Pitombo ele já colocava o tema à luz do art. 153, § 14 – como foi destacado agora no voto do Min. Cézar Peluso. Dizia ele: "As algemas podem também servir para só insultar ou castigar – tortura psíquica, consistente na injusta vexação, e física, no aplicar a sanção imprevista –, dar tratamento, enfim, degradante, desumano, ao que se acha sob a guarda ou em custódia, violando a garantia individual (§ 14 do art. 153 da Constituição da Emenda n. 1/1969)".

Portanto, parece-me que isso já seria suficiente para que apreciássemos o tema sob a perspectiva constitucional.

De fato, é evidente a riqueza constitucional do tema na proibição da tortura, na questão da dignidade da pessoa humana, que vem se alçando na jurisprudência do STF em um tipo de cláusula de subsidiariedade, tal como a cláusula do devido processo legal, por meio da qual se aplica um dado princípio, como o contraditório e a ampla defesa, a prova ilícita ou determinadas garantias processuais. Aplica-se também o princípio da dignidade da pessoa humana na dimensão em que o homem não pode ser transformado em objeto dos processos estatais.

Desse modo, parece-me não haver nenhuma dúvida quanto à necessidade de que o Tribunal se pronuncie sobre esse tema. Saúdo a iniciativa do Min. Marco Aurélio de ter afetado este tema ao Plenário, que, inicialmente, dos tempos recentes tínhamos o precedente expressivo da Turma, o HC n. 89.429, de Rondônia, Relatora a Sra. Min. Carmen Lúcia.

Mas esse caso – e o Min. Celso de Mello tem chamado a atenção para essa situação – talvez recomende que nós nos pronunciemos um pouco para além da situação do Júri que já está sendo equacionada inclusive na legislação. O Min. Celso de Mello sempre chama a atenção para a disposição existente no Código de Processo Penal Militar, citada agora pelo Min. Marco Aurélio.

O disposto no art. 234, § 1º: "Art. 234. (...).

"Emprego da algemas

"§ 1º. O emprego de algemas deve ser evitado, desde que não haja perigo de fuga ou de agressão da parte do preso, e de modo algum será permitido, nos presos a que se refere o art. 242."

Lista, ainda, aqueles que não poderão ser vítimas da aplicação da algema, no art. 242.

Pergunto ao Tribunal se não seria o caso de deixarmos claro, na própria decisão, que esse é o entendimento do Tribunal, quer dizer, não só para o Júri, mas que de fato estamos a emanar uma decisão?

O Sr. Min. Marco Aurélio (relator): Explicitar ainda mais, Presidente.

Creio que não seria demasia nem indelicadeza que se encaminhasse, inclusive, cópia do acórdão a S. Exa., o Ministro de Estado da Justiça, e também aos 27 Secretários de Segurança Pública.

O Sr. Min. Menezes Direito: Sr. Presidente, eu tive a cautela, quando proferi meu voto, de destacar exatamente esse aspecto, ou seja, estamos julgando um caso concreto, especificamente com relação ao uso de algemas no Plenário do Tribunal do Júri, mas a Corte faz a afirmação de que até nessa circunstância o uso de algemas reveste-se de caráter excepcionalíssimo, o que dizer no tocante aos abusos costumeiros com a utilização das algemas? Este processo, na realidade, mesmo que não se queira, tem essa repercussão e esse alcance, porque se fixa a tese da excepcionalidade do uso das algemas.

O Sr. Min. Gilmar Mendes (presidente): Só quis me assegurar exatamente dessa orientação para os fins, inclusive, da lavratura do acórdão.

Acredito que não há objeção quanto a essa sugestão.

O Sr. Min. Cézar Peluso: Sr. Presidente, consulto a V. Exa. e à Corte se não seria caso de, diante dos precedentes e de mais esse julgamento pelo Plenário, editarmos súmula que sintetize o pensamento do Tribunal, a despeito de ter sido aprovado, porque nem sabemos se isso se converterá em lei, recente projeto do Senador Demóstenes Torres e que basicamente atende a todas as exigências da decisão da Corte. Talvez fosse oportuno que a Corte editasse uma súmula.

O Sr. Min. Marco Aurélio (relator): Se o Tribunal me permitir, poderei encaminhar, considerados os precedentes e referências que devem constar, proposta de edição de verbete vinculante sobre a matéria. (...).

O Sr. Min. Cézar Peluso: Eu até diria mais, Sr. Presidente. O objeto típico desta súmula é a interpretação das duas cláusulas constitucionais, a do art. 5º e incisos, porque, na verdade, trata-se de aplicação de uma consequência que decorre diretamente desses dois dispositivos constitucionais e, portanto, está acima de qualquer legislação – no caso, aqui, foi aplicado o Código de Processo Penal – e de alguma outra que venha a ser editada.

O Sr. Min. Marco Aurélio (relator): Dignidade e integridade do preso, física e moral.

O Sr. Min. Cézar Peluso: É só de reforço de comparação.

A Sra. Min. Ellen Gracie: As três hipóteses autorizadoras.

O Sr. Min. Gilmar Mendes (presidente): A referência ao Código de Processo Penal Militar, que tem sido objeto de consideração; a disposição logra apreender o entendimento básico que vem sendo sustentado.

O Sr. Min. Marco Aurélio (relator): Sr. Presidente, prometo, nas referências, não aludir ao decreto do Império.

O Sr. Min. Carlos Britto: Há dois dispositivos na Constituição – eu e o Min. Cézar Peluso os citamos – que são específicos.

O Sr. Min. Cézar Peluso: Para isso não precisava haver normas do Código de Processo Penal, nem do Código de Processo Militar. Bastariam as duas normas constitucionais.

O Sr. Min. Ricardo Lewandowski: Porque se trata de uma pena sem previsão legal, como foi afirmado aqui.

O Sr. Min. Marco Aurélio (relator): Sr. Presidente, é claro, o Supremo tem papel pedagógico da maior importância, considerada a busca de dias melhores.

O Sr. Min. Carlos Britto: Nós falaríamos do caráter excepcional do uso das algemas. Ficaríamos nisso, com base na Constituição.

EXTRATO DE ATA

Decisão: O Tribunal, por unanimidade e nos termos do voto do Relator, deferiu a ordem de *habeas corpus*. Votou o Presidente, Min. Gilmar Mendes. Ausente, justificadamente, o Sr. Min. Celso de Mello. Falou pelo paciente o Dr. Walter Antônio Dias Duarte, e pelo Ministério Público Federal o Procurador-Geral da República, Dr. Antônio Fernando Barros e Silva de Souza. Plenário, 7.8.2008.

Presidência do Sr. Min. Gilmar Mendes. Presentes à sessão os Srs. Mins. Marco Aurélio, Ellen Gracie, Cézar Peluso, Carlos Britto, Joaquim Barbosa, Ricardo Lewandowski, Eros Grau, Carmen Lúcia e Menezes Direito.

* * *

PERGUNTAS

1. Quais são os fatos?
2. Qual a questão jurídica central neste caso?
3. Por que é cabível o *habeas corpus*?
4. O que representam as algemas, segundo a visão da Corte?
5. O Min. Marco Aurélio argumenta que, para não descumprir direito fundamental, dados os recursos insuficientes, a sessão de julgamento do caso objeto de discussão deveria ter sido adiada. Tal raciocínio poderia ser estendido a outros direitos fundamentais?
6. Qual foi a decisão da Corte? Quando as algemas são admitidas?
7. Como são diferentes os efeitos de decisão em relação aos da edição de súmula?

4.9 Caso do depositário infiel (RE 466.343-1-SP)

(Plenário – rel. Min. Cézar Peluso – j. 3.12.2008)

Prisão civil – Depósito – Depositário infiel – Alienação fiduciária – Decretação da medida coercitiva – Inadmissibilidade absoluta – Insubsistência da previsão constitucional e das normas subalternas – Interpretação do art. 5º, inciso LXVII, e §§ 1º, 2º e 3º, da CF, à luz do art. 7º, § 7º, da Convenção Americana de Direitos Humanos (Pacto de San José da Costa Rica) – Recurso improvido – Julgamento conjunto do RE n. 349.703 e dos HC n. 87.585 e n. 92.566. É ilícita a prisão civil de depositário infiel, qualquer que seja a modalidade do depósito.

ACÓRDÃO – Vistos, relatados e discutidos estes autos: Acordam os Ministros do Supremo Tribunal Federal, em sessão plenária, sob a Presidência do Sr. Min. Gilmar Mendes, na conformidade da ata de julgamento e das notas taquigráficas, por unanimidade, em negar provimento ao recurso, nos termos do voto do Relator. Votou o Presidente, Min. Gilmar Mendes, em assentada anterior. Ausente, licenciado, o Sr. Min. Joaquim Barbosa.

Brasília, 3 de dezembro de 2008 – *Cézar Peluso*, relator.

RELATÓRIO – *O Sr. Min. Cézar Peluso*: Trata-se de recurso extraordinário interposto pelo Banco Bradesco S/A contra acórdão do TJSP que, no julgamento de apelação, confirmou sentença de procedência de ação de depósito, fundada em alienação fiduciária em garantia, deixando de impor cominação de prisão civil ao devedor fiduciante, em caso de descumprimento da obrigação de entrega do bem, tal como o postulara o autor fiduciário, por entendê-la inconstitucional, como deixou expresso em embargos declaratórios.

Sustenta o recorrente, com fundamento no art. 102, III, "a", da CF, que o acórdão impugnado teria infringido o art. 5º, inciso LXVII, da Constituição da República, nos termos em que o aplicava a casos idênticos a jurisprudência dominante desta Corte (fls. 79-89).
É o sucinto relatório.

VOTO – *O Sr. Min. Cézar Peluso* (relator): (...) trata-se de aferir se a sequela da prisão civil, inerente à ação de depósito, se ajusta, ou não, à exceção prevista no cânone constitucional, quando a depositário infiel ficou equiparado, por força da norma subalterna, o devedor fiduciante. (...).

VOTO – *O Sr. Min. Gilmar Mendes*: (...).

I – Prisão civil do depositário infiel em face dos tratados internacionais de direitos humanos

Se não existem maiores controvérsias sobre a legitimidade constitucional da prisão civil do devedor de alimentos, assim não ocorre em relação à prisão do depositário infiel. As legislações mais avançadas em matéria de direitos humanos proíbem expressamente qualquer tipo de prisão civil decorrente do descumprimento de obrigações contratuais, excepcionando apenas o caso do alimentante inadimplente.

O art. 7º (n. 7) da Convenção Americana sobre Direitos Humanos – Pacto de San José da Costa Rica, de 1969, dispõe desta forma: "Ninguém deve ser detido por dívidas. Este princípio não limita os mandados de autoridade judiciária competente expedidos em virtude de inadimplemento de obrigação alimentar".

Com a adesão do Brasil a essa Convenção, assim como ao Pacto Internacional dos Direitos Civis e Políticos, sem qualquer reserva, ambos no ano de 1992, iniciou-se um amplo debate sobre a possibilidade de revogação, por tais diplomas internacionais, da parte final do inciso LXVII do art. 5º da Constituição brasileira de 1988, especificamente, da expressão "depositário infiel", e, por consequência, de toda a legislação infraconstitucional que nele possui fundamento direto ou indireto.

Dispensada qualquer análise pormenorizada da irreconciliável polêmica entre as teorias monista (Kelsen) [**Rodapé**: KELSEN, Hans, *Teoria Geral do Direito e do Estado*, São Paulo, Martins Fontes, 1998, pp. 515 e ss.] e dualista (Triepel) [**Rodapé**: TRIEPEL, Karl Heinrich, *As Relações entre o Direito Interno e o Direito Internacional*, trad. de Amílcar de Castro, Belo Horizonte, 1964.] sobre a relação entre o Direito Internacional e o Direito Interno dos Estados – a qual, pelo menos no tocante ao sistema internacional de proteção dos direitos humanos, tem-se tornado ociosa e supérflua –, é certo que qualquer discussão nesse âmbito pressupõe o exame da relação hierárquico-normativa entre os tratados internacionais e a Constituição. (...).

Essa disposição constitucional deu ensejo a uma instigante discussão doutrinária e jurisprudencial – também observada no Direito Comparado – sobre o *status* normativo dos tratados e convenções internacionais de direitos humanos, a qual pode ser sistematizada em quatro correntes principais, a saber: (a) a vertente que reconhece a natureza supraconstitucional dos tratados e convenções em matéria de direitos humanos; (b) o posicionamento que atribui caráter constitucional a esses diplomas internacionais; (c) a tendência que reconhece o *status* de lei ordinária a esse tipo de documento internacional; (d) por fim, a interpretação que atribui caráter supralegal aos tratados e convenções sobre direitos humanos. [**Rodapé**: Art. 25 da Constituição da Alemanha; art. 55 da Constituição da França; art. 28 da Constituição da Grécia.]

A primeira vertente professa que os tratados de direitos humanos possuiriam *status* supraconstitucional. (...).

É de ser considerada, no entanto, a dificuldade de adequação dessa tese à realidade de Estados que, como o Brasil, estão fundados em sistemas regidos pelo princípio da supremacia formal e material da Constituição sobre todo o ordenamento jurídico. Entendimento diverso anularia a própria possibilidade do controle da constitucionalidade desses diplomas internacionais. (...).

O argumento de que existe uma confluência de valores supremos protegidos nos âmbitos interno e internacional em matéria de direitos humanos não resolve o problema. A sempre possível ampliação inadequada dos sentidos possíveis da expressão "direitos humanos" poderia abrir uma via perigosa para uma produção normativa alheia ao controle de sua compatibilidade com a ordem constitucional interna. O risco de normatizações camufladas seria permanente.

Os Poderes Públicos brasileiros não estão menos submetidos à Constituição quando atuam nas relações internacionais em exercício do *treaty-making power*. Os tratados e convenções devem ser celebrados em consonância não só com o procedimento formal descrito na Constituição, [**Rodapé**: A aplicabilidade dos preceitos internacionais somente é possível a partir do momento em que cumpridos os requisitos solenes para a sua devida integração à ordem jurídico-constitucional, a saber: (i) celebração da convenção internacional; (ii) aprovação pelo Parlamento; e (iii) a ratificação pelo Chefe de Estado – a qual se conclui com a expedição de decreto, de cuja edição derivam três efeitos básicos que lhe são inerentes: (a) a promulgação do tratado internacional; (b) a publicação oficial de seu texto; e (c) a executoriedade do ato internacional, que somente a partir desse momento passa a vincular e a obrigar no plano do direito positivo interno,] mas com respeito ao seu conteúdo material, especialmente em tema de direitos e garantias fundamentais. (...).

A equiparação entre tratado e Constituição, portanto, esbarraria já na própria competência atribuída ao STF para exercer o controle da regularidade formal e do conteúdo material desses diplomas internacionais em face da ordem constitucional nacional. (...).

Assim, em face de todos os inconvenientes resultantes da eventual supremacia dos tratados na ordem constitucional, há quem defenda o segundo posicionamento, o qual sustenta que os tratados de direitos humanos possuiriam estatura constitucional.

Essa tese entende o § 2º do art. 5º da Constituição como uma cláusula aberta de recepção de outros direitos enunciados em tratados internacionais de direitos humanos subscritos pelo Brasil. Ao possibilitar a incorporação de novos direitos por meio de tratados, a Constituição estaria a atribuir a esses diplomas internacionais a hierarquia de norma constitucional. E o § 1º do art. 5º asseguraria a tais normas a aplicabilidade imediata nos planos nacional e internacional, a partir do ato de ratificação, dispensando qualquer intermediação legislativa.

A hierarquia constitucional seria assegurada somente aos tratados de proteção dos direitos humanos, tendo em vista seu caráter especial em relação aos tratados internacionais comuns, os quais possuiriam apenas estatura infraconstitucional.

Para essa tese, eventuais conflitos entre o tratado e a Constituição deveriam ser resolvidos pela aplicação da norma mais favorável à vítima, titular do direito, tarefa hermenêutica da qual estariam incumbidos os tribunais nacionais e outros órgãos de aplicação do Direito. Dessa forma, o Direito Interno e o Direito Internacional estariam em constante interação na realização do propósito convergente e comum de proteção dos direitos e interesses do ser humano. [**Rodapé:** Cf.: CANÇADO TRINDADE, Antônio Augusto, "A interação entre o Direito Internacional e o Direito Interno na proteção dos direitos humanos", in *Arquivos do Ministério da Justiça*, Ano 46, n. 12, julho-dezembro/1993.] (...).

Apesar da interessante argumentação proposta por essa tese, parece que a discussão em torno do *status* constitucional dos tratados de direitos humanos foi, de certa forma, esvaziada pela promulgação da Emenda Constitucional n. 45/2004, a reforma do Judiciário (oriunda do Projeto de Emenda Constitucional n. 29/2000), a qual trouxe como um de seus estandartes a incorporação do § 3º ao art. 5º, com a seguinte disciplina: "Os tratados e convenções internacionais sobre direitos humanos que forem aprovados, em cada Casa do Congresso Nacional, em 2 (dois) turnos, por três quintos dos votos dos respectivos membros, serão equivalentes às emendas constitucionais".

Em termos práticos, trata-se de uma declaração eloquente de que os tratados já ratificados pelo Brasil, anteriormente à mudança constitucional, e não submetidos ao processo legislativo especial de aprovação no Congresso Nacional não podem ser comparados às normas constitucionais.

Não se pode negar, por outro lado, que a reforma também acabou por ressaltar o caráter especial dos tratados de direitos humanos em relação aos demais tratados de reciprocidade entre os Estados pactuantes, conferindo-lhes lugar privilegiado no ordenamento jurídico.

Em outros termos, solucionando a questão para o futuro – em que os tratados de direitos humanos, para ingressarem no ordenamento jurídico na qualidade de emendas constitucionais, terão que ser aprovados em quórum especial nas duas Casas do Congresso Nacional –, a mudança constitucional ao menos acena para a insuficiência da tese da legalidade ordinária dos tratados e convenções internacionais já ratificados pelo Brasil, (...).

Após a reforma, ficou ainda mais difícil defender a terceira das teses acima enunciadas, que prega a ideia de que os tratados de direitos humanos, como quaisquer outros instrumentos convencionais de caráter internacional, poderiam ser concebidos como equivalentes às leis ordinárias. Para essa tese, tais acordos não possuiriam a devida legitimidade para confrontar nem para complementar o preceituado pela Constituição Federal em matéria de direitos fundamentais. (...).

A tese da legalidade ordinária dos tratados internacionais foi reafirmada em julgados posteriores (...) e mantém-se firme na jurisprudência do STF.

É preciso ponderar, no entanto, se, no contexto atual, em que se pode observar a abertura cada vez maior do Estado Constitucional a ordens jurídicas supranacionais de proteção de direitos humanos, essa jurisprudência não teria se tornado completamente defasada.

Não se pode perder de vista que, hoje, vivemos em um "Estado Constitucional Cooperativo", identificado pelo Professor Peter Häberle como aquele que não mais se apresenta como um Estado Constitucional voltado para si mesmo, mas que se disponibiliza como referência para os outros Estados Constitucionais membros de uma comunidade, e no qual ganha relevo o papel dos direitos humanos e fundamentais. [**Rodapé:** HÄBERLE, Peter, *El Estado Constitucional*, trad. de Héctor Fix-Fierro, México, Universidad Nacional Autónoma de México, 2003. pp. 75-77.] (...).

Nesse contexto, mesmo conscientes de que os motivos que conduzem à concepção de um Estado Constitucional Cooperativo são complexos, é preciso reconhecer os aspectos sociológico-econômico e ideal-moral como os mais evidentes. E, no que se refere ao aspecto ideal-moral, não se pode deixar de considerar a proteção aos direitos humanos como a fórmula mais concreta de que dispõe o sistema constitucional, a exigir dos atores da vida sociopolítica do Estado uma contribuição positiva para a máxima eficácia das normas das Constituições modernas que protegem a cooperação internacional amistosa como princípio vetor das relações entre os Estados Nacionais [**Rodapé:** HÄBERLE, Peter, *El Estado Constitucional*, trad. de Héctor Fix-Fierro, México, Universidad Nacional Autónoma de México, 2003, p. 67.] e a proteção dos direitos humanos como corolário da própria garantia da dignidade da pessoa humana. (...).

Ressalte-se, nesse sentido, que há disposições da Constituição de 1988 que remetem o intérprete para realidades normativas relativamente diferenciadas em face da concepção tradicional do direito internacional público. Refiro-me, especificamente, a quatro disposições que sinalizam para uma maior abertura constitucional ao Direito Internacional e, na visão de alguns, ao Direito Supranacional.

A primeira cláusula consta do parágrafo único do art. 4º, que estabelece que "a República Federativa do Brasil buscará a integração econômica, política, social e cultural dos povos da América Latina, visando à formação de uma comunidade latino-americana de Nações". (...).

A segunda cláusula é aquela constante do § 2º do art. 5º, ao estabelecer que os direitos e garantias expressos na Constituição brasileira "não excluem outros decorrentes do regime e dos princípios por ela adotados, ou dos tratados internacionais em que a República Federativa do Brasil seja parte".

A terceira e a quarta cláusulas foram acrescentadas pela Emenda Constitucional n. 45, de 8.12.2004, constantes dos §§ 3º e 4º do art. 5º, que rezam, respectivamente, que "os tratados e convenções internacionais sobre direitos humanos que forem aprovados, em cada Casa do Congresso Nacional, em 2 (dois) turnos, por três quintos dos votos dos respectivos membros serão equivalentes às emendas constitucionais" e "o Brasil se submete à jurisdição de Tribunal Penal Internacional a cuja criação tenha manifestado adesão". (...).

Esses dados revelam uma tendência contemporânea do constitucionalismo mundial de prestigiar as normas internacionais destinadas à proteção do ser humano. Por conseguinte, a partir desse universo jurídico voltado aos direitos e garantias fundamentais, as Constituições não apenas apresentam maiores possibilidades de concretização de sua eficácia normativa, como também somente podem ser concebidas em uma abordagem que aproxime o Direito Internacional do direito constitucional. (...).

Tudo indica, portanto, que a jurisprudência do STF, sem sombra de dúvidas, tem de ser revisitada criticamente. (...).

(...) parece mais consistente a interpretação que atribui a característica de supralegalidade aos tratados e convenções de direitos humanos. Essa tese pugna pelo argumento de que os tratados sobre direitos humanos seriam infraconstitucionais, porém, diante de seu caráter especial em relação aos demais atos normativos internacionais, também seriam dotados de um atributo de supralegalidade.

Em outros termos, os tratados sobre direitos humanos não poderiam afrontar a supremacia da Constituição, mas teriam lugar especial reservado no ordenamento jurídico. Equipará-los à legislação ordinária seria subestimar o seu valor especial no contexto do sistema de proteção dos direitos da pessoa humana. (...).

(...) diante do inequívoco caráter especial dos tratados internacionais que cuidam da proteção dos direitos humanos, não é difícil entender que a sua internalização no ordenamento jurídico, por meio do procedimento de ratificação previsto na Constituição, tem o condão de paralisar a eficácia jurídica de toda e qualquer disciplina normativa infraconstitucional com ela conflitante.

Nesse sentido, é possível concluir que, diante da supremacia da Constituição sobre os atos normativos internacionais, a previsão constitucional da prisão civil do depositário infiel (art. 5º, inciso LXVII) não foi revogada pelo ato de adesão do Brasil ao Pacto Internacional dos Direitos Civis e Políticos (art. 11) e à Convenção Americana sobre Direitos Humanos – Pacto de San José da Costa Rica (art. 7º, 7), mas deixou de ter aplicabilidade diante do efeito paralisante desses tratados em relação à legislação infraconstitucional que disciplina a matéria, incluídos o art. 1.287 do CC de 1916 e o Decreto-lei n. 911, de 1.10.1969.

Tendo em vista o caráter supralegal desses diplomas normativos internacionais, a legislação infraconstitucional posterior que com eles seja conflitante também tem sua eficácia paralisada. É o que ocorre, por exemplo, com o art. 652 do novo CC (Lei n. 10.406/2002), que reproduz disposição idêntica ao art. 1.287 do CC de 1916.

Enfim, desde a adesão do Brasil, no ano de 1992, ao Pacto Internacional dos Direitos Civis e Políticos (art. 11) e à Convenção Americana sobre Direitos Humanos – Pacto de San José da Costa Rica (art. 7º, 7), não há base legal para aplicação da parte final do art. 5º, inciso LXVII, da Constituição, ou seja, para a prisão civil do depositário infiel. (...).

VOTO – *O Sr. Min. Carlos Britto*: (...) apenas me permito lembrar que, mais e mais, a doutrina adensa a opinião de que, quando uma lei ordinária vem para proteger um tema tratado pela Constituição como direito fundamental, essa lei se torna bifronte ou de dupla natureza. Ela é ordinária formalmente, porém é constitucional materialmente, daí a teoria da proibição de retrocesso. Quando se versa tutelarmente um direito fundamental, mediante lei ordinária, faz-se uma viagem legislativa sem volta, porque já não se admite retrocesso. (...).

VOTO (Vista) – *O Sr. Min. Celso de Mello*: (...). Vê-se, daí, considerado esse quadro normativo em que preponderam declarações constitucionais e internacionais de direitos, que o STF se defronta com um grande desafio, consistente em extrair dessas mesmas declarações internacionais e das proclamações constitucionais de direitos a sua máxima eficácia, em ordem a tornar possível o acesso dos indivíduos e dos grupos sociais a sistemas institucionalizados de proteção aos direitos fundamentais da pessoa humana, sob pena de a liberdade, a tolerância e o respeito à alteridade humana tornarem-se palavras vãs.

Presente esse contexto, convém insistir na asserção de que o Poder Judiciário constitui o instrumento concretizador das liberdades civis, das franquias constitucionais e dos direitos fundamentais assegurados pelos tratados e convenções internacionais subscritos pelo Brasil. Essa alta missão, que foi confiada aos juízes e tribunais, qualifica-se como uma das mais expressivas funções políticas do Poder Judiciário.

O juiz, no plano de nossa organização institucional, representa o órgão estatal incumbido de concretizar as liberdades públicas proclamadas pela declaração constitucional de direitos e reconhecidas pelos atos e convenções internacionais fundados no direito das gentes. Assiste, desse modo, ao magistrado o dever de atuar como instrumento da Constituição – e garante de sua supremacia – na defesa incondicional e na garantia real das liberdades fundamentais da pessoa humana, conferindo, ainda, efetividade aos direitos fundados em tratados internacionais de que o Brasil seja parte. Essa é a missão socialmente mais importante e politicamente mais sensível que se impõe aos magistrados, em geral, e a esta Suprema Corte, em particular.

É dever dos órgãos do Poder Público – e notadamente dos juízes e tribunais – respeitar e promover a efetivação dos direitos garantidos pelas Constituições dos Estados nacionais e assegurados pelas declarações internacionais, em ordem a permitir a prática de um constitucionalismo democrático aberto ao processo de crescente internacionalização dos direitos básicos da pessoa humana.

O respeito e a observância das liberdades públicas impõem-se ao Estado como obrigação indeclinável, que se justifica pela necessária submissão do Poder Público aos direitos fundamentais da pessoa humana. (...).

(...) se delineia, hoje, uma nova perspectiva no plano do Direito Internacional. É que, ao contrário dos padrões ortodoxos consagrados pelo Direito Internacional clássico, os tratados e convenções, presentemente, não mais consideram a pessoa humana como um sujeito estranho ao domínio de atuação dos Estados no plano externo.

O eixo de atuação do direito internacional público contemporâneo passou a concentrar-se, também, na dimensão subjetiva da pessoa humana, cuja essencial dignidade veio a ser reconhecida, em sucessivas declarações e pactos internacionais, como valor fundante do ordenamento jurídico sobre o qual repousa o edifício institucional dos Estados nacionais. (...).

(...) os tratados e convenções internacionais desempenham papel de significativo relevo no plano da afirmação, da consolidação e da expansão dos direitos básicos da pessoa humana, dentre os quais avulta, por sua extraordinária importância, o direito de não sofrer prisão por dívida, ainda mais se se considerar que o instituto da prisão civil por dívida – ressalvada a hipótese excepcional do inadimplemento voluntário e inescusável de obrigação alimentar – vem sendo progressivamente abolido no âmbito do Direito Comparado. (...).

É que, em tal situação, cláusulas convencionais inscritas em tratados internacionais sobre direitos humanos – como aquelas previstas na Convenção Americana de Direitos Humanos (art. 7º, § 7º) –, ao limitarem a possibilidade da prisão civil, reduzindo-a a uma única e só hipótese (inexecução voluntária e inescusável de obrigação alimentar), nada mais refletirão senão aquele grau de preeminência hierárquica dos tratados internacionais de direitos humanos em face da legislação comum, de caráter infraconstitucional, editada pelo Estado Brasileiro.

Posta a questão nesses termos, a controvérsia jurídica remeter-se-á ao exame do conflito entre as fontes internas e internacionais (ou, mais adequadamente, ao diálogo entre essas mesmas fontes), de modo a se permitir que, tratando-se de convenções internacionais de direitos humanos, estas guardem primazia hierárquica em face da legislação comum do Estado Brasileiro sempre que se registre situação de antinomia entre o Direito Interno nacional e as cláusulas decorrentes de referidos tratados internacionais. (...).

Tenho para mim, desse modo, Sra. Presidente, que uma abordagem hermenêutica fundada em premissas axiológicas que dão significativo realce e expressão ao valor ético-jurídico – constitucionalmente consagrado (CF, art. 4º, II) – da "prevalência dos direitos humanos" permitirá, a esta Suprema Corte, rever a sua posição jurisprudencial quanto ao relevantíssimo papel, à influência e à eficácia (derrogatória e inibitória) das convenções internacionais sobre direitos humanos no plano doméstico e infraconstitucional do ordenamento positivo do Estado Brasileiro.

Com essa nova percepção do caráter subordinante dos tratados internacionais em matéria de direitos humanos, dar-se-á consequência e atribuir-se-á efetividade ao sistema de proteção dos direitos básicos da pessoa humana, reconhecendo-se, com essa evolução do pensamento jurisprudencial desta Suprema Corte, o indiscutível primado que devem ostentar, sobre o Direito Interno brasileiro, as convenções internacionais de direitos humanos, ajustando-se, desse modo, a visão deste Tribunal às concepções que hoje prevalecem, no cenário internacional – consideradas as realidades deste emergentes –, em torno da necessidade de amparo e defesa da integridade dos direitos da pessoa humana.

Nesse contexto, e sob essa perspectiva hermenêutica, valorizar-se-á o sistema de proteção aos direitos humanos, mediante atribuição a tais atos de direito internacional público de caráter hierarquicamente superior ao da legislação comum, em ordem a outorgar-lhes, sempre que se cuide de tratados internacionais de direitos humanos, supremacia e precedência em face de nosso ordenamento doméstico, de natureza meramente legal. (...).

Tenho por irrecusável, de outro lado, a supremacia da Constituição sobre todos os tratados internacionais celebrados pelo Estado Brasileiro, inclusive aqueles que versarem o tema dos direitos humanos, desde que, neste último caso, as convenções internacionais que o Brasil tenha celebrado (ou a que tenha aderido) importem supressão, modificação gravosa ou restrição a prerrogativas essenciais ou a liberdades fundamentais reconhecidas e asseguradas pelo próprio texto constitucional, eis que os direitos e garantias individuais qualificam-se, como sabemos, como limitações materiais ao poder reformador do Congresso Nacional. (...).

Desse modo, a relação de eventual antinomia entre os tratados internacionais em geral (que não versem o tema dos direitos humanos) e a Constituição da República impõe que se atribua, dentro do sistema de direito positivo vigente no Brasil, irrestrita precedência hierárquica à ordem normativa consubstanciada no texto constitucional, ressalvadas as hipóteses excepcionais previstas nos §§ 2º e 3º do art. 5º da própria Lei Fundamental, que conferem hierarquia constitucional aos tratados internacionais de direitos humanos. (...).

Em decorrência dessa reforma constitucional, e ressalvadas as hipóteses a ela anteriores (considerado, quanto a estas, o disposto no § 2º do art. 5º da Constituição), tornou-se possível, agora, atribuir, formal e materialmente, às convenções internacionais sobre direitos humanos hierarquia jurídico-constitucional, desde que observado, quanto ao processo de incorporação de tais convenções, o *iter* procedimental concernente ao rito de apreciação e de aprovação das propostas de emenda à Constituição, consoante prescreve o § 3º do art. 5º da Constituição, embora pessoalmente entenda superior a fórmula consagrada pelo art. 75, n. 22, da Constituição argentina de 1853, na redação que lhe deu a reforma de 1994.

É preciso ressalvar, no entanto, como precedentemente já enfatizado, as convenções internacionais de direitos humanos celebradas antes do advento da Emenda Constitucional n. 45/2004, pois, quanto a elas, incide o § 2º do art. 5º da Constituição, que lhes confere natureza materialmente constitucional, promovendo sua integração e fazendo com que se subsumam à noção mesma de bloco de constitucionalidade. (...).

EXPLICAÇÃO – *O Sr. Min. Gilmar Mendes*: (...). A despeito da belíssima sustentação dos argumentos e também dos respaldos doutrinários, entendo que, no caso, corremos o risco de produzirmos uma atomização de normas constitucionais. Identificados os tratados de direitos humanos como de hierarquia constitucional, passaremos a ter essas normas como parâmetro de controle, gerando, portanto, um quadro de insegurança jurídica. (...).

(...) esse bloco de constitucionalidade de que fala o Min. Celso de Mello fica bastante definido. Entre nós já haveria dificuldade em se saber qual seria o tratado com esta conotação, além do Pacto de San José. E teríamos, portanto, essa pluralização, a que chamei de atomização, de normas com hierarquia constitucional com todas as consequências e, até mesmo, com a possibilidade de conflito. (...).

CONFIRMAÇÃO DE VOTO – *O Sr. Min. Cézar Peluso*: (...). E é possível extrair da conjugação dos §§ 2º e 3º do art. 5º que o que temos aí é, pura e simplesmente, uma distinção entre os tratados sem *status* de emenda constitucional, que são materialmente constitucionais, e os do § 3º, que são material e formalmente constitucionais. Qual a substância da distinção? A de regimes jurídicos. Com qual consequência? Com uma única consequência: saber os efeitos ou os requisitos do ato de denúncia pelo qual o Estado pode desligar-se dos seus compromissos internacionais. Esta é a única relevância na distinção entre as hipóteses do § 2º e do § 3º. E acho que o Tribunal não deve, com o devido respeito, ter receio de perquirir qual a extensão dos direitos fundamentais, até porque eles são históricos. Ou seja, é preciso que a Corte, no curso da História, diante de fatos concretos, vá descobrindo e revelando os direitos humanos que estejam previstos nos tratados internacionais, enquanto objeto da nossa interpretação, e lhes dispense a necessária tutela jurídico-constitucional. (...).

CONFIRMAÇÃO DE VOTO – *O Sr. Min. Gilmar Mendes*: (...). Parece-me que as consequências práticas desta equiparação – e creio que não falei sobre tudo que poderia falar – podem nos levar realmente para uma situação tal, por exemplo, sobre supraposição de normas, revogação de normas constitucionais com o advento de tratados; problemas ligados a direito pré-constitucional e pós-constitucional. A rigor, os problemas são tão graves. (...).

O STF acaba de proferir uma decisão histórica. O Brasil adere agora ao entendimento já adotado em diversos Países no sentido da supralegalidade dos tratados internacionais sobre direitos humanos na ordem jurídica interna.

Se tivermos em mente que o Estado Constitucional contemporâneo é também um Estado Cooperativo – identificado pelo Professor Peter Häberle como aquele que não mais se apresenta como um Estado Constitucional voltado para si mesmo, mas que se disponibiliza como referência para os outros Estados Constitucionais membros de uma comunidade, e no qual ganha relevo o papel dos direitos humanos e fundamentais **[Rodapé:** HÄBERLE, Peter, *El Estado Constitucional*, trad. de Héctor Fix-Fierro, México, Universidad Nacional Autónoma de México, 2003, pp. 75-77.**]** –, se levarmos isso em consideração, podemos concluir que acabamos de dar um importante passo na proteção dos direitos humanos em nosso País e em nossa comunidade latino-americana. (...).

EXTRATO DE ATA

Decisão: Após o voto do Sr. Min. Cézar Peluso (Relator), que negava provimento ao recurso, no que foi acompanhado pelo Sr. Min. Gilmar Mendes, pela Sra. Min. Carmen Lúcia e pelos Srs. Mins. Ricardo Lewandowski, Joaquim Barbosa, Carlos Britto e Marco Aurélio, pediu vista dos autos o Sr. Min. Celso de Mello. Ausentes, justificadamente, os Srs. Mins. Sepúlveda Pertence e Eros Grau.

Presidência da Sra. Min. Ellen Gracie. Plenário, 22.11.2006.

Decisão: Apresentado o feito em mesa pelo Sr. Min. Celso de Mello, que pedira vista dos autos, o julgamento foi adiado em virtude do adiantado da hora. Ausentes, justificadamente, o Sr. Min. Joaquim Barbosa e, nesta assentada, o Sr. Min. Menezes Direito.

Presidência da Sra. Min. Ellen Gracie. Plenário, 12.12.2007.

Decisão: Após o voto-vista do Sr. Min. Celso de Mello, negando provimento ao recurso, pediu vista dos autos o Sr. Min. Menezes Direito. Ausente, licenciado, o Sr. Min. Joaquim Barbosa.

Presidência da Sra. Min. Ellen Gracie. Plenário, 12.3.2008.

Decisão: O Tribunal, por votação unânime, negou provimento ao recurso, nos termos do voto do Relator. Votou o Presidente, Min. Gilmar Mendes, em assentada anterior. Ausente, licenciado, o Sr. Min. Joaquim Barbosa. Plenário, 3.12.2008.

Presidência do Sr. Min. Gilmar Mendes. Presentes à sessão os Srs. Mins. Celso de Mello, Marco Aurélio, Ellen Gracie, Cézar Peluso, Carlos Britto, Eros Grau, Ricardo Lewandowski, Carmen Lúcia e Menezes Direito.

* * *

PERGUNTAS

1. Quais são os fatos?
2. Qual a questão jurídica a ser resolvida pelo Supremo?
3. O Supremo já havia firmado posição sobre o tema?
4. De acordo com o Min. Gilmar Mendes, quais os riscos de se conferir hierarquia constitucional automática aos tratados de direito internacional de direitos humanos?
5. Em que medida a Emenda 45 é fundamental ao deslinde do caso?
6. Em que ponto essencial discordam os Mins. Gilmar Mendes e Celso de Mello?
7. Qual a posição hierárquica dos tratados internacionais no Direito Brasileiro? E dos tratados de direitos humanos, qual a sua posição, de acordo com o Supremo?

4.10 Caso da Lei da Anistia (ADPF 153-DF)

(Plenário – rel. Min. Eros Grau – j. 29.4.2010)

Lei n. 6.683/1979, A Chamada "Lei de Anistia" – Art. 5º, *caput*, III e XXXIII, da Constituição do Brasil – Princípio democrático e princípio republicano: não violação – Circunstâncias históricas – Dignidade da pessoa humana e tirania dos valores – Interpretação do Direito e distinção entre texto normativo e norma jurídica – Crimes conexos definidos pela Lei n. 6.683/1979 – Caráter bilateral da anistia, ampla e geral – Jurisprudência do STF na sucessão das frequentes anistias concedidas, no Brasil, desde a República – Interpretação do Direito e leis-medida – Convenção das Nações Unidas Contra a Tortura e Outros Tratamentos ou Penas Cruéis, Desumanos ou Degradantes e Lei n. 9.455, de 7.4.1997, que define o crime de tortura – Art. 5º, XLIII, da Constituição do Brasil – Interpretação e revisão da Lei da Anistia – Emenda Constitucional n. 26, de 27.11.1985, poder constituinte e "autoanistia" – Integração da anistia da lei de 1979 na nova ordem constitucional – Acesso a documentos históricos como forma de exercício do direito fundamental à verdade. (...).

ACÓRDÃO – Vistos, relatados e discutidos estes autos: Acordam os Ministros do Supremo Tribunal Federal, em sessão plenária, sob a Presidência do Sr. Min. Cézar Peluso, na conformidade da ata de julgamentos e das notas taquigráficas, por maioria, em julgar improcedente a arguição, nos termos do voto do Relator.

Brasília, 29 de abril de 2010 – *Eros Grau*, relator.

RELATÓRIO – *O Sr. Min. Eros Grau*: O Conselho Federal da Ordem dos Advogados do Brasil/OAB propõe arguição de descumprimento de preceito fundamental objetivando a declaração de não recebimento, pela Constituição do Brasil de 1988, do disposto no § 1º do art. 1º da Lei n. 6.683, de 19.12.1979. A concessão da anistia a todos que, em determinado período, cometeram crimes políticos estender-se-ia, segundo esse preceito, aos crimes conexos – crimes de qualquer natureza relacionados com crimes políticos ou praticados por motivação política. (...).

6. Acrescenta não ser possível, consoante o texto da Constituição do Brasil, considerar válida a interpretação segundo a qual a Lei n. 6.683 anistiaria vários agentes públicos responsáveis, entre outras violências, pela prática de homicídios, desaparecimentos forçados, abuso de autoridade, lesões corporais, estupro e atentado violento ao pudor. Sustenta que essa interpretação violaria frontalmente diversos preceitos fundamentais. (...).

VOTO – *O Sr. Min. Eros Grau* (relator): (...). 8. A inicial compreende duas linhas de argumentação: (i) de uma banda visa à contemplação de interpretação conforme à Constituição, de modo a declarar-se que a anistia concedida pela lei aos crimes políticos ou conexos não se estende aos crimes comuns praticados pelos agentes da repressão contra opositores políticos, durante o regime militar; (ii) doutra, o não recebimento da Lei n. 6.683/1979 pela Constituição de 1988.

Afirma inicialmente que determinada interpretação do preceito veiculado pelo § 1º do seu art. 1º seria com ela incompatível, a interpretação a ele conferida "no sentido de que a anistia estendese aos crimes comuns, praticados por agentes públicos contra opositores políticos, durante o regime militar".

Por isso o pedido é de "interpretação conforme à Constituição, de modo a declarar, à luz dos seus preceitos fundamentais, que a anistia concedida pela citada lei aos crimes políticos ou conexos não se estende aos crimes comuns praticados pelos agentes da repressão contra opositores políticos, durante o regime militar (1964/1985)".

A Associação Juízes para a Democracia/AJpD afirma, em razões aportadas aos autos, que neles se trata de delinear o conceito de crimes políticos e crimes conexos com estes, previstos na Lei n. 6.683/1979, para que seja determinada a sua extensão. (...).

15. (...). A interpretação estaria sendo afrontada – é verdade que neste ponto a inicial menciona a "interpretação questionada da Lei n. 6.683, de 1979" – na medida em que *nem todos são iguais perante a lei em matéria de anistia criminal*. Isso porque uns "praticaram crimes políticos, necessariamente definidos em lei, e foram processados e condenados. Mas há, também, os que cometeram delitos cuja classificação e reconhecimento não foram feitos pelo legislador, e sim deixados à discrição do Poder Judiciário, conforme a orientação política de cada magistrado".

Que a arguente investe neste passo contra o texto da lei, isso é reafirmado na alusão ao § 2º do seu art. 1º, que não é objeto da arguição de descumprimento de preceito fundamental.

É certo, pois, que o argumento da arguente não prospera, mesmo porque há desigualdade entre a prática de crimes políticos e crimes conexos com eles. A lei poderia, sim, sem afronta à isonomia – que consiste também em tratar desigualmente os desiguais –, anistiá-los, ou não, desigualmente. (...).

(...). Os argumentos adotados na inicial vão ao ponto de negar mesmo a anistia concedida aos crimes políticos, aqueles de que trata o art. 1º da lei, a anistia concedida aos acusados de crimes políticos, que agiram contra a ordem política vigente no País no período compreendido entre 2.9.1961 e 15.8.1979. A contradição é, como se vê, inarredável.

O que se pretende é extremamente contraditório: a ab-rogação da anistia em toda sua amplitude, conduzindo inclusive a tormentosas e insuportáveis consequências financeiras para os anistiados que receberam indenizações do Estado, compelidos a restituir aos cofres públicos tudo quanto receberam até hoje a título de indenização. A procedência da ação levaria a este funesto resultado.

Também este argumento, que diria com os *princípios democrático e republicano*, não prospera.

O outro argumento – "num regime autenticamente republicano e não autocrático os governantes não têm poder para anistiar criminalmente, quer eles próprios, quer os funcionários que, ao delinquirem, executaram suas ordens" – será considerado mais adiante, ao final deste voto. (...).

Trata-se, também neste ponto, de argumentação exclusivamente política, não jurídica, argumentação que entra em testilhas com a História e com o tempo. Pois a dignidade da pessoa humana precede a Constituição de 1988, e esta não poderia ter sido contrariada, em seu art. 1º, III, anteriormente à sua vigência. A arguente desqualifica fatos históricos que antecederam a aprovação, pelo Congresso Nacional, da Lei n. 6.683/1979. Diz mesmo que, "no suposto acordo político, jamais revelado à opinião pública, a anistia aos responsáveis por delitos de opinião serviu de biombo para encobrir a concessão de impunidade aos criminosos oficiais, que agiam em nome do Estado, ou seja, por conta de todo o povo brasileiro", e que a dignidade das pessoas e do povo foi usada como "moeda de troca em um acordo político".

21. A inicial ignora o momento talvez mais importante da luta pela redemocratização do País, o da batalha da anistia, autêntica batalha. Toda gente que conhece nossa História sabe que esse acordo político existiu, resultando no texto da Lei n. 6.683/1979. A procura dos sujeitos da História conduz à incompreensão da História. É expressiva de uma visão abstrata, uma visão intimista da História, que não se reduz a uma estática coleção de fatos desligados uns dos outros. Os homens não podem fazê-la senão nos limites materiais da realidade. Para que a possam fazer, a História, hão de estar em condições de fazê-la. Está lá, n'*O 18 Brumário de Luís Bonaparte*: **[Rodapé:** Karl Marx, s/indicação de tradutor, Editorial Vitória, Rio de Janeiro, 1956, p. 17.] "Os homens fazem sua própria história, mas não a fazem como querem, não a fazem sob circunstâncias de sua escolha e sim sob aquelas com que se defrontam diretamente, legadas e transmitidas pelo passado".

A inflexão do regime (= a ruptura da aliança entre os militares e a burguesia) deu-se com a crise do petróleo de 1974, mas a formidável luta pela anistia – luta que, com o respaldo da opinião pública internacional, uniu os "culpados de sempre" a todos os que eram capazes de sentir e pensar as liberdades e a democracia e revelou figuras notáveis como a do bravo Senador Teotônio Vilela; luta encetada inicialmente por oito mulheres reunidas em torno de Terezinha Zerbini, do que resultou o CBD (Comitê Brasileiro pela Anistia); pelos autênticos do MDB, pela própria OAB, pela ABI (à frente Barbosa Lima Sobrinho), pelo IAB, pelos sindicatos e confederações de trabalhadores e até por alguns dos que apoiaram o movimento militar, como o General Peri Bevilácqua, ex-Ministro do STM (e foram tantos os que assinaram manifestos em favor do movimento militar!) –, a formidável luta pela anistia é expressiva da página mais vibrante de resistência e atividade democrática da nossa História. Nos estertores do regime viam-se de um lado os exilados, que criaram comitês pró-anistia em quase todos os Países que lhes deram refúgio, a Igreja (à frente a CNBB) e presos políticos em greve de fome que a votação da anistia (desqualificada pela inicial) salvou da morte certa – pois não recuariam da greve e já muitos estavam debilitados, como os jornais da época fartamente documentam –, de outro os que, em represália ao acordo que os democratas esboçavam com a ditadura, em torno da lei, responderam com atos terroristas contra a própria OAB, com o sacrifício de d. Lydia; na Câmara de Vereadores do Rio de Janeiro, com a mutilação do secretário do combativo Vereador Antônio Carlos; com duas bombas na casa do então Deputado do chamado *grupo autêntico* do MDB, Marcello Cerqueira, um dos negociadores dos termos da anistia; com atentados contra bancas de jornal, contra *O Pasquim*, contra a *Tribuna de Imprensa* e tantos mais. Reduzir a nada essa luta, inclusive nas ruas, as passeatas reprimidas duramente pelas Polícias Militares, os comícios e atos públicos, reduzir a nada essa luta é tripudiar sobre os que, com desassombro e coragem, lutaram pela anistia, marco do fim do regime de exceção. Sem ela, não teria sido aberta a porta do Colégio Eleitoral para a eleição do "Dr. Tancredo", como diziam os que pisavam o chão da História. Essas jornadas, inesquecíveis, foram heroicas. Não se as pode desprezar. A mim causaria espanto se a brava OAB sob a direção de Raimundo Faoro e de Eduardo Seabra Fagundes, denodadamente empenhada nessa luta, agora a desprezasse, em autêntico *venire contra factum proprium*. (...).

23. (...). Estamos, todavia, em perigo quando alguém se arroga o direito de tomar o que pertence à dignidade da pessoa humana como um seu valor (valor de quem se arrogue a tanto). É que, então, o valor do humano assume forma na substância e medida de quem o afirme e o pretende impor na qualidade e quantidade em que o mensure. Então, o valor da dignidade da pessoa humana já não será mais valor do humano, de todos quantos pertencem à Humanidade, porém de quem o proclame conforme o seu critério particular. Estamos então em perigo, submissos à *tirania dos valores*. Então, como diz Hartmann, **[Rodapé:** *Ethik*, 3ª ed., Walter de Gruyter & Co., Berlim, 1949, p. 576 ("Jeder Wert hat – wenn er einmal Macht gewonnen hat über eine Person – die Tendenz, sich zum alleinigen Tyrannen des ganzen menschlichen Ethos aufzuwerfen, und zwar auf Kosten anderer Werte, auch solcher, die ihm nicht material entgegengesetzt sind").] quando um determinado valor apodera-se de uma pessoa tende a erigir-se em tirano único de todo o *ethos* humano, ao custo de outros valores, inclusive dos que não lhe sejam, do ponto de vista material, diametralmente opostos. (...).

27. A matéria há, porém, de ser examinada à luz da Constituição. Por isso não me deterei no quadro da infraconstitucionalidade senão para lembrar que a alusão a crimes conexos a crimes políticos aparece já na anistia concedida, em janeiro de 1916, a civis e militares que, direta ou indiretamente, se envolveram em movimentos revolucionários no Estado do Ceará (Decreto n. 3.102, de 13.1.1916, do Presidente do Senado Federal). (...).

28. Essa expressão, *crimes conexos a crimes políticos*, conota sentido a ser sindicado no momento histórico da sanção da lei. Sempre há de ter sido assim. A chamada *Lei de Anistia* diz com uma conexão *sui generis*, própria ao momento histórico da transição para a democracia. Tenho que a expressão ignora, no contexto da Lei n. 6.683/1979, o sentido ou os sentidos correntes, na doutrina, da chamada *conexão criminal*. Refere o que "se procurou", segundo a inicial, vale dizer, estender a anistia criminal de natureza política aos agentes do Estado encarregados da repressão.

Esse significado, de conexão *sui generis*, é assinalado no voto do Min. Décio Miranda no RHC n. 59.834: "Não estamos diante do conceito rigoroso de conexão, mas de um conceito mais amplo, em que o legislador considerou existente esta figura processual, desde que se pudesse relacionar uma infração a outra". Lembre-se bem o texto do preceito do § 1º do art. 1º: "Consideram-se conexos, para efeito deste artigo, os crimes de qualquer natureza relacionados com crimes políticos ou praticados por motivação política".

29. A arguente tem razão: o legislador procurou estender a conexão aos crimes praticados pelos agentes do Estado contra os que lutavam contra o Estado de exceção. Daí o caráter bilateral da anistia ampla e geral. Anistia que somente não foi irrestrita porque não abrangia os já condenados – e com sentença transitada em julgado, qual o Supremo assentou, veremos logo adiante – pela prática de crimes de terrorismo, assalto, sequestro e atentado pessoal. (...).

35. Explico-me. As *leis-medida* (*Massnahmegesetze*) disciplinam diretamente determinados interesses, mostrando-se imediatas e concretas. Consubstanciam, em si mesmas, um ato administrativo especial. Detive-me sobre o tema em texto acadêmico, inúmeras vezes tendo a elas feito alusão em votos que proferi nesta Corte. O Poder Legislativo não veicula comandos abstratos e gerais quando as edita, fazendo-o na pura execução de certas medidas. Um comando concreto é então emitido, revestindo a forma de norma geral. As *leis-medida* configuram *ato admi-*

nistrativo completável por agente da Administração, mas trazendo em si mesmas o resultado específico pretendido, ao qual se dirigem. Daí por que são leis apenas em *sentido formal*, não o sendo, contudo, em *sentido material*. Cuida-se, então, de *lei-não norma*. É precisamente a edição delas que a Constituição de 1988 prevê no seu art. 37, XIX e XX.

Pois o que se impõe deixarmos bem vincado é a inarredável necessidade de, no caso de lei-medida, interpretar-se, em conjunto com o seu texto, a realidade no e do momento histórico no qual ela foi editada, não a realidade atual. (...).

39. Pois assim há de ser também com a anistia de que ora cogitamos. Aqui estamos, como nas demais anistias a que venho aludindo, diante de *lei-medida*. É a realidade histórico-social da migração da ditadura para a democracia política, da transição conciliada de 1979 que há de ser ponderada para que possamos discernir o significado da expressão "crimes conexos" na Lei n. 6.683. É da anistia de então que estamos a cogitar, não da anistia tal e qual uns e outros hoje a concebem, senão qual foi na época conquistada. Exatamente aquela na qual, como afirma inicial, "se procurou" [*sic*] estender a anistia criminal de natureza política aos agentes do Estado encarregados da repressão.

A chamada *Lei da Anistia* veicula uma decisão política naquele momento – o momento da transição conciliada de 1979 – assumida. A Lei n. 6.683 é uma *lei-medida*, não uma regra para o futuro, dotada de abstração e generalidade. Há de ser interpretada a partir da realidade no momento em que foi conquistada. Para quem não viveu as jornadas que a antecederam ou, não as tendo vivido, não conhece a História, para quem é assim a Lei n. 6.683 é como se não fosse, como se não houvesse sido. (...).

A transição para a democracia

43. Há quem se oponha ao fato de a migração da ditadura para a democracia política ter sido uma transição conciliada, suave em razão de certos compromissos. Isso porque foram todos absolvidos, uns absolvendo-se a si mesmos.

Ocorre que os subversivos a obtiveram, a anistia, à custa dessa amplitude. Era ceder e sobreviver ou não ceder e continuar a viver em angústia (em alguns casos, nem mesmo viver). Quando se deseja negar o acordo político que efetivamente existiu resultam fustigados os que se manifestaram politicamente em nome dos subversivos.

Inclusive a OAB, de modo que nestes autos encontramos a OAB de hoje contra a OAB de ontem. É inadmissível desprezarmos os que lutaram pela anistia como se o tivessem feito, todos, de modo ilegítimo. Como se tivessem sido cúmplices dos outros.

Para como que menosprezá-la, diz-se que o acordo que resultou na anistia foi encetado pela elite política. Mas quem haveria de compor esse acordo, em nome dos subversivos? O que se deseja agora, em uma tentativa, mais do que de reescrever, de reconstruir a História? Que a transição tivesse sido feita, um dia, posteriormente ao momento daquele acordo, com sangue e lágrimas, com violência? Todos desejavam que fosse sem violência, estávamos fartos de violência. (...).

46. Há quem sustente que o Brasil tem uma concepção particular de lei, diferente, por exemplo, do Chile, da Argentina e do Uruguai, cujas Leis de Anistia acompanharam as mudanças do tempo e da sociedade. Esse acompanhamento das mudanças do tempo e da sociedade, se implicar necessária revisão da Lei de Anistia, deverá contudo ser feito pela lei, vale dizer, pelo Poder Legislativo. Insisto em que ao STF não incumbe legislar sobre a matéria. (...).

50. Permito-me repetir o quanto afirmei linhas acima. O acompanhamento das mudanças do tempo e da sociedade, se implicar necessária revisão da Lei de Anistia, deverá ser feito pela lei, vale dizer, pelo Poder Legislativo, não por nós. Como ocorreu e deve ocorrer nos Estados de Direito. Ao STF – repito-o – não incumbe legislar. (...).

54. Eis o que se deu: a anistia da lei de 1979 foi reafirmada, no texto da Emenda Constitucional 26/1985, pelo Poder Constituinte da Constituição de 1988. Não que a anistia que aproveita a todos já não seja mais a da lei de 1979, porém a do art. 4º, § 1º, da EC n. 26/85. Mas estão todos como que (re)anistiados pela Emenda, que abrange inclusive os que foram condenados pela prática de crimes de terrorismo, assalto, sequestro e atentado pessoal. Por isso não tem sentido questionar se a anistia, tal como definida pela lei, foi ou não *recebida* pela Constituição de 1988. Pois a nova Constituição a (re)instaurou em seu ato originário. A norma prevalece, mas o texto – o mesmo texto – foi substituído por outro. O texto da lei ordinária de 1979 resultou substituído pelo texto da Emenda Constitucional.

A Emenda Constitucional produzida pelo Poder Constituinte originário constitucionaliza-a, a anistia. E de modo tal que – estivesse o § 1º desse art. 4º sendo questionado nesta arguição de descumprimento de preceito fundamental, o que não ocorre, já que a inicial o ignora –, somente se a nova Constituição a tivesse afastado expressamente poderíamos tê-la como incompatível com o que a Assembleia Nacional Constituinte convocada por essa Emenda Constitucional produziu, a Constituição de 1988. (...).

60. É necessário dizer, por fim, vigorosa e reiteradamente, que a decisão pela improcedência da presente ação não exclui o repúdio a todas as modalidades de tortura, de ontem e de hoje, civis e militares, policiais ou delinquentes.

(...). É necessário não esquecermos, para que nunca mais as coisas voltem a ser como foram no passado. Julgo improcedente a ação. (...).

VOTO – *O Sr. Min. Ricardo Lewandowski*: (...). De fato, a Lei de Anistia, longe de ter sido outorgada dentro de um contexto de concessões mútuas e obedecendo a uma espécie de "acordo tácito", celebrado não se sabe bem ao certo por quem, ela em verdade foi editada em meio a um clima de crescente insatisfação popular contra o regime autoritário.

A perda de sustentação do regime, como lembram os estudiosos, remonta à chamada "crise do petróleo", ocorrida em 1973, acompanhada de um brusco e acentuado aumento nos preços do produto, que acarretou uma inesperada desestabilização na economia internacional, com pesados reflexos para o Brasil, levando, em especial, ao recrudescimento da inflação, combatida mediante restrições ao crédito, a redução de investimentos públicos e o controle de preços e salários, dentre outras medidas. [**Rodapé**: V., dentre outros: SINGER, Paul, *Crise do "Milagre": Interpretação Crítica da Economia Brasileira*, 4ª ed., Rio de Janeiro, Paz e Terra, 1978; e PEREIRA, Luiz Carlos Bresser, *Estado e Subdesenvolvimento Industrializado: Esboço e uma Economia Política Periférica*, São Paulo, Brasiliense, 1977.] (...).

A partir de uma perspectiva estritamente técnico-jurídica, pois, não há como cogitar-se de conexão material entre os ilícitos sob exame, conforme pretenderam os elaboradores da Lei de Anistia, porquanto não é possível conceber tal liame entre os crimes políticos praticados pelos opositores do regime de exceção e os delitos comuns alegadamente cometidos por aqueles que se colocavam a seu serviço, visto inexistir, com relação a eles, o necessário nexo teleológico, consequencial ou ocasional exigido pela doutrina para a sua caracterização. [**Rodapé**: Cf. também: MARQUES, José Frederico, *Tratado de Direito Processual Penal*, São Paulo, Saraiva, 1980, pp. 371-375.] (...).

Descartada, assim, a possibilidade da ocorrência de conexão entre os aludidos crimes, nos termos aventados pela Lei n. 6.683/1979, cumpre agora verificar se os delitos supostamente praticados pelos agentes do Estado eram de natureza política ou possuíam motivação política ou, ainda, se comuns, foram de alguma forma absorvidos por estes últimos. (...).

Ainda que se admita, apenas para argumentar, que o País estivesse em uma situação de beligerância interna ou, na dicção do Ato Institucional n. 14/1969 – incorporado à Carta de 1967, por força da Emenda Constitucional n. 1/1969 –, enfrentando uma "guerra psicológica adversa", "guerra revolucionária" ou "guerra subversiva", mesmo assim os agentes estatais estariam obrigados a respeitar os compromissos internacionais concernentes ao direito humanitário, assumidos pelo Brasil desde o início do século passado. (...).

Ora, como a Lei de Anistia não cogita de crimes comuns, e emprega, de forma tecnicamente equivocada, o conceito de conexão, segue-se que a possibilidade de abertura de persecução penal contra os agentes do Estado que tenham eventualmente cometido os delitos capitulados na legislação penal ordinária pode, sim, ser desencadeada, desde que se descarte, caso a caso, a prática de um delito de natureza política ou cometido por motivação política, mediante a aplicação dos critérios acima referidos. (...).

8. Da parte dispositiva

Por todo o exposto, pelo meu voto, julgo procedente em parte a presente ação para dar interpretação conforme ao § 1º do art. 1º da Lei n. 6.683/1979, de modo a que se entenda que os agentes do Estado não estão automaticamente abrangidos pela anistia contemplada no referido dispositivo legal, devendo o juiz ou tribunal, antes de admitir o desencadeamento da persecução penal contra estes, realizar uma abordagem caso a caso (*case by case approach*), mediante a adoção dos critérios da preponderância e da atrocidade dos meios, nos moldes da jurisprudência desta Suprema Corte, para o fim de caracterizar o eventual cometimento de crimes comuns, com a consequente exclusão da prática de delitos políticos ou ilícitos considerados conexos. (...)

VOTO – *O Sr. Min. Ayres Britto*: (...). E o fato é que, com todas as vênias, mas já agora na linha do voto do Min. Ricardo Lewandowski, eu não consigo enxergar no texto da Lei da Anistia essa clareza que outros enxergam, com tanta facilidade, no sentido de que ela, Lei da Anistia, sem dúvida incluiu no seu âmbito pessoal de incidência todas as pessoas que cometeram crimes, não só os singelamente comuns, mas os caracteristicamente hediondos ou assemelhados, desde que sob motivação política ou sob tipificação política. O Min. Ricardo Lewandowski deixou bem claro que na nossa jurisprudência há uma dicotomia entre crimes políticos propriamente, ou crimes absolutamente políticos, ou puramente políticos, e crimes impropriamente políticos, impuramente políticos, relativamente políticos, que são crimes comuns, porém com alguma inspiração, algum móvel, alguma motivação política. (...).

Mas eu entendo que, no caso, as tratativas ou precedentes devem ser considerados secundariamente, porque o chamado "método histórico de interpretação", em rigor, não é um método. É um parâmetodo de interpretação jurídica, porque a ele só se deve recorrer quando subsiste alguma dúvida de intelecção quanto à vontade normativa do texto interpretado. Vontade normativa não revelada pelos quatro métodos tradicionais a que o operador jurídico recorre: o método literal, o lógico, o teleológico e o sistemático. Ou seja, o método histórico não é para afastar *a priori* qualquer dúvida; não é para antecipadamente afastar dúvida de interpretação. É para tirar dúvida por acaso remanescente da aplicação dos outros métodos de interpretação. E, nesse caso da Lei da Anistia, eu não tenho nenhuma dúvida de que os crimes hediondos e equiparados não foram incluídos no chamado relato ou núcleo deôntico da lei.

Antigamente se dizia o seguinte: hipocrisia é a homenagem que o vício presta à virtude. O vício tem uma necessidade de se esconder, de se camuflar, e termina rendendo homenagens à virtude. Quem redigiu essa lei não teve coragem — digamos assim — de assumir essa propalada intenção de anistiar torturadores, estupradores, assassinos frios de prisioneiros já rendidos; pessoas que jogavam de um avião em pleno voo as suas vítimas; pessoas que ligavam fios desencapados a tomadas elétricas e os prendiam à genitália feminina; pessoas que estupravam mulheres na presença dos pais, dos namorados, dos maridos. Mas o Min. Ricardo Lewandowski deixou claro que certos crimes são pela sua própria natureza absolutamente incompatíveis com qualquer ideia de criminalidade política pura ou por conexão. (...).

Retomo a linha originária do meu discurso, do meu voto. Conceder anistia ampla, geral e irrestrita tem que ser algo muito deliberado e muito claro, principalmente se formalizada após um regime político de exceção. O que interessa é a vontade objetiva da lei, não é a vontade subjetiva do legislador. (...).

Então, peço vênia aos que pensam diferentemente, e digo, com todo o respeito: eu não consigo enxergar, na vontade objetiva desses dispositivos conjugados, o caráter amplo, geral e irrestrito que se busca emprestar à Lei da Anistia. (...).

Sr. Presidente, estou concluindo. Não enxergo na Lei da Anistia esse caráter "amplo, geral e irrestrito" que se lhe pretende atribuir. Peço vênia aos que pensam diferentemente. Agora, como "a interpretação conforme à Constituição" cabe sempre que o texto interpretado for polissêmico ou plurissignificativo, desde que um desses significados entre em rota de colisão com o texto constitucional, também julgo parcialmente procedente a arguição de descumprimento de preceito fundamental para, dando-lhe interpretação conforme, excluir do texto interpretado qualquer interpretação que signifique estender a anistia aos crimes previstos no inciso XLIII do art. 5º da Constituição. Logo, os crimes hediondos e os que lhe sejam equiparados: homicídio, tortura e estupro, especialmente.

É como voto.

VOTO (Sobre o Mérito) – *O Sr. Min. Celso de Mello*: (...). O Brasil, consciente da necessidade de prevenir e de reprimir os atos caracterizadores da tortura, subscreveu, no plano externo, importantes documentos internacionais, de que destaco, por sua inquestionável importância, a Convenção Contra a Tortura e Outros Tratamentos ou Penas Cruéis, Desumanas ou Degradantes, adotada pela Assembleia-Geral das Nações Unidas em 1984; a Convenção Interamericana para Prevenir e Punir a Tortura, concluída em Cartagena em 1985; e a Convenção Americana sobre Direitos Humanos (Pacto de São José da Costa Rica), adotada no âmbito da OEA em 1969, atos internacionais, estes, que já se acham incorporados ao plano do direito positivo interno (Decreto n. 40/1991, Decreto n. 98.386/1989 e Decreto n. 678/1992). (...).

Esta é uma verdade que não se pode desconhecer: a emergência das sociedades totalitárias está causalmente vinculada, de modo rígido e inseparável, à desconsideração da pessoa humana, enquanto valor fundante da própria ordem político-jurídica do Estado.

A tortura, nesse contexto, constitui a negação arbitrária dos direitos humanos, pois reflete — enquanto prática ilegítima, imoral e abusiva — um inaceitável ensaio de atuação estatal tendente a asfixiar e, até mesmo, a suprimir a dignidade, a autonomia e a liberdade com que o indivíduo foi dotado, de maneira indisponível, pelo ordenamento positivo.

Atenta a esse fenômeno, a Assembleia Nacional Constituinte, ao promulgar a vigente Constituição do Brasil, nela fez inscrever, como princípios fundamentais da nova ordem jurídica, os seguintes postulados: (...).

Antes, porém, Sr. Presidente, que se operasse a redemocratização do Estado Brasileiro, conquistada com a promulgação da Constituição de 1988, a luta pela reconstrução da ordem jurídico-democrática impunha, no momento histórico em que ela se processou, fossem rompidos os círculos de imunidade que resguardavam o poder autocrático depositado nas mãos dos curadores do regime e reclamava fossem superados os limites impeditivos da restauração dos direitos e das liberdades atingidos por atos revolucionários fundados na legislação excepcional então vigente.

Mostrava-se essencial, portanto, que o regime de exceção fosse neutralizado e sucedido por uma ordem revestida de plena normalidade político-institucional. (...).

Sabemos todos que a anistia constitui uma das expressões da clemência soberana do Estado. Os seus efeitos em matéria penal são radicais, incidindo, retroativamente, sobre o próprio fato delituoso. Consequentemente, não pressupõe a existência de sentença penal condenatória, que, no entanto, se houver, não impedirá a incidência da lei concessiva da anistia, apta a desconstituir a própria autoridade da coisa julgada, exceto se a própria Lei de Anistia dispuser em sentido contrário. No caso de haver inquérito policial já instaurado, a anistia, por vedar ao Ministério Público a formação da *opinio delicti*, causa o arquivamento do procedimento investigatório (*RTJ* 95/953). (...).

Isso significa que se revestiu de plena legitimidade jurídico-constitucional a opção legislativa do Congresso Nacional que, apoiando-se em razões políticas, culminou por abranger, com a outorga da anistia, não só os delitos políticos, mas, também, os crimes a estes conexos e, ainda, aqueles que, igualmente considerados conexos, estavam relacionados a atos de delinquência política ou cuja prática decorreu de motivação política.

No fundo, é preciso ter presente que a Constituição sob cuja égide foi editada a Lei n. 6.683/1979, embora pudesse fazê-lo, não reservou a anistia apenas aos crimes políticos, o que conferia liberdade decisória ao Poder Legislativo da União para, com apoio em juízo eminentemente discricionário (e após amplo debate com a sociedade civil), estender o ato concessivo da anistia a quaisquer infrações penais de direito comum. (...).

A razão dos diversos precedentes firmados pela Corte Interamericana de Direitos Humanos apoia-se no reconhecimento de que o Pacto de São José da Costa Rica não tolera o esquecimento penal de violações aos direitos fundamentais da pessoa humana nem legitima leis nacionais que amparam e protegem criminosos que ultrajaram, de modo sistemático, valores essenciais protegidos pela Convenção Americana de Direitos Humanos e que perpetraram, covardemente, à sombra do Poder e nos porões da ditadura a que serviram, os mais ominosos e cruéis delitos, como o homicídio, o sequestro, o desaparecimento forçado das vítimas, o estupro, a tortura e outros atentados às pessoas daqueles que se opuseram aos regimes de exceção que vigoraram, em determinado memento histórico, em inúmeros países da América Latina.

É preciso ressaltar, no entanto, como já referido, que a Lei de Anistia brasileira, exatamente por caráter bilateral, não pode ser qualificada como uma lei de autoanistia, o que torna inconsistente, para os fins deste julgamento, a invocação dos mencionados precedentes da Corte Interamericana de Direitos Humanos. (...).

Como anteriormente ressaltado, não se registrou, *no caso brasileiro*, uma autoconcedida anistia, pois foram completamente diversas as circunstâncias históricas e políticas que presidiram no Brasil, com o concurso efetivo e a participação ativa da sociedade civil e da Oposição militante, a discussão, a elaboração e a edição da Lei de Anistia, em contexto inteiramente distinto daquele vigente na Argentina, no Chile e no Uruguai, dentre outros regimes ditatoriais. (...).

Há, ainda, outra observação a fazer. Refiro-me ao fato de que a nova Constituição do Brasil, promulgada em 1988, poderia, até mesmo, precisamente porque elaborada por órgão investido de funções constituintes primárias (ou originárias), suprimir a eficácia jurídica que se irradiou da Lei de Anistia de 1979, ordenando, ela própria, a restauração do *status quo ante*.

Sucede, no entanto, que tal não se verificou, muito embora esse tema pudesse estar presente na intenção e na deliberação da Assembleia Nacional Constituinte, a atestar, desse modo, muito claramente, que não se registrou, nesse específico tema, qualquer omissão do órgão formulador da nova Constituição brasileira, configurando, antes, *esse comportamento* dos constituintes, uma clássica hipótese de *lacuna consciente* ou *voluntária*, que traduz, quando ocorrente, a disposição inequívoca de não tratar da matéria. (...).

Sendo assim, em face das razões expostas e com estas considerações, julgo improcedente a presente arguição de descumprimento de preceito fundamental.

É o meu voto. (...).

VOTO (Vogal) – *O Sr. Min. Gilmar Mendes*: (...). Não obstante essas considerações, o ponto fundamental a ser levado em conta é o fato de que a anistia ampla e geral representa o resultado de um compromisso constitucional que tornou possível a própria fundação e a construção da ordem constitucional de 1988.

3.2 Poder constituinte e compromissos constitucionais que fundam a nova ordem constitucional

É preciso atentar para a peculiaridade do movimento que levou ao processo de anistia e, posteriormente, a esse nosso processo de redemocratização. Chama a atenção – e isso é um pouco lugar-comum na literatura do constitucionalismo universal – para o fato de que talvez os modelos a que nos aferramos (principalmente esse modelo dualista ou binômio entre poder constituinte originário e poder constituinte derivado) estejam, na prática, sendo superados por soluções de compromisso, as quais abrem espaço para transações políticas que levam a uma determinada solução. (...).

Não obstante o desnível de potencialidade ofensiva exercida durante os tempos de beligerância, é preciso observar que tanto houve agressões praticadas pelo Estado, por meio de seus agentes repressores, quanto per intermédio de cidadãos organizados politicamente, em derredor de um direcionamento político. (...).

Embora seja razoável admitir que a grande maioria das ofensas foi praticada pelos militares, não é razoável introduzir, no campo da análise política e no campo das definições jurídicas, compreensões morais acerca da natureza justificadora da violência.

Não é possível conferir ilicitude criminal a alguns atos e, ao mesmo tempo, reconhecer que outros de igual repercussão possuem natureza distinta e podem ser justificados em razão do objetivo político-ideológico que os gerou. Não é juridicamente razoável compreender que o objetivo moralmente considerado define a juridicidade da ação, fazendo com que outros atos – com motor condutor diverso – deixem de ser admitidos em razão da diversidade de escopo. (...).

A ideia de anistia, como integrante deste pacto político constitucionalizado, não pode ser tomada de forma restritiva – ao contrário –, perderia sentido a própria ideia de pacto, ou de Constituição pactuada! (...).

A anistia ampla e geral, insculpida na Lei n. 6.683/1979, é abrangente o bastante para abarcar todas as posições político-ideológicas existentes na contraposição amigo/inimigo estabelecidas no regime político precedente, não havendo qualquer incompatibilidade da sua amplitude, ínsita ao § 1º do art. 1º, com a Constituição pactuada de 1988.

Ao revés, a amplitude do processo de anistia é ínsita ao conteúdo pactual do próprio texto, não se afigurando incompatível com a ordem constitucional vigente. (...).

Essa abordagem teórica permite introduzir reflexão sabre a adoção, num processo de revisão, de uma ressalva expressa às cláusulas pétreas, contemplando não só a eventual alteração dos princípios gravados com as chamadas *garantias de eternidade*, mas também a possibilidade de transição ordenada da ordem vigente para outro sistema constitucional (revisão total).

Se se entendesse – o que pareceria bastante razoável – que a revisão total ou a revisão parcial das cláusulas pétreas está implícita na própria Constituição, poder-se-ia cogitar – mediante a utilização de um processo especial que contasse com a participação do povo – até mesmo de alteração das disposições constitucionais referentes ao processo de emenda constitucional com o escopo de explicitar a ideia de revisão total ou de revisão específica das cláusulas pétreas, permitindo, assim, que se disciplinasse, juridicamente, a alteração das cláusulas pétreas ou mesmo a substituição ou a superação da ordem constitucional vigente por outra. (...).

Enfim, a Emenda Constitucional n. 26/1985 incorporou a anistia como um dos fundamentos da nova ordem constitucional que se construía à época, fato que torna praticamente impensável qualquer modificação de seus contornos originais que não repercuta nas próprias bases de nossa Constituição e, portanto, de toda a vida político-institucional pós-1988.

4. Conclusões

Com essas considerações, acompanho o Relator e voto pela total improcedência desta arguição de descumprimento de preceito fundamental.

EXTRATO DE ATA

Decisão: Prosseguindo no julgamento, o Tribunal, por maioria, julgou improcedente a arguição nos termos do voto do Relator, vencidos os Srs. Mins. Ricardo Lewandowski, que lhe dava parcial provimento nos termos de seu voto, e Ayres Britto, que a julgava parcialmente procedente para excluir da anistia os crimes previstos no art. 5º, inciso XLIII, da Constituição. Votou o Presidente, Min. Cézar Peluso. Ausentes o Sr. Min. Joaquim Barbosa, licenciado, e o Sr. Ministro Dias Toffoli, impedido na ADPF n. 153-DF. Plenário, 29.4.2010.

Presidência do Sr. Min. Cézar Peluso. Presentes à sessão os Srs. Mins. Celso de Mello, Marco Aurélio, Ellen Gracie, Gilmar Mendes, Ayres Britto, Ricardo Lewandowski, Eros Grau e Carmen Lúcia.

* * *

PERGUNTAS

1. Quais os fatos do caso?
2. Quais as questões jurídicas envolvidas? Quais os direitos violados e os dispositivos constitucionais invocados?
3. Duas foram as demandas da OAB: você consegue distingui-las?
4. Qual o desacordo entre os Mins. Eros Grau e Ricardo Lewandowski no que se refere à descrição dos fatos históricos que ensejaram a Lei de Anistia?
5. Qual o conceito de "lei-medida" para o Min. Eros Grau? Como a decisão do Min. Ayres Britto se contrapõe a esse conceito?
6. Por que os Ministros discordam sobre a ideia de conexão entre crimes políticos e comuns? Qual a consequência jurídica dessa discordância?
7. De que maneira o Min. Celso de Mello afasta a jurisprudência da Corte Interamericana de Direitos Humanos sobre leis de anistia?
8. Em que medida o argumento da aprovação da Lei de Anistia pela Emenda Constitucional 26/1985 foi relevante para a solução da controvérsia?
9. O Supremo deixou alguma porta aberta para a revisão da Lei de Anistia?

4.11 Situação do sistema carcerário brasileiro (ADPF/MC 347-DF)[8]

(Plenário – rel. Min. Marco Aurélio – j. 9.9.2015)

RELATÓRIO – *O Sr. Min. Marco Aurélio*: O Partido Socialismo e Liberdade/PSOL busca, por meio de arguição de descumprimento de preceito fundamental, com pedido de medida liminar, seja reconhecida a figura do

---

8. Até a data de elaboração deste resumo (30.6..2016) o acórdão não havia sido publicado pelo STF. Os votos indicados foram disponibilizados de forma avulsa pelos Ministros após o julgamento.

"estado de coisas inconstitucional" relativamente ao sistema penitenciário brasileiro e a adoção de providências estruturais em face de lesões a preceitos fundamentais dos presos, que alega decorrerem de ações e omissões dos Poderes Públicos da União, dos Estados e do Distrito Federal. (...).

Assevera que a superlotação e as condições degradantes do sistema prisional configuram cenário fático incompatível com a Constituição Federal, presente a ofensa de diversos preceitos fundamentais considerados a dignidade da pessoa humana, a vedação de tortura e de tratamento desumano, o direito de acesso à Justiça e os direitos sociais à saúde, educação, trabalho e segurança dos presos.

Sustenta que o quadro resulta de uma multiplicidade de atos comissivos e omissivos dos Poderes Públicos da União, dos Estados e do Distrito Federal, incluídos os de natureza normativa, administrativa e judicial. Consoante assevera, os órgãos administrativos olvidam preceitos constitucionais e legais ao não criarem o número de vagas prisionais suficiente ao tamanho da população carcerária, de modo a viabilizar condições adequadas ao encarceramento, à segurança física dos presos, à saúde, à alimentação, à educação, ao trabalho, à assistência social, ao acesso à jurisdição. A União estaria contingenciando recursos do Fundo Penitenciário/FUNPEN, deixando de repassá-los aos Estados, apesar de encontrarem-se disponíveis e serem necessários à melhoria do quadro. O Poder Judiciário, conforme aduz, não observa os arts. 9.3 do Pacto dos Direitos Civis e Políticos e 7.5 da Convenção Interamericana de Direitos Humanos, nos quais é previsto o direito à audiência de custódia. Alega que o procedimento poderia reduzir a superlotação prisional. Sustenta a sistemática ausência de imposição, sem a devida motivação, de medidas cautelares alternativas à prisão, assim como a definição e execução da pena sem serem consideradas as condições degradantes das penitenciárias brasileiras. O Poder Legislativo estaria, influenciado pela mídia e pela opinião pública, estabelecendo políticas criminais insensíveis ao cenário carcerário, contribuindo para a superlotação dos presídios e para a falta de segurança na sociedade. Faz referência à produção de "legislação simbólica", expressão de populismo penal. (...).

Sustenta que o cenário implica a violação de diversos preceitos fundamentais da Constituição de 1988: o princípio da dignidade da pessoa humana (art. 1º, inciso III), a proibição da tortura, do tratamento desumano ou degradante (art. 5º, inciso III) e das sanções cruéis (art. 5º, inciso XLVII, alínea "e"), assim como o dispositivo que impõe o cumprimento da pena em estabelecimentos distintos, de acordo com a natureza do delito, a idade e o sexo do apenado (art. 5º, inciso XLVIII), o que assegura aos presos o respeito à integridade física e moral (art. 5º, inciso XLIX) e o que prevê a presunção de não culpabilidade (art. 5º, inciso LVII), os direitos fundamentais à saúde, educação, alimentação apropriada e acesso à Justiça. Articula com a inobservância de tratados internacionais sobre direitos humanos ratificados pelo País – Pacto dos Direitos Civis e Políticos, a Convenção Contra a Tortura e Outros Tratamentos e Penas Cruéis, Desumanos e Degradantes e a Convenção Interamericana de Direitos Humanos. (...).

Menciona que o quadro configura o que a Corte Constitucional da Colômbia denominou de "estado de coisas inconstitucional", sendo, ante a gravidade, indispensável a intervenção do Supremo, no exercício do papel contramajoritário próprio das Cortes Constitucionais, em proteção da dignidade de grupos vulneráveis.

Conforme esclarece, a técnica da declaração do "estado de coisas inconstitucional" permite ao juiz constitucional impor aos Poderes Públicos a tomada de ações urgentes e necessárias ao afastamento das violações massivas de direitos fundamentais, assim como supervisionar a efetiva implementação. Considerado o grau de intervenção judicial no campo das políticas públicas, argumenta que a prática pode ser levada a efeito em casos excepcionais, quando presente transgressão grave e sistemática a direitos humanos e constatada a imprescindibilidade da atuação do Tribunal em razão de "bloqueios institucionais" nos outros Poderes. Afirma que essas condições estão presentes e são notórias no sistema prisional brasileiro, a legitimar a atividade do Supremo por meio desta arguição. (...).

Conclui que, presente cenário de forte violação de direitos fundamentais dos presos e falência do conjunto de políticas públicas voltado à melhoria do sistema carcerário, o Supremo deve impor aos Poderes Públicos, em síntese, as seguintes medidas: elaboração e implementação de planos de ação sob monitoramento judicial; realização das audiências de custódia; fundamentação das decisões que não aplicarem medidas cautelares diversas da prisão, a fim de reduzir o número de prisões provisórias; consideração do "estado de coisas inconstitucional" quando da aplicação e execução da pena.

Sob o ângulo do risco, aponta estar caracterizada a necessidade de adoção urgente de providências a equacionar o problema relatado, inclusive em prol da segurança de toda a sociedade. Postula o deferimento de liminar para que seja determinado: (a) aos juízes e tribunais – que lancem, em casos de determinação ou manutenção de prisão provisória, a motivação expressa pela qual não aplicam medidas cautelares alternativas à privação de liberdade, estabelecidas no art. 319 do CPP; (b) aos juízes e tribunais – que, observados os arts. 9.3 do Pacto dos Direitos Civis e Políticos e 7.5 da Convenção Interamericana de Direitos Humanos, realizem, em até 90 dias, audiências de custódia, viabilizando o comparecimento do preso perante a autoridade judiciária no prazo máximo de 24 horas, contado do momento da prisão; (c) aos juízes e tribunais – que considerem, fundamentadamente, o quadro dramático do sistema penitenciário brasileiro no momento de implemento de cautelares penais, na aplicação da pena e durante o processo de execução penal; (d) aos juízes – que estabeleçam, quando possível, penas alternativas à prisão, ante a circunstância de a reclusão ser sistematicamente cumprida em condições muito mais severas do que as admitidas pelo arcabouço normativo; (e) ao juiz da execução penal – que venha a abrandar os requisitos temporais para a fruição de benefícios e direitos dos presos, como a progressão de regime, o livramento condicional e a suspensão condicional da pena, quando reveladas as condições de cumprimento da pena mais severas do que as previstas na ordem jurídica em razão do quadro do sistema carcerário, preservando-se, assim, a proporcionalidade da sanção; (f) ao juiz da execução penal – que abata, da pena, o tempo de prisão, se constatado que as condições de efetivo cumprimento foram significativamente mais severas do que as previstas na ordem jurídica, de forma a compensar o ilícito estatal; (g) ao Conselho Nacional de Justiça – que coordene mutirão carcerário a fim de revisar todos os processos de execução penal, em curso no País, que envolvam a aplicação de pena privativa de liberdade, visando a adequá-los às medidas pleiteadas nas alíneas "e" e "f"; (h) à União – que libere as verbas do Fundo Penitenciário Nacional, abstendo-se de realizar novos contingenciamentos.

No mérito, além da confirmação das medidas cautelares, pede que: (a) haja a declaração do "estado de coisas inconstitucional" do sistema penitenciário brasileiro; (b) seja determinado ao Governo Federal a elaboração e o encaminhamento ao Supremo, no prazo máximo de três meses, de um plano nacional visando à superação, dentro de três anos, do quadro dramático do sistema penitenciário brasileiro; (c) o aludido plano contenha propostas e metas voltadas, especialmente, à (I) redução da superlotação dos presídios; (II) contenção e reversão do processo de hiperencarceramento existente no País; (III) diminuição do número de presos provisórios; (IV) adequação das instalações e alojamentos dos estabelecimentos prisionais aos parâmetros normativos vigentes, no tocante a aspectos como espaço mínimo, lotação máxima, salubridade e condições de higiene, conforto e segurança; (V) efetiva separação dos detentos de acordo com critérios como gênero, idade, situação processual e natureza do delito; (VI) garantia de assistência material, de segurança, de alimentação adequada, de acesso à Justiça, à educação, à assistência médica integral e ao trabalho digno e remunerado para os presos; (VII) contratação e capacitação de pessoal para as instituições prisionais; (VIII) eliminação de tortura, maus-tratos e aplicação de penalidades sem o devido processo legal nos estabelecimentos prisionais; (IX) adoção de providências visando a propiciar o tratamento adequado para grupos vulneráveis nas prisões, como mulheres e população LGBT; (d) o plano preveja os recursos necessários à implementação das propostas e o cronograma para a efetivação das medidas; (e) o plano seja submetido à análise do Conselho Nacional de Justiça, da Procuradoria-Geral da República, da Defensoria-Geral da União, do Conselho Federal da OAB, do Conselho Nacional do Ministério Público e de outros órgãos e instituições que desejem se manifestar, vindo a ser ouvida a sociedade civil, por meio da realização de uma ou mais audiências públicas; (f) o Tribunal delibere sobre o plano, para homologá-lo ou impor providências alternativas ou complementares, podendo valer-se do auxílio do Departamento de Monitoramento e Fiscalização do Sistema Carcerário e do Sistema de Execução de Medidas Socioeducativas do Conselho Nacional de Justiça; (g) uma vez homologado o plano, seja determinado aos Governos dos Estados e do Distrito Federal que formulem e apresentem ao Supremo, em três meses, planos próprios em harmonia com o nacional, contendo metas e propostas específicas para a superação do "estado de coisas inconstitucional" na respectiva unidade federativa, no prazo máximo de dois anos. Os planos estaduais e distrital deverão abordar os mesmos aspectos do nacional e conter previsão dos recursos necessários e cronograma; (h) sejam submetidos os planos estaduais e distrital à análise do Conselho Nacional de Justiça, da Procuradoria-Geral da República, do Ministério Público da respectiva unidade federativa, da Defensoria-Geral da União, da Defensoria Pública do ente federativo, do Conselho Seccional da OAB da unidade federativa, de outros órgãos e instituições que desejem se manifestar e da sociedade civil, por meio de audiências públicas e a ocorrerem nas Capitais dos respectivos entes federativos, podendo ser delegada a realização das diligências a juízes auxiliares, ou mesmo a magistrados da localidade, nos termos do art. 22, inciso II, do Regimento Interno do Supremo; (i) o Tribunal delibere sobre cada plano estadual e distrital, para homologá-los ou impor providências alternativas ou complementares, podendo valer-se do auxílio do Departamento de Monitoramento e Fiscalização do Sistema Carcerário e do Sistema de Execução de Medidas Socioeducativas do Conselho Nacional de Justiça; (j) o Supremo monitore a implementação dos planos nacional, estaduais e distrital, com o auxílio do Departamento de Monitoramento e Fiscalização do Sistema Carcerário e do Sistema de Execução de Medidas Socioeducativas do Conselho Nacional de Justiça, em processo público e transparente, aberto à participação colaborativa da sociedade civil. (...).

VOTO – *O Sr. Min. Marco Aurélio* (relator): O pedido é voltado a obter do Supremo o reconhecimento de o sistema prisional brasileiro caracterizar-se como o denominado "estado de coisas inconstitucional" ante a ocorrência de violação massiva de direitos fundamentais dos presos, resultante de ações e omissões dos Poderes Públicos da União, dos Estados e do Distrito Federal, considerado o quadro de superlotação carcerária e das condições degradantes das prisões do País. O requerente pede que o Tribunal determine a esses Poderes a adoção de providências, de conteúdo e natureza diversos, para afastar lesões de preceitos fundamentais.

O tema das condições inconstitucionais dos presídios brasileiros está na ordem do dia do Tribunal.

No RE n. 580.252-MS, da relatoria do Min. Teori Zavascki, o Supremo decidirá se o Estado deve indenizar, por meio de reparação pecuniária, presos que sofrem danos morais por cumprirem pena em presídios com condições degradantes. (...).

O Conselho Federal da OAB formalizou ação direta de inconstitucionalidade, de n. 5.170-DF, versando o mesmo tema. (...).

No RE n. 641.320-RS, Relator o Min. Gilmar Mendes, o Tribunal reconheceu a repercussão geral da matéria relativa ao direito de o condenado, estando em regime semiaberto, poder cumprir a pena em regime aberto ou prisão domiciliar, quando ausente acomodação adequada no sistema prisional. (...).

Na ADI n. 5.356-MS, Relator o Min. Luiz Edson Fachin, impugna-se lei estadual por meio da qual foi estabelecida a obrigação de instalar bloqueadores de sinais de radiocomunicação nos estabelecimentos prisionais.

Tem-se o RE n. 592.581-RS, da relatoria do Min. Ricardo Lewandowski, no qual o Tribunal assentou, sob o ângulo da repercussão geral, a possibilidade de o Poder Judiciário obrigar a União e os Estados a realizarem obras em presídios para garantir a integridade física dos presos, independentemente de dotação orçamentária, constatada violação da dignidade da pessoa humana e inobservância do mínimo existencial dos presos. (...).

Por isso, entendo de relevância maior a apreciação do pedido de implemento de medida cautelar. Não se tem tema "campeão de audiência", de agrado da opinião pública. Ao contrário, trata-se de pauta impopular, envolvendo direitos de um grupo de pessoas não simplesmente estigmatizado, e sim cuja dignidade humana é tida por muitos como perdida, ante o cometimento de crimes. Em que pese à atenção que este Tribunal deve ter em favor das reivindicações sociais majoritárias, não se pode esquecer da missão de defesa de minorias, do papel contramajoritário em reconhecer direitos daqueles que a sociedade repudia e os poderes políticos olvidam, ou fazem questão de ignorar. (...).

A situação vexaminosa do sistema penitenciário brasileiro

O autor aponta violações sistemáticas de direitos fundamentais dos presos decorrentes do quadro revelado no sistema carcerário brasileiro. O Ministro da Justiça, José Eduardo Cardozo, comparou as prisões brasileiras às "masmorras medievais". A analogia não poderia ser melhor. (...).

Segundo as investigações realizadas, a população carcerária, maioria de pobres e negros, alcançava, em maio de 2014, 711.463 presos, incluídos 147.397 em regime domiciliar, para 357.219 vagas disponíveis. Sem levar em conta o número de presos em domicílio, o déficit é de 206.307, subindo para 354.244, se computado. A deficiência de vagas poderia ser muito pior se não fossem os 373.991 mandados de prisão sem cumprimento. Considerando o número total, até mesmo com as prisões domiciliares, o Brasil possui a terceira maior população carcerária do mundo, depois dos Estados Unidos e da China. Tendo presentes apenas os presos em presídios e delegacias, o Brasil fica em quarto lugar, após a Rússia.

A maior parte desses detentos está sujeita às seguintes condições: superlotação dos presídios, torturas, homicídios, violência sexual, celas imundas e insalubres, proliferação de doenças infectocontagiosas, comida imprestável, falta de água potável, de produtos higiênicos básicos, de acesso à assistência judiciária, à educação, à saúde e ao trabalho, bem como amplo domínio dos cárceres por organizações criminosas, insuficiência do controle quanto ao cumprimento das penas, discriminação social, racial, de gênero e de orientação sexual.

Com o déficit prisional ultrapassando a casa das 206.000 vagas, salta aos olhos o problema da superlotação, que pode ser a origem de todos os males. (...).

Os presídios e delegacias não oferecem, além de espaço, condições salubres mínimas. Segundo relatórios do Conselho Nacional de Justiça/CNJ, os presídios não possuem instalações adequadas à existência humana. Estruturas hidráulicas, sanitárias e elétricas precárias e celas imundas, sem iluminação e ventilação, representam perigo constante e risco à saúde, ante a exposição a agentes causadores de infecções diversas. As áreas de banho e sol dividem o espaço com esgotos abertos, nos quais escorrem urina e fezes. Os presos não têm acesso à água, para banho e hidratação, ou a alimentação de mínima qualidade, que, muitas vezes, chega a eles azeda ou estragada. Em alguns casos comem com as mãos ou em sacos plásticos. Também não recebem material de higiene básica, como papel higiênico, escova de dentes ou, para as mulheres, absorvente íntimo. A Clínica UERJ Direitos informa que em cadeia pública feminina em São Paulo as detentas utilizam miolos de pão para a contenção do fluxo menstrual.

Além da falta de acesso a trabalho, educação ou qualquer outra forma de ocupação do tempo, os presos convivem com as barbáries promovidas entre si. São constantes os massacres, homicídios, violências sexuais, decapitação, estripação e esquartejamento. Sofrem com a tortura policial, espancamentos, estrangulamentos, choques elétricos, tiros com bala de borracha.

Quanto aos grupos vulneráveis, há relatos de travestis sendo forçados à prostituição. Esses casos revelam a ausência de critério de divisão de presos por celas, o que alcança também os relativos à idade, gravidade do delito e natureza temporária ou definitiva da penalidade.

O sistema como um todo surge com número insuficiente de agentes penitenciários, que ainda são mal remunerados, não recebem treinamento adequado, nem contam com equipamentos necessários ao desempenho das próprias atribuições. (...).

A violação de diversos direitos fundamentais e o aumento da criminalidade

Diante de tais relatos, a conclusão deve ser única: no sistema prisional brasileiro ocorre violação generalizada de direitos fundamentais dos presos no tocante à dignidade, higidez física e integridade psíquica. (...).

Nesse contexto, diversos dispositivos contendo normas nucleares do programa objetivo de direitos fundamentais da Constituição Federal são ofendidos: o princípio da dignidade da pessoa humana (art. 1º, inciso III); a proibição de tortura e tratamento desumano ou degradante de seres humanos (art. 5º, inciso III); a vedação da aplicação de penas cruéis (art. 5º, inciso XLVII, alínea "e"); o dever estatal de viabilizar o cumprimento da pena em estabelecimentos distintos, de acordo com a natureza do delito, a idade e sexo do apenado (art. 5º, inciso XLVIII); a segurança dos presos à integridade física e moral (art. 5º, inciso XLIX); e os direitos a saúde, educação, alimentação, trabalho, previdência e assistência social (art. 6º) e à assistência judiciária (art. 5º, inciso LXXIV).

Outras normas são afrontadas, igualmente reconhecedoras dos direitos dos presos: o Pacto Internacional dos Direitos Civis e Políticos, a Convenção Contra a Tortura e Outros Tratamentos e Penas Cruéis, Desumanos e Degradantes e a Convenção Americana de Direitos Humanos.

Também a legislação interna é transgredida: a Lei n. 7.210, de 1984, a chamada "Lei de Execução Penal", na qual são assegurados diversos desses direitos, inclusive o alusivo a cela individual salubre e com área mínima de 6m², e a Lei Complementar n. 79/1994, por meio da qual foi criado o Fundo Penitenciário Nacional/FUNPEN, cujos recursos estão sendo contingenciados pela União, impedindo a formulação de novas políticas públicas ou a melhoria das existentes e contribuindo para o agravamento do quadro. (...).

Os cárceres brasileiros não servem à ressocialização dos presos. É incontestável que implicam o aumento da criminalidade, transformando pequenos delinquentes em "monstros do crime". A prova da ineficiência do sistema como política de segurança pública está nas altas taxas de reincidência. E o que é pior: o reincidente passa a cometer crimes ainda mais graves. Segundo dados do Conselho Nacional de Justiça/CNJ, essa taxa fica em torno de 70% e alcança, na maioria, presos provisórios que passaram, ante o contato com outros mais perigosos, a integrar alguma das facções criminosas. (...).

A responsabilidade do Poder Público

A responsabilidade pelo estágio ao qual chegamos, como aduziu o requerente, não pode ser atribuída a um único e exclusivo Poder, mas aos três – Legislativo, Executivo e Judiciário –, e não só os da União, como também os dos Estados e do Distrito Federal. Há, na realidade, problemas tanto de formulação e implementação de políticas públicas quanto de interpretação e aplicação da lei penal. Falta coordenação institucional. (...).

A responsabilidade do Poder Público é sistêmica, revelando amplo espectro de deficiência nas ações estatais. Tem-se a denominada "falha estatal estrutural". As leis existentes, porque não observadas, deixam de conduzir à proteção aos direitos fundamentais dos presos. Executivo e Legislativo, titulares do condomínio legislativo sobre as matérias relacionadas, não se comunicam. As políticas públicas em vigor mostram-se incapazes de reverter o quadro de inconstitucionalidades. O Judiciário, ao implementar número excessivo de prisões provisórias, coloca em prática a "cultura do encarceramento", que, repita-se, agravou a superlotação carcerária e não diminuiu a insegurança social nas cidades e zonas rurais. (...).

Trata-se do que a doutrina vem designando de "litígio estrutural", no qual são necessárias outras políticas públicas ou correção daquelas que não alcançam os objetivos desejados, alocação de recursos orçamentários, ajustes nos arranjos institucionais e nas próprias instituições, novas interpretações e aplicações das leis penais, enfim, um amplo conjunto de mudanças estruturais, envolvida uma pluralidade de autoridades públicas. (...).

O possível papel do Supremo

O requerente diz estar configurado o denominado, pela Corte Constitucional da Colômbia, de "estado de coisas inconstitucional". Segundo as decisões desse Tribunal, há três pressupostos principais: situação de violação generalizada de direitos fundamentais; inércia ou incapacidade reiterada e persistente das autoridades públicas em modificar a situação; a superação das transgressões exigir a atuação não apenas de um órgão, e sim de uma pluralidade de autoridades (...).

(...). Ante os pressupostos formulados pela Corte Constitucional da Colômbia para apontar a configuração do "estado de coisas inconstitucional", não seria possível indicar, com segurança, entre os muitos problemas de direitos enfrentados no Brasil, como saneamento básico, saúde pública, violência urbana, todos que se encaixariam nesse conceito. Todavia, as dificuldades em se definir o alcance maior do termo não impedem, tendo em conta o quadro relatado, seja consignada uma zona de certeza positiva: o sistema carcerário brasileiro enquadra-se na denominação de "estado de coisas inconstitucional".

(...). Qual papel o Supremo está legitimado a desempenhar ante o estágio elevadíssimo de inconstitucionalidades?

Com relação aos problemas causados pela chamada "cultura do encarceramento", do número de prisões provisórias decorrente de possíveis excessos na forma de interpretar-se e aplicar-se a legislação penal e processual, cabe ao Tribunal exercer função típica de racionalizar a concretização da ordem jurídico-penal de modo a minimizar o quadro, em vez de agravá-lo, como vem ocorrendo.

Há dificuldades, no entanto, quanto à necessidade de o Supremo exercer função atípica, excepcional, que é a de interferir em políticas públicas e escolhas orçamentárias. (...).

A forte violação de direitos fundamentais, alcançando a transgressão à dignidade da pessoa humana e ao próprio mínimo existencial, justifica a atuação mais assertiva do Tribunal. (...).

Há mais: apenas o Supremo revela-se capaz, ante a situação descrita, de superar os bloqueios políticos e institucionais que vêm impedindo o avanço de soluções, o que significa cumprir ao Tribunal o papel de retirar os demais Poderes da inércia, catalisar os debates e novas políticas públicas, coordenar as ações e monitorar os resultados. Isso é o que se aguarda deste Tribunal, e não se pode exigir que se abstenha de intervir, em nome do princípio democrático, quando os canais políticos se apresentem obstruídos, sob pena de chegar-se a um somatório de inércias injustificadas. Bloqueios da espécie traduzem-se em barreiras à efetividade da própria Constituição e dos tratados internacionais sobre direitos humanos. (...).

No caso dos presos, os bloqueios ou desacordos políticos encontram razões tanto na sub-representação parlamentar como na impopularidade desses indivíduos. A primeira decorre do fato de os condenados criminalmente ficarem impedidos de votar e serem votados. Têm os direitos políticos suspensos enquanto perdurarem os efeitos da sentença condenatória transitada em julgado (art. 15, inciso III, da CF). Então, não gozam de representação política direta.

A segunda é ainda mais problemática, configurando os presos minoria socialmente desprezada. Conforme apontou Ana Paula de Barcellos, os cidadãos livres acreditam, recusando a dimensão ontológica da dignidade humana, que o criminoso perde o direito à vida digna ou mesmo a condição humana, não sendo titular de quaisquer direitos fundamentais. [**Rodapé:** BARCELLOS, Ana Paula de, "Violência urbana, condições das prisões e dignidade humana", *RDA* 254, 2010, Biblioteca Digital Fórum de Direito Público.] (...).

Em síntese, a impopularidade dos presos faz com que os políticos, salvo raríssimas exceções, não reivindiquem recursos públicos a serem aplicados em um sistema carcerário voltado ao oferecimento de condições de existência digna. A opinião pública está no coração da estrutura democrático-parlamentar. Ignorá-la pode significar não só o fracasso das políticas que defendem, mas também das tentativas de reeleição a cargos no Legislativo e no Executivo. Essa preocupação é tanto maior quanto mais envolvida matéria a atrair a atenção especial do público. Questões criminais são capazes de gerar paixões em um patamar que outros temas e áreas do Direito não conseguem. A sociedade não tolera mais a criminalidade e a insegurança pública, e isso implica ser contrária à preocupação com a tutela das condições dignas do encarceramento.

Essa rejeição tem como consequência direta bloqueios políticos, que permanecerão se não houver intervenção judicial. Pode-se prever a ausência de probabilidade de os poderes políticos, por si sós, tomarem a iniciativa de enfrentar tema de tão pouco prestígio popular. Em casos assim, bloqueios costumam ser insuperáveis.

Comparem com a saúde pública: há defeitos estruturais sérios nesse campo, mas tem-se vontade política em resolvê-los. Não existe um candidato que não paute sua campanha eleitoral, entre outros temas, na melhoria do sistema. Todos querem ser autores de propostas que elevem a qualidade dos serviços. Deputados lutam pela liberação de recursos financeiros em favor da população das respectivas bases e territórios eleitorais. A saúde pública sofre com déficits de eficiência, impugnados judicialmente por meio de um sem-número de ações individuais, mas não corre o risco de piora significativa em razão da ignorância política ou do desprezo social. O tema possui apelo democrático, ao contrário do sistema prisional.

É difícil imaginar candidatos que tenham como bandeira de campanha a defesa da dignidade dos presos. A rejeição popular faz com que a matéria relativa à melhoria do sistema prisional enfrente o que os cientistas políticos chamam de "ponto cego legislativo" (*legislative Blindspot*): o debate parlamentar não a alcança. (...).

Isso significa que se atua, no Supremo, por meio de códigos distintos perante a opinião pública, comparados aos dos Poderes Legislativo e Executivo. Deve-se rejeitar o populismo judicial, ainda mais consideradas as esferas de liberdade e dignidade dos indivíduos, sempre envolvidas nos processos penais. Juízes e tribunais devem buscar credibilidade popular, mas mediante os motivos juridicamente adequados das decisões. (...).

No tocante ao possível óbice atinente à separação de Poderes, à alegação das capacidades institucionais superiores do Legislativo e do Executivo comparadas às do Judiciário, há de se atentar para as falhas estruturais ante o vazio de políticas públicas eficientes. (...). A intervenção judicial é reclamada ante a incapacidade demonstrada pelas instituições legislativas e administrativas, o que torna o argumento comparativo sem sentido empírico. (...).

Nada do que foi afirmado autoriza, todavia, o Supremo a substituir-se ao Legislativo e ao Executivo na consecução de tarefas próprias. O Tribunal deve superar bloqueios políticos e institucionais sem afastar esses Poderes dos processos de formulação e implementação das soluções necessárias. Deve agir em diálogo com os outros Poderes e com a sociedade. Cabe ao Supremo catalisar ações e políticas públicas, coordenar a atuação dos órgãos do Estado na adoção dessas medidas e monitorar a eficiência das soluções.

Não lhe incumbe, no entanto, definir o conteúdo próprio dessas políticas, os detalhes dos meios a serem empregados. Em vez de desprezar as capacidades institucionais dos outros Poderes, deve coordená-las, a fim de afastar o estado de inércia e deficiência estatal permanente. (...).

Ao Supremo cumpre interferir nas escolhas orçamentárias e nos ciclos de formulação, implementação e avaliação de políticas públicas, mas sem detalhá-las. Deve formular ordens flexíveis, com margem de criação legislativa e de execução a serem esquematizadas e avançadas pelos outros Poderes, cabendo-lhe reter jurisdição para monitorar a observância da decisão e o sucesso dos meios escolhidos. Ao atuar assim, reservará aos Poderes Executivo e Legislativo o campo democrático e técnico de escolhas sobre a forma mais adequada para a superação do estado de inconstitucionalidades, vindo apenas a colocar a máquina estatal em movimento e cuidar da harmonia dessas ações. (...).

Das medidas cautelares pleiteadas

A fundamentação desenvolvida alcança todo o conjunto de pedidos formulados pelo requerente. Entretanto, a apreciação, neste momento, deve-se limitar aos oito pedidos de natureza cautelar: sete versando a interpretação e aplicação da legislação penal e processual penal e um tratando de medida orçamentária da União. (...).

O requerente pede seja determinado a juízes e tribunais, em casos de formalização ou manutenção de prisão provisória, que lancem a motivação expressa pela qual não aplicam medidas cautelares alternativas à privação de liberdade, estabelecidas no art. 319 do CPP. (...). Como se sabe, a prisão provisória, que deveria ser excepcional, virou a regra, ficando os indivíduos meses ou anos detidos, provisoriamente, sem exame adequado das razões da prisão. Banaliza-se o instituto, olvida-se o princípio constitucional da não culpabilidade (art. 5º, inciso LVII) e contribui-se para o problema da superlotação carcerária. Tenho como adequado o pedido.

O segundo pleito concerne à audiência de custódia, (...). A imposição da realização de audiências de custódia há de ser estendida a todo o Poder Judiciário do País. A medida está prevista nos arts. 9.3 do Pacto dos Direitos Civis e Políticos e 7.5 da Convenção Interamericana de Direitos Humanos, já internalizados no Brasil, o que lhes confere hierarquia legal. A providência conduzirá, de início, à redução da superlotação carcerária, além de implicar diminuição considerável dos gastos com a custódia cautelar – o custo médio mensal individual seria, aproximadamente, de 2.000 Reais. A pretensão também merece acolhimento.

Ante o quadro dramático do sistema prisional, devem ser deferidos os pleitos voltados à observância do estado de inconstitucionalidades apontado, quando da concessão de cautelares penais, da aplicação da pena, durante o processo de execução penal e ao tempo da escolha de penas alternativas à prisão definitiva.

O requerente formula dois últimos pedidos da espécie, envolvendo o tempo de prisão: o abrandamento dos requisitos temporais para a fruição de benefícios e direitos dos presos, uma vez constatadas as condições desumanas do sistema carcerário, e o abatimento do tempo de prisão pelo mesmo motivo. Tenho-os como insubsistentes.

Em relação aos benefícios e direitos dos presos, há disciplina legal que não pode ser flexibilizada em abstrato. A contagem de tempo para a fruição desses direitos há de ser feita caso a caso, observando-se os parâmetros legais. Quanto ao pedido de compensação do tempo de custódia definitiva, falta previsão legal para tanto.

Indeferidos esses pleitos, o mesmo deve ser feito, por prejuízo, relativamente ao que envolve a atuação do Conselho Nacional de Justiça visando ao implemento das medidas.

O último pedido diz respeito à escolha orçamentária da União e volta-se à imediata liberação das verbas do Fundo Penitenciário Nacional/FUNPEN e à proibição de a União realizar novos contingenciamentos. (...).

A violação da dignidade da pessoa humana e do mínimo existencial autoriza a judicialização do orçamento, sobretudo se considerado o fato de que recursos legalmente previstos para o combate a esse quadro vêm sendo contingenciados, anualmente, em valores muito superiores aos efetivamente realizados, apenas para alcançar metas fiscais. Essa prática explica parte do fracasso das políticas públicas existentes. (...).

Os valores não utilizados deixam de custear não somente reformas dos presídios ou a construção de novos, mas também projetos de ressocialização que, inclusive, poderiam reduzir o tempo no cárcere. (...).

(...). Tratando o FUNPEN de recursos com destinação legal específica, é inafastável a circunstância de não poderem ser utilizados para satisfazer exigências de contingenciamento: atendimento de passivos contingentes e outros riscos e eventos fiscais imprevistos (art. 5º, inciso III, alínea "b", da Lei Complementar n. 101, de 2000).

Ante o exposto, defiro, parcialmente, a medida liminar requerida, determinando: (a) aos juízes e tribunais – que lancem, em casos de determinação ou manutenção de prisão provisória, a motivação expressa pela qual não aplicam medidas cautelares alternativas à privação de liberdade, estabelecidas no art. 319 do CPP; (b) aos juízes e tribunais – que, observados os arts. 9.3 do Pacto dos Direitos Civis e Políticos e 7.5 da Convenção Interamericana de Direitos Humanos, realizem, em até 90 dias, audiências de custódia, viabilizando o comparecimento do preso perante a autoridade judiciária no prazo máximo de 24 horas, contado do momento da prisão; (c) aos juízes e tribunais – que considerem, fundamentadamente, o quadro dramático do sistema penitenciário brasileiro no momento de concessão de cautelares penais, na aplicação da pena e durante o processo de execução penal; (d) aos juízes – que estabeleçam, quando possível, penas alternativas à prisão, ante a circunstância de a reclusão ser sistematicamente cumprida em condições muito mais severas do que as admitidas pelo arcabouço normativo; (e) à União – que libere o saldo acumulado do Fundo Penitenciário Nacional para utilização com a finalidade para a qual foi criado, abstendo-se de realizar novos contingenciamentos.

É como voto.

VOTO – *O Sr. Min. Edson Fachin*: (...). A ADPF n. 347 trata dos direitos mais fundamentais da pessoa humana. Não me refiro apenas à dignidade da pessoa humana (art. 1º, III, da CRFB/1988), mas ao direito fundamental à integridade física e moral dos encarcerados (art. 5º, XLIX, da CRFB). É um direito fundamental expressamente previsto que contém, assim, uma faceta objetiva (integra a base do ordenamento jurídico e é um vetor de eficácia irradiante a ser seguido pelo Poder Público e pelos particulares) e outra subjetiva (correspondente à exigência de uma prestação positiva ou negativa por parte do Estado ou dos particulares). (...).

Nesses casos em que a política democrática majoritária não realiza por inteiro o seu papel de efetivação de direitos, sobretudo direitos fundamentais, ainda que se reconheça ser este o espaço adequado para as conquistas dos direitos declarados no texto, não caberia justamente aos representantes da minoria (partido político com baixa representatividade numérica, como o é o Partido Político autor) provocar a atuação do Poder Judiciário como última trincheira de guarda desses direitos mais básicos à sobrevivência digna? O que há na presente ADPF n. 347, em verdade, não trata de usar o Poder Judiciário e o STF como espaço constituinte permanente, mas sim como um Poder que atua contramajoritariamente para a guarda da Constituição e a proteção de direitos fundamentais que vêm sendo sistematicamente violados pelos Poderes que lhes deveriam dar concretude. (...).

Da medida cautelar – Do estado de coisas inconstitucional e da situação dos estabelecimentos prisionais no Brasil

(...). A realidade prisional no Brasil mostra números alarmantes, conforme último relatório divulgado do INFOPEN, que transcrevo:

Brasil- 2014

População Prisional	607.731
Sistema Penitenciário	579.423
Secretarias de Segurança/Carceragens de Delegacias	27.950
Sistema Penitenciário Federal	358
Vagas	376.669
Déficit de Vagas	231.062
Taxa de Ocupação	161%
Taxa de Aprisionamento	299,7

(...).

Tais dados revelam uma realidade assombrosa de um Estado que pretende efetivar direitos fundamentais. Os estabelecimentos prisionais funcionam como instituições segregacionistas de grupos em situação de vulnerabilidade social. Encontram-se separados da sociedade os negros, as pessoas com deficiência, os analfabetos. E não há mostras de que essa segregação objetive – um dia – reintegrá-los à sociedade, mas, sim, mantê-los indefinidamente apartados, a partir da contribuição que a precariedade dos estabelecimentos oferece à reincidência. (...).

Dos pedidos cautelares

(...). Compulsando o sítio eletrônico do Conselho Nacional de Justiça, é possível visualizar no Mapa da Implantação da Audiência de Custódia no Brasil número expressivo de *Estados com a audiência implementada*, dos quais cito São Paulo, Minas Gerais, Espírito Santo, Paraná, Rio Grande do Sul, Goiás, Mato Grosso, Tocantins, Maranhão, Pernambuco, Paraíba, Amazonas. Paralelamente, outros Estados *aguardam implantação da audiência*, tais como: Santa Catarina, Rio de Janeiro, Mato Grosso do Sul, Distrito Federal, Bahia, Piauí, Ceará, Pará, Amapá, Roraima, Acre, Rondônia. Por fim, Sergipe, Alagoas e Rio Grande do Norte são Estados com *interesse em implantar a audiência de custódia*.

Embora louvável e pertinente a ação do Conselho Nacional de Justiça, o Pacto de São José da Costa Rica possui *status* supralegal, conforme entendimento firmado por esta Corte, e, nos termos do art. 5º, § 1º, da CF, suas normas têm aplicação imediata e, portanto, não pode ter sua implementação diferida ao fim da assinatura dos respectivos convênios de cooperação técnica. Inexistem motivos para prorrogar a aplicabilidade da norma convencionada internacionalmente, seja por razões de ordem técnica ou financeira, ou ainda de necessidade de adequação. A cultura jurídica precisa dar efetividade aos compromissos firmados pela República Federativa do Brasil e às normas positivas democraticamente debatidas no âmbito do Poder Legislativo e sancionadas pelo Poder Executivo. *Diante disso, acolho por inteiro o pedido contido na letra "b" do pedido cautelar*.

Mesma sorte não acompanha os pedidos contidos nas *alíneas "a", "c", "d", "e", "f"*. Não obstante o Judiciário deva assumir seu papel de guardião dos direitos fundamentais e afirmar com clareza a situação degradante dos estabelecimentos prisionais e, assim, ao confrontá-los, isto é, ao confrontar seu papel de guardião e a situação violadora, optar sempre pelo primeiro, esses pedidos se imbricam com o mérito da questão e dependem das medidas anteriormente e posteriormente requeridas. São, portanto, pedidos que devem ser analisados quando da cognição exauriente e em relação com os demais pedidos realizados. (...).

Pelos semelhantes fundamentos explicitados em relação à alínea "b", anteriormente analisada, merece amparo o pedido contido na *alínea "g"*, ressalvando-se o afastamento da adequação às medidas *"e"* e *"f"*, que serão analisadas quando da análise do mérito desta arguição.

Já, em relação ao pedido contido na *alínea "h"*, verifica-se que o Fundo Penitenciário Nacional/FUNPEN, criado pela Lei Complementar n. 79, de 7.1.1994, regulamentada pelo Decreto n. 1.093, de 3.3.1994, tem por finalidade proporcionar recursos e meios para financiar e apoiar as atividades e programas de modernização e aprimoramento do sistema penitenciário brasileiro. (...).

A situação dos estabelecimentos prisionais não é outra senão a bem descrita pela petição inicial. Em tudo a descrição se coaduna com a realidade. A conjuntura do sistema prisional brasileiro demonstra o descaso anos a fio com a efetividade das normas alhures enumeradas, que, se observadas, teriam o condão de afastar o quadro caótico que assola os diversos estabelecimentos prisionais País afora. A questão, então, não é de eficácia normativa da legislação nacional, mas, sim, de efetividade. É imperativo que se reconheça a ineficiência do Estado em garantir a dignidade dos presos para que efetivamente se proteja a dignidade dos presos.

Tal ineficiência legitima a concessão da cautelar. O papel do Judiciário, ao concedê-la, presentes seus requisitos – *fumus boni iuris* e *periculum in mora* –, nas hipóteses alhures discorridas, possui antes de tudo um caráter simbólico, pedagógico e de reconhecimento da inadequada proteção dos direitos fundamentais. Destarte, a decisão a ser tomada, neste momento processual, deve reafirmar o compromisso do Brasil com a tutela de tais direitos e servir como mote de ampliação das medidas protetivas e de cessação da situação violadora. (...).

Diante do exposto, concedo, nos seguintes termos, a cautelar para: (1) reconhecer a aplicabilidade imediata dos arts. 9.3 do Pacto dos Direitos Civis e Políticos e 7.5 da Convenção Interamericana de Direitos Humanos, determinando a todos os juízes e tribunais que passem a realizar audiências de custódia, no prazo máximo de 90 dias, de modo a viabilizar o comparecimento do preso perante a autoridade judiciária em até 24 horas contadas do momento da prisão (*alínea "b"*); (2) determinar ao Conselho Nacional de Justiça que coordene mutirões carcerários, de modo a viabilizar a pronta revisão de todos os processos de execução penal em curso no País que envolvam a aplicação de pena privativa, afastando a necessidade de adequação aos pedidos contidos nas *alíneas "e"* e *"f"*, que serão analisados por ocasião do mérito (*alínea "g"*); (3) determinar o descontingenciamento das verbas existentes no FUNPEN, devendo a União providenciar a devida adequação para o cumprimento desta decisão em até 60 dias, a contar da publicação do acórdão (*alínea "h"*); (4) seixo de conceder a medida cautelar em relação aos pedidos contidos nas *alíneas "a"*, *"c"*, *"d"* e *"f"*, que serão oportunamente analisadas no momento da análise do mérito.

É como voto.

EXTRATO DE ATA

Decisão: O Tribunal, apreciando os pedidos de medida cautelar formulados na inicial, por maioria e nos termos do voto do Min. Marco Aurélio (Relator), deferiu a cautelar em relação à alínea "b", para determinar aos juízes e tribunais que, observados os arts. 9.3 do Pacto dos Direitos Civis e Políticos e 7.5 da Convenção Interamericana de Direitos Humanos, realizem, em até 90 dias, audiências de custódia, viabilizando o comparecimento do preso perante a autoridade judiciária no prazo máximo de 24 horas, contadas do momento da prisão, com a ressalva do voto da Min. Rosa Weber, que acompanhava o Relator, mas com a observância dos prazos fixados pelo CNJ, vencidos, em menor extensão, os Mins. Teori Zavascki e Roberto Barroso, que delegavam ao CNJ a regulamentação sobre o prazo da realização das audiências de custódia; em relação à alínea "h", por maioria e nos termos do voto do Relator, deferir a cautelar para determinar à União que libere o saldo acumulado do Fundo Penitenciário Nacional para utilização com a finalidade para a qual foi criado, abstendo-se de realizar novos contingenciamentos, vencidos, em menor extensão, os Mins. Edson Fachin, Roberto Barroso e Rosa Weber, que fixavam prazo de até 60 dias, a contar da publicação desta decisão, para que a União procedesse à adequação para o cumprimento do que determinado; indeferir as cautelares em relação às alíneas "a", "c" e "d", vencidos os Mins. Relator, Luiz Fux, Carmen Lúcia e o Presidente, que a deferiam; indeferir em relação à alínea "e", vencido, em menor extensão, o Min. Gilmar Mendes; e, por unanimidade, indeferir a cautelar em relação à alínea "f"; em relação à alínea "g", por maioria e nos termos do voto do Relator, o Tribunal julgou prejudicada a cautelar, vencidos os Mins. Edson Fachin, Roberto Barroso, Gilmar Mendes e Celso de Mello, que a deferiam nos termos de seus votos. O Tribunal, por maioria, deferiu a proposta do Min. Roberto Barroso, ora reajustada, de concessão de cautelar de ofício para que se determine à União e aos Estados, e especificamente ao Estado de São Paulo, que encaminhem ao STF informações sobre a situação prisional, vencidos os Mins. Marco Aurélio (Relator), que reajustou seu voto, e Luiz Fux, Carmen Lúcia e o Presidente. Ausente, justificadamente, o Min. Dias Toffoli. Presidiu o julgamento o Min. Ricardo Lewandowski. Plenário, 9.9.2015.

* * *

PERGUNTAS

1. Quais os fatos do caso?

2. Quais as questões jurídicas envolvidas? Quais os direitos violados e os dispositivos constitucionais invocados?

3. O que é o "estado de coisas inconstitucional"? No que ele se diferencia, se houver diferenças, da declaração de inconstitucionalidade tradicionalmente utilizada no controle de constitucionalidade? Por que o Partido autor da ação alegou haver um estado de coisas inconstitucional no sistema carcerário brasileiro?

4. O Min. Marco Aurélio afirmou que a situação do sistema carcerário brasileiro era um caso de certeza positiva de estado de coisas inconstitucional. No entanto, deixou em aberto outros problemas que também poderiam representar violações sistemáticas de direitos humanos. Seria possível utilizar um critério para diferenciar as violações sistemáticas na saúde e no sistema carcerário?

5. Qual o papel da representação política e dos bloqueios institucionais para a configuração do estado de coisas inconstitucional?

6. A petição inicial, o Min. Marco Aurélio e o Min. Edson Fachin ressaltaram o caráter contramajoritário do STF, voltado para a proteção de grupos minoritários. Porém, a solução proposta pelo autor e adotada pelo STF consistia, dentre outros, em estimular a ação do Legislativo e do Executivo, órgãos que, a princípio, seguem o princípio majoritário. Como a posição contramajoritária do STF se reflete na adoção da decisão pelos dois Ministros?

7. Qual o papel da Corte para superar os bloqueios institucionais? O STF atua da mesma forma para solucionar os problemas relacionados à atuação do Judiciário, do Executivo e do Legislativo? Quais os limites ressaltados pelos Ministros em seus votos?

Capítulo 5
LIBERDADE

5.1 A liberdade na Constituição de 1988. 5.2 Liberdade como não intervenção (ou liberdade negativa). 5.3 Liberdade como autonomia (ou liberdade positiva). LIBERDADE COMO AUTONOMIA DE VONTADE: 5.4 STF, RE 635.659-SP. LIBERDADE DE MANIFESTAÇÃO, DE EXPRESSÃO E DE IMPRENSA: 5.5 STF, ADI/MC 1.969-4-DF. 5.6 STF, ADI 4.274-DF. 5.7 STF, HC 82.424-2-RS. 5.8 STF, Pet. 2.702-7-RJ. 5.9 STF, ADPF 130-DF. 5.10 STF, Rcl 9.428-DF. 5.11 STF, ADI 4.815-DF. LIBERDADE PROFISSIONAL: 5.12 STF, RE 511.961-SP. PRIVACIDADE, SIGILO E INVIOLABILIDADE DO DOMICÍLIO: 5.13 STF, MS 23.452-1-RJ. 5.14 STF, SS 1.203-DF. 5.15 STF, RE 673.707-MG. SEGURANÇA: 5.16 STF, ADI 3.112-1-DF. DIREITO À PROPRIEDADE E LIBERDADE ECONÔMICA: 5.17 STF, ADI/QO 319-4-DF. 5.18 STF, ADI/ML 534-1-DF. 5.19 STF, ADI 2.591-1-DF. 5.20 STF, ADI 855-2-PR. 5.21 STF, ADPF 46-7-DF. 5.22 STF, ADPF 101-DF.

Poucos valores têm atraído tanto o imaginário das pessoas como a ideia de liberdade, seja no plano subjetivo ou político. Dos monges budistas ao movimento *hippie*, passando pela heroica figura de Gandhi ou pela épica imagem de um jovem estudante chinês solitariamente enfrentando uma fileira de tanques na Praça da Paz Celestial, em Beijing, em 1989, todos estão perseguindo algum tipo de liberdade. Banqueiros e sem-terras também clamam pela liberdade. Moradores dos morros e dos bairros mais afastados das grandes cidades do Brasil também reivindicam a liberdade de poder caminhar sem medo de serem mortos ou assaltados. É evidente que todas essas pessoas não podem estar falando da mesmíssima coisa. Isto porque muitos são os conceitos de liberdade. Para os budistas certamente a liberdade está associada com o desprendimento de valores materiais, inclusive os desejos do próprio corpo. Em um outro sentido, os *hippies* ou os estudantes de 1968, com seu paradoxal *slogan* "é proibido proibir", estavam e ainda estão em busca da construção de uma *esfera de não intervenção*, em que as convenções ou leis não limitem suas paixões, especialmente aquelas do próprio corpo. Gandhi, por sua vez, está preocupado com a libertação de seu povo do jugo do imperialismo. Há, aqui, a busca da *autonomia* de uma Nação como um todo, ou seja, a liberdade da coletividade para que esta possa se autogovernar. No caso da Praça da Paz Celestial o que se buscava era a flexibilização de um governo repressivo ou sua substituição por um novo regime, onde estivessem asseguradas tanto a liberdade de cada pessoa de determinar como quer levar sua vida como a liberdade de participar livremente da construção das escolhas coletivas, que a todos vincularão – ou seja: não intervenção e autonomia. O conceito de liberdade não poderia ainda estar sendo utilizado de uma forma mais distinta pelos cultores do mercado e pelos militantes do Movimento Sem Terra/MST. Enquanto para os primeiros a liberdade significa a não interferência do Estado, nesse sentido semelhante ao pleito dos *hippies*, para que os mais "talentosos" possam ser premiados, para o MST a liberdade está diretamente associada à existência de condições materiais mínimas, para que as pessoas tenham *capacidade de optar* verdadeiramente sobre como querem levar suas vidas. Conforme salienta Amartya Sen, a pobreza e a privação de bens públicos, como educação e saúde, podem ser "fontes maiores de fala de liberdade".[1] Enfim, ainda encontramos muitas pessoas invocando o conceito de liberdade como contraposição ao medo da violência. Assim, quando se demanda a liberdade de poder caminhar pelas ruas o que se reivindica é a superação do estado de medo imposto pela guerra, pela violência de Estado, pelo terrorismo ou pela criminalidade. Sob essa perspectiva, apenas somos livres na *ausência do medo*.

Muitos teóricos têm se debruçado sobre as diversas concepções de liberdade acima mencionadas. Talvez as mais conhecidas classificações sejam as de Benjamin Constant, em seu *A Liberdade dos Antigos Comparada à dos Modernos*, de 1819,[2] e *Dois Conceitos de Liberdade*, de Isaiah Berlin, de 1969.[3] Ambos os autores parecem concordar que os teóricos da política fazem prevalentemente dois usos do conceito de liberdade. No primeiro, ligam a ideia de liberdade à de ausência de constrangimento; no segundo, associam a liberdade à ideia de autonomia, de autogoverno.

O emprego do termo "liberdade" no sentido de criação de condições materiais para que as pessoas tenham capacidade para tomar decisões sobre o curso de ação que querem dar às suas vidas, bem como de liberdade como ausência de medo da violência, foi introduzido no vocabulário político contemporâneo pelo histórico discurso de Franklin Delano Roosevelt ao Congresso Norte-Americano durante a II Guerra. Nesta ocasião Roosevelt apontava que a criação de um futuro de paz dependia não apenas da proteção das liberdades tradicionais, mas também da criação de condições para a promoção da liberdade das necessidades (*freedom from want*) e liberdade do medo (*freedom from fear*).

5.1 A liberdade na Constituição de 1988

A Constituição brasileira reconhece a todos os brasileiros e estrangeiros residentes no País o direito à liberdade. É o que diz o *caput* do seu art. 5º, no que se convencionou chamar de *direito geral de liberdade*. Reconhece, ainda, expressamente, o mesmo artigo, por intermédio de diversos de seus incisos, um grande número de liberdades específicas, como a liberdade de expressão e manifestação de pensamento, a liberdade de consciência e crença, a privacidade, a liberdade de exercer qualquer trabalho ou ofício, o direito de ir e vir, ou liberdade de locomoção, as liberdades de manifestação, associação ou de não se associar, para aqueles que não estejam interessados. Temos também um reconhecimento de liberdades no campo específico do trabalho, como a liberdade de formar sindicatos, prevista no *caput* do art. 8º, e a liberdade de realizar greve, assegurada pelo art. 9º. A liberdade de associação também se estende para a criação de partidos políticos, numa esfera de pluralismo, indispensável a um ambiente liberal, por força dos arts. 1º, V, e 17 da mesma CF. No plano econômico, por força do art. 170, vemos reconhecidas a liberdade de iniciativa e a livre concorrência.

Apesar de certo detalhamento encontrado na previsão das liberdades específicas, não fica claro pela mera leitura da Constituição qual seja o significado do direito geral à liberdade, previsto no *caput* do art. 5º, ou mesmo qual seja a e extensão das diversas liberdades específicas espalhadas por todo o texto. Isto sem dizer da complicação das relações entre o princípio da liberdade e as garantias do Estado de Direito que proíbem a privação da liberdade sem o devido processo legal (art. 5º, LIV) ou a imposição de obrigações às pessoas senão em virtude de lei, por intermédio do princípio da legalidade (art. 5º, II). Ou seja:

---

1. Amartya Sen, *Development as Freedom*, Nova York, Knoff, 1999, p. 3.
2. Benjamin Constant, *Political Writings*, Cambridge, Cambridge University Press, 1988.
3. Isaiah Berlin, *Quatro Ensaios sobre a Liberdade*, Brasília, UnB, 1981.

a restrição da liberdade é permitida, desde que cumpridos os imperativos erigidos pela Constituição.

A CF também acolheu expressamente o direito à segurança, por intermédio dos arts. 5º, *caput*, e 144, assim como previu uma serie de direitos voltados à criação de condições básicas de existência, como educação, saúde, trabalho, previdência social, proteção à maternidade, à infância, ao idoso (arts. 6º, *caput*, 194, 196, 201, 203, 205, 227 e 230).

Para efeito deste capítulo nos concentraremos apenas nas chamadas liberdades como *não intervenção* e como *autonomia*, deixando as questões da liberdade como ausência de medo e como capacidade de opção para outro momento. Este corte obedece não apenas critérios pedagógicos, mas especialmente analíticos, posto que entendemos que, muito embora a falta de segurança e a falta de condições materiais afetem a liberdade de ação de cada um de nós, a segurança está mais umbilicalmente ligada ao direito à vida e à dignidade. Já, os direitos às condições básicas de existência fundam-se a si mesmos, não podendo ser vistos apenas como instrumentais à liberdade.

5.2 Liberdade como não intervenção (ou liberdade negativa)

De acordo com Hobbes, "por liberdade entende-se, conforme a significação própria da palavra, a ausência de impedimentos externos, impedimentos que muitas vezes tiram parte do poder de cada um de fazer o que quer (...)".[4] Logo à frente Hobbes irá acrescentar que não se pode confundir o sentido puro do termo "liberdade" com aquele de "capacidade". Assim, é inadequado falar que uma pedra não tem liberdade de se mover, pois o que lhe falta é o poder do movimento. Da mesma forma, a um doente não falta liberdade de deixar o leito, mas, sim, condição para fazê-lo.[5] Com essa distinção Hobbes quer limitar ao máximo o emprego da palavra "liberdade", para que ela designe apenas a "ausência de oposição ou impedimentos externos", e não o que decorra da condição do próprio ser. Assim, falta de capacidade não limita a liberdade.

Este conceito de liberdade constituirá o valor por excelência a ser defendido pelos liberais mais radicais, que não verão na falta de habilidades pessoais ou de condições econômicas uma restrição à liberdade.

A Constituição do Estado para os liberais apenas será legítima se deixar uma larga esfera de liberdade aos indivíduos, para que esses possam tomar suas próprias decisões em relação à religião que desejarem professar, às crenças filosóficas que optarem por cultivar e especialmente ao modo como desejarem utilizar sua propriedade ou força de trabalho. Aqui, o que interessa é a esfera de não interferência coercitiva. Evidente que esse conceito de liberdade só faz sentido no mundo político, onde as pessoas estejam submetidas a alguma forma coercitiva de coordenação da ação coletiva. No mundo de natureza, onde não há Estado, essa liberdade é total; todos podem fazer tudo que está a seu alcance, inclusive submeter o próximo a seus próprios interesses.

Quando as pessoas criam a ordem, qualquer que ela seja, tradicional, liberal ou democrática, surge o problema de quanta liberdade será deixada ao indivíduo para que ele determine o curso de sua existência, a partir de seus próprios meios e sem a interferência do Es-

---

4. Thomas Hobbes, *Leviatã*, São Paulo, Abril Cultural, Capítulo XIV.
5. Idem, Capítulo XXI.

tado. Esta liberdade, como já foi dito, é denominada de "negativa" por Berlin, ou "liberdade dos modernos", na linguagem de Constant. Negativa, pois aparece como uma vedação ao poder do Estado. Moderna, porque desconhecida no mundo antigo, especialmente na democracia grega, onde a liberdade gerava apenas o poder de participar do processo político, sendo o cidadão obrigado a acatar qualquer das decisões tomadas nesse âmbito, com a sua participação. Ou seja: a liberdade não consistia numa limitação ao poder do Estado.

Por mais liberdade que se busque conferir aos indivíduos, jamais será possível aceitar, dentro da sociedade, uma liberdade absoluta. Isto pelo simples fato de que a liberdade absoluta, onde cada um pode fazer o que bem entende, tem como resultado necessário o caos, onde outros valores, como a justiça, a felicidade, a segurança e a própria liberdade, correriam riscos perenes, pelo exercício desenfreado da liberdade. Especialmente a liberdade dos mais fracos seria constantemente afrontada pela liberdade dos mais fortes; "a liberdade do tubarão é a morte para as sardinhas".[6] Daí a necessidade de, ao se constituir o Estado, se estabelecer limites à liberdade – o que se fez no mundo moderno, por intermédio da separação entre as esferas privada, restrita à intervenção do Estado, e pública, em que impera a capacidade de coordenação do Poder Público, bem como do poder coercitivo, que lhe é inerente.

Para autores como, Locke, Montesquieu, Madison ou Constant o exercício do poder de Estado só poderá ser considerado legítimo quando não se impuser sobre todas as esferas de nossa existência, porém apenas sobre aquelas indispensáveis para permitir o maior grau de liberdade individual possível aos indivíduos. Este maior grau de liberdade possível para um indivíduo deve limitar-se apenas pelo exercício de igual liberdade por parte dos demais membros da comunidade, como dirá Kant. A distribuição de esferas de liberdade deve se dar a partir de uma equação em que sejam dispostas de modo a não permitir que a liberdade de um interfira na liberdade do outro. Da mesma forma, o poder coercitivo atribuído ao Estado deve apenas ser empregado na harmonização dessas liberdades.

O que difere um liberal do outro é a quantidade de liberdade conferida aos indivíduos ou, em sentido contrário, a dimensão de poder entregue nas mãos do Estado. Quanto mais liberdade para os indivíduos, menor será o poder do Estado, e vice-versa. Termos, no campo dos que colocam a liberdade como valor supremo a ser protegido, convergências entre autores e ideologias muitas vezes pouco identificadas umas com as outras. Se não, vejamos: entre os radicais da liberdade encontramos anarquistas, que do Grego significa literalmente os "sem governo", representados por figuras como Bakunin, e os libertários ou neoliberais, como Hayek ou Nozik, que repropõem, em meados do século XX, a redução do Estado a uma esfera mínima, voltada prioritariamente à garantia da propriedade, como esfera privilegiada para o livre desenvolvimento de agentes econômicos racionais. Como numa ferradura, anarquistas de esquerda e libertários de direita se aproximam, reivindicando um não Estado, no caso dos primeiros, ou um Estado mínimo, no caso dos últimos.

Porém, ainda que excluíssemos os anarquistas dessa equação, pois, afinal, eles pregam um sistema de não Estado, e nós estamos falando de liberdade dentro da ordem, diferenças enormes dentro do campo liberal são encontradas. Há pelo menos três grupos razoavelmente distintos nesse campo: os liberais *stricto sensu* e, em campos antagônicos, neoliberais e liberais igualitaristas. Cada uma dessas correntes confere distintos peso e sentido à ideia de liberdade.

Um dos liberais filosoficamente mais consistentes do pensamento brasileiro diria que "na raiz do pensamento liberal se encontra sempre uma dose inata de desconfiança ante o

---

6. Isaiah Berlin, *Quatro Ensaios sobre a Liberdade*, cit., p. 137.

poder e sua inerente propensão à violência. Por isso, o primeiro princípio liberal é o *constitucionalismo*, isto é, o reconhecimento da constante necessidade de limitar o fenômeno do poder".[7] Nesse sentido, nossa Constituição de 1988, por intermédio predominantemente do art. 5º, construiu uma esfera de não interferência ao reconhecer diversas liberdades já mencionadas acima, como: como liberdade de expressão e manifestação de pensamento (incisos IX e IV), liberdade de consciência e crença (inciso VI), privacidade (inciso X), liberdade de exercer qualquer trabalho ou ofício (inciso XII), liberdade de ir e vir (inciso XV), liberdade de manifestação (inciso XVI), associação ou de não se associar, para aqueles que não estejam interessados (incisos XVII e XX). No plano econômico temos asseguradas a liberdade de iniciativa e a livre concorrência (art. 170, *caput* e inciso IV). Além das vedações à restrição da liberdade sem o devido processo legal (art. 5º, LIV), o princípio da legalidade, que não autoriza que qualquer obrigação seja imposta ao indivíduo senão por intermédio de lei (art. 5º, II). Esse conjunto de liberdades busca deixar o indivíduo imune à ação do Estado, sendo que qualquer interferência deve ser precedida dos rigores do devido processo legal. Nesse contexto, veremos de que forma o STF irá proteger a liberdade de expressão em face de outros interesses coletivos, ou, ainda, a privacidade, garantindo, por exemplo, o sigilo de informações ou fiscal em face do interesse do Estado de punir práticas criminosas ou da cobrança de impostos. Isto não significa que, havendo lei, ou percorrido um processo judicial, com amplas garantias de defesa, estas liberdades podem ser afrontadas, pois, como veremos ao chegar na esfera do devido processo legal, esta não é uma garantia meramente formal, mas também substantiva. Isto quer dizer que jamais poderá haver uma interferência desproporcional ou arbitrária no campo da liberdade, pois mesmo com o devido processo há certos limites intransponíveis para a ação do Estado.

O que vai afastar os neoliberais dos liberais *stricto sensu* é que para os primeiros a esfera de liberdade impassível de qualquer restrição é muito maior, e a propriedade é seu esteio. Desde Locke a propriedade foi colocada no centro da preocupação de grande parte das teorias liberais. Importante dizer, no entanto, que a propriedade para Locke não se resumia apenas no domínio sobre bens, materiais ou imateriais, podendo seu titular dela dispor como melhor lhe aprouvesse. Para esse autor, "cada homem tem uma propriedade em sua própria pessoa; a esta ninguém tem direito senão ele mesmo. O trabalho de seu corpo e a obra de suas mãos, pode dizer-se, são propriamente dele (...) retirando-o do estado comum em que a natureza o colocou, anexou-lhe por esse trabalho algo que o exclui do direito comum dos outros homens".[8]

Como se pode depreender pela leitura acima, a posição da propriedade, que é central na obra de Locke, tem conotação bastante distinta daquela que é empregada pelos neoliberais do século XX. Para Locke o que importa em primeiro lugar é a propriedade que cada um tem sobre si. Nesse sentido, a propriedade lockeana em muito se aproxima da ideia de dignidade explorada anteriormente, a partir da proposição de que cada pessoa é um fim em si mesmo, não podendo ser jamais tratada como objeto de interesses alheios. A pessoa como propriedade de si mesma nos impõe conclusões semelhantes, pois racionalmente jamais poderemos nos alienar, ou seja, nos transformarmos em objeto do outro. Também cumpre destacar na concepção de propriedade de Locke a importância do trabalho. A propriedade original não se adquire pelo domínio, mas pelo trabalho, pela capacidade que a pessoa tenha de agregar valor àquilo que se encontra virgem na natureza, o que só deverá ocorrer enquanto "houver

---

7. José Guilherme Merquior, *O Argumento Liberal*, Rio de Janeiro, Nova Fronteira, 1983, p. 87.
8. John Locke, *Segundo Tratado sobre o Governo Civil*, São Paulo, IBRASA, 1963, Capítulo V.

bastante e igualmente de boa qualidade em comum para terceiros".[9] Locke antecipa a noção de escassez, como limitação à aquisição original de recursos naturais.

O que os neoliberais retiram de Locke, no entanto, é a ideia de que a propriedade constitui uma esfera de domínio absoluto de seu titular, que deve excluir todas as demais pessoas. Baseado na hipótese de aquisição legítima da propriedade original, que, por intermédio de sua tradição aos tempos atuais, chegou às mãos de seus proprietários contemporâneos, é que Nozik irá reivindicar que é indevida qualquer forma de onerar a propriedade. Ao cobrar imposto sobre a riqueza de uma pessoa o Estado estará escravizando seu titular, ao tratá-lo como meio para o atingimento de seus próprios fins. Podendo seu titular dispor de sua propriedade sem qualquer restrição, esta se transforma no meio por excelência para a proteção da liberdade. Ao associar a propriedade à liberdade os neoliberais demandam uma limitação máxima ao poder do Estado. Mesmo a lei ou o devido processo legal devem encontrar aí uma limitação substantiva e absoluta. Para essa corrente de pensadores o Estado deve agir apenas como defensor dos direitos de propriedade, favorecendo um relacionamento livre e desimpedido entre os atores econômicos. Recolocam, assim, a proposição fundamental de Adam Smith, para quem "o primeiro e determinante desígnio de todo o sistema de governo é manter a justiça; prevenir os membros da sociedade de interferir na propriedade alheia, e não usurpar o que não lhes for próprio. O desígnio aqui é dar a cada um a possessão segura e pacificada de sua própria propriedade".[10] Cumpre destacar, no entanto, que em sua proposição original o liberalismo jamais chegou a manifestar hostilidade similar à dos neoliberais em relação ao Estado.

Esta forma de liberdade no uso da propriedade não é assegurada por nosso ordenamento constitucional. Basta para isso a leitura do art. 5º, XXII e XXIII, de nossa CF, que, embora assegurem o direito à propriedade, determinam que "a propriedade atenderá à sua função social." O mesmo fazem o art. 170 e inciso da CF. Estabeleceu-se, dessa forma, um regime de propriedade onde seu titular não se encontra na posição de soberano, que dispõe de toda a liberdade para fruir de forma absoluta de seu domínio. A liberdade de utilizar ou não utilizar a propriedade deverá ser regulada pelo Estado, de forma a se harmonizar com outros direitos e interesses conferidos aos demais membros da sociedade. Como sempre, a dificuldade coloca-se em estabelecer a linha que separa uma intervenção legítima de uma intervenção ilegítima na esfera da propriedade, e, portanto, na liberdade de sobre ela dispor. Apenas para concluir a questão da propriedade, importante destacar que o regime dos contratos está necessariamente relacionado ao entendimento que se dê à dimensão do direito de propriedade.

5.3 *Liberdade como autonomia (ou liberdade positiva)*

A ideia de liberdade negativa, de um indivíduo submetido apenas às suas paixões, predileções e interesses, para seguir seu próprio caminho, é vista com ampla desconfiança por um conjunto de autores que poderíamos denominar de "racionalistas". Para eles a submissão às nossas paixões ou meros interesses não nos deixa mais livres do que quando somos submetidos aos interesses e desígnios de outras pessoas. Colocada a questão de maneira mais direta, estamos livres quando tomamos uma decisão bêbados ou apaixonados? Essa pode ser considerada uma situação de liberdade ideal para os boêmios, mas dificilmente passaria num

---

9. Idem, ibidem.
10. Adan Smith, *Lectures on Jurisprudence*, Indianápolis, Liberty Funds, 1982, p. 5.

crivo de racionalidade, especialmente por filósofos. A ressaca moral decorre do sentimento de que não estávamos plenamente conscientes ou sob o domínio de nossa razão, mas, sim, dominados por forças irresistíveis – logo, não livres. O ódio e a obsessão também são condições que nos desviam de tomar decisões com base na razão.

Exemplo dessa difícil relação entre paixão e liberdade é dado por Homero na *Odisseia*, em que Ulisses é informado por Circe de que no caminho de volta se deparará com as sereias; e que não resistirá ao canto sedutor desses seres, levando necessariamente sua embarcação aos rochedos. Ulisses determina, então, que amarrem suas mãos ao mastro da embarcação, para que não possa desviar de seu destino. Desta forma, passa ao lado dos rochedos, ouve o canto das sereias mas não se deixa por elas destruir.[11] O que Homero quer nos alertar nesta passagem é para a ambiguidade que domina a natureza humana, cindida entre razão e paixão. De um lado encontramos pulsões fortíssimas que buscam dominar nossas ações; de outro, uma capacidade de resistir, fundada em nossa capacidade de agir racionalmente.

Muitos são aqueles que buscam a liberdade naquilo que Berlin chama de "retirada para a cidadela interior". Nós nos libertamos dos desejos, interesses e paixões que nos fustigam a alma através da meditação e do alheamento, "apagando o fogo" num processo de emancipação de nós mesmos. Como na fábula das uvas verdes, deixo de desejar aquilo que não consigo conquistar. Esse tipo de autonomia, onde determino os fins que pretendo alcançar, eliminando as tentações pela autoanulação, tem sua proximidade com o comportamento político ditado pela resistência moral ditada pela razão.[12]

A liberdade para autores como Rousseau ou Kant não é configurada pela garantia de um espaço onde o indivíduo pode exercer sua vontade arbitrariamente, mas, sim, pela capacidade conferida aos seres humanos de invocar a razão. Como sugere Kant, livre não é aquele que é escravo de suas paixões, mas, sim, quem segue as regras da razão. Autônomos são aqueles que se submetem apenas às leis derivadas da própria razão. A racionalidade nos habilita a pensar à margem de nossos próprios interesses e paixões, e somos livres quando nos tornamos independentes desses sentimentos que buscam nos dominar.[13]

Para Kant a liberdade está em seguir as leis da razão, que não derivam da experiência, mas de proposições lógicas *a priori*, que possam ser adotadas como lei universal. Esses imperativos categóricos são juízos formais, que não estipulam o conteúdo dos direitos, mas a fórmula pela qual a razão humana pode descrever esferas recíprocas de autonomia para os indivíduos.

A liberdade transforma-se, assim, em autonomia, em ser legislador racional de si mesmo – o que impõe, sobretudo, a capacidade de autocontenção, a capacidade de que nosso ego lide e se sobreponha aos nossos desejos mais inconscientes. Não se trata, portanto, de uma liberdade confortável, mas de um rigoroso regime ético, em que nos colocamos na mesma posição dos demais, devendo agir sempre em conformidade com regras que se apliquem de maneira universal. Livre é aquele que transcende seus próprios interesses e é capaz de agir imparcialmente.

No plano político essa liberdade racional se dá pela participação no debate e na formação da razão pública, que sobre todos deve se impor. A necessidade de coordenação social

---

11. Homero, *Odisseia*, São Paulo, Cultrix, Livro XII. V., especialmente: John Elster, *Ulysses Unbound: Studies in Rationality, Precommitment, and Constraints*, Cambridge, Cambridge University Press, 2000.
12. Berlin, *Quatro Ensaios sobre a Liberdade*, cit., p. 146.
13. Emmanuel Kant, *Doutrina do Direito*, São Paulo, Ícone Editora, 1993, p. 34.

impõe o surgimento de um âmbito de autoridade. Diferentemente dos que reivindicam a supremacia da liberdade negativa, ou seja, de um âmbito de não interferência da autoridade pública, para Rousseau a liberdade está em participar da tomada de decisão pública. Assim, somos livres quando a regra que sobre nós se impõe foi elaborada com nossa participação. Como Rousseau coloca no Capítulo VI de sua obra mais conhecida, o problema central do *Contrato Social* "é encontrar uma forma de associação que defenda e proteja por intermédio da força comum a pessoa e os bens de cada associado e na qual cada um, enquanto unido a todos os demais, obedecerá apenas a si mesmo, permanecendo tão livre quanto antes".[14] Sendo todos os homens livres e iguais, uma regra que vincule a conduta de todos só poderá ser considerada legítima se decorrer da participação de todos. A liberdade confunde-se, assim, com autorregramento – daí se falar em liberdade positiva ou autonomia. Esta dupla posição do cidadão como súdito e soberano é o que permite a Rousseau reivindicar a liberdade dentro de um Estado que seja democrático.

Esta liberdade de participar da política é reconhecida por nossa Constituição ao estabelecer que a República Federativa do Brasil é um Estado Democrático de Direito (art. 1º, *caput*); tendo como um de seus fundamentos a cidadania, que deve ser lida como capacidade ou o *status* conferido aos indivíduos de participar do processo de tomada de decisão pública. A autonomia também é assegurada por um conjunto de direitos que se referem à participação popular, por intermédio do sufrágio universal, com igual valor para todos, reconhecido pelo *caput* do art. 14; ao pluralismo político, que garante distintas escolhas políticas por parte do cidadão, acolhido pelo art. 1º, V; e à liberdade de criação de partidos políticos, expressa pelo art. 17, também da CF. Devem ser destacadas, por fim, duas ordens de direitos que estão diretamente ligadas à realização da autonomia política. Num primeiro bloco estão os direitos à liberdade de expressão, à liberdade de manifestação e associação, sem o quê não se configura um ambiente propenso à realização de uma vontade autônoma. Num segundo campo encontramos o direito universal à educação, que, tal como configurado pelo art. 205 da CF de 1988, tem por finalidade o "pleno desenvolvimento da pessoa, seu preparo para o *exercício da cidadania* e sua qualificação para o trabalho". O direito universal à educação esteia-se também em princípios como a liberdade de aprender e ensinar, o pluralismo de ideias e a gestão democrática da educação (art. 205, II, III e VI).

Tem-se, dessa forma, uma segunda noção de liberdade amplamente promovida pela Constituição, por intermédio da criação de mecanismos de participação política direta e indireta, em bases pluralistas e livres, sustentada por um processo educativo voltado ao exercício da cidadania.

A grande dificuldade da teoria política, que se reflete no sistema de controle de constitucionalidade, é como solucionar a colisão entre a vontade autônoma dos cidadãos e a liberdade negativa dos mesmos. Para Rousseau essa colisão deveria sempre ser resolvida em favor da vontade geral. Quando alguém se recusar a obedecer ao poder soberano, deve ser obrigado a se conformar: "isso significa nada menos do que forçá-lo a ser livre".[15] Essa proposição de Rousseau transformou-o num escritor maldito para os liberais, que chegaram, inclusive, a considerá-lo um prototalitário.

Nossa Constituição, no entanto, buscou conciliar esses dois conceitos fundamentais de liberdade. O emprego da expressão "Estado Democrático de Direito" não é fortuito, mas

---

14. Rousseau, *O Contrato Social*, São Paulo, Martins Fontes, 1996, Livro I, Capítulo VI.
15. Idem, Livro I, Capítulo VII.

uma representação de que há pelo menos dois princípios de liberdade inspiradores de nossa ordem constitucional, que são a autonomia e a liberdade negativa. É o que passaremos a ver a partir da leitura dos diversos acórdãos do STF.

LIBERDADE COMO AUTONOMIA DE VONTADE

5.4 Descriminalização do uso de drogas (RE 635.659-SP)[16]

(Plenário – rel. atual Min. Gilmar Mendes – j. 19.8.2015)

RELATÓRIO (*Informativo* 795) – O Plenário iniciou julgamento de recurso extraordinário em que se discute a constitucionalidade do art. 28 da Lei n. 11.343/2006, que tipifica a conduta de porte de droga para consumo pessoal. Preliminarmente, o Colegiado resolveu questão de ordem no sentido de admitir, na condição de *amici curiae* e com o direito de realizarem sustentação oral, a Associação Paulista para o Desenvolvimento da Medicina (SPDF), a Associação Brasileira de Estudos do Álcool e outras Drogas (ABEAD), a Associação Nacional Pró-Vida e Pró-Família (PRÓ-VIDA-FAMÍLIA), a Central de Articulação das Entidades de Saúde (CADES) e a Federação de Amor-Exigente (FEAE). As referidas entidades não teriam se inscrito até o momento em que o processo fora colocado em pauta. O Tribunal entendeu que a admissão dos referidos *amici curiae* seria importante do ponto de vista da paridade de armas e auxiliaria os trabalhos da Corte. Além disso, haveria dois grupos: os favoráveis à constitucionalidade da lei e os contrários a ela. Assim, ambos os grupos teriam o direito a 30 minutos de sustentação oral cada, e dividiriam o tempo entre as entidades como aprouvesse.

VOTO – *O Sr. Min. Gilmar Mendes* (relator): Trata-se de recurso extraordinário, com repercussão geral, em que se alega a inconstitucionalidade do art. 28 da Lei n. 11.343/2006, que define como crime "adquirir, guardar, tiver em depósito, transportar ou trouxer consigo, para consumo pessoal, drogas sem autorização ou em desacordo com determinação legal ou regulamentar", com sujeição às seguintes penas: "I – advertência sobre os efeitos das drogas; II – prestação de serviços à comunidade; III – medida educativa de comparecimento a programa ou curso educativo".

Prevê a norma impugnada, ainda, que se submete às mesmas medidas "quem, para seu consumo pessoal, semeia, cultiva ou colhe plantas destinadas à preparação de pequena quantidade de substância ou produto capaz de causar dependência física ou psíquica" (art. 28, § 1º).

Afirma o recorrente que a criminalização da posse de drogas para consumo pessoal viola art. 5º, X, da CF, no qual se prevê que "são invioláveis a intimidade, a vida privada, a honra e a imagem das pessoas, assegurado o direito à indenização pelo dano material ou moral decorrente de sua violação".

Sustenta, em síntese, que o dispositivo constitucional em destaque protege as escolhas dos indivíduos no âmbito privado, desde que não ofensivas a terceiros. Decorreria dessa proteção, portanto, que determinado fato, para que possa ser definido como crime, há de lesionar bens jurídicos alheios.

Sublinha, ademais, que as condutas descritas no art. 28 da Lei de Drogas pressupõem a não irradiação do fato para além da vida privada do agente, razão pela qual não resta caracterizada lesividade apta a justificar a edição da norma impugnada.

Em resposta ao recurso, argumenta o Ministério Público, em resumo, que, ao contrário do que alega o recorrente, o bem jurídico tutelado pelo dispositivo em análise é a saúde pública, visto que a conduta daquele que traz consigo droga para uso próprio contribui, por si só, para a propagação do vício no meio social.

Cabe observar que não é a primeira vez que o dispositivo impugnado é trazido a julgamento pelo Plenário desta Corte. Em virtude de não constar, entre as sanções previstas para as referidas condutas, pena privativa de liberdade, levantou-se Questão de Ordem/QO no RE n. 430.105, de relatoria do Min. Sepúlveda Pertence, relativa à eventual extinção da punibilidade do fato. (...).

1. Controle de constitucionalidade de normas penais: parâmetros e limites

O tema em debate traz a lume contraposições acerca da proteção a direitos fundamentais. De um lado, o direito coletivo à saúde e à segurança; de outra parte, o direito à intimidade e à vida privada. Nessa perspectiva, cabe examinar, como premissa de julgamento da norma impugnada, os parâmetros e limites do controle de constitucionalidade de leis penais, em especial daquelas cujo perfil protetivo tenha por finalidade a contenção de riscos, abstratamente considerados, a bens jurídicos fundamentais.

---

16. Até a data de elaboração deste resumo (30.6.2016) o julgamento não havia sido finalizado pelo STF. Os votos indicados foram disponibilizados de forma avulsa pelos Ministros após as primeiras sessões.

A Constituição de 1988 contém diversas normas que determinam, expressamente, a criminalização de um amplo elenco de condutas, conforme se observa nos seguintes incisos do art. 5º: "XLI – a lei punirá qualquer discriminação atentatória dos direitos e liberdades fundamentais; XLII – a prática do racismo constitui crime inafiançável e imprescritível, sujeito à pena de reclusão, nos termos da lei; XLIII – a lei considerará crimes inafiançáveis e insuscetíveis de graça ou anistia a prática da tortura, o tráfico ilícito de entorpecentes e drogas afins, o terrorismo e os definidos como crimes hediondos, por eles respondendo os mandantes, os executores e os que, podendo evitá-los, se omitirem; XLIV – constitui crime inafiançável e imprescritível a ação de grupos armados, civis ou militares, contra a ordem constitucional e o Estado Democrático". (...).

É possível identificar em todas essas normas um mandado de criminalização dirigido ao legislador, tendo em conta os bens e valores objeto de proteção.

Em verdade, tais disposições traduzem importante dimensão dos direitos fundamentais, decorrente de sua feição objetiva na ordem constitucional. Tal concepção legitima a ideia de que o Estado se obriga não apenas a observar os direitos de qualquer indivíduo em face do Poder Público, como, também, a garantir os direitos fundamentais contra agressão de terceiros.

Os direitos fundamentais não podem, portanto, ser considerados apenas como proibições de intervenção. Expressam, igualmente, um postulado de proteção. (...).

Sob esse ângulo, é fácil ver que a ideia de um dever genérico de proteção, fundado nos direitos fundamentais, relativiza sobremaneira a separação entre a ordem constitucional e a ordem legal, permitindo que se reconheça uma irradiação dos efeitos desses direitos sobre toda a ordem jurídica.

Assim, ainda que não se reconheça, em todos os casos, uma pretensão subjetiva contra o Estado, tem-se, inequivocamente, a identificação de um dever estatal de tomar as providências necessárias à realização ou concretização dos direitos fundamentais.

Nessa linha, as normas constitucionais acima transcritas explicitam o dever de proteção identificado pelo constituinte, traduzido em mandados de criminalização expressos, dirigidos ao legislador. (...).

Por outro lado, além dos mandados expressos de criminalização, a ordem constitucional confere ao legislador margens de ação para definir a forma mais adequada de proteção a bens jurídicos fundamentais, inclusive a opção por medidas de natureza penal.

Nesse contexto, a tipificação penal de determinadas condutas pode conter-se no âmbito daquilo que se costuma denominar de discrição legislativa. Cabe ressaltar, todavia, que, nesse espaço de atuação, a liberdade do legislador estará sempre limitada pelo princípio da proporcionalidade, configurando a sua não observância inadmissível excesso de poder legislativo.

A doutrina identifica como típicas manifestações de excesso no exercício do poder legiferante a contraditoriedade, a incongruência, a irrazoabilidade na elaboração ou, em outras palavras, a inadequação entre meios e fins. A utilização do princípio da proporcionalidade como expressão da proibição de excesso no direito constitucional envolve, assim, a apreciação da necessidade e adequação da providência adotada. (...).

De um lado, a exigências de que as medidas interventivas se mostrem adequadas ao cumprimento dos objetivos pretendidos. De outra parte, o pressuposto de que nenhum meio menos gravoso revelar-se-ia igualmente eficaz para a consecução dos objetivos almejados. Em outros termos, o meio não será necessário se o objetivo pretendido puder ser alcançado com adoção de medida que se revele, a um só tempo, adequada e menos onerosa.

Com isso, abre-se a possibilidade do controle da constitucionalidade material da atividade legislativa também em matéria penal. Nesse campo, o Tribunal está incumbido de examinar se o legislador utilizou de sua margem de ação de forma adequada e necessária à proteção dos bens jurídicos fundamentais que objetivou tutelar. (...).

2. Considerações sobre os crimes de perigo abstrato

A partir da perspectiva aqui delineada, e tendo em conta que o principal argumento em favor da criminalização de condutas relacionadas ao consumo pessoal de drogas assenta-se no dano em potencial que essas condutas irradiam na sociedade, colocando em risco a saúde e a segurança públicas, é importante que se considerem algumas nuanças dos denominados crimes de perigo abstrato.

Apesar da existência de ampla controvérsia doutrinária, os crimes de perigo abstrato podem ser identificados como aqueles em que não se exigem nem a efetiva lesão ao bem jurídico protegido pela norma, nem a configuração do perigo em concreto a esse bem jurídico.

Nessa espécie de delito, o legislador penal não toma como pressuposto da criminalização a lesão ou o perigo de lesão concreta a determinado bem jurídico. Baseado em dados empíricos, seleciona grupos ou classes de condutas que geralmente trazem consigo o indesejado perigo a algum bem jurídico fundamental.

Assim, os tipos de perigo abstrato descrevem ações que, segundo a experiência, produzem efetiva lesão ou perigo de lesão a um bem jurídico digno de proteção penal, ainda que concretamente essa lesão ou esse perigo de lesão não venham a ocorrer.

O legislador formula, dessa forma, uma presunção absoluta a respeito da periculosidade de determinada conduta em relação ao bem jurídico que pretende proteger. O perigo, nesse sentido, não é concreto, mas apenas abstrato. Não é necessário, portanto, que, no caso concreto, a lesão ou o perigo de lesão venham a se efetivar. O delito estará´ consumado com a mera conduta descrita na lei penal.

Cabe observar que a definição de crimes de perigo abstrato não representa, por si só´, comportamento inconstitucional por parte do legislador penal. A tipificação de condutas que geram perigo em abstrato acaba se mostrando, muitas vezes, como alternativa mais eficaz para a proteção de bens de caráter difuso ou coletivo, como, por exemplo, o meio ambiente, a saúde pública, entre outros, o que permite ao legislador optar por um direito penal nitidamente preventivo.

Portanto, pode o legislador, dentro de suas margens de avaliação e de decisão, definir as medidas mais adequadas e necessárias à efetiva proteção de bens jurídicos dessa natureza.

Por outro lado, não é difícil entender as características e os contornos da delicada relação entre os delitos de perigo abstrato e os princípios da lesividade ou ofensividade, os quais, por sua vez, estão intrinsecamente relacionados com o princípio da proporcionalidade. A atividade legislativa de produção de tipos de perigo abstrato deve, por isso, ser objeto de rígida fiscalização a respeito de sua constitucionalidade. (...).

Estou certo de que essas devem ser as premissas para a construção de um modelo rígido de controle de constitucionalidade de leis em matéria penal, fundado no princípio da proporcionalidade.

Antes, contudo, de adentrar o exame da norma impugnada, cabem, aqui, algumas considerações acerca do diversificado leque de políticas regulatórias em relação à posse de drogas para uso pessoal.

3. Posse de drogas para consumo pessoal: políticas regulatórias

A criminalização do porte de drogas para uso pessoal tem sido objeto de acirradas discussões, caracterizadas por uma exacerbada polarização entre proibição e legalização. Desvia-se, com isso, de questões essenciais ao debate. Por essa razão, mostra-se pertinente que se clarifiquem alguns conceitos para uma melhor compreensão das diversas práticas regulatórias em relação ao tema.

Em primeiro lugar, entende-se por *proibição* o estabelecimento de sanções criminais em relação à produção, distribuição e posse de certas drogas para fins não medicinais ou científicos. É esse o termo utilizado pelo regime internacional de controle de drogas, fundado nas Convenções capitaneadas pela ONU, assim como pelas legislações domésticas. Quando falamos em proibição, estamos nos referindo, portanto, a políticas de drogas essencialmente estruturadas por meio de normas penais.

Em posição menos rígida na escala das políticas adotadas, convencionou-se denominar de *despenalização* a exclusão de pena privativa de liberdade em relação a condutas de posse para uso pessoal, bem como em relação a outras condutas de menor potencial ofensivo, sem afastá-las, portanto, do campo da criminalização. É esse o modelo adotado pelo art. 28 da Lei n. 11.343/2006, objeto deste recurso.

Encontramos, mais adiante, na escala de opções regulatórias, a denominada *descriminalização*, termo comumente utilizado para descrever a exclusão de sanções criminais em relação à posse de drogas para uso pessoal. Sob essa acepção, embora a conduta passe a não ser mais considerada crime, não quer dizer que tenha havido liberação ou legalização irrestrita da posse para uso pessoal, permanecendo a conduta, em determinadas circunstâncias, censurada por meio de medidas de natureza administrativa.

Subjacente ao processo de descriminalização, vem se multiplicando em muitos Países, com o apoio da ONU, a adoção de programas e de práticas que visam a mitigar as consequências sociais negativas decorrentes do consumo de drogas psicoativas, legais ou ilegais. A essa prática tem se atribuído a denominação de políticas de *redução de danos e de prevenção de riscos*.

Quando se cogita, portanto, do deslocamento da política de drogas do campo penal para o da saúde pública, está se tratando, em última análise, da conjugação de processos de descriminalização com políticas de redução e de prevenção de danos, e não de legalização pura e simples de determinadas drogas, na linha dos atuais movimentos de legalização da maconha e de leis recentemente editadas no Uruguai e em alguns Estados americanos.

Feitas essas considerações, passemos à análise da norma impugnada à luz do princípio da proporcionalidade, mediante exame de sua adequação e necessidade.

4. Adequação da norma impugnada: controle de evidência e de justificabilidade

Conforme já observamos, na aferição de constitucionalidade de norma restritiva de direitos fundamentais, cabe examinar, inicialmente, se as medidas adotadas pelo legislador mostram-se idôneas à efetiva proteção do bem jurídico fundamental (controle de evidência) e se a decisão legislativa foi tomada após apreciação objetiva e justificável das fontes de conhecimento então disponíveis (controle de justificabilidade).

4.1 Controle de evidência

O art. 28 da Lei n. 11.343/2006 está inserido no Título III do referido diploma legal, sob o qual se encontram agrupadas as disposições atinentes às "atividades de prevenção do uso indevido, atenção e reinserção social de usuários e dependentes de drogas".

Por outro lado, as condutas descritas no art. 28 foram também definidas como crime no art. 33 da referida lei, no rol das condutas relativas ao tráfico. O art. 33, por sua vez, está inserido no Título IV do texto legal, no conjunto das disposições alusivas à "produção não autorizada e ao tráfico ilícito de drogas".

O traço distintivo entre os dois dispositivos, no que diz respeito aos elementos de tipificação das condutas incriminadas, reside na expressão "para uso pessoal", contida na redação do art. 28, *caput*. Objetivou o legislador, como se percebe, conferir tratamento penal diferenciado a usuários e traficantes, abolindo em relação àqueles a pena privativa de liberdade prevista no diploma legal revogado (Lei n. 6.368/1976, art. 16).

Todavia, deflui da própria política de drogas adotada que a criminalização do porte para uso pessoal não condiz com a realização dos fins almejados no que diz respeito a usuários e dependentes, voltados à atenção à saúde e à reinserção social, circunstância a denotar clara incongruência em todo o sistema. (...).

Na prática, porém, apesar do abrandamento das consequências penais da posse de drogas para consumo pessoal, a mera previsão da conduta como infração de natureza penal tem resultado em crescente estigmatização, neutralizando, com isso, os objetivos expressamente definidos no sistema nacional de políticas sobre drogas em relação a usuários e dependentes, em sintonia com políticas de redução de danos e de prevenção de riscos já bastante difundidas no plano internacional.

Esse quadro decorre, sobretudo, da seguinte antinomia: a Lei n. 11.343/2006 conferiu tratamento distinto aos diferentes graus de envolvimento na cadeia do tráfico (art. 33, § 4º), mas não foi objetiva em relação à distinção entre usuário e traficante. Na maioria dos casos, todos acabam classificados simplesmente como traficantes.

Cabe citar, sobre esse aspecto, denso estudo sobre a recorrente situação de pessoas presas em flagrante na posse de drogas ("Tráfico e Constituição: um estudo sobre a atuação da Justiça Criminal do Rio de Janeiro e de Brasília no crime de tráfico de drogas", *Revista Jurídica*, Brasília, vol. 11, n. 94, pp. 1-29, junho-setembro/2009, publicação quadrimestral da Presidência da República).

Segundo a pesquisa, na qual foram examinadas 730 sentenças condenatórias pelo crime de tráfico de entorpecentes no período de outubro de 2006 a maio de 2008, por volta de 80% das condenações decorreram de prisões em flagrante, na maioria das vezes realizadas pela Polícia em abordagem de suspeitos na rua (82% dos casos), geralmente sozinhos (cerca de 60%) e com pequena quantidade de droga (inferiores a 100g).

Outro dado interessante é que em apenas 1,8% dos casos da amostra houve menção ao envolvimento do acusado com organizações criminosas.

A pesquisa constatou, também, uma considerável presença de jovens e adolescentes nas ocorrências. A maioria dos apreendidos (75,6%) é composta por jovens na faixa etária entre 18 e 29 anos.

Verificou-se, ainda, que 62,1% das pessoas presas responderam que exercem alguma atividade remunerada – formal ou informal. Revela a pesquisa, também, que 57% das pessoas não tinham nenhum registro em sua folha de antecedentes.

O padrão de abordagem é quase sempre o mesmo: atitude suspeita, busca pessoal, pequena quantidade de droga e alguma quantia em dinheiro. Daí para frente, o sistema repressivo passa a funcionar de acordo com o que o policial relatar no auto de flagrante, já que a sua palavra será, na maioria das vezes, a única prova contra o acusado.

Não se está aqui a afirmar que a palavra de policiais não mereça crédito. O que se critica é deixar exclusivamente com a autoridade policial, diante da ausência de critérios objetivos de distinção entre usuário e traficante, a definição de quem será levado ao sistema de Justiça como traficante, dependendo dos elementos que o policial levar em consideração na abordagem de cada suspeito. (...).

Nesse contexto, é inevitável a conclusão de que a incongruência entre a criminalização de condutas circunscritas ao consumo pessoal de drogas e os objetivos expressamente estabelecidos pelo legislador em relação a usuários e dependentes, potencializada pela ausência de critério objetivo de distinção entre usuário e traficante, evidencia a clara inadequação da norma impugnada e, portanto, manifesta violação, sob esse aspecto, ao princípio da proporcionalidade.

4.2 Controle de justificabilidade

Em relação à justificabilidade da medida adotada pelo legislador, cabe observar, inicialmente, que não existem estudos suficientes ou incontroversos que revelem ser a repressão ao consumo o instrumento mais eficiente para o combate ao tráfico de drogas. Pelo contrário, apesar da denominada "guerra às drogas", é notório o aumento do tráfico nas últimas décadas.

Por outro lado, em levantamento realizado em 2012 em cerca de 20 Países que adotaram, nas últimas duas décadas, modelos menos rígidos no diz respeito à posse de drogas para uso pessoal, por meio de despenalização ou de descriminalização, constatou-se que em nenhum deles houve grandes alterações na proporção da população que faz uso regular de drogas. (...).

Como se percebe, não há, na justificativa do projeto de lei, nenhuma referência a dados técnicos quanto à correlação entre o porte para uso pessoal e a proteção aos bens jurídicos que se pretendeu tutelar. Pelo contrário, o próprio Relatório, ao reconhecer o usuário como vítima do tráfico, "uma pessoa com vulnerabilidade", merecendo, "para si e para a sua família, atenção à saúde e oportunidade de inserção ou reinserção social", evidencia nítida contrariedade entre meios e fins. (...).

Diante desse quadro, resta suficientemente claro que a criminalização de condutas adstritas ao consumo pessoal de drogas mostra-se, também nesse plano, em manifesta dissonância com o princípio da proporcionalidade.

5. Necessidade da norma impugnada: controle material de intensidade

No plano da necessidade, cabe examinar, conforme já observado, se a medida legislativa interventiva em dado direito fundamental mostra-se necessária, do ponto de vista da Constituição, para a proteção de outros bens jurídicos igualmente relevantes.

Quando se discute a utilização do direito penal como instrumento de repressão à posse de drogas para consumo pessoal, questiona-se sobre a existência de bem jurídico digno de proteção nesse campo, tendo em vista tratar-se de conduta que causaria, quando muito, dano apenas ao usuário, e não a terceiros.

Em contraste com esse entendimento, levanta-se a tese de que a incriminação do porte de droga para uso pessoal se justificaria em função da expansibilidade do perigo abstrato à saúde. Nesse contexto, a proteção da saúde coletiva dependeria da ausência de mercado para a traficância. Em outras palavras, não haveria tráfico se não houvesse consumo. Além disso, haveria uma relação necessária entre tráfico, consumo e outros delitos, como crimes contra o patrimônio e violência contra a pessoa.

Temos em jogo, portanto, de um lado, o direito coletivo à saúde e à segurança públicas e, de outro lado, o direito à intimidade e à vida privada, que se qualificam, no caso da posse de drogas para consumo pessoal, em direito à autodeterminação. Nesse contexto, impõe-se que se examine a necessidade da intervenção, o que significa indagar se a proteção do bem jurídico coletivo não poderia ser efetivada de forma menos gravosa aos precitados direitos de cunho individual. (...).

5.1 Posse de drogas para consumo próprio: saúde e segurança públicas

Na valoração da importância de determinado interesse coletivo como justificativa de tutela penal há de se exigir a demonstração do dano potencial associado à conduta objeto de incriminação. Em outras palavras, há que se verificar em que medida os riscos a que sujeitos os interesses coletivos podem justificar a conversão destes em objeto de proteção pelo direito penal. (...).

(...). Afigura-se claro, até aqui, que tanto o conceito de saúde pública como, pelas mesmas razoes, a noção de segurança pública apresentam-se despidos de suficiente valoração dos riscos a que sujeitos em decorrência de condutas circunscritas a posse de drogas para uso exclusivamente pessoal.

Diante desse quadro, cabe examinar o grau de interferência nos direitos individuais afetados, de forma a aferir, à luz de alternativas à criminalização, a necessidade da intervenção.

5.2 Livre desenvolvimento da personalidade e autodeterminação

A criminalização da posse de drogas "para consumo pessoal" afeta o direito ao livre desenvolvimento da personalidade, em suas diversas manifestações. (...).

Nossa Constituição consagra a dignidade da pessoa humana e o direito à privacidade, à intimidade, à honra e à imagem. Deles pode-se extrair o direito ao livre desenvolvimento da personalidade e à autodeterminação.

A proteção do indivíduo contra interferências que se estimem indevidas por parte do Estado pode ser atalhada, dessa forma, com a invocação do princípio da liberdade geral, que não tolera restrições à autonomia da vontade que não sejam necessárias para alguma finalidade de raiz constitucional, e mesmo pelo apelo ao princípio da proteção da dignidade da pessoa humana, que pressupõe o reconhecimento de uma margem de autonomia do indivíduo, tão larga quanto possível, no quadro dos diversos valores constitucionais.

É sabido que as drogas causam prejuízos físicos e sociais ao seu consumidor. Ainda assim, dar tratamento criminal ao uso de drogas é medida que ofende, de forma desproporcional, o direito à vida privada e à autodeterminação.

O uso privado de drogas é conduta que coloca em risco a pessoa do usuário. Ainda que o usuário adquira as drogas mediante contato com o traficante, não se podem imputar a ele os malefícios coletivos decorrentes da atividade ilícita.

Esses efeitos estão muito afastados da conduta em si do usuário. A ligação é excessivamente remota para atribuir a ela efeitos criminais. Logo, esse resultado está fora do âmbito de imputação penal. A relevância criminal da posse para consumo pessoal dependeria, assim, da validade da incriminação da autolesão. E a autolesão é criminalmente irrelevante. (...).

A criminalização da posse de drogas para uso pessoal conduz à ofensa à privacidade e à intimidade do usuário. Está-se a desrespeitar a decisão da pessoa de colocar em risco a própria saúde.

Não chego ao ponto de afirmar que exista um direito a se entorpecer irrestritamente. É perfeitamente válida a imposição de condições e restrições ao uso de determinadas substâncias, não havendo que se falar, portanto, nesse caso, em direito subjetivo irrestrito. (...).

Ainda que se afirme que a posse de drogas para uso pessoal não integra, em sua plenitude, o direito ao livre desenvolvimento da personalidade, isso não legitima que se lance mão do direito penal para o controle do consumo de drogas, em prejuízo de tantas outras medidas de natureza não penal, como, por exemplo, a proibição de consumo em lugares públicos, a limitação de quantidade compatível com o uso pessoal, a proibição administrativa de certas drogas sob pena de sanções administrativas, entre outras providências não tão drásticas e de questionáveis efeitos como as sanções de natureza penal. (...).

Nesse contexto, a criminalização do porte de drogas para uso pessoal afigura-se excessivamente agressiva à privacidade e à intimidade.

Além disso, o dependente de drogas e, eventualmente, até mesmo o usuário não dependente estão em situação de fragilidade, e devem ser destinatários de políticas de atenção à saúde e de reinserção social, como prevê nossa legislação – arts. 18 e ss. da Lei 11.343/06. Dar tratamento criminal a esse tipo de conduta, além de andar na contramão dos próprios objetivos das políticas públicas sobre o tema, rotula perigosamente o usuário, dificultando sua inserção social.

A situação ainda é mais grave pela prevalência do consumo de drogas entre os jovens, pessoas em fase de desenvolvimento da personalidade e definição de vida e, por isso, especialmente sensíveis à rotulação decorrente do enquadramento criminal. Da mesma forma, a percepção geral é de que o tratamento criminal aos usuários de drogas alcança, em geral, pessoas em situação de fragilidade econômica, com mais dificuldade em superar as consequências de um processo penal e reorganizar suas vidas depois de qualificadas como criminosas por condutas que não vão além de mera lesão pessoal.

Assim, tenho que a criminalização da posse de drogas para uso pessoal é inconstitucional, por atingir, em grau máximo e desnecessariamente, o direito ao livre desenvolvimento da personalidade, em suas várias manifestações, de forma, portanto, claramente desproporcional.

6. Alternativas à criminalização

Não obstante a subsistência, na maioria dos ordenamentos jurídicos, de disposições reproduzidas a partir das normas repressivas das convenções internacionais sobre o tema, é interessante observar uma crescente adoção, por diversos Países, de alternativas à criminalização. (...).

Em todo o mundo discute-se qual o modelo adequado para uma política de drogas eficiente. A alternativa à proibição mais em voga na atualidade é a não criminalização do porte e uso de pequenas quantidades de drogas, modelo adotado, em maior ou menor grau, por diversos Países europeus, Portugal, Espanha, Holanda, Itália, Alemanha e República Checa, entre outros. Muitos desses Países passaram a prever apenas sanções administrativas em relação à posse para uso pessoal. (...).

7. Manutenção das medidas do art. 28 da Lei n. 11.343/2006

Reconhecida a inconstitucionalidade da norma impugnada, e considerando, por outro lado, que as políticas de redução de danos e de prevenção de riscos positivadas na legislação em vigor conferem ponderável grau de legitimidade a medidas restritivas de natureza não penal, é importante viabilizar, até o aprimoramento da legislação, solução que não resulte em vácuo regulatório que, em última análise, possa conduzir à errônea interpretação de que esta decisão implica, sem qualquer restrição, a legalização do porte de drogas para consumo pessoal.

Tendo em conta os resultados retratados na pesquisa sobre práticas integrativas, há pouco noticiada, afigura-se que a aplicação, no que couber, das medidas previstas no referido artigo, sem qualquer efeito de natureza penal, mostra-se solução apropriada, em caráter transitório, ao cumprimento dos objetivos da política nacional de drogas, até que sobrevenha legislação específica.

Afastada a natureza criminal das referidas medidas, com o consequente deslocamento de sua aplicação da esfera criminal para o âmbito civil, não é difícil antever uma maior efetividade no alcance dessas medidas, além de se propiciarem, sem as amarras da lei penal, novas abordagens ao problema do uso de drogas por meio de práticas mais consentâneas com as complexidades que o tema envolve.

8. Apresentação do preso por tráfico ao juiz competente

Por outro lado, conferindo-se às medidas do 28 da Lei n. 11.343/2006 natureza exclusivamente administrativa, restarão afastadas, com isso, não só a possibilidade de prisão em flagrante, já vedada no art. 48, §§ 1º e 2º, da referida lei, como, igualmente, a condução coercitiva à presença do juiz, autorizada nesse mesmo dispositivo, ou à delegacia, (...).

Remanesce, contudo, a possibilidade de prisão pela posse, na forma do art. 50, *caput*, do mesmo diploma legal, quando o policial entender que a conduta se qualifica como tráfico, nos termos do art. 33 da referida lei. Diante dessa possibilidade, ou seja, quando o policial entender que não se trata de posse para uso pessoal, passível de simples notificação, nos termos do art. 48, § 2º, e realizar a prisão em fragrante, temos que a imediata apresentação do preso ao juiz conferiria maior segurança na distinção entre traficante e usuário, até que se concebam, em normas específicas, o que se seria recomendável, critérios revestidos de maior objetividade.

Nos termos do art. 28, § 2º, da Lei n. 11.343/2006: "Para determinar se a droga se destinava a consumo pessoal, o juiz atenderá à natureza e à quantidade da substância apreendida, ao local e às condições em que se desenvolveu a ação, às circunstâncias sociais e pessoais, bem como à conduta e aos antecedentes do agente". (...).

A presunção de não culpabilidade – art. 5º, LVII, da CF – não tolera que a finalidade diversa do consumo pessoal seja legalmente presumida. A finalidade é um elemento-chave para a definição do tráfico. A cadeia de produção e consumo de drogas é orientada em direção ao usuário. Ou seja, uma pessoa que é flagrada na posse de drogas pode, muito bem, ter o propósito de consumir.

Seria incompatível com a presunção de não culpabilidade transferir o ônus da prova em desfavor do acusado nesse ponto. Dessa forma, a melhor leitura é de que o tipo penal do tráfico de drogas pressupõe, de forma implícita, a finalidade diversa do consumo pessoal. Sua demonstração é ônus da acusação.

A finalidade – circunstância íntima ao agente –, via de regra, não pode ser provada de forma direta, sendo avaliada com base nos indicativos dados pelas circunstâncias do caso. Por isso, a própria lei diz que a avaliação deve ser feita de acordo com os indícios disponíveis.

Assim, é ônus da acusação produzir os indícios que levem à conclusão de que o objetivo não era o consumo pessoal. Essa circunstância deve ser alvo de escrutínio pelo juiz.

Se os indícios apontam para o tráfico de uma forma inequívoca, pode-se dispensar uma fundamentação explícita – não se exige esforço argumentativo para demonstrar que uma tonelada de droga não se destina ao consumo pessoal. Em casos limítrofes, contudo, a avaliação deve ser cuidadosa.

Uma segunda questão diz com o *standard* probatório a ser empregado na avaliação, especialmente na prisão preventiva. O art. 312 do CPP exige, para a prisão preventiva, "prova da existência do crime e indício suficiente de autoria".

Muitos magistrados invocam o brocardo na dúvida pela acusação (*in dubio pro societate*) para justificar a prisão preventiva. Parece correto exigir menos para a prisão preventiva do que para a condenação. Mas não há como impor à defesa o ônus de provar a inocência, mesmo nessa fase processual. O mínimo que se exige para a prisão preventiva é a preponderância da prova.

Assim, o juiz pode – e deve –, desde logo, avaliar a situação do flagrado ou indiciado, analisando se os indícios são preponderantes em afastar a finalidade do consumo pessoal.

No caso das prisões em flagrante a situação é particularmente grave. Como já dito, o enquadramento jurídico é feito pela autoridade policial, com base, principalmente, na palavra dos policiais condutores.

A palavra e a avaliação dos policiais merecem crédito, mas a garantia do devido processual legal pressupõe a avaliação feita por um juiz "neutro e desinteressado", sobrepondo a avaliação de um "policial envolvido no empreendimento muitas vezes competitivo de revelar o crime" – Justice Robert H. Jackson, redator da *opinion* da Suprema Corte dos Estados Unidos, caso "Johnson *versus* United States", 333 U.S. 10 (1948).

Além disso, a jurisprudência do STF firmou-se no sentido de que o tráfico de drogas não é incompatível com a liberdade provisória (HC n. 104.339, Pleno, rel. Min. Gilmar Mendes, j. 10.5.2012), com o regime inicial aberto de cumprimento de penas (HC n. 111.840, rel. Min. Dias Toffoli, Pleno, j. 14.6.2012) e mesmo com a substituição da pena privativa de liberdade por penas restritivas de direito (HC n. 97.256, rel. Min. Ayres Britto, j. 1.9.2010, que redundou na Resolução n. 5/2012 do Senado Federal).

Levando esses fatores em consideração, tenho que a avaliação da qualidade da prisão em flagrante pelo tráfico de drogas e da necessidade de sua conversão em prisão preventiva deve ser objeto de especial análise pelo Poder Judiciário.

A apresentação do preso ao juiz, em curto prazo, para que o magistrado possa avaliar as condições em que foi realizada a prisão e se é de fato imprescindível a sua conversão em prisão preventiva, é providência imprescindível. Trata-se de medida já incorporada ao Direito interno, prevista no art. 7.5 do Pacto de São José da Costa Rica, mas que ainda encontra alguma resistência em sua aplicação, por razões atinentes, sobretudo, a dificuldades operacionais.

A apresentação de presos ao juiz é uma realidade em praticamente todos os Países democráticos. A simples tradição não sustenta, portanto, a nossa práxis atual.

Tramita no Congresso o Projeto de Lei do Senado/PLS n. 554/2011, que busca dar tratamento legislativo ao tema. No entanto, para casos de tráfico de drogas não há razão para esperar alteração legislativa.

Cabe registrar, por fim, a existência de projetos piloto acerca do tema, objeto de parcerias entre o CNJ e Tribunais de Justiça. Contudo, independentemente dos projetos em andamento, tenho por cabível e conveniente, nas prisões por tráfico de drogas, a determinação, por esta Corte, da imediata apresentação do preso ao juiz.

9. Dispositivo

Pelo exposto, dou provimento ao recurso extraordinário para: (1) declarar a inconstitucionalidade, sem redução de texto, do art. 28 da Lei n. 11.343/2006, de forma a afastar do referido dispositivo todo e qualquer efeito de natureza penal. Todavia, restam mantidas, no que couber, até o advento de legislação específica, as medidas ali previstas, com natureza administrativa; (2) conferir, por dependência lógica, interpretação conforme à Constituição ao art. 48, §§ 1º e 2º, da Lei n. 11.343/2006, no sentido de que, tratando-se de conduta prevista no art. 28 da referida lei, o autor do fato será apenas notificado a comparecer em juízo; (3) conferir, por dependência lógica, interpretação conforme à Constituição ao art. 50, *caput*, da Lei n. 11.343/2006, no sentido de que na prisão em flagrante por tráfico de droga o preso deve, como condição de validade da conversão da prisão em flagrante em prisão preventiva, ser imediatamente apresentado ao juiz; (4) absolver o acusado, por atipicidade da conduta; e (5) determinar ao Conselho Nacional de Justiça as seguintes providências: (a) diligenciar, no prazo de seis meses, a contar desta decisão, por meio de articulação com Tribunais de Justiça, Conselho Nacional do Ministério Público, Ministério da Justiça e Ministério da Saúde, sem prejuízo de outros órgãos, os encaminhamentos necessários à aplicação, no que couber, das medidas previstas no art. 28 da Lei n. 11.343/2006, em procedimento cível, com ênfase em atuação de caráter multidisciplinar; (b) articulação, no prazo de seis meses, a contar desta decisão, entre os serviços e organizações que atuam em atividades de prevenção do uso indevido de drogas e da rede de atenção a usuários e dependentes, por meio de projetos pedagógicos e campanhas institucionais, entre outras medidas, com estratégias preventivas e de recuperação adequadas às especificidades socioculturais dos diversos grupos de usuários e das diferentes drogas utilizadas; (c) regulamentar, no prazo de seis meses, a audiência de apresentação do preso ao juiz determinada nesta decisão, com o respectivo monitoramento; (d) apresentar a esta Corte, a cada seis meses, relatório das providências determinadas nesta decisão e resultados obtidos, até ulterior deliberação.

É como voto.

Decisão: Preliminarmente, o Tribunal, por unanimidade e nos termos do voto do Relator, resolveu Questão de Ordem no sentido de admitir o ingresso no feito na condição de *amicus curiae*, bem como o direito à sustentação oral, da Associação Paulista para o Desenvolvimento da Medicina (SPDF), da Associação Brasileira de Estudos do Álcool e outras Drogas (ABEAD), da Associação Nacional Pró-Vida e Pró-Família (PRÓ-VIDA-FAMÍLIA), da Central de Articulação das Entidades de Saúde (CADES) e da Federação de Amor-Exigente (FEAE). Em seguida, após o relatório e as sustentações orais, o julgamento foi suspenso. Falaram: pelo recorrente, o Dr. Rafael Munerati, Defensor Público do Estado de São Paulo; pelo recorrido Ministério Público do Estado de São Paulo, o Dr. Márcio Fernando Elias Rosa, Procurador-Geral de Justiça; pelo Ministério Público Federal, o Dr. Rodrigo Janot Monteiro de Barros, Procurador-Geral da República; pelo *amicus curiae* Instituto Brasileiro de Ciências Criminais – IBCCRIM, o Dr. Cristiano Ávila Maronna; pelo *amicus curiae* Viva Rio, o Dr. Pierpaolo Cruz Bottini; pelo *amicus curiae* Instituto de Defesa do Direito de Defesa, o Dr. Augusto de Arruda Botelho; pelos *amici curiae* CONECTAS Direitos Humanos, Instituto Sou da Paz, Instituto Terra Trabalho e Cidadania e pela Pastoral Carcerária, o Dr. Rafael Carlsson Custódio; pelo *amicus curiae* Associação Brasileira de Gays, Lésbicas e Transgêneros – ABGLT, o Dr. Rodrigo Melo Mesquita; pelo *amicus curiae* Associação Brasileira de Estudos Sociais do Uso de Psicoativos – ABESUP, a Dra. Luciana Boiteux; pelo *amicus curiae* Associação dos Delegados de Polícia do Brasil – ADEPOL, o Dr. Wladimir Sérgio Reale; pelos *amici curiae* Associação Paulista para o Desenvolvimento da Medicina – SPDM e Associação Brasileira de Estudos do Álcool e outras Drogas – ABEAD, o Dr. David Azevedo; pelo *amicus curiae* Central de Articulação das Entidades de Saúde – CADES, a Dra. Rosane Rosolen Azevedo Ribeiro; pelo *amicus curiae* Federação de Amor-Exigente – FEAE, o Dr. Cid Vieira de Souza Filho; e pelo *amicus curiae* Associação Nacional Pró-Vida e Pró-Família (PRÓ-VIDA-FAMÍLIA), o Dr. Paulo Fernando Melo da Costa. Ausente o Min. Dias Toffoli, participando, na qualidade de Presidente do TSE, da 2ª Assembleia-Geral e Conferência Internacional da Associação Mundial de Órgãos Eleitorais, organizadas pela Associação Mundial de Órgãos Eleitorais (AWEB).

Presidência do Min. Ricardo Lewandowski. Plenário, 19.8.2015.

Decisão: Após o voto do Min. Gilmar Mendes (Relator), dando provimento ao recurso extraordinário, pediu vista dos autos o Min. Edson Fachin. Ausentes, justificadamente, o Min. Dias Toffoli, participando, na qualidade de Presidente do TSE, da 2ª Assembleia-Geral e Conferência Internacional da Associação Mundial de Órgãos Eleitorais, organizadas pela Associação Mundial de Órgãos Eleitorais (AWEB), e a Min. Carmen Lúcia, participando do 11º Fórum Brasileiro de Controle da Administração Pública, no Rio de Janeiro/RJ.

Presidência do Min. Ricardo Lewandowski. Plenário, 20.8.2015.

Decisão: Após o voto-vista do Min. Edson Fachin, que dava parcial provimento ao recurso, e o voto do Min. Roberto Barroso, dando-lhe provimento, pediu vista dos autos o Min. Teori Zavascki. Ausente, justificadamente, o Min. Dias Toffoli.

Presidência do Min. Ricardo Lewandowski. Plenário, 10.9.2015.

* * *

PERGUNTAS

1. Em que sentido foi o voto do Min. Gilmar Mendes?
2. Quais argumentos o Ministro utilizou para defender seu ponto de vista?
3. Existem direitos em conflito neste caso? Quais?

4. Você concorda com o argumento do Min. Gilmar Mendes com relação ao conflito de direitos fundamentais?
5. Qual a diferença entre proibição, despenalização e descriminalização? Qual seria a opção do Min. Gilmar Mendes?
6. Qual seria na prática a consequência desta decisão para o usuário de drogas? E para o policial? E para o juiz?
7. O que é um crime de perigo abstrato? Faz sentido a existência deste tipo de crime no ordenamento jurídico?
8. A solução oferecida pelo Min. Gilmar Mendes está alinhada com sua opinião sobre o tema? Por quê?
9. O que você pensa sobre a descriminalização do uso de drogas no Brasil?
10. Você considera que o STF agiu dentro de suas funções tomando esta decisão? Por quê?

LIBERDADE DE MANIFESTAÇÃO, DE EXPRESSÃO E DE IMPRENSA

5.5 *Caso da manifestação na Praça dos Três Poderes (ADI 1.969-4-DF)*

(Plenário – rel. Min. Marco Aurélio – j. 24.3.1999)

Ação direta de inconstitucionalidade – Objeto – Decreto. Possuindo o decreto característica de ato autônomo abstrato, adequado é o ataque da medida na via da ação direta de inconstitucionalidade. Isso ocorre relativamente a ato do Poder Executivo que, a pretexto de compatibilizar a liberdade de reunião e de expressão com o direito ao trabalho em ambiente de tranquilidade, acaba por emprestar à Carta regulamentação imprópria, sob os ângulos formal e material.

Liberdade de reunião e de manifestação pública – Limitações. De início, surge com relevância ímpar pedido de suspensão de decreto mediante o qual foram impostas limitações à liberdade de reunião e de manifestação pública, proibindo-se a utilização de carros de som e de outros equipamentos de veiculação de ideias.

ACÓRDÃO – Vistos, relatados e discutidos estes autos: Acordam os Ministros do Supremo Tribunal Federal, em sessão plenária, na conformidade da ata do julgamento e das notas taquigráficas, por unanimidade de votos, em deferir o pedido de medida cautelar, para suspender, até a decisão final da ação direta, a execução e a aplicabilidade do Decreto n. 20.098, de 15.3.1999, editado pelo Governador do Distrito Federal.

Brasília, 24 de março de 1999 – *Celso de Mello*, presidente – *Marco Aurélio*, relator.

RELATÓRIO – *O Sr. Min. Marco Aurélio*: Esta ação direta de inconstitucionalidade está dirigida contra o Decreto n. 20.098, de 15.3.1999, publicado no *Diário* do dia imediato, com o quê restou proibida a utilização de carros, aparelhos e objetos sonoros nas manifestações públicas a serem realizadas na Praça dos Três Poderes, na Esplanada dos Ministérios e na Praça do Buriti, em Brasília. (...).

VOTO – *O Sr. Min. Marco Aurélio* (relator): (...). Ora, em primeiro lugar, o preceito do inciso XVI do rol das garantias constitucionais, a revelar que "todos podem reunir-se pacificamente, sem armas, em locais abertos ao público, independentemente de autorização, desde que não frustrem outra reunião anteriormente convocada para o mesmo local, sendo apenas exigido prévio aviso à autoridade competente", mostrou-se, desde logo, norma autoaplicável, independente de regulamentação, mesmo porque se fugiu à abertura de via ao cerceio da liberdade de reunião. Por isso mesmo, o dispositivo é pedagógico, ao aludir aos locais abertos ao público. É desnecessária autorização, apenas limitando-se o direito quando já prevista para o mesmo local outra reunião. Sob o ângulo da atuação administrativa, considerado até mesmo o poder de polícia, apenas previu-se a necessidade de comunicação do intuito de realizar-se a reunião. A isto soma-se a premissa segundo a qual não cabe à autoridade local regulamentar preceito da Carta da República, muito menos a ponto de mitigá-lo, como ocorreu na espécie dos autos.

É apropriada uma pequena digressão em torno do que, à luz da mais comezinha lógica, parece ser óbvio: a quem é dado calar ou manipular, com ardis, a expressão soberana e legítima do povo, ao qual compete *exclusivamente* conferir poder àqueles investidos em cargos de comando? Em outras palavras, a quem é facultado amordaçar os autênticos senhores, em primeira e última instância, do poder de decisão? A contradição afigura-se mais que evidente ao se constatar que, ironicamente, aqueles que se empenham, por qualquer meio, na obstrução da liberdade de expressão são quase sempre os que, em um momento anterior, usaram do direito à mesma garantia constitucional para pedir apoio ou simplesmente impingir um programa governamental. Um outro paradoxo sobressai nesse contexto extravagante: como, em nome da preservação da democracia, pode-se agredir os princípios e valores que verdadeiramente a sustentam?

Como pelejar pela liberdade combatendo-a em seus mais elementares alicerces? Como robustecê-la à medida que se a restringe? Pois é essa a situação com que deparamos nesta ação direta de inconstitucionalidade. Doravante, conforme dispõe o decreto em comento, só serão permitidas multidões silenciosas – peadas da alegria da música veiculada em carros de som ou da contundência das palavras de ordem a repercutir em alto-falantes – tal qual cordão fantasmagórico e surrealista a se arrastar pelos imensos espaços descampados da Esplanada dos Ministérios, projeto arquitetônico cada vez mais festejado mundialmente – foi objeto de atenção da revista *Time*, há aproximadamente uma quinzena –, como genuíno monumento de consagração a todas as liberdades, mormente a de manifestação. Pois é nesse palco de consagração quase ritual à expressão da cidadania que se quer impedir, num contrassenso, manifestações plenas, como se se pretendesse obstaculizar o inexorável veredicto do povo. E é de ressaltar, sublinhar mesmo, que, ao que se depreende do malfadado texto, somente as manifestações políticas merecem o cerceio que se almeja impor pela força de um mero decreto. É que, num primeiro momento, restaram excluídas do decreto anterior "as de caráter cívico-militar, religioso e cultural", o que significa dizer que, de acordo com ambas as medidas, as procissões, ainda que acompanhadas por fanáticos alvoroços, retumbados por caixas de sons tonitruantes, seriam plenamente admissíveis, assim como ostensivas paradas militares, com as pomposas bandas de costume. Também de acordo com o anterior decreto, revogado pela incomodante desaprovação da mídia, eram bem-vindas na Esplanada as manifestações culturais, como se as políticas assim não pudessem ser consideradas, o que vem a se configurar em verdadeiro despropósito, de vez que nada há de mais cultural que as reuniões populares, quaisquer que sejam seus objetivos: protestar, comemorar, reivindicar, alfim, criticar. De ver, destarte, que outrora se cuidou de forjar às escâncaras uma censura ideológica; senão, cumpriria perguntar, à luz daquele decreto: o Estado opor-se-ia, obstaculizando o acesso à praça do povo que é a Esplanada, à celebração, por hipótese, da conquista de um pentacampeonato mundial futebolístico, impedindo a população de, em apoteótica catarse, sair "atrás do trio elétrico", comportamento já celebrizado pelo genial Caetano Veloso, poeta-fotógrafo da alma do povo brasileiro? De forma alguma! Ou, por outra, obstruiria, pela força das armas, do poder de polícia a si conferido pelo povo, a comemoração alvissareira dos habitantes da cidade por alguma melhoria comunitária, como a conquista esperada do recorde negativo quanto ao número de vítimas no trânsito? Jamais!

Pois bem, a imprensa "derrubou" o primeiro decreto. Todavia, deu-se um jeito de impedir ditas "manifestações públicas".

Então, cumpre mais uma vez indagar: viesse novamente S. Santidade, o Sumo Pontífice, visitar a Capital brasileira, o Governo haveria de impedir a realização de uma missa campal na Esplanada, como da vez anterior, na intenção de "um disciplinamento", visando ao "respeito mútuo", de modo a não serem "agredidos os postulados básicos da democracia"? A resposta, novamente, sem sombra de dúvidas, é negativa.

Logo, o gravame é daqueles que envergonham os cidadãos que se pretendem vivendo numa Pátria democrática e desonram os heróis, muitos anônimos, que lutaram, alguns até a morte, por um País livre do vexame do autoritarismo, das amarras covardes do despotismo ditatorial. Os brasileiros não suportamos mais falsos protecionismos cujo único resultado é o atraso, a ignomínia de um povo. É lugar-comum dizer que a democracia se aprende cotidiana e ininterruptamente, e não é restringindo uma das mais importantes garantias constitucionais – a liberdade de expressão do pensamento, intimamente ligada ao direito de reunião – que se dará vigor e sustentação ao organismo que se quer democrático, como o Estado, principalmente o Brasileiro, que aspira pelo respeito das outras Nações ante a circunstância auspiciosa de integrar definitivamente o rol dos Países consolidados politicamente, para o quê um dos pressupostos básicos é a certeza, em nenhuma instância refutável. (...).

No trabalho elaborado, concluiu o Min. Celso de Mello:

(a) O direito de reunião constitui faculdade constitucional assegurada a todos os brasileiros e estrangeiros residentes no País.

(b) Os agentes públicos não podem, sob pena de responsabilidade criminal, intervir, restringir, cercear ou dissolver reunião pacífica, sem armas, convocada para fim lícito.

(c) O Estado tem o dever de assegurar aos indivíduos o livre exercício do direito de reunião, protegendo-os, inclusive, contra aqueles que são contrários à assembleia.

(d) O exercício do direito de reunião independe e prescinde de licença da autoridade policial.

(e) O direito de reunião, permitindo o protesto, a crítica e a manifestação de ideias e pensamento, constitui instrumento de liberdade dentro do Estado Moderno.

E assim realmente o é. Não coabitam o mesmo teto a liberdade de reunião e expressão e a disciplina normativa que acabe por balizá-la, tornando-a inócua ao impor a lei do silêncio. Sob o ângulo do poder de polícia, considerados possíveis excessos, a atuação jamais poderá ser preventiva, sob pena de intimidação incompatível com as garantias constitucionais. Há de ser acionado, isto, sim, de forma repressiva apenas quando extravasados os limites ditados pela razoabilidade, vindo à balha violências contra prédios e pessoas. (...).

Por tais razões, voto no sentido da admissibilidade desta ação direta de inconstitucionalidade e suspensão do ato atacado.

O Sr. Min. Nelson Jobim: Sr. Presidente, o inciso XVI do art. 5º da Constituição dispõe que: "Art. 5º. (...); XVI – todos podem reunir-se pacificamente, sem armas, em locais abertos ao público, independentemente de autorização, desde que não frustrem outra reunião anteriormente convocada para o mesmo local, sendo apenas exigido prévio aviso à autoridade competente; (...)". (...).

LIBERDADE

O texto do decreto emitido pelo Governo do Distrito Federal diz que: "Art. 1º. Fica vedada a realização de manifestações públicas, com utilização de carros, aparelhos e objetos sonoros, na Praça dos Três Poderes, Esplanada dos Ministérios e Praça do Buriti e vias adjacentes".

O Relator concluiu que este texto obstrui o inciso XVI, que assegura o direito de "reunir-se pacificamente". Pergunto: o direito de reunir-se pacificamente é um direito absoluto, ou é um direito sujeito a regras?

Se for um direito absoluto, fazendo uma imagem também radicalizada, nós poderíamos, então, ter uma reunião de qualquer volume de som em frente ao Hospital de Base, tendo em vista as vias públicas que circundam aquele prédio. Seria razoável? Não, não seria razoável. (...).

Estaria vedado ao Poder Público fixar regras em relação ao exercício do direito de reunião?

Diz o eminente Ministro-Presidente, num trabalho de 1977, que os agentes públicos não podem intervir, restringir, cercear ou dissolver.

O problema é examinar, exatamente, se uma regra dessa natureza, que veda a utilização, nesses locais de reuniões públicas, de carros, aparelhos e objetos sonoros importa uma intervenção, uma restrição ao direito de reunião, o cerceamento ao direito de manifestação, ou importa uma dissolução de reunião pacífica.

Não é dissolver. Seria intervir, no sentido de impedir? Seria cercear ou restringir? Aqui estão os dois verbos fundamentais.

Excluo, portanto, a dissolução e a intervenção, usando a expressão "verificando o problema da restrição ou do cerceamento".

Qual conflito estaria posto? Creio que a rua, como foi referido longamente pelo Sr. Ministro-Relator, no sentido lato, o seu espaço público, distingue-se, no sistema brasileiro, do espaço privado da casa.

Aliás, há um trabalho extraordinário, produzido por um dos grandes antropólogos brasileiros, o Professor Roberto da Matta, que conseguiu ler a sociedade brasileira, através da distinção entre casa e rua, em um de seus trabalhos conhecidíssimos sobre *Carnavais, Malandros e Heróis* e o mesmo trabalho posterior *Casa e Rua*, onde diz, dentro de nossa concepção tipicamente portuguesa e brasileira: "Jogamos o lixo para fora de nossa calçada, portas e janelas; não obedecemos às regras de trânsito, somos até mesmo capazes de depredar a coisa comum, utilizando aquele célebre e não analisado argumento segundo o qual tudo que fica fora de nossa casa é um problema do governo! Na rua a vergonha da desordem não é mais nossa, mas do Estado. Limpamos ritualmente a casa e sujamos a rua sem cerimônia ou pejo... Não somos efetivamente capazes de projetar a casa na rua de modo sistemático e coerente, e a não ser quando recriamos no espaço público o mesmo ambiente caseiro e familiar. Não ocorreu entre nós, conforme também sugiro nos ensaios deste livro, uma 'revolução' que viesse harmonizar ou tornar hegemônico apenas um destes eixos em relação aos outros" (São Paulo, Ed. Brasiliense, 1985, pp. 16-17)

Sr. Presidente, há determinados desenhos arquitetônicos que otimizaram a rua para um certo tipo de finalidade, como é o caso, por exemplo, das grandes ou das pequenas cidades ou centros urbanos coloniais brasileiros, onde as casas iam ao limite do início da rua, não tendo jardim nem reentrância, porque eram arquitetonicamente desenhadas para assegurar a proteção dos cidadãos contra a ocupação daquela cidade, pois, uma vez invadida, os agressores ficariam expostos, não teriam onde se esconder, tendo em vista a proibição arquitetônica da criação de jardins ou de reentrâncias, e entrariam em grandes canais, onde poderiam ser alvejados pelos moradores da cidade.

É o que se passa em Parati, exemplo clássico em termos de organização portuguesa de proteção aos invasores.

Pergunto: se a rua é feita, em princípio, para circular de acordo com as conveniências dos seus usuários – é essa a destinação inicial –, a via pública passa a ser, assim, o domínio de um tipo de liberdade, que é a de ir e vir.

Diante dessa liberdade geral de ir e vir, os particulares devem se inclinar, ou não? Essa é a questão. Talvez seja esse, juridicamente, o fundamento do regramento das manifestações que se fazem internacionalmente.

Sr. Presidente, parto do pressuposto de que o direito estabelecido no inciso XVI do art. 5º da Constituição não tem a característica de um direito absoluto.

Viabilizo, entendo possível o exercício do direito de polícia para regulamentar essas manifestações, desde que – e aqui está o ponto – não determine o impedimento do direito de reunião, reconhecido pelo nosso Presidente no trabalho já referido, permitindo o protesto, a crítica e a manifestação de ideias e pensamentos, que são bens protegidos.

É admissível que, no exercício do direito de reunião, decorra a impossibilidade, também, do exercício de outrem, que não participem da reunião, de exercerem as suas funções de trabalho?

Esse é o ponto! Estamos julgando este caso. Vamos supor que, no espaço que circunda este prédio, realiza-se uma reunião em que não se tome decisão e aponha-se, nos seus quatro pontos, aparelhos de som (ou, na linguagem mais conhecida, "trios elétricos", de alta capacidade em termos de *watts* e volume) e o seu uso venha a impedir a prática do ato constitucional de decidir.

Ao determinar, pelo Presidente da Casa ou por autoridade policial de qualquer natureza por ele eventualmente convocada, que se retire os veículos e se viabilize o exercício da função constitucional o qual temos o dever de praticar, estaríamos impedindo o direito de protesto?

Uma coisa é o protesto, a crítica e a manifestação de pensamentos, outra é, pelo exercício do protesto, impedir-se que se pratique a atividade em relação à qual se protesta.

O Sr. Min. Marco Aurélio (relator): O objetivo jamais será esse. O protesto terá uma causa; vamos afastar a causa.

O Sr. Min. Nelson Jobim: A causa do protesto é legítima, porque, politicamente, todos poderão manifestar seus pontos de vista.

A questão a saber é se, no exercício do protesto, pode impedir-se que outrem pratique atos não incluídos no protesto.

Ou seja, o protesto pode ser incluído em todas as atividades ou tem que ser uma manifestação de crítica ou de pensamento que, assegurado seu espaço, não seja totalitário, no sentido de impedir as funções de outros que não queiram participar ou, mesmo, sejam contrários a ele.

Estou examinado a hipótese não só daqueles que são eventualmente contra o conteúdo do protesto, seja ele qual for.

Poderíamos ter uma ruidosa manifestação favorável à pena de morte e uma manifestação contrária a ela, creio que menos ruidosa, considerando as situações que, digamos, envolvem esse tipo de pena.

Pergunto: é impossível protestar, é impossível disciplinar o exercício do direito de reunião? A questão é que essa disciplina não pode invadir e chegar ao ponto de uma zona gris que impeça e atenda àquilo que o Sr. Ministro-Relator afigura.

Estou examinando a seguinte situação objetiva: importa a disciplina de determinadas situações do estado de reunião, uma restrição ao estado de reunião, ou importa a conciliação de dois direitos que devem ser assegurados pelo Estado, o direito de reunir-se e o direito de não participar da reunião e poder trabalhar tranquilamente?

Esse é o ponto. Se reconhecermos, de forma absoluta, que o exercício do direito de reunião não pode sofrer nenhum tipo de restrição, a hipótese, o discurso, o fundamento, essa premissa o asseguraria, em quaisquer circunstâncias, menos causando lesão.

Esse foi o objetivo do exemplo que absurdamente submeti à apreciação do Plenário, qual seja, a realização de uma reunião em frente a um hospital.

No caso, seria inviável a vedação de realização de reuniões em frente a um hospital, porque estaria lesando o direito de reunião, que é absoluto.

Logo, se esse contracaso nos conduz a uma situação absurda, verificamos que não é um direito absoluto, é relativo, e há espaços de disciplina.

E quais são estes? Aqui surge o problema. Os espaços de disciplina só podem ser aqueles vistos de forma negativa, qual seja, que não impeçam a eficácia da manifestação, que é exatamente a transposição, a verbalização do que se faz, do que se diz.

O texto veda a realização de manifestações públicas com "utilização de carros, aparelhos e objetos sonoros". (...).

Surge agora um problema, olhando-se pelo lado da eficácia do exercício do direito de protesto, de crítica ou de manifestação de ideias: os carros, aparelhos e objetos sonoros estão vedados, pelo decreto, nas vias públicas adjacentes à Praça dos Três Poderes, Esplanada dos Ministérios e Praça do Buriti, inclusive.

Isso significa que no Congresso Nacional poder-se-ia fazer um comício sem som. Ou seja, pode se reunir, mas sem som.

Estaríamos, então, tornando ineficaz o exercício do direito de reunião, porque, ao se fazer um comício com 5, 10, 15.000 pessoas, quando alguém for falar, terá de recorrer àqueles velhos aparelhos usados antigamente para ampliar o som e que deram origem à expressão *persona*.

Estaríamos no limite. Agora, no mesmo ambiente físico, a Praça dos Três Poderes, poderíamos ter, nessa reunião, um trio elétrico que inviabilizasse o trabalho, por exemplo, das Turmas deste Tribunal.

Sr. Presidente, na linha do meu voto, não participo da posição do Ministro-Relator no sentido de que seja um direito absoluto.

Entendo que há necessidade de se estabelecer, pelo exercício do poder de polícia, certos tipos de regramentos. Eles precisam se encontrar dentro de um limite, para que se assegure a eficácia do protesto, da crítica e da manifestação das ideias e pensamentos.

Ora, na medida em que temos um decreto o qual veda de forma absoluta a utilização de aparelho de som na frente do Congresso – não sei se ainda tem, lembro-me que, à época do Deputado Ulisses Guimarães, foi construído na frente do Congresso um palanque para essas manifestações públicas –, creio que, nesta hipótese, estaríamos impedindo a eficácia do protesto praticamente, por via transversa, e a realização da reunião. (...).

O Sr. Min. Moreira Alves: V. Exa. consideraria, se não fosse o problema dos aparelhos de som, possível estabelecer-se que em determinados logradouros públicos não poderia haver reunião?

O Sr. Min. Nelson Jobim: Eu não vejo nenhum problema em se realizar uma reunião pública, imensa, perante o Hospital de Base, mas silenciosa. Isso não teria nenhum problema. Agora, seria absolutamente contrário à possibilidade de esta reunião ser sonora, porque, aí, é um direito que deve ser assegurado, o direito dos internados. A paz necessária para um ambiente dessa natureza. Pelo que entendi do voto do Min. Marco Aurélio, ele não admite nenhum tipo de regramento, não é isso?

O Sr. Min. Marco Aurélio (relator): A priori, não concebo um regramento que acabe tornando inócua a garantia constitucional. E, aí, o do decreto torna, porque esperar que haja repercussão de uma manifestação submetida à lei do silêncio é de uma ingenuidade incrível.

O Sr. Min. Nelson Jobim: Estou votando com essa ênfase, referindo correto o Min. Sepúlveda Pertence, para não se afirmar que o meu voto foi no sentido de impedir qualquer regramento. (...).

O Sr. Min. Moreira Alves: Se o decreto não admitisse que houvesse reuniões dessa natureza na Praça dos Três Poderes tendo em vista a circunstância de o Supremo Tribunal, o Palácio do Presidente da República e o Congresso Nacional...

O Sr. Min. Nelson Jobim: Veja bem, Ministro, são três poderes políticos. A vedação a reuniões perante órgãos e poderes políticos seria a vedação da manifestação contrária ao exercício da política? Aí entenderia que estaria se vedando o exercício do poder de crítica. Uma coisa é o exercício do poder de crítica, outra coisa é, exercido o poder de crítica, impedir que...

O Sr. Min. Moreira Alves: Não estou percebendo bem qual seria o caso. Seria só o do hospital?

O Sr. Min. Nelson Jobim: Eu admitiria reunião no hospital silenciosa, desde que não impedisse a saída e entrada do hospital, evidentemente. Aí teríamos que ter a força pública assegurando a entrada e saída.

O Sr. Min. Moreira Alves: Se resolverem, por exemplo, com reuniões, fechar as vias de acesso na hora do *rush*, isso não seria possível, a princípio?

O Sr. Min. Nelson Jobim: Uma coisa é tornar compatível o direito de reunião com o exercício de outros direitos. No momento em que o direito de reunião está excluindo o exercício de outras reuniões, ou a forma pela qual ela se realiza, qual é o direito que prevalece? Essa é uma questão a ser examinada, No caso do hospital, é evidente qual o direito que prevalece.

Creio que a singeleza do decreto, aí está o ponto, é que conduz à proibição efetiva do exercício daquilo que o Min. Celso de Mello se refere como permitindo protesto, a crítica, manifestação de ideias e pensamentos.

O Sr. Min. Moreira Alves: V. Exa. não acha que o que impede não é o problema de um local apenas, mas sim o de vir um decreto que estabelecesse a proibição em quase todos os locais. Agora, um local ou outro não se poderá estabelecer quando haja razões razoáveis para isso? Aqui, por exemplo, por causa das vias de acesso aos Poderes, isso é absolutamente razoável. Está no decreto.

O Sr. Min. Nelson Jobim: O decreto não está proibindo que se faça essa reunião; ele proíbe que se faça essa reunião com som. Então não atende ao problema suscitado por V. Exa.; teremos a hipótese de juntar milhões de pessoas que evita a circulação, o decreto não proíbe isso.

O Sr. Min. Moreira Alves: Em última análise, o problema seria por causa do som.

O Sr. Min. Nelson Jobim: Esse é o ponto, e a forma pela qual está estabelecido não é razoável. Esse decreto, tal qual está posto, não é razoável, porque atinge o exercício efetivo da manifestação, porque a faz muda. Se fosse uma manifestação, e as há, manifestações de protesto mudas é uma forma de exercer a manifestação.

Agora, se a manifestação é num comício público e queira se fazer na frente do Congresso Nacional, que é o ambiente normalmente utilizado, como é que se vai fazer o comício? Usando o quê? Vamos ter que fazer em *walk-talk*, ou seja, o sujeito fala no *walk-talk* e o outro está ouvindo do outro lado, toda a população, ou seja, inviabiliza o exercício.

Sr. Presidente, feitas essas considerações, acompanho o Sr. Ministro-Relator para suspender a concessão da liminar, e na votação de mérito farei o voto no sentido de fixar com clareza as linhas de pensamento no que divirjo, pelo menos em princípio, daquilo que ouvi dos fundamentos do voto do Sr. Ministro-Relator.

VOTO – *O Sr. Min. Moreira Alves*: Sr. Presidente, o meu pensamento nesta matéria é bem claro: os direitos fundamentais, por via de regra, não são direitos absolutos, são direitos relativos dentro de um critério de razoabilidade com relação a essa relatividade.

Aqui, Sr. Presidente, temos que o poder de polícia pode ser exercido. O problema não é de regime democrático, porque o regime democrático é o regime da ordem. Por isso mesmo é que a Constituição de 1946, que não se pode dizer que foi produto de autoritarismo militar, é bastante categórica no sentido de que esse direito se curva diante do poder de polícia para o bem público.

Mesmo com relação a determinados locais, não tenho dúvida alguma em considerar que, se for razoável, é possível a proibição de reunião neles, até porque isso não impede o direito de reunião, apenas o disciplina com relação a determinados locais. Assim, por exemplo, não seria possível admitir-se que concomitantemente se fizessem reuniões fechando todas as vias de acesso a uma determinada cidade ou fechando o trânsito completamente. Os direitos fundamentais se confrontam com outros direitos fundamentais, sendo que alguns até nem isso, como é o problema de inviolabilidade: com referência à telefonia, admite-se a autorização judicial; e quanto aos demais, não se admite. Nós, porém, somos obrigados a admitir que também esses outros são direitos relativos.

Assim, o problema, a meu ver, é principalmente de razoabilidade. E aqui, tendo em vista a circunstância de que decretos anteriores havia apenas com relação a determinados espaços, depois da observação do Min. Nelson Jobim com referência à possibilidade de se fazerem reuniões em que não se pudesse utilizar de instrumentos que são necessários para a comunicação sem qualquer limite, realmente cairíamos num ridículo.

Por isso mesmo é que fiz várias perguntas ao Min. Nelson Jobim, justamente para se caracterizar bem, e, afinal, S. Exa. concluiu no sentido do problema da razoabilidade, sendo que, neste caso, não haveria razoabilidade, porque se admite a reunião mas não se admite que se externe a manifestação do pensamento de maneira que possa haver comunicação entre os participantes.

Sr. Presidente, com essas considerações, acompanho o eminente Relator no sentido da suspensão do decreto em causa.

EXTRATO DE ATA

Decisão: O Tribunal, à unanimidade e nos termos do voto do Relator, julgou procedente a ação direta. Votou a Presidente, Min. Ellen Gracie. Ausentes, justificadamente, o Sr. Min. Joaquim Barbosa e, neste julgamento, o Sr. Min. Marco Aurélio. Plenário, 28.6.2007.

Presidência da Sra. Min. Ellen Gracie. Presentes à sessão os Srs. Mins. Sepúlveda Pertence, Celso de Mello, Marco Aurélio, Gilmar Mendes, Cézar Peluso, Carlos Britto, Eros Grau, Ricardo Lewandowski e Carmen Lúcia.

* * *

PERGUNTAS

1. Quais são os fatos?
2. Qual o ato atacado?
3. Por que o meio empregado pelo autor é legítimo?
4. Como o Min. Celso de Mello classifica o direito objeto da presente ação?
5. Existe alguma limitação intrínseca ao direito de liberdade de manifestação?
6. Existe a possibilidade de limitação extrínseca a este ou a qualquer outro direito?
7. Qual a posição do Min. Nelson Jobim a respeito da possibilidade de restrição à liberdade de manifestação?
8. A Constituição assegura aos manifestantes o direito de incomodar os demais membros da comunidade?
9. Atrapalhar doente não pode. Atrapalhar funcionário público pode? E se os incomodados fossem alunos?
10. Qual a relação entre liberdade de manifestação e regime político?
11. Como o STF solucionou o caso colocado à sua frente?
12. Qual a solução final adotada pelo STF?

5.6 Caso da Marcha da Maconha (ADI 4.274-DF)

(Plenário – rel. Min. Ayres Britto – j. 23.11.2011)

Ação direta de inconstitucionalidade – Pedido de "interpretação conforme à Constituição" do § 2º do art. 33 da Lei n. 11.343/2006, criminalizador das condutas de "induzir, instigar ou auxiliar alguém ao uso indevido de droga".

1. Cabível o pedido de "interpretação conforme à Constituição" de preceito legal portador de mais de um sentido, dando-se que ao menos um deles é contrário à Constituição Federal.

2. A utilização do § 3º do art. 33 da Lei n. 11.343/2006 como fundamento para a proibição judicial de eventos públicos de defesa da legalização ou da descriminalização do uso de entorpecentes ofende o direito fundamental de reunião, expressamente outorgado pelo inciso XVI do art. 5º da Carta Magna – Regular exercício das liberdades constitucionais de manifestação de pensamento e expressão, em sentido lato, além do direito de acesso à informação (incisos IV, IX e XIV do art. 5º da Constituição republicana, respectivamente).

3. Nenhuma lei, seja ela civil ou penal, pode blindar-se contra a discussão do seu próprio conteúdo. Nem mesmo a Constituição está a salvo da ampla, livre e aberta discussão dos seus defeitos e das suas virtudes, desde que sejam obedecidas as condicionantes ao direito constitucional de reunião, tal como a prévia comunicação às autoridades competentes.

4. Impossibilidade de restrição ao direito fundamental de reunião que não se contenha nas duas situações excepcionais que a própria Constituição prevê: o estado de defesa e o estado de sítio (art. 136, § 1º, inciso I, alínea "a", e art. 139, inciso IV).

5. Ação direta julgada procedente para dar ao § 2º do art. 33 da Lei n. 11.343/2006 "interpretação conforme à Constituição" e dele excluir qualquer significado que enseje a proibição de manifestações e debates públicos acerca da descriminalização ou legalização do uso de drogas ou de qualquer substância que leve o ser humano ao entorpecimento episódico, ou então viciado, das suas faculdades psicofísicas.

ACÓRDÃO – Vistos, relatados e discutidos estes autos: Acordam os Ministros do Supremo Tribunal Federal em julgar procedente a ação direta para dar ao § 2º do art. 33 da Lei n. 11.343/2006 interpretação conforme à Constituição, para dele excluir qualquer significado que enseje a proibição de manifestações e debates públicos acerca da descriminalização ou legalização do uso de drogas ou de qualquer substância que leve o ser humano ao entorpecimento episódico, ou então viciado, das suas faculdades psicofísicas. Tudo nos termos do voto do Relator e por unanimidade de votos, em sessão presidida pelo Min. Cézar Peluso, na conformidade da ata do julgamento e das notas taquigráficas. Votou o Presidente. Impedido o Min. Dias Toffoli.

Brasília, 23 de novembro de 2011 – *Carlos Ayres Britto*, relator.

RELATÓRIO – *O Sr. Min. Ayres Britto*: Cuida-se de ação direta de inconstitucionalidade, proposta pela Procuradora-Geral da República em exercício, Dra. Deborah Duprat de Britto, contra o § 2º do art. 33 da Lei n. 11.343, de 23.8.2006. Isso para que o STF "realize interpretação conforme à Constituição (...), de forma a excluir qualquer exegese que possa ensejar a criminalização da defesa da legalização das drogas ou de qualquer substância entorpecente específica, inclusive através de manifestações e eventos públicos".

2. É do teor seguinte o texto normativo sob censura:

"Art. 33. (...).

"§ 2º. Induzir, instigar ou auxiliar alguém ao uso indevido de droga – Pena: detenção de 1 (um) a 3 (três) anos, e multa de 100 (cem) a 300 (trezentos) dias-multa."

3. Pois bem, alega a requerente que uma descabida interpretação do dispositivo em causa "vem gerando indevidas restrições aos direitos fundamentais à liberdade de imprensa (art. 5º, incisos IV e IX, e 220 da CF) e de reunião (art. 5º, inciso XVI, da CF)". Mais: argumenta que, "nos últimos tempos, diversas decisões judiciais, invocando tal preceito, [*o § 2º do art. 33*] vêm proibindo atos públicos em favor da legalização das drogas, empregando o equivocado argumento de que a defesa dessa ideia induziria ou instigaria o uso de substâncias entorpecentes". Preceito, portanto, que se tem prestado para interpretação conducente a que "seja tratada como ilícito penal a realização de reunião pública, pacífica e sem armas, devidamente comunicada às autoridades competentes, só porque voltada à defesa da legalização das drogas". Donde concluir que a exegese dada ao dispositivo questionado atenta contra "o verdadeiro 'coração' da liberdade de expressão, o seu núcleo essencial", de forma a legitimar a propositura da presente ação direta de inconstitucionalidade.

4. Prossigo neste relato para anotar que a Advocacia-Geral da União se manifestou, preliminarmente, pelo não conhecimento da presente ação de natureza abstrata. Isto sob o fundamento de que "não há o crime descrito no art. 33, § 2º, da Lei de Drogas quando o que se pretende é discutir uma política pública, razão pela qual a defesa pública da legalização das drogas, inclusive através de manifestações e eventos públicos, não pode ser tipificada neste dispositivo". No mérito, posicionou-se pela improcedência da ação. Ponto de vista perfilhado pelo Senado Federal.

5. À derradeira, registro que, em razão da complexidade do tema e de sua relevância, deferi o pedido de ingresso na causa feito pela Associação Brasileira de Estudos Sociais do Uso de Psicoativos/ABESUP, para atuar no processo como *amicus curiae*.

É o relatório.

VOTO – *O Sr. Min. Ayres Britto* (relator): A título de voto, propriamente, começo por afastar o pedido preliminar de não conhecimento da ação. Pedido preliminar de que "não há como se incluir a discussão política sobre descriminalização de drogas no âmbito de incidência do tipo penal" descrito no § 2º do art. 33 da Lei n. 11.343/2006. É que, mesmo sabendo prevalecente a doutrina de que o tipo penal em causa exige, para sua caracterização, o direcionamento da conduta de "induzir, instigar ou auxiliar" para um sujeito determinado, ou para um determinado grupo de pessoas, [**Rodapé**: "(...). A primeira conduta – a de induzir – consubstancia-se de forma sutil, quando o agente incute em outrem a ideia de usar drogas, enquanto que o ato de instigar é menos sub-reptício, pois o ânimo do agente é claro e determinado. *É óbvio que os atos devem ser dirigidos a pessoa determinada, pois a divulgação* *de opinião favorável ao uso de drogas em público poderá configurar a apologia de crime* (CP, art. 287)" – *Nova Lei Antidrogas Comentada. Crimes e Regime Processual Penal*, Isaac Sabbá Guimarães, Juruá Editora, 4ª ed., 2010, p. 110. No mesmo sentido: Edemur Ercílio Luchiari e José Geraldo da Silva, em *Comentários à Nova Lei de Drogas*, Millenium, 2007, p. 53; Alice Bianchini, Luiz Flávio Gomes, Rogério Sanches Cunha e William Terra de Oliveira, em *Lei de Drogas Comentada*, Ed. RT, 3ª ed., p. 196.] o fato é que o dispositivo agora posto em xeque tem servido de fundamento para a proibição judicial de eventos públicos de defesa da legalização ou da descriminalização do uso de entorpecentes. Eventos popularizados, ultimamente, com o nome de "Marcha da Maconha". Logo, trata-se de preceito portador de mais de um sentido, dando-se que ao menos um deles é contrário à Constituição Federal. O que enseja o cabimento da aplicação da técnica de "interpretação conforme à Constituição", pleiteada pela acionante. Técnica, essa, que é um modo especial de sindicar a constitucionalidade dos atos do Poder Público. Especialidade que particularmente vejo como uma exclusiva "declaração de inconstitucionalidade parcial sem redução de texto", na qual "se explicita que um significado normativo é inconstitucional sem que a expressão literal sofra qualquer alteração" (Gilmar Ferreira Mendes, em *Direitos Fundamentais e Controle de Constitucionalidade*, ed. Saraiva, p. 267). Cuida-se, pois, de uma técnica de fiscalização de constitucionalidade que se marca por um mais reduzido teor de interferência judicial no dispositivo-objeto, pois sua real serventia não está na possibilidade de recusar eficácia a tal dispositivo-alvo, nem mesmo em sede cautelar; ou seja, a "interpretação conforme" nem se destina a suspender nem a cassar a eficácia do texto normativo sobre que se debruça. *Ela serve tão somente para descartar a incidência de uma dada compreensão – ou mais de uma – que se possa extrair do dispositivo infraconstitucional tido por insurgente à Constituição. Que significação? Aquela – ou aquelas – em demonstrada rota de colisão com a Magna Carta.*

8. Supero, então, a preliminar de não conhecimento da ação. Quanto ao mérito, reitero o voto que proferi, recentemente, no julgamento da ADPF n. 187. Ocasião em que emiti as seguintes proposições:

I – O direito de reunião é expressamente outorgado pelo inciso XVI do art. 5º da CF, assim escrito: "todos podem reunir-se pacificamente, sem armas, em locais abertos ao público, independentemente de autorização, desde que não frustrem outra reunião anteriormente convocada para o mesmo local, sendo apenas exigido prévio aviso à autoridade competente".

II – Desse dispositivo extrai-se a compreensão de que: (a) ao fazer uso do pronome "todos", a Constituição quis expressar que o seu comando tem um âmbito pessoal de incidência da máxima abrangência, de sorte a não excluir ninguém da sua esfera de proteção; (b) traduz-se o direito de reunião na faculdade de encontro corporal ou junção física com outras pessoas naturais, a céu aberto ou em via pública. Com a particularidade de ser um direito individual, porém de exercício coletivo (ninguém se reúne sozinho ou apenas consigo mesmo). Mais ainda, direito de conteúdo elástico, porquanto não restrito a esse ou àquele tema. Pelo quê se constitui em direito-meio ou instrumental, *insuscetível de censura prévia*. Censura prévia que implicaria *matar* no próprio nascedouro não só esse direito-meio, como todos os direitos-fim com ele relacionados. Especialmente o direito à informação e de manifestação de pensamento (inciso IV do art. 5º da CF). Sem olvidar a liberdade de expressão e as diversas formas de seu exercício, inclusive a comunicacional (inciso IX do art. 5º da CF). Pensamento, expressão, informação e comunicação, tudo assim separadamente protegido e possível de concreto exercício por ocasião de uma passeata, um comício, um ato público. Sendo certo que todos esses direitos fazem parte do rol de direitos individuais de matriz constitucional (incisos IV, XIII e XIV do art. 5º da CF). (...).

10. Digo mais: ao fazer uso do fraseado "reunião pacífica", a Constituição remete o intérprete para o Preâmbulo dela própria, Constituição, que faz da "solução pacífica das controvérsias" a base de "uma sociedade fraterna, pluralista e sem preconceitos". Donde se concluir que a única vedação constitucional, na matéria, direciona-se para uma reunião cuja base de inspiração e termos de convocação revelem propósitos e métodos de violência física, armada ou beligerante. Daí surgir a seguinte questão: há, no caso de "marchas" ou manifestações coletivas que se voltam para o debate da descriminalização das drogas, ilícito penal a ser combatido pelo Poder Público? Ou se trata, na verdade, de um regular exercício das conjugadas liberdades constitucionais? (...).

13. Com efeito, *não se pode confundir a criminalização da conduta com o debate da própria criminalização*. Noutras palavras, *quem quer que seja pode se reunir para o que quer que seja, nesse plano dos direitos fundamentais*, desde que, óbvio, o faça de forma pacífica. Se assim não fosse, as normas penais estariam fadadas à perpetuidade, como bem lembrou o Min. Cézar Peluso quando da discussão da referida ADPF n. 187. Perpetuidade incompatível com o dinamismo e a diversidade tanto cultural quanto política (pluralismo) da sociedade democrática em que vivemos. *Sociedade em que a liberdade de expressão é a maior expressão da liberdade*. E o fato é que sem pensamento crítico não há descondicionamento mental ou o necessário descarte das pré-compreensões. Pré-compreensões que muitas vezes desembocam nos preconceitos que tanto anuviam e embrutecem os nossos sentimentos. Pelo quê a coletivização do senso crítico ou do direito à crítica de instituições, pessoas e institutos é de ser estimulada como expressão de cidadania e forma de procura da essência ou da verdade das coisas. Quero dizer: só o pensamento crítico é libertador ou emancipatório, por ser eminentemente analítico, e o certo é que sem análise crítica da realidade deixa-se de ter compromisso com a verdade objetiva de tudo que acontece dentro do indivíduo e ao seu derredor. Logo: sem o pensamento crítico ficamos condenados a gravitar na órbita de conceitos extraídos não da realidade, mas impostos a ela, realidade, a ferro e fogo de u'a mente voluntarista, ou sectária, ou supersti-

ciosa, ou obscurantista, ou industriada, ou totalmente impermeável ao novo, quando não voluntarista, sectária, supersticiosa, obscurantista, industriada e fechada para o novo, tudo ao mesmo tempo. Sendo inquestionavelmente certo que essa postura crítico-emancipatória do espírito é tanto mais tonificada quando exercitada gregariamente, conjuntamente, enturmadamente. Sem falar que o direito de reunião, assim constitucionalmente exercitado a céu aberto e/ou em praça pública, tonificações dos princípios conteúdos da nossa e de toda democracia que se pretende moderna: o pluralismo e a transparência. O que já significa reconhecer aos espaços públicos baldios o seu clássico vínculo de funcionalidade com a democracia direta, tal como vivenciavam os antigos atenienses na Ágora. Donde a conhecida música popular do poeta-cantor Caetano Veloso: "a Praça Castro Alves é do povo como o céu é do avião".

14. Também em contexto reflexivo desta natureza foi que deixei assentado no julgamento da ADPF n. 187: *nenhuma lei, seja ela civil ou penal, pode se blindar contra a discussão do seu próprio conteúdo. Nem mesmo a Constituição está a salvo da ampla e livre discussão dos seus defeitos e das suas virtudes.* Impedir o questionamento de qualquer lei equivale a negar a licitude da discussão de qualquer tema. Quando o certo é reconhecer que tudo é franqueado ao ser humano no uso da sua liberdade de pensamento, de expressão e de informação. No caso, direito que se exerce na companhia de outros indivíduos pelo modo mais ostensivo possível, para o fim de uma mais ampla discussão acerca da atualidade, utilidade e necessidade das leis criminalizadoras do uso de entorpecentes e drogas afins, notadamente a maconha. Mais que isso, direito de debater toda e qualquer política criminal em si.

15. De outra parte, é claro que há condicionantes ao exercício do direito constitucional de reunião. Uma delas é a necessidade de prévia comunicação às autoridades competentes. Tudo com a preocupação de não frustrar o direito de outras pessoas de também se reunirem no mesmo local e horário. Sem embargo, nem mesmo a Constituição de 1967/1969, com seu viés autoritário, trouxe maiores limitações ao direito em causa. Daí a impossibilidade de restrição que não se contenha nas duas situações excepcionais que a presente Constituição Federal prevê: o estado de defesa e o estado de sítio (art. 136, § 1º, inciso I, alínea "a", e art. 139, inciso IV). (...).

17. Por todo o exposto, rejeito a preliminar de não conhecimento e, no mérito, julgo procedente a presente ação direta de inconstitucionalidade. Pelo quê dou ao § 2º do art. 33 da Lei n. 11.343/2006 "interpretação conforme à Constituição" para dele excluir qualquer significado que enseje a proibição de manifestações e debates públicos acerca da descriminalização ou legalização do uso de drogas ou de qualquer substância que leve o ser humano ao entorpecimento episódico, ou então viciado, das suas faculdades psicofísicas.

18. É como voto.

VOTO – *O Sr. Min. Luiz Fux*: Sr. Presidente, egrégio Plenário, ilustre Representante do Ministério Público, Srs. Advogados presentes e Estudantes, vou aqui reiterar o que já manifestei quando do julgamento da arguição de descumprimento de preceito fundamental da relatoria do eminente Min. Celso de Mello: "A realização de manifestações ou eventos públicos nos quais seja emitida opinião favorável à descriminalização do uso de entorpecentes – ou mesmo de qualquer outra conduta – não pode ser considerada, *per se*, como apologia ao crime, por duas razões".

Aqui dou os mesmos motivos – já juntei em um longo voto escrito – e faço uma digressão sobre as razões e a importância da liberdade de expressão, de manifestação da sociedade. Entendo que a própria sociedade tem que criar a sua agenda social; não são as autoridades públicas que têm que criar essa agenda social.

À semelhança do que procurei estabelecer com prudência naquela votação, gostaria de reiterar que aquilo a que o STF está procedendo nesta interpretação conforme à Constituição do art. 287 do CP é afastar a incidência da criminalização nessas manifestações, com a prudência dos seguintes parâmetros: "(1) trate-se de reunião pacífica, sem armas, previamente noticiada às autoridades públicas quanto à data, ao horário, ao local e ao objetivo, e sem incitação à violência; (2) não haja incitação, incentivo ou estímulo ao consumo de entorpecentes na sua realização; (3) não haja consumo de entorpecentes na ocasião da manifestação ou evento público [é muito importante, para esclarecer à opinião pública que não haja consumo de entorpecentes na ocasião. É importante distinguir que essa marcha é apenas uma reunião para manifestar livremente o pensamento.]; (4) não haja a participação ativa de crianças, adolescentes, na sua realização".

Foi assim que votei na última oportunidade, também no sentido do voto do eminente Relator, pela procedência do pedido.

É como voto, Presidente. (...).

VOTO – *O Sr. Min. Gilmar Mendes*: Presidente, gostaria de fazer algumas observações, até porque não participei do julgamento anterior a propósito desse tema.

Gostaria de destacar, como já fiz em outra oportunidade, que talvez a liberdade de reunião seja um desses direitos que demandem um tipo de reserva legal implícita. Em vários ordenamentos constitucionais há previsão para leis sobre a liberdade de reunião, especialmente para a liberdade de reunião a céu aberto, por conta dos conflitos que esse exercício do direito enseja. Então, a possibilidade de conflitos, a possibilidade de tumulto, a possibilidade de desdobramentos, reclama, talvez, disciplina ou regulação que o nosso texto constitucional não contemplou, a não ser a necessidade de que houvesse a comunicação à autoridade competente para fins de definição do local e, certamente, para a tomada de medidas ligadas ao poder de polícia, à segurança dos manifestantes e à possibilidade de deslocamento.

Todavia, diante de algumas colocações feitas pelo eminente Relator, gostaria de manifestar alguma reserva mental. Aqui, me parece que nós estamos diante de direitos que têm dimensão – como a liberdade de expressão – democrático-funcional. São direitos básicos do próprio sistema democrático, o funcionamento do próprio sistema; são direitos individuais, mas são direitos organicamente também institucionais; dão uma dimensão, inclusive, participativa, como foi destacado por S. Exa.

Não me parece – e não me parece, inclusive, a partir de algumas premissas que nós assentamos no "Caso Ellwanger" – que se possa extrair do texto constitucional que toda e qualquer reunião pode ser permitida. Acho que é fundamental que se discuta a questão, tendo em vista a dimensão em que está colocada, quer dizer, a possibilidade de eventualmente se discutir a descriminalização de um dado tipo, e, no caso específico, uma discussão que envolve a definição de uma política pública: liberação ou não das drogas. Nós sabemos, então, que há um debate quanto a isso. E até quem defende a descriminalização enquanto política pública não está defendendo o uso de droga; está defendendo eventual definição de uma política pública. Defende talvez até o combate ao uso de droga, mas por outros meios. É o juízo da inefetividade, tanto é que algumas Cortes Constitucionais já declararam, por exemplo, a inconstitucionalidade da criminalização do uso da maconha. Não é estranho que isso ocorra, tendo em vista um juízo de proporcionalidade.

Mas vamos pensar alto que, neste contexto, as sociedades do mundo todo se movimentam, por exemplo, para a descriminalização de outras situações que são criminalizadas – o aborto, por exemplo, em muitos Países foi descriminalizado a partir desse tipo de movimento. É razoável, portanto, que se lute contra o tipo de política que está estabelecida também com base na criminalização.

Voltando ao caso que mencionei, o "Caso Ellwanger", da prática de racismo, se nós traduzíssemos a liberdade de expressão, que foi objeto daquele debate, para o campo da liberdade de reunião, difundir aquelas ideias, atacar grupos numa praça pública, poderia isso ser aceito?

O Sr. Min. Ayres Britto (relator): No meu voto eu já antecipei que não pode se tiver proposta beligerante, proposta de incitação, de instigação, de auxiliamento.

O Sr. Min. Gilmar Mendes: Eu depreendi do voto de V. Exa. que todos podem se...

O Sr. Min. Luiz Fux: Ministro, se V. Exa. me permite, no caso específico é a liberdade de manifestação do pensamento coletivo com relação à descriminalização da maconha, do uso da maconha.

O Sr. Min. Ayres Britto (relator): Isso, o objeto é esse. E drogas, não em geral. (...).

O Sr. Min. Gilmar Mendes: Então, Presidente, é importante que fique muito claro que nós estamos a julgar tão somente esta questão, que é objeto, hoje, de um debate aqui e alhures: a saber se, de fato, temos um tratamento adequado para essa questão angustiante das drogas, quer dizer, o uso, o combate. Tanto é que muitas sociedades já optaram não pela descriminalização completa, mas pelo menos pela descriminalização do uso – e nós mesmos estamos a fazer um certo experimentalismo institucional com a legislação nova a propósito do tema. Então, nesse contexto, é preciso circunscrever de forma muito clara o objeto, tanto da arguição de descumprimento de preceito fundamental quanto da ação direta de inconstitucionalidade, a fim de que não possamos extrair que a liberdade de reunião não contempla limites do ponto de vista substantivo.

Eu fico a imaginar, por exemplo, que um grupo qualquer – e nós sabemos que há esse tipo de organização hoje, pois a toda hora se noticia na Internet – passasse a defender, Presidente, sem querer chocar, a pedofilia, a descriminalização da pedofilia. E, aí, dir-se-ia: "É aceitável? Não é aceitável?". Como nós vamos operar com essa ideia se quisessem fazer uma reunião aqui na Praça dos Três Poderes com esse objetivo?

O Sr. Min. Cézar Peluso (presidente): Descriminalização do homicídio.

O Sr. Min. Gilmar Mendes: Não é? Então, é preciso substantivar esse debate. (...).

O Sr. Min. Celso de Mello: Nada impede que correntes minoritárias, reunindo-se publicamente e de modo pacífico, possam sugerir, tratando-se da gravíssima questão da pedofilia, soluções alternativas que não somente aquelas de natureza penal. Nada impedirá, portanto, que esses mesmos grupos expressem, livremente, as suas ideias, que podem ser absolutamente conflitantes com o pensamento majoritário, mas que constituem expressão de suas próprias convicções, suscetíveis de circulação nos espaços públicos a todos assegurados pelo modelo democrático que rege e conforma a própria organização institucional do Estado Brasileiro.

Numa comunidade estatal concreta, regida pelo princípio democrático, ideias não podem ser temidas, *muito menos reprimidas*, sob o falso argumento de que hostilizam padrões morais ou culturais hegemônicos consolidados no âmbito de uma determinada formação social.

O que me parece irrecusável, Sr. Presidente, é que ideias devem ser combatidas *com ideias* e não sufocadas pelo exercício opressivo do poder estatal ou pela intolerância de grupos hegemônicos, partidários de uma *Weltanschauung*, vale dizer, de uma concepção de mundo dominante na estrutura social. (...).

O Sr. Min. Luiz Fux: Min. Celso, com a devida vênia de V. Exa., essas questões e esses *hard cases*, esses casos difíceis, sempre passam pelos princípios interpretativos materiais da Constituição. Acho que, à luz do princípio da razoabilidade e da proporcionalidade, essa é uma tese que não passaria nesse teste de forma alguma. Eu não posso crer que, em nome da liberdade de manifestação do pensamento, se admitisse uma reunião para discutir, eventualmente, a descriminalização da pedofilia sob o ângulo da razoabilidade e da proporcionalidade.

O Sr. Min. Ricardo Lewandowski: E nesse caso se estaria até atentando contra a própria paz social, porque a pedofilia é uma violência contra a pessoa. Nós estamos no extremo oposto do espectro da manifestação de pensamento. (...).

O Sr. Min. Ayres Britto (relator): Eu acho que a preocupação do Min. Gilmar Mendes – quero crer – ficará atendida se disséssemos assim: donde se concluir que a única vedação constitucional na matéria se direciona para uma reunião cuja base de inspiração e termos de convocação revelem propósitos e métodos de apologia ao crime, de violência física armada ou beligerante. Eu acho que sintoniza com o voto do Min. Celso de Mello – quero crer.

O Sr. Min. Celso de Mello: Há limites que, fundados *na própria* Constituição, conformam o exercício do direito à livre manifestação do pensamento, eis que a nossa Carta Política, ao contemplar determinados valores, *quis protegê-los* de modo amplo, em ordem a impedir, por exemplo, *discriminações atentatórias* aos direitos e liberdades fundamentais (CF, art. 5º, XLI), a *prática do racismo* (CF, art. 5º, XLII) e a *ação de grupos armados* (civis ou militares) contra a ordem constitucional e o Estado Democrático (CF, art. 5º, XLIV). (...).

O Sr. Min. Gilmar Mendes: (...). Eu gostaria, Presidente, de fazer essas ressalvas, porque, sobretudo diante de passagens que eu ouvi do bem-elaborado voto do eminente Relator, pode-se isoladamente depreender que esse direito não comportaria limites de índole material. Esse tipo de interpretação, a meu ver, não é compatível, sobretudo porque numa interpretação sistêmica nós não podemos dissociar a interpretação que fazemos, por exemplo, da liberdade de expressão – aqui é liberdade de imprensa, que é uma de suas manifestações – da própria liberdade de reunião, que, na verdade, em determinada medida, potencializa, funcionaliza, a própria ideia de liberdade de expressão; pessoas reunidas expressam uma dada concepção num dado espaço aberto.

O Sr. Min. Luiz Fux: Min. Gilmar Mendes, com a devida vênia, a Corte está muito adstrita àquilo que foi pleiteado, ou seja, para que não houvesse a criminalização da manifestação da expressão no sentido da descriminalização do uso da maconha.

Não houve aqui um pedido genérico no sentido de que fosse possível a manifestação de expressão e pensamento sobre a descriminalização de qualquer e toda conduta. Foi nesse caso específico. (...).

O Sr. Min. Celso de Mello: A matéria, neste caso, por mais abrangente, não se restringe à substância canábica, alcançando *outras drogas*, considerados, especificamente, os limites materiais do pedido que se formulou em face da regra inscrita no § 2º do art. 33 da Lei n. 11.343/2006. (...).

O Sr. Min. Gilmar Mendes: (...). Então, pedindo todas as vênias ao eminente Relator, que acredito estar sendo coerente inclusive com o voto proferido no "Caso Ellwanger", no qual S. Exa. dizia que não via também possibilidade de impor limites, eu pediria para rememorar o "Caso Ellwanger".

O Sr. Min. Ayres Britto (relator): No "Caso Ellwanger", eu e o Min. Ministro Marco Aurélio votamos vencidamente, mas de modo coincidente. O antissemitismo é crime, e não negamos isso, absolutamente. Agora, nós achamos que naquele caso não havia incitação ao antissemitismo; não concordávamos com muita coisa do que estava ali escrito, mas entendíamos que a matéria estava contida nos limites dessa liberdade de exprimir o pensamento. Não fizemos por nenhum modo a rejeição da ideia-força de que o antissemitismo há de ser tido como crime.

O Sr. Min. Gilmar Mendes: Vou concordar com S. Exa. quanto à parte dispositiva, mas vou fazer essas ressalvas quanto aos fundamentos, pelo menos daquilo que eu apreendi e depreendi do voto de S. Exa. (...).

EXTRATO DE ATA

Decisão: O Tribunal, por unanimidade e nos termos do voto do Relator, julgou procedente a ação direta para dar ao § 2º do art. 33 da Lei n. 11.343/2006 interpretação conforme à Constituição, para dele excluir qualquer significado que enseje a proibição de manifestações e debates públicos acerca da descriminalização ou legalização do uso de drogas ou de qualquer outra substância que leve o ser humano ao entorpecimento episódico, ou então viciado, das suas faculdades psicofísicas. Votou o Presidente, Min. Cézar Peluso. Impedido o Sr. Min. Dias Toffoli. Falou, pelo Ministério Público Federal, a Vice-Procuradora-Geral da República, Dra. Deborah Macedo Duprat de Britto Pereira. Plenário, 23.11.2011.

Presidência do Sr. Min. Cézar Peluso. Presentes à sessão os Srs. Mins. Celso de Mello, Marco Aurélio, Gilmar Mendes, Ayres Britto, Joaquim Barbosa, Ricardo Lewandowski, Carmen Lúcia, Dias Toffoli e Luiz Fux.

PERGUNTAS

1. Quais os fatos do caso?
2. Quais as questões jurídicas relevantes para a solução da controvérsia?
3. Qual ou quais as interpretações "conforme à Constituição" do art. 33, § 2º, da Lei Antidrogas submetidas ao controle de constitucionalidade, segundo o Min. Ayres Britto?
4. Para o Min. Ayres Britto, a "Marcha da Maconha" é protegida pela liberdade de reunião ou pela liberdade de expressão? Qual a relação entre os dois direitos?
5. Quais os limites estabelecidos pelo Min. Luiz Fux para a realização de passeatas a favor da descriminalização do uso de entorpecentes? São justificáveis esses limites?
6. Qual a razão da discordância entre os Mins. Gilmar Mendes e Ayres Britto?
7. Como classificar as concepções de liberdade de manifestação apresentadas pelos Mins. Gilmar Mendes e Celso de Mello? O que as distingue? Qual o fundamento jurídico dessa distinção?
8. Quais os limites aceitos pelo Min. Celso de Mello?
9. A que conclusão chegou o Supremo?

5.7 Caso Ellwanger (HC 82.424-2-RS)

(Plenário – rel. para o acórdão Min. Maurício Corrêa – j. 17.9.2003)

Habeas corpus – Publicação de livros: antissemitismo – Racismo – Crime imprescritível – Conceituação – Abrangência constitucional – Liberdade de expressão – Limites – Ordem denegada. (...).

ACÓRDÃO – Vistos, relatados e discutidos estes autos: Acordam os Ministros do Supremo Tribunal Federal, em sessão plenária, na conformidade da ata do julgamento e das notas taquigráficas, por maioria de votos, indeferir o *habeas corpus*.

Brasília, 17 de setembro de 2003 – *Maurício Corrêa*, presidente e relator para o acórdão.

RELATÓRIO – *O Sr. Min. Moreira Alves*: É este o teor da ementa do acórdão do STJ que, por maioria de votos, indeferiu *habeas corpus* impetrado em favor do ora paciente:

"Criminal – *Habeas corpus* – Prática de racismo – Edição e venda de livros fazendo apologia de ideias preconceituosas e discriminatórias – Pedido de afastamento da imprescritibilidade do delito – Considerações acerca de se tratar de prática de racismo, ou não – Argumento de que os judeus não seriam raça – Sentido do termo e das afirmações feitas no acórdão – Impropriedade do *writ* – Legalidade da condenação por crime contra a comunidade judaica – Racismo que não pode ser abstraído – Prática, incitação e induzimento que não devem ser diferenciados para fins de caracterização do delito de racismo – Crime formal – Imprescritibilidade que não pode ser afastada – Ordem denegada.
"(...)."

Contra essa decisão os Drs. Werner Cantalício João Becker e Rejana Maria Davi Becker impetram *habeas corpus* substitutivo de recurso ordinário em que sustentam que, embora condenado o ora paciente pelo crime tipificado no art. 20 da Lei n. 7.716/1989, com a redação dada pela Lei n. 8.081/1990, foi ele condenado pelo delito de discriminação contra os judeus, delito que não tem conotação racial para se lhe atribuir a imprescritibilidade que, pelo art. 5º, XLII, da Constituição, ficou restrito ao crime de racismo. E, depois de sustentarem, com apoio de autores de origem judaica, que os judeus não são raça, requerem que "seja liminarmente suspensa a averbação de imprescritibilidade constante do acórdão, para que, até o julgamento do presente pedido, seja suspensa a execução da sentença", sendo afinal concedida a ordem para "desconstituir a averbação de imprescritibilidade para o crime a que o paciente foi condenado", reconhecendo-se a ocorrência da extinção da punibilidade pela prescrição da pretensão punitiva, uma vez que o ora paciente foi condenado à pena de 2 anos de reclusão com *sursis* em julgamento ocorrido em 31.10.1996, 4 anos, 11 meses e 17 dias após o recebimento da denúncia.

Solicitadas informações, após o indeferimento da medida liminar requerida, foram elas prestadas com o encaminhamento do acórdão atacado pelo presente *writ*. (...).

É o relatório. (...).

VOTO (Vista) – *O Sr. Min. Gilmar Mendes*: (...).

O princípio da proporcionalidade

Nesse contexto, ganha relevância a discussão da medida de liberdade de expressão permitida sem que isso possa levar à intolerância, ao racismo, em prejuízo da dignidade humana, do regime democrático, dos valores inerentes a uma sociedade pluralista.

Pode-se afirmar, pois, que ao constituinte não passou despercebido que a liberdade de informação haveria de se exercer de modo compatível com o direito à imagem, à honra e à vida privada (CF, art. 5º, X), deixando entrever mesmo a legitimidade de intervenção legislativa, com o propósito de compatibilizar os valores constitucionais eventualmente em conflito. A própria formulação do texto constitucional – "Nenhuma lei conterá dispositivo (...), observado o disposto no art. 5º, IV, V, X, XIII e XIV" – parece explicitar que o constituinte não pretendeu instituir aqui um domínio inexpugnável à intervenção estatal. Ao revés, essa formulação indica ser inadmissível, tão somente, a disciplina legal que crie embaraços à liberdade de informação. A própria disciplina do direito de resposta, prevista expressamente no texto constitucional, exige inequívoca regulação legislativa.

Outro não deve ser o juízo em relação ao direito à imagem, à honra e à privacidade, cuja proteção pareceu indispensável ao constituinte também em face da liberdade de informação. Não fosse assim, não teria a norma especial ressalvado que a liberdade de informação haveria de se exercer com observância do disposto no art. 5º, X, da Constituição. Se correta essa leitura, tem-se de admitir, igualmente, que o texto constitucional não só legitima, mas também reclama eventual intervenção estatal com o propósito de concretizar a proteção dos valores relativos à imagem, à honra e à privacidade.

Da mesma forma, não se pode atribuir primazia absoluta à liberdade de expressão, no contexto de uma sociedade pluralista, em face de valores outros como os da igualdade e da dignidade humana. Daí ter o texto constitucional de 1988 erigido, de forma clara e inequívoca, o racismo como crime inafiançável e imprescritível (CF, art. 5º, XLII), além de ter determinado que a lei estabelecesse outras formas de repressão às manifestações discriminatórias (art. 5º, XLI).

É certo, portanto, que a liberdade de expressão não se afigura absoluta em nosso texto constitucional. Ela encontra limites também no que diz respeito às manifestações de conteúdo discriminatório ou de conteúdo racista. Trata-se, como já assinalado, de uma elementar exigência do próprio sistema democrático, que pressupõe a igualdade e a tolerância entre os diversos grupos.

O princípio da proporcionalidade, também denominado princípio do devido processo legal em sentido substantivo, ou, ainda, princípio da proibição do excesso, constitui uma exigência positiva e material relacionada ao conteúdo de atos restritivos de direitos fundamentais, de modo a estabelecer um "limite do limite" ou uma "proibição de excesso" na restrição de tais direitos. A máxima da proporcionalidade, na expressão de Robert Alexy (*Theorie der Grundrechte*, Frankfurt am Main, 1986), coincide igualmente com o chamado núcleo essencial dos direitos fundamentais concebido de modo relativo – tal como o defende o próprio Alexy. Nesse sentido, o princípio ou máxima da proporcionalidade determina o limite último da possibilidade de restrição legítima de determinado direito fundamental.

A par dessa vinculação aos direitos fundamentais, o princípio da proporcionalidade alcança as denominadas colisões de bens, valores ou princípios constitucionais. Nesse contexto, as exigências do princípio da proporcionalidade representam um método geral para a solução de conflitos entre princípios, isto é, um conflito entre normas que, ao contrário do conflito entre regras, é resolvido não pela revogação ou redução teleológica de uma das normas conflitantes, nem pela explicitação de distinto campo de aplicação entre as normas, mas antes e tão somente pela ponderação do peso relativo de cada uma das normas em tese aplicáveis e aptas a fundamentar decisões em sentidos opostos. Nessa última hipótese, aplica-se o princípio da proporcionalidade para estabelecer ponderações entre distintos bens constitucionais.

Nesse sentido, afirma Robert Alexy: "O postulado da proporcionalidade em sentido estrito pode ser formulado como uma lei de ponderação, cuja fórmula mais simples voltada para os direitos fundamentais diz: 'quanto mais intensa se revelar a intervenção em um dado direito fundamental, maiores hão de se revelar os fundamentos justificadores dessa intervenção" (Palestra proferida na Fundação Casa de Rui Barbosa, Rio de Janeiro, em 10.12.1998).

Em síntese, a aplicação do princípio da proporcionalidade se dá quando verificada restrição a determinado direito fundamental ou um conflito entre distintos princípios constitucionais de modo a exigir que se estabeleça o peso relativo de cada um dos direitos por meio da aplicação das máximas que integram o mencionado princípio da proporcionalidade. São três as máximas parciais do princípio da proporcionalidade: a adequação, a necessidade e a proporcionalidade em sentido estrito. Tal como já sustentei em estudo sobre a proporcionalidade na jurisprudência do STF ("A proporcionalidade na jurisprudência do STF", in *Direitos Fundamentais e Controle de Constitucionalidade: Estudos de Direito Constitucional*, 2ª ed., Celso Bastos Editor/IBDC, São Paulo, 1999, p. 72), há de perquirir-se, na aplicação do princípio da proporcionalidade, se, em face do conflito entre dois bens constitucionais contrapostos, o ato impugnado afigura-se adequado (isto é, apto para produzir o resultado desejado), necessário (isto é, insubstituível por outro meio menos gravoso e igualmente eficaz) e proporcional em sentido estrito (ou seja, se estabelece uma relação ponderada entre o grau de restrição de um princípio e o grau de realização do princípio contraposto).

Registre-se, por oportuno, que o princípio da proporcionalidade aplica-se a todas as espécies de atos dos Poderes Públicos, de modo que vincula o legislador, a Administração e o Judiciário, tal como lembra Canotilho (*Direito Constitucional e Teoria da Constituição*, Coimbra, Almedina, 2ª ed., p. 264).

No caso concreto, poder-se-ia examinar se a decisão condenatória, ao enquadrar, como racismo, a conduta do paciente e, portanto, imprescritível, atendeu às máximas do princípio da proporcionalidade. (...).

"Como disse o Dr. Procurador de Justiça, as mencionadas obras tentam negar o holocausto, atribuindo-o aos judeus, como substrato da ação dos aliados, e exatamente pela congênita perversão de caráter, a falsificação de documentos e a montagem de fotografias e filmes, simulando episódios que não teriam ocorrido na Alemanha e nos territórios ocupados por essa, em uma criminosa distorção da realidade histórica, reaxlidade que é pública e notória, oficialmente reconhecida pela própria Alemanha.

"Dessa sorte, pelo exame dos autos, extraio a convicção de que a intenção única do apelado é propagar uma realidade alicerçada em ideologia que chega às raias do fanatismo, sem base histórica provadamente séria. Isso não pode ser catalogado de revisionismo."

Diante de tais circunstâncias, cumpre indagar se a decisão condenatória atende, no caso, às três máximas parciais da proporcionalidade.

É evidente a *adequação* da condenação do paciente para se alcançar o fim almejado, qual seja, a salvaguarda de uma sociedade pluralista, onde reine a tolerância. Assegura-se a posição do Estado, no sentido de defender os fundamentos da dignidade da pessoa humana (art. 1º, III, da CF), do pluralismo político (art. 1º, V, da CF), o princípio do repúdio ao terrorismo e ao racismo, que rege o Brasil nas suas relações internacionais (art. 4º, VIII), e a norma constitucional que estabelece ser o racismo um crime imprescritível (art. 5º, XLII).

Também não há dúvida de que a decisão condenatória, tal como proferida, seja *necessária*, sob o pressuposto de ausência de outro meio menos gravoso e igualmente eficaz. Com efeito, em casos como esse dificilmente vai se encontrar um meio menos gravoso a partir da própria definição constitucional. Foi o próprio constituinte que determinou a criminalização e a imprescritibilidade da prática do racismo. Não há exorbitância no acórdão.

Tal como anotado nos doutos votos, não se trata aqui sequer de obras revisionistas da História, mas de divulgação de ideias que atentam contra a dignidade dos judeus. Fica evidente, igualmente, que se não cuida, nos escritos em discussão, de simples discriminação, mas de textos que, de maneira reiterada, estimulam o ódio e a violência contra os judeus. Ainda assim, o próprio TJRS agiu com cautela na dosagem da pena, razão pela qual também aqui a decisão atende ao princípio da "proibição do excesso".

A decisão atende, por fim, ao requisito da *proporcionalidade em sentido estrito*. Nesse plano, é necessário aferir a existência de proporção entre o objetivo perseguido, qual seja, a preservação dos valores inerentes a uma sociedade pluralista, da dignidade humana, e o ônus imposto à liberdade de expressão do paciente. Não se contesta, por certo, a proteção conferida pelo constituinte à liberdade de expressão. Não se pode negar, outrossim, o seu significado inexcedível para o sistema democrático. Todavia, é inegável que essa liberdade não alcança a intolerância racial e o estímulo à violência, tal como afirmado no acórdão condenatório. Há inúmeros outros bens jurídicos de base constitucional que estariam sacrificados na hipótese de se dar uma amplitude absoluta, intangível, à liberdade de expressão na espécie.

Assim, a análise da bem fundamentada decisão condenatória evidencia que não restou violada a proporcionalidade.

Nesses termos, o meu voto é no sentido de se indeferir a ordem de *habeas corpus*. (...).

VOTO – *O Sr. Min. Marco Aurélio*: (...). As pessoas simplesmente não são obrigadas a pensar da mesma maneira. Devem sempre procurar o melhor desenvolvimento da intelectualidade, e isso pode ocorrer de maneira distinta para cada indivíduo. Assim já lecionava Stuart Mill, [**Rodapé**: *Apud* José Martinez de Pisón, *Tolerancia y Derechos en las Sociedades Multiculturales*, Madri, Tecnos, 2001, p. 73.] ao falar sobre a liberdade: "Quando a sociedade mesma é o tirano (...) seus meios de tiranizar não estão limitados aos atos que podem realizar por meio dos seus funcionários públicos. A sociedade (...) exerce uma tirania social mais formidável que muitas das opressões políticas, pois, apesar de não fazer incidir penas tão graves, deixa menos meios de escapar delas, pois penetra muito mais nos detalhes da vida e chega a encarcerar a alma. Por isso, não basta a proteção contra a tirania do magistrado. Necessita-se também a proteção contra a tirania da opinião e do pensamento prevalecente, contra a tendência da sociedade de impor, por meios distintos das penas civis, as próprias ideias e práticas como regras de conduta a aqueles que dissentem delas; a arrogar o desenvolvimento e, se possível for, a impedir a formação de individualidades originais e a obrigar a todos os caracteres a moldar-se sobre o seu próprio".

O argumento central de Mill é escancarar que não existe uma verdade absoluta que justifique as limitações à liberdade de expressão individual. Proteger a liberdade, para ele, não é somente se manifestar em favor da liberdade de consciência e de expressão, mas principalmente lutar continuamente contra quem quiser restringi-la.

E afirma que as razões que fazem um homem querer limitar a liberdade dos demais decorrem da busca pela imposição das ideias, pela conformidade de pensamento e pela necessidade de adotar apenas uma resposta possível e verdadeira à pergunta: como os homens devem pensar?

Para o bem-estar intelectual da Humanidade, é preciso proteger a liberdade de expressar todas as opiniões, ainda que delas discordemos ou que estejam redondamente erradas, e isso pode ser justificado por quatro motivos, resumidos ainda por Mill: [**Rodapé**: Idem p. 76.] "Primeiro, (porque) uma opinião, ainda que reduzida ao silêncio, pode ser verdadeira. Negar isso é aceitar a nossa própria infalibilidade. Em segundo lugar, ainda que a opinião reduzida a silêncio seja um erro, pode conter, e com frequência contém, uma porção de verdade; e como a opinião geral ou prevalecente sobre qualquer assunto raramente ou nunca abarca toda a verdade, somente pelo conflito de opiniões diversas se tem alguma probabilidade de ser conhecida a verdade inteira. Em terceiro lugar, ainda que a opinião admitida fosse não somente a verdadeira, senão toda a verdade, ao menos que possa ser e seja vigorosa e lealmente discutida, será sustentada com mais razão, além do conhecimento formulado a partir de um prejulgamento, com pouca compreensão ou sentido de seus fundamentos sociais. E não somente isso, senão que, em quarto lugar, o sentido da mesma doutrina poderá correr o risco de perder-se ou de debilitar-se, perdendo seu efeito vital sobre o caráter e a conduta; o dogma se converterá em uma profissão meramente formal, ineficaz para o bem, mas enchendo de obstáculos o terreno e impedindo o desenvolvimento de toda convicção real e sentida de coração, fundada sobre a razão ou a experiência pessoal". (...).

Garantir a expressão apenas das ideias dominantes, das politicamente corretas ou daquelas que acompanham o pensamento oficial significa viabilizar unicamente a difusão da mentalidade já estabelecida, o que implica desrespeito ao direito de se pensar autonomamente. Em última análise, a liberdade de expressão torna-se realmente uma trincheira do cidadão contra o Estado quando aquele está a divulgar ideias controversas, radicais, minoritárias, desproporcionais, uma vez que essas ideias somente são assim consideradas quando comparadas com o pensamento da maioria.

É essa a dimensão delicada do direito à liberdade de expressão, e aí está o seu caráter procedimental ou instrumental: não se pode, em regra, limitar conteúdos, eis que isso sempre ocorrerá a partir dos olhos da maioria e da ideologia predominante. A censura de conteúdo sempre foi a arma mais forte utilizada por regimes totalitários, a fim de impedir a propagação de ideias que lhes são contrárias. A única restrição possível à liberdade de manifestação do pensamento, de modo justificado, é quanto à forma de expressão, ou seja, à maneira como esse pensamento é difundido. Por exemplo, estaria configurado o crime de racismo se o paciente, em vez de publicar um livro no qual expostas suas ideias acerca da relação entre os judeus e os alemães na II Guerra Mundial, como na espécie, distribuísse panfletos nas ruas de Porto Alegre com dizeres do tipo "morte aos judeus", "vamos expulsar estes judeus do País", "peguem as armas e vamos exterminá-los". Mas nada disso aconteceu no caso em julgamento. O paciente restringiu-se a escrever e a difundir a versão da História vista com os seus próprios olhos. E assim o fez a partir de uma pesquisa científica, com os elementos peculiares, tais como método, objeto, hipótese, justificativa teórica, fotografias, documentos das mais diversas ordens, citações. Enfim, imaginando-se integrado a um Estado Democrático de Direito, acionou a livre manifestação, a convicção política sobre o tema tratado, exercitou a livre expressão intelectual do ofício de escritor e editor, conforme previsto nos incisos IV, VIII e XIII do art. 5º da CF.

Mas sigamos na apreciação deste eletrizante tema. Admitamos que, por conta de sua dimensão social, o direito fundamental de liberdade de expressão seja passível de limites quanto ao exercício. A liberdade de expressão presta-se a construir uma sociedade democrática, aberta e madura. Somente com esse intuito é que ela encontra fundamento, o que importa dizer que, mesmo formando o núcleo essencial do princípio democrático, não pode ser caracterizada como um direito absoluto, livre de qualquer tipo de restrição ou acomodação. É nesse sentido que o sistema constitucional brasileiro não agasalha o abuso da liberdade de expressão, quando o cidadão utiliza-se de meios violentos e arbitrários para a divulgação do pensamento. É por isso também que nosso sistema constitucional não identifica, no núcleo essencial do direito à liberdade de expressão, qualquer manifestação de opinião que seja exacerbadamente agressiva, fisicamente contundente ou que exponha pessoas ou situações de risco iminente.

De qualquer sorte, essa é uma análise complexa, devendo ser realizada com a maior cautela possível, baseada em provas cabais e conclusivas, ou mesmo em informações e dados da realidade que possam assegurar a assertiva de que, de fato, há perigo advindo do exercício da liberdade de expressão. Parece-me temerário, ou no mínimo arriscado, a restrição acintosa da liberdade de opinião pautada somente em expectativas abstratas ou em receios pessoais dissociados de um exame que não leve em consideração os elementos sociais e culturais ou indícios já presentes de nossa história bibliográfica. Assim sendo, também não pode servir de substrato para a restrição da liberdade de expressão simples alegação de que a opinião manifestada seja discriminatória, abusiva, radical, absurda, sem que haja elementos concretos a demonstrarem a existência de motivos suficientes para a limitação propugnada. [**Rodapé:** HESSE, Konrad, *Elementos de Direito Constitucional da República Federal da Alemanha*, Sérgio Antônio Fabris Editor, 1998, pp. 309-310.]

O princípio da liberdade de expressão, como os demais princípios que compõem o sistema dos direitos fundamentais, não possui caráter absoluto. Ao contrário, encontra limites nos demais direitos fundamentais, o que pode ensejar uma colisão de princípios. Esta matéria é de extrema importância no direito constitucional e precisa ser analisada com muito cuidado. Contempla os mais variados aspectos, que devem ser estudados caso a caso, mas, como afirma Robert Alexy, [**Rodapé:** ALEXY, Robert, "Colisão de direitos fundamentais e realização de direitos fundamentais no Estado de Direito Democrático", in *RDA* 217:I-VI, Rio de Janeiro, ed. Renovar, julho-setembro/1999, p. 73.] têm um ponto em comum: todas as colisões somente podem ser superadas se algum tipo de restrição ou de sacrifício forem impostos a um ou aos dois lados. Enquanto o conflito de regras resolve-se na dimensão da validade, com esteio em critérios como "especialidade" – lei especial derroga geral –, "hierarquia" – lei superior revoga inferior

– ou "anterioridade" – lei posterior revoga anterior –, o choque de princípios encontra solução na dimensão do valor, a partir do critério da "ponderação", que possibilita um meio-termo entre a vinculação e a flexibilidade dos direitos. É que, no dizer do Professor Paulo Bonavides: "As regras vigem, os princípios valem; o valor que neles se insere se exprime em graus distintos. Os princípios, enquanto valores fundamentais, governam a Constituição, o regímen, a ordem jurídica. Não são apenas leis, mas o Direito em toda a sua extensão, substancialidade, plenitude e abrangência". [**Rodapé:** BONAVIDES, Paulo, *Curso de Direito Constitucional*, 11ª ed., São Paulo, Malheiros, 2001, p. 260.]

A questão da colisão de direitos fundamentais com outros direitos necessita, assim, de uma atitude de ponderação dos valores em jogo, decidindo-se, com base no caso concreto e nas circunstâncias da hipótese, qual o direito que deverá ter primazia. Trata-se do mecanismo de resolução de conflito de direitos fundamentais, hoje amplamente divulgado no direito constitucional comparado e utilizado pelas Cortes Constitucionais no mundo – vejam-se os exemplos da Corte Constitucional Espanhola, [**Rodapé:** CREMADES, Javier, *Los Límites e la Libertad de Expresión en el Ordenamiento Jurídico Español*, Distribuiciones La Ley S/A, 1995, p. 182.] relatados por Javier Cremades, e da Suprema Corte Americana, o já citado "New York Times *versus* Sullivan".

Vale ressaltar que essa ponderação de valores ou concordância prática entre os princípios de direitos fundamentais é um exercício que em nenhum momento afasta ou ignora os elementos do caso concreto, uma vez que é a hipótese de fato que dá configuração real a tais direitos.

Dessa forma, não é correto se fazer um exame entre liberdade de expressão e proteção da dignidade humana de forma abstrata e se tentar extrair daí uma regra geral. É preciso, em rigor, verificar se, na espécie, a liberdade de expressão está configurada, se o ato atacado está protegido por essa cláusula constitucional, se de fato a dignidade de determinada pessoa ou grupo está correndo perigo, se essa ameaça é grave o suficiente a ponto de limitar a liberdade de expressão ou se, ao contrário, é um mero receio subjetivo ou uma vontade individual de que a opinião exarada não seja divulgada, se o meio empregado de divulgação de opinião representa uma afronta violenta contra essa dignidade, entre outras questões.

Esse tipo de apreciação é crucial para resolver-se a questão do *habeas*. Há de se atentar para a realidade brasileira, evitando-se que prevaleça solução calcada apenas, como até aqui percebi, na crença de que os judeus são um povo sofredor e que amargaram os horrores do holocausto, colocando por terra elementos essenciais.

A questão de fundo neste *habeas corpus* diz respeito à possibilidade de publicação de livro cujo conteúdo revele ideias preconceituosas e antissemitas. Em outras palavras, a pergunta a ser feita é a seguinte: o paciente, por meio do livro, instigou ou incitou a prática do racismo? Existem dados concretos que demonstrem, com segurança, esse alcance? A resposta, para mim, é desenganadamente negativa.

Bem afirmou o Min. Carlos Britto que não achou, ao analisar minuciosamente o livro sob enfoque – e a denúncia está basicamente lastreada naquele escrito do paciente –, qualquer afirmação categórica acerca da superioridade da raça alemã sobre uma "raça" judaica, ou de que os judeus se constituiriam grupo inferior se comparado com uma "raça" ariana.

Procedendo de igual maneira, confesso que não identifiquei qualquer manifestação a induzir o preconceito odioso no leitor. Por óbvio, a obra veicula uma ideia que causaria repúdio imediato a muitos, e poderia até dizer que encontraria alguns seguidores, mas a defesa de uma ideologia não é crime e, por isso, não pode ser apenada. O fato de alguém escrever um livro e outros concordarem com as ideias ali expostas não quer dizer que isso irá causar uma revolução nacional. Mesmo porque, infelizmente, o brasileiro médio não tem sequer o hábito de ler. Tal fato, por si só, em um Estado Democrático de Direito, não pode ser objeto de reprimenda direta e radical do Poder Público, sendo esta possível somente quando a divulgação da ideia ocorra de maneira violenta ou com mínimos riscos de se propagar e de se transformar em pensamento disseminado no seio da sociedade. A limitação estatal à liberdade de expressão deve ser entendida com caráter de máxima excepcionalidade e há de ocorrer apenas quando sustentada por claros indícios de que houve um grave abuso no exercício.

Como é possível que um livro, longe de se caracterizar como um manifesto retórico de incitação de violência, mas que expõe a versão de um fato histórico – versão, esta, é bom frisar, que pessoalmente considero deturpada, incorreta e ideológica –, transforme-se em um perigo iminente de extermínio do povo judeu, especialmente em um País que nunca cultivou quaisquer sentimentos de repulsa a esse povo?

O livro do paciente deixa claro que o autor tem uma ideia preconceituosa acerca dos judeus. Acredito que, em tese, devemos combater qualquer tipo de ideia preconceituosa, mas não a partir da proibição na divulgação dessa ideia, não a partir da conclusão sobre a prática do crime de racismo, ou em um crime que a Carta da República levou às últimas consequências quando, declarando-o imprescritível, desprezou a consagrada e salutar segurança jurídica. O combate deve basear-se em critérios justos e limpos, no confronto de ideias. Parafraseando Voltaire, citado pelo Min. Carlos Britto, afirmo: não concordo com o que o paciente escreveu, mas defendo o direito que ele tem de divulgar o que pensa. Não é a condenação do paciente por esta Corte – considerado o crime de racismo – a forma ideal de combate aos disparates do seu pensamento, tendo em vista que o Estado torna-se mais democrático quando não expõe esse tipo de trabalho a uma censura oficial, mas, ao contrário, deixa a cargo da sociedade fazer tal censura, formando as próprias conclusões. Só teremos uma sociedade aberta, tolerante e consciente se as escolhas puderem ser pautadas nas discussões geradas a partir das diferentes opiniões sobre os mesmos fatos.

Essa primeira colocação nos remete a uma segunda igualmente importante e decisiva. Há como, mediante um livro, incitar, induzir ou praticar racismo ou discriminação? Obviamente, a resposta é positiva, mas se faz mister analisar em quais circunstâncias isso é possível. O livro constitui uma das mais importantes e antigas formas de divulgação de informações e opiniões. Por intermédio dele, os mais notáveis pensamentos foram difundidos, as mais profundas críticas a governos foram ensaiadas. Também por meio dele, temos hoje notícia de fatos históricos, de teorias que antigamente eram consideradas absurdas e que hoje fazem parte do nosso dia a dia. Em outras palavras, o livro configura-se como um instrumento de democracia e de pluralização do pensamento, uma vez que iguala todos os que queiram expor as ideias e permite que as pessoas em geral tenham acesso a essas ideias, latente a faculdade de concordar ou não com os pensamentos escritos.

Diferentemente de outros meios que veiculam opiniões, o conteúdo do livro não é transmitido ao leitor independentemente da vontade. Ou seja, não é o caso de um carro de som que fica jorrando ideias as quais todos são obrigados a ouvir. O livro apenas apresenta um pensamento e concede ampla liberdade ao público tanto na opção da escolha do que deve ser lido como na tomada de posição ao término da leitura. Nessa óptica, o livro é democrático por excelência, já que o poder de transformar os pensamentos em realidade não depende dele ou de quem o publica, mas de quem o lê e o apreende, de quem se interessa pelo tema ou título e desembolsa quantidade monetária para obtê-lo ou se vale do empréstimo de uma biblioteca.

O conteúdo de um livro somente possui o condão de proliferar-se a partir do momento em que uma comunidade política tenha, minimamente, tendência para aceitar aquelas ideias, ou seja, se existir ambiente propício à proliferação do que nele registrado. O livro, isoladamente, não possui o efeito de transformar uma sociedade, mas tem o poder de auxiliá-la a caminhar em um determinado sentido. Ele não viabiliza, por si só, uma alteração de pré-compreensões, muito embora, somado a condições sociais, políticas, econômicas e culturais, possa incentivar ou se tornar conjuntural às modificações que já estiverem em andamento.

Apenas quando uma determinada comunidade política disponha desses "pré-requisitos" e conte com o ambiente referido, um livro poderá vir a ser considerado perigoso, na acepção de incentivar ou acelerar mudanças.

A questão agora, portanto, surge com novo enfoque. A sociedade brasileira é predisposta a praticar discriminação contra o povo judeu? Temos indícios em nossa história de movimentos sociais discriminatórios contra aquele povo? Não me refiro, obviamente, a iniciativas isoladas deste ou daquele governante em determinado momento. Circunstâncias esporádicas não mudam a natureza da sociedade.

Com base nesse entendimento, uma simples análise da História revelará que em nenhum momento de nosso passado houve qualquer inclinação da sociedade brasileira a aceitar, de forma ostensiva e relevante, ideias preconceituosas contra o povo judeu. Jamais foi transmitida entre as gerações a miséria deste legado discriminatório. Aliás, pelo contrário, as mais diferentes formas de divulgação da cultura judaica sempre gozaram de amplo apoio e interesse popular. As instituições judaicas funcionam no Brasil como importantes centros de referência e são constantemente reconhecidas, como hospitais, sinagogas, centros de cultura, museus, entre outras.

Nesses termos, seria mais facilmente defensável a ideia de restringir a liberdade de expressão se a questão deste *habeas* resvalasse para os problemas cruciais enfrentados no Brasil, como, por exemplo, o tema da integração do negro, do índio ou do nordestino na sociedade. Em relação a tais pontos, percebe-se claramente o preconceito arraigado em nossa comunidade, capaz de predispô-la a transformar em atos violentos de discriminação as ideias de intolerância lançadas eventualmente em um livro. O Brasil possui toda uma carga histórica de escravização dos negros e dos índios, bem como infelizes episódios nos quais se cultivara, especialmente por grupos discriminatórios da Região Sul, um ódio aos nordestinos, o que chegou até mesmo a dar ensejo a uma ridícula e absurda proposta separatista.

A visão de integrar o negro na sociedade é tão presente em nossa cultura que, atualmente, discute-se com absoluta procedência a adoção de políticas afirmativas como medidas compensatórias das desigualdades políticas, econômicas e sociais existentes, colocando-se o peso da lei a favor da almejada igualdade. O Governo Federal chegou até a criar uma Secretaria para se debruçar em tais questões. Um livro preconceituoso contra os negros teria muito mais chance de representar uma ameaça real à dignidade daquele povo, porque no Brasil não seria difícil encontrar adeptos para tais pensamentos. Da mesma forma, torna-se evidente que, se a hipótese revelasse ideias discriminatórias aos nordestinos, o tema deveria ser enfrentado sob outro enfoque e a partir de outros referenciais. Recentemente ocorreu uma cena constrangedora para o Governo Federal, quando a sociedade brasileira mobilizou-se para manifestar repúdio à declaração proferida pelo Ministro de Segurança Alimentar, José Graziano, em 7.2.2003, na Federação das Indústrias de São Paulo/FIESP, do seguinte teor: "Temos de criar empregos [*no Nordeste*], temos de gerar oportunidades de educação lá, temos de gerar cidadania lá, porque se eles, nordestinos, continuarem vindo para cá [*São Paulo*], nós vamos ter que continuar andando de carro blindado". Finalmente, trago à baila a problemática do índio, que também sofre por parte de alguns brasileiros discriminação quanto à preservação da cultura e das terras.

Tais exemplos servem para demonstrar que, em relação ao povo judeu, o livro não ensejou uma hipótese de dano real. O perigo seria meramente aparente. O livro do paciente e os por ele editados, em exercício profissional assegurado constitucionalmente, são passíveis de serem tomados pela sociedade brasileira apenas como obra de uma mente intolerante e radical, jamais consubstanciando o hediondo crime de racismo. (...).

2. A colisão entre os direitos fundamentais – O princípio da proporcionalidade

A aplicação do princípio da proporcionalidade surge como o mecanismo eficaz a realizar a ponderação exigida no caso concreto, devido à semelhança de hierarquia dos valores em jogo: de um lado, a alegada proteção à dignidade do povo judeu; de outro, a garantia da manifestação do pensamento. O conteúdo central do princípio da proporcionalidade é formado por subprincípios que abarcam parcialmente certa amplitude semântica da proporcionalidade. **[Rodapé:** J. J. Gomes Canotilho, *Direito Constitucional e Teoria da Constituição*, p. 26.**]** São eles a ideia de conformidade ou de adequação dos meios, a exigibilidade ou necessidade desses meios e a proporcionalidade em sentido estrito. Passo, então, à análise do acórdão do TJRS – pronunciamento condenatório –, a partir desses subprincípios, sob um ângulo diferente daquele efetuado pelo ilustre Min. Gilmar Mendes.

(A) O subprincípio da conformidade ou da adequação dos meios (*Geeingnetheit*) examina se a medida adotada é apropriada para concretizar o objetivo visado, com vistas ao interesse público. Assim, cabe indagar se condenar o paciente e proibi-lo de publicar os pensamentos, apreender e destruir as obras editadas são os meios adequados para acabar com a discriminação contra o povo judeu ou com o risco de se incitar a discriminação. Penso que não, uma vez que o fato de o paciente querer transmitir a terceiros a sua versão da História não significa que os leitores irão concordar, e, ainda que concordem, não significa que vão passar a discriminar os judeus, mesmo porque, ante a passagem inexorável do tempo, hoje os envolvidos são outros.

É preciso nesse ponto fazer uma reflexão sobre a necessária distinção entre o preconceito e a discriminação. Preconceito, no sentido etimológico, quer dizer conceito prévio, opinião formada antecipadamente, sem maior ponderação ou conhecimento dos fatos, ideia preconcebida. Ora, todos nós temos "pré-conceitos" acerca de muitos fatos da vida, desenvolvidos com base em experiências nutridas ou em ideais a que perseguimos. Preconceito não quer dizer discriminação, esta, sim, condenável juridicamente, porque significa separar, apartar, segregar, sem que haja fundamento para tanto. Muito menos preconceito revela óptica racista. A maior parte dos preconceitos fica apenas no âmbito das ideias, das reservas mentais, não chegando a ser externada. E ninguém sofre pena pelo ato de pensar, já dizia o brocardo latino. O preconceito, sem se confundir com o racismo, só se torna punível quando é posto em prática, isto é, quando gera a discriminação, ainda em seu sentido aquém do racismo, sem que se tenha, nesse caso, a cláusula da imprescritibilidade.

(B) O segundo subprincípio é o da exigibilidade ou da necessidade (*Erforderlichkeit*), segundo o qual a medida escolhida não deve exceder ou extrapolar os limites indispensáveis à conservação do objetivo que pretende alcançar. Com esse subprincípio, o intérprete reflete, no caso, se não existem outros meios não considerados pelo Tribunal de Justiça que poderiam igualmente atingir o fim almejado, a um custo ou dano menor aos interesses dos cidadãos em geral. Paulo Bonavides registra que esse cânone é chamado de "princípio da escolha do meio mais suave". **[Rodapé:** Paulo Bonavides, *Curso de Direito Constitucional*, p. 360; Raquel Denize Stumm, *Princípio da Proporcionalidade no Direito Constitucional Brasileiro*, p. 79.**]** Na hipótese, a observância desse subprincípio deixa ao Tribunal apenas uma solução cabível, ante a impossibilidade de aplicar outro meio menos gravoso ao paciente: conceder a ordem, garantindo o direito à liberdade de manifestação do pensamento, preservados os livros, já que a restrição a tal direito não garantirá sequer a conservação da dignidade do povo judeu.

(C) Finalmente, o último subprincípio é o da proporcionalidade em sentido estrito (*Verhältnismässigkeit*), também conhecido como "lei da ponderação". O intérprete deve questionar se o resultado obtido é proporcional ao meio empregado e à carga coativo-interventiva dessa medida. É realizado um juízo de ponderação no qual se engloba a análise de adequação entre meio e fim, levando-se em conta os valores do ordenamento jurídico vigente. Robert Alexy, relativamente a esse subprincípio, aduz: **[Rodapé:** ALEXY, Robert, "Colisão de direitos fundamentais e realização de direitos fundamentais no Estado de Direito Democrático", in *RDA* 217: I-VI, Rio de Janeiro, ed. Renovar, julho-setembro/1999, p. 78.**]** "Quanto mais grave é a intervenção em um direito fundamental, tanto mais graves devem ser as razões que a justifiquem". E Celso Antônio Bandeira de Mello explica: "É que ninguém deve estar obrigado a suportar constrições em sua liberdade ou de propriedade que não sejam indispensáveis à satisfação do interesse público". **[Rodapé:** MELLO, Celso Antônio Bandeira de, *Curso de Direito Administrativo*, 15ª ed., São Paulo, Malheiros, p. 101.**]** Assim, cumpre perquirir se é razoável, dentro de uma sociedade plural como a brasileira, restringir-se determinada manifestação de opinião por meio de um livro, ainda que preconceituosa e despropositada, sob o argumento de que tal ideia incitará a prática de violência, considerando-se, todavia, o fato de inexistirem mínimos indícios de que o livro causará tal revolução na sociedade brasileira. E mais, se é razoável punir o paciente pela edição de livros alheios, responsabilizá-lo por ideias que nem sequer lhe pertencem, tendo em vista que há outras maneiras mais fáceis, rápidas e econômicas de a população ter acesso a tais pensamentos, como a Internet. Mesmo porque a fls. 484 do Apenso n. 4 deste *habeas* tem-se a notícia de que a Editora Revisão, de propriedade do paciente, também edita livros outros cujo conteúdo nada revela de discriminatório, como os títulos *Heráclito*, de Oswaldo Spengler, *As Veias Abertas da América Latina*, de Eduardo Galeano, *Garibaldi e a Guerra dos Farrapos*, de Lindolfo Collor, *Os Imigrantes Alemães e a Revolução Farroupilha*, de Germano Oscar Moehiecke, *História da Guerra de Espanha*, de Robert Brasillach e Maurice Bardeche, e *El Leviathan en la Teoría del Estado de Thomas Hobbes*, de Carl Schmitt.

A par desse aspecto, avocar ao Judiciário o papel de censor não somente das obras dos próprios autores, responsabilizando-os, como sobretudo daquelas simplesmente editadas enseja um precedente perigosíssimo. (...).

CONFIRMAÇÃO DE VOTO – *O Sr. Min. Celso de Mello*: (...). O regime constitucional vigente no Brasil privilegia, de modo particularmente expressivo, o quadro em que se desenvolvem as liberdades do pensamento. Esta é uma realidade normativa, política e jurídica que não pode ser desconsiderada pelo STF.

A liberdade de expressão representa, dentro desse contexto, uma projeção significativa do direito, que a todos assiste, de manifestar, sem qualquer possibilidade de intervenção estatal *a priori*, o seu pensamento e as suas convicções, expondo as suas ideias e fazendo veicular as suas mensagens doutrinárias.

A nova Constituição do Brasil – que completará apenas 15 anos no próximo dia 5 de outubro – revelou hostilidade extrema a quaisquer práticas estatais tendentes a restringir o legítimo exercício da liberdade de expressão e de comunicação de ideias e de pensamento.

Essa repulsa constitucional bem traduziu o compromisso da Assembleia Nacional Constituinte de dar expansão às liberdades do pensamento. Estas são expressivas prerrogativas constitucionais cujo integral e efetivo respeito pelo Estado qualifica-se como pressuposto essencial e necessário à prática do regime democrático. A livre manifestação de ideias, pensamentos e convicções não pode e não deve ser impedida pelo Poder Público, nem submetida a ilícitas interferências do Estado.

Semelhante procedimento estatal, que implicasse verificação prévia do conteúdo das publicações, traduziria ato inerentemente injusto, arbitrário e discriminatório. Uma sociedade democrática e livre não pode institucionalizar essa intervenção prévia do Estado, nem admiti-la como expediente dissimulado pela falsa roupagem do cumprimento e da observância da Constituição.

É preciso reconhecer que a vedação dos comportamentos estatais que afetam tão gravemente a livre expressão e comunicação de ideias significou um notável avanço nas relações entre a sociedade civil e o Estado. Nenhum *diktat*, emanado do Estado, pode ser aceito ou tolerado, na medida em que compromete o pleno exercício da liberdade de expressão.

A Constituição, ao subtrair o processo de criação artística, literária e cultural da interferência, sempre tão expansiva quão prejudicial, do Poder Público, mostrou-se atenta à grave advertência de que o Estado não pode dispor de poder algum sobre a palavra, sobre as ideias e sobre os modos de sua divulgação. Digna de nota, neste ponto, a sempre lúcida ponderação de Octávio Paz (*O Arco a a Lira*, p. 351, 1982, Nova Fronteira), para quem: "Nada é mais pernicioso e bárbaro que atribuir ao Estado poderes na esfera da criação artística. O poder político é estéril, porque sua essência consiste na dominação dos homens, qualquer que seja a ideologia que o mascare (...)".

Essa garantia básica da liberdade de expressão representa, em seu próprio e essencial significado, um dos fundamentos em que repousa a ordem democrática. Nenhuma autoridade pode prescrever o que será ortodoxo em política, ou em outras questões que envolvam temas de natureza filosófica, ideológica ou confessional, nem estabelecer padrões cuja observância possa implicar clara restrição aos meios de divulgação do pensamento e aos processos de criação. Isso porque "o direito de pensar, falar e escrever livremente, sem censura, sem restrições ou sem interferência governamental", é, conforme adverte Hugo Lafayette Black, que integrou a Suprema Corte dos Estados Unidos da América, "o mais precioso privilégio dos cidadãos (...)" (*Crença na Constituição*, p. 63, 1970, Forense).

O direito à livre expressão do pensamento, contudo, mão se reveste de caráter absoluto, pois sofre limitações de natureza ética e de caráter jurídico. Os abusos no exercício da liberdade de manifestação do pensamento, quando praticados, legitimarão, sempre *a posteriori*, a reação estatal, expondo aqueles que os praticarem a sanções jurídicas, de índole penal ou de caráter civil.

Se assim não fosse, os atos de caluniar, de difamar, de injuriar e de fazer apologia de fatos criminosos, por exemplo, não seriam suscetíveis de qualquer reação ou punição, porque supostamente protegidos pela cláusula da liberdade de expressão.

Daí a advertência do Juiz Oliver Wendell Holmes Jr., proferida em voto memorável, em 1919, no julgamento do caso "Schenck *versus* United States" (249 U.S. 47, 52), quando, ao pronunciar-se sobre o caráter relativo da liberdade de expressão, tal como protegida pela Primeira Emenda à Constituição dos Estados Unidos da América, acentuou que: "A mais rígida proteção da liberdade de palavra não protegeria um homem que falsamente gritasse fogo num teatro e, assim, causasse pânico", concluindo, com absoluta exatidão, em lição inteiramente aplicável ao caso, que "a questão em cada caso é saber se as palavras foram usadas em tais circunstâncias e são de tal natureza que envolvem perigo evidente e atual [*clear and present danger*] de se produzirem os males gravíssimos que o Congresso tem o direito de prevenir. É uma questão de proximidade e grau".

O fato irrecusável neste tema, Sr. Presidente, *é* um só: o abuso no exercício da liberdade de expressão não pode ser tolerado. Ao contrário, deve ser reprimido e neutralizado.

É por tal razão que enfatizei, no voto que proferi na sessão de 9.4.2003, que a incitação ao ódio público contra o povo hebreu não está protegida pela cláusula constitucional que assegura a liberdade de expressão.

Cabe referir, neste ponto, a própria Convenção Americana sobre Direitos Humanos (Pacto de São José da Costa Rica), cujo art. 13 exclui do âmbito de proteção da liberdade de manifestação do pensamento "toda apologia ao ódio nacional, racial ou religioso que constitua incitação à discriminação, à hostilidade, ao crime ou à violência" (art. 13, § 5º).

Tenho por irrecusável, por isso mesmo, que publicações que extravasam, abusiva e criminosamente, os limites da indagação científica e da pesquisa histórica, degradando-se ao nível primário do insulto, da ofensa e, sobretudo, do estímulo à intolerância e ao ódio público pelos judeus (como se registra no caso ora em exame), não merecem a dignidade da proteção constitucional que assegura a liberdade de manifestação do pensamento, pois o direito *à* livre expressão não pode compreender, em seu âmbito de tutela, exteriorizações revestidas de ilicitude penal.

Salientei, então, no voto que proferi na sessão de 9.4.2003, que a prerrogativa concernente à liberdade de manifestação do pensamento, por mais abrangente que deva ser o seu campo de incidência, não constitui meio que possa legitimar a exteriorização de propósitos criminosos, especialmente quando as expressões de ódio racial – veiculadas com evidente superação dos limites da crítica política ou da opinião histórica – transgridem, de modo inaceitável, valores tutelados pela própria ordem constitucional.

Tenho por inquestionável, no tema, na linha de diversos pronunciamentos emanados do STF (*RTJ* 173/805-810, rel. Min. Celso de Mello, *v.g*.), que não é ilimitada a extensão dos direitos e garantias individuais assegurados pela Carta Política, mesmo tratando-se da liberdade de manifestação do pensamento, cuja invocação não pode nem deve legitimar abusos cuja prática, como no caso, qualifique-se como ato revestido de ilicitude penal.

O fato é que a liberdade de expressão não pode amparar comportamentos delituosos que tenham na manifestação do pensamento um de seus meios de exteriorização, notadamente naqueles casos em que a conduta desenvolvida pelo agente encontra repulsa no próprio texto da Constituição, que não admite gestos de intolerância que ofendem, no plano penal, valores fundamentais, como o da dignidade da pessoa humana, consagrados como verdadeiros princípios estruturantes do sistema jurídico de declaração dos direitos essenciais que assistem à generalidade das pessoas e dos grupos humanos. (...).

Enfatize-se, neste ponto, por oportuno, que o exame da peça acusatória oferecida pelo Ministério Público do Estado do Rio Grande do Sul – de cujo acolhimento, pelo egrégio Tribunal de Justiça local, resultou a condenação penal do paciente – bem evidencia que Siegfried Ellwanger, a pretexto de veicular críticas políticas ou de professar convicções ideológicas, ou, ainda, de sustentar teses de revisionismo histórico, veio a exteriorizar, na realidade, em suas manifestações como autor ou em seu comportamento como editor, nítidos propósitos criminosos de estímulo à intolerância e de incitação ao ódio racial, razão pela qual não há que se falar, na espécie, em incidência da cláusula assecuratória da liberdade de expressão.

Eis, exemplificativamente, alguns fragmentos dessas publicações, por ele editados ou de sua própria autoria, cujo teor revela o claro propósito criminoso de estimular ou de fomentar o ódio público contra o povo judeu:

"Porque todo judeu é impelido pela mesma tendência, que se enraíza no sangue: o anseio de dominação" (p. 24).

"Os métodos de ação das classes baixas judaicas não visam somente a libertar-se da repulsão social, mas anelam francamente o poder. É essa vontade de dominar que caracteriza seu espírito" (p. 25).

"Num mundo de Estados territoriais organizados, o judeu tem apenas duas fórmulas: derrubar os pilares de todos os sistemas nacionais dos Estados ou criar o próprio Estado nacional" (p. 65).

"O judeu é adversário de toda ordem social não judaica (...). O judeu é um autocrata encarniçado (...). A democracia é apenas o argumento utilizado pelos agitadores judeus para se elevarem a um nível superior àquele em que se julgam subjugados. Assim que conseguem, empregam imediatamente seus métodos para obter determinadas preferências, como se estas lhes coubessem por direito natural" (p. 65). (...).

"(...) não existe raça alguma que suporte a autocracia mais voluntariamente do que a raça judia, que deseje e respeite mais do que esta o poder (...) o judeu é um caçador de fortunas, principalmente, porque, até este momento, só o dinheiro lhe tem proporcionado os meios de conquistar certo poderio" (p. 75).

"Que os outros lavrem a terra: o judeu, quando pode, viverá do lavrador. Que os outros suem nas indústrias e ofícios: o judeu preferirá assenhorear-se dos frutos de sua atividade. Esta inclinação parasitária deve, pois, formar parte de seu caráter" (p. 171). (...).

"(...) é um direito que nos foi dado por Deus, e um dever humano, lutar contra o reinado do terror exercido ao nível supranacional por uma pequena minoria fanática que subjugou o mundo e que empurrou a Humanidade mais para diante, na estrada rumo à extinção total" (p. 10).

"Esse diabólico nacionalismo tribal tem o poder mundial na mão" (p. 10).

"O judeu jamais foi um internacionalista; ele foi, isto, sim, o representante consciente de um nacionalismo tribal que visava a dominar todos os outros Países deste mundo" (p. 18). (...).

"Povos antijudaicos do mundo, uni-vos, antes que seja tarde demais" (p. 214). (...).

"Como o sírio, o judeu não passa sem prestações. É uma inclinação racial" (p. 34). (...).

"O rol demonstra que não é só o Brasil a vítima do Superestado Capitalista sem entranhas, mas o mundo inteiro. Daí a sua aflição, a sua inquietação, a sua angústia, o seu desespero. Está mergulhado num pego em que pululam as sanguessugas e estrebucha sugado por todos os lados na lama ensanguentada. Um dia, os povos compreenderão a verdadeira origem de todos os seus males e, então, as bichas vorazes e nojentas serão duramente castigadas (...)" (p. 46).

"O nosso Brasil é a carniça monstruosa ao luar. Os banqueiros judeus, a urubuzada que a devora" (p. 95). (...).
"Mais vale o sacrifício de algumas centenas de milhares de judeus, do que sofrer um prejuízo no bolso (...)" (p. 139).

Cabe referir, neste ponto, tal como bem enfatizou o egrégio TJRS, no acórdão que condenou o ora paciente pela prática do delito de racismo, que não se discute, nesta causa, o direito à pesquisa histórica, mas debatem-se, isso, sim, os limites que a legislação penal do Estado, em estrita conformidade com o texto inscrito no art. 5º, XLII, da Constituição, pode legitimamente impor àqueles que, como Siegfried Ellwanger, mediante publicação de seus próprios livros ou mediante edição de livros escritos por outros autores, pregam e disseminam ideias impregnadas de intolerância, com o propósito criminoso de fomentar, estimular e incitar o ódio e a hostilidade ao povo judeu.

Daí a acertada conclusão fundada no v. acórdão proferido pelo egrégio TJRS:

"Em uma síntese, os livros publicados e editados pelo apelado tentam negar o holocausto, atribuindo aos judeus, como substrato da ação dos Aliados, e exatamente pela congênita perversão de caráter, a falsificação de documentos e a montagem de fotografias e filmes, simulando episódios que não teriam ocorrido na Alemanha e nos territórios por esta ocupados, em uma criminosa distorção da realidade histórica, realidade que é pública e notória, oficialmente reconhecida pela própria Alemanha, e veiculam, explícita e implicitamente, nas linhas e entrelinhas, mensagens de cunho nitidamente antissemita, discriminatório e preconceituoso.

"(...).

"Desse modo, e no que pertine ao mérito da sentença, não há como mantê-la com base na falta de produção de dano ao bem jurídico protegido. Não se deve permitir a confusão entre dano (ofensa material e sensível) e lesão (ofensa potencial e negativamente valorada pelo cotejo da norma com as concretas exigências sociais de tutela)."

Entendo que a incitação – que constitui, nos termos da lei, um dos núcleos do tipo penal – reveste-se de caráter proteiforme, dada a multiplicidade de formas executivas que esse comportamento pode assumir, concretizando, assim, qualquer que tenha sido o meio empregado, a prática inaceitável do racismo.

A locução constitucional "prática do racismo", inscrita no art. 5º, XLII, da Carta Política, além de representar, ela própria, para o efeito de incidência da cláusula da imprescritibilidade, uma norma de tipificação penal (pois a Constituição não tipifica condutas puníveis), tem a finalidade de fixar diretriz, destinada ao legislador, para que este, ao explicitar a vontade manifestada pelo constituinte, possa dispensar efetiva tutela penal aos valores constitucionais cuja incolumidade é expressamente reclamada pelo texto da Constituição, sob pena de restarem comprometidos os objetivos e os fundamentos sobre os quais se estrutura a República Democrática.

Sob tal perspectiva, não se revela fiel, no que concerne à exegese que possa ser dada ao art. 5º, XLII, da Carta Federal, a interpretação de que resulte a frustração dos objetivos perseguidos pelo texto constitucional.

Desse modo, não se mostra cabível valer-se de processo hermenêutico que comprometa a força normativa da Carta Federal, expondo, perigosamente, a autoridade suprema da Constituição da República a critérios de exegese que culminem por subtrair, nos postulados da dignidade da pessoa humana e da igualdade jurídica, a sua máxima eficácia, tornando-os, em consequência, fórmulas vazias, incompreensivelmente destituídas de significação e despojadas da abrangência que lhes quis emprestar o próprio legislador constituinte.

Daí a correta asserção de que, no processo de indagação constitucional, impõe-se ao intérprete, mediante adequada pré-compreensão dos valores que informam e estruturam o próprio texto da Constituição, conferir-lhes sentido que permita extrair a sua máxima eficácia, em ordem a dar-lhes significação compatível com os objetivos indicados na Carta Política.

Vale referir, neste ponto, o valiosíssimo magistério do eminente Professor Miguel Reale Jr., cujo parecer – encaminhado à apreciação do Tribunal – analisa, com propriedade, a questão dos parâmetros constitucionais que devem informar o processo de indagação da cláusula inscrita no art. 5º, XLII, da Constituição da República:

"Ressaltam, portanto, os valores fundamentais da dignidade da pessoa humana e da igualdade, como princípios básicos conformadores de nosso ordenamento jurídico. A igualdade a ser examinada neste parecer diz respeito à igualdade jurídica, que se apresenta outorgada e garantida a todos pelo reconhecimento da cidadania (art. 10, II), que vem a ser 'o o direito de ter direitos', o primeiro dos direitos humanos, em razão do qual alguém se insere como um igual no seio da sociedade. Desse modo, é a cidadania um direito básico, na expressão do Juiz Warren, citado por Celso Lafer, sem o qual se restará humilhado e degradado frente aos demais compatriotas.

"O racismo, como posição político-ideológica que discrimina e segrega um grupo de pessoas em face de sua raça, etnia, origem nacional ou descendência, visa, antes de tudo, a retirar-lhes exatamente a cidadania, a participação igualitária no espaço público, 'o direito de ter direitos'. (...).

"O fim visado pela Constituição de criminalizar a segregação por discriminação racial, protegendo o bem jurídico igualdade, seria desvirtuado. A interpretação sistemática e a teleológica, que se entrelaçam, conduzem de forma clara ao entendimento de que toda e qualquer discriminação racial, nos termos da Convenção da ONU de 1965, acha-se compreendida no termo 'racismo' constante do art. 5º, XLII, da Constituição.

"A dignidade da pessoa humana, princípio fundamental chave da Constituição, também, só se coaduna com interpretação do racismo no art. 5º, XLII da Constituição, compreensiva da discriminação em razão da raça (como realidade social e política), da cor, da origem étnica ou nacional, bem como da descendência. (...).

"O legislador, para combater o racismo, criminalizou, ao lado do preconceito de raça e de cor, o preconceito de etnia, de religião e de procedência nacional, adequando a lei aos ditames constitucionais, aos princípios conformadores da Constituição, em especial o da igualdade e o da dignidade da pessoa humana.

"(...)."

Concluo este voto, Sr. Presidente, e, ao fazê-lo, reconheço, em um contexto de liberdade aparentemente em conflito, que a colisão dele resultante há de ser equacionada, utilizando-se, esta Corte, do método – que é apropriado e racional – da ponderação concreta de bens e valores, de tal forma que a existência de interesse público na revelação e no esclarecimento da verdade em torno de ilicitudes penais praticadas por qualquer pessoa basta por si só, para atribuir ao Estado o dever de atuar na defesa de postulados essenciais, como o são aqueles que proclamam a dignidade da pessoa humana e a permanente hostilidade contra qualquer comportamento que possa gerar o desrespeito à alteridade, com inaceitável ofensa aos valores da igualdade e da tolerância, especialmente quando as condutas desviantes, como neste caso, culminem por fazer instaurar tratamentos discriminatórios fundados em inadmissíveis ódios raciais. (...).

CONFIRMAÇÃO DO VOTO – *O Sr. Min. Carlos Britto*: (...). Sr. Presidente, vou fazer duas leituras: numa, Siegfried, em razões finais, diz o seguinte (fls. 27): "O preconceito e a discriminação religiosa, racial, étnica etc. é conduta abominável, porquanto sempre foram as causas das grandes tragédias da Humanidade. Por outro lado, entender que opiniões e manifestações contrárias à dominante, a ela muito desfavoráveis, implicam incitação ou induzimento ao crime de preconceito e discriminação étnica significa, também, uma posição de preconceito, mais quando aquelas vêm demonstradas em obras literárias".

Finalmente, Sr. Presidente, o Siegfried termina sua obra dizendo, iniludível e inequivocamente, com todas as letras, o seguinte: "Muitas das referências indicadas neste livro são contra o sionismo, que, conforme o próprio Ministro Chamberlain, foi o responsável pela II Guerra Mundial, através da imprensa internacional e também por pressões exercidas sobre elementos ligados ao Governo Britânico. Coisa importante: o sionismo, por ser racista, é condenado, praticamente, por todos os Países do mundo. Ora, quem condena o racismo assim, tão veementemente, não pode ser racista".

O Sr. Min. Nelson Jobim: Então V. Exa. acreditava no Chamberlain?

O Sr. Min. Carlos Britto: Não. Não é isso.

O Sr. Min. Nelson Jobim: V. Exa. acabou de citar o Chamberlain.

O Sr. Min. Carlos Britto: Não! Ele, paciente, citando o Chamberlain.

O Sr. Min. Nelson Jobim: V. Exa. lendo e citando-o para justificar sua posição.

Logo, se é fundamento da sua decisão, V. Exa. acredita nisso. Senão, não seria fundamento.

Que fundamento curioso é esse!

O Sr. Min. Carlos Britto: Que raciocínio equivocado, Excelência! Não estou afirmando absolutamente nada; estou transcrevendo um trecho.

O Sr. Min. Nelson Jobim: Para fundamentar a posição assumida por V. Exa., que considera que ele não praticou crime.

O Sr. Min. Carlos Britto: Se esse livro fosse racista, escancarada e protuberantemente racista, ele não estaria aqui sendo defendido como não criminoso por três Ministros do STF: Marco Aurélio, Moreira Alves e eu próprio, que estou a falar.

O Sr. Min. Celso de Mello: É diverso o fundamento do voto do Min. Moreira Alves. Ele não ingressou na análise do conteúdo ideológico da obra.

O Sr. Min. Carlos Britto: A verdade é que o Min. Moreira Alves concluiu pedindo a absolvição dele, paciente.

O Sr. Min. Celso de Mello: Não! Ele declarou extinta a punibilidade, por entender descaracterizado o crime de racismo.

O Sr. Min. Nelson Jobim: Ele admitiu a prescritibilidade; é outra coisa.

Ele não chegou a dizer, como V. Exa. fez, que não houve crime.

Ele disse que houve crime.

Ele estava examinando o pedido do autor e este chegou à tribuna, por seu advogado, dizendo que não era isso que pediu, não tinha nada a ver com isso, porque não sabia do que se tratava.

A discussão aqui trazida era a prescritibilidade.

O Sr. Min. Carlos Britto: Se, em uma Casa como esta, a mais alta Casa da Justiça brasileira, o livro suscita leitura diferenciada, quanto mais no âmago da população! Que esse livro circule! Não me convenci, o Min. Marco Aurélio não se convenceu. Continuo tão admirador do povo judeu quanto antes.

O Sr. Min. Cézar Peluso: V. Exa. me permite só um aparte? Toda a população pensa de acordo com V. Exa.?

O Sr. Min. Carlos Britto: A população tem o direito de fazer o seu julgamento.

O Sr. Min. Cézar Peluso: Todas as pessoas do País pensam da mesma forma de V. Exa.?

O Sr. Min. Carlos Britto: O livro está na 29ª edição.

O Sr. Min. Cézar Peluso: Há algum risco de alguém interpretar de outro modo e, com isso, sentir-se autorizado a alimentar o ódio, e não só alimentá-lo, mas passar de uma posição de ódio a uma postura de risco à integridade das pessoas?

O Sr. Min. Carlos Britto: Entendo que não.

O Sr. Min. Cézar Peluso: Ah! Ninguém neste País? Seria isso concebível?

O Sr. Min. Carlos Britto: É possível que alguém leia o livro e se convença.

O Sr. Min. Cézar Peluso: Ora, basta que seja possível; é exatamente isso que se quer evitar. Daí a Constituição ter tomado uma atitude que o Min. Marco Aurélio considerou, com base em alguns autores, uma medida excepcional: a de imprescritibilidade do crime. Por quê? Porque o fato é de gravidade excepcional, pois alimentaria ódio histórico cujo desdobramento chegou no extermínio de um largo grupo humano. Não coibi-lo significaria botar em risco as pessoas no que elas têm de universal, como parte da mesma raça.

O Sr. Min. Carlos Britto: Basta ler o livro dele para que façamos uma psicanálise. Ele condena a desonestidade, a mentira, o racismo e se considera defensor da verdade e um homem de caráter.

O Sr. Min. Nelson Jobim: Pela leitura, ele é o grande herói do seu tempo.

O Sr. Min. Carlos Britto: Por outro lado, sou marcado positivamente e definitivamente por aquela frase de Voltaire: "Não concordo com uma só das palavras que dizeis, mas defenderei até a morte o vosso direito de dizê-las".

O Sr. Min. Nelson Jobim: Contextualiza a palavra, contextualiza isso.

O Sr. Min. Carlos Britto: Contextualizando, não vi racismo. O Min. Marco Aurélio falou do livro. Também sou muito marcado positivamente por Castro Alves, quando disse: "Ó bendito o que semeia livros a mancheia e manda o povo pensar./O livro caindo n'alma/É germe que faz a palma/É chuva quo faz o mar".

Não vi neste livro incitação ao ódio. Se visse, estaria aqui a dizer: não concedo o *habeas corpus*. Mas a minha leitura não é condenatória desse homem de 75 anos de idade, um inventor, um industrial, um escritor, que tem sua história de vida e que diz, às escâncaras, da primeira página à última, que faz uma distinção entre sionismo e judaísmo. Ele não é contra o judaísmo, é contra o sionismo, e tem o direito de sê-lo.

O Sr. Min. Nelson Jobim: V. Exa. conhece Siegfried Ellwanger?

O Sr. Min. Carlos Britto: Tenho mais de meia dúzia de amigos juristas do Rio Grande do Sul e consultei a todos. De há muito estou me debruçando sobro este caso...

O Sr. Min. Nelson Jobim: Todos eles de origem alemã?

O Sr. Min. Carlos Britto: Não. Estou calçado. Fazendo a leitura dos fatos e das personalidades com extrema responsabilidade, o que não nego à de V. Exas., absolutamente. Mantenho convictamente meu voto. (...).

EXTRATO DE ATA

Decisão: Após o voto do Sr. Min. Moreira Alves, Relator, concedendo a ordem para pronunciar a prescrição da pretensão punitiva, pediu vista o Sr. Min. Maurício Corrêa. Falou pelo paciente o Dr. Werner Cantalício João Becker.

Presidência do Sr. Min. Marco Aurélio. Plenário, 12.12.2002.

Decisão: Após o voto do Sr. Min. Moreira Alves, Relator, concedendo a ordem, e dos votos dos Srs. Mins. Maurício Corrêa e Celso de Mello, este último em antecipação, indeferindo-a, pediu vista o Sr. Min. Gilmar Mendes.

Presidência do Sr. Min. Marco Aurélio. Plenário, 9.4.2003.

Decisão: O Tribunal, preliminarmente, por inexistência de previsão regimental, indeferiu o pedido de nova sustentação oral do ilustre Advogado do paciente, tendo em vista não se encontrar mais nesta Corte, pela aposentadoria, o Sr. Ministro-Relator. Ausentes, justificadamente, nesta preliminar, os Srs. Mins. Sepúlveda Pertence e Carlos Velloso. Em seguida, após o voto do Sr. Min. Gilmar Mendes, que indeferia o *habeas corpus*, anteciparam os votos os Srs. Mins. Carlos Velloso, Nelson Jobim, Ellen Gracie e Cézar Peluso, também denegando a ordem, pediu vista o Sr. Min. Carlos Britto. Não participou da votação o Sr. Min. Joaquim Barbosa, por suceder ao Sr. Min. Moreira Alves que proferira voto.

Presidência do Sr. Min. Maurício Corrêa. Plenário, 26.6.2003.

Decisão: O Tribunal, por maioria, resolvendo a Questão de Ordem, não viu condições de deferimento do *habeas corpus* de ofício, vencido o Sr. Min. Carlos Britto, que entendeu deferi-lo por carência da ação penal por atipicidade de conduta. Votou o Presidente, o Sr. Min. Maurício Corrêa. Prosseguindo-se no julgamento, após o voto do Sr. Min. Carlos Britto, que concedia, *ex officio*, a ordem de *habeas corpus* para absolver o paciente por falta de tipicidade de conduta, pediu vista dos autos o Sr. Min. Marco Aurélio. Não votou o Sr. Min. Joaquim Barbosa, por suceder ao Sr. Min. Moreira Alves, que proferira voto. Ausente, justificadamente, neste julgamento, o Sr. Min. Nelson Jobim. Plenário, 27.8.2003.

Decisão: O Tribunal, por maioria, indeferiu o *habeas corpus*, vencidos os Srs. Mins. Moreira Alves, Relator, e Marco Aurélio, que concediam a ordem para reconhecer a prescrição da pretensão punitiva do delito, e o Sr. Min. Carlos Britto, que a concedia, *ex officio*, para absolver o paciente por falta de tipicidade de conduta. Redigirá o acórdão o Presidente, o Sr. Min. Maurício Corrêa. Não votou o Sr. Min. Joaquim Barbosa, por suceder ao Sr. Min. Moreira Alves, que proferira voto anteriormente. Plenário, 17.9.2003.

Presidência do Sr. Min. Maurício Corrêa. Presentes à sessão os Srs. Mins. Sepúlveda Pertence, Celso de Mello, Carlos Velloso, Marco Aurélio, Nelson Jobim, Ellen Gracie, Gilmar Mendes, Cézar Peluso, Carlos Britto e Joaquim Barbosa.

* * *

PERGUNTAS

1. Quais são os fatos?
2. Qual o ato atacado pelo presente *habeas corpus*?
3. Qual o caminho adotado pelos diversos Ministros para extrair sentido jurídico do termo "racismo"? Como compreender a conclusão do Min. Moreira Alves sobre o conceito de racismo?
4. Quais direitos se colocam em tensão no presente caso?
5. O que significa princípio da proporcionalidade?
6. O que significa princípio do devido processo legal substantivo?
7. Existe alguma diferença entre os dois?
8. Como a aplicação do princípio da proporcionalidade por distintos Ministros pode gerar decisões díspares? Alguém errou na aplicação do referido princípio? Ou ele não é confiável?
9. Afinal, quais os limites da liberdade de expressão? Compare o voto do Min. Marco Aurélio com o do Min. Celso de Mello.
10. Qual o objeto da discussão dos Mins. Carlos Britto e Nelson Jobim?
11. Qual a relação entre liberdade de expressão e democracia?
12. Existe alguma diferença de amplitude entre a liberdade de expressão nos Estados Unidos e no Brasil?
13. Qual a decisão final do STF?

5.8 Caso "O Globo" versus "Garotinho" (Pet. 2.702-7-RJ)

(Plenário – rel. Min. Sepúlveda Pertence – j. 18.9.2002)

ACÓRDÃO – Vistos, relatados e discutidos estes autos: Acordam os Ministros do Supremo Tribunal Federal, em sessão plenária, na conformidade da ata do julgamento e das notas taquigráficas, por maioria de votos, em referendar o ato do Sr. Ministro-Relator, vencido o Presidente, o Sr. Min. Marco Aurélio, quanto à medida liminar, para a divulgação do material existente, a título de informação.

Brasília, 18 de setembro de 2002 – *Sepúlveda Pertence*, relator.

RELATÓRIO (Liminar/Referendo) – *O Sr. Min. Sepúlveda Pertence*: Sr. Presidente, trago a referendo do Tribunal a seguinte decisão: (...).

IX

44. O pedido principal da Infoglobo e litisconsorte, como visto, é que – a título de concessão liminar de "efeito suspensivo" ao recurso extraordinário – lhe seja autorizada a publicação do conteúdo das gravações telefônicas que detém.

45. Vencidos, porém, os peticionários nas duas instâncias ordinárias, é manifesto que de nada lhe serviria dar efeito suspensivo ao recurso contra a decisão recorrida, de segundo grau, que manteria incólume a liminar proibitória da publicação, deferida pelo Juiz singular. (...).

50. No caso, são inequívocas a relevância da questão constitucional agitada no recurso extraordinário assim como a seriedade com a qual a formularam os patronos da empresa jornalística; resta indagar se, à relevância da questão e à seriedade com que proposta, é de somar a extrema probabilidade de êxito da pretensão que o apelo veicula, de modo a autorizar a tutela antecipada que postula.

X

51. A tensão dialética permanente entre a liberdade de informação, de um lado, e a proteção à intimidade, à privacidade, à honra e à imagem das pessoas é, sabidamente, o pano de fundo mais frequente das especulações doutrinárias e pretorianas acerca da ponderação de interesses, como técnica de solução da colisão entre princípios e garantias constitucionais.

52. Nos limites desse terreno – campo, aqui e alhures, de permanente ocupação dos teóricos e de numerosas dissensões nos tribunais – é que a petição procura entrincheirar-se e sustentar a prevalência – sobretudo quando se trata de fatos de interesse público e relativos a homens públicos – da liberdade de informar, da imprensa, e do direito à informação, de todos, para a proteção dos quais a Constituição prescreveu a vedação peremptória da censura prévia (CF, art. 220 e § 2º).

53. "Nem mesmo a certeza do prejuízo de uma publicação futura" – extratam as razões do recurso extraordinário da manifestação de Sérgio Bermudes (no *Jornal do Brasil* – fls. 148) – "justificaria a publicação dela. Para proteger a liberdade de imprensa, a Constituição, num juízo de valor, consagrou o princípio absoluto da sanção posterior à publicação danosa".

54. "A inexistência de possibilidade de restrição prévia da liberdade de imprensa, no sistema da Constituição do Brasil" – conclui o jurista respeitado – "repele qualquer decisão judicial, liminar ou definitiva, que pretendesse impedir uma publicação jornalística".

55. Nem aí, porém, as águas, em que navegam os juristas, são assim tão remansosas.

56. Em posição diametralmente oposta situa-se o celebrado Gilmar Mendes ("Colisão de direitos fundamentais ..." em *Direitos Fundamentais e Controle da Constitucionalidade*, 1998, p. 85), a partir da garantia da inviolabilidade dos direitos da personalidade, do art. 5º, X, do qual, assevera, "parece evidente que o constituinte não pretendeu assegurar apenas eventual direito de reparação ao eventual atingido" e ao qual, de resto, faz remissão o art. 220, § 1º, ao proclamar a liberdade de informação jornalística assim como "da efetiva proteção judiciária contra lesão ou ameaça de lesão a direito" (art. 5º, XXXVI) que muito pouco significaria, conclui, "se a intervenção" (judiciária) "somente pudesse se dar após a configuração da lesão".

57. A respeito da polêmica assim vislumbrada – que reflete a viva dissensão no Direito Comparado, tanto na doutrina quanto nos tribunais constitucionais –, ainda não se pode divisar, no Brasil, uma orientação firme do Supremo Tribunal: o que, à vista das premissas recordadas, já bastaria para fazer temerária a pretendida antecipação da tutela recursal.

XI

58. Há mais, porém: de logo, o equacionamento da colisão de princípios constitucionais a solver no caso não se pode restringir à contraposição – frequente – entre a liberdade ele informar e o direito à honra e à reputação.

59. Não é possível fazer abstração de que está em causa é a licitude da publicação do fruto de interceptação telefônica – hoje, em si mesma, iniludivelmente criminosa – e que afronta garantia constitucional – a do sigilo das comunicações telefônicas –, de cujo âmbito a Constituição só subtraiu aquela previamente autorizada por decisão judicial e para fins de investigação criminal ou instrução de processo penal (art. 5º, XII).

60. Para sublinhar o particular relevo dessa circunstância não é preciso apelar para a vedação constitucional da prova ilícita (CF, art. 5º, LVI); nem, por conseguinte, discutir a assertiva da requerente – no mínimo audaciosa – de que o veto peremptório da Constituição ao uso da prova obtida por meios ilícitos no processo – ainda naqueles que correm sob segredo de justiça – seria de todo impertinente quando se cuidar não de oferecê-las como prova em juízo, mas, sim, de divulgá-las *urbi et orbi*, "em prol da informação do público leitor"...

61. É que não se cogita aqui de uma ilicitude qualquer na obtenção da informação a publicar, mas, sim, da que declaradamente é produto da violação por terceiro do sigilo das comunicações telefônicas.

62. Ora, vale acentuar, a garantia do sigilo das diversas modalidades técnicas de comunicação pessoal – objeto do art. 5º, XII – independe do conteúdo da mensagem transmitida, e, por isso – diversamente do que têm afirmado autores de tomo –, não tem o seu alcance limitado ao resguardo das esferas da intimidade ou da privacidade dos interlocutores. (...).

64. Desse modo – diversamente do que sucede nas hipóteses normais de confronto entre a liberdade de informação e os direitos da personalidade –, no âmbito da proteção ao sigilo das comunicações não há como emprestar peso relevante, na ponderação entre os direitos fundamentais colidentes, ao interesse público no conteúdo das mensagens veiculadas, nem à notoriedade ou ao protagonismo político ou social dos interlocutores.

XII

65. As precedentes considerações sobre tópicos substanciais do litígio – a que me deixei arrastar por sua inegável transcendência constitucional – seriam, a rigor, dispensáveis, pois ao indeferimento da pleiteada antecipação da tutela recursal é suficiente a invocação do óbice do art. 273, § 2º, do CPC:

"Art. 273. (...).

"§ 2º. Não se considerará a antecipação da tutela quando houver perigo de irreversibilidade do provimento antecipado."

66. Certo, no caso, também a empresa requerente lastreia o pedido liminar na alegação de que o retardamento da publicação da matéria – dada a aspiração presidencial do requerido – poderá causar dano irreparável não só a ela, empresa jornalística, "mas a toda a população brasileira, que estará sendo privada de conhecer dados relevantes do caráter de quem pretende governá-la".

67. Sem questionar a legitimação da empresa jornalística para a defesa do direito difuso de todos à informação relevante, não há negar que – conforme sejam os resultados do pleito que se avizinha – poderá esmaecer a curiosidade a respeito do homem público referido, em prejuízo do interesse jornalístico da matéria e, consequentemente, dos interesses empresariais na sua publicação.

68. É evidente, no entanto, que – na aplicação do art. 273, § 2º, do CPC – o risco da irreversibilidade do provimento antecipado há de ser avaliado sob a perspectiva não do requerente, mas do requerido.

69. E, sob esse prisma – único adequado ao exame da petição liminar –, evidenciar o perigo da irreversibilidade do provimento antecipado seria assumir "a tarefa penosa e sem termo da demonstração da obviedade", tanto é ele manifesto, ao menos na conjuntura eleitoral do requerido, na qual, significativamente, a requerente também busca escorar a sua alegação de urgência da publicação. (...).

XV

74. De tudo, *ad referendum* do Plenário (RISTF, art. 21, inciso V): (a) indefiro o pedido de Anthony Garotinho de que se lhe propicie contestar a petição após a "citação" do cidadão que refere, cuja efetivação, por outro lado, dispensa; (b) indefiro o pedido da Infoglobo e outros de autorização liminar de publicação do conteúdo da gravação questionada; (c) defiro, em parte, o segundo pedido pelos mesmos formulados, para determinar o imediato processamento, no TJRJ, do recurso extraordinário interposto de sua decisão no AgR no AI n. 9326/2001, não se lhe aplicando o art. 542, § 3º, do CPC; (d) ordeno o desentranhamento do documento de fls. 219-266 destes autos (parecer pericial do ISIT Laboratório de Fonética Forense e Processamento de Imagens) e seu apensamento, em envelope lacrado, assim como, em relação aos autos principais, da peça do mesmo teor.

É o relatório.

VOTO (Liminar/Referendo) – *O Sr. Min. Sepúlveda Pertence* (relator): Sr. Presidente, essa a decisão que submeto ao referendo, e meu voto a mantém.

VOTO (Liminar/Referendo) – *O Sr. Min. Marco Aurélio* (presidente): (...).

Temos um tema que o próprio Relator apontou que urge e exige, portanto, a tramitação e o processamento do extraordinário. Estou inteiramente de acordo com S. Exa. no que determina ao Juízo primeiro de admissibilidade, que venha a operar a análise dos pressupostos gerais de recorribilidade e, também, do específico evocado, para se ter o processamento do extraordinário.

Há uma matéria que me preocupa sobremaneira e que guarda sintonia com os novos ares constitucionais. Refiro-me à liberdade de informação, ao direito, para mim, público, subjetivo e político do cidadão: direito de ser informado. Aí surge, a meu ver, com relevância e eficácia maior – em se perquirir o histórico da matéria, a partir, até mesmo, da Declaração de Direitos de Virgínia e, anteriormente, considerado ato praticado na Inglaterra em 1695 a vedar a censura prévia –, o disposto no art. 220 da Carta da República: "A manifestação do pensamento, a criação, a expressão e a informação, sob qualquer forma, processo ou veículo, não sofrerão qualquer restrição, observado o disposto nesta Constituição".

Mais do que isso, dispõe o § 1º desse artigo: "Nenhuma lei conterá dispositivo que possa constituir embaraço à plena liberdade de informação jornalística em qualquer veículo de comunicação social, observado o disposto (...)".

E, aí, remete-se ao rol das garantias constitucionais, aos incisos IV, V, X, XIII e XIV do art. 5º, cogitando o § 2º da vedação de toda e qualquer censura política, ideológica e artística. Vislumbramos um real conflito de princípios, um real conflito de preceitos de envergadura maior, porque todos eles estão inseridos na Constituição Federal? Para mim, esse conflito é simplesmente aparente.

Se analisarmos os incisos do art. 5º mencionados no § 1º, veremos que a própria Carta confere ênfase maior ao direito-dever de informar, ao direito de ser informado.

No inciso V, realmente, assegura-se o direito de resposta, que deve ser proporcional à ofensa. Este pressupõe algo já verificado, a partir da informação. Também é garantida a indenização por dano material, moral ou à imagem – estamos supondo que ocorreu a informação maliciosa e danosa. Sob a minha óptica, em relação aos homens públicos, para se chegar ao campo indenizatório há de ficar demonstrada a malícia.

No inciso X – e dois dispositivos são os mais importantes sob o ângulo das garantias do cidadão – está previsto que: "são invioláveis a intimidade, a vida privada, a honra e a imagem das pessoas, assegurado o direito a indenização pelo dano material ou moral decorrente de sua violação".

Portanto, mais uma vez, aqui, dispõe-se a partir da ocorrência do dano, tendo em vista o que veiculado.

A interpretação sistemática desses dispositivos leva-me a concluir que há de prevalecer a informação, tal como assegurada no art. 220 da CF, isso sem considerar o art. 23 do Projeto – relatado pelo saudoso Josaphat Marinho – que substituiria, quanto à regência, a Lei n. 5.250, segundo a qual "os conflitos entre a liberdade de informação e os de personalidade, entre eles os relativos à intimidade, à vida privada, à honra e à imagem, serão resolvidos em favor de interesse público visado pela informação".

A responsabilidade de quem veiculou, em relação a um homem público, algo sabidamente inverídico é que decorre dos dispositivos insertos no rol das garantias constitucionais.

Na espécie dos autos, nota-se que, no tocante a alguém que se coloca como candidato à Presidência da República, surgiram certas fitas que, como salientado pelo Min. Celso de Mello, poderão ter sido conseguidas à margem da disciplina própria, numa interceptação de ligação telefônica – é algo a ser decidido; aí se pretendeu a veiculação dessas fitas, que poderia gerar a responsabilidade. Voltamos, no entanto, a uma era anterior e passamos a ter, no cenário jurídico, algo de malefício, de consequências mais danosas do que aquelas que vivenciamos no passado, em que se processava a censura prévia, administrativa. Houve a censura prévia judicial, colocando-se em segundo plano o que não poderia ser colocado em segundo plano, o direito de informar e, mais do que isso, o direito a coletividade, em quadra das mais importantes da vida nacional, ser bem informada, com os desdobramentos cabíveis, na hipótese de transgressão, de inobservância, da necessidade de se veicular algo que se tem, pelo menos na impressão primeira, como verdadeiro.

Não vejo como deixar de pedir licença a S. Exa. o Relator e aos demais integrantes da Corte para divergir. Vislumbro este julgamento como emblemático quanto à liberdade de informação jornalística prevista na Carta da República, no que, mediante "medidas acauteladoras", possíveis interessados, na ausência de divulgação de matérias, poderão simplesmente lançar mão do Judiciário para que este – que tem, acima de tudo, o dever de tornar prevalecente a Carta da República – exerça uma censura no tocante a certo material.

O interesse coletivo, a meu ver, porque vivemos em uma sociedade aberta, sobrepõe-se ao interesse individual. Não posso admitir que alguém – repito – que se coloque como candidato a um cargo de direção, como o de Presidente da República, simplesmente receie que alguma coisa venha à balha e acabe prejudicando a campanha. Ao contrário, o interesse maior está na elucidação, na divulgação – eu mesmo, como cidadão-eleitor, estou curioso quanto a essas fitas, em que pese a alguns vazamentos já ocorridos pela imprensa – da gravação, para que se elimine qualquer dúvida quanto ao perfil do candidato. O interesse é do próprio candidato. O interesse, no caso, é do autor da ação, que, numa medida, numa tutela antecipada, acabou por obstacularizar a divulgação dessas fitas, que, sob meu ponto de vista, já tarda. Estamos a três semanas das eleições e precisamos conhecer o perfil de cada candidato.

Peço vênia ao nobre Min. Sepúlveda Pertence e aos colegas que o acompanharam – e folgo em ter essa oportunidade, porque há na Presidência um pleito de suspensão da acauteladora deferida ao candidato Garotinho, formulado por pessoa jurídica de direito privado, e não de direito público, podendo-se imaginar a consequência desse processo – para, diante desse aparente conflito entre as normas do art. 5º, voltadas à individualidade, à pessoa do cidadão, e a do art. 225, que dá uma ênfase maior ao interesse coletivo, a esse direito público subjetivo, político, do cidadão, que é o de ser informado, deferir a liminar pleiteada, não referendando a parte do ato praticado pelo Relator que implicou o indeferimento.

EXTRATO DE ATA

Decisão: O Tribunal, por maioria de votos, referendou o ato de S. Exa., o Relator, vencido o Presidente, o Sr. Ministro Marco Aurélio, quanto à medida liminar, para a divulgação do material existente, a título de informação. Plenário, 18.9.2002.

Presidência do Sr. Min. Marco Aurélio. Presentes à sessão os Srs. Mins. Moreira Alves, Sydney Sanches, Sepúlveda Pertence, Celso de Mello, Carlos Velloso, Ilmar Galvão, Maurício Corrêa, Nelson Jobim, Ellen Gracie e Gilmar Mendes.

* * *

PERGUNTAS

1. Quais são os fatos?
2. Por que é conhecida a petição?
3. Com que argumentos o Min. Marco Aurélio coloca o interesse público acima do individual? Não fosse Garotinho homem público, teria o voto igual teor?

4. Ao divergir do Min. Marco Aurélio, o Min. Sepúlveda Pertence alega que o meio utilizado para "defender o interesse público" foi ilegal. Isto significa que nenhuma informação obtida ilegalmente pode ser objeto de divulgação pela mídia?

5. Que razão apresentada por Marco Aurélio é determinante na solução da controvérsia?

6. Como fica decidido o caso?

5.9 Caso da Lei da Imprensa (ADPF 130-DF)

(Plenário – rel. Min. Carlos Ayres Britto – j. 30.4.2009)

Arguição de descumprimento de preceito fundamental (ADPF) – Lei de Imprensa – Adequação da ação – Regime constitucional da "liberdade de informação jornalística", expressão sinônima de liberdade de imprensa – A "plena" liberdade de imprensa como categoria jurídica proibitiva de qualquer tipo de censura prévia – A plenitude da liberdade de imprensa como reforço ou sobretutela das liberdades de manifestação do pensamento, de informação e de expressão artística, científica, intelectual e comunicacional – Liberdades que dão conteúdo às relações de imprensa e que se põem como superiores bens de personalidade e mais direta emanação do princípio da dignidade da pessoa humana – O capítulo constitucional da comunicação social como segmento prolongador das liberdades de manifestação do pensamento, de informação e de expressão artística, científica, intelectual e comunicacional – Transpasse da fundamentalidade dos direitos prolongados ao capítulo prolongador – Ponderação diretamente constitucional entre blocos de bens de personalidade: o bloco dos direitos que dão conteúdo à liberdade de imprensa e o bloco dos direitos à imagem, honra, intimidade e vida privada – Precedência do primeiro bloco – Incidência *a posteriori* do segundo bloco de direitos, para o efeito de assegurar o direito de resposta e assentar responsabilidades penal, civil e administrativa, entre outras consequências do pleno gozo da liberdade de imprensa – Peculiar fórmula constitucional de proteção a interesses privados que, mesmo incidindo *a posteriori*, atua sobre as causas para inibir abusos por parte da imprensa – Proporcionalidade entre liberdade de imprensa e responsabilidade civil por danos morais e materiais a terceiros – Relação de mútua causalidade entre liberdade de imprensa e democracia – Relação de inerência entre pensamento crítico e imprensa livre – A imprensa como instância natural de formação da opinião pública e como alternativa à versão oficial dos fatos – Proibição de monopolizar ou oligopolizar órgãos de imprensa como novo e autônomo fator de inibição de abusos – Núcleo da liberdade de imprensa e matérias apenas perifericamente de imprensa – Autorregulação e regulação social da atividade de imprensa – Não Recepção em Bloco da Lei n. 5.250/1967 pela nova ordem constitucional – Efeitos jurídicos da decisão – Procedência da ação. (...).

ACÓRDÃO – Vistos, relatados e discutidos estes autos: Acordam os Ministros do Supremo Tribunal Federal em julgar procedente a ação, o que fazem nos termos do voto do Relator e por maioria de votos, em sessão presidida pelo Min. Gilmar Mendes, na conformidade da ata do julgamento e das notas taquigráficas. Vencidos, em parte, o Min. Joaquim Barbosa e a Min. Ellen Gracie, que a julgavam improcedente quanto ao art. 1º, § 1º; art. 2º, *caput*; art. 14; art. 16, inciso I, e arts. 20, 21 e 22, todos da Lei n. 5.250, de 9.2.1967; o Min. Gilmar Mendes (Presidente), que a julgava improcedente quanto aos arts. 29 a 36, e vencido integralmente o Min. Marco Aurélio, que julgava improcedente a arguição de descumprimento de preceito fundamental em causa.

Brasília, 30 de abril de 2009 – *Carlos Ayres Britto*, relator.

RELATÓRIO – *O Sr. Min. Carlos Ayres Britto*: Cuida-se de arguição de descumprimento de preceito fundamental/ADPF, manejada pelo Partido Democrático Trabalhista/PDT contra dispositivos da Lei federal n. 5.250, de 9.2.1967, autorreferida como "Lei de Imprensa".

2. Objeto da ação constitucional é a "declaração, com eficácia geral e efeito vinculante, de que determinados dispositivos da Lei de Imprensa (a) não foram recepcionados pela Constituição Federal de 1988 e (b) outros carecem de interpretação conforme com ela compatível (...)" (fls. 3). Isto para evitar que "defasadas" prescrições normativas sirvam de motivação para a prática de atos lesivos aos seguintes preceitos fundamentais da CF de 1988: incisos IV, V, IX, X, XIII e XIV do art. 5º, mais os arts. 220 a 223. (...).

VOTO – *O Sr. Min. Carlos Ayres Britto* (relator): (...). 25. Sem maior esforço mental, portanto, vê-se que a imprensa passou a desfrutar de tamanha importância na vida contemporânea que já faz da sua natureza de focada instância de comunicação social o próprio nome da sociedade civil globalizada: *sociedade de informação*, também chamada de *sociedade de comunicação*. Preservada a amplitude massiva dos seus destinatários ou público-alvo e sempre na perspectiva da encarnação de um direito-dever inarredável: o da instância por excelência do pensamento crítico ou emancipatório. Ele próprio, pensamento crítico ou libertador, a pedagogicamente introjetar no público em geral todo apreço pelo valor da verdade como categoria objetivamente demonstrável, o que termina por forçar a imprensa mesma a informar em plenitude e com o máximo de fidedignidade. (...).

30. Este o ponto nuclear da questão, à face de uma lógica especificamente referida à interação da imprensa livre com um público-alvo cada vez mais em condições de se posicionar à moda de *filtro* ou *peneira* do que lhe chega como informação ou como conhecimento pronto e acabado. Lógica encampada pela nossa Constituição de 1988, e prescientemente captada pelo inglês William Pitt (1759/1806), para quem "à imprensa deve tocar o encargo de se corrigir a si própria"; pelo norte-americano Thomas Jefferson (1743/1826), autor da afirmação de que, se lhe fosse dado escolher entre um governo sem jornais e jornais sem um governo, não hesitaria em optar por esta última fórmula; e pelo francês Alexis de Tocqueville (1805/1859), ao sentenciar que, numa democracia, o modo mais eficaz de se combater os excessos de liberdade é com mais liberdade ainda. A imprensa, então, cabalmente imunizada contra o veneno da censura prévia, como lúcida e corajosamente pregou o poeta John Milton, em 1644, no seu famoso discurso *A Aeropagítica* (discurso lido perante a Suprema Corte do Parlamento inglês, transformado em livro pela editora Topbooks, ed. de 1999). A imprensa livre a viabilizar, assim, o ideal daqueles que, à semelhança de Gluksman, veem a liberdade como um rio impetuoso cujo único anseio é não ter margens. Não ter margens fixas – penso que seria melhor dizer –, pois a autorregulação da imprensa nunca deixa de ser um permanente ajuste de limites em sintonia com o sentir-pensar de uma sociedade civil de que ela, imprensa, é simultaneamente porta-voz e caixa de ressonância. Não só porta-voz, não só caixa ressonância, mas as duas coisas ao mesmo tempo. (...).

54. É hora de uma primeira conclusão deste voto, e ela reside na proposição de que a Constituição brasileira se posiciona diante de bens jurídicos de personalidade para, de imediato, cravar uma primazia ou precedência: a das liberdades de pensamento e de expressão *lato sensu* (que ainda abarca todas as modalidades de criação e de acesso à informação, esta última em sua tríplice compostura, conforme reiteradamente explicitado). Liberdades que não podem *arredar pé* ou sofrer antecipado controle nem mesmo por força do Direito-lei, compreensivo este das próprias emendas à Constituição, frise-se. Mais ainda, liberdades reforçadamente protegidas se exercitadas como atividade profissional ou habitualmente jornalística e como atuação de qualquer dos órgãos de comunicação social ou de imprensa. Isto de modo conciliado: I – contemporaneamente, com a proibição do anonimato, o sigilo da fonte e o livre exercício de qualquer trabalho, ofício, ou profissão; II – *a posteriori*, com o direito de resposta e a reparação pecuniária por eventuais danos à honra e à imagem de terceiros. Sem prejuízo do uso de ação penal também ocasionalmente cabível, nunca, porém, em situação de rigor mais forte do que o prevalecente para os indivíduos em geral. (...).

57. Parênteses fechados, retomo o fio do raciocínio hermenêutico-aplicativo para acrescentar que toda a lógica dos comandos constitucionais brasileiros na matéria ainda absorve uma outra interdição da faina legislativa do Estado. Refiro-me à impossibilidade de produção de uma "Lei de Imprensa", como tal entendido um diploma legislativo de feição orgânica ou estatutária. Diploma de máxima concentração material, porquanto exauriente dos temas essencialmente de imprensa, além daqueles de natureza periférica ou circundante.

58. Fácil demonstrar o acerto deste novo juízo. Primeiramente, sinta-se que as comentadas referências constitucionais à lei (e, por implicitude, à função executiva do Estado) é para interditá-la quanto àquilo que verdadeiramente interessa: dispor sobre as coordenadas de tempo e de conteúdo das liberdades de pensamento e de expressão em seu mais abrangente sentido ("liberdade de informação jornalística" ou matéria essencialmente de imprensa, vimos dizendo). É afirmar: para a nossa Constituição, o concreto uso de tais liberdades implica *um quando, um quê e um para quê* antecipadamente excluídos da mediação do Estado, a partir da própria função legislativa. Confira-se, ainda uma vez, a própria voz da nossa Magna Carta Federal: (...).

63. Decididamente, não é o caso da imprensa como figura de direito constitucional brasileiro. Em nenhum momento do seu falar imperativo a Constituição iniciou a regulação da matéria para outro diploma legislativo retomar e concluir se a conduta é nuclearmente de imprensa. Bem ao contrário, em comportamentos da espécie o comando constitucional é intransponivelmente proibitivo da intromissão estatal, em qualquer das personalizadas esferas da Federação Brasileira. Logicamente proibitivo, até porque nenhuma lei pode ir além do que já foi a Magna Carta de 1988, simplesmente porque a nossa Constituição já foi ao máximo da proteção que se pode, teoricamente, conferir à liberdade da profissão jornalista e de atuação dos meios de comunicação social. E, se nenhuma lei pode ir além do que já foi constitucionalmente qualificado como "livre" e "pleno", a ideia mesma de uma Lei de Imprensa em nosso País soaria aos ouvidos de todo e qualquer operador do Direito como inescondível tentativa de embaraçar, restringir, dificultar, represar, inibir, aquilo que nossa Lei das Leis circundou com o mais luminoso halo da liberdade em plenitude. (...).

66. A atual Lei de Imprensa foi concebida e promulgada num prolongado período autoritário da nossa história de Estado soberano, conhecido como "anos de chumbo" ou "regime de exceção" (período que vai de 31.3.1964 a princípios do ano de 1985). Regime de exceção escancarada ou vistosamente inconciliável com os arejados cômodos da democracia afinal resgatada e orgulhosamente proclamada na Constituição de 1988. E tal impossibilidade de conciliação, sobre ser do tipo material ou de substância (vertical, destarte), contamina toda a Lei de Imprensa: (...).

71. Em conclusão, voto, inicialmente, pela confirmação do recebimento da presente arguição de descumprimento de preceito fundamental. Quanto ao mérito, encaminho o meu voto no sentido de sua total procedência (dela, arguição de descumprimento de preceito fundamental), para o efeito de declarar como não recepcionado pela Constituição de 1988 todo o conjunto de dispositivos da Lei federal n. 5.250, de 9.2.1967, nele embutido o de na-

tureza penal (compreensivo dos preceitos definidores de crimes, impositivos de penas e determinantes de responsabilidades).

É como voto. (...).

VOTO – O Sr. Min. Joaquim Barbosa: (...). No seu voto, o eminente Relator optou por uma posição radical e preconizou para o nosso País uma imprensa inteiramente livre de qualquer regulamentação ou de qualquer tipo de interferência por parte dos órgãos estatais. Aparentemente, se não fiz uma leitura errada do posicionamento de S. Exa., até mesmo a intervenção do Poder Judiciário seria vista como suspeita.

Eu, contudo, a exemplo do pensamento sobre a matéria do eminente Professor Owen Fiss, da Universidade de Yale, em quem me inspiro, penso que nem sempre o Estado exerce uma influencia negativa no campo das liberdades de expressão e de comunicação. (...).

Penso que a liberdade de imprensa há de ser considerada também sob uma ótica a respeito da qual, aparentemente, o eminente Relator passou ao largo. É que a liberdade de imprensa tem natureza e função multidimensionais. Ela deve também ser examinada sob a ótica dos destinatários da informação, e não apenas à luz dos interesses dos produtores da informação. (...).

O art. 2º, *caput*, refere-se à comunicação pública que atente contra a moral e os bons costumes. O Procurador-Geral da República sugere a compatibilidade do texto com a Constituição, se o termo "moral e bons costumes" for interpretado com o sentido de "respeito aos valores éticos e sociais da pessoa e da família", nos exatos termos do art. 221, IV, da Constituição. Com essa compreensão, que extrai da expressão "moral e bons costumes" o ranço autoritário e a vagueza conceitual em que ela se vê envolta, e a remete a valores acolhidos pela nova ordem constitucional, entendo que o dispositivo pode ganhar uma sobrevida. Não, claro, na sua concepção original. (...).

Os arts. 20, 21 e 22 versam sobre figuras penais, ao definir os tipos de calúnia, injúria e difamação no âmbito da comunicação pública e social. O tratamento em separado dessas figuras penais, quando praticadas através da imprensa, se justifica em razão da maior intensidade do dano causado à imagem da pessoa ofendida. Vale dizer, quanto maior o alcance do veículo em que transmitida a injúria, a calúnia ou a difamação, maior o dano. O eminente Relator vê incompatibilidade entre essas normas e a Constituição. Eu as vejo como importantes instrumentos de proteção ao direito de intimidade, e úteis para coibir abusos não tolerados pelo sistema jurídico.

Quanto ao resto, acompanho o eminente Relator.

É como voto. (...).

VOTO – O Sr. Min. Marco Aurélio: (...). Mas, como dito no trabalho, e vou parafrasear a expressão, há a síndrome da ditadura militar. Volta-se aos idos imediatamente anteriores a 1988, quando se sentiu necessidade de transportar para a Lei Maior do País preceitos que poderiam estar muito bem na legislação ordinária. Chegou-se até o ponto de transportar para a Constituição da República a prescrição trabalhista, que sempre foi regida pela Consolidação das Leis do Trabalho.

Agora, esquece-se – nessa visão distorcida, que não é a de qualquer Colega, e isso posso testemunhar e asseverar sem receio de dúvida – que o Código foi decretado durante o Estado Novo e continua a viger; esquece-se que tivemos reformas desse mesmo Código Penal durante o regime que alguns apontam como regime de *chumbo*, como regime de exceção, e reformas que, no tocante a garantias do cidadão, mostraram-se profícuas, adequadas, aconselháveis quando se vive em um Estado Democrático de Direito. (...).

A Lei de Imprensa, ressalta o autor do trabalho – e isso é sabença geral –, é bem mais favorável quanto aos prazos de prescrição e decadência e, também, quanto ao tratamento, que não diria privilegiado, porque todo privilégio encerra algo odioso, que se faz no campo das prerrogativas, da prisão especial, no que o art. 66 dessa lei prevê que: (...).

Devo encerrar, Presidente, já tomei muito tempo da Corte. Peço vênia ao Relator, aos Colegas que o acompanharam e, em parte, àqueles que divergiram parcialmente para julgar totalmente improcedentes os pedidos formulados. (...).

VOTO – O Sr. Min. Gilmar Mendes: (...).
3. A necessidade de uma Lei de Imprensa
3.1 A reserva legal estabelecida pelo art. 220 da Constituição

O constituinte de 1988 de nenhuma maneira concebeu a liberdade de expressão como direito absoluto, insuscetível de restrição, seja pelo Judiciário, seja pelo Legislativo. (...).

É fácil ver, assim, que o texto constitucional não excluiu a possibilidade de que se introduzam limitações à liberdade de expressão e de comunicação, estabelecendo, expressamente, que o exercício dessas liberdades há de se fazer com observância do disposto na Constituição. Não poderia ser outra a orientação do constituinte, pois, do contrário, outros valores, igualmente relevantes, quedariam esvaziados diante de um direito avassalador, absoluto e insuscetível de restrição. (...).

Tem-se, pois, aqui expressa a *reserva legal qualificada*, que autoriza o estabelecimento de restrição à liberdade de imprensa com vistas a preservar outros direitos individuais, não menos significativos, como os direitos da personalidade em geral. (...).

É certo que a atual Lei de Imprensa (Lei n. 5.250/1967) deve ser substituída por uma nova lei, que seja aberta, na medida do possível, à autorregulação, fixando, dessa forma, princípios gerais e normas instrumentais de organização e procedimento. Mas declará-la totalmente não recepcionada pela Constituição de 1988, neste momento, poderia configurar um quadro de insegurança jurídica que seria extremamente danoso aos meios de comunicação, aos comunicadores e à população em geral.

A legislação comum, evidentemente, poderá ser aplicada em matéria de responsabilidade civil e penal; as normas de registro civil das empresas de comunicação (arts. 8º a 11) já estão disciplinadas pelos arts. 122 a 126 da Lei n. 6.015/73 (Lei dos Registros Públicos); outros dispositivos são patentemente contrários à Constituição (arts. 51 e 52, 61, 62, 63 e 64) e outros são inócuos. Mas a ausência de regras mínimas para o exercício efetivo do direito de resposta pode instaurar um grave estado de insegurança jurídica que prejudicará, principalmente, os próprios comunicadores.

Conclui-se, dessa forma, com fundamento nas considerações acima apresentadas, que deve ser mantida a atual Lei de Imprensa na parte em que regulamenta o exercício do direito de resposta, especificamente o Capítulo IV, arts. 29 a 36.

Assim, o voto é pela declaração de não recepção parcial da Lei n. 5.250, de 1967, mantidos os arts. 29 a 36. (...).

EXTRATO DE ATA

Decisão: O Tribunal, por maioria e nos termos do voto do Relator, julgou procedente a ação, vencidos, em parte, o Sr. Ministro Joaquim Barbosa e a Sra. Ministra Ellen Gracie, que a julgavam improcedente quanto ao art. 1º, § 1º; art. 2º, *caput*; art. 14; art. 16, inciso I; e arts. 20, 21 e 22, todos da Lei n. 5.250, de 9.2.1967; o Sr. Min. Gilmar Mendes (Presidente), que a julgava improcedente quanto aos arts. 29 a 36 da referida lei, e vencido integralmente o Sr. Min. Marco Aurélio, que a julgava improcedente. Ausente, justificadamente, o Sr. Min. Eros Grau, com voto proferido na assentada anterior. Plenário, 30.4.2009.

Presidência do Sr. Min. Gilmar Mendes. Presentes à sessão os Srs. Mins. Celso de Mello, Marco Aurélio, Ellen Gracie, Cézar Peluso, Carlos Britto, Joaquim Barbosa, Ricardo Lewandowski, Carmen Lúcia e Menezes Direito.

* * *

PERGUNTAS

1. Quais os fatos do caso?
2. Quais direitos fundamentais estavam envolvidos na ação?
3. Formaram-se basicamente três posições no Tribunal: pela total procedência da ação, pela parcial procedência da ação e pela improcedência da ação. Qual ou quais os pontos de divergência entre cada uma dessas posições?
4. Para o Min. Carlos Ayres o direito "à liberdade de imprensa" seria absoluto? Ou ao menos impassível de restrição legal?
5. O que significa a afirmação de que um direito merece reserva legal qualificada?
6. Quais os efeitos da decisão do STF? Se o Congresso aprovasse uma nova Lei de Imprensa, ela poderia ser considerada constitucional?
7. Para vários juristas a decisão do STF criou constrangimentos à liberdade de expressão, posto que eliminou, por exemplo, a possibilidade de exceção da verdade, o que não é autorizado pelo Código Penal. Você concorda com essa afirmação?
8. Ao impugnar a lei *in totum*, o STF legislou negativamente?

5.10 Caso "Estadão" versus "Sarney" (Rcl 9.428-DF)

(Plenário – rel. Min. Cézar Peluso – j. 16.12.2009)

Liberdade de imprensa – Decisão liminar – Proibição de reprodução de dados relativos ao autor de ação inibitória ajuizada contra empresa jornalística – Ato decisório fundado na expressa invocação da inviolabilidade constitucional de direitos da personalidade, notadamente o da privacidade, mediante proteção de sigilo legal de dados cobertos por segredo de justiça – Contraste teórico entre liberdade de imprensa e os direitos previstos nos arts. 5º, incisos X e XII, e 220, *caput*, da CF – Ofensa à autoridade do acórdão proferido na ADPF n. 130, que deu por não recebida a Lei de Imprensa – Não ocorrência – Matéria não decidida na arguição de descumprimento de preceito fundamental – Processo de reclamação extinto, sem julgamento de mérito – Votos vencidos. Não ofende a autoridade do acórdão proferido na ADPF n. 130 a decisão que, proibindo a jornal a publicação de fatos relativos ao autor de ação inibitória, se fundou, de maneira expressa, na inviolabilidade constitucional de direitos da personalidade, notadamente o da privacidade, mediante proteção de sigilo legal de dados cobertos por segredo de justiça.

ACÓRDÃO – Vistos, relatados e discutidos estes autos: Acordam os Ministros do Supremo Tribunal Federal, em sessão plenária, sob a presidência do Sr. Min. Gilmar Mendes, na conformidade da ata de julgamento e das notas taquigráficas, por maioria de votos, em não conhecer do pedido, julgando extinto o processo sem julgamento de mérito, contra os votos dos Srs. Mins. Carlos Britto, Carmen Lúcia e Celso de Mello. Votou o Presidente, Min. Gilmar Mendes. Não votou o Sr. Min. Marco Aurélio, por ter se ausentado ocasionalmente. Ausente, licenciado, o Sr. Min. Joaquim Barbosa.

Brasília, 10 de dezembro de 2009 – *Cézar Peluso*, relator.

RELATÓRIO – *O Sr. Min. Cézar Peluso*: 1. Trata-se de reclamação, com pedido de liminar, proposta pela empresa jornalística S/A O Estado de São Paulo contra decisão da 5ª Turma Cível do Tribunal de Justiça do Distrito Federal e Territórios que, nos autos do AI n. 2009.00.2.010738-6, se declarou absolutamente incompetente para apreciar o recurso, reconhecendo conexão (art. 103 do CPC) com decisão que decretou a quebra do sigilo telefônico proferida por Juiz Federal no Estado do Maranhão, mantendo, porém, com base no poder geral de cautela (art. 798 do CPC), decisão liminar do Relator original da causa, que é ação inibitória de publicação de dados sigilosos sobre o autor e contidos em pendente investigação policial.

O Relator – ao depois removido da relatoria por acolhimento de exceção de suspeição –, perante decisão que indeferira pedido de antecipação de tutela formulado em ação inibitória proposta por Fernando Sarney contra o hora reclamante e proferida pelo Juízo da 12ª Vara Cível da Circunscrição Especial da Vara Judiciária de Brasília, determinou, "em antecipação de tutela recursal, que se abstenha quanto à utilização – de qualquer forma, direta ou indireta – ou publicação dos dados relativos ao agravante, eis que obtidos em sede de investigação criminal sob sigilo judicial", bem como fixou pena de multa de 150.000 Reais a cada ato de violação do comando judicial.

Alega o reclamante, em síntese, desrespeito à decisão desta Corte que, nos autos da ADPF n. 130 (rel. Min. Carlos Britto, DJe 6.11.2009), declarou a revogação integral, ou não recepção pela ordem jurídica vigente, da Lei n. 5.250, de 9.2.1967, conhecida como "Lei de Imprensa", uma vez incompatível com Constituição Federal de 1988.

Nos termos da ementa, teria esta Corte definido os componentes da "liberdade constitucional de relatar e opinar", "verberando destarte o reprovável modismo da 'censura judicial' operada sob as vestes da proteção aos direitos da personalidade, tomados estes contudo em óptica apertada e minguada, como se a eles pudesse ser forasteiro, apartado, quiçá incompativelmente distante, o fundamental direito à manifestação de pensamento" (fls. 7).

Aponta manifesto conflito da decisão impugnada com o modelo constitucional democrático brasileiro, que une indissociavelmente a liberdade de imprensa e o regime democrático pós-ditatorial, vedando expressamente todas as hipóteses de censura prévia. Alega ser impossível verificar violação a direitos de personalidade *a priori*, sem que se conheçam as características da informação por divulgar. Sustenta, ainda, inexistir "fundado receio" que ofereça guarida ao poder geral de cautela adotado na decisão questionada, visto já terem outros órgãos de imprensa propalado à larga o conteúdo das gravações telefônicas cuja publicação se lhe atalhou.

Pede, enfim, que, "observados os pleitos liminares registrados (...), esta reclamação seja agasalhada para o fim de cassar o acórdão – exorbitante e antagônico àquilo que julgou na salientada 'arguição de descumprimento de preceito fundamental' (ADPF n. 130) – exarado pelo egrégio Tribunal de Justiça do Distrito Federal e Territórios no agravo de instrumento (...), fazendo assim cessar, em consequência e de modo integral, as restrições informativas (censura) que, pela vontade do egrégio Tribunal-reclamado, foram impostas a *O Estado de S. Paulo*" (p. 15).

É o relatório.

VOTO – *O Sr. Min. Cézar Peluso* (relator): 1. O objeto claro desta reclamação reduz-se a que, na ótica do reclamante, impedido de publicar reprodução de dados relativos ao autor da ação inibitória, apurados em inquérito policial coberto por segredo de justiça, teria a decisão ora impugnada, que confirmou a ordem liminar de impedimento, desrespeitado a autoridade do acórdão proferido por esta Corte na ADPF n. 130.

Mas sua especificidade está em que, fundando-se tal decisão liminar, editada em agravo de instrumento, na expressa invocação da inviolabilidade constitucional dos direitos da personalidade, notadamente o da privacidade, mediante necessária proteção do sigilo legal de "dados obtidos por interceptação judicial de comunicações telefônicas, velados por segredo de justiça", perante pretensão não do Estado, mas de particular representado pela empresa jornalística, de os divulgar em nome da liberdade da imprensa, o caso não se limita à configuração de contraste teórico e linear entre os direitos fundamentais garantidos nos arts. 52, inciso X, e 220, *caput*, da Constituição da República, mas envolve ainda outra garantia, a da inviolabilidade do sigilo das comunicações telefônicas, previsto no art. 5º, inciso XII, e assegurada por segredo de justiça imposto em decisão judicial.

Daí, para espelhar, na inteireza, o objeto da reclamação, toda a pertinência da remissão feita, na liminar, ao precedente da Pet. N. 2.702 (rel. Min. Sepúlveda Pertence, *DJU* 19.9.2003), onde se discutiu, na significativa observação do Min. Gilmar Mendes, "interessantíssimo caso de colisão de direitos fundamentais, não na sua acepção clássica de colisão entre direitos diversos, aqui, a liberdade de expressão e de imprensa, de outro lado, o direito à intimidade, à honra, mas, como demonstrou o eminente Relator, cuidase de um caso de colisão complexa, que envolve a consideração sobre a própria inviolabilidade do sigilo das comunicações telefônicas" (fls. 91), e, acrescento, neste caso, da própria eficácia de decisão judicial que decreta segredo de justiça.

A questão é, pois, saber se tal colisão complexa foi, em toda sua singularidade, objeto da decisão constante do acórdão da ADPF n. 130, em termos imperativos que pudessem ter sido vulnerados pelo teor da decisão ora impugnada. (...).

3. O objeto da reclamação adscreve-se, pois, à alegação de ofensa à autoridade do acórdão prolatado na ADPF n. 130 (rel. Min. Ayres Britto, *DJe* 6.11.2009), que deu por inteiramente revogada ou não recebida a Lei de Imprensa, sem que seja lícito, por inspiração das mais elevadas ou nobres razões políticas ou institucionais, alargar-lhe os precisos limites decisórios e instaurar, onde não cabe nem a fórceps, ampla querela constitucional a respeito do alcance da liberdade de imprensa na relação com o poder jurisdicional.

4. Nesses termos, que me impõe a moldura constitucional da reclamação, não encontro, no teor da decisão impugnada, desacato algum à autoridade do acórdão exarado na ADPF n. 130, assim contra seu comando decisório (*iudicium*) como em relação aos seus fundamentos ou, como se diz, aos seus motivos determinantes (*rationes decidendi*).

No que concerne ao dispositivo ou capítulo decisório do acórdão (*iudicium*), consistente na resposta jurisdicional ao pedido certo de revogação da lei, a razão é óbvia. Julgando procedente a ação, tal aresto cingiu-se a declarar que a Lei n. 5.250, de 9.2.1967, foi revogada pela atual Constituição da República, ou, noutras palavras, que não foi por esta recebida.

Ora, como consta claríssimo da petição inicial da ação inibitória movida contra a ora reclamante, baseia-se o autor na invocação de direitos da personalidade previstos no art. 5º, incisos X e XII, da CF, da disposição do art. 12 do CC, assim como da tipificação penal da violação e divulgação de dados sigilosos oriundos de interceptação telefônica autorizada judicialmente, consoante preceituam os arts. 8º e 10 da Lei federal n. 9.296/1996, e o art. 153, § 1º-A, do CP (cf. fls. 22 e ss.), sem nenhuma menção, próxima nem remota, à norma ou normas da lei ab-rogada. Dá-se o mesmo com a decisão ora impugnada, que, atendo-se aos fundamentos constitucionais e legais invocados pelo autor, tampouco se refere, em algum passo, a dispositivos da Lei n. 5.250, de 1967 (fls. 104-112). (...).

5. Não colhe, tampouco, arguição de injúria aos fundamentos ou aos motivos ditos determinantes do acórdão-paradigma (*rationes decidendi*). (...).

6. Ora, não se extraem do acórdão da ADPF n. 130 motivos determinantes, cuja unidade, harmonia e força sejam capazes de transcender as fronteiras de meras opiniões pessoais isoladas, para, convertendo-se em *rationes decidendi* determinantes atribuíveis ao pensamento da Corte, obrigar, desde logo, de maneira perene e peremptória, toda e qualquer decisão judicial acerca dos casos recorrentes de conflito entre direitos da personalidade e liberdade de expressão ou de informação. E muito menos, nos exatos termos em que está posta, na decisão impugnada, a complexa questão de concordância prática, isto é, nos contornos do caso concreto, entre as garantias constitucionais de inviolabilidade dos direitos à intimidade e à honra (art. 5º, inciso X), o alcance da liberdade de imprensa (art. 220, *caput*) e a inviolabilidade do sigilo das comunicações telefônicas, imposto por decisão judicial (art. 5º, inciso XII), sob cominação da prática de crime (arts. 8º e 10 da Lei n. 9.296, de 1996, e art. 153, § 1º-A, do CP).

Daquele acórdão nada consta a respeito desse conflito.

Salvas as ementas, que ao propósito refletem apenas a posição pessoal do eminente Ministro-Relator, não a opinião majoritária da Corte, o conteúdo semântico geral do acórdão traduz, na inteligência sistemática dos votos, o mero juízo comum de ser a Lei de Imprensa incompatível com a nova ordem constitucional, não chegando sequer a propor uma interpretação uníssona da cláusula do art. 220, § 1º, da Constituição da República quanto à extensão da literal ressalva à legislação restritiva, que alguns votos tomaram como *reserva legal qualificada*.

Basta recordar as decisivas manifestações que relevaram a necessidade de ponderação, tendentes a conduzi-los a uma concordância prática nas particularidades de cada caso onde se lhes revele contraste teórico, entre liberdade de imprensa e direitos da personalidade, como intimidade, honra e imagem, para logo pôr em evidência o desacordo externado sobre a tese da absoluta prevalência hierárquica da liberdade de expressão frente aos demais direitos fundamentais. (...).

7. É, em suma, patente que ao acórdão da ADPF n. 130 não se lhe pode inferir, sequer a título de motivo determinante, uma posição vigorosa e unívoca da Corte que implique, em algum sentido, juízo decisório de impossibilidade absoluta de proteção de direitos da personalidade – tais como intimidade, honra e imagem – por parte do Poder Judiciário, em caso de contraste teórico com a liberdade de imprensa.

Tal afirmação não significa, nem quer significar, que toda e qualquer interdição ou inibição judicial a exercício da liberdade de expressão seja constitucionalmente admissível, o que constituiria rematado absurdo. Pretende apenas sublinhar que se não descobre, à leitura atenta de todos os votos componentes daquele acórdão, assim no *iudicium* como nas *rationes decidendi*, nenhuma pronúncia coletiva de vedação absoluta à tutela jurisdicional de direitos da personalidade segundo as circunstâncias de casos concretos, como supõe a tese do reclamante, e que, como tal, seria a única hipótese idônea para autorizar o conhecimento do mérito desta reclamação. (...).

10. Diante do exposto, com fundamento no art. 38 da Lei n. 8.038, de 28.5.1990, art. 21, § 1º, do RISTF e art. 267, inciso VI, do CPC, extingo o processo da reclamação, sem resolução do mérito e sem prejuízo de recomendar, enfaticamente, ao Juízo *a quo* que dê a necessária prioridade para decisão de questão tão relevante. Oportunamente, arquivem-se.

VOTO – *O Sr. Min. Carlos Britto*: Sr. Presidente, como eu fui Relator da ADPF n. 130, peço vênia aos eminentes Ministros para participar do debate e até antecipar o meu voto. (...).

Quais são os conteúdos da liberdade de imprensa? São três: liberdade de manifestação do pensamento; liberdade de expressão artística, científica, intelectual e comunicacional – isso está na Constituição, art. 5º; e liberdade de informação. São três os conteúdos desse continente chamado liberdade de imprensa.

O que se está protegendo com essa expressão "liberdade de imprensa" é direito fundamental. A visão reducionista também se manteve, de início, porque alguns Ministros, peço vênia para dizê-lo, ficavam falando de uma falsa dicotomia. De um lado, os direitos fundamentais: a intimidade, a vida privada, a honra e a imagem; bens de personalidade; emanação dos direitos humanos. De outro lado, liberdade de imprensa. Como se liberdade de imprensa, pelo seu conteúdo – manifestação do pensamento, liberdade de expressão científica, artística e comunicacional, liberdade de informação – não fosse direta emanação do princípio da dignidade da pessoa humana. Não fosse direito fundamental. O Min. Marco Aurélio fez essa distinção perfeita e a Min. Carmen Lúcia também – ainda naquele momento.

Em verdade, as coisas não brigam. Não há contraposição. Estamos diante de bens de personalidade. Tudo bem de personalidade: manifestação do pensamento, direito à informação, direito à imagem – são bens de personalidade, todos. Direta emanação do princípio da dignidade da pessoa humana. Direitos fundamentais. Todos estão no art. 5º, mas com uma diferença, pois a discussão foi clareando, foi projetando luzes sobre essa compreensão, e alguns Ministros mudando de opinião. (...).

Isto está no meu voto: os direitos à imagem, à honra, à vida privada e à intimidade estão no art. 5º, são bens de personalidade, são emanações diretas da dignidade da pessoa humana, são direitos fundamentais, mas não foram retomados pela Constituição. No art. 220, sim, a Constituição retoma os direitos à liberdade de manifestação do pensamento, liberdade de comunicação, liberdade de informação e criação. Para quê? Para reforçá-los na sua densidade, no seu conteúdo significante, na sua operacionalidade. (...).

Ou seja, observado o direito à intimidade, observado o direito à honra, observado o direito à imagem, observado o direito à vida privada, sim, mas isto num segundo momento. Depois que a liberdade de imprensa é desfrutada; está isso no voto do Min. Marco Aurélio também. E eu fui encontrar essa proposição no famoso caso "Caso Spiegel", da Alemanha, em que a precedência do direito à imprensa é reconhecida, pois se trata de assegurar a livre circulação das ideias, das opiniões e das informações. (...).

E eu disse: "Há matérias perifericamente de imprensa ou lateralmente de imprensa", e que essas, sim, podem ser objeto de lei. Por exemplo, direito de resposta, direito à indenização, à composição do conselho de imprensa, à participação de estrangeiros no capital de empresas nacionais de imprensa, à regulação de diversões e espetáculos públicos, à reserva legal qualificada. Está aqui, em matérias reflexamente de imprensa. Agora, em matéria nuclearmente de imprensa não pode haver lei, porque as matérias nuclearmente de imprensa dizem qual o tamanho da manifestação do pensamento, tamanho da liberdade. A lei pode dizer qual o tamanho da liberdade de manifestação do pensamento? A lei pode dizer qual o tamanho da liberdade de expressão artística, científica, comunicacional e intelectual? Não tem como. É um dever de inação para o Estado. (...).

O Sr. Min. Cézar Peluso (relator): A questão da reclamação é uma coisa, a meu ver, com o devido respeito, mais simples. O que nós temos? Temos uma decisão que, diante do dispositivo constitucional que assegura a liberdade de imprensa, aplicou outros dispositivos constitucionais, não leis revogadas, mas outros dispositivos constitucionais, que protegem a honra, a vida privada, a intimidade etc., e normas de caráter penal, para limitar a publicação. A pergunta que se propõe é: esse tema, tal como foi posto na reclamação, foi objeto de decisão da Corte da arguição de descumprimento de preceito fundamental? Não. Nem podia sê-lo, porque este é um caso concreto, e lá não havia caso concreto nenhum! O que se discutia lá era apenas se a lei era, ou não, compatível com a Constituição. E todos concordamos em que a lei era incompatível com a Constituição.

O Sr. Min. Carlos Britto: Não, mas a partir de casos concretos, a partir de numerosos casos concretos.

O Sr. Min. Cézar Peluso (relator): Sim, mas ali não se julgava caso concreto nenhum. Nós temos aqui um caso concreto que foi decidido. Queremos saber não é se a decisão está certa ou se está errada; pode até ser que esteja errada e que o Plenário venha a dizê-lo. Isso não está em jogo. O que está em jogo é: se a mesma questão foi decidida imperativamente na arguição de descumprimento de preceito fundamental e, por isso, se a decisão ora impugnada viola aqueloutra decisão? Só isso. (...).

O Sr. Min. Gilmar Mendes (presidente): É importante que haja o debate. Agora, vem a questão – desculpe, Min. Britto, por esse aparte se alongar, porque houve tantas participações, mas isso é necessário para o esclarecimento, por isso estamos debatendo: é o conceito de censura prévia, que V. Exa. foca dentro da unicidade intelectual que marca o seu caráter, definindo que a censura prévia constitui não só a eventual intervenção legislativa, como a intervenção administrativa, como também a eventual intervenção judicial.

O Min. Peluso já coloca de outra maneira, e eu já havia também colocado quando fiz no meu voto, entendendo que essa matéria era passível de proteção judicial efetiva, porque esse é um princípio elementar. Inclusive quando nós lemos e debatemos aqui a cláusula do art. 220, nós ressaltávamos esse aspecto: "§ 1º. Nenhuma lei conterá dispositivo que possa constituir embaraço à plena liberdade de informação jornalística em qualquer veículo de comunicação social, observado o disposto no art. 5º, IV, V, X, XIII e XIV".

Ai, vêm todos os dispositivos que tratam da preservação da intimidade, da honra. Mas, então, V. Exa. coloca um adendo nesse seu pensamento dizendo "primeiro se publica e depois se busca a proteção", o que resulta apenas em indenização. Quando o texto constitucional – e essa é uma regra central do sistema – diz que nenhuma lesão ou ameaça de lesão ficará imune à proteção judicial, é isso que resulta.

O Sr. Min. Carlos Britto: Pois é, lesão, depois de lesionado.

O Sr. Min. Gilmar Mendes (presidente): Não, ou ameaça.

O Sr. Min. Cézar Peluso (relator): Ministro, depois de lesionado já não há inviolabilidade alguma do direito. Já foi este violado, Ministro!

O Sr. Min. Carlos Britto: Não tem ameaça não, Exa.

O Sr. Min. Gilmar Mendes (presidente): Isso foi focado, na época. Eu pelo menos procurei deixar muito claro. Se é inviolável a honra, a intimidade, a vida privada das pessoas e se o sistema tem esse modelo de proteção judicial efetiva, não apenas para lesão, mas para ameaça de lesão, é preciso que isso tenha alguma consequência, não que se banalize esse tipo de prática.

A Sra. Min. Ellen Gracie: Presidente, se V. Exa. me permite, e novamente interrompendo o Min. Carlos Britto, apenas gostaria de relembrar que, quando discutimos a questão na arguição de descumprimento de preceito fundamental, optou-se por examinar a lei como um todo, e não artigo por artigo, como havia sido a proposta inaugural. Então, adotamos uma postura na linha das nossas crenças democráticas, pela liberdade de expressão, pela liberdade de imprensa, pelo direito do cidadão de obter a informação correta. De modo que, até aí, não há divergência nenhuma. Creio que agora se coloca algo diverso do que se colocou nas discussões extensas havidas no âmbito da arguição de descumprimento de preceito fundamental. Ali nós estávamos contrastando a liberdade de imprensa com direitos individuais, direitos da privacidade, e ao que me parece aqui nós devemos contrastar a liberdade de imprensa com os poderes da jurisdição. São poderes previstos no Código de Processo Penal, como a decretação do sigilo e do segredo de justiça. A questão não foi enfocada certamente sob esse prisma quando examinamos a arguição de descumprimento de preceito fundamental.

O Sr. Min. Cézar Peluso (relator): Esta matéria não foi discutida e faz parte, é ingrediente da questão. Em outras palavras, estamos perante questão sobre a qual o Tribunal não se pronunciou. (...).

O Sr. Min. Carlos Britto: A meu sentir, o ato, agora impugnado, viola a autoridade da nossa decisão. Foi por isso que eu fiz uma exposição longa, mas necessariamente longa para resgatar os fundamentos da nossa decisão. Nós estávamos decidindo em arguição de descumprimento de preceito fundamental e demonstramos aqui colegiadamente que diversos preceitos fundamentais foram violados ou continuariam violados a prevalecer a antiga Lei de Imprensa. Não há, Ministro, no Direito Brasileiro nenhuma norma constitucional nem legal que chancele o poder de censura à Magistratura. Não existe. Só existia a antiga Lei de Imprensa, porque mesmo a lei que cuida de interceptação telefônica, por exemplo, e o Código de Processo Penal, quando fala de investigação, sigilo necessário a elucidação do fato exigido pelo interesse da sociedade e mesmo o Código de Processo Civil, quando fala em segredo de justiça, nada autoriza o juiz a exercer esse juízo prévio de censura a nenhum jornal, a nenhum órgão de comunicação social.

O Sr. Min. Cézar Peluso (relator): Só que o Tribunal não disse isso por enquanto.

O Sr. Min. Carlos Britto: Por isso estou achando, antecipando meu voto, que a reclamação é de ser conhecida e julgada procedente quanto ao mérito. (...).

EXTRATO DE ATA

Decisão: O Tribunal, por maioria, não conheceu do pedido, julgando extinto o processo sem julgamento de mérito, contra os votos dos Srs. Mins. Carlos Britto, Carmen Lúcia e Celso de Mello. Votou o Presidente, Min. Gilmar Mendes. Não votou o Sr. Min. Marco Aurélio, por ter se ausentado ocasionalmente. Ausente, licenciado, o Sr. Min. Joaquim Barbosa. Plenário, 10.12.2009.

Presidência do Sr. Min. Gilmar Mendes. Presentes à sessão os Srs. Mins. Celso de Mello, Marco Aurélio, Ellen Gracie, Cézar Peluso, Carlos Britto, Ricardo Lewandowski, Eros Grau, Carmen Lúcia e Dias Toffoli.

DIREITOS FUNDAMENTAIS

***

PERGUNTAS

1. Quais os fatos?
2. Qual o ato atacado pela presente reclamação? O que significa uma "reclamação"?
3. Qual o fundamento jurídico da presente ação? houve violação à decisão do STF na ADPF 130? Por quê?
4. Para o Min. Cézar Peluso os direitos de personalidade triunfam sobre a liberdade de imprensa?
5. Em que medida o Min. Carlos Britto discorda do Min. Cézar Peluso?
6. Para o Min. Carlos Britto os direitos de personalidade podem afastar a liberdade de imprensa? Como se resolve o conflito entre os dois direitos?
7. O que significa dizer que houve, no caso, uma colisão complexa de direitos?
8. Decisão judicial que proíba a publicação de informações sigilosas de investigação criminal configura censura? Ela viola a liberdade de imprensa?
9. Tem o Supremo uma posição clara sobre liberdade de imprensa e liberdade de expressão?
10. É possível ao menos detectar correntes coerentes e consistentes sobre o tema?

5.11 Publicação de biografias não autorizadas (ADI 4.815-DF)

(Plenário – rela. Min. Carmen Lúcia – j. 10.6.2015)

Ação direta de inconstitucionalidade – Arts. 20 e 21 da Lei n. 10.406/2002 (Código Civil) – Preliminar de ilegitimidade ativa rejeitada – Requisitos legais observados – Mérito: aparente conflito entre princípios constitucionais, liberdade de expressão, de informação, artística e cultural, independente de censura ou autorização prévia (arts. 5º, incisos IV, IX, XIV; 220, §§ 1º e 2º) e inviolabilidade da intimidade, vida privada, honra e imagem das pessoas (art. 5º, inciso X) – Adoção de critério da ponderação para interpretação de princípio constitucional – Proibição de censura (estatal ou particular) – Garantia constitucional de indenização e de direito de resposta – Ação direta julgada procedente para dar interpretação conforme à Constituição aos arts. 20 e 21 do CC, sem redução de texto. (...).

ACÓRDÃO – Vistos, relatados e discutidos estes autos: Acordam os Ministros do Supremo Tribunal Federal, em sessão plenária, sob a Presidência do Min. Ricardo Lewandowski, o Tribunal, por unanimidade e nos termos do voto da Relatora, julgou procedente o pedido formulado na ação direta para dar interpretação conforme à Constituição aos arts. 20 e 21 do CC, sem redução de texto, para, em consonância com os direitos fundamentais à liberdade de pensamento e de sua expressão, de criação artística, produção científica, declarar inexigível o consentimento de pessoa biografada relativamente a obras biográficas literárias ou audiovisuais, sendo por igual desnecessária autorização de pessoas retratadas como coadjuvantes (ou de seus familiares, em caso de pessoas falecidas). Falaram, pela requerente, Associação Nacional dos Editores de Livros/ANEL, o Dr. Gustavo Binenbojm, OAB/RJ 83.152; pelo *amicus curiae*, Instituto Histórico e Geográfico Brasileiro/IHGB, o Dr. Thiago Bottino do Amaral, OAB/RJ 102.312; pelo *amicus curiae* Conselho Federal da OAB/CFOAB, o Dr. Marcus Vinicius Furtado Coelho, OAB/PI 2.525; pelo *amicus curiae* Instituto dos Advogados de São Paulo/IASP, a Dra. Ivana Co Galdino Crivelli, OAB/SP 123.205-B; e, pelo *amicus curiae* Instituto Amigo, o Dr. Antônio Carlos de Almeida Castro, OAB/DF 4.107. Ausente o Min. Teori Zavascki, representando o Tribunal no simpósio em comemoração aos 70 anos do Tribunal de Disputas Jurisdicionais da República da Turquia, em Ancara.

Brasília, 10 de junho de 2015 – *Carmen Lúcia*, relatora.

RELATÓRIO – *A Sra. Min. Carmen Lúcia*: 1. Ação direta de inconstitucionalidade, com requerimento de medida cautelar, ajuizada em 5.7.2012 pela Associação Nacional dos Editores de Livros/ANEL objetivando "a declaração da inconstitucionalidade parcial, sem redução de texto, dos arts. 20 e 21" da Lei n. 10.406/2002 (Código Civil), que dispõem:

"Art. 20. Salvo se autorizadas, ou se necessárias à administração da justiça ou à manutenção da ordem pública, a divulgação de escritos, a transmissão da palavra, ou a publicação, a exposição ou a utilização da imagem de uma pessoa poderão ser proibidas, a seu requerimento e sem prejuízo da indenização que couber, se lhe atingirem a honra, a boa fama ou a respeitabilidade, ou se se destinarem a fins comerciais.

"Parágrafo único. Em se tratando de morto ou de ausente, são partes legítimas para requerer essa proteção o cônjuge, os ascendentes ou os descendentes.

"Art. 21. A vida privada da pessoa natural é inviolável, e o juiz, a requerimento do interessado, adotará as providências necessárias para impedir ou fazer cessar ato contrário a esta norma."

O caso

2. A Autora argumenta que, "por força da interpretação que vem sendo dada aos referidos dispositivos legais [arts. 20 e 21 do CC] pelo Poder Judiciário, a publicação e a veiculação de obras biográficas, literárias ou audiovisuais, tem sido proibida em razão da ausência de prévia autorização dos biografados ou de pessoas retratadas como coadjuvantes (ou de seus familiares, em caso de pessoas falecidas)".

Alega que "as pessoas cuja trajetória pessoal, profissional, artística, esportiva ou política haja tomado *dimensão pública* gozam de uma *esfera de privacidade e intimidade naturalmente mais estreita*. Sua história de vida passa a confundir-se com a história coletiva, na medida da sua inserção em eventos de interesse público. Daí que exigir a prévia autorização do biografado (ou de seus familiares, em caso de pessoa falecida) importa consagrar uma verdadeira *censura privada* à liberdade de expressão dos autores, historiadores e artistas em geral, e ao direito à informação de todos os cidadãos" (grifos no original).

Afirma que, "em que pese ao pretenso propósito do legislador de proteger a vida privada e a intimidade das pessoas, o alcance e a extensão dos comandos extraíveis da *literalidade* dos arts. 20 e 21 do CC, ao não preverem qualquer exceção que contemple as obras biográficas, acabam por violar as *liberdades de manifestação do pensamento, da atividade intelectual, artística, científica e de comunicação* (CF, art. 5º, IV e IX), além do *direito difuso da cidadania à informação* (art. 5º, XIV)" (grifos no original).

Aduz que "tal interpretação – que eleva a anuência do biografado ou de sua família à condição de verdadeiro direito potestativo – produz efeito devastador sobre o mercado editorial e audiovisual: escritórios de representação negociam preços absurdos pelas licenças, transformando informação em mercadoria. Não se trata da proteção de qualquer direito da personalidade do biografado, mas de uma disputa puramente mercantil, um verdadeiro leilão da história pessoal de vultos históricos, conduzido, muitas vezes, por parentes que jamais os conheceram".

Destaca que, "do ponto de vista da construção da memória coletiva, os efeitos deletérios da interpretação ora combatida são ainda mais graves. O País se empobrece pelo desestímulo a historiadores e autores em geral, que esbarram invariavelmente em familiares que formulam exigências financeiras cumulativas e, por vezes, contraditórias. Ademais, são igualmente graves as distorções provocadas por uma história contada apenas pelos seus protagonistas. Trata-se, como se vê, de um efeito silenciador e distorcivo dos relatos históricos e da produção cultural nacional".

Assevera, ainda, que "o condicionamento de obras biográficas ao consentimento do biografado, ou de seus familiares, sacrifica conceitualmente o direito fundamental à livre divulgação da informação pelos historiadores e biógrafos, assim como o direito à obtenção de informação, cuja titularidade pertence a todos os cidadãos. O princípio do pluralismo (político, histórico e cultural), previsto no art. 1º, inciso V, da Constituição da República, também incide, na espécie, para afastar a necessidade da prévia autorização do biografado ou de outras pessoas retratadas em obras biográficas. Afinal, o monopólio da biografia autorizada representa, na prática, a antítese da ideia do pluralismo em relação às visões da história política, artística e social do País". (...).

VOTO (Íntegra) – *A Min. Carmen Lúcia* (relatora): 1. Como relatado, na presente ação direta de inconstitucionalidade, ajuizada pela Associação Nacional dos Editores de Livros/ANEL, em 5.7.2012, objetiva-se "a declaração da inconstitucionalidade parcial, sem redução de texto, dos arts. 20 e 21" da Lei n. 10.406/2002 (Código Civil), nos quais se dispõe:

"Art. 20. Salvo se autorizadas, ou se necessárias à administração da justiça ou à manutenção da ordem pública, a divulgação de escritos, a transmissão da palavra, ou a publicação, a exposição ou a utilização da imagem de uma pessoa poderão ser proibidas, a seu requerimento e sem prejuízo da indenização que couber, se lhe atingirem a honra, a boa fama ou a respeitabilidade, ou se se destinarem a fins comerciais.

"Parágrafo único. Em se tratando de morto ou de ausente, são partes legítimas para requerer essa proteção o cônjuge, os ascendentes ou os descendentes.

"Art. 21. A vida privada da pessoa natural é inviolável, e o juiz, a requerimento do interessado, adotará as providências necessárias para impedir ou fazer cessar ato contrário esta norma."

2. A autora argumenta que, apesar do "pretenso propósito do legislador de proteger a vida privada e a intimidade das pessoas, o alcance e a extensão dos comandos extraíveis da literalidade dos arts. 20 e 21 do CC, ao não preverem qualquer exceção que contemple as obras biográficas, acabam por violar as liberdades de manifestação do pensamento, da atividade intelectual, artística, científica e de comunicação (CF, art. 5º, IV e IX), além do direito difuso da cidadania à informação (art. 5º, XIV)".

3. Constitui o objeto da presente ação a interpretação das normas civis proibitivas de divulgação de escritos, transmissão da palavra, publicação, exposição ou utilização da imagem de determinada pessoa sem sua autorização segundo os princípios constitucionais, que resguardem as liberdades de expressão do pensamento, da atividade intelectual, artística e de comunicação, no exercício das quais são produzidas obras biográficas.

Interpretação que desconsidere exceção a tais liberdades relativas àqueles trabalhos impediria, segundo a autora, a sua livre produção e circulação e importaria em censura privada incompatível com os preceitos constitucionais. (...).

Daí o pedido formulado na ação de "que seja declarada a inconstitucionalidade parcial, sem redução de texto, dos arts. 20 e 21 do CC, para que, mediante interpretação conforme à Constituição, seja afastada do ordenamento jurídico brasileiro a necessidade do consentimento da pessoa biografada e, *a fortiori*, das pessoas retratadas como coadjuvantes (ou de seus familiares, em caso de pessoas falecidas) para a publicação ou veiculação de obras biográficas, literárias ou audiovisuais. (...)".

4. Necessário limitar o objeto da presente ação, na qual se busca afastar do mundo jurídico não os dispositivos legais questionados, mas interpretá-las de forma a compreendê-los não incidentes – na parte relativa à necessidade de autorização prévia do interessado – quanto a obras biográficas literárias ou audiovisuais, tornando-os compatíveis com os preceitos constitucionais. (...).

Parâmetros normativos constitucionais e regras civis de interpretação demandada

14. Para delimitar a questão posta e os fundamentos nos quais se há de buscar a conclusão deste julgamento, transcrevo as normas constitucionais-paradigmas e aquelas objeto específico do questionamento formulado e a ser respondido.

Nos incisos IV, V, IX, X e XIV do art. 5º e nos §§ 1º e 2º do art. 220 da Constituição da República dispõe-se:

"Art. 5º. Todos são iguais perante a lei, sem distinção de qualquer natureza, garantindo-se aos brasileiros e aos estrangeiros residentes no País a inviolabilidade do direito à vida, à liberdade, à igualdade, à segurança e à propriedade, nos termos seguintes: (...); IV – é livre a manifestação do pensamento, sendo vedado o anonimato; V – é assegurado o direito de resposta, proporcional ao agravo, além da indenização por dano material, moral ou à imagem; (...); IX – é livre a expressão da atividade intelectual, artística, científica e de comunicação, independentemente de censura ou licença; X – são invioláveis a intimidade, a vida privada, a honra e a imagem das pessoas, assegurado o direito a indenização pelo dano material ou moral decorrente de sua violação; (...); XIV – é assegurado a todos o acesso à informação e resguardado o sigilo da fonte, quando necessário ao exercício profissional; (...)".

"Art. 220. A manifestação do pensamento, a criação, a expressão e a informação, sob qualquer forma, processo ou veículo não sofrerão qualquer restrição, observado o disposto nesta Constituição.

"§ 1º. Nenhuma lei conterá dispositivo que possa constituir embaraço à plena liberdade de informação jornalística em qualquer veículo de comunicação social, observado o disposto no art. 5º, IV, V, X, XIII e XIV.

"§ 2º. É vedada toda e qualquer censura de natureza política, ideológica e artística." (...).

15. O objeto do questionamento, formulado com base nesses princípios constitucionais e na vigência das regras civis amplamente aproveitadas judicialmente como fundamento de decisões proibitivas de biografias, tem como núcleo a indagação judicial a seguir, para a qual se pede resposta na presente ação: (a) sendo os princípios constitucionais de centralidade fundante no sistema jurídico brasileiro vigente e determinantes da interpretação das normas infraconstitucionais, incluídas as que formam o acervo normativo civil; (b) extraindo-se, em primeira leitura, que as regras civis configurariam arcabouço de proteção de alguns direitos fundamentais constitucionalmente tutelados (principalmente o direito à privacidade), formulando regras de conteúdo proibitivo em relação de horizontalidade (dimensão horizontal dos direitos fundamentais aplicados e a serem respeitados nas relações civis); (c) a proibição genérica das regras civis não excepcionando obras biográficas na referência normativa feita à imagem da pessoa ou a seus familiares; (...).

I – Liberdade de expressão, direito à intimidade e direito à privacidade

17. A análise do que posto em exame refere-se ao conteúdo e à extensão do exercício do direito constitucional à expressão livre do pensamento, da atividade intelectual, artística e de comunicação dos biógrafos, editores e entidades públicas e privadas veiculadoras de obras biográficas, garantindo-se a liberdade de informar e de ser informado, de um lado, e, do outro, o direito à inviolabilidade da intimidade e da privacidade dos biografados, de seus familiares e de pessoas que com eles conviveram.

Estas liberdades constitucionalmente asseguradas informam e conduzem a interpretação legítima das regras infraconstitucionais. O objeto da presente ação é exatamente a interpretação de normas do Código Civil relativas à divulgação de escritos, transmissão da palavra, produção, publicação, exposição ou utilização da imagem de pessoa biografada, distinguindo-se obras biográficas de outros conteúdos que podem vir a ser divulgados, transmitidos, produzidos, publicados ou expostos (arts. 20 e 21 do CC) e que, submetidos às normas de proteção daquele diploma legal, poderiam manter-se no espaço mais alargado atualmente adotado nas regras jurídicas vigentes mesmo na jurisprudência predominante sobre a matéria.

II – Liberdade de expressão e direito à liberdade de expressão

(...). Cada tempo tem sua história. Cada história, sua narrativa. Cada narrativa constrói e reconstrói-se pelo relato do que foi não apenas uma pessoa, mas a comunidade. Assim se tem a expressão histórica do que pôde e o que não pôde ser, do que foi, para imaginar-se o que poderia ter sido e, em especial, o que poderá ser.

História faz-se pelo que se conta. Silêncio também é História. Mas apenas quando relatada e de alguma forma dada a conhecimento de outrem. Pela força de construção e desconstrução de relações sociais, políticas e econômicas, a expressão como direito é fruto de lutas permanentes desde os primórdios da História. (...).

Direito à liberdade de expressão é outra forma de afirmar-se a liberdade do pensar e expor o pensado ou sentido, acolhida em todos os sistemas constitucionais democráticos. A atualidade apresenta desafios novos quanto ao exercício desse direito. A multiplicidade dos meios de transmissão da palavra e de qualquer forma de expressão sobre o outro amplia as definições tradicionalmente cogitadas nos ordenamentos jurídicos e impõe novas formas de pensar o direito de expressar o pensamento sem o esvaziamento de outros direitos, como o da intimidade e da privacidade. Em toda a história da Humanidade, entretanto, o fio condutor de lutas de direitos fundamentais é exatamente a liberdade de expressão. (...).

21. No Direito Brasileiro, a liberdade de pensamento e de expressão foi, desde a primeira Constituição – a Carta de Lei de 25.3.1824, outorgada como Constituição do Império –, contemplada como direito fundamental, de maneira mais ampla ou mais restrita.

A história brasileira não foi livre de intempéries. De arroubos de poder e arroubos nas Constituições, nem sempre se pôde expressar o pensamento livremente, como previsto nas normas. A liberdade foi desafio e conquista incessante no Brasil como em qualquer parte do mundo. É um registro, não uma queixa. Liberdade não é direito acabado. É peleja sem fim. No Brasil ainda se está a construir o processo de libertação, mas então se cuida de processo sociopolítico, respeitante à história da coletividade. (...).

III – Direito à liberdade de pensamento e de expressão e censura

26. No art. 5º, IV, V, IX, X e XIV, da Constituição da República, promulgada legitimamente em 5.10.1988, são minudentes os princípios sobre liberdade de pensamento, de expressão, de atividade artística, cultural e científica, vedada a censura (art. 220). (...).

28. São tantas as normas constitucionais e internacionais declaratórias de direitos fundamentais que seria de se indagar se seria necessário anunciar-se a proibição da censura nos ordenamentos jurídicos.

Sendo a liberdade objeto de permanentes lutas porque de constantes ameaças, importante não se permitir sequer a ocorrência de lesão a bem tão imprescindível. O Direito faz-se para o dever-ser; desnecessário para o que não seria. Por isso se introduzem, nos ordenamentos jurídicos, normas proibitivas de censura.

29. Censura é forma de controle da informação; alguém, não o autor do pensamento e do que quer se expressar, impede a produção, a circulação ou a divulgação do pensamento ou, se obra artística, do sentimento. Controla-se a palavra ou a forma de expressão do outro. Pode-se afirmar que se controla o outro. Alguém – o censor – faz-se senhor não apenas da expressão do pensamento ou do sentimento de alguém, mas – o que é mais – controla o acervo de informação que se pode passar a outros. (...).

30. A censura é frequentemente relacionada ao ilegítimo e perverso atuar do Estado. Prática comum em regimes autoritários ou totalitários, não é, contudo, exclusividade do Estado. A censura permeia as relações sociais, propaga-se nas circunstâncias da vida, recorta a História, reinventa o experimentado, pessoal ou coletivamente, omite fatos que poderiam explicitar a vida de pessoa ou de povo em diferentes momentos e locais. Censura é repressão e opressão. Restringe a informação, limita o acesso ao conhecimento, obstrui o livre expressar o pensado e o sentido. Democracia deveria escrever censura com "s" em seu início: "semsura"...

31. A liberdade de expressão, exposição, divulgação do pensamento põe-se em norma jurídica, emanada do Estado, como dever estatal, conquanto voltando-se a proibição expressa de sua restrição ao exercício estatal (censura legislativa, censura administrativa, censura judicial). Além disso, há de ser assegurada também contra ação de particular. O homem, sujeito de outros direitos que se pretende preservar – ou tanto se alega –, também não pode praticar a limitação ou a extinção do direito à liberdade de expressão do outro quanto ao pensar sobre alguém. A censura particular não é legalmente vedada.

Mas não é novidade na História, nem menos grave, a censura implícita ou expressa exercida por particulares. (...).

37. O sistema constitucional brasileiro traz, em norma taxativa, a proibição de qualquer censura, valendo a vedação ao Estado e também a particulares. Assentou-se a horizontalidade da principiologia constitucional, aplicável a entes estatais ou a particulares, ou seja, os princípios constitucionais relativos a direitos fundamentais não obrigam apenas os entes e órgãos estatais, mas também são de acatamento impositivo e insuperável de todos os cidadãos em relação aos demais. O exercício do direito à liberdade de expressão não pode ser cerceado pelo Estado nem pelo vizinho, salvo nos limites impostos pela legislação legítima para garantir a igual liberdade do outro, não a ablação desse direito para superposição do direito de um sobre o outro.

Atualmente, doutrina e jurisprudência reconhecem que a eficácia dos direitos fundamentais espraia-se nas relações entre particulares. Diversamente dos primeiros momentos do Estado Moderno, no qual, sendo o ente estatal o principal agressor a direitos fundamentais, contra ele se opunham as normas garantidoras desses direitos, hoje não é permitido pensar que somente o Estado é fonte de ofensa ao acervo jurídico essencial de alguém. O particular não pode se substituir ao Estado na condição de deter o poder sobre outro a ponto de cercear ou anular direitos fundamentais.

Quanto mais se amplia o espaço de poder social, mais se tem a possibilidade de ser a liberdade restringida pela ação de particulares contra um indivíduo ou grupo ou grupo de indivíduos. A proteção dos direitos não se limita à ação estatal, mas estende-se também à ação dos particulares nas relações intersubjetivas.

A sociedade não é composta de pessoas em idênticas condições de força e poder. Essas diferenças podem permitir a um indivíduo interferir e sobrepor-se à atuação legítima de outro particular, estabelecendo-se relações de poder privado que podem restringir ou ofender direitos fundamentais.

Por isso a eficácia dos direitos fundamentais é tida como extensiva ao Estado e também aos particulares, que não podem atuar em desrespeito às garantias estabelecidas pelo sistema constitucional.

Os conflitos entre particulares podem atingir direitos fundamentais pela desproporcionalidade do poder exercido por um em relação a outro ou em contrariedade ao interesse público. Nem por ser particular se haverá de desconsiderar ilegítimo tal agir. Apesar de ser mais comum quando exercido pelo Estado, o particular pode também atuar com abuso ou exorbitância de poder em relação a outrem, a tornar o prejudicado legitimado a defender os seus direitos quanto à atuação contrária ao Direito.

Quanto ao direito à liberdade de expressão, a eficácia dos direitos fundamentais não se limita ao provimento estatal, impõe-se a toda a sociedade, não persistindo o agir isolado ou privado pela só circunstância de não ser estatal. O poder individual não pode se substituir ao poder estatal, nem ser imune às obrigações relativas aos direitos fundamentais. Por exemplo: a conduta discriminatória ou preconceituosa praticada por síndico de condomínio não pode ser mais tolerada que o agir do Estado ao distinguir sem base de legitimidade entre iguais. (...).

IV – Direito à informação: liberdade/dever de informar e direito de se informar

40. Para o deslinde da questão posta a exame na presente ação, não se pode deixar de enfatizar o direito à informação, constitucionalmente assegurado como fundamental, e que se refere à proteção a obter e divulgar informação sobre dados, qualidades, fatos, de interesse da coletividade, ainda que sejam assuntos particulares, porém com expressão ou de efeitos coletivos.

No inciso XIV do art. 5º da Constituição da República se estabelece: "Art. 5º. (...); XIV – é assegurado a todos o acesso à informação e resguardado o sigilo da fonte, quando necessário ao exercício profissional; (...)".

Assim disposto, o direito constitucionalmente garantido contempla a liberdade de informar, de se informar e de ser informado. O primeiro refere-se à formação da opinião pública, considerado cada qual dos cidadãos que livremente poderá receber dados sobre assuntos de interesse da coletividade e sobre as pessoas cujas ações, público-estatais ou público-sociais, possam interferir no direito de saber, de aprender sobre temas relacionados a cogitações legítimas.

41. O direito de ser informado concerne àquele que recebe o teor da comunicação, tornando-se ator no processo de liberdade crítica e responsável por suas opiniões e, a partir delas, por suas ações. Liberdade desinformada é algema mental transparente, porém tão limitadora quanto os grilhões materiais. A corrente da desinformação não é visível, mas é sensível na cidadania ativa e participativa. Como em Brecht, o pior analfabeto é o analfabeto político. O direito de ser informado é garantia da superação do analfabetismo político.

O direito de se informar relaciona-se à liberdade de buscar a informação em fonte não censurada e sobre qualquer tema de interesse do cidadão. Coartar a busca livre de assunto ou em fonte circunscrita antecipadamente significa limitar a liberdade de obter dados de conhecimento para a formação de ideias e formulação de opiniões.

O direito fundamental constitucionalmente assegurado compreende a busca, acesso, o recebimento, a divulgação, a exposição de dados, pensamentos, formulações, sendo todos e cada um responsáveis pelo que exorbitar a sua esfera de direitos e atingir outrem. (...).

Responsabilidade constitucional pela informação

42. Democracia é modelo de convivência social no qual se respeitam direitos e liberdades, cada um respondendo – sendo responsável – pelo que exorbitar do que posto no sistema jurídico.

Não há democracia sem responsabilidade pública e cidadã. Ausência de responsabilidade não prospera sequer na acracia. Nem a ausência de governo pode ser confundida com desgoverno. (...).

47. Não há, no Direito, espaço para a imunidade absoluta do agir no exercício de direitos com interferência danosa a direitos de outrem. Ação livre é ação responsável. Responde aquele que atua, ainda que sob o título de exercício de direito próprio.

A fonte normativo-constitucional abrange a atuação estatal ou particular, apenas se resguardando que, em nome da responsabilidade, não se esvazie a liberdade do autor do comportamento lesivo, nem se cancele o que o Direito construiu, impôs garantiu. (...).

V – Direito à intimidade e direito à privacidade

(...). As dimensões da vida tidas por invioláveis neste preceito são encarecidas exatamente por considerar-se que podem ocorrer, na convivência social, ofensas a esses direitos. A inviolabilidade da intimidade, da privacidade, da honra e da imagem constitui direito, cuja contrariedade acarreta apenação do autor da lesão: a indenização pelo dano material ou moral. (...).

Etimologicamente, intimidade vem de timo – glândula situada na altura do coração e que identificaria a essência ou a vocação da pessoa. De timo vem a palavra que marca o que, sendo tão próprio e único, somente ao indivíduo pertenceria. Pelo quê não haveria como deixar de reconhecê-la como dimensão da vida resguardada na dignidade pessoal e indevassável pela ação de outro, inviolável em sua projeção, além da vontade do sujeito.

A privacidade contrapõe-se à publicidade, constitui o que não se dá a público, por escolha de espaço próprio do controle das informações e dos dados sobre a vida da pessoa. (...).

51. Tradicionalmente, no Direito Brasileiro, a matéria relativa à tutela da inviolabilidade da intimidade, da privacidade, da honra e da imagem da pessoa foi deixada ao cuidado da legislação infraconstitucional. O direito civil e o direito penal contemplaram sempre forma de reparação do ilícito civil ou penal pelo dano causado pela ofensa àqueles direitos. (...).

A constitucionalização expressa da inviolabilidade do direito à intimidade, à privacidade, à honra e à imagem é recente, por isso remanescem dificuldades na aceitação como direitos fundamentais opostos não apenas ao agir estatal, mas também aos particulares.

52. Foi preciso conquistar o reconhecimento de constituir direito fundamental de cada pessoa o direito de ser igual a todos os outros no que diz com a dignidade, essência da nossa humanidade; e o direito diferente de todos os outros no que diz com a nossa singularidade, essência da nossa identidade humana única e insubstituível.

O acúmulo e as possibilidades de obtenção/divulgação de dados a respeito de todos e de cada pessoa já não parecem compatíveis com o direito consubstanciado na fala de atriz famosa: *I want to be alone.* Teve êxito. Hoje, a dificuldade em ser deixado em paz, respeitado o desejo de ficar só com os seus dados, controlando o que quer, pretende e aceita seja posto a público, ou, na fórmula camoniana, ser deixada posta em sossego, esbarra na quase ganância pelos dados que circulam, como fatos, fotos, versões e até inversões sem controle. (...).

53. Seja como forem consideradas e conceituadas intimidade e privacidade, duas observações se impõem para os fins de interpretação das normas civis questionadas e sua compatibilidade com esses direitos constitucionalmente assegurados.

A primeira refere-se à circunstância constitucional de se distinguirem intimidade e privacidade para os fins de definição do seu conteúdo na forma protegida no sistema jurídico fundamental brasileiro e de sua eficácia social.

A segunda respeita à esfera de sua definição, que não é a mesma para todos, pois o maior ou menor resguardo de espaço indevassável da vida pessoal aos olhos dos outros altera-se de acordo com a escolha feita pelo sujeito de direito a submeter-se a atividade que (a) componha, ou não, os quadros de agentes das instituições estatais, sujeitas estas à transparência plena para ciência e controle dos cidadãos. Vem dos Antigos que aquele que não se quer expor ao público não há de se manter nos umbrais da porta de casa, cujo espaço, naquele período histórico, era sinônimo de segredo; (b) promova as suas atividades em público e para o público, do qual extraia a sua condição profissional e pessoal, difíceis como são os lindes de uma e outra quando o nome, a profissão ou a função extraem do público o seu desempenho e do qual dependa o seu êxito. Quem busca a luz não há de exigir espaço intocado de sombra; ou (c) extraia ou retire dos cidadãos, pelo exercício de sua função ou atividade, os ganhos materiais, profissionais ou de reconhecimento com os quais se dá a viver, pelo quê há de ser por eles conhecido.

Em qualquer dessas hipóteses, o indivíduo sujeita-se – quando não busca – a conhecimento e reconhecimento público, não se podendo negar a tolerar, quando não quiser, que esse mesmo público busque dele conhecer. Não se há de pretender, assim, contar o mesmo espaço de indevassabilidade que fixa os limites da privacidade de alguém que nada quer nem pretende do público em sua condução de vida. (...).

O olhar do outro, no entanto, não se atrai apenas pelo que se refere aos ocupantes de cargos públicos. O afã de se dizer e saber do outro, aqui como em outros lugares, não é desconhecido. (...).

A notoriedade tem preço fixado pela extensão da fama, quase sempre buscada. Quando não, mas ainda assim é obtida, a fama cobra pedágio: o bilhete do reconhecimento público, que se traduz em exposição do espaço particular, no qual todos querem adentrar. (...).

A imagem recebe tratamento jurídico diferente dos demais itens, por comportar regime diferente, sendo permitida a divulgação quando a pessoa tiver notoriedade, o que não constitui anulação do direito à intimidade e à privacidade, mas diminui o espaço de indevassabilidade protegida constitucionalmente.

A notoriedade torna a pessoa alvo de interesse público pela referência, pelo destaque no campo intelectual, artístico, moral, científico, desportivo ou político. Quando o interesse advier de ou convier às funções sociais desempenhadas ou delas decorrer ou para a compreensão concorrerem as informações que extrapolem as linhas da quadra de jogo ou desempenho, a busca, produção e divulgação de informações não é ilegítima, nem pode ser cerceada sob o argumento de blindar-se a pessoa com a inviolabilidade constitucionalmente assegurada.

59. Estes são os direitos fundamentais assegurados no sistema interno brasileiro e em normas de Direito Internacional, que não poucas vezes têm sido considerados desrespeitados – ressalva feita ao direito à liberdade de informação e de ser informado – por pessoas que se veem sujeitos de estudos, pesquisas, obras, nas quais suas vidas são relatadas e os escritos produzidos e divulgados, independente de autorização da narrativa e das versões do autor da produção. (...).

60. O ponto central da discussão posta na presente ação é exatamente como interpretar esses dispositivos de modo a, sem exclusão do texto do sistema, por declaração de vício de inconstitucionalidade, torná-lo compatível com os princípios constitucionais, asseguratórios de direitos fundamentais, em caso de biografia produzida sem autorização.

VI – Biografia e liberdades individuais e públicas

(...). 64. Nenhuma discussão pende sobre os direitos fundamentais à vida digna, à liberdade de expressão, artística, científica e de comunicação. Tampouco padece de dúvida a inviolabilidade da intimidade, da privacidade, da honra e da imagem de cada pessoa.

A biografia é a escrita (ou o escrito) sobre a vida de alguém, relatando-se o que se apura e se interpreta sobre a experiência mostrada e que, não sendo mostrada voluntariamente, não foi autorizada pelo sujeito ou por seus familiares a ser transmitida para a coletividade.

As normas civis transcritas poderiam ser lidas como deixando esclarecido – mas nem tanto – que, sem autorização prévia dos biografados, não se poderia divulgar escritos, transmitir a palavra, publicar, expor a imagem de alguém que requeresse fosse proibido, sem prejuízo de ainda ser indenizado se tal comportamento lhe atingisse a honra, a boa fama ou a respeitabilidade e se se destinasse a fins comerciais.

Biografia e história

65. Biografia é história. A história de uma vida, que não acontece apenas a partir da soleira da porta de casa. Ingressa na intimidade, sem que o biografado sequer precise se manifestar. A casa é plural. Embora seja espaço de sossego, a toca do ser humano, os que ali comparecem observam, contam histórias, pluralizam a experiência do que nela acontece.

O biógrafo busca saber quem é o biografado pesquisando a vida deste. Investiga, perscruta, indaga, questiona, observa, analisa, para concluir o quadro da vida, o comportamento não mostrado que ostenta o lado que completa o ser autor da obra que influencia e marca os outros.

A vida do outro há de ser preservada. A curiosidade de todos há de ser satisfeita. O biógrafo cumpre o segundo papel.

A intimidade, entretanto, respeita ao que "a pessoa nunca ou quase nunca partilha com os outros, ou que comunga apenas com pessoas muitíssimo próximas, como a sexualidade, a afectividade, a saúde, a nudez; na esfera da privacidade, que é já mais ampla, incluir-se-iam aspectos de vida pessoal, fora da intimidade, cujo acesso a pessoa permite a pessoas das suas relações, mas não a desconhecidos ou ao público; a esfera pública abrangeria tudo o mais, aquilo a que, na vida de relação e na inserção na sociedade, todos têm acesso" (VASCONCELOS, Pedro Pais de, *Direito de Personalidade*, Coimbra, Almedina, 2006, p. 80).

Esse espaço de quase segredo, entretanto, parece ser o que mais interessa ao pesquisador, ao biógrafo, que atende a necessidades da História e à curiosidade das pessoas. Ressalto: o buraco da fechadura não foi esquecido, embora às vezes se busque ver até mesmo quando portas foram escancaradas. A busca por ver dentro do outro, com luzes e sombras, não tem fim.

Sem ver a totalidade da vida da pessoa, não há como conhecer a vida da figura que tenha marcado época, como sua obra foi elaborada, suas influências pretéritas, e as que tenha provocado. O dilema entre o que foi e o que poderia ter sido, a luta do querer e do que se fez para se atingir, o que foi dor transformada em força, o que foi vigor desperdiçado e tornado obra de desabafo, tudo compõe a pessoa. (...).

66. Afirmou-se, no curso desta ação, que a biografia não estaria cerceada, apenas dependeria de autorização, porque as versões apresentadas poderiam comprometer intimidade e a privacidade do biografado.

O argumento não convence: primeiro, porque a expressão é livre. Qualquer censura prévia é vedada no sistema. A autorização prévia constitui censura prévia particular. O recolhimento de obras após a divulgação é censura judicial, que apenas substitui a administrativa.

Segundo, a biografia autorizada é uma possibilidade que não exaure a possibilidade de conhecimento das pessoas, comunidades, costumes e histórias. Entre a história de todos e a narrativa de um, opta-se pelo interesse de todos.

Terceiro, a biografia autorizada não está proibida. Está não apenas permitida como pode ser estimulada. Deve-se levar em conta que a memória é traiçoeira. O mesmo fato pode ser lembrado com mecanismos cerebrais que impõem a seleção e até a recriação de fatos e casos que não foram o que a interpretação da pessoa sugere. Não se há de frustrar a história pela lembrança elaborada de uma única pessoa. Assim a Humanidade não anda. (...).

A leitura do Direito há de se fazer no sentido de não se impedir que a cidadania saiba de sua história pelo interesse particular de quem fez história.

Temem-se versões equivocadas. Temem-se enganos e fraudes. O risco é compreensível e concreto, mas viver é arriscar. Há que se permitir o erro, para buscar-se o acerto. E garante-se a reparação sem tolher-se o direito do outro. (...).

A autorização prevista na legislação civilista talvez tenha sido pretensão de se constituir em proteção jurídica asseguradora da inviolabilidade constitucionalmente prevista e sem a qual o rol de direitos fundamentais não tem plena eficácia relativamente ao Estado e aos particulares.

Não há, entretanto, como compatibilizar o que o Direito garante como liberdade, assegurando a plena expressão, proibindo expressa e taxativamente qualquer forma de censura, definindo como direito fundamental a inviolabilidade da intimidade, da honra e da privacidade e, para descumprimento desta norma, prescrevendo a forma indenizatória de reparação, e norma de hierarquia inferior pela qual fixada regra para o exercício dessa liberdade, iniciando-se com a ressalva: "salvo se autorizadas".

A Constituição da República garante liberdade e a lei civil preconiza que o exercício não pode ser garantido salvo se autorizado pelo interessado! (...).

69. Nem se afirme alterar a interpretação do Direito a circunstância de a proteção da inviolabilidade da intimidade, da privacidade, da honra e da imagem ser agravada pela circunstância de se buscarem fins comerciais com a comercialização da obra biográfica.

Escreve-se para ser lido. E livro é produto de comércio. Logo, o que se está a obtemperar não é importante para o deslinde da questão relativa à interpretação da matéria.

O mesmo dá-se com a obra audiovisual. Produção cinematográfica é comercializável. E comércio faz-se com paga pela prestação do serviço.

Corre-se risco de haver abusos, de se produzirem escritos ou obras audiovisuais para divulgação com o intuito exclusivo de se obter ganhos espúrios pela amostragem da vida de pessoas com detalhes que não guardam qualquer traço de interesse público.

Risco é próprio do viver. Erros corrigem-se segundo o Direito, não é se abatendo liberdades conquistadas que se segue na melhor trilha democrática traçada com duras lutas. Reparam-se danos nos termos da lei. (...).

Biografia: a intimidade e a privacidade do biografado
(...). Por força dos princípios constitucionais garantidores dos direitos fundamentais, as normas infraconstitucionais devem ser interpretadas de acordo com os princípios constitucionais, dotando-os de plena efetividade, sem perda de conteúdo ou de eficácia, para assegurar-se o bem viver de cada um e de todos. Mas os fins a que se destinam as normas constitucionais não se alteram senão para serem mais firmes em sua objetividade. (...).

VII – Transcendência do direito à intimidade e à privacidade
71. Não se extingue assim o direito à inviolabilidade da intimidade ou da vida privada. Respeita-se, no Direito, o que prevalece no caso posto em juízo, sem julgamento prévio de censura nem possibilidade de se afirmar a censura prévia ou *a posteriori*, de natureza legislativa, política, administrativa ou judicial, deixando-se em relevo e resguardo o que a Constituição fixou como inerente à dignidade humana e a ser solucionado em casos nos quais se patenteie desobediência aos princípios fundamentais do sistema. (...).

VIII – Interpretação dos arts. 20 e 21 do CC do Brasil: da colisão aparente de normas à harmonia dos princípios constitucionais e à submissão da interpretação para efetividade máxima das normas fundamentais
72. Os arts. 20 e 21 do CC do Brasil contemplam, em leitura direta, a exigência de autorização prévia para divulgação de escritos ou transmissão da palavra ou publicação, exposição ou utilização da imagem de determinada pessoa, sem o quê poderão ser proibidas, a requerimento do interessado requerimento ou, em se tratando de morto ou de ausente, do cônjuge, dos ascendentes ou descendentes, sem prejuízo da indenização cabível, se lhe atingirem a honra, a boa fama ou a respeitabilidade, ou se se destinarem a fins comerciais. Essa interpretação, pretensamente protetiva do direito à intangibilidade da intimidade, da privacidade, da honra e da imagem da pessoa, não pode ser adotada relativamente à produção de obra biográfica, pela circunstância de não se conter exceção expressa a esse gênero no dispositivo legal. Isso porque a liberdade de pensamento, de expressão, de produção artística, cultural, científica, estaria comprometida e a censura particular seria forma de impor o silêncio à história da comunidade e, em algumas ocasiões, à história dos fatos que ultrapassam fronteiras e gerações.

Nem se afirme cuidarem tais temas apenas do espaço da política, na qual não se poderia tolerar censura. Arte é política, ciência pode ser política, a cidadania faz-se na *polis*.

73. A aplicação daqueles dispositivos, entretanto, tem conduzido ao recolhimento das obras biográficas publicadas, ao impedimento da edição ou à proibição da exposição e venda ou da exibição, quando se cuide de obras audiovisuais. (...).

74. A Constituição da República assegura as liberdades de maneira ampla. Não pode ser anulada por outra norma constitucional, por emenda tendente a abolir direitos fundamentais (inciso IV do art. 60), menos ainda por norma de hierarquia inferior (lei civil), ainda que sob o argumento de se estar a resguardar e proteger outro direito constitucionalmente assegurado, a inviolabilidade do direito à intimidade, à privacidade, à honra e à imagem. (...).

76. A coexistência das normas constitucionais dos incisos VI e IX do art. 5º requer, para a superação do aparente conflito do que nelas se contém, se ponderar se pode a pessoa assegurar-se inviolável em sua intimidade, privacidade, honra e em sua imagem se não é livre para pensar e configurar a sua intimidade, estabelecer o seu espaço de privacidade, formar o conceito moral e social que lhe confere a honradez e cunhar imagem que lhe garanta o atributo reconhecido que busca.

Para perfeito deslinde do caso em exame, há de se acolher o balanceamento de direitos, conjugando-se o direito às liberdades com a inviolabilidade da intimidade, da privacidade, da honra e da imagem da pessoa biografada e daqueles que pretendem elaborar as biografias. (...).

Conclusão

78. Pelo exposto, julgo procedente a presente ação direta de inconstitucionalidade para dar interpretação conforme à Constituição da República aos arts. 20 e 21 do CC, sem redução de texto, para, em consonância com os direitos fundamentais à liberdade de pensamento e de sua expressão, de criação artística e produção científica, declarar inexigível o consentimento de pessoa biografada relativamente a obras biográficas literárias ou audiovisuais, sendo desnecessária autorização de pessoas retratadas como coadjuvantes (ou de seus familiares, em caso de pessoas falecidas ou ausentes). (...).

EXTRATO DE ATA

Decisão: O Tribunal, por unanimidade e nos termos do voto da Relatora, julgou procedente o pedido formulado na ação direta para dar interpretação conforme à Constituição aos arts. 20 e 21 do CC, sem redução de texto, para, em consonância com os direitos fundamentais à liberdade de pensamento e de sua expressão, de criação artística, produção científica, declarar inexigível o consentimento de pessoa biografada relativamente a obras biográficas literárias ou audiovisuais, sendo por igual desnecessária autorização de pessoas retratadas como coadjuvantes (ou de seus familiares, em caso de pessoas falecidas). Falaram, pela requerente Associação Nacional dos Editores de Livros/ANEL, o Dr. Gustavo Binenbojm, OAB/RJ 83.152; pelo *amicus curiae* Instituto Histórico e Geográfico Brasileiro/IHGB, o Dr. Thiago Bottino do Amaral, OAB/RJ 102.312; pelo *amicus curiae* Conselho Federal da OAB/CFOAB, o Dr. Marcus Vinicius Furtado Coelho, OAB/PI 2.525; pelo *amicus curiae* Instituto dos Advogados de São Paulo/IASP, a Dra. Ivana Co Galdino Crivelli, OAB/SP 123.205-B; e, pelo *amicus curiae* Instituto Amigo, o Dr. Antônio Carlos de Almeida Castro, OAB/DF 4.107. Ausente o Min. Teori Zavascki, representando o Tribunal no simpósio em comemoração aos 70 anos do Tribunal de Disputas Jurisdicionais da República da Turquia, em Ancara. Presidiu o julgamento o Min. Ricardo Lewandowski. Plenário, 10.6.2015.

Presidência do Sr. Min. Ricardo Lewandowski. Presentes à sessão os Srs. Mins. Celso de Mello, Marco Aurélio, Gilmar Mendes, Carmen Lúcia, Dias Toffoli, Luiz Fux, Rosa Weber e Roberto Barroso.

* * *

PERGUNTAS

1. Qual questão foi levada ao STF?
2. Quais seriam os direitos fundamentais em conflito neste caso?
3. Qual foi o resultado da ação? A norma do Código Civil questionada perante o STF foi considerada inconstitucional?
4. Hoje é permitida a publicação de biografias não autorizadas? O que ocorreria caso houvesse algum tipo de difamação na referida biografia?
5. Qual foi o contexto social por trás desta ação? Você acredita que isto pode ter influenciado de alguma maneira o resultado?
6. Quais foram os principais argumentos apresentados pela Min. Carmen Lúcia?
7. Você concorda que proibir a publicação de biografias sem autorização do biografado ou de sua família constitui um tipo de censura prévia?
8. O que é interpretação conforme à Constituição? O que aconteceria caso algum jurista interpretasse diferentemente do STF?
9. Você acredita que a solução oferecida pela Min. Carmen Lúcia resolveu o conflito? Qual solução você daria? Por quê?

LIBERDADE PROFISSIONAL

5.12 Exigência de diploma para jornalistas (RE 511.961-SP)

(Plenário – rel. Min. Gilmar Mendes – j. 17.6.2009)

Jornalismo – Exigência de diploma de curso superior, registrado pelo Ministério da Educação, para o exercício da profissão de jornalista – Liberdades de profissão, de expressão e de informação – Constituição de 1988 (art. 5º, IX e XIII, e art. 220, *caput* e § 1º) – Não recepção do art. 4º, inciso V, do Decreto-lei n. 972, de 1969. (...).

ACÓRDÃO – Vistos, relatados e discutidos estes autos: Acordam os Ministros do Supremo Tribunal Federal, em sessão plenária, na conformidade da ata do julgamento e das notas taquigráficas, por maioria de votos, conhecer e dar provimento aos recursos extraordinários, declarando a não recepção do art. 4º, inciso V, do Decreto-lei n. 972/1969, nos termos do voto do Relator.

Brasília, 17 de junho de 2009 – *Gilmar Mendes*, presidente e relator.

RELATÓRIO – *O Sr. Min. Gilmar Mendes*: Trata-se de recurso extraordinário, interposto pelo Ministério Público Federal e pelo Sindicato das Empresas de Rádio e Televisão no Estado de São Paulo/SERTESP (assistente simples), com fundamento no art. 102, inciso III, "a", da CF, contra acórdão do TRF-3ª Região nos autos da ACi em ACP n. 2001.61.00.025946-3. (...).

Defendeu o Ministério Público, em síntese, que, se o art. 5º, inciso XIII, da Constituição remete à legislação infraconstitucional o estabelecimento das condições para o exercício da liberdade de exercício profissional, não pode o legislador impor restrições indevidas ou não razoáveis, como seria o caso da exigência de diploma do curso superior de Jornalismo, prevista no art. 4º, inciso V, do Decreto-lei n. 972/1969. Ademais, haveria, no caso, violação ao art. 13 da Convenção Americana de Direitos Humanos, ratificada pelo Brasil em 1992. (...).

O TRF-3ª Região deu provimento à remessa oficial e aos recursos da União, da FENAJ e do Sindicato dos Jornalistas e reformou a sentença [*pela parcial procedência do pedido dos ora recorrentes, proferida pela 16ª Vara Cível da Justiça Federal em São Paulo*] em acórdão cuja ementa possui o seguinte teor (fls. 1.580-1.613):

"(...) – Decreto-lei n. 972/1969 – Recepção formal e material pela Carta Política de 1988 – Exigência de curso superior de Jornalismo – Ausência de ofensa à liberdade de trabalho e de imprensa e acesso à informação – Profissão de grande relevância social que exige qualificação técnica e formação especializada – Inexistência de ofensa à Convenção Americana sobre Direitos Humanos. (...).

"5. A vigente Constituição Federal garante a todos, indistintamente e sem quaisquer restrições, o direito à livre manifestação do pensamento (art. 5º, IV) e à liberdade de expressão, independentemente de censura ou licença (art. 5º, IX). São direitos difusos, assegurados a cada um e a todos, ao mesmo tempo, sem qualquer barreira de ordem social, econômica, religiosa, política, profissional ou cultural. Contudo, a questão que se coloca de forma específica diz respeito à liberdade do exercício de qualquer trabalho, ofício ou profissão, ou, simplesmente, liberdade de profissão. Não se pode confundir liberdade de manifestação do pensamento ou de expressão com liberdade de profissão. Quanto a esta, a Constituição assegurou o seu livre exercício, desde que atendidas as qualificações profissionais estabelecidas em lei (art. 5º, XIII). O texto constitucional não deixa dúvidas, portanto, de que a lei ordinária pode estabelecer as qualificações profissionais necessárias para o livre exercício de determinada profissão.

"6. O Decreto-lei n. 972/1969, com suas sucessivas alterações e regulamentos, foi recepcionado pela nova ordem constitucional – Inexistência de ofensa às garantias constitucionais de liberdade de trabalho, liberdade de expressão e manifestação de pensamento – Liberdade de informação garantida, bem como garantido o acesso à informação – Inexistência de ofensa ou incompatibilidade com a Convenção Americana Sobre Direitos Humanos.

"7. O inciso XIII do art. 5º da CF de 1988 atribui ao legislador ordinário a regulamentação de exigência de qualificação para o exercício de determinadas profissões de interesse e relevância pública e social, dentre as quais, notoriamente, se enquadra a de jornalista, ante os reflexos que seu exercício traz à Nação, ao indivíduo e à coletividade.

"8. A legislação recepcionada prevê as figuras do provisionado e do colaborador, afastando as alegadas ofensas ao acesso à informação e manifestação de profissionais especializados em áreas diversas. (...)."

No voto-condutor, o Relator teceu as seguintes considerações sobre cada um dos temas controvertidos no processo (fls. 1.601-1.611):

"(...). Não se pode ignorar a relevante função social do jornalismo, daí resultando a grande responsabilidade do profissional e riscos que o mau exercício da profissão oferecem à coletividade e ao País. Os danos efetivos, de ordem individual ou coletiva, que o exercício da profissão de jornalista por pessoa desqualificada ou de forma irresponsável pode gerar são incalculáveis. Os bens jurídicos que podem ser afetados são da mesma magnitude que tantos outros direitos fundamentais tutelados, como a vida, a liberdade, a saúde e a educação. Os riscos não se afastam nem se diferenciam do exercício irregular da Advocacia, da Medicina, da Veterinária, da Odontologia, da Engenharia, do Magistério e outras tantas profissões. (...). Dentro desse contexto, pois, não se pode ter por irrazoáveis os requisitos da qualificação profissional específica (diploma de curso superior) e registro no órgão competente estabelecidos no Decreto-lei n. 972/1969". (...).

"(...). É certo, de igual forma, que a imprensa configura-se como um importante instrumento da sociedade para a defesa e a manutenção do Estado Democrático de Direito. Por corolário, imprensa e liberdade são termos inseparáveis, sendo inconcebível a existência da imprensa sem a garantia da liberdade de expressão e manifestação de pensamento, quando somente por meio dela a sociedade pode concretizar o direito à informação, tutelado no texto constitucional vigente. E justamente considerando a relevância da questão da imprensa na formação de uma Nação e na manutenção de um Estado Democrático é que a profissão de jornalista comporta regulamentação e exigência de qualificação para seu exercício, sem qualquer ofensa ao princípio da proporcionalidade e razoabilidade. Ao contrário, a limitação é permitida no próprio texto constitucional, elevando, inclusive, o princípio da dignidade humana como um de seus principais fundamentos. Por todo o exposto, impõe-se a conclusão que todas as normas veiculadas pelo Decreto-lei n. 972/1969 foram integralmente recepcionadas pelo sistema constitucional vigente, sendo legítima a exigência do preenchimento dos requisitos da existência do prévio registro no órgão regional competente e do diploma de curso superior de Jornalismo para o livre exercício da profissão de jornalista. Em consequência, é de rigor o decreto de total improcedência da presente ação, com a cessação da eficácia da tutela antecipada concedida parcialmente."

Contra esse acórdão do TRF-3ª Região, o Ministério Público Federal e o Sindicato das Empresas de Rádio e Televisão no Estado de São Paulo/SERTESP interpuseram recursos extraordinários (fls. 1.627-1.642 e 1.648-1.669) com fundamento no art. 102, inciso III, "a", da Constituição, alegando violação ao art. 5º, incisos IX e XIII, assim como ofensa ao art. 220, da Constituição. (...).

VOTO – *O Sr. Min. Gilmar Mendes* (relator): (...).

II – Mérito

A questão constitucional suscitada na ação civil pública de autoria do Ministério Público Federal e agora trazida à análise desta Corte cinge-se em saber se o Decreto-lei n. 972, de 1969, especialmente o seu art. 4º, inciso V, é compatível com a ordem constitucional de 1988. Em síntese, questiona-se a constitucionalidade da exigência de diploma de curso superior de Jornalismo, registrado pelo Ministério da Educação, para o exercício da profissão de jornalista.

Desde que foi posta no Juízo de primeira instância (16ª Vara Cível Federal de São Paulo), essa questão tem sido discutida de acordo com duas perspectivas de análise. A primeira enfatiza o aspecto relacional-comparativo entre o Decreto-lei n. 972/1969 e a Constituição de 1988, especificamente em relação às liberdades de profissão, de expressão e de informação protegidas pelos arts. 50, IX e XIII, e 220. A segunda questiona o referido decreto-lei em face do art. 13 (liberdade de expressão) da Convenção Americana de Direitos Humanos, denominado Pacto de San José da Costa Rica, ao qual o Brasil aderiu em 1992.

Seguirei essas duas vias de análise, não deixando de ressaltar que a primeira continua uma linha jurisprudencial delimitada nesta Corte no julgamento da Rp n. 930-DF, redator para o acórdão o Min. Rodrigues de Alckmin (5.5.1976), e a segunda representa entendimento consolidado no âmbito do sistema interamericano de direitos humanos. (...).

Começo, dessa forma, pela análise do Decreto n. 972, de 1969, especialmente o seu art. 4º, inciso V, em face da Constituição de 1988.

O tema envolve, em uma primeira linha de análise, a delimitação do âmbito de proteção da liberdade de exercício profissional assegurada pelo art. 5º, inciso XIII, da Constituição, assim como a identificação das restrições e conformações legais constitucionalmente permitidas.

Como tenho defendido em estudos doutrinários, a definição do âmbito de proteção configura pressuposto primário para o desenvolvimento de qualquer direito fundamental. O exercício dos direitos individuais pode dar ensejo, muitas vezes, a uma série de conflitos com outros direitos constitucionalmente protegidos. Daí fazer-se mister a definição do âmbito ou núcleo de proteção, e, se for o caso, a fixação precisa das restrições ou das limitações a esses direitos (...).

Não raro, a definição do âmbito de proteção de certo direito depende de uma interpretação sistemática e abrangente de outros direitos e disposições constitucionais. Muitas vezes a definição do âmbito de proteção somente há de ser obtida em confronto com eventual restrição a esse direito.

Não obstante, com o propósito de lograr uma sistematização, pode-se afirmar que a definição do âmbito de proteção exige a análise da norma constitucional garantidora de direitos, tendo em vista: (a) a identificação dos bens jurídicos protegidos e a amplitude dessa proteção (âmbito de proteção da norma); (b) a verificação das possíveis restrições contempladas, expressamente, na Constituição (expressa restrição constitucional) e a identificação das reservas legais de índole restritiva. [**Rodapé:** Canotilho, *Direito Constitucional*, cit., pp. 602-603.] (...).

O art. 5º, inciso XIII, da Constituição de 1988 dispõe que "é livre o exercício de qualquer trabalho, ofício ou profissão, atendidas as qualificações profissionais que a lei estabelecer".

Tem-se, no citado preceito constitucional, uma inequívoca reserva legal qualificada. A Constituição remete à lei o estabelecimento das qualificações profissionais como restrições ao livre exercício profissional.

A ideia de restrição é quase trivial no âmbito dos direitos fundamentais. Além do princípio geral de reserva legal, enunciado no art. 5º, II, a Constituição refere-se expressamente à possibilidade de se estabelecerem restrições legais a direitos nos incisos XII (inviolabilidade do sigilo postal, telegráfico, telefônico e de dados), XIII (liberdade de exercício profissional) e XV (liberdade de locomoção), por exemplo.

Para indicar as restrições, o constituinte utiliza-se de expressões diversas, como, *v.g.*, "nos termos da lei" (art. 5º, VI e XV), "nas hipóteses e na forma que a lei estabelecer" (art. 5º, XII), "atendidas as qualificações profissionais que a lei estabelecer" (art. 5º, XIII), "salvo nas hipóteses previstas em lei" (art. 5º, LVIII). Outras vezes a Norma Fundamental faz referência a um conceito jurídico indeterminado, que deve balizar a conformação de um dado direito. É o que se verifica, *v.g.*, com a cláusula da "função social" (art. 5º, XXIII).

Essas normas permitem limitar ou restringir posições abrangidas pelo âmbito de proteção de determinado direito fundamental. (...).

(...), no âmbito desse modelo de reserva legal qualificada presente na formulação do art. 5º, XIII, paira uma imanente questão constitucional quanto à razoabilidade e proporcionalidade das leis restritivas, especificamente das leis que disciplinam as qualificações profissionais como condicionantes do livre exercício das profissões. A reserva legal estabelecida pelo art. 5º, XIII, não confere ao legislador o poder de restringir o exercício da liberdade a ponto de atingir o seu próprio núcleo essencial.

É preciso não perder de vista que as restrições legais são sempre limitadas. Cogita-se aqui dos chamados limites imanentes ou "limites dos limites" (...), que balizam a ação do legislador quando restringe direitos individuais. [**Rodapé:** ALEXY, Robert, *Theorie der Grundrechte*, Frankfurt am Main, 1986, p. 267; PIEROTH/SCHLINK, *Grundrechte: Staatsrecht II*, cit., p. 65.] Esses limites, que decorrem da própria Constituição, referem-se tanto à necessidade de proteção de um núcleo essencial do direito fundamental quanto à clareza, determinação, generalidade e proporcionalidade das restrições impostas. [**Rodapé:** PIEROTH/SCHLINK, *Grundrechte: Staatsrecht II*, cit., p. 65.] (...).

(...) enquanto princípio expressamente consagrado na Constituição ou enquanto postulado constitucional imanente, o princípio da proteção do núcleo essencial destina-se a evitar o esvaziamento do conteúdo do direito fundamental decorrente de restrições descabidas, desmesuradas ou desproporcionais. [**Rodapé:** HESSE, *Grundzüge des Verfassungsrechts, der Bundesrepublik Deutschland*, Heidelberg, C. F. Müller, 1995, p. 134.]

A doutrina constitucional mais moderna enfatiza que, em se tratando de imposição de restrições a determinados direitos, deve-se indagar não apenas sobre a admissibilidade constitucional da restrição eventualmente fixada (reserva legal), mas também sobre a compatibilidade das restrições estabelecidas com o *princípio da proporcionalidade*.

Essa orientação, que permitiu converter o princípio da reserva legal (...) no *princípio da reserva legal proporcional* (...), pressupõe não só a legitimidade dos meios utilizados e dos fins perseguidos pelo legislador, como também a adequação desses meios para consecução dos objetivos pretendidos e a necessidade de sua utilização (...).

Portanto, seguindo essa linha de raciocínio, é preciso analisar se a lei restritiva da liberdade de exercício profissional, ao definir as qualificações profissionais, tal como autorizado pelo texto constitucional, transborda os limites da proporcionalidade e atinge o próprio núcleo essencial dessa liberdade.

Sobre o tema, o STF possui jurisprudência. Ainda sob o império da Constituição de 1967/1969 o Tribunal resolveu interessante caso a respeito da profissão de corretor de imóveis. No RE n. 70.563-SP, o Relator, Min. Thompson Flores, teceu considerações dignas de nota:

"A liberdade do exercício profissional se condiciona às condições de capacidade que a lei estabelecer. Mas, para que a liberdade não seja ilusória, impõe-se que a limitação, as condições de capacidade, não seja de natureza a desnaturar ou suprimir a própria liberdade. A limitação da liberdade pelas condições de capacidade supõe que estas se imponham como defesa social. Observa Sampaio Dória (*Comentários à Constituição de 1946*, 4º vol., p. 637): 'A lei, para fixar as condições de capacidade, terá de inspirar-se em critério de defesa social e não em puro arbítrio. Nem todas as profissões exigem condições legais de exercício. Outras, ao contrário, o exigem. A defesa social decide. Profissões há que, mesmo exercidas por ineptos, jamais prejudicam diretamente direito de terceiro, como a de lavrador. Se carece de técnica, só a si mesmo se prejudica. Outras profissões há, porém, cujo exercício por quem não tenha capacidade técnica, como a de condutor de automóveis, piloto de navios ou aviões, prejudica diretamente direito alheio. O mero carroceiro se arvora em médico operador, enganando o público, sua falta de assepsia matará o paciente. Se um pedreiro se mete a construir arranha-céus, sua ignorância em resistência de materiais pode preparar desabamento do prédio e morte dos inquilinos. Daí, em defesa social, exigir a lei condições de capacidade técnica para as profissões cujo exercício possa prejudicar diretamente direitos alheios, sem culpa das vítimas'.

"Reconhece-se que as condições restritivas da liberdade profissional não sejam apenas de natureza técnica. Superiores interesses da coletividade recomendam que aquela liberdade também tenha limitações respeitantes à capacidade moral, física e outras (cf. Carlos Maximiliano, *Comentários à Constituição Brasileira*, p. 798). Por outras palavras, as limitações podem ser de naturezas diversas, desde que solicitadas pelo interesse público, devidamente justificado (cf. Pinto Falcão, *Constituição Anotada*, 1957, 2º vol., p. 133; Pontes de Miranda, *Comentários à Constituição de 1967*, 5º vol., p. 507). Escreve este insigne publicista: 'O que é preciso é que toda política legislativa a respeito do trabalho se legitime com a probabilidade e a verificação do seu acerto. Toda limitação por lei à liberdade tem de ser justificada. Se, com ela, não cresce a felicidade de todos, ou se não houve proveito na limitação, a regra legal há de ser eliminada. Os mesmos elementos que tornam a dimensão das liberdades campo aberto para as suas ilegítimas explorações do povo estão sempre prontos a explorá-lo, mercê das limitações'. (...)."

Essas ponderações oferecem subsídios suficientes para analisar o inciso V do art. 4º do Decreto-lei n. 972/1969.

O Decreto-lei n. 972, de 17.10.1969, com alterações efetivadas pela Lei n. 6.612, de 7.12.1979, e pela Lei n. 7.360, de 10.9.1985, dispõe sobre o exercício da profissão de jornalista e, em seu art. 4º, estabelece o seguinte: "Art. 4º. O exercício da profissão de jornalista requer prévio registro no órgão regional competente do Ministério do Trabalho e Previdência Social, que se fará mediante a apresentação de: (...); V – diploma de curso superior de Jornalismo, oficial ou reconhecido, registrado no Ministério da Educação e Cultura ou em instituição por este credenciada, para as funções relacionadas de 'a' a 'g' no art. 6º". (...).

Ao analisar a constitucionalidade dos referidos dispositivos, o Juízo de primeira instância assim se manifestou sobre o tema, em trechos da sentença que são transcritos a seguir: "Diante do exposto acima, incumbe ao Judiciário apurar se a regulamentação trazida pelo Decreto-lei n. 972/1969 atende aos requisitos necessários para perpetrar restrição legítima ao exercício das profissões, que deverá se pautar na estrita observância ao interesse público (...). Tenho que não. Vejamos. Tal se deve à propalada irrazoabilidade do requisito exigido para o exercício da profissão, tendo em vista que a profissão de jornalista não pode ser regulamentada sob o aspecto da capacidade técnica, eis que não pressupõe a existência de qualificação profissional específica, indispensável à proteção da coletividade, diferentemente das profissões técnicas (a de Engenharia, por exemplo), em que o profissional que não tenha cumprido os requisitos do curso superior pode vir a colocar em risco a vida de pessoas, como também ocorre com os profissionais da área de saúde (por exemplo, de Medicina ou de Farmácia). O jornalista deve possuir formação cultural sólida e diversificada, o que não se adquire apenas com a frequência a uma faculdade (muito embora seja forçoso reconhecer que aquele que o faz poderá vir a enriquecer tal formação cultural), mas sim pelo hábito da leitura e pelo próprio exercício da prática profissional. Em segundo lugar, porque o exercício dessa atividade, mesmo que exercida por inepto, não prejudicará diretamente direito de terceiro. Quem não conseguir escrever um bom artigo ou escrevê-lo de maneira ininteligível não conseguirá leitores, porém isso a ninguém prejudicará, a não ser ao próprio autor. Assim, a regulamentação, pelo que depreendo, não visa ao interesse público, que consiste na garantia do direito à informação, a ser exercido sem qualquer restrição, através da livre manifestação do pensamento, da criação, da expressão e da informação, conforme previsto no inciso IX do art. 5º e *caput* do art. 220, ambos da CF" (fls. 905-906).

A sentença de primeira instância indica alguns dos pontos que devem ser analisados. (...).

(...). A doutrina constitucional entende que as qualificações profissionais de que trata o art. 5º, inciso XIII, da Constituição somente podem ser exigidas, pela lei, daquelas profissões que, de alguma maneira, podem trazer perigo de dano à coletividade ou prejuízos diretos a direitos de terceiros, sem culpa das vítimas, tais como a Medicina e demais profissões ligadas à área de saúde, a Engenharia, a Advocacia e a Magistratura, entre outras várias. Nesse sentido, a profissão de jornalista, por não implicar riscos à saúde ou à vida dos cidadãos em geral, não poderia ser objeto de exigências quanto às condições de capacidade técnica para o seu exercício. Eventuais riscos ou danos efetivos a terceiros causados pelo profissional do jornalismo não seriam inerentes à atividade, e, dessa forma, não seriam evitáveis pela exigência de um diploma de graduação. Dados técnicos necessários à elaboração da notícia (informação) deveriam ser buscados pelo jornalista em fontes qualificadas profissionalmente sobre o assunto.

Seguindo a linha de raciocínio até aqui desenvolvida, esses entendimentos, que bem apreendem o sentido normativo do art. 5º, inciso XIII, da Constituição, já demonstram a desproporcionalidade das medidas estatais que visam a restringir o livre exercício do jornalismo mediante a exigência de registro em órgão público condicionado à comprovação de formação em curso superior de Jornalismo.

No exame da proporcionalidade, o art. 4º, inciso V, do Decreto-lei n. 972/1969 não passa sequer no teste da adequação.

É fácil perceber que a formação específica em curso de graduação em Jornalismo não é meio idôneo para evitar eventuais riscos à coletividade ou danos efetivos a terceiros. De forma extremamente distinta de profissões como a Medicina ou a Engenharia, por exemplo, o jornalismo não exige técnicas específicas que só podem ser aprendidas em uma faculdade. O exercício do jornalismo por pessoa inapta para tanto não tem o condão de, invariável e incondicionalmente, causar danos ou pelo menos risco de danos a terceiros. A consequência lógica, imediata e comum do jornalismo despreparado será a ausência de leitores e, dessa forma, a dificuldade de divulgação e de contratação pelos meios de comunicação, mas não o prejuízo direto a direitos, à vida, à saúde de terceiros.

As violações à honra, à intimidade, à imagem ou a outros direitos da personalidade não constituem riscos inerentes ao exercício do jornalismo; são, antes, o resultado do exercício abusivo e antiético dessa profissão.

O jornalismo despreparado diferencia-se substancialmente do jornalismo abusivo. Este último, como é sabido, não se restringe aos profissionais despreparados ou que não frequentaram um curso superior. As notícias falaciosas e inverídicas, a calúnia, a injúria e a difamação constituem grave desvio de conduta e devem ser objeto de responsabilidade civil e penal. Representam, portanto, um problema ético, moral, penal e civil, que não encontra solução na formação técnica do jornalista. Dizem respeito, antes, à formação cultural e ética do profissional, que pode ser reforçada, mas nunca completamente formada, nos bancos de uma faculdade.

É inegável que a frequência a um curso superior com disciplinas sobre técnicas de redação e edição, ética profissional, teorias da comunicação, relações públicas, Sociologia etc. pode dar ao profissional uma formação sólida para o exercício cotidiano do jornalismo. E essa é uma razão importante para afastar qualquer suposição no sentido de que os cursos de graduação em Jornalismo serão desnecessários após a declaração de não recepção do art. 4º, inciso V, do Decreto-lei n. 972/1969. Esses cursos são extremamente importantes para o preparo técnico e ético de profissionais que atuarão no ramo, assim como o são os cursos superiores de Comunicação em geral, de Culinária, *Marketing*, Desenho Industrial, Moda e Costura, Educação Física, entre outros vários, que não são requisitos indispensáveis para o regular exercício das profissões ligadas a essas áreas. Um excelente chefe de cozinha certamente poderá ser formado numa faculdade de Culinária, o que não legitima o Estado a exigir que toda e qualquer refeição seja feita por profissional registrado mediante diploma de curso superior nessa área. Certamente o Poder Público não pode restringir dessa forma a liberdade profissional no âmbito da culinária, e disso ninguém tem dúvida, o que não afasta, porém, a possibilidade do exercício abusivo e antiético dessa profissão, com riscos à saúde e à vida dos consumidores.

Os cursos de Publicidade e de Cinema, por exemplo, igualmente inseridos no âmbito mais amplo da Comunicação Social, tal como o Jornalismo, são extremamente importantes para a formação do profissional que atuará nessas áreas, mas não constituem requisito básico e indispensável para o exercício regular das profissões de publicitário e cineasta.

O mesmo raciocínio deve ser válido para músicos e artistas em geral, cujo exercício profissional deve estar sob o âmbito de proteção do direito fundamental à livre expressão da atividade artística, intelectual e de comunicação, tal como expressamente previsto no inciso IX do art. 5º da Constituição.

Certamente, há, nessas hipóteses, uma esfera de livre expressão protegida pela ordem constitucional contra qualquer intervenção estatal cujo objetivo principal seja o controle sobre as qualificações profissionais para o exercício dessas atividades.

Por isso, não obstante o acerto de todas essas considerações, que explicitam uma análise de proporcionalidade, o certo é que, mais do que isso, a questão aqui verificada é de patente inconstitucionalidade, por violação direta ao art. 5º, inciso XIII, da Constituição. Não se trata apenas de verificar a adequação de uma condição restritiva para o exercício da profissão, mas de constatar que, num âmbito de livre expressão, o estabelecimento de qualificações profissionais é terminantemente proibido pela ordem constitucional, e a lei que assim proceder afronta diretamente o art. 5º, inciso XIII, da Constituição.

O ponto crucial é que o jornalismo é uma profissão diferenciada por sua estreita vinculação ao pleno exercício das liberdades de expressão e informação. O jornalismo é a própria manifestação e difusão do pensamento e da informação de forma contínua, profissional e remunerada. Os jornalistas são aquelas pessoas que se dedicam profissionalmente ao exercício pleno da liberdade de expressão. O jornalismo e a liberdade de expressão, portanto, são atividades que estão imbricadas por sua própria natureza e não podem ser pensadas e tratadas de forma separada.

Isso implica, logicamente, que a interpretação do art. 5º, inciso XIII, da Constituição, na hipótese da profissão de jornalista, se faça, impreterivelmente, em conjunto com os preceitos do art. 5º, incisos IV, IX e XIV, e do art. 220 da Constituição, que asseguram as liberdades de expressão, de informação e de comunicação em geral.

Destacam-se, nesse sentido, os preceitos do art. 220, *caput* e § 1º, que possuem a seguinte redação:

"Art. 220. A manifestação do pensamento, a criação, a expressão e a informação, sob qualquer forma, processo ou veículo, não sofrerão qualquer restrição, observado o disposto nesta Constituição.

"§ 1º. Nenhuma lei conterá dispositivo que possa constituir embaraço à plena liberdade de informação jornalística em qualquer veículo de comunicação social, observado o disposto no art. 5º, IV, V, X, XIII e XIV."

No recente julgamento da ADPF n. 130, Relator o Min. Carlos Britto, na qual se declarou a não recepção da Lei de Imprensa (Lei n. 5.250/1967), o Tribunal enfaticamente deixou consignado o entendimento segundo o qual as liberdades de expressão e de informação e, especificamente, a liberdade de imprensa somente poderiam ser restringidas pela lei em hipóteses excepcionalíssimas, sempre em razão da proteção de outros valores e interesses constitucionais igualmente relevantes, como os direitos à honra, à imagem, à privacidade e à personalidade em geral.

É certo que o constituinte de 1988 de nenhuma maneira concebeu a liberdade de expressão como direito absoluto, insuscetível de restrição, seja pelo Judiciário, seja pelo Legislativo. A própria formulação do texto constitucional – "Nenhuma lei conterá dispositivo (...), observado o disposto no art. 52, IV, V, X, XIII e XIV" – parece explicitar que o constituinte não pretendeu instituir aqui um domínio inexpugnável à intervenção legislativa. Ao revés, essa formulação indica ser inadmissível, tão somente, a disciplina legal que crie embaraços à liberdade de informação. O texto constitucional, portanto, não excluiu a possibilidade de que se introduzam limitações à liberdade de expressão e de comunicação, estabelecendo, expressamente, que o exercício dessas liberdades há de se fazer com observância do disposto na Constituição. Não poderia ser outra a orientação do constituinte, pois, do contrário, outros valores, igualmente relevantes, quedariam esvaziados diante de um direito avassalador, absoluto e insuscetível de restrição.

Todavia, tal como assentado pelo Tribunal na ADPF n. 130, em matéria de liberdade de expressão e de comunicação em geral as restrições legais estão reservadas a casos extremamente excepcionais, sempre justificadas pela imperiosa necessidade de resguardo de outros valores constitucionais.

Assim, no caso da profissão de jornalista, a interpretação do art. 5º, inciso XIII, em conjunto com o art. 5º, incisos IV, IX e XIV, e o art. 220 leva à conclusão de que a ordem constitucional apenas admite a definição legal das qualificações profissionais na hipótese em que sejam elas estabelecidas para proteger, efetivar e reforçar o exercício profissional das liberdades de expressão e de informação por parte dos jornalistas. Fora desse quadro, há patente inconstitucionalidade da lei. (...)".

Em outros termos, no campo da profissão de jornalista não há espaço para a regulação estatal quanto às qualificações profissionais. O art. 5º, incisos IV, IX e XIV, e o art. 220 não autorizam o controle, por parte do Estado, quanto ao acesso e exercício da profissão de jornalista. Qualquer controle desse tipo, que interfira na liberdade profissional no momento do próprio acesso à atividade jornalística, configura, ao fim e ao cabo, controle prévio, que, em verdade, caracteriza censura prévia das liberdades de expressão e de informação, expressamente vedada pelo art. 5º, inciso IX, da Constituição. (...).

É importante frisar, por outro lado, que a vedação constitucional a qualquer tipo de controle estatal prévio não faz pouco caso do elevado potencial da atividade jornalística para gerar riscos de danos ou danos efetivos à ordem, à segurança, ao bem-estar da coletividade e a direitos de terceiros. O entendimento até aqui delineado não deixa de levar em consideração a potencialidade danosa da atividade de comunicação em geral e o verdadeiro poder que representam a imprensa e seus agentes na sociedade contemporânea.

Como afirmei no julgamento da ADPF n. 130, o poder da imprensa é hoje quase incomensurável. Se a liberdade de imprensa nasceu e se desenvolveu, conforme antes analisado, como um direito em face do Estado, uma garantia constitucional de proteção de esferas de liberdade individual e social contra o poder político, hodiernamente talvez represente a imprensa um poder social tão grande e inquietante quanto o poder estatal. É extremamente coerente, nesse sentido, a assertiva de Ossenbühl quando escreve que "hoje não são tanto os *media* que têm de defender a sua posição contra o Estado, mas, inversamente, é o Estado que tem de acautelar-se para não ser cercado, isto é, manipulado pelos *media*" (apud ANDRADE, Manuel da Costa, *Liberdade de Imprensa e Inviolabilidade Pessoal: uma Perspectiva Jurídico-Criminal*, Coimbra, Coimbra Editora, 1996, p. 63). (...).

No Estado Democrático de Direito, a proteção da liberdade de imprensa também leva em conta a proteção contra a própria imprensa. A Constituição assegura as liberdades de expressão e de informação sem permitir violações à honra, à intimidade, à dignidade humana. A ordem constitucional não apenas garante à imprensa um amplo espaço de liberdade de atuação; ela também protege o indivíduo em face do poder social da imprensa. E não se deixe de considerar, igualmente, que a liberdade de imprensa também pode ser danosa à própria liberdade de imprensa. Como bem assevera Manuel da Costa Andrade, "num mundo cada vez mais dependente da informação e condicionado pela sua circulação, também os eventos relacionados com a vida da própria imprensa e dos seus agentes (empresários, jornalistas, métodos e processos de trabalho etc.) constituem matéria interessante e recorrente de notícia, análise e mesmo crítica. O que pode contender com o segredo, a privacidade, a intimidade, a honra, a palavra ou a imagem das pessoas concretamente envolvidas e pertinentes à área da comunicação social" (ob. cit. p. 59).

É certo, assim, que o exercício abusivo do jornalismo implica sérios danos individuais e coletivos. Porém, mais certo ainda é que os danos causados pela atividade jornalística não podem ser evitados ou controlados por qualquer tipo de medida estatal de índole preventiva.

Como se sabe, o abuso da liberdade de expressão não pode ser objeto de controle prévio, mas de responsabilização civil e penal, *a posteriori*. E, como analisado acima, não há razão para se acreditar que a exigência de diploma de curso superior de Jornalismo seja uma medida adequada e eficaz para evitar o exercício abusivo da profissão. De toda forma, caracterizada essa exigência como típica forma de controle prévio das liberdades de expressão e de informação, e constatado, assim, o embaraço à plena liberdade jornalística, é de se concluir que não está ela autorizada constitucionalmente. (...).

Parece que, nesse campo da proteção dos direitos e prerrogativas profissionais dos jornalistas, a autorregulação é a solução mais consentânea com a ordem constitucional e, especificamente, com as liberdades de expressão e de informação.

(...). Dentro dessa lógica, nada impede que as empresas de comunicação adotem como critério de contratação a exigência do diploma de curso superior em Jornalismo.

Assim, esse tipo de orientação regulatória, ao permitir a *autopoiesis* do sistema da comunicação social, oferece maior proteção das liberdades de expressão e de informação.

Enfim, as análises acima levam a crer que essa é a melhor interpretação dos arts. 5º, incisos IX e XIII, e 220 da Constituição da República e a solução mais consentânea com a proteção das liberdades de profissão, de expressão e de informação na ordem constitucional brasileira. (...).

Importante ressaltar que essa interpretação também tem sido acolhida pela Corte Interamericana de Direitos Humanos, que já se pronunciou sobre questão idêntica: o caso "La Colegiación Obligatoria de Periodistas" (Corte Interamericana de Direitos Humanos, Opinião Consultiva OC n. 5/1985, de 13.11.1985). (...).

A Corte Interamericana de Direitos Humanos proferiu decisão no dia 13.11.1985, declarando que a obrigatoriedade do diploma universitário e da inscrição em ordem profissional para o exercício da profissão de jornalista viola o art. 13 da Convenção Americana de Direitos Humanos, que protege a liberdade de expressão em sentido amplo. (...).

Concluo, portanto, no sentido de que o art. 4º, inciso V, do Decreto-lei n. 972, de 1969, não foi recepcionado pela Constituição de 1988.

Não se esqueça que, tal como o Decreto-lei n. 911/1969 – que equiparava, para todos os efeitos legais, inclusive a prisão civil, o devedor-fiduciante ao depositário infiel na hipótese do inadimplemento das obrigações pactuadas no contrato de alienação fiduciária em garantia –, o qual foi declarado inconstitucional por esta Corte no recente julgamento dos RE n. 349.703 (Relator para o acórdão o Min. Gilmar Mendes) e n. 466.343 (rel. Min. Cézar Peluso), o Decreto-lei n. 972, também de 1969, foi editado sob a égide do regime ditatorial instituído pelo Ato Institucional n. 5, de 1968. Também assinam este decreto as três autoridades militares que estavam no comando do

País na época: os Ministros da Marinha de Guerra, do Exército e da Aeronáutica Militar, usando das atribuições que lhes conferiram o Ato Institucional n. 16, de 1969, e o Ato institucional n. 5, de 1968. Está claro que a exigência de diploma de curso superior em Jornalismo para o exercício da profissão tinha uma finalidade de simples entendimento: afastar dos meios de comunicação intelectuais, políticos e artistas que se opunham ao regime militar. Fica patente, assim, que o referido ato normativo atende a outros valores que não estão mais vigentes em nosso Estado Democrático de Direito. Assim como ficou consignado naquele julgamento, reafirmo que não só o Decreto-lei n. 911/1969 como também este Decreto-lei n. 972/1969 não passariam sob o crivo do Congresso Nacional no contexto do atual Estado Constitucional, em que são assegurados direitos e garantias fundamentais a todos os cidadãos.

Esses são os fundamentos que me levam a conhecer dos recursos e a eles dar provimento. É como voto. (...).

VOTO – *O Sr. Min. Carlos Britto*: Sr. Presidente, acompanho o voto de V. Exa. no sentido de conhecer do recurso e a ele dar provimento. Apenas avanço rapidamente alguns fundamentos, não de todo coincidentes com os lançados no magnífico voto de V. Exa.

Na minha manifestação no bojo da ADPF n. 130, o que eu disse, em apertada síntese, foi o seguinte: tudo na liberdade de imprensa é peculiaríssimo, para não dizer único. Incomparável, portanto. O regime jurídico constitucional da liberdade de imprensa é exclusivo, não há como fazer a menor comparação com qualquer outra matéria versada pela Constituição. Isso porque subjacentes à liberdade de imprensa estão em jogo superiores bens jurídicos; basta pensar na liberdade de manifestação do pensamento, na liberdade de informação, na livre expressão da atividade intelectual, da atividade científica, da atividade artística e da atividade comunicacional. Daí por que a imprensa é versada em capítulo próprio, com o nome "Da Comunicação Social". Ou seja, é uma comunicação que não se dirige a ninguém em particular, nem mesmo a um determinado grupo de pessoas, mas a toda a sociedade. Ao número mais abrangente possível de destinatários.

Em verdade, esses bens jurídicos que dão conteúdo à liberdade de imprensa são superiores bens de personalidade. Verdadeiros sobredireitos, que servem mais que os outros à dignidade da pessoa humana e à própria democracia.

Em consideração a esses superiores bens de personalidade é que a Constituição consagrou por modo absoluto a liberdade de imprensa. Daí que o seu art. 220 traduza que, em tema de liberdade de imprensa, não há como servir a dois senhores ao mesmo tempo: ou se prestigiam por antecipação outros bens de personalidade, como a imagem e a honra, por exemplo, ou por antecipação se prestigiam a livre circulação das ideias, a livre circulação das opiniões, a livre circulação das notícias ou informações. E, a meu sentir, a Constituição fez uma opção pela liberdade de imprensa. Deu-lhe precedência, de sorte que tudo o mais é consequência ou responsabilização *a posteriori*.

Leiamos a cabeça desse art. 220: "Art. 220. A manifestação do pensamento, a criação, a expressão e a informação," – e vem uma linguagem radical que bem fala do compromisso da Constituição com o caráter absoluto dessa liberdade – "sob qualquer forma, processo ou veículo," – e a Constituição prossegue na radicalidade vernacular – "não sofrerão qualquer restrição, observado o disposto nesta Constituição".

Aqui, o termo "observado" significa atentar para o disposto na Constituição, tão somente. Não na lei. Logo, "observado o disposto nesta Constituição", mas apenas como consequência ou responsabilização, que é o plano da aferição *a posteriori* das coisas. (...).

Quem relativizou a liberdade de imprensa, no que foi seguido por alguns Ministros, dizendo que na Constituição não há direitos absolutos, quem iniciou uma relativa divergência quanto ao meu ponto de vista, foi o Min. Menezes Direito em seu belo voto. Mas eu persisti na minha ideia central de que, naquilo que é elementarmente de imprensa, a liberdade é absoluta. Tão absoluta quanto outros direitos de índole igualmente constitucional, como, por exemplo: "ninguém será submetido a tortura nem a tratamento desumano ou degradante" – direito absoluto; "liberdade de consciência" – direito absoluto; "ninguém poderá ser compelido a associar-se ou a permanecer associado" – direito absoluto; o direito do brasileiro nato não ser extraditado – direito absoluto; o caráter direto e secreto do voto popular em eleições gerais – direito absoluto.

Mas acompanho V. Exa., Sr. Presidente, no sentido de que a exigência de diploma não salvaguarda a sociedade a ponto de justificar restrições à liberdade de exercício da atividade jornalística, expressão sinônima de liberdade de imprensa. (...).

VOTO – *O Sr. Min. Marco Aurélio*: Sr. Presidente, estamos a refletir sobre um diploma legal em vigor há 40 anos, dos quais 20, como ressaltei quando apreciamos a inconstitucionalidade da Lei n. 5.250/1967, simultaneamente com a Carta da República.

Justamente em um momento em que o País goza de liberdade maior na arte da expressão, pretende-se vislumbrar, nesse diploma, inconstitucionalidade, conflito com o que se contém especialmente no art. 220 da CF.

Não consigo conceber, sob o ângulo formal, inconstitucionalidade superveniente. Não consigo agasalhar uma óptica que me conduziria, por exemplo, no que certos preceitos são próprios a disciplina mediante lei complementar, a glosar o Código Tributário Nacional, a glosar o Código Eleitoral e, tendo em vista algo que nos dias atuais está excomungado, porque não compõe o cenário jurídico constitucional, levando em conta a nomenclatura "decreto-lei", também assim proceder quanto ao Código Penal.

Nesses 40 anos, Sr. Presidente, a sociedade se organizou visando a dar cumprimento ao decreto-lei. Nas unidades da Federação surgiram muitas faculdades, considerado o nível superior em Comunicação, gênero. E agora chegamos à conclusão de que passaremos a ter jornalistas de gradações diversas, jornalistas com diploma de nível superior – e parece que, na quadra atual, se mitiga muito a importância de contar-se com diploma de nível superior – e jornalistas que terão, de regra, o nível médio e, quem sabe, até apenas o nível fundamental.

Sr. Presidente, repito, a quadra vivenciada revela liberdade maior de expressão. Não estamos em época de cerceio à liberdade que encerra também o dever de informar e bem informar a população. Tenho presente o art. 220 da CF, especialmente a referência constante do § 1º desse mesmo art. 220.

É certo que nenhuma lei conterá – segundo esse § 1º – dispositivo que possa constituir embaraço à plena liberdade de informação jornalística em qualquer veículo de comunicação social, mas o próprio preceito remete ao rol das garantias constitucionais. Ao fazê-lo, há alusão aos incisos IV, V, X, XIII e XIV do art. 5º da Carta da República.

Vem-nos justamente do inciso XIII a referência ao livre exercício de qualquer trabalho, ofício ou profissão, mas, também, a remessa ao atendimento das qualificações profissionais que a lei – e aqui, ante o decreto-lei em exame, vejo referência a diploma normativo, abstrato, autônomo – estabelecer.

Hoje, há uma profissão, um segmento profissional organizado, com sistema sindical próprio. Indago: no tocante à profissão de jornalista, a exigência do inciso V do art. 4º – observado, imagino, porque tenho de presumir que os diplomas legais sejam observados, durante 40 anos – é extravagante? Deixa de atender a exigência da sociedade, em termos de veiculação de ideias, em termos do que é estampado diariamente nos veículos de comunicação? Tem-se uma cláusula que pode ser rotulada como desproporcional, a ponto de ser declarada incompatível com o art. 220, § 1º, e, mais especificamente, com o inciso XIII do art. 5º da CF? A resposta, para mim, é negativa. Penso que o jornalista deve deter formação, uma formação básica que viabilize a atividade profissional no que repercute na vida dos cidadãos em geral. Ele deve contar – e imagino que passe a contar, colando grau no nível superior – com técnica para entrevistar, para se reportar, para editar, para pesquisar o que deva publicar no veículo de comunicação, alfim, para prestar serviço no campo da inteligência.

Quando se concebe – como se concebeu em 1969 – a exigência do curso superior e quando se admite essa exigência, fazendo-o no campo da opção político-normativa, tem-se em vista a prestação de serviço de maior valor, de serviço que sirva, realmente, à formação de convencimento sobre temas, passando-se, até, a contar com orientação na vida gregária. É possível erro nesse campo? É possível mesmo se detendo curso superior, como é possível erro no campo da Medicina, no campo do Direito, como é possível erro mesmo no âmbito desta Corte, já que a Justiça é obra do homem, sendo passível de falha.

A existência da norma a exigir o nível superior implica uma salvaguarda, uma segurança jurídica maior quanto ao que é versado com repercussão ímpar, presentes aqueles que leem jornais, principalmente jornais nacionais.

Presidente, não tenho como assentar que essa exigência, que, ante os votos já proferidos, será facultativa, frustrando-se inúmeras pessoas que acreditaram na ordem jurídica e matricularam-se em faculdades, resulte em prejuízo à sociedade brasileira. Ao contrário, devo presumir o que normalmente ocorre, não o excepcional: tendo o profissional o nível dito superior, estará mais habilitado à prestação de serviços profícuos à sociedade brasileira.

É difícil, Presidente, no Colegiado, após tantos votos em certo sentido, adotar entendimento diverso. No entanto, já afirmei que a minha sina é divergir. Detenho uma alma, reconheço, irrequieta, um espírito irrequieto, e não posso menosprezar a minha ciência e a minha consciência jurídica; não posso, também, abandonar o que venho ressaltando quanto ao Colegiado, que é um somatório de forças distintas. Nós nos completamos mutuamente.

Não vejo conflito a ponto de declarar-se inconstitucional o § 5º do art. 4º do Decreto-lei n. 972, no que, ante a definição do que se entende como profissão de jornalista, contida no art. 2º, versa a exigência do curso superior. (...).

Peço vênia a V. Exa. e aos Colegas que o acompanharam para conhecer do extraordinário e desprovê-lo.

O Sr. Min. Gilmar Mendes (presidente e relator): Na verdade, ao decidirmos este caso dos jornalistas, também estamos fixando balizas para as múltiplas leis e projetos de leis existentes que regulam indevidamente a profissão.

O Sr. Min. Cézar Peluso: Se V. Exa. me permite, foi por isso que insisti em ir à racionalidade última, para dizer que, nos casos em que se exige um saber científico especializado, aí, sim, a lei pode atuar, porque não se pode conceber médico que clinique sem os conhecimentos científicos correspondentes, ou um engenheiro etc. Agora, nas outras profissões, cujo exercício não é baseado em postulados ou verdades científicas, mas na sabedoria da pura intelectualidade, a intervenção do legislador é restritiva e contrária à Constituição.

O Sr. Min. Carlos Britto: Essa regulamentação excessiva termina, por via oblíqua, limitando o que a Constituição quis inteiramente livre.

O Sr. Min. Cézar Peluso: Nem é oblíqua, é limitação direta. (...).

EXTRATO DE ATA

Decisão: O Tribunal, por maioria e nos termos do voto do Relator, Min. Gilmar Mendes (Presidente), conheceu e deu provimento aos recursos extraordinários, declarando a não recepção do art. 4º, inciso V, do Decreto-lei n.

972/1969, vencido o Sr. Min. Marco Aurélio. Ausentes, licenciados, os Srs. Mins. Joaquim Barbosa e Menezes Direito. Falaram, pelo recorrente, Sindicato das Empresas de Rádio e Televisão no Estado de São Paulo/SERTESP, a Dra. Taís Borja Gasparian; pelo Ministério Público Federal, o Procurador-Geral da República, Dr. Antônio Fernando Barros e Silva de Souza; pelos recorridos, FENAJ/Federação Nacional dos Jornalistas e outro, o Dr. João Roberto Egydio Piza Fontes, e, pela Advocacia-Geral da União, a Dra. Grace Maria Fernandes Mendonça, Secretária-Geral de Contencioso. Plenário, 17.6.2009.

Presidência do Sr. Min. Gilmar Mendes. Presentes à sessão os Srs. Mins. Celso de Mello, Marco Aurélio, Ellen Gracie, Cézar Peluso, Carlos Britto, Eros Grau, Ricardo Lewandowski e Carmen Lúcia.

* * *

PERGUNTAS

1. Quais são os fatos?
2. Há contraposição de direitos no caso? Quais? Existem direitos absolutos?
3. O que é o âmbito de proteção de uma norma de direitos fundamentais?
4. O que é reserva legal? Como ela restringe e como é restringida pelo "âmbito de proteção" das normas de direitos?
5. "O exercício dessa atividade, [*de jornalista*] mesmo que exercida por inepto, não prejudicará diretamente direito de terceiro." Existe um direito à informação? Justifique e dê seu fundamento jurídico.
6. O Min. Gilmar Mendes afirma que: "O jornalismo e a liberdade de expressão são atividades que estão imbricadas por sua própria natureza e não podem ser pensadas e tratadas de forma separada". Existe uma relação linear do tipo "mais liberdade, mais informação" na proteção desses dois bens jurídicos? Comente.
7. O Estado exerce papel de garantidor de direitos. De acordo com a construção de Gilmar Mendes, ele poderia regulamentar o jornalismo de modo a tutelar o direito social à informação?
8. Cézar Peluso busca limitar as possibilidades de regulamentação de profissões às áreas baseadas em "postulados ou verdades científicas". O critério é útil?
9. A elaboração da ideia de "sobredireitos" pelo Min. Carlos Britto difere de que modo da construção elaborada por Gilmar Mendes em seu voto?
10. Do ponto de vista da atuação estatal, o que pressupõem esses sobredireitos?
11. Como vota o Min. Marco Aurélio?
12. Como decide o STF?

PRIVACIDADE, SIGILO E INVIOLABILIDADE DO DOMICÍLIO

5.13 Caso da quebra de sigilos bancário, fiscal e telefônico por CPI (MS 23.452-1-RJ)

(Plenário – rel. Min. Celso de Mello – j. 16.9.1999)

Comissão Parlamentar de Inquérito – Poderes de investigação (CF, art. 58, § 3º) – Limitações constitucionais – Legitimidade do controle jurisdicional – Possibilidade de a CPI ordenar, por autoridade própria, a quebra dos sigilos bancário, fiscal e telefônico – Necessidade de fundamentação do ato deliberativo – Deliberação da CPI que, sem fundamentação, ordenou medidas de restrição a direitos – Mandado de segurança deferido. (...).

ACÓRDÃO – Vistos, relatados e discutidos estes autos: Acordam os Ministros do Supremo Tribunal Federal, em sessão plenária, na conformidade da ata de julgamentos e das notas taquigráficas, por unanimidade de votos, em deferir o mandado de segurança.

Brasília, 16 de setembro de 1999 – *Carlos Velloso*, presidente – *Celso de Mello*, relator.

RELATÓRIO – *O Sr. Min. Celso de Mello*: O eminente Procurador-Geral da República, Dr. Geraldo Brindeiro, ao opinar pela concessão do mandado de segurança, assim resumiu e apreciou a pretensão mandamental deduzida pelo impetrante (fls. 124-129):

"Luiz Carlos Barretti Jr. impetra mandado de segurança, com pedido de medida liminar, contra ato que determinou a quebra dos sigilos bancário, fiscal e telefônico e ordenou busca e apreensão em sua casa e escritório, que teria sido praticado pelo Sr. Presidente da Comissão Parlamentar de Inquérito criada pelo Requerimento n.

127/1999-SF e 'destinada a apurar fatos do conhecimento do Senado Federal, veiculados pela imprensa nacional, envolvendo instituições financeiras, sociedades de crédito, financiamento e investimento que constituem o Sistema Financeiro Nacional'.

"O impetrante sustenta ser apenas advogado e não exercer qualquer cargo de direção, de gestão ou de administração na Teletrust de Recebíveis S/A, empresa investigada pela citada CPI. Alega, ainda, fundamentado no art. 133 da CF e no art. 7º, inciso II, da Lei n. 8.906/1994, que o ato impugnado, restritor de seus direitos, é ilegal.

"Após discorrer sobre a competência originária do colendo STF para apreciar o mandado de segurança, a possibilidade do controle jurisdicional dos atos emanados das CPIs e os limites dos poderes dessas comissões, V. Exa. decidiu conceder a medida liminar pleiteada pelo impetrante (fls. 51-60).

"Vieram aos autos, então, as informações da autoridade impetrada, nas quais se sustenta, em resumo, a legalidade do ato apontado neste *mandamus* como abusivo (fls. 89-95).

"Mantida por V. Exa. a decisão anteriormente proferida no sentido do deferimento da medida liminar (fls. 100-101), foi o processo remetido a esta Procuradoria-Geral da República para manifestar-se sobre o caso.

"A questão a ser enfrentada no presente mandado de segurança pode ser sintetizada na seguinte indagação: têm as CPIs poderes para determinar a quebra dos sigilos fiscal, bancário e telefônico, assim como ordenar buscas e apreensões domiciliares? (...)."

É o relatório.

VOTO – *O Sr. Min. Celso de Mello* (relator): (...).

Se é certo que os órgãos de investigação parlamentar, em tema de restrição a direitos e garantias individuais, estão vinculados ao dever de motivar as deliberações que adotarem, sob pena de nulidade de tais atos decisórios, não é menos exato – segundo entendo (MS n. 23.491-DF, rel. Min. Celso de Mello, *DJU* 2.8.1999) – que as CPIs podem decretar, por autoridade própria, a quebra do sigilo bancário de pessoas por elas investigadas, desde que justifiquem, a partir de meros indícios, a existência concreta de causa provável legitimadora da medida excepcional e indiquem a necessidade de sua efetivação no procedimento de ampla investigação dos fatos determinados, como reconhece autorizadíssimo magistério doutrinário (Miguel Reale, *Questões de Direito Público*, p. 128, 1997, Saraiva).

Não há, no sistema constitucional brasileiro, direitos ou garantias que se revistam de caráter absoluto, mesmo porque razões de relevante interesse público legitimam, ainda que excepcionalmente, a adoção, por parte dos órgãos estatais, de medidas restritivas das liberdades públicas, uma vez respeitados os termos estabelecidos pela própria Constituição.

Impende reconhecer, neste ponto, consoante assinala o magistério da doutrina, que, em nosso sistema jurídico, o direito ao sigilo bancário não é oponível quer ao Poder Judiciário, quer às CPIs, eis que essa garantia constitucional – que representa uma projeção do direito a intimidade, fundado no art. 5º, X, da Carta Política – não se acha submetida ao princípio da reserva de jurisdição (Vânia Siciliano Aieta, *A Garantia da Intimidade como Direito Fundamental*, pp. 145-146, 1999, Lumen Juris; Sérgio Carlos Covello, "O sigilo bancário como proteção à intimidade", in *RT* 648/27-30, 29, *v.g.*).

É por tal motivo que o STF, por mais de uma vez, já decidiu que não tem caráter absoluto a garantia do sigilo bancário, cuja incidência – em caso de relevante interesse público – pode ser legitimamente afastada nas hipóteses previstas na Lei n. 4.595/1964, cujo art. 38, § 1º (que contempla as CPIs), foi recepcionado pelo vigente estatuto constitucional (*RTJ* 148/366, rel. Min. Carlos Velloso – *RTJ* 157/44, rel. Min. Francisco Rezek – *RTJ* 168/195, rel. Min. Ilmar Galvão – Pet. N. 1.564-RJ (AgR), rel. Min. Octávio Gallotti, *v.g.*).

Também admito a possibilidade jurídico-constitucional de as CPIs, agindo *ex propria auctoritate*, determinarem, sempre mediante resolução fundamentada, a ruptura do sigilo fiscal e do sigilo concernente aos registros/dados telefônicos (hipótese, esta, absolutamente inconfundível com a da interceptação das comunicações telefônicas, que constitui matéria sujeita ao princípio da reserva absoluta de jurisdição, nos termos do art. 5º, XII, *in fine*, da Carta Política).

O reconhecimento dessa excepcional prerrogativa, além de ajustar-se à norma inscrita no art. 58, § 3º, da Constituição da República – que confere às CPIs amplos poderes de indagação probatória (excetuados, apenas, aqueles cuja prática encontra limite no postulado constitucional da reserva de jurisdição) –, tem o beneplácito de valioso magistério que admite a possibilidade de a CPI quebrar o sigilo dos dados ou dos registros telefônicos, conforme pôde ressaltar, na análise dessa questão, o eminente Min. Carlos Mário da Silva Velloso ("As Comissões Parlamentares de Inquérito e o sigilo das comunicações telefônicas", in *Cadernos de Direito Constitucional e Ciência Política*, vol. 26/36-53, 52, RT):

"Cumpre-nos, agora, dar resposta à indagação: seria possível à CPI quebrar o sigilo dos dados ou registros telefônicos do paciente?

"A resposta parece-me positiva.

"É que, conforme vimos, quando examinamos os poderes da CPI, a Constituição – § 3º do art. 58 – atribui à CPI 'poderes de investigação próprios das autoridades judiciais', e não temos, tratando-se de quebra de sigilo, disposição constitucional reservando ao juiz a prática do ato, tal como existe, por exemplo, no caso de decreto de prisão (CF, art. 5º, LXI). No particular, tem-se questão que diz respeito à produção de prova, da atribuição dos juízes, na condução de processo civil ou penal. Ora, se a Constituição atribui à CPI poderes 'próprios das autoridades judiciais', forçoso é compreender que pode a CPI tomar a providência aludida.

"Pode, então, a CPI quebrar o sigilo dos dados ou registros telefônicos de pessoa que esteja sendo investigada."

Torna-se essencial enfatizar, neste ponto, uma vez mais, não obstante a posição eminente que as liberdades públicas assumem em nosso sistema constitucional, que não devem elas – considerado o substrato ético que as informa – "proteger abusos nem acobertar violações", eis que os direitos e garantias individuais expõem-se a naturais restrições derivadas "do princípio de convivência das liberdades, pelo qual nenhuma delas pode ser exercida de modo danoso à ordem pública e *às liberdades alheias*" (Ada Pellegrini Grinover, *Liberdades Públicas e Processo Penal*, p. 251, 2ª ed., 1982, RT; Luís Francisco Torquato Avolio, *Provas Ilícitas*, p. 152, item 5.1, 1995, RT; Eduardo Giannotti, *A Tutela Constitucional da Intimidade*, p. 89, 1987, Forense).

Bem por isso, cumpre reconhecer, como precedentemente já acentuado, que o direito ao sigilo, como qualquer outra liberdade pública, não tem caráter absoluto (*RTJ* 157/44, rel. Min. Francisco Rezek), sofrendo, em consequência, limitações de ordem ético-jurídica, destinadas, essencialmente, de um lado, a proteger a integridade do interesse social e, de outro, a assegurar a coexistência harmoniosa das liberdades, "car la vie sociale exclut la possibilité de libertés sans frontières" (Jean Rivero, *Les Libertés Publiques*, vol. 1/166-175, 1973, Presses Universitaires de France).

É certo que a garantia constitucional instituída no art. 5º, XII, da Carta Política objetiva preservar a inviolabilidade do sigilo "das comunicações telefônicas", não havendo, no preceito normativo em questão (inciso XII), qualquer referência ao tema de *disclosure* dos registros telefônicos.

Cabe traçar aqui, por necessário, uma distinção entre a interceptação ("escuta") das comunicações telefônicas, inteiramente submetida ao princípio constitucional da reserva de jurisdição (CF, art. 5º, XII), de um lado, e a quebra do sigilo dos dados (registros) telefônicos, de outro, cuja tutela deriva da cláusula de proteção à intimidade inscrita no art. 5º, X, da Carta Política.

A interceptação das comunicações telefônicas, além de submetida ao postulado da reserva constitucional de jurisdição – que somente deixa de incidir nas hipóteses de estado de defesa (CF, art. 136, § 1º, "c") e de estado de sítio (CF, art. 139, III) –, possui finalidade específica, pois a utilização desse meio probatório apenas se justifica, havendo ordem judicial, "para fins de investigação criminal ou de instrução processual penal" (CF, art. 5º, XII, *in fine*), circunstância, esta que exclui, por completo, a possibilidade constitucional de uma CPI determinar, por autoridade própria, a escuta de conversações telefônicas.

Diversa é, porém, a situação concernente ao acesso da CPI aos registros telefônicos, pois, consoante enfatiza o magistério da doutrina (Luiz Carlos dos Santos Gonçalves, *Direito Civil Constitucional – Cadernos I*, p. 249, 1999, Max Limonad; Tércio Sampaio Ferraz Jr., *Cadernos de Direito Constitucional e Ciência Política*, vol. 1/85), o inciso XII do art. 5º da Carta Política "impede o acesso à própria ação comunicativa, mas não aos dados comunicados", mesmo porque estes – os dados comunicados –, protegidos pela cláusula tutelar da intimidade, inscrita no inciso X do art. 5º da Constituição, "não constituem um limite absoluto" à ação do Poder Público.

Qualquer outra interpretação, de que pudessem resultar efeitos inibitórios sobre a atividade desenvolvida por uma CPI, certamente frustraria, de modo ilegítimo, o exercício, por esse órgão do Poder Legislativo, da competência investigatória que lhe outorgou a própria Constituição da República, especialmente se se considerar, como acentuam os autores (Luís Carlos dos Santos Gonçalves, ob. cit., p. 249), que, "na atual sociedade da informação, não há qualquer informação que não se revista da natureza de dados".

Cabe fazer, no entanto, uma advertência.

A possibilidade de revelação de registros telefônicos de um advogado – condição titularizada pelo ora impetrante – não autoriza o Poder Público a ter acesso irrestrito aos dados registrados se do conhecimento de tais dados puder resultar grave dano aos direitos do cliente.

É que, se assim não se entender – e analisando-se a questão na perspectiva do exercício profissional (Ruy de Azevedo Sodré, *A Ética Profissional e o Estatuto de Advogado*, pp. 402-405, 3ª ed., 1975, LTr) –, restará comprometido, de maneira absolutamente ilegítima, o estatuto jurídico de inviolabilidade do advogado, com evidente frustração e ofensa à liberdade de defesa e ao sigilo profissional (Lei n. 8.906/1994, art. 7º, II).

Daí a procedente observação de Paulo Luiz Netto Lôbo (*Comentários ao Estatuto da Advocacia*, pp. 56-57, 2ª ed., 1996, Brasília Jurídica), ao versar a questão concernente à inviolabilidade dos registros do advogado, resultantes de sua atividade profissional:

"A inviolabilidade do advogado alcança seus meios de atuação profissional, tais como seu escritório ou locais de trabalho, seus arquivos, seus dados, sua correspondência e suas comunicações. Todos esses meios estão alcançados tradicionalmente pela tutela do sigilo profissional.

"A ampla utilização da Informática pelo advogado, com sua crescente miniaturização, faz estender a inviolabilidade aos dados e arquivos de computador, mantidos em seu local de trabalho ou que transporte consigo.

"O Estatuto refere-se a escritório e local de trabalho. Entende-se por local de trabalho qualquer um que o advogado costume utilizar para desenvolver seus trabalhos profissionais, incluindo a residência, quando for o caso. A atual revolução tecnológica aponta para a realização à distância de serviços ligados por redes de comunicação, sem o deslocamento físico das pessoas. Em qualquer circunstância, o sigilo profissional não pode ser violado.

"(...).

"Em nenhuma hipótese pode haver interceptação telefônica do local de trabalho do advogado, mesmo autorizada pelo magistrado, por motivo de exercício profissional. A hipótese prevista no inciso XII do art. 5º da Constituição (ser admitida, por ordem judicial, para fins de investigação criminal ou instrução processual penal) aplica-se apenas à própria pessoa do advogado, por ilícitos penais por ele cometidos, mas nunca em razão de sua atividade profissional.

"A inviolabilidade dos meios de atuação profissional do advogado sofre uma importante exceção, que corresponde ao sentido da locução 'limites da lei', contida no art. 133 da Constituição; é a da busca e apreensão determinada por magistrado. Não pode o advogado reter documentos que lhe foram confiados para os subtrair às investigações judiciais, sob pena de proteger o delito e a impunidade. A apreensão deverá se ater, exclusivamente, às coisas achadas ou obtidas por meios criminosos, como prevê o art. 240, § 1º, 'b', do CPP.

"A busca e apreensão não pode incluir correspondências recebidas pelo advogado, porque são confidências escritas, feitas ao abrigo da confiança e da tutela da intimidade, garantidas pela Constituição (art. 5º, XII), nem os demais documentos, arquivos e dados que não se vinculem à finalidade ilícita, objeto da busca (...)."

É tão expressiva, quão intensa em seus efeitos jurídicos, a cláusula de reserva que protege as relações advogado-cliente – quaisquer que sejam os meios amparados pelo estatuto do sigilo e pela nota da confidencialidade –, que o Plenário do STF, ao julgar o HC n. 71.231-RJ, rel. Min. Carlos Velloso, assim se pronunciou: "A intimação do paciente, que é advogado, para prestar depoimento à CPI não representa violência ao disposto no art. 133 da Constituição (...). O paciente, se for o caso, invocará, perante a CPI, sempre com possibilidade de ser requerido o controle judicial, os direitos decorrentes do seu *status* profissional, sujeitos os que se excederem ao crime de abuso de autoridade".

Feitas essas considerações incidentais, que guardam inteira pertinência com o caso em exame, pelo fato de o ora impetrante ser advogado, prossigo no exame da possibilidade de uma CPI ter acesso aos registros telefônicos da pessoa investigada. (...).

Quanto à competência da CPI para decretar a quebra do sigilo fiscal, cabe ter presente a autorizada observação de Aliomar Baleeiro (*Direito Tributário Brasileiro*, atualizado pela ilustre Professora Misabel Abreu Machado Derzi, pp. 1.001-1.002 e 1.004, 11ª ed., 1999, Forense):

"Em princípio o Código Tributário Nacional (...) garante ao sujeito passivo e a terceiros o sigilo a respeito de sua respectiva situação financeira ou econômica, a natureza e o estado de seus negócios ou atividades.

"(...).

"Mas não envolvem o dever de sigilo os casos taxativos do art. 200 – cooperação mútua entre pessoas de direito público e requisição do Poder Judiciário.

"Parece-nos que a autoridade ainda está adstrita a prestar informações às CPIs, nos termos da lei, que as rege.

"(...).

"O art. 199 não excepcionou as informações exigidas pelas CPIs, que dispõem de poder de investigações pela sua própria definição e natureza (Lei n. 1.579, de 18.3.1952, art. 2º)." (...).

Quero enfatizar, por necessário, a partir da jurisprudência desta Suprema Corte e do autorizado magistério doutrinário que lhe dá suporte, que não recuso à CPI – que "tem poderes imanentes ao natural exercício de suas atribuições, como os de colher depoimentos, ouvir indiciados, inquirir testemunhas, notificando-as a comparecer perante ela e a depor", bem assim os de "requisitar documentos e buscar todos os meios de prova legalmente admitidos" (*RDA* 199/205, rel. Min. Paulo Brossard) – a possibilidade de praticar atos que eventualmente impliquem limitação a direitos individuais garantidos pela Constituição da República, desde que esse órgão de investigação legislativa o faça mediante deliberação devidamente fundamentada, com apoio em elementos juridicamente idôneos, em ordem a permitir o controle jurisdicional de abusos que possa cometer, a pretexto de investigar os fatos que justificaram a sua criação.

Cabe advertir, neste ponto, que a CPI, embora disponha, *ex propria auctoritate*, de competência para ter acesso a dados reservados, não pode, agindo arbitrariamente, conferir indevida publicidade a registros sobre os quais incide a cláusula de reserva derivada do sigilo bancário, do sigilo fiscal e do sigilo telefônico.

Com a transmissão das informações pertinentes aos dados reservados, transmite-se à CPI – enquanto depositária desses elementos informativos – a nota de confidencialidade relativa aos registros sigilosos.

Isso significa, portanto, que constitui comportamento altamente censurável – com todas as consequências de ordem penal que dele possam resultar – a transgressão, por membros de uma CPI, do dever jurídico de respeito e de preservação do sigilo concernente aos dados a ela transmitidos.

É claro que, havendo justa causa – e achando-se configurada a necessidade de revelar os dados sigilosos, seja no relatório final dos trabalhos da CPI (como razão justificadora da adoção de medidas a serem implementadas pelo Poder Público), seja para efeito das comunicações destinadas ao Ministério Público ou a outros órgãos do Poder Público, para os fins a que se refere o art. 58, § 3º, da Constituição, seja ainda por razões imperiosas ditadas pelo interesse social –, a divulgação do segredo, precisamente porque legitimada pelos fins que a motivaram, não configurará situação de ilicitude, muito embora traduza providência revestida de absoluto grau de excepcionalidade.

Impõe-se analisar, agora, um postulado que, destinado a proteger valores essenciais resguardados pela própria Constituição, representa um relevante fator de limitação jurídica aos poderes de investigação da CPI. (...).

VOTO – *O Sr. Min. Sepúlveda Pertence*: Sr. Presidente, devo dizer, já que se está procedendo a uma certa pesquisa da fundamentação de cada voto, que não tenho razões para adiar a explicitação de minha adesão à teoria da reserva explícita de jurisdição.

Convenci-me de que, efetivamente – sem embargo daquilo a que poderia levar uma interpretação literal do art. 58, § 3º –, quando a Constituição mesma se preocupou em reservar a interferência em certas liberdades e direitos fundamentais a uma decisão judicial, ela reclamou, então, uma ponderação de interesses com todas as garantias, não apenas do procedimento, mas da autoridade e das garantias dos órgãos do Poder Judiciário. Por isso adiro à visão lusitana do problema – que, afinal de contas, como mostrei no primeiro despacho em que o ponto foi tocado, vem da doutrina predominante já sob a Constituição de Weimar, que também determinava a extensão das normas de processo penal às CPIs (MS n. 23.466, despacho liminar, *DJU* 22.6.1999) (v. Francisco Lopes) –, para entender incabível, no caso, a busca e apreensão domiciliar sem prévia autorização judicial.

Além disso, a falta de motivação e a de determinação do objeto da busca domiciliar já seriam motivos bastantes à concessão da ordem nesses tópicos.

Quanto à quebra de sigilo bancário, fiscal e dos dados telefônicos, também acompanho, em suas linhas gerais, o brilhante voto do eminente Relator. Entendo tratar-se de sigilos relativos, que podem ser quebrados, observado o *due process of law*, por determinação judicial, extensível, em princípio, ao âmbito de poderes das CPIs.

Com relação especificamente à requisição de dados telefônicos – que aqui só se enfrentou de raspão – a minha convicção é a de que o problema há de ser encarado à luz do princípio da proteção constitucional da privacidade e da intimidade, e não propriamente do inciso XII do art. 5º, que diz respeito ao sigilo das comunicações, em suas diversas modalidades: são desdobramentos que a tecnologia impôs ao multisecular princípio da inviolabilidade da correspondência. O que ali se protege, pois, é a comunicação telemática de dados: a não ser assim, então, todos os dados, todos os apontamentos, todos os fichários antigos e modernos existentes no mundo estariam protegidos por uma reserva que até se pode sustentar absoluta, porque a alusão do final do inciso XII do art. 5º é restrita às comunicações telefônicas. A meu ver, o absurdo a que levaria conferir quanto a tudo o mais uma reserva absoluta mostra que naquele inciso só se cogitou das diversas técnicas de comunicação. E, por isso mesmo, teve-se de resguardar mesmo de intromissão judicial o próprio ato da comunicação, salvo no que se cuida da comunicação telefônica, única em que a interceptação é necessária, porque não deixa prova de seu conteúdo.

Quero dizer mais, Sr. Presidente, que o caso é especialmente delicado. Enfrento um terceiro fundamento, ainda que de todo desnecessário ao caso concreto. Não sei quais são as provas documentais da alegação, mas ouvi do ilustre Advogado, na sustentação oral, que o único vínculo do impetrante com as empresas relacionadas naquele multifário requerimento de quebra de todos os sigilos seria uma relação profissional de advogado. E aí, sem afirmar que o valor é absoluto – nem o Estatuto da Ordem dos Advogados o afirma –, quero deixar ressalvado que, quando for essencial à decisão, há de ser com extrema circunspeção que se há de autorizar, por exemplo, a quebra dos chamados dados telefônicos de um escritório de Advocacia, porque pode, evidentemente, fazer nada do sigilo profissional do advogado.

O Sr. Min. Celso de Mello (relator): Privilégio da reserva cliente/profissional.

O Sr. Min. Sepúlveda Pertence: Exato, porque, muitas vezes, será bastante à incriminação e à descoberta do cliente que recorre a um advogado.

Deixo explícita, pois, a ressalva, quanto às considerações gerais sobre a relatividade do sigilo de dados, do problema específico dos escritórios de Advocacia, que no caso, porém, é inteiramente desnecessário examinar.

Concedo a ordem integralmente. (...).

EXTRATO DE ATA

Decisão: O Tribunal, por unanimidade, deferiu o mandado de segurança. Votou o Presidente. Falou pelo impetrante o Dr. Manoel Messias Peixinho. Plenário 16.9.1999.

Presidência do Sr. Ministro Carlos Velloso. Presentes à sessão os Srs. Mins. Moreira Alves, Néri da Silveira, Sydney Sanches, Octávio Gallotti, Sepúlveda Pertence, Celso de Mello, Marco Aurélio e Nelson Jobim.

PERGUNTAS

1. Quais são os fatos?
2. Por que o mandado de segurança foi a ação escolhida pelo impetrante?
3. Pode o STF apreciar ato *interna corporis* do Legislativo? Isto não viola a separação de Poderes?
4. Quais são os poderes conferidos à CPI pela Constituição?
5. Qual direito se busca proteger por intermédio do presente mandado de segurança?
6. Qual a distinção entre sigilo de comunicação telefônica e sigilo de registro telefônico?
7. Existe um direito a mentir ou a se negar a dizer a verdade?
8. Qual a relação entre a liberdade protegida no presente mandado de segurança e o direito ao devido processo legal?
9. Por que o Min. Sepúlveda Pertence invoca o direito à privacidade e à intimidade?
10. Qual a decisão do STF?

5.14 Caso da invasão de barracos (SS 1.203-DF)

(Despacho do Presidente, Min. Celso de Mello – 8.9.1997)

Domicílio – Barraco – Inviolabilidade.

O conceito de domicílio compreende qualquer compartimento habitado. Não é lícito à autoridade pública invadir barracos, podendo apenas exercer o poder de polícia.

DESPACHO – *O Sr. Min. Celso de Mello* (presidente e relator): O Distrito Federal, alegando ameaça de grave lesão à ordem pública, à saúde pública e ao patrimônio ambiental – e com fundamento no art. 13 da Lei n. 1.533/1951, no art. 4º da Lei n. 4.348/1964, no art. 25 da Lei n. 8.038/1990 e no art. 297 do RISTF –, requer a suspensão de eficácia das medidas liminares concedidas, em sede originária, em mandados de segurança (MS n. 7.362/197-DF, MS n. 7.364/1997-DF e MS n. 7.365/1997-DF) impetrados contra atos atribuídos ao Governador do Distrito Federal, ao Secretário de Segurança do Distrito Federal e ao Comandante-Geral da Polícia Militar do Distrito Federal, supostamente configuradores de abuso de poder e de ofensa à Constituição, praticados no contexto pertinente à desocupação da "Estrutural".

Impõe-se reconhecer, inicialmente, a competência monocrática do Presidente do STF para examinar a postulação ora deduzida.

Sabe-se, em face da regra de competência inscrita no art. 25 da Lei n. 8.038/1990, que assiste ao Presidente do STF o poder de ordenar a suspensão de eficácia da liminar ou, até mesmo, a paralisação das consequências decorrentes da concessão do mandado de segurança sempre que o exame da causa mandamental evidenciar que esta se apoia em fundamento jurídico de natureza constitucional (*RTJ* 141/719, rel. Min. Sydney Sanches). (...).

Sendo assim, e por dispor de competência para apreciar a causa, passo a examinar o pedido de suspensão de segurança formulado pelo ora requerente.

Impõe-se observar, desde logo, que a instauração de processos judiciais traduz legítima expressão de uma prerrogativa constitucional assegurada, pela Carta Política, a qualquer pessoa que se sinta lesada ou ameaçada de lesão, em seus direitos, por atos abusivos ou ilegais praticados pelo Poder Público.

Na realidade, o acesso ao Poder Judiciário reflete, na significativa projeção dos seus efeitos, uma expressiva garantia de índole constitucional destinada a permitir a intervenção do Poder Judiciário com o objetivo de restaurar a ordem jurídica vulnerada por atos eivados de ilicitude ou de desrespeito ao sistema normativo.

A possibilidade de solução jurisdicional dos conflitos sociais representa índice revelador do grau de desenvolvimento cultural dos povos e significa, por isso mesmo, a diferença fundamental entre civilização e barbárie.

O direito ao processo – ainda que exercido numa perspectiva multitudinária – constitui prerrogativa jurídica indisponível. Funda-se em proclamação formal, que, introduzida de modo explícito pela Constituição democrática de 1946 (art. 141, § 4º), tem sido reiterada, ao longo do nosso processo histórico, pelos sucessivos documentos constitucionais republicanos até hoje promulgados.

O legislador constituinte, ao consagrar o postulado assegurador do ingresso em juízo, fez uma clara opção de natureza política, pois teve a percepção – fundamental sob todos os aspectos – de que onde inexiste a possibilidade do amparo judicial há, sempre, a realidade opressiva e intolerável do arbítrio do Estado.

É por essa razão que a norma constitucional garantidora do direito ao processo tem sido definida por eminentes autores como o parágrafo régio do Estado Democrático de Direito, pois sem o reconhecimento dessa essencial prerrogativa de caráter político-jurídico restarão descaracterizados os aspectos que tipificam as organizações estatais fundadas no princípio da liberdade.

Assentadas tais premissas, não posso acolher a postulação ora formulada, por entender – ao contrário do que sustenta o Distrito Federal, em seu pedido – que a "proliferação de mandados de segurança com o mesmo objetivo" não constitui, no que se refere a essa entidade estatal, uma situação de "ameaça de grave lesão à sua ordem pública (...)" (fls. 2).

O exercício da prerrogativa de ingressar em juízo, com o consequente ajuizamento da ação pertinente – precisamente por refletir manifestação legítima do direito constitucional ao processo –, não pode ser invocado pelo Poder Público como fundamento da pretensão governamental destinada a neutralizar as virtualidades jurídicas emergentes do remédio heroico do mandado de segurança.

De outro lado, e mesmo que não se deva discutir nesta sede processual o fundo da controvérsia suscitada na ação de mandado de segurança (*RTJ* 125/904 – *RTJ* 140/366 – *RTJ* 143/23), não posso deixar de ter presente, na análise do pedido formulado pelo Distrito Federal, o relevo da tese deduzida na impetração do *writ* mandamental, consistente no exame da garantia constitucional da inviolabilidade domiciliar.

A proteção constitucional ao domicílio emerge, com inquestionável nitidez, da regra inscrita no art. 5º, XI, da Carta Política, que proclama, em norma revestida do mais elevado grau de positividade jurídica, que "a casa é asilo inviolável do indivíduo, ninguém nela podendo penetrar sem consentimento do morador, salvo em caso de flagrante delito ou desastre, ou para prestar socorro, ou, durante o dia, por determinação judicial".

A Carta Federal, pois, em cláusula que tornou juridicamente mais intenso o coeficiente de tutela dessa particular esfera de liberdade individual, assegurou, em benefício de todos, a prerrogativa da inviolabilidade domiciliar. Sendo assim, ninguém, especialmente a autoridade pública, pode penetrar em casa alheia, exceto (a) nas hipóteses previstas no texto constitucional ou (b) com o consentimento de seu morador, que se qualifica, para efeito de ingresso de terceiros no recinto doméstico, como o único titular do respectivo direito de inclusão e de exclusão.

Impõe-se destacar, por necessário, que o conceito de "casa", para os fins da proteção jurídico-constitucional a que se refere o art. 5º, XI, da Lei Fundamental, reveste-se de caráter amplo, pois compreende, na abrangência de sua designação tutelar, (a) qualquer compartimento habitado, (b) qualquer aposento ocupado de habitação coletiva e (c) qualquer compartimento privado onde alguém exerce profissão ou atividade.

Esse amplo sentido conceitual da noção jurídica de "casa" revela-se plenamente consentâneo com a exigência constitucional de proteção à esfera de liberdade individual e de privacidade pessoal (*RT* 214/409 – *RT* 277/576 – *RT* 467/385 – *RT* 635/341).

É por essa razão que a doutrina – ao destacar o caráter abrangente desse conceito jurídico – adverte que o princípio da inviolabilidade domiciliar estende-se tanto aos espaços habitados por qualquer pessoa quanto àqueles em que alguém exerce, com exclusão de terceiros, qualquer atividade de índole profissional (...).

Sendo assim, nem os organismos policiais e nem a Administração Pública, afrontando direitos assegurados pela Constituição da República, podem invadir domicílio alheio sem a prévia e necessária existência de ordem judicial, ressalvada as demais exceções constitucionais.

É importante ressaltar – consideradas as circunstâncias do caso concreto – que as liminares mandamentais ora questionadas nesta sede processual, dando consequência ao princípio constitucional da inviolabilidade domiciliar (CF, art. 5º, XI), limitaram-se, unicamente, a impor ao Governo do Distrito Federal a observância dessa fundamental garantia de ordem jurídica, sem impedi-lo, no entanto, de exercer – desde que com fundamento nas leis e na Carta da República – os poderes de caráter administrativo que lhe são inerentes.

As decisões em causa, após reconhecerem, corretamente, que simples "barracos" (enquanto espaços habitacionais ocupados) também dispõem da mesma proteção jurídica dispensada pela Constituição ao domicílio, enfatizaram que as medidas liminares ora questionadas não impedem o exercício, pelo Governo do Distrito Federal, do seu poder de polícia, desde que venha este a ser praticado, como é óbvio, com observância da Constituição.

O respeito (sempre necessário) à garantia da inviolabilidade domiciliar decorre da limitação constitucional que restringe, de maneira válida, as prerrogativas do Estado e, por isso mesmo, não tem o condão de comprometer a ordem pública, especialmente porque, no caso, como já enfatizado, as liminares em referência não impedem o Governo do Distrito Federal de exercer, com regularidade, o poder de polícia que lhe é inerente, circunstância, esta, que lhe permite adotar as providências administrativas necessárias à evacuação da área, desde que observadas as concernentes prescrições constitucionais.

Veja-se, portanto, que as liminares em causa não se revestem de qualquer eficácia imobilizante da ação administrativa do Poder Público local, que poderá – desde que não pratique atos inconstitucionais de violação ao domicílio da parte impetrante – implementar as medidas reputadas adequadas ao interesse público.

Esse é o sentido inequívoco que emerge das liminares concedidas (fls. 21): "Assim sendo, não se cuida aqui de inibir, de qualquer modo, o exercício regular de poder de polícia, cingindo-se o *writ* a que as dignas Autoridades coatoras (o Governador do Distrito Federal, o Secretário de Segurança Pública do Distrito Federal e o Comandante-Geral da Polícia Militar do Distrito Federal), direta ou indiretamente, por seus agentes (e subordinados), abstenham-se da prática de qualquer violação ao domicílio (barraco) da impetrante.

"Concedo a liminar requerida, pois, preventivamente, com esta única finalidade delineada, ao amparo de um direito individual constante de um mandamento constitucional."

Note-se, por sua vez, que as próprias impetrações mandamentais não objetivam impedir o Governo do Distrito Federal de exercer o poder de polícia – verdadeiro poder-dever do Estado – relativamente à defesa do patrimônio público. Limitam-se, na verdade, tais impetrações a postular a proteção jurisdicional, com a finalidade única de, tão somente, viabilizarem a imposição, à Administração Pública local, do necessário respeito à garantia da inviolabilidade domiciliar (fls. 15-19, 22-26 e 40-44).

Torna-se essencial destacar, neste ponto, no contexto de nosso sistema de direito positivo, que a outorga, ao Poder Público, de prerrogativas e garantias de índole jurídico-administrativa não o exonera do dever fundamental de respeitar as limitações e de observar as restrições, que, estabelecidas pelo texto da Constituição da República (como a garantia da inviolabilidade domiciliar), incidem e condicionam a atividade da Administração Pública.

A atividade administrativa do Estado, mesmo naquelas hipóteses em que o ato emanado do Poder Público se reveste de autoexecutoriedade, constitui comportamento necessariamente subordinado aos princípios impostos pelo ordenamento constitucional.

Na realidade, incumbe à Administração Pública agir com estrita observância dos parâmetros delineados pelo sistema normativo, sob pena de desrespeitar os próprios fundamentos em que se assenta o Estado Democrático de Direito.

Quero acentuar, neste ponto, que interpreto de maneira estrita a norma consubstanciada no art. 4º da Lei n. 4.348/1964, recusando-me – sempre em obséquio à garantia superior representada pelo remédio constitucional do mandado de segurança – a frustrar-lhe a eficácia jurídica e a converter o pedido de medida de contracautela em verdadeiro (e inaceitável) sucedâneo recursal, destinado a rediscutir, prematuramente, no âmbito do STF, teses ainda dependentes de resolução em instância jurisdicional inferior.

Somente situações extraordinárias – cuja ocorrência não vislumbro na espécie – podem justificar a medida radical fundada no art. 4º da Lei n. 4.348/1964, cabendo ter presente, neste ponto, a grave advertência contida no magistério de Hely Lopes Meirelles, para quem: "Sendo a suspensão da liminar ou dos efeitos da sentença uma providência drástica e excepcional, só se justifica quando a decisão possa afetar de tal modo a ordem pública, a economia, a saúde ou qualquer outro interesse da coletividade, que aconselhe sua sustação até o julgamento final do mandado" (*Mandado de Segurança, Ação Popular, Ação Civil Pública, Mandado de Injunção e **Habeas Data***, pp. 61-62, 14ª ed., 1992, Malheiros – grifei).

Impende destacar, por necessário, que a providência postulada nesta sede processual reveste-se de excepcionalidade absoluta, eis que os efeitos inibitórios da concessão de liminar em mandado de segurança, autorizados pelo art. 4º da Lei n. 4.348/1964 e pelo art. 25 da Lei n. 8.038/1990, assumem particular gravidade, especialmente se considerada a magnitude da ação mandamental, que configura instrumento destinado a viabilizar, na esfera do Poder Judiciário, a tutela de direitos líquidos e certos.

Impõe-se, em consequência, ao Presidente do Tribunal, no exercício da atribuição monocrática que lhe foi legalmente deferida, que proceda, sempre, a uma exegese estrita dos poderes que lhe assistem, até mesmo em respeito à estatura superior que ostenta, em nosso sistema jurídico, o *writ* mandamental.

A índole constitucional do mandado de segurança determina ao intérprete que valorize esse remédio processual, a fim de evitar que uma simples lei ordinária (Lei n. 4.348/1964, art. 4º) venha a permitir a adoção de medidas judiciais que contenham, inibam e paralisem os efeitos jurídicos desse relevantíssimo instrumento de proteção consagrado pela própria Constituição.

Essa norma de competência, que atribui poder extraordinário ao Presidente do Tribunal para suspender a eficácia da liminar mandamental ou a execução do próprio mandado de segurança concedido, pode gerar consequências radicais, na medida em que se revela apta a neutralizar as virtualidades jurídicas do remédio constitucional e a frustrar a vontade objetiva positivada na Constituição da República, consistente na pronta e eficaz defesa das pessoas em face da ação eventualmente arbitrária do Estado.

Sendo assim, indefiro o pedido ora formulado pelo Distrito Federal. Arquivem-se os presentes autos. Publique-se.

Brasília, 8 de setembro de 1997.

* * *

PERGUNTAS

1. Quais são os fatos?
2. Qual o objeto do mandado de segurança ora interposto?
3. O que é uma suspensão de segurança?
4. O que autoriza o Presidente do STF a decidir monocraticamente?
5. Qual direito se encontra ameaçado no presente caso?

6. Existe limitação intrínseca ou extrínseca ao presente direito?
7. Qual o conceito de "casa" expresso no despacho?
8. Qual a decisão proferida no referido despacho?

5.15 Direito à informação (RE 673.707-MG)

(Plenário – rel. Min. Luiz Fux – j. 17.6.2015)

Direito constitucional – Direito tributário – *Habeas data* – Art. 5º, LXXII, da CRFB/1988 – Lei n. 9.507/1997 – Acesso às informações constantes de sistemas informatizados de controle de pagamentos de tributos – Sistema de conta-corrente da Secretaria da Receita Federal do Brasil/SINCOR – Direito subjetivo do contribuinte – Recurso a que se dá provimento. (...).

ACÓRDÃO – Vistos, relatados e discutidos estes autos: Acordam os Ministros do Supremo Tribunal Federal, em sessão plenária, sob a presidência do Sr. Min. Ricardo Lewandowski, na conformidade da ata de julgamentos e das notas taquigráficas, por unanimidade e nos termos do voto do Relator, apreciando o tema 582 da repercussão geral, em dar provimento ao recurso extraordinário, assentando a tese de que o *habeas data* é a garantia constitucional adequada para a obtenção, pelo próprio contribuinte, dos dados concernentes ao pagamento de tributos constantes de sistemas informatizados de apoio à arrecadação dos órgãos da Administração Fazendária dos entes estatais. Impedido o Min. Teori Zavascki.

Brasília, 17 de junho de 2015 – *Luiz Fux*, relator.

RELATÓRIO – *O Sr. Min. Luiz Fux*: Trata-se de recurso extraordinário interposto pela Regliminas Distribuidora Ltda., com fundamento no art. 102, III, "a", da CRFB/1988, em face de acórdão do TRF-1ª Região assim ementado:

"*Habeas data* – Pedido às informações relativas a todas as anotações constantes dos arquivos da Receita Federal – SINCOR. Não se enquadra na hipótese de cadastro público.

"I – O *habeas data* assegura o acesso a informações relativas à pessoa do impetrante, constantes de registros públicos ou banco de dados de entidades governamentais ou de caráter público (art. 5º, LXXII, "a", da Constituição), afigurando-se, na espécie, inadequada a via eleita pelo impetrante para satisfazer sua pretensão de obter informações de dados relativos a terceiros.

"II – Apelação não provida."

Na origem, cuida-se de *habeas data* com o intuito de obter todas as informações relativas a débitos constantes em nome da empresa ora recorrente, bem como de todos os pagamentos efetuados que constem das bases de dados de apoio ao controle da arrecadação federal utilizadas pela Secretaria da Receita Federal, em especial o sistema SINCOR.

O TRF-1ª Região confirmou a sentença que julgou improcedente a ação, assentando-se que o registro indicado não se enquadra na hipótese de cadastro público, retirando o enquadramento do direito invocado em *habeas data*.

Nas razões recursais, a recorrente aponta violação ao art. 5º, LXXII, "a", da CRFB/1988, sustentando, em síntese, que é direito constitucional conhecer as anotações, informações e dados sobre pagamentos por ela implementados nos sistemas de apoio à arrecadação de tributos federais da Secretaria da Receita Federal do Brasil, de forma que exista transparência da atividade administrativa, principalmente com relação a informações que digam respeito ao próprio contribuinte.

Em sede de contrarrazões, o recorrido defende que os cadastros e bases de dados de controle de pagamentos não se tratam de cadastros públicos, mas sistema de controle interno da Secretaria da Receita Federal do Brasil, o que inviabiliza o *habeas data*.

A Procuradoria-Geral da República manifestou-se pelo provimento do recurso extraordinário, em parecer que porta a seguinte ementa: "Recurso extraordinário – *Habeas data* – Pedido de acesso a informações constantes do SINCOR/banco de dados da Receita Federal acerca de tributos federais – Repercussão geral reconhecida nos autos – Direito amparado pelo art. 5º, LXXII, 'a', da CF".

Aduz que a ausência de caráter público dos sistemas não impede o acesso a informações, porquanto não constitui argumento suficiente para indeferir o *habeas data*, já que o cadastro é mantido por uma entidade governamental. Assevera, portanto, o direito do contribuinte de obter informações contidas no SINCOR com espeque no art. 5º, LXXII, "a", da CRFB/88.

Por fim, esta Corte admitiu a intervenção do Conselho Federal da OAB/CFOAB, na qualidade de interessado da causa (*amicus curiae*), o qual corrobora o direito constitucional postulado pela recorrente.

É relatório.

VOTO – *O Sr. Min. Luiz Fux* (relator): (...).

Trata-se de recurso extraordinário interposto por Regliminas Distribuidora Ltda. contra acórdão julgado improcedente pelo TRF-1ª Região por meio do qual entendeu ser "incabível a pretensão do impetrante de se obrigar a Fazenda Pública a apresentar informações complexas, onerosas e gerais, oriundas de cadastro que não tem caráter público".

Em seu pedido inicial, a recorrente tinha por objetivo: (i) conhecer anotações constantes nos arquivos da Receita Federal com relação a todos os débitos de qualquer natureza contidas no Sistema SINCOR ou de qualquer outro onde estiverem registrados; (ii) conhecer a relação de todos os pagamentos efetuados para a liquidação de débitos através de vinculação automática ou manual; e (iii) conhecer todos os pagamentos sem correlação a débitos existentes, disponíveis no banco de dados do órgão público em questão. (...).

O *habeas data* é uma ação constitucional por meio da qual se visa a garantir o acesso de uma pessoa a informações sobre ela que façam parte de arquivos ou bancos de dados de entidades governamentais ou públicas, como prevê o art. 5º, inciso LXXII, "a", da CF: "Art. 5º. Todos são iguais perante a lei, sem distinção de qualquer natureza, garantindo-se a todos os brasileiros e aos estrangeiros residentes no País a inviolabilidade do direito à vida, à liberdade, à igualdade, à segurança e à propriedade, nos termos seguintes: (...); LXXII – Conceder-se-á *habeas data*: a) para assegurar o conhecimento de informações relativas à pessoa do impetrante, constantes de *registros ou bancos de dados* de *entidades governamentais* ou de *caráter público*; (...)" (grifos nossos). (...).

A Lei n. 9.507/1997 regulamentou a matéria, da qual colacionamos os seguintes excertos:

"Art. 1º. *(Vetado)*.

"Parágrafo único. Considera-se de caráter público todo registro ou banco de dados contendo informações que sejam ou que possam ser transmitidas a terceiros ou que não sejam de uso privativo do órgão ou entidade produtora ou depositária das informações. (...).

"Art. 7º. Conceder-se-á *habeas data*: I – para assegurar o conhecimento de informações relativas à pessoa do impetrante, constantes de registro ou banco de dados de entidades governamentais ou de caráter público; II – para a retificação de dados, quando não se prefira fazê-lo por processo sigiloso, judicial ou administrativo; III – para a anotação, nos assentamentos do interessado, de contestação ou explicação sobre dado verdadeiro mas justificável e que esteja sob pendência judicial ou amigável."

A regra contida no parágrafo único do art. 1º da Lei n. 9.507/1997 considera de caráter público todo registro ou banco de dados contendo informações que sejam ou que possam ser transmitidas a terceiros ou que não sejam de uso privativo do órgão ou entidade produtora ou depositária das informações.

A indigitada norma não tem por objetivo negar a seu próprio titular o conhecimento das informações que a seu respeito estejam cadastradas junto às entidades depositárias. Pretende, na verdade, restringir a divulgação a outros órgãos, que não o detentor das informações, ou a terceiros, que não o titular dos dados registrados, porquanto não tem o condão de restringir o direito postulado. Com efeito, a restrição que contém o parágrafo único do art. 1º da Lei n. 9.507/1997 deve ser interpretada em consonância com o supracitado art. 5º, inciso LXXII, da CRFB/1988, (...).

In casu, o Sistema de Conta-Corrente da Receita Federal, conhecido também como SINCOR, registra os dados de apoio à arrecadação federal ao armazenar os débitos e créditos existentes acerca dos contribuintes.

Encarta-se, assim, no conceito mais amplo de arquivos, bancos ou registro de dados, que devem ser entendidos em seu sentido mais lato, abrangendo tudo que diga respeito ao interessado, seja de modo direto ou indireto. (...).

Aos contribuintes foi assegurado o direito de conhecer as informações que lhes digam respeito em bancos de dados públicos ou de caráter público, em razão da necessidade de preservar o *status* de seu nome, planejamento empresarial, estratégia de investimento e, em especial, a recuperação de tributos pagos indevidamente, dentre outras. Consectariamente, estas informações não são de uso privativo do órgão ou entidade produtora ou depositária das informações, a Receita Federal do Brasil, mas dizem respeito ao próprio contribuinte.

Seria diferente se estivessem sendo requeridas pelos contribuintes informações sobre o planejamento estratégico do órgão fazendário, tais como as informações fiscais sobre outros contribuintes, o mapeamento dos setores estratégicos a serem fiscalizados, a programação da ação fiscal por setor econômico ou faixa de renda, os limites de dedutibilidade a serem utilizados como critérios de fiscalização das declarações de renda das pessoas jurídicas ou físicas, posto que inerentes à atividade da Administração Fazendária, própria de sua atividade institucional. Nestes casos, não há dúvidas que o *habeas data* deveria ser julgado improcedente. (...).

O Estado, por meio de seus órgãos ou Poderes, ao deter em seus registros ou bancos de dados informações dos contribuintes, seja para que fim for, permanentes ou temporárias, não pode se negar a fornecê-las a quem de direito, sob pena de violar a Constituição da República Federativa do Brasil/1988.

Deveras, as informações fiscais relativas ao próprio contribuinte, se forem sigilosas, não importa em que grau, devem ser protegidas da sociedade em geral, segundo os termos da lei ou da Constituição, mas não de quem a elas se referem, por força da consagração do direito à informação do art. 5º, inciso XXXIII, da Carta Magna, que traz como única ressalva o sigilo imprescindível à segurança da sociedade e do Estado, o que não se aplica no caso *sub examine*, *verbis*: "Art. 5º. Todos são iguais perante a lei, sem distinção de qualquer natureza, garantindo-se aos brasileiros e aos estrangeiros residentes no País a inviolabilidade do direito à vida, à liberdade, à igualdade, à segurança e à propriedade, nos termos seguintes: (...); XXXIII – todos têm direito a receber dos órgãos públicos informações de seu interesse particular, ou de interesse coletivo ou geral, que serão prestadas no prazo da lei, sob pena de responsabilidade, ressalvadas aquelas cujo sigilo seja imprescindível à segurança da sociedade e do Estado; (...)".

Ora, tratando-se de informação subjetiva, ou seja, de dados pessoais relativos ao próprio requerente, não há como se defender serem comprometedores para a segurança da sociedade ou do Estado, e, portanto, não podem ser negados ao próprio requerente (...). Insere-se, aqui, o objeto a que se destina a garantia constitucional do *habeas data*, ao assegurar o direito fundamental das pessoas de ter ciência de todas as informações subjetivas armazenadas junto às entidades governamentais ou de caráter público. (...).

Nessa linha é que o constitucionalismo democrático impõe que o amplo acesso à informação traduza e represente as exigências instituídas como a *mens legis* de publicidade que veio a ser concretizada pela Constituição da República Federativa do Brasil/1988. Assim é que o texto constitucional garante: obediência, pela Administração Pública, do princípio da publicidade (art. 37, *caput*); assegura a todos o direito de receber dos órgãos públicos informações de seu interesse particular, ou de interesse coletivo ou geral, ressalvadas aquelas cujo sigilo seja imprescindível à segurança da sociedade e do Estado (art. 5º, XXXIII); impõe a elaboração de lei que assegure o acesso dos usuários a registros administrativos e a informações sobre atos de governo, observado o disposto no art. 5º, X e XXXIII; ordena caber à Administração Pública, na forma da lei, a gestão da documentação governamental e as providências para franquear sua consulta a quantos dela necessitem (art. 216, § 2º); e regula o *habeas data* para assegurar o conhecimento e a correção de informações relativas à pessoa do impetrante (art. 5º, LXXII). (...).

Destarte, a fim de concretizar os mandamentos constitucionais, surge a necessidade de essa Suprema Corte garantir, quando a Administração criar óbices ao seu pleno cumprimento, a efetividade da transparência, do acesso à informação e da participação dos cidadãos no conhecimento da gestão pública e, principalmente, na ciência das informações pessoais que estejam sob a guarda do Estado. Na essência, trata-se de tornar atual o que há muito já ensinava o filósofo alemão Immanuel Kant em sua clássica obra *A Paz Perpétua* (*A Paz Perpétua e Outros Opúsculos*, Lisboa, Edições 70, 1995, p. 165), ao elaborar a seguinte fórmula teórica a que denominou de transcendental do direito público: "São injustas todas as ações que se referem ao direito de outros homens, cujas máximas não se harmonizem com a publicidade". (...).

Por outro lado, o argumento da União no sentido de que existiria falta de interesse de agir, já que as informações solicitadas pela impetrante são as mesmas já repassadas pelo recorrente ao Fisco, não se sustenta.

Na atual sociedade de risco, os contribuintes estão submetidos a uma imensa gama de obrigações tributárias principais e acessórias, que implicam o pagamento de diversos tributos e o preenchimento de diversas declarações, o que, por si só, já seria suficiente para permitir o acesso a todos os sistemas de apoio à arrecadação, de forma a permitir um melhor controle dos pagamentos e do cumprimento destas obrigações principais e acessórias (...).

Destarte, ainda que se admita que a empresa deveria ter os dados que objetiva serem prestados pela Receita Federal do Brasil, tal fato, por si só, não obsta ao seu interesse no conhecimento das informações contidas nos sistemas informatizados de apoio à arrecadação, para fins de aferição do fiel cumprimento de suas obrigações, o que se justifica diante da transparência que deve revestir as informações atinentes aos pagamentos efetuados pelo próprio contribuinte.

Nesse contexto, a partir do direito à informação garantido enfaticamente em diversas passagens da Constituição da República Federativa do Brasil/1988, a doutrina começa a desenvolver a aplicação do conceito/mecanismo de *accountability* à realidade brasileira. Basicamente, traduz a tentativa de prevenir e corrigir abusos de poder da Administração a partir de três parâmetros basilares: (i) obrigação de se abrir ao público; (ii) obrigação de se explicar e justificar suas ações; e (iii) subordinação à possibilidade de sanções (...).

Sob esse enfoque, e mercê do o *habeas data* ser instrumento de acesso a informações, forçoso ainda reconhecer que a tese supraesposada é corroborada pela Lei n. 12.527/2011, Lei de Acesso à Informação/LAI. (...).

O acesso à informação de que trata esta lei compreende, entre outros, os direitos de obter informação contida em registros ou documentos produzidos ou acumulados por seus órgãos ou entidades, recolhidos ou não a arquivos públicos (art. 7º da LAI), o que se aplica com perfeição ao caso concreto. (...).

Ad argumentandum tantum, refutamos, de forma objetiva, os cinco fundamentos apontados pela Fazenda Nacional que ensejariam a impossibilidade de divulgação das informações requeridas pelo contribuinte: (i) o SINCOR não pode ser considerado um banco de dados de caráter público, pois se trata de sistema informatizado de controle interno do órgão; (ii) os chamados pagamentos "não alocados (disponíveis ou não vinculados)" requeridos pelo contribuinte são, na verdade dinâmicos, efêmeros e temporários, destituídos de caráter definitivo por conta da falta de análise e depuração por auditor-fiscal; (iii) a inutilidade dessas informações como prova de eventual pagamento indevido, a ser utilizada no âmbito de uma ação de repetição de indébito, em face de seu caráter provisório; (iv) a desnecessidade do *habeas data* para a obtenção das informações acerca dos seus débitos tributários e pagamentos realizados, posto que deveria tê-los em sua contabilidade; (v) o risco para a ordem administrativa decorrente do efeito multiplicador de eventual precedente no sentido do cabimento do *habeas data* na hipótese. (...).

Entendemos que a validade jurídica das informações e seu peso probatório devem ser aquilatados pelo contribuinte à luz de sua contabilidade e perspectivas de êxito em eventual ação de repetição do indébito. Porquanto, ainda que ainda não estejam depuradas pela Receita Federal do Brasil, poderão auxiliar os contribuintes quanto ao controle de seus pagamentos. O juízo de valor sobre o teor probante destas informações não é objeto desta ação, o que já seria suficiente para afastar esta tese. (...).

Justificam a transparência destas informações as múltiplas inconsistências que podem advir do controle e tratamento informatizado destes dados, a saber, de forma não exaustiva: (a) a captura equivocada do código de pagamento de cada tributo pelo sistema informatizado da rede bancária arrecadadora; (b) os possíveis erros de preenchimento dos documentos de arrecadação pelos contribuintes; (c) a ausência de processamento das declarações prestadas pelos contribuintes pelos órgãos fazendários; (d) a incompatibilidade entre a implementação da Escrituração Contábil Fiscal-ECF/Escrituração Contábil Digital-ECD, fruto da Instrução Normativa RFB n. 1.422, de 19.12.2013, com os pronunciamentos contábeis do Conselho Federal de Contabilidade; (e) a mudança de critério jurídico da Fazenda Nacional quanto à imputação de pagamentos de tributos, multas, correção monetária e juros de mora; (f) a declaração integral ou parcial de inconstitucionalidade de norma tributária, pelo método concentrado ou difuso, a ensejar a interpretação do julgado para eventual ação de repetição de indébito. (...).

Permitir o acesso ao sistema de controle de pagamentos não significa criar obrigação jurídica para a Fazenda Nacional ou, ainda, direito subjetivo do contribuinte a utilizar essa informação bruta em futura ação de repetição de indébito.

Caberá ao contribuinte, na espécie, a depuração dos dados, assim como a verificação da compatibilidade destes pagamentos com a sua contabilidade, de forma a que possa aferir se houve erro por parte da Fazenda Nacional na alocação de seus pagamentos ou se houve erro seu no adimplemento das obrigações tributárias.

Nesta mesma linha, afastamos a alegação de risco para a ordem administrativa de eventual precedente que acolha a tese de cabimento de *habeas data* para a obtenção de relatórios do SINCOR. Um direito subjetivo do contribuinte, amparado em dispositivo constitucional, não pode ser negado sob a argumentação de que a Administração Fazendária não está preparada para atendê-lo. Na verdade, a solução reclama lógica inversa, ou seja, a Fazenda Nacional deve adaptar-se para cumprir os comandos constitucionais, ainda que isso a onere administrativamente.

Por fim, os princípios da razoabilidade e da proporcionalidade são violados pelo próprio Estado através da Administração Fazendária ao não permitir ao contribuinte o acesso a todas as informações fiscais inerentes aos seus deveres e ao cumprimento de suas obrigações tributárias principais e acessórias, como sói ocorrer com o atual Centro Virtual de Atendimento da Receita Federal do Brasil/E-CAC.

Neste ambiente virtual já se podem ver na Internet, através do sítio da Receita Federal do Brasil, as informações decorrentes de processamento de declarações, pagamentos de Imposto de Renda Retido na Fonte, entre outras informações que são cada vez mais controladas por este órgão.

Por este viés, basta permitir o acesso do contribuinte ao SINCOR pela mesma via eletrônica disponibilizada para ele cumprir as suas obrigações. Na nova ordem constitucional instaurada pela Constituição da República Federativa do Brasil/1988 o contribuinte deixou de ser o objeto da tributação para tornar-se sujeito de direitos.

Fixamos, neste contexto, a seguinte tese: "O *habeas data* é a garantia constitucional adequada para a obtenção dos dados concernentes ao pagamento de tributos do próprio contribuinte constantes dos sistemas informatizados de apoio à arrecadação dos órgãos da Administração Fazendária dos entes estatais".

Ex positis, dou provimento ao recurso extraordinário.

É como voto. (...).

VOTO – *O Sr. Min. Gilmar Mendes*: Sr. Presidente, também gostaria de cumprimentar o Min. Fux pelo voto cuidadoso e percuciente, e fazer apenas duas anotações. De um lado, sabe-se, como já foi aqui amplamente destacado, que o instituto, aparentemente, voltava-se a resolver aquelas pendências dos tempos ditatoriais.

Imaginava-se, então, ter acesso a bancos de dados do regime anterior, e especialmente dá para se ver isto quando se lê a alínea "a" do art. 5º, LXXII: (...).

É interessante que, quando se discutiu esse processo e a criação dessa garantia, olvidou-se de que já se discutia, em outras partes do mundo, a ideia numa perspectiva de direito material, que é o direito de autodeterminação sobre dados. No fundo, o nosso *habeas data* acabou tratando da temática processual, garantística processual, sem explicitar, pelo menos de maneira clara, o direito tutelado, que nós podemos identificar, claro, com os direitos de personalidade, a intimidade privada e assim por diante.

De qualquer sorte, o dispositivo também traz uma abordagem muito importante, que vem sendo, hoje, anotada por alguns doutrinadores, que é uma ideia de eficácia privada dos direitos fundamentais, ao falar dos bancos de caráter público, e, hoje, se entende que são bancos – embora isso não se aplique ao caso – como aqueles que estão aí manejados, geridos por entidades privadas, mas que afetam de maneira muito sensível a vida do cidadão. O nome no SERASA, no SPC, nesses diferentes bancos de dados, tem um reflexo enorme na vida das pessoas. E uma informação eventualmente errada tem um impacto significativo. Portanto, aqui, o texto foi avançado e abriu, portanto, ensanchas a uma abordagem que precisa ser devidamente aprofundada.

Então, a mim, parece-me, digna de nota, desde logo, é exatamente a ideia de que, no plano processual, nós temos o *habeas data* com o propósito, o intento, de tutelar aquilo que entendemos ser uma proteção da autonomia privada nesse âmbito da autodeterminação sobre os dados, que ganha cada vez mais importância, na medida em que temos toda essa ampla evolução tecnológica. (...).

Mas, a mim, parece-me extremamente importante – acho até que esse julgamento é marcante nesse sentido –, todos nós estávamos ficando com a percepção... E já foi dito, também, isso em relação ao mandado de injunção, em algum momento se percebeu que o instituto parecia não ter utilidade, ou era de utilidade parca. Em relação ao *habeas data* essa sensação, acredito, vem até os dias atuais. E, por incrível que pareça, demos um passo significativo, agora, com a Lei de Acesso à Informação, e o *habeas data* continua a engatinhar. A própria lei processual do *habeas data* foi bastante tímida e, por isso, temos...

A Sra. Min. Carmen Lúcia: A Lei n. 9.507. Mas ela até dá, por exemplo, alguns dados que foram aproveitados pelo nobre Ministro-Relator.

O Sr. Min. Gilmar Mendes: Sim. Claro.

A Sra. Min. Carmen Lúcia: Quer dizer, essa ampliação do que é de natureza pública, e não sendo estatal, necessariamente, que é a eficácia horizontal, do que V. Exa. acaba de chamar a atenção.

O Sr. Min. Gilmar Mendes: E vem a definição no próprio texto. É exatamente isso. O art. 1º dessa lei descreve quais são essas entidades de caráter público. Por isso, acho que este julgamento é extremamente importante. (...).

Toda vez que se discute isso em sala de aula, percebe-se que há uma certa perplexidade, porque os alunos mais interessados dizem: "Por que temos tantos instrumentos para tutelar situações que são idênticas ou similares?". A explicação que me vem – e o Min. Celso poderá me corrigir depois – é que isso está associado a uma evolução que guarda relação com a doutrina brasileira do *habeas corpus* (...).

Quando pensamos, por exemplo, no modelo hispânico do recurso de amparo, vê-se que ele assume características polivalentes. Ou mesmo o recurso constitucional alemão, a *Verfassungsbeschwerde*, também com características multi ou polivalentes, tratando, inclusive, de questões de omissão e tudo mais. Mas, aqui, acabamos criando e desenvolvendo essa doutrina. (...).

A Sra. Min. Carmen Lúcia: Min. Gilmar, V. Exa. me permite um segundo? Não quero usar a palavra, mas é que o *habeas data* me dá uma impressão um pouco diferente, que, aliás, chegou a ser abordada pelo voto. Ele tem uma celeridade, uma possibilidade de você primeiro requerer à própria autoridade, que fica obrigada, porque ele tem uma dupla função: a de querer que se conheça e exigir a correção. O que o mandado de segurança... Por isso que ele diz: quando não couber o mandado de segurança, quando não for cabível, porque o mandado de segurança por omissão...

O Sr. Min. Gilmar Mendes: Mas nada impediria que, via direito de petição, pedíssemos ao órgão que...

A Sra. Min. Carmen Lúcia: Mas não teria a força do *habeas data* por isso, porque ele prevê a possibilidade imediata de, perante a autoridade administrativa... E, com relação a bancos, é muito comum – V. Exa., o Min. Toffoli, o Min. Barroso, nós, como Procuradores, já nos deparamos com isso no plano estadual – pedir-se algo ao banco e o banco não oferecer, principalmente quando era banco estadual. E, aí, a rapidez do *habeas data*. Ele é muito mais célere, até porque, na via administrativa, conseguimos isso que a Lei n. 9.507 oferece e que o mandado de segurança não daria. (...).

O Sr. Min. Gilmar Mendes: E veja que, no nosso âmbito, já tínhamos, temos, essa preocupação, claro, com o direito de petição. Depois veio a Lei n. 9.784, a Lei do Procedimento Administrativo, que também tentou assegurar direitos, pelo menos procedimentais, ao cidadão, e, agora, a Lei de Acesso à Informação.

Ao lado disso, temos essa situação específica que diz respeito a um direito subjetivo material, à proteção de dados ou à proteção dessa autonomia. Daí a importância, me parece, deste julgado, que pode ser, talvez, o marco inicial de uma vitalização do *habeas data*, numa percepção mais ampla, na medida em que hoje, para esse julgamento, eu tinha feito um levantamento de vários artigos sobre essa temática, já falando de um direito fundamental à autodeterminação informativa: (...). Em suma, há já uma reflexão, não no campo procedimental processual, mas também no campo do direito material. (...).

Então, quem lê o texto brasileiro diz que os brasileiros se anteciparam no que diz respeito a essa proteção de dados, embora o nosso enfoque, historicamente, estivesse muito voltado aos bancos de dados do regime militar.

Mas, ao mesmo tempo, já se vê que isso comporta outras leituras e uma dimensão importantíssima, afora a questão que já foi aqui destacada e que poderíamos até dela ter sido poupados, mas talvez não tenhamos sido para que nós pudéssemos ouvir seu belo voto. Eu acho que a grande dimensão que o *habeas data* vai ganhar no futuro é essa dimensão da chamada eficácia privada dos direitos fundamentais, dos direitos fundamentais aplicados entre privados, quando temos como base esses chamados bancos públicos, que foi um tipo de locução que o constituinte concebeu para permitir o uso de um instrumento, em face de uma entidade tipicamente privada, foi a fórmula.

Mas quero subscrever todos os encômios feitos. E eu também não queria encerrar minha fala sem cumprimentar o Min. Fachin por sua participação aqui, saúdo e tenho certeza de que vai compor bem esse Tribunal. (...).

EXTRATO DE ATA

Decisão: O Tribunal, por unanimidade e nos termos do voto do Relator, apreciando o tema 582 da repercussão geral, deu provimento ao recurso extraordinário, assentando a tese de que o *habeas data* é a garantia constitucional adequada para a obtenção, pelo próprio contribuinte, dos dados concernentes ao pagamento de tributos constantes de sistemas informatizados de apoio à arrecadação dos órgãos da Administração Fazendária dos entes estatais. Impedido o Min. Teori Zavascki. Falaram, pela União, o Dr. Augusto César de Carvalho Leal, OAB/PE 26.041, Procurador da Fazenda Nacional, e, pelo Conselho Federal da OAB, o Dr. Luiz Gustavo Bichara, OAB/RJ 112.310, Procurador Especial Tributário. Presidiu o julgamento o Min. Ricardo Lewandowski. Plenário, 17.6.2015. Presidência do Sr. Min. Ricardo Lewandowski. Presentes à sessão os Srs. Mins. Celso de Mello, Marco Aurélio, Gilmar Mendes, Carmen Lúcia, Dias Toffoli, Luiz Fux, Rosa Weber, Teori Zavascki, Roberto Barroso e Edson Fachin.

* * *

PERGUNTAS

1. Quais são os fatos?

2. Quais as questões jurídicas envolvidas? Quais os direitos violados e os dispositivos constitucionais invocados? Atente-se para o fato de ser um recurso extraordinário.

3. O que é o instrumento do *habeas data*? Qual ou quais direitos ele busca tutelar?

4. No caso em questão, o que é o SINCOR? Quais características dele permitem a utilização de *habeas data* para obtenção de informações tributárias?

5. Para o Min. Luiz Fux, o que caracteriza um banco de dados ou registro de caráter público?

6. Por que o contribuinte pode exigir informações da Administração que ele mesmo forneceu? Qual a relação desse direito com o dever de transparência da Administração?

7. Em seu voto o Min. Luiz Fux afirma que o art. 1º da Lei do *Habeas Data* "não tem por objetivo negar a seu próprio titular o conhecimento das informações que a seu respeito estejam cadastradas junto às entidades depositárias. Pretende, na verdade, restringir a divulgação a outros órgãos, que não o detentor das informações, ou a terceiros, que não o titular dos dados registrados, porquanto não tem o condão de restringir o direito postulado". Se o contribuinte sempre poderá exigir informações que dizem respeito a si, é possível afirmar que existem bancos de dados ou de registros de utilização privativa da entidade governamental, conforme dispõe o mesmo dispositivo? O que caracteriza essa utilização privativa?

8. É comum a afirmação de que o *habeas data* só teve utilidade no momento da transição democrática, para verificação e correção dos registros mantidos pelo regime militar. No entanto, o Min. Gilmar Mendes menciona, em *obter dicta*, que espera um movimento de vivificação do instrumento. Por que isso pode acontecer? O que significa dizer que o dispositivo constitucional do *habeas data* tem uma dimensão que transcende a mera garantia processual?

SEGURANÇA

5.16 Caso do desarmamento (ADI 3.112-1-DF)

(Plenário – rel. Min. Ricardo Lewandowski – j. 2.5.2007)

Ação direta de inconstitucionalidade – Lei n. 10.826/2003 – Estatuto do Desarmamento – Inconstitucionalidade formal afastada – Invasão da competência residual dos Estados – Inocorrência – Direito de propriedade – Intromissão do Estado na esfera privada descaracterizada – Predominância do interesse público reconhecida – Obrigação de renovação periódica do registro das armas de fogo – Direito de propriedade, ato jurídico perfeito e direito adquirido alegadamente violados – Assertiva improcedente – Lesão aos princípios constitucionais da presunção de inocência e do devido processo legal – Afronta também ao princípio da razoabilidade – Argumentos não acolhidos – Fixação de idade mínima para a aquisição de arma de fogo – Possibilidade – Realização de referendo – Incompetência do Congresso Nacional – Prejudicialidade – Ação julgada parcialmente procedente quanto à proibição do estabelecimento de fiança e liberdade provisória. (...).

ACÓRDÃO – Vistos, relatados e discutidos estes autos: Acordam os Ministros do Supremo Tribunal Federal, em sessão plenária, sob a presidência da Sra. Min. Ellen Gracie, na conformidade da ata de julgamento e das notas taquigráficas, por unanimidade, rejeitar as alegações de inconstitucionalidade formal, nos termos do voto do Relator. O Tribunal, por maioria, julgou procedente, em parte, a ação para declarar a inconstitucionalidade dos parágrafos únicos dos arts. 14 e 15 e do art. 21 da Lei n. 10.826, de 22.12.2003, nos termos do voto do Relator, vencidos parcialmente os Srs. Mins. Carlos Britto, Gilmar Mendes e Sepúlveda Pertence, que julgavam improcedente a ação quanto aos parágrafos únicos dos arts. 14 e 15, e o Sr. Min. Marco Aurélio, que a julgava improcedente quanto ao parágrafo único do art. 15 e, em relação ao art. 21, apenas quanto à referência ao art. 16. O Tribunal, por unanimidade, julgou improcedente a ação relativamente ao art. 2º, inciso X; ao art. 12; ao art. 23, §§ 1º, 2º e 3º; ao art. 25, parágrafo único; ao art. 28, e ao parágrafo único do art. 32; e declarou o prejuízo quanto ao art. 35. Votou a Presidente, Min. Ellen Gracie. Ausente, justificadamente, o Sr. Min. Celso de Mello.

Brasília, 2 de maio de 2007 – *Ricardo Lewandowski*, relator. (...).

RELATÓRIO – *O Sr. Min. Ricardo Lewandowski*: Trata-se de ação direta, com pedido de medida cautelar, ajuizada pelo Partido Trabalhista Brasileiro/PTB, objetivando seja declarada inconstitucional a Lei n. 10.826, de 22.12.2003, alterada pela Medida Provisória n. 157, de 23.12.2003. (...).

As agremiações partidárias requerentes, em síntese, entendem violada a competência privativa do Chefe do Poder Executivo (CF, art. 61, § 1º, "e"), ferido o "direito constitucional à segurança individual e ao exercício da legítima defesa" (CF, art. 5º, *caput*, e art. 20, § 4º, IV), lesionado o direito de propriedade (CF, art. 5º, *caput*) e desatendido o princípio da razoabilidade e vulnerado o devido processo legal (CF, art. 5º, LIV). (...).

VOTO – *O Sr. Min. Ricardo Lewandowski* (relator): (...).

Principio afirmando que a análise da higidez constitucional da Lei n. 10.826, de 22.12.2003, denominada "Estatuto do Desarmamento", deve ter em conta o disposto no art. 5º, *caput*, da CF, que garante aos brasileiros e estrangeiros residentes no País o direito à segurança, ao lado do direito à vida e à propriedade, quiçá como uma de suas mais importantes pré-condições.

Como desdobramento desse preceito, num outro plano, o art. 144 da Carta Magna estabelece que a segurança pública constitui dever do Estado e, ao mesmo tempo, direito e responsabilidade de todos, sendo exercida para a preservação da ordem pública e da incolumidade das pessoas e do patrimônio. Trata-se, pois, de um direito de primeira grandeza, cuja concretização exige constante e eficaz mobilização de recursos humanos e materiais por parte do Estado.

O dever estatal concernente à segurança pública não é exercido de forma aleatória, mas através de instituições permanentes e, idealmente, segundo uma política criminal, com objetivos de curto, médio e longo prazo, suficientemente flexível para responder às circunstâncias cambiantes de cada momento histórico.

Nesse sentido, observo que a edição do Estatuto do Desarmamento, que resultou da conjugação da vontade política do Executivo com a do Legislativo, representou uma resposta do Estado e da sociedade civil à situação de extrema gravidade pela qual passava – e ainda passa – o País, no tocante ao assustador aumento da violência e da criminalidade, notadamente em relação ao dramático incremento do número de mortes por armas de fogo entre os jovens. [**Rodapé:** SZWARCWALD, Leal, "Sobrevivência ameaçada dos jovens brasileiros: a dimensão da mortalidade por armas de fogo", in *Revista da Comissão Nacional de População e Desenvolvimento* 1998, p. 368. Segundo esse estudo, em 1980 ocorriam 30 mortes para cada 100.000 jovens brasileiros do sexo masculino, entre 20 e 24 anos, por armas de fogo, tendo esse número aumentado para 73,4 em 1995. Registrou-se, portanto, no período, um incremento de mais de 100% na taxa de mortalidade. O mesmo fenômeno deu-se entre as jovens brasileiras de 20 a 24 anos. Nesse grupo, registraram-se, em 1980, 2,4 mortes para cada 100.000 indivíduos, com um aumento para 4,8 em 1995. Como se vê, também aqui o aumento foi da ordem de 100%. Com relação às demais causas de morte, ou seja, aquelas não relacionadas às armas de fogo, o crescimento foi inferior a 10% em ambos os grupos.] (...).

Como se nota, as ações diretas de inconstitucionalidade ora ajuizadas trazem ao escrutínio desta Suprema Corte tema da maior transcendência e atualidade, seja porque envolve o direito dos cidadãos à segurança pública e o correspondente dever estatal de promovê-la eficazmente, seja porque diz respeito às obrigações internacionais do País na esfera do combate ao crime organizado e ao comércio ilegal de armas. (...).

Sustenta-se, no que concerne aos arts. 5º, §§ 1º e 3º, 10 e 29, que houve invasão da competência residual dos Estados para legislar sobre segurança pública e também ofensa ao princípio federativo, "principalmente em relação à emissão de autorização de porte de arma de fogo".

Contrapondo-se ao argumento, a douta Procuradoria-Geral da República defendeu a aplicação à espécie do princípio da predominância do interesse, ponderando que "a União não está invadindo o âmbito de normatividade de índole local, pois a matéria está além do interesse circunscrito de apenas uma unidade federada" (fls. 194).

Considero correto o entendimento do Ministério Público, que se harmoniza com a lição de José Afonso da Silva, para quem a Carta Magna vigente abandonou o conceito de "interesse local", tradicionalmente abrigado nas Constituições brasileiras, de difícil caracterização, substituindo-o pelo princípio da "predominância do interesse", segundo o qual, na repartição de competências, "à União caberão aquelas matérias e questões de predominante interesse geral, nacional, ao passo que aos Estados tocarão as matérias e assuntos de predominante interesse regional, e aos Municípios concernerem os assuntos de interesse local." [**Rodapé:** *Curso de Direito Constitucional Positivo*, São Paulo, Malheiros, 9ª ed., 1993, p. 418.]

De fato, a competência atribuída aos Estados em matéria de segurança pública não pode sobrepor-se ao interesse mais amplo da União no tocante à formulação de uma política criminal de âmbito nacional, cujo pilar central constitui exatamente o estabelecimento de regras uniformes, em todo o País, para a fabricação, comercialização, circulação e utilização de armas de fogo, competência que, ademais, lhe é assegurada pelo art. 21, XXI, da CF. **[Rodapé:** Inclui-se aí a competência de legislar sobre armas de fogo e munições, segundo o AR em AI n. 189.433-RJ, rel. Min. Marco Aurélio.**]** (...).

Sustenta-se, mais, que haveria ofensa ao direito de propriedade quanto à obrigação de renovar-se periodicamente o registro das armas de fogo, nos termos do art. 5º, §§ 2º e 3º, bem como no tocante ao pagamento da taxa correspondente, instituída no art. 11, II, e explicitada no item II da Tabela de Taxas. Acrescenta-se ao argumento que "o Estado acabaria por determinar quem pode ou não exercer a legítima defesa, que, pelo *caput* do art. 5º da CF, é de todos os cidadãos".

Faço referência, no ponto, à jurisprudência do Tribunal Constitucional da Alemanha (*Bundesverfassungsgericht*), para o qual o direito de propriedade corresponde a uma "liberdade cunhada normativamente" (*normgeprägte Freiheit*), possuindo os bens privados uma face jurídico-objetiva, consubstanciada na garantia de sua instituição (*Institutsgarantie*), e uma dimensão jurídico-subjetiva, caracterizada por uma garantia de subsistência da propriedade (*Bestandsgarantie*). **[Rodapé:** SCHWABE, Jürgen, *Cinquenta Anos de Jurisprudência do Tribunal Constitucional Federal Alemão*, Berlim, Konrad-Adenauer Stiftung, 2005, pp. 1-3.**]**

Mas é justamente porque se reconhece ao Poder Público – tal como se dá em nosso ordenamento jurídico – a possibilidade de intervir na esfera dominial privada que aquela Corte entende que a garantia de subsistência da propriedade (*Bestandsgarantie*), em determinadas circunstâncias, pode transformar-se em garantia do valor da propriedade (*Eigentumswertgarantie*).

É dizer, todas as vezes em que a regência normativa do direito de propriedade permitir a invasão da esfera dominial privada pelo Estado, em face do interesse público, esse direito resumir-se-á à percepção de justa e adequada indenização pelo proprietário. Como esse direito encontra-se expressamente previsto no art. 31 do Estatuto do Desarmamento, não há que se cogitar de violação ao art. 5º, XXII, da CF.

O mesmo raciocínio aplica-se, *mutatis mutandis*, às alegações de ofensa ao ato jurídico perfeito e ao direito adquirido.

Alega-se, ainda, que são inconstitucionais, no aspecto substantivo, os parágrafos únicos dos arts. 14 e 15, que proíbem o estabelecimento de fiança para os crimes de "porte ilegal de arma de fogo de uso permitido" e de "disparo de arma de fogo".

Quanto a esses delitos, acolho o entendimento esposado pelo Ministério Público, segundo o qual se trata de uma vedação desarrazoada, "porquanto não podem estes ser equiparados a terrorismo, prática de tortura, tráfico ilícito de entorpecentes ou crimes hediondos (art. 5º, XLIII, da CF)". (...).

Aponta-se, também, a inconstitucionalidade material, por afronta ao princípio da razoabilidade, dos arts. 2º, X, e 23, §§ 1º, 2º e 3º, os quais dispõem sobre o cadastramento do cano da arma, das impressões de raiamento e de microestriamento do projétil disparado, bem como das munições, que deverão trazer marcas identificadoras, além de ser acondicionadas em embalagens dotadas de sistema de código de barras.

Tais exigências não me parecem irrazoáveis, visto que se resumem à identificação das armas e munições, mediante técnicas amplamente difundidas, de modo a permitir o rastreamento, se necessário, dos respectivos fabricantes e adquirentes.

De igual modo, alega-se que o art. 28 vulnera o princípio da razoabilidade, porquanto fixou a idade mínima para a aquisição de arma de fogo em 25 anos de idade.

Também não reconheço, aqui, qualquer ofensa ao referido princípio, pois, além de ser lícito à lei ordinária prever a idade mínima para a prática de determinados atos, **[Rodapé:** Tal entendimento decorre, *a contrario sensu*, do RE/AgR n. 307.112-DF, rel. Min. Cézar Peluso, e do AI/AgR n. 523.254-DF, rel. Min. Carlos Velloso.**]** a norma impugnada, a meu ver, tem por escopo evitar que sejam adquiridas armas de fogo por pessoas menos amadurecidas psicologicamente ou que se mostrem, do ponto de vista estatístico, mais vulneráveis ao seu potencial ofensivo. (...).

No tocante ao art. 35, sustentou-se não apenas a inconstitucionalidade material do dispositivo, como também a formal. Esta por ofensa ao art. 49, XV, da Constituição, porque o Congresso Nacional não teria competência para deflagrar a realização de referendo, mas apenas para autorizá-lo; aquela por violar o art. 5º, *caput*, do mesmo diploma, nos tópicos em que garante o direito individual à segurança e à propriedade.

Tenho que tais ponderações encontram-se prejudicadas, assim como o argumento de que teria havido violação ao art. 170, *caput* e parágrafo único, da Carta Magna, porquanto o referendo em causa, como é sabido, já se realizou, tendo o povo votado no sentido de permitir o comércio de armas, o qual, no entanto, convém sublinhar, como toda e qualquer atividade econômica, sujeita-se ao poder regulamentar do Estado.

Concluo, então, o meu voto, Sra. Presidente.

A partir das considerações iniciais que expendi, e com fundamento nas razões de direito que formulei, julgo procedentes, em parte, as presentes ações diretas, apenas para declarar a inconstitucionalidade dos parágrafos únicos dos arts. 14 e 15, os quais vedaram o estabelecimento de fiança para os delitos de "porte ilegal de arma de fogo de uso permitido" e de "disparo de arma de fogo", e do art. 21, que proibiu a liberdade provisória no caso dos crimes de "posse ou porte ilegal de arma de fogo de uso restrito", "comércio ilegal de arma de fogo" e "tráfico internacional de arma de fogo", todos da Lei n. 10.826/2003. (...).

VOTO (Sobre o art. 12) – *O Sr. Min. Ricardo Lewandowski* (relator): (...). (...) nesta ADI n. 3.586, apensada, se impugnou este dispositivo do art. 12.

Na verdade, ele dispõe o seguinte: "Art. 12. Possuir ou manter sob sua guarda arma de fogo, acessório ou munição, de uso permitido, em desacordo com determinação legal ou regulamentar, no interior de sua residência ou dependência desta, ou, ainda, no seu local de trabalho, desde que seja o titular ou o responsável legal do estabelecimento ou empresa: (...)".

Se o requerente desta ação direta de inconstitucionalidade apenas suscitou a inconstitucionalidade formal, naturalmente eu a ataquei no meu voto. Não me parece que tenha atacado a inconstitucionalidade material, substantiva. Se o fez, desde já, considero este art. 12 constitucional, porque me parece que o Estado pode regulamentar a posse de arma de fogo, seja ela de uso permitido ou não permitido, submetendo o postulante às exigências que a própria lei estabelece.

Então, considero constitucional tanto do ponto de vista formal – e me parece que ataquei esse argumento no meu voto –, mas, se se suscita da tribuna a inconstitucionalidade substantiva ou material, eu também a afasto. (...).

VOTO – *O Sr. Min. Gilmar Mendes*:
1. Introdução (...).

É importante observar, ainda, que a questão n. 4 [*inconstitucionalidade material e formal do art. 35, caput e §§ 1º e 2º, do Estatuto*] está prejudicada, visto que o plebiscito previsto no art. 35 já foi realizado (outubro de 2005), tendo decidido a população brasileira pela não proibição do comércio de armas de fogo e munição em todo o território nacional.

Cabe enfatizar, também em relação à questão n. 4, que não é possível vislumbrar qualquer violação aos direitos fundamentais de liberdade de profissão e de propriedade. Tais direitos, como se sabe, possuem âmbito de proteção estritamente normativo, [**Rodapé**: Cf.: MENDES, Gilmar Ferreira, "Direitos fundamentais: significados, limites, princípio da proporcionalidade, colisão e concorrência", in *Direitos Fundamentais e Controle de Constitucionalidade. Estudos de Direito Constitucional*, São Paulo, Saraiva, 2007, pp. 17 e ss.] dependente da atividade legislativa conformadora de seu conteúdo. Ao legislador é permitida a limitação proporcional desses direitos com vistas à realização de interesses públicos fixados no âmbito de uma política criminal, assim como ocorre com o Estatuto do Desarmamento ao estabelecer regras para o comércio, posse e porte de arma de fogo e munições. Nesse ponto, portanto, também não há inconstitucionalidade.

Quanto à questão n. 5, entendo que a medida adotada – aumento de 21 para 25 anos da idade mínima para se adquirir uma arma de fogo – decorre de uma opção do legislador, dentro de sua margem de ação para fixar a política criminal. O legislador, baseado em certos diagnósticos e prognósticos – os quais estão bem explicitados nas informações do Congresso Nacional (fls. 329-362), como a demonstração das estatísticas de que a violência por meio de armas de fogo atinge principalmente os homens com até 24 anos de idade –, entendeu que a medida adequada e necessária para atingir os fins por ele almejados no bojo da política criminal de desarmamento seria o aumento da idade mínima para aquisição das armas e munições. Nesse âmbito de definição dos objetivos da política criminal e de avaliação e valoração das medidas adequadas e necessárias para atingi-los existe uma margem de ação conferida constitucionalmente ao legislador, a qual, em princípio, não deve adentrar o Tribunal. Sobre as margens de ação do legislador e a atividade de controle de constitucionalidade de leis em matéria penal, as análises posteriores deste voto serão esclarecedoras das conclusões aqui delineadas. (...).

2. Controle de constitucionalidade de leis penais
(...).

A jurisprudência da Corte Constitucional alemã acabou por consolidar entendimento no sentido de que do significado objetivo dos direitos fundamentais resulta o dever do Estado não apenas de se abster de intervir no âmbito de proteção desses direitos, mas também de proteger tais direitos contra a agressão ensejada por atos de terceiros. [**Rodapé**: Cf., a propósito, *BVerfGE* 39. 1 e s.; 46, 160 (164); 49, 89 (140 e s.); 53, 50 (57 e s.); 56, 54 (78); 66, 39 (61); 77, 170 (229 e s.); 77, 381 (402 e s.); v., também, DIETLEIN, Johannes, *Die Lehre von den grundrechtlichen Schutzpflichten*, Berlim, 1991, p. 18.]

Essa interpretação da Corte Constitucional empresta sem dúvida uma nova dimensão aos direitos fundamentais, fazendo com que o Estado evolua da posição de "adversário" para uma função de guardião desses direitos [**Rodapé**: Cf., a propósito, DIETLEIN, Johannes, *Die Lehre von den grundrechtlichen Schutzpflichten*, cit., pp. 17 e s.]

É fácil ver que a ideia de um dever genérico de proteção fundado nos direitos fundamentais relativiza sobremaneira a separação entre a ordem constitucional e a ordem legal, permitindo que se reconheça uma irradiação dos efeitos desses direitos sobre toda a ordem jurídica. [**Rodapé**: von MÜNCH, Ingo, *Grundgesetz-Kommentar, Kommentar zu Vorbemerkung*, arts. 1-19, n. 22.]

Assim, ainda que não se reconheça, em todos os casos, uma pretensão subjetiva contra o Estado, tem-se, inequivocamente, a identificação de um dever deste de tomar todas as providências necessárias para a realização ou concretização dos direitos fundamentais [**Rodapé:** von MÜNCH, Ingo, *Grundgesetz-Kommentar*, cit.] (...).

Assim, as normas constitucionais brasileiras referidas explicitam o dever de proteção identificado pelo constituinte e traduzido em mandatos de criminalização expressos dirigidos ao legislador.

Como bem anota Luciano Feldens, [**Rodapé:** FELDENS, Luciano, *A Constituição Penal: a Dupla Face da Proporcionalidade no Controle de Normas Penais*, Porto Alegre, Livraria do Advogado, 2005.] os mandatos constitucionais de criminalização atuam como limitações à liberdade de configuração do legislador penal e impõem a instituição de um sistema de proteção por meio de normas penais. (...).

Em muitos casos, a eleição da forma penal pode conter-se no âmbito daquilo que se costuma chamar de discrição legislativa, tendo em vista desenvolvimentos históricos, circunstâncias específicas ou opções ligadas a um certo experimentalismo institucional. A ordem constitucional confere ao legislador margens de ação [**Rodapé:** Cf.: ALEXY, Robert, "Epílogo a la *Teoría de los Derechos Fundamentales*", *Revista Española de Derecho Constitucional*, Madri, Centro de Estudios Políticos y Constitucionales, n. 66, Ano 22, pp. 13-64, setembro-dezembro/2002.] para decidir sobre quais medidas devem ser adotadas para a proteção penal eficiente dos bens jurídicos fundamentais. É certo, por outro lado, que a atuação do legislador sempre estará limitada pelo princípio da proporcionalidade. (...).

Os mandatos constitucionais de criminalização, portanto, impõem ao legislador, para o seu devido cumprimento, o dever de observância do princípio da proporcionalidade como proibição de excesso e como proibição de proteção insuficiente. A ideia é a de que a intervenção estatal por meio do direito penal, como ultima ratio, deve ser sempre guiada pelo princípio da proporcionalidade.

A reserva de lei penal configura-se como reserva legal proporcional (*Vorbehalt des verhältnismässigen Gesetzes*): a proibição de excesso (*Übermassverbot*) funciona como limite máximo, e a proibição de proteção insuficiente (*Untermassverbot*), como limite mínimo da intervenção legislativa penal. (...).

Se é certo, por um lado, que a Constituição confere ao legislador uma margem discricionária para a avaliação, valoração e conformação quanto às medidas eficazes e suficientes para a proteção do bem jurídico penal, e, por outro, que a mesma Constituição também impõe ao legislador os limites do dever de respeito ao princípio da proporcionalidade, é possível concluir pela viabilidade da fiscalização judicial da constitucionalidade dessa atividade legislativa. O Tribunal está incumbido de examinar se o legislador considerou suficientemente os fatos e prognoses e se utilizou de sua margem de ação de forma adequada para a proteção suficiente dos bens jurídicos fundamentais. [**Rodapé:** *BVerfGE* 88, 203, 1993.] (...).

Na medida em que a pena constitui a forma de intervenção estatal mais severa no âmbito de liberdade individual, e que, portanto, o direito penal e o processual penal devem revestir-se de maiores garantias materiais e processuais, o controle de constitucionalidade em matéria penal deve ser realizado de forma ainda mais rigorosa do que aquele destinado a averiguar a legitimidade constitucional de outros tipos de intervenção legislativa em direitos fundamentais dotadas de menor potencial ofensivo.

Em outros termos, se a atividade legislativa de definição de tipos e cominação de penas constitui, *prima facie*, uma intervenção de alta intensidade em direitos fundamentais, a fiscalização jurisdicional da adequação constitucional dessa atividade deve ser tanto mais exigente e rigorosa por parte do órgão que tem em seu encargo o controle da constitucionalidade das leis. (...).

No âmbito do controle de constitucionalidade em matéria penal, deve o Tribunal, na maior medida possível, inteirar-se dos diagnósticos e prognósticos realizados pelo legislador para a confecção de determinada política criminal, pois é este conhecimento dos dados da realidade – que serviram de pressuposto da atividade legislativa – que lhe permitirá averiguar se o órgão legislador utilizou-se de sua margem de ação de maneira sustentável e justificada. (...).

Assim, no exercício do controle material intensivo, o Tribunal verifica se a medida penal – que *prima facie* constitui uma intervenção em direitos fundamentais – mantém uma relação de proporcionalidade com as metas fixadas pela política criminal, destinadas, ao fim e ao cabo, à promoção da segurança e da incolumidade públicas, enfim, da paz social. (...).

4. Conclusão (...). As informações prestadas pelo Congresso Nacional, nos autos desta ação direta (fls. 329-362) demonstram que a confecção legislativa desse Estatuto baseou-se em dados estatísticos rigorosos, pesquisas tanto científicas como de opinião, assim como em avaliações criteriosas a respeito das medidas adequadas e necessárias para a consecução dos objetivos almejados. Em outros termos, tudo indica que o legislador, ao realizar os diagnósticos e prognósticos necessários para a avaliação e valoração das medidas destinadas ao fim de controle das armas de fogo no território nacional, utilizou-se de todos os conhecimentos disponíveis no momento do processo legislativo. E esse fato não pode ser olvidado pelo Tribunal.

Submetido esse diploma legal ao crivo desta Corte, devemos ter em mente os limites, sempre imprecisos, que demarcam a atividade legislativa e seu controle judicial, o que nos remete também às tensões entre controle de constitucionalidade e democracia, direitos humanos e soberania popular.

O exercício do controle de constitucionalidade, especialmente em matéria penal, deve ser exercido com observância das amplas margens de ação constitucionalmente deferidas ao legislador para a confecção de políticas criminais voltadas à segurança da população e à paz social.

Portanto, se o legislador, no âmbito de sua discricionariedade, considerou, com base em estudos estatísticos e prognósticos de resultados, que o aumento – de 21 para 25 anos – da idade mínima para se adquirir uma arma de fogo seria uma medida adequada e necessária dentro de um conjunto de outras medidas igualmente adequadas e necessárias para o controle do uso das armas de fogo no País, o Tribunal não deve interferir nessa decisão eminentemente política.

Por outro lado, é dever desta Corte analisar rigorosamente esse Estatuto – que representa o texto legal-base de toda uma política criminal confeccionada pelo legislador – para então verificar os desvios legislativos existentes, as transgressões aos princípios constitucionais que lastreiam a atividade legislativa em matéria penal.

No rol de direitos e garantias limitadores dessa atividade legislativa em matéria penal, assume especial relevância o princípio da presunção de inocência. Como bem assevera Ferrajoli, "a presunção de inocência não é apenas uma garantia de liberdade e de verdade, mas também uma garantia de segurança ou, se quisermos, de defesa social: da específica 'segurança' fornecida pelo Estado de Direito e expressa pela confiança dos cidadãos na Justiça, e daquela específica 'defesa' destes contra o arbítrio punitivo". [**Rodapé:** FERRAJOLI, Luigi, *Direito e Razão. Teoria do Garantismo Penal*, São Paulo, Ed. RT, 2002, p. 441.] (...).

O art. 21 do Estatuto do Desarmamento, ao prever que os crimes prescritos nos arts. 16 (posse ou porte ilegal de arma de fogo de uso restrito), 17 (comércio ilegal de arma de fogo) e 18 (tráfico internacional de arma de fogo) são insuscetíveis de liberdade provisória, com ou sem fiança, e, dessa forma, estabelecer um regime de prisão preventiva obrigatória, viola o princípio da presunção de inocência, o princípio que exige a fundamentação de toda e qualquer ordem de prisão, assim como o princípio da proporcionalidade.

É como voto. (...).

VOTO (Sobre o art. 12) – *O Sr. Min. Sepúlveda Pertence*: Sra. Presidente, também creio que a arguição de inconstitucionalidade parte do suposto – para mim falso – de um direito restrito a adquirir e possuir arma de fogo, ainda que na própria residência, sem atender às medidas de controle, as quais já entendemos compatíveis com a Constituição, do sistema global da lei.

Veja-se, ademais, que esta pena quase faz regredir esse crime ao capítulo das contravenções penais: é uma pena de detenção de um a três meses. (...).

EXTRATO DE ATA

Decisão: À unanimidade, o Tribunal rejeitou as alegações de inconstitucionalidade formal, nos termos do voto do Relator. O Tribunal, por maioria, julgou procedente, em parte, a ação para declarar a inconstitucionalidade dos parágrafos únicos dos arts. 14 e 15 e do art. 21 da Lei n. 10.826, de 22.12.2003, nos termos do voto do Relator, vencidos parcialmente os Srs. Mins. Carlos Britto, Gilmar Mendes e Sepúlveda Pertence, que julgavam improcedente a ação quanto aos parágrafos únicos dos arts. 14 e 15, e o Sr. Min. Marco Aurélio, que a julgava improcedente quanto ao parágrafo único do art. 15 e, em relação ao art. 21, apenas quanto à referência ao art. 16. O Tribunal, por unanimidade, julgou improcedente a ação relativamente ao art. 2º, inciso X; ao art. 12; ao art. 23, §§ 1º, 2º e 3º; ao art. 25, parágrafo único; ao art. 28 e ao parágrafo único do art. 32; e declarou o prejuízo quanto ao art. 35. Votou a Presidente, Min. Ellen Gracie. Ausente, justificadamente, o Sr. Min. Celso de Mello. Falaram, pelos requerentes Partido Trabalhista Brasileiro/PTB e Associação dos Delegados de Polícia do Brasil/ADEPOL, o Dr. Wladimir Sérgio Reale; pela requerente Confederação Nacional dos Vigilantes, Empregados em Empresas de Segurança, Vigilância e Transportes de Valores e dos Cursos de Formação e Especialização de Vigilantes, Prestação de Serviços Similares e seus Anexos e Afins/CNTV-PS, o Dr. Jonas Duarte José da Silva; pelos *amici curiae* Confederação Brasileira de Tiro Prático/CBTP e outros, Federação Gaúcha de Tiro Prático/FGTP, Associação Gaúcha de Colecionadores de Armas/AGCA e Federação Gaúcha de Caça e Tiro/FGCT, o Dr. Rubens Ribas Garrastazu Almeida; pelos *amici curiae* Conectas Direitos Humanos, Instituto Sou da Paz e Viva Rio, a Dra. Eloísa Machado de Almeida; pela Advocacia-Geral da União, o Min. José Antônio Dias Toffoli, e, pelo Ministério Público Federal, o Procurador-Geral da República, Dr. Antônio Fernando Barros e Silva de Souza. Plenário, 2.5.2007.

Presidência da Sra. Min. Ellen Gracie. Presentes à sessão os Srs. Mins. Sepúlveda Pertence, Marco Aurélio, Gilmar Mendes, Cézar Peluso, Carlos Britto, Joaquim Barbosa, Eros Grau, Ricardo Lewandowski e Carmen Lúcia.

* * *

PERGUNTAS

1. Quais são os fatos?
2. Qual o ato impugnado na presente ação direta de inconstitucionalidade?
3. Quais os direitos que se colocam em tensão no presente caso?

4. É possível a colisão constitucional dentro de um mesmo direito?
5. Os argumentos de fato têm alguma relevância dentro de um processo de ponderação?
6. Existe um direito fundamental a portar armas de fogo?
7. Existem direitos que decorrem de outros direitos, ainda que não expressamente?
8. Qual o significado do direito à segurança? Como o direito à segurança, nos trechos selecionados, interfere na atuação estatal?
9. Existe uma hierarquia *a priori* entre os direitos em conflito no presente caso?
10. Qual o pedido?

DIREITO À PROPRIEDADE E LIBERDADE ECONÔMICA

5.17 Caso das mensalidades das escolas particulares (ADI/QO 319-4-DF)

(Plenário – rel. Min. Moreira Alves – j. 3.3.1993)

Ação direta de inconstitucionalidade – Lei n. 8.039, de 30.5.1990, que dispõe sobre critérios de reajuste das mensalidades escolares e dá outras providências.

Em face da atual Constituição, para conciliar o fundamento da livre iniciativa e do princípio da livre concorrência com os da defesa do consumidor e da redução das desigualdades sociais, em conformidade com os ditames da justiça social, pode o Estado, por via legislativa, regular a política de preços de bens e de serviços, abusivo que é o poder econômico que visa ao aumento arbitrário dos lucros. Não é, pois, inconstitucional a Lei n. 8.039, de 30.5.1990, pelo só fato de ela dispor sobre critérios de reajuste das mensalidades das escolas particulares – Exame das inconstitucionalidades alegadas com relação a cada um dos artigos da mencionada lei – Ofensa ao princípio da irretroatividade com relação à expressão "março" contida no § 5º do art. 2º da referida lei – Interpretação conforme à Constituição aplicada ao *caput* do art. 2º, ao § 5º desse mesmo artigo e ao art. 4º, todos da lei em causa – Ação que se julga procedente em parte, para declarar a inconstitucionalidade da expressão "março" contida no § 5º do art. 2º da Lei n. 8.039/1990, e, parcialmente, o *caput* e o § 2º do art. 2º, bem como o art. 4º, os três em todos os sentidos que não aquele segundo o qual de sua aplicação estão ressalvadas as hipóteses em que, no caso concreto, ocorra direito adquirido, ato jurídico perfeito e coisa julgada.

ACÓRDÃO – Vistos, relatados e discutidos estes autos: Acordam os Ministros do Supremo Tribunal Federal, em sessão plenária, na conformidade da ata do julgamento e das notas taquigráficas, por unanimidade de votos, resolvendo questão de ordem, proposta pelo Relator, sobre erro na Ata da 54ª Sessão Extraordinária, realizada em 4.12.1992, publicada no *DOU* de 10.12.1992, relativamente ao julgamento da ADI n. 319-4, decidir retificá-la, nestes termos: "Por maioria de votos, o Tribunal julgou procedente, em parte, a ação, para declarar a inconstitucionalidade da expressão 'março' contida no § 5º do art. 2º da Lei n. 8.039/1990, e, parcialmente, o *caput* e o § 2º do art. 2º, bem como o art. 4º, os três em todos os sentidos que não aquele segundo o qual de sua aplicação estão ressalvadas as hipóteses em que, no caso concreto, ocorra direito adquirido, ato jurídico perfeito e coisa julgada".

Brasília, 3 de março de 1993 – *Octávio Gallotti*, presidente – *Moreira Alves*, relator. (...).

VOTO – *O Sr. Min. Moreira Alves* (relator): 1. Na Constituição vigente desde 5.10.1988, a educação em si mesma, independentemente de seu aspecto como atividade econômica de prestação de serviços, é disciplinada como direito de todos e dever do Estado e da família, nos arts. 205 a 214, em capítulo subordinado ao título "Da Ordem Social". Encarada, porém, sob o ângulo de atividade econômica, a ela se aplicam os princípios gerais da atividade econômica que se encontram nos arts. 170 a 180, que integram o Capítulo I do Título VII concernente à "Ordem Econômica e Financeira", salvo aqueles que são incompatíveis com os decorrentes da ordem social, como, por exemplo o da *subsidiariedade* da atuação do Estado consagrada no *caput* do art. 173.

Portanto, quando a Constituição estabelece, no *caput* do art. 209 (que diz respeito à ordem social), que o ensino é livre à iniciativa privada, atendidas as condições que impõe nos incisos I e II desse mesmo dispositivo ("cumprimento das normas gerais da educação nacional" e "autorização e avaliação de qualidade pelo Poder Público"), a liberdade de iniciativa privada a que esse artigo alude é a liberdade de o particular, observadas as exigências do Estado quanto ao ensino sob o aspecto educacional, ministrá-lo paralelamente ao ensino público, o que implica dizer que ele, embora dever do Estado, não é monopólio deste, mas constitui atividade aberta à iniciativa privada, sem se levar em conta qualquer conotação econômica.

Nada tem que ver esse dispositivo com a alegação de inconstitucionalidade que a autora levanta, genericamente, contra a Lei n. 8.039, de 30.5.1990 – a da limitação indevida à sua atividade econômica –, alegação, essa, que deve ser apreciada, sim, com relação ao princípio da livre iniciativa econômica, a que se refere o titulo "Da Ordem Econômica e Financeira", ao declarar que a ordem econômica é fundada na valorização do trabalho humano e na livre iniciativa.

Ora, como bem acentuam Gomes Canotilho e Vital Moreira (*Constituição da República Portuguesa Anotada*, vol. I, 2ª ed., p. 328, Coimbra Editora, Coimbra, 1984), no comentário ao art. 61º, item I (que trata da "iniciativa econômica privada"), da Constituição portuguesa, a iniciativa privada, quando tem conotação econômica, comporta um duplo sentido: "Consiste, por um lado, na liberdade de iniciar uma atividade econômica (direito à empresa, liberdade de criação de empresa) e, por outro lado, na liberdade de gestão e atividade da empresa (liberdade de empresa, liberdade de empresário)".

Nesse segundo sentido de liberdade de gestão e atividade da empresa, a liberdade de iniciativa econômica abarca a liberdade da determinação dos preços pelo empresário. Essa liberdade, no entanto, não é absoluta, como salienta Celso Ribeiro Bastos (*Comentários à Constituição do Brasil*, vol. VII, pp. 16-17, Ed. Saraiva, São Paulo, 1990), ao comentar o *caput* do art. 170. Com efeito, depois de observar que a "liberdade de iniciativa e de empresa pressupõe o direito de propriedade da mesma sorte que é de certa forma uma decorrência deste" e que, por envolver o seu exercício liberdade de mercado, "o empresário deve ser o senhor absoluto na determinação de o que produzir, quando produzir e por que preço vender", arremata: "Esta liberdade, como todas as outras de resto, não pode ser exercida de forma absoluta. Há necessidade sim de alguns temperamentos. O importante, contudo, é notar que a regra é a liberdade. Qualquer restrição a esta há de decorrer da própria Constituição ou de leis editadas com fundamento nela".

Tendo a Lei n. 8.039, de 30.5.1990, disposto sobre critérios de reajuste das mensalidades das escolas particulares, a questão genericamente posta pela autora se reduz a saber se essa modalidade de controle de preços – que consubstancia modalidade de intervenção do Estado no domínio econômico – é, ou não, restrição, admitida pela Constituição, à liberdade de iniciativa econômica.

Reza o art. 170 da atual Constituição:

"Art. 170. A ordem econômica, fundada na valorização do trabalho humano e na livre iniciativa, tem por fim assegurar a todos existência digna, conforme os ditames da justiça social, observados os seguintes princípios: I – soberania nacional; II – propriedade privada; III – função social da propriedade; IV – livre concorrência; V – defesa do consumidor; VI – defesa do meio ambiente; VII – redução das desigualdades regionais e sociais; VIII – busca do pleno emprego; IX – tratamento favorecido para as empresas brasileiras de capital nacional de pequeno porte.

"Parágrafo único. É assegurado a todos o livre exercício de qualquer atividade econômica, independentemente de autorização de órgãos públicos, salvo nos casos previstos em lei."

Portanto, embora um dos fundamentos da ordem econômica seja a livre iniciativa, visa aquela a assegurar a todos existência digna, em conformidade com os ditames da justiça social, observando-se os princípios enumerados nos sete incisos desse artigo.

Ora, sendo a justiça social a justiça distributiva – e por isso mesmo é que se chega à finalidade da ordem econômica (assegurar a todos existência digna) por meio dos ditames dela – , e havendo a possibilidade de incompatibilidade entre alguns dos princípios constantes dos incisos desse art. 170, se tomados em sentido absoluto, mister se faz, evidentemente, que se lhes dê sentido relativo, para que se possibilite a sua conciliação a fim de que, em conformidade com os ditames da justiça distributiva, se assegure a todos – e, portanto, aos elementos de produção e distribuição de bens e serviços e aos elementos de consumo deles – existência digna.

Embora a atual Constituição tenha, em face da Constituição de 1967 e da Emenda Constitucional n. 1/1969, dado maior ênfase à livre iniciativa, uma vez que, ao invés de considerá-la, como estas (arts. 157, I, e 160, I, respectivamente), como um dos princípios gerais da ordem econômica, passou a tê-la como um dos dois fundamentos dessa mesma ordem econômica, e colocou expressamente entre aqueles princípios o da *livre concorrência*, que a ela está estreitamente ligado, não é menos certo que tenha dado maior ênfase às suas limitações em favor da justiça social, tanto assim que, no art. 1º, ao declarar que a República Federativa do Brasil se constitui em Estado Democrático de Direito, coloca entre os fundamentos deste, no inciso IV, não a livre iniciativa da economia liberal clássica, mas os *valores sociais da livre iniciativa*; ademais, entre os novos princípios que estabelece para serem observados pela ordem econômica coloca o da *defesa do consumidor* (que ainda tem como direito fundamental, no art. 5º, inciso XXXII) e o da *redução das desigualdades sociais*.

Para se alcançar o equilíbrio da relatividade desses princípios – que, se tomados em sentido absoluto, como já salientei, são inconciliáveis – e, portanto, para se atender aos ditames da justiça social que pressupõe esse equilíbrio, é mister que se admita que a intervenção indireta do Estado na ordem econômica não se faça apenas *a posteriori*, com o estabelecimento de sanções às transgressões já ocorridas, mas também *a priori*, até porque a eficácia da defesa do consumidor ficará sensivelmente reduzida pela intervenção somente *a posteriori*, que, as mais das vezes, impossibilita ou dificulta a recomposição do dano sofrido. Aliás, já sob o império da Constituição de 1946, esta Corte admitia, com base no art. 148, que dispunha que a lei reprimiria toda e qualquer forma do abuso do poder econômico que tivesse por fim, inclusive, "aumentar arbitrariamente os lucros", não só a constitucionalidade de controle de preços, mas também a delegação desse poder ao Executivo. No HC n. 30.355, julgado em 21.7.1948, e que tratava de delegação legislativa em matéria de tabelamento de preços, acentuava seu Relator, Min. Castro Nunes:

"A Constituição vigente permite ampla intervenção do poder estatal na ordem econômica. Há, nesse sentido, uma série de providências que marcam, inequivocamente, que ela não adotou – e nem podia adotar – o anacrônico *laissez-faire, laissez-passer* em face da ordem econômica.

"Se a Constituição manda que se reprima qualquer lucro ilícito, imodesto, exagerado, naturalmente não se pode compreender que, em seu mecanismo, um dos seus dispositivos torne inútil e ineficaz a proibição.

"Se não é possível o lucro imodesto e se essa proibição consta da lei constitucional, em letra expressa e categórica, é preciso que todas as leis obedeçam, em sua estrutura, ao princípio capital da lei constitucional, a termos de possibilitar-se a repressão. E assim não pode a vedação das delegações impedir a repressão constitucional do lucro excessivo" (*apud* Alberto Venâncio Filho, *A Intervenção do Estado no Domínio Econômico*, pp. 233-234, FGV, Rio de Janeiro, 1968).

Na atual Constituição, além de se manter, no § 4º do art. 173, o princípio de que "a lei reprimirá o abuso do poder econômico que vise (...) ao aumento arbitrário dos lucros", atribuiu-se ao Estado o papel de agente normativo e regulador da atividade econômica, ao se dispor no *caput* do art. 174: "Como agente normativo e regulador da atividade econômica, o Estado exercerá, na forma da lei, as funções de fiscalização, incentivo e planejamento, sendo este determinante para o setor público e indicativo para o setor privado". Não se limita esse dispositivo a declarar que o Estado desempenhará, na forma da lei, as funções – que não são normativas, mas, sim, executivas – de fiscalizar, incentivar e planejar (esta, de modo determinante para o setor público e indicativo para o setor privado) a atividade econômica, mas acentua que o exercício dessas funções decorre da posição do Estado "como agente normativo e regulador da atividade econômica". É certo que entre as funções executivas que esse dispositivo confere, nesse terreno, ao Estado não consta do texto constitucional vigente a de *controle* a que aludia, na esteira dos anteriores, o projeto final da Comissão de Sistematização (art. 203, *caput*), mas a retirada desse controle *in concreto*, que daria a possibilidade de ingerência direta do Estado na vida das empresas, não diminuiu o papel do Estado como agente normativo e regulador da atividade econômica, papel, esse, que se situa no terreno da normatividade, e não da execução. E, portanto, para conciliar o fundamento da livre iniciativa e do princípio da livre concorrência com os da defesa do consumidor e da redução das desigualdades sociais, em conformidade com os ditames da justiça social, pode o Estado, por via legislativa, regular a política de preços de bens e de serviços, abusivo que é o poder econômico que visa ao aumento arbitrário dos lucros.

Tem, pois, razão José Afonso da Silva (*Curso de Direito Constitucional Positivo*, 5ª ed., pp. 663-664, RT, São Paulo, 1989) ao acentuar que "a liberdade de *iniciativa econômica privada*, num contexto de uma Constituição preocupada com a realização da justiça social (o fim condiciona os meios), não pode significar mais do que *liberdade de desenvolvimento da empresa no quadro estabelecido pelo Poder Público, e, portanto, possibilidade de gozar das facilidades e necessidade de submeter-se às limitações postas pelo mesmo*. É nesse contexto que se há de entender o texto supratranscrito do art. 170, parágrafo único, sujeito aos ditames da lei e, ainda, aos condicionamentos constitucionais em busca do bem-estar coletivo. Ela constitui uma liberdade legítima, enquanto exercida no interesse da justiça social. Será ilegítima quando exercida com objetivo de puro lucro e realização pessoal do empresário". E conclui com a observação de que o Poder Público, nos termos da lei, pode legitimamente regular "a liberdade de indústria e comércio, em alguns casos impondo a necessidade de autorização ou de permissão para determinado tipo de atividade econômica, quer regulando a liberdade de contratar, especialmente no que tange às relações de trabalho, mas também quanto à fixação de preços, além da intervenção direta na produção e comercialização de certos bens".

Essas conclusões se justificam ainda mais intensamente quando a atividade econômica diz respeito à educação, direito de todos e dever do Estado, disciplinada, em si mesma, no titulo da ordem social, ordem, essa, que tem como objetivo, além da justiça social, o bem-estar social, nos termos expressos do art. 193.

Não é, pois, inconstitucional a Lei n. 8.039, de 30.5.1990, pelo só fato de ela dispor sobre critérios de reajuste das mensalidades das escolas particulares. (...)."

VOTO (Vista) – *O Sr. Min. Marco Aurélio*: Examino, um a um, os dispositivos da Lei n. 8.039, de 30.5.1990, aos quais é atribuída a pecha de inconstitucionais. Esclareço que a citada lei limita-se a dispor sobre critérios de reajuste das mensalidades escolares.

"Art. 1º. Os reajustes das mensalidades das escolas particulares de 1º, 2º e 3º graus, bem assim das pré-escolas, referentes aos serviços prestados a partir de 1º-de maio de 1990, serão calculados de acordo com o percentual de reajuste mínimo mensal dos salários em geral, fixado no inciso II do art. 2º da Lei n. 8.030, de 13 de abril de 1990."

A requerente sustenta, em síntese, o conflito do preceito com o disposto nos arts. 209 e 173, § 4º, da CF, no que o primeiro, ao assegurar que o ensino é livre à iniciativa privada, apenas impõe o cumprimento das normas gerais da educação nacional, a necessidade de autorização e a avaliação de qualidade pelo Poder Público; o segundo, por conter reserva legal no campo econômico limitada ao abuso que vise à dominação dos mercados, à eliminação da concorrência e ao aumento arbitrário dos lucros.

Mediante o artigo que se pretende alvejar, deu-se, segundo a óptica da requerente, intervenção indevida, com nítido congelamento das mensalidades escolares, em face da fixação do índice zero para preços e salários, isto mediante ato normativo, abrindo-se, no entanto, a possibilidade da livre negociação salarial.

É induvidoso que a Carta da República de 1988 agasalhou princípios próprios à chamada economia de mercado. O Título VII – "Da Ordem Econômica e Financeira", contém capítulo alusivo aos "Princípios Gerais da Atividade Econômica", cogitando o art. 170 de uma ordem econômica fundada não só na "valorização do trabalho humano", garantia que, neste caso, não está em questão, como também na "livre iniciativa". Fê-lo de forma explícita e, por isso mesmo, pedagógica, pois, no mesmo artigo, balizou a citada ordem, isto ao apontar os princípios que se lhe mostram norteadores. Dentre estes, três têm pertinência na hipótese dos autos de forma direta e estão revelados na busca e preservação da propriedade privada, da livre concorrência e da defesa do consumidor. Observa-se, de imediato, a plena harmonia do título referido com o introito da própria Lei Básica. O que nele consta inserido decorre, justamente, do fato de a República Federativa do Brasil constituir-se, por definição maior – art. 1º – em Estado Democrático de Direito (*caput*) e que tem por fundamento, ao lado da soberania, da cidadania, da dignidade da pessoa humana, do pluralismo político, os valores sociais do trabalho e, também, da livre iniciativa.

Não obstante, a Constituição é um grande sistema e, assim, no trato das diversas matérias merecedoras da estatura constitucional, teve-se presente o alicerce maior, ou seja, a base revelada pela escolha política e que distingue a República Federativa do Brasil como um Estado Democrático de Direito, para não fugirmos à letra expressa da Lei Máxima.

A dignidade da pessoa humana muito tem a ver com a educação. Daí ser esta direito de todos e dever do Estado e da família, sendo promovida e incentivada com a colaboração da sociedade (art. 205), assegurando-se a igualdade de condições para o acesso e permanência na escola, a liberdade de atuação no aprendizado, no ensino, na pesquisa, na divulgação do pensamento, da arte e do saber, o pluralismo de ideias e de concepções pedagógicas, a coexistência de instituições públicas e privadas de ensino, a gratuidade do ensino público em estabelecimentos oficiais, a valorização dos profissionais do ensino, a gestão democrática do ensino público, na forma da lei, e a garantia de padrão de qualidade.

Ao lado de um dever do Estado passível de enquadramento como precípuo, ao qual está colada a gratuidade, a ser observada em sede própria – em estabelecimentos oficiais dispõe-se sobre verdadeira faculdade –, o ingresso da iniciativa privada em tal campo, devendo ser implementada mediante promoção e incentivo do próprio Estado, que, no particular, deve contar com a colaboração da sociedade, tudo como previsto nos arts. 205 e 209 da Constituição.

Mais do que justificada é a posição atribuída ao Estado, quer em relação ao dever de proporcionar, gratuitamente, o próprio ensino, quer no tocante à edição de normas gerais disciplinadoras da educação nacional e autorização e avaliação da respectiva qualidade – incisos I e II do último dos artigos citados.

A esta altura, assentadas algumas verdades de estatura constitucional, cabe indagar:

A Lei n. 8.039/1990 veio ao mundo jurídico ao abrigo da atual Carta?

A Lei n. 8.039/1990 preserva a livre iniciativa tão cara aos Estados Democráticos?

A resposta é, para mim, desenganadamente negativa. Assim o é porque no campo econômico prevalece como regra a liberdade de mercado, fator indispensável à preservação da livre iniciativa, repetida em vários dispositivos da Constituição, inclusive nos referentes ao ensino. A exceção corre à conta das hipóteses em que configurado abuso do poder econômico que vise à dominação dos mercados, à eliminação da concorrência e ao aumento arbitrário dos lucros – art. 173, § 4º –, quando, então, a repressão se impõe. Contudo, a Lei n. 8.039/1990 não versa sobre tais defeitos. Com abrangência ímpar e inafastável, introduz critérios de reajuste das mensalidades, jungindo-os inteiramente, seja qual for a prática adotada por esta ou aquela escola, ao percentual mínimo mensal dos salários em geral, fixado no inciso II do art. 2º da Lei n. 8.030, de 13.4.1990. Com isto, deixa de estimular a educação, conflitando com o art. 205. aludido. Inibe a iniciativa privada, no que introduz desequilíbrio nas relações jurídicas mantidas entre alunos ou pais de alunos e as escolas, forçando a fuga destas últimas do campo no qual vêm atuando, discrepando, assim, da previsão do art. 209, antes referido. Interfere na livre concorrência dos estabelecimentos de ensino, distanciando-se, assim, do mandamento constitucional pertinente – inciso IV do art. 170. Introduz mecanismo de preços que coloca em plano secundário a liberdade de mercado, acabando por forçar os prestadores dos serviços a aceitá-lo, ainda que em prejuízo até mesmo da qualidade do ensino e do empreendimento econômico, ante o evidente achatamento das mensalidades, com quebra, inclusive, da natureza sinalagmática dos contratos firmados, compreendida nesta a comutatividade. A não ser isto, a única alternativa é o abandono das atividades. Pergunta-se: estará o ensino público em condições de fornecer atendimento educacional na hipótese?

Sr. Presidente, nos incisos do art. 209 da Constituição inexiste previsão que dê respaldo à lei em julgamento. As normas nesta contidas não são normas gerais de educação nacional, nem, muito menos, consubstanciam autorização à iniciativa privada para que atue no ramo do ensino ou uma forma de avaliar-se a qualidade do que já vem sendo ministrado. Por outro lado, fica afastada a possibilidade de cogitar-se de abuso do poder econômico, por sinal de difícil configuração na espécie, porquanto não coabita o mesmo teto da existência do sistema gratuito preconizado e imposto pela Carta quando dispõe ser a educação dever do Estado. Ao contrário, implica intervenção indevida no mercado, em detrimento de valores consagrados e que dizem respeito à propriedade. Conflita com princípios básicos permanentes e que não podem ser postergados em prol desta ou daquela política econômica, sempre flexível porque sujeita às circunstâncias reinantes. Alias, quanto a esta, sugere nítida dissonância em relação ao preconizado pelo próprio Governo Federal – liberdade de mercado, expungidos os abusos.

Por isso, sem mesmo entrar no campo das consequências econômico-financeiras da lei em comento, peço vênia ao nobre Ministro-Relator para dele dissentir, concluindo, portanto, pela inconstitucionalidade do art. 1º da Lei n. 8.039/1990.

Esclareço que, estando os demais artigos da lei umbilicalmente ligados ao dispositivo em exame, a eles diz respeito também o voto ora proferido. A análise dos demais aspectos enfocados pela requerente pressupõe a ultrapassagem da inconstitucionalidade alegada. Portanto, salvo melhor juízo, entendo que o tema primeiro é merecedor de votação com destaque. (...).

VOTO – *O Sr. Min. Sepúlveda Pertence*: Sr. Presidente, temos, ao menos desde 1934, e marcadamente no texto de 1988, uma típica Constituição de compromisso, como, de resto, sói serem quase todas as Constituições contemporâneas. De tal modo que é sempre arbitrário que a afirmação de um dos valores, de um dos vetores axiológicos do projeto de sociedade veiculado pela Constituição, se faça com abstração ou com sacrifício de outros valores, de outros vetores axiológicos.

Já se vê, Sr. Presidente, que peço vênia ao eminente Min. Marco Aurélio para não acompanhar o seu voto, que a meu ver se fixou no valor exclusivo da livre iniciativa, como se tivéssemos uma típica Constituição do *laissez-faire, laissez-passer*...

Nada teria a acrescentar ao voto do Min. Moreira Alves. Mas não resisto à tentação de referir-me a um primoroso trabalho do Professor Fábio Konder Comparato ("Regime constitucional de controle de preços no mercado", *RDP* 97/17), em linha muito próxima, para desafiar classificadores, do voto magnífico do eminente Relator.

Mostra o ilustre Jurista de São Paulo que a liberdade de iniciativa tem, sim, evidentemente, um papel central no bosquejo da ordem econômico-constitucional, em seu duplo sentido: seja como liberdade de acesso ao mercado, seja como garantia de livre atuação das empresas criadas, uma e outra inibindo que a interferência estatal abusiva impossibilite, não apenas juridicamente, mas também de fato, a criação ou a continuidade de empresas dedicadas a atividade econômica não monopolizada.

E prossegue (ob. e loc. cits., p. 19):

"A supressão da liberdade empresarial, porém, não se confunde, de modo algum, com as restrições de natureza pública ao exercício dessa liberdade, as quais visem à realização dos valores ou finalidades superiores igualmente expressos como mandamentos constitucionais.

"A Constituição, com efeito, declara que a ordem econômica deve assentar-se, conjuntamente, na livre iniciativa e na valorização do trabalho humano. E assinala que o objetivo global e último dessa ordenação consiste em 'assegurar a todos existência digna, conforme os ditames da justiça social' (art. 170, *caput*).

"É em função desse objetivo último de realização da justiça social que devem ser compreendidos e harmonizados os demais princípios expressos no art. 170, a par da livre concorrência, a saber, especificamente, a função social da propriedade, a defesa do consumidor, a redução das desigualdades regionais e sociais, a busca do pleno emprego e o tratamento favorecido para as empresas brasileiras de capital nacional de pequeno porte."

Um instrumento constitucional de concretização desta função permanente de ponderação de valores, que, em termos absolutos, se contradiriam, Sr. Presidente, é precisamente, na ordem econômica, a competência do Estado para intervir como agente normativo e regulador da atividade econômica, expressamente legitimado pelo art. 174 da Constituição, que não se reduz, *data venia*, a autorizar o papel repressivo do abuso do poder econômico, previsto num dos incisos do art. 173: a meu ver, essa atividade normativa e regulatória compreende, necessariamente, o controle de preços, que, mostra Comparato, tanto se pode manifestar na fixação de preços mínimos, para estimular determinado setor da economia, particularmente em períodos recessivos, como na fixação de preços máximos ou, como se cuida no caso, no estabelecimento de parâmetros de reajuste. Não excluo dessa atividade regulatória e, consequentemente, desta possibilidade de controle de preços nenhum setor econômico, Sr. Presidente. Mas, também na linha do voto do eminente Relator, penso que mais patente se torna a legitimidade dessa intervenção quando se trata de atividades abertas à livre iniciativa porém de evidente interesse social, porque situadas em área fundamental da construção da ordem social projetada na Constituição de 1988. Delas, um dos setores fundamentais é, precisamente, o da educação, definido na Constituição como direito de todos e dever do Estado, que não se cumpre apenas pela educação pública, mas há de cumprir-se, também, pelo controle, pela regulação da atividade educacional privada.

Com estas observações, que apenas explicitam minha posição, nessa definição importantíssima que a Corte está tomando hoje, não vacilo, com as vênias do eminente Min. Marco Aurélio, em acompanhar o voto do Sr. Ministro-Relator.

LIBERDADE   227

EXTRATO DE ATA

Decisão: Por unanimidade de votos, o Tribunal, resolvendo questão de ordem, proposta pelo Relator, sobre erro na Ata da 54ª Sessão Extraordinária, realizada em 4.12.1992, publicada no *DJU* de 10.2.1992, relativamente ao Julgamento da ADI n. 319-4, decidiu retifica-la, nestes termos: "Por maioria de votos, o Tribunal julgou procedente, em parte, a ação para declarar a inconstitucionalidade da expressão 'março', contida no § 5º do art. 2º da Lei n. 8.039/1990, e, parcialmente, o *caput* e o § 2º do art. 2º, bem como o art. 4º, os três em todos os sentidos que não aquele segundo o qual de sua aplicação estão ressalvadas as hipóteses em que, no caso concreto, ocorra direito adquirido, ato jurídico perfeito e coisa julgada. Vencido o Min. Marco Aurélio, que julgava totalmente procedente a ação, para declarar a inconstitucionalidade total da Lei n. 8.039/1990; vencido nessa declaração genérica, ficou vencido também, ao declarar a inconstitucionalidade do § 2º do art. 2º, bem como a do art. 4º, ambos da lei impugnada. Vencido, ainda, o Min. Sepúlveda Pertence, que declarava inconstitucional o § 2º do art. 2º da mesma lei. Votou o Presidente. Ausente, ocasionalmente, o Min. Sydney Sanches, Presidente. Presidiu o julgamento o Min. Octávio Gallotti, vice-presidente". Votou o Presidente. Ausente, ocasionalmente, o Min. Paulo Brossard. Plenário 3.3.1993.

Presidência do Sr. Min. Sydney Sanches. Presentes à sessão os Srs. Mins. Moreira Alves, Néri da Silveira, Octávio Gallotti, Paulo Brossard, Sepúlveda Pertence, Celso de Mello, Carlos Velloso, Marco Aurélio e Ilmar Galvão. Ausente, justificadamente, o Sr. Min. Francisco Rezek.

* * *

PERGUNTAS

1. Quais são os fatos?
2. Qual o conceito de livre iniciativa que podemos apreender do voto do Min. Moreira Alves?
3. Quais as relações entre a livre iniciativa e o direito geral à liberdade?
4. Explique as distinções entre livre iniciativa e livre concorrência.
5. Quais as limitações à liberdade de iniciativa?
6. O que significa dizer que "o Estado reprimirá o abuso do poder econômico" (art. 173, § 4º, da CF)?
7. O que significa abuso do poder econômico?
8. O fato de a discussão sobre livre iniciativa se dar no contexto do direito à educação deve fazer alguma diferença?
9. Há alguma distinção palpável entre regulamentação e limitação da atividade econômica?
10. É possível classificar nosso sistema econômico a partir da análise do caso concreto?
11. Em que divergem os Mins. Moreira Alves e Marco Aurélio sobre nosso sistema econômico?
12. Qual a decisão do STF?

5.18 Caso do desbloqueio dos cruzados (ADI/ML 534-1-DF)

(Plenário – rel. Min. Celso de Mello – j. 27.6.1991)

Ação direta de inconstitucionalidade – Lei n. 8.024/1990 – "Plano Collor" – Bloqueio dos Cruzados – Ausência do *periculum in mora* – Liminar indeferida.

O tardio ajuizamento da ação direta de inconstitucionalidade, quando já decorrido lapso temporal considerável desde a edição do ato normativo impugnado, desautoriza – não obstante o relevo jurídico da tese deduzida – o reconhecimento da situação configuradora do *periculum in mora*, o que inviabiliza a concessão da medida cautelar postulada.

Votos vencidos dos Mins. Celso de Mello (Relator), Paulo Brossard e Néri da Silveira, que ordenavam a liberação imediata dos Cruzados bloqueados, por entenderem que a salvaguarda do padrão monetário não justifica o desrespeito, pelo Estado, de princípios inscritos na Constituição da República: "O poder normativo reconhecido à União Federal Federal para atuar, legislativamente, sobre a disciplina da moeda, quer para adaptar o volume dos meios de pagamento às reais necessidades da economia nacional, quer para regular o seu valor intrínseco, prevenindo ou corrigindo os surtos inflacionários ou deflacionários (...), quer para impedir situações de anormalidade e outros desequilíbrios oriundos de fenômenos conjunturais, não dispensa e nem exonera o Estado, na formulação e na execução de sua política econômico-financeira, inclusive monetária, de observar e de respeitar os limites impostos pela Constituição" (Min. Celso de Mello, relator).

ACÓRDÃO – Vistos, relatados e discutidos estes autos: Acordam os Ministros do Supremo Tribunal Federal, em sessão plenária, na conformidade da ata de julgamentos e das notas taquigráficas, por maioria de votos, em indeferir a medida cautelar.

Brasília, 27 de junho de 1991 – *Sydney Sanches*, presidente – *Celso de Mello*, relator. (...).

VOTO – *O Sr. Min. Celso de Mello* (relator): Trata-se de ação direta de inconstitucionalidade, com pedido de concessão de medida cautelar, destinado a viabilizar a suspensão provisória da eficácia de diversos preceitos consubstanciados na Lei n. 8.024/1990, em que se converteu a Medida Provisória n. 168/1990, editada pelo Sr. Presidente da República. (...).

Dentre as normas legais impugnadas, são três as que constituem o núcleo central da Lei n. 8.024/1990. Refiro-me aos arts. 5°, 6° e 7°, que formalizaram o bloqueio de Cruzados Novos constantes dos saldos dos depósitos à vista (art. 5°), dos saldos das cadernetas de poupança (art. 6°), e dos depósitos a prazo fixo, com ou sem emissão de certificado, das letras de câmbio, dos depósitos interfinanceiros, das debêntures e dos recursos captados pelas instituições financeiras por meio de operações compromissadas (art. 7°). (...).

VOTO – *O Sr. Min. Paulo Brossard*: Sr. Presidente, a espécie em exame é de particular importância, não tanto pelas questões jurídicas que encerra, que não são as mais tormentosas, mas pelas suas consequências, reais ou supostas. É claro que o STF não pode ignorá-las olimpicamente, abrigando-se em uma redoma de cristal, e decidindo como se estivesse em uma academia. O STF não é academia. Mas também não pode deixar-se dominar pelas possíveis consequências de uma decisão que pretenda corrigir, ainda que tardiamente, situações que ele não criou e que lhe são trazidas para julgamento sob a forma de ação adequada.

2. Realmente, a questão jurídica não é excepcional. Excepcional é o fato subjacente e que configura o maior assalto à fazenda privada jamais visto no Brasil. Fora do nosso País, creio que só na revolução bolchevista, mas lá havia lógica; tratava-se de uma revolução que abolia a propriedade e se apropriava de todos os bens de todos os cidadãos. Aqui, ao contrário, tudo se pretendeu fazer como se fosse legal o que se fazia, como se a Constituição consentisse as medidas adotadas – a Medida Provisória n. 168 e a Lei n. 8.024, que a aprovou.

3. Note-se que a medida foi tomada em sigilo, sem que a Nação dela tivesse ciência: da noite para o dia, jupiterianamente, milhões de pessoas, de todos os cantos do Brasil, foram envolvidas em suas malhas. Comparado com o decretado em março do ano passado, o assalto ao trem pagador, considerado o maior do século, não passa de episódio menor de história da carochinha.

4. Tenho como certo de que o problema que hoje se apresenta ao STF, nas suas dimensões extraordinárias, decorre exclusivamente das dimensões extraordinárias do ato cometido faz 15 meses. É o eco distante daquele tremor de terra.

5. Passados 15 meses do insigne traumatismo, os seus resultados são evidentes: a assoalhada inflação zero, que inebriou tantos espíritos, não passou de bazófia cruel; ao contrário, cresceu intensamente, a despeito dos artifícios empregados, a ponto de motivar um segundo plano econômico, e sua tendência é aumentar ainda mais; todos os estudiosos dizem isso, e a população experimenta o fenômeno nas suas compras diárias; só não sente isto quem não costuma pagar as contas, o que sempre ajuda a viver; o País experimentou a maior queda do seu Produto Interno Bruto desde 1947, ano em que ele começou a ser calculado; agoniza a atividade econômica, asfixiada por taxas de juros insuportáveis, vendo crescer os débitos, inclusive fiscais e previdenciários; a recessão é fenômeno confessado; o desemprego e a violência expandem-se; progride, sobretudo, a insegurança, o mal que não tem face, que ao mesmo tempo está em toda a parte e em nenhum lugar; para ele não há uma coluna na contabilidade pública, e, sendo invisível, nem por isso deixa de ser tangível. (...).

9. Houve quem pretendesse justificar o bloqueio dos recursos em bancos e caixas econômicas invocando o poder que assiste à União de instituir empréstimos compulsórios; ocorre que ele não se enquadra em nenhuma das hipóteses previstas no art. 148 da Constituição; não se operou a transferência da disponibilidade dos bens sequestrados dos seus titulares para o Tesouro; nem os valores bloqueados se vincularam a nenhum dos motivos enumerados no mesmo artigo; não foram dispostos nem despendidos pelo Governo Federal, nem mesmo o requisito formal, instituição mediante lei complementar, foi atendido. Fora o caráter imperatório e compulsório, bem como o da temporariedade, nada há que assemelhe o bloqueio havido com o empréstimo compulsório de que cuida a Constituição.

10. Em contrapartida, muitos foram os que apontaram a ocorrência de confisco, ainda que a palavra nem remotamente tenha sido empregada, quando o confisco é vedado pela Constituição, que não só assegura o direito de propriedade como proíbe que até o tributo tenha efeito confiscatório, art. 150, IV. A tese parece-me verdadeira em parte. Na medida em que eu fico privado de usar por certo tempo bens que me pertencem, se não teoricamente, praticamente eu terei sofrido um confisco. Verdade é que no confisco a perda da propriedade é definitiva, e por isto, no caso, não se pode falar em confisco puro e simples, dado que ele seria temporário. Mas esta consideração não afasta o confisco real que se dá na medida em que o dinheiro bloqueado ao ser-me devolvido não terá o mesmo poder de compra, e isto, já agora, é absolutamente certo. Com todas as correções e juros imputáveis às somas retiradas da circulação ordinária, ou que outro nome se lhes seja dado, taxa referencial e quejandos, o dinheiro hoje vale menos, significativamente menos que valia em março/1990, quando se deu o sequestro. É incontestável que a pessoa que tivesse determinada soma depositada na CEF para saldar uma dívida no dia 14.3.1990 e não pôde fazê-lo porque nesse dia a CEF não funcionou, em virtude do feriado bancário, e não pode fazê-lo no dia 16 porque o seu dinheiro fora sequestrado, liberado que fosse hoje, com ele não poderia pagar o débito como teria feito a 14.3.1990, uma vez que a dívida cresceu mais do que o dinheiro bloqueado. Nesse sentido e nessa medida terá ocorrido confisco real, ainda que de maneira dissimulada.

11. Tem mais. Operado o bloqueio, entre 8% e 25% das importâncias bloqueadas foi efetivamente confiscada sob o rótulo de IOF. Para tanto, ao contrato de depósito ou ao fato de ter sido sequestrado foi atribuída a natureza de "operação financeira". Por mais que possa a lei, e pode muito, não pode mudar a natureza das coisas.

12. A Constituição não cuida do furto, ilícito definido no Código Penal. Nem mesmo do furto de uso. Mas a Constituição proclama que é assegurado o direito de propriedade. Ora, o direito de propriedade não é um direito sem conteúdo, vago e indefinido. Caracteriza-se ele por algumas faculdades que a lei reconhece a seu titular, a de usar, a de fruir, a de dispor. Há limites a respeito, todo mundo sabe e eu não ignoro. Há limites conhecidos e incontestados. O de dispor, por exemplo, pode ser condicionado ou limitado. Cláusula testamentária que estabeleça a indisponibilidade tem a respeito efeito imenso. Mesmo no regime de separação o cônjuge não pode alienar imóvel seu sem a aquiescência do consorte. O direito de usar encontra limites e condicionamentos vários. É o fim social da propriedade, como se convencionou chamar. Tudo isso é sabido e ressabido. Mas nada disso, nem remotamente, pode legitimar o sequestro de valores pecuniários depositados em bancos e caixas econômicas para a satisfação regular de necessidades normais, como a aquisição de casa própria, a quitação de uma dívida, o tratamento de uma doença, a celebração de uma boda, a internação hospitalar, a intervenção cirúrgica, e assim por diante.

13. O direito de propriedade não teria qualquer sentido ou consistência se ele pudesse ser reduzido a quase nada e mantido sob anestesia durante 30 meses, que poderiam ser 60, quiçá 90, sob a declaração de que se trataria de mera restrição ao seu conteúdo ou limitação ao seu exercício. Não haveria diferença significativa entre isso e o arbítrio puro e simples, a dar ou tirar sentido às cláusulas constitucionais asseguratórias de direitos, sob esta ou aquela alegação. Nem se pretenda tenha havido apenas uma razoável restrição ao direito de propriedade, e muito menos que ela tenha guardado correspondência aos fins perseguidos pelo legislador. Esta ação, ajuizada mais de ano depois da medida questionada, permite apurar a enorme dissintonia entre o anúncio e a obra, entre a inflação zero e a inflação com recessão, fato que é incontestável. À brutalidade da medida, decretada *ex marte*, não correspondeu a extirpação da inflação, anunciada de maneira solene e formal no mesmo dia em que a providência foi decretada. De modo que não ocorre um fato que explique, ainda que à distância, ou até remotamente, o sofrimento causado a milhares de pessoas de maneira unilateral e inelutável. A chaga aberta, sem justificação, no direito de propriedade configura lesão imensa e inútil em termos de bem comum.

14. Não deixa de ser paradoxal que um dia a Lei federal n. 7.913, de 7.12.1989, dispondo sobre ação cível pública de responsabilidade por danos causados aos investidores no mercado de valores mobiliários, confira ao Ministério Público, de ofício ou por solicitação da Comissão de Valores Mobiliários, poderes para adotar medidas judiciais a fim de evitar prejuízos ou obter ressarcimentos de danos causados aos titulares de valores mobiliários e aos investidores do mercado e em favor deles, e noutro dia o mesmo Poder Público se aposse do dinheiro de milhões de pessoas, depositado em bancos e caixas econômicas, não em investimentos, que sempre têm riscos, mas em depósito e poupança, esta garantida pelo próprio Governo Federal.

A poupança é a reserva que o poupador guarda consigo ou coloca a bom recado para a necessidade de amanhã. Corresponde ao épargne e ao *sparing*. É o ato de poupar, mas entre nós passou a significar também aquilo que se poupa ou que foi poupado. É a economia popular, pequena economia, tradicionalmente recolhida às caixas econômicas, sob a garantia da União.

15. De modo que, mesmo quando a medida não configurasse confisco puro e simples, ela ofenderia gravemente o direito constitucional da propriedade; sua inconstitucionalidade, que é a ilegalidade superlativa, é inegável.

16. Para negar a cautelar, várias foram as alegações deduzidas, mais ou menos terroristas, tal como sucedeu quando a Corte examinou a questão do limite dos juros em 12% ao ano. Todas as catástrofes choveriam se a Constituição fosse cumprida. Essas alegações, *data venia*, não são jurídicas e não são lógicas.

17. Afirmou-se, por exemplo, que a liberação do dinheiro sequestrado acarretaria deletérias consequências na economia do País. Além de não ser jurídica, a alegação dá como certo o que não foi demonstrado. Encerra típico círculo vicioso. A essa alegação seria de opor outra, com maior verossimilhança, segundo o qual o bloqueio causou dolorosas consequências na economia do País e na vida das pessoas – o desemprego, a recessão, a queda do Produto Interno Bruto, a insegurança, a destruição do crédito público, sem eliminar a inflação. De qualquer sorte, a alegação terrorista, além de não ser jurídica, ficou indemonstrada. Não passou e não passa de uma afirmação, e nada mais.

De resto, quando houvesse resquício de plausibilidade da assertiva dogmática, seria ainda de indagar se dano maior não seria deixar a justiça de dar o seu a cujo é, a fim de que as vítimas da violência pudessem satisfazer necessidades reprimidas. Em outras palavras, entre um dano hipotético no plano econômico e uma lesão concreta no plano jurídico, sem falar no econômico, pessoal e familiar, qual seria o mal maior na vida da cidade?

18. Não vale mais a afirmação segundo a qual a liberação dos recursos bloqueados provocaria uma expansão do consumo, nociva à economia. Também o círculo vicioso é patente. Dá-se como provado o que teria de ser demonstrado. Ninguém pode afirmar que destinação teria ou terá o dinheiro liberado. É possível que parte dele continuasse em poupança, ainda que em aplicações a salvo de novo confisco. Mas quando esse dinheiro viesse a ser gasto em bens, o que, aliás, seria natural, aumentando o consumo, seria uma bendita consequência, porque viria quebrar um pouco o doloroso quadro recessivo, que acarreta o desemprego e a angústia. Não há uma pessoa que ignore que o consumo de bens fundamentais está reprimido, ao mesmo tempo em que a inflação está em alta.

19. Ainda se afirma, como se constituísse argumento jurídico, que só agora se argui a inconstitucionalidade do bloqueio, quando a liberação do dinheiro sequestrado vai ser feita, deduzindo-se daí a desnecessidade da cautelar. A assertiva é materialmente falsa, pois o dinheiro sequestrado não vai ser liberado em setembro; em setembro começará a *via crucis* da devolução em 12 parcelas, ao longo de 12 meses, tornando em muitos casos imprestável a poupança feita, gasta no varejo quando amealhada para aquisição de um bem maior e mais valioso.

Como se vê, essas afirmações, que não passam de assertivas dogmáticas, não têm nenhuma valia jurídica.

20. Mas resta a pior das alegações. A que, para negar a cautelar, afiança ser ela desnecessária, por inocorrer o *periculum in mora*, tanto que o sequestro ora impugnado tem mais de ano e só agora teria sido descoberta sua ilegalidade, e sua lesividade. Esta afirmação chega ao sarcasmo. Depois que o STF, nas Ações Diretas ns. 223, 272 e 273, recusou-se a suspender a eficácia da norma que por 30 meses suspendeu o uso judicial de qualquer medida contra o chamado plano econômico, inclusive o emprego do mandado de segurança, que é um direito individual assegurado pela Constituição, destinado à defesa de direito líquido e certo ameaçado ou violado, só um mentecapto ingressaria na Justiça. É doloroso dizer isto, mas é a pura e dura verdade. Só um mentecapto viria discutir a inconstitucionalidade do grande assalto cometido em março de 1990.

21. Não encontrei uma justificativa jurídica coerente para negar a cautelar pleiteada de modo a suspender a eficácia da Medida Provisória n. 168, convertida na Lei n. 8.024, no que tange ao sequestro dos bens e valores depositados e principalmente os guardados em cadernetas de poupança que, ironicamente, tinham a garantia do Governo Federal...

22. Se eu tivesse segurança de que a presente ação seria julgada em tempo razoável, um, dois, três meses, eu poderia não concedê-la, a despeito de considerar sólido o seu fundamento jurídico e real o dano causado aos cidadãos deste País. Mas não só não tenho essa segurança, como tenho o pressentimento de que ela só será julgada quando estiver por esgotar-se o prazo de 12 meses para a devolução dos valores pilhados, se é que ela não venha a ser arquivada por perda de objeto...

23. Se eu dispusesse de um instrumento para medir e pesar as vantagens e inconvenientes do conceder e do negar a cautelar, eu mediria e pesaria, separadamente, uns e outros. Como dele não disponho, devo orientar-se pelo meu critério. Por entender se trata de uma questão que não poderá deixar de ser mencionada na história deste STF, refleti serenamente sobre o caso, como se estivesse longe dos homens e fora do tempo, como se estivesse a contemplar o mar imenso, em eterno movimento, e as montanhas coroadas de neves eternas em sua imobilidade milenar, e concluí que entre o discurso econômico, de duvidosa correção, e o discurso jurídico claramente enunciado na Constituição não havia o que hesitar.

24. Em uma das formidáveis tragédias de Ésquilo, lê-se que "um voto a menos pode ser uma catástrofe, como um voto a mais reergue uma casa"... Votando como voto, suponho estar reerguendo a casa da lei e da segurança jurídica, sem a qual a lei não tem sentido.

25. Concedo a cautelar. (...).

VOTO – *O Sr. Min. Sydney Sanches* (presidente): Srs. Ministros. Se a lei questionada é constitucional ou inconstitucional, não posso decidir, agora, ao ensejo do exame de simples medida cautelar.

Posso dizer apenas que os fundamentos da petição inicial e os referidos, de passagem, pelos eminentes Ministros são realmente relevantes e não afastam, num exame superficial, a probabilidade de êxito da ação proposta.

Todavia, se a lei for inconstitucional, o mal maior, que poderia ter causado, já causou.

Nos próximos meses a lei começará a produzir alguns efeitos benéficos para os depositantes.

Por outro lado, a suspensão cautelar da lei poderá evitar que isso aconteça ou, então, trazer inúmeros transtornos para a economia nacional, com a abrupta injeção de vários trilhões de Cruzeiros no meio circulante nacional, de efeitos imprevisíveis ou previsivelmente deletérios, como, por exemplo, o retorno a um ameaçadora hiperinflação, de mais de 80% ao mês, que desgastará a poupança dos depositantes, desvalorizará irreversivelmente a moeda brasileira e acabará punindo mais duramente ainda aqueles que sequer tiveram condições de poupar, ou seja, os mais desfavorecidos.

Não me animo a adotar medida que ponha em risco ainda maior a já combalida economia do País e aflija ainda mais os já aflitos, os extremamente pobres, que sequer conseguem economizar, quando conseguem sobreviver.

Confio em que nos próximos 14 meses, indeferida a cautelar, a aflição dos poupadores ficará gradualmente amenizada e a política econômica não restará exposta a traumas maiores do que aqueles por que passou até agora. Traumas que não foram enfrentados, durante os 15 meses mais sofridos, por nenhum dos legitimados à propositura da presente ação.

Pensando, por ora, mais no futuro do Brasil do que nos justos e compreensíveis anseios de poupadores constrangidos e perplexos, dentre os quais me incluo, opto pelo indeferimento da medida cautelar, reservando-me para, no final, ou seja, no momento próprio, examinar com profundidade as questões de mérito relacionadas com os vários fundamentos invocados pelo autor e pelos Srs. Ministros para eventual declaração de inconstitucionalidade.

Espero, aliás, que a causa esteja definitivamente julgada bem antes de consumada a devolução gradativa dos Cruzados retidos.

Por todas essas razões e pelo mais que ficou dito pelos eminentes Ministros que indeferem a medida cautelar, concluo meu voto no mesmo sentido, com a máxima vênia do eminente Relator e dos ilustres Colegas que o seguiram.
Indefiro a medida.

EXTRATO DE ATA

Decisão: Por votação unânime, o Tribunal, resolvendo questão de ordem, julgou prejudicada a ação. Votou o Presidente. Ausente, ocasionalmente, o Min. Paulo Brossard. Plenário, 26.8.1992.

* * *

PERGUNTAS

1. Quais são os fatos?
2. Qual o núcleo do ato normativo atacado pela presente ação direta de inconstitucionalidade?
3. De acordo com o Min. Paulo Brossard, qual o direito fundamental violado pela Lei 8.024/1990?
4. Quais as faculdades daquele que é titular do direito à propriedade?
5. Quais os limites do direito à propriedade?
6. Por que o Min. Brossard entende que este não é o caso de limitação legítima ao direito à propriedade?
7. Existe um núcleo intangível do direito à propriedade?
8. Qual o papel do STF para o Min. Brossard? Em que medida discordam os Mins. Paulo Brossard e Sydney Sanches sobre a função do STF?
9. Qual a discussão processual em torno da concessão ou não da medida cautelar?
10. Qual a decisão do Tribunal?

5.19 Aplicação do Código de Defesa do Consumidor às instituições financeiras (ADI 2.591-1-DF)

(Plenário – red. para o acórdão Min. Eros Grau – j. 7.6.2006)

Código de Defesa do Consumidor. Art. 5º, XXXII, da Constituição brasileira/1988 – Art. 170, V, da Constituição brasileira/1988 – Instituições financeiras – Sujeição delas ao Código de Defesa do Consumidor, excluídas de sua abrangência a definição do custo das operações ativas e a remuneração das operações passivas praticadas na exploração da intermediação de dinheiro na economia (art. 3º, § 2º, do CDC) – Moeda e taxa de juros – Dever-poder do Banco Central do Brasil – Sujeição ao Código Civil. (...).

ACÓRDÃO – Vistos, relatados e discutidos estes autos: Acordam os Ministros do Supremo Tribunal Federal, em sessão plenária, sob a presidência da Min. Ellen Gracie, na conformidade da ata do julgamento e das notas taquigráficas, por maioria de votos, julgar improcedente a ação direta.
Brasília, 7 de junho de 2006 – *Eros Grau*, redator para o acórdão.

RELATÓRIO – *O Sr. Min. Carlos Velloso*: A Confederação Nacional do Sistema Financeiro/CONSIF, com fundamento nos arts. 103, IX, da CF e 1º, 2º, IX, e ss. da Lei n. 9.868/1999, propõe ação direta de inconstitucionalidade, com pedido de suspensão cautelar, da expressão "inclusive as de natureza bancária, financeira, de crédito e securitária", constante do art. 3º, § 2º, da Lei n. 8.078, de 11.9.1990, que dispõe sobre a proteção do consumidor.
A norma acoimada de inconstitucional tem o seguinte teor:
"Art. 3º. (*Omissis*). (...).
"§ 2º. Serviço é qualquer atividade fornecida no mercado de consumo, mediante remuneração, *inclusive as de natureza bancária, financeira, de crédito e securitária*, salvo as decorrentes das relações de caráter trabalhista."
Alega a autora que a norma impugnada ofende os arts. 5º, LIV, e 192, II e IV, da CF; (...).

VOTO (Vista) – *O Sr. Min. Eros Grau*: Tentarei ser objetivo. Quanto à ofensa – na expressão "inclusive as de natureza bancária, financeira, de crédito e securitária", do § 2º do art. 3º do CDC – ao "princípio da razoabilidade", anoto desde logo que ela, tal qual a proporcionalidade, não constitui um princípio. Como observei em outra oportunidade, [**Rodapé:** *Ensaio e Discurso sobre a Interpretação/Aplicação do Direito*, 3ª ed., Malheiros Editores, São Paulo, 2005, pp. 183 e ss.] uma e outra, *razoabilidade* e *proporcionalidade*, são postulados normativos da interpretação/aplicação do Direito – um novo nome dado aos velhos cânones da interpretação, que a nova hermenêutica despreza – e não princípios.

E assim é ainda que a nossa doutrina e certa jurisprudência pretendam aplicá-los, como se princípios fossem, a casos concretos, de modo a atribuir ao Poder Judiciário capacidade de "corrigir" o legislador. Isso me parece inteiramente equivocado, mesmo porque importa desataviada afronta ao princípio – este, sim, princípio – da harmonia e equilíbrio entre os Poderes. De modo que não se sustenta a tentativa, da requerente da ação direta de inconstitucionalidade, de inovar texto normativo (o Código de Defesa do Consumidor) no âmbito do Judiciário, pretendendo que este atue usurpando competência legislativa. O que se admite, unicamente, é a aplicação, pelo Judiciário, da razoabilidade como instrumento de equidade. Mas isso não no momento da produção da norma jurídica, porém no instante da norma de decisão. [**Rodapé:** V. meu *O Direito Posto e o Direito Pressuposto*, 6ª ed., Malheiros Editores, São Paulo, pp. 280 e ss.]

2. Não há dúvida, de outra parte, quanto à circunstância de a exigência de lei complementar veiculada pelo art. 192 da Constituição abranger apenas o quanto respeite à regulamentação – permito-me exorcizar o vocábulo "regulação", em razão do tanto de ambiguidade que enseja –, regulamentação, dizia, da estrutura do sistema. O sistema haveria de estar a serviço da promoção do desenvolvimento equilibrado do País e dos interesses da coletividade – diz o preceito –, e, para tanto, a Constituição impõe sua regulamentação por lei complementar. Mas apenas isso. Os encargos e obrigações impostos pelo Código de Defesa do Consumidor às instituições financeiras, atinentes à prestação de seus serviços a clientes – isto é, atinentes à exploração das atividades dos agentes econômicos que a integram, todas elas, operações bancárias e serviços bancários, na dicção do Ministro Nelson Jobim –, esses encargos e obrigações poderiam perfeitamente, como o foram, ser definidos por lei ordinária. (...).

4. Também não resta dúvida no que tange à caracterização do cliente de instituição financeira como consumidor, para os fins do art. 170 da Constituição do Brasil. A relação entre banco e cliente é, nitidamente, uma relação de consumo, protegida constitucionalmente (arts. 30, XXXII, e 170, V, da Constituição brasileira/1988).

Como observei também em outra oportunidade, [**Rodapé:** "Definição legal de consumidor", in *Repertório IOB de Jurisprudência*, 2ª quinzena de janeiro de 1991, n. 2/1991, p. 42.] o Código define "consumidor", "fornecedor", "produto" e "serviço". Entende-se como "consumidor", como "fornecedor", como "produto" e como "serviço", *para os efeitos do Código de Defesa do Consumidor*, o que descrito está no seu art. 2º e no seu art. 3º e §§ 1º e 2º.

Inútil, diante disso, qualquer esforço retórico desenvolvido com base no senso comum ou em disciplinas científicas para negar os enunciados desses preceitos normativos. Não importa seja possível comprovar, por "a + b", que tal ente ou entidade não pode ser entendido, economicamente, como consumidor ou fornecedor. O jurista, o profissional do Direito, não perde tempo em cogitações como tais. Diante da definição legal, força é acatá-la. Cuide apenas de pesquisar os significados dos vocábulos e expressões que compõem a definição e de apurar a sua coerência com o ordenamento constitucional.

O art. 2º do Código diz que "consumidor é toda pessoa física ou jurídica que adquire ou utiliza produto ou serviço como destinatário final". E o § 2º do art. 3º define como serviço "qualquer atividade fornecida no mercado de consumo, mediante remuneração, inclusive as de natureza bancária, financeira, de crédito e securitária, salvo as decorrentes das relações de caráter trabalhista". Assim, temos que, para os efeitos do Código do Consumidor, é "consumidor", inquestionavelmente, toda pessoa física ou jurídica que utiliza, como destinatário final, atividade bancária, financeira e de crédito. Isso não apenas me parece, como efetivamente é, inquestionável. Por certo que as instituições financeiras estão, todas elas, sujeitas ao cumprimento das normas estatuídas pelo Código de Defesa do Consumidor.

5. É certo, no entanto, que o § 2º do art. 3º do CDC há de ser interpretado em coerência com a Constituição. Para tanto se impõe sejam excluídas da abrangência por seus efeitos determinação do custo das operações ativas e da remuneração das operações passivas praticadas por instituições financeiras na exploração da intermediação de dinheiro na economia. A respeito dessa matéria deve dispor o Poder Executivo, a quem incumbe fiscalizar as operações de natureza financeira, o que envolve a fixação da taxa-base de juros praticável no mercado financeiro.

A fixação dessa taxa não pode ser operada senão desde a perspectiva macroeconômica. Basta a menção, por exemplo, ao poder de multiplicação de moeda circulante em moeda escritural, que os bancos exercem de modo a receber a título de juros, pelo mesmo dinheiro materialmente considerado, em certos casos mais de três vezes o valor da taxa praticada. O volume de moeda adicional "criado" pelo banco corresponde a moeda escritural, isto é, a moeda bancária – moeda que, na dicção de Eugênio Gudin, [**Rodapé:** *Princípios de Economia Monetária*, 1º vol., 7a ed., Agir, Rio de Janeiro, 1970, p. 51.] "só se concretiza nos livros dos bancos, através de algarismos que passam de um a outro livro ou de uma a outra coluna. Esses algarismos são animados pela vontade das partes mas não saem dos estabelecimentos de crédito, onde nascem, circulam e desaparecem". (...).

VOTO – O Sr. Min. Celso de Mello: (...).

Vale referir, bem por isso, a primazia que a Carta Política conferiu tanto à defesa do consumidor quanto à preservação da integridade das prerrogativas jurídicas que, em seu favor, foram reconhecidas pelo ordenamento positivo, podendo-se afirmar, a partir de tal asserção, que os direitos do consumidor, embora desvestidos de caráter absoluto, qualificam-se, no entanto, como valores essenciais e condicionantes de qualquer processo decisório que vise a compor situações de antagonismo resultantes das relações de consumo que se processam, no âmbito da vida social, de modo tão estruturalmente desigual, marcadas, muitas vezes, pela nota de indisfarçável conflituosidade, a opor fornecedores e produtores, de um lado, a consumidores, de outro.

Com esse propósito, Sra. Presidente, e para não degradar o compromisso de defesa do consumidor à condição inaceitável de uma promessa irresponsavelmente vã, ou de uma proclamação constitucional meramente retórica ou, ainda, de um discurso politicamente inconsequente, a Lei Fundamental, visando a promover o bem de todos, veio a instituir verdadeiro condomínio legislativo, partilhando entre a União, os Estados-membros e o Distrito Federal (CF, art. 24, VIII), sem falar nos Municípios, a competência para legislar, em caráter concorrente, sobre medidas e políticas públicas destinadas a viabilizar a proteção – que se quer efetiva, plena e real – a ser conferida ao consumidor.

Daí justificar-se, plenamente, o reconhecimento de que a proteção ao consumidor – que traduz prerrogativa fundamental do cidadão – qualifica-se como valor constitucional inerente à própria conceptualização do Estado Democrático e Social de Direito, razão pela qual incumbe a toda a coletividade – e ao Poder Judiciário, em particular – extrair dos direitos assegurados ao consumidor, a sua máxima eficácia.

Cumpre reiterar, bem por isso, a afirmação de que a função tutelar resultante da cláusula constitucional de proteção aos direitos do consumidor projeta-se, também, na esfera relativa à ordem econômica e financeira, na medida em que essa diretriz básica apresenta-se como um insuprimível princípio conformador da atividade econômica (CF, art. 170, V).

Impende destacar, por oportuno, que todas as atividades econômicas estão sujeitas à ação fiscalizadora do Poder Público. O ordenamento constitucional outorgou ao Estado o poder de intervir no domínio econômico, assistindo-lhe, nesse especial contexto das funções estatais, competência para proceder como agente normativo e regulador da atividade negocial (art. 174).

A liberdade de atuação e de prática negocial, contudo, não se reveste de caráter absoluto, pois o seu exercício sofre, necessariamente, os condicionamentos normativos impostos pela Lei Fundamental da República.

Desse modo, cabe enfatizar que a esfera de proteção constitucionalmente garantida aos direitos do consumidor desempenha clara função inibitória, apta a desqualificar o exercício eventualmente abusivo, prejudicial e nocivo decorrente de práticas negociais ilícitas ou irregulares.

Dentro dessa perspectiva, a edição do Código de Defesa do Consumidor (Lei n. 8.078/1990) – considerados os valores básicos concernentes à proteção da vida, da saúde e da segurança, e relativos à liberdade de escolha, à igualdade nas contratações, ao direito à informação e à proteção contra publicidade enganosa, dentre outros – representou a materialização e a efetivação dos compromissos assumidos, em tema de relações de consumo, pelo Estado Brasileiro. (...).

Na realidade, Sra. Presidente, e considerado o âmbito de abrangência material inscrito no art. 192 da CF, entendo que temas concernentes, por exemplo, ao dever de restituição em dobro em caso de cobrança indevida (CDC, art. 42), ou à responsabilidade civil sem culpa por danos causados ao cliente (CDC, art. 14), ou à nulidade de cláusulas contratuais abusivas (CDC, art. 51), ou à inversão, em favor do consumidor, do ônus da prova (CDC, art. 6º, VIII), ou à imposição de multa de mora em valor superior a 2% do *quantum* da prestação quando decorrente do inadimplemento de obrigações no seu termo (CDC, art. 52, § 1º), ou à possibilidade de o Ministério Público promover ação civil pública que tenha por objeto a declaração de nulidade de cláusula contratual que ofenda o Código de Defesa do Consumidor ou que não assegure o justo equilíbrio entre direitos e obrigações das partes (CDC, art. 51, § 4º), ou, ainda, à impossibilidade de manutenção em cadastro, por período superior a cinco anos, de informações negativas referentes a clientes inadimplentes (CDC, art. 43, § 1º – Súmula n. 323/STJ), constituem matérias que, por sua essência mesma, não se identificam com a organização e a estruturação do Sistema Financeiro Nacional, podendo, em consequência, ser disciplinadas mediante lei ordinária, como o Código de Defesa do Consumidor, mesmo que versem relacionamentos jurídicos entre instituições financeiras e os usuários de seus serviços.

É que – insista-se – o Sistema Financeiro Nacional sujeita-se, tanto quanto os agentes econômicos em geral, à necessária observância do postulado da defesa do consumidor, como direta consequência de expressa determinação emanada da própria Constituição da República, cujo art. 170, inciso V, proclama que a ordem econômica e financeira rege-se, obrigatoriamente, dentre outros elementos condicionantes, por esse importante vetor axiológico a que todos devem submeter-se, mesmo que se cuide de instituições que exerçam atividades de natureza bancária, financeira, securitária e de crédito. (...).

EXTRATO DE ATA

Decisão: Após o voto do Sr. Min. Carlos Velloso, Relator, emprestando ao § 2º do art. 3º da Lei n. 8.078, de 11.9.1990, interpretação conforme à Carta da República, para excluir da incidência a taxa dos juros reais nas operações bancárias, ou a sua fixação em 12% ao ano, e do voto do Sr. Min. Néri da Silveira, julgando improcedente o pedido formulado na inicial, solicitou vista o Sr. Min. Nelson Jobim. Falaram, pela Confederação Nacional do Sistema Financeiro/CONSIF, o Professor Ives Gandra da Silva Martins, e, pela Advocacia-Geral da União, o Dr. Walter do Carmo Barletta.

Presidência do Sr. Min. Marco Aurélio. Plenário, 17.4.2002.

Decisão: Renovado o pedido de vista do Sr. Ministro Nelson Jobim, justificadamente, nos termos do § 1º do art. 1º da Resolução n. 2 278, de 15.12.2003. Presidência do Sr. Min. Maurício Corrêa. Plenário, 28.4.2004.

Decisão: Preliminarmente, o Tribunal, por unanimidade, indeferiu o requerimento do IDEC/Instituto Brasileiro de Defesa do Consumidor. Ausente, justificadamente, nesta preliminar, o Sr. Min. Celso de Mello. O Tribunal, por maioria, entendeu não estar prejudicada a ação, vencidos os Srs. Mins. Sepúlveda Pertence, Eros Grau e Carlos Britto. Após o voto do Sr. Min. Nelson Jobim (Presidente), que acompanhava o voto do Relator pela procedência parcial da ação, para dar interpretação conforme à Constituição, e do voto do Sr. Min. Néri da Silveira, que a julgava improcedente, pediu vista dos autos o Sr. Min. Eros Grau. Ausente, justificadamente, neste julgamento, o Sr. Min. Gilmar Mendes. Plenário, 22.2.2006.

Decisão: Após o voto-vista do Sr. Min. Eros Grau, que julgava improcedente a ação, no que foi acompanhado pelos Srs. Mins. Joaquim Barbosa, Carlos Britto e Sepúlveda Pertence, este último em antecipação, pediu vista dos autos o Sr. Min. Cezar Peluso. Não participou do julgamento o Sr. Min. Ricardo Lewandowski, por suceder ao Sr. Min. Carlos Velloso, que já proferiu voto. Ausente, justificadamente, neste julgamento, o Sr. Min. Gilmar Mendes. Presidência da Sra. Min. Ellen Gracie. Plenário, 4.5.2006.

Decisão: Prosseguindo no julgamento, o Tribunal, por maioria, julgou improcedente a ação direta, vencido parcialmente o Sr. Min. Carlos Velloso (Relator), no que foi acompanhado pelo Sr. Min. Nelson Jobim. Votou a Presidente, Min. Ellen Gracie. Redigirá o acórdão o Sr. Min. Eros Grau. Ausente, justificadamente, neste julgamento, o Sr. Min. Gilmar Mendes. Não participou da votação o Sr. Min. Ricardo Lewandowski, por suceder ao Sr. Min. Carlos Velloso, Relator do presente feito. Plenário, 7.6.2006.

Presidência da Sra. Min. Ellen Gracie. Presentes à sessão os Srs. Mins. Sepúlveda Pertence, Celso de Mello, Marco Aurélio, Gilmar Mendes, Cézar Peluso, Carlos Britto, Joaquim Barbosa, Eros Grau e Ricardo Lewandowski.

* * *

PERGUNTAS

1. Quais são os fatos?
2. Qual o objetivo dos autores da ação direta de inconstitucionalidade?
3. Qual a controvérsia jurídica em questão?
4. Qual é o cerne da argumentação do Min. Eros Grau?
5. Como a argumentação do Min. Celso de Mello difere da do Ministro-Relator? Existe diferença na formulação dos votos dos dois Ministros? Qual?
6. Para Celso de Mello, qual é a natureza da proteção ao consumidor? Para ele existe uma primazia do direito do consumidor sobre outros objetivos constitucionais?
7. Como foi decidida a questão, depois de tantos anos?

5.20 Caso da pesagem obrigatória do botijão de gás (ADI 855-2-PR)

(Plenário – rel. para o acórdão Min. Gilmar Mendes [art. 38, IV, "b", do RISTF] – j. 6.3.2008)

Ação direta de inconstitucionalidade. 2. Lei n. 10.248/1993, do Estado do Paraná, que obriga os estabelecimentos que comercializem gás liquefeito de petróleo/GLP a pesarem, à vista do consumidor, os botijões ou cilindros entregues ou recebidos para substituição, com abatimento proporcional do preço do produto ante a eventual verificação de diferença a menor entre o conteúdo e a quantidade líquida especificada no recipiente. 3. Inconstitucionalidade formal, por ofensa à competência privativa da União para legislar sobre o tema (CF/1988, arts. 22, IV, e 238). 4. Violação ao princípio da proporcionalidade e razoabilidade das leis restritivas de direitos. 5. Ação julgada procedente.

ACÓRDÃO – Vistos, relatados e discutidos estes autos: Acordam os Ministros do Supremo Tribunal Federal, em sessão plenária, sob a presidência da Sra. Min. Ellen Gracie, na conformidade da ata de julgamento e das notas taquigráficas, por maioria de votos, julgar procedente a ação direta.

Brasília, 6 de março de 2008 – *Gilmar Mendes*, relator (RISTF, art. 38, IV, "b").

RELATÓRIO – *O Sr. Min. Octávio Gallotti*: Trata-se de ação direta oposta à Lei n. 10.248, de 14.1.1993, do Estado do Paraná, que dispõe como segue:

"Art. 1º. É obrigatória a pesagem, pelos estabelecimentos que comercializem GLP – gás liquefeito de petróleo, à vista do consumidor, por ocasião da venda de cada botijão ou cilindro entregue e também do recolhido, quando procedida a substituição.

"Parágrafo único. Para efeito do disposto no *caput* deste artigo, os postos revendedores de GLP, bem como os veículos que procedam a distribuição a domicílio, deverão portar balança apropriada para essa finalidade.

"Art. 2º. Verificada diferença a menor entre o conteúdo e a quantidade líquida especificada no botijão ou cilindro, o consumidor terá direito a receber, no ato do pagamento, abatimento proporcional ao preço do produto.

"Art. 3º. Caso se constate, na pesagem do botijão ou cilindro que esteja sendo substituído, sobra de gás, o consumidor será ressarcido da importância correspondente, através de compensação no ato do pagamento do produto adquirido.

"Art. 4º. Os botijões ou cilindros, na forma do Código de Defesa do Consumidor, deverão conter especificação, em lugar visível, sobre o peso da embalagem e o peso líquido do produto envasilhado.

"Parágrafo único. Os postos revendedores de GLP – gás liquefeito de petróleo – deverão exibir, em local visível para o público, a tabela de preços de venda ao consumidor, a qual deverá ser mostrada, quando solicitada, na entrega a domicílio.

"Art. 5º. Esta Lei entrará em vigor 30 (trinta) dias após a data de sua publicação, revogadas as disposições em contrário" (fls. 3-4).

Como proposto no pórtico de sua petição inicial pela própria requerente, sustenta esta, "em abreviado, que o ato normativo estadual ora impugnado padece de inconstitucionalidade formal e material, por regular matéria compreendida no regime jurídico federal do abastecimento de gás liquefeito de petróleo (GLP), notadamente no que concerne a relações comerciais entre as empresas distribuidoras do produto e seus consumidores finais, que a Carta Magna reservou à competência legislativa privativa da União (cf. art. 22, ns. IV e VI, e parágrafo único; art. 238; e art. 25, § 2º), agindo o legislador local, aliás, com excesso de poder e arbitrariamente, de modo a violar até mesmo o princípio da proporcionalidade ou da razoabilidade, a que também o legislador deve estar adstrito, como procurará demonstrar nesta petição inicial" (fls. 2-3) (...).

Anexando cópia de parecer do Diretor de Metrologia Legal do Instituto Nacional de Metrologia, Normatização e Qualidade Industrial/INMETRO, então órgão do Ministério da Justiça, transcreve a inicial tópico do citado parecer do jurisconsulto Caio Tácito a concluir pela "irrazoabilidade de conteúdo da norma estadual impugnada":

"O parecer técnico do INMETRO, órgão federal competente, que ilustra a consulta, revela a inviabilidade do mecanismo que a lei estadual em exame pretende introduzir com a obrigatoriedade de balanças nos veículos de transporte de botijões e cilindros de GLP para aferição à vista dos consumidores.

"A instabilidade de tais instalações móveis de controle de peso leva à falta de fidedignidade das mensurações, impróprias para aferir os eventuais resíduos de combustível.

"Ademais, como esclarecido, a existência de sobras em vasilhames usados é matéria de controle, por amostragem, com o crédito dos respectivos valores na determinação do preço unitário de venda do produto, em benefício dos consumidores em geral.

"De outra parte, a imposição de balanças em todos os caminhões de distribuição e a mão de obra necessária à medição individual de cada recipiente, com o consequente crédito aos consumidores individuais, a par de riscos de erro ou fraude, obviamente se reveste de onerosidade, agravando o custo do serviço e, por via de consequência, a fixação do preço médio do produto fornecido, que é matéria privativa da União.

"A invasão da competência própria da União para regular a atividade comercial em apreço também estará viciada pela irrazoabilidade de conteúdo da norma estadual impugnada" (fls. 15).

As informações do Governador paranaense consideram que não é "da competência privativa da União a proteção ao consumidor" (fls. 80) e, ainda, que a tese da "desrazoabilidade, para ser acolhida, deve resultar dos próprios termos da lei", ao passo que: "(...) toda a argumentação da autora da ação parte de dados técnicos unilaterais e distantes da motivação que inspirou a edição da lei. Em outras palavras, mesmo dados técnicos constituem o resultado da visão e dos interesses daquele que os apresenta. Ou seja, a argumentação da autora, fundada nos referidos dados técnicos, obviamente não serve à caracterização da desrazoabilidade da lei" (fls. 82). (...).

VOTO – *O Sr. Min. Octávio Gallotti* (relator): (...). (...).

De minha parte, a ponderada reflexão a que me esforcei por submeter a questão conduziu-me ao resultado de que não se situa a hipótese destes autos no campo propício ao delicado exercício da aferição da razoabilidade ou proporcionalidade da lei impugnada, como condição de sua constitucionalidade.

Assim considero porquanto a censura que lhe faz a inicial não resulta da suposta desrazoabilidade da compreensão da norma em si, como bem lembrado nas informações do Governador, nem de notória evidência, mas do balanceamento de ingredientes concretos de conveniência (dados técnicos, mas sempre fáticos), insusceptíveis, a meu ver, de conduzir a um juízo firme de inconstitucionalidade, pelo menos em sede de controle abstrato. (...).

Onde reside, efetivamente, o vício a inquinar a lei atacada é, segundo penso, na invasão da competência privativamente conferida à União para legislar sobre energia (art. 22, IV).

A amplitude do termo ("energia"), despido da adjetivação que lhe dedicavam Constituições anteriores, torna induvidosa a inaptidão do Estado-membro para legislar sobre qualquer espécie de combustível, salvo lei complementar, inexistente, que o viesse a autorizar (parágrafo único do art. 21), ou a lei, também federal e ausente, a que se refere o art. 238 da Carta em vigor.

Alude o voto proferido em juízo cautelar pelo eminente Min. Marco Aurélio ao art. 24, V e VIII, da Constituição, onde se estabelece a competência concorrente dos Estados para legislar sobre produção e consumo (inciso V) e sobre a responsabilidade por dano ao consumidor (inciso VIII).

Mas o exercício dessa atribuição se acha, logicamente, delimitado ao âmbito da competência em razão da matéria a ser disciplinada. É o que se declara no próprio Código de Defesa do Consumidor (Lei n. 8.078/1990), também lembrado no voto acima referido, e cujo art. 55 dispõe: "Art. 55. A União, os Estados e o Distrito Federal, em caráter concorrente *e nas suas respectivas* áreas *de atuação* administrativa, baixarão normas relativas a produção, industrialização, distribuição e consumo de produtos e serviços" (grifo meu). (...).

Acolhendo o parecer, julgo procedente a ação, para declarar a inconstitucionalidade da Lei n. 10.248, de 14.1.1993, do Estado do Paraná. (...).

VOTO – *O Sr. Min. Ilmar Galvão*: Sr. Presidente, também vou acompanhar o eminente Relator. Quem sabe até se poderia restabelecer um sistema de pesagem que o próprio consumidor pudesse dispensar, por falta de interesse.

O Sr. Min. Moreira Alves: Isso ele sempre dispensa. É como no supermercado, quando se diz que deverá ser aferido o peso do queijo à vista do consumidor; se ele quiser abrir mão disso, ele abre. Não é obrigatório para o consumidor. A obrigatoriedade surge se ele exigir.

O Sr. Min. Ilmar Galvão: Sr. Presidente, entendo que quem adquire um botijão de gás não está impedido de efetuar a pesagem e de fazer a reclamação. O botijão é lacrado. Antes de romper o lacre ele poderá efetuar a pesagem.

O Sr. Min. Marco Aurélio: V. Exa. atribui ao consumidor, então, ter a balança.

O Sr. Min. Ilmar Galvão: Eventualmente, até por amostragem.

O Sr. Min. Marco Aurélio: Não é quem vende, não é quem recebe, não é quem comercializa, não é quem tem vantagem. É o consumidor que deve ter a balança, conferir e depois...

O Sr. Min. Ilmar Galvão: Acho que o consumidor é favorecido com a entrega desse combustível a domicílio, mas ele poderá abrir mão dessa vantagem e adquiri-lo nos postos onde houver balança.

O Sr. Min. Moreira Alves: Mas a pergunta é esta: é inconstitucional exigir-se isso do comerciante?

O Sr. Min. Marco Aurélio: Qual é o móvel da derrubada dessa lei? Como surgiu essa lei, se não diante de fraudes que foram denunciadas pela mídia? (...).

O Sr. Min. Moreira Alves: Por que é impossível? Então, será impossível para tudo. Se fosse para pesar 500 ou 600 quilos estaria certo, mas para 13 quilos considera-se desarrazoado?

O Sr. Min. Nelson Jobim: Creio que nesses últimos anos não têm surgido mais problemas em relação a esse assunto. Não há notícia de que haja conflito na pesagem de gás.

O Sr. Min. Moreira Alves: Isso é inconstitucional?

O Sr. Min. Nelson Jobim: A solução é desarrazoada. Deveria haver outras formas técnicas, mas não essa da balança.

O Sr. Min. Moreira Alves: O grande problema é saber se é inconstitucional. Pode ser inconveniente, mas é inconstitucional? Tenho seríssimas dúvidas, e quando tenho dúvida, obviamente, não declaro inconstitucional. Com relação à não razoabilidade, não me parece que ela ocorra. Se o botijão fosse de 5 quilos, seria inconstitucional? É inconstitucional porque é de 13 quilos? E se fosse de 10 quilos? Isso fica absolutamente a critério de total subjetivismo.

O Sr. Min. Ilmar Galvão: Sr. Presidente, apesar das sérias dúvidas que me assaltam neste momento, vou, ainda assim, manter meu voto, no sentido de acompanhar o voto do eminente Relator.

VOTO – *O Sr. Min. Marco Aurélio*: (...).

Começo, sob o ângulo da razoabilidade, com o art. 4º, e não posso ver nesse artigo qualquer vício; não posso ver inconstitucionalidade quando preceitua: "Art. 4º. Os botijões ou cilindros, na forma do Código de Defesa do Consumidor, deverão conter especificação, em lugar visível, sobre o peso da embalagem e o peso líquido do produto envasilhado", que é vendido, que é objeto da compra e venda.

Já, o parágrafo único revela que: "Os postos revendedores" devem "exibir, em lugar visível para o público, a tabela de preços de venda ao consumidor".

Onde há inconstitucionalidade quanto a esse art. 4º? Por mais que me esforce – e, sendo até mesmo ambígua a situação da norma diante da Carta, devo concluir pela harmonia com essa mesma Carta – não consigo vislumbrar sequer o prejuízo para aquele que pretenda comercializar esse produto. É um ônus que ele tem, até mesmo para que ocorra a almejada transparência, de anunciar "em lugar visível" o peso da embalagem e também do produto comercializado.

Seguem-se os dispositivos. O primeiro compele à pesagem para que o consumidor tenha certeza de estar adquirindo o anunciado no conteúdo do botijão. O parágrafo único prevê a balança. Não me consta que essa balança seja descartável. Não me consta que para cada bujão vendido se tenha de ter uma balança específica. É uma compra única servindo a um sem-número de negócios.

O Sr. Min. Nelson Jobim: A consequência é acabar com a distribuição em domicílio.

O Sr. Min. Marco Aurélio: Não, porque, a partir do momento em que haja esse interesse, o caminhão, como alguns que encontramos pela rua vendendo outros produtos, deve ter uma balança, que não é um equipamento difícil de ser portado, principalmente considerada a extensão do próprio veículo.

O Sr. Min. Moreira Alves: A balança, no caso, para peso individual é pequena.

O Sr. Min. Nelson Jobim: Uma balança em ambiente móvel e externo, sem perigo? Veja: é preciso colocar-se a balança no prumo do caminhão, já começa por aí, e vai ser um tipo de logro, inclusive, e desaparecerá a entrega em domicílio. (...).

O Sr. José Guilherme Villella (advogado): Sr. Presidente, gostaria de lembrar que essa balança é para pesar precisão de sobra, não para pesar botijão, mas sim eventual resíduo existente nele. São quantidades mínimas de resíduo, então, precisa ser uma balança de precisão, impossível de funcionar em cima de um caminhão.

O Sr. Min. Moreira Alves: Mas é preciso considerar que aqui ninguém está falando em balança de precisão. É balança para saber se 10 quilos são 10 quilos, sem precisão milimétrica.

O Sr. Min. Octávio Gallotti (relator): Não, é por causa da sobra, porque ela é muito pequena.

O Sr. Min. Moreira Alves: Mas não é o problema de sobra pequena, e, sim, o de verificar se a sobra é relevante, porque ninguém vai discutir por causa de 20mg, me parece evidente. Em favor do consumidor sempre foi assim, teríamos de ter balança de precisão em todas as casas comerciais, que vendem a peso. (...).

O Sr. Min. Marco Aurélio: Como surgiu essa regra? Surgiu da constatação de defeito no próprio vasilhame, que não expele a totalidade do conteúdo, voltando ao distribuidor, que tem a vantagem de sacar o retido no vasilhame. Nada mais razoável.

Continuo a afirmar: essa lei não surgiu sem uma causa, sem uma motivação, que foi justamente o descompasso notado. Isso chegou até a ser explorado pelos veículos de comunicação, essa deficiência entre o que anunciado quanto ao conteúdo do vasilhame e esse mesmo conteúdo, a realidade constante do vasilhame.

Segue o art. 2º, e vemos que se buscou, com esse artigo, a manutenção da equação inicial, a manutenção do caráter comutativo do negócio jurídico, sinalagmático do próprio negócio jurídico, assegurando-se ao consumidor, na hipótese de deficiência revelada na pesagem, um abatimento proporcional no preço, evitando-se, com isso, o enriquecimento sem causa do vendedor. Que ele responsabilize quem de direito, no caso, o distribuidor que lhe passou a própria mercadoria. (...).

Não vejo sequer uma razão de ser para se fulminar algo que busca a verdade e o equilíbrio do negócio jurídico, e, reafirmo, a compra de uma balança, para se ter em um estabelecimento comercial, não onera, considerado o número de vendas, o próprio produto a ser comercializado, como também a compra de uma balança para o veículo que percorre as residências, distribuindo o produto. Nada mais natural do que se ter, diante de um quadro que demonstrava descompasso em prejuízo dos consumidores, esse balizamento, vivemos sob a égide do princípio da legalidade, segundo o qual "ninguém será obrigado a fazer ou deixar de fazer alguma coisa senão em virtude de lei". O que querem os vendedores? Por acaso, continuar ludibriando aquele que comparece para adquirir um produto? A existência desta ação revela até a má-fé da categoria econômica.

Peço vênia para julgar improcedente o pedido formulado. (...).

VOTO (Vista) – *O Sr. Min. Menezes Direito*: (...).

Tema assemelhado já foi trazido a este Plenário (ADI n. 2.359-ES, Relator o Min. Eros Grau, *DJU* 7.12.2006), que entendeu não conflitar com a Constituição a lei estadual que cuida da comercialização de vasilhames, recipientes ou embalagens reutilizáveis, alcançando gás liquefeito de petróleo (GLP), ao fundamento de que os Estados-membros têm competência para proteger os consumidores, havendo, portanto, competência concorrente. Nesse caso, tratava-se de disciplina estadual que estipulava regras em torno da comercialização para evitar confusão de marcas.

Neste caso, a legislação, de fato, cuida de proteger os direitos dos consumidores no que concerne à pesagem, equipamentos que permitam a fiscalização pelo contribuinte com identificação do peso da embalagem e do peso líquido do produto, bem assim à tabela de preços. (...).

O fato de estar na Constituição Federal apenas a especificação de ser da competência privativa da União legislar sobre "energia" não significa que não pode o Estado-membro legislar para a proteção dos direitos dos consumidores, sendo certo que está na sua competência concorrente legislar sobre "responsabilidade por dano ao meio ambiente, ao consumidor, a bens e direitos de valor artístico, estético, histórico, turístico e paisagístico", como consta do art. 24, VIII, da Constituição vigente.

Veja-se que a lei estadual tratou exatamente de providências capazes de proteger o direito do consumidor com referência à comercialização do GLP. Não se pode restringir a competência do Estado-membro em um regime federativo, ainda que impuro, com interpretação restritiva da vontade do constituinte. Ao revés, pelo menos no meu entender, a interpretação que deve ser oferecida nesses casos de eventual conflito é a que mais se adapte à natureza do regime estatal próprio da Federação, ou seja, aquela que assegure o desempenho da competência do Estado-membro. E, no presente feito, a singularidade de tratar-se da competência privativa para legislar sobre energia sem nenhuma especificação não traduz a inconstitucionalidade subjacente à regulamentação da comercialização com o fim de proteger o consumidor, isto é, de reconhecer ao Estado-membro a competência para legislar sobre a responsabilidade por dano ao consumidor decorrente da comercialização capaz de ensejar fraude. A propósito, o eminente Min. Celso de Mello em seu voto destacou que as "denúncias a respeito de fraudes cometidas nas operações comerciais são intensas. De tal modo que, no próprio Estado do Paraná, o Ministério Público local promoveu, no início da década de 1990, ação civil pública em defesa dos consumidores e, precisamente, impulsionado por essas razões que vieram a ser reiteradas pelo Governador daquele Estado, quando nas informações prestadas neste processo sustentou, também deste ângulo, a legitimidade formal do ato legislativo, afastando a alegação de usurpação de competência normativa federal, e salientou que, *verbis*, a lei estadual ora em debate visa a evitar que os fornecedores de gás liquefeito de petróleo continuem a fraudar os consumidores. Não foi por outra razão que foi editada a lei. É evidente que essa não é uma regra geral, os comerciantes não praticam a fraude como uma operação habitual em seus negócios, mas, de qualquer maneira, essa é a motivação. Há uma inibição para, exatamente, impedir que abusos continuem a ocorrer". (...).

Também eu assim entendo. Não enxergo inconstitucionalidade na referida lei, que, na minha avaliação, está protegida pelo art. 24, VIII, da CF.

Peço vênia aos que votaram em sentido contrário, mas acompanho a divergência inaugurada pelo Min. Marco Aurélio, julgando improcedente a ação. (...).

VOTO – *O Sr. Min. Gilmar Mendes*: (...).

O Sr. Min. Eros Grau: O meu temor é com relação ao princípio da proporcionalidade, porque isso significa que estamos julgando o legislador, estamos a ele imputando um desvio de processo legislativo. Nós temos competência para apreciar a constitucionalidade da lei, não se ela é boa ou má. E, independentemente de ser boa ou má, se não viola a Constituição, a única maneira de investir contra ela seria nós nos candidatarmos e participarmos do Poder Legislativo. O Poder Judiciário não pode praticar aquilo que Canotilho chama de "desvio de Poder Legislativo".

É uma pena que eu não vote.

O Sr. Min. Cézar Peluso: Min. Eros Grau, quando se invoca a proporcionalidade, se invoca num conflito de valores constitucionais. Ninguém invoca a proporcionalidade aleatoriamente, só para discutir teorema, mas para resolver conflito entre valores constitucionais.

O Sr. Min. Carlos Britto: É juízo de ponderação.

O Sr. Min. Eros Grau: Isso não está escrito na Constituição. Perdoe-me.

O Sr. Min. Gilmar Mendes: Farei a leitura de algumas considerações, e depois tratarei do tema aqui agitado pelo Min. Eros Grau. (...).

Dizia, então, o Min. Sepúlveda Pertence:

"De sua vez, os esclarecimentos de fato – particularmente a manifestação do Instituto Nacional de Metrologia, Normatização e Qualidade Industrial/INMETRO, do Ministério da Justiça – são de múltipla relevância pra este julgamento liminar.

"Eles servem, de um lado, como proficientemente explorados na petição, não só para lastrear o questionamento da proporcionalidade ou da razoabilidade da disciplina legal impugnada, mas também para indicar a conveniência de sustar – ao menos, provisoriamente – as inovações por ela impostas, as quais, onerosas e de duvidosos efeitos úteis, acarretariam danos de incerta reparação para a economia do setor na hipótese – que não é de afastar – de que se venha ao final a declarar a inconstitucionalidade da lei."

Fazendo uma nota sobre isso e também sobre o enquadramento no contexto da ideia de proporcionalidade, eu dizia que o próprio Tribunal, pelo menos em sede de liminar, assentou a inadequação da medida e ainda colocou em dúvida a sua necessidade. Por isso, o fundamento não foi, pelo menos em sede de liminar, aquele referente à competência do órgão legislativo estadual, mas tão somente a questão de afronta substancial, isto, sim, de excesso de poder legislativo.

Quanto a esses outros aspectos, tenho a impressão – o Min. Eros Grau tem algumas reservas, ora de índole substancial, ora de índole nominal –, e isso parece ser uma prática corrente, de que não há cogitar de reserva legal, senão de reserva legal proporcional. Temos, sim, de verificar se a lei não esvazia o conteúdo de direitos fundamentais, e, nesse sentido, temos de examinar a adequação, a necessidade e a proporcionalidade em sentido estrito. Por isso não me parece que, aqui, estejamos a invadir competências do legislador, mas simplesmente a cumprir esta tensão que, na verdade, é permanente: jurisdição constitucional e democracia; jurisdição constitucional e Parlamento; jurisdição constitucional e separação de Poderes; todas essas antinomias que se colocam. Mas esse é um dado inevitável.

O Sr. Min. Eros Grau: V. Exa. me permite uma observação breve, sem querer promover um colóquio sobre o assunto? Eu pediria ao Tribunal que dissesse: há uma ofensa a tal ou qual preceito constitucional. Singelamente, sem explicitar que há uma ofensa ao tal princípio da proporcionalidade, que nem é princípio; é uma pauta, é um método de avaliação da ofensa, ou não, à Constituição. Não por conta de não proporcionalidade, mas de violação de um dos direitos fundamentais que se considere. Isso é muito importante, pois o que é dito nesta Corte, amanhã ou depois, será ensinado. É fundamental explicitar-se isso que foi dito agora, com muita clareza, pelo Min. Gilmar Mendes.

Nós não estamos julgando segundo a proporcionalidade, mas eventualmente dizendo que, por não ser proporcional em relação à liberdade, à afirmação da igualdade, por exemplo, julgamos inconstitucional. Mas a inconstitucionalidade está referida não à proporcionalidade ou à razoabilidade, porém a direito fundamental que tenha sido violado pelo texto.

É o que peço, para que amanhã ou depois não se ensine errado. O volume de livros escritos sobre o princípio da proporcionalidade é uma barbaridade. Chega-se verdadeiramente à conclusão de que esta Corte pode fazer o que bem entender a pretexto da proporcionalidade. Ora, isso não é verdadeiro. Se não houver preceito constitucional afrontado pelo texto normativo, efetivamente não nos incumbe afirmar esteja este em conflito com a Constituição.

O que eu pediria, Min. Gilmar Mendes – e V. Exa. disse isso agora com grande clareza e profundidade –, é que explicitemos todos nós, daqui por diante, qual é o preceito constitucional que fundamenta a inconstitucionalidade.

O Sr. Min. Cézar Peluso: Liberdade de exercício profissional.

O Sr. Min. Eros Grau: Perfeito. O julgamento desta questão, hoje, é importantíssimo.

Estou de pleno acordo com V. Exa. Agora, vamos dar nome às coisas, e não falar simplesmente, por reducionismo sem cabimento, que é a proporcionalidade. Não é a proporcionalidade, é a liberdade.

A Sra. Min. Ellen Gracie (presidente): Min. Carlos Alberto Direito.

O Sr. Min. Menezes Direito: Eu posso, na condição de Relator do tema, fazer uma observação? Não estou questionando aqui o fato de aplicar-se ou não o princípio da proporcionalidade. E vou explicitar a razão pela qual não o faço.

Durante o julgamento, o Min. Gilmar Mendes está aí com o texto fornecido pelo Dr. José Guilherme, que nos ajudará certamente, foi levantada uma questão que, a meu ver, tem relevância. Qual é a relevância? A de que esta lei estadual, independentemente da questão da existência da competência concorrente, teria a destinação específica de proteção ao consumidor, que é o art. 24, VIII, da CF. Por quê? Porque, como explicitou o Min. Celso de Mello e o fez também o Min. Marco Aurélio, haveria uma evidência de fraudes praticadas contra os consumidores exatamente nesse processo de distribuição de gás liquefeito de petróleo. (...).

Então, a meu sentir, mesmo que se tivesse de enfrentar, conforme posto por V. Exa., a questão relativa ao princípio da proporcionalidade, é preciso verificar que esse princípio, no caso, pelo menos, tendo em vista o objetivo da lei, que é o de proteger o direito do consumidor, estaria por ele alcançado, ou seja, o princípio alcançaria, na minha compreensão, também essa exigência. Por quê? Porque a distribuição do gás liquefeito de petróleo se faz em domicílio sem nenhum controle do consumidor, e nós sabemos o quanto de resíduo existe na ida e na volta. O que a lei estadual fez foi estabelecer, no âmbito da sua competência, um critério para esse fornecimento.

Portanto, estou pedindo vênia ao Min. Gilmar para não questionar especificamente a questão teórica relativa ao princípio da proporcionalidade, por entender que, neste caso concreto, a proteção ao consumidor alcançou o objetivo desejado na lei estadual.

O Sr. Min. Cézar Peluso: Mas a objeção parece exatamente uma questão de fato, a de que a medida exigida pela lei, para efeito de tutela do consumidor, não atinge o seu objetivo, por ser impraticável do ponto de vista prático. E aí se faz referência a uma manifestação do INMETRO, ou de instituto semelhante. Então, seria importante ler o que o INMETRO, um órgão técnico, diz a esse respeito, pois me parece inútil a medida tomada pela lei, porque ela é impraticável.

O Sr. Min. Gilmar Mendes: (...).

E a questão, bem lembrada pelo Min. Cézar Peluso inclusive, é realmente de aplicação da reserva legal proporcional na liberdade de exercício profissional.

Eu me permitiria lembrar, satisfazendo aquela angústia manifestada pelo Min. Eros Grau, que talvez o primeiro e representativo caso de proporcionalidade na jurisprudência do STF tenha se dado na Rp n. 930, da relatoria do Min. Rodrigues de Alckmin, em que se cuidou da liberdade de exercício profissional do corretor de imóveis, quando o Supremo afirmou que, naquele caso, não era de se exigir a regulamentação daquela profissão. Portanto, nós estamos exatamente diante de um caso de reserva legal que, pelo menos *a priori*, o Tribunal considerou inconstitucional ou desproporcional.

O Sr. Min. Eros Grau: Perdoe-me, Ministro: ou é constitucional ou é inconstitucional. A ofensa não é à proporcionalidade. A ofensa é à liberdade de atividade econômica.

É neste ponto que insisto. Esta Corte deve decidir confrontando o texto normativo com o texto da Constituição. Não estamos aqui para exercer o controle da proporcionalidade das leis. Se o fizéssemos estaríamos a corrigir o legislador.

Eu examinei vários acórdãos da Corte referidos à proporcionalidade e posso afirmar que sempre há um texto constitucional confrontado com o texto normativo infraconstitucional.

O Sr. Min. Gilmar Mendes: É claro, nós estamos a falar sempre de um direito fundamental ou de uma prerrogativa de caráter fundamental submetida à reserva legal, por isso busca-se sempre um argumento ancilar. Em alguns sistemas se diz que o princípio da proporcionalidade reside na própria ideia dos direitos fundamentais, e em outros sistemas se diz que ele reside na própria ideia do Estado de Direito; entre nós tem-se dito que essa é uma expressão da ideia do devido processo legal na sua acepção substantiva. Na verdade, a questão básica é simplesmente dizer: não há reserva legal constitucional praticada pelo legislador, portanto, se ela não atender ao princípio da proporcionalidade.

Leio aqui parte do parecer que está nesses elementos que nos foram distribuídos, acho que é o do INMETRO. Diz o seguinte:

"Essa autarquia, visando a assegurar a fidelidade de tais transações comerciais, realiza periodicamente, através de seus órgãos estaduais conveniados, a fiscalização quantitativa do produto ora em tela, com a verificação sistemática do peso do botijão vazio.

"A utilização de balança, como preconiza a referida lei, seria prejudicial, devido à necessidade de conterem dispositivos de predeterminação de tara, de nível, bem como travas especiais, tendo em vista que tais balanças, sendo especiais, trazem um grau elevado de desgaste e desregulagem que poderia prejudicar as medições." (...).

Sra. Presidente, diante dessas considerações, permaneço com a jurisprudência que se consolidara no julgamento da liminar e me manifesto, então, pela inconstitucionalidade da norma, tal como o Tribunal já havia feito, por ocasião do julgamento da cautelar.

(...).

EXTRATO DE ATA

Decisão: Após os votos dos Srs. Mins. Octávio Gallotti (Relator), Nelson Jobim, Maurício Corrêa e Ilmar Galvão, julgando procedente a ação e declarando a inconstitucionalidade da Lei n. 10.248, de 14.1.1993, do Estado do Paraná, e dos votos dos Srs. Mins. Marco Aurélio e Celso de Mello, julgando-a improcedente, pediu vista dos autos o Sr. Min. Sepúlveda Pertence. Falou pela requerente o Dr. José Guilherme Villela. Plenário, 18.10.2000.

Decisão: Renovado o pedido de vista do Sr. Min. Sepúlveda Pertence, justificadamente, nos termos do § 1º do art. 1º da Resolução n. 278, de 15.12.2003.

Presidência do Sr. Min. Maurício Corrêa. Plenário, 28.4.2004.

Decisão: Prosseguindo no julgamento, o Tribunal, por maioria, julgou procedente a ação direta, vencidos os Srs. Mins. Marco Aurélio, Celso de Mello e Menezes Direito. Redigirá o acórdão o Sr. Min. Gilmar Mendes. Não participaram da votação as Sras. Mins. Ellen Gracie (Presidente) e Carmen Lúcia e os Srs. Mins. Eros Grau e Carlos Britto, por sucederem, respectivamente, aos Srs. Mins. Octávio Gallotti, Nelson Jobim, Maurício Corrêa e Ilmar Galvão, que proferiram voto em assentada anterior. Ausente, justificadamente, o Sr. Min. Joaquim Barbosa. Plenário, 6.3.2008.

Presidência da Sra. Min. Ellen Gracie. Presentes à sessão os Srs. Mins. Celso de Mello, Marco Aurélio, Gilmar Mendes, Cézar Peluso, Carlos Britto, Ricardo Lewandowski, Eros Grau, Carmen Lúcia e Menezes Direito.

* * *

PERGUNTAS

1. Quais são os fatos?

2. Qual é a inconstitucionalidade formal alegada? E a material? Que dispositivo da lei a tornaria materialmente inconstitucional?

3. Quais direitos estão contrapostos no caso?

4. O Min. Direito afasta a necessidade de discussão sobre a proporcionalidade. Ele sustenta que a lei teria alcançado o objetivo de proteger o consumidor. Essa constatação afasta mesmo a necessidade de ponderação entre princípios?

5. O que são a adequação, a necessidade e a proporcionalidade em sentido estrito?

6. São distintas as visões sobre a proporcionalidade apresentadas no debate entre os Mins. Eros Grau e Gilmar Mendes? Para esse último, uma ofensa à proporcionalidade isoladamente considerada seria inconstitucional?

7. A proporcionalidade é um princípio constitucional ou apenas um cânone de interpretação?

8. Como a Corte decide o caso?

5.21 Caso do monopólio dos Correios no serviço postal (ADPF 46-7-DF)

(Plenário – rel. para o acórdão Min. Eros Grau – j. 5.8.2009)

Arguição de descumprimento de preceito fundamental – Empresa Pública de Correios e Telégrafos – Privilégio de entrega de correspondências – Serviço postal – Controvérsia referente à Lei federal n. 6.538, de 22.6.1978 – Ato normativo que regula direitos e obrigações concernentes ao serviço postal – Previsão de sanções nas hipóteses de violação do privilégio postal – Compatibilidade com o sistema constitucional vigente – Alegação de afronta ao disposto nos arts. 1º, inciso IV, 5º, inciso XIII, 170, *caput*, e inciso IV e parágrafo único, e 173 da Constituição do Brasil – Violação dos princípios da livre concorrência e livre iniciativa – Não caracterização – Arguição julgada improcedente – Interpretação conforme à Constituição conferida ao art. 42 da Lei n. 6.538, que estabelece sanção se configurada a violação do privilégio postal da União – Aplicação às atividades postais descritas no art. 9º da Lei. (...).

ACÓRDÃO – Vistos, relatados e discutidos estes autos: Acordam os Ministros do Supremo Tribunal Federal, em sessão plenária, sob a presidência do Sr. Min. Gilmar Mendes, na conformidade da ata de julgamentos e das notas taquigráficas, por maioria de votos, em julgar improcedente a arguição de descumprimento de preceito fundamental. O Tribunal, ainda, deu interpretação conforme ao art. 42 da Lei n. 6.358/1978 para restringir a sua aplicação às atividades postais descritas no art. 9º do referido diploma legal.

Brasília, 5 de agosto de 2009 – *Eros Grau*, relator para acórdão.

RELATÓRIO – *O Sr. Min. Marco Aurélio*: Esta arguição de descumprimento de preceito fundamental, em que formulado pedido de concessão de medida acauteladora, foi formalizada apontando-se como arguida a Empresa Brasileira de Correios e Telégrafos/ECT, vinculada ao Ministério das Comunicações. Consigna-se o objetivo de reparar lesão a diversos preceitos fundamentais contidos na Constituição Federal. Então, discorre-se sobre a legitimidade da arguente, associação de abrangência nacional, a representar os interesses das empresas de distribuição, conforme previsto nos arts. 2º do Capítulo I e 5º do Capítulo II dos Estatutos Sociais, contando com associados nos Estados de São Paulo, Rio de Janeiro, Minas Gerais, Maranhão, Paraná, Ceará, Bahia, Rio Grande do Sul, Pernambuco, Piauí, Amazonas, Distrito Federal e outros. Afirma-se a legitimidade por se encontrar a arguente no rol das associações que podem propor a ação direta de inconstitucionalidade. Quanto à pertinência temática, alude-se às finalidades estatutárias e à matéria versada na inicial, no que é buscada a preservação da livre iniciativa, da livre concorrência, tal como dispõem os arts. 1º, inciso IV, 5º, inciso XIII, e 170, cabeça e inciso IV e parágrafo único, todos da CF. Ter-se-ia o envolvimento de lei anterior à vigente Constituição Federal e atos, contrários ao Diploma Fundamental em vigor, emanados do Poder Público, perpetrados via Empresa Pública Federal de Correios e Telégrafos. Segundo o sustentado, inexiste meio eficaz de sanar a lesividade, dizendo-se dos reflexos de medidas relativamente às empresas associadas e que estão em todo o território nacional, no total de cerca de 15.000, com mais de 1.200.000 empregados. Aduz-se que as ações judiciais se sucedem e que há de ser observado o princípio da subsidiariedade. Cita-se o que veiculado pelo Min. Celso de Mello na ADPF n. 17, bem como pelo Min. Gilmar Mendes em artigo sobre o tema, argumentando-se com a ausência de outro meio eficaz para tornar prevalecentes os ditames constitucionais. Então, assevera-se: (a) os atos praticados pela arguida têm fundamento em lei anterior à Constituição de 1988, o que afasta a possibilidade de ajuizar-se ação direta de inconstitucionalidade; (b) os conflitos enfrentados pelas associadas da arguente e a insegurança jurídica hoje reinante em relação aos serviços postais somente podem ser cessados por meio de medida coletiva, com efeitos abrangentes, de modo a pacificar as relações jurídicas mantidas pelas associadas, irradiando-se a toda a sociedade.

A seguir, em tópico intitulado "Dos Fatos", relata-se a criação, no território nacional, de diversas empresas de distribuição, visando a atender à demanda do mercado de serviço de logística, movimentação de materiais, manuseio, distribuição de malotes, revistas, periódicos, pequenas encomendas, leitura e entrega de conta de luz e gás e outras atividades autorizadas pelos entes federativos – União, Estados e Municípios –, sendo que em momento algum as empresas pretenderam entregar ou distribuir cartas, entendidas essas como correspondência de cunho pessoal, íntimo e sigiloso. Ter-se-ia iniciado "uma verdadeira cruzada nacional para expurgar a concorrência e banir do mercado todas as empresas congregadas pela arguente (na verdade, todas as empresas do ramo de distribuição) sob o argumento de que a arguida possuiria o monopólio postal absoluto e, assim, toda e qualquer correspondência, seja ela uma lista telefônica, uma conta de luz ou uma encomenda, estaria sob o conceito de carta, ou seja, papel escrito metido em envoltório fechado, que se envia de uma parte a outra para comunicação entre pessoas distantes; manuscrito fechado com endereço (*Dicionário Brasil Contemporâneo*)" (fls. 10). Aponta-se como objetivo único de tal empreitada a eliminação da livre concorrência e do primado da iniciativa privada, buscando-se o monopólio exclusivo e a liberdade total de preços. Assevera-se que somente se tem monopólio nas atividades taxativamente referidas no art. 177 da CF e que as decisões sobre o tema vêm variando, ora concluindo o Judiciário pela existência do monopólio postal, ora pela necessidade de manutenção do serviço postal. As empresas de distribuição estariam sob ameaça de fechamento, muito embora prestando serviços de qualidade, a preços competitivos, gerando empregos e recolhendo impostos, tudo ocorrendo com a aprovação dos entes federativos. (...).

À luz da livre iniciativa, evoca-se o fato de a Empresa Brasileira de Correios e Telégrafos brandir lei da época da ditadura, visando ao afastamento de empresas legalmente constituídas, sob o pretexto de ter a exclusividade, o monopólio. Quanto à liberdade do exercício de qualquer trabalho, argumenta-se que a norma do inciso XIII do art. 5º da CF tem por finalidade a formação do mercado, excluídas apenas atividades ilícitas ou os casos em que não se faça presente a qualificação profissional. No tocante à livre concorrência, à livre iniciativa, pondera-se que o limite é o abuso do poder econômico que objetive a dominação dos mercados, a eliminação de concorrentes e o aumento dos lucros – art. 173, § 4º, do Diploma Máximo. Os atos praticados pela arguida implicam, segundo o sustentado, violência aos preceitos fundamentais referidos, buscando a intimidação de empregados, diretores e clientes das empresas associadas. As medidas para banir do ramo de distribuição a livre iniciativa, a livre concorrência, e impedir o desenvolvimento do ofício estariam compreendidas na política nacional desenvolvida pelo Ministério das Comunicações e seguida à risca pelos dirigentes da Empresa Brasileira de Correios, com alegado esteio no art. 9º de lei anterior a Carta, ou seja, a Lei n. 6.538/1978, no que dispõe:

"Art. 9º. São exploradas pela União, em regime de monopólio, as seguintes atividades postais: I – recebimento, transporte e entrega, no território nacional, e a expedição, para o Exterior, de carta e cartãopostal; II – recebimento, transporte e entrega, no território nacional, e a expedição, para o Exterior, de correspondência agrupada; III – fabricação, emissão de selos e de outras fórmulas de franqueamento postal.

"§ 1º. Dependem de prévia e expressa autorização da empresa exploradora do serviço postal: a) venda de selos e outras fórmulas de franqueamento postal; b) fabricação, importação e utilização de máquinas de franquear correspondência, bem como de matrizes para estampagem de selo ou carimbo postal.

"§ 2º. Não se incluem no regime de monopólio: a) transporte de carta ou cartão-postal, efetuado entre dependências da mesma pessoa jurídica, em negócios de sua economia, por meios próprios, sem intermediação comercial; b) transporte e entrega de carta e cartão-postal, executados eventualmente e sem fins lucrativos, na forma definida em regulamento." (...).

O pedido final está desdobrado, a fls. 37 e 38, para: (a) reconhecer-se "a violação aos preceitos fundamentais da livre iniciativa, da livre concorrência e do livre exercício de qualquer trabalho, como exaustivamente apontado nesta peça, perpetradas por atos da Empresa Brasileira de Correios e Telégrafos (Poder Público)"; (b) declarar-se, "nos termos do art. 11 da Lei n. 9.882/1999, a inconstitucionalidade da Lei n. 6.538/1978, especialmente sobre a questão do monopólio de entrega de correspondências"; (c) também nos termos do art. 11 da Lei n. 9.882/1999, tendo em vista a relevância da matéria, declarar-se o que se entende por carta cuja entrega, por motivo de segurança e privacidade, continua sendo prerrogativa da arguida, restringindo-se tal conceito "ao papel escrito, metido em envoltório fechado, selado, que se envia de uma parte a outra, com conteúdo único, para comunicação entre pessoas distantes, contendo assuntos de natureza pessoal e dirigido, produzido por meio intelectual e não mecânico, excluídas expressamente deste conceito as conhecidas correspondências de maladireta, revistas, jornais e periódicos, encomendas, contas de luz, água e telefone e assemelhados, bem como objetos bancários como talões de cheques, cartões de créditos, etc.". Então, requereu-se fossem intimados a manifestar-se sobre a ação os Exmo. Ministro das Comunicações, à época o Sr. Mira Teixeira, o Presidente da arguida, à época o Sr. Airton Dipp, o Procurador-Geral da República, como também qualquer outra autoridade, a critério do Tribunal. Com a inicial vieram os documentos de fls. 40 a 545. (...).

VOTO – *O Sr. Min. Marco Aurélio* (relator): (...).

Se em certa sociedade o Estado prega o dirigismo econômico, mais e mais atividades serão realizadas sob as mãos do Estado e alçadas à condição de serviço público. Ao contrário, se exorta a livre iniciativa e a liberdade econômica, a regra é que os particulares desenvolvam tais atividades livremente, desde que atendam à disciplina própria para cada setor da economia, atuando o Poder Público apenas de maneira subsidiária, quando imprescindível por imperativo de segurança nacional ou relevante interesse coletivo – art. 173 da CF em vigor.

A liberdade de iniciativa constitui-se em uma manifestação dos direitos fundamentais do homem, na medida em que garante o direito que todos têm de se lançar ao mercado de produção de bens e serviços por conta e risco próprios, bem como o direito de fazer cessar tal atividade. Os agentes econômicos devem ser livres para produzir e para colocar os produtos no mercado, o que também implica o respeito ao princípio da livre concorrência. Eis uma garantia inerente ao Estado Democrático de Direito. (...).

Se a forma mais comumente associada à regulação de monopólios naturais havia sido a nacionalização das empresas atuantes no setor, fez-se necessário organizar a transição da outrora prestação pública para a hodierna atividade privada, e ao Estado coube então exercer o papel regulatório, para que não houvesse distorções no desenvolvimento da atividade. Essa transferência da prestação pública para a particular pôde ser sentida nos setores de siderurgia, de mineração, de telecomunicações e de energia elétrica, restando ainda os serviços postais, objeto da presente arguição de descumprimento de preceito fundamental. Esta é a questão apresentada: o monopólio da atividade postal, instituído por força de lei, quando a Constituição Federal expressamente admitia tal possibilidade – na Constituição de 1967, por meio do art. 157, § 8º, e na Emenda Constitucional n. 1, de 1969, mediante o art. 163 –, foi recepcionado pela Carta de 1988? Em outras palavras, as razões que determinaram a instituição do monopólio do serviço postal permanecem vigentes? Pode a Corte olvidar as transformações sociais e tecnológicas que ocorreram no País nesse meio século e entender que o significado do verbo "manter", núcleo do inciso X do art. 21, é o mesmo de dois séculos atrás?

O serviço postal durante muito tempo foi executado pela União – e não somente mantido – porque simplesmente não havia no País empresas com capacidade operacional e técnica suficientes para poder desenvolver, com presteza e agilidade, a entrega de correspondências por todo o território nacional. As dimensões continentais brasileiras, atreladas aos incipientes investimentos nos transportes – aéreo, terrestre, ferroviário –, forçaram o surgimento de um monopólio inevitável. As precárias condições vigentes à época não admitiam o ingresso de empresas privadas. (...).

A comprovada ineficácia com que a atividade econômica era prestada pelo Estado terminou por acelerar a progressiva retirada do Estado da prestação das atividades econômicas. De toda sorte, a referida retração estatal não pode ser analisada fora da conjuntura de reformas que permeia a atual Administração Pública brasileira. Novos modelos vêm sendo implementados, novas figuras jurídicas vêm sendo criadas, como a regulamentação dos contratos de concessão e de permissão, os contratos de gestão, os órgãos reguladores, as organizações sociais, as organizações da sociedade civil sem fins lucrativos/OSCIPs, as agências executivas, as parcerias público-privadas, tudo isso a partir da premissa de que a preservação do interesse público nem sempre é sinônimo de atuação estatal. Ao reverso, o que a experiência vem demonstrando é que em muitos casos mais se atende ao interesse social quando o Estado se retira da prestação direta e passa a atuar de outra maneira, como ente capaz de regular, fiscalizar e impor sanções, de acordo com os ditames do art. 174 da Carta Política, e liberta a atividade econômica para seus verdadeiros titulares: a iniciativa privada. (...).

Desse modo, faz-se necessário reconhecer que, diante do texto constitucional de 1988, frente às mutações operadas no direito administrativo brasileiro, de acordo com as inovações perpetradas no que tange aos limites de participação do Estado na economia, simplesmente não há mais espaço para se entender recepcionada a Lei n. 6.538/1978, especialmente o texto do art. 9º, no que disciplina o serviço postal como monopólio a ser explorado unicamente pela União. (...).

A leitura da Constituição revela que o legislador constituinte, quando quis remeter à necessidade de prestação direta da atividade pelo Estado, consignou-a expressamente, utilizando-se, para tanto, de construções como "explorar, diretamente ou mediante concessão", para o caso das telecomunicações, considerado o texto original do inciso XI do art. 21; ou "explorar diretamente ou mediante autorização, concessão ou permissão", para os casos de radiodifusão sonora, de sons e de imagens (art. 21, inciso XII, alínea "a"); para os serviços e instalações de energia elétrica e o aproveitamento energético dos cursos de água (art. 21, inciso XII, alínea "b"); para a navegação aérea, aeroespacial e a infraestrutura aeroportuária (art. 21, inciso XII, alínea "c"); para os serviços de transporte ferroviário e aquaviário entre portos brasileiros e fronteiras nacionais, ou que transponham os limites de Estado ou Território (art. 21, inciso XII, alínea "d"); para os serviços de transporte rodoviário interestadual e internacional de passageiros (art. 21, inciso XII, alínea "e"); e, ainda, quanto aos portos marítimos, fluviais e lacustres (art. 21, inciso XII, alínea "f").

A Constituição Federal é exaustiva, também, no tocante à instituição do monopólio da atividade econômica – arts. 21, inciso XXIII, e 177 da Carta, a saber: (...).

Somente o intérprete mais criativo poderia concluir que o verbo "manter", a compelir a União a assumir os ônus relativos aos serviços postais, significa na verdade "prestação direta ou mediante delegação a empresa pública, em regime de reserva de mercado". A prevalecer esse entendimento, é dado imaginar uma interpretação extensiva, no sentido de dizer que, onde na Constituição se lê "manter", leia-se "monopólio", o que é absolutamente risível. No caso, e ante as peculiaridades envolvidas, "manter", na verdade, significa um conjunto de serviços que devem ser garantidos necessariamente pela União, o que abrangeria, inclusive, eventual exigência de prestá-los diretamente, quando não houver interesse econômico suficiente à implementação da atividade em determinados pontos do território nacional. Funciona como espécie de aval que a União concede aos cidadãos, obedecidos os princípios de continuidade e de universalidade dos serviços. (...).

Acolho o pleito formulado na inicial para declarar que não foram recepcionados pela Constituição Federal de 1988 os artigos da Lei n. 6.538/1978 que disciplinaram o regime da prestação do serviço postal como monopólio exclusivo da União – ou, mediante sutil jogo de palavras, em regime de "controle/privilégio exclusivo", conforme quer fazer crer a Advocacia-Geral da União, em memorial entregue a esta Corte – a ser executado pela Empresa Brasileira de Correios e Telégrafos, o que viola os princípios da livre iniciativa, da liberdade no exercício de qualquer trabalho, da livre concorrência e do livre exercício de qualquer atividade econômica, respectivamente disciplinados na Carta Política de 1988 nos arts. 1º, inciso IV, 5º, inciso XIII, 170, cabeça, inciso IV e parágrafo único.

É como voto na espécie.

VOTO – *O Sr. Min. Eros Grau*: Sr. Presidente, acabamos de ouvir um longo voto, muito bonito desde o seu primeiro momento, quando o Ministro-Relator começou fazendo uma exposição sobre a interpretação, o círculo hermenêutico, a pré-compreensão, temas que entendo fascinantes. Mas vou pedir vênia para divergir. Diria, inicialmente, que toda a exposição atinente à atividade econômica em sentido estrito perde o sentido porque o serviço postal é serviço público. (...).

Tenho reiteradamente insistido [**Rodapé:** Meu *A Ordem Econômica na Constituição de 1988*, cit., pp. 124 e ss.] na necessidade de apartarmos o regime de *privilégio*, de que se reveste a prestação dos serviços públicos, do regime de *monopólio*, sob o qual, algumas vezes, a exploração de atividade econômica em sentido estrito é empreendida pelo Estado.

Monopólio é de *atividade econômica em sentido estrito*. Já, a exclusividade da prestação dos *serviços públicos* é expressão de uma situação de *privilégio*. Ruy Barbosa [**Rodapé:** "Privilégios exclusivos na jurisprudência constitucional dos Estados Unidos", in *Obras Completas*, vol. XXXV, t. II, Ministério da Educação e Cultura, Rio, 1963, pp. 13-14.] afirmava a necessidade de distinguirmos entre o monopólio da atividade econômica (em sentido estrito) e a situação, "absolutamente diversa, nos seus elementos assim materiais como legais, de outros privilégios, que, não desfalcando por modo algum o território do direito individual, confiam a indivíduos ou corporações especiais o exercício exclusivo de certas faculdades, reservadas, de seu natural, ao uso da Administração, no País, no Estado ou no Município, e por ela delegados, em troca de certas compensações, a esses concessionários privativos". E, adiante, completa: "Num ou noutro caso, pois, todos esses serviços hão de ser, necessariamente, objeto de privilégios exclusivos, quer os retenha em si o governo local, quer os confie a executores por ele autorizados. De modo que são privilégios exclusivos, mas não monopólios na significação má e funesta da palavra". Por quê? Porque se trata da exclusividade da prestação de serviço público, que é atividade distinta da atividade econômica em sentido estrito. Por isso digo que o serviço público está para o Estado assim como a atividade econômica em sentido estrito está para o setor privado.

Os regimes jurídicos sob os quais são prestados os serviços públicos importam em que sua prestação seja desenvolvida *sob privilégios*, inclusive, em regra, o da exclusividade na exploração da atividade econômica em sentido amplo a que corresponde a sua prestação. É justamente a virtualidade desse privilégio de exclusividade na prestação, aliás, que torna atrativa para o setor privado a sua exploração, em situação de concessão ou permissão.

O argumento desenvolvido na tribuna pelo Professor Barroso não se sustenta. Pois é certo que, para que empresa privada pudesse ser admitida à prestação do serviço postal, que é serviço público, seria necessário que a Constituição dissesse que o serviço postal é livre à iniciativa privada, tal qual o fazem os arts. 199 e 209 em relação à saúde e à educação, os quais podem ser prestados independentemente de concessão ou permissão. Os artigos mencionados excepcionam o art. 175 para dizer que a prestação de serviços de saúde e educação são livres à iniciativa privada. (...).

Por isso, Sra. Presidente, peço vênia para divergir e julgar inteiramente improcedente a arguição de descumprimento de preceito fundamental. (...).

VOTO – *O Sr. Min. Ricardo Lewandowski:* Sr. Presidente, ouvi atentamente o relatório feito por V. Exa. e os distintos argumentos alinhados.

Peço vênia aos eminentes Colegas para me alinhar à posição do ilustre Min. Carlos Britto e também à de V. Exa., que são, de certa maneira, convergentes.

Eu entendo que a competência privativa da União para manter o serviço postal, nos termos do art. 21, X, da CF, não engloba a correspondência comercial e a entrega de encomendas. Esses serviços não estão, a meu ver, abrangidos pelo monopólio estatal, que se limita ao serviço postal *stricto sensu*, ou seja, à entrega de correspondência pessoal, inclusive ligada à garantia que a Constituição estabelece relativamente à inviolabilidade do sigilo da correspondência, das comunicações telegráficas, e à emissão de selos etc., enquanto serviço público.

E, de modo geral, como disse V. Exa., Sr. Presidente, são todos aqueles serviços alinhados no art. 9º da lei impugnada.

Eu, tal como V. Exa. – e, tenho impressão, na linha do que assentou o Min. Carlos Britto –, entendo que estão fora do monopólio estatal a entrega de talões de cheques, de cartão de crédito, de cartões de cobrança, brindes, documentos, amostras trocadas entre empresas, jornais, revistas, impressos que constituem uma atividade tipicamente econômica, até porque uma solução em sentido contrário militaria contra a realidade já delineada no mundo globalizado.

Eu entendo, também, que estão excluídas desse monopólio as entregas de encomendas, os serviços de *courier*, mesmo porque já convivem com o Correio estatal, não só no Brasil como no Exterior, há muitos anos, com êxito, empregando centenas de milhares de pessoas.

Quero dizer ainda que, de acordo com o inciso V do art. 1º da Constituição da República, a livre iniciativa configura um dos fundamentos do Estado Democrático de Direito e é um postulado que deve servir de baliza para interpretação de todos os outros dispositivos da Constituição, inclusive aqueles concernentes às competências da União. E as exceções, como se sabe, devem ser interpretadas de modo estrito, ainda que se considere que o serviço é exercido sob regime de monopólio, ou até sob regime de privilégio de serviço público. Se entendêssemos assim, nós estaríamos dando uma interpretação extensiva ao comando constitucional que estabelece o monopólio – se é que estabelece – da União no que tange aos Correios, em detrimento da iniciativa privada, que é um dos fundamentos – como eu disse, aliás, não sou eu que digo, são os constituintes que disseram – do Estado Democrático.

Então, Sr. Presidente, eu estaria inclinado a me amoldar à solução de V. Exa., que penso ser compatível com o posicionamento do Min. Carlos Britto, no sentido de considerar parcialmente procedente a arguição de descumprimento de preceito fundamental, dando uma interpretação conforme aos diferentes dispositivos impugnados, inclusive no que tange às sanções penais, relativamente à infringência das atividades exercidas sob o monopólio estatal.

Então, em suma, Sr. Presidente, é esse o meu voto. (...).

O Sr. Min. Ricardo Lewandowski: Sr. Presidente, peço a palavra.

O art. 42 diz o seguinte:

Constitui crime: "Art. 42. Coletar, transportar, transmitir ou distribuir, sem observância das condições legais," – ou seja, um conceito muito vago – "objetos de qualquer natureza" – também um conceito mais vago ainda – "sujeitos ao monopólio da União" – que não foi definido com clareza pelo Plenário desta Corte –, "ainda que pagas as tarifas postais ou de telegramas: Pena – detenção, até 2 (dois) meses, ou pagamento não excedente a 10 (dez) dias-multa".

Parece-me, Sr. Presidente, que compete ao Plenário, com a devida vênia, decidir se um tipo penal com esta largueza, com esta abertura, é ou não compatível com a Constituição. Eu penso, com todo respeito, que não. (...).

O Sr. Min. Cézar Peluso: Sob pena de ser considerado inepto – e não é caso de inaptidão, a meu ver –, tem que ser compatibilizado com o que esta na letra "c".

Na verdade, não se quer declarar a inconstitucionalidade total da lei. O que se quer declarar é que ela é abrangente demais, que o seu conteúdo compatível com a Constituição é menor. Menor em que sentido? Tudo o que está na lei vale e é compatível como exclusão, desde que se restrinja à carta no sentido que está discriminado no inciso VI. Só isso.

O Sr. Min. Gilmar Mendes (presidente): Mas se V. Exa. assenta desta forma, dizendo que interpreta o art. 42 em consonância com o art. 9º, exclusivamente no que concerne, portanto, a cartas, cartões-postais e a correspondências agrupadas, o assunto está resolvido.

O Sr. Min. Cézar Peluso: Quanto a isso não tenho dúvida.

O Sr. Min. Eros Grau: Então, abro mão do meu pedido de vista.

O Sr. Min. Ricardo Lewandowski: Qual é a solução?

O Sr. Min. Gilmar Mendes (presidente): Interpretar o art. 42 em consonância com a expressão do monopólio do art. 9º da lei. Portanto, retira essa abertura das condições.

O Sr. Min. Cézar Peluso: Claro. Quanto a isso, estou de acordo.

O Sr. Min. Eros Grau: Que isso conste inclusive do acórdão.

O Sr. Min. Carlos Britto: Está correta a interpretação de V. Exa. Faz-se a interpretação do art. 42 conjugadamente com o art. 9º. (...).

EXTRATO DE ATA

Decisão: O Tribunal, por maioria, considerando que o voto do Sr. Min. Carlos Britto mais se aproxima do entendimento da divergência inaugurada pelo Sr. Min. Eros Grau, julgou improcedente a arguição de descumprimento de preceito fundamental, vencidos o Sr. Min. Marco Aurélio, que a julgava procedente, e os Srs. Mins. Gilmar Mendes (Presidente), Ricardo Lewandowski e Celso de Mello, que a julgavam parcialmente procedente. O Tribunal, ainda, deu interpretação conforme ao art. 42 da Lei n. 6.538/1978 para restringir a sua aplicação às atividades postais descritas no art. 9º do referido diploma legal. Redigirá o acórdão o Sr. Min. Eros Grau. Ausente, justificadamente, o Sr. Min. Menezes Direito. Plenário, 5.8.2009.

Presidência do Sr. Min. Gilmar Mendes. Presentes à sessão os Srs. Mins. Celso de Mello, Marco Aurélio, Ellen Gracie, Cézar Peluso, Carlos Britto, Joaquim Barbosa, Eros Grau, Ricardo Lewandowski e Carmen Lúcia.

* * *

PERGUNTAS

1. Quais os fatos?
2. Qual a legislação atacada pela presente ação?
3. Qual o preceito fundamental descumprido?
4. Para o Min. Marco Aurélio, qual o direito ameaçado?
5. Qual a natureza do serviço postal para o Min. Marco Aurélio? Trata-se de serviço público ou atividade econômica em sentido estrito? Quais as implicações de sua compreensão?
6. Há um fundamento constitucional que determine a atuação subsidiária do Estado em relação ao setor privado? Como esse argumento é desenvolvido pelo Min. Marco Aurélio?
7. Qual a natureza da divergência entre os Mins. Eros Grau e Marco Aurélio?

8. Para o Min. Eros Grau, a qualificação de um serviço como público exclui a liberdade econômica?
9. Qual a natureza da divergência entre os Mins. Eros Grau e Ricardo Lewandowski?
10. Como ficou resolvida a controvérsia?
11. Afinal, qual foi a posição assumida pelo Tribunal em relação à liberdade econômica, como direito fundamental?

5.22 Proibição da importação de pneus usados e meio ambiente (ADPF 101-DF)

(Plenário – rela. Min. Carmen Lúcia – j. 24.6.2009)

Arguição de descumprimento de preceito fundamental: adequação – Observância do princípio da subsidiariedade – Arts. 170, 196 e 225 da Constituição da República – Constitucionalidade de atos normativos proibitivos da importação de pneus usados – Reciclagem de pneus usados: ausência de eliminação total de seus efeitos nocivos à saúde e ao meio ambiente equilibrado – Afronta aos princípios constitucionais da saúde e do meio ambiente ecologicamente equilibrado – Coisa julgada com conteúdo executado ou exaurido: impossibilidade de alteração – Decisões judiciais com conteúdo indeterminado no tempo: proibição de novos efeitos a partir do julgamento – Arguição julgada parcialmente procedente. (...).

ACÓRDÃO – Vistos, relatados e discutidos estes autos: Acordam os Ministros do Supremo Tribunal Federal, em sessão plenária, sob a presidência do Min. Gilmar Mendes, na conformidade da ata de julgamento e das notas taquigráficas, preliminarmente, por maioria, em conhecer aa arguição de descumprimento de preceito fundamental e, no mérito, por maioria, em dar parcial provimento à arguição de descumprimento de preceito fundamental, nos termos do voto da Relatora. Ausentes, neste julgamento, o Sr. Min. Cézar Peluso e, licenciado, o Sr. Min. Menezes Direito.

Brasília, 24 de junho de 2009 – *Carmen Lúcia*, relatora.

RELATÓRIO – *A Sra. Min. Carmen Lúcia*: 1. Arguição de descumprimento de preceito fundamental, com pedido de medida liminar, ajuizada pelo Presidente da República, com fundamento "nos arts. 102, § 1º, e 103 da Constituição da República e no art. 2º, inciso I, da Lei n. 9.882, de 3.12.1999, (...) a fim de evitar e reparar lesão a preceito fundamental resultante de ato do Poder Público representado por decisões judiciais que violam o mandamento constitucional previsto no art. 225 da Constituição" da República (fls. 2). (...).

VOTO – *A Sra. Min. Carmen Lúcia* (relatora):

1. Objeto da ação

1.1 Como relatado, o Presidente da República ajuizou a presente arguição de descumprimento de preceito fundamental ao argumento de que numerosas decisões de Juízes Federais das Seções Judiciárias do Ceará, do Espírito Santo, de Minas Gerais, do Paraná, do Rio de Janeiro e de São Paulo, bem como dos TRFs da 2ª, 3ª, 4ª e 5ª Região estariam descumprindo os preceitos fundamentais constantes, essencialmente, dos arts. 196 e 225 da Constituição da República, ao garantir aos autores das ações a importação de pneus usados e remoldados. (...).

1.2 Alega o autor da arguição ser de fundamental importância para o Brasil a manutenção das normas proibitivas de importação de pneus usados "para a proteção da saúde pública e preservação do meio ambiente" (fls. 25), porque: (a) não existe "método eficaz de eliminação completa dos resíduos apresentados por pneumáticos que não revele riscos ao meio ambiente"; (b) "mesmo a incineração, que é o método mais aceito e utilizado atualmente, produz gases tóxicos que trazem significativos danos à saúde humana e ao meio ambiente"; (c) "outros métodos já desenvolvidos, a par de não assegurarem a incolumidade do meio ambiente e da saúde, são muito custosos economicamente, prestando-se apenas a eliminar uma fração mínima desses resíduos"; (d) "assim como a Comunidade Europeia, o Brasil não admite o aterro de pneus como método de eliminação de resíduos ambientalmente adequados, tendo em vista o risco de danificação da sua estrutura e consequente liberação de resíduos sólidos e líquidos prejudiciais ao meio ambiente e à saúde pública, assim como de cinzas tóxicas"; (e) "o acúmulo de pneus ao ar livre frequentemente causa incêndio de grandes dimensões e de longa duração (...) liberando óleos piroliticos no meio ambiente, gases tóxicos na atmosfera que contêm compostos químicos altamente perigosos e muitas vezes cancerígenos, além de representarem grave risco à saúde pública, por serem criadouros ideais para mosquitos transmissores de doenças tropicais, como dengue, malária e febre amarela" (fls. 25-26).

Observou-se, ainda, na peça inicial da Arguição que "o Brasil, sem computar a entrada de pneus usados importados determinada por decisões judiciais, gera anualmente um passivo de aproximadamente 40.000.000 de unidades de pneus usados, ao qual precisa dar a correta destinação a fim de prevenir danos ambientais maiores do que aqueles por eles já representados. Segundo dados do Ministério do Meio Ambiente, atualmente existem no País mais [*de*] 100.000.000 de pneus abandonados, à espera de uma destinação ambientalmente e economicamente sustentável e recomendável" (fls. 28-29).

E esclareceu que "o pneu usado pode ser classificado tanto como pneu inservível – aqueles que apresentam danos irreparáveis em sua estrutura, não se prestando a recapagem, recauchutagem e remoldagem – quanto como pneu reformado – aqueles que foram submetidos a processo de recapagem (processo pelo qual o pneu usado é reformado pela substituição de sua banda de rodagem e dos ombros) e remoldagem (processo pelo qual o pneu usado é reformado pela substituição de sua banda de rodagem, dos ombros e de toda a superfície de seus flancos). Não obstante os pneus usados servíveis ainda poderem ser utilizados pela indústria de reforma de pneus, o fato é que eles efetivamente possuem um ciclo de vida menor do que a do pneu novo, sendo importante salientar que, segundo informações do INMETRO, os pneus de automóveis de passeio somente podem passar por um único processo de reforma, tornando-se inservíveis após uma única utilização e transformando-se em lixo de grande potencial nocivo ao meio ambiente e à saúde pública" (fls. 29-30). (...).

Comprovou que há preceitos constitucionais fundamentais cujo questionamento judicial e reiteradas decisões estariam a descumpri-los, comprometendo a sua efetividade. Daí a pertinência da arguição suscitada. (...).

A aplicação diferenciada e simultânea das normas pelas decisões judiciais contrárias parece traduzir descumprimento de preceitos constitucionais fundamentais. (...).

A pendência de múltiplas ações judiciais, nos diversos graus de jurisdição, inclusive neste Supremo Tribunal, nas quais se têm interpretações e decisões divergentes sobre a matéria, tem provocado exatamente aquela situação de insegurança jurídica descrita pelo digno Doutrinador, o que, acrescida da ausência de outro meio hábil a solucionar a polêmica pendente, conduz à conclusão de observância do princípio da subsidiariedade e, conseguintemente, do cabimento da presente ação. (...).

As opiniões dos especialistas

6. A especificidade e a repercussão que abrangem o tema, somadas à necessidade de um exame mais acurado das razões e dos fundamentos veiculados na presente ação e melhor compreensão das questões aqui envolvidas, foram determinantes para a realização de audiência pública, nos termos do § 1º do art. 6º da Lei n. 9.882/1999, a qual ocorreu em 27.6.2008, ocasião em que especialistas manifestaram-se sobre suas teses, de forma a clarear ambas as proposições: contrária e favorável à importação dos pneus usados e remoldados. [**Rodapé:** No Anexo III se tem a síntese das teses debatidas.]

Breve histórico da legislação sobre a matéria

7. A questão posta a exame na presente arguição fere, especificamente, três preceitos constitucionais fundamentais, a saber, o direito à saúde e, conexo a ele, o direito ao meio ambiente ecologicamente equilibrado (arts. 196 e 225 da Constituição brasileira), do que decorre que a busca de desenvolvimento econômico sustentável, enfatizados nos autos os princípios da livre iniciativa e da liberdade de comércio, há de se dar com o desenvolvimento social saudável.

8. Na espécie em causa se põem, de um lado, (a) a proteção aos preceitos fundamentais relativos ao direito à saúde e ao meio ambiente ecologicamente equilibrado, cujo descumprimento estaria a ocorrer por decisões judiciais conflitantes; e, de outro, (b) o desenvolvimento econômico sustentável, no qual se abrigaria, na compreensão de alguns, a importação de pneus usados para o seu aproveitamento como matéria-prima, utilizado por várias empresas, que, por sua vez, geram empregos diretos e indiretos. (...).

Importação de pneus usados – Legislação brasileira

8.1 No contexto histórico mundial, em meio às preocupações com a preservação do meio ambiente e com o desenvolvimento econômico que o Brasil alcançava, é que o Departamento de Operações de Comércio Exterior/DECEX, órgão subordinado à Secretaria de Comércio Exterior/SECEX, do Ministério do Desenvolvimento, Indústria e Comércio Exterior, e responsável pelo controle do comércio exterior, em observância ao princípio da legalidade, editou a Portaria n. 8, de 14.5.1991, antes mencionada, em cujo art. 27 se dispôs: "Art. 27. Não será autorizada a importação de bens de consumo usados". (...).

Em 9.1.1992 sobreveio a Portaria DECEX n. 1, permitindo a importação de pneus usados, desde que fossem usados como matéria-prima para a indústria de recauchutagem.

Mas a Portaria DECEX n. 18/1992 revogou aquela primeira (Portaria DECEX n. 1/1992) e manteve a proibição de importação de pneus usados contida na Portaria DECEX n. 8/1991. (...).

Por força do que se contém na Convenção da Basileia e com base, expressa e determinante de sua atribuição, estabelecida na Lei n. 6.938, de 1981, é que o CONAMA editou a Resolução n. 23, de 12.12.1996, e seu art. 4º proibiu expressamente a importação de pneus usados. (...).

Para não haver dúvida quando à classificação dos pneus remoldados e recauchutados como pneus usados, e a incidência sobre eles da proibição da Portaria DECEX n. 8/1991, foi editada a Portaria SECEX n. 8, de 25.9.2000, que dispôs:

"Art. 1º. Não será deferida licença de importação de pneumáticos recauchutados e usados, seja como bem de consumo, seja como matéria-prima, classificados na posição 4012 da Nomenclatura Comum do Mercosul – NCM.

"Art. 2º. Revoga-se a Portaria DECEX n. 18, de 13 de julho de 1992."

8.2 Ao vedar a importação de pneus recauchutados e usados, na forma de bens de consumo ou como matéria-prima, o Brasil proibiu, por norma específica e expressa, a entrada no País de pneus que tivessem passado por qualquer processo de reutilização ou recuperação, considerando que todas essas formas de reciclagem referem-se a pneu usado.

8.3 Com a edição da Portaria SECEX n. 8, de 25.9.2000, o Uruguai considerou-se prejudicado e solicitou ao Brasil negociações diretas sobre a proibição de importação de pneus remoldados, portanto usados, procedentes daquele País (nos termos dos arts. 2º e 3º do Protocolo de Brasília), o que deu causa ao questionamento do Uruguai perante o Tribunal Arbitral *ad hoc* do MERCOSUL. (...).

O laudo do Tribunal Arbitral *ad hoc* do MERCOSUL, de 9.1.2002, concluiu, entretanto, pela ilegalidade da proibição de importação de pneus remoldados de Países integrantes do bloco econômico da América do Sul, e, em consequência, o Brasil teve de adequar sua legislação àquela decisão. Sob esse fundamento, a Secretaria de Comércio Exterior/SECEX editou a Portaria n. 2/2002, que manteve a vedação de importação de pneus usados, à exceção dos pneus remoldados provenientes dos Países partes do MERCOSUL. **[Rodapé suprimido]** (...).

8.3 Esse histórico das normas serve a comprovar que apenas durante um curtíssimo intervalo de tempo, entre a edição das Portarias DECEX n. 1/1992 e 18, de 13.7.1992, é que se permitiu a importação de pneus usados, e ainda assim com a ressalva de que fossem utilizados como matéria-prima para a indústria de recauchutagem.

É esse, aliás, o entendimento sedimentado neste STF, como se tem, por exemplo, no AgR na STA n. 118: (...).

9. Foi, pois, por força da decisão do Tribunal Arbitral *ad hoc* que, em 2003, o Brasil viu-se obrigado a aceitar a importação, por ano, de até 130.000 pneus remoldados dos Países partes do MERCOSUL, basicamente do Uruguai. **[Rodapé:** A decisão do Tribunal Arbitral *ad hoc* era, então, irrecorrível, uma vez que o Tribunal Permanente de Revisão somente veio a ser instalado a partir do Protocolo de Olivos, de 2002.] (...).

10. A questão posta na presente arguição é se teria havido descumprimento dos preceitos fundamentais, constitucionalmente estabelecidos, pelas decisões judiciais nacionais, que vêm permitindo a importação de pneus usados de Países que não compõem o MERCOSUL.

10.1 A necessidade premente de se pacificar o cuidado judicial sobre a matéria decorreu da circunstância de ela ter sido objeto de contencioso perante a Organização Mundial do Comércio/OMC, a partir de 20.6.2005, quando houve Solicitação de Consulta da União Europeia ao Brasil.

Abro um parênteses para acentuar que, hoje, convive a União Europeia com o desafio de dar destinação a aproximadamente 80.000.000 de novos pneus usados anualmente postos ao descarte e que não mais poderão ser aterrados e queimados em suas fronteiras. (...).

Em 20.7.2005, em Genebra, o Brasil e a Comunidade Europeia reuniram-se. Não houve acordo. Em 17.11.2005 a União Europeia requereu fosse estabelecido um Painel, aberto em 20.1.2006. **[Rodapé:** O procedimento de solução de controvérsias na Organização Mundial do Comércio divide-se, basicamente, em quatro fases: consultas, painéis, apelação e implementação.] (...).

13. Anoto, ainda, por pertinente e, principalmente, por explicativo do que naquele Relatório do Painel se concluiu, análise feita pela Embaixada do Brasil em Lisboa, assim resumindo o contencioso:

"(A) Saúde Pública e Meio Ambiente

"O Painel considerou haver o Brasil demonstrado que: (a) a despeito da adoção de medidas adequadas de coleta e destinação, pneus são abandonados e acumulados no meio ambiente; (b) pneus acumulados são focos para mosquitos transmissores de doenças; (c) os riscos à saúde e à vida humanas decorrentes de doenças como dengue, malária e febre amarela estão relacionados à acumulação e ao transporte de pneus; (d) a queima de pneus gera fumaça com componentes perigosos, que causam vários tipos de doença, inclusive câncer; (e) a baixa possibilidade de ignição de pneus não exclui os riscos inerentes à sua queima, que ocorre na realidade; (f) a simples acumulação de pneus traz em si riscos de incêndio; (g) a contaminação da água e do solo pela queima de pneus leva ao inevitável impacto negativo sobre a vida animal e vegetal; (h) doenças transmitidas por mosquitos, como a dengue, acarretam riscos também a animais.

"(...).

"(C) A Forma como a Proibição de Importar Pneus Reformados é Aplicada

"O Painel considerou haver o Brasil demonstrado que: (i) Isenção para pneus remoldados provenientes do MERCOSUL – (a) a proibição de importações de pneus reformados adotada originalmente pelo Brasil aplicava-se também aos parceiros do MERCOSUL. Apenas depois de decisão de Tribunal Arbitral constituído no âmbito do processo de integração o Brasil passou a permitir a importação de pneus remoldados dos sócios do MERCOSUL, como forma de implementar compromisso internacional obrigatório para o País; (b) as importações de pneus reformados originárias do MERCOSUL são relativamente pequenas na atualidade e não comprometem o objetivo da política brasileira; (ii) Importações de pneus usados como matéria-prima para a reforma por meio de decisões judiciais – (a) a legislação brasileira já contempla proibição de importação de pneus usados destinados a servir como matéria-prima para o setor nacional de reforma; (b) o Governo Brasileiro, por meio dos órgãos competentes, tem envidado esforços em todas as instâncias cabíveis no sentido de assegurar que a proibição de importação de pneus usados seja cumprida.

"Não obstante, no quesito (ii), o Painel considerou que: (a) na medida em que permitem que pneus reformados sejam produzidos no Brasil a partir de carcaças importadas, enquanto pneus reformados feitos a partir das mesmas carcaças não podem ser importados, as autorizações judiciais para as importações de pneus usados resultam em discriminação em favor dos pneus reformados no Brasil com utilização de carcaças importadas, em detrimento dos pneus reformados importados; (b) as autorizações judiciais para importação de pneus usados empregados na indústria de reforma têm, de fato, permitida sua entrada no Brasil, anulando diretamente o objetivo da proibição de importações. É relevante notar que as importações de pneus usados ocorreram em quantidades que o painel julgou significativas; (c) o fato de que importações são provocadas por decisões de tribunais não exonera o Brasil de suas obrigações na OMC. Ao contrário, um membro da OMC 'tem responsabilidade pelos atos de todos os seus departamentos governamentais, inclusive seu Judiciário'.

"Em função dos itens (a) a (c) acima, o Painel concluiu que o Brasil não se encontra em conformidade com as obrigações que assumiu sob o sistema multilateral de comércio."

Essa razão fundamental de cá estarmos reunidos hoje, a resolver definitivamente sobre uma pendência que, conforme o resultado a que chegarmos, no plano internacional, justificaria a derrocada das normas proibitivas sobre a importação de pneus usados, pois, para o Órgão de Apelação da OMC, se uma parte do Poder Judiciário brasileiro libera empresas para importá-los, a despeito da vigência das normas postas, é porque os objetivos apresentados pelo Brasil, perante o órgão internacional do comércio, não teriam o fundamento constitucional que os justificariam e fundamentariam. Fosse o contrário, sendo uma única e mesma Constituição a do Brasil e tendo eficácia plena e efetividade jurídica incontestável a matéria, não haveria as frestas judiciais permissivas do que nelas se veda. (...).

Conclui-se, assim, que o Órgão de Apelação da OMC confirmou a determinação central do Painel e reconheceu que a proibição de importação de pneus reformados adotada pelo Brasil pode se justificar para proteger a saúde humana e o meio ambiente, constitucionalmente assegurados.

Entretanto, também como antes mencionado, reconheceram os integrantes daquele Painel que o Brasil estaria a aplicar a medida de maneira contraditória ou mesmo injustificada, ou seja, se a proibição objetiva proteger a saúde e o meio ambiente, a coerência determina que se cancele totalmente a importação de pneus usados e reformados, independentemente da origem e de maneira coerente, vale dizer, sem os intercursos decorrentes das decisões judiciais contrárias à fundamentação constitucional exposta pelo Estado Brasileiro em nível internacional.

Em 17.12.2007, o Órgão de Solução de Controvérsias (DSB) adotou o relatório do Órgão de Apelação e o relatório do Painel e, no encontro ocorrido em 15.1.2008, o Brasil comprometeu-se a implementar as recomendações e as regras do Órgão de Solução de Controvérsias, de maneira consistente com as obrigações da Organização Mundial do Comércio.

Aquela decisão convida o Judiciário nacional, em especial este Supremo Tribunal, a examinar e julgar a matéria no que concerne às providências, incluídas as normativas, adotadas no sentido de garantir a efetividade dos princípios constitucionais. Enfoque especial há de ser dado à questão das decisões judiciais contraditórias, realce àquelas listadas na peça inicial desta arguição, mas que têm caráter meramente exemplificativo, à luz das obrigações internacionais do Brasil, mas, principalmente e em razão da competência deste Supremo Tribunal, dos preceitos constitucionais relativos à saúde pública e à proteção ao meio ambiente ecologicamente equilibrado. (...).

A conta do quantitativo de pneus, apenas para os veículos postos à venda em 2008, é singela e impressiona: do total de 3.928.000 veículos, 21,3% são motocicletas, ou seja: 836.664 (1.673.328 pneus) e, consequentemente, 3.091.336 são carros (12.365.344 pneus), perfazendo o total de 14.038.672 pneus novos colocados no mercado nos últimos 12 meses.

Não foram contabilizadas as máquinas agrícolas, as bicicletas nem os caminhões, os aviões novos, tampouco a respectiva frota de usados. Se considerarmos que, tomando-se como referência apenas os novos, aquele 12 de quase 14.000.000 de pneus será trocado, em média, uma vez por ano, vislumbrando-se, então, os números do mercado de reposição de pneus e, por óbvio, do número de pneus descartados. (...).

15.3 Procedimentos de Reciclagem

A reciclagem de pneus pode ser: primária, secundária ou terciária. Na primária, os resíduos não perdem suas características quando se transformam em novos produtos; na secundária, o produto deixa de ter as propriedades originárias e é transformado em outro produto, como as solas e os solados de sapato, as tiras de sofá e grânulos para utilização em manta asfáltica; na terciária, o resíduo se transforma em fonte de energia, como no coprocessamento na indústria cimenteira.

Na maioria dos casos, os processos de reciclagem iniciam-se com a redução dos pneus a minúsculas partículas. Como os atuais pneus não são feitos apenas de borracha, mas de vários outros componentes e que a essa borracha se amalgamam partes metálicas e de *nylon* (pneus vulcanizados), sua reciclagem é um processo caro. (...). (...).

De se afirmar, portanto, que, se há mais benefícios financeiros no aproveitamento daqueles resíduos na produção do asfalto borracha ou na indústria cimenteira, há de se ter em conta que o preço industrial a menor não pode se converter em preço social a maior, a ser pago com a saúde das pessoas e com a contaminação do meio ambiente, tal como comprovadamente ocorre. A Constituição brasileira – como todas as que vigoram, democraticamente, hoje – não confere direitos mediante fatura a ser paga com vidas humanas. (...).

E não se pretenda seja essa questão simples, pois, de um lado, empresas defendem o direito – que, segundo elas, seria o da liberdade de iniciativa – de se utilizarem daquele resíduo para os seus desempenhos, do que advém, inclusive, emprego para muitas pessoas, e, de outro, há os princípios constitucionais fundamentais da proteção à saúde e da defesa do meio ambiente saudável em respeito até mesmo às gerações futuras.

16.1 A preocupação ambiental mundial com a matéria aqui cuidada estampou-se, inicialmente, pela necessidade que se fez patente contra o despejo indiscriminado de resíduos tóxicos nos Países em desenvolvimento pelas grandes indústrias dos Países ricos.

Com o apoio do Programa das Nações Unidas para o Meio Ambiente/PNUMA, em 1989, a Conferência da Basileia, antes mencionada, buscou enfrentar o desafio de extinguir ou dar uma destinação ao tráfego de resíduos que representem ameaça ou perigo ao meio ambiente e ao homem. Como antes enfatizado, o Brasil é signatário do acordo.

O cuidado com o meio ambiente em termos globais e a preocupação com a destinação dada aos resíduos domésticos e industriais decorrem da conclusão, se não óbvia, ao menos manifesta, de dois fatores: (a) os recursos naturais têm se tornado mais escassos, pelo mau uso a eles dado pelo homem; (b) a ameaça de segurança à saúde que deles decorre. (...).

16.1 Do preceito fundamental do meio ambiente

16.1.1 No Brasil, antes mesmo da Constituição de 1988, a Lei n. 6.938/1981, que dispôs sobre a Política Nacional do Meio Ambiente, em seu art. 3º, inciso I, definiu o meio ambiente como "o conjunto de condições, leis, influências e interações de ordem física, química e biológica, que permite, abriga e rege a vida em todas as suas formas".

A Constituição da República de 1988 estampa um capítulo dedicado, pela primeira vez em nosso constitucionalismo, ao meio ambiente, ali se acolhendo o princípio da responsabilidade e da solidariedade intergeracional, ou seja, garantiu-se não apenas à geração atual, mas também às futuras, o direito a um meio ambiente ecologicamente equilibrado (art. 225): "Todos têm direito ao meio ambiente ecologicamente equilibrado, bem de uso comum do povo e essencial à sadia qualidade de vida, impondo-se ao Poder Público e à coletividade o dever de defendê-lo e preservá-lo para as presentes e futuras gerações".

A Constituição da República encampa dois princípios no art. 225, tidos pelo arguente como descumpridos pelas decisões judiciais, a saber: (a) o desenvolvimento sustentável; e (b) a equidade e responsabilidade intergeracional. (...).

Portanto, a existência do meio ambiente ecologicamente equilibrado significa não apenas a sua preservação para a geração atual, mas, também, para as gerações futuras. E se hoje a palavra de ordem é desenvolvimento sustentável, esse conceito compreende o crescimento econômico com garantia paralela e superiormente respeitada da saúde da população, cujos direitos devem ser observados, tendo-se em vista não apenas as necessidades atuais, mas também as que se podem prever e que se devem prevenir para as futuras. (...).

17. Na "Declaração do Rio de Janeiro", tirada na ECO/1992, constam 27 princípios, dentre os quais o Princípio 15, pelo qual se tem que: "De modo a proteger o meio ambiente, o princípio da precaução deve ser amplamente observado pelos Estados, de acordo com suas capacidades. Quando houver ameaça de danos sérios ou irreversíveis, a ausência de absoluta certeza científica não deve ser utilizada como razão para postergar medidas eficazes e economicamente viáveis para prevenir a degradação ambiental".

O texto com que se expôs aquele princípio demonstra, expressamente, a intenção dos participantes daquela Conferência de privilegiar atos de antecipação de riscos de danos, antes do que atos de reparação, porque é sabido que, em se tratando de meio ambiente, nem sempre a reparação é possível ou viável. (...).

O princípio da precaução vincula-se, diretamente, aos conceitos de necessidade de afastamento de perigo e necessidade de dotar-se de segurança os procedimentos adotados para garantia das gerações futuras, tornando-se efetiva a sustentabilidade ambiental das ações humanas. Esse princípio torna efetiva a busca constante de proteção da existência humana, seja tanto pela proteção do meio ambiente como pela garantia das condições de respeito à sua saúde e integridade física, considerando-se o indivíduo e a sociedade em sua inteireza. (...).

17.3 Como posto no art. 170, inciso VI, da Constituição brasileira, a ordem econômica, constitucionalmente definida em sua principiologia, fixa o meio ambiente como um dos fundamentos a serem respeitados (art. 170, inciso VI). (...).

As medidas impostas nas normas brasileiras, que se alega terem sido descumpridas nas decisões judiciais anotadas no caso em pauta, atendem, rigorosamente, ao princípio da precaução, que a Constituição cuidou de acolher e cumpre a todos o dever de obedecer. E não desacata ou desatende aos demais princípios constitucionais da ordem econômica, antes com eles se harmoniza e se entende, porque em sua integridade é que se conforma aquele sistema constitucional.

Do preceito fundamental da saúde

18. O direito à saúde, que compareceu em várias Constituições brasileiras com as redefinições próprias das transformações da sociedade, cujo projeto político se manifesta em cada época segundo os avanços e necessidades que precisam ser colmatados, é tido pelo arguente como também descumprido pelas decisões judiciais mencionadas na peça inicial. (...).

Quarenta anos após a assinatura da Declaração Universal, os constituintes de 1988 inseriram na Constituição brasileira a proteção à saúde como direito de todos, corolário do direito à vida digna: (...). (...).

O reconhecimento constitucional do direito à saúde como direito social fundamental tem como consequência serem exigíveis do Estado ações positivas para assegurá-lo e dotá-lo de eficácia plena. (...).

18.1 A questão debatida na presente arguição foca a proteção ao preceito fundamental da saúde, consistente na possibilidade de se permitir, ou não, a importação de resíduo sólido – pneu –, sendo vedado ao Estado mostrar-se omisso ou imprevidente no resguardo da saúde, porque, "para além da vinculação com o direito à vida, o direito à saúde (aqui considerado num sentido amplo) encontra-se umbilicalmente atrelado à proteção da integridade física (corporal e psicológica) do ser humano, igualmente posições jurídicas de fundamentalidade indiscutível" (SARLET, Ingo Wolfgang, *A Eficácia dos Direitos Fundamentais*, 5ª ed., Porto Alegre, Livraria do Advogado, 2005, p. 326). (...).

Seja realçado que o direito à saúde não é apenas o direito à ausência de doença, mas, também, o direito ao bem-estar físico, psíquico e social, como se tem no Preâmbulo da Constituição da Organização Mundial da Saúde/OMS.

É vedado, portanto, ao Poder Público ser insuficiente ou imprevidente em suas ações e decisões que tenham o precípuo objetivo de dotar de proteção os direitos fundamentais, sob pena de essa inoperância ou ausência de ações afrontar o núcleo central desses direitos. Desta insuficiência ou imprevidência afastou-se o Poder Público brasileiro ao adotar as medidas normativas proibitivas de importação de resíduos que conduzem ao comprometimento da saúde pública e da saúde ambiental. É isto o que se busca, aqui, resguardar e garantir a efetividade dos direitos constitucionais fundamentais.

19. Constatado que o depósito de pneus ao ar livre – a que se chega, inexoravelmente, com a falta de utilização dos pneus inservíveis, mormente quando se dá a sua importação nos termos pretendidos por algumas empresas – é fator de disseminação de doenças tropicais, o razoável e legítimo é atuar o Estado de forma preventiva, com prudência e como necessária precaução, na adoção de políticas públicas que evitem as causas que provoquem aumento de doenças graves ou contagiosas. (...).

21. Sustentam, ainda, os interessados que a proibição de importação de pneus usados acarretaria o fechamento de inúmeras fábricas de remoldagem de pneus e, por consequência, haveria desemprego, o que afrontaria o princípio constitucional que assegura "(...) a todos o livre exercício de qualquer atividade econômica" e a busca do pleno emprego (inciso VIII e parágrafo único do art. 170 da Constituição da República).

Os argumentos assim apresentados, contudo, não conectam os princípios constitucionais definidos para a ordem econômica e para a ordem social, como antes acentuado. Nem há desenvolvimento, incluído o econômico, sem educação e sem saúde. Porque o desenvolvimento constitucionalmente protegido é o que conduz à dignidade humana, não à degradação – inclusive física – humana. (...).

22. Na espécie em pauta, há de se atentar que quem mais sofre com a situação criada com o lixo gerado pelos pneus – e cuja importação faz crescer desmesuradamente o resíduo sem aproveitamento ecologicamente saudável – são exatamente as pessoas que não dispõem dos meios materiais para se desfazerem ou não ficarem vulneráveis a esses lixos. (...).

Não é difícil concluir que o Brasil é um grande mercado consumidor de pneus pela sua enorme frota nacional. E, por ser Estado em desenvolvimento, é, por óbvio, alvo dos Países desenvolvidos, que têm leis muito rigorosas quanto à disposição de resíduos sólidos e escasso território. Buscam, então, em outros Estados facilidades na legislação, mais flexível ou omissa que a deles, para aí fazer o que no deles não se permite. (...).

28. O argumento dos interessados de que haveria afronta ao princípio da livre concorrência e da livre iniciativa por igual não se sustenta, porque, ao se ponderarem todos os argumentos expostos, conclui-se que, se fosse possível atribuir peso ou valor jurídico a tais princípios relativamente ao da saúde e do meio ambiente ecologicamente equilibrado, preponderaria a proteção desses, cuja cobertura, de resto, atinge não apenas a atual, mas também as futuras gerações.

29. Cumpre, finalmente, considerar a razão de o Brasil consumir anualmente aproximadamente 50.000.000 de pneus e, destes, apenas 2,5 milhões serem remoldados. É que o Brasil importa aproximadamente 10.000.000 de pneus usados. Quando se pergunta a causa de não se aproveitarem os pneus usados nacionais, a explicação da indústria de remoldados é que o pneu fabricado aqui é de baixa qualidade, em razão principalmente do péssimo estado das estradas brasileiras. O setor aponta, ainda, a falta de infraestrutura, como postos de coleta dos pneus, como outro fator para o não aproveitamento do produto nacional. (...).

Para o Instituto Nacional de Metrologia/INMETRO, no entanto, quando se trata de remoldagem, o pneu fabricado no Brasil nada deve ao estrangeiro. "A carcaça nacional é semelhante à importada", afirma Alfredo Lobo, Diretor de Qualidade daquele Instituto. (...).

O arcabouço normativo vigente proíbe a importação de pneus usados, sejam os recauchutados, as carcaças ou os inservíveis, [**Rodapé:** Recordo que os pneus inservíveis são assim denominados por não mais poderem continuar nos veículos e, também, por não estarem em condições de serem reaproveitados, por defeitos em sua estrutura ou simplesmente por não suportarem o procedimento de remoldagem ou qualquer outra forma de processamento que lhes dê novo aproveitamento.] ressalva feita aos remoldados provenientes de Países do MERCOSUL.

As carcaças que aqui chegam provenientes de outros Estados já passaram por processo seletivo e se constituem em verdadeiro refugo, lixo, pois, se se prestassem a aproveitamento, seriam utilizadas em sua origem, para suprir demandas daqueles mesmos Países.

Estudos do IBAMA concluíram que os pneus usados importados têm taxa de aproveitamento para fins de recauchutagem de apenas 40%, sendo que os outros 60% são material inservível ou, em outras palavras, lixo ambiental. (...).

A arguente demonstrou que (a) a gama de elementos que compõem o pneu, dando-lhe durabilidade, é responsável pela demora na sua decomposição quando descartado em aterros – mais de 100 anos; (b) a dificuldade de seu armazenamento impele a sua queima, o que libera substâncias tóxicas e cancerígenas no ar; (c) quando compactados inteiros, os pneus tendem a voltar à sua forma original e retornam à superfície, ocupando espaços que são escassos e de grande valia, em especial nas grandes cidades; (d) a desintegração dos pneus para serem depositados em aterros é procedimento de alto custo; (e) os pneus inservíveis e descartados a céu aberto são ideais para o criadouro de insetos e outros vetores de transmissão de doenças, em razão de seu formato; (f) se de um lado o alto índice calorífico dos pneus é interessante para as indústrias cimenteiras, quando queimados a céu aberto, tornam-se focos de incêndio difíceis de extinguir, podendo durar dias, meses e até anos; (g) o Brasil produz pneus usados em quantitativo suficiente para abastecer as fábricas de remoldagem de pneus, do que decorre não faltar matéria-prima a impedir a atividade econômica. (...).

32. Pelo exposto, encaminho voto no sentido de ser julgada parcialmente procedente a presente arguição de descumprimento de preceito fundamental para:

• Declarar válidas constitucionalmente as normas do art. 27 da Portaria DECEX n. 8, de 14.5.1991; do Decreto n. 875, de 19.7.1993, que ratificou a Convenção da Basileia; do art. 4º da Resolução n. 23, de 12.12.1996; do art. 1º da Resolução CONAMA n. 235, de 7.1.1998; do art. 1º da Portaria SECEX n. 8, de 25.9.2000; do art. 1º da Portaria SECEX n. 2, de 8.3.2002; do art. 47-A do Decreto n. 3.179, de 21.9.1999, e seu 2º, incluído pelo Decreto n. 4.592, de 11.2.2003; do art. 39 da Portaria SECEX n. 17, de 1.12.2003; e do art. 40 da Portaria SECEX n. 14, de 17.11.2004, com efeitos *ex tunc*.

• Declarar inconstitucionais, com efeitos *ex tunc*, as interpretações, incluídas as judicialmente acolhidas, que, afastando a aplicação daquelas normas, permitiram ou permitem a importação de pneus usados de qualquer espécie, aí incluídos os remoldados, ressalva feita quanto a estes aos provenientes dos Estados integrantes do MERCOSUL, na forma das normas acima listadas.

• Excluo da incidência dos efeitos pretéritos determinados as decisões judiciais com trânsito em julgado, que não estejam sendo objeto de ação rescisória, porque somente podem ser objeto da arguição de preceito fundamental atos ou decisões normativas, administrativas ou judiciais impugnáveis judicialmente. As decisões transitadas em julgado, cujo conteúdo já tenha sido executado e exaurido o seu objeto, não mais podem ser desfeitas, menos ainda pela via eleita pelo arguente, que teve opções processuais para buscar o seu desfazimento, na forma da legislação vigente, não se tendo a comprovação de que tenha buscado atingir tal objetivo ou que tenha tido sucesso em suas ações. (...).

É como voto.

(...).

VOTO (Vista) – *O Sr. Min. Eros Grau*: (...). (...).

6. Acompanho o voto, entendendo, contudo, ser outra a fundamentação da afirmação de inconstitucionalidade das interpretações judiciais que autorizaram a importação de pneus. Isso de um lado porque recuso a utilização da ponderação entre princípios para a decisão da questão de que se cuida nestes autos. De outro porque, tal como me parece, essa decisão há de ser definida desde a interpretação da totalidade constitucional, do todo que a Constituição é. Desse último aspecto tenho tratado, reiteradamente, em textos acadêmicos; não se interpreta o Direito em tiras; não se interpretam textos normativos isoladamente, mas sim o Direito, no seu todo – marcado, na dicção de Ascarelli, pelas suas *premissas implícitas*. (...).

8. Tenho porém que a ponderação entre princípios é operada *discricionariamente*, à margem da interpretação/aplicação do Direito, e conduz à *incerteza jurídica*. [**Rodapé:** Cf. meu *Ensaio e Discurso sobre a Interpretação/Aplicação do Direito*, cit., pp. 283-290.]

9. Interpretar o Direito é formular *juízos de legalidade*, ao passo que a *discricionariedade* é exercitada mediante a formulação de *juízos de oportunidade*. Juízo de legalidade é atuação no campo da *prudência*, que o intérprete autêntico desenvolve contido pelo texto. Ao contrário, o *juízo de oportunidade* comporta uma opção entre *indiferentes jurídicos*, procedida *subjetivamente* pelo agente. Uma e outra são praticadas em distintos planos lógicos. [**Rodapé:** V. meu *O Direito Posto e o Direito Pressuposto*, 7ª ed., Malheiros Editores, 2008, pp. 191 e ss.]

10. Mas não é só. Ocorre também que a ponderação entre princípios se dá no momento da formulação da *norma de decisão*, não no quadro, anterior a este, de produção da(s) norma(s) jurídica(s) resultante da interpretação. **[Rodapé:** Cf. meu *Ensaio e Discurso sobre a Interpretação/Aplicação do Direito*, cit., pp. 102-103.] Este é aspecto que a doutrina não tem considerado, mas indispensável à compreensão da prática da ponderação. A interpretação do Direito é inicialmente produção de normas jurídicas gerais. A ponderação entre princípios apenas se dá posteriormente, quando o intérprete autêntico decidir o caso, então definindo a solução que a ele aplica. A atribuição de peso menor ou maior a um ou outro princípio é, então, opção entre *indiferentes* jurídicos, exercício de *discricionariedade*, escolha subjetiva estranha à formulação, anterior, *de* juízos de legalidade. (...).

14. Tem-se, destarte, que a ponderação entre princípios implica o exercício, pelo juiz, de uma *dupla discricionariedade*: (i) em um momento inicial, quando ele cria uma hierarquia axiológica entre os princípios de que se trate; (ii) em um momento seguinte, quando o mesmo juiz altera o valor comparativo desses mesmos princípios à luz de outra controvérsia a resolver. (...).

20. O que há em tudo de mais grave é, no entanto, a *incerteza jurídica* aportada ao sistema pela *ponderação entre princípios*. É bem verdade que a *certeza jurídica* é sempre relativa, dado que a interpretação do Direito é uma prudência, uma única interpretação correta sendo inviável, a norma sendo produzida pelo intérprete. Mas a vinculação do intérprete ao texto – o que excluiria a discricionariedade judicial – instala no sistema um horizonte de relativa certeza jurídica que nitidamente se esvai quando as opções do juiz entre princípios são praticadas à margem do sistema jurídico. Então, a previsibilidade e a calculabilidade dos comportamentos sociais tornam-se inviáveis e a racionalidade jurídica desaparece. (...). (...). E, adiante, Schmitt cita Nicolai Hartmann para observar que os valores sempre valem para alguém, aparecendo, desgraçadamente, o "reverso fatal": também valem sempre *contra* alguém. Mais grave é que, além de não se ter logrado superar a teoria subjetiva dos valores, segundo a lógica do valor prevalece a seguinte norma: o preço supremo não é demasiado para o valor supremo e cumpre que seja pago, justificando a submissão do valor maior ou do sem valor. Aí se manifesta a "tirania dos valores" (...). (...).

Acompanho a Relatora, ressalvando no entanto meu entendimento no que concerne à fundamentação do seu voto. (...).

VOTO – *O Sr. Min. Marco Aurélio*: Sr. Presidente, a maioria está formada e o Supremo, apreciando essa ação excepcionalíssima, que é a arguição de descumprimento de preceito fundamental, a pressupor a inexistência de remédio jurídico para afastar uma certa ameaça de lesão a direito, salva a Mãe Terra: proíbe a importação de carcaças de pneus. E temos com isso preservado o meio ambiente e preservada também a saúde.

Para mim, Presidente, no campo fático, é um ledo engano. Ledo engano porque haverá – a menos que voltemos à época das cavernas, à roda de madeira –, de qualquer forma, a produção de pneus pelas multinacionais no território nacional, afastada até mesmo uma concorrência que, a meu ver, é salutar no que a recauchutagem acaba por implicar a colocação de produtos no mercado que são mais acessíveis especialmente aos menos afortunados. (...).

Sr. Presidente, se formos ao título "Da Ordem Econômica e Financeira", veremos que há de ser observado, sempre, um princípio: o da livre concorrência. (...).

Não conheço diploma com essa envergadura, passível de ser enquadrado como lei, que proíba a importação das carcaças que são transformadas no Brasil – e as fábricas eram pelo menos inúmeras – em pneus a serem utilizados e a serem colocados por um preço, como disse, mais acessível do que o normalmente cobrado pelas produtoras de pneus novos. Inexiste lei que, no caso, proíba a livre concorrência – que parece muito temida pelos fabricantes de pneus. (...).

O que não posso, Presidente – colocando em segundo plano a livre concorrência, consagrada pela Constituição Federal, e o princípio da legalidade –, é dizer que responsável pela transgressão, pela deterioração do meio ambiente, é a importação dessas carcaças; carcaças que não são importadas para que cheguem simplesmente ao lixo, como se o Brasil fosse um grande depósito dos Países desenvolvidos. São importadas para se ter uma valia, que é a remodelagem e a colocação de produto concorrendo – repito – com as multinacionais no mercado a um preço mais acessível. (...).

Peço vênia à Relatora para julgar improcedente o pedido formulado.

VOTO – *O Sr. Min. Gilmar Mendes*: (...). (...).

Contrapõem-se no presente processo distintos direitos fundamentais. De um lado, a invocação de típicos direitos fundamentais de defesa, que asseguram a liberdade individual de livre iniciativa e comércio (art. 170), para imposição de um dever de abstenção do Estado na esfera de liberdade individual do indivíduo, contendo disposições definidoras de uma competência negativa do Poder Público (*negative Kompetenzbestimmung*).

De outro lado, aponta-se uma dupla fundamentação. Em primeiro lugar, destacam-se direitos fundamentais, na condição de prestações positivas, para a execução de medidas que garantam à saúde pública (art. 196) e que exigem que o Estado aja, estabelecendo moldes para o futuro da sociedade e para a redução dos riscos de doenças e de outros agravos, mediante políticas sociais e econômicas. Nesse sentido, trata-se não de uma liberdade em face do Estado, mas de desfrutar essa liberdade mediante a atuação do Estado (*Freiheit durch*...).

Invoca-se, ainda, o direito ao meio ambiente ecologicamente equilibrado, para a consecução de uma sadia qualidade de vida, que se concretiza a partir de um dever de proteção incumbido tanto à coletividade quanto ao Poder Público. O meio ambiente, na condição de um bem ou valor constitucionalmente relevante, é assegurado de forma expressa no art. 225 da Constituição. (...).

Além disso, a interpretação do art. 170 da Constituição evidencia que o direito fundamental à livre iniciativa e ao livre comércio não é absoluto, mas deve guardar compatibilidade com a defesa do meio ambiente. (...). (...).

A concepção que identifica os direitos fundamentais como princípios objetivos legitima a ideia de que o Estado se obriga não apenas a observar os direitos de qualquer indivíduo em face das investidas do Poder Público (direito fundamental enquanto direito de proteção ou de defesa – *Abwehrrecht*), mas também a garantir os direitos fundamentais contra agressão propiciada por terceiros (*Schutzpflicht des Staats*). (...).

Nos termos da doutrina e com base na jurisprudência da Corte Constitucional alemã, pode-se estabelecer a seguinte classificação do dever de proteção: (a) dever de proibição (*Verbotspflicht*), consistente no dever de se proibir determinada conduta; (b) dever de segurança (*Sicherheitspflicht*), que impõe ao Estado o dever de proteger o indivíduo contra ataques de terceiros mediante a adoção de medidas diversas; (c) dever de evitar riscos (*Risikopflicht*), que autoriza o Estado a atuar com objetivo de evitar riscos para o cidadão em geral mediante a adoção de medidas de proteção ou de prevenção especialmente em relação ao desenvolvimento técnico ou tecnológico.

Nesse sentido de consideração conjunta de deveres de proibição, de segurança jurídica e de se evitar riscos é que deve ser analisada a presente controvérsia, em relação ao dever de proteção da saúde e do meio ambiente ecologicamente equilibrado.

Subjacente a esses deveres constitucionais expressos está a ideia de um Estado ambientalmente sustentado. Segundo J. J. Gomes Canotilho, a ideia do Estado Democrático de Direito está fundada num conjunto de dimensões ou qualidades (Estado de Direito, Estado Constitucional, Estado Democrático, Estado Social), dentre as quais se destaca a de um *Estado Ambiental*. (...).

O art. 225 da Constituição, ao impor à coletividade e ao Poder Público o dever de defender e preservar o meio ambiente para as presentes e futuras gerações, apresenta um dever geral de prevenção dos riscos ambientais, na condição de uma ordem normativa objetiva de antecipação de futuros danos ambientais, que são apreendidos juridicamente pelos princípios da prevenção (riscos concretos) e da precaução (riscos abstratos).

Também o art. 196 da Constituição, ao impor expressa determinação de execução de políticas socioeconômicas que visem à redução do risco de doença e de outros agravos, aponta para um dever geral de garantia da saúde. (...).

As referidas determinações constitucionais de evitar riscos (*Risikopflicht*) são explicitadas no texto da Constituição (art. 196 e art. 225), o que autoriza o Estado a atuar com objetivo de evitar riscos para o cidadão em geral, mediante a adoção de medidas de proteção ou de prevenção da saúde e do meio ambiente, especialmente em relação ao desenvolvimento técnico ou tecnológico, que resulta também da utilização de pneus usados de qualquer espécie. (...).

O grau de nocividade, a falta de método atualmente eficiente de controle da eliminação das substâncias nocivas à saúde e ao meio ambiente (constatação de descumprimento reiterado da Resolução CONAMA n. 258/1999), a proliferação potencial de vetores de doenças e outros agravos e o aumento do passivo ambiental de material inservível de difícil decomposição são elementos que constituem a formação do convencimento jurídico acerca do conhecimento científico existente sobre a potencialidade dos danos ambientais decorrentes do descarte irregular dos pneus usados. (...).

Dessa forma, constata-se que a possibilidade de importação aumentará, de forma concreta, o número de pneus usados de qualquer espécie no País. Por outro lado, há sérias dúvidas quanto à capacidade do Poder Público e das empresas do ramo de pneus usados de qualquer espécie em conferir destinação ambientalmente adequada àqueles, em curto, médio e longo prazo.

Os atos normativos federais aqui discutidos não proíbem, contudo, a comercialização dos pneus usados de qualquer espécie oriundos do mercado nacional. A principal alegação econômica dos interessados no processo de importação seria a baixa qualidade dos pneus usados de origem nacional em relação aos pneus usados importados.

Contudo, apreende-se que, em tese, não se inviabiliza a atividade comercial das empresas de reforma de pneus usados, mas restringe-se sua liberdade de livre iniciativa de importação ilimitada daqueles bens, em razão da proteção e da defesa da saúde, do meio ambiente e, em última instância, da soberania nacional junto à OMC. (...).

De qualquer forma, entendo que a edição das resoluções do CONAMA tem respaldo legal e constitucional. O art. 225, *caput*, § 1º e inciso V, da Constituição densifica um dever geral de proteção, fundado em possíveis deveres de proibição (*Verbotspflicht*), de segurança jurídica (*Sicherheitspflicht*) e de evitar riscos (*Risikopflicht*). (...).

Da inconstitucionalidade das decisões judiciais que autorizaram a importação de pneus usados e da interpretação judicial utilizada para viabilizar a importação

A confirmação da constitucionalidade dos atos normativos federais que regulamentam a proibição de importação de pneus usados de qualquer espécie, como legítima restrição ao princípio da livre iniciativa e do livre comércio, para se conformar ao princípio constitucional da proteção ao meio ambiente ecologicamente equilibrado e à saúde pública, implica a análise da constitucionalidade das decisões judiciais que tecem interpretações em sentido oposto. (...).

Primeiramente, em razão do efeito vinculante e da eficácia *erga omnes* das decisões em controle concentrado de constitucionalidade, como é o caso da presente arguição de descumprimento de preceito fundamental, deve prevalecer a interpretação constitucional de proibição de importação de pneus usados de qualquer espécie, sob pena de violação aos preceitos fundamentais consubstanciados no direito à saúde e no direito ao meio ambiente ecologicamente equilibrado.

Assim, as decisões judiciais não transitadas em julgado que tenham dado interpretação divergente ao aqui exposto deverão se conformar com a decisão aqui proferida, nos termos do art. 102, § 1º e § 2º, da Constituição e do art. 10, *caput* e § 3º, da Lei n. 9.882/1999.

Em segundo lugar, passo a analisar a possibilidade de os efeitos desta decisão alcançarem decisões que eventualmente já estejam sob os efeitos da coisa julgada, no sentido de permitir a importação de pneus usados de qualquer espécie num determinado momento. (...).

Assim, a solução desta questão perpassa a consideração de que os efeitos da coisa julgada, quanto à autorização judicial de operações de importação de pneus em um determinado processo judicial transitado em julgado, prevalecem tão somente para aquela determinada operação de importação relacionada a determinados bens e realizada num determinado momento. (...).

Sobre a possibilidade de importação de pneus remoldados oriundos do Uruguai e dos Países integrantes do MERCOSUL

Na petição inicial desta arguição de descumprimento de preceito fundamental (fls. 38-40) a Advocacia-Geral da União afirma não haver qualquer óbice jurídico ou político em âmbito internacional em relação à continuidade do cumprimento do Laudo Arbitral proferido pelo Tribunal *ad hoc* do MERCOSUL que permitiu ao Uruguai a exportação ao Brasil de pneus usados classificados como remoldados. (...).

Não consta, assim, item algum do pedido desta arguição de descumprimento de preceito fundamental para manifestação acerca da constitucionalidade do referido Laudo Arbitral em relação aos preceitos fundamentais tidos por violados. (...).

No Relatório do referido Laudo Arbitral consta que o objeto da controvérsia com o Uruguai referiu-se tão somente à importação de pneus remoldados à época (Proibição de Importação de Pneumáticos Remoldados – *Remolded* – Procedentes do Uruguai). Quer dizer, a decisão permitiu a importação apenas de pneus que já passaram por processo de reforma em território uruguaio e que ingressariam em território nacional como produto reciclado.

Por conseguinte, a referida decisão, ao que se apreende, em nada obstaria à determinação brasileira de proibição de importação de pneus reformados por processos de recauchutagem ou recapagem, ou de pneus usados (carcaças). (...).

Não há dúvida sobre a legitimidade de submissão do Brasil às decisões do Tribunal *ad hoc* do MERCOSUL à época, diante da adesão firmada pelo Estado Brasileiro ao Tratado que o criou, em consonância com a previsão constitucional de busca de integração econômica, política, social e cultural dos povos da América Latina, visando à formação de uma comunidade latino-americana de Nações (art. 4º, parágrafo único, da CF/1988).

A assimilação do Tratado do MERCOSUL pelo ordenamento jurídico brasileiro implica o fato de que as disposições apontadas pelo MERCOSUL são diretrizes para políticas e legislações no âmbito nacional, sobretudo em termos de política econômica e comercial.

Todavia, no caso da República Federativa do Brasil o filtro interpretativo central de assimilação das diretrizes do MERCOSUL é a Constituição Federal. Assim, só se podem compreender as diretrizes do MERCOSUL e as decisões impositivas por ele declaradas à luz da Constituição. (...).

A atividade de importação há que se compatibilizar, no seio da ordem econômica, ao princípio da defesa do meio ambiente, inclusive mediante tratamento diferenciado conforme o impacto ambiental dos produtos e serviços e de seus processos de elaboração e prestação (art. 170, inciso VI, da CF/1988). (...).

O que se está aqui a afirmar hoje é a incompatibilidade da importação livre de pneus usados de qualquer espécie, em descompasso com os preceitos fundamentais consubstanciados no direito à saúde e ao meio ambiente ecologicamente equilibrado. (...).

Nesses termos, entendo que se estabelecem fundamentos constitucionais consistentes de proibição de importação de pneus usados de qualquer espécie, com demonstração inconteste, no âmbito internacional, da eficácia plena desta decisão, da força normativa da Constituição brasileira e da efetividade jurídica dos atos normativos federais que regulamentam a matéria.

Conclusão

Assim, pelas razões expostas, concluo meu voto no sentido da *procedência parcial do pedido* da arguição de descumprimento dos preceitos fundamentais (...).

EXTRATO DE ATA

(...).

Decisão: Prosseguindo no julgamento, o Tribunal, por maioria e nos termos do voto da Relatora, julgou parcialmente procedente a arguição de descumprimento de preceito fundamental, vencido o Sr. Min. Marco Aurélio, que a julgava improcedente. Votou o Presidente, Min. Gilmar Mendes. Ausentes, neste julgamento, o Sr. Min. Cézar Peluso e, licenciado, o Sr. Min. Menezes Direito. Plenário, 24.6.2009.

Presidência do Sr. Min. Gilmar Mendes. Presentes à sessão os Srs. Mins. Celso de Mello, Marco Aurélio, Ellen Gracie, Cézar Peluso, Carlos Britto, Joaquim Barbosa, Eros Grau, Ricardo Lewandowski e Carmen Lúcia.

* * *

PERGUNTAS

1. Quais os fatos?

2. Qual(is) o(s) ato(s) atacado(s) pela presente ação? Quais as normas constitucionais e os direitos fundamentais em questão?

3. De que maneira o contexto internacional afeta a discussão sobre a constitucionalidade das importações de pneus usados?

4. O Supremo estabeleceu alguma hierarquia entre a decisão do Tribunal Arbitral do MERCOSUL e as normas da Constituição?

5. Qual o papel dos argumentos fáticos/científicos neste julgamento? De que forma eles se relacionam com o princípio da precaução em matéria ambiental?

6. Que papel desempenharam os argumentos econômicos no julgamento? De que forma eles se relacionam com os direitos reivindicados pelo autor da ação?

7. Para os Ministros que fizeram parte da maioria, que direitos devem prevalecer, e por quê?

8. O tratamento das importações de pneus usados do Uruguai foi idêntico ao das importações de pneus usados de outros Países? Como os votos selecionados conciliam a ordem internacional com a Constituição?

9. Quais os efeitos do julgado? Um juiz que fizesse outra ponderação dos princípios estaria vinculado à decisão do STF?

Capítulo 6
IGUALDADE

6.1 A ilusionista gramática da igualdade. 6.2 A igualdade na Constituição de 1988. 6.3 Igualdade como imparcialidade. 6.4 Igualdade redistributiva. 6.5 Igualdade como reconhecimento da diferença. IMPARCIALIDADE: 6.6 STF, ADI 1.946-5-DF. 6.7 STF, ADI 4.277 e ADPF 132-RJ. RECONHECIMENTO DA DIFERENÇA: 6.8 STF, ADI 3.330-DF. 6.9 STF, ADPF 186. 6.10 STF, Pet. 3.388-4-RR. 6.11 STF, RE 351.487-3-RR. 6.12 STF, ACO 312-BA. 6.13 STF, ADC 19-DF. 6.14 STF, RE 153.531-8-SC. SAÚDE: 6.15 STF, RE/AgR 271.286-8-RS. 6.16 STF, STA/AgR 175-CE. EDUCAÇÃO: 6.17 STF, RE 436.996-6-SP. 6.18 STF, RE/AgR 241.757-2-MA. 6.19 STF, ADI/MC 4.167-3-DF. DIREITO À TERRA E À MORADIA: 6.20 STF, ADI/MC 2.213-0-DF. 6.21 STF, MS 24.133-1-DF. 6.22 STF, RE 407.688-8-SP. 6.23 STF, RE 423.768-SP. TRABALHO: 6.24 STF, RE 161.243-6-DF. 6.25 STF, ADI/MC 1.458-7-DF. 6.26 STF, ADI/ML 1.480-3-DF. 6.27 STF, MI 670-9-ES.

6.1 A ilusionista gramática da igualdade

Nos regimes democráticos nos acostumamos a ouvir que todos são iguais. Mas quando nos deparamos com um enunciado peremptório, estampado em tantas Constituições e declarações, de que "todas as pessoas são iguais", a primeira sensação é de uma certa insinceridade. A Declaração de Independência Americana, em 1776, por exemplo, foi a primeira a estabelecer que "todos os homens são criados livres e iguais (...)". Desnecessário recordar que os Estados Unidos da América eram e continuaram a ser uma sociedade escravocrata até o fim da Guerra Civil. Logo, ou Thomas Jefferson (principal redator da Declaração) era um absoluto hipócrita, ou o conceito de igualdade por ele utilizado era mais escorregadio do que podemos imaginar. A história norte-americana não é a única a nos defrontar com o enorme hiato entre os enunciados sobre igualdade e a realidade da desigualdade.

Basta olharmos ao nosso lado para verificarmos que somos todos muitos deferentes. E essas diferenças se encontram em todos os planos. Somos naturalmente diferentes: mulheres e homens; altos e baixos; negros e brancos; inteligentes e não inteligentes; bonitos e não bonitos; deficientes e não deficientes – e tudo isso com uma enorme variação entre cada um desses polos. Assim, na questão gênero, temos bissexuais e transexuais; no item cor a variação é espetacular; o mesmo ocorrendo no que se refere à distribuição da inteligência ou da beleza. Se há um Criador, ele não poupou esforços em fazer as pessoas com enormes diferenças umas das outras. Se não há um Criador, a natureza tem sido responsável por uma formidável alquimia que nos permite dizer que cada um dos mais de seis bilhões de habitantes do Planeta é diferente dos demais.

As diferenças também são marcantes no campo econômico, social, cultural ou político. Diferenças, essas, construídas a partir da história de nossas sociedades e suas instituições. Na maior parte das vezes construídas a partir de preconceitos decorrentes das diferenças naturais. De que homem e mulher são naturalmente diferentes não cabe qualquer discussão. Mas que, em função dessa diferença de gênero, eles devem ocupar posições hierarquicamente distintas é uma construção política e cultural de determinada sociedade.

As desigualdades socialmente determinadas são imensas. Alguns, ao nascerem, já se encontravam proprietários de verdadeiros impérios econômicos, para os quais nada contribuíram. Outros vêm à luz na miséria. Alguns recebem enormes oportunidades educacionais. Outros crescem na ignorância. Alguns têm vida de príncipes e princesas, outros foram escravizadas e prostituídos desde a infância. No regime de castas na Índia, aos intocáveis ficam reservadas as funções mais abjetas. Aos *Bhangi*, casta mais baixa do mundo hindu, por exemplo, cabe limpar esgotos e lidar com o lixo, sendo negado qualquer direito de exercer outro papel na sociedade. No plano político, muitos são cidadãos de potências centrais. Muitos outros são cidadãos de Países paupérrimos, como Moçambique. Hoje, cerca de 46% da população mundial vivem abaixo da linha da pobreza (menos de US$ 2.00 ao dia) e cerca de 20% abaixo da linha de miséria (menos de US$ 1.00 ao dia).[1] No Brasil, que não é um País pobre, o 1% que compõe os mais ricos detém a mesma quantidade de riqueza que os 50% mais pobres, situando-se vexatoriamente entre os três Países mais desiguais do mundo.[2] Desnecessário dizer que essa aberrante desigualdade econômica, construída e assegurada por nossas instituições políticas e sociais, representa enorme diferença no acesso a quase todos os outros recursos necessários à realização de uma vida digna, como saúde, educação, habitação e a própria implementação de direitos, apenas abstratamente distribuídos de forma igual entre ricos e pobres.

Logo, é preciso reconhecer, como ponto de partida para qualquer reflexão sobre a igualdade, que a assertiva de que "todos são iguais", encontrada em grande número de declarações de direitos, tratados ou Constituições da Modernidade, não pode ser lida como uma proposição de fato, mas, sim, uma reivindicação de natureza moral. Exceto quando estamos lidando com uma afirmação de fato mas de natureza mítica, como "todos somos iguais em nossa imagem e semelhança a Deus", a igualdade é reivindicação socialmente e politicamente construída.

Nesse sentido, mais correto seria dizer que "todos deveriam ser tratados como iguais". Embora sejamos diferentes, por força da natureza ou da sociedade na qual nos inserimos, deveríamos ser objeto do mesmo respeito e da mesma consideração que as demais pessoas, por uma decisão pura e exclusivamente ética.

Como já vimos ao analisar o conceito de dignidade humana, partindo do pressuposto moral de que cada pessoa é um fim em si – portanto, um ser dotado de dignidade –, Kant propunha que todas as pessoas deveriam ser tratadas com igual respeito e consideração. A igualdade entra aqui como instrumento pelo qual deverá se distribuir de modo universal a obrigação de respeitar as demais pessoas.

Elucidada essa primeira questão a respeito do ideal igualitário, surgem imediatamente inúmeras outras, que também precisam ser enfrentadas, para que possamos efetivamente compreender o significado dado a esse termo por nossa Constituição.

6.2 A igualdade na Constituição de 1988

De acordo com Bobbio, quando nos deparamos com enunciados igualitários temos que dar atenção especial a três questões fundamentais: (1) Quem é considerado igual? (2) Em relação a que coisas? E: (3) Qual o critério justo para que uma coisa seja atribuída a cada

---

1. Thomas Pogge, *World Poverty and Human Rights*, Polity, Cambridge, 2002, p. 2.
2. Ricardo Henriques, *Desigualdade e Pobreza no Brasil*, Rio de Janeiro, IPEA, p. 40.

pessoa?[3] Pela inclusão da ideia de justiça na terceira parte da equação, podemos antever que a ideia de igualdade não se limita a estabelecer uma eventual igualdade aritmética entre pessoas, ou bens a serem distribuídos entre pessoas. Isto porque na maioria das vezes não estamos distribuindo algo de maneira absolutamente idêntica a todas as pessoas, mas, sim, conferindo direitos ou bens a categorias distintas de pessoas, como brasileiros, deficientes, crianças, idosos etc. Daí a necessidade de que se tenha um critério justo para distribuir direitos e interesses ou bens distintos entre pessoas ou grupos de pessoas também distintos.

Para compreender esta fugidia gramática da igualdade, gostaria de apresentar algumas fórmulas mais comuns de enunciados que empregam o conceito de igualdade, com resultados muitos distintos, porém.

Todos têm direitos a todas as coisas.
Todos têm direito a X's (X1, X2, X3...).
Todos os Y's têm direito a todas as coisas.
Todos os Y's têm direito à X's (X1, X2, X3...).

A primeira dessas proposições é, aparentemente, a mais igualitária de todas, pois todas as pessoas são tomadas como iguais, tendo elas direitos a todas as coisas. Essa é a situação em que se encontram as pessoas no estado de natureza hobbesiano, em que todos têm direitos a tudo, inclusive o corpo do próximo. Nesta circunstância, em que todos têm direito a tudo, evidentemente, ninguém tem direito a nada, exceto quando for capaz de manter seu domínio por intermédio da força.

A segunda proposição reconhece a igualdade de todos, mas não em relação a todas as coisas. Talvez esse enunciado seja próximo àquele inscrito no *caput* do art. 1º da Declaração Universal de Direitos Humanos, de 1948, ao determinar que "todos nascem livres e iguais em direitos e dignidade". "Todos", aqui, significa, efetivamente, todos os membros do gênero humano, independentemente de qualquer *status* ou condição, natural ou socialmente adquirida. Assim, crianças, velhos, negros, índios, deficientes, criminosos, religiosos, militares, etíopes ou neozelandeses. Ninguém fica de fora desse "todos". Mas o que se atribui a esse "todos" não é uma divisão igual sobre todas as coisas, mas, sim, um conjunto finito de direitos (aqueles previstos na Declaração). Assim, a mesma dignidade que se reconhece a um se deve reconhecer a todos os demais; e os mesmos direitos que se confere a um se deve conferir a todos os demais. Temos, portanto, um enunciado igualitário no que se refere a "quem é igual", bem como "em relação a que coisas".

Essa ideia absolutamente universalista de "todos" se relativiza ao abandonarmos o plano global. Quando o *caput* do art. 5º de nossa CF usa o pronome "todos", está se referindo não a todos os membros do gênero humano, mas a todos os brasileiros e os estrangeiros residentes no País. Logo, "todos", aqui, equivale a um grupo determinado, embora seja um grupo de mais de 180.000.000 de pessoas. Da mesma forma, quando falamos em direitos das crianças ou das mulheres, o "todos", aqui, constitui uma categoria determinada, e não universal. A esse grupo de iguais se pode conferir tudo igual ou apenas algumas coisas. É o que ocorre nas terceira e quarta proposições acima mencionadas, onde a uma categoria de pessoas se confere tudo igual ou apenas algumas coisas iguais, ou alguns direitos iguais.

---

3. Norberto Bobbio, *Teoria Geral da Política* (org. de Michelangelo Bovero), Rio de Janeiro, Campus, 2000, p. 299.

No campo do nosso direito constitucional, quando falamos sobre a igualdade estamos nos referindo à igualdade entre todos que estão sob a jurisdição do Estado Brasileiro. Trata-se, portanto, de enunciado universalista apenas entre essas pessoas. Além disso, se está conferindo a essa classe de iguais, brasileiros e residentes, um grupo também determinado de direitos e benefícios. Dessa forma, brasileiros e residentes não têm direitos a serem tratados de forma igual em relação a tudo. A distribuição é igualitária em relação a apenas um conjunto de direitos.

Vemos, assim, que todas as vezes que não estamos invocando a igualdade em seu sentido absoluto – ou seja, igualdade de todos em tudo –, nos depararemos com a necessidade de justificar "quem é igual" e "em relação a que coisas", além de encontrar um "critério justo" para a atribuição de coisas ou direitos a cada pessoa ou a cada grupo de pessoas. Aqui é que começam, de fato, os enormes problemas da igualdade.

Se o princípio da igualdade nos impõe tratar as pessoas com igual respeito e consideração, não sendo as pessoas iguais, diferente deverá ser o tratamento a ser dado a cada uma delas. Os cuidados que devo ter com uma criança, um adulto ou um idoso, se quero tratá-los com igual respeito e consideração, serão necessariamente distintos. O princípio da igualdade passa a se apresentar, paradoxalmente, como o princípio que determina a diferença legítima de tratamento que devo a cada pessoa, em face de diferenças específicas. O princípio da igualdade converte-se, assim, mais num regulador das diferenças do que numa regra de imposição da igualdade absoluta e em todos os planos. Em outras palavras: a função do princípio da igualdade é muito mais nos auxiliar a discernir entre desigualizações aceitáveis e desejáveis e aquelas que são profundamente injustas e inaceitáveis.

O problema da distribuição das coisas em função das diferenças entre as pessoas não é novo na Política ou no Direito. Aristóteles, há mais de 2.000 anos, propunha que deveríamos dar um tratamento igual aos iguais e desigual aos desiguais.[4] Essa proposição foi posteriormente complementada. Celso Antônio Bandeira de Mello fala, nesse sentido, que devemos tratar de forma igual aos iguais, de forma desigual aos desiguais, sempre na medida de suas desigualdades.[5] Há aqui a necessidade de se adequar o grau de desigualdade na distribuição ao grau da desigualdade entre os sujeitos, ou seja: deve haver uma proporcionalidade entre essas distintas desigualdades.

A proposição de Aristóteles, no entanto, não nos ajuda a compreender quais classificações são legítimas e quais não são. Uma proposição que dissesse que todos os brancos têm direito a ensino universitário gratuito e todos os negros devem se responsabilizar pelas tarefas subalternas de determinada comunidade seria logicamente coerente com o enunciado de igualdade de Aristóteles. Sua contribuição é meramente formal, indicando apenas que deve haver proporcionalidade na distribuição da igualdade. Assim, se quisermos discutir o princípio da igualdade a sério, necessário, de um lado, termos critérios sobre quais classificações ou diferenciações são aceitáveis e quais não são. Ou, pelo menos, fazer como a Suprema Corte norte-americana, que estabeleceu alguns critérios de classificação de pessoas como "altamente suspeitos" enquanto outros são constitucionalmente irrelevantes ou não suspeitos. Assim, quando se classificam as pessoas em função de sua cor há que se acender a luz vermelha. É possível que uma classificação baseada na cor, em situações muito específicas,

---

4. Aristóteles, *A Ética a Nicômaco*.
5. Celso Antônio Bandeira de Mello, *O Conteúdo Jurídico do Princípio da Igualdade*, 3ª ed., 24ª tir., São Paulo, Malheiros Editores, 2015.

seja admissível; no entanto, devemos tratá-la, *a priori*, como extremamente suspeita. No entanto, quando empregamos a idade para fins civis, por exemplo, não devemos ficar tão preocupados. Por outro lado, quando somos sensíveis a determinada característica para fins de distribuição, qual desigualização no processo de divisão é aceitável? Quanto tempo antes dos homens devem as mulheres se aposentar, em face da dupla jornada imposta a muitas mulheres, além do maior desgaste na criação dos filhos etc.? O princípio da igualdade irá depender, dessa forma, de critérios substantivos de justiça, tanto no que se refere às classificações de pessoas como à distribuição de coisas a cada grupo de pessoas. Sem o quê a ideia de igualdade não passará de recurso retórico.

Para que a discussão não fique ainda mais abstrata, vamos tentar compreender esses problemas da classificação e dos critérios de distribuição a partir do estudo da igualdade em nossa Constituição.

6.3 Igualdade como imparcialidade

A ideia de igualdade foi incorporada ao discurso jurídico pelo Iluminismo, tendo como seu marco a Declaração Francesa dos Direitos do Homem e do Cidadão, de 1789. Trata-se, assim, de uma igualdade não só compatível com a liberdade, mas a ela inerente. O que se pretendia desde o início era que o Direito fosse aplicado sem discriminações. Que os responsáveis pela aplicação do Direito o fizessem de olhos vendados, como a estátua que representa a Justiça na mesa de tantos juízes e na porta de muitos tribunais.

Partindo do pressuposto de que as leis devem ser gerais, como o art. 121 do CP, por exemplo, ao juiz cumpre apenas aplicar a pena a todo aquele que "matar alguém", independentemente de quem seja a pessoa. Inclusive as hipóteses de legítima defesa ou estado de necessidade, que autorizam ao juiz deixar de aplicar a pena, são hipóteses genéricas; logo, aplicáveis também a todas as pessoas. Esta forma de igualdade é tão importante para a preservação da liberdade, porque permite certa previsibilidade do comportamento estatal. Sabendo que há uma lei que estabelece um crime ou um imposto e que esta lei será aplicada a todos que se conduzirem de determinada maneira, poderei decidir de que forma devo me conduzir. A igualdade coloca-se, assim, como uma garantia contra o arbítrio.

Quando Sérgio Buarque de Holanda apontava a cordialidade como uma das características do brasileiro, ele não se referia à nossa eventual afabilidade, hospitalidade ou doçura. Na realidade, o que o autor de *Raízes do Brasil* queria nos alertar é para a dificuldade de se construir relações imparciais numa cultura dominada pelo *ethos* cordial. Cordial é aquilo que vem do coração, e não da razão, no sentido kantiano, de razão prática universalista. Assim, o homem cordial ama ou odeia. Desta forma, privilegia aqueles com quem tem laços especiais e discrimina os que não são do seu círculo. Nessas condições é dificílimo ser imparcial.[6] A impunidade dos poderosos é uma marca da cordialidade brasileira. Assim como a violência policial contra pobres, negros e jovens de nossas periferias sociais demonstra o lado mais perverso de nossa cordialidade. O Estado, como construção e representação social, tem dificuldades em aplicar a lei de forma igual para todos. É doce com os amigos e cruel com aqueles que coloca na posição de inimigos.

O princípio da igualdade, como imparcialidade, tem ainda muita importância como mandado de não discriminação. Exemplo disso é o enunciado pelo art. 3º, IV, de nossa CF,

---

6. Sérgio Buarque de Holanda, *Raízes do Brasil*, José Olympio, 1985.

que veda o preconceito de "origem, raça, sexo, cor, idade e qualquer outra forma de discriminação". Também no art. 5º encontraremos diversos dispositivos voltados a assegurar a igualdade como imparcialidade, como o inciso I, ao estabelecer que "homens e mulheres são iguais em direitos e obrigações (...)"; o inciso VIII, ao prever que "ninguém será privado de direitos por motivo de crença religiosa ou convicção filosófica ou política (...)"; ou, ainda, o inciso XLI, que determina que "a prática de racismo constitui crime (...)". Os incisos XXX e XXXI do art. 7º da CF determinam, ainda, a imparcialidade no campo das relações do trabalho ao proibir que se diferenciem salários ou critérios de admissão "por motivo de sexo, idade, cor ou estado civil" ou em função de ser o trabalhador "portador de deficiência".

Fora do campo dos direitos propriamente ditos, mas a eles correlatos, a Constituição impõe à Administração Pública que aja de forma impessoal (art. 37, *caput*), ou seja, não está autorizada a estabelecer preferências entre os administrados. Da mesma forma, na esfera da aplicação da lei, aos juízes foi criada uma série de garantias e vedações, todas voltadas a assegurar sua imparcialidade, reforçadas, ainda, pelos direitos à ampla defesa e ao devido processo legal (art. 5º, LIV e LV).

A igualdade como imparcialidade, no entanto, não se limita apenas a impor um obstáculo à ação discriminatória daqueles que têm por responsabilidade aplicar a lei. O princípio da igualdade como imparcialidade também se destina ao legislador. E isto requer um pouco mais de atenção, do ponto de vista teórico, mas especialmente da perspectiva prática. Se o legislador também está obrigado a tratar todos de forma imparcial, ele só poderia legislar por intermédio de leis efetivamente genéricas, onde todos, sem exceção, fossem sempre os sujeitos dos mesmos direitos. Assim, leis destinadas a certos grupos, como o Estatuto da Criança e do Adolescente, o Estatuto do Idoso ou, mesmo, a lei sobre imposto de renda, que cria faixas progressivas, pelas quais quem ganha mais paga mais, seriam inválidas, pois estariam rompendo o princípio da imparcialidade. Num mundo complexo como o nosso, e onde há diferença entre as pessoas, sejam elas naturais ou socialmente determinadas, obrigar o legislador a tratar todas as pessoas de forma absolutamente igual seria, além de injusto, enorme estupidez. Tratar pessoas diferentes de forma igual, em algumas situações, pode ser absolutamente injusto, como vimos acima. E a igualdade, como imparcialidade, não pode ser indiferente à injustiça. Daí haver certo consenso no sentido de que não se rompe o princípio da igualdade quando o Direito distingue pessoas e situações, dando tratamento também distinto a cada uma delas.

Uma pessoa de bom-senso, no entanto, poderia objetar, afirmando que este é um consenso mistificador, pois, afinal, não pode ser compatível com a ideia de igualdade o tratamento distinto dado a distintas pessoas. Na realidade, estar-se-ia usando a palavra "igualdade" de forma apenas retórica, pois o que queremos dizer de verdade é que é injusto tratar pessoas desiguais de forma absolutamente igual. Talvez esta cidadã ou cidadão de bom-senso tenham alguma razão. Afinal, temos que ter alguma fidelidade ao verdadeiro sentido das palavras. Minha única objeção, no entanto – aliás, de Aristóteles –, seria a de que ao tratar os diferentes de forma absolutamente igual estaríamos concedendo tratamento desproporcional a cada um, em determinadas circunstâncias. E o que é desproporcional não pode ser aceitável pelo princípio da igualdade. Além do mais, em certas ocasiões manter a igualdade pode até ser perigoso. Vocês se deixariam ser operados por alguém que não fosse devidamente habilitado? Assim, uma lei que exige comprovação de qualificação profissional para que alguém possa abrir nossa barriga não pode ser considerada algo ilegítimo.

O princípio da igualdade deve, então, ser redimensionado, para que ele não se torne uma afronta a parâmetros mínimos de justiça, nem mesmo de razoabilidade. Ser operado por um advogado, afinal, não parece uma boa ideia. Logo, classificar as pessoas e diferenciar situações não deve ser visto sempre como uma afronta à ideias de igualdade. O papel do princípio da igualdade nesses casos deve ser o de barrar classificações e diferenciações destituídas de sentido. Poderíamos rearticular o princípio da igualdade como uma determinação ao legislador para que ele nunca classifique ou discrimine as pessoas, exceto em situações em que isso se mostre necessário. Assim, quando houver uma razão que justifique o tratamento diferenciado entre pessoas diferentes, esse tratamento diferenciado deve guardar alguma proporcionalidade com as diferenças entre as pessoas. É o que ocorre, por exemplo, nos sistemas de taxação progressivos, onde quem tem mais paga mais. Se quiséssemos estabelecer um tratamento absolutamente igualitário no imposto sobre a renda, poderíamos criar uma alíquota de 10% sobre todo o rendimento que uma pessoa fosse capaz de amealhar. Assim, quem ganha 1 salário-mínimo deve pegar 10% do que ganha e entregá-lo ao Governo, e quem ganha 1.000 salários-mínimos deve dar 100 deles ao Governo. A questão, no entanto, é que 10% de um salário-mínimo irá fazer muito mais falta para um pobre coitado do que os 100 salários-mínimos pagos de imposto para aquele que recebeu 1.000 salários-mínimos. Daí que na grande maioria dos Países democráticos, hoje, se estabeleçam alíquotas diferentes e progressivas na medida em que as pessoas se tornam mais ricas. Trata-se, nesta medida, não de uma igualdade aritmética, mas que leva em consideração o impacto da tributação sobre o bem-estar do contribuinte. Cobrar 27,5% sobre a renda do dono de um banco, que teve 3 bilhões de Reais de lucro, certamente não o privará das suas necessidades ou desejos fundamentais, pois seu excedente, ou seja, os 72,5% que ele mantém consigo, certamente será o suficiente para satisfazê-lo. Para Bill Gates, ganhar mais 1.000.000 de Dólares na próxima quinta-feira pela manhã é irrelevante, enquanto tirar 30 Reais de uma pessoa que vive abaixo da linha da pobreza pode ser a diferença entre a vida e a morte de um filho que depende desse dinheiro para o leite ou para o remédio.

O argumento, aqui, é que o princípio da igualdade, como imparcialidade, comporta critérios de justiça, recepcionados pela Constituição. Inescapável, assim, tentar compreender o princípio da igualdade da perspectiva da justiça distributiva.

6.4 Igualdade redistributiva

Qual o critério de distribuição de direitos ou recursos adotado pela Constituição de 1988? É ele compatível com o princípio da igualdade, enquanto obrigação de tratar todas as pessoas com igual respeito e consideração? Basta uma rápida leitura do Título I de nossa Constituição, que trata dos princípios fundamentais da República, para verificar que o constituinte não escolheu apenas um critério de distribuição, mas vários. Esse mesmo pluralismo valorativo amalgamado na introdução da Carta irá tencionar todo o texto. Vejamos: por um lado, estabeleceu um sistema de mercado, pautado pelo princípio da livre iniciativa (art. 1º, IV) e pelo direito à propriedade (art. 5º, XXII); por outro, criou o objetivo de construir uma sociedade solidária e erradicar a pobreza (art. 3º, I e III). Como compreender esse compromisso entre princípios tão distintos, assumido por nossa Constituição?

O problema central da distribuição, da perspectiva da igualdade, é como encontrar um critério justo para distribuir recursos escassos entre os membros de uma sociedade. O senso-comum nos diz que a cada um se deve dar o que lhe é de direito. Embora essa possa parecer uma resposta vazia, há por trás dela a ideia de que a cada um deve se dar o que lhe é merecido. Chegamos, assim, a um critério substantivo de distribuição. E quem seria contra a ideia de que a distribuição de direitos ou recursos se desse em conformidade com o *mérito* de cada indivíduo? Afinal, qual critério seria mais justo do que o mérito de cada um? Além do mais, esse critério é compatível ao mesmo tempo com as ideias de liberdade e de igualdade, o que não é pouca coisa. O mérito é compatível com a ideia de liberdade, pois numa sociedade liberal, como vimos, o indivíduo é visto como um ser racional, livre para tomar suas próprias decisões. Assim, nada mais adequado do que aqueles que tomam decisões corretas serem premiados, enquanto os que, no pleno exercício de seu livre arbítrio, agirem incorretamente devam ser punidos. Por outro lado, o mérito não deixa de ser um critério igualitário, na medida em que não personaliza a quem devam ser distribuídos prêmios ou punições, pois o merecimento é aberto a todos, dependendo apenas de cada um escolher seu próprio curso de ação. A palavra "merecimento", aliás, tem uma enorme vantagem enquanto critério de distribuição, pois funciona tanto para o merecimento pela boa conduta quanto para aquele que se comportou de forma inadequada. Desde pequenos estamos acostumados a merecer tanto o sorvete como o castigo. Tanto a nota alta como a baixa.[7]

A Constituição de 1988 não foi insensível a esta proposição de que o merecimento deve ser levado em consideração como critério de alocação de recursos. Embora a Constituição assegure a todos o direito à propriedade (art. 5º, *caput* e inciso XXII), intuitivamente sabemos que o Estado Brasileiro não ficou responsável por outorgar igual quinhão do nosso Produto Interno Bruto a cada indivíduo. O direito à propriedade seria mais adequadamente exposto através do seguinte enunciado:

Todos têm direito a X, na medida de seus "méritos".

Diferentemente do direito ao voto, expresso no *caput* do art. 14 da CF, em que a cada um foi dado o direito de se manifestar por intermédio do voto, "com igual valor para todos", sabemos que o direito à propriedade é assegurado apenas para aqueles que a conquistaram. Se associarmos o princípio da livre iniciativa ao direito de propriedade, temos que nosso sistema jurídico-constitucional assimilou o mérito dos atores econômicos como critério fundamental para a alocação de recursos em nossa sociedade, inclusive para a alocação do direito à propriedade, posto que este direito não é de fato distribuído universalmente, mas apenas assegurado para aqueles que detêm uma propriedade.

Também o acesso aos cargos públicos, abertos a todos os brasileiros, por força do inciso I do art. 37 da CF, depende da aprovação em concurso público de provas e títulos, onde o que se busca é assegurar a imparcialidade da Administração na admissão de seus servidores, mas também o mérito destes.

Embora o mérito flerte com o ideal igualitário, algo nos diz que ele é insuficiente enquanto critério único de distribuição de recursos, pois só podemos efetivamente avaliar o mérito de uma pessoa, para efeito de premiação ou punição, se esta pessoa se encontrar desde o início em igualdade de condições com os demais membros da sociedade. Ao assegurar o direito à herança, por intermédio do inciso XXX do art. 5º, a CF cria um sistema em que dificilmente as pessoas partem de um mesmo ponto. Nessa medida, como avaliar o mérito, para efeito de distribuição de recursos, se uns nascem em ambientes extremamente afluentes, onde lhes são garantidas todas as condições de progresso, enquanto outros vêm ao mundo em circunstâncias absolutamente adversas? Difícil avaliar o mérito de quem quer que seja quando não há verdadeira igualdade de oportunidades. O vestibular é um bom exemplo de como as avaliações pretensamente meritocráticas podem ser problemáticas. Como pode uma jovem que estudou durante 11 anos em escola pública, filha de pais destituídos de edu-

---

7. George Fletcher, *Basic Concepts of Legal Thought*, Oxford, Oxford University Press, 1996, pp. 96 e ss.

cação formal, concorrer com outra jovem que teve 11 anos de educação numa escola privada, com o dobro da carga horária, maior qualificação dos professores, isto sem falar na educação informal recebida em casa de pais universitários ou em viagem ao Exterior para o aprendizado de línguas? Difícil falar em mérito com oportunidades desiguais.

A dificuldade de se tomar o mérito como critério substantivo de distribuição não esbarra apenas na questão das desigualdades socialmente construídas. Há também um problema na distribuição dos talentos naturais. A distribuição de inteligência entre as pessoas é absolutamente arbitrária, do ponto de vista moral. Enquanto alguns vêm ao mundo com QIs acima de 150, outros são incapazes de fazer uma simples conta de somar. Da mesma forma, a distribuição de capacidade física é arbitrária. Para alguns a vitalidade de um Pelé; para outros, o leito de uma UTI Assim, se quisermos levar a ideia de igual respeito e consideração a sério, precisamos dispor de outro critério de distribuição, mais sensível tanto às desigualdades socialmente construídas como àquelas naturalmente distribuídas.[8]

Em face dessas dificuldades, nossa Constituição incorporou outros critérios de distribuição de recursos e direitos, que não apenas o mérito. O primeiro desses critérios é a *universalização* de alguns recursos públicos, como educação básica e saúde. De acordo com o art. 205 de nossa CF: "A educação, [é] direito de todos e dever do Estado (...)", sendo o ensino fundamental obrigatório, conforme dispõe o art. 208. Da mesma forma, a "saúde é direito de todos e dever do Estado (...)", por intermédio de "acesso universal e igualitário às ações e serviços para a sua promoção, proteção e recuperação" – diz o art. 196 da CF.

O acesso universal significa que todos, independentemente de mérito ou necessidade, têm igual direito ao recurso à educação básica ou à saúde. Se quiséssemos formular um enunciado universalista, teríamos de fazer da seguinte forma:

Todos têm direito a iguais parcelas de X.

Assim, pouco importa se me encontro no 1% mais rico da população ou no 50% mais pobre, tenho igual direito à educação básica e à saúde que todos os demais. Esta é a forma mais extrema de igualitarismo, pois desconsidera qualquer eventual diferença entre as pessoas, concedendo a todas os mesmos direitos. Evidente que temos que ler a maior parte dos processos de distribuição universalista com alguma cautela, pois, embora o direito esteja disponibilizado de forma igual para todos, nem todos dele fazem uso igualitário. Este é o caso tanto da saúde, onde vemos a proliferação de planos privados, como da educação privada, que atende aos mais favorecidos.

A universalização dos serviços não é, no entanto, a única forma encontrada pela Constituição para mitigar o mérito como critério de distribuição. O constituinte também incorporou a *necessidade* como critério de distribuição, seguindo, assim, um preceito marxista que determina que a cada um seja dado em conformidade com sua necessidade. É o caso da assistência social, que deverá ser "prestada a quem dela necessitar, independentemente da contribuição à seguridade social (...)", conforme previsto no art. 203 da CF. Pelo mesmo critério – necessidade –, a Constituição determina atenção especial ao idoso, à criança, à mãe, ao índio e ao deficiente. Neste último caso autoriza, por exemplo, que a lei reserve um "percentual dos cargos e empregos públicos para as pessoas portadoras de deficiência (...)" (art. 37, VIII). A criança e o adolescente também recebem tratamento diferenciado, em face de suas peculiaridades. Impõe o art. 227 da CF que se assegure à criança e ao adolescente, "com absoluta prioridade, o direito à vida, à saúde, à alimentação, à educação, ao lazer, à

---

8. Will Kymlicka, *Contemporary Political Philosophy*, Oxford, Oxford University Press, 1990, pp. 55 e ss.

profissionalização, à cultura, à dignidade, ao respeito, à liberdade e à convivência familiar e comunitária, além de colocá-los à salvo de toda forma de negligência, discriminação, exploração, violência, crueldade e opressão". Neste caso poderíamos formular como enunciado-modelo desse critério de distribuição que:

Todos os que necessitarem têm direito a X, na medida de suas necessidades.

Evidente que o cumprimento dessas obrigações estará sempre contingenciado pelos recursos disponíveis na sociedade. Isto não significa que a pessoa necessitada não tenha direito àquilo que necessita, mas, sim, que a realização desse direito gera problemas práticos de efetivação. No caso da criança e do adolescente, o que a Constituição determinou foi uma hierarquização no processo de distribuição de respeito e consideração (e de recursos, por consequência) em favor desse grupo determinado. Este é o significado de "absoluta prioridade", estampado no art. 227 da CF.

Essa questão relativa a quem paga a conta de um sistema de distribuição que se importe com os mais necessitados nos leva à análise de nosso último critério de distribuição, chamado *princípio da diferença*, que em grande medida devemos à formulação que lhe foi dada por John Rawls.

Não cabe, aqui, apresentar a complexa empreitada de Rawls para construir sua teoria da justiça.[9] Porém, para que se possa compreender o princípio da diferença, enquanto tentativa de estabelecer um critério justo – na medida em que trata a todos com igual respeito e consideração – para a distribuição de recursos dentro de uma sociedade, algumas observações preliminares são indispensáveis.

Rawls utiliza-se do modelo contratual para demonstrar de que forma é possível alcançar princípios de justiça sem a necessidade de uma metafísica. Seu objetivo é o estabelecimento de uma situação especial, onde os indivíduos sejam capazes de fazer julgamentos morais imparciais, em que tenham a capacidade não só de "ter uma concepção de seu próprio bem", como, ainda, de respeitar as concepções alheias de bem. Para alcançar seu objetivo, Rawls desenha um procedimento que, sendo equitativo (*fair*) em sua estrutura, irá produzir resultados sempre justos. Trata-se, portanto, de um modelo procedimental de justiça. Não podendo contar com critérios independentes de justiça, como os oferecidos pelo direito natural, para avaliar se os resultados são justos, Rawls busca estabelecer um procedimento onde os resultados sejam necessariamente justos, em função da justiça do procedimento.

No primeiro estágio desse procedimento, que denomina "posição original", indivíduos racionais estão separados do mundo real por um "véu de ignorância", pelo qual ficam destituídos da capacidade de pensar estrategicamente sobre o resultado das decisões que estão tomando. Não sabendo a condição social, religião, gênero, habilidades intelectuais ou físicas que cada um tem na sociedade que estão organizando, não serão capazes de prever se as decisões tomadas lhes serão benéficas ou não. Devem, portanto, deliberar e decidir sobre os princípios de justiça com que irão organizar a estrutura da sociedade, independentemente de seus interesses particulares. Nessa posição, irão escolher os princípios de justiça de forma absolutamente imparcial, pois, não sabendo qual sua futura inserção na sociedade que estão estruturando, irão racionalmente buscar estabelecer um ambiente que não lhes seja desfavorável, caso estejam numa posição social e econômica menos privilegiada ou pertençam a uma minoria discriminada.

---

9. John Rawls, *Theory of Justice*, Cambridge, Harvard University Press, 1971.

Decidindo nesse ambiente artificial, agentes racionais, que buscam maximizar seus interesses e minimizar suas perdas,[10] escolheriam, ao ver de Rawls, os seguintes princípios de justiça: (1) Cada pessoa deve ter igual direito à mais ampla liberdade compatível com a liberdade dos demais. Como salienta Fletcher, essa é outra maneira de expressar o princípio kantiano de que cada pessoa deve gozar de máxima liberdade, de forma que a escolha de um possa se unir à escolha de outro, de acordo com a lei universal da liberdade.[11] O segundo princípio a ser escolhido por aqueles que se encontram na posição original refere-se à distribuição: (2) De acordo com Rawls, as desigualdades sociais e econômicas devem ser arranjadas de forma a que ambas sejam benéficas aos menos favorecidos.[12]

Por intermédio do "princípio da diferença", Rawls busca corrigir os problemas de um igualitarismo que não se beneficie dos incentivos provocados pela desigualdade. De acordo com o "princípio da diferença" a desigualdade será admitida desde que beneficie os menos favorecidos. Dessa forma, permitir que um médico/cientista receba mais do que os demais pode ser um incentivo para que ele descubra a cura de várias doenças que afetam muitas pessoas. Nesse caso, qualquer pessoa na posição original deveria racionalmente optar por estabelecer esses incentivos, pois, caso contraia uma doença, pretenderá ter o melhor tratamento possível.[13] Através do "princípio da diferença" Rawls busca minorar os efeitos de todas as diferenças a que as pessoas estão arbitrariamente submetidas, tais como: diferença quanto a recursos, educação, talento, inteligência, origem familiar etc. Os mais favorecidos seriam, assim, estimulados a produzir bens e conhecimentos que pudessem ser utilizados em favor dos menos favorecidos. Partindo do pressuposto de que é extremamente difícil criar igualdades de oportunidades econômicas e sociais e que é eventualmente impossível superar as desigualdades naturais, Rawls busca conceber as instituições de forma a que o sucesso dos mais favorecidos seja benéfico aos menos favorecidos. Esta a condição para se aceitar a desigualdade. O enunciado distributivo decorrente do princípio da diferença poderia ser expresso da seguinte maneira:

Todos têm direito a se beneficiar de suas habilidades (naturais, conquistadas ou herdadas socialmente), desde que isso beneficie os que se encontram em posição menos favorável.

Nossa Constituição, embora esteja longe de incorporar a formulação de Rawls, abrigou ao menos um mecanismo de distribuição que busca conciliar ambição (e mérito) com necessidade. Ao estabelecer o imposto de renda, de natureza progressiva, o constituinte buscou arranjar o sistema de distribuição de forma a que os mais bem-sucedidos no mercado contribuam em maior medida para a composição do "bolo" tributário, que por intermédio dos diversos direitos sociais deverá ser redistribuído aos mais necessitados. Assim, ao garantir o direito à propriedade aos que conseguem conquistá-la, os responsabilizou, ainda que minimamente, por aqueles que, pelas diversas razões já expostas, não foram bem-sucedidos na conquista de uma vida confortável, ou sequer digna.

---

10. "Rawls utiliza-se aqui do chamado princípio *maximin*, que é familiar a partir da teoria dos jogos, ao explicar o que se deve entender por parte justa em relação aos resultados de qualquer empreendimento cooperativo. (...). Convém jogar de forma a minimizar as perdas máximas, ou maximizar os ganhos mínimos (...)" (Alan Ryan, "John Rawls", in Quentin Skinner (ed.), *As Ciências Humanas e seus Grandes Pensadores*, Lisboa, Don Quixote, 1992, p. 141).
11. Fletcher, *Basic Concepts of Legal Thought*, cit., pp. 83 e ss.
12. John Rawls, *Theory of Justice*, cit., p. 60.
13. Há uma larga bibliografia crítica à presunção de Rawls de que, na posição original, os agentes racionais efetivamente escolheriam os dois princípios que ele entende que escolheriam; esta discussão, porém, não é relevante para esse trabalho. Remeto para Alan Ryan, cit., "John Rawls", cit., in Quentin Skinner (ed.), *As Ciências Humanas e seus Grandes Pensadores*, pp. 140 e ss.

Pelos alarmantes e persistentes dados sobre a desigualdade no Brasil, fica claro que os mecanismos de distribuição de recursos e direitos criados pela Constituição de 1988 têm sido insuficientes para nos retirar da constrangedora posição de um dos Países mais desiguais de todo o Planeta.

6.5 Igualdade como reconhecimento da diferença

Um dos problemas contemporâneos no campo da igualdade, de que nem a igualdade como imparcialidade e nem a igualdade no sentido redistributivo parecem dar conta, é a demanda por respeito à diferença. Quando indígenas demandam o respeito à sua cultura, às suas tradicionais formas de subsistência; quando grupos religiosos demandam poder expressar sua fé na esfera pública, como as jovens mulçumanas que vão à escola pública num País laico usando véu; ou, ainda, quando casais homossexuais exigem respeito à manifestação do seu afeto, não estão querendo ser tratados de forma igual aos demais, mas, sim, ver *reconhecidas e valorizadas* as respectivas expressões de suas identidades.

Nesse sentido surge um novo tipo de demanda no campo da política democrática e do igualitarismo. Não se trata de exigir tolerância com comportamentos ou identidades divergentes e minoritários, como se concedia a determinadas minorias religiosas no mundo medieval, pois o que lá se tinha era a garantia de algumas prerrogativas, mas dentro de relações assimétricas, muitas vezes cercadas pelo desprezo e pelo desprestígio.

Também não se trata de exigir tratamento igualitarista, como proposto pela concepção moral forjada no Iluminismo, onde todas as pessoas devem ser objeto de igual respeito e consideração desde que se submetam ao padrão dominante na sociedade. A ideia de igualdade entre os cidadãos é a expressão histórica mais nítida desta concepção. Na medida em que designa um conjunto dinâmico de direitos e obrigações, que determina o grau de inclusão da pessoa nas diversas esferas da convivência social, a cidadania moderna se transformou numa ferramenta poderosa não apenas de expansão da igualdade, mas de construção da Nação.[14] Assim, a cidadania civil dá às pessoas igual tratamento perante a lei. A cidadania política designa que as pessoas tenham direito à igual participação na vida política. Por fim, a cidadania social busca assegurar o acesso de todos a determinado patamar de bens e serviços, socialmente construídos, ou, ao menos, redistribuir parte dessa riqueza, de forma a remediar as desigualdades mais profundas produzidas pelo mercado, para que as pessoas tenham um mínimo de igualdade material.

O processo de ampliação da igualdade, em suas diversas esferas, dependeu e ainda depende, como foi apresentado na primeira parte deste capítulo, de que se reconheça que certas diferenças justificam um tratamento proporcionalmente distinto por parte do Direito. Ou seja: que diferenças de ponto de partida sejam consideradas como relevantes para que se possa legitimamente construir um remédio para tornar mais justo o resultado das interações sociais e econômicas.

Determinadas desigualdades fáticas que separam as pessoas não devem, portanto, constituir obstáculo para que sejam tratadas como iguais. Ao contrário, essas desigualdades devem despertar nossa atenção, devem ser reconhecidas, para que possam ser concebidos instrumentos voltados à sua superação, desde que esse tratamento diferen-

---

14. Reinhard Bendix, *Nation Building and Citizenship: Studies in Our Changing Social Order*, University of California Press, 1977.

ciado tenha por finalidade tornar as pessoas mais iguais, seja do ponto de vista jurídico, seja da perspectiva social e econômica. Tem-se aqui um primeiro conceito de reconhecimento que está diretamente associado à ideia de *dar a devida atenção*, de *reconhecer o problema*.

O esforço das democracias modernas e dos direitos humanos têm sido no sentido de ampliar as esferas de equiparação do tratamento dispensado entre os grupos, de forma a reduzir a distância entre privilegiados e excluídos. Quanto mais democrática uma sociedade, menores as esferas de hierarquização ou exclusão nela existentes. Essa estratégia moderna de inclusão pela igualização, por mais importante que seja na construção das democracias que conhecemos, parece não dar conta de certas demandas identitárias. Demandas pelo reconhecimento e valorização das diferenças, de forma que aqueles que pertencem a um grupo minoritário, que partilham uma identidade não majoritária, possam viver e ser respeitados por viver de acordo com essa identidade. Daí falar-se em reconhecimento da diferença não apenas no sentido de *estar atento para diferenças* fáticas que devem ser levadas em consideração para a construção da igualdade, mas de um verdadeiro direito fundamental a *ter valorizada e reconhecida a diferença de identidade*, que constitui um grupo. Logo, o que se busca é o reforço da diferença, e não sua dissipação.

Conforme aponta Charles Taylor, em texto seminal sobre a demanda crescente por reconhecimento na Política contemporânea, há uma ligação profunda entre a ideia de reconhecimento e a de identidade, onde a identidade designa o próprio entendimento que as pessoas têm de si, do que as caracteriza como um ser humano específico. Essa reivindicação moral de que temos o direito de vivermos conforme nossa própria concepção de *self*, ou de uma identidade que partilhamos com o grupo ao qual pertencemos, embora marcadamente contemporânea, é uma consequência do processo de ampliação do respeito pela dignidade de cada pessoa forjada pelo Iluminismo. O grande problema é que a identidade, que permite a realização de uma vida autêntica, e não forjada pela visão dominante, depende da visão do outro para se estruturar. A tese central de Taylor é de que "a nossa identidade é parcialmente determinada pelo reconhecimento ou pela sua ausência".[15] Esse reconhecimento se constrói na relação que cada um de nós tem com a sociedade. Assim, quando a imagem que obtemos de nós mesmos, quando olhamos para as demais pessoas, é desprezível e distorcida, sofremos verdadeiro dano.

A demanda pelo reconhecimento do direito à diferença é, portanto, uma demanda pelo respeito e pela valorização da nossa identidade, do que contribui para forjar o que somos. Não basta, assim, uma equiparação jurídica reparatória – o que eventualmente pode ser relevante. O que se busca é uma alteração no modo como os demais membros da sociedade valorizam aquele determinado modo de ser. Não o classificando como inferior ao modo dominante, pois trata-se de uma identidade, que por ser do outro, merece ser reconhecida e valorizada. Como o próprio Taylor reconhece, trata-se de reivindicação muito forte. As dificuldades teóricas, no entanto, não nos permitem negar a demanda pelo direito de ter determinada identidade reconhecida, no sentido forte da expressão.

De acordo com Nancy Fraser, as injustiças de natureza social e econômica foram enfrentadas por diversas teorias liberais, por intermédio da construção de mecanismos de redistribuição. No entanto, as injustiças de natureza cultural e simbólica não encontram solução plena nos mesmos remédios. Daí a necessidade de tecer novas estratégias

---

15. Charles Taylor, *The Politics of Recognition*, p. 1.

de reconhecimento do outro e de sua identidade como efetivamente merecedora de respeito. Importante destacar, no entanto, que essas diferenciações são de natureza meramente analítica, pois na prática, como salienta Fraser, o não reconhecimento de uma injustiça de natureza cultural e simbólica tende a gerar também uma injustiça de natureza econômica e social. Assim como uma persistente e profunda injustiça social tende a sedimentar percepções culturais e simbólicas desqualificadoras, pelas quais determinado grupo ou segmento da sociedade passa a ser desconsiderado como autêntico sujeito de direitos.[16]

Trata-se, portanto, de questão intrincada, que necessita ser destrinchada para que, no campo jurídico-constitucional, possamos ter clareza sobre a natureza das demandas – sem o quê não será possível a construção de respostas condizentes e efetivas às demandas pelo direito ao reconhecimento da diferença. Os instrumentos de justiça redistributiva buscam reparar injustiças econômicas e reestruturar instituições que perpetuem injustiças sociais. No caso das demandas por reconhecimento o que se pretende é uma transformação da concepção que a sociedade tem de determinado grupo, passando a valorizar suas características e qualidades e não as desprezando.[17] A obrigação decorrente da realização desse direito é a de respeitar a identidade de cada um. Respeito à forma de viver e expressar com autenticidade seu ser. Nas palavras de José Reinaldo de Lima Lopes, "quem pede o direito ao reconhecimento pede que a distribuição da identidade social não seja hierarquizante em função do traço de identidade específico. Pede que todas as identidades sejam tratadas jurídica e politicamente como equivalentes".[18]

Há um risco de se compreender a luta pelo direito ao reconhecimento como antagônica ao direito à igualdade como redistribuição. Isso porque, enquanto a ideia de redistribuição busca a redução das desigualdades, de maneira a que as pessoas sejam colocadas num patamar mínimo de igualdade material, o direito ao reconhecimento busca reforçar a desigualdade identitária. Portanto, busca assegurar e reforçar o direito das pessoas e dos grupos de manifestar e viver suas diferenças, sem que isso seja objeto de desprezo social. A força do argumento da igualdade como reconhecimento está sobretudo na sua capacidade de nos oferecer uma nova lente que permita melhor compreender o modo como largos setores da sociedade são alijados do direito mais fundamental de terem sua identidade, constitutiva de sua dignidade, respeitada e valorizada. E, mais do que isso, permite conceber respostas e ferramentas para remediar essas situações. É aqui que essas concepções de igualdade encontram forte campo de reconciliação. Pois as formas de lidar com as injustiças socioeconômicas e simbólico-culturais podem se reforçar mutuamente. No campo indígena isso é claro. O reconhecimento e o respeito pela cultura e pelas formas tradicionais de organização impõem a necessidade de recomposição material de seus territórios. No mesmo sentido, a recomposição desses territórios favorece o fortalecimento da identidade e da cultura dos povos indígenas. Talvez o mesmo raciocínio seja válido para a questão das uniões entre pessoas do mesmo sexo. O reconhecimento e o respeito da identidade dos homossexuais favoreçam a que seus direitos civis e sociais sejam não apenas reivindicados, mas concretizados.

---

16. Oscar Vilhena Vieira, "Desigualdade e a subversão do Estado de Direito", *SUR, Revista Internacional de Direitos Humanos* 4, n. 6, 2007.
17. Nancy Fraser, *From Redistribution to Recognition? Dilemmas of Justice "Post-Socialist Age"*, p. 70.
18. José Reinaldo de Lima Lopes, "O direito ao reconhecimento para *gays* e lésbicas", *SUR, Revista Internacional de Direitos Humanos* 2, n. 2, São Paulo, 2005.

IMPARCIALIDADE

6.6 Licença-maternidade como obrigação previdenciária (ADI/MC 1.946-5-DF)

(Plenário – rel. Min. Sydney Sanches – j. 29.4.1999)

Direito constitucional, previdenciário e processual civil. Licença-gestante. Salário. Limitação. Ação Direta de Inconstitucionalidade do art. 14 da Emenda Constitucional nº 20, de 15.12.1998. Alegação de violação ao disposto nos artigos 3º, IV, 5º, I, 7º, XVIII, E 60, § 4º, IV, da Constituição Federal (...).

ACÓRDÃO – Vistos, relatados e discutidos estes autos, acordam os Ministros do Supremo Tribunal Federal, em Sessão Plenária, na conformidade da ata de julgamento e das notas taquigráficas, por votação majoritária, em acolher a preliminar suscitada pelo Ministério da Previdência e Assistência Social e, em consequência, não conhecer da ação direta quanto ao art. 6º da Portaria MPAS n. 4.883/1998, restando prejudicado, nesse ponto, o requerimento de medida cautelar, vencidos os Mins. Marco Aurélio, Carlos Velloso, Sepúlveda Pertence e Néri da Silveira, que dela conheciam. Votou o Presidente. O Tribunal, por unanimidade de votos, rejeitou a outra preliminar, suscitada pelo Presidente do Senado Federal, por entender que se revela juridicamente possível a fiscalização abstrata de constitucionalidade que tenha por objeto emenda à Constituição (a Emenda Constitucional n. 20/1998, no caso), alegadamente vulneradora das cláusulas pétreas inscritas no art. 60, § 4º, da Constituição da República. Votou o Presidente. Em seguida, o Tribunal, noutra assentada, por votação unânime, deferiu a medida cautelar para, dando interpretação conforme à Constituição ao art. 14 da EC 20, de 15.12.1998, deixar expresso que a citada disposição não se aplica à licença-maternidade a que se refere o art. 7º, inciso XVIII, da Carta Magna, respondendo a Previdência Social pela integralidade do pagamento da referida licença, nos termos do voto do Relator. Votou o Presidente. Ausentes, justificadamente, nesta última parte do julgamento, os Srs. Mins. Celso de Mello (Presidente) e Moreira Alves. Presidiu o julgamento, na 2ª assentada, o Sr. Min. Carlos Velloso (Vice-Presidente).

Brasília, 29 de abril de 1999 – *Carlos Velloso*, presidente – *Sydney Sanches*, relator.

RELATÓRIO – *O Sr. Min. Sydney Sanches*: 1. O Partido Socialista Brasileiro/PSB, partido político com representação em ambas as Casas do Congresso Nacional, com base nos arts. 102, inciso I, alíneas "a e "p", e 103, inciso VIII, da CF, promove ação direta de inconstitucionalidade do art. 14 da EC n. 20, de 15.12.1998, e do art. 6º da Portaria n. 4.883, de 16.12.1998, baixada, a 16.12.1998, pelo Ministro de Estado da Previdência e Assistência Social.

2. Sustenta o autor, em síntese, que tais normas violam o disposto nos arts. 3º, IV, 5º, I, e 7º, XVIII, da CF e, por via de consequência, o art. 60, § 4º, inciso IV.

3. Havendo requerimento de medida cautelar, trago os autos à consideração do egrégio Plenário (art. 170, § 1º, do RISTF).

É o relatório.

VOTO – *O Sr. Min. Sydney Sanches* (relator): (...).

(...) o legislador brasileiro, desde 1974, pelo menos, há 25 anos portanto, vem considerando a proteção à empregada gestante como de caráter previdenciário.

E isso vinha ocorrendo, também, mesmo após o advento da Constituição Federal de 5.10.1988, como se verifica de legislação a ela posterior, mencionada no parecer.

28. Por outro lado, a Constituição de 5.10.1988, na redação originária do art. 7º, XVIII, que ainda se mantém, deixou claro que a empregada gestante, durante a licença de 120 dias, ali referida, faria jus a salário integral e à manutenção do emprego.

29. Não podia ignorar o constituinte de 1988 o caráter previdenciário desse direito, em face de sua própria história, quando, no art. 201, III, na redação originária, estabeleceu que a proteção à maternidade, especialmente à gestante, se faria nos termos da lei. Com isso não excluiu que tal proteção se fizesse nos termos também da própria Constituição, em face de seu referido art. 6º, *in verbis*: "São direitos sociais a educação, a saúde, o trabalho, o lazer, a segurança, a previdência social, a *proteção à maternidade* e à infância, a assistência aos desamparados, *na forma desta Constituição*".

30. No ponto, "na forma da Constituição" significa na forma de seu art. 7º, inc. XVIII, ou seja, sem a redução do salário até então percebido.

31. Ora, diante desse quadro histórico, não é de se presumir que o legislador constituinte derivado, na Emenda n. 20/1998, mais precisamente em seu art. 14, haja pretendido a revogação, ainda que implícita, do art. 7º, XVIII, da CF originária.

Aliás, se esse tivesse sido o objetivo da norma constitucional derivada, por certo a Emenda Constitucional n. 20/1998 conteria referência expressa a respeito.

E, à falta de norma constitucional derivada, revogadora do art. 7º, XVIII, a pura e simples aplicação do art. 14 da EC n. 20/1998, de modo a torná-la insubsistente, implicará um retrocesso histórico de 25 anos em matéria social-previdenciária, que não se pode presumir desejado.

Tanto mais porque, de certa forma, desde 1932, como lembrado no parecer referido, já se vinha emprestando caráter previdenciário ao auxílio à gestante.

32. Ainda sobre esse ponto, cabe referência a artigo do Professor José Pastore, da Faculdade de Economia e Administração da USP e pesquisador da FIPE, sob o titulo "Salário-maternidade", in *Estado de S. Paulo*, 13.4.1999, p. B-2:

"Quanto à fonte pagadora, dos 21 Países que remuneram a licença-maternidade, 19 o fazem por meio da seguridade social (previdência, saúde ou seguro-desemprego). Em apenas dois casos essa responsabilidade é rateada com os empregadores que pagam menos à seguridade.

"Há Nações em que a seguridade social é inexistente ou atrofiada, nas quais a licença-maternidade é paga em bases variadas, pelos empregadores, que, é claro, não têm nenhum encargo previdenciário nesse campo. Estão nesse caso o Afeganistão, Bangladesh, Camboja, Indonésia, Jordânia, Kuwait, Malásia, Nepal, Catar, Arábia Saudita, Cingapura, Sri Lanka e Tailândia

"O Brasil segue o modelo dos Países que possuem sistemas previdenciários consolidados. Orienta-se ainda pelas Convenções ns. 3 e 103 da OIT, que atribuem ao Estado a responsabilidade por aquele pagamento.

"(...).

"A pesquisa comparativa mostra que em nenhum País do mundo o empregador é obrigado a pagar novamente o que já pagou à seguridade social para a licença-maternidade.

"É difícil acreditar que os parlamentares que aprovaram a Emenda Constitucional 20 (que reformou a Previdência Social) tenham desejado adicionar tamanho fardo na longa lista de encargos trabalhistas e previdenciários que gravam as empresas brasileiras, comprometendo sua competitividade e capacidade de empregar.

"O assunto, como se vê, ultrapassa as fronteiras da ciência jurídica. Ele tem profundas consequências econômicas e sociais. Em lugar de ajudar, um dispositivo como esse contribuirá para aumentar as demissões, dificultar as admissões e acentuar o achatamento salarial das mulheres. É disso que elas precisam?"

33. Na verdade, se se entender que a Previdência Social, doravante, responderá apenas por 1.200 Reais por mês, durante a licença da gestante, e que o empregador responderá, sozinho, pelo restante, ficará sobremaneira facilitada e estimulada a opção deste pelo trabalhador masculino, ao invés da mulher trabalhadora.

Estará, então, propiciada a discriminação que a Constituição buscou combater quando proibiu diferença de salários, de exercício de funções e de critérios de admissão por motivo de sexo (art. 7º, inciso XXX, da CF/1988), proibição que, em substância, é um desdobramento do princípio da igualdade de direitos entre homens e mulheres, previsto no inciso I do art. 5º da CF.

Estará, ainda, conclamando o empregador a oferecer à mulher trabalhadora, quaisquer que sejam suas aptidões, salário nunca superior a 1.200 Reais, para não ter de responder pela diferença.

Não é crível que o constituinte derivado, de 1998, tenha chegado a esse ponto na chamada reforma da Previdência Social. Ao menos não é de se presumir que o tenha feito sem o dizer expressamente, assumindo a grave responsabilidade.

34. Estamos, ademais, no exame puro e simples do requerimento de medida cautelar, oportunidade em que, sem o aprofundamento do estudo do mérito, se consideram os aspectos jurídicos da causa e também a conjuntura histórica, para seu deferimento, ou não.

Sendo assim, não posso nem devo desprezar, a esta altura, os altos índices de desemprego que assolam a população brasileira, da qual a mulher parece compor a maior parte.

E já há notícia de que em certo Estado da Federação, salvo engano o Rio Grande do Sul, o desemprego da mulher até aumentou, provavelmente por efeito da interpretação que vem sendo dada à norma constitucional em questão.

35. É certo, por outro lado, que o art. 202 da CF/1988, com a redação dada pela Emenda Constitucional n. 20/1998, estabeleceu que "o regime de previdência privada, de caráter complementar e organizado de forma autônoma em relação ao regime geral de previdência social, será facultativo, baseado na constituição de reservas que garantam o benefício contratado, e regulado por lei complementar".

Mas essa lei complementar, se houvesse de cuidar do salário na licença-gestante, o que se admite apenas para argumentação, pode demorar muito, assim como o próprio julgamento da causa, pelo mérito, dadas as notórias sobrecargas da Advocacia-Geral da União e da Procuradoria-Geral da República, que devem, ainda, oficiar no feito, e também desta Corte, que tem de julgá-lo.

36. Diante de todas essas circunstâncias, considero presentes os requisitos da plausibilidade jurídica da ação (*fumus boni iuris*) e do *periculum in mora*.

37. E por isso defiro a medida cautelar. Não, porém, para suspender a eficácia do art. 14 da EC n. 20/1998, como, inicialmente, pretende o autor. Mas como alternativamente pleiteado, ou seja, para lhe dar, com eficácia *ex tunc*, interpretação conforme à Constituição, no sentido de que tal norma não abrange a licença-gestante, prevista no art. 7º, inciso XVIII, da CF/1988, durante a qual continuará percebendo o salário que lhe vinha sendo pago pelo empregador, que responderá também pelo *quantum* excedente a 1.200 Reais por mês, e o recuperará da Previdência Social, na conformidade da legislação vigente. (...).

VOTO – *O Sr. Min. Nelson Jobim*: Sr. Presidente, devo fazer algumas considerações.

Tenho dificuldade em acompanhar determinados fundamentos do Min. Sydney Sanches.

Refiro-me à natureza jurídica de certos institutos. A Constituição outorga um direito à mulher trabalhadora: "Art. 7º. (...); XVIII – licença à gestante, sem prejuízo do emprego e do salário, com a duração de 120 (cento e vinte) dias; (...)".

A mulher trabalhadora é titular de um direito subjetivo: haver um período de licença de 120 dias, sem prejuízo do retorno ao emprego e com salário integral.

O art. 7º não define o sujeito passivo da obrigação.

Não define quem paga.

Atribui um direito.

O art. 201 da CF, com a redação dada pela Emenda Constitucional n. 20, dispõe que: "Art. 201. A previdência social será organizada sob a forma de regime geral, de caráter contributivo e de filiação obrigatória, observados critérios que preservem o equilíbrio financeiro e atuarial, e atenderá, nos termos da lei, a: (...); II – proteção à maternidade, especialmente à gestante; (...)".

Esse inciso II não se relaciona, propriamente, com o direito da mulher trabalhadora à licença-gestante.

Há uma proteção à maternidade, especialmente à gestante.

Não avanço se isso é, ou não, um direito previdenciário.

Basta-me ser um direito subjetivo do trabalhador.

A questão é saber quem paga.

No Brasil, conforme explicitado pelo Relator, a partir de 1932, criou-se um auxilio para a gestante.

Era a metade da média dos seis últimos salários durante um período "y".

Quem pagava eram as caixas existentes (criadas pelo Instituto de Seguro Social) ou o empregador.

Em 1943, com a Consolidação das Leis do Trabalho, fixou-se que o empregador responderia por esta licença à gestante.

Dispôs-se, mais, que seria um salário integral calculado pela média dos últimos seis meses.

Não era a integralidade do último salário, mas a média dos últimos seis meses.

O mesmo se passou em 1967.

Atribuiu-se o salário integral: média variável para os empregos variáveis.

Mas, aí, se falou em salário integral, com a Consolidação das Leis do Trabalho, no Decreto n. 229.

Tivemos, em 1966, a ratificação da Convenção da OIT, onde se estabeleceu que em hipótese alguma o empregador haveria de ser o responsável pela licença à maternidade.

Em 1974, tendo em vista a assinatura desta Convenção internacional, a obrigação ficou atribuída integralmente à Previdência Social.

Criou-se uma fonte de custeio: 0,3% sobre a folha de salários.

Passou a ter uma fonte específica, a partir de 1974, para a satisfação dessa obrigação.

Chegamos em 1988.

Constitucionalizou a licença-gestante (art. 7º, XVIII).

Em 1989 desapareceu a fonte de custeio de 0,3.

Integrou-se às despesas gerais da Previdência, custeado o benefício com as contribuições gerais, incidentes sobre a folha de salários.

Em 1991, porque teria havido muitas fraudes, atribuiu-se ao empregador a obrigação de pagar a licença-gestante.

O empregador pagava e ressarcia-se nas contribuições que devia à Previdência.

Estabeleceu-se um mecanismo bastante eficaz de fiscalização das fraudes.

O empregador tinha que pagar e depois demonstrar a licitude do pagamento, participando do processo de fiscalização.

Exigia-se uma série de documentos para comprovar que o salário era aquele, enfim, havia até impugnação sobre aumentos bruscos de salário quando se entrava em licença-gestante.

A questão, Sr. Presidente, foi que houve uma opção legislativa brasileira de que a licença-gestante passou a ser uma obrigação previdenciária.

O direito é trabalhista.

Decorre da relação jurídica de trabalho.

Por opção da legislação brasileira e por determinação dessa legislação a partir da OIT, passamos a ter uma obrigação de natureza previdenciária.

Desvinculou-se a obrigação de pagar do empregador.

Teve-se em vista as consequências do benefício na participação da mulher no mercado de trabalho.

Levantamentos feitos, principalmente por um grande economista americano, Prêmio Nobel, Paul Samuelson, em seu famoso livro, *Macroeconomia*, são incisivos.

Verificou-se, no levantamento feito pelo MIT, que, no mercado de trabalho, em relação às mulheres, havia uma discriminação.

Observou-se que as fontes da discriminação, consistentes na diferença, para maior, dos rendimentos dos homens em relação às mulheres, têm razões complexas: hábitos sociais; expectativas; fatores econômicos; educação; formação e experiências profissionais.

Mas registrou-se outro fato: as mulheres tendem a interromper as suas carreiras para terem filhos, o que provoca essa situação específica.

Em face disso, são discriminadas.

Ou não se emprega mulher, para empregar-se homem.

Ou, ao empregar a mulher, paga-se um salário aquém do salário médio para o homem. A diferença financiaria os ônus decorrentes do gozo do benefício.

Ora, isso tem como consequência uma baixa equalização entre homens e mulheres no mercado de trabalho.

Nos Estados Unidos da América, com o governo Johnson, iniciou-se um processo curioso de discriminação positiva que recebeu a denominação de "ricos ônus johnsenianos".

Começou com o problema racial do negro americano e estabeleceram-se cotas.

Eram as *affirmative actions*.

Para a questão feminina havia leis de referência: o *Civil Rights Act* (1964) e o *Equal Pay Act* (1963).

Todo um conjunto de regras ajudou a desmantelar, nos Estados Unidos, as práticas discriminatórias mais evidentes.

No nosso sistema, temos algumas regras fundamentais que devem ser explicitadas.

Não vou entrar na questão relativa ao tratado internacional.

A CF dispõe: "Art. 3º. Constituem objetivos fundamentais da República Federativa do Brasil: (...); III – erradicar a pobreza e a marginalização e reduzir as desigualdades sociais e regionais; (...)".

Leio o inciso IV: "IV – promover o bem de todos, sem preconceitos de origem, raça, sexo, cor, idade e quaisquer outras formas de discriminação".

Já, o art. 5º, inciso XLI, estabelece: "a lei punirá qualquer discriminação atentatória dos direitos e liberdades fundamentais; (...)".

E o art. 7º, inciso XXX, na área trabalhista, explicitamente, estabelece a "proibição de diferença de salários, de exercício de funções e de critério de admissão por motivo de sexo, idade, cor ou estado civil; (...)".

Sr. Presidente, uma interpretação inicial do art. 14 da EC n. 20/1998, que limitou os benefícios da Previdência Social, definidos no art. 201 da Constituição, a 1.200 Reais, sujeitos a reajustes, poderia ser a seguinte: na hipótese de uma mulher trabalhadora ter salário superior a 1.200 Reais, a Previdência responderia por 1.200 Reais e o empregador pelo excedente do salário.

Essa interpretação, transferindo o excedente de 1.200 Reais para o empregador, teria um efeito discriminatório no mercado de trabalho.

A legislação, com essa interpretação, produziria um efeito contrário àquilo que a Constituição estabeleceu nas suas regras fundamentais.

Não podemos ter uma legislação infraconstitucional que produza, no mercado de trabalho, uma consequência contrária aos objetivos constitucionais.

Peço licença à Corte para trazer, inclusive, como fundamento do meu voto, decisões da Suprema Corte americana.

No caso "Brown *versus* Board of Education of Topeka, 347 U.S. 483 (1954)", a Suprema Corte impôs às autoridades escolares o princípio da não discriminação racial.

Essa decisão serviu de modelo para as *affirmative actions*. Afirmou o princípio da igualdade racial.

Após, em 1971, a Suprema Corte Americana assume as *affirmative actions*.

É o caso "Griggs *versus* Duke Power Co, 401 U. S. 424".

A empresa "Duke Power", através dos jornais, convidou interessados para testes, com a finalidade de admissão em seus quadros.

A empresa exigia que os pretendentes apresentassem determinada graduação universitária ou se submetessem a teste de inteligência, como condição do emprego.

A Corte americana entendeu que, no caso, eram artificiais, arbitrárias e desnecessárias as exigências.

A Corte americana entendeu que era contrária à Constituição americana a discriminação que as exigências do edital causavam.

Afirmaram, mais, que era irrelevante a intenção da empresa.

Está certa a Corte.

O que importa são as consequências de fato.

Se produz, ou não, em concreto, a discriminação proibida.

Não importa qual seja a intenção.

A análise da situação deve estar centrada nos efeitos ou consequências concretas da opção legislativa ou da decisão tomada no caso concreto.

É necessário que se examinem os fatos e os efeitos que neles se produzem.

O Relator leu trabalho publicado no jornal *O Estado de S. Paulo*, de autoria do Professor José Pastore, Professor da USP e pesquisador da FIPE, que é um dos maiores especialistas em termos de mercado de trabalho no País.

Ele demonstra as consequências de fato dessa nova fórmula.

Conduz a uma discriminação, que é vedada pela Constituição.

A regra da Emenda Constitucional n. 20/1998, aparentemente neutra, produz discriminação não desejada pelo próprio legislador.

As práticas de mercado passarão a responder com discriminação, quanto ao emprego da mulher.

Não podem ser mantidos os atos que induzem às práticas discriminatórias.

A doutrina chama de efeitos ou impactos desproporcionais (*disparate impact* **[Rodapé:** GWÉNAELE CALVÉS, *L'Affirmative Action dans la Jurisprudence de la Cour Suprême des États-Unis*, LGDJ, Paris, 1998.**]**).

O Tribunal tem que examinar as consequências da legislação para constatar se estão, ou não, produzindo resultados contrários à Constituição.

A discriminação positiva introduz tratamento desigual para produzir, no futuro e em concreto, a igualdade.

É constitucionalmente legítima, porque se constitui em instrumento para obter a igualdade real.

No caso, a regra induz à discriminação proibida, como demonstrei.

Ter-se-ia um resultado contrário à regra constitucional proibitiva da discriminação, em matéria de emprego, de sexo, origem, raça ou profissão.

Por essas razões, acompanho o Relator e dou interpretação conforme à Constituição.

À licença-maternidade não se aplica a limitação estabelecida no art. 14 da EC. 20.

(...).

EXTRATO DE ATA

(...).

Decisão: Prosseguindo no julgamento, o Tribunal, por unanimidade, deferiu a medida cautelar para, dando interpretação conforme à Constituição ao art. 14 da EC n. 20, de 15.12.1988, deixar expresso que a citada disposição não se aplica à licença-maternidade a que se refere o art. 7º, inciso XVIII, da Carta Magna, respondendo a Previdência Social pela integralidade do pagamento da referida licença, nos termos do voto do Relator. Votou o Presidente. Ausentes, justificadamente, os Srs. Mins. Celso de Mello (Presidente) e Moreira Alves. Presidiu o julgamento o Sr. Min. Carlos Velloso (Vice-Presidente). Plenário, 29.4.1999.

Presidência do Sr. Min. Carlos Velloso. Presentes à sessão os Srs. Mins. Néri da Silveira, Sydney Sanches, Octávio Gallotti, Sepúlveda Pertence, Marco Aurélio, Ilmar Galvão, Maurício Corrêa e Nelson Jobim.

* * *

PERGUNTAS

1. Quais são os fatos?
2. Qual a questão jurídica central a ser resolvida pelo Tribunal?
3. De que forma a Emenda n. 20/1998 discrimina a mulher no mercado de trabalho?
4. Ainda que involuntária, a discriminação pode ser considerada inconstitucional?

5. Pode o Tribunal declarar a inconstitucionalidade de uma emenda? Sob que fundamento?
6. Embora tenham decidido no mesmo sentido, os Mins. Sidney Sanches e Nelson Jobim parecem discordar sobre o fundamento da decisão. Qual a natureza da discordância?
7. Qual o conceito de igualdade utilizado pela Corte para declarar inconstitucional a Emenda Constitucional n. 20, ainda que sem supressão do texto?

6.7 União homoafetiva (ADI 4.277 e ADPF 132-RJ)

(Plenário – rel. Min. Ayres Britto – j. 5.5.2011)

1. Arguição de descumprimento de preceito fundamental (ADPF) – Perda parcial de objeto – Recebimento, na parte remanescente, como ação direta de inconstitucionalidade – União homoafetiva e seu reconhecimento como instituto jurídico – Convergência de objetos entre ações de natureza abstrata – Julgamento conjunto – (...).

2. Proibição de discriminação das pessoas em razão do sexo, seja no plano da dicotomia homem/mulher (gênero), seja no plano da orientação sexual de cada qual deles – A proibição do preconceito como capítulo do constitucionalismo fraternal – Homenagem ao pluralismo como valor sociopolítico-cultural – Liberdade para dispor da própria sexualidade, inserida na categoria dos direitos fundamentais do indivíduo, expressão que é da autonomia de vontade – Direito à intimidade e à vida privada – Cláusula pétrea. (...)

3. Tratamento constitucional da instituição da família – Reconhecimento de que a Constituição Federal não empresta ao substantivo "família" nenhum significado ortodoxo ou da própria técnica jurídica – A família como categoria sociocultural e princípio espiritual – Direito subjetivo de constituir família – Interpretação não reducionista. (...).

4. União estável – Normação constitucional referida a homem e mulher, mas apenas para especial proteção desta última – Focado propósito constitucional de estabelecer relações jurídicas horizontais ou sem hierarquia entre as duas tipologias do gênero humano – Identidade constitucional dos conceitos de "entidade familiar" e "família". (...).

5. Divergências laterais quanto à fundamentação do acórdão – (...).

6. Interpretação do art. 1.723 do CC em conformidade com a Constituição Federal (técnica da "interpretação conforme") – Reconhecimento da união homoafetiva como família – Procedência das ações. (...).

ACÓRDÃO – Vistos, relatados e discutidos estes autos: Acordam os Ministros do Supremo Tribunal Federal em conhecer da ADPF n. 132 como ação direta de inconstitucionalidade, e julgá-la em conjunto com a ADI n. 4.277, por votação unânime. Prejudicado o primeiro pedido originariamente formulado na arguição de descumprimento de preceito fundamental, por votação unânime. Rejeitadas todas as preliminares, por votação unânime. Os Ministros desta Casa de Justiça, ainda por votação unânime, acordam em julgar procedentes as ações, com eficácia *erga omnes* e efeito vinculante, com as mesmas regras e consequências da união estável heteroafetiva, autorizados os Ministros a decidirem monocraticamente sobre a mesma questão, independentemente da publicação do acórdão. Tudo em sessão presidida pelo Min. Cezar Peluso, na conformidade da ata do julgamento e das notas taquigráficas. Votou o Presidente.

Brasília, 5 de maio de 2011 – *Ayres Britto*, relator.

RELATÓRIO – *O Sr. Min. Ayres Britto*: Trata-se, inicialmente, de arguição de descumprimento de preceito fundamental, aparelhada com pedido de medida liminar, proposta pelo Governador do Estado do Rio de Janeiro. Descumprimento que resulta: I – da interpretação que se tem conferido aos incisos II e V do art. 19 [**Rodapé:** Transcrição suprimida do art. 19, II e V, do Decreto-lei 220/1975] e aos incisos I a X do art. 33, [**Rodapé:** Transcrição suprimida do art. 33, I a X, e parágrafo único, do Decreto-lei 220/1975.] todos do Decreto-lei n. 220/1975 (Estatuto dos Servidores Civis do Estado do Rio de Janeiro), na medida em que tal interpretação implica efetiva redução de direitos a pessoas de preferência ou concreta orientação homossexual; II – de decisões judiciais proferidas no Estado do Rio de Janeiro e em outras unidades federativas do País negando às uniões homoafetivas estáveis o rol de direitos pacificamente reconhecidos àqueles cuja preferência sexual se define como "heterossexual".

2. Nessa linha de clara irresignação quanto ao modo juridicamente reducionista com que são tratados os segmentos sociais dos homoafetivos, argui o autor que têm sido ininterruptamente violados os preceitos fundamentais da igualdade, da segurança jurídica (ambos topograficamente situados no *caput* do art. 5º), da liberdade (inciso II do art. 5º) e da dignidade da pessoa humana (inciso IV do art. 1º). Donde ponderar que a homossexualidade constitui "fato da vida (...) que não viola qualquer norma jurídica, nem é capaz, por si só, de afetar a esfera de terceiros". Cabendo lembrar que "o papel do Estado e do Direito em uma sociedade democrática é o de assegurar o desenvolvimento da personalidade de todos os indivíduos, permitindo que cada um realize os seus projetos pessoais lícitos".

3. Avança o arguente para invocar sua condição de legítimo representante de toda a sociedade fluminense, o que incorpora a parcela daquelas pessoas que se relacionam sexualmente fora da dicotomia homem/mulher, especialmente no âmbito dos servidores públicos do Estado. Daí sua legitimidade para a propositura da presente arguição de descumprimento de preceito fundamental, pois nítida é a pertinência temática entre o cargo exercido pelo autor e o objeto da presente discussão. Até porque – alega o acionante – há numerosas controvérsias administrativas e judiciais sobre direitos alusivos a servidores estaduais homoafetivos, mormente no que tange às "licenças por motivo de doença de 'pessoa' da família ou para acompanhamento de 'cônjuge', bem como sobre previdência e assistência social". Além do quê, por ser a lei em causa anterior à Carta de 1988, "trata-se de objeto insuscetível de impugnação por outra ação objetiva, sendo certo que apenas um mecanismo dessa natureza será capaz de afastar a lesão em caráter geral, pondo fim ao estado de inconstitucionalidade decorrente da discriminação contra casais homossexuais".

4. Já, no âmbito das alegações constitutivas da fundamentação ou causa de pedir, propriamente, o autor labora no plano da principiologia constitucional para daí desatar proposições que passo a revelar por modo sintético.

I – Princípio da igualdade: o legislador e o intérprete não podem conferir tratamento diferenciado a pessoas e a situações substancialmente iguais, sendo-lhes constitucionalmente vedadas quaisquer diferenciações baseadas na origem, no gênero e na cor da pele (inciso IV do art. 3º).

II – Princípio da liberdade: a autonomia privada em sua dimensão existencial manifesta-se na possibilidade de orientar-se sexualmente e em todos os desdobramentos decorrentes de tal orientação.

III – Princípio da dignidade da pessoa humana: todos os projetos pessoais e coletivos de vida, quando razoáveis, são merecedores de respeito, consideração e reconhecimento.

IV – Princípio da segurança jurídica: a atual incerteza quanto ao reconhecimento da união homoafetiva e suas consequências jurídicas acarreta insegurança jurídica tanto para os partícipes da relação homoafetiva quanto para a própria sociedade.

V – Princípio da razoabilidade ou da proporcionalidade: a imposição de restrições é de ser justificada pela promoção de outros bens jurídicos da mesma hierarquia. Caso contrário estar-se-ia diante de um mero preconceito ou de um autoritarismo moral.

5. Por outra volta, o acionante postula a aplicação do método analógico de integração do Direito para equiparar as uniões estáveis homoafetivas às uniões igualmente estáveis que se dão entre pessoas de sexo diferente. Desde que, tanto numa quanto noutra tipologia de união sexual, tome corpo uma convivência tão contínua quanto pública e nitidamente direcionada para a formação de uma autônoma unidade doméstica (ou entidade familiar, se se prefere). Pelo quê é de incidir para qualquer das duas modalidades de união o disposto no art. 1.723 do CC ("É reconhecida como entidade familiar a união estável entre o homem e a mulher, configurada na convivência pública, contínua e duradoura e estabelecida com o objetivo de constituição de família").

6. Assim equacionando o tema de direito que submete ao exame deste Excelso Tribunal, o arguente pede que se declare, em sede liminar, a validade das decisões administrativas que equiparam as uniões homoafetivas às uniões estáveis, como também requer a suspensão dos processos e dos efeitos de decisões judiciais em sentido oposto. No mérito, postula a aplicação do regime jurídico da união estável às relações homoafetivas. Subsidiariamente, para a hipótese de não cabimento desta arguição de descumprimento de preceito fundamental, o autor pugna pelo seu recebimento como ação direta de inconstitucionalidade (ADI), de modo a imprimir interpretação "conforme à Constituição" aos incisos II e V do art. 19 e ao art. 33 do Decreto-lei n. 220/1975 (Estatuto dos Servidores Públicos do Estado do Rio de Janeiro) e ao art. 1.723 do CC. Interpretação que, da mesma forma, resulte na não proibição do regime jurídico da união estável entre heteroafetivos às uniões de traço homoafetivo.

7. Continuo neste relato do processo para consignar que foram solicitadas as informações aos arguidos (Governador e Assembleia Legislativa do Estado do Rio de Janeiro e Tribunais de Justiça dos Estados). Informações que, prestadas, comportam o seguinte esquema de sintetização:

I – Tribunais de Justiça Estaduais. Os Tribunais que se dignaram prestar informações acerca das ações em trâmite no seu espaço de jurisdição destacaram suas posições majoritárias: (a) em favor da equiparação entre a união estável heterossexual e a união homoafetiva – Acre, Goiás, Rio Grande do Sul, Rio de Janeiro, Paraná (o TJRS, por exemplo, noticiou o reconhecimento de direitos a companheiro de servidor em união homoafetiva e, desde 2004, a edição de provimento normativo com a finalidade de determinar aos serviços notariais o registro de documentos relacionados com uniões da espécie); (b) contrário ao reconhecimento dos efeitos jurídicos da união estável à união entre parceiros do mesmo sexo – Distrito Federal e Santa Catarina. Mais: o TJBA acrescentou que o Poder Judiciário, no exercício da função administrativa (aplicação do Estatuto dos Servidores), não pode conceder direitos que não estejam previstos em lei, e que a divergência nos julgamentos é de ser resolvida pela vias recursais, não se configurando a controvérsia judicial em si como ato lesivo a preceito fundamental. Entende, portanto, incabível a arguição de descumprimento de preceito fundamental. Já, o TJSC, por ele foi noticiado que as uniões homoafetivas (entendidas como "parcerias civis") são ali regidas pelo direito das obrigações (sociedades de fato), situando-se, portanto, na esfera de competência das Varas Cíveis comuns, e não das Varas de Família. A seu turno, o Tribunal do Espírito Santo defendeu que a enumeração constitucional das entidades familiares é meramente exemplificativa, pelo quê nada impede o reconhecimento jurídico da união estável entre pessoas do mesmo sexo. Por fim, alguns Tribunais noticiaram a inexistência de processos que tenham por objeto o reconhecimento de efeitos jurídicos a uniões homoafetivas (Tocantins, Sergipe, Pará, Roraima).

II – Assembleia Legislativa do Estado do Rio de Janeiro. Esse Poder estatal, ao se manifestar sobre o tema, dá conta do pleno vigor da Lei estadual n. 5.034/2007. Lei que dispõe sobre a possibilidade de averbação de companheiros do mesmo sexo no rol de dependentes para fins previdenciários dos servidores públicos fluminenses. O que implica reconhecer a impossibilidade de se lhe imputar prática de qualquer ato lesivo a preceito fundamental.

III – Advocacia-Geral da União. Manifestou-se (fls. 824-844) na forma a seguir ementada: "Direitos fundamentais – Uniões homoafetivas – Servidor público – Normas estaduais que impedem a equiparação do companheiro de relação homoafetiva como familiar – Preliminares – Conhecimento parcial da ação – Falta de pertinência temática e de interesse processual – Mérito: observância dos direitos fundamentais à igualdade e à liberdade – Exigências do bem comum – Direito Comparado – Decisões dos Tribunais Superiores – Manifestação pelo conhecimento parcial da arguição de descumprimento de preceito fundamental para que, nessa parte, seja julgado procedente, sem pronúncia de nulidade, com interpretação conforme à Constituição, [*somente dos dispositivos do Decreto-lei estadual n. 200/75*] a fim de contemplar os parceiros da união homoafetiva no conceito de família".

IV – Procuradoria-Geral da República. Pela sua Vice-Procuradora-Geral, Dra. Deborah Macedo Duprat de Britto Pereira, a PGR posicionou-se pela declaração da obrigatoriedade do reconhecimento, como entidade familiar, da união entre pessoas do mesmo sexo. Contanto que atendidos os requisitos exigidos para a constituição da união estável entre homem e mulher. Eis o resumo do parecer em causa (fls. 848-893): "(a) o não reconhecimento da união entre pessoas do mesmo sexo como entidade familiar pela ordem infraconstitucional brasileira priva os parceiros destas entidades de uma série de direitos patrimoniais e extrapatrimoniais, e revela também a falta de reconhecimento estatal do igual valor e respeito devidos à identidade da pessoa homossexual; (b) este não reconhecimento importa lesão a preceitos fundamentais da Constituição, notadamente aos princípios da dignidade da pessoa humana (art. 1º, inciso III), da vedação à discriminação odiosa (art. 3º, inciso IV) e da igualdade (art. 5º, *caput*), da liberdade (art. 5º, *caput*) e da proteção à segurança jurídica; (c) é cabível *in casu* a arguição de descumprimento de preceito fundamental, uma vez que a apontada lesão decorre de atos omissivos e comissivos dos Poderes Públicos que não reconhecem esta união, dentre os quais se destaca o posicionamento dominante do Judiciário brasileiro, e inexiste qualquer outro meio processual idôneo para sanar a lesividade; (d) a redação do art. 226, § 3º, da Constituição não é óbice intransponível para o reconhecimento destas entidades familiares, já que não contém qualquer vedação a isto; (e) a interpretação deste artigo deve ser realizada à luz dos princípios fundamentais da República, o que exclui qualquer exegese que aprofunde o preconceito e a exclusão sexual do homossexual; (f) este dispositivo, ao conferir tutela constitucional a formações familiares informais antes desprotegidas, surgiu como instrumento de inclusão social. Seria um contrassenso injustificável interpretá-lo como cláusula de exclusão, na contramão da sua teleologia; (g) é cabível uma interpretação analógica do art. 226, § 3º, pautada pelos princípios constitucionais acima referidos, para tutelar como entidade familiar a união entre pessoas do mesmo sexo; (h) diante da falta de norma regulamentadora, esta união deve ser regida pelas regras que disciplinam a união estável entre homem e mulher, aplicadas por analogia".

8. Consigno, ademais, que, em razão da complexidade do tema e da sua incomum relevância, deferi os pedidos de ingresso na causa a nada menos que 14 *amici curiae*. A sua maioria, em substanciosas e candentes defesas, a perfilhar a tese do autor. Assentando, dentre outros ponderáveis argumentos, que a discriminação gera o ódio. Ódio que se materializa em violência física, psicológica e moral contra os que preferem a homoafetividade como forma de contato corporal, ou mesmo acasalamento. E, nesse elevado patamar de discussão, é que dão conta da extrema disparidade mundial quanto ao modo de ver o dia a dia dos que se definem como homoafetivos, pois, de uma parte, há Países que prestigiam para todos os fins de direito a união estável entre pessoas do mesmo sexo, a exemplo da Holanda, Bélgica e Portugal, e, de outro, Países que levam a homofobia ao paroxismo da pena de morte, como se dá na Arábia Saudita, Mauritânia e Iêmen.

9. Ajunto que, em razão da regra da prevenção e do julgamento simultâneo de processos em que haja "coincidência total ou parcial de objetos" (art. 77-B do RISTF), foi a mim distribuída a ADI n. 4.277. Pelo quê passo a relatá-la de forma conjunta, para julgamento igualmente conjugado. Fazendo-o, anoto que a presente ação de natureza abstrata ou concentrada foi proposta pela Procuradoria-Geral da República com o objetivo de que esta Casa de Justiça declare: "(a) que é obrigatório o reconhecimento, no Brasil, da união entre pessoas do mesmo sexo como entidade familiar, desde que atendidos os requisitos exigidos para a constituição da união estável entre homem e mulher; e (b) que os mesmos direitos e deveres dos companheiros nas uniões estáveis estendam-se aos companheiros nas uniões entre pessoas do mesmo sexo". Isto sob as alegações de que a obrigatoriedade do reconhecimento da união entre pessoas do mesmo sexo como entidade familiar é extraída dos princípios constitucionais da dignidade da pessoa humana, da igualdade, da vedação de discriminações odiosas, da liberdade e da proteção à segurança jurídica. Mesmos fundamentos e pedidos, em última análise, da ADPF n. 132.

10. Pois bem, originariamente autuada como arguição de descumprimento de preceito fundamental (ADPF n. 178), esta ação objetiva foi examinada pelo Min. Gilmar Mendes, no exercício da presidência deste STF. Ministro que deu pela indeterminação do objeto da causa, para conhecer o processo como ação direta de inconstitucionali-

dade. E o fez por entender que a ação tem por objeto a interpretação "conforme à Constituição" do art. 1.723 do CC, o que levou S. Exa. a aplicar, ao caso, o rito do art. 12 da Lei n. 9.868/1999.

11. Prestadas as informações pela Presidência da República, pela Câmara dos Deputados e pelo Senado Federal, a Advocacia-Geral da União e a Procuradoria-Geral da República ratificaram as posições já retratadas neste relatório quanto ao tratamento jurídico a ser conferido às uniões homoafetivas.

12. À derradeira, registro que, também nesta última ação de controle abstrato de constitucionalidade, diversas entidades requereram seu ingresso na causa como *amicus curiae*.

É o Relatório.

VOTO – *O Sr. Min. Ayres Britto* (relator): (...). (...). (...) me foi redistribuída a ADI n. 4.277, versando o mesmo tema central da ADPF n. 132. Dando-se, por efeito mesmo dessa distribuição, uma convergência de objetos que me leva a subsumir ao mais amplo regime jurídico da ação direta de inconstitucionalidade os pedidos insertos na arguição de descumprimento de preceito fundamental, até porque nela mesma, arguição de descumprimento de preceito fundamental, se contém o pleito subsidiário do seu recebimento como ação direta de inconstitucionalidade. Por igual, entendo francamente encampados pela ADI n. 4.277 os fundamentos da arguição de descumprimento de preceito fundamental em tela (a de n. 132-DF). Fundamentos de que se fez uso tanto para a pretendida "interpretação conforme" dos incisos II e V do art. 19 e do art. 33 do Decreto-lei n. 220/1975 (Estatuto dos Servidores Públicos Civis do Estado do Rio de Janeiro) quanto para o art. 1.723 do CC brasileiro, assim vernacularmente posto: "É reconhecida como entidade familiar a união estável entre o homem e a mulher, configurada na convivência pública, contínua e duradoura e estabelecida com o objetivo de constituição de família". É o que me basta para converter a arguição de descumprimento de preceito fundamental em ação direta de inconstitucionalidade e, nessa condição, recebê-la em par com a ADI n. 4.277, a mim distribuída por prevenção. Com o quê este Plenário terá bem mais abrangentes possibilidades de, pela primeira vez no curso de sua longa história, apreciar o mérito dessa tão recorrente quanto intrinsecamente relevante controvérsia em torno da união estável entre pessoas do mesmo sexo, com todos os seus consectários jurídicos. Em suma, estamos a lidar com um tipo de dissenso judicial que reflete o fato histórico de que nada incomoda mais as pessoas do que a preferência sexual alheia, quando tal preferência já não corresponde ao padrão social da heterossexualidade. É a perene postura de reação conservadora aos que, nos insondáveis domínios do afeto, soltam por inteiro as amarras desse navio chamado coração. (...).

18. Em outras palavras, conheço da ADPF n. 132-RJ como ação direta de inconstitucionalidade. Ação cujo centrado objeto consiste em submeter o art. 1.723 do CC brasileiro à técnica da "interpretação conforme à Constituição". O que vem reprisado na ADI n. 4.277-DF, proposta, conforme dito, pela Exma. Sra. Vice-Procuradora Geral da República, Deborah Duprat, no exercício do cargo de Procurador-Geral, e a mim redistribuída por prevenção. (...). (...).

20. (...), desde logo, verbalizo que merecem guarida os pedidos formulados pelos requerentes de ambas as ações. Pedido de "interpretação conforme à Constituição" do dispositivo legal impugnado (art. 1.723 do CC), porquanto nela mesma, Constituição, é que se encontram as decisivas respostas para o tratamento jurídico a ser conferido às uniões homoafetivas que se caracterizem por sua durabilidade, conhecimento do público (não clandestinidade, portanto) e continuidade, além do propósito ou verdadeiro anseio de constituição de uma família. (...).

25. (...) o sexo das pessoas, salvo expressa disposição constitucional em contrário, não se presta como fator de desigualação jurídica. É como dizer: o que se tem no dispositivo constitucional aqui reproduzido em nota de rodapé (inciso IV do art. 3º) é a explícita vedação de tratamento discriminatório ou preconceituoso em razão do sexo dos seres humanos. Tratamento discriminatório ou desigualitário sem causa, que, se intentado pelo comum das pessoas ou pelo próprio Estado, passa a colidir frontalmente com o objetivo constitucional de "promover o bem de todos" (este o explícito objetivo que se lê no inciso em foco).

26. "Bem de todos", portanto, constitucionalmente versado como uma situação jurídica ativa a que se chega pela eliminação do preconceito de sexo. Se se prefere, "bem de todos" enquanto valor objetivamente posto pela Constituição para dar sentido e propósito ainda mais adensados à vida de cada ser humano em particular, com reflexos positivos no equilíbrio da sociedade. O que já nos remete para o Preâmbulo da nossa Lei Fundamental, consagrador do "constitucionalismo fraternal", sobre que discorro no Capítulo de n. VI da obra *Teoria da Constituição*, Editora Saraiva, 2003. Tipo de constitucionalismo, esse, o fraternal, que se volta para a integração comunitária das pessoas (não exatamente para a "inclusão social"), a se viabilizar pela imperiosa adoção de políticas públicas afirmativas da fundamental igualdade civil-moral (mais do que simplesmente econômico-social) dos estratos sociais historicamente desfavorecidos e até vilipendiados. Estratos ou segmentos sociais como, por ilustração, o dos negros, o dos índios, o das mulheres, o dos portadores de deficiência física e/ou mental e o daqueles que, mais recentemente, deixaram de ser referidos como "homossexuais" para ser identificados pelo nome de "homoafetivos". Isto de parelha com leis e políticas públicas de cerrado combate ao preconceito, a significar, em última análise, a plena aceitação e subsequente experimentação do pluralismo sociopolítico-cultural. Que é um dos explícitos valores do mesmo Preâmbulo da nossa Constituição e um dos fundamentos da República Federativa do Brasil (inciso V do art. 1º). Mais ainda, pluralismo que serve de elemento conceitual da própria democracia material ou de substância, desde que se inclua no conceito da democracia dita substancialista a respeitosa convivência dos contrários. Respei-

tosa convivência dos contrários que John Rawls interpreta como a superação de relações historicamente servis ou de verticalidade sem causa. Daí conceber um "princípio de diferença", também estudado por Francesco Viola sob o conceito de "similitude" (v. ensaio de Antônio Maria Baggio, sob o título de "A redescoberta da fraternidade na época do 'terceiro' 1789", pp. 7-24 da coletânea *O Princípio Esquecido*, Cidade Nova, São Paulo, 2008).

27. Mas é preciso lembrar que o substantivo "preconceito" foi grafado pela nossa Constituição com o sentido prosaico ou dicionarizado que ele porta; ou seja, preconceito é um conceito prévio. Uma formulação conceitual antecipada ou engendrada pela mente humana fechada em si mesma e por isso carente de apoio na realidade. Logo, juízo de valor não autorizado pela realidade, mas imposto a ela. E imposto a ela, realidade, a ferro e fogo de u'a mente voluntarista, ou sectária, ou supersticiosa, ou obscurantista, ou industriada, quando não voluntarista, sectária, supersticiosa, obscurantista e industriada ao mesmo tempo. Espécie de trave no olho da razão e até do sentimento, mas coletivizada o bastante para se fazer de traço cultural de toda uma gente ou população geograficamente situada. O que a torna ainda mais perigosa para a harmonia social e a verdade objetiva das coisas. Donde René Descartes emitir a célebre e corajosa proposição de que "Não me impressiona o argumento de autoridade, mas, sim, a autoridade do argumento", numa época tão marcada pelo dogma da infalibilidade papal e da fórmula absolutista de que "O rei não pode errar" (*The king can do no wrong*). Reverência ao valor da verdade que também se lê nestes conhecidos versos de Fernando Pessoa, três séculos depois da proclamação cartesiana: "O universo não é uma ideia minha./A ideia que eu tenho do universo é que é uma ideia minha".

28. Há mais o que dizer desse emblemático inciso IV do art. 3º da Lei Fundamental brasileira. É que, na sua categórica vedação ao preconceito, ele nivela o sexo à origem social e geográfica das pessoas, à idade, à raça e à cor da pele de cada qual; isto é, o sexo a se constituir num dado empírico que nada tem a ver com o merecimento ou o desmerecimento inato das pessoas, pois não se é mais digno ou menos digno pelo fato de se ter nascido mulher, ou homem. Ou nordestino, ou sulista. Ou de pele negra, ou mulata, ou morena, ou branca, ou avermelhada. (...). (...). (...) o Direito (...) busca submeter, nos limites da razoabilidade e da proporcionalidade, as relações deflagradas a partir dos sentimentos e dos próprios instintos humanos às normas que lhe servem de repertório e essência. Ora por efeito de uma "norma geral positiva" (Hans Kelsen), ora por efeito de uma "norma geral negativa" (ainda segundo Kelsen, para cunhar as regras de clausura ou fechamento do sistema jurídico, doutrinariamente concebido como realidade normativa que se dota dos atributos da plenitude, unidade e coerência). Precisamente como, em parte, faz a nossa Constituição acerca das funções sexuais das pessoas. Explico.

31. Realmente, em tema do concreto uso do sexo nas três citadas funções de estimulação erótica, conjunção carnal e reprodução biológica, a Constituição brasileira opera por um intencional silêncio. Que já é um modo de atuar mediante o saque da kelseniana norma geral negativa, segundo a qual "tudo que não estiver juridicamente proibido, ou obrigado, está juridicamente permitido" (regra de clausura ou fechamento hermético do Direito, que a nossa Constituição houve por bem positivar no inciso II do seu art. 5º, debaixo da altissonante fórmula verbal de que "ninguém será obrigado a fazer ou deixar de fazer alguma coisa senão em virtude de lei", e que me parece consagradora do que se poderia chamar de direito de não ter dever). É falar: a Constituição Federal não dispõe, por modo expresso, acerca das três clássicas modalidades do concreto emprego do aparelho sexual humano. Não se refere explicitamente à subjetividade das pessoas para optar pelo não uso puro e simples do seu aparelho genital (absenteísmo sexual ou voto de castidade), usá-lo solitariamente (onanismo) ou, por fim, para utilizá-lo por modo emparceirado. Logo, a Constituição entrega o empírico desempenho de tais funções sexuais ao livre arbítrio de cada pessoa, pois o silêncio normativo, aqui, atua como absoluto respeito a algo que, nos animais em geral e nos seres humanos em particular, se define como instintivo ou da própria natureza das coisas. Embutida nesse modo instintivo de ser a "preferência" ou "orientação" de cada qual das pessoas naturais. (...). (...), o sexo das pessoas é um todo *pro indiviso*, por alcançar o ser e o respectivo aparelho genital. Sem a menor possibilidade de dissociação entre o órgão e a pessoa natural em que sediado. Pelo quê proibir a discriminação em razão do sexo (como faz o inciso III do art. 1º da nossa Constituição republicana) é proteger o homem e a mulher como um todo psicossomático e espiritual que abarca a dimensão sexual de cada qual deles. Por conseguinte, cuida-se de proteção constitucional que faz da livre disposição da sexualidade do indivíduo um autonomizado instituto jurídico. Um tipo de liberdade que é, em si e por si, um autêntico bem de personalidade. Um dado elementar da criatura humana em sua intrínseca dignidade de universo à parte. Algo já transposto ou catapultado para a inviolável esfera da autonomia de vontade do indivíduo, na medida em que sentido e praticado como elemento da compostura anímica e psicofísica (volta-se a dizer) do ser humano em busca de sua plenitude existencial. Que termina sendo uma busca de si mesmo, na luminosa trilha do "Torna-te quem és", tão bem teoricamente explorada por Friedrich Nietzsche. Uma busca da irrepetível identidade individual que, transposta para o plano da aventura humana como um todo, levou Hegel a sentenciar que a evolução do espírito do tempo se define como um caminhar na direção do aperfeiçoamento de si mesmo (cito de memória). Afinal, a sexualidade, no seu notório transitar do prazer puramente físico para os colmos olímpicos da extasia amorosa, se põe como um *plus* ou superávit de vida. Não enquanto um *minus* ou déficit existencial. Corresponde a um ganho, um bônus, um regalo da natureza, um prêmio, uma subtração, um ônus, um peso ou estorvo, menos ainda a uma reprimenda dos deuses em estado de fúria ou de alucinada retaliação perante o gênero humano. No particular, o derramamento de bílis que tanto prejudica a produção dos neurônios é coisa dos homens; não dos deuses do Olimpo, menos ainda da natureza. O que, por certo, inspirou Jung (Carl Gustav) a enunciar que:

"A homossexualidade, porém, é entendida não como anomalia patológica, mas como identidade psíquica e, portanto, como equilíbrio específico que o sujeito encontra no seu processo de individuação". (...). (...), vê-se que estamos a lidar com normas que não distinguem a espécie feminina da espécie masculina, como não excluem qualquer das modalidades do concreto uso da sexualidade de cada pessoa natural. É ajuizar: seja qual for a preferência sexual das pessoas, a qualificação dessa preferência como conduta juridicamente lícita se dá por antecipação. (...). (...). (...). Consignado que a nossa Constituição vedou às expressas o preconceito em razão do sexo e intencionalmente nem obrigou nem proibiu o concreto uso da sexualidade humana, o que se tem como resultado dessa conjugada técnica de normação é o reconhecimento de que tal uso faz parte da autonomia de vontade das pessoas naturais, constituindo-se em direito subjetivo ou situação jurídica ativa. (...). (...).

39. Se é assim, e tratando-se de direitos clausulados como pétreos (inciso IV do § 4º do artigo constitucional de n. 60), cabe perguntar se a Constituição Federal sonega aos parceiros homoafetivos em estado de prolongada ou estabilizada união o mesmo regime jurídico-protetivo que dela se desprende para favorecer os casais heteroafetivos em situação de voluntário enlace igualmente caracterizado pela estabilidade. Que, no fundo, é o móvel da propositura das duas ações constitucionais *sub judice*. (...).

41. De toda essa estrutura de linguagem prescritiva, [*o Capítulo de n. VII, integrativo do título constitucional versante sobre a "Ordem Social"*] (...), salta à evidência que a parte mais importante é a própria cabeça do art. 226, alusiva à instituição da família, pois somente ela – insista-se na observação – é que foi contemplada com a referida cláusula da especial proteção estatal. Mas família em seu coloquial ou proverbial significado de núcleo doméstico, pouco importando se formal ou informalmente constituída, ou se integrada por casais heterossexuais ou por pessoas assumidamente homoafetivas. Logo, família como fato cultural e espiritual ao mesmo tempo (não necessariamente como fato biológico). (...). (...).

44. Ora bem, é desse anímico e cultural conceito de família que se orna a cabeça do art. 226 da Constituição. Donde a sua literal categorização com "base da sociedade". E assim normada como figura central ou verdadeiro continente para tudo o mais, ela, família, é que deve servir de norte para a interpretação dos dispositivos em que o Capítulo VII se desdobra, conforme transcrição acima feita. Não o inverso. Artigos que têm por objeto os institutos do casamento civil, da união estável, do planejamento familiar, da adoção etc., todos eles somente apreendidos na inteireza da respectiva compostura e funcionalidade na medida em que imersos no continente (reitere-se o uso da metáfora) em que a instituição da família consiste. (...). (...) a nossa Magna Carta não emprestou ao substantivo "família" nenhum significado ortodoxo ou da própria técnica jurídica. Recolheu-o com o sentido coloquial praticamente aberto que sempre portou como realidade do mundo do ser. (...).

47. Assim interpretando por forma não reducionista o conceito de família, penso que este STF fará o que lhe compete: manter a Constituição na posse do seu fundamental atributo da coerência, pois o conceito contrário implicaria forçar o nosso Magno Texto a incorrer, ele mesmo, em discurso indisfarçavelmente preconceituoso ou homofóbico. Quando o certo – *data venia* de opinião divergente – é extrair do sistema de comandos da Constituição os encadeados juízos que precedentemente verbalizamos, agora arrematados com a proposição de que a isonomia entre casais heteroafetivos e pares homoafetivos somente ganha plenitude de sentido se desembocar no igual direito subjetivo à formação de uma autonomizada família. Entendida esta, no âmbito das duas tipologias de sujeitos jurídicos, como um núcleo doméstico independente de qualquer outro e constituído, em regra, com as mesmas notas factuais da visibilidade, continuidade e durabilidade. Pena de se consagrar uma liberdade homoafetiva pela metade ou condenada a encontros tão ocasionais quanto clandestinos ou subterrâneos. (...). (...). (...) as diferenças nodulares entre "união estável" e "casamento civil" já são antecipadas pela própria Constituição, como, por ilustração, a submissão da união estável à prova dessa estabilidade (que só pode ser um requisito de natureza temporal), exigência que não é feita para o casamento. Ou quando a Constituição cuida da forma de dissolução do casamento civil (divórcio), deixando de fazê-lo quanto à união estável (§ 6º do art. 226). Mas tanto numa quanto noutra modalidade de legítima constituição da família nenhuma referência é feita à interdição ou à possibilidade de protagonização por pessoas do mesmo sexo. Desde que preenchidas, também por evidente, as condições legalmente impostas aos casais heteroafetivos. Inteligência que se robustece com a proposição de que não se proíbe nada a ninguém senão em face de um direito ou de proteção de um interesse de outrem. E já vimos que a contraparte específica ou o focado contraponto jurídico dos sujeitos homoafetivos só podem ser os indivíduos heteroafetivos, e o fato é que a tais indivíduos não assiste o direito à não equiparação jurídica com os primeiros. Visto que sua heteroafetividade em si não os torna superiores em nada. Não os beneficia com a titularidade exclusiva do direito à constituição de uma família. Aqui, o reino é da igualdade pura e simples, pois não se pode alegar que os heteroafetivos perdem se os homoafetivos ganham. (...). (...).

49. Por último, anoto que a Constituição Federal remete à lei a incumbência de dispor sobre a assistência do Poder Público à adoção, inclusive pelo estabelecimento de casos e condições da sua (dela, adoção) efetivação por parte de estrangeiros (§ 5º do art. 227). E também nessa parte do seu estoque normativo não abre distinção entre adotante "homo" ou "heteroafetivo". E, como possibilita a adoção por uma só pessoa adulta, também sem distinguir entre o adotante solteiro e o adotante casado, ou então em regime de união estável, penso aplicar-se ao tema o mesmo raciocínio de proibição do preconceito e da regra do inciso II do art. 5º da CF, combinadamente com o inciso IV do art. 3º e o § 1º do art. 5º da Constituição. Mas é óbvio que o mencionado regime legal há de observar, entre outras medidas de defesa e proteção do adotando, todo o conteúdo do art. 227, cabeça, da nossa Lei Fundamental.

50. Dando por suficiente a presente análise da Constituição, julgo, em caráter preliminar, parcialmente prejudicada a ADPF n. 132-RJ, e, na parte remanescente, dela conheço como ação direta de inconstitucionalidade. No mérito, julgo procedentes as duas ações em causa. Pelo quê dou ao art. 1.723 do CC interpretação conforme à Constituição para dele excluir qualquer significado que impeça o reconhecimento da união contínua, pública e duradoura entre pessoas do mesmo sexo como "entidade familiar", entendida esta como sinônimo perfeito de "família". Reconhecimento que é de ser feito segundo as mesmas regras e com as mesmas consequências da união estável heteroafetiva.

É como voto.

(...).

VOTO – *A Sra. Min. Carmen Lúcia*: (...). (...). (...) a escolha de uma união homoafetiva é individual, íntima, e, nos termos da Constituição brasileira, manifestação da liberdade individual. Talvez explicasse isso melhor Guimarães Rosa, na descrição de Riobaldo, ao encontrar Reinaldo/Diadorim: "Enquanto coisa assim se ata, a gente sente mais é o que o corpo a próprio é: coração bem batendo. (...) o real roda e põe diante. Essas são as horas da gente. As outras, de todo tempo, são as horas de todos (...) amor desse, cresce primeiro; brota é depois. (...) a vida não é entendível" (*Grande Sertão: Veredas*).

É certo; nem sempre a vida é entendível. E pode-se tocar a vida sem se entender; pode-se não adotar a mesma escolha do outro; só não se pode deixar de aceitar essa escolha, especialmente porque a vida é do outro e a forma escolhida para se viver não esbarra nos limites do Direito. Principalmente porque o Direito existe para a vida, não a vida para o Direito.

5. O que se está aqui a analisar e discutir é porque há que se adotar a melhor interpretação da norma do art. 1.723 do CC em consonância com os princípios constitucionais para se concluir qual a interpretação daquela norma a ser adotada, afastando-se outras que, em sua literalidade, também seriam possíveis.

6. Anoto, como, de resto, já o assinalou em seu voto o Ministro-Relator, que o art. 1.723 do CC repete o que no § 3º do art. 226 da Constituição se contém.

Mas afirmou o Min. Ayres Britto que haveria de se dar pela procedência das ações porque a regra do Código Civil poderia conduzir a interpretações excludentes dos direitos daqueles que escolhem viver em uniões homoafetivas. E a largueza dos princípios constitucionais determina que a interpretação a ser aproveitada quanto aos direitos fundamentais impõe a interpretação conforme da regra em foco segundo a norma constitucional entendida numa largueza maior, fundamentada nos princípios magnos do sistema.

Daí por que há de se interpretar, a meu ver, a própria norma do § 3º do art. 226 da Constituição brasileira para se concluir sobre a aplicabilidade do art. 1.723 do CC.

Dispõem o art. 226 e seu § 3º:

"Art. 226. A família, base da sociedade, tem especial proteção do Estado.

"(...).

"§ 3º. Para efeito da proteção do Estado, é reconhecida a união estável entre o homem e a mulher como entidade familiar, devendo a lei facilitar sua conversão em casamento." (...).

Tanto não pode significar, entretanto, que a união homoafetiva, a dizer, de pessoas do mesmo sexo, seja, constitucionalmente, intolerável e intolerada, dando azo a que seja, socialmente, alvo de intolerância, abrigada pelo Estado Democrático de Direito. Esse se concebe sob o pálio de Constituição que firma os seus pilares normativos no princípio da dignidade da pessoa humana, que impõe a tolerância e a convivência harmônica de todos, com integral respeito às livres escolhas das pessoas.

Contrariamente ao que foi afirmado na tribuna, não é exato que a referência à mulher, no § 3º do art. 226 da Constituição, pretendesse significar a superação de anterior estado de diferenciação inferiorizante de cada uma de nós. O histórico das discussões na Assembleia Constituinte demonstra que assim não foi.

Nem é de se afirmar que há mera repetição do que posto no inciso I do art. 5º e no § 3º do art. 226. Cuida-se de temas que se equilibram, mas não se confundem.

Mas é exato que a referência expressa a homem e mulher garante a eles, às expressas, o reconhecimento da união estável como entidade familiar, com os consectários jurídicos próprios. Não significa, a meu ver, contudo, que se não for um homem e uma mulher a união não possa vir a ser também fonte de iguais direitos. Bem ao contrário, o que se extrai dos princípios constitucionais é que todos, homens e mulheres, qualquer que seja a escolha do seu modo de vida, têm os seus direitos fundamentais à liberdade, a ser tratado com igualdade em sua humanidade, ao respeito, à intimidade, devidamente garantidos.

6. Para ser digno há que ser livre. E a liberdade perpassa a vida de uma pessoa em todos os seus aspectos, aí incluído o da liberdade de escolha sexual, sentimental e de convivência com outrem. (...).

Garantidos constitucionalmente os direitos inerentes à liberdade (art. 5º, *caput*, da Constituição), há que se assegurar que o seu exercício não possa ser tolhido, porque, à maneira da lição de Ruy Barbosa, o Direito não dá com a mão direita para tirar com a esquerda.

Não seria pensável que se assegurasse constitucionalmente a liberdade e, por regra contraditória, no mesmo texto se tolhesse essa mesma liberdade, impedindo-se o exercício da livre escolha do modo de viver, pondo-se aquele que decidisse exercer o seu direito a escolhas pessoais livres como alvo de preconceitos sociais e de discriminações, à sombra do Direito. (...).

A interpretação correta da norma constitucional parece-me, portanto, na sequência dos vetores constitucionais, ser a que conduz ao reconhecimento do direito à liberdade de que cada ser humano é titular para escolher o seu modo de vida, aí incluída a vida afetiva com o outro, constituindo uma instituição que tenha dignidade jurídica, garantindo-se, assim, a integridade humana de cada qual.

9. Essa escolha, de resto, põe-se no espaço de intimidade de cada um, o que também é objeto de expresso reconhecimento e resguardo constitucional (art. 5º, inciso X), que projeta para o plano social a eleição sentimental feita pelas pessoas e que merece não apenas a garantia do Estado do que pode ser escolhido, mas também a segurança estatal de que não sejam as pessoas alvo de destratamento ou discriminação pelo exercício dessa sua liberdade. (...).

As escolhas pessoais livres e legítimas, segundo o sistema jurídico vigente, são plurais na sociedade e, assim, terão de ser entendidas como válidas.

11. Na esteira, assim, da assentada jurisprudência dos tribunais brasileiros, que já reconhecem, para fins previdenciários, fiscais, de alguns direitos sociais, a união homoafetiva, tenho como procedentes as ações, nos termos dos pedidos formulados, para reconhecer admissível como entidade familiar a união de pessoas do mesmo sexo e os mesmos direitos e deveres dos companheiros nas uniões estáveis serem reconhecidos àqueles que optam pela relação homoafetiva.

É como voto.

(...).

VOTO – *O Sr. Min. Ricardo Lewandowski*: (...). (...) (...), segundo penso, não há como enquadrar a união entre pessoas do mesmo sexo em nenhuma dessas espécies de família, quer naquela constituída pelo casamento, quer na união estável, estabelecida a partir da relação entre um homem e uma mulher, quer, ainda, na monoparental. Esta, relembro, como decorre de expressa disposição constitucional, corresponde à que é formada por qualquer dos pais e seus descendentes.

Não se trata, evidentemente, de interpretar a Carta Magna à luz do direito ordinário – o que configuraria prática proscrita segundo os mais elementares princípios de hermenêutica constitucional – mas, como afirmou o Min. Menezes Direito, ao debruçar-se sobre o tema, no recurso extraordinário acima mencionado, cuida-se de integrar os conceitos explicitados na Lei Maior com o direito de família, por indicação do próprio legislador constituinte.

Verifico, ademais, que, nas discussões travadas na Assembleia Constituinte a questão do gênero na união estável foi amplamente debatida, quando se votou o dispositivo em tela, concluindo-se, de modo insofismável, que a união estável abrange, única e exclusivamente, pessoas de sexo distinto. Confira-se abaixo:

"*O Sr. Constituinte Gastone Righi*: Finalmente a emenda do constituinte Roberto Augusto. É o art. 225 (*sic*), § 3º. Este parágrafo prevê: 'Para efeito da proteção do Estado, é reconhecida a união estável entre homem e mulher como entidade familiar, devendo a lei facilitar sua conversão em casamento.

"Tem-se prestado a amplos comentários jocosos, seja pela imprensa, seja pela televisão, com manifestação inclusive de grupos *gays* através do País, porque com a ausência do artigo poder-se-ia estar entendendo que a união poderia ser feita, inclusive, entre pessoas do mesmo sexo. Isto foi divulgado, por noticiário de televisão, no *show* do *Fantástico*, nas revistas e jornais. O Bispo Roberto Augusto, autor deste parágrafo, teve a preocupação de deixar bem definido, e pede que se coloquem no § 3º dois artigos: 'Para efeito de proteção do Estado, é reconhecida a união estável entre o homem e a mulher como entidade familiar, devendo a lei facilitar sua conversão em casamento'. Claro que nunca foi outro o desiderato desta Assembleia, mas, para se evitar toda e qualquer malévola interpretação deste austero texto constitucional, recomendo a V. Exa. que me permitam aprovar pelo menos uma emenda.

"*O Sr. Constituinte Roberto Freire*: Isso é coação moral irresistível.

"*O Sr. Presidente (Ulysses Guimarães)*: Concedo a palavra ao Relator.

"*O Sr. Constituinte Gerson Peres*: A Inglaterra já casa homem com homem há muito tempo.

"*O Sr. Relator (Bernardo Cabral)*: Sr. Presidente, estou de acordo.

"*O Sr. Presidente (Ulysses Guimarães)*: Todos os que estiverem de acordo permaneçam como estão. [Pausa]. Aprovada." [Palmas] [**Rodapé**: *Diário da Assembleia Nacional Constituinte* (Suplemento "B"), p. 209.]

Os constituintes, como se vê, depois de debaterem o assunto, optaram, inequivocamente, pela impossibilidade de se abrigar a relação entre pessoas do mesmo sexo no conceito jurídico de união estável.

Não há, aqui, penso eu, com o devido respeito pelas opiniões divergentes, como cogitar-se de uma de mutação constitucional ou mesmo de proceder-se a uma interpretação extensiva do dispositivo em foco, diante dos limites formais e materiais que a própria Lei Maior estabelece no tocante a tais procedimentos, a começar pelo que se contém no art. 60, § 4º, III, o qual erige a "separação dos Poderes" à dignidade de "cláusula pétrea", que sequer pode ser alterada por meio de emenda constitucional.

É certo que o Judiciário não é mais, como queriam os pensadores liberais do século XVIII, mera *bouche de la loi*, acrítica e mecânica, admitindo-se uma certa criatividade dos juízes no processo de interpretação da lei, sobretudo quando estes se deparam com lacunas no ordenamento jurídico. Não se pode olvidar, porém, que a atuação exegética dos magistrados cessa diante de limites objetivos do Direito posto. (...). (...), no caso sob exame, tenho que a norma constitucional, que resultou dos debates da Assembleia Constituinte, é clara ao expressar, com todas as letras, que a união estável só pode ocorrer entre o homem e a mulher, tendo em conta, ainda, a sua possível convolação em casamento.

Como, então, enquadrar-se, juridicamente, o convívio duradouro e ostensivo entre pessoas do mesmo sexo, fundado em laços afetivos, que alguns – a meu ver, de forma apropriada – denominam de "relação homoafetiva"?

Ora, embora essa relação não se caracterize como uma união estável, penso que se está diante de outra forma de entidade familiar, um quarto gênero, não previsto no rol encartado no art. 226 da Carta Magna, a qual pode ser deduzida a partir de uma leitura sistemática do texto constitucional e, sobretudo, diante da necessidade de dar-se concreção aos princípios da dignidade da pessoa humana, da igualdade, da liberdade, da preservação da intimidade e da não discriminação por orientação sexual, aplicáveis às situações sob análise.

Entendo que as uniões de pessoas do mesmo sexo que se projetam no tempo e ostentam a marca da publicidade, na medida em que constituem um dado da realidade fenomênica e, de resto, não são proibidas pelo ordenamento jurídico, devem ser reconhecidas pelo Direito, pois, como já diziam os jurisconsultos romanos, *ex facto oritur jus*.

Creio que se está, repito, diante de outra entidade familiar, distinta daquela que caracteriza as uniões estáveis heterossexuais.

A diferença, embora sutil, reside no fato de que, apesar de semelhante em muitos aspectos à união estável entre pessoas de sexo distinto, especialmente no que tange ao vínculo afetivo, à publicidade e à duração no tempo, a união homossexual não se confunde com aquela, eis que, por definição legal, abarca, exclusivamente, casais de gênero diverso. (...).

Não há, ademais, penso eu, como escapar da evidência de que a união homossexual, em nossos dias, é uma realidade de elementar constatação empírica, a qual está a exigir o devido enquadramento jurídico, visto que dela resultam direitos e obrigações que não podem colocar-se à margem da proteção do Estado, ainda que não haja norma específica a assegurá-los. (...).

Assim, muito embora o texto constitucional tenha sido taxativo ao dispor que a união estável é aquela formada por pessoas de sexos diversos, tal ressalva não significa que a união homoafetiva pública, continuada e duradoura não possa ser identificada como entidade familiar apta a merecer proteção estatal, diante do rol meramente exemplificativo do art. 226, quando mais não seja em homenagem aos valores e princípios basilares do texto constitucional.

O que se pretende, ao empregar-se o instrumento metodológico da integração, não é, à evidência, substituir a vontade do constituinte por outra arbitrariamente escolhida, mas apenas, tendo em conta a existência de um vácuo normativo, procurar reger uma realidade social superveniente a essa vontade, ainda que de forma provisória, ou seja, até que o Parlamento lhe dê o adequado tratamento legislativo.

Cuida-se, em outras palavras, de retirar tais relações, que ocorrem no plano fático, da clandestinidade jurídica em que se encontram, reconhecendo-lhes a existência no plano legal, mediante seu enquadramento no conceito abrangente de entidade familiar. (...).

Cuida-se, enfim, a meu juízo, de uma entidade familiar que, embora não esteja expressamente prevista no art. 226, precisa ter a sua existência reconhecida pelo Direito, tendo em conta a existência de uma lacuna legal que impede que o Estado, exercendo o indeclinável papel de protetor dos grupos minoritários, coloque sob seu amparo as relações afetivas públicas e duradouras que se formam entre pessoas do mesmo sexo.

Em suma, reconhecida a união homoafetiva como entidade familiar, aplicam-se a ela as regras do instituto que lhe é mais próximo, qual seja, a união estável heterossexual, mas apenas nos aspectos em que são assemelhados, descartando-se aqueles que são próprios da relação entre pessoas de sexo distinto, segundo a vetusta máxima *ubi eadem ratio, ibi idem jus*, que fundamenta o emprego da analogia no âmbito jurídico.

Isso posto, pelo meu voto, julgo procedente as presentes ações diretas de inconstitucionalidade para que sejam aplicadas às uniões homoafetivas, caracterizadas como entidades familiares, as prescrições legais relativas às uniões estáveis heterossexuais, excluídas aquelas que exijam a diversidade de sexo para o seu exercício, até que sobrevenham disposições normativas específicas que regulem tais relações.

(...).

VOTO – *O Sr. Min. Marco Aurélio*: (...). (...).

Há não mais de 60 anos, na Inglaterra, foi intensamente discutido se as relações homossexuais deveriam ser legalizadas. As conclusões ficaram registradas no *Relatório Wolfenden*, de 1957. Vejam que apenas seis décadas nos separam de leis que previam a absoluta criminalização da sodomia, isso no País considerado um dos mais liberais e avançados do mundo. Em lados opostos no debate estavam o renomado Professor L. A. Hart e o Magistrado

Lorde Patrick Devlin. O primeiro sustentava o respeito à individualidade e à autonomia privada, e o segundo, a prevalência da moralidade coletiva, que à época repudiava relações sexuais entre pessoas de igual gênero (Os pontos de vista estão expressos nas obras seguintes: H. L. A. Hart, *Liberty and Morality*, 1963, e Patrick Devlin, *The Enforcement of Morals*, 1966).

Em breve síntese, Devlin afirmou a necessidade de as leis refletirem o tecido básico de composição da sociedade, que é exatamente a moralidade comum. Sem a moralidade, asseverava, haveria a desintegração da sociedade, sendo tarefa do Direito impedir a produção desse resultado. Manifestou-se pela máxima liberdade possível na vida privada dos indivíduos, desde que os atos praticados não contrariassem esse preceito reputado singelo, de defesa do mínimo ético. Questionava a própria utilidade do direito à liberdade quando acionado para tomar decisões que eram sabidamente prejudiciais ao indivíduo e à sociedade. Não se furtava a dizer que ninguém via na homossexualidade um bom projeto de vida – de fato, essa era a opinião comum. Interrogado sobre o que deveria ser considerado moralidade, recorreu ao juízo de uma pessoa normal (*right-minded person*), o que foi criticado por Hart pela extrema vagueza. Afinal, o que é o juízo moral de uma pessoa comum?

Segundo Hart, tais visões imputadas à moralidade comum não passavam de preconceito resultante da ignorância, do medo e da incompreensão, sentimentos incompatíveis com a racionalidade que deve ser inerente à ciência jurídica. Apontou quatro razões para refutar a posição de Devlin. Primeira: punir alguém é lhe causar mal, e, se a atitude do ofensor não causou mal a ninguém, carece de sentido a punição. Em outras palavras, as condutas particulares que não afetam direitos de terceiros devem ser reputadas dentro da esfera da autonomia privada, livres de ingerência pública. Segunda razão: o livre arbítrio também é um valor moral relevante. Terceira: a liberdade possibilita o aprendizado decorrente da experimentação. Quarta: as leis que afetam a sexualidade individual acarretam mal aos indivíduos a ela submetidos, com gravíssimas consequências emocionais.

Ao longo do tempo, os argumentos de Hart acabaram por prevalecer, ao menos relativamente à descriminalização da sodomia. (...).

A solução, de qualquer sorte, independe do legislador, porquanto decorre diretamente dos direitos fundamentais, em especial do direito à dignidade da pessoa humana, sob a diretriz do art. 226 e §§ da Carta da República de 1988, no que permitiu a reformulação do conceito de família.

O reconhecimento de efeitos jurídicos às uniões estáveis representa a superação dos costumes e convenções sociais que, por muito tempo, embalaram o direito civil, notadamente o direito de família. A união de pessoas com o fim de procriação, auxílio mútuo e compartilhamento de destino é um fato da natureza, encontra-se mesmo em outras espécies. A família, por outro lado, é uma construção cultural. Como esclarece Maria Berenice Dias (*Manual de Direito das Famílias*, 2010, p. 28), no passado as famílias formavam-se para fins exclusivos de procriação, considerada a necessidade do maior número possível de pessoas para trabalhar em campos rurais. Quanto mais membros, maior a força de trabalho, mais riqueza seria possível extrair da terra. Os componentes da família organizavam-se hierarquicamente em torno da figura do pai, que ostentava a chefia da entidade familiar, cabendo aos filhos e à mulher posição de subserviência e obediência. Esse modelo patriarcal, fundado na hierarquia e no patrimônio oriundo de tempos imemoriais, sofreu profundas mudanças ao tempo da Revolução Industrial, quando as indústrias recém-nascidas passaram a absorver a mão de obra nos centros urbanos. O capitalismo exigiu a entrada da mulher no mercado de trabalho, modificando para sempre o papel do sexo feminino nos setores públicos e privados. A aglomeração de pessoas em espaços cada vez mais escassos nas cidades agravou os custos de manutenção da prole, tanto assim que hoje se pode falar em família nuclear, em contraposição à família extensa que existia no passado.

As modificações pelas quais a família passou não impediram a permanência de resquícios do modelo antigo, os quais perduraram – e alguns ainda perduram – até os dias recentes. Faço referência a Países em que ainda há a proeminência do homem sobre a mulher, como ocorre no Oriente Médio, e os casamentos arranjados por genitores – feito por interesses deles e não dos nubentes –, que continuam a ter vez em determinadas áreas da Índia. (...).

O processo evolutivo encontrou ápice na promulgação da Carta de 1988. O diploma é o marco divisor: antes dele, família era só a matrimonial; com ele, veio a democratização – o reconhecimento jurídico de outras formas familiares. (...).

Revela-se, então, a modificação paradigmática no direito de família. Este passa a ser o direito "das famílias", isto é, das famílias plurais, e não somente da família matrimonial, resultante do casamento. Em detrimento do patrimônio, elegeram-se o amor, o carinho e a afetividade entre os membros como elementos centrais de caracterização da entidade familiar. Alterou-se a visão tradicional sobre a família, que deixa de servir a fins meramente patrimoniais e passa a existir para que os respectivos membros possam ter uma vida plena comum. Abandonou-se o conceito de família enquanto "instituição-fim em si mesmo", para identificar nela a qualidade de instrumento a serviço da dignidade de cada partícipe, como defende Guilherme Calmon Nogueira da Gama (*Direito de Família e o Novo Código Civil*, p. 93, cit. por Maria Berenice Dias, *Manual de Direito das Famílias*, 2010, p. 43). (...).

Percebam que a transformação operada pela atual Constituição não se resumiu ao direito de família. A partir de 1988 ocorreu a ressignificação do ordenamento jurídico. Como é cediço, compete aos intérpretes efetuar a filtragem constitucional dos institutos previstos na legislação infraconstitucional. Esse fenômeno denominado "constitucionalização do Direito", na expressão de uso mais corriqueiro, revela que não podemos nos ater ao dogmatismo ultrapassado, que então prevalecia no direito civil. (...).

Relegar as uniões homoafetivas à disciplina da sociedade de fato é não reconhecer essa modificação paradigmática no direito civil levada a cabo pela Constituição da República. (...).

A homoafetividade é um fenômeno que se encontra fortemente visível na sociedade. Como salientado pelo requerente, inexiste consenso quanto à causa da atração pelo mesmo sexo, se genética ou se social, mas não se trata de mera escolha. A afetividade direcionada a outrem de gênero igual compõe a individualidade da pessoa, de modo que se torna impossível, sem destruir o ser, exigir o contrário. Insisto: se duas pessoas de igual sexo se unem para a vida afetiva comum, o ato não pode ser lançado a categoria jurídica imprópria. A tutela da situação patrimonial é insuficiente. Impõe-se a proteção jurídica integral, qual seja, o reconhecimento do regime familiar. Caso contrário, conforme alerta Daniel Sarmento ("Casamento e união estável entre pessoas do mesmo sexo: perspectivas constitucionais", in *Igualdade, Diferenças e Direitos Humanos*, p. 644), estar-se-á a transmitir a mensagem de que o afeto entre elas é reprovável e não merece o respeito da sociedade, tampouco a tutela do Estado, o que viola a dignidade dessas pessoas, que apenas buscam o amor, a felicidade, a realização.

Se as decisões judiciais que permitiram o reconhecimento das sociedades de fato entre pessoas do mesmo sexo representaram inegável avanço quando foram proferidas, atualmente elas apenas reproduzem o preconceito e trazem à balha o desprezo à dignidade da pessoa humana. Igualmente, os primeiros pronunciamentos que reconheceram aos heterossexuais não casados direitos sucessórios com fundamento na sociedade de fato foram celebrados como inovações jurídicas. Nos dias de hoje esses atos judiciais estariam em franca incompatibilidade com a Constituição e mesmo com a moralidade comum. (...).

O Estado existe para auxiliar os indivíduos na realização dos respectivos projetos pessoais de vida, que traduzem o livre e pleno desenvolvimento da personalidade. O Supremo já assentou, numerosas vezes, a cobertura que a dignidade oferece às prestações de cunho material, reconhecendo obrigações públicas em matéria de medicamento e creche, mas não pode olvidar a dimensão existencial do princípio da dignidade da pessoa humana, pois uma vida digna não se resume à integridade física e à suficiência financeira. A dignidade da vida requer a possibilidade de concretização de metas e projetos. Daí se falar em dano existencial quando o Estado manieta o cidadão nesse aspecto. Vale dizer: ao Estado é vedado obstar a que os indivíduos busquem a própria felicidade, a não ser em caso de violação ao direito de outrem, o que não ocorre na espécie.

Certamente, o projeto de vida daqueles que têm atração pelo mesmo sexo resultaria prejudicado com a impossibilidade absoluta de formar família. Exigir-lhes a mudança na orientação sexual para que estejam aptos a alcançar tal situação jurídica demonstra menosprezo à dignidade. Esbarra ainda no óbice constitucional ao preconceito em razão da orientação sexual.

Consubstancia objetivo fundamental da República Federativa do Brasil promover o bem de todos, sem preconceitos de origem, raça, sexo, cor, idade e quaisquer outras formas de discriminação (inciso IV do art. 3º da Carta Federal). Não é dado interpretar o arcabouço normativo de maneira a chegar-se a enfoque que contrarie esse princípio basilar, agasalhando-se preconceito constitucionalmente vedado. Mostra-se inviável, porque despreza a sistemática integrativa, presentes princípios maiores, a interpretação isolada do art. 226, § 3º, também do Diploma Maior, no que revela o reconhecimento da união estável entre o homem e a mulher como entidade familiar, até porque o dispositivo não proíbe esse reconhecimento entre pessoas de gênero igual.

No mais, ressalto o caráter tipicamente contramajoritário dos direitos fundamentais. De nada serviria a positivação de direitos na Constituição se eles fossem lidos em conformidade com a opinião pública dominante. Ao assentar a prevalência de direitos, mesmo contra a visão da maioria, o Supremo afirma o papel crucial de guardião da Carta da República, como o fez no julgamento do RE n. 633.703, relatado pelo Min. Gilmar Mendes, quando declarou a inconstitucionalidade da aplicação da "Lei da Ficha Limpa" às eleições de 2010, por desarmonia com o disposto no art. 16 da Carta Federal. Assim já havia procedido em outras oportunidades, tal como na ADI n. 1.351-DF, de minha relatoria, relativamente aos pequenos partidos políticos, no célebre caso "Cláusula de Barreira".

Com base nesses fundamentos, concluo que é obrigação constitucional do Estado reconhecer a condição familiar e atribuir efeitos jurídicos às uniões homoafetivas. Entendimento contrário discrepa, a mais não poder, das garantias e direitos fundamentais, dá eco a preconceitos ancestrais, amesquinha a personalidade do ser humano e, por fim, desdenha o fenômeno social, como se a vida comum com intenção de formar família entre pessoas de sexo igual não existisse ou fosse irrelevante para a sociedade.

Quanto à equiparação das uniões homoafetivas ao regime das uniões estáveis, previsto no art. 1.723 do CC de 2002, o óbice gramatical pode ser contornado com o recurso a instrumento presente nas ferramentas tradicionais de hermenêutica. Não é recente a evolução doutrinária relativa à teoria das normas jurídicas, nas quais se ampliou a compreensão da função e do papel dos princípios no ordenamento jurídico. Ana Paula de Barcellos (*A Eficácia dos Princípios Constitucionais*, 2010) relembra que os princípios são dotados de múltiplas possibilidades de eficácia jurídica, destacando-se a utilização como vetor hermenêutico-interpretativo. Casos há em que os princípios possuem eficácia positiva, o que ocorre precisamente quando o núcleo essencial de sentido deles é violado. Por isso Celso Antônio Bandeira de Mello, em *Elementos de Direito Administrativo*, 1980, p. 104, ressalta: "Violar um princípio é muito mais grave que transgredir uma norma. A desatenção ao princípio implica ofensa não apenas a um específico mandamento obrigatório, mas a todo o sistema de comandos. É a mais grave forma de ilegalidade ou inconstitucionalidade, conforme o escalão do princípio violado, porque representa insurgência contra todo o sistema, subversão de seus valores fundamentais, contumélia irremissível a seu arcabouço lógico e corrosão de sua estrutura mestra".

Extraio do núcleo do princípio da dignidade da pessoa humana a obrigação de reconhecimento das uniões homoafetivas. Inexiste vedação constitucional à aplicação do regime da união estável a essas uniões, não se podendo vislumbrar silêncio eloquente em virtude da redação do § 3º do art. 226. Há, isso, sim, a obrigação constitucional de não discriminação e de respeito à dignidade humana, às diferenças, à liberdade de orientação sexual, o que impõe o tratamento equânime entre homossexuais e heterossexuais. Nesse contexto, a literalidade do art. 1.723 do CC está muito aquém do que consagrado pela Carta de 1988. Não retrata fielmente o propósito constitucional de reconhecer direitos a grupos minoritários.

Por isso, Sr. Presidente, julgo procedente o pedido formulado para conferir interpretação conforme à Constituição ao art. 1.723 do CC, veiculado pela Lei n. 10.406/2002, a fim de declarar a aplicabilidade do regime da união estável às uniões entre pessoas de sexo igual.

(...).

EXTRATO DE ATA

Decisão: Chamadas, para julgamento em conjunto, a ADI n. 4.277 e a ADPF n. 132, após o voto do Sr. Min. Ayres Britto (Relator), que julgava parcialmente prejudicada a arguição de descumprimento de preceito fundamental, recebendo o pedido residual como ação direta de inconstitucionalidade, e procedentes ambas as ações, foi o julgamento suspenso. Impedido o Sr. Min. Dias Toffoli. Ausente, justificadamente, a Sra. Min. Ellen Gracie. Falaram, pela requerente da ADI n. 4.277, o Dr. Roberto Monteiro Gurgel Santos, Procurador-Geral da República; pelo requerente da ADPF n. 132, o Professor Luís Roberto Barroso; pela Advocacia-Geral da União, o Min. Luis Inácio Lucena Adams; pelos *amici curiae* Conectas Direitos Humanos; Instituto Brasileiro de Direito de Família/IBDFAM; Grupo Arco-íris de Conscientização Homossexual; Associação Brasileira de Gays, Lésbicas, Bissexuais, Travestis e Transexuais/ABGLT; Grupo de Estudos em Direito Internacional da UFMG/GEDI-UFMG e Centro de Referência de *Gays*, Lésbicas, Bissexuais, Travestis, Transexuais e Transgêneros do Estado de Minas Gerais/Centro de Referência GLBTTT; ANIS/Instituto de Bioética, Direitos Humanos e Gênero; Associação de Incentivo à Educação e Saúde de São Paulo; Conferência Nacional dos Bispos do Brasil/CNBB e a Associação Eduardo Banks, falaram, respectivamente, o Professor Oscar Vilhena; a Dra. Maria Berenice Dias; o Dr. Thiago Bottino do Amaral; o Dr. Roberto Augusto Lopes Gonçale; o Dr. Diego Valadares Vasconcelos Neto; o Dr. Eduardo Mendonça; o Dr. Paulo Roberto Iotti Vecchietti; o Dr. Hugo José Sarubbi Cysneiros de Oliveira e o Dr. Ralph Anzolin Lichote.

Presidência do Sr. Min. Cézar Peluso. Plenário, 4.5.2011.

Decisão: Prosseguindo no julgamento, o Tribunal conheceu da ADPF n. 132 como ação direta de inconstitucionalidade, por votação unânime. Prejudicado o primeiro pedido originariamente formulado na arguição de descumprimento de preceito fundamental, por votação unânime. Rejeitadas todas as preliminares, por votação unânime. Em seguida, o Tribunal, ainda por votação unânime, julgou procedentes as ações, com eficácia *erga omnes* e efeito vinculante, autorizados os Ministros a decidirem monocraticamente sobre a mesma questão, independentemente da publicação do acórdão. Votou o Presidente, Min. Cézar Peluso. Impedido o Sr. Min. Dias Toffoli. Plenário, 5.5.2011.

Presidência do Sr. Min. Cézar Peluso. Presentes à sessão os Srs. Mins. Celso de Mello, Marco Aurélio, Ellen Gracie, Gilmar Mendes, Ayres Britto, Joaquim Barbosa, Ricardo Lewandowski, Carmen Lúcia, Dias Toffoli e Luiz Fux.

* * *

PERGUNTAS

1. Quais os fatos?

2. Por que o Min. Ayres Britto decide conhecer da ação direta de inconstitucionalidade, e não da arguição de descumprimento de preceito fundamental? Essa escolha repercute de alguma maneira sobre a proteção a direitos fundamentais?

3. Qual é o pedido central das presentes ações?

4. Qual a controvérsia jurídica a ser resolvida?

5. O Ministro-Relator afirma que o constitucionalismo brasileiro é fraternal, "a se viabilizar pela imperiosa adoção de políticas públicas afirmativas". O que implica esse reconhecimento, do ponto de vista institucional?

6. Como se associam, nos votos dos Mins. Carlos Ayres Britto e Carmen Lúcia, a afirmação de uma esfera de liberdade sexual e a necessidade de observância dos direitos de casais homoafetivos perante o Estado e terceiros?

7. Como diferem as argumentações desenvolvidas pelos Mins. Ayres Britto e Carmen Lúcia das dos Mins. Marco Aurélio, por um lado, e Lewandowski, por outro?

8. O raciocínio desenvolvido pelo Min. Carlos Ayres admite alguma diferenciação apriorística entre casais homo e heterossexuais? E o do Min. Lewandowski?

9. Como podemos responder ao argumento de que o Direito deve refletir a posição do *right-minded man*?

10. Como o STF superou o "problema" de a Constituição expressamente mencionar casamento e união estável entre "homem e mulher"?

11. Como decidiu o STF?

12. Houve aqui o caso de declaração de inconstitucionalidade dos termos da própria Constituição, sem a supressão do texto, no entanto? Um novo modelo de "interpretação conforme", só que agora de um determinado dispositivo constitucional em face de princípios hierarquicamente superiores?

13. Os casais homossexuais são considerados famílias? O que é uma família para a Constituição Federal de 1988? Ela é funcionalizada?

14. Que direitos de titularidade de famílias homoafetivas são afirmados na decisão? Eles podem se casar civilmente? Por quê?

15. Existe espaço no Estado Democrático de Direito para sustentar restrições aos direitos de casais homoafetivos?

RECONHECIMENTO DA DIFERENÇA

6.8 Caso do ProUni (ADI 3.330-DF)

(Plenário – rel. Min. Ayres Britto – j. 3.5.2012)

Ações diretas de inconstitucionalidade – Medida Provisória n. 213/2004, convertida na Lei n. 11.096/2005 – Programa Universidade para Todos/ProUni – Ações afirmativas do Estado – Cumprimento do princípio constitucional da isonomia. (...).

ACÓRDÃO – Vistos, relatados e discutidos estes autos: Acordam os Ministros do Supremo Tribunal Federal em julgar improcedente a ação direta, o que fazem nos termos do voto do Relator e por maioria de votos, em sessão presidida pelo Min. Ayres Britto, na conformidade da ata do julgamento e das notas taquigráficas. Vencido o Min. Marco Aurélio. Impedida a Min. Carmen Lúcia.

Brasília, 3 de maio de 2012 – *Ayres Britto*, presidente e relator.

RELATÓRIO – *O Sr. Min. Ayres Britto*: (...).

2. O que alegam os acionantes? Alegam que a Medida Provisória n. 213/2004 foi editada à míngua dos pressupostos constitucionais da urgência e da relevância (art. 62). Bem assim, que a União carece de competência legislativa para dispor sobre educação mediante normas específicas e que em alguns de seus dispositivos o ato legislativo em causa dispõe sobre matéria reservada à lei complementar. Mais ainda, arguem os autores que os textos normativos sob censura desrespeitaram os princípios da legalidade, da isonomia, da autonomia universitária, do pluralismo de ideias e concepções pedagógicas.

3. Já em sede de informações, o Exmo. Sr. Presidente da República rechaça a tese de que a Medida Provisória n. 213/2004 desatende aos pressupostos constitucionais da sua edição. Afirma, por outro lado, que esse ato normativo não dispõe sobre "educação, cultura e desporto", tampouco institui novo requisito de enquadramento dos estabelecimentos de ensino superior como entidades beneficentes. O que outorga a medida provisória, em verdade, é isenção às universidades privadas não contempladas com a imunidade constitucional. (...).

VOTO – *O Sr. Min. Ayres Britto* (relator): (...). (...).

27. Tudo isso posto, passo a examinar a alegação de que o art. 2º da Lei n. 11.096/2005 viola o *caput* e os incisos I e LIV do art. 5º da CF. Fazendo-o, ainda uma vez entendo desassistir razão à autora. Explico.

28. O substantivo "igualdade", mesmo significando qualidade das coisas iguais (e, portanto, qualidade das coisas idênticas, indiferenciadas, colocadas no mesmo plano ou situadas no mesmo nível de importância), é valor que tem no combate aos fatores de desigualdade o seu modo próprio de realização. Quero dizer: não há outro modo de concretizar o valor constitucional da igualdade senão pelo decidido combate aos fatores reais de desigualdade. O desvalor da desigualdade a proceder e justificar a imposição do valor da igualdade.

29. Com efeito, é pelo combate eficaz às situações de desigualdade que se concretiza, em regra, o valor da igualdade (valor positivo, aqui, valor negativo ou desvalor, ali). Isto porque no ponto de partida das investigações metódicas sobre as coisas ditas humanas, ou seja, até onde chegam as lentes investigativas dos politicólogos, historiadores e sociólogos acerca das institucionalizadas relações do gênero humano, o que se comprova é um estilo de vida já identificado pela tarja das desigualdades (culturais, políticas, econômicas e sociais). O desigual a servir como empírico portal da investigação científica e, daí, como desafio de sua eliminação pelas normas jurídicas.

30. É o que também sucede com o tempo histórico de elaboração dos diplomas constitucionais originários. Ali na própria linha de largada da convocação de uma nova Assembleia Nacional Constituinte, o que se tem? A premente necessidade de saneamento daquela genérica situação de desigualdades para cujo enfrentamento a Constituição vencida se revelou tão incapaz a ponto de ver esclerosadas as instituições nascidas sob o seu arcabouço ou guarda-chuva normativo. Não sendo por outra razão que a nossa Constituição mesma (a de 1988) já coloca entre os objetivos fundamentais da República Federativa "erradicar a pobreza e a marginalização e reduzir as **desigualdades** sociais e regionais" (inciso III do art. 3º). Discurso que é retomado em outras passagens dela própria, Constituição, como o dispositivo que inscreve nas competências materiais comuns à União, aos Estados, ao Distrito Federal e aos Municípios "combater as causas da pobreza e os fatores de marginalização, promovendo a integração social dos setores **desfavorecidos**" (negritos à parte, em ambas as transcrições).

31. Ora bem, que é o desfavorecido senão o desigual por baixo? E quando esse tipo de desigualdade se generaliza e perdura o suficiente para se fazer de traço cultural de um povo, é dizer, quando a desigualdade se torna uma característica das relações sociais de base, uma verdadeira práxis, aí os segmentos humanos tidos por inferiores passam a experimentar um perturbador sentimento de baixa autoestima. Com seus deletérios efeitos na concretização dos valores humanistas que a Magna Lei brasileira bem sintetizou no objetivo fundamental de "construir uma sociedade justa, livre e solidária" (inciso I do art. 3º). Pois como negar o fato de que o desigual por baixo, assim macrodimensionado e renitente, se configure como um fator de grave desequilíbrio social? A condenar inteiros setores populacionais a uma tão injusta quanto humilhante exclusão dos benefícios da própria vida humana em comum?

32. Acontece que a imperiosa luta contra as relações desigualitárias muito raro se dá pela via do descenso ou do rebaixamento puro e simples dos sujeitos favorecidos (personifiquemos as coisas, doravante). Geralmente se verifica é pela ascensão das pessoas até então sob a hegemonia de outras. Que para tal viagem de verticalidade são compensadas com esse ou aquele fator de supremacia formal. É o que sucede, por exemplo, com a categoria profissional dos empregados, a receber do art. 7º da Constituição um rol de direitos subjetivos frente aos respectivos empregadores, a fim de que tal superioridade jurídica venha a compensar, de alguma forma, a inferioridade econômica e social de que eles, empregados, reconhecidamente padecem. Diga-se o mesmo dos dispositivos constitucionais que favorecem as mulheres com uma licença-gestação de maior durabilidade que a outorgada a título de licença-paternidade (inciso XVIII do art. 7º) e com a redução em cinco anos da idade cronológica e do tempo de contribuição previdenciária de que elas precisam para o gozo das respectivas aposentadorias (alínea "a" do inciso III do § 1º do art. 40, combinadamente com os incisos I e II do § 7º do art. 201). Tudo nos combinados pressupostos de que a mulher sofre de percalços biológicos não experimentados pelo homem e que mesmo a sociedade ocidental de que o Brasil faz parte ainda se caracteriza por uma cultura machista ou da espécie patriarcal (predomínio dos valores do homem). Também assim a regra de tombamento de "todos os documentos e os sítios detentores de reminiscências históricas dos antigos quilombos" (§ 5º do art. 216), a significar uma enfática proclamação de que o componente negro do sangue brasileiro, sobre estar reforçadamente a salvo de discriminação (inciso IV do art. 3º, combinado com o inciso XLII do art. 5º), é motivo de orgulho nacional e permanente exaltação. Uma espécie de pagamento (ainda que tardio e insuficiente) da dívida fraternal que o País contraiu com os brasileiros afrodescendentes, nos ignominiosos séculos da escravidão negra.

33. Numa frase, não é toda superioridade juridicamente conferida que implica negação ao princípio da igualdade. A superioridade jurídica bem pode ser a própria condição lógica da quebra de iníquas hegemonias política, social, econômica e cultural. Um mecanismo jurídico de se colocar a sociedade nos eixos de uma genérica horizontalidade como postura de vida cidadã (o cidadão, ao contrário do súdito, é um igual). Modo estratégico, por consequência, de conceber e praticar uma superior forma de convivência humana, sendo que tal superioridade de vida coletiva é tanto mais possível quanto baseada em relações horizontais de base. Que são as relações definidoras do perfil democrático de todo um povo.

34. Essa possibilidade de o Direito legislado usar a concessão de vantagens a alguém como uma técnica de compensação de anteriores e persistentes desvantagens factuais não é mesmo de se estranhar, porque o típico da lei é fazer distinções. Diferenciações. Desigualações. E fazer desigualações para contrabater renitentes desigualações. É como dizer: a lei existe para, diante dessa ou daquela desigualação que se revele densamente perturbadora da harmonia ou do equilíbrio social, impor uma outra desigualação compensatória. A lei como instrumento de reequilíbrio social. O que ela (a lei) não pode é incidir no "preconceito" ou fazer "discriminações", que nesse preciso sentido é que se deve interpretar o comando constitucional de que "todos são iguais perante a lei, sem distinção de qualquer natureza". O vocábulo "distinção" a significar *discriminação* (que é proibida), e não enquanto simples diferenciação (que é inerente às determinações legais).

35. Renovando o juízo: ali onde houver uma tradição de concórdia, entendimento, harmonia, horizontalidade, enfim, como forma usual de se entretecer relações sociais, a coletividade passa ao largo do desequilíbrio como estilo de vida e não tem por que lançar mão do seu poder legiferante de índole reparadora ou compensatória. Ao contrário, onde houver um estado de coisas que se tipifique por uma prolongada discórdia, um duradouro desentendimento, uma renitente desarmonia, uma submissão de segmentos humanos a iníquas ou humilhantes relações de autoridade ou de crasso preconceito, aí os desequilíbrios societários se aguçam e o saque da lei como instrumento de correção de rumos se faz imperioso. E, como os fatores de desequilíbrio social têm nas mencionadas situações

de desigualdade um tradicional componente, fica evidente que a fórmula pela qual a lei tem que operar é a diferenciação entre partes.

36. É neste passo que se põe o delicado problema de saber que fatores de diferenciação compensatória a lei pode validamente erigir, tendo em vista que a nossa Constituição não os menciona. Não aponta os elementos de "discrímen" ou os dados de diferenciação de que a lei pode fazer uso. Apenas se refere àqueles de que o legislador não pode lançar mão.

37. Com efeito, o Magno Texto republicano se limita a dizer, no tema, que um dos objetivos centrais do Estado Brasileiro é "promover o bem de todos, sem preconceitos de origem, raça, sexo, cor, idade e quaisquer outras formas de discriminação" (inciso IV do art. 3º). Falando com isso que a procedência geográfica de alguém, assim como a raça, o sexo, a cor e a idade de quem quer que seja, nada disso pode servir, sozinho, como desprimoroso parâmetro de aferição da valiosidade social do ser humano. Nem da valiosidade social nem do caráter das pessoas, pois os dados a que se reporta o art. 3º da Constituição decorrem todos de uma simples obra do acaso. São fatores de acidente, e não de essência.

38. Daqui resulta o óbvio: nem aqueles referidos fatores de acidente na vida de uma pessoa (a cor da pele, a procedência geográfica, o sexo, etc.) nem qualquer outro que também se revele como imperscrutável obra do acaso podem se prestar como isolado e detrimentoso critério legal de desigualação, porque tal diferenciação implicará "preconceito" ou "discriminação". Já, no tocante a outros fatores não exatamente derivados das tramas do acaso, mas a fatores histórico-culturais, aí não vemos outra saída que não seja a aplicação daquele cânone da teoria constitucional que reconhece a toda Constituição rígida o atributo da unidade material. Da congruente substancialidade dos seus comandos. Logo, somente é de ser reputado como válido o critério legal de diferenciação que siga na mesma direção axiológica da Constituição. Que seja uma confirmação ou uma lógica derivação das linhas mestras da *Lex* Máxima, que não pode conviver com antinomias normativas dentro de si mesma nem no interior do ordenamento por ela fundado. E o fato é que toda a axiologia constitucional é tutelar de segmentos sociais brasileiros historicamente desfavorecidos, culturalmente sacrificados e até perseguidos, como, *v.g.*, o segmento dos negros e dos índios. Não por coincidência os que mais se alocam nos patamares patrimonialmente inferiores da pirâmide social.

39. Nessa vertente de ideias, anoto que a desigualação em favor dos estudantes que cursaram o ensino médio em escolas públicas e os egressos de escolas privadas que hajam sido contemplados com bolsa integral não ofende a Constituição pátria, porquanto se trata de uma discrímen que acompanha a toada da compensação de uma anterior e factual inferioridade. Isso, lógico, debaixo do primacial juízo de que a desejada igualdade entre partes é quase sempre obtida pelo gerenciamento do entrechoque de desigualdades (uma factual e outra jurídica, esta última a contrabalançar o peso da primeira). Com o quê se homenageia a insuperável máxima aristotélica de que a verdadeira igualdade consiste em tratar igualmente os iguais e desigualmente os desiguais, máxima que Ruy Barbosa interpretou como o ideal de tratar igualmente os iguais, sim, porém na medida em que se igualem; e tratar desigualmente os desiguais, também na medida em que se desigualem.

40. No ponto, é de se trazer à tona uma parte das informações prestadas a fls. 382, versada nos seguintes termos:

"(...).

"A arguição é certamente mais tendenciosa do que é possível vislumbrar de imediato. Como é absolutamente óbvio, o Programa só faz sentido porque tem um público-alvo social e economicamente focado: estudantes com renda familiar *per capita* de até um salário-mínimo e meio para bolsas integrais e de até três salários-mínimos para bolsas parciais. O fato de o ProUni prever bolsas parciais não implica, lógica e necessariamente, que os beneficiários possam ter sido bolsistas parciais no ensino médio.

"A isonomia a ser considerada *não* é a da relação entre bolsistas parciais do ensino médio e superior, paralelamente à relação entre bolsistas integrais no ensino médio e superior, pois a matrícula no ensino superior *não reflete* a conclusão do ensino médio. Nesse raciocínio, a autora fratura o público-alvo do ProUni, qual seja, a imensa população de estudantes de baixa renda, divididos em duas classes de renda familiar. A suposição de que o corpo discente que conclui o ensino médio é equiparável ao corpo discente que chega ao ensino superior é absolutamente falsa – caso contrário o ProUni seria desnecessário.

"(...).

"A determinação de que o estudante da rede privada a ser beneficiado pelo ProUni tenha cursado ensino médio completo na condição de bolsista não é fortuita nem inexplicável; justifica-se precisamente como garantia da isonomia interna do Programa, para manter a homogeneidade de seu público-alvo. Pressupor, como faz a autora, que alunos de baixa renda selecionados conforme critérios socioeconômicos e raciais têm, por isso, 'menor qualificação' que os demais cidadãos brasileiros é que configura autêntica discriminação, em frontal ofensa ao art. 3º, incisos III e IV, e ao art. 5º da Carta Constitucional.

"Ora, as escolas privadas do ensino médio também oferecem descontos de pontualidade e bolsas para os melhores classificados em processos de seleção semelhantes aos vestibulares (os hoje tão difundidos 'vestibulinhos'). Assim, não há falar em bolsas propriamente ditas, mas apenas em descontos conferidos não em função da

renda, mas em função da competição por alunos propensos à aprovação em vestibulares de universidades públicas – um investimento em *marketing*, basicamente. Isso não é, em absoluto, assistência social beneficente.
"(...)."
41. Prossigo neste voto para também inacolher a tese de que o art. 7º da Lei n. 11.096/2005 tisna o princípio constitucional da autonomia universitária. Assim discordo porque o ProUni é, salientemente, um Programa de ações afirmativas, que se operacionaliza mediante concessão de bolsas a alunos de baixa renda e diminuto grau de patrimonialização. Mas um Programa concebido para operar por ato de adesão ou participação absolutamente voluntária. Incompatível, portanto, com qualquer ideia de vinculação forçada. E precisamente um Programa de adesão ou vinculabilidade espontânea por efeito mesmo daquele princípio da autonomia universitária, que é, repise-se, de estatura constitucional (art. 207 da CF).
42. Noutro giro, não me impressiona o argumento da autora que tem por suporte o princípio da livre iniciativa, devido a que esse princípio já nasce relativizado pela Constituição mesma. Daí o art. 170 estabelecer que "a ordem econômica, fundada na valorização do trabalho humano e na livre iniciativa, tem por fim assegurar a todos existência digna, conforme os ditames da justiça social (...)". (...). (...).
46. Por tudo quanto posto, Sra. Presidente, e por não enxergar nos textos impugnados nenhuma ofensa à Constituição, julgo improcedente o pedido de declaração de inconstitucionalidade da Lei n. 11.096/2005.
47. É como voto.
(...).

VOTO (Vista) – *O Sr. Min. Joaquim Barbosa*: (...). (...).
No mérito, Sr. Presidente, destaco nesse julgamento dois pontos distintos que precisam ser analisados pela Corte. O primeiro se refere à eventual ofensa ao princípio da isonomia constitucional, ao princípio da autonomia universitária e ao princípio da livre iniciativa. O segundo relativo à alegada violação da reserva de lei complementar para dispor sobre limitações ao poder de tributar.
Examinarei, em primeiro lugar, a alegação de ofensa ao princípio constitucional da isonomia, ao princípio da autonomia universitária e ao princípio da livre iniciativa.
O Programa Universidade para Todos foi criado através da Medida Provisória n. 213/2004, já convertida na Lei n. 11.096, de 13.1.2005, também impugnada na presente ação direta de inconstitucionalidade.
O art. 1º da referida lei determina que o ProUni é destinado à concessão de bolsas de estudo integrais e bolsas de estudo parciais de 50% ou de 25% para estudantes de cursos de graduação e sequenciais de formação específica, em instituições privadas de ensino superior, com ou sem fins lucrativos. (...).
Assim, como afirmado nas informações e ressaltado pelo eminente Relator, o ProUni tem um "público-alvo social e economicamente focado: os estudantes com renda familiar *per capita* de até um salário-mínimo e meio para bolsas integrais e de até três salários-mínimos para bolsas parciais".
Mas não é só. Conforme acabei de mencionar, a Lei n. 11.096 estabelece *cinco critérios* distintos e concomitantes para que o estudante possa se candidatar a uma bolsa, mantida pelo ProUni, em uma universidade privada: (1) ser brasileiro; (2) não ser possuidor de diploma de curso superior; (3) ter renda familiar *per capita* de até um salário-mínimo e meio, para bolsa integral; ou de até três salários-mínimos, para bolsa parcial; (4) ter cursado o ensino médio completo em escola da rede pública ou em instituições privadas na condição de bolsista integral; (5) ser submetido e aprovado no processo seletivo adotado pela instituição de ensino superior privada escolhida.
Cinco critérios, objetivos e bem delimitados, foram escolhidos pelo legislador para atender a uma situação geradora de uma grande perplexidade: a coexistência, de um lado, de um baixíssimo percentual da população que logra obter o grau acadêmico universitário e, de outro, a comprovada existência de vagas ociosas nos cursos superiores do País, predominantemente em universidades privadas. Some-se a isso, a evidente dificuldade de acesso à educação superior pelos indivíduos pertencentes às camadas sociais mais humildes. (...).
Em outras palavras: é notório que existem vagas nas instituições superiores privadas que não são preenchidas. E é lícito concluir que uma das razões para este fenômeno sejam as dificuldades financeiras das famílias de arcar com o alto custo das mensalidades escolares.
Como todos sabemos, a pobreza crônica, que perpassa diversas gerações e atinge um contingente considerável de famílias do nosso País, é fruto da falta de oportunidades educacionais, o que leva, por via de consequência, a uma certa inconsistência na mobilidade social.
Isto caracteriza, em essência, o que poderíamos qualificar como "ciclos cumulativos de desvantagens competitivas", elemento de bloqueio socioeconômico que confina milhões de brasileiros a viver eternamente na pobreza.
O ProUni nada mais é do que uma suave tentativa de mitigar essa cruel situação.
Investir pontualmente, ainda que de forma gradativa, mas sempre com o intuito de abrir oportunidades educacionais a segmentos sociais mais amplos, que historicamente nunca as tiveram, constitui objetivo governamental constitucionalmente válido.
O importante é que o mencionado ciclo de exclusão se interrompa para esses grupos sociais desavantajados.

Assim, uma forma de proporcionar a mobilidade social é o investimento no nível de escolaridade da população, facilitando o acesso e a permanência no ensino superior. (...).

É, com efeito, a ideia de igualdade material ou substantiva, como evolução necessária do conceito de igualdade meramente formal ou jurídica (de igualdade perante a lei), que prevalece em nosso ordenamento constitucional. A Constituição Federal de 1988 fez uma opção clara pelo princípio da igualdade material, ou substantiva, ou de oportunidades, abarcando a ideia de que é necessário extinguir ou pelo menos mitigar o peso das desigualdades econômicas e sociais e, consequentemente, promover a justiça social. O art. 3º da Constituição inclui dentre os objetivos fundamentais do Estado "promover o bem de todos, sem preconceitos de origem, raça, sexo, cor, idade e quaisquer outras formas de discriminação". (...).

As políticas sociais, que nada mais são do que tentativas de concretização da igualdade substancial ou material, recebem a denominação de ação afirmativa, ou, na terminologia do Direito Europeu, discriminação positiva. Seu objetivo é combater não somente as manifestações flagrantes de discriminação, mas também a discriminação de fundo cultural, estrutural, enraizada na sociedade, além de possuírem um caráter pedagógico, visando a gerar transformações culturais e sociais relevantes, inculcando nos atores sociais a utilidade e a necessidade da observância dos princípios do pluralismo e da diversidade nas mais diversas esferas do convívio humano. (...).

Por outro lado, tal como ressaltado pelo eminente Relator, não vislumbro ofensa ao *princípio da autonomia universitária*. (...).

Entendo, pois, que a lei ora atacada em nada ofende o princípio da autonomia universitária, em qualquer dos seus aspectos. Ao contrário, a lei confirma este princípio ao estabelecer, como afirmado pelo relator, a voluntariedade da adesão ao programa. Nenhuma instituição particular de ensino superior está obrigada a se vincular ou se manter vinculada ao ProUni, bem como a adesão ao ProUni tem um prazo de vigência de 10 anos, contados da data de sua assinatura (art. 5º, §§ 1º e 3º, da Lei n. 11.096/2010 [*2005*]). Por outro lado, há que se considerar que a autonomia universitária não é um objetivo que se esgota em si própria. Ela existe para ser atinjam outros objetivos de natureza educacional, cultural, social.

Do mesmo modo, não vislumbro ofensa ao *princípio da livre iniciativa*, previsto no art. 170, parágrafo único, da Constituição, que assegura a todos "o livre exercício de qualquer atividade econômica, independentemente de autorização de órgãos públicos, salvo nos casos previstos em lei". A atividade desenvolvida pelas universidades particulares que aderirem ao ProUni não sofre qualquer restrição. Em alguns aspectos, tendo em vista a legítima preocupação com a ociosidade de vagas nestas instituições de ensino superior, a lei pode até favorecer a manutenção de suas atividades, em razão dos benefícios tributários de que passarão a usufruir. Mas, por outro lado, é importante ressaltar que a educação não é uma *commodity*, uma mercadoria ou um serviço sujeito às leis do mercado e sob a regência do princípio da livre iniciativa. Se é certo que a Constituição franqueia a educação à exploração pela iniciativa privada, essa exploração só pode ocorrer, no entanto, se atendidos os requisitos fixados no art. 209 do texto constitucional. Não se trata propriamente, portanto, de incidência pura e simples do princípio da livre iniciativa.

(...).

Por todo o exposto e pelas razões expostas, acompanho o Relator, para julgar improcedente o pedido.

(...).

VOTO – *O Sr. Min. Marco Aurélio*: Presidente, surgem duas vertentes diversas. A primeira, a do politicamente correto. Não há quem, sob essa óptica, deixe de endossar o ProUni. A segunda, a do politicamente jurídico, que importa sobremaneira ao Judiciário. Mais uma observação: não cogitamos da universidade pública, versamos questão ligada à iniciativa privada, às universidades privadas. (...). (...). O que decorre, se não houver uma interpretação da Lei de Conversão conforme à Carta da República? O que ocorrerá com aquelas entidades já beneficiadas por algo que é de envergadura maior, ou seja, pela imunidade? Caso não adiram ao ProUni, perderão algo assegurado constitucionalmente. E perderão algo não pelo descumprimento do Código Tributário Nacional, no que revela o que deve ser atendido pelas entidades contempladas com a imunidade constitucional, exigências que observam a ordem natural das coisas, exigências do Código Tributário Nacional, que atendem ao princípio da razoabilidade, ao princípio da proporcionalidade, no que o art. 14 preceitua: "Art. 14. O disposto na alínea 'c' do inciso IV do art. 9º" – ou seja, é justamente a problemática de não se ter o ônus tributário – "é subordinado à observância dos seguintes requisitos pelas entidades nele referidas: (...)".

Nós temos: "II – aplicarem integralmente, no País, os seus recursos na manutenção dos seus objetivos institucionais" – o interesse nacional; "III – manterem escrituração de suas receitas e despesas em livros revestidos de formalidades capazes de assegurar sua exatidão".

E seguem-se parágrafos quanto à falta de cumprimento.

Indago: é razoável, é aceitável, observa a ordem natural das coisas, o princípio do determinismo, o Estado cumprimentar com chapéu alheio? Por que não potencializa o instituto das universidades públicas, viabilizando o acesso com maior largueza? Por que esse acesso é tão afunilado, revelando *via crucis*, que é revelada pelo vestibular para uma universidade pública? Não o faz porque é mais fácil utilizar-se de um poder de pressão maior, do poder que é inerente à soberania, e compelir-se a iniciativa privada a fazer o que ele próprio – Estado – deveria fazer, viabilizando o acesso universitário, de uma forma larga, àqueles que tenham o requisito de escolaridade para cursar o nível universitário, sem essa carnificina – e assim rotulo – como o é o vestibular para uma universidade pública, com afunilamento insuplantável. Mas veio o Estado, como disse, a cumprimentar com chapéu alheio, deixando no ar a perda da imunidade prevista no art. 150 na Carta da República, a impor, para ter-se a isenção – e não se pode cogitar de sobreposição, a um só tempo, versar-se o direito à imunidade e o direito à isenção, já que são valores que se excluem, sendo o primeiro mais abrangente do que o segundo –, até mesmo àquelas universidades detentoras da prerrogativa estampada na imunidade, para continuarem tendo jus a essa imunidade, a adesão ao ProUni e fazer o que ele não faz: abrir vagas aos estudantes egressos de escolas públicas.

Também não vejo a proporcionalidade no que se aponta: para cada nove alunos pagantes, ter-se-á um a deter a gratuidade. Vejo transgressão ao princípio da isonomia, no que se cogita o afastamento do fundo de financiamento ao estudante de ensino se não houver adesão ao ProUni.

O meu compromisso – e talvez esteja errado, porque voz isolada no Colegiado – não é com o politicamente correto. É com o politicamente correto se estiver, sob a minha óptica, segundo ciência e consciência possuídas, harmônico com a Carta da República. E, no que editada essa medida provisória, convertida em lei, atropelando-se o que seria normal, o que seria o trânsito do projeto apresentado pelo próprio Executivo, não tenho algo afinado com a Constituição Federal.

Peço vênia à maioria já formada, reconhecendo que, talvez, mereça críticas no que não potencializo o objetivo em detrimento do meio, para julgar procedente não a ação – que é o ato cívico, assegurado constitucionalmente, de chegar-se ao protocolo do Judiciário e dar-se entrada em peça a revelar pretensão –, mas julgar o pedido formulado na inicial.

É como voto.

(...).

ANTECIPAÇÃO AO VOTO – *O Sr. Min. Gilmar Mendes*: (...). (...).
Presidente, eu diria que é um modelo institucional digno de encômios, porque todos sabem e todos nós que acompanhamos esse debate ao longo da História sabemos da dificuldade de se fazer um controle dessas entidades. Esse modelo permitiu uma objetivação, à medida em que estabelece, para que essa entidade seja reconhecida como tal, que um percentual determinado seja destinado a essa finalidade. E é um modelo que, inclusive, pode se expandir para outras áreas; imaginemos na área de saúde, em outras áreas.

(...).

O Sr. Min. Gilmar Mendes: Veja por quê. Porque isso é quantificável sem que haja a necessidade de se colocar lá um fiscal, o que nós sabemos ser impossível, e leva, depois, a fenômenos, aí, que nós conhecemos, de distorção, de desvios de conduta, em suma, de tudo aquilo que se deplora e se lamenta, mas que ocorre nessa relação entre instituições privadas e os órgãos de fiscalização, às vezes, da Administração Pública.

Aqui, não, objetiva-se um critério. Se a entidade tem tantas vagas, ela será reconhecida como tal, portanto, gozará dessa imunidade se destinar esse percentual de vagas. Vejam, consegue-se estimar...

O Sr. Min. Ayres Britto (presidente e relator): É uma desoneração que tem caráter compensatório.

O Sr. Min. Gilmar Mendes: Compensatório, evitando, inclusive, benesses – que não fazem nenhum sentido – outorgadas pelo Poder Público – quer dizer, a rigor, é o dinheiro de todos – sem que a entidade cumpra a função adequada. Por isso que até há algum tempo falava-se que, nesse ambiente, havia as chamadas entidades efetivamente filantrópicas, que cumprem um papel importantíssimo, e se falava também na existência das chamadas entidades de caráter "pilantrópico", que eram as entidades que obviamente se valiam da imunidade para desvios de conduta.

Então, veja que o modelo é extremamente interessante, até porque é fiscalização bastante simples, quase que documental, evitando, então, todos os desvios. "Ah, a entidade de fato destinou e, aí discutirem o que que é de fato investir na finalidade." Não, veja, o que o Min. Jobim falava sobre construções de prédios, investimentos e tudo. Não, isso tudo é irrelevante, o que importa saber é se a entidade está destinando um percentual que é fixado para essa finalidade.

Então, é extremamente interessante e é necessário que seja saudada essa iniciativa, que foi extremamente engenhosa e foi inspirada, talvez entre outras inspirações, nessa própria discussão que se travou no Supremo a partir da ADI n. 2.545, em que se dizia claramente ser possível fazer a exigência de que um dado número de bolsas fosse exigido das entidades. É como se exigir de um hospital, que goze desse benefício, um dado número de atendimentos. E fazer essa verificação. (...).

De igual maneira, não há que se falar em ofensa à autonomia universitária. A autonomia universitária, protegida constitucionalmente, assegura às instituições de ensino superior uma esfera de autogoverno, de autogestão administrativa, financeira, patrimonial e didático-científica, livre da interferência do Estado. Essa autonomia, certamente, abrange o poder de estabelecer os critérios e normas de seleção e admissão dos corpos docente e discente, a criação, modificação e extinção dos cursos, assim como a determinação da oferta de vagas nesses cursos.

Não obstante, como este Tribunal já teve a oportunidade de deixar consignado em sua jurisprudência, esses poderes inerentes à autonomia universitária podem sofrer limitações advindas da própria Constituição ou da legislação federal, desde que a lei restritiva observe também o requisito da proporcionalidade. Temos uma série de decisões a propósito.

No caso em análise, contudo, a solução é ainda mais fácil, visto que o ProUni não cria qualquer obrigação às universidades. Em verdade, o ProUni traz uma nova opção a elas, que podem aderir ao Programa voluntariamente, após análise dos seus termos, ou permanecerem não participantes do Programa, caso concluam pela inviabilidade de sua participação. (...).

(...).

(...), com base nessas considerações, acompanho o Relator e voto pela improcedência da ação.

(...).

EXTRATO DE ATA

Decisão: O Tribunal, por unanimidade e nos termos do voto do Relator, não conheceu da ação proposta pela Federação Nacional dos Auditores-Fiscais da Previdência Social/FENAFISP, por falta de legitimidade ativa. Votou a Presidente, Min. Ellen Gracie. Em seguida, após o voto do Sr. Min. Carlos Britto (Relator), que afastou preliminar relativa à ausência dos pressupostos de urgência e relevância para edição da medida provisória posteriormente convertida em lei e julgou improcedente a ação, pediu vista dos autos o Sr. Min. Joaquim Barbosa. Ausente, justificadamente, a Sra. Min. Carmen Lúcia. Falaram: pelos requerentes, Confederação Nacional dos Estabelecimentos de Ensino/CONFENEN, Partido DEMOCRATAS, Federação Nacional dos Auditores Fiscais da Previdência Social/FENAFISP, respectivamente, o Professor Ives Gandra da Silva Martins, o Dr. Admar Gonzaga e o Dr. Cláudio Santos; pela Advocacia-Geral da União, o Dr. Evandro Costa Gama, Advogado-Geral da União, Substituto; pelos *amici curiae*, Conectas Direitos Humanos e Centro de Direitos Humanos/CDH, o Dr. Oscar Vilhena Vieira; e, pelo Ministério Público Federal, o Procurador-Geral da República, Dr. Antônio Fernando Barros e Silva de Souza. Plenário, 02.04.2008.

Decisão: Prosseguindo no julgamento, o Tribunal, por maioria e nos termos do voto do Relator, Min. Ayres Britto (Presidente), julgou improcedente a ação direta, vencido o Sr. Min. Marco Aurélio. Impedida a Sra. Min. Carmen Lúcia. Ausentes, justificadamente, o Sr. Min. Celso de Mello e, em viagem oficial, o Sr. Min. Ricardo Lewandowski. Plenário, 3.5.2012.

Presidência do Sr. Min. Ayres Britto. Presentes à sessão os Srs. Mins. Marco Aurélio, Gilmar Mendes, Cézar Peluso, Joaquim Barbosa, Carmen Lúcia, Dias Toffoli, Luiz Fux e Rosa Weber.

* * *

PERGUNTAS

1. Qual o objeto da ação?
2. De que modo o Relator lida com os conceitos de *igualdade* e *diferença*?
3. Que visão da ordem social brasileira subjaz ao voto do Relator? Que papel deve desempenhar o Direito nessa ordem?
4. Os votos selecionados apresentam a mesma visão sobre a autonomia universitária? Uma lei pode restringir essa autonomia?
5. Por que o Min. Marco Aurélio diverge dos demais Ministros? O princípio da isonomia é enfocado por ele da mesma forma que é enfocado pelos demais ministros? E o papel do Estado na educação?

6.9 Caso das cotas na UnB (ADPF 186)

(Plenário – rel. Min. Ricardo Lewandowski – j. 26.4.2002)

Arguição de descumprimento de preceito fundamental – Atos que instituíram sistema de reserva de vagas com base em critério étnico-racial (cotas) no processo de seleção para ingresso em instituição pública de ensino superior – Alegada ofensa aos arts. 1º, *caput*, III, 3º, IV, 4º, VIII, 5º, I, II, XXXIII, XLI e LIV, 37, *caput*, 205, 206, *caput*, I, 207, *caput*, e 208, V, todos da CF – Ação julgada improcedente. (...).

ACÓRDÃO – Vistos, relatados e discutidos estes autos: Acordam os Ministros do Supremo Tribunal Federal, em sessão plenária, sob a presidência do Sr. Min. Ayres Britto, na conformidade da ata de julgamentos e das notas taquigráficas, por unanimidade e nos termos do voto do Relator, julgar totalmente improcedente a arguição. Votou o Presidente, Min. Ayres Britto. Ausente, justificadamente, o Sr. Min. Dias Toffoli.

Brasília, 26 de abril de 2012 – *Ricardo Lewandowski*, relator.

(...).

RELATÓRIO

ARGUMENTOS E PLEITOS DA INICIAL

O Sr. *Ministro Ricardo Lewandowski* (Relator): Trata-se de arguição de descumprimento de preceito fundamental, ajuizada pelo Partido Democratas – DEM, com pedido de liminar, que visa à declaração de inconstitucionalidade de atos da Universidade de Brasília – UnB, do Conselho de Ensino, Pesquisa e Extensão da Universidade de Brasília – CEPE e do Centro de Promoção de Eventos da Universidade de Brasília – CESPE, os quais instituíram o sistema de reserva de vagas com base em critério étnico-racial (20% de cotas étnico-raciais) no processo de seleção para ingresso de estudantes. (...)

O arguente alega, em suma, que tais atos ofendem os arts. 1º, *caput*, III, 3º, IV, 4º, VIII, 5º, I, II, XXXIII, XLI, LIV, 37, *caput*, 205, 206, *caput*, I, 207, *caput*, e 208, V, todos da Constituição Federal. Sustenta, em síntese, que a discriminação supostamente existente no Brasil é uma questão social e não racial. (...)

PARECER DA PROCURADORIA-GERAL DA REPÚBLICA

Às fls. 713 e seguintes, a Vice-Procuradora-Geral da República, Débora Duprat, em nome do Parquet Federal, manifestou-se pela improcedência desta ADPF, com a rejeição do pedido de liminar.

No parecer, destacou, em resumo, que "(...) a Constituição de 1988 insere-se no modelo do constitucionalismo social, no qual não basta, para a observância da igualdade, que o Estado se abstenha de instituir privilégios ou discriminações arbitrárias. Pelo contrário, parte-se da premissa de que a igualdade é um objetivo a ser perseguido por meio de ações ou políticas públicas, que, portanto, ela demanda iniciativas concretas em proveito dos grupos desfavorecidos" (fls. 714-715).

Aduziu, mais, que "(...) a justiça compensatória não é o único nem mesmo o principal argumento em favor da ação afirmativa para negros no acesso ao ensino superior. Ao lado dela, há a justiça distributiva, a promoção do pluralismo nas instituições de ensino e a superação de estereótipos negativos sobre o afrodescendente, com o conseguinte fortalecimento da sua autoestima e combate ao preconceito" (fl. 722).

Acrescentou, ainda, que a medida cautelar na jurisdição constitucional não deve ser deferida quando existe periculum in mora inverso, como ocorre no caso sob exame, pois "(...) a concessão da medida liminar reclamada não apenas atingiria um amplo universo de estudantes negros como também geraria graves efeitos sobre as políticas de ação afirmativas de corte racial promovidas por outras universidades" (fl.732).

VOTO – *O Sr. Min. Ricardo Lewandowski* (Relator): (...).

Abrangência do tema em discussão

A questão fundamental a ser examinada por esta Suprema Corte é saber se os programas de ação afirmativa que estabelecem um sistema de reserva de vagas, com base em critério étnico-racial, para acesso ao ensino superior estão ou não em consonância com a Constituição Federal. (...).

O primeiro passo para tanto, a meu sentir, consiste em revisitar o princípio da igualdade agasalhado na Lei Maior, examinando-o em seu duplo aspecto, ou seja, no sentido formal e material.

Igualdade formal* versus *material

(...).

É escusado dizer que o constituinte de 1988 – dada toda a evolução política, doutrinária e jurisprudencial pela qual passou esse conceito – não se restringiu apenas a proclamar solenemente, em palavras grandiloquentes, a igualdade de todos diante da lei.

A toda evidência, não se ateve ele, simplesmente, a proclamar o princípio da isonomia no plano formal, mas buscou emprestar a máxima concreção a esse importante postulado, de maneira a assegurar a igualdade material ou substancial a todos os brasileiros e estrangeiros que vivem no País, levando em consideração – é claro – a diferença que os distingue por razões naturais, culturais, sociais, econômicas ou até mesmo acidentais, além de atentar, de modo especial, para a desequiparação ocorrente no mundo dos fatos entre os distintos grupos sociais.

Para possibilitar que a igualdade material entre as pessoas seja levada a efeito, o Estado pode lançar mão seja de políticas de cunho universalista, que abrangem um número indeterminado de indivíduos, mediante ações de natureza estrutural, seja de ações afirmativas, que atingem grupos sociais determinados, de maneira pontual, atribuindo a estes certas vantagens, por um tempo limitado, de modo a permitir-lhes a superação de desigualdades decorrentes de situações históricas particulares. (...).

Aliás, Dalmo de Abreu Dallari, nessa mesma linha, adverte que a ideia de democracia, nos dias atuais, exige a superação de uma concepção mecânica, estratificada, da igualdade, a qual, no passado, era definida apenas como um *direito*, sem que se cogitasse, contudo, de convertê-lo em uma *possibilidade*, esclarecendo o quanto segue: "O que não se admite é a desigualdade no ponto de partida, que assegura tudo a alguns, desde a melhor condição econômica até o melhor preparo intelectual, negando tudo a outros, mantendo os primeiros em situação de privilégio, mesmo que sejam socialmente inúteis ou negativos". [**Rodapé:** DALLARI, Dalmo de Abreu, *Elementos da Teoria Geral do Estado*, 25ª ed., São Paulo, Saraiva, 2005, p. 309.]

Justiça distributiva

É bem de ver, contudo, que esse desiderato, qual seja, a transformação do direito à isonomia em igualdade de possibilidades, sobretudo no tocante a uma participação equitativa nos bens sociais, apenas é alcançado, segundo John Rawls, por meio da aplicação da denominada "justiça distributiva". (...).

No que interessa ao presente debate, a aplicação do princípio da igualdade, sob a ótica da justiça distributiva, considera a posição relativa dos grupos sociais entre si. Mas, convém registrar, ao levar em conta a inelutável realidade da estratificação social, não se restringe a focar a categoria dos brancos, negros e pardos. Ela consiste em uma técnica de distribuição de justiça que, em última análise, objetiva promover a inclusão social de grupos excluídos ou marginalizados, especialmente daqueles que, historicamente, foram compelidos a viver na periferia da sociedade.

Políticas de ação afirmativa

Passo, a seguir, ao exame do conceito de ação afirmativa, recorrentemente empregado nesta arguição de descumprimento de preceito fundamental, em torno da qual gira grande parte da discussão nela travada. (...).

Outra definição – um pouco mais elaborada – é a que consta do art. 2º, II, da Convenção para a Eliminação de Todas as Formas de Discriminação Racial, da ONU, ratificada pelo Brasil em 1968, segundo o qual ações afirmativas são "(...) medidas especiais e concretas para assegurar como convier o desenvolvimento ou a proteção de certos grupos raciais de indivíduos pertencentes a estes grupos com o objetivo de garantir-lhes, em condições de igualdade, o pleno exercício dos direitos do homem e das liberdades fundamentais".

É necessário ressaltar, porém, que o mencionado dispositivo contém uma ressalva importante acerca da transitoriedade desse tipo de política, assim explicitada: "Essas medidas não deverão, em caso algum, ter a finalidade de manter direitos desiguais ou distintos para os diversos grupos raciais, depois de alcançados os objetivos em razão dos quais foram tomadas". (...).

Critérios para ingresso no ensino superior

A CF preceitua, em seu art. 206, I, III e IV, que o acesso ao ensino será ministrado com base nos seguintes princípios: "igualdade de condições para acesso e permanência na escola"; "pluralismo de ideias"; e "gestão democrática do ensino público".

Registro, por outro lado, que a Carta Magna, em seu art. 208, V, consigna que o acesso aos níveis mais elevados do ensino, da pesquisa e da criação artística será efetivado "segundo a capacidade de cada um".

Vê-se, pois, que a Constituição de 1988, ao mesmo tempo em que estabelece a igualdade de acesso, o pluralismo de ideias e a gestão democrática como princípios norteadores do ensino, também acolhe a meritocracia como parâmetro para a promoção aos seus níveis mais elevados.

Tais dispositivos, bem interpretados, mostram que o constituinte buscou temperar o rigor da aferição do mérito dos candidatos que pretendem acesso à universidade com o princípio da igualdade material que permeia todo o Texto Magno.

Afigura-se evidente, de resto, que o mérito dos concorrentes que se encontram em situação de desvantagem com relação a outros, em virtude de suas condições sociais, não pode ser aferido segundo uma ótica puramente linear, tendo em conta a necessidade de observar-se o citado princípio. (...).

Ora, as políticas que buscam reverter, no âmbito universitário, o quadro histórico de desigualdade que caracteriza as relações étnico-raciais e sociais em nosso País não podem ser examinadas apenas sob a ótica de sua compatibilidade com determinados preceitos constitucionais, isoladamente considerados, ou a partir da eventual vantagem de certos critérios sobre outros. (...).

Não raro a discussão que aqui se trava é reduzida à defesa de critérios objetivos de seleção – pretensamente isonômicos e imparciais –, desprezando-se completamente as distorções que eles podem acarretar quando aplicados sem os necessários temperamentos.

De fato, critérios ditos objetivos de seleção, empregados de forma linear em sociedades tradicionalmente marcadas por desigualdades interpessoais profundas, como é a nossa, acabam por consolidar ou, até mesmo, acirrar as distorções existentes.

Os principais espaços de poder político e social mantêm-se, então, inacessíveis aos grupos marginalizados, ensejando a reprodução e perpetuação de uma mesma elite dirigente. Essa situação afigura-se ainda mais grave quando tal concentração de privilégios afeta a distribuição de recursos públicos. (...).

O critério de acesso às universidades públicas, entre nós, deve levar em conta, antes de tudo, os objetivos gerais buscados pelo Estado Democrático de Direito, consistentes, segundo o Preâmbulo da Constituição de 1988, em "(...) assegurar o exercício dos direitos sociais e individuais, a liberdade, a segurança, o bem-estar, o desenvolvimento, a igualdade e a justiça como valores supremos de uma sociedade fraterna, pluralista e sem preconceitos, fundada na harmonia social (...)".

Deve, ademais, no particular, levar em conta os postulados constitucionais que norteiam o ensino público. Nos termos do art. 205 da Carta Magna, a educação será "promovida e incentivada com a colaboração da sociedade, visando ao pleno desenvolvimento da pessoa, seu preparo para o exercício da cidadania e sua qualificação para o trabalho". Já, o art. 207 garante às universidades, entre outras prerrogativas funcionais, a autonomia didático-científica e administrativa, fazendo-as repousar, ainda, sobre o tripé ensino, pesquisa e extensão. (...).

Diante disso, parece-me ser essencial calibrar os critérios de seleção à universidade para que se possa dar concreção aos objetivos maiores colimados na Constituição. Nesse sentido, as aptidões dos candidatos devem ser aferidas de maneira a conjugar-se seu conhecimento técnico e sua criatividade intelectual ou artística com a capacidade potencial que ostentam para intervir nos problemas sociais. (...).

Adoção do critério étnico-racial

Outra importante questão a ser enfrentada neste debate consiste em saber se a inexistência, cientificamente comprovada, do conceito biológico ou genético de raça no concernente à espécie humana impede a utilização do critério étnico-racial para os fins de qualquer espécie seleção de pessoas.

Relembro que o STF enfrentou essa questão no HC n. 82.424-QO/RS, rel. Min. Maurício Corrêa, conhecido como "Caso Ellwanger". (...).

Ora, tal como os constituintes de 1988 qualificaram de inafiançável o crime de racismo, com o escopo de impedir a *discriminação negativa* de determinados grupos de pessoas, partindo do conceito de raça, não como fato biológico, mas enquanto categoria histórico-social, assim também é possível empregar essa mesma lógica para autorizar a utilização, pelo Estado, da *discriminação positiva* com vistas a estimular a inclusão social de grupos tradicionalmente excluídos.

É o que afirma a já citada Daniela Ikawa: "*O uso do termo raça é justificável nas políticas afirmativas (...) por ser o mesmo instrumento de categorização utilizado para a construção de hierarquias morais convencionais não condizentes com o conceito de ser humano dotado de valor intrínseco ou com o princípio de igualdade de respeito (...). Se a raça foi utilizada para construir hierarquias, deverá também ser utilizada para desconstruí-las. Trata-se de um processo de três diferentes fases: (i) a construção histórica de hierarquias convencionais que inferiorizaram o indivíduo quanto ao **status** econômico e de reconhecimento pela mera pertença a determinada raça (...); (ii) a reestruturação dessas hierarquias com base em políticas afirmativas que considerem a raça, voltando-se agora à consolidação do princípio de dignidade; (iii) a descaracterização do critério raça como critério de inferiorização e o estabelecimento de políticas universalistas materiais apenas*" (grifos meus). [**Rodapé:** IKAWA, Daniela, *Ações Afirmativas em Universidades*, cit., pp. 105-106.]

Consciência étnico-racial como fator de exclusão

(...).

Para as sociedades contemporâneas que passaram pela experiência da escravidão, repressão e preconceito, ensejadora de uma percepção depreciativa de raça com relação aos grupos tradicionalmente subjugados, a garantia jurídica de uma igualdade meramente formal sublima as diferenças entre as pessoas, contribuindo para perpetuar as desigualdades de fato existentes entre elas.

Como é de conhecimento geral, o reduzido número de negros e pardos que exercem cargos ou funções de relevo em nossa sociedade, seja na esfera pública, seja na privada, resulta da discriminação histórica que as sucessivas gerações de pessoas pertencentes a esses grupos têm sofrido, ainda que na maior parte das vezes de forma camuflada ou implícita. (...).

Nessa mesma linha de raciocínio é possível destacar outro resultado importante no que concerne às políticas de ação afirmativa, qual seja: a criação de lideranças dentre esses grupos discriminados, capazes de lutar pela defesa de seus direitos, além de servirem como paradigmas de integração e ascensão social. (...).

Ainda sob essa ótica, há que se registrar uma drástica transformação na própria compreensão do conceito de justiça social, nos últimos tempos. Com efeito, para além das políticas meramente redistributivas, surgem, agora, as políticas de reconhecimento e valorização de grupos étnicos e culturais. (...).

Dito de outro modo, justiça social, hoje, mais do que simplesmente redistribuir riquezas criadas pelo esforço coletivo, significa distinguir, reconhecer e incorporar à sociedade mais ampla valores culturais diversificados, muitas vezes considerados inferiores àqueles reputados dominantes. (...).

As ações afirmativas, portanto, encerram também um relevante papel simbólico. Uma criança negra que vê um negro ocupar um lugar de evidência na sociedade projeta-se naquela liderança e alarga o âmbito de possibilidades de seus planos de vida. Há, assim, importante componente psicológico multiplicador da inclusão social nessas políticas. (...).

O papel integrador da universidade

(...).

É certo afirmar, ademais, que o grande beneficiado pelas políticas de ação afirmativa não é aquele estudante que ingressou na universidade por meio das políticas de reserva de vagas, mas todo o meio acadêmico, que terá a oportunidade de conviver com o *diferente* ou, nas palavras de Jürgen Habermas, conviver com o *outro*. (...).

Hetero e autoidentificação

Além de examinar a constitucionalidade das políticas de ação afirmativa, é preciso verificar também se os instrumentos utilizados para a sua efetivação enquadram-se nos ditames da Carta Magna. (...).

Como se sabe, nesse processo de seleção, as universidades têm utilizado duas formas distintas de identificação, quais sejam: a *autoidentificação* e a *heteroidentificação* (identificação por terceiros).

Essa questão foi estudada pela mencionada Daniela Ikawa, nos seguintes termos:

"A identificação deve ocorrer primariamente pelo próprio indivíduo, no intuito de evitar identificações externas voltadas à discriminação negativa e de fortalecer o reconhecimento da diferença. Contudo, tendo em vista o grau mediano de mestiçagem (por fenótipo) e as incertezas por ela geradas – há (...) um grau de consistência entre autoidentificação e identificação por terceiros no patamar de 79% –, essa identificação não precisa ser feita exclusivamente pelo próprio indivíduo. Para se coibir possíveis fraudes na identificação no que se refere à obtenção de benefícios e no intuito de delinear o direito à redistribuição da forma mais estreita possível (...), alguns mecanismos adicionais podem ser utilizados como: (1) a elaboração de formulários com múltiplas questões sobre a raça (para se averiguar a coerência da autoclassificação); (2) o requerimento de declarações assinadas; (3) o uso de entrevistas (...); (4) a exigência de fotos; e (5) a formação de comitês posteriores à autoidentificação pelo candidato.

"A possibilidade de seleção por comitês é a alternativa mais controversa das apresentadas (...). Essa classificação pode ser aceita respeitadas as seguintes condições: (a) a classificação pelo comitê deve ser feita posteriormente à autoidentificação do candidato como negro (preto ou pardo), para se coibir a predominância de uma classificação por terceiros; (b) o julgamento deve ser realizado por fenótipo e não por ascendência; (c) o grupo de candidatos a concorrer por vagas separadas deve ser composto por todos os que se tiverem classificado por uma banca também (por foto ou entrevista) como pardos ou pretos, nas combinações: pardo-pardo, pardo-preto ou preto-preto; (d) o comitê deve ser composto tomando-se em consideração a diversidade de raça, de classe econômica, de orientação sexual e de gênero e deve ter mandatos curtos." [**Rodapé**: IKAWA, Daniela, *Ações Afirmativas em Universidades*, cit., pp. 129-130.]

Tanto a autoidentificação quanto a heteroidentificação, ou ambos os sistemas de seleção combinados, desde que observem, o tanto quanto possível, os critérios acima explicitados e *jamais deixem de respeitar a dignidade pessoal dos candidatos*, são, a meu ver, plenamente aceitáveis do ponto de vista constitucional. (...).

Reserva de vagas ou estabelecimento de cotas

Principio afirmando que a política de reserva de vagas não é, de nenhum modo, estranha à Constituição, a qual, em seu art. 37, VIII, consigna o seguinte: "(...) a lei reservará percentual dos cargos e empregos públicos para as pessoas portadoras de deficiência e definirá os critérios de sua admissão". (...).

No Brasil, entretanto, diferentemente do debate que se travou na Suprema Corte daquele País, não há dúvidas, a meu sentir, quanto à constitucionalidade da política de reserva de vagas ou do estabelecimento de cotas nas universidades públicas, visto que a medida encontra amparo no próprio Texto Magno, conforme salientado anteriormente. (...).

Admitida, pois, a constitucionalidade: (i) das políticas de ação afirmativa, (ii) da utilização destas na seleção para o ingresso no ensino superior, especialmente nas escolas públicas, (iii) do uso do critério étnico-racial por essas políticas e (iv) da modalidade de reserva de vagas ou do estabelecimento de cotas, passo, então, a examinar a necessária *modulação* desse entendimento, acentuando, em especial, a sua *natureza transitória* e a *necessidade de observância da proporcionalidade entre os meios empregados e os fins a serem alcançados*.

Transitoriedade das políticas de ação afirmativa

(...).

Assim, as políticas de ação afirmativa fundadas na discriminação reversa apenas são legítimas se a sua manutenção estiver condicionada à persistência, no tempo, do quadro de exclusão social que lhes deu origem. Caso contrário, tais políticas poderiam converter-se benesses permanentes, instituídas em prol de determinado grupo social, mas em detrimento da coletividade como um todo, situação – é escusado dizer – incompatível com o espírito de qualquer Constituição que se pretenda democrática.

No caso da Universidade de Brasília, que figura como arguida nesta arguição de descumprimento de preceito fundamental, o critério da temporariedade foi cumprido, uma vez que o Programa de Ações Afirmativas instituído pelo Conselho Superior Universitário/COSUNI daquela instituição estabeleceu a necessidade de sua reavaliação após o transcurso do período de 10 anos.

Visto isso, passo, então, à verificação do último pressuposto para a constitucionalidade das políticas de ação afirmativa, qual seja, a proporcionalidade entre os meios empregados e os fins colimados.

Proporcionalidade entre meios e fins
(...).

As experiências submetidas ao crivo desta Suprema Corte têm como propósito a correção de desigualdades sociais, historicamente determinadas, bem como a promoção da diversidade cultural na comunidade acadêmica e científica. No caso da Universidade de Brasília, a reserva de 20% de suas vagas para estudantes negros e de "um pequeno número" delas para "*índios de todos os Estados brasileiros*", pelo prazo de 10 anos, constitui providência adequada e proporcional ao atingimento dos mencionados desideratos. Dito de outro modo, a política de ação afirmativa adotada pela UnB não se mostra desproporcional ou irrazoável, afigurando-se, também sob esse ângulo, compatível com os valores e princípios da Constituição.

Parte dispositiva
Isso posto, considerando, em especial, que as políticas de ação afirmativa adotadas pela Universidade de Brasília (i) têm como objetivo estabelecer um ambiente acadêmico plural e diversificado, superando distorções sociais historicamente consolidadas, (ii) revelam proporcionalidade e a razoabilidade no concernente aos meios empregados e aos fins perseguidos, (iii) são transitórias e preveem a revisão periódica de seus resultados e (iv) empregam métodos seletivos eficazes e compatíveis com o princípio da dignidade humana, julgo *improcedente* esta arguição de descumprimento de preceito fundamental.
(...).

VOTO (Não Revisado) – *O Sr. Min. Marco Aurélio*: (...).
(...).

Do art. 3º nos vem luz suficiente ao agasalho de uma ação afirmativa, a percepção de que a única maneira de corrigir desigualdades é colocar o peso da lei, com a imperatividade que ela deve ter em um mercado desequilibrado, a favor daquele que é discriminado, tratado de modo desigual. Nesse preceito são considerados como objetivos fundamentais de nossa República: primeiro, construir – prestem atenção a esse verbo – uma sociedade livre, justa e solidária; segundo, garantir o desenvolvimento nacional – novamente temos aqui o verbo a conduzir não a atitude simplesmente estática, mas a posição ativa; erradicar a pobreza e a marginalização e reduzir as desigualdades sociais e regionais; e, por último, no que interessa, promover o bem de todos, sem preconceitos de origem, raça, sexo, cor, idade e quaisquer outras formas de discriminação.

Pode-se dizer, sem receio de equívoco, que se passou de uma igualização estática, meramente negativa, no que se proibia a discriminação, para uma igualização eficaz, dinâmica, já que os verbos "construir", "garantir", "erradicar" e "promover" implicam mudança de óptica, ao denotar "ação". Não basta não discriminar. É preciso viabilizar – e a Carta da República oferece base para fazê-lo – as mesmas oportunidades. Há de ter-se como página virada o sistema simplesmente principiológico. A postura deve ser, acima de tudo, afirmativa. Que fim almejam esses dois artigos da Carta Federal, senão a transformação social, com o objetivo de erradicar a pobreza, uma das maneiras de discriminação, visando, acima de tudo, ao bem de todos, e não apenas daqueles nascidos em berços de ouro? (...).

Vem-nos de um grande pensador do Direito, Celso Antônio Bandeira de Mello, o seguinte trecho: "De revés, sempre que a correlação lógica entre o fator de discrímen e o correspondente tratamento encartar-se na mesma linha de valores reconhecidos pela Constituição, a disparidade professada pela norma exibir-se-á como esplendorosamente ajustada ao preceito isonômico (...). O que se visa com o preceito isonômico é impedir favoritismos ou perseguições. É obstar agravos injustificados, vale dizer, que incidam apenas sobre uma classe de pessoas em despeito de inexistir uma racionalidade apta a fundamentar uma diferenciação entre elas que seja compatível com os valores sociais aceitos no Texto Constitucional".

Entendimento divergente resulta na colocação em plano secundário dos ditames maiores da Carta da República, que contém algo que, longe de ser um óbice, mostra-se como estímulo ao legislador comum. A Carta agasalha amostragem de ação afirmativa, por exemplo, no art. 7º, inciso XX, ao cogitar da proteção de mercado quanto à mulher e ao direcionar à introdução de incentivos; no art. 37, inciso III, ao versar sobre a reserva de vaga – e, portanto, a existência de quotas –, nos concursos públicos, para os deficientes; no art. 170, ao dispor sobre as empresas de pequeno porte, prevendo que devem ter tratamento preferencial; no art. 227, ao fazê-lo também em relação à criança e ao adolescente. Quanto ao art. 208, inciso V, há de ser interpretado de modo harmônico com os demais preceitos constitucionais. A cláusula "segundo a capacidade de cada um" somente pode fazer referência à igualdade plena, consideradas a vida pregressa e as oportunidades que a sociedade ofereceu às pessoas. A meritocracia sem "igualdade de pontos de partida" é apenas uma forma velada de aristocracia. (...).

Mostra-se importante ter em mente também que a adoção de políticas de ação afirmativa em favor dos negros e outras minorias no Brasil, iniciada no Estado do Rio de Janeiro, não gerou o denominado "Estado racializado", como sustenta a arguente. Ao menos até agora, essa não foi uma consequência advinda da mencionada política. Observem: são mais de 10 anos da prática sem registro de "qualquer episódio sério de tensão ou conflito racial no

Brasil que possa ser associado a tais medidas", conforme observou a Procuradoria-Geral da República em parecer. É natural que, na fase embrionária do sistema, hajam surgido choque de ideias, divergências de interpretação jurisprudencial e, até mesmo, casos de má aplicação das quotas.

Tem relevância a alegação de que o sistema de verificação de quotas conduz à prática de arbitrariedades pelas comissões de avaliação, mas não consubstancia argumento definitivo contra a adoção da política de quotas. A toda evidência, na aplicação do sistema, as distorções poderão ocorrer, mas há de se presumir que as autoridades públicas irão se pautar por critérios razoavelmente objetivos. Afinal, se somos capazes de produzir estatísticas consistentes sobre a situação do negro na sociedade, e, mais ainda, se é inequívoca e consensual a discriminação existente em relação a tais indivíduos, parece possível indicar aqueles que devem ser favorecidos pela política inclusiva. Para tanto, contamos com a contribuição dos cientistas sociais. Descabe supor o extraordinário, a fraude, a má-fé, buscando-se deslegitimar a política. Outros conceitos utilizados pela Constituição também permitem certa abertura – como os hipossuficientes, os portadores de necessidades especiais, as microempresas –, e isso não impede a implementação de benefícios em favor desses grupos, ainda que, vez por outra, sejam verificados fraudes e equívocos. (...).

Ante esse contexto, cumprimentando o Relator pelo voto-condutor do julgamento – Min. Ricardo Lewandowski –, entendo harmônica com a Carta Federal, com os direitos fundamentais nela previstos, a adoção, temporária e proporcional às necessidades, do sistema de quotas para ingresso em universidades públicas, considerados brancos e negros. Em síntese, acompanho o Relator no voto proferido, julgando improcedente o pedido formulado na inicial. (...).

EXTRATO DE ATA

Decisão: Retirado de pauta por indicação do Relator. Ausente, justificadamente, o Sr. Min. Joaquim Barbosa. Presidência do Sr. Min. Cézar Peluso. Plenário, 1.9.2011.

Decisão: O Tribunal, por unanimidade e nos termos do voto do Relator, rejeitou as preliminares de cabimento da arguição e de sua conexão com a ADI n. 3.197. Votou o Presidente. No mérito, após o voto do Sr. Min. Ricardo Lewandowski (Relator), julgando totalmente improcedente a arguição, o julgamento foi suspenso. Impedido o Sr. Min. Dias Toffoli. Falaram: pelo requerente, a Dra. Roberta Fragoso Menezes Kaufmann; pelos interessados, a Dra. Indira Ernesto Silva Quaresma, Procuradora-Federal; pela Advocacia-Geral da União, o Min. Luís Inácio Lucena Adams, Advogado-Geral da União; pelos *amici curiae* Movimento contra o Desvirtuamento do Espírito da Política de Ações Afirmativas nas Universidades Federais e Instituto de Direito Público e Defesa Comunitária Popular/IDEP, a Dra. Wanda Marisa Gomes Siqueira; Conselho Federal da OAB, o Dr. Ophir Cavalcante Jr.; Defensoria Pública da União, o Dr. Haman Tabosa de Moraes e Córdova, Defensor-Público-Geral Federal; Associação Direitos Humanos em Rede – Conectas Direitos Humanos, o Dr. Hédio Silva Jr.; Instituto de Advocacia Racial e Ambiental/IARA e outros, o Dr. Humberto Adami Santos Jr.; Movimento Negro Unificado/MNU, a Dra. Sílvia Cerqueira; EDUCAFRO/Educação e Cidadania de Afrodescendentes e Carentes, o Dr. Thiago Bottino; Associação Nacional dos Advogados Afrodescendentes/ANAAD, o Dr. Márcio Thomaz Bastos; e, pelo Ministério Público Federal, a Vice-Procuradora-Geral da República, a Dra. Deborah Macedo Duprat de Britto Pereira. Presidiu o julgamento o Sr. Min. Ayres Britto. Plenário, 25.4.2012.

Decisão: Prosseguindo no julgamento, o Tribunal, por unanimidade e nos termos do voto do Relator, julgou totalmente improcedente a arguição. Votou o Presidente, Min. Ayres Britto. Ausente, justificadamente, o Sr. Min. Dias Toffoli. Plenário, 26.4.2012.

Presidência do Sr. Min. Ayres Britto. Presentes à sessão os Srs. Mins. Celso de Mello, Marco Aurélio, Gilmar Mendes, Cézar Peluso, Joaquim Barbosa, Ricardo Lewandowski, Carmen Lúcia, Dias Toffoli, Luiz Fux e Rosa Weber.

* * *

PERGUNTAS

1. Quais os fatos do caso?
2. Qual a controvérsia jurídica central?
3. Qual a colisão de direitos presente no caso?
4. Quais os conceitos de igualdade invocados pelo Min. Ricardo Lewandowski?
5. A igualdade sob uma dimensão meramente formal é suficiente para fundamentar uma política de cotas nas universidades?
6. Qual a diferença entre uma discriminação negativa e uma discriminação positiva? O Estado tem o dever de promover uma discriminação positiva?
7. O que é ação afirmativa?
8. Como as eventuais consequências de uma política de cotas foram tratadas pelo Supremo? Essas consequências foram levadas em consideração pelo Min. Ricardo Lewandowski em sua decisão?

9. Para o Min. Ricardo Lewandowski toda e qualquer política de cotas seria constitucional? Ele fixa requisitos em sua decisão e, em caso positivo, eles vinculariam outros julgadores?

10. O Min. Marco Aurélio concorda ou discorda do Min. Ricardo Lewandowski? Quais os argumentos?

11. Como, afinal, decidiu o Supremo? Impôs alguma condicionalidade para a adoção de uma política de cotas?

12. O fato de as cotas levarem em consideração um critério racial foi apontado como problemático pelo Supremo?

6.10 Caso da demarcação contínua na terra indígena Raposa Serra do Sol (Pet. 3.388-4-RR)

(Plenário – rel. Min. Ayres Britto – j. 19.3.2009)

Ação popular – Demarcação da Terra Indígena Raposa Serra do Sol – Inexistência de vícios no processo administrativodemarcatório – Observância dos arts. 231 e 232 da CF, bem como da Lei n. 6.001/1973 e seus decretos regulamentares – Constitucionalidade e legalidade da Portaria n. 534/2005, do Ministro da Justiça, assim como do decreto presidencial homologatório – Reconhecimento da condição indígena da área demarcada, em sua totalidade – Modelo contínuo de demarcação – Constitucionalidade – Revelação do regime constitucional de demarcação das terras indígenas – A Constituição Federal como estatuto jurídico da causa indígena – A demarcação das terras indígenas como capítulo avançado do constitucionalismo fraternal – Inclusão comunitária pela via da identidade étnica – Voto do Relator que faz agregar aos respectivos fundamentos salvaguardas institucionais ditadas pela superlativa importância histórico-cultural da causa – Salvaguardas ampliadas a partir de voto-vista do Min. Menezes Direito e deslocadas para a parte dispositiva da decisão. (...).

ACÓRDÃO – Vistos, relatados e discutidos estes autos: Acordam os Ministros do Supremo Tribunal Federal em: (I) preliminarmente, por unanimidade de votos, resolver questão de ordem, proposta pelo Relator, Min. Carlos Ayres Britto, no sentido de admitir o ingresso na lide do Estado de Roraima e de Olga Silva Fortes, Raimundo de Jesus Cardoso Sobrinho, Ivalcir Centenaro, Nelson Massami Itikawa, Genor Luiz Faccio, Luiz Afonso Faccio, Paulo Cézar Justo Quartiero, Itikawa Indústria e Comércio Ltda., Adolfo Esbell, Domício de Souza Cruz, Ernesto Francisco Hart, Jaqueline Magalhães Lima e do Espólio de Joaquim Ribeiro Peres, na condição de assistentes do autor popular, e da Fundação Nacional do Índio (FUNAI), da Comunidade Indígena Socó e da Comunidade Indígena Barro, Comunidade Indígena Maturuca, Comunidade Indígena Jawari, Comunidade Indígena Tamanduá, Comunidade Indígena Jacarezinho e Comunidade Indígena Manalai, todos na posição de assistentes da União, recebendo o processo no estado em que se encontra. Presidência do Min. Gilmar Mendes, em 27.8.2008; (II) por maioria de votos, julgar a ação parcialmente procedente, nos termos dos fundamentos e salvaguardas institucionais constantes do voto do Relator, Min. Carlos Ayres Britto, mas sob complemento de tais salvaguardas institucionais a partir do voto-vista do Min. Menezes Direito e colegiadamente ajustadas em sua redação final. Vencidos os Mins. Joaquim Barbosa, que julgava totalmente improcedente a ação, e Marco Aurélio, que suscitara preliminar de nulidade do processo e, no mérito, declarava a ação popular inteiramente procedente. Declarada, então, a constitucionalidade da demarcação contínua da Terra Indígena Raposa Serra do Sol e afirmada a constitucionalidade do procedimento administrativo-demarcatório, sob as seguintes salvaguardas institucionais majoritariamente aprovadas: (a) o usufruto das riquezas do solo, dos rios e dos lagos existentes nas terras indígenas (§ 2º do art. 231 da CF) não se sobrepõe ao relevante interesse público da União, tal como ressaído da Constituição e na forma de lei complementar (§ 6º do art. 231 da CF); (b) o usufruto dos índios não abrange a exploração mercantil dos recursos hídricos e dos potenciais energéticos, que sempre dependerá (tal exploração) de autorização do Congresso Nacional; (c) o usufruto dos índios não alcança a pesquisa e a lavra das riquezas minerais, que sempre dependerão de autorização do Congresso Nacional, assegurando-se-lhes a participação nos resultados da lavra, tudo de acordo com a Constituição e a lei; (d) o usufruto dos índios não compreende a garimpagem nem a faiscação, devendo-se obter, se for o caso, a permissão de lavra garimpeira; (e) o usufruto dos índios não se sobrepõe aos interesses da política de defesa nacional; a instalação de bases, unidades e postos militares e demais intervenções militares, a expansão estratégica da malha viária, a exploração de alternativas energéticas de cunho estratégico e o resguardo das riquezas de cunho igualmente estratégico, a critério dos órgãos competentes (Ministério da Defesa, ouvido o Conselho de Defesa Nacional), serão implementados independentemente de consulta às comunidades indígenas envolvidas, assim como à Fundação Nacional do Índio (FUNAI); (f) a atuação das Forças Armadas e da Polícia Federal na área indígena, no âmbito das respectivas atribuições, fica assegurada e se dará independentemente de consulta às respectivas comunidades indígenas, ou à FUNAI; (g) o usufruto dos índios não impede a instalação, pela União Federal, de equipamentos públicos, redes de comunicação, estradas e vias de transporte, além das construções necessárias à prestação de serviços públicos pela União, especialmente os de saúde e educação; (h) o usufruto dos índios na área afetada por unidades de conservação fica sob a responsabilidade do Instituto Chico Mendes de Conservação da Biodiversidade, respeitada a legislação ambiental; (i) o Instituto Chico Mendes de Conservação da Biodiversidade responderá pela administração da área da unidade de conservação também afetada pela terra indígena, com a participação das comunidades aborígines, que deverão ser ouvidas, levando-se em conta os usos, tradições e costumes deles, indígenas, que poderão contar com a consultoria da FUNAI, observada a legislação ambiental; (j) o trânsito de visitantes e pesquisadores não índios é de ser admitido na área afetada à unidade de conservação, nos horários e condições estipulados pelo Instituto Chico Mendes de Conservação da Biodiversidade; (l) admitem-se o ingresso, o trânsito e a permanência de não índios em terras indígenas não ecologicamente afetadas, observados, porém, as condições estabelecidas pela FUNAI e os fundamentos desta decisão; (m) o ingresso, o trânsito e a permanência de não índios, respeitado o disposto na letra "l", não podem ser objeto de cobrança de nenhuma tarifa ou quantia de qualquer natureza por parte das comunidades indígenas; (n) a cobrança de qualquer tarifa ou quantia também não é exigível pela utilização das estradas, equipamentos públicos, linhas de transmissão de energia ou outros equipamentos e instalações públicas, ainda que não expressamente excluídos da homologação; (o) as terras indígenas não poderão ser objeto de arrendamento ou de qualquer ato ou negócio jurídico que atente contra o pleno exercício do usufruto e da posse direta por comunidade indígena ou pelos índios (art. 231, § 2º, da CF, c/c art. 18, *caput*, da Lei n. 6.001/1973); (p) é vedada, nas terras indígenas, a qualquer pessoa estranha às etnias nativas a prática de caça, pesca ou coleta de frutos, assim como de atividade agropecuária ou extrativista (art. 231, § 2º, da CF, c/c art. 18, § 1º, Lei n. 6.001/1973); (q) as terras sob ocupação e posse das comunidades indígenas, o usufruto exclusivo das riquezas naturais e das utilidades existentes nas terras ocupadas, observado o disposto no art. 49, XVI, e art. 231, § 3º, da Constituição da República/1988, bem como a renda indígena (art. 43 da Lei n. 6.001/1973), gozam de imunidade tributária, não cabendo a cobrança de quaisquer impostos, taxas ou contribuições sobre uns ou outros; (r) é vedada a ampliação da terra indígena já demarcada; (s) os direitos dos índios sobre as suas terras são imprescritíveis, reputando-se todas elas como inalienáveis e indisponíveis (art. 231, § 4º, Constituição da República/1988); (t) é assegurada a participação dos entes federados no procedimento administrativo de demarcação das terras indígenas, situadas em seus territórios, observada a fase em que se encontrar o procedimento. Vencidos, quanto à alínea "r", a Min. Carmen Lúcia e os Mins. Eros Grau e Carlos Ayres Britto, Relator. Cassada a liminar concedida na AC n. 2.009-3-RR. Quanto à execução da decisão, o Tribunal determinou seu imediato cumprimento, independentemente da publicação deste acórdão, confiando sua supervisão ao Relator do feito, Min. Carlos Ayres Britto, em entendimento com o TRF-1ª Região, especialmente com o seu Presidente, Des. Jirair Aram Meguerian. Presidência do Min. Gilmar Mendes, que votou no processo.

Brasília, 19 de março de 2009 – *Carlos Ayres Britto*, relator.

RELATÓRIO – *O Sr. Min. Carlos Ayres Britto*: Trata-se de ação popular contra a União, ajuizada em 20.5.2005. Ação da autoria do Senador da República Augusto Affonso Botelho Neto, portador do Título Eleitoral de n. 5019026-58. Assistido ele, autor popular, pelo também Senador Francisco Mozarildo de Melo Cavalcanti, identificado pelo Título de Eleitor de n. 1892226-74 (fls. 287-290).

2. De pronto, esclareço que o processo contém 51 volumes, sendo que a inicial impugna o modelo contínuo de demarcação da Terra Indígena Raposa Serra do Sol, situada no Estado de Roraima. Daí o pedido de suspensão liminar dos efeitos da Portaria n. 534/2005, do Ministro de Estado da Justiça, bem como do Decreto homologatório de 15.4.2005, este do Presidente da República. *No mérito, o que se pede é a declaração de nulidade da mesma portaria*.

3. Para atingir seu objetivo, o autor popular junta cópia de um laudo pericial já constante de uma outra ação popular, ajuizada perante a Justiça Federal de Roraima. Refiro-me ao Processo n. 1999.42.00.000014-7, extinto sem apreciação do mérito, por efeito do julgamento da Rcl n. 2.833. Como faz a juntada, por aditamento à petição inicial, de cópia do "Relatório Parcial da Comissão Temporária Externa do Senado Federal sobre demarcações de terras indígenas". Relatório elaborado em 2004.

4. É assim, baseado nesses documentos, que o requerente sustenta que a portaria em tela mantém os vícios daquela que a antecedeu (a de n. 820/1998). Vícios que remontam ao processo administrativo de demarcação, que não teria respeitado as normas dos Decretos ns. 22/1991 e 1.775/1996. Alega, nesse ponto, que não foram ouvidas todas as pessoas e entidades afetadas pela controvérsia, e que o laudo antropológico sobre a área em questão foi assinado por apenas um profissional (Dra. Maria Guiomar Melo), o que seria prova de uma presumida parcialidade. Tese que é robustecida com a alegação de fraudes e insuficiências múltiplas nos trabalhos que redundaram na demarcação em causa.

5. A título de novo reforço argumentativo, foi arguido que a Reserva em área contínua traria consequências desastrosas para o Estado roraimense, sob os aspectos comercial, econômico e social. Quanto aos interesses do País, haveria comprometimento da segurança e da soberania nacionais. Tudo a prejudicar legítimos interesses dos "não índios", pessoas que habitam a região há muitos anos, tornando-a produtiva no curso de muitas gerações.

6. Por último, argumenta o autor que haveria desequilíbrio no concerto federativo, visto que a área demarcada, ao passar para o domínio da União, mutilaria parte significativa do território do Estado. Sobremais, ofenderia o princípio da razoabilidade, ao privilegiar a tutela do índio em detrimento, por exemplo, da livre iniciativa.

7. Prossigo nesse reavivar dos fatos para dizer que a ação foi proposta neste STF por motivo do julgamento proferido na Rcl n. 2.833. Ocasião em que ficou decidido competir "a esta Casa de Justiça apreciar todos os feitos processuais intimamente relacionados com a demarcação da referida Reserva Indígena" (Raposa Serra do Sol).

8. Dito isso, averbo que indeferi a liminar. Decisão que foi confirmada no julgamento do subsequente agravo regimental.

9. Na sequência, a União apresentou sua defesa (fls. 309-328, vol. 2), rebatendo – um a um – os fundamentos articulados na inicial. Antes, porém, a ré fez um levantamento histórico da ocupação indígena em toda a região, paralelamente à evolução legislativa sobre o assunto, desde o Brasil-Colônia.

10. Para além de tudo isso, a contestante, dizendo-se respaldada pelo art. 231 e §§ da Carta Magna, arrematou o seu raciocínio com o juízo de que "não é o procedimento demarcatório que cria uma posse imemorial, um *habitat* indígena, mas somente delimita a área indígena de ocupação tradicional, por inafastáveis mandamentos constitucionais e legais". Donde o seguinte acréscimo de ideias: (a) não há lesão ao patrimônio público; (b) o autor não comprovou a ocorrência dos vícios apontados na inicial; (c) a diferença de 68.664ha, detectada entre a área da Portaria n. 820/1998 e a da Portaria n. 534/2005, "é perfeitamente comum e previsível nas demarcações". (...).

13. Acresce que *somente em 5.5.2008, quando já encerrada a instrução do processo, compareceu a Fundação Nacional do Índio (FUNAI) para requerer "seu ingresso no* feito *na qualidade de juridicamente interessada"* (Petição n. 62 .154). Para o quê anexou, por meio da Petição n. 66.162, cópias de numerosos documentos (processos administrativos, fotografias, mapas e relatórios), pugnando, em nada menos que 35 laudas, pela improcedência do pedido inicial. Oportunidade em que perfilhou o entendimento da União, revitalizando-lhe os fundamentos. (...).

14. *Dois dias depois (7.5.2008), foi a vez de o Estado de Roraima fazer idêntico movimento, na outra ponta do processo* (Petição n. 64.182). Pelo quê, ao cabo de 120 laudas de minuciosa exposição e escorada em abundantes cópias de documentos, aquela unidade federativa também requereu *"seu ingresso no feito, na condição de autor, ante a existência de litisconsórcio necessário, possibilitando, assim, a defesa de* seu *patrimônio"* (fls. 5.138-9.063, vols. 20-36). Defesa que animou o peticionário a fazer um retrospecto de todos os atos e episódios que confluíram para a demarcação, *de forma contínua,* da Terra Indígena Raposa Serra do Sol. Tudo a compor um processo administrativo que estaria crivado de nulidades formais e materiais, já apontadas na inicial.

15. Não é só. O Estado roraimense houve por bem agregar novos fundamentos à causa do autor popular e seu assistente, assim resumidos: (a) inconstitucionalidade do Decreto n. 22/1991; (b) nulidade da ampliação da área indígena, cuja demarcação demandaria feitura de lei; (c) impossibilidade de superposição de terras indígenas e parques nacionais; (d) ofensa ao princípio da proporcionalidade; (e) necessidade de audiência do Conselho de Defesa Nacional; (f) impossibilidade de desconstituição de Municípios e títulos de propriedade por meio de simples decreto presidencial.

16. Nessa mesma toada de intermináveis dissensos é que foram assestados novos pedidos, aplicáveis a "qualquer demarcação de terras indígenas", a saber: (a) adoção da forma descontínua, ou "em ilhas"; (b) exclusão das sedes dos Municípios de Uiramutã, Normandia e Pacaraima; (c) exclusão da área de 150 km, referente à faixa de fronteira; (d) exclusão de imóveis com posse ou propriedade anteriores a 1934 e de terras tituladas pelo INCRA antes de 1988; (e) exclusão de rodovias estaduais e federais, bem como de plantações de arroz, de áreas de construção e inundação da Hidrelétrica de Cotingo e do Parque Nacional de Monte Roraima. Imprescindível anotar que tais postulações fazem parte das causas de pedir do autor, a exigir uma única solução jurídica: a nulidade da portaria do Ministério da Justiça.

17. Por último, o Estado requereu a expedição de ordem à União para que ela se abstivesse "de demarcar qualquer outra área no território do Estado de Roraima, a qualquer título, ou seja, indígena, ambiental etc.". (...).

20. Já, no que toca ao requerimento do Estado de Roraima, a União entende que ele é de ser desentranhado dos autos, juntamente com os respectivos documentos, por veicular pedidos e causas de pedir não oportunamente submetidos ao contraditório, o que significa descabida inovação da lide. Haveria, portanto, a "impossibilidade do ingresso do Estado ao processo como litisconsorte ativo necessário". Mesmo porque, se isso acontecesse, o feito teria de voltar à *estaca zero*, com a abertura de novo prazo para defesa.

21. Quando muito – já num segundo momento –, a União assente com a admissão do Estado de Roraima, contanto que "na condição de assistente litisconsorcial, recebendo o processo na fase em que se encontra, não mais podendo formular novos pedidos ou juntar documentos, tudo em respeito ao princípio da eventualidade e sob pena, repita-se, de nulidade do processo".

22. Como ponto de arremate, a União repisa os fundamentos que aportou em sua contestação e razões finais.

23. Registro, agora, que, nos termos do art. 232 da CF, abri vista ao Ministério Público Federal de todos os pedidos de ingresso na lide. Do que resultou a manifestação de fls. 9.975-9.977 (vol. 39), *no sentido de acatar os fundamentos dos requerentes e, consequentemente, reconhecer seu interesse jurídico no desfecho da causa.*

24. Muito bem. Sob esse dilargado histórico dos autos, o que se tem como derradeira constatação é o surgimento de múltiplas questões processuais quando já encerrada a instrução do feito. Refiro-me aos pedidos de ingresso na lide, formalizados a partir de 5.5.2008. Data em que já se encontrava suficientemente maduro o processo para julgamento por este Plenário, o que me levou a considerar como temerária a atuação solitária do Relator para decidir sobre tantos e tão subitâneos pedidos. Decisão solitária que, seguramente, ensejaria a interposição de recurso pelas partes que se sentissem prejudicadas, de modo a retardar, ainda mais, uma definitiva prestação jurisdicional em causa de grande envergadura constitucional e sabidamente urgente. Por isso que, antes mesmo da apreciação do mérito

da ação, encaminho ao Plenário, em questão de ordem, o exame de todo esse entrecruzar de pedidos de ingresso no feito. Exame que servirá, além do mais, para a definição daqueles atores que poderão fazer sustentação oral.
É o relatório.
(...).

VOTO (Vista) – *O Sr. Min. Menezes Direito*: (...). (...).
Estamos examinando tema da maior relevância tanto no plano interno como no plano internacional. A proteção das terras indígenas sempre ocupou espaço entre nós, porque representam resgate permanente das origens da vida brasileira. (...). (...).

Preservar as sociedades indígenas é também uma forma de reconstituí-las, de manter a integridade da sua cultura, reforçando a necessária perspectiva de respeito entre todos os que são parte da nacionalidade brasileira. Anoto, desde logo, que, por isso, a proteção constitucional aos índios não é segregacionista.

Tenho certeza de que esta Corte, qualquer que venha a ser sua decisão, saberá valorizar a importância de assegurar a viabilidade da comunhão e manter íntegra e fraterna a diversidade cultural das terras brasileiras. (...).
Passo, agora, ao mérito.

A regularização fundiária de uma terra indígena passa por diversas fases, que podem ser assim ordenadas: identificação e delimitação, declaração, demarcação, homologação e registro. (...).

Quanto ao Estado de Roraima, neste se encontram 32 terras indígenas, que englobam uma área de 103.415km² ou 46,11% de seu território, estando todas integralmente situadas na faixa de fronteira, com exceção de três, a saber: Yanomami, Wairiri-Atroari e Trombetas-Mapuera. Quatro delas são superpostas por unidades de conservação federais, que representam 54,78% de sua área.

A chamada "Terra Indígena Raposa Serra do Sol" é uma área integralmente situada no nordeste do território do Estado de Roraima, Municípios de Normandia, Pacaraima e Uiramutã, medindo 1.743.464ha, o que equivale a aproximadamente 17.430km² ou 7,7% da área do Estado, uma área de grandeza equivalente àquela do Estado de Sergipe (21.000km²) ou um pouco mais da metade da Bélgica (30.000km²). (...).

A área da terra indígena, como antes disse, equivale a 7,7% da área total do Estado de Roraima e está integralmente situada em faixa de fronteira, estando ainda superposta pela área do Parque Nacional do Monte Roraima, que representa 6,72% da área da terra indígena.

Cinco etnias são ali encontradas: Ingarikó, Makuxi, Taurepang, Wapixana e Patamona, em um total estimado de 19.000 índios (4,8% da população do Estado de Roraima – 395.725 habitantes), o que resulta em uma densidade demográfica de 1,1 habitante por quilômetro quadrado, sendo que a densidade demográfica de Roraima é de 1,8 habitante por quilômetro quadrado (fonte: Instituto Brasileiro de Geografia e Estatística/IBGE).

Segundo fontes locais, a economia da Raposa Serra do Sol baseia-se na produção agropecuária, sendo que a pecuária é indicada como a atividade mais rentável (cerca de 30.000.000 de Reais ao ano).

O processo de regularização das terras indígenas foi iniciado em 1977 através de requerimento de um dos delegados regionais da FUNAI, após o quê passou por várias etapas.

E é precisamente a mecânica e os atos desse processo que vêm sendo apontados pelo autor e seus assistentes como causa das irregularidades que ensejariam a declaração de sua nulidade. Além disso, as próprias premissas da demarcação são colocadas em jogo com alegações sobre a faixa de fronteira e a titularidade do domínio das terras devolutas pelo Estado.

No que diz com as apontadas irregularidades formais e materiais do processo de regularização, penso ser necessário acompanhar o histórico desse processo, ao menos em suas etapas mais relevantes, e a sua relação com a legislação então em vigor.

Como já registrado, o processo de demarcação da chamada Terra Indígena Raposa Serra do Sol foi iniciado em 1977, sob a égide do Decreto n. 76.999/1976. Mas são os atos preparatórios da Portaria n. 820, de 11.12.1998, que importam mais diretamente à nossa análise, dentre os quais se destaca o laudo subscrito pela antropóloga Maria Guiomar de Melo, nomeada para coordenar o Grupo de Trabalho criado pela Portaria n. 1.645, de 29.5.1984.

Em 6.8.1992, por meio da Portaria n. 1.141/1992, o Presidente da FUNAI criou o Grupo de Trabalho Interinstitucional, acrescido posteriormente de novos componentes por intermédio da Portaria n. 1.375/1992, de 8.9.1992.

É esse o grupo que apresenta o relatório de fls. 423-543, composto de contribuições individuais dos membros e embasado no laudo do antropólogo Paulo Santilli, concluindo pela demarcação contínua, comum para as etnias ali presentes e superfície de 1.678.800ha.

Segundo o autor, essa conclusão não se extrai de seus elementos, considerando que o laudo da antropóloga Maria Guiomar de Melo se choca com aquele do antropólogo Paulo Santilli, não havendo justificativa para a adoção deste último. (...).

De fato, a previsão contida no art. 9º afasta a possibilidade de argumentação contra a demarcação fundada na ausência do contraditório. É que, dentro do razoável prazo ali conferido aos interessados (90 dias), nada impede que sejam levantadas questões sobre fases embrionárias do procedimento, que então pode ser posto em debate como um todo, não havendo nenhum prejuízo pelo simples motivo de ser a manifestação feita posteriormente, mas antes de qualquer decisão.

Essa constatação põe por terra, a meu ver, todas as alegações relacionadas com a não participação de determinados grupos ou entes, pois o devido processo legal que vigorava quando do início do procedimento demarcatório não o previa, e, quando passou a fazê-lo, a partir da edição do Decreto n. 1.775/1996, abriu-se a oportunidade para que os interessados pudessem se manifestar.

Ademais, não há dizer que o Estado de Roraima não teve conhecimento do que se processava, porquanto chegou a designar representantes para o grupo interdisciplinar, como consta da própria inicial (fls. 9). (...).

Por isso, antes de passar ao exame das alegadas irregularidades materiais do caso concreto, e em atenção às sobreposições e afetações que estariam em jogo na regularização da Terra Indígena Raposa Serra do Sol, dedico espaço ao estudo da definição e do alcance das figuras diretamente envolvidas nesta ação: "terra indígena", "faixa de fronteira" e "unidade de conservação".

Somente por meio desse estudo é que, na minha compreensão, será possível entender a extensão dos direitos e prerrogativas que aqui foram postos em conflito.

Não há índio sem terra. A relação com o solo é marca característica da essência indígena, pois tudo o que ele é, é na terra e com a terra. Daí a importância do solo para a garantia dos seus direitos, todos ligados de uma maneira ou de outra à terra. É o que se extrai do corpo do art. 231 da Constituição. (...).

Por isso, de nada adianta reconhecer-lhes os direitos sem assegurar-lhes as terras, identificando-as e demarcando-as. (...).

Ainda que a Constituição não tenha se utilizado do termo na sua exatidão, o tratamento detalhado que dedicou à questão dos índios e de suas terras suplanta o modelo do Estatuto e faz dela a sede por excelência do estatuto jurídico das terras indígenas, praticamente dispensando outros regramentos.

Assim, não há dúvida de que a referência feita pelo *caput* do art. 231 a "terras que [*os índios*] tradicionalmente ocupam" é a definição primária de terras indígenas.

Sendo seus principais elementos constituídos pelo advérbio "tradicionalmente" e pelo verbo "ocupam", é o significado destes que deve orientar a identificação espacial das terras indígenas.

Em primeiro lugar, as terras indígenas são terras ocupadas pelos índios. Não terras que ocuparam em tempos idos e não mais ocupam; não são terras que ocupavam até certa data e não ocupam mais. São terras ocupadas pelos índios quando da promulgação da Constituição de 1988.

O marco para a determinação da ocupação indígena (5.10.1988) decorre do próprio sistema constitucional de proteção aos direitos dos índios, que não poderia deixar de abranger todas as terras indígenas existentes quando da promulgação da Constituição, sob pena de ensejar um desapossamento ilícito dos índios por não índios após sua entrada em vigor. (...). (...).

Em segundo lugar, as terras indígenas são terras *ocupadas tradicionalmente* pelos índios. (...).

O caráter permanente da habitação já mostra que a referida desvinculação da ideia de posse imemorial não pode retirar do advérbio "tradicionalmente", de forma absoluta, toda consideração à temporaneidade da ocupação. Alguma expressão pretérita deve subsistir, ou o adjetivo "permanente" (que, segundo o *Aurélio*, é "1. o que permanece; contínuo; ininterrupto; constante; 2. duradouro, durável; 3. tem organização estável") não faria nenhum sentido. (...).

"Terras que os índios tradicionalmente ocupam" são, desde logo, terras já ocupadas há algum tempo pelos índios no momento da promulgação da Constituição. Cuida-se ao mesmo tempo de uma presença constante e de uma persistência nessas terras. Terras eventualmente abandonadas não se prestam à qualificação de terras indígenas, como já afirmado na Súmula n. 650 deste STF. Uma presença bem definida no espaço ao longo de certo tempo e uma persistência dessa presença, o que torna a habitação permanente outro *fato* a ser verificado. (...).

Proponho, por isso, que se adote como critério constitucional não a teoria do indigenato, mas, sim, a do *fato indígena*.

A aferição do *fato indígena* em 5.10.1988 envolve uma escolha que prestigia a segurança jurídica e se esquiva das dificuldades práticas de uma investigação imemorial da ocupação indígena.

Mas a habitação permanente não é o único parâmetro a ser utilizado na identificação das terras indígenas. Em verdade, é o parâmetro para identificar a base ou núcleo da ocupação das terras indígenas, a partir do qual as demais expressões dessa ocupação devem se manifestar. (...).

Na minha avaliação, os fatores ecológico e cultural/demográfico são também *fatos* a serem averiguados pelos estudos apropriados. Não há, é verdade, um critério matemático preciso, uma regra abstrata e geral, que possa levar tal qual um tipo jurídico à identificação dessas expressões da ocupação indígena. Isso, contudo, não significa que não devam ser aferidos mediante a observação e a experimentação científica aplicadas às comunidades envolvidas. Os critérios da ciência antropológica não são matemáticos, porquanto a Antropologia não é uma ciência exata, mas como ciência não deixa de ter os seus próprios métodos e critérios válidos epistemologicamente. (...). (...).

Assim, é a ciência que oferece os meios de identificação do âmbito da presença indígena ou, em outras palavras, do *fato indígena*.

É esse fato qualificado que o procedimento de identificação e demarcação deve ter por objeto. Tal procedimento deve se tornar uma atividade orientada pelos elementos que tipificam a presença indígena e definem seu âmbito. A identificação do *fato indígena*, que por um lado dispensa considerações sobre a ocupação imemorial, por outro exige comprovação e demonstração, ou seja, presença na data da promulgação da Constituição de 1988 dos índios nas terras em questão, uma presença constante e persistente (...).

No caso concreto, segundo o autor e seus assistentes, a demarcação violou direitos particulares que se constituíram antes mesmo da vigência da política de atribuição aos índios das terras por eles ocupadas tradicionalmente. Seria o caso dos imóveis com posse ou propriedade anteriores ao ano de 1934, quando foi promulgada a primeira Constituição que assegurou o direito dos índios à posse da terra que tradicionalmente ocupavam. Antes disso, sustentam, não havia proteção quanto às terras indígenas.

Mas essa argumentação não pode prosperar, nos termos do art. 231 da Constituição de 1988, que reconhece um direito insuscetível de prescrição aquisitiva no que se refere à posse das terras indígenas, como assentado em precedente deste STF, de que Relator o Min. Celso de Mello (RE n. 2183.188-MS, *DJU* 14.2.1997). Ademais, não há direitos adquiridos diante da Constituição, como também já definiu esta Suprema Corte no julgamento do RE n. 294.414, Relator o Min. Moreira Alves (*DJU* 19.4.1985). (...).

Por outro lado, se a teoria do *fato indígena* dispensa considerações sobre a idade da ocupação, exige, repito, a demonstração da presença constante e persistente dos índios na área em questão, o que é tarefa dos documentos produzidos no processo de regularização. De certa forma, o autor e seus assistentes também impugnam essa demonstração, entendendo que o laudo da antropóloga e os demais documentos do procedimento não permitiriam a conclusão quanto à continuidade e à extensão da terra indígena.

A principal irregularidade apontada quanto a isso envolveria a inexistência de fundamentação para se passar de uma demarcação que previa cinco terras indígenas separadas (ainda que contíguas) e com extensão de 1.347.810ha, conforme se esboçou em 1981, para aquela que acabou sendo objeto de homologação, com área comum para as etnias envolvidas e extensão de 1.743.464ha. (...).

Ainda que pudessem ser mais didáticos e diretos, menos retóricos, deles é possível extrair a justificativa para a identificação da área da terra indígena desde aquela esboçada em 1981. Trata-se da necessidade, prevista no dispositivo constitucional, de assegurar aos índios as terras anexas às áreas onde residem e onde praticam suas atividades produtivas, reservadas para a preservação dos recursos ambientais de que precisam para sua sobrevivência e para a sua reprodução física e cultural. (...).

Essa peculiaridade da Terra Indígena Raposa Serra do Sol, com marcadores geográficos naturais no seu entorno, que acabam coincidindo com os seus próprios limites, é que permite o cumprimento do objetivo do procedimento de regularização fundiária após a Constituição de 1988: a demonstração do *fato indígena* em suas diversas expressões, ou, na apropriada linguagem do Min. Jobim, seus círculos concêntricos. (...).

Se o problema das terras indígenas há de ser resolvido com base no *fato indígena*, como aqui se propõe, os procedimentos de identificação e demarcação devem servir para demonstrá-lo. Todo fato está sujeito a observação. O que pode variar são os instrumentos e métodos a serem utilizados para essa finalidade. A mim parece que esses instrumentos e métodos podem ser definidos pela Antropologia. No entanto, essa ciência não pode se basear apenas em opiniões, conjecturas e, especialmente, generalizações. Mas é de ser considerada também a participação de outros especialistas. Se a garantia dos direitos dos índios exige a extensão de suas terras até um determinado ponto ou marco geográfico, é isso que deve ser demonstrado. Ao lado do método de indagação direta aos povos envolvidos cabe o cuidado do tema para saber, por exemplo, se os índios conhecem determinada área e se já a batizaram com um termo próprio; se não houver elementos arqueológicos a configurar a presença em determinado local, que se passe, por exemplo, à observação dos deslocamentos dos índios, de modo a se definir até onde eles vão, para com isso se descobrir quais são as áreas realmente utilizadas nos termos constitucionais, tudo obviamente documentado. (...).

Nesse ponto é bom atentar para a presença de apenas um ou dois antropólogos em todo o procedimento normalmente seguido pela FUNAI. A relevância do assunto e seus múltiplos aspectos científicos exigem não só um trabalho multidisciplinar já contemplado no Decreto n. 1.775/1996 (art. 2º, § 1º), mas também a participação de pelo menos três antropólogos.

Com isso será possível evitar que as pré-concepções pessoais de um único profissional influenciem todo o trabalho de identificação e demarcação. A presença de outros especialistas na comissão, em perspectiva multidisciplinar, enriquecerá e dará maior substância científica ao produto da tarefa empreendida. (...). (...) da conjugação das demais normas aplicáveis extraio sistematicamente que:

(i) As terras indígenas não poderão ser objeto de arrendamento ou de qualquer ato ou negócio jurídico que restrinja o pleno exercício da posse direta pela comunidade indígena ou pelos silvícolas (art. 231, § 2º, da CF, c/c art. 18, *caput*, da Lei n. 6.001/1973).

(ii) É vedada, nas terras indígenas, a qualquer pessoa estranha aos grupos tribais ou às comunidades indígenas a prática da caça, pesca ou coleta de frutos, assim como de atividade agropecuária ou extrativa (art. 231, § 2º, da CF, c/c art. 18, § 1º, da Lei n. 6.001/1973).

(iii) Os bens do patrimônio indígena, isto é, as terras pertencentes ao domínio dos grupos e comunidades indígenas, o usufruto exclusivo das riquezas naturais e das utilidades existentes nas terras ocupadas, observado o disposto nos arts. 49, XVI, e 231, § 3º, da CF, bem como a renda indígena (art. 43 da Lei n. 6.001/1973) gozam de plena isenção tributária, não cabendo a cobrança de quaisquer impostos, taxas ou contribuições sobre uns ou outros.

(iv) Os direitos dos índios relacionados às suas terras são imprescritíveis e estas são inalienáveis e indisponíveis (art. 231, § 4º, da CF).

Além dos efeitos acima destacados, a homologação tem mais uma importante consequência pelo bem da segurança jurídica: a impossibilidade de revisão dos limites da terra indígena fixados na portaria do Ministério da Justiça.

Como já ressaltado, o procedimento de regularização da terra indígena é um procedimento destinado à apuração do *fato indígena*, isto é, a presença indígena em 5.10.1988, com a sua respectiva extensão, esta determinada com base nas já suas referidas expressões. (...).

No caso da identificação e da demarcação de terras indígenas, de todos os modos, estou convencido de que a definição da extensão da área, fruto da constatação do *fato indígena*, não abre espaço para nenhum tipo de revisão fundada na conveniência e oportunidade do administrador. A demarcação esgota a identificação, sendo vedada sua alteração. (...).

A Constituição é a síntese de uma miríade de anseios das mais diversas naturezas. Há, portanto, uma pluralidade de interesses acolhidos no texto constitucional do tipo racional-normativo. Ao mesmo tempo, essa diversidade forma um todo unitário que vem a ser o fundamento de toda a ordem jurídica e também o fundamento de todo o sistema, que, como tal, não admite nem a instabilidade, nem a autonegação.

O objetivo norteador do princípio da unidade é, assim, o equilíbrio entre todos os interesses que compõem, em uma rede de interdependência recíproca, a ordem constitucional. (...).

Dessa forma, estando a terra indígena em faixa de fronteira, o que se dá no caso ora em exame, o usufruto dos índios sobre a terra estará sujeito a restrições sempre que o interesse público de defesa nacional esteja em jogo. A instalação de bases militares e demais intervenções militares a critério dos órgãos competentes, ao contrário do que parece se extrair da Declaração dos Direitos dos Povos Indígenas e da Convenção n. 169 da OIT, será implementada independentemente de consulta às comunidades indígenas envolvidas ou à FUNAI. O mesmo deverá ocorrer quando o interesse da defesa nacional coincidir com a expansão da malha viária ou das alternativas energéticas e o resguardo de riquezas estratégicas, conforme manifestação favorável do Conselho de Defesa Nacional. (...).

É preciso, portanto, que desde logo sejam fixadas algumas diretrizes que possam deixar claras quais as restrições aos direitos envolvidos na dupla afetação. Enquanto isso não for feito, a homologação de terras indígenas em áreas também afetadas por unidades de conservação servirá para prolongar o embate entre burocracias estatais por verbas federais. (...).

O Estatuto Jurídico das Terras Indígenas se caracteriza pelo usufruto exclusivo dos índios, que, todavia, estará sujeito às condições que ora são definidas, no campo da segurança nacional e da preservação do meio ambiente. (...).

A partir da apreciação deste caso pude perceber que os argumentos deduzidos pelas partes são também extensíveis e aplicáveis a outros conflitos que envolvam terras indígenas. A decisão adotada neste caso certamente vai consolidar o entendimento da Suprema Corte sobre o procedimento demarcatório com repercussão também para o futuro. Daí a necessidade de o dispositivo explicitar a natureza do usufruto constitucional e seu alcance.

Destarte, julgo parcialmente procedente a presente ação popular para que sejam observadas as seguintes condições impostas pela disciplina constitucional ao usufruto dos índios sobre suas terras:

(i) O usufruto das riquezas do solo, dos rios e dos lagos existentes nas terras indígenas (art. 231, § 2º, da CF) pode ser suplantado de maneira genérica sempre que houver, como dispõe o art. 231, § 6º, interesse público da União, na forma de lei complementar.

(ii) O usufruto dos índios não abrange a exploração de recursos hídricos e potenciais energéticos, que dependerá sempre de autorização do Congresso Nacional.

(iii) O usufruto dos índios não abrange a pesquisa e lavra de recursos minerais, que dependerá sempre de autorização do Congresso Nacional.

(iv) O usufruto dos índios não abrange a garimpagem nem a faiscação, devendo, se o caso, ser obtida a permissão de lavra garimpeira.

(v) O usufruto dos índios fica condicionado ao interesse da política de defesa nacional; a instalação de bases, unidades e postos militares e demais intervenções militares, a expansão estratégica da malha viária, a exploração de alternativas energéticas de cunho estratégico e o resguardo das riquezas de cunho estratégico, a critério dos órgãos competentes (Ministério da Defesa e Conselho de Defesa Nacional), serão implementados independentemente de consulta às comunidades indígenas envolvidas ou à FUNAI.

(vi) A atuação das Forças Armadas e da Polícia Federal na área indígena, no âmbito de suas atribuições, fica garantida e se dará independentemente de consulta às comunidades indígenas envolvidas ou à FUNAI.

(vii) O usufruto dos índios não impede a instalação, pela União Federal, de equipamentos públicos, redes de comunicação, estradas e vias de transporte, além das construções necessárias à prestação de serviços públicos pela União, especialmente os de saúde e educação.

(viii) O usufruto dos índios na área afetada por unidades de conservação fica restrito ao ingresso, trânsito e permanência, bem como à caça, pesca e extrativismo vegetal, tudo nos períodos, temporadas e condições estipuladas pela administração da unidade de conservação, que ficará sob a responsabilidade do Instituto Chico Mendes de Conservação da Biodiversidade.

(ix) O Instituto Chico Mendes de Conservação da Biodiversidade responderá pela administração da área da unidade de conservação também afetada pela terra indígena com a participação das comunidades indígenas da área em caráter apenas opinativo, levando em conta as tradições e costumes dos indígenas, podendo para tanto contar com a consultaria da FUNAI.

(x) O trânsito de visitantes e pesquisadores não índios deve ser admitido na área afetada à unidade de conservação nos horários e condições estipulados pela administração.

(xi) Deve ser admitido o ingresso, o trânsito e a permanência de não índios no restante da área da terra indígena, observadas as condições estabelecidas pela FUNAI.

(xii) O ingresso, o trânsito e a permanência de não índios não pode ser objeto de cobrança de quaisquer tarifas ou quantias de qualquer natureza por parte das comunidades indígenas.

(xiii) A cobrança de tarifas ou quantias de qualquer natureza também não poderá incidir ou ser exigida em troca da utilização das estradas, equipamentos públicos, linhas de transmissão de energia ou de quaisquer outros equipamentos e instalações colocados a serviço do público, tenham sido excluídos expressamente da homologação, ou não.

(xiv) As terras indígenas não poderão ser objeto de arrendamento ou de qualquer ato ou negócio jurídico que restrinja o pleno exercício da posse direta pela comunidade indígena ou pelos silvícolas (art. 231, § 2º, da CF, c/c art. 18, *caput*, Lei n. 6.001/1973).

(xv) É vedada, nas terras indígenas, a qualquer pessoa estranha aos grupos tribais ou comunidades indígenas, a prática de caça, pesca ou coleta de frutos, assim como de atividade agropecuária ou extrativa (art. 231, § 2º, da CF, c/c art. 18, § 1º, da Lei n. 6.001/1973).

(xvi) Os bens do patrimônio indígena, isto é, as terras pertencentes ao domínio dos grupos e das comunidades indígenas, o usufruto exclusivo das riquezas naturais e das utilidades existentes nas terras ocupadas, observado o disposto nos arts. 49, XVI, e 231, § 3º, da Constituição da República/1988, bem como a renda indígena (art. 43 da Lei n. 6.001/1973), gozam de plena isenção tributária, não cabendo a cobrança de quaisquer impostos, taxas ou contribuições sobre uns ou outros.

(xvii) É vedada a ampliação da terra indígena já demarcada.

(xviii) Os direitos dos índios relacionados às suas terras são imprescritíveis e estas são inalienáveis e indisponíveis (art. 231, § 4º, da Constituição da República/1988).

(...).

EXTRATO DE ATA

Decisão: Preliminarmente, o Tribunal, por unanimidade, resolveu questão de ordem, proposta pelo Relator, no sentido de admitir o ingresso na lide do Estado de Roraima e de Lawrence Manly Harte, Olga Silva Fortes, Raimundo de Jesus Cardoso Sobrinho, Ivalcir Centenaro, Nelson Massami Itikawa, Genor Luíz Faccío, Luiz Afonso Faccío, Paulo Cezar Justo Quartiero, Itikawa Indústria e Comércio Ltda., Adolfo Esbell, Domício de Souza Cruz, Ernesto Francisco Hart, Jaqueline Magalhães Lima e do Espólio de Joaquim Ribeiro Peres, na condição de assistentes do autor popular, e da Fundação Nacional do Índio/FUNAI, da Comunidade Indígena Socó e da Comunidade Indígena Barro, Comunidade Indígena Maturuca, Comunidade Indígena Jawari, Comunidade Indígena Tamanduá, Comunidade Indígena Jacarezinho e Comunidade Indígena Manalai, na posição de assistentes da União, todos eles recebendo o processo no estado em que se encontra. Em seguida, após o voto do Relator, julgando improcedente a ação popular, pediu vista dos autos o Sr. Min. Menezes Direito. Falaram: pelo assistente Francisco Mozarildo de Melo Cavalcanti, o Dr. Antônio Glaucius de Morais; pelo Estado de Roraima, o Dr. Francisco Rezek; pelos assistentes Lawrence Manly Harte e outros, o Dr. Luiz Valdemar Albrecht; pela União e pela assistente Fundação Nacional do Índio/FUNAI, o Min. José Antônio Dias Toffoli, Advogado-Geral da União; pela assistente Comunidade Indígena Socó, o Dr. Paulo Machado Guimarães; pelas assistentes Comunidade Indígena Barro e outras, a Dra. Joenia Batista de Carvalho, e pelo Ministério Público Federal, o Dr. Antônio Fernando Barros e Silva de Souza, Procurador-Geral da República.

Presidência do Sr. Min. Gilmar Mendes. Plenário, 27.8.2008.

Decisão: Após o voto-vista do Sr. Min. Menezes Direito, que julgava parcialmente procedente a ação para que sejam observadas determinadas condições impostas pela disciplina constitucional ao usufruto dos índios sobre suas terras, nos termos de seu voto, o Tribunal, contra o voto do Sr. Min. Celso de Mello, deliberou prosseguir no julgamento do processo, tendo em conta o pedido de vista formulado pelo Sr. Min. Marco Aurélio. Em continuação ao julgamento, após o voto da Sra. Min. Carmen Lúcia e dos Srs. Mins. Ricardo Lewandowski, Eros Grau, Cézar Peluso e da Sra. Min. Ellen Gracie, que julgavam parcialmente procedente a ação popular para que sejam observadas as mesmas condições constantes do voto do Sr. Min. Menezes Direito, com ressalvas da Min. Carmen Lúcia quanto aos itens X, XVII e XVIII, e o voto do Sr. Min. Joaquim Barbosa, julgando-a improcedente, o Sr. Min. Carlos Britto (Relator) reajustou o seu voto para também adotar as observações constantes do voto do Sr. Min. Menezes Direito, com ressalvas em relação ao item IX, para excluir a expressão "em caráter apenas opinativo" e inserir a palavra "usos" antes da expressão "tradições e costumes dos indígenas", e propôs a cassação da medida cautelar concedida na Ação Cautelar n. 2.009-3-RR, no que foi acompanhado pelos Srs. Mins. Eros Grau, Carmen Lúcia, Joaquim Barbosa, Cézar Peluso, Ellen Gracie e Ricardo Lewandowski. Em seguida, pediu vista dos autos o Sr. Min. Marco Aurélio. Ausente, ocasionalmente, na segunda parte da sessão, o Sr. Min. Celso de Mello. Presidência do Sr. Min. Gilmar Mendes. Plenário, 10.12.2008.

Decisão: Após o voto-vista do Sr. Min. Marco Aurélio que, preliminarmente, suscitava a nulidade do processo, tendo em conta a ausência de: (1) citação das autoridades que editaram a Portaria n. 534/2005 e o decreto de homologação; (2) citação do Estado de Roraima e dos Municípios de Uiramutã, Pacaraima e Normandia; (3) intimação do Ministério Público para acompanhar, desde o início, o processo; (4) citação de todas as etnias indígenas interessadas; (5) produção de prova pericial e testemunhal; e (6) citação dos detentores de títulos de propriedade consideradas frações da área envolvida, em especial dos autores de ações em curso no Supremo, e que, quanto ao mérito, julgava procedente o pedido, fixando como parâmetros para uma nova ação administrativa demarcatória: (a) audição de todas as comunidades indígenas existentes na área a ser demarcada; (b) audição de posseiros e titulares de domínio consideradas as terras envolvidas; (c) levantamento antropológico e topográfico para definir a posse indígena, tendo como termo inicial a data da promulgação da Constituição Federal, dele participando todos os integrantes do grupo interdisciplinar, que deverão subscrever o laudo a ser confeccionado; (d) em consequência da premissa constitucional de se levar em conta a posse indígena, a demarcação deverá se fazer sob tal ângulo, afastada a abrangência que resultou da primeira, ante a indefinição das áreas, ou seja, a forma contínua adotada, com participação do Estado de Roraima bem como dos Municípios de Uiramutã, Pacaraima e Normandia no processo demarcatório; e (e) audição do Conselho de Defesa Nacional quanto às áreas de fronteira; e, após o voto do Sr. Min. Celso de Mello, que julgava parcialmente procedente a ação, o julgamento foi suspenso para continuação na sessão seguinte. Ausente, justificadamente, a Sra. Min. Ellen Gracie, com voto proferido em assentada anterior. Plenário, 18.3.2009.

Decisão: Suscitada questão de ordem pelo patrono da Comunidade Indígena Socó, no sentido de fazer nova sustentação oral, tendo em vista fatos novos surgidos no julgamento, o Tribunal, por maioria, indeferiu o pedido, vencido o Sr. Min. Joaquim Barbosa. Prosseguindo no julgamento, o Tribunal, vencidos os Srs. Mins. Joaquim Barbosa, que julgava totalmente improcedente a ação, e Marco Aurélio, que suscitara preliminar de nulidade do processo e, no mérito, declarava a ação popular inteiramente procedente, julgou-a o Tribunal parcialmente procedente, nos termos do voto do Relator, reajustado segundo as observações constantes do voto do Sr. Min. Menezes Direito, declarando constitucional a demarcação contínua da Terra Indígena Raposa Serra do Sol e determinando que sejam observadas as seguintes condições: (i) o usufruto das riquezas do solo, dos rios e dos lagos existentes nas terras indígenas (art. 231, § 2º, da CF) pode ser relativizado sempre que houver, como dispõe o art. 231, § 6º, da Constituição, relevante interesse público da União, na forma de lei complementar; (ii) o usufruto dos índios não abrange o aproveitamento de recursos hídricos e potenciais energéticos, que dependerá sempre de autorização do Congresso Nacional; (iii) o usufruto dos índios não abrange a pesquisa e lavra das riquezas minerais, que dependerá sempre de autorização do Congresso Nacional, assegurando-se-lhes a participação nos resultados da lavra, na forma da lei; (iv) o usufruto dos índios não abrange a garimpagem nem a faiscação, devendo, se for o caso, ser obtida a permissão de lavra garimpeira; (v) o usufruto dos índios não se sobrepõe ao interesse da política de defesa nacional; a instalação de bases, unidades e postos militares e demais intervenções militares, a expansão estratégica da malha viária, a exploração de alternativas energéticas de cunho estratégico e o resguardo das riquezas de cunho estratégico, a critério dos órgãos competentes (Ministério da Defesa e Conselho de Defesa Nacional), serão implementados independentemente de consulta às comunidades indígenas envolvidas ou à FUNAI; (vi) a atuação das Forças Armadas e da Polícia Federal na área indígena, no âmbito de suas atribuições, fica assegurada e se dará independentemente de consulta às comunidades indígenas envolvidas ou à FUNAI; (vii) o usufruto dos índios não impede a instalação, pela União Federal, de equipamentos públicos, redes de comunicação, estradas e vias de transporte, além das construções necessárias à prestação de serviços públicos pela União, especialmente os de saúde e educação; (viii) o usufruto dos índios na área afetada por unidades de conservação fica sob a responsabilidade do Instituto Chico Mendes de Conservação da Biodiversidade; (ix) o Instituto Chico Mendes de Conservação da Biodiversidade responderá pela administração da área da unidade de conservação também afetada pela terra indígena com a participação das comunidades indígenas, que deverão ser ouvidas, levando-se em conta os usos, tradições e costumes dos indígenas, podendo para tanto contar com a consultaria da FUNAI; (x) o trânsito de visitantes e pesquisadores não índios deve ser admitido na área afetada à unidade de conservação nos horários e condições estipuladas pelo Instituto Chico Mendes de Conservação da Biodiversidade; (xi) devem ser admitidos o ingresso, o trânsito e a permanência de não índios no restante da área da terra indígena, observadas as condições estabelecidas pela FUNAI; (xii) o ingresso, o trânsito e a permanência de não índios não pode ser objeto de cobrança de quaisquer tarifas ou quantias de qualquer natureza por parte das comunidades indígenas; (xiii) a cobrança de tarifas ou quantias de qualquer natureza também não poderá incidir ou ser exigida em troca da utilização das estradas, equipamentos públicos, linhas de transmissão de energia ou de quaisquer outros equipamentos e instalações colocados a serviço do público, tenham sido excluídos expressamente da homologação, ou não; (xiv) as terras indígenas não poderão ser objeto de arrendamento ou de qualquer ato ou negócio jurídico que restrinja o pleno exercício do usufruto e da posse direta pela comunidade indígena ou pelos índios (art. 231, § 2º, da CF, c/c art. 18, *caput*, da Lei n. 6.001/19731); (xv) é vedada, nas terras indígenas, a qualquer pessoa estranha aos grupos tribais ou comunidades indígenas, a prática de caça, pesca ou coleta de frutos, assim como de atividade agropecuária ou extrativa (art. 231, § 2º, da CF, c/c art. 18, § 1º, Lei n. 6.001/1973); (xvi) as terras sob ocupação e posse dos grupos e das comunidades indígenas, o usufruto exclusivo das riquezas naturais e das utilidades existentes nas terras ocupadas, observado o disposto nos arts. 49, XVI, e 231, § 3º, da Constituição da República/1988, bem como a renda indígena (art. 43 da Lei n. 6.001/1973), gozam de plena imunidade tributária, não cabendo a cobrança de quaisquer impostos, taxas ou contribuições sobre uns ou outros; (xvii) é vedada a ampliação da terra indígena já demarcada; (xviii) os direitos dos índios relacionados às suas terras são imprescritíveis e estas são inalienáveis e indisponíveis (art. 231, § 4º, da Constituição da República/1988); e (xix) é assegurada a participação dos entes federados no procedimento administrativo de demarcação das terras indígenas, encravadas em seus territórios, observada a fase em que se encontrar o procedimento. Vencidos, quanto ao item (xvii), a Sra. Min. Carmen Lúcia e os Srs. Mins. Eros Grau e Carlos Britto, Relator. Cassada a liminar concedida na Ação Cautelar 2.009-3-RR. Quanto à execução da decisão, o Tribunal determinou seu imediato cumprimento, independentemente da publicação, confiando sua supervisão ao eminente Relator, em entendimento com o TRF-1ª Região, especialmente com seu Presidente. Votou o Presidente, Min. Gilmar Mendes. Ausentes, justificadamente, o Sr. Min. Celso de Mello e a Sra. Min. Ellen Gracie, que proferiram voto em assentada anterior. Plenário, 19.3.2009.

Presidência do Sr. Min. Gilmar Mendes. Presentes à sessão os Srs. Mins. Marco Aurélio, Cézar Peluso, Carlos Britto, Joaquim Barbosa, Ricardo Lewandowski, Eros Grau, Carmen Lúcia e Menezes Direito.

* * *

PERGUNTAS

1. O que é uma ação popular? Por que esse caso foi julgado pelo STF?

2. Que ato jurídico está sendo impugnado pelos autores da ação? Qual o fundamento jurídico da referida impugnação? O que foi pedido ao Tribunal?

3. Quais os principais argumentos de defesa apresentados pela União, pela FUNAI?

4. Quais os conflitos existentes na região?

5. Qual o papel de argumentos consequencialistas apresentados pelos autores da ação?

6. Qual a relevância, para o caso, do fato de a Reserva ter uma dimensão muito grande? Quais foram as comparações em relação ao tamanho da área demarcada? Quais seriam as possíveis consequências práticas disto?

7. O que o Ministro chamou de "fato indígena"? Como ele se configura? Essa classificação faz sentido?

8. Qual a solução para a controvérsia apresentada pelo Min. Carlos Alberto Menezes Direito? Qual o seu fundamento jurídico?

9. Qual foi a decisão do Tribunal? Quais foram as condições impostas por ele?

10. Essas condições passam a valer para quaisquer demarcações de terras indígenas?

11. Ao estabelecer tantas condições o Tribunal extrapolou suas competências, invadindo a esfera do legislador?

12. O que é uma decisão aditiva?

13. O direito das comunidades indígenas às terras que tradicionalmente ocupam foi preservado pelo Tribunal?

6.11 Homicídios contra indígenas como crime de genocídio (RE 351.487-3-RR

(Plenário – rel. Min. Cézar Peluso – j. 3.8.2006)

1. Crime – Genocídio – Definição legal – Bem jurídico protegido – Tutela penal da existência do grupo racial, étnico, nacional ou religioso, a que pertence a pessoa ou pessoas imediatamente lesionadas – Delito de caráter coletivo ou transindividual – Crime contra a diversidade humana como tal – Consumação mediante ações que, lesivas à vida, integridade física, liberdade de locomoção e a outros bens jurídicos individuais, constituem modalidade executória – Inteligência do art. 1º da Lei n. 2.889/1956 e do art. 2º da Convenção Contra o Genocídio, ratificada pelo Decreto n. 30.822/1952. O tipo penal do delito de genocídio protege, em todas as suas modalidades, bem jurídico coletivo ou transindividual, figurado na existência do grupo racial, étnico ou religioso, a qual é posta em risco por ações que podem também ser ofensivas a bens jurídicos individuais, como o direito à vida, a integridade física ou mental, à liberdade de locomoção etc.

2. Concurso de crimes – Genocídio – Crime unitário – Delito praticado mediante execução de 12 homicídios como crime continuado – Concurso aparente de normas – Não caracterização – Caso de concurso formal – Penas cumulativas – Ações criminosas resultantes de desígnios autônomos – Submissão teórica ao art. 70, *caput*, segunda parte, do CP – Condenação dos réus apenas pelo delito de genocídio – Recurso exclusivo da defesa – Impossibilidade de *reformatio in peius*. Não podem os réus, que cometeram, em concurso formal, na execução do delito de genocídio, 12 homicídios, receber a pena destes além da pena daquele no âmbito de recurso exclusivo da defesa.

3. Competência criminal – Ação penal – Conexão – Concurso formal entre genocídio e homicídios dolosos agravados – Feito da competência da Justiça Federal – Julgamento cometido, em tese, ao Tribunal do Júri – Inteligência do art. 5º, XXXVIII, da CF e art. 78, I, c/c art. 74, § 1º, do CPP – Condenação exclusiva pelo delito de genocídio, no juízo federal monocrático – Recurso exclusivo da defesa – Improvimento. Compete ao Tribunal do Júri da Justiça Federal julgar os delitos de genocídio e de homicídio ou homicídios dolosos que constituíram modalidade de sua execução.

ACÓRDÃO – Vistos, relatados e discutidos estes autos: Acordam os Ministros do Supremo Tribunal Federal, em sessão plenária, sob a presidência da Sra. Min. Ellen Gracie, na conformidade da ata de julgamento e das notas taquigráficas, por unanimidade de votos, em negar provimento ao recurso, nos termos do voto do Relator. Ausente, justificadamente, o Sr. Min. Celso de Mello.

Brasília, 3 de agosto de 2006 – *Cézar Peluso*, relator.

RELATÓRIO – *O Sr. Min. Cézar Peluso*: Trata-se de recurso extraordinário interposto com fundamento no art. 102, III, "a", da Constituição da República contra acórdão do STJ que, conhecendo e provendo recurso especial do Ministério Público Federal, entendeu ser o Juiz Singular competente para processar e julgar os crimes pelos quais foram condenados os réus.

Estes foram denunciados pela prática do crime de genocídio (art. 1º, letras "a", "b" e "c", da Lei n. 2.889/1956), em concurso material com os crimes de lavra garimpeira, dano qualificado, ocultação de cadáver, contrabando e formação de quadrilha.

O processo correu perante o Juízo Monocrático Federal e resultou em decreto condenatório, contra o qual os réus interpuseram recurso de apelação, que foi provido, para anular a sentença e determinar a adoção do procedimento previsto nos arts. 408 e ss. do CPP, porque o TRF-1ª Região entendeu que o genocídio praticado contra índios, em conexão com outros delitos, seria crime doloso contra a vida, de modo que atrairia a competência do Tribunal do Júri (fls. 1.937).

Desse acórdão foi interposto recurso especial pelo Ministério Público, tendo-se-lhe dado provimento, nos seguintes termos:

"Constitucional e processo penal – Recurso especial – Criminal – Crime de genocídio conexo com outros delitos – Competência – Justiça Federal – Alínea 'a' do art. 1º da Lei n. 2.899/1956 c/c art. 74, § 1º, do CPP e art. 5º, XXXVIII, da CF – Prequestionamento implícito – Conhecimento – Sentença monocrática restabelecida.

"1. Inicialmente, reconhecida extinta a punibilidade de Francisco Alves Rodrigues, em virtude de seu falecimento, conforme certidão de óbito juntada a fls. 1.807 dos autos (art. 107, I, do CP).

"2. Aos réus-recorridos é imputada a perpetração dos delitos de lavra garimpeira ilegal, contrabando ou descaminho, ocultação de cadáver, dano, formação de quadrilha ou bando, todos em conexão com genocídio e associação para o genocídio, na figura da alínea 'a' do art. 1º da Lei n. 2.889/1956, cometidos contra os índios Yanomami, no chamado 'Massacre de Haximú', que resultou na morte de 12 índios, sendo 1 homem adulto, 2 mulheres, 1 idosa cega, 3 moças e 5 crianças (entre 1 e 8 anos de idade), bem como em 3 índios feridos, entre eles 2 crianças.

"3. Esta Corte, através de seu Órgão Especial, posicionou-se no sentido de que a violação a determinada norma legal ou dispositivo tenha sido expressamente mencionada no v. acórdão do Tribunal de origem. Cuida-se do chamado prequestionamento implícito (cf. EREsp ns. 181.682-PE, 144.844-RS e 155.321-SP). Sendo a hipótese dos autos, afasta-se a aplicabilidade da Súmula n. 356/STF para conhecer do recurso, no tocante à suposta infringência aos arts. 74, § 1º, do CPP e 1º, 'a', da Lei n. 2.889/1956.

"4. Como bem asseverado pela r. sentença e pelo v. *decisum* colegiado, cuida-se, primeiramente, de competência federal, porquanto deflui do fato de terem sido praticados delitos penais em detrimento de bens tutelados pela União Federal, envolvendo, no caso concreto, direitos indígenas, entre eles o direito maior à própria vida (art. 109, incisos IV e XI, da CF). Precedente do STF (RE n. 179.485-2-AM). Logo, a esta Corte de Uniformização sobeja, apenas e tão somente, a análise do crime de genocídio e a competência para seu julgamento, em face do art. 74, § 1º, do CPP, tido como violado.

"5. Pratica genocídio quem, intencionalmente, pretende destruir, no todo ou em parte, um grupo nacional, étnico, racial ou religioso, cometendo, para tanto, atos como o assassinato de membros do grupo, dano grave à sua integridade física ou mental, submissão intencional destes ou, ainda, tome medidas a impedir os nascimentos no seio do grupo, bem como promova a transferência forçada de menores do grupo para outro grupo – Inteligência dos arts. 2º da Convenção Contra o Genocídio, ratificada pelo Decreto n. 30.822/1952, c/c art. 1º, alínea 'a', da Lei n. 2.889/1956.

"6. Neste diapasão, no caso *sub judice*, o bem jurídico tutelado não é a vida do indivíduo considerado em si mesmo, mas sim a vida em comum do grupo de homens ou parte desta, ou seja, da comunidade de povos, mais precisamente da etnia dos silvícolas integrantes da tribo Haximú, dos Yanomami, localizada em terras férteis para a lavra garimpeira.

"7. O crime de genocídio tem objetividade jurídica, tipos objetivos e subjetivos bem como sujeito passivo inteiramente distintos daqueles arrolados como crimes contra a vida. Assim, a ideia de submeter tal crime ao Tribunal do Júri encontra óbice no próprio ordenamento processual penal, porquanto não há em seu bojo previsão para este delito, sendo possível apenas e somente a condenação dos crimes especificamente nele previstos, não se podendo neles incluir, desta forma, qualquer crime em que haja morte da vítima, ainda que causada dolosamente – Aplicação dos arts. 5º, inciso XVIII, da CF c/c 74, § 1º, do CPP.

"8. Recurso conhecido e provido para, reformando o v. aresto *a quo*, declarar competente o Juiz Singular Federal para apreciar os delitos arrolados na denúncia, devendo o Tribunal de origem julgar as apelações que restaram, naquela oportunidade, prejudicadas, bem como o pedido de liberdade provisória formulado a fls. 1.823-1.832 destes autos. Decretada extinta a punibilidade em relação ao réu Francisco Alves Rodrigues, nos termos do art. 107, I, do CP, em razão do seu falecimento" (REsp n. 222.653-RR, 5ª Turma, rel. Min. Félix Fischer, j. 12.9.2000).

Contra tal acórdão insurgem-se os réus, alegando negativa de vigência ao disposto no art. 5º, XXXVIII, alínea "d", da Constituição, enquanto matéria prequestionada explicitamente perante o STJ. É que essa norma constitucional reserva ao Tribunal do Júri, de forma soberana, competência para julgamento dos crimes dolosos contra a vida, dentre os quais, no entendimento dos recorrentes, contra o do STJ, estaria o crime de genocídio. Daí requererem o conhecimento e o provimento deste recurso, para que se restabeleça o acórdão do TRF-1ª Região o qual decretou a nulidade da sentença do Juízo Federal Monocrático (fls. 1.944). (...).

VOTO – *O Sr. Min. Cézar Peluso* (relator): (...). (...).
Pois bem, divisam-se, no tema, duas ordens de problemas.

(a) Em primeiro lugar, é mister aferir desde logo se, dentro de uma mesma modalidade, as condutas homogêneas constitutivas do crime de genocídio implicam a prática de um ou de vários delitos de genocídio em concurso real, isto é, "si los asesinatos de dos miembros de un grupo constituyen uno o dos genocidios". [**Rodapé**: GIL GIL, Alicia, "Comentario a la primera sentencia del Tribunal Supremo Alemán condenando por el delito de genocidio...", cit., p. 773.] Em seguida, deve-se avaliar a relação existente entre as distintas modalidades de genocídio, para saber, "por ejemplo, si el asesinato de un miembro del grupo y las lesiones infringidas a otro constituyen uno o dos delitos de genocidio". [**Rodapé**: GIL GIL, Alicia, "Comentario a la primera sentencia del Tribunal Supremo Alemán condenando por el delito de genocidio...", cit., p. 773.]

(b) Em segundo lugar, cumpre enfrentar a problemática concernente à relação entre crime de genocídio e cada uma das figuras delituosas que, consideradas em si mesmas, substanciam crimes autônomos contra bens jurídicos individuais, mas que, animadas pelo elemento subjetivo exigido pelo tipo legal do genocídio, atuam, ao mesmo tempo, como modalidades comissivas do crime de genocídio.

A solução deste caso envolve as duas ordens de questões: (i) a de perquirir se as condutas homogêneas importam a prática de um ou de vários delitos de genocídio e (ii) a da relação entre o crime de genocídio e cada um dos (12) homicídios praticados pelos recorrentes.

Sob a luz do pensamento da Professora espanhola, analiso-as em separado, não sem antes observar que a questão do concurso entre o crime de genocídio e os de homicídio, pelo que colhi ao exame dos precedentes, ainda não foi examinada nesta Casa. Nos autos do HC n. 65.913 (rel. Min. Célio Borja), conquanto estivesse em jogo a tipificação dos homicídios praticados contra índios – ali, a acusação era de homicídio qualificado, lesões corporais, violação de domicílio e formação de bando ou quadrilha –, entendeu o Relator de não apreciá-la na via estreita do *writ*, relegando-lhe a apuração ao juízo da ação penal: "A tipificação da conduta dos pacientes, como crime de genocídio, demanda o exame aprofundado de provas, que, a meu juízo, desborda dos estreitíssimos limites do *writ* impetrado. Penso que somente no curso da ação penal será possível deslindar questão tão delicada. Daí a cautelosa advertência do Min. Assis Toledo, ao dizer que tal não sendo possível em *habeas corpus*, não pretendia, em seu voto, dar qualificação jurídica definitiva – menos ainda, julgar os fatos denunciados" (fls. 210-211).

Quanto ao primeiro ponto, a solução adotada pelo Tribunal alemão foi que todos os atos cometidos em execução de um genocídio constituem um só crime, ou seja, "una unidad de acción en sentido típico, pues así se desprende de la génesis, el fin de protección y la descripción típica del precepto". [**Rodapé**: GIL GIL, Alicia, idem, ibidem.] Esta posição veio, continua Gil Gil, da compreensão – aliás, por ela subscrita – "del delito de genocidio como protector exclusivamente del bien jurídico *'existencia de un grupo nacional, racial, étnico o religioso', siendo el individuo únicamente el 'objeto del hecho', y quedando, por* tanto, *fuera de su fin de protección los bienes jurídicos individuales, cuya lesión deberá ser considerada mediante el concurso de delitos*". [**Rodapé**: GIL GIL, Alicia, "Comentario a la primera sentencia del Tribunal Supremo Alemán condenando por el delito de genocidio...", cit., p. 774 – grifei.]

Donde, todas as distintas ações previstas – "matar", "causar lesão grave", "submeter o grupo a condições capazes de causar sua destruição total ou parcial", "adotar medidas para impedir nascimentos", "efetuar transferência forçada de crianças" – não representarem tipos independentes, senão modalidades diversas de comissão do crime de genocídio. (...).

Aplicadas tais noções à espécie, tenho que a solução dada pelas instâncias inferiores não é de censurar. Os diversos ataques (homicídios) reputam-se uma unidade delitiva, e por um só crime de genocídio foram os recorrentes condenados, com base na pena atribuída à forma de ataque mais grave, ou seja, a prevista na primeira parte da cominação, equivalente à pena prevista para o art. 121, § 2º, do CP. **[Rodapé:** GIL GIL, Alicia, "Comentario a la primera sentencia del Tribunal Supremo Alemán condenando por el delito de genocidio...", ob. cit., p. 780.**]** Além disso, creio haver demonstrado de forma satisfatória que o genocídio não é crime doloso contra a vida, o que constitui razão a mais da competência do juízo monocrático.

Mas a questão recursal não se esgota no reconhecimento da prática do genocídio: há, por aquilatar, a concorrência dos 12 homicídios perpetrados pelos recorrentes na execução do delito de genocídio.

Observe-se que, entre nós, a pena para quem pratica as diversas modalidades de execução do crime de genocídio, mediante repetições homogêneas ou não, será sempre uma só, conforme a remissão da lei às penas previstas no Código Penal. Poderia ter sido outra a opção normativa. Mas a adotada o foi por considerá-las todas *um só ataque* ao bem jurídico coletivo – "existência de um grupo nacional, racial, étnico ou religioso" –, cuja maior ou menor gravidade reflete-se na maior ou menor gravidade da modalidade cometida (art. 1º, letras "a" a "e"). Os crimes praticados em concurso contra os bens jurídicos personalíssimos (vida, integridade física, liberdade etc.), esses remanescem como tais, sem absorção pelo crime de genocídio.

A forma de cominação da pena em nossa lei é, aliás, a prova mesma de que o genocídio corporifica crime autônomo contra bem jurídico coletivo, diverso dos ataques individuais que compõem modalidades de sua execução. Ou seja, o desvalor do crime de genocídio *não* absorve nem dilui o desvalor dos crimes contra bens jurídicos individuais ofendidos na prática dos atos próprios de cada modalidade de sua execução. Fosse outra a conclusão, à prática do crime mais grave corresponderia – como ocorreu no caso – pena mais branda!

E este caso bem o ilustra. Os recorrentes foram condenados à pena-base de 15 anos de reclusão, aumentada por força de duas agravantes (arts. 61, II, "c", e 62, I, do CP) e definida no total de 19 anos e 6 meses de reclusão (fls. 1.203-1.207), no que tange ao genocídio. Se, por hipótese, tivessem os réus cometido homicídios contra 12 pessoas, sem especial intenção de destruir grupo indígena, a sanção seria muito mais severa!

Está a ver-se que, a despeito de aparente contradição, é da concepção típica do delito e da própria lógica normativa admitir-se que a figura criminosa do genocídio não tende a proteger a vida, a integridade física etc., como se poderia supor e se supõe com frequência, pois que a ofensa singular a tais bens jurídicos não integra o juízo normativo de *desvalor* inerente ao crime de genocídio, como se colhe e prova a sanção penal a este cominada.

Deve ser afastada, aqui, toda ideia de conflito aparente de normas.

Segundo Juarez Cirino dos Santos, as soluções cogitadas para tal conflito fundam-se no seguinte raciocínio: "O conteúdo de injusto de um tipo legal compreende o conteúdo de injusto de outro tipo legal e, assim, o tipo legal primário exclui o tipo legal secundário, que não contribui para o injusto típico, nem para a aplicação da pena". **[Rodapé:** SANTOS, Juarez Cirino dos, *A Moderna Teoria do Fato Punível*, 2ª ed., Rio de Janeiro, Freitas Bastos, 2002, p. 345.**]** *É daí que se extraem as regras da especialidade, subsidiariedade, consunção e antefato e pós-fato copunidos.*

Segundo o critério da especialidade, o tipo especial contém todos os elementos do tipo geral e mais algum especial e, assim, exclui o tipo geral por "uma relação lógica de continente e conteúdo: o tipo especial contém o tipo geral, mas o tipo geral não contém o tipo especial (*lex specialis derogat legi generali*)". **[Rodapé:** SANTOS, Juarez Cirino dos, idem, p. 346.**]**

Como vimos, o tipo penal do genocídio não corresponde à soma de um crime de homicídio mais um elemento especial ("intenção de destruir um grupo") – quando a causa seria da competência do Tribunal do Júri –, até porque pode ser praticado mediante outras formas que não a do homicídio. O homicídio é, aí, só modalidade de execução do delito, o que desloca a hipótese para o domínio do critério da consunção.

Sob a diretriz da subsidiariedade, resolve-se o conflito por inferência. Assim, o tipo subsidiário somente será aplicado quando não o for o tipo principal, "porque diferentes normas penais protegem iguais bens jurídicos em diferentes estágios de agressão (*lex primaria derogat legi subsidiariae*)". **[Rodapé:** SANTOS, Juarez Cirino dos, *A Moderna Teoria do Fato*..., cit., p. 347.**]** Conforme põem em relevo Giovanni Fiandaca e Enzo Musco, só há subsidiariedade diante de tipos dispostos à proteção do mesmo bem jurídico: "il principio di sussidiarietà intercorrerebbe tra norme che prevedono stadi o gradi diversi di offesa di un medesimo bene; in modo tale che l'offesa maggiore assorbe tra minore e, di conseguenza, l'applicabilità dell'una norma è subordinata alla non applicazione dell'altra". **[Rodapé:** FIANDACA, Giovanni, e MUSCO, Enzo, *Diritto Penale: Parte Generale*, 3ª ed., Bolonha, Zanichelli, 1995, p. 619.**]**

Ora, é inaplicável o critério ao caso, porque não há identidade de bem jurídico entre os crimes de genocídio e homicídio.

Considere-se, por fim, o da consunção, [**Rodapé:** Como aponta Juarez Cirino dos Santos, "a literatura contemporânea oscila entre posições de aceitação reticente e de rejeição absoluta do critério da consunção" (*A Moderna Teoria do Fato Punível...*, cit., p. 349). No mesmo sentido, TOLEDO, Francisco de Assis, *Princípios Básicos de Direito Penal*, 5ª ed., São Paulo, Saraiva, 2002, p. 52.] segundo o qual o tipo consuntivo repele aplicação do tipo consunto: "o conteúdo de injusto do primeiro tipo consome o conteúdo de injusto do segundo, porque o tipo consumido constitui meio regular (não, porém, necessário) de realização do tipo consumidor (*lex consumens derogat legi consumptae*)". [**Rodapé:** SANTOS, Juarez Cirino dos, *A Moderna Teoria do Fato*..., cit., p. 348.]

Nesses casos, "um tipo descarta outro porque consome ou exaure o seu conteúdo proibitivo", ou seja, "quando um resultado eventual já está abarcado pelo desvalor que da conduta faz outro tipo legal". [**Rodapé:** ZAFFARONI, Eugenio Raúl, e PIERANGELI, José Henrique, *Manual de Direito Penal Brasileiro: Parte Geral*, 5ª ed., São Paulo, RT, 2004, p. 697.]

A consunção, ou absorção, atende a uma relação de valor.

"Il principale criterio non logico, ma *di valore*, utilizzato per risolvere i casi di conflitto apparente tra norme non risolubili alla stregua del rapporto di specialità, è quello dell'*assorbimento* o – come anche si dice – della *consunzione*: esso è invocabile per escludere il concorso di reati in tutte le ipotesi nelle quali la realizzazione di un reato comporta, secondo l'*id quod pelumque accidit*, la commissione di un secondo reato, il quale perciò finisce, ad una valutazione normativo-sociale, con l'apparire assorbito dal primo.

"*Questo rapporto di implicazione o compresenza tra più reati, suffragato dall'esperienza, non può sfuggire allo stesso legislatore, il quale, nel prevedere il trattamento per il reato più grave, fissa una sanzione adeguata a coprire anche il disvalore del reato meno grave che normalmente vi si accompagna.*

"Caratteristiche essenziali del principio dell'assorbimento, pertanto, sono le seguenti: (1) esso non poggia su di un rapporto logico tra norme, ma su di un *rapporto di valore*, in base al quale *l'aprezzamento negativo* del fatto concreto appare tutto già compreso nella norma che prevede il reato più grave, con la conseguenza che la contemporanea applicazione della norma che prevede il reato meno grave condurrebbe ad un ingiusto moltiplicarsi di sanzioni; (2) esso richiede non la identità naturalistica (come il principio di specialità), bensì la unitarietà normativo-sociale del fatto" [**Rodapé:** FIANDACA, Giovanni, e MUSCO, Enzo, *Diritto Penale*..., cit., p. 620 – grifos nossos.]

Não há, portanto, como dar por consunção dos homicídios pelo crime de genocídio, já que, em nosso ordenamento, a cominação da sanção penal logo revela que *o desvalor do homicídio não está absorvido pelo desvalor da conduta do crime de genocídio*, como suponho ter demonstrado. Insisto: quem matar 12 membros de um grupo, com a intenção de destruí-lo no todo ou em parte, receberá uma só pena, de 12 a 30 anos, pela prática do genocídio, sem prejuízo da pena relativa a cada um dos ataques aos bens jurídicos personalíssimos. Absurdo palpável seria aplicar a quem mate diversos membros de um grupo, com a particular intenção de destruir, a pena de um só homicídio, posto que qualificado, no lugar de tantas quantas sejam devidas por todos os homicídios.

Tampouco parece fora de propósito raciocinar por confronto com o caso do crime de latrocínio, em que o desvalor do tipo qualificado consome o conteúdo proibitivo do crime de homicídio, como se lhe tira à descrição do Código Penal:

"Art. 157. (...).

"(...).

"§ 3º. Se da violência resulta lesão corporal grave, a pena é de reclusão, de 7 (sete) a 15 (quinze) anos, além da multa; se resulta morte, a reclusão é de 20 (vinte) a 30 (trinta) anos, sem prejuízo da multa."

O latrocínio é exemplo de crime complexo, em que se dá *unificação legal*, sob a forma de um único crime, de duas ou mais figuras criminosas, "i cui elementi costitutivi sono tutti compresi nella figura criminosa risultante dall'unificazione". [**Rodapé:** FIANDACA, Giovanni, e MUSCO, Enzo, ide, p. 624.] Ou seja, é daqueles crimes "em cuja composição normativa entram dois ilícitos penais autônomos, seja como elementos constitutivos do tipo, seja um como tipo básico e outro como circunstância agravante". [**Rodapé:** ANDREUCCI, Ricardo Antunes, "Apontamentos sobre o crime complexo", *Estudos e Pareceres de Direito Penal*, São Paulo, RT, 1982, p. 40.]

Não é o que sucede com o crime de genocídio, cujo tipo não resulta da soma de duas figuras criminosas, pois é atípico um atuar qualquer "com a intenção de destruir, no todo ou em parte, grupo nacional, étnico, racial ou religioso", de modo que nele não há *fusão normativa* de dois crimes sob outra figura típica, mas a construção de novo tipo penal, que protege bem jurídico próprio (*existência de grupo nacional, étnico, racial ou religioso*) e que pode realizado por modalidades de agir que, por si sós, constituem crimes contra outros bens jurídicos (*individuais*), cuja vulneração teórica não está compreendida no desvalor do crime de genocídio. (...).

Em nosso caso, todavia, a solução parece-me deva ser diferente. Entre os diversos crimes de homicídio, creio existir continuidade delitiva, pois presentes, ao menos aí, os requisitos da identidade de crimes, bem como de condições de tempo, lugar e maneira de execução, e cuja pena há de atender ao disposto no art. 71, parágrafo único, do CP. E entre tal crime continuado e o de genocídio dá-se concurso formal, submisso à regra do art. 70, *caput*, segunda parte, já que, no contexto dessa relação, cada homicídio e o genocídio resultam de desígnios autônomos.

Tal perspectiva guarda relevante consequência teórica para o caso, e daí a larga digressão a que tive de recorrer. É que, havendo concurso entre crimes dolosos contra a vida (os homicídios) e o crime de genocídio, a competência para julgá-los todos seria do Tribunal do Júri, à luz do art. 5º, inciso XXXVIII, da CF e do art. 78, inciso I, do CPP. Mas os recorrentes não foram condenados pelos crimes de homicídio, senão apenas pelo de genocídio. E o recurso é exclusivo da defesa, vedada, pois, *reformatio in pejus*. Assim, resta-me tão só negar-lhe provimento, já que, como visto, o delito de genocídio não é crime doloso contra a vida, mas contra a existência de grupo nacional, étnico, racial ou religioso.

2. Isto posto, nego provimento ao recurso.

EXTRATO DE ATA

Decisão: A Turma decidiu afetar ao Tribunal Pleno o julgamento do presente recurso extraordinário. Unânime. Presidiu o julgamento o Min. Marco Aurélio. Não participaram deste julgamento os Mins. Sepúlveda Pertence e Eros Grau. 1ª Turma, 20.9.2005.

Decisão: O Tribunal, por unanimidade, negou provimento ao recurso, nos termos do voto do Relator. Votou a Presidente, Min. Ellen Gracie. Ausente, justificadamente, o Sr. Min. Celso de Mello. Plenário, 3.8.2006.

Presidência da Sra. Min. Ellen Gracie. Presentes à sessão os Srs. Mins. Sepúlveda Pertence, Marco Aurélio, Gilmar Mendes, Cézar Peluso, Carlos Britto, Joaquim Barbosa, Eros Grau, Ricardo Lewandowski e Carmen Lúcia.

* * *

PERGUNTAS

1. Quais são os fatos?
2. Qual a questão jurídica a ser resolvida?
3. Por que este caso foi resolvido pelo STF? O que é um recurso extraordinário e quais as condições para sua admissibilidade?
4. Como estão associados o conceito de igualdade como "reconhecimento da diferença" e a eventual consideração de crimes de homicídio contra indígenas como genocídio?
5. Qual a definição de concurso material e de concurso formal de crimes?
6. Como fica definido o crime de genocídio? Qual é o bem jurídico tutelado?
7. Para a configuração do crime de genocídio é necessário que haja um componente volitivo do autor contra determinada coletividade?
8. Apesar de considerar o crime de genocídio como unitário, cabendo, portanto, concurso formal, por que o Relator não provê o recurso?
9. Como ficou decidido o caso?

6.12 *Índios Crenac (ACO 312-BA)*

(Plenário – red. para o acórdão Min. Luiz Fux – j. 2.5.2012)

1. Ação cível originária – Ação de nulidade de títulos de propriedade sobre imóveis rurais situados no sul da Bahia em reserva indígena.

2. Conflito grave envolvendo comunidades situadas na reserva indígena denominada Caramuru-Catarina Paraguaçu – Ação judicial distribuída em 1982 impondo a observância do regime jurídico constitucional da Carta de 1967 para disciplinar a relação material *sub judice*. (...)

4. Demarcação da área *sub judice* ocorrida em 1938 desacompanhada de homologação – Incerteza oriunda da ausência de homologação da demarcação de terras indígenas relegando a comunidade a uma situação frágil e a um ambiente de violência e medo na região.

5. A homologação ausente, da demarcação administrativa realizada em 1938, não inibe o reconhecimento da existência de reserva indígena no local, originando a impossibilidade de se ter por válidos atos jurídicos formados por particulares com o Estado da Bahia.

6. Ausência de dúvidas quanto à presença de índios na área em litígio desde o período anterior ao advento da Carta de 1967 em face dos registros históricos que remontam a meados do século XVII.

7. O reconhecimento do direito à posse permanente dos silvícolas independe da conclusão do procedimento administrativo de demarcação na medida em que a tutela dos índios decorre, desde sempre, diretamente do texto constitucional.

8. A baixa demografia indígena na região em conflito em determinados momentos históricos, principalmente quando decorrente de esbulhos perpetrados por forasteiros, não consubstancia óbice ao reconheci-

to do caráter permanente da posse dos silvícolas. A remoção dos índios de suas terras por atos de violência não tem o condão de afastar-lhes o reconhecimento da tradicionalidade de sua posse. *In casu*, vislumbra-se a persistência necessária da comunidade indígena para configurar a continuidade suficiente da posse tida por esbulhada. A posse obtida por meio violento ou clandestino não pode opor-se à posse justa e constitucionalmente consagrada.

9. Nulidade de todos os títulos de propriedade cujas respectivas glebas estejam localizadas dentro da área de reserva indígena denominada Caramuru-Catarina-Paraguaçu, conforme demarcação de 1938. (...).

10. A impossibilidade jurídica do pedido erigida pela Constituição Federal impõe que as ações judiciais pendentes em que se discute o domínio e/ou a posse de imóveis situados na área reconhecida neste processo como reserva indígena sejam extintas sem resolução do mérito nos termos do art. 267, inciso V, do CPC.

11. O respeito às comunidades indígenas e à sua cultura implica reste preservada a possibilidade de superveniente inclusão, pela União, através de demarcação administrativa ou mesmo judicial, de novas áreas na reserva indígena Caramuru-Catarina-Paraguaçu além da já reconhecida nestes autos.

12. Deveras, a eventual ampliação da área analisada nestes autos em razão de demarcação superveniente a este julgamento demandará comprovação de que o espaço geográfico objeto de eventual ampliação constituía terra tradicionalmente ocupada pelos índios quando da promulgação da Constituição de 1988.

13. Ação julgada parcialmente procedente apenas quanto aos títulos de propriedade e registros imobiliários referentes aos imóveis abrangidos pelo espaço geográfico demarcado em 1938 e comprovado nestes autos, totalizando aproximadamente 54.000ha. Sob esse ângulo, a ação foi julgada procedente para reconhecer a condição jurídico-constitucional de terra indígena sobre a totalidade da área demarcada em 1938 e totalizando cerca de 54.000ha correspondentes à Reserva Caramuru-Catarina-Paraguaçu, e declarar a nulidade de todos os títulos de propriedade cujas respectivas glebas estejam localizadas na área da reserva.

14. As reconvenções relativas às terras situadas no interior da área demarcada em 1938 improcedem – Condenação desses réus reconvintes, cujos títulos foram anulados, a pagarem 10% sobre o valor atualizado da causa e compensados os honorários dos outros reconvintes que decaíram da reconvenção.

ACÓRDÃO – Vistos, relatados e discutidos estes autos: Acordam os Ministros do Supremo Tribunal Federal, em sessão plenária, sob a presidência do Sr. Min. Ayres Britto, na conformidade da ata de julgamentos e das notas taquigráficas, por maioria, preliminarmente, em acolher a questão de ordem suscitada pela Sra. Min. Carmen Lúcia no sentido de dar continuidade ao julgamento da ACO n. 312, vencido o Sr. Min. Marco Aurélio. Por unanimidade, o Tribunal rejeitou a preliminar de impossibilidade jurídica do pedido. Em seguida, o Tribunal, por maioria, julgou parcialmente procedente a ação para declarar a nulidade de todos os títulos de propriedade cujas respectivas glebas estejam localizadas dentro da área da Reserva Indígena Caramuru-Paraguaçu, todos eles, e, em consequência, julgadas improcedentes as reconvenções dos titulares desses títulos anulados, carecedores de ação os demais reconvintes, condenados os réus cujos títulos foram anulados a pagarem honorários de 10% sobre o valor atualizado da causa e compensados os honorários dos outros reconvintes que decaíram da reconvenção, vencido o Sr. Min. Marco Aurélio, que julgava improcedente a ação e prejudicados os pedidos de reconvenção.

Brasília, 2 de maio de 2012 – *Luiz Fux*, redator para o acórdão.

RELATÓRIO – *O Sr. Min. Eros Grau*: Trata-se de ação declaratória de nulidade de títulos de propriedade de imóveis rurais. Ação proposta pela Fundação Nacional do Índio/FUNAI contra Ananias Monteiro da Costa e outros em 1.7.1982 [fls. 2-22 – vol. I).

2. A autora relata que o Governo do Estado da Bahia concedeu títulos de propriedade em área indígena que abrange parte do território de diversos Municípios ao sul daquele Estado.

3. Afirma que os indígenas foram expulsos de suas terras, sendo submetidos às mais adversas condições de sobrevivência. Ações de agricultores locais, ocupantes da área, contribuíram para acelerar a dispersão dos silvícolas, ações expressivas de violência de toda ordem, desde a queima de malocas, destruição de roçados e castigos físicos à pressão moral e psicológica.

4. As terras possuídas pelos membros das tribos que ali viviam desde tempos imemoriais, Pataxós Hã-hã-hãe, Sapuyá, Baenã, Kariri e Kamakã, vieram sendo paulatinamente invadidas.

5. O Governo do Estado da Bahia determinou, em 1926, a delimitação da área de ocupação dos indígenas, a Lei n. 1.916, de 9.8.1926, estabelecendo a reserva de 50 léguas quadradas **[Rodapé:** Segundo dados do Ministério do Desenvolvimento Agrário, in *http://www.mda.gov.br/arquivos/TABELA_MEDIDA_AGRARIA_NÃO_ DECIMAL. pdf*, uma légua quadrada, no Estado da Bahia, equivale a 4.356ha, o que totaliza uma área de 217.800ha, destinados originariamente aos indígenas, área que foi reduzida em 1937.] de terras "destinadas â conservação das essências florestaes naturaes e a gozo dos índios Tupynambás e Patachós, ou outros ali habitantes". A FUNAI aponta a circunstância de o Governo local ter apenas determinado a delimitação da área, garantindo à comunidade silvícola a posse livre de uma terra que já era de domínio da União, "porque delas os índios já usufruíam imemorialmente" (fls. 4 – vol. I). (...).

9. Sobreveio a Constituição de 1934, cujo art. 129 assegurava "a posse de terras de silvícolas que nelas se achem permanentemente localizados, sendo-lhes, no entanto, vedado aliená-las". Quanto à "permanente localização", a FUNAI menciona trechos de relatos antropológicos que dão conta da existência de tribos indígenas Pataxós na região desde 1651 (fls. 9-10 – vol. I).

10. A autora sustenta que a lei baiana de 1926 operou a doação da área demarcada em 1938 aos índios Pataxós, ficando ela posteriormente abrangida pela proteção da legislação federal. O Estado da Bahia perdeu então "o poder de disposição sobre tais terras" (fls. 11 – vol. I).

11. Daí ainda a ilegalidade e inconstitucionalidade dos "atos do Governo do Estado da Bahia, fazendo expedir, abusiva e desrespeitosamente, títulos definitivos de propriedade em nome de invasores, posseiros, arrendatários e grileiros, incidentes sobre a área da Reserva Indígena Caramuru-Catarina-Paraguaçu". Os títulos expedidos pelo Estado seriam nulos de pleno direito, vez que decorrentes de aquisição *a non domino* (a inicial menciona "alienação *a non domino*"; fls. 11 – vol. I). (...).

16. A Fundação sustenta que os índios não abandonaram o local por vontade própria. Não há falar-se, portanto, em terras devolutas. Embora desapossados de suas terras, jamais perderam o *animus possidendi*.

17. Requer a declaração de nulidade dos títulos de propriedade e registros imobiliários expedidos (...).

18. Pede ainda, com fundamento nos arts. 4º, IV, e 198 e seus §§ da CF de 1967, vigente à época, e no art. 17, inciso III, da Lei n. 6.001/1973, o cancelamento das transcrições, matrículas ou registros existentes nos cartórios de situação dos imóveis objeto desta ação. (...).

32. O Estado da Bahia contestou o feito a fls. 1.114-1.126 (vol. IV). Afirma que a Lei estadual n. 1.916/1926 determinou a formação da reserva indígena em favor dos índios "ali habitantes" (fls. 1.116 – vol. IV). Alega que, em razão da ausência de população indígena na área, o Serviço de Proteção ao Índio/SPI arrendou pequenas glebas a agricultores e criadores da região, que nelas se instalaram, construindo casas e outras benfeitorias. (...).

35. Sustenta que, embora a Constituição (de 1967) determine a incorporação das terras ocupadas por silvícolas ao patrimônio da União, nunca houve posse permanente de qualquer índio naquela região. Menciona jurisprudência do Supremo no sentido de que apenas a posse permanente dos silvícolas caracteriza a terra indígena (MS n. 20.234, relator o Min. Cunha Peixoto, *DJU* 1.7.1980; MS n. 20.215, relator o Min. Décio Miranda, *DJU* 28.3.1980 e ACO n. 278, relator o Min. Soares Muñoz, *DJU* 11.11.1983). (...).

58. A FUNAI contestou a reconvenção a fls. 3.339-3.383, 3.406-36449, 3.471-3.515, 3.536-3.579 (vol. X). Reafirma a presença do povo Pataxó na região em litígio desde 1651, segundo relatos históricos. (...).

71. O Estado da Bahia insurgiu-se contra a ampliação da área a ser periciada, de 36.000ha para 54.000ha (fls. 4.143 – vol. XII). O Juízo de instrução esclareceu que a planta juntada a fls. 3.685 consigna a área demarcada em 1937/1938, que somava aproximadamente 54.000ha, de modo que apenas nessa área seriam encontrados os marcos a serem identificados e aviventados (fls. 4.146 – vol. XII). (...).

89. Em 27.2.2002 o Supremo decidiu questão de ordem suscitada pelo então Relator, no sentido de que "a demarcação, pela União, não é, em si, indispensável ao ajuizamento da própria ação, mas que, para o juízo de mérito, seria necessário verificar se a área em litígio consubstancia, ou não, total ou parcialmente, terra indígena" (fls. 5.568 – vol. XVII). (...).

VOTO – *O Sr. Min. Eros Grau* (relator): (...). (...).

4. O Tribunal definiu os contornos do mérito da demanda, que reclama decisão em torno da seguinte questão: a área em litígio consubstancia "terra indígena", na acepção jurídica da expressão? (...).

21. A presente ação cível originária foi proposta sob a égide da Constituição de 1967, com as alterações da Emenda Constitucional n. 1/1969. Este, pois, o parâmetro a ser utilizado para julgamento do pedido da FUNAI e da União, tomando-se do direito material da época em que proposta para que se possa aferir da nulidade, ou não, dos títulos de propriedade questionados.

22. O texto do art. 198 da Constituição brasileira/1967 refere a posse permanente do silvícola. (...).

25. A posse indígena sobre a terra, fundada no *indigenato*, diz com o *ius possessionis* e o *ius possidendi*. Abrange a relação material do sujeito com a coisa e o direito de seus titulares a possuírem-na como seu *habitat*. (...).

31. Os réus apontaram a intermitência da presença dos índios na região, abandono que desconfiguraria a posse permanente e a habitação exigidas pela Constituição de 1967 como requisito da transferência das terras ao domínio da União.

32. O perito-antropólogo efetivamente confirmou a existência de algumas "diásporas de índios", bem como o arrendamento de algumas áreas da reserva pelo SPI, o que teria acirrado ainda mais as disputas na região, ensejando a expulsão dos índios: (...).

33. Em nenhum momento, porém, a perícia aponta a ausência de silvícolas na área em litígio. Mesmo os que foram obrigados a deixar a terra natal mantiveram laços com os familiares que lá permaneceram (fls. 4.233 – vol. XIII). (...).

36. A baixa demografia indígena na região em determinados momentos históricos, principalmente quando decorrente de esbulhos perpetrados pelo forasteiro, não consubstancia óbice ao reconhecimento do caráter permanente da posse dos silvícolas. (...). (...).

49. Os quesitos relativos à expedição de títulos de propriedade após a demarcação não foram respondidos em razão da omissão do INTERBA, que não forneceu os documentos a eles atinentes. A perícia, no entanto, serviu à correta delimitação da área indígena, com a aviventação dos rumos. (...).

52. Como se vê, nenhum deles nenhum – absolutamente nenhum desses títulos –, nenhum deles está situado na área da reserva. Daí a absoluta irrelevância de todos, todos eles. (...).

65. Demonstrada a presença de silvícolas na área quando do advento da Constituição de 1967 – eis o que importa –, tem-se que eram elas ocupadas por indígenas não apenas em tempos imemoriais. Daí a irrelevância do relatório do Consultor Jurídico do Ministério da Agricultura, de 1960 (fls. 1.119 – vol. IV). Daí também por que não há semelhança entre a situação de que aqui cuidamos e as que foram objeto dos julgamentos desta Corte no RE n. 219.983 e no RE n. 262.978. (...).

70. No mais, não há títulos de domínio, no interior da reserva, anteriores à vigência da Constituição de 1967. O que parecia complexo no início da demanda resulta agora, 26 anos após, extremamente simples. Repito: não há títulos de propriedade válidos no interior da reserva. (...).

72. O pedido diz com a declaração de nulidade de todos os títulos de propriedade da área. Onde não se alegou a existência de título não há como anular qualquer efeito. Mas a ação é declaratória e visa a restabelecer a integralidade da Reserva Indígena Caramuru-Catarina-Paraguaçu. Daí por que deve ser julgada procedente na extensão de todos os seus efeitos declaratórios.

Julgo procedente a ação para declarar a nulidade de todos os títulos de propriedade cujas respectivas glebas estejam localizadas dentro da área da Reserva Indígena Caramuru-Catarina-Paraguaçu, todos eles. (...).

Condeno os réus ao pagamento de honorários advocatícios, fixados em 10% sobre o valor atualizado da causa. (...).

VOTO – A Sra. Min. Carmen Lúcia: Sr. Presidente, Srs. Ministros: temos em Mesa para continuidade de julgamento um dos casos mais graves que nestes seis anos de Supremo Tribunal me chegaram às mãos.

São vinte e cinco volumes de sofrimentos, lágrimas, sangue e mortes. E não se cuida de uma expressão, mas de mera constatação.

De se afirmar, de pronto, que grande parte dos intensos conflitos (des)humanos hoje havidos na área em questão nesta ação decorrem de comportamentos estatais. Não de um ou outro governo, mas de mudanças formuladas em políticas que não tiveram seguimento, mas tiveram consequências. Consequências na vida das pessoas, geração após geração, daí decorrendo problemas que foram apenas se aprofundando e tornando mais difícil a solução. (...).

38. Por motivos não esclarecidos nestes autos, da demarcação concluída em 1938 não resultou nenhum ato oficial homologando a área como reserva indígena, nem foi apresentado qualquer documento comprovando a formalização da transferência da área demarcada à União.

39. Certo é que logo após a conclusão dos trabalhos de campo e antes mesmo da apresentação dos relatórios mencionados, ainda no ano de 1938, o órgão de proteção ao índio entendeu por bem fracionar parte das terras sob sua administração em pequenos tratos, arrendando-os a cerca de 3.000 agricultores e criadores da região, "(...) como forma de resolver os problemas sociais da população dita civilizada que se encontrava ocupando e explorando terras envolvidas pela reserva indígena, na área dos dois postos", segundo asseverou a própria FUNAI na contestação apresentada das reconvenções dos réus (fls. 3.345, vol. X), tendo afirmado, ainda, que "tal medida não foi do agrado de todos, tanto assim que os problemas persistiram, e as mais diferentes formas de pressão prosseguiram, sempre com vista à redução ou extinção da área indígena objeto de doação feita pelo Estado da Bahia" (fls. 3.345). (...).

57. Esse quadro fático põe algumas premissas inafastáveis na apreciação desta causa: (a) quando da edição da Lei baiana n. 1.916/1926 existiam índios ocupando a região de forma permanente e tradicional; (b) a demora na ultimação dos objetivos daquela lei estadual contribuiu para o agravamento dos conflitos fundiários existentes; (c) com o transcurso do tempo, a presença indígena na região foi, primeiro, reduzida, o que provocou a contínua rediscussão, pelas autoridades competentes federais e estaduais, sobre os limites da área a ser destinada para o estabelecimento da reserva indígena; (d) a ocupação das propriedades pelos descendentes dos autóctones no início da década de 1980 voltou a elevar a presença indígena na região, apresentando, assim, dificuldades na delimitação dessa área, donde o ajuizamento da presente ação com o objetivo de declarar a nulidade dos títulos de propriedade apresentados na inicial e daqueles cujo objeto se localizasse no interior da área demarcada em 1938, para, posteriormente, proceder-se à demarcação administrativa da reserva.

Consideradas essas premissas, as partes contrapõem duas teses.

A FUNAI e a União sustentam que a acentuada redução da presença de índios nas áreas discutidas resultou de sua expulsão com atos de violência de não índios, suficiente para delas não afastar a condição jurídico-constitucional de terras indígenas.

Para os réus, a extensão da área demarcada em 1938 jamais teria sido efetivamente ocupada por índios, exigindo, assim, a reversão do domínio daquelas terras ao Estado da Bahia, motivo pelo qual a reocupação ocorrida a partir da década de 1980 seria verdadeira invasão de propriedades particulares "por índios que, ao longo dos últimos 20 anos desta disputa judicial, foram trazidos de outras regiões pela FUNAI", o que atrairia a incidência do entendimento assentado na Súmula n. 650 deste Supremo Tribunal, segundo a qual "os incisos I e IX do art. 20 da CF não alcançam terras de aldeamentos extintos, ainda que ocupadas por indígenas em passado remoto" (fls. 6.042-6.052 – vol. XIX).

O cerne da questão está, portanto, em saber se a redução da presença indígena na região, em determinado período, possibilitaria a consequente diminuição do espaço geográfico que se pretendeu reservar aos índios em 1938, porque, no regime constitucional de 1934 a 1946, a posse indígena a ser respeitada condicionava-se ao caráter de permanência na localização imemorial estabelecida pelo índio ou decorrente de definição do órgão oficial com a atribuição de cuidar dos seus interesses.

58. Para o Relator, Min. Eros Grau, "a baixa demografia indígena na região em determinados momentos históricos, principalmente quando decorrente de esbulhos perpetrados pelo forasteiro, não consubstancia óbice ao reconhecimento do caráter permanente da posse dos silvícolas", de acordo com o entendimento assentado no julgamento da ACO n. 323 (rel. Min. Francisco Rezek, Tribunal Pleno, *DJU* 8.4.1994), donde o necessário restabelecimento da integralidade da reserva indígena demarcada em 1938.

59. Tenho, entretanto, que o caso examinado naquele precedente apresentava circunstâncias distintas às destes autos, dificultando a invocação do entendimento firmado naquela ocasião.

60. Naquele precedente, no qual também se pretendia a declaração de nulidade de vários títulos de propriedade outorgados pelo Estado de Minas Gerais, o decreto estadual por meio do qual efetivada a doação de terras à União (Decreto estadual n. 5.462, de 10.12.1920) discriminava com precisão os limites da área a ser destinada exclusivamente para o alojamento dos índios Crenacs.

O aperfeiçoamento da transferência das terras mediante a lavratura, em escritura pública, da doação (registrada em cartório de imóveis) constituiu elemento fundamental para o reconhecimento da inafastabilidade do domínio da União em relação àquela área reservada, motivo pelo qual nem o seu abandono pelos índios seria capaz de reverter o domínio das terras ao Estado mediante gesto unilateral. (...).

62. É inegável, assim, que somente a política de delimitação administrativa dos espaços geográficos destinados à preservação das identidades culturais dos índios funcionou como instrumento eficaz na garantia dos seus direitos congênitos até o advento da Carta de 1967, quando a convergência do domínio das terras indígenas e da responsabilidade pela proteção dos interesses dos índios à União impôs dificuldades à atuação daqueles que pretendessem violar os direitos desses brasileiros.

63. No caso em exame, portanto, a inexistência de ato estatal conclusivo da demarcação administrativa, que não foi homologada, impediu a precisa identificação e, consequentemente, a efetiva proteção jurídica das terras indígenas, sendo certo que a dupla afetação da extensa área mencionada na Lei baiana n. 1.916/1926 (50 léguas quadradas de terras destinadas à conservação das essências florestais e ao gozo dos índios ali habitantes) tornou manifesta a imprecisão dos limites nela fixados, conforme realçou o Min. Nelson Jobim no julgamento da Questão de Ordem.

64. Essa a particularidade que gerou grande parte dos problemas a serem agora enfrentados: até a edição da Carta de 1967, quando alterada a posição dos Estados quanto às terras ocupadas pelos silvícolas, o seu abandono pelos índios, sem sacrifício dos seus interesses, autorizava o ente estadual, diante da falta do pressuposto de permanência, a reaver as terras e doá-las a terceiros. (...)

66. O que se há de concluir, pois, no presente julgamento, é se a ausência do ato homologatório da demarcação administrativa realizada em 1938 impede-nos concluir existir a reserva indígena e, consequentemente, a doação das terras à União. Somente concluindo pela inexistência da reserva é que se poderia ter como válida a celebração, pelo Estado, de negócio jurídico com as terras indígenas tidas por abandonadas, não incidindo, em relação a elas, o disposto no § 1º do art. 198 da Carta de 1967 ("§ 1º. Ficam declaradas a nulidade e a extinção dos efeitos jurídicos de qualquer natureza que tenham por objeto o domínio, a posse ou a ocupação de terras habitadas pelos silvícolas").

Como o Relator, também concluo que a delimitação, ainda que sem o aperfeiçoamento formal do processo demarcatório, pela ausência de sua homologação, não pode ser óbice ao reconhecimento das terras indígenas, sobre elas incidindo a impossibilidade de se ter por válidos atos jurídicos firmados por particulares com o Estado da Bahia. (...).

81. Preocupam, sobremaneira, as condições na área em litígio, por ter havido a celebração de contratos de arrendamento a aproximadamente 3.000 agricultores e criadores já estabelecidos na região e a própria União, por meio do seu órgão de proteção aos índios, servia para cumprir a política governamental de incorporação dos índios aos hábitos e aos costumes tidos como civilizados.

82. Esse entendimento é reforçado se considerarmos que quando da celebração desses acordos a ordem constitucional já determinava o respeito à posse de terras de indígenas que nelas estivessem, em caráter de permanência, vedada, ainda, a sua alienação (art. 129 da Constituição de 1934, art. 154 da Constituição de 1937 e art. 216 da Constituição de 1946). (...).

85. Essa circunstância apresenta conceitos distintos sobre as terras discutidas, defluindo, daí, consequências diversas em relação a cada uma delas.

Quanto à terra de ocupação efetiva, ou seja, aquela habitada pelos índios de acordo com os usos, costumes e tradições tribais, o reconhecimento do direito à posse permanente não dependeria da conclusão do procedimento administrativo de demarcação, uma vez que a proteção dessas resultaria diretamente de mandamento constitucional de ontem e de hoje.

Já, a área destinada à ocupação dos grupos indígenas sem esse vínculo imemorial com a terra depende da sua delimitação legal para o resguardo da posse indígena sobre as terras reservadas. Do contrário, instaurar-se-ia a insegurança jurídica fundiária em todo o território nacional, pois a simples fixação de um grupo indígena em qualquer área bastaria para conferir-lhes a pretensão à defesa da posse.

Não por outra razão, atualmente, tem-se o procedimento administrativo para a reserva de terras destinadas à proteção de grupos indígenas, prevista no art. 26 da Lei n. 6.001/1973 (área reservada), com rito diferente do aplicado às terras tradicionalmente ocupadas pelos índios, estabelecido pelo Decreto n. 1.775/1996, como observa a FUNAI em sua página eletrônica na internet (*link* 'as terras' em 'índios do Brasil' – *www.funai.gov.br/index.html*, acessado em 27.8.2010).

86. Essa distinção, contudo, não impossibilita a simultaneidade desses dois institutos numa mesma reserva, como se pretendeu fazer em 1938 quanto às áreas objeto da presente ação. (...).

97. Pelo exposto, voto conhecendo, em parte, da presente ação declaratória de nulidade, cujo objeto restrinjo aos títulos de propriedade e registros imobiliários referentes a imóveis localizados no interior da área demarcada em 1938 e comprovada nesta ação, e acompanhando o Relator na parte em que (a) julga procedente a ação para reconhecer a condição jurídico-constitucional de terra indígena sobre a totalidade da área objeto da demarcação feita no final da década de 1930 do século passado e comprovada nestes autos, totalizando 54.000ha correspondentes à Reserva Caramuru-Catarina-Paraguaçu, e declarar a nulidade de todos os títulos de propriedade cujas respectivas glebas estejam localizadas na área da Reserva; (b) julga improcedentes as reconvenções relativas às áreas referentes a terras localizadas no interior da reserva demarcada em 1938 e que não tenham sido objeto de acordo entre os reconvintes e a FUNAI, isentando-os, contudo, do pagamento das custas processuais e dos honorários advocatícios, ao contrário do Relator, em face da peculiar situação em que os mesmos se põem, decorrentes as suas condutas, incluídas as processuais, de práticas estatais, que lhes outorgaram títulos, em face da legislação vigente inválidos, mas que foram a causa de suas convicções de que estariam respaldados em sua aquisição de bens.

É o voto.

(...).

VOTO – *O Sr. Min. Marco Aurélio*: Presidente, começo por fazer justiça ao Relator, que já não está compondo este Plenário. O voto do Min. Cézar Peluso coincide com o de S. Exa., e apenas constato que, na redação da parte dispositiva, faltou certo vocábulo – "parcialmente" – no que se consignou "julgo procedente a ação para declarar a nulidade de todos os títulos de propriedade, cujas respectivas glebas estejam localizadas dentro da área da Reserva Indígena Caramuru-Catarina-Paraguaçu", todos eles. S. Exa. o Relator, Min. Eros Grau, não acolheu o pedido abrangente da FUNAI. S. Exa. não julgou procedente o pleito inicial quanto a títulos alusivos a áreas estranhas àquelas que teriam sido levantadas como de ocupação permanente dos indígenas. É preciso deixar isso muito claro, e atribuo mesmo a inexistência do vocábulo "parcialmente" a uma falha de digitação do próprio voto, porque não posso, ante a inteligência de S. Exa., o Min. Eros Grau, vislumbrar adoção, no próprio voto proferido, de uma postura conflitante.

Presidente, não estamos aqui a cuidar do resgate, consideradas as violências perpetradas nas três Américas – do Sul, Central e do Norte – contra os indígenas, porque seria, até mesmo, impossível o retorno, pela ordem natural das coisas, ao estado anterior, quando os indígenas realmente ocupavam, com exclusividade, as áreas territoriais.

Nesta ação, que é declaratória, mas não simplesmente declaratória, também constitutiva negativa, presente o pedido formulado, não se cogitou, até aqui, da segurança jurídica. Não houve uma palavra sequer sobre dois institutos: a decadência e a prescrição. Faço apenas essa observação no voto proferido.

Não ocorreu, Presidente, demarcação prévia da área, tanto que o relator originário trouxe o processo em questão de ordem ao Plenário para definir-se a sequência ou não. O Plenário, sem discrepância de votos, admitiu a lide, em que pese à inexistência – deixemos bem claro – da demarcação. Tem-se o envolvimento de área de 54.000ha, bem inferior, por sinal, à área relativa ao episódio Raposa Serra do Sol. Presidente, começo explicitando a regência constitucional da matéria. E então colho dado do voto do próprio Relator. A regência não é da Carta de 1988, decorre da Carta outorgada de 1967 – e tenho realmente essa Carta como outorgada pelo regime militar. Assentou S. Exa., com todas as letras: "21. A presente ação cível originária foi proposta sob a égide" – proteção, portanto – "da Constituição de 1967, com as alterações da Emenda Constitucional n. 1/1969. Este, pois, o parâmetro a ser utilizado para julgamento do pedido da FUNAI e da União, tomando-se do direito material da época em que proposta para que se possa aferir da nulidade, ou não, dos títulos de propriedade questionados".

O que veio com a Constituição de 1967? Um preceito que quer queiramos, ou não – e não podemos atribuir aos vocábulos sentido que não lhes seja próprio –, revela: "Art. 186 É assegurada aos silvícolas a posse permanente das áreas que habitam".

A Carta de 1988 aludiu a áreas que ocupam. Portanto, ambos os documentos básicos referem-se ao presente, não ao passado, muito menos ao passado remoto. Continuando a leitura do art. 186: "(...) e reconhecido o seu direito ao usufruto exclusivo dos recursos naturais e de todas as utilidades nelas existentes".

Extraio, como está inclusive no voto, a premissa do Relator, o seguinte: "22. O texto do art. 198 da Constituição do Brasil/1967 refere à posse permanente do silvícola".

Presidente, também colho do voto a premissa constante do item 31, que é a intermitência da presença dos índios na região e o abandono, até mesmo, da região. Isso está confirmado tendo em conta o que levantou o perito, antropólogo, no que confirmou a existência de algumas "diásporas dos índios".

Sigo, Presidente, e vejo que consta mais que teria ocorrido – como ocorreu em relação a praticamente todo o Brasil – a expulsão dos índios. (...).

Presidente, foi o apurado quanto a esse êxodo que se apontou ocorrido entre 1936 e 1969. Teria cessado, portanto, em 1969.

A seguir, no item 36 do voto, S. Exa., que teve a oportunidade de examinar os elementos coligidos ao processo – confesso, não a tive, já que o tempo é escasso para cuidar dos processos sob minha relatoria –, deixou consignado: "36. A baixa demografia indígena na região em determinados momentos históricos, principalmente quando decorrente de esbulhos perpetrados pelo forasteiro, não consubstancia" – concluiu S. Exa. algo que não endosso – "óbice ao reconhecimento do caráter permanente da posse dos silvícolas".

Surge uma contradição ao princípio do terceiro excluído: ou uma coisa é, ou não é. Ou bem se cogita de posse – e posse permanente –, na data em que entrou em vigor a Carta de 1967, ou se afasta essa posse, sob pena de potencializar-se, em muito, a ficção jurídica.

Prossigo, ainda no voto de S. Exa., quando assevera que: "38. O perito afiançou, por fim, que a área discutida na inicial é adequada ao assentamento dos indígenas, não obstante as sensíveis alterações do ecossistema causadas pela sua ocupação desordenada" – indago: por quem? Pelos indígenas? Não – "por estranhos".

Qual é a importância do fato? Qual é o valor jurídico de se ter a área como adequada ao assentamento dos indígenas? É nenhum, para efeito de julgamento desta ação proposta, repito, a partir do previsto na Carta de 1967, que encerrou, em si, um fenômeno: a posse permanente, à época, da área pelos indígenas.

No item 39 consignou S. Exa. que a perícia antropológica comprovou que a área em litígio consubstancia terra indígena.

O Brasil todo consubstanciou, quando da descoberta, terra indígena. Nem por isso podemos pensar na desocupação, para entregar-se o território nacional aos indígenas.

Continuo ressaltando que, no item 44 do voto, é assentado: "44. Afirma que os principais impactos de ordem social decorrentes da declaração de nulidade dos títulos de propriedade" – diga-se: títulos outorgados por particulares? Não, títulos outorgados pelo Estado e registrados em cartório – "serão o desemprego e a perda das unidades produtivas familiares" – daqueles que estão lá a explorarem as terras, como, pelo menos assim se sentiam até o ajuizamento da ação, legítimos detentores dessas terras, observadas as formalidades legais, ou seja, títulos e matrículas constantes do registro de imóveis – "Alega, porém, que a minimização ou agravamento destes impactos dependerá logicamente da dinâmica imposta pelos novos ocupantes (...)".

Quem seriam os novos ocupantes? A resposta é única e irrefutável: os indígenas, que não ocupavam, conforme levantado, essas áreas, em 1967.

A seguir, versa-se, no item 50: "50. Os documentos relativos aos imóveis dos réus foram juntados aos autos (...) por determinação do Min. Nelson Jobim. Títulos de propriedade outorgados pelo Governo do Estado da Bahia" – e o Governo do Estado da Bahia não seria irresponsável a ponto de outorgar esses títulos se nas terras houvesse indígenas – "entre os anos de 1978 a 1984, nos Municípios de Itaju do Colônia, Pau Brasil e Camacan, às seguintes pessoas físicas: (...)". (...).

Vou adiante e chego ao que decidido ao que decidido por este Plenário. E fui Relator no processo autuado sob essa nomenclatura, RE n. 219.987. Na oportunidade, foi essa óptica que prevaleceu, porque senão não teria redigido o acórdão, fiz ver: "Conclui-se, assim, que a regra definidora do domínio dos incisos I e XI do art. 20 da Constituição de 1988, considerada a regência sequencial da matéria sob o prisma constitucional, não alberga situações como a dos autos, em que, em tempos memoráveis, as terras foram ocupadas por indígenas. Conclusão diversa implicaria, por exemplo, asseverar que a totalidade do Rio de Janeiro" – e perderíamos, Min. Luiz Fux, o nosso maravilhoso Rio de Janeiro – "consubstanciar terras da União, o que seria um verdadeiro despropósito". Pronunciei-me – não fiquei isolado no Plenário, como penso que ficarei neste caso, porque era o sistema adotado à época, em que pese às críticas do nosso mestre José Carlos Barbosa Moreira –, muito embora adentrando o tema de fundo, o mérito da controvérsia, no sentido do não conhecimento do extraordinário.

Presidente, diante dessas premissas, para mim inafastáveis, diante da revelação de que, quando da Constituição de 1967, não havia o que requerido por essa Carta para reconhecer-se a posse indígena, ou seja, a existência de indígenas na área ocupada, não posso colocar em segundo plano os inúmeros títulos formalizados, revelando as partes da relação jurídica, que se mostrou harmônica com o arcabouço normativo, pelo Estado da Bahia com os particulares. Confiaram os particulares no Estado da Bahia e permaneceram na área, que não era ocupada por indígenas, e passaram, como estão até hoje fazendo, a explorar essas áreas. Peço vênia à maioria já formada – e creio que não vamos incidir no mesmo erro que incidimos quanto à Raposa Serra do Sol, em que tivemos execução do pronunciamento do Tribunal – para julgar improcedente o pedido formulado pela FUNAI na inicial desta ação, declarando prejudicadas as reconvenções. É como voto. (...).

EXTRATO DE ATA

Decisão: Preliminarmente, o Tribunal, por maioria, acolheu a questão de ordem suscitada pela Sra. Min. Carmen Lúcia no sentido de dar continuidade, nesta assentada, ao julgamento da ACO n. 312, vencido o Sr. Min. Marco Aurélio. Por unanimidade, o Tribunal rejeitou a preliminar de impossibilidade jurídica do pedido. Em seguida, o Tribunal, por maioria, julgou parcialmente procedente a ação para declarar a nulidade de todos os títulos de propriedade cujas respectivas glebas estejam localizadas dentro da área da Reserva Indígena Caramuru-Catarina--Paraguaçu, todos eles, e, em consequência, julgadas improcedentes as reconvenções dos titulares desses títulos anulados, carecedores de ação os demais reconvintes, condenados os réus cujos títulos foram anulados a pagarem honorários de 10% sobre o valor atualizado da causa e compensados os honorários dos outros reconvintes que decaíram da reconvenção, vencido o Sr. Min. Marco Aurélio, que julgava improcedente a ação e prejudicados os pedidos de reconvenção.

Votou o Presidente, Min. Ayres Britto. Redigirá o acórdão o Sr. Min. Luiz Fux. Impedido o Sr. Min. Dias Toffoli. Ausentes, em viagem oficial, o Sr. Ministro Ricardo Lewandowski e, justificadamente, o Sr. Min. Gilmar Mendes. Não votou o Sr. Min. Luiz Fux, por ter sucedido ao Min. Eros Grau (Relator). Plenário, 2.5.2012.

Presidência do Sr. Min. Ayres Britto. Presentes à sessão os Srs. Min. Celso de Mello, Marco Aurélio, Cézar Peluso, Joaquim Barbosa, Carmen Lúcia, Dias Toffoli, Luiz Fux e Rosa Weber.

* * *

PERGUNTAS

1. Quais os fatos relevantes que envolvem este caso? Quando foram demarcadas as terras indígenas?
2. O que é uma ação civil originária/ACO?
3. Qual o objeto da presente ação cível originária?
4. O caso foi julgado à luz da Constituição de 1967 ou da Constituição de 1988. Por quê?
5. Qual a questão jurídica relevante a ser enfrentada?
6. O fato de as comunidades indígenas não ocuparem toda a extensão da reserva no momento em que se adotou a Constituição de 1988 tem alguma relevância jurídica? O que disse o Tribunal sobre isso?
7. Qual foi o resultado final do julgamento?
8. Os títulos de propriedade foram invalidados?
9. Como fica a questão da segurança jurídica, levantada pelo Min. Marco Aurélio?
10. Os indígenas tiveram as terras demarcadas? Sob quais critérios?
11. Quais são os sujeitos de direito em conflito?
12. Como o Ministro-Relator e a Min. Carmen Lúcia justificaram a demarcação das terras?
13. Quais foram os argumentos trazidos pelo Min. Marco Aurélio para divergir?
14. Tendo em vista o dispositivo constitucional à luz do qual o caso foi decidido, faz sentido tratar o indígena de maneira diferente do tratamento dado pelo Código Civil para a posse? A interpretação seria diferente sob o ordenamento jurídico atual?
15. Você acredita que a decisão do STF seja positiva para resolver o problema dos conflitos na área?
16. Quanto tempo levou entre a distribuição da ação e seu julgamento? Quais as possíveis consequências disto para o conflito em tela?

6.13 Caso da Lei Maria da Penha (ADC 19-DF)

(Plenário – rel. Min. Marco Aurélio – j. 9.2.2012)

Violência doméstica – Lei n. 11.340/2006 – Gêneros masculino e feminino – Tratamento diferenciado. O art. 1º da Lei n. 11.340/2006 surge, sob o ângulo do tratamento diferenciado entre os gêneros – mulher e homem –, harmônico com a Constituição Federal, no que necessária a proteção ante as peculiaridades física e moral da mulher e a cultura brasileira.

Competência – Violência doméstica – Lei n. 11.340/2006 – Juizados de Violência Doméstica e Familiar Contra a Mulher. O art. 33 da Lei n. 11.340/2006, no que revela a conveniência de criação dos Juizados de Violência Doméstica e Familiar Contra a Mulher, não implica usurpação da competência normativa dos Estados quanto à própria organização judiciária.

Violência doméstica e familiar contra a mulher – Regência – Lei n. 9.099/1995 – Afastamento. O art. 41 da Lei n. 11.340/2006, a afastar, nos crimes de violência doméstica contra a mulher, a Lei n. 9.099/1995, mostra-se em consonância com o disposto no § 8º do art. 226 da Carta da República, a prever a obrigatoriedade de o Estado adotar mecanismos que coíbam a violência no âmbito das relações familiares.

ACÓRDÃO – Vistos, relatados e discutidos estes autos: Acordam os Ministros do Supremo Tribunal Federal em julgar procedente a ação declaratória para declarar a constitucionalidade dos arts. 1º, 33 e 41 da Lei n. 11.340/2006 – Lei Maria da Penha –, nos termos do voto do Relator e por unanimidade, em sessão presidida pelo Min. Cézar Peluso, na conformidade da ata do julgamento e das respectivas notas taquigráficas.

Brasília, 9 de fevereiro de 2012 – *Marco Aurélio*, relator.

RELATÓRIO – *O Sr. Min. Marco Aurélio*: Adoto, a título de relatório, as informações prestadas pela Assessoria: "Ao indeferir o pedido de medida acauteladora, V. Exa. assim resumiu as balizas deste processo:

"1. Ao apagar das luzes do Ano Judiciário de 2007 – 19 de dezembro, às 18h52min –, o Presidente da República ajuizou ação declaratória de constitucionalidade, com pedido de liminar, presentes os arts. 1º, 33 e 41 da Lei n. 11.340/2006, conhecida por "Lei Maria da Penha". Eis os preceitos que pretende ver declarados harmônicos com a Carta Federal:

"(...).

"Sob o ângulo da igualdade, ressalta como princípio constitucional a proteção do Estado à família, afirmando que o escopo da lei foi justamente coibir a violência doméstica e familiar contra as mulheres. Ter-se-ia tratamento preferencial objetivando corrigir desequilíbrio, não se podendo cogitar de inconstitucionalidade ante a boa procedência do discrime. (...).

"(...).

"Pleiteia o deferimento de liminar para que sejam suspensos "os efeitos de quaisquer decisões que, direta ou indiretamente, neguem vigência à lei, reputando-a inconstitucional", até o julgamento final do pedido, em relação ao qual é aguardada a declaração de constitucionalidade dos citados arts. 1º, 33 e 41.

"(...). [Decisão liminar][19] Requer-se que, de forma precária e efêmera, sejam suspensos atos que, direta ou indiretamente, neguem vigência à citada lei. O passo é demasiadamente largo, não se coadunando com os ares democráticos que nortearam o constituinte de 1988 e que presidem a vida gregária. A paralisação dos processos e o afastamento de pronunciamentos judiciais, sem ao menos aludir-se à exclusão daqueles cobertos pela preclusão maior, mostram-se extravagantes considerada a ordem jurídico-constitucional. As portas do Judiciário hão de estar abertas, sempre e sempre, aos cidadãos, pouco importando o gênero. O Judiciário, presente o princípio do juiz natural, deve atuar com absoluta espontaneidade, somente se dando a vinculação ao Direito posto, ao Direito subordinante. Fora isso, inaugurar-se-á era de treva, concentrando-se o que a Carta Federal quer difuso, com menosprezo à organicidade do próprio Direito.

"Repito, mais uma vez, eventual aplicação distorcida da lei evocada pode ser corrigida ante o sistema recursal vigente e ainda mediante a impugnação autônoma que é a revelada por impetrações. (...).

"(...)."

[*O Procurador Geral de Justiça*] (...) Destaca que os fatos e estatísticas trazidos na inicial sobre a violência justificam a necessidade de intervenção do Estado para a proteção da mulher com vista a promover a igualdade substancial no âmbito doméstico. (...).

Relativamente ao art. 33 da Lei Maria da Penha, assevera inexistir ofensa à autonomia da organização dos Estados, prevista nos arts. 96, inciso II, alínea "d", e 125, § 1º, da Carta de 1988, porquanto não há imposição ou criação dos Juizados de Violência Doméstica na lei federal, mas autorização para fazê-lo por meio de norma processual civil, a teor do art. 22, inciso I, da Constituição, conforme as redações dos arts. 14 e 29 do referido texto legal. (...). (...).

Foram admitidas (...) intervenção no processo formulados pelo Conselho Federal da OAB, pela Assessoria Jurídica e Estudos de Gênero/THEMIS, pelo Instituto para a Promoção da Equidade/IPÊ, pelo Instituto Antígona – organizações integrantes e representantes do Comitê Latino-Americano e do Caribe para a Defesa dos Direitos da Mulher/CLADEM/Brasil e pelo Instituto Brasileiro do Direito de Família/IBDFAM.

(...).

---

19. A medida cautelar foi indeferida.

VOTO – *O Sr. Min. Marco Aurélio* (relator): (...). (...). Ao criar mecanismos específicos para coibir e prevenir a violência doméstica contra a mulher e estabelecer medidas especiais de proteção, assistência e punição, tomando como base o gênero da vítima, utiliza-se o legislador de meio adequado e necessário visando a fomentar o fim traçado pelo art. 226, § 8º, da Carta Federal.

Para frear a violência doméstica, não se revela desproporcional ou ilegítimo o uso do sexo como critério de diferenciação. A mulher é eminentemente vulnerável quando se trata de constrangimentos físicos, morais e psicológicos sofridos em âmbito privado. Não há dúvida sobre o histórico de discriminação e sujeição por ela enfrentado na esfera afetiva. As agressões sofridas são significativamente maiores do que as que acontecem contra homens em situação similar. Além disso, mesmo quando homens, eventualmente, sofrem violência doméstica, a prática não decorre de fatores culturais e sociais e da usual diferença de força física entre os gêneros. (...).

Sob a óptica constitucional, a norma também é corolário da incidência do princípio da proibição de proteção insuficiente dos direitos fundamentais, na medida em que ao Estado compete a adoção dos meios imprescindíveis à efetiva concretização de preceitos contidos na Carta da República. A abstenção do Estado na promoção da igualdade de gêneros e a omissão no cumprimento, em maior ou menor extensão, de finalidade imposta pelo Diploma Maior implicam situação da maior gravidade político-jurídica, pois deixou claro o constituinte originário que, mediante inércia, pode o Estado Brasileiro também contrariar o Diploma Maior.

A Lei Maria da Penha retirou da invisibilidade e do silêncio a vítima de hostilidades ocorridas na privacidade do lar e representou movimento legislativo claro no sentido de assegurar às mulheres agredidas o acesso efetivo à reparação, à proteção e à justiça. A norma mitiga realidade de discriminação social e cultural que, enquanto existente no País, legitima a adoção de legislação compensatória a promover a igualdade material, sem restringir, de maneira desarrazoada, o direito das pessoas pertencentes ao gênero masculino. A dimensão objetiva dos direitos fundamentais, vale ressaltar, reclama providências na salvaguarda dos bens protegidos pela Lei Maior, quer materiais, quer jurídicos, sendo importante lembrar a proteção especial que merecem a família e todos os seus integrantes.

Nessa linha, o mesmo legislador já editou microssistemas próprios, em ocasiões anteriores, a fim de conferir tratamento distinto e proteção especial a outros sujeitos de direito em situação de hipossuficiência, como se depreende da aprovação pelo Congresso Nacional dos Estatutos do Idoso e da Criança e do Adolescente. (...).

VOTO – *A Sra. Min. Rosa Weber*: (...). (...) a Comissão Interamericana de Direitos Humanos, no caso Maria da Penha *versus* Brasil, considerou o Estado Brasileiro responsável por ter falhado com o dever de observância das obrigações por ele assumidas – ao tomar parte da Convenção Interamericana para Prevenir, Punir e Erradicar a Violência Contra a Mulher ("Convenção de Belém do Pará"), de 1994 – de condenar todas as formas de violência contra a mulher, seja pelo insucesso em agir, seja pela tolerância com a violência. A ineficiência seletiva do sistema judicial brasileiro, em relação à violência doméstica, foi tida como evidência de tratamento discriminatório para com a violência de gênero (cf. Maria da Penha *versus* Brasil, §§ 55 e 56).

Sou das que compartilham do entendimento de que a Lei Maria da Penha inaugurou uma nova fase no *iter* das ações afirmativas em favor da mulher brasileira, consistindo em verdadeiro microssistema de proteção à família e à mulher, a contemplar, inclusive, norma de direito do trabalho.

A Lei n. 11.340/2006, batizada em homenagem a Maria da Penha, traduz a luta das mulheres por reconhecimento, constituindo marco histórico com peso efetivo, mas também com dimensão simbólica, e que não pode ser amesquinhada, ensombrecida, desfigurada, desconsiderada. Sinaliza mudança de compreensão em cultura e sociedade de violência que, de tão comum e aceita, se tornou invisível – "em briga de marido e mulher, ninguém mete a colher", pacto de silêncio para o qual a mulher contribui, seja pela vergonha, seja pelo medo.

O objetivo da Lei Maria da Penha é coibir e prevenir a violência doméstica e familiar contra a mulher. Organicamente, insere-se no contexto, iniciado nos anos 1990, de especialização da legislação em face dos distintos modos de apresentação da violência na sociedade, com frequente amparo em dados estatísticos. (...). (...).

Nessa ordem de ideias, impende ter em mente o amplo reconhecimento do fato de que, uma vez marcadas, em uma sociedade machista e patriarcal como a nossa, as relações de gênero pelo desequilíbrio de poder, a concretização do princípio isonômico (art. 5º, I, da Lei Maior), nessa esfera – relações de gênero –, reclama a adoção de ações e instrumentos afirmativos voltados, exatamente, à neutralização da situação de desequilíbrio. (...).

Não desconheço que o homem possa ser vítima de violência doméstica. No entanto, a legislação não lhe dá maior ênfase ao prevenir e coibir, por se tratar da exceção, não da regra, como revelam os dados estatísticos estarrecedores da violência de gênero. Para esses casos, os arts. 44, II, "g", e 61, II, "f", do CP já ofereceriam proteção suficiente.

A discriminação afirmativa que se projeta da Lei Maria da Penha se faz acompanhar de razão que, na exata medida em que se presta a compensar a discriminação de fato cuja existência reconhece, a justifica. (...).

O propósito da legislação em exame – escorada em compromissos assumidos no texto da Constituição Republicana e em tratados internacionais – é afirmar um sistema de persecução e punição minimamente eficaz para o tipo específico de violência que é a violência doméstica direcionada contra a mulher.

Vale ressaltar que o Estado somente se desincumbe satisfatoriamente do seu dever de agir positivamente na criação de mecanismos para coibir a violência no seio familiar quando tais mecanismos são adequados e eficazes à concretização do seu fim. (...).

O dever do Estado de coibir e prevenir a violência no âmbito das relações familiares se concretiza na definição e implementação das políticas públicas, voltadas a esse fim, cujas feições são dependentes das opções feitas pelo legislador. Não obstante, o espectro de escolhas legislativas disponíveis, do ponto de vista constitucional, somente inclui aquelas que fornecem proteção suficiente ao bem jurídico tutelado, aquelas que sejam, por assim dizer, eficazes, sob pena de ser negada a força normativa da Constituição. A insuficiência na prestação estatal protetiva configura, em si mesma, uma afronta à garantia inscrita no texto constitucional. (...).

VOTO – *O Sr. Min. Luiz Fux*: Sr. Presidente, vivemos a era da dignidade. O Direito, que outrora bradava pela sua independência em relação a outras ciências sociais, hoje torna arrependido ao seu lar: o Direito reside na Moral. Há, entre esses dois conceitos, uma conexão não apenas contingente, mas necessária.

Vivemos a era neokantiana. Ainda no século XVIII, Immanuel Kant nos ensinava que, independente de nossas crenças religiosas, é uma exigência da racionalidade reconhecer que o ser humano não tem preço, tem dignidade, e que não é possível fazer dele meio para a consecução do que quer que seja. É a sobrepujança do ser sobre o ter. A cada dia essa lição, cravada no art. 1º, III, da Carta de outubro, nos revela novas nuanças, em um aprendizado perene. (...).

Analisando a filosofia de Kant, Michael Sandel, professor de Harvard, ensina que alguns preceitos básicos de justiça, como a igualdade, se utilizados indiscriminadamente, podem conduzir à barbárie e à ruína da dignidade humana. (...).

A Lei Maria da Penha reflete, na realidade brasileira, um panorama moderno de igualdade material, sob a ótica neoconstitucionalista que inspirou a Carta de outubro de 1988 teórica, ideológica e metodologicamente. (...).

Para enfrentar esse problema, que aflige o núcleo básico da nossa sociedade – a família – e se alastra para todo o corpo comunitário por força dos seus efeitos psicológicos nefastos, é necessária uma política e ações afirmativas que necessariamente perpassa a utilização do direito penal.

A adoção das ações afirmativas é o resultado de uma releitura do conceito de igualdade que se desenvolveu desde tempos remotos. (...). (...).

Sendo estreme de dúvidas a legitimidade constitucional das políticas de ações afirmativas, cumpre estabelecer que estas se desenvolvem também por medidas de caráter criminal. Uma abordagem pós-positivista da nossa Carta Magna infere dos direitos fundamentais nela previsto deveres de proteção (*Schutzpflichten*) impostos ao Estado. Como o direito penal é o guardião dos bens jurídicos mais caros ao ordenamento, a sua efetividade constitui condição para o adequado desenvolvimento da dignidade humana, enquanto a sua ausência demonstra uma proteção deficiente dos valores agasalhados na Lei Maior. (...). (...) o afastamento da constitucionalidade da Lei Maria da Penha seria uma atividade essencialmente valorativa, acerca da razoabilidade dos fundamentos que lhe subjazem e da capacidade de seus institutos para colimar os fins a que se destina. É que, no campo do princípio da igualdade, qualquer interpretação da medida escolhida pelo Parlamento pressupõe seja feito um juízo de valor. No entanto, salvo em casos teratológicos, a decisão do legislador deve ser prestigiada. Se não é factível defender que jamais será possível a intervenção do Judiciário nessa matéria, nem por isso se pode postular um excessivo estreitamento das vias democráticas.

Aqui se impõe uma postura de autocontenção do Judiciário (*judicial self-restraint*), na feliz expressão de Cass Sunstein (*One Case at a Time. Judicial Minimalism on the Supreme Court*, Cambridge, Harvard University Press, 1999), sob pena de indevida incursão na atividade legislativa. (...). (...) não é possível sustentar, *in casu*, que o legislador escolheu errado ou que não adotou a melhor política para combater a endêmica situação de maus tratos domésticos contra a mulher. (...) (...).

VOTO – *A Sra. Min. Carmen Lúcia*: (...). (...).

Tenho absoluta convicção ou convencimento, pelo menos, de que um homem branco, médio, ocidental, jamais poderá escrever ou pensar a igualdade ou a desigualdade como uma de nós, porque o preconceito passa pelo e no olhar. Uma de nós, ainda que dispondo de um cargo, titularizando um cargo, que nos dá, às vezes, até a necessidade de uso de um carro oficial, vê o carro de quem está ao lado, um olhar diferenciado do que se ali estivesse sentado um homem. Porque, na cabeça daquele que passa, nós mulheres estamos usurpando a posição de um homem, e isso é a média, não de uma pessoa que não tenha tido a oportunidade de compreender o mundo em que vivemos ...

O Sr. Min. Marco Aurélio (relator): Pela maledicência, imagina-se, no carro, uma "dondoca".

A Sra. Min. Carmen Lúcia: Sim, a esposa de alguém que deve estar trabalhando enquanto ela está indo fazer compras. (...). Onde houver, enquanto houver, uma mulher sofrendo violência neste momento, em qualquer lugar deste Planeta, eu me sinto violentada. Enquanto houver situações de violência, temos de ter o tratamento para fazer leis como essa, que são políticas afirmativas, que fazem com que a gente supere – não para garantir a igualdade de uma de nós: juízas, advogadas, senadoras, deputadas, servidoras públicas –, mas a igualação, a dinâmica da igualdade, para que a gente um dia possa não precisar provar que nós precisamos estar aqui porque, sendo mulher, tanto não seria o "normal". E digo isso porque alguém acha que, às vezes, uma juíza deste Tribunal não sofre preconceito. Mentira! Sofre! Não sofre igual a todas as mulheres, outras sofrem mais do que eu. Mas sofre. Há os que acham que isto aqui não é lugar de mulher, como uma vez me disse uma determinada pessoa sem saber que eu era uma dessas: "Mas, também, lá agora tem até mulher". (...).

Lembro-me, também, Sr. Presidente, que o primeiro Júri ao qual assisti como estudante, em 1975, o advogado de defesa do réu, que tinha matado a mulher, terminou citando um grande compositor brasileiro, de uma época em que era comum se aceitar, como defesa da honra, matar a mulher. Citando esse grande compositor brasileiro, dizia o advogado ao final: "Ele não fez nada demais: 'toda paixão é funesta, paixão sem sangue não presta'". Portanto, tinha sido um gesto de amor matar a mulher. Isto continuou pela década de 1970, pela década de 1980, e a semana passada, infelizmente, no meu Estado, de novo, repetiu-se o mesmo crime, exatamente a demonstrar que esta é uma forma de viver lutando para que a gente adquira direitos. A luta pelos direitos é isso mesmo.

Cresci ouvindo frases de efeito, que eram frases de brincadeira, que eram frases – muitas vezes, ditas num tom jocoso, que é uma das formas de desmoralizar os direitos – de grandes até pensadores, de grandes escritores, que: "Toda mulher gosta de apanhar; não, todas não, só as normais. Ele pode não saber por que está batendo, mas ela sabe porque está apanhando".

Chegava-se numa delegacia e a mulher era olhada com desconfiança, conquanto fosse a vítima. Por que se criou a delegacia da mulher? Porque, quando dizia, como já escutei, delegado dizendo: "Bateu? Mas a mulher era dele? Então, nada a ser feito". Por isso, a dificuldade até de uma mulher, como nos casos de crimes sexuais, ter acesso aos órgãos de controle. (...). (...). Queremos ter companheiros, não queremos ter carrascos; não queremos viver com medo, porque o medo é muito ruim. E o medo aniquila a tal ponto que gera a vergonha. Mulheres envergonhadas pelo fato de não conseguirem sair dessas situações. (...). (...) esta lei, nesses três artigos específicos, mais naqueles que já examinamos antes, tem uma importância fundamental para uma sociedade que tem a maioria hoje, como é a sociedade brasileira, composta de mulheres, mas de respeito integral ao que põe a Constituição brasileira, especificamente no seu art. 5º. A igualdade – como o Min. Marco Aurélio acentuou – é tratar com desigualdade aqueles que se desigualam, e que, no nosso caso, não é que não nos desigualamos, fomos desigualadas por condições sociais e de estruturas de poder que nos massacraram séculos a fio. (...).

VOTO – *O Sr. Min. Ayres Britto*: (...). (...).
A Constituição fala dessa sociedade fraterna, com todas as letras, desde o seu Preâmbulo, que é uma sociedade eminentemente pluralista, esse novo pilar da democracia, o pluralismo, respeitosa convivência dos contrários, e o não preconceito, a eliminação de todo preconceito. Ou seja, preconceito é um conceito prévio, concebido não a partir da realidade, mas imposto à realidade a ferro e fogo, tantas vezes de um obscurantismo, de um sectarismo, de um fundamentalismo de pessoas que têm extrema dificuldade para enterrar ideias mortas.

Nesse âmbito, Sr. Presidente, eu entendo que a Lei Maria da Penha – bem disse o Ministro-Relator – se revela um mecanismo de concreção dessa tutela especial conferida pela Constituição ao segmento das mulheres e deve ser interpretada generosamente, como talvez dissesse, se ainda vivo fosse, o magistral publicista Seabra Fagundes, interpretação generosa, ampliativa, arejada, que fez o Min. Marco Aurélio para tonificar, robustecer, vitalizar os comandos constitucionais. (...).

Abrir a Constituição brasileira é chancelar por completo a Lei Maria da Penha. É um exercício interessante esse de rastrear a Constituição, um exercício interessante de comprovação do altíssimo apreço que a Constituição teve e tem pelo segmento das mulheres, bastando lembrar o seguinte: as mulheres se aposentam com menos cinco anos de contribuição e menos cinco anos de idade, num reconhecimento explícito da Constituição de que elas têm mesmo, entre outras desvantagens historicamente acumuladas, uma terceira jornada de trabalho, que é a jornada doméstica.

A Constituição, no capítulo "Dos Direitos Sociais", art. 7º, abre um dispositivo para dizer que a lei protegerá especificamente o mercado de trabalho das mulheres, atenta a Constituição a essas dificuldades experimentadas pelas mulheres, comparativamente com os homens, dificuldades mais severas.

A Constituição proíbe a discriminação de critérios de admissão nas empresas e de salários em função do sexo, visando, sem dúvida, à proteção da mulher. A Constituição, no art. 3º, inciso IV, busca promover o bem de todos, especialmente pelo combate a preconceitos de algumas origens, e uma delas é em função do sexo, masculino ou feminino.

E o art. 3º, ainda, inciso I, é que me parece chancelar, confirmar, essa ideia-matriz, essa ideia básica, ou ideia-força de que a proteção das mulheres se inscreve no âmbito de um novo constitucionalismo fraternal. (...).

VOTO – *O Sr. Min. Gilmar Mendes*: (...). (...). (...), quando nós discutimos, aqui, o hoje já histórico, célebre caso da chamada união estável entre pessoas do mesmo sexo, procurei – indicando uma divergência conceitual quanto ao fundamento – com o voto do Min. Britto – apontar uma disposição que me parece que ganha realce em situações como essas, que é a cláusula do art. 5º, inciso XLI, que contém exatamente essa categoria, expressa essa categoria que compõe hoje a ideia de direitos fundamentais em sentido amplo, a dimensão do chamado dever de proteção, o que que diz essa cláusula: "XLI. a lei punirá qualquer discriminação atentatória dos direitos e liberdades fundamentais; (...)".

O que legitima exatamente, primeiro a ação do legislador, mas, não só isso, também a ação – nós dizíamos naquele caso – do próprio Judiciário no sentido – como vetor hermenêutico – de proteger relações que se encontram de alguma forma fragilizadas. Aqui, veja, é o próprio texto constitucional que recomenda, mais do que recomenda, determina uma ação positiva do legislador, portanto aqui há um claro dever de proteção que emana do texto constitucional. Veja, portanto, é o princípio da igualdade e a sua operacionalidade ou a sua operacionalização, a partir deste dever de proteção expresso no art. 5º, inciso XLI.

É preciso dar essa dimensão ao texto constitucional, isso tem um significado realmente próprio; portanto não há como falar que, nas disposições aqui tratadas, nós temos algum excesso ou algum exagero por parte do legislador. E, muito menos, não há de cogitar-se, sequer, de ferimento ao princípio da isonomia; ao revés, o que se constata é que há um ponto de partida diverso, por fatores os mais variados, que acaba por criar esse déficit civilizatório tão lamentável. Então, é necessária realmente essa ação por parte do legislador. E, mais do que isso, uma norma como esta exige aquilo que é muito comum hoje – na legística americana, na legística europeia –, que é, talvez até, a obrigação de se fazer um tipo de inventário, de levantamento, para que se avalie o resultado dessa política pública definida nessa lei. (...).

VOTO – *O Sr. Min. Celso de Mello*: (...).

Esse movimento feminista – que fez instaurar um processo de inegável transformação de nossas instituições sociais – buscou, na perspectiva concreta de seus grandes objetivos, estabelecer um novo paradigma cultural, caracterizado pelo reconhecimento e pela afirmação, em favor das mulheres, da posse de direitos básicos fundados na essencial igualdade entre os gêneros. (...), verificou-se um significativo avanço na discussão de temas intimamente ligados à situação da mulher, registrando-se, no contexto desse processo histórico, uma sensível evolução na abordagem das questões de gênero, de que resultou, em função de um incessante movimento de caráter dialético, a superação de velhos preconceitos culturais e sociais, que impunham, arbitrariamente, à mulher, mediante incompreensível resistência de natureza ideológica, um inaceitável tratamento discriminatório e excludente, que lhe negava a possibilidade de protagonizar, como ator relevante, e fora do espaço doméstico, os papéis que até então lhe haviam sido recusados. (...).

Veja-se, pois, considerados todos os aspectos que venho de ressaltar, que o processo de afirmação da condição feminina há de ter no Direito não um instrumento de opressão, mas uma fórmula de libertação destinada a banir, definitivamente, da práxis social a deformante matriz ideológica que atribuía à dominação patriarcal um odioso estatuto de hegemonia capaz de condicionar comportamentos, de moldar pensamentos e de forjar uma visão de mundo absolutamente incompatível com os valores desta República, fundada em bases democráticas e cuja estrutura se acha modelada, dentre outros signos que a inspiram, pela igualdade de gênero e pela consagração dessa verdade evidente (a ser constantemente acentuada), expressão de um autêntico espírito iluminista, que repele a discriminação e que proclama que homens e mulheres, enquanto seres integrais e concretos, são pessoas igualmente dotadas de razão, de consciência e de dignidade. (...).

Entendo, por isso mesmo, Sr. Presidente, que o advento da Lei Maria da Penha significou uma expressiva tomada de posição por parte do Estado Brasileiro, fortemente estimulado, no plano ético, jurídico e social, pelo valor primordial que se forjou no espírito e na consciência de todos em torno do princípio básico que proclama a essencial igualdade entre os gêneros, numa evidente e necessária reação do ordenamento positivo nacional contra situações concretas de opressão, de degradação, de discriminação e de exclusão que têm provocado, historicamente, a injusta marginalização da mulher. (...).

EXTRATO DE ATA

Decisão: O Tribunal, por unanimidade e nos termos do voto do Relator, julgou procedente a ação declaratória para declarar a constitucionalidade dos arts. 1º, 33 e 41 da Lei n. 11.340/2006 (Lei Maria da Penha). Votou o Presidente, Min. Cézar Peluso. Falaram, pelo Ministério Público Federal (ADI n. 4.424), o Dr. Roberto Monteiro Gurgel Santos, Procurador-Geral da República; pela Advocacia-Geral da União, a Dra. Grace Maria Fernandes Mendonça, Secretária-Geral de Contencioso; pelo interessado (ADC n. 19), Conselho Federal da OAB, o Dr. Ophir Cavalcante Jr. e, pelo interessado (ADI n. 4.424), Congresso Nacional, o Dr. Alberto Cascais, Advogado-Geral do Senado. Plenário, 9.2.2012.

Presidência do Sr. Min. Cézar Peluso. Presentes à sessão os Srs. Mins. Celso de Mello, Marco Aurélio, Gilmar Mendes, Ayres Britto, Joaquim Barbosa, Ricardo Lewandowski, Carmen Lúcia, Dias Toffoli, Luiz Fux e Rosa Weber.

* * *

PERGUNTAS

1. Quais os fatos relevantes que circundam a solução deste caso?

2. O que é uma ação direita de constitucionalidade? Por que a Presidência da República precisa buscar a jurisdição do Supremo para afirmar a constitucionalidade de uma lei?

3. Contra que atos a presente ação se contrapõe?

4. Qual a questão jurídica relevante neste caso?

5. O que significa dizer que a Lei Maria da Penha estabeleceu um caso de ação afirmativa penal?
6. Qual o conceito de igualdade utilizado pelo Tribunal para julgar este caso?
7. Em que sentido as mulheres consistem numa minoria, como propõe a Min. Carmen Lúcia? Qual a consequência jurídica constitucional desta conceituação?
8. Qual a importância dada ao direito internacional dos direitos humanos ao decidir este caso?
9. Qual o papel do princípio da dignidade humana na conformação do direito constitucional brasileiro, conforme o voto do Min. Luiz Fux?
10. Quais as consequências de se estabelecer uma indissociabilidade entre Direito e Moral, como o fez o Min. Luiz Fux?
11. Por que o Min. Luiz Fux afirma que o Tribunal deve ter uma postura deferente ao legislador neste caso? O que o faz diferente de outros?
12. A Min. Carmen Lucia está propondo a indispensabilidade de um pensamento jurídico feminista? Em que medida o Min. Celso de Mello está de acordo com ela?
13. O que significa o dever de proteção, como uma dimensão autônoma dos direitos fundamentais, conforme propugnado pelo Min. Gilmar Mendes?
14. Qual a decisão final da Corte?

6.14 Caso da "Farra do Boi" (RE 153.531-8-SC)

(2ª Turma – red. para o acórdão Min. Marco Aurélio – j. 3.6.1997)

Costume – Manifestação cultural – Estímulo – Razoabilidade – Preservação da fauna e da flora – Animais – Crueldade. A obrigação de o Estado garantir a todos o pleno exercício de direitos culturais, incentivando a valorização e a difusão das manifestações, não prescinde da observância da norma do inciso VII do art. 225 da CF, no que veda prática que acabe por submeter os animais a crueldade – Procedimento discrepante da norma constitucional denominado "farra do boi".

ACÓRDÃO – Vistos, relatados e discutidos estes autos: Acordam os Ministros do Supremo Tribunal Federal, em 2ª Turma, na conformidade da ata do julgamento e das notas taquigráficas, por maioria de votos, em conhecer do recurso e lhe dar provimento, nos termos do voto do Relator, vencido o Sr. Min. Maurício Corrêa.
Brasília, 3 de junho de 1997 – *Néri da Silveira*, presidente – *Marco Aurélio*, redator para o acórdão.

(...).
VOTO (Vista) – *O Sr. Min. Maurício Corrêa*: (...).
"(...).
"Não sei o que dizem a propósito as Constituições da Espanha, de Portugal e de alguns outros Países até mesmo na nossa vizinhança, mas provavelmente nada estatuem de semelhante ao inciso VII do art. 225 da nossa Carta, porque, de outro modo, determinadas práticas lá correntes e não pifiamente minoritárias como a farra do boi, mas abrangentes de quase toda a sociedade, dificilmente poderiam prosseguir na sua existência, pois todos as reconhecem como práticas cronicamente violentas. Nenhum espanhol nega que a tourada o é. A verdade é que, práticas do gênero da farra do boi, inspirada em alguma coisa também da Península Ibérica, assim como sucede na tourada à maneira portuguesa, em que não se mata necessariamente o animal ao fim do espetáculo, não descaracterizam em absoluto a violência e a crueldade que caracterizam todo o ritual do espetáculo.
"Já tive, num passado remoto, ocasião de ouvir de espanhóis a afirmativa de que, ao sentir deles, o ritual português da tourada acabaria sendo mais cruel ainda porque não se liquida, numa única sessão, o animal pela morte, mas pode-se submetê-lo, ao longo de muitos anos, à continuidade dessa prática. Enfim, são evidentemente práticas cruéis, são práticas violentas. Assim são aquelas ocorrentes em determinados Países, sobre os quais esta Casa não tem jurisdição, sobre os quais nos falece autoridade. Mas essa é também, e ao meu ver notoriamente, a característica dessa prática que os autores do recurso extraordinário e da ação civil pública pretenderam coibir.
"(...)". (...).
4. Preceitua o art. 225 da CF que "todos têm direito ao meio ambiente ecologicamente equilibrado, bem de uso comum do povo e essencial à sadia qualidade de vida, impondo-se ao Poder Público e à coletividade o dever de defendê-lo e preservá-lo para as presentes e futuras gerações". E o seu § 1º prescreve que, "para assegurar a efetividade desse direito, incumbe ao Poder Público: (*omissis*); VII – proteger a fauna e a flora, vedadas, na forma da lei, as práticas que coloquem em risco sua função ecológica, provoquem a extinção de espécies ou submetam os animais a crueldade".
5. E esta prescrição constitucional não passou ao largo, por ocasião do julgamento proferido pelo Tribunal de Justiça do Estado, *verbis*:

"(...) na hipótese em apreço o mau-trato infligido a bois, com maior ou menor requinte de crueldade, no contexto daquele acontecimento, tradicionalmente deflagrado em dias da semana santa, a começar, de modo geral, na quarta-feira, prolongando-se até o sábado de Aleluia (...), não importa, de modo algum, em danos relacionados com qualquer uma daquelas áreas tuteláveis à luz do Direito.

"(...). Seria, entretanto, preciosismo demasiado não compreender, a despeito do *nomem juris* da *actio*, o escopo das recorrentes, que era, em última análise, compelir o Estado de Santa Catarina a desencadear providências tendentes a obstar, por inteiro, a essa prática, considerada por muitos como folguedo sazonal e por outros uma expressão popular de natureza folclórica.

"(...). Não resta a menor dúvida que, sendo públicos e notórios os maus-tratos, se o Estado, através de seu poder de polícia, mantém-se inerme, em sua função preventiva e repressora, cabe ao Poder Judiciário, se a tanto provocado – *nemo judex ex officio* –, prover a respeito, impelindo-o à prática de atos voltados a obstar ao procedimento contrário a preceito constitucional, segundo o qual resta terminantemente proibido a prática que submeta animais a crueldade (art. 225, § 1º, VII)."

6. Indago: seria possível coibir o folclore regional denominado "Farra do Boi" com fundamento no preceito constitucional supramencionado, quando a CF, em seu art. 215, § 1º, assegura que "o Estado garantirá a todos o pleno exercício dos direitos culturais e acesso às fontes da cultura nacional e apoiará e incentivará a valorização e a difusão das manifestações culturais" e "protegerá as manifestações das culturas populares, indígenas e afrobrasileiras, e das de outros grupos participantes do processo civilizatório nacional"? É possível coibir a prática da "Farra do Boi" quando a Carta Federal, em seu art. 216, pontifica que "constituem patrimônio cultural brasileiro os bens de natureza material e imaterial, tomados individualmente ou em conjunto, portadores de referência à identidade, à ação, à memória dos diferentes grupos formadores da sociedade brasileira"? Penso que não.

7. Não há antinomia na Constituição Federal. Se por um lado é proibida a conduta que provoque a extinção de espécies ou submeta os animais a crueldade, por outro lado ela garante e protege as manifestações das culturas populares, que constituem patrimônio imaterial do povo brasileiro.

8. Na coletânea sobre a *Farra do Boi – Introdução ao Debate*, publicada pela Imprensa Oficial do Estado de Santa Catarina, em artigo da autoria de Vitor Antônio Peluso Jr., a que deu o título de "Farra de Boi: a posição do Instituto Histórico e Geográfico de Santa Catarina", à p. 35, diz ele:

"Antigo costume ibérico que ainda hoje permanece em algumas cidades da Espanha e Portugal, a tourada à corda foi transportada para o Arquipélago dos Açores, onde pelo menos na Ilha Terceira sobrevive, em que pese ao elevado grau de mudanças socioeconômicas culturais que ali ocorreram na segunda metade deste século.

"Na sua obra *História e Tradição dos Açores*, editada pelo Instituto Açoriano de Cultura, em 1986, Valdemar Mota nos dá notícia dessas manifestações folclóricas que seriam modalidade regional de prática continental conhecida como "tourada à vara larga", feitas em recintos fechados, com toureiro de ocasião" (p. 44). Segundo descrição do escritor terceirense, o animal é amarrado pelos chifres ou pelo pescoço a uma corda de linho, à qual na outra extremidade é atada a uma vara flexível. Os toureiros improvisados têm assim uma área de risco (o círculo por onde o touro pode movimentar-se) e a área de proteção fora desses limites. O touro antes de ser amarrado é solto por ruas estreitas, arremetendo-se contra audaciosos toureiros que exercitam manobras utilizando guarda-chuvas e peças de vestuário, sem portarem quaisquer armas.

"Esse costume é tão arraigado na Terceira que o especializado *Semanário Madrileño de Tauromaquía* dedicou uma edição em agosto/1973 às touradas à corda nos Açores. Essa matéria, segundo depoimento de Valdemar Mota (ob. cit., pp. 45-46), traz fartos elementos sobre esta manifestação folclórica, cuja prática conta com o apoio das autoridades e de todo o povo. Deve-se ressaltar que nas fontes consultadas não se registra ocorrência de maldades praticadas contra os animais, além da violência intrínseca de fazê-los objeto de folguedos. Vitorino Nemésio, açoriano da Ilha Terceira, grande artista das letras portuguesas, captou essa forma primitiva de jogo, quando escreveu em seu famoso *Corsário das Ilhas* (Livraria Bertrand, Lisboa, 2ª ed., p. 83) que a "alma da Terceira encontrou no toiro preso o pretexto para a sua expansão ruidosa e pueril". Foi essa a tradição passada para o litoral catarinense pelos povoadores que para cá vieram em meados do século XVIII."

9. Em seguida anota, na mesma página, que migraram para o litoral catarinense 6.000 açorianos, suplantando, em muito, a população ali existente, e por isso diz ser razoável que tenham trazido e transplantado para essa região suas mais diversas facetas da cultura de que eram portadores, acrescentando que, em face do isolamento que viviam, era normal que mantivessem as suas tradições.

10. Em outra obra pertinente ao tema, *Dionísio em Santa Catarina – Ensaios sobre a Farra do Boi*, organizada por Rafael José de Menezes Bastos e publicada pela Fundação Catarinense de Cultura, editora DAUSC, p. 119, adverte Eugênio Pascele Lacerda: "Na realidade, o povo do litoral catarinense é pescador e agricultor, descende dos portugueses açorianos, tem consigo uma visão do mundo peculiar; um universo cultural que deve ser pesquisado, não reprimido. No caso da farra, são pegas e correrias de boi pelo mato afora, em época santa; depois o boi é tornado objeto sacrificial, oferecido como hóstia repartida aos consortes. A farra do boi é uma prática cultural resistente. Está ligada a raízes rituais, pilares da história da Humanidade. Diz respeito aos sacrifícios rituais com funções de celebração, condenação ou encantamento. Podemos buscar suas origens rituais nos cultos de Mithra na Pérsia ou nos cultos dionisíacos da Grécia Antiga. Isso reclama explicação em linguagem antropológica".

11. Como se depreende, a manifestação popular dissentida pelos autores é uma tradição cultural regionalizada, e, como manifestação cultural, há de ser garantida e assegurada pelo Estado (art. 215, § 1º, da CF), pois é patrimônio cultural de natureza imaterial do povo e expressa a memória de grupos – os açorianos – formadores da sociedade brasileira (art. 216 da CF).

12. Como ressaltado pelo aresto recorrido, se há excessos na prática da "Farra do Boi", cumpre ao Estado, através do seu poder de polícia, exercer sua função repressora, ao Judiciário, se a tanto for provocado em razão da inércia do Poder Público, prover a respeito, impelindo-o à prática de atos voltados a obstar ao procedimento contrário a preceito constitucional, segundo o qual resta terminantemente proibida a prática que submeta animais a crueldade (art. 225, § 1º, VII).

13. E tais providências têm sido expendidas pelo Poder Público. Exemplo dessa iniciativa, no sentido de prevenir ou reprimir tal prática, reconhecidamente contravencional, tem sido, além da mobilização da Polícia Civil e da Polícia Militar, a formação de uma "Comissão de Estudos da Farra do Boi", que leva às várias comunidades onde esse espetáculo já se encontrava arraigado "uma mensagem de não violência, de autofiscalização e de não abolição à brincadeira". Essa comissão reconheceu a "Farra do Boi" como tradição cultural de Santa Catarina e esclareceu que a violência não é característica da Farra do Boi em si, e não se constitui como regra, e sim como exceção; a farra do boi organizada não constitui contravenção penal. (...).

15. Sr. Presidente, a CF, em seu art. 225, ao garantir que todos têm direito ao meio ambiente ecologicamente equilibrado, bem de uso comum do povo e essencial à sadia qualidade de vida, impondo ao Estado e ao povo a sua defesa, e assegurar, já agora no inciso VII, que não se deva submeter os animais a crueldade, erigiu uma norma cogente de cumprimento obrigatório, ou seja, como a dizer que os animais não devem ser tratados com perversidade – como, aliás, da mesma forma o fez para a preservação da cultura popular no art. 215, dogma, esse, que não pode ser confundido com matéria estritamente de fato, levando-se em conta virtual ocorrência de maus-tratos com animais, aí, sim, matéria de natureza penal.

16. Ora, subverter um preceito constitucional que estabelece a vedação da prática de crueldade a animais – por ser regra geral –, para o fim de produzir efeitos cassatórios do direito do povo do litoral catarinense a um exercício cultural com mais de 200 anos de existência, parece-me que é ir longe demais, tendo em vista o sentido da norma havida como fundamento para o recurso extraordinário. Não vejo como, em sede extraordinária, se aferir que as exacerbações praticadas por populares na realização desse tipo de cultura, que implicam sanções contravencionais, possam ser confundidas com essa prática cultural que tem garantia constitucional. Isso é uma questão de polícia, e não de recurso extraordinário. Está dito na Lei das Contravenções Penais, em seu art. 64, que tratar animais com crueldade ou submetê-los a trabalho excessivo constitui contravenção penal passível de prisão simples. (...).

20. Por estes fundamentos, seguro de que os autos cuidam de uma *quaestio facti*, e não de uma *quaestio iuris*, principalmente de natureza constitucional, e de que a manifestação cultural é garantida e protegida pela Constituição Federal (art. 215 e § 1º da CF) – aí, sim, estar-se-ia violentando a Constituição Federal, caso se provesse o apelo –, não conheço do extraordinário.

VOTO – *O Sr. Min. Marco Aurélio*: Sr. Presidente, uma coisa é o aspecto formal; outra, é o costume transportado dos Açores para o Brasil. Confesso a V. Exa. que não tenho meios de examinar se esse costume – discrepante, ou não, da razoabilidade – é algo diverso da realidade brasileira, é o que presenciamos nos últimos anos, pela mídia, sobre a prática perpetrada em Santa Catarina.

Se, de um lado, como ressaltou o eminente Min. Maurício Corrêa, a Constituição Federal revela competir ao Estado garantir a todos o pleno exercício de direitos culturais e acesso às fontes da cultura nacional, apoiando, incentivando, a valorização e a difusão das manifestações culturais – e a Constituição Federal é um grande todo –, de outro lado, no Capítulo VI, sob o título "Do Meio Ambiente", inciso VII do art. 225, temos uma proibição, um dever atribuído ao Estado: "Art. 225. (...); VII – proteger a fauna e a flora, vedadas, na forma da lei, as práticas que coloquem em risco sua função ecológica, provoquem a extinção de espécies ou submetam os animais a crueldade".

Sr. Presidente, é justamente a crueldade o que constatamos ano a ano, ao acontecer o que se aponta como folguedo sazonal. A manifestação cultural deve ser estimulada, mas não a prática cruel. Admitida a chamada "farra do boi", em que uma turba ensandecida vai atrás do animal para procedimentos que estarrecem, como vimos, não há poder de polícia que consiga coibir esse procedimento. Não vejo como chegar-se à posição intermediária. A distorção alcançou tal ponto, que somente uma medida que obstaculize terminantemente a prática pode evitar o que verificamos neste ano de 1997. O *Jornal da Globo* mostrou um animal ensanguentado e cortado invadindo uma residência e provocando ferimento em quem se encontrava no interior.

Entendo que a prática chegou a um ponto a atrair, realmente, a incidência do disposto no inciso VII do art. 225 da CF. Não se trata, no caso, de uma manifestação cultural que mereça o agasalho da Carta da República. Como disse no início de meu voto, cuida-se de uma prática cuja crueldade é ímpar e decorre das circunstâncias de pessoas envolvidas por paixões condenáveis buscarem, a todo custo, o próprio sacrifício do animal.

Sr. Presidente, peço vênia ao Min. Maurício Corrêa, para acompanhar o Ministro-Relator Francisco Rezek, conhecendo e provendo o recurso.

É o meu voto.

EXTRATO DE ATA

Decisão: Após o voto do Sr. Min. Francisco Rezek (Relator) conhecendo do recurso e lhe dando provimento para julgar procedente a ação, nos termos do pedido inicial, o julgamento foi adiado em virtude do pedido de vista do Sr. Min. Maurício Corrêa. Falou pelo recorrido o Dr. José Thomaz Nabuco de Araújo Filho e, pelo Ministério Público Federal, o Dr. Mardem Costa Pinto. 2ª Turma, 3.6.1997.

Presidência do Sr. Min. Néri da Silveira. Presentes à sessão os Srs. Mins. Carlos Velloso, Marco Aurélio, Maurício Corrêa e Nelson Jobim.

* * *

PERGUNTAS

1. Quais são os fatos?
2. O que é um recurso extraordinário?
3. O que é uma ação civil pública? Quem pode propô-la?
4. Qual o bem jurídico tutelado nesta ação?
5. Qual a questão jurídica central a ser enfrentada para a solução da lide?
6. Quais as relações entre direito à liberdade, direito à cultura e o bem tutelado nesta ação?
7. Todas as manifestações culturais estão garantidas pela nossa Constituição?
8. O patrimônio tradicional encontra-se protegido por nossa Constituição?
9. Os animais têm direitos, em face do disposto pela nossa Constituição?
10. Se até o bem-estar dos animais pode se contrapor à liberdade de manifestação cultural, que tipo de liberdade é essa?
11. Qual foi a decisão do STF?
12. Diz ela alguma coisa sobre nosso processo civilizatório?

SAÚDE

6.15 Caso do coquetel do HIV (RE/AgR 271.286-8-RS)

(2ª Turma – rel. Min. Celso de Mello – j. 12.9.2000)

Paciente com HIV/AIDS – Pessoa destituída de recursos financeiros – Direito à vida e à saúde – Fornecimento gratuito de medicamentos – Dever constitucional do Poder Público (CF, arts. 5º, *caput*, e 196) – Precedentes (STF) – Recurso de agravo improvido.

O direito à saúde representa consequência constitucional indissociável do direito à vida.

O direito público subjetivo à saúde representa prerrogativa jurídica indisponível assegurada à generalidade das pessoas pela própria Constituição da República (art. 196). Traduz bem jurídico constitucionalmente tutelado, por cuja integridade deve velar, de maneira responsável, o Poder Público, a quem incumbe formular – e implementar – políticas sociais e econômicas idôneas que visem a garantir aos cidadãos, inclusive àqueles portadores do vírus HIV, o acesso universal e igualitário à assistência farmacêutica e médico-hospitalar.

O direito à saúde – além de qualificar-se como direito fundamental que assiste a todas as pessoas – representa consequência constitucional indissociável do direito à vida. O Poder Público, qualquer que seja a esfera institucional de sua atuação no plano da organização federativa brasileira, não pode mostrar-se indiferente ao problema da saúde da população, sob pena de incidir, ainda que por censurável omissão, em grave comportamento inconstitucional.

A interpretação da norma programática não pode transformá-la em promessa constitucional inconsequente.

O caráter programático da regra inscrita no art. 196 da Carta Política – que tem por destinatários todos os entes políticos que compõem, no plano institucional, a organização federativa do Estado Brasileiro – não pode converter-se em promessa constitucional inconsequente, sob pena de o Poder Público, fraudando justas expectativas nele depositadas pela coletividade, substituir, de maneira ilegítima, o cumprimento de seu impostergável dever por um gesto irresponsável de infidelidade governamental ao que determina a própria Lei Fundamental do Estado.

Distribuição gratuita de medicamentos a pessoas carentes.

O reconhecimento judicial da validade jurídica de programas de distribuição gratuita de medicamentos a pessoas carentes, inclusive àquelas portadoras do vírus HIV/AIDS, dá efetividade a preceitos fundamentais da Constituição da República (arts. 5º, *caput*, e 196) e representa, na concreção do seu alcance, um gesto reverente e solidário de apreço à vida e à saúde das pessoas, especialmente daquelas que nada têm e nada possuem, a não ser a consciência de sua própria humanidade e de sua essencial dignidade – Precedentes do STF.

ACÓRDÃO – Vistos, relatados e discutidos estes autos: Acordam os Ministros do Supremo Tribunal Federal, em 2ª Turma, na conformidade da ata de julgamentos e das notas taquigráficas, por unanimidade de votos, em negar provimento ao agravo regimental.

Brasília, 12 de setembro de 2000 – *Néri da Silveira*, presidente – *Celso de Mello*, relator.

RELATÓRIO – *O Sr. Min. Celso de Mello*: Trata-se de recurso de agravo tempestivo interposto pelo Município de Porto Alegre contra decisão que, por mim proferida, está assim ementada:

"AIDS/HIV – Distribuição gratuita de medicamentos em favor de pessoas carentes – Legislação compatível com a tutela constitucional da saúde (CF, art. 196) – Precedentes do STF.

"A legislação que assegura às pessoas carentes e portadoras do vírus HIV a distribuição gratuita de medicamentos destinados ao tratamento da AIDS qualifica-se como ato concretizador do dever constitucional que impõe ao Poder Público a obrigação de garantir aos cidadãos o acesso universal e igualitário às ações e serviços de saúde – Precedentes (STF).

"O direito à saúde – além de qualificar-se como direito fundamental que assiste a todas as pessoas – representa consequência constitucional indissociável do direito à vida. O Poder Público, qualquer que seja a esfera institucional de sua atuação no plano da organização federativa brasileira, não pode mostrar-se indiferente ao problema da saúde da população, sob pena de incidir, ainda que por omissão, em censurável comportamento inconstitucional.

"O direito público subjetivo à saúde traduz bem jurídico constitucionalmente tutelado, por cuja integridade deve velar, de maneira responsável, o Poder Público (Federal, Estadual ou Municipal), a quem incumbe formular – e implementar – políticas sociais e econômicas que visem a garantir a plena consecução dos objetivos proclamados no art. 196 da Constituição da República" (RE n. 271.286-RS, rel. Min. Celso de Mello). (...).

VOTO – *O Sr. Min. Celso de Mello* (relator): (...). (...).

"Art. 196. A saúde é direito de todos e dever do Estado, garantido mediante políticas sociais e econômicas que visem à redução do risco de doença e de outros agravos e ao acesso universal e igualitário às ações e serviços para sua promoção, proteção e recuperação".

Na realidade, o cumprimento do dever político-constitucional consagrado no art. 196 da Lei Fundamental do Estado, consistente na obrigação de assegurar, a todos, a proteção à saúde, representa fator, que, associado a um imperativo de solidariedade social, impõe-se ao Poder Público, qualquer que seja a dimensão institucional em que este atue no plano de nossa organização federativa.

A impostergabilidade da efetivação desse dever constitucional desautoriza o acolhimento do pleito recursal ora deduzido na presente causa.

Tal como pude enfatizar, em decisão por mim proferida no exercício da presidência do STF, em contexto assemelhado ao da presente causa (Pet. n. 1.246-SC), entre proteger a inviolabilidade do direito à vida e à saúde, que se qualifica como direito subjetivo inalienável assegurado a todos pela própria Constituição da República (art. 5º, *caput*, e art. 196), ou fazer prevalecer, contra essa prerrogativa fundamental, um interesse financeiro e secundário do Estado, entendo – uma vez configurado esse dilema – que razões de ordem ético-jurídica impõem ao julgador uma só e possível opção: aquela que privilegia o respeito indeclinável à vida e à saúde humana, notadamente daqueles que têm acesso, por força de legislação local, ao programa de distribuição gratuita de medicamentos, instituído em favor de pessoas carentes.

Na realidade, o reconhecimento judicial da validade jurídica de programas de distribuição gratuita de medicamentos a pessoas carentes, inclusive àquelas portadoras do vírus HIV/AIDS, deu efetividade a preceitos fundamentais da Constituição da República (arts. 5º, *caput*, e 196), representando, na concreção do seu alcance, um gesto reverente e solidário de apreço à vida e à saúde das pessoas, especialmente daquelas que nada têm e nada possuem, a não ser a consciência de sua própria humanidade e de sua essencial dignidade.

Cumpre não perder de perspectiva que o direito público subjetivo à saúde representa prerrogativa jurídica indisponível assegurada à generalidade das pessoas pela própria Constituição da República. Traduz bem jurídico constitucionalmente tutelado, por cuja integridade deve velar, de maneira responsável, o Poder Público, a quem incumbe formular – e implementar – políticas sociais e econômicas idôneas que visem a garantir aos cidadãos, inclusive àqueles portadores do vírus HIV, o acesso universal e igualitário à assistência farmacêutica e médico-hospitalar.

O caráter programático da regra inscrita no art. 196 da Carta Política – que tem por destinatários todos os entes políticos que compõem, no plano institucional, a organização federativa do Estado Brasileiro (José Cretella Jr., *Comentários à Constituição de 1988*, vol. VIII/4.332-4.334, item 181, 1993, Forense Universitária) – não pode converter-se em promessa constitucional inconsequente, sob pena de o Poder Público, fraudando justas expectativas nele depositadas pela coletividade, substituir, de maneira ilegítima, o cumprimento de seu impostergável dever por um gesto irresponsável de infidelidade governamental ao que determina a própria Lei Fundamental do Estado.

Nesse contexto, incide sobre o Poder Público a gravíssima obrigação de tornar efetivas as prestações de saúde, incumbindo-lhe promover, em favor das pessoas e das comunidades, medidas – preventivas e de recuperação – que, fundadas em políticas públicas idôneas, tenham por finalidade viabilizar e dar concreção ao que prescreve, em seu art. 196, a Constituição da República.

O sentido de fundamentalidade do direito à saúde – que representa, no contexto da evolução histórica dos direitos básicos da pessoa humana, uma das expressões mais relevantes das liberdades reais ou concretas – impõe ao Poder Público um dever de prestação positiva que somente se terá por cumprido pelas instâncias governamentais quando estas adotarem providências destinadas a promover, em plenitude, a satisfação efetiva da determinação ordenada pelo texto constitucional.

Vê-se, desse modo, que, mais do que a simples positivação dos direitos sociais – que traduz estágio necessário ao processo de sua afirmação constitucional e que atua como pressuposto indispensável à sua eficácia jurídica (José Afonso da Silva, *Poder Constituinte e Poder Popular*, p. 199, itens 20-21, 2000, Malheiros) –, recai sobre o Estado inafastável vínculo institucional consistente em conferir real efetividade a tais prerrogativas básicas, em ordem a permitir às pessoas, nos casos de injustificável inadimplemento da obrigação estatal, que tenham elas acesso a um sistema organizado de garantias instrumentalmente vinculado à realização, por parte das entidades governamentais, da tarefa que lhes impôs a própria Constituição.

Não basta, portanto, que o Estado meramente proclame o reconhecimento formal de um direito. Torna-se essencial que, para além da simples declaração constitucional desse direito, seja ele integralmente respeitado e plenamente garantido, especialmente naqueles casos em que o direito – como o direito á saúde – se qualifica como prerrogativa jurídica de que decorre o poder do cidadão de exigir, do Estado, a implementação de prestações positivas impostas pelo próprio ordenamento constitucional. (...).

Sendo assim, pelas razões impostas, e considerando os precedentes mencionados, nego provimento ao presente recurso de agravo, mantendo, em consequência, a decisão por mim proferida a fls. 560-568.

É o meu voto.

(...).

EXTRATO DE ATA

Decisão: Por unanimidade, a Turma negou provimento ao agravo regimental. 2ª Turma, 12.9.2000.

Presidência do Sr. Min. Néri da Silveira. Presentes à sessão os Srs. Mins. Celso de Mello, Marco Aurélio, Maurício Corrêa e Nelson Jobim.

* * *

PERGUNTAS

1. Quais são os fatos?
2. O que é um direito subjetivo público na formulação apresentada pelo Min. Celso de Mello?
3. Que direitos estão em jogo no presente caso?
4. O que é uma norma programática?
5. Qual o critério de justiça adotado pela Constituição para a distribuição do direito à saúde?
6. Em que medida este critério se distingue dos critérios utilizados para a aquisição da propriedade ou da assistência social, ou mesmo para a distribuição dos direitos à educação ou previdência social?
7. O Min. Celso de Mello associa o direito à saúde ao direito à vida no presente caso. Esta associação é justificável? Qual o impacto dessa associação para o desfecho do caso?
8. Que o obrigações têm o Estado em face do direito à saúde?
9. Como lida o Ministro com o fato de haver recursos limitados e custos elevados para a realização do direito?
10. Tem o Ministro alguma resposta para o problema de surgirem escolhas trágicas, onde o atendimento do direito de um pode significar a negação do direito de muitos?
11. Tem o Ministro alguma teoria sobre a mudança social através de decisões estruturais que desestabilizam sistemas de distribuição de direitos?
12. Qual foi a decisão do agravo?

6.16 Concessão de medicamentos excepcionais (STA/AgR 175-CE)

(Plenário – rel. Min. Gilmar Mendes – j. 17.3.2010)

Suspensão de segurança – Agravo regimental – Saúde pública – Direitos fundamentais sociais – Art. 196 da Constituição – Audiência pública – Sistema Único de Saúde/SUS – Políticas públicas – Judicialização do direito à saúde – Separação de Poderes – Parâmetros para solução judicial dos casos concretos que envolvem direito à saúde – Responsabilidade solidária dos entes da Federação em matéria de saúde – Fornecimento de medicamento: Zavesca (miglustat) – Fármaco registrado na ANVISA – Não comprovação de grave lesão à ordem, à economia, à saúde e à segurança públicas – Possibilidade de ocorrência de dano inverso – Agravo regimental a que se nega provimento.

ACÓRDÃO – Vistos, relatados e discutidos estes autos: Acordam os Ministros do Supremo Tribunal Federal, em sessão plenária, na conformidade da ata do julgamento e das notas taquigráficas, por unanimidade de votos, negar provimento ao recurso de agravo, nos termos do voto do Relator.

Brasília, 17 de março de 2010 – *Gilmar Mendes*, presidente e relator.

RELATÓRIO – *O Sr. Min. Gilmar Mendes* (presidente): Trata-se de agravo regimental interposto pela União (fls. 193-229) contra a decisão da Presidência do STF (fls. 169-184) na qual indeferi o pedido de Suspensão de Tutela Antecipada/STA n. 175, formulado pela União (...).

A decisão agravada indeferiu o pedido de suspensão de tutela antecipada (...) por não se constatar, no caso, grave lesão à ordem, à economia e à saúde públicas, ressaltando-se os seguintes fundamentos, no que aqui interessa: "(...).

"No caso dos autos, ressalto os seguintes dados fáticos como imprescindíveis para a análise do pleito: (a) a interessada, jovem de 21 anos de idade, é portadora da patologia denominada Niemann-Pick Tipo C, doença degenerativa rara, comprovada clinicamente e por exame laboratorial, que causa uma série de distúrbios neuropsiquiátricos, tais como 'movimentos involuntários, ataxia da marcha e dos membros, disartria e limitações de progresso escolar e paralisias progressivas' (fls. 29); (b) os sintomas da doença teriam se manifestado quando a paciente contava com cinco anos de idade, sob a forma de dificuldades com a marcha, movimentos anormais dos membros, mudanças na fala e ocasional disfagia (fls. 29); (c) os relatórios médicos emitidos pela Rede Sarah de Hospitais de Reabilitação relatam que o uso do Zavesca (miglustat) poderia possibilitar um aumento de sobrevida e a melhora da qualidade de vida dos portadores de Niemann-Pick Tipo C (fls. 30); (d) a família da paciente declarou não possuir condições financeiras para custear o tratamento da doença, orçada em 52.000 Reais por mês; e (e) segundo o acórdão impugnado, há prova préconstituída de que o medicamento buscado é considerado pela clínica médica como único capaz de deter o avanço da doença ou de, pelo menos, aumentar as chances de vida da paciente com uma certa qualidade (fls. 108).

"A decisão impugnada, ao deferir a antecipação de tutela postulada, aponta a existência de provas quanto ao estado de saúde da paciente e a necessidade do medicamento indicado, nos seguintes termos: '(...). No caso concreto, a verossimilhança da alegação é demonstrada pelos documentos médicos que restaram coligidos aos autos. No de fls. 24 consta que 'o miglustato (Zavesca) é o único medicamento capaz de deter a progressão da Doença de Niemann-Pick Tipo C, aliviando, assim, os sintomas e sofrimentos neuropsiquiátricos da paciente'. A afirmação é seguida de indicação das bases nas quais se assentou a conclusão: estudos que remontam ao ano 2000. Além dele, convém apontar para o parecer exarado pela Rede Sarah de Hospitais de Reabilitação – Associação das Pioneiras Sociais, sendo essa instituição de referência nacional. Nessa manifestação (fls. 28) consta: 'Atualmente o tratamento é, preponderantemente, de suporte, mas já há trabalhos relatando o uso do Zavesca (miglustat), anteriormente usado para outras doenças de depósito, com o objetivo de diminuir a taxa de biossíntese de glicolipídios e, portanto, a diminuição do acúmulo lisossomal destes glicolipídios que estão em quantidades aumentadas pelo defeito do transporte de lipídios dentro das células; o que poderia possibilitar um aumento de sobrevida e/ou melhora da qualidade de vida dos pacientes acometidos pela patologia citada'. Acrescente-se que o medicamento pretendido tem sido ministrado em casos idênticos. (...). Esse quadro mostra que há prova préconstituída de que a jovem Clarice é portadora da doença Niemann-Pick Tipo C; de que a medicação buscada (miglustat) é considerada pela clínica médica como única capaz de deter o avanço da doença ou de, ao menos, aumentar as chances de vida do paciente com uma certa qualidade; de que tem sido ministrado em outros pacientes, também em decorrência de decisões judiciais' (fls. 107-108).

"O argumento central apontado pela União reside na falta de registro do medicamento Zavesca (miglustat) na Agência Nacional de Vigilância Sanitária e, consequentemente, na proibição de sua comercialização no Brasil.

"No caso, à época da interposição da ação pelo Ministério Público Federal, o medicamento Zavesca ainda não se encontrava registrado na ANVISA (fls. 31).

"No entanto, em consulta ao sítio da ANVISA na Internet, verifiquei que o medicamento Zavesca (princípio ativo miglustat), produzido pela empresa Actelion, possui registro (n. 155380002) válido até 1/2012.

"O medicamento Zavesca, ademais, não consta dos protocolos e diretrizes terapêuticas do SUS, sendo medicamento de alto custo não contemplado pela política farmacêutica da rede pública.

"Apesar de a União e de o Município de Fortaleza alegarem a ineficácia do uso de Zavesca para o tratamento da doença de Niemann-Pick Tipo C, não comprovaram a impropriedade do fármaco, limitando-se a inferir a inexistência de protocolo clínico do SUS.

"Por outro lado, os documentos juntados pelo Ministério Público Federal atestam que o medicamento foi prescrito por médico habilitado, sendo recomendado pela Agência Europeia de Medicamentos (fls. 166).

"Ressalte-se, ainda, que o alto custo do medicamento não é, por si só, motivo para o seu não fornecimento, visto que a Política de Dispensação de Medicamentos excepcionais visa a contemplar justamente o acesso da população acometida por enfermidades raras aos tratamentos disponíveis.

"(...)."

Manteve-se, por conseguinte, a antecipação de tutela recursal deferida pelo TRF-5ª Região para determinar à União, ao Estado do Ceará e ao Município de Fortaleza o fornecimento do medicamento denominado Zavesca (miglustat) em favor de Clarice Abreu de Castro Neves.

O agravante requer a reforma da decisão (fls. 193-229), renovando os argumentos antes apresentados para buscar demonstrar a ocorrência de grave lesão à ordem, à economia e à saúde públicas (fls. 193-229).

Alega que a decisão objeto do pedido de suspensão viola o princípio da separação de Poderes e as normas e regulamentos do SUS, bem como desconsidera a função exclusiva da Administração em definir políticas públicas, caracterizando-se, nestes casos, indevida interferência do Poder Judiciário nas diretrizes de políticas públicas (fls. 199-204).

Sustenta tanto a ilegitimidade passiva da União e ofensa ao sistema de repartição de competências (fls. 204-205) como a inexistência de responsabilidade solidária entre os integrantes do SUS, ante a ausência de previsão normativa (fls. 205-218).

Por fim, argumenta que só deve figurar no polo passivo da ação principal o ente responsável pela dispensação do medicamento pleiteado e que causa grave deslocamento de esforços e recursos estatais, descontinuidade da prestação dos serviços de saúde ao restante da população e possibilidade de efeito multiplicador (fls. 223-229).

É o relatório.

VOTO – *O Sr. Min. Gilmar Mendes* (presidente e relator): (...). (...), ao analisar o pedido de suspensão, entendi inexistirem os elementos fáticos e normativos que comprovassem grave lesão à ordem, à economia, à saúde e à segurança públicas. (...).

Irresignada, a União agravou da referida decisão, reforçando os argumentos antes apresentados no pedido de suspensão.

Diante da relevância da concretização do direito à saúde e da complexidade que envolve a discussão de fornecimento de tratamentos e medicamentos por parte do Poder Público, inclusive por determinação judicial, entendo necessário, inicialmente, retomar o tema sob uma perspectiva mais ampla, o que faço a partir de um juízo mínimo de delibação a respeito das questões jurídicas presentes na ação principal, conforme tem entendido a jurisprudência desta Corte, da qual se destacam os seguintes julgados: SS/AgR n. 846-DF, rel. Sepúlveda Pertence, *DJU* 8.11.1996, e SS/AgR n. 1.272-RJ, rel. Carlos Velloso, *DJU* 18.5.2001.

Passo então a analisar as questões complexas relacionadas à concretização do direito fundamental à saúde, levando em conta, para tanto, as experiências e os dados colhidos na Audiência Pública – Saúde, realizada neste Tribunal nos dias 27, 28 e 29.4 e 4, 6 e 7.5.2009.

A doutrina constitucional brasileira há muito se dedica à interpretação do art. 196 da Constituição. Teses, muitas vezes antagônicas, proliferaram-se em todas as instâncias do Poder Judiciário e na seara acadêmica. Tais teses buscam definir se, como e em que medida o direito constitucional à saúde se traduz em um direito subjetivo público a prestações positivas do Estado, passível de garantia pela via judicial.

As divergências doutrinárias quanto ao efetivo âmbito de proteção da norma constitucional do direito à saúde decorrem, especialmente, da natureza prestacional desse direito e da necessidade de compatibilização do que se convencionou denominar "mínimo existencial" e "reserva do possível" (*Vorbehalt des Möglichen*).

Como tenho analisado em estudos doutrinários, os direitos fundamentais não contêm apenas uma proibição de intervenção (*Eingriffsverbote*), expressando também um postulado de proteção (*Schutzgebote*). Haveria, assim, para utilizar uma expressão de Canaris, não apenas uma proibição de excesso (*Übermassverbot*), mas também uma proibição de proteção insuficiente (*Untermassverbot*) (Claus-Wilhelm Canaris, *Grundrechtswirkungen um Verhaltnismassigkeitsprinzip in der richterlichen Anwendung und Fortbildung des Privatsrechts*, JuS, 1989, p. 161).

Nessa dimensão objetiva, também assume relevo a perspectiva dos direitos à organização e ao procedimento (*Recht auf Organization und auf Verfahren*), que são aqueles direitos fundamentais que dependem, na sua realização, de providências estatais com vistas à criação e à conformação de órgãos e procedimentos indispensáveis à sua efetivação. (...).

Embora os direitos sociais, assim como os direitos e liberdades individuais, impliquem tanto direitos a prestações em sentido estrito (positivos) quanto direitos de defesa (negativos), e ambas as dimensões demandem o emprego de recursos públicos para a sua garantia, é a dimensão prestacional (positiva) dos direitos sociais o principal argumento contrário à sua judicialização.

A dependência de recursos econômicos para a efetivação dos direitos de caráter social leva parte da doutrina a defender que as normas que consagram tais direitos assumem a feição de normas programáticas, dependentes, portanto, da formulação de políticas públicas para se tornarem exigíveis. Nesse sentido, também se defende que a intervenção do Poder Judiciário, ante a omissão estatal quanto à construção satisfatória dessas políticas, violaria o princípio da separação dos Poderes e o princípio da reserva do financeiramente possível.

Em relação aos direitos sociais, é preciso levar em consideração que a prestação devida pelo Estado varia de acordo com a necessidade específica de cada cidadão. Assim, enquanto o Estado tem que dispor de um determinado valor para arcar com o aparato capaz de garantir a liberdade dos cidadãos universalmente, no caso de um direito social como a saúde, por outro lado, deve dispor de valores variáveis em função das necessidades individuais de cada cidadão. Gastar mais recursos com uns do que com outros envolve, portanto, a adoção de critérios distributivos para esses recursos.

Dessa forma, em razão da inexistência de suportes financeiros suficientes para a satisfação de todas as necessidades sociais, enfatiza-se que a formulação das políticas sociais e econômicas voltadas à implementação dos direitos sociais implicaria, invariavelmente, escolhas alocativas. Essas escolhas seguiriam critérios de justiça distributiva (o quanto disponibilizar e a quem atender), configurando-se como típicas opções políticas, as quais pressupõem "escolhas trágicas" pautadas por critérios de macrojustiça. É dizer, a escolha da destinação de recursos para uma política e não para outra leva em consideração fatores como o número de cidadãos atingidos pela política eleita, a efetividade e a eficácia do serviço a ser prestado, a maximização dos resultados etc.

Nessa linha de análise, argumenta-se que o Poder Judiciário, o qual estaria vocacionado a concretizar a justiça do caso concreto (microjustiça), muitas vezes não teria condições de, ao examinar determinada pretensão à prestação de um direito social, analisar as consequências globais da destinação de recursos públicos em benefício da parte, com invariável prejuízo para o todo (AMARAL, Gustavo, *Direito, Escassez e Escolha*, Renovar, Rio de Janeiro, 2001).

Por outro lado, defensores da atuação do Poder Judiciário na concretização dos direitos sociais, em especial do direito à saúde, argumentam que tais direitos são indispensáveis para a realização da dignidade da pessoa humana. Assim, ao menos o "mínimo existencial" de cada um dos direitos – exigência lógica do princípio da dignidade da pessoa humana – não poderia deixar de ser objeto de apreciação judicial. (...).

De toda forma, parece sensato concluir que, ao fim e ao cabo, problemas concretos deverão ser resolvidos levando-se em consideração todas as perspectivas que a questão dos direitos sociais envolve. Juízos de ponderação são inevitáveis nesse contexto prenhe de complexas relações conflituosas entre princípios e diretrizes políticas ou, em outros termos, entre direitos individuais e bens coletivos.

Alexy segue linha semelhante de conclusão, ao constatar a necessidade de um modelo que leve em conta todos os argumentos favoráveis e contrários aos direitos sociais, da seguinte forma: "Considerando os argumentos contrários e favoráveis aos direitos fundamentais sociais, fica claro que ambos os lados dispõem de argumentos de peso. A solução consiste em um modelo que leve em consideração tanto os argumentos a favor quantos os argumentos contrários. Esse modelo é a expressão da ideia-guia formal apresentada anteriormente, segundo a qual os direitos fundamentais da Constituição alemã são posições que, do ponto de vista do direito constitucional, são tão importantes que a decisão sobre garanti-las ou não garanti-las não pode ser simplesmente deixada para a maioria parlamentar. (...). De acordo com essa fórmula, a questão acerca de quais direitos fundamentais sociais o indivíduo definitivamente tem é uma questão de sopesamento entre princípios. De um lado está, sobretudo, o princípio da liberdade fática. Do outro lado estão os princípios formais da competência decisória do legislador democraticamente legitimado e o princípio da separação de Poderes, além de princípios materiais, que dizem respeito sobretudo à liberdade jurídica de terceiros, mas também a outros direitos fundamentais sociais e a interesses coletivos" (ALEXY, Robert, *Teoria dos Direitos Fundamentais*, trad. de Virgílio Afonso da Silva, São Paulo, Malheiros Editores, 2008, pp. 511-512). (...).

O direito à saúde é estabelecido pelo art. 196 da CF como (1) "direito de todos" e (2) "dever do Estado", (3) garantido mediante "políticas sociais e econômicas (4) que visem à redução do risco de doenças e de outros agravos", (5) regido pelo princípio do "acesso universal e igualitário" (6) "às ações e serviços para a sua promoção, proteção e recuperação".

Examinemos cada um desses elementos.

1. **Direito de todos:** É possível identificar na redação do referido artigo constitucional tanto um direito individual quanto um direito coletivo à saúde. Dizer que a norma do art. 196, por tratar de um direito social, consubstancia-se tão somente em norma programática, incapaz de produzir efeitos, apenas indicando diretrizes a serem observadas pelo Poder Público, significaria negar a força normativa da Constituição.

A dimensão individual do direito à saúde foi destacada pelo Min. Celso de Mello, relator do AgR/RE n. 271.286-8-RS, ao reconhecer o direito à saúde como um direito público subjetivo assegurado à generalidade das pessoas, que conduz o indivíduo e o Estado a uma relação jurídica obrigacional. Ressaltou o Ministro que "a interpretação da norma programática não pode transformá-la em promessa constitucional inconsequente", impondo aos entes federados um dever de prestação positiva. Concluiu que "a essencialidade do direito à saúde fez com que o legislador constituinte qualificasse como prestações de relevância pública as ações e serviços de saúde (CF, art. 197)", legitimando a atuação do Poder Judiciário nas hipóteses em que a Administração Pública descumpra o mandamento constitucional em apreço (AgR/RE n. 271.286-8-RS, rel. Celso de Mello, *DJU* 12.9.2000).

Não obstante, esse direito subjetivo público é assegurado mediante políticas sociais e econômicas, ou seja, não há um direito absoluto a todo e qualquer procedimento necessária para a proteção, promoção e recuperação da saúde, independentemente da existência de uma política pública que o concretize. Ha um direito público subjetivo a políticas públicas que promovam, protejam e recuperem a saúde.

Em decisão proferida na ADPF n. 45-DF, o Min. Celso de Mello consignou o seguinte: "Desnecessário acentuar-se, considerando o encargo governamental de tomar efetiva a aplicação dos direitos econômicos, sociais e culturais, que os elementos componentes do mencionado binômio (razoabilidade da pretensão + disponibilidade financeira do Estado) devem configurar-se de modo afirmativo e em situação de cumulativa ocorrência, pois, ausente qualquer desses elementos, descaracterizar-se-á a possibilidade estatal de realização prática de tais direitos" (ADPF/MC n. 45, rel. Celso de Mello, *DJU* 4.5.2004).

Assim, a garantia judicial da prestação individual de saúde, *prima facie*, estaria condicionada ao não comprometimento do funcionamento do Sistema Único de Saúde/SUS, o que, por certo, deve ser sempre demonstrado e fundamentado de forma clara e concreta, caso a caso.

2. Dever do Estado: O dispositivo constitucional deixa claro que, para além do direito fundamental à saúde, há o dever fundamental de prestação de saúde por parte do Estado (União, Estados, Distrito Federal e Municípios).

O dever de desenvolver políticas públicas que visem à redução de doenças, à promoção, à proteção e à recuperação da saúde está expresso no art. 196.

A competência comum dos entes da Federação para cuidar da saúde consta do art. 23, II, da Constituição. União, Estados, Distrito Federal e Municípios são responsáveis solidários pela saúde, tanto do indivíduo quanto da coletividade, e, dessa forma, são legitimados passivos nas demandas cuja causa de pedir é a negativa, pelo SUS (seja pelo gestor municipal, estadual ou federal), de prestações na área de saúde.

O fato de o SUS ter descentralizado os serviços e conjugado os recursos financeiros dos entes da Federação, com o objetivo de aumentar a qualidade e o acesso aos serviços de saúde, apenas reforça a obrigação solidária e subsidiária entre eles.

As ações e os serviços de saúde são de relevância pública, integrantes de uma rede regionalizada e hierarquizada, segundo o critério da subsidiariedade, e constituem um sistema único.

Foram estabelecidas quatro diretrizes básicas para as ações de saúde: direção administrativa única em cada nível de governo; descentralização políticoadministrativa; atendimento integral, com preferência para as atividades preventivas; e participação da comunidade.

O SUS está baseado no financiamento público e na cobertura universal das ações de saúde. Dessa forma, para que o Estado possa garantir a manutenção do sistema, é necessário que se atente para a estabilidade dos gastos com a saúde e, consequentemente, para a captação de recursos.

O financiamento do SUS, nos termos do art. 195, opera-se com recursos do orçamento da seguridade social, da União, dos Estados, do Distrito Federal e dos Municípios, além de outras fontes. A Emenda Constitucional n. 29/2000, com vistas a dar maior estabilidade para os recursos de saúde, consolidou um mecanismo de cofinanciamento das políticas de saúde pelos entes da Federação.

A Emenda acrescentou dois novos §§ ao art. 198 da Constituição, assegurando percentuais mínimos a serem destinados pela União, Estados, Distrito Federal e Municípios para saúde, visando a um aumento e a uma maior estabilidade dos recursos. No entanto, o § 3º do art. 198 dispõe que caberá à lei complementar estabelecer: os percentuais mínimos de que trata o § 2º do referido artigo; os critérios de rateio entre os entes; as normas de fiscalização, avaliação e controle das despesas com saúde; as normas de cálculo do montante a ser aplicado pela União; além, é claro, de especificar as ações e os serviços públicos de saúde.

O art. 200 da Constituição, que estabeleceu as competências do Sistema Único de Saúde/SUS, é regulamentado pelas Leis federais 8.080/1990 e 8.142/1990.

O SUS consiste no conjunto de ações e serviços de saúde, prestados por órgãos e instituições públicas federais, estaduais e municipais, da Administração direta e indireta e das fundações mantidas pelo Poder Público, incluídas as instituições públicas federais, estaduais e municipais de controle de qualidade, pesquisa e produção de insumos e medicamentos, inclusive de sangue e hemoderivados, e de equipamentos para saúde.

3. Garantido mediante políticas sociais e econômicas: A garantia mediante políticas sociais e econômicas ressalva, justamente, a necessidade de formulação de políticas públicas que concretizem o direito à saúde por meio de escolhas alocativas. É incontestável que, além da necessidade de se distribuírem recursos naturalmente escassos por meio de critérios distributivos, a própria evolução da Medicina impõe um viés programático ao direito à saúde, pois sempre haverá uma nova descoberta, um novo exame, um novo prognóstico ou procedimento cirúrgico, uma nova doença ou a volta de uma doença supostamente erradicada.

4. **Políticas que visem à redução do risco de doença e de outros agravos:** Tais políticas visam à redução do risco de doença e outros agravos, de forma a evidenciar sua dimensão preventiva. As ações preventivas na área da saúde foram, inclusive, indicadas como prioritárias pelo art. 198, inciso II, da Constituição.

5. **Políticas que visem ao acesso universal e igualitário:** O constituinte estabeleceu, ainda, um sistema universal de acesso aos serviços públicos de saúde. (...).

O princípio do acesso igualitário e universal reforça a responsabilidade solidária dos entes da Federação, garantindo, inclusive, a "igualdade da assistência à saúde, sem preconceitos ou privilégios de qualquer espécie" (art. 72, IV, da Lei n. 8.080/1990).

6. **Ações e serviços para promoção, proteção e recuperação da saúde:** O estudo do direito à saúde no Brasil leva a concluir que os problemas de eficácia social desse direito fundamental devem-se muito mais a questões ligadas à implementação e à manutenção das políticas públicas de saúde já existentes, o que implica também a composição dos orçamentos dos entes da Federação, do que à falta de legislação específica. Em outros termos, o problema não é de inexistência, mas de execução (administrativa) das políticas públicas pelos entes federados.

A Constituição brasileira não só prevê expressamente a existência de direitos fundamentais sociais (art. 6º), especificando seu conteúdo e forma de prestação (arts. 196, 201, 203, 205, 215, 217, entre outros), como não faz distinção entre os direitos e deveres individuais e coletivos (Capítulo I do Título II) e os direitos sociais (Capítulo II do Título II), ao estabelecer que os direitos e garantias fundamentais têm aplicação imediata (art. 5º, § 12, da CF/1988). Vê-se, pois, que os direitos fundamentais sociais foram acolhidos pela Constituição Federal de 1988 como autênticos direitos fundamentais. Não há dúvida – deixe-se claro – de que as demandas que buscam a efetivação de prestações de saúde devem ser resolvidas a partir da análise de nosso contexto constitucional e de suas peculiaridades.

Mesmo diante do que dispõem a Constituição e as leis relacionadas à questão, o que se tem constatado, de fato, é a crescente controvérsia jurídica sobre a possibilidade de decisões judiciais determinarem ao Poder Público o fornecimento de medicamentos e tratamentos, decisões, estas, nas quais se discute, inclusive, os critérios considerados para tanto.

No âmbito do STF, recorrente a tentativa do Poder Público de suspender decisões judiciais nesse sentido. Na Presidência do Tribunal existem diversos pedidos de suspensão de segurança, de suspensão de tutela antecipada e de suspensão de liminar, com vistas a suspender a execução de medidas cautelares que condenam a Fazenda Pública ao fornecimento das mais variadas prestações de saúde (fornecimento de medicamentos, suplementos alimentares, órteses e próteses; criação de vagas de UTIs e leitos hospitalares; contratação de servidores de saúde; realização de cirurgias e exames; custeio de tratamento fora do domicílio, inclusive no Exterior, entre outros).

Assim, levando em conta a grande quantidade de processos e a complexidade das questões neles envolvidas, convoquei audiência pública para ouvir os especialistas em matéria de saúde pública, especialmente os gestores públicos, os membros da Magistratura, do Ministério Público, da Defensoria Pública, da Advocacia da União, Estados e Municípios, além de acadêmicos e de entidades e organismos da sociedade civil.

Após ouvir os depoimentos prestados pelos representantes dos diversos setores envolvidos, ficou constatada a necessidade de se redimensionar a questão da judicialização do direito à saúde no Brasil. Isso porque, na maioria dos casos, a intervenção judicial não ocorre em razão de uma omissão absoluta em matéria de políticas públicas voltadas à proteção do direito à saúde, mas tendo em vista uma necessária determinação judicial para o cumprimento de políticas já estabelecidas. Portanto, não se cogita do problema da interferência judicial em âmbitos de livre apreciação ou de ampla discricionariedade de outros Poderes quanto à formulação de políticas públicas.

Esse foi um dos primeiros entendimentos que sobressaiu nos debates ocorridos na Audiência Pública Saúde: no Brasil, o problema talvez não seja de judicialização ou, em termos mais simples, de interferência do Poder Judiciário na criação e implementação de políticas públicas em matéria de saúde, pois o que ocorre, na quase totalidade dos casos, é apenas a determinação judicial do efetivo cumprimento de políticas públicas já existentes.

Esse dado pode ser importante para a construção de um critério ou parâmetro para a decisão em casos como este, no qual se discute, primordialmente, o problema da interferência do Poder Judiciário na esfera dos outros Poderes.

Assim, também com base no que ficou esclarecido na audiência pública, o primeiro dado a ser considerado é a existência, ou não, de política estatal que abranja a prestação de saúde pleiteada pela parte. Ao deferir uma prestação de saúde incluída entre as políticas sociais e econômicas formuladas pelo Sistema Único de Saúde/SUS, o Judiciário não está criando política pública, mas apenas determinando o seu cumprimento. Nesses casos, a existência de um direito subjetivo público a determinada política pública de saúde parece ser evidente.

Se a prestação de saúde pleiteada não estiver entre as políticas do SUS, é imprescindível distinguir se a não prestação decorre de (1) uma omissão legislativa ou administrativa, (2) de uma decisão administrativa de não fornecê-la ou (3) de uma vedação legal à sua dispensação.

Não raro, busca-se no Poder Judiciário a condenação do Estado ao fornecimento de prestação de saúde não registrada na Agência Nacional de Vigilância Sanitária/ANVISA.

Como ficou claro nos depoimentos prestados na audiência pública, é vedado à Administração Pública fornecer fármaco que não possua registro na ANVISA.

A Lei federal n. 6.360/1976, ao dispor sobre a vigilância sanitária a que ficam sujeitos os medicamentos, as drogas, os insumos farmacêuticos e correlatos, determina, em seu art. 12, que "nenhum dos produtos de que trata esta Lei, inclusive os importados, poderá ser industrializado, exposto à venda ou entregue ao consumo antes de registrado no Ministério da Saúde". O art. 16 da referida lei estabelece os requisitos para a obtenção do registro, entre eles o de que o produto seja reconhecido como seguro e eficaz para o uso a que se propõe. O art. 18 ainda determina que, em se tratando de medicamento de procedência estrangeira, deverá ser comprovada a existência de registro válido no País de origem.

O registro de medicamento, como ressaltado pelo Procurador-Geral da República na audiência pública, é uma garantia à saúde pública. E, como ressaltou o DiretorPresidente da ANVISA na mesma ocasião, a Agência, por força da lei de sua criação, também realiza a regulação econômica dos fármacos. Após verificar a eficácia, a segurança e a qualidade do produto e conceder-lhe o registro, a ANVISA passa a analisar a fixação do preço definido, levando em consideração o benefício clínico e o custo do tratamento. Havendo produto assemelhado, se o novo medicamento não trouxer benefício adicional, não poderá custar mais caro do que o medicamento já existente com a mesma indicação.

Por tudo isso, o registro na ANVISA configura-se como condição necessária para atestar a segurança e o benefício do produto, sendo o primeiro requisito para que o SUS possa considerar sua incorporação.

Claro que essa não é uma regra absoluta. Em casos excepcionais, a importação de medicamento não registrado poderá ser autorizada pela ANVISA. A Lei n. 9.782/1999, que criou a Agência Nacional de Vigilância Sanitária/ANVISA, permite que ela dispense de "registro" medicamentos adquiridos por intermédio de organismos multilaterais internacionais para uso de programas em saúde pública pelo Ministério da Saúde.

O segundo dado a ser considerado é a existência de motivação para o não fornecimento de determinada ação de saúde pelo SUS. Há casos em que se ajuíza ação com o objetivo de garantir prestação de saúde que o SUS decidiu não custear por entender que inexistem evidências científicas suficientes para autorizar sua inclusão.

Nessa hipótese, podem ocorrer, ainda, duas situações: (1º) o SUS fornece tratamento alternativo, mas não adequado a determinado paciente; (2º) o SUS não tem nenhum tratamento específico para determinada patologia.

A princípio, pode-se inferir que a obrigação do Estado, à luz do disposto no art. 196 da Constituição, restringe-se ao fornecimento das políticas sociais e econômicas por ele formuladas para a promoção, proteção e recuperação da saúde.

Isso porque o SUS filiou-se à corrente da "Medicina com base em evidências". Com isso, adotaram-se os "Protocolos Clínicos e Diretrizes Terapêuticas", que consistem num conjunto de critérios que permitem determinar o diagnóstico de doenças e o tratamento correspondente com os medicamentos disponíveis e as respectivas doses. Assim, um medicamento ou tratamento em desconformidade com o Protocolo deve ser visto com cautela, pois tende a contrariar um consenso científico vigente.

Ademais, não se pode esquecer de que a gestão do SUS, obrigado a observar o princípio constitucional do acesso universal e igualitário às ações e prestações de saúde, só torna-se viável mediante a elaboração de políticas públicas que repartam os recursos (naturalmente escassos) da forma mais eficiente possível. Obrigar a rede pública a financiar toda e qualquer ação e prestação de saúde existente geraria grave lesão à ordem administrativa e levaria ao comprometimento do SUS, de modo a prejudicar ainda mais o atendimento médico da parcela da população mais necessitada. Dessa forma, podemos concluir que, em geral, deverá ser privilegiado o tratamento fornecido pelo SUS em detrimento de opção diversa escolhida pelo paciente, sempre que não for comprovada a ineficácia ou a impropriedade da política de saúde existente.

Essa conclusão não afasta, contudo, a possibilidade de o Poder Judiciário, ou de a própria Administração, decidir que medida diferente da custeada pelo SUS deve ser fornecida a determinada pessoa que, por razões específicas do seu organismo, comprove que o tratamento fornecido não é eficaz no seu caso. Inclusive, como ressaltado pelo próprio Ministro da Saúde na audiência pública, há necessidade de revisão periódica dos protocolos existentes e de elaboração de novos protocolos. Assim, não se pode afirmar que os Protocolos Clínicos e Diretrizes Terapêuticas do SUS são inquestionáveis, o que permite sua contestação judicial.

Situação diferente é a que envolve a inexistência de tratamento na rede pública. Nesses casos, é preciso diferenciar os tratamentos puramente experimentais dos novos tratamentos ainda não testados pelo Sistema de Saúde brasileiro.

Os tratamentos experimentais (sem comprovação científica de sua eficácia) são realizados por laboratórios ou centros médicos de ponta, consubstanciando-se em pesquisas clínicas. A participação nesses tratamentos rege-se pelas normas que regulam a pesquisa médica e, portanto, o Estado não pode ser condenado a fornecê-los.

Como esclarecido, na Audiência Pública da Saúde, pelo médico Paulo Hoff, Diretor Clínico do Instituto do Câncer do Estado de São Paulo, essas drogas não podem ser compradas em nenhum País, porque nunca foram aprovadas ou avaliadas, e o acesso a elas deve ser disponibilizado apenas no âmbito de estudos clínicos ou programas de acesso expandido, não sendo possível obrigar o SUS a custeá-las. No entanto, é preciso que o laboratório que realiza a pesquisa continue a fornecer o tratamento aos pacientes que participaram do estudo clínico, mesmo após seu término.

Quanta aos novos tratamentos (ainda não incorporados pelo SUS), é preciso que se tenha cuidado redobrado na apreciação da matéria. Como frisado pelos especialistas ouvidos na Audiência Pública, o conhecimento médico não é estanque, sua evolução é muito rápida e dificilmente suscetível de acompanhamento pela burocracia administrativa.

Se, por um lado, a elaboração dos Protocolos Clínicos e das Diretrizes Terapêuticas privilegia a melhor distribuição de recursos públicos e a segurança dos pacientes, por outro, a aprovação de novas indicações terapêuticas pode ser muito lenta e, assim, acabar por excluir o acesso de pacientes do SUS a tratamento há muito prestado pela iniciativa privada.

Parece certo que a inexistência de protocolo clínico no SUS não pode significar violação ao princípio da integralidade do sistema, nem justificar a diferença entre as opções acessíveis aos usuários da rede pública e as disponíveis aos usuários da rede privada. Nesses casos, a omissão administrativa no tratamento de determinada patologia poderá ser objeto de impugnação judicial, tanto por ações individuais como coletivas. No entanto, é imprescindível que haja instrução processual, com ampla produção de provas, o que poderá configurar-se um obstáculo à concessão de medida cautelar.

Portanto, independentemente da hipótese levada à consideração do Poder Judiciário, as premissas analisadas deixam clara a necessidade de instrução das demandas de saúde para que não ocorra a produção padronizada de iniciais, contestações e sentenças, peças processuais que, muitas vezes, não contemplam as especificidades do caso concreto examinado, impedindo que o julgador concilie a dimensão subjetiva (individual e coletiva) com a dimensão objetiva do direito à saúde. Esse é mais um dado incontestável, colhido na Audiência Pública – Saúde.

Com fundamento nessas considerações, que entendo essenciais para a reflexão e a discussão do presente caso pelo Plenário desta Corte, retomo, de forma específica, as razões apresentadas pela União em seu agravo regimental.

Da análise do presente recurso, concluo que a agravante não traz novos elementos aptos a determinar a reforma da decisão agravada.

Em primeiro lugar, a agravante repisa a alegação genérica de violação ao princípio da separação dos Poderes, o que já havia sido afastado pela decisão impugnada, a qual assentou a possibilidade, em casos como o presente, de o Poder Judiciário vir a garantir o direito à saúde, por meio do fornecimento de medicamento ou de tratamento imprescindível para o aumento de sobrevida e a melhoria da qualidade de vida da paciente. Colhe-se dos autos que a decisão impugnada informa a existência de provas suficientes quanto ao estado de saúde da paciente e a necessidade do medicamento indicado.

Quanto à possibilidade de intervenção do Poder Judiciário, destaco a ementa da decisão proferida na ADPF/MC n. 45-DF, rel. Celso de Mello, *DJU* 29.4.2004: "*Ementa:* Arguição de descumprimento de preceito fundamental – A questão da legitimidade constitucional do controle e da intervenção do Poder Judiciário em tema de implementação de políticas públicas, quando configurada hipótese de abusividade governamental – Dimensão política da jurisdição constitucional atribuída ao STF – Inoponibilidade do arbítrio estatal à efetivação dos direitos sociais, econômicos e culturais – Caráter relativo da liberdade de conformação do legislador – Considerações em torno da cláusula da 'reserva do possível' – Necessidade de preservação, em favor dos indivíduos, da integridade e da intangibilidade do núcleo consubstanciador do 'mínimo existencial' – Viabilidade instrumental da arguição de descumprimento no processo de concretização das liberdades positivas (direitos constitucionais de segunda geração)". (...).

Além disso, a agravante, reiterando os fundamentos da inicial, aponta, de forma genérica, que a decisão objeto desta suspensão invade competência administrativa da União e provoca desordem em sua esfera, ao impor-lhe deveres que são do Estado e do Município. Contudo, a decisão agravada deixou claro que existem casos na jurisprudência desta Corte que afirmam a responsabilidade solidária dos entes federados em matéria de saúde.

Após refletir sobre as informações colhidas na Audiência Pública – Saúde e sobre a jurisprudência recente deste Tribunal, é possível afirmar que, em matéria de saúde pública, a responsabilidade dos entes da Federação deve ser efetivamente solidária.

No RE 195.192-3-RS, a 2ª Turma deste Supremo Tribunal consignou o entendimento segundo o qual a responsabilidade pelas ações e serviços de saúde é da União, dos Estados e do Distrito Federal e dos Municípios. Nesse sentido, o acórdão restou assim ementado: "Saúde – Aquisição e fornecimento de medicamentos – Doença rara. Incumbe ao Estado (gênero) proporcionar meios visando a alcançar a saúde, especialmente quando envolvida criança e adolescente. O SUS torna a responsabilidade linear alcançando a União, os Estados, o Distrito Federal e os Municípios" (RE n. 195.192-3-RS, 2ª Turma, Min. Marco Aurélio, *DJU* 22.2.2000).

Em sentido idêntico, no RE/AgR n. 255.627-1, o Min. Nelson Jobim afastou a alegação do Município de Porto Alegre de que não seria responsável pelos serviços de saúde de alto custo. O Min. Nelson Jobim, amparado no precedente do RE n. 280.642, no qual a 2ª Turma havia decidido questão idêntica, negou provimento ao agravo regimental do Município: "(...). A referência, contida no preceito, a 'Estado' mostra-se abrangente, a alcançar a União Federal, os Estados propriamente ditos, o Distrito Federal e os Municípios. Tanto é assim que, relativamente ao SUS, diz-se do financiamento, nos termos do art. 195, com recursos do orçamento, da seguridade social, da União, dos Estados, do Distrito Federal e dos Municípios, além de outras fontes. Já, o *caput* do artigo informa, como diretriz, a descentralização das ações e serviços públicos de saúde que devem integrar rede regionalizada e hierarquizada, com direção única em cada esfera de governo. Não bastasse o parâmetro constitucional de eficácia imediata, considerada a natureza, em si, da atividade, afigura-se como fato incontroverso, porquanto registrada, no acórdão recorrido, a existência de lei no sentido da obrigatoriedade de fornecer-se os medicamentos excepcionais, como são os concernentes à Síndrome da Imunodeficiência Adquirida (SIDA/AIDS), às pessoas carentes. O Município de Porto Alegre surge com responsabilidade prevista em diplomas específicos, ou seja, os convênios celebrados no sentido da implantação do SUS, devendo receber, para tanto, verbas do Estado. Por outro lado, como bem assinalado no acórdão, a falta de regulamentação municipal para o custeio da distribuição não impede fique assentada a responsabilidade do Município. (...)" (RE/AgR n. 255.627-1-RS, 2ª Turma, Min. Nelson Jobim, *DJU* 21.11.2000).

A responsabilidade dos entes da Federação foi muito enfatizada durante os debates na Audiência Pública – Saúde, oportunidade em que externei os seguintes entendimentos sobre o tema:

"O Poder Judiciário, acompanhado pela doutrina majoritária, tem entendido que a competência comum dos entes resulta na sua responsabilidade solidária para responder pelas demandas de saúde.

"Muitos dos pedidos de suspensão de tutela antecipada, suspensão de segurança e suspensão de liminar fundamentam a ocorrência de lesão à ordem pública na desconsideração, pela decisão judicial, dessa divisão de responsabilidades estabelecidas pela legislação do SUS, alegando que a ação deveria ter sido proposta contra outro ente da Federação.

"Não temos dúvida de que o Estado Brasileiro é responsável pela prestação dos serviços de saúde. Importa aqui reforçar o entendimento de que cabe à União, aos Estados, ao Distrito Federal e aos Municípios agirem em conjunto no cumprimento do mandamento constitucional.

"A Constituição incorpora o princípio da lealdade à Federação por parte da União, dos Estados e Municípios no cumprimento de suas tarefas comuns."

De toda forma, parece certo que, quanto ao desenvolvimento prático desse tipo de responsabilidade solidária, deve ser construído um modelo de cooperação e de coordenação de ações conjuntas por parte dos entes federativos. (...).

Assim, apesar de a responsabilidade dos entes da Federação em matéria de direito à saúde suscitar questões delicadas, a decisão impugnada pelo pedido de suspensão, ao determinar a responsabilidade da União no fornecimento do tratamento pretendido, segue as normas constitucionais que fixaram a competência comum (art. 23, II, da CF), a Lei federal n. 8.080/1990 (art. 7º, XI) e a jurisprudência desta Corte. Entendo, pois, que a determinação para que a União arque com as despesas do tratamento não configura grave lesão à ordem pública.

A correção ou não deste posicionamento, entretanto, não é passível de ampla cognição nos estritos limites deste juízo de contracautela, como quer fazer valer a agravante.

Da mesma forma, as alegações referentes à ilegitimidade passiva da União, à violação do sistema de repartição de competências, à necessidade de figurar como réu na ação principal somente o ente responsável pela dispensação do medicamento pleiteado e à desconsideração da lei do SUS não são passíveis de ampla deliberação no juízo do pedido de suspensão de segurança, pois constituem o mérito da ação, a ser debatido de forma exaustiva no exame do recurso cabível contra o provimento jurisdicional que ensejou a tutela antecipada. Nesse sentido: SS/AgR n. 22.932-SP, Ellen Gracie, *DJU* 25.4.2008, e SS/AgR n. 2.964-SP, Ellen Gracie, *DJU* 9.11.2007, entre outros.

Ademais, diante da natureza excepcional do pedido de contracautela, evidencia-se que a sua eventual concessão no presente momento teria caráter nitidamente satisfativo, com efeitos deletérios à subsistência e ao regular desenvolvimento da saúde da paciente, a ensejar a ocorrência de possível dano inverso.

Neste ponto, o pedido formulado tem nítida natureza de recurso, o que contraria o entendimento assente desta Corte acerca da impossibilidade do pedido de suspensão como sucedâneo recursal, do qual se destacam os seguintes julgados: SL n. 14-MG, rel. Maurício Corrêa, *DJU* 3.10.2003; SL n. 80-SP, rel. Nelson Jobim, *DJU* 19.10.2005; n. 56/AgR-DF, rela. Ellen Gracie, *DJU* 23.6.2006.

Melhor sorte não socorre à agravante quanto aos argumentos de grave lesão à economia e à saúde públicas, visto que a decisão agravada consignou, de forma expressa, que o alto custo de um tratamento ou de um medicamento que tem registro na ANVISA não é suficiente para impedir o seu fornecimento pelo Poder Público.

Além disso, não procede a alegação de temor de que esta decisão sirva de precedente negativo ao Poder Público, com possibilidade de ensejar o denominado efeito multiplicador, pois a análise de decisões dessa natureza deve ser feita caso a caso, considerando-se todos os elementos normativos e fáticos da questão jurídica debatida.

Por fim, destaco que a agravante não infirma o fundamento da decisão agravada de que, em verdade, o que se constata é a ocorrência de grave lesão em sentido inverso (dano inverso), caso a decisão venha a ser suspensa (fls. 183).

Ante o exposto, nego provimento ao agravo regimental.

É como voto.

VOTO (Apartes) – *A Sra. Min. Ellen Gracie*: Sr. Presidente, acrescento o meu voto ao de todos os membros do Tribunal para negar provimento a esses agravos regimentais, fazendo, porém, uma ponderação que também decorre de toda a discussão que tivemos até agora.

O Min. Marco Aurélio relembrou que, no RE n. 566.471, o Tribunal já reconheceu repercussão geral. E faço, desde logo, uma ponderação aos Colegas: se efetivamente será possível extrair um julgamento em repercussão geral que sirva a toda essa miríade de casos tão diversos entre si, em que as circunstâncias fáticas são muitas vezes únicas. Talvez, se nós cuidarmos de uma categoria geral, por exemplo os portadores de diabetes que pleiteiam os reagentes e as fitas para fazerem exames – essa seria uma categoria homogênea passível de solução idêntica. Porém, as moléstias que são trazidas ao Judiciário e os medicamentos requisitados são os mais variados possível. Faço, portanto, essa indagação ao Tribunal: seria efetivamente viável darmos repercussão geral a essa matéria?

O Sr. Min. Gilmar Mendes (presidente e relator): No caso do Min. Marco. Aurélio, pelo que percebi, inclusive li a ementa da repercussão geral, o recurso foca exatamente a questão da responsabilidade solidária.

O Sr. Min. Marco Aurélio: Exato.

Presidente, o recurso extraordinário tem balizas próprias. E decidiremos, consideradas essas balizas, o conflito de interesses envolvido. Agora, já decidimos quanto à repercussão e a admitimos. Não cabe ao Tribunal rever o que assentado, mas, sim, julgar o recurso extraordinário.

A Sra. Min. Ellen Gracie: Eu, sinceramente, continuo colocando aos Colegas essa dúvida, essa indagação, essa perplexidade diante de um sistema novo que estamos inaugurando, o da repercussão geral. Se acaso, não nessa hipótese específica, chegássemos à conclusão, em um outro caso, de que não há repercussão geral, essa decisão poderá ser revista?

O Sr. Min. Marco Aurélio: Fique tranquila, Ministra, a decisão não será polivalente.

VOTO – *O Sr. Min. Celso de Mello*: (...). (...).

Refiro-me ao princípio da proibição do retrocesso, que, em tema de direitos fundamentais de caráter social, impede que sejam desconstituídas as conquistas já alcançadas pelo cidadão ou pela formação social em que ele vive, consoante adverte autorizado magistério doutrinário (Gilmar Ferreira Mendes, Inocêncio Mártires Coelho e Paulo Gustavo Gonet Branco, *Hermenêutica Constitucional e Direitos Fundamentais*, 1ª ed., 2ª tir., pp. 127-128, 2002, Brasília Jurídica; J. J. Gomes Canotilho, *Direito Constitucional e Teoria da Constituição*, pp. 320-322, item 3, 1998, Almedina; Andreas Joachim Krell, *Direitos Sociais e Controle Judicial no Brasil e na Alemanha*, p. 40, 2002, Sérgio Antônio Fabris Editor; Ingo W. Sarlet, "Algumas considerações em torno do conteúdo, eficácia e efetividade do direito à saúde na Constituição de 1988", in *Revista Público*, p. 99, n. 12, 2001).

Na realidade, a cláusula que proíbe o retrocesso em matéria social traduz, no processo de sua concretização, verdadeira dimensão negativa pertinente aos direitos sociais de natureza prestacional (como o direito à saúde), impedindo, em consequência, que os níveis de concretização dessas prerrogativas, uma vez atingidos, venham a ser reduzidos ou suprimidos, exceto nas hipóteses – de todo inocorrente na espécie – em que políticas compensatórias venham a ser implementadas pelas instâncias governamentais.

Lapidar, sob todos os aspectos, o magistério de J. J. Gomes Canotilho, cuja lição, a propósito do tema, estimula as seguintes reflexões (*Direito Constitucional e Teoria da Constituição*, 1998, Almedina, pp. 320-321, item 3):

"O princípio da democracia econômica e social aponta para a proibição de retrocesso social.

"A ideia aqui expressa também tem sido designada como proibição de 'contrarrevolução social' ou da 'evolução reaccionária'. *Com isto quer dizer-se* que os direitos sociais e econômicos (exemplo: direito dos trabalhadores, direito à assistência, direito à educação), *uma vez obtido* um determinado grau de realização, *passam a constituir*, simultaneamente, uma garantia institucional *e* um direito subjectivo. A *'proibição de retrocesso social'* nada pode fazer contra as recessões e crises econômicas (reversibilidade fáctica), *mas o princípio em análise limita a reversibilidade* dos direitos adquiridos (ex.: segurança social, subsídio de desemprego, *prestações de saúde*), em clara violação do princípio da protecção da confiança e da segurança dos cidadãos no âmbito econômico, social e cultural, e do núcleo essencial da existência mínima inerente ao respeito pela dignidade da pessoa humana. O reconhecimento desta protecção de direitos prestacionais de propriedade, subjetivamente adquiridos, constitui um limite jurídico do legislador e, ao mesmo tempo, uma obrigação de prossecução de uma política congruente com os direitos concretos e as expectativas subjectivamente alicerçadas. A violação no núcleo essencial efectivado justificará a sanção de inconstitucionalidade relativamente aniquiladoras da chamada justiça social. Assim, por exemplo, será inconstitucional uma lei que extinga o direito a subsídio de desemprego ou pretenda alargar desproporcionadamente o tempo de serviço necessário para a aquisição do direito à reforma (...). De qualquer modo, mesmo que se afirme sem reservas a liberdade de conformação do legislador nas leis sociais, as eventuais modificações destas leis devem observar os princípios do Estado de Direito vinculativos da actividade legislativa e o núcleo essencial dos direitos sociais. *O princípio da proibição de retrocesso social pode formular-se assim*: o núcleo essencial dos direitos já realizado e efectivado através de medidas legislativas ('lei da segurança social', 'lei do subsídio de desemprego', *'lei do serviço de saúde'*) deve considerar-se constitucionalmente garantido, sendo inconstitucionais quais-

quer medidas estaduais que, sem a criação de outros esquemas alternativos ou compensatórios, se traduzam na prática numa 'anulação', 'revogação' ou 'aniquilação' pura e simples desse núcleo essencial. A liberdade de conformação do legislador e inerente autorreversibilidade têm como limite o núcleo essencial já realizado" (grifei). (...).
Sendo assim, em face das razões expostas, e considerando, sobretudo, Sr. Presidente, o magnífico voto proferido por V. Exa., nego provimento ao recurso de agravo interposto pela União Federal.
É o meu voto.
(...).

O Sr. Min. Gilmar Mendes (presidente e relator): Eu aproveito para observar que (...) nós já tivemos casos, não nos tempos mais recentes, em que juízes decidiam, por exemplo, que alguém deveria ter o direito a uma vaga na UTI.

A Sra. Min. Ellen Gracie: Os médicos são obrigados a decidir quem vai morrer, porque vão ter que tirar alguém da UTI.

O Sr. Min. Gilmar Mendes (presidente e relator): Esse tipo de decisão acabava por envolver a escolha da definição dos destinos das pessoas, porque estava a decidir se alguma pessoa deveria ser retirada da UTI, ou também a chamada fila do transplante; não é o caso do que se cuida aqui. Mas nós já tivemos casos, por exemplo, em que juízes, acolhendo pedidos do Ministério Público, determinaram que fosse construída uma UTI neonatal num determinado local. Aí, sim, me parece que isso faz parte da concretização de políticas públicas, porque a própria legislação estabelece os critérios para a construção dessas unidades, tendo em vista elementos objetivos: número da população, número de habitantes. Então, neste caso, não parece uma interferência indevida. Portanto, nós temos que fazer essas distinções.

EXTRATO DE ATA
Decisão: O Tribunal, por unanimidade e nos termos do voto do Relator, Min. Gilmar Mendes (presidente), negou provimento ao recurso de agravo. Plenário, 17.3.2010.
Presidência do Sr. Min. Gilmar Mendes. Presentes à sessão os Srs. Mins. Celso de Mello, Marco Aurélio, Ellen Gracie, Cézar Peluso, Ayres Britto, Joaquim Barbosa, Eros Grau, Ricardo Lewandowski, Carmen Lúcia e Dias Toffoli.

* * *

PERGUNTAS

1. Quais são os fatos do caso?
2. Quais os direitos fundamentais reivindicados neste agravo regimental de suspensão de tutela antecipada?
3. O Min. Gilmar Mendes aponta, em seu voto, a distinção entre a dimensão individual e a dimensão coletiva do direito à saúde. Que dimensão foi privilegiada na decisão do STF?
4. Que critérios específicos o Min. Gilmar Mendes estabeleceu para balizar a chamada "judicialização da saúde"? Como o Ministro justificou a adoção desses critérios?
5. Qual a preocupação da Min. Ellen Gracie no que se se refere ao reconhecimento de repercussão geral em recurso extraordinário sobre o mesmo assunto tratado na STA 175? O que gerou essa preocupação?
6. A questão da omissão do Poder Público na concretização de direitos fundamentais sociais perpassa todo o acórdão. Para os Ministros, o que caracteriza, no caso, essa omissão?
7. O Min. Gilmar Mendes ressaltou a importância da realização de audiência pública a respeito da judicialização do direito à saúde no STF. Houve, no seu voto, incorporação de argumentos apresentados na audiência pública?
8. Em que medida a decisão prolatada ajuda a Corte a resolver novas pendências relacionadas à distribuição de medicamentos?
9. O Tribunal apresentou alguma solução para lidar com a tensão entre escassez de recursos e demanda ilimitada, ou, ainda, para enfrentar o problema das escolhas trágicas?

EDUCAÇÃO

6.17 Caso do direito a creche (RE 436.996-6-SP)

(Decisão Monocrática do Relator, Min. Celso de Mello – 26.10.2005)

Criança de até seis anos de idade – Atendimento em creche e em pré-escola – Educação infantil – Direito assegurado pelo próprio texto constitucional (CF, art. 208, IV) – Compreensão global do direito constitucional à educação – Dever jurídico cuja execução se impõe ao Poder Público, notadamente ao Município (CF, art. 211, § 2º) – Recurso extraordinário conhecido e provido.

A educação infantil representa prerrogativa constitucional indisponível, que, deferida às crianças, a estas assegura, para efeito de seu desenvolvimento integral, e como primeira etapa do processo de educação básica, o atendimento em creche e o acesso à pré-escola (CF, art. 208, IV).

Essa prerrogativa jurídica, em consequência, impõe ao Estado, por efeito da alta significação social de que se reveste a educação infantil, a obrigação constitucional de criar condições objetivas que possibilitem, de maneira concreta, em favor das "crianças de zero a seis anos de idade" (CF, art. 208, IV), o efetivo acesso e atendimento em creches e unidades de pré-escola, sob pena de configurar-se inaceitável omissão governamental, apta a frustrar, injustamente, por inércia, o integral adimplemento, pelo Poder Público, de prestação estatal que lhe impôs o próprio texto da Constituição Federal.

A educação infantil, por qualificar-se como direito fundamental de toda criança, não se expõe, em seu processo de concretização, a avaliações meramente discricionárias da Administração Pública, nem se subordina a razões de puro pragmatismo governamental.

Os Municípios – que atuarão, prioritariamente, no ensino fundamental e na educação infantil (CF, art. 211, § 2º) – não poderão demitir-se do mandato constitucional, juridicamente vinculante, que lhes foi outorgado pelo art. 208, IV, da Lei Fundamental da República, e que representa fator de limitação da discricionariedade político-administrativa dos entes municipais, cujas opções, tratando-se do atendimento das crianças em creche (CF, art. 208, IV), não podem ser exercidas de modo a comprometer, com apoio em juízo de simples conveniência ou de mera oportunidade, a eficácia desse direito básico de índole social.

Embora inquestionável que resida, primariamente, nos Poderes Legislativo e Executivo a prerrogativa de formular e executar políticas públicas, revela-se possível, no entanto, ao Poder Judiciário, ainda que em bases excepcionais, determinar, especialmente nas hipóteses de políticas públicas definidas pela própria Constituição, sejam estas implementadas, sempre que os órgãos estatais competentes, por descumprirem os encargos político-jurídicos que sobre eles incidem em caráter mandatório, vierem a comprometer, com a sua omissão, a eficácia e a integridade de direitos sociais e culturais impregnados de estatura constitucional. A questão pertinente à "reserva do possível" – Doutrina.

Decisão: O presente recurso extraordinário foi interposto contra decisão, que, proferida pelo egrégio TJSP, acha-se consubstanciada em acórdão assim ementado (fls. 189): "Embargos infringentes – Ação civil pública objetivando matrícula de criança em creche municipal – Conveniência e oportunidade do Poder Público – Ato discricionário da Administração – Embargos rejeitados".

A parte recorrente sustenta que o acórdão ora impugnado teria transgredido os preceitos inscritos nos arts. 208, IV, 211, § 2º, e 227, todos da Constituição da República.

O exame da presente causa convence-me da inteira correção dos fundamentos, que, invocados pelo Ministério Público do Estado de São Paulo, informam e dão consistência ao recurso extraordinário ora em julgamento.

É preciso assinalar, neste ponto, por relevante, que o direito à educação – que representa prerrogativa constitucional deferida a todos (CF, art. 205), notadamente às crianças (CF, arts. 208, IV, e 227, *caput*) – qualifica-se como um dos direitos sociais mais expressivos, subsumindo-se à noção dos direitos de segunda geração (*RTJ* 164/158-161), cujo adimplemento impõe ao Poder Público a satisfação de um dever de prestação positiva, consistente num *facere*, pois o Estado dele só se desincumbirá criando condições objetivas que propiciem, aos titulares desse mesmo direito, o acesso pleno ao sistema educacional, inclusive ao atendimento, em creche e pré-escola, "*às crianças de zero a seis anos de idade*" (CF, art. 208, IV).

O eminente Pinto Ferreira ("Educação e Constituinte", in *Revista de Informação Legislativa*, vol. 92, pp. 171-173), ao analisar esse tema, expende magistério irrepreensível: "O direito à educação surgiu recentemente nos textos constitucionais. Os títulos sobre ordem econômica e social, educação e cultura revelam a tendência das Constituições em favor de um Estado Social. Esta clara opção constitucional faz deste ordenamento econômico e cultural, um dos mais importantes títulos das novas Constituições, assinalando o advento de um novo modelo de Estado, tendo como valor-fim a justiça social e a cultura, numa democracia pluralista exigida pela sociedade de massas do século XX".

Para Celso Lafer (*A Reconstrução dos Direitos Humanos*, pp. 127 e 130-131, 1988, Cia. de Letras), que também exterioriza a sua preocupação acadêmica sobre o tema, o direito à educação – que se mostra redutível à noção dos direitos de segunda geração – exprime, de um lado, no plano do sistema jurídico-normativo, a exigência de solidariedade social e pressupõe, de outro, a asserção de que a dignidade humana, enquanto valor impregnado de centralidade em nosso ordenamento político, só se afirmará com a expansão das liberdades públicas, quaisquer que sejam as dimensões em que estas se projetem: "(...). É por essa razão que os assim chamados direitos de segunda geração, previstos pelo *Welfare State*, são direitos de crédito do indivíduo em relação à coletividade. Tais direitos – como o direito ao trabalho, à saúde, à educação – têm como sujeito passivo o Estado, porque, na interação entre governantes e governados, foi a coletividade que assumiu a responsabilidade de atendê-los. O titular desse direito, no entanto, continua sendo, como nos direitos de primeira geração, o homem na sua individualidade. Daí a complementaridade, na perspectiva *ex parte populi*, entre os direitos de primeira e de segunda geração, pois estes últimos buscam assegurar as condições para o pleno exercício dos primeiros, eliminando ou atenuando os impedimentos ao pleno uso das capacidades humanas. Por isso, os direitos de crédito, denominados direitos econômico-sociais e culturais, podem ser encarados como direitos que tornam reais direitos formais: procuraram garantir a todos o acesso aos meios de vida e de trabalho num sentido amplo (...)".

O alto significado social e o irrecusável valor constitucional de que se reveste o direito à educação infantil – ainda mais se considerado em face do dever que incumbe ao Poder Público de torná-lo real, mediante concreta efetivação da garantia de "atendimento em creche e pré-escola às crianças de zero a seis anos de idade" (CF, art. 208, IV) – não podem ser menosprezados pelo Estado, "obrigado a proporcionar a concretização da educação infantil em sua área de competência" (Wilson Donizeti Liberati, "Conteúdo material do direito à educação escolar", in *Direito à Educação: Uma Questão de Justiça*, pp. 236-238, item 3.5, 2004, Malheiros), sob pena de grave e injusta frustração de um inafastável compromisso constitucional, que tem no aparelho estatal o seu precípuo destinatário.

Cabe referir, neste ponto, a observação de Pinto Ferreira ("Educação e Constituinte", in *Revista de Informação Legislativa*, vol. 92, pp. 171-173) quando adverte – considerada a ilusão que o caráter meramente retórico das proclamações constitucionais muitas vezes encerra – sobre a necessidade de se conferir efetiva concretização a esse direito essencial, cuja eficácia não pode ser comprometida pela inação do Poder Público: "O direito à educação necessita ter eficácia. Sendo considerado como um direito público subjetivo do particular, ele consiste na faculdade que tem o particular de exigir do Estado o cumprimento de determinadas prestações. Para que fosse cumprido o direito à educação, seria necessário que ele fosse dotado de eficácia e acionabilidade (...)."

O objetivo perseguido pelo legislador constituinte, em tema de educação infantil, especialmente se reconhecido que a Lei Fundamental da República delineou, nessa matéria, um nítido programa a ser implementado mediante adoção de políticas públicas consequentes e responsáveis – notadamente aquelas que visem a fazer cessar, em favor da infância carente, a injusta situação de exclusão social e de desigual acesso às oportunidades de atendimento em creche e pré-escola –, traduz meta cuja não realização qualificar-se-á como uma censurável situação de inconstitucionalidade por omissão imputável ao Poder Público.

Ao julgar a ADPF n. 45-DF, rel. Min. Celso de Mello, proferi decisão assim ementada (*Informativo/STF* n. 345/2004):

"Arguição de descumprimento de preceito fundamental – A questão da legitimidade constitucional do controle e da intervenção do Poder Judiciário em tema de implementação de políticas públicas, quando configurada hipótese de abusividade governamental – Dimensão política da jurisdição constitucional atribuída ao STF.

"Inoponibilidade do arbítrio estatal à efetivação dos direitos sociais, econômicos e culturais – Caráter relativo da liberdade de conformação do legislador – Considerações em torno da cláusula da 'reserva do possível' – Necessidade de preservação, em favor dos indivíduos, da integridade e da intangibilidade do núcleo consubstanciador do 'mínimo existencial' – Viabilidade instrumental da arguição de descumprimento no processo de concretização das liberdades positivas (direitos constitucionais de segunda geração)."

Salientei, então, em tal decisão, que o STF, considerada a dimensão política da jurisdição constitucional outorgada a esta Corte, não pode demitir-se do gravíssimo encargo de tornar efetivos os direitos econômicos, sociais e culturais, que se identificam – enquanto direitos de segunda geração (como o direito à educação, por exemplo) – com as liberdades positivas, reais ou concretas (*RTJ* 164/158-161, rel. Min. Celso de Mello).

É que, se assim não for, restarão comprometidas a integridade e a eficácia da própria Constituição, por efeito de violação negativa do estatuto constitucional motivada por inaceitável inércia governamental no adimplemento de prestações positivas impostas ao Poder Público, consoante já advertiu, em tema de inconstitucionalidade por omissão, por mais de uma vez (*RTJ* 175/1.212-1.213, rel. Min. Celso de Mello), o STF:

"Desrespeito à Constituição – Modalidades de comportamentos inconstitucionais do Poder Público.

"O desrespeito à Constituição tanto pode ocorrer mediante ação estatal quanto mediante inércia governamental. A situação de inconstitucionalidade pode derivar de um comportamento ativo do Poder Público, que age ou edita normas em desacordo com o que dispõe a Constituição, ofendendo-lhe, assim, os preceitos e os princípios que nela se acham consignados. Essa conduta estatal, que importa em um *facere* (atuação positiva), gera a inconstitucionalidade por ação.

"Se o Estado deixar de adotar as medidas necessárias à realização concreta dos preceitos da Constituição, em ordem a torná-los efetivos, operantes e exequíveis, abstendo-se, em consequência, de cumprir o dever de prestação que a Constituição lhe impôs, incidirá em violação negativa do texto constitucional. Desse *non facere* ou *non praestare* resultará a inconstitucionalidade por omissão, que pode ser total, quando é nenhuma a providência adotada, ou parcial, quando é insuficiente a medida efetivada pelo Poder Público.

"(...).

"A omissão do Estado – que deixa de cumprir, em maior ou em menor extensão, a imposição ditada pelo texto constitucional – qualifica-se como comportamento revestido da maior gravidade político-jurídica, eis que, mediante inércia, o Poder Público também desrespeita a Constituição, também ofende direitos que nela se fundam e também impede, por ausência de medidas concretizadoras, a própria aplicabilidade dos postulados e princípios da Lei Fundamental" (*RTJ* 185/794-796, rel. Min. Celso de Mello, Pleno).

É certo – tal como observei no exame da ADPF n. 45-DF, rel. Min. Celso de Mello (*Informativo/STF* n. 345/2004) – que não se inclui, ordinariamente, no âmbito das funções institucionais do Poder Judiciário – e nas desta Suprema Corte, em especial – a atribuição de formular e de implementar políticas públicas (José Carlos Vieira de Andrade, *Os Direitos Fundamentais na Constituição Portuguesa de 1976*, p. 207, item 5, 1987, Almedina, Coimbra), pois, nesse domínio, o encargo reside, primariamente, nos Poderes Legislativo e Executivo.

Impende assinalar, no entanto, que tal incumbência poderá atribuir-se, embora excepcionalmente, ao Poder Judiciário se e quando os órgãos estatais competentes, por descumprirem os encargos político-jurídicos que sobre eles incidem em caráter mandatório, vierem a comprometer, com tal comportamento, a eficácia e a integridade de direitos individuais e/ou coletivos impregnados de estatura constitucional, como sucede na espécie ora em exame.

Não deixo de conferir, no entanto, assentadas tais premissas, significativo relevo ao tema pertinente à "reserva do possível" (Stephen Holmes/Cass R. Sunstein, *The Cost of Rights*, 1999, Norton, New York; Ana Paula de Barcellos, *A Eficácia Jurídica dos Princípios Constitucionais*, pp. 245-246, 2002, Renovar), notadamente em sede de efetivação e implementação (sempre onerosas) dos direitos de segunda geração (direitos econômicos, sociais e culturais), cujo adimplemento pelo Poder Público impõe e exige, deste, prestações estatais positivas concretizadoras de tais prerrogativas individuais e/ou coletivas.

Não se ignora que a realização dos direitos econômicos, sociais e culturais – além de caracterizar-se pela gradualidade de seu processo de concretização – depende, em grande medida, de um inescapável vínculo financeiro subordinado às possibilidades orçamentárias do Estado, de tal modo que, comprovada, objetivamente, a alegação de incapacidade econômico-financeira da pessoa estatal, desta não se poderá razoavelmente exigir, então, considerada a limitação material referida, a imediata efetivação do comando fundado no texto da Carta Política.

Não se mostrará lícito, contudo, ao Poder Público, em tal hipótese, criar obstáculo artificial que revele – a partir de indevida manipulação de sua atividade financeira e/ou político-administrativa – o ilegítimo, arbitrário e censurável propósito de fraudar, de frustrar e de inviabilizar o estabelecimento e a preservação, em favor da pessoa e dos cidadãos, de condições materiais mínimas de existência (ADPF n. 45-DF, rel. Min. Celso de Mello, *Informativo/STF* n. 345/2004).

Cumpre advertir, desse modo, que a cláusula da "reserva do possível" – ressalvada a ocorrência de justo motivo objetivamente aferível – não pode ser invocada pelo Estado com a finalidade de exonerar-se, dolosamente, do cumprimento de suas obrigações constitucionais, notadamente quando dessa conduta governamental negativa puder resultar nulificação ou, até mesmo, aniquilação de direitos constitucionais impregnados de um sentido de essencial fundamentalidade.

Daí a correta observação de Regina Maria Fonseca Muniz (*O Direito à Educação*, p. 92, item 3, 2002, Renovar), cuja abordagem do tema – após qualificar a educação como um dos direitos fundamentais da pessoa humana – põe em destaque a imprescindibilidade de sua implementação, em ordem a promover o bem-estar social e a melhoria da qualidade de vida de todos, notadamente das classes menos favorecidas, assinalando, com particular ênfase, a propósito de obstáculos governamentais que possam ser eventualmente opostos ao adimplemento dessa obrigação constitucional, que "o Estado não pode se furtar de tal dever sob alegação de inviabilidade econômica ou de falta de normas de regulamentação".

Tratando-se de típico direito de prestação positiva, que se subsume ao conceito de liberdade real ou concreta, a educação infantil – que compreende todas as prerrogativas, individuais ou coletivas, referidas na Constituição da República (notadamente em seu art. 208, IV) – tem por fundamento regra constitucional cuja densidade normativa não permite que, em torno da efetiva realização de tal comando, o Poder Público, especialmente o Município (CF, art. 211, § 2º), disponha de um amplo espaço de discricionariedade que lhe enseje maior grau de liberdade de conformação, e de cujo exercício possa resultar, paradoxalmente, com base em simples alegação de mera conveniência e/ou oportunidade, a nulificação mesma dessa prerrogativa essencial, como adverte, em ponderadas reflexões, a ilustre magistrada Maria Cristina de Brito Lima, em obra monográfica dedicada ao tema ora em exame (*A Educação como Direito Fundamental*, 2003, Lumen Juris).

Cabe referir, ainda, neste ponto, ante a extrema pertinência de suas observações, a advertência de Luíza Cristina Fonseca Frischeisen, ilustre Procuradora Regional da República (*Políticas Públicas – A Responsabilidade do Administrador e o Ministério Público*, pp. 59, 95 e 97, 2000, Max Limonad), cujo magistério, a propósito da limitada discricionariedade governamental em tema de concretização das políticas públicas constitucionais, assinala:

"Nesse contexto constitucional, que implica também a renovação das práticas políticas, o administrador está vinculado às políticas públicas estabelecidas na Constituição Federal; a sua omissão é passível de responsabilização e a sua margem de discricionariedade é mínima, não contemplando o não fazer.

"(...).

"Como demonstrado no item anterior, o administrador público está vinculado à Constituição e às normas infraconstitucionais para a implementação das políticas públicas relativas à ordem social constitucional, ou seja, própria à finalidade da mesma: o bem-estar e a justiça social.

"(...).

"Conclui-se, portanto, que o administrador não tem discricionariedade para deliberar sobre a oportunidade e conveniência de implementação de políticas públicas discriminadas na ordem social constitucional, pois tal restou deliberado pelo constituinte e pelo legislador que elaborou as normas de integração.

"(...).

"As dúvidas sobre essa margem de discricionariedade devem ser dirimidas pelo Judiciário, cabendo ao juiz dar sentido concreto à norma e controlar a legitimidade do ato administrativo (omissivo ou comissivo), verificando se o mesmo não contraria sua finalidade constitucional, no caso, a concretização da ordem social constitucional."

Tenho para mim, desse modo, presente tal contexto, que os Municípios – que atuarão prioritariamente no ensino fundamental e na educação infantil (CF, art. 211, § 2º) – não poderão demitir-se do mandato constitucional, juridicamente vinculante, que lhes foi outorgado pelo art. 208, IV, da Constituição, e que representa fator de limitação da discricionariedade político-administrativa dos entes municipais, cujas opções, tratando-se de atendimento das crianças em creche (CF, art. 208, IV), não podem ser exercidas de modo a comprometer, com apoio em juízo de simples conveniência ou de mera oportunidade, a eficácia desse direito básico de índole social.

As razões ora expostas convencem-me da inteira procedência da pretensão recursal deduzida pelo Ministério Público do Estado de São Paulo, seja em face das considerações que expendeu no presente recurso extraordinário, seja, ainda, em virtude dos próprios fundamentos que dão suporte a diversas decisões, sobre o tema em análise, já proferidas no âmbito desta Suprema Corte (AI n. 455.802-SP, rel. Min. Marco Aurélio – AI n. 475.571-SP, rel. Min. Marco Aurélio – RE n. 401.673-SP, rel. Min. Marco Aurélio – RE n. 411.518-SP, rel. Min. Marco Aurélio).

Cumpre destacar, neste ponto, por oportuno, ante a inquestionável procedência de suas observações, a decisão proferida pelo eminente Min. Marco Aurélio (RE n. 431.773-SP) no sentido de que: "Conforme preceitua o art. 208, inciso IV, da Carta Federal, consubstancia dever do Estado a educação, garantindo o atendimento em creche e pré-escola às crianças de zero a seis anos de idade. O Estado – União, Estados propriamente ditos, ou seja, unidades federadas, e Municípios – deve aparelhar-se para a observância irrestrita dos ditames constitucionais, não cabendo tergiversar mediante escusas relacionadas com a deficiência de caixa".

Isso significa, portanto, considerada a indiscutível primazia reconhecida aos direitos da criança e do adolescente (Ana Maria Moreira Marchesan, "O princípio da prioridade absoluta aos direitos da criança e do adolescente e a discricionariedade administrativa", in *RT* 749/82-103), que a ineficiência administrativa, o descaso governamental com direitos básicos do cidadão, a incapacidade de gerir os recursos públicos, a incompetência na adequada implementação da programação orçamentária em tema de educação pública, a falta de visão política na justa percepção, pelo administrador, do enorme significado social de que se reveste a educação infantil, a inoperância funcional dos gestores públicos na concretização das imposições constitucionais estabelecidas em favor das pessoas carentes, não podem nem devem representar obstáculos à execução, pelo Poder Público, notadamente pelo Município (CF, art. 211, § 2º), da norma inscrita no art. 208, IV, da Constituição da República, que traduz e impõe ao Estado um dever inafastável, sob pena de a ilegitimidade dessa inaceitável omissão governamental importar grave vulneração a um direito fundamental da cidadania e que é, no contexto que ora se examina, o direito à educação, cuja amplitude conceitual abrange, na globalidade de seu alcance, o fornecimento de creches públicas e de ensino pré-primário *às crianças de zero a seis anos de idade*" (CF, art. 208, IV).

Sendo assim, e pelas razões expostas, conheço do presente recurso extraordinário, para dar-lhe provimento (CPC, art. 557, § 1º-A), em ordem a restabelecer a sentença proferida pelo Magistrado de primeira instância (fls. 73-76).

Publique-se.

Brasília, 26 de outubro de 2005 – *Celso de Mello*, relator.

* * *

PERGUNTAS

1. Quais são os fatos?
2. Existe um direito à creche?
3. Que interesse jurídico se opõe a esse direito, no caso em análise?
4. Qual o papel reservado ao Judiciário no âmbito das políticas públicas, conforme o Ministro-Relator?
5. O que significa "reserva do possível"?
6. Apenas os direitos sociais dependem de recursos financeiros? E os direitos civis e políticos? Quanto custa a polícia ou uma eleição?
7. Quando a cláusula da reserva do possível pode ser invocada?
8. O argumento de que a Constituição deve assegurar o "mínimo existencial" pode ser usado para afastar o argumento da "reserva do possível"?
9. Qual o espaço de discricionariedade conferido aos administradores na esfera da educação?
10. Existe hierarquia na aplicação dos diversos direitos fundamentais?
11. Qual foi a decisão do STF?

6.18 Caso dos deficientes auditivos (RE/AgR 241.757-2-MA)

(2ª Turma – rel. Min. Maurício Corrêa – j. 29.6.1999)

Agravo regimental em recurso extraordinário – Constitucional – Administrativo – Entidade privada de assistência social – Prestação de ensino especializado – Repasse de verbas destinadas à educação – Inexistência de convênio – Impossibilidade – Ensino fundamental a portadores de deficiência – Não oferecimento pelo Poder Público – Consequência – Pagamento das despesas realizadas pela impetrante – Pretensão incabível – Súmula n. 269-STF.

1. Os recursos públicos, por disposição constitucional, serão repassados às escolas públicas, podendo ser dirigidos às comunitárias, confessionais ou filantrópicas, definidas em lei, que comprovem finalidade não lucrativa e apliquem seus excedentes financeiros em educação e, ainda, que assegurem a destinação de seu patrimônio a outras instituições de idêntica natureza, ou ao Poder Público, no caso de encerramento de suas atividades.

2. Entidade privada declarada de utilidade pública pelo Governo Federal e reconhecida como de assistência social sem fins lucrativos – Repasse de verbas destinadas à educação – Necessidade de se observar as condições impostas pela Carta da República e de estabelecer convênio com o Poder Público.

2.1 Repasse de recursos financeiros por decisão judicial – Impossibilidade de o Poder Judiciário imiscuir-se na liberdade do ente público de celebrar contratos administrativos – Direito líquido e certo – Inexistência.

3. Ensino obrigatório a portadores de deficiência – Não oferecimento pelo Poder Público – Consequência: imputação de responsabilidade à autoridade competente – Apuração – Necessidade de produção de provas – Mandado de segurança – Inadequação da via eleita.

4. Comprometimento do Poder Público com o pagamento de dívida contraída por entidade privada na realização de trabalho social, de competência estatal – Pretensão incabível. O mandado de segurança não é sucedâneo de ação de cobrança – Incidência da Súmula n. 269/STF.

Agravo regimental não provido.

ACÓRDÃO – Vistos, relatados e discutidos estes autos: Acordam os Ministros componentes da 2ª Turma do Supremo Tribunal Federal, na conformidade da ata do julgamento e das notas taquigráficas, por maioria de votos, negar provimento ao agravo regimental.

Brasília, 29 de junho de 1999 – *Maurício Corrêa*, relator.

(...).

VOTO – *O Sr. Min. Nelson Jobim*: Sr. Presidente, o voto do Ministro-Relator explicita claramente o tema. Evidente que a questão de fundo é relevante. Mas o que se pretende pelo mandado de segurança é que o Poder Judiciário defina as políticas públicas, que são atribuídas aos Municípios, no que diz respeito à educação.

O art. 23 da CF diz: "Art. 23. É competência comum da União, dos Estados, do Distrito Federal e dos Municípios: (...); II – cuidar da saúde e assistência pública, da proteção e garantia das pessoas portadoras de deficiência; (...)"

Daqui não nasce nenhum direito subjetivo, individual ou coletivo, mas, sim, a divisão de competências quanto à formulação de políticas públicas.

No mandado de segurança o que está posto são pedidos alternativos e sucessivos. Na hipótese de não poder atender ao primeiro atende-se ao segundo. O próprio memorial afirma a impossibilidade de cumprir o primeiro por parte do Estado, porque não teria condições.

Então, ao fim e ao cabo, o que o mandado de segurança deseja é que essa entidade privada receba verba pública sem dotações orçamentárias, sem convênio e sem as devidas e necessárias cautelas. Aqui informa que o Município recebeu as verbas do Fundo Nacional de Desenvolvimento de Ensino e que não as teria aplicado. Esta é questão que foi levantada pelo Ministério Público, em relação ao problema das contas, das aplicações da verba do Fundo, é se o Município, no projeto de aplicação das verbas, deixou de aplicá-las corretamente.

Agora, transferir ao Poder Judiciário, através desse expediente, a forma pela qual pudesse interferir na formulação das políticas públicas, de um lado, ou determinar obrigatoriamente, com base no dispositivo que distribui competências, atribuições de verbas públicas a entidade privada, evidentemente que tem razão o eminente Ministro-Relator.

Por essa razão, nego provimento ao agravo.

VOTO – *O Sr. Min. Marco Aurélio*: Sr. Presidente, o tema, a meu ver, apresenta complexidade, mas que não torna imprópria a via eleita, que é a do mandado de segurança, porque a Carta da República, como já ressaltado pelo Min. Nelson Jobim, impõe ao Estado, *lato sensu*, o dever de proporcionar aos deficientes o ensino gratuito, e o faz considerada não só a norma do art. 205, como também as dos arts. 206 e 208, inciso III. Houve emissão, pela

Corte de origem, de entendimento sobre a obrigatoriedade, ou não, de um certo Município proporcionar esse ensino, que seria uma obrigação imposta pela própria Lei Maior.

De acordo com o art. 208 da CF, inciso III: "Art. 208. O dever do Estado com a educação será efetivado mediante a garantia de: (...); III – atendimento educacional especializado aos portadores de deficiência, preferencialmente na rede regular de ensino; (...)".

Esse preceito tornou-se, desde logo, com a promulgação da Carta, autoaplicável, e, portanto, veio à balha com força suficiente a compelir a pessoa jurídica de direito público a viabilizar o acolhimento desses deficientes na rede pública. Foi além o legislador constituinte de 1988 ao dispor sobre os recursos indispensáveis a custear essa obrigação, que é de um caráter social insuplantável. E no art. 212 da CF previu-se: "Art. 212. A União aplicará, anualmente, nunca menos de 18 (dezoito), e os Estados, o Distrito Federal e os Municípios 25% (vinte e cinco por cento), no mínimo, da receita resultante de impostos, compreendida a proveniente de transferências, na manutenção e desenvolvimento do ensino".

Todavia, Sr. Presidente, o texto do art. 213 revela: "Art. 213. Os recursos públicos serão destinados às escolas públicas, podendo ser dirigidos a escolas comunitárias, confessionais ou filantrópicas" – na forma da lei? Não. – "definidas em lei".

No Município de São Luís do Maranhão simplesmente não se presta aos deficientes a educação preconizada na Carta de 1988. E aí? Fica-se nessa situação, que eu diria, latente, sem que os interessados possam compelir o Município à observância da Constituição Federal, que a todos submete? A resposta, para mim, é desenganadamente negativa. A via do Judiciário abre-se, até mesmo, mediante a ação constitucional do mandado de segurança. Há o direito líquido e certo dos deficientes físicos a essa educação, porque previsto na Lei da República, na Constituição Federal.

Sr. Presidente, esses dispositivos não foram relegados, no tocante à eficácia, a uma regulamentação futura, porquanto menciona-se a fonte da receita necessária a fazer frente às despesas advindas dessa educação. O que ocorre? Esses deficientes não podem ser matriculados nas escolas normais de ensino. Por outro lado, não se têm escolas especiais, e as famílias não podem arcar com os custos das escolas particulares. Fica-se nesse estado de coisas? Será que é esse o alcance da Constituição Federal no que consigna – com clareza, a meu ver, solar – que é dever do Estado o atendimento educacional especializado aos portadores de deficiência, preferencialmente na rede regular de ensino? Aí não se conta com qualquer providência jurisdicional capaz de compelir o Estado a obedecer a esse dispositivo constitucional, que é o do art. 208, inciso III? Para mim, a resposta é negativa. O Estado deve, como costumo lançar em votos, em decisões monocráticas, adotar postura exemplar, porque aprendemos, desde cedo, que o exemplo vem de cima. Se o próprio Estado não respeita os ditames constitucionais, quem haverá de fazê-lo?

Penso que as normas constitucionais são autoaplicáveis. Não há em qualquer delas a remessa à lei regulamentadora, a não ser quanto à definição do que se entenda – isso já temos – como escolas comunitárias, confessionais ou filantrópicas.

O art. 208 é categórico quando dispõe: "Art. 208. O dever do Estado com a educação será efetivado mediante a garantia de: (...); III – atendimento educacional especializado aos portadores de deficiência, preferencialmente na rede regular de ensino; (...)".

Para a hipótese de o Estado não pretender atuar diretamente é que se tem, como exceção, a primeira parte do art. 213, no sentido de que "os recursos públicos serão destinados às escolas públicas, podendo (...)". Por isso é que, tecnicamente, em bom Direito, refiro-me a pedidos sucessivos, que não se confundem com pedidos alternativos. Pedidos sucessivos são aqueles formulados para a hipótese de não ser atendido o de maior valia, vindo o Judiciário a analisar o que se segue. Neste caso, trata-se de pedidos alternativos, porque lançada a possibilidade de o impetrado escolher o caminho a ser trilhado: ou bem o impetrado proporciona, mediante a atuação das escolas públicas, o ensino, colocando-o à disposição dos deficientes, ou, ante o art. 213, repassa os recursos pertinentes "a escolas comunitárias, confessionais ou filantrópicas, definidas em lei", como previsto – repito – no art. 213 em comento.

Quem é o senhor da definição? Do atendimento direto ou indireto? Imediato ou mediato? É o próprio Estado-gênero. Em execução de sentença, do acórdão mandamental, ele decidirá como entender de direito.

O que não posso é silenciar, cruzar os braços, diante dessa inércia em setor social da maior relevância por todos os títulos, que é o alusivo à assistência educacional aos deficientes físicos.

Peço vênia ao nobre Ministro-Relator para, no caso, prover o agravo e, como preconizado na Lei n. 9.756/1998, passo, no âmbito da Turma, ao julgamento imediato do recurso extraordinário, sem colocá-lo em pauta. Penso que esse julgamento de plano, autorizado pela citada lei, pressupõe jurisprudência já sedimentada, o que não é o caso dos autos. Por isso, vou recuar um pouco, para prover o agravo, a fim de que recurso extraordinário seja inserido em pauta após a audição, inclusive, da Procuradoria-Geral da República. Ressalto mais uma vez que dispenso a inclusão em pauta quando se cuida de matéria sedimentada, jurisprudência iterativa ou a já revelada, para maior segurança, em verbete da súmula.

É o meu voto.

EXTRATO DE ATA

Decisão: Por maioria, a Turma negou provimento ao agravo regimental, vencido o Sr. Min. Marco Aurélio, que lhe dava provimento para determinar se prosseguisse no julgamento do recurso extraordinário, com inclusão em pauta. Ausente, justificadamente, neste julgamento, o Sr. Min. Celso de Mello. 2ª Turma, 29.6.1999.

Presidência do Sr. Min. Néri da Silveira. Presentes à sessão os Srs. Mins. Marco Aurélio, Maurício Corrêa e Nelson Jobim. Ausente, justificadamente, o Sr. Min. Celso de Mello.

* * *

PERGUNTAS

1. Quais são os fatos?
2. Qual direito está sendo reivindicado na presente ação?
3. Qual a relação entre direitos e políticas públicas?
4. A quem compete a formulação de políticas públicas, ao menos neste caso, segundo o Min. Nelson Jobim?
5. De onde nascem os direitos subjetivos?
6. Qual a discordância entre os Mins. Nelson Jobim e Marco Aurélio?
7. O que é um preceito autoaplicável?
8. Quando o Judiciário pode interferir na correção de uma política pública de competência do Poder Executivo?
9. Qual foi o resultado do acórdão?
10. Quem deve arcar com os eventuais custos adicionais para a realização dos direitos dos portadores de necessidades especiais?
11. Caso estivéssemos falando do ensino privado ou, mesmo, do transporte promovido por empresas privadas, quem deveria arcar com os eventuais custos adicionais para a realização dos direitos das pessoas portadoras de necessidades especiais?

6.19 Piso salarial nacional dos professores públicos do ensino fundamental (ADI/MC 4.167-3-DF)

(Plenário – rel. Min. Joaquim Barbosa – j. 17.12.2008)

Ação direta de inconstitucionalidade – Medida cautelar (art. 10 e § 1º da Lei n. 9.868/1999) – Constitucional – Administrativo Piso salarial nacional dos professores públicos de ensino fundamental – Lei federal n. 11.738/2008 – Discussão acerca do alcance da expressão "piso" (art. 2º, *caput* e § 1º) – Limitação ao valor pago como vencimento básico inicial da carreira ou extensão ao vencimento global – Fixação da carga horária de trabalho – Alegada violação da reserva de lei de iniciativa do chefe do Executivo para dispor sobre o regime jurídico do servidor público (art. 61, § 1º, II, "c", da Constituição) – Contrariedade ao pacto federativo (art. 60, § 4º e I, da Constituição) – Inobservância da regra da proporcionalidade. (...).

ACÓRDÃO – Vistos, relatados e discutidos estes autos: Acordam os Ministros do Supremo Tribunal Federal, em sessão plenária, sob a presidência do Min. Gilmar Mendes, na conformidade da ata do julgamento e das notas taquigráficas, em deferir parcialmente a cautelar para fixar interpretação conforme ao art. 2º da Lei n. 11.738/2008, no sentido de que, até o julgamento final da ação, a referência do piso salarial é a remuneração; deferir a cautelar em relação ao § 4º do art. 2º; e dar interpretação conforme ao art. 3º para estabelecer que o cálculo das obrigações relativas ao piso salarial se dará a partir de 1.1.2009, vencidos parcialmente o Sr. Min. Ricardo Lewandowski, que também deferia a cautelar quanto ao inciso II do art. 30, e o Sr. Min. Marco Aurélio, que deferia integralmente o pedido de cautelar. Tendo em conta as ausências da Sra. Min. Carmen Lúcia e do Sr. Min. Eros Grau, que se retiraram após terem proferidos seus votos, e antes da tomada do voto do Sr. Min. Cézar Peluso, o Sr. Min. Marco Aurélio suscitou questão de ordem, rejeitada pelo Tribunal, quanto à falta de quórum para prosseguimento da votação sobre matéria constitucional.

Brasília, 17 de dezembro de 2008 – *Joaquim Barbosa*, relator.

RELATÓRIO – *O Sr. Min. Joaquim Barbosa*: Trata-se de ação direta de inconstitucionalidade, com pedido de medida cautelar, ajuizada pelos Governadores dos Estados do Mato Grosso do Sul, Paraná, Santa Catarina, Rio Grande do Sul e Ceará contra os arts. 2º, §§ 1º e 4º, 3º, *caput*, incisos II e III, e 8º, todos da Lei n. 11.738/2008.

O texto impugnado foi assim redigido:

"Art. 2º. O piso salarial profissional nacional para os profissionais do magistério público da educação básica será de R$ 950,00 (novecentos e cinquenta Reais) mensais, para a formação em nível médio, na modalidade Normal, prevista no art. 62 da Lei n. 9.394, de 20 de dezembro de 1996, que estabelece as diretrizes e bases da educação nacional.

"§ 1º. O piso salarial profissional nacional é o valor abaixo do qual a União, os Estados, o Distrito Federal e os Municípios não poderão fixar o vencimento inicial das carreiras do magistério público da educação básica, para a jornada de, no máximo, 40 (quarenta) horas semanais.

"(...).

"§ 4º. Na composição da jornada de trabalho, observar-se-á o limite máximo de 2/3 (dois terços) da carga horária para o desempenho das atividades de interação com os educandos.

"(...)."

Após expressar concordância com a necessidade de a Federação adotar piso salarial para os profissionais da educação básica pública, nos termos do art. 206, VIII, da Constituição e do art. 60, III, "c", do Ato das Disposições constitucionais Transitórias/ADCT, os requerentes afirmam que o alcance dos instrumentos escolhidos pela União são desproporcionais e não têm amparo orçamentário. Dizem, também, que as normas se distanciaram de seu fundamento de validade ao versarem sobre jornada de trabalho de servidores estaduais e municipais, matéria estranha ao estabelecimento do piso salarial.

Segundo entendem, a imposição de parâmetros para a jornada de trabalho dos servidores estaduais e municipais prevista no art. 2º, §§ 1º – no que se refere à expressão "para a jornada de, no máximo, 40 (quarenta) horas" – e 4º, da Lei n. 11.738/2008 viola a reserva de lei de iniciativa do chefe do Executivo para regular o regime jurídico do servidor público, que se estende a todos os entes federados e aos Municípios em razão da regra de simetria (aplicação obrigatória do art. 61, § 1º, II, "c", da Constituição).

Sustentam também que a planificação da carga horária da jornada de trabalho e de sua composição viola o pacto federativo (arts. 1º, *caput* e § 1º, e 60, § 4º, e inciso I, da Constituição), na medida em que a organização dos sistemas de ensino pertinentes a cada ente federado deve seguir regime de colaboração (art. 211, § 4º, da Constituição). Nesse sentido, a fixação da jornada de trabalho e as consequências dela decorrentes não podem ser consideradas meras diretrizes educacionais, aptas a promover a compatibilização da norma impugnada com a competência prevista no art. 22, XXIV, da Constituição.

O terceiro argumento lançado para afirmar a inconstitucionalidade do art. 2º, §§ 1º (expressão "para a jornada de, no máximo, 40 (quarenta) horas") e 4º, da Lei n. 11.738/2008 é calcado na premissa de que teria havido violação do princípio da proporcionalidade. Tanto no aspecto pedagógico como no aspecto financeiro, a norma impugnada traria custos exagerados, segundo os propositores da ação direta. Para se adequar à planificação da jornada e de sua composição, tal como pretendida pela União, o ente federado teria de aumentar o número de professores. As novas contratações implicariam aumento de gastos com folha de remuneração e outros custos acessórios, e estes gastos seriam estimados em milhões de Reais.

Em relação ao art. 32, II e III, da Lei n. 11.738/2008, que estipula o cronograma de aplicação do que deveria ser o piso salarial, os requerentes apontam obstáculos constitucionais de duas ordens, ambas de alinhamento financeiro-orçamentário.

Em primeiro lugar, os requerentes se preocupam com o cálculo retroativo do pagamento dos valores devidos aos professores. Apontam que o *caput* do art. 32 prescreve expressamente que o valor tido por piso salarial passará a valer a partir de 1.1.2008, e que seu pagamento se fará parte a partir de 12.1.2009 e parte a partir de 12.1.2010 (art. 32, II e III, da Lei n. 11.738/2008). Contudo, a lei impugnada foi promulgada em 17.7.2008, momento em que "as leis orçamentárias estaduais se encontravam aprovadas ou em vias de aprovação" (fls. 15). Haveria, portanto, violação do art. 169, § 1º, da Constituição.

Por fim, os requerentes afirmam que a constitucionalidade da estipulação de piso salarial depende da restrição do alcance da expressão. Argumentam que piso salarial deve compreender todas as vantagens pecuniárias devidas ao professor em razão do exercício de sua profissão, de modo a não admitir no conceito o vencimento inicial da carreira. Se tal salvaguarda não for adotada, haverá violação do pacto federativo, pois: "O que se quer dizer, aqui, é que a concretização do referido piso depende de sua adequação local – nos Estados-membros, no Distrito Federal e nos Municípios – e que ignorar essa circunstância fará com que se tenha por ferido o princípio federativo, eis que assim é sempre que se desrespeita tema de competência dos entes federados em seus respectivos espaços de atuação" (fls. 16).

Pede-se, no exposto, a concessão da medida cautelar para suspender, também retroativamente, os dispositivos questionados.

VOTO – *O Sr. Min. Joaquim Barbosa* (relator) (Sobre o art. 2º, § 1º, da Lei n, 11.738/2008): Inicio a análise pelo art. 2º, § 1º, da Lei n. 11.737/2008.

O art. 2º, *caput*, da Lei n. 11.738/2008 estabelece que o piso salarial nacional para os profissionais de magistério público da educação básica será de 950 Reais. Nos termos do respectivo § 1º, o valor se refere à jornada de, no máximo, 40 horas semanais, e corresponde à quantia abaixo da qual os entes federados não poderão fixar o vencimento inicial das carreiras do magistério público da educação básica.

Os requerentes não se opõem à fixação do piso salarial para os professores que atuam nos serviços de educação básica oferecidos pelo Estado. Insurgem-se especificamente contra dois aspectos da norma impugnada, que são

(a) a fixação da jornada de trabalho em, no máximo, 40 horas semanais e (b) a associação dos conceitos de piso salarial e de vencimento inicial, pois *piso* deve ser definido como parâmetro de remuneração.

Entendo ausente a densa plausibilidade da alegada violação da reserva de lei de iniciativa do chefe do Executivo local (art. 61, § 1º, II, da Constituição), do pacto federativo (arts. 1º, *caput*, 25, *caput* e § 1º, e 60, § 4º, I, da Constituição) e da proibição de excesso (razoabilidade e proporcionalidade), no que se refere à fixação da jornada de trabalho. A jornada de 40 horas semanais tem por função compor o cálculo do valor devido a título de piso, juntamente com o parâmetro monetário de 950 Reais. A ausência de parâmetro de carga horária para condicionar a obrigatoriedade da adoção do valor do piso poderia levar a distorções regionais e potencializar o conflito judicial, na medida em que permitiria a escolha de cargas horárias desproporcionais ou inexequíveis. Profissionais com carga horária diferenciada, para mais ou para menos, por óbvio, terão valores proporcionais como limite mínimo de pagamento.

Passo a examinar a discussão acerca do conceito de piso salarial.

Para os requerentes, a Constituição permite a equiparação dos conceitos de piso salarial e de vencimento inicial apenas se este último for interpretado como remuneração. O vencimento ao qual seria aplicável o piso corresponderia, segundo entendem, à remuneração do servidor, isto é, à soma dos valores recebidos a título de contraprestação direta pelo trabalho, o vencimento, e de todas as vantagens pecuniárias e adicionais recebidos, que têm por pressupostos hipóteses como, *v.g.*, o tempo de serviço prestado, a circunstância de o profissional desempenhar função de direção de escola, o ministério de aulas em escolas de difícil acesso ou que atendam a classes especiais etc. Portanto, a obrigação de pagamento de valor mínimo ao professor da educação básica não poderia se limitar apenas ao vencimento. **[Rodapé:** Nos termos da Lei n. 8.112/1990, "vencimento é a retribuição pecuniária pelo exercício de cargo público, com valor fixado em lei" (art. 40), enquanto "remuneração é o vencimento do cargo efetivo, acrescido das vantagens pecuniárias permanentes estabelecidas em lei" (art. 41).]

A União, por seu turno, teme que a equiparação do limite mínimo de valor que deve ser pago ao professor ao conceito de remuneração se torne, em termos práticas, em verdadeiro teto remuneratório. Pondera que a extensão pretendida permitiria aos entes federados e aos Municípios estabelecer valores baixos para o vencimento, para complementá-los com vantagens e outras gratificações até que se atinja o limite mínimo de 950 Reais. Diz ainda que somente se o limite mínimo for confinado ao vencimento é que a política de valorização de magistério, por meio do pagamento de remuneração adequada, terá os efeitos pretendidos. (...).

Sem prejuízo de novo exame por ocasião do julgamento de mérito, no que se refere à interpretação da expressão "piso salarial" em função dos parâmetros constitucionais de complexidade e extensão, considero ausente o risco iminente apontado pelos requerentes.

O texto impugnado permite a conciliação dos interesses em jogo nesta ação direta. Há um mecanismo de calibração, que confere ao Estado margem temporal para estudo e possível adequação das consequências financeiras que poderão advir da equiparação do piso ao vencimento básico. (...).

Em outras palavras, o texto impugnado permite que o Estado estabeleça o valor de 950 Reais como limite mínimo de remuneração global (que inclui vantagens e outros adicionais), até 31.12.2009. Entendo que esse dispositivo confere às entidades federativas um período de reflexão, uma espécie de *leeway* na fixação da concreção da norma nacional, de modo a adaptá-las às realidades econômicas locais, que são distintas, como todos sabemos. Tudo isso sem permitir, é claro, que se pague aos professores, em qualquer hipótese, remuneração inferior a 950 Reais. Há Estados que já se enquadravam no limite mínimo ora fixado. Outros Estados, porém, terão de reformular a estrutura das suas carreiras de magistério para adaptá-las aos mandamentos contidos na lei ora impugnada, podendo adotar, se assim o desejarem, o entendimento de que o piso fixado pela lei nacional compreende não apenas o salário-base ou o vencimento-base, mas também as chamadas vantagens pecuniárias e os adicionais.

Ademais, o prazo de adaptação também será útil a todos os atores deste processo de controle de constitucionalidade para coligir dados e informações específicas acerca das precisas consequências econômicas decorrentes dos novos planos de carreira e remuneração do setor de educação pública básica. Está-se diante de norma cuja alegada violação das regras da razoabilidade e da proporcionalidade depende de exame específico de cada quadro e cenário vividos pelas entidades federativas envolvidas, que têm realidades distintas ("inconstitucionalidade em concreto"), sem que se possa, pura e simplesmente, afirmar a inconstitucionalidade da equiparação dos conceitos de piso e de vencimento básico.

Como os entes federados não poderão ser obrigados a interpretar piso salarial na mesma extensão de vencimento básico até 31.12.2009 – circunstância que os requerentes podem pretender confirmar no curso do julgamento desta ação direta –, não se configura, no momento, o alegado risco às finanças públicas e às normas de programação orçamentária.

Ante o exposto, indefiro o pedido de medida cautelar em relação ao texto do art. 2º, *caput* e § 1º, da Lei n. 11.738/2008.

(Sobre o art. 2º, § 4º, da Lei n. 11.738/2008): Passo a examinar a norma que estabelece o limite de, no máximo, dois terços da carga horária para o desempenho das atividades de interação com os educandos na composição da jornada de trabalho do professor da educação básica (art. 2º, § 4º).

Os requerentes levantam duas linhas de argumentação contrárias à estipulação. Dizem, inicialmente, que a norma viola o campo atribuído aos entes federados e aos Municípios para estabelecer a carga horária dos alunos e dos professores, pois, de acordo com o art. 25 da Lei n. 9.394/1996 (Lei de Diretrizes e Bases da Educação), tal estipulação compete ao respectivo sistema de ensino e pode variar em função das condições disponíveis e das características regionais e locais. Os requerentes também sustentam que a diminuição do tempo disponível em sala de aula, sem a consequente redução do tempo de participação dos alunos, implicará déficit de docentes para cobrir a carga horária. Atualmente os sistemas educacionais locais alocam entre 20% e 25% da carga horária do docente para atividades exteriores à aula presencial. A norma impugnada, por seu turno, amplia e planifica a proporção para aproximadamente 33%.

Argumentam que as contratações necessárias para atender à carga horária dos alunos, ou o aumento da jornada dos professores já contratados, trará despesas de grande monta, extraordinárias e imprevistas, circunstâncias que caracterizam violação das regras da proporcionalidade, da razoabilidade, além de contrariedade à necessidade de previsão orçamentária das despesas, nos termos do art. 169 da Constituição.

Ao contrário do que sugere a União, por intermédio do Ministério da Educação, a regra que estabelece critérios para composição da jornada de trabalho não tem fundamento de validade no art. 60, III, *e* do ADCT, pois não se trata de norma ligada ao piso salarial. Como a própria União aponta, a regra visa a prover meios para alcançar a redução de desigualdades regionais ("equalização" – fls. 282) e a melhoria da qualidade de ensino, na medida em que possibilita o aperfeiçoamento técnico dos professores, tempo para preparo de aulas e correção de provas etc.

Assim, os parâmetros de controle para o dispositivo relacionam-se ao pacto federativo e à repartição de competência (especialmente os arts. 22, XXIV, 23, V, 24, IX, 211 e 214, III, da Constituição). (...).

Como compete à República erradicar as desigualdades regionais (art. 3º, III) e a melhoria da qualidade de ensino é objetivo que deve ser sempre perseguido nos planos nacionais de educação (art. 214, III), a União pode, respondendo pela Nação e aprioristicamente, estabelecer normas gerais relativas à jornada de trabalho e à carga horária dos professores.

Porém, peculiaridades, vantagens, obstáculos e a engenhosidade regional não podem ser pura e simplesmente ignorados. É possível que os entes federados já contem com programas destinados a capacitar o professor. Contudo, em uma Federação tão extensa, a adoção de normas gerais planificadas pode se tornar instrumento útil para o desenvolvimento regional.

Sabe-se por intermédio dos meios de comunicação que em alguns Municípios professores da rede básica não recebem sequer um salário-mínimo como remuneração pela jornada de 20 horas de trabalho semanal. Portanto, a eventual superposição de instrumentos destinados a assegurar o aprimoramento do professor, acaso existentes nos entes federados, suscitam outras espécies de discussão, e que não influem no juízo de constitucionalidade da norma.

O regramento também não impede os entes federados de, no exercício de sua competência, estabelecer programas, meios de controle, aconselhamento e supervisão da carga horária que não é cumprida estritamente durante a convivência com o aluno. Preservado esse âmbito de atuação, arrefece-se o risco à violação do pacto federativo e de invasão do campo de atuação próprio dos Estados Federados e dos Municípios, considerada a relação de coordenação mantida no que se refere à educação.

Assim, também neste ponto não vislumbro a densa plausibilidade na alegação de violação das normas que sustentam o pacto federativo e a divisão constitucional de competência.

Em relação à violação do art. 169 da Constituição, observo que, embora considere que a diminuição da proporção de horas gastas com a interação com os educandos não seja isoladamente relevante (de 80-75% para 67%), é inequívoco que a mudança poderá implicar, em maior ou menor grau, defasagem entre a quantidade de professores disponíveis, consideradas a respectiva contribuição oferecida ao tempo em sala de aula e a jornada de ensino que deverá ser atendida pelo ente federado. (...).

O quadro (...) é marcado pela atribuição aos Municípios do dever de prover prioritariamente a educação fundamental e a infantil (art. 211, § 2º, da Constituição), ambas componentes do ciclo de educação básica. A circunstância torna tais entes diretamente sujeitos aos efeitos financeiros e econômicos das normas. Contudo, ao contrário dos Estados Federados, os Municípios não têm representação política formal na formação da vontade da União. São, também, os entes públicos que tendem a ter menor potencial econômico, ressalvadas as notórias exceções de algumas Capitais e Municípios maiores. Segundo levantamento realizado pelo Instituto Brasileiro de Geografia e Estatística/IBGE relativo a 2005, nem todos os Municípios brasileiros possuem aparelhamento fiscal para cobrar IPTU e ISS. A mesma pesquisa indica que os Municípios das Regiões Norte, Nordeste e Centro-Oeste revelaram maior grau de dependência das transferências de recursos à Função Educação do que as Regiões Sudeste e Sul.

Para os entes com maior capacidade financeira, a necessidade de contratação de pessoal para suprir a nova carga horária representaria conformação tolerável em prol do pacto federativo. A perda da disponibilidade integral dos recursos destinados à educação, que passarão a ser alocados à folha de pagamento, não causa ruptura nas relações de coordenação e cooperação que une os entes públicos.

Contudo, é lícito presumir que, para os entes com menor capacidade financeira, a necessidade de contratação imediata de pessoal ou de aumento da folha de pagamento poderá redundar em interferência muito profunda na estrutura administrativa, bem como esbarrar na ausência dos recursos necessários. Como a norma que dispõe sobre o dever da União de complementar os valores devidos não tem aplicação imediata e ampla, sua força para sanar o risco orçamentário não pode ser imediatamente identificada.

Não obstante, a presunção é insuficiente para caracterizar o quadro de violação constitucional. Faz-se necessário o exame minudente da previsão de receita, das despesas e do aumento específico do gasto com folha de salários de cada ente público que se considere prejudicado. Como se lê em memoriais apresentados pelos requerentes, ao menos três Estados, Alagoas, Distrito Federal e Mato Grosso, afirmaram que a nova normatização não implicará revisão de gasto com pessoal. Em relação aos demais que participaram de pesquisa realizada pelos requerentes, não submetida ao contraditório, o acréscimo de horas necessárias para atender à norma varia entre 1% e 35%. (...). (...). Eventual reconhecimento de violação da proporcionalidade ou da proibição de realização de despesa sem previsão orçamentária depende do exame em concreto da constitucionalidade da norma.

Contudo, é importante firmar que a adoção da nova proporção de horas dedicadas às atividades fora de sala de aula deve seguir o mesmo cronograma de implementação do piso. (...).

Ante o exposto, deixo de conceder a medida cautelar pleiteada em relação à norma que determina que dois terços da carga horária sejam destinados às atividades em sala de aula. (...).

VOTO – *O Sr. Min. Menezes Direito*: (...). Vou pedir vênia ao eminente Min. Joaquim Barbosa para divergir no sentido de entender que especificamente, pelo menos num primeiro exame, essa disciplina invade a competência estatal no que concerne à distribuição da carga horária. No momento em que autorizarmos a União a estabelecer que num determinado Município – pequeno, médio ou grande – a carga horária deve ser distribuída de uma determinada maneira, poderemos até mesmo criar um tipo de ociosidade na atividade docente. Isso pode não se aplicar, por exemplo, no caso das escolas de ensino médio, que são da responsabilidade do Estado e que normalmente não são em quantidade suficiente para a recepção dos alunos que demandam o ensino médio. Mas certamente o é no que concerne ao ensino básico. Temos Municípios, e não precisamos ir até os Estados mais interioranos, mas nos grandes Estados brasileiros, como o próprio Estado do Rio de Janeiro, muito pequenos, em que não há como justificar essa limitação da carga horária docente dentro da sala de aula, porque o contato, a interação do professor com os alunos e com a comunidade é intensa. Até porque a própria comunidade propicia esse tipo de interação.

Eu diria, portanto, que, neste caso, em que há uma consequência imediata, e todos aqueles que tiveram a felicidade de trabalhar na área do ensino vão compreender, se tivermos uma imediata exigência desta aplicação, certamente, independentemente da análise possível da Lei de Responsabilidade Fiscal, iríamos impor uma contratação de professores em determinadas áreas, em determinados locais, o que iria, a meu sentir pelo menos, criar uma enorme dificuldade. Daí a subsistência do *periculum in mora* no que concerne ao pedido inicial para que fosse deferida a medida cautelar.

Portanto, neste caso do § 4º do art. 2º, defiro a medida cautelar no sentido de aguardar essa distribuição de carga horária, mesmo porque tenho absoluta consciência de que tanto os Estados quanto principalmente os Municípios saberão organizar essa carga horária, e a suspensão desse dispositivo não vai acarretar uma redução no objetivo central de valorização da educação brasileira e, particularmente, de valorização do professor como um todo. (...). (...). Estou entendendo que, substantivamente, tenho dificuldades de identificar isso como uma iniciativa federal, porque entendo que existe uma peculiaridade em cada local, principalmente nos pequenos Municípios, no que concerne à distribuição de carga horária. Em muitos Municípios brasileiros, pequenos, temos turmas muito pequenas e não há como fazer esse tipo de distinção. Isso me parece, pelo menos em princípio, daí eu ter votado nesse sentido, que deva ser deixado à autoridade local para que ela possa examinar esse tipo de distribuição. No momento em que autorizamos a carga horária máxima de 40 horas e fixamos esse piso nacional, devemos deixar às autoridades locais, de acordo com as peculiaridades, a determinação da distribuição da carga horária.

O Sr. Min. Cézar Peluso: V. Exa. me permite, Presidente? Em ponderação convergente com a conclusão do Min. Menezes Direito, parece-me que – além das razões que S. Exa. aventou ou até por conta ou consequência dessas razões – essa norma é impertinente ou até atemática. Ela absolutamente não diz respeito à regulamentação do inciso VIII do art. 206. Não se trata de regulamentação do piso nacional e, sim, de fixação de um princípio ou de uma diretriz. A própria Lei de Diretrizes e Bases, no art. 67, V, não ousou fazê-lo, porque estava fora da competência legislativa da União. Limitou-se a dizer que os sistemas de ensino de cada unidade federada observarão o período reservado a estudos, planejamento e avaliação, etc., mas nada fixou. Por quê? Porque estava fora da sua competência legislativa.

A Sra. Min. Carmen Lúcia: Isso não é norma geral.

O Sr. Min. Cézar Peluso: O que se dá agora é substituir essa norma da Lei n. 9.394 por uma fixação que abrange todos os sistemas de todos os entes federados e que, por isso mesmo, acarretará provavelmente os problemas de ordem prática a que se referiu o eminente Min. Menezes Direito.

A Sra. Min. Carmen Lúcia: Diria até outra coisa: a ementa da norma, Ministro, quando diz que está a regulamentar o art. 60, inciso III, do ADCT, que trata especificamente do piso, neste caso exorbita para – pelo menos à primeira vista, só em fase de cautelar, e, por isso, perguntei ao Min. Menezes Direito se era esta a convicção dele a respeito da competência, portanto, de um dado formal – tratar do regime funcional dos professores, e não apenas da sua fórmula de remuneração e de valorização do trabalho.

O Sr. Min. Cézar Peluso: Estamos discutindo é a regulamentação do piso nacional.

A Sra. Min. Carmen Lúcia: Exatamente. É o que se contém no art. 60.

O Sr. Min. Cézar Peluso: Esta lei está invadindo algumas áreas que não dizem respeito estritamente à fixação do piso nacional.

A Sra. Min. Carmen Lúcia: E é isso que estou dizendo. Por isso chamei a atenção para saber se ele estava acolhendo como fundamento a questão da competência, porque, então, não estaria a regulamentar o art. 60, inciso III, do ADCT; estava buscando a valorização do art. 208. Porém, neste caso, a competência não é entregue exclusivamente à União, como se tem naquele outro caso.

Por essa razão, Min. Joaquim, neste caso específico, como estamos em sede de cautelar e sem embargo de voltar a rever o tema de maneira aprofundada, tal como disse o Min. Menezes Direito, peço vênia a V. Exa. para acompanhar a divergência por ele iniciada exclusivamente neste ponto, porque, a meu ver, não compromete a bela iniciativa e a conclusão legislativa no sentido de valorizar o professor, a figura do professor, mas deixar intacto, ao lado do princípio republicano, também o princípio federativo especificamente a esse ponto. (...).

VOTO – O Sr. Min. Ricardo Lewandowski: Sr. Presidente, (...) o piso salarial dos integrantes da carreira do magistério, previsto no art. 2º desta lei federal, além de ser medida que faz justiça aos integrantes da classe dos professores, está em conformidade, sobretudo, com o que estabelece o art. 203, III, da CF, acrescentado pela Emenda Constitucional n. 53/2006.

Entendo também, Sr. Presidente, que o § 1º do art. 2º constitui um complemento daquilo que se contém no *caput*, pois amarra, por assim dizer, o piso salarial a uma jornada máxima de 40 horas semanais, evitando que o desiderato do legislador seja contornado, por via transversa, mediante o aumento da jornada de trabalho.

Já, no meu entender, com a devida vênia, o § 4º do mesmo dispositivo, ao estabelecer que "as atividades de interação com os educandos deverão corresponder ao máximo de dois terços da carga horária", ingressa em seara privativa dos chefes do Poder Executivo, a teor do art. 61, § 1º, II, "c", da CF, aplicável aos Estados em razão do princípio da simetria, pois diz respeito ao regime jurídico dos servidores públicos. (...).

Por outro lado, Sr. Presidente – e, aí, talvez, já sirva um complemento que trago aos brilhantes votos que já foram proferidos pelos eminentes Pares –, quero crer que os incisos II e III do art. 3º desta mesma lei, ao determinarem a forma como será paga a verba devida aos professores, ou seja, segundo frações anuais, ofendem a autonomia financeira dos entes federados, aos quais incumbe administrar privativamente a sua execução orçamentária nos termos da legislação competente, especialmente nos termos da Lei de Responsabilidade Fiscal, sob pena, inclusive, de responsabilidade funcional dos respectivos governantes. (...).

VOTO – O Sr. Min. Carlos Britto: Sr. Presidente, como não pode deixar de ser, num juízo prefacial, de avaliação de plausibilidade do pedido cautelar, não enxergo sinais, pelo menos vistosos, de inconstitucionalidade na lei agora combatida. Por consequência, não tenho como vulnerado nenhum desses princípios. Quais sejam: integridade dos laços federativos, separação dos Poderes, orçamentariedade, e, ainda por desdobramento, não vejo nenhuma ofensa, nenhum agravo, à Lei de Responsabilidade Fiscal.

Eu parto de uma macrovisão, ainda num juízo prefacial, para não antecipar juízo de mérito. Entendo que, numa macrovisão constitucional, a Constituição, em tema de educação, sobretudo educação pública básica, consagrou um modelo de federalismo cooperativo, tanto financeira quanto tecnicamente. Ou seja, a Constituição inovou, primou por um modelo peculiar de Federação eminentemente cooperativa nos dois citados planos: o plano técnico e o plano financeiro. Basta lembrar que a Constituição contém 56 dispositivos na sua parte permanente sobre educação. Nada menos do que 56 dispositivos. Ela se fez praticamente regulamentar, tal o cuidado que devotou ao tema da educação. E, no Ato das Disposições Constitucionais Transitórias, 40 dispositivos – pelo menos eu contei aqui – foram dedicados ao mesmo tema. Vale dizer, há 96 dispositivos constitucionais focadamente direcionados para regulação do tema da educação. Tudo nesses 96 dispositivos é transfederativo. Por que transfederativo? Porque abarcante de todas as esferas federativas brasileiras: União, Estados-membros, Distrito Federal e Municípios. Essa macrovisão já responde, ainda num juízo prefacial, a boa parte das objeções que estão sendo feitas à lei. É que a autonomia dos Estados, Municípios e Distrito Federal foi relativizada pela Constituição. A própria Constituição quebrantou a autonomia dos Estados, do Distrito Federal e dos Municípios na matéria. Com uma exceção. E aí, sim, a Constituição preservou a integridade autonômica em matéria de universidade. Em se tratando de universidade, a Constituição deixou a autonomia totalmente intocada. (...).

VOTO – O Sr. Min. Marco Aurélio: Analisei a lei que está sendo atacada pelos governadores de vários Estados, de grandes Estados da Federação, e confesso a V. Exa. – presumindo o que normalmente ocorre – que imaginei, de início, que ela versaria sobre direito trabalhista. E, então, a competência para reger aspectos desse mesmo direito é, iniludivelmente – considerado o vínculo empregatício, o direito do trabalho –, da União. Porém, procedendo à leitura da lei, acabei por concluir que trata – e trata de forma linear – de regime jurídico de servidores públicos, cuja relação está submetida a lei especial, diante do envolvimento da União, Estados e Municípios, considerados servidores regidos – para utilizar uma nomenclatura consagrada – por estatuto próprio, e não pelo direito do trabalho.

Presidente, compreendo o pacto federativo de forma diversa dos Colegas. Entendo que restou definido, no tocante às balizas – balizas objetivas e subjetivas –, pelo texto primitivo da Carta. Não posso conceber que, mediante emenda constitucional, esse pacto federativo venha a ser fulminado, venha o Congresso Nacional a colocar em segundo plano que os Estados e os Municípios, quanto aos serviços respectivos, quanto aos servidores respectivos, têm autonomia normativa, disponham sobre os elementos fundamentais do regime jurídico desses mesmos servidores. (...).

Todos nós, Presidente, estamos plenamente de acordo quanto à necessidade de o Brasil voltar os olhos para a educação. Todos nós concordamos ser preciso valorizar, conforme preconizado pela Carta na redação primitiva, o trabalho dos profissionais que estão nessa sensível área que é a do magistério. Entretanto, vivemos em um Estado Democrático de Direito e sob a proteção de uma Constituição rígida. Apenas se avança em termos culturais observando-se as regras estabelecidas. Nesse contexto, é possível uma emenda constitucional dispor, como dispôs a de n. 53, quanto ao piso salarial nacional dos professores, sobre o piso salarial dos médicos dos Estados e dos Municípios, dos engenheiros dos Estados e dos Municípios, dos fiscais estaduais e municipais, dos policiais estaduais? A meu ver, não, porque a emenda esbarraria no inciso I do § 4º do art. 60 da Carta Federal, o qual breca – não apenas rotula como inconstitucional a emenda – a tramitação de qualquer proposta de emenda constitucional que vise, de alguma forma, a alcançar o sistema federativo.

Presidente, peca a lei, de início, no que, potencializando o objetivo almejado, a meu ver, atropelou o meio estabelecido e veio a disciplinar – repito – regime jurídico de servidores estaduais, regime jurídico de servidores municipais. Não cabia ao Congresso Nacional fazê-lo. A competência, para tanto, não é da União. É de cada unidade de per si, é de cada Estado, de cada Município.

Vejo, portanto, o vício formal. A lei é inatacável, de início – a menos que adentremos o problema da razoabilidade –, quanto aos servidores – professores – federais, mas não o é quanto aos servidores estaduais e aos servidores municipais.

Passo ao exame, Presidente, do vício material. Verifico haver uma dualidade, para mim uma verdadeira dualidade – porque não posso atribuir ao legislador a aprovação de preceitos inúteis –, porquanto há o art. 2º, a revelar o piso que se mostra global, o piso dito remuneratório, e o art. 3º, a versar o básico alusivo à carreira, pouco importando as parcelas que sejam satisfeitas pelos Estados e pelos Municípios, além do básico.

Ora, o que constatamos? Que realmente se criou um piso remuneratório de 950 Reais, a vigorar já em 2008.

E essa criação, como está no art. 39, primeira parte, conflita com a Constituição Federal, porque na Lei de Diretrizes Orçamentárias não existe previsão, não existe receita, para fazer frente ao ônus que decorrerá da observância desse piso remuneratório – e não estou, aqui, a considerar os Estados que já o satisfazem em quantitativo superior ao previsto – por vários Estados em que a contraprestação devida aos professores está aquém dos 950 Reais.

O que haverá, o que ocorrerá – por isso eu disse: esperemos o amanhã –, no tocante aos Municípios? Sem a previsão orçamentária exigida no art. 169 da CF, não sei de onde vão tirar dinheiro para satisfazer esse ônus, que, a meu ver, implicou cumprimentar com o chapéu alheio. Esse ônus criado pela União, impondo-o goela abaixo – e o ônus está sendo placitado pela maioria dos integrantes do Supremo – aos Estados e Municípios.

Há mais, Presidente. Trata-se de outro vício formal. O § 4º do art. 2º prevê um limite máximo de dois terços de carga horária para o desempenho das atividades de interação com os educandos. Ora, não se buscou atentar para a medida do possível, quanto à realidade que vem sendo observada em inúmeros Estados e também em muitos Municípios.

Ouvi a Procuradora-Geral da Estado do Rio Grande do Sul, Dra. Eliana Graeff Martins, dizer que, a prevalecer a lei, o Estado terá que contratar cerca de 24.000 professores para cobrir a ausência desses que deixarão – considerados 33% do tempo dedicado ao trabalho – as salas de aula. Como ficará a finança dita – e acredito – saneada do Estado do Rio Grande do Sul? Aguardemos as consequências dessa lei. (...).

Prossegue, então, a lei, prevendo algo que não sei o que se fará, qual milagre será realizado para contar-se com receita visando a cobrir o que estabelecido, ou seja, um básico – independentemente da relação jurídica mantida pelo Estado ou pelo Município com o servidor-professor – igual àquele previsto no art. 2º. Evidentemente, o piso remuneratório que se quis estabelecer – e se apontou que reflete duas vezes o salário-mínimo previsto na Constituição Federal – se referirá apenas ao básico, podendo, portanto, o resultado final, em termos remuneratórios – e devendo ser, porque sabemos que é comum a satisfação de outras parcelas remuneratórias –, suplantar em muito o previsto no próprio art. 2º.

Sr. Presidente, não tenho como concluir – por melhor que tenha sido a intenção do legislador –, sob pena de admitir que se possa solapar o pacto federativo, pela constitucionalidade dessa lei. Não pensem que estou a votar contra os professores. Tenho ressaltado, inclusive em entrevistas, que o Brasil só avançará – inclusive, em termos de respeitabilidade no cenário internacional – quando der mais ênfase à educação em sentido maior, valorizando o ensino, valorizando os profissionais. Mas não posso, simplesmente, fechar a Constituição Federal e adotar o critério que ache mais justo, em termos de regência, para matéria.

Por isso, peço vênia aos Colegas e defiro a liminar nos termos em que pleiteada.

EXTRATO DE ATA

Decisão: O Tribunal deferiu parcialmente a cautelar para fixar interpretação conforme ao art. 2º da Lei n. 11.738/2008, no sentido de que, até o julgamento final da ação, a referência do piso salarial é a remuneração; deferiu a cautelar em relação ao § 4º do art. 2º; e deu interpretação conforme ao art. 3º para estabelecer que o cálculo das obrigações relativas ao piso salarial se dará a partir de 1.1.2009, vencidos parcialmente o Sr. Min. Ricardo Lewandowski, que também deferia a cautelar quanto ao inciso II do art. 3º, e o Sr. Min. Marco Aurélio, que deferia integralmente o pedido de cautelar. Tendo em conta as ausências da Sra. Min. Carmen Lúcia e do Sr. Min. Eros Grau, que se retiraram após terem proferidos seus votos, e antes da tomada do voto do Sr. Min. Cézar Peluso, o Sr. Min. Marco Aurélio suscitou questão de ordem, rejeitada pelo Tribunal, quanto à falta de quórum para prosseguimento da votação sobre matéria constitucional. Votou o Presidente, Min. Gilmar Mendes. Ausentes, justificadamente, o Sr. Min. Celso de Mello e a Sra. Min. Ellen Gracie. Falaram, pelos requerentes, Governador do Estado de Mato Grosso do Sul e Governadora do Estado do Rio Grande do Sul, respectivamente, o Dr. Ulisses Schwarz Vinna, Procurador do Estado, e a Dra. Eliana Graeff Martins, Procuradora-Geral do Estado; pelo requerido, Congresso Nacional, o Dr. Luiz Fernando Bandeira, Advogado-Geral do Senado Federal; pela Advocacia-Geral da União, o Min. José Antônio Dias Toffoli; e, pelos *amici curiae*, Confederação Nacional dos Trabalhadores em Estabelecimentos de Ensino e Confederação Nacional dos Trabalhadores em Educação, respectivamente, o Dr. Salomão Barros Ximenes e o Dr. Roberto de Figueiredo Caldas. Plenário, 17.12.2008.

Presidência do Sr. Min. Gilmar Mendes. Presentes à sessão os Srs. Mins. Marco Aurélio, Cézar Peluso, Carlos Britto, Joaquim Barbosa, Eros Grau, Ricardo Lewandowski, Carmen Lúcia e Menezes Direito.

* * *

PERGUNTAS

1. Quais são os fatos?

2. Que direito fundamental está em questão no presente caso? Direito a um justo salário ou direito à educação de qualidade? A Constituição protege um ou outro desses direitos?

3. Quais os argumentos trazidos pelos autores?

4. Por que o Min. Joaquim Barbosa afasta os argumentos trazidos pelos autores de que a norma federal estaria a invadir campo de competência dos Estados e Municípios?

5. Que mecanismo, de acordo com o Min. Joaquim Barbosa, torna inócuo o risco orçamentário para os Estados?

6. Qual a exata dimensão da discordância aberta pelo Min. Menezes Direito em relação ao Min. Joaquim Barbosa?

7. Se uma matéria se refere tanto ao campo do direito do trabalho (competência federal) como ao estatuto do funcionário público (competência de cada ente), além de natureza educacional, como definir de quem é a competência? No caso das políticas públicas educacionais, e, portanto, da realização do direito à educação, isso é particularmente relevante.

8. Como se desenha para o Relator a distribuição federal de competências legislativas nas matérias tratadas no caso?

9. Qual(is) dispositivo(s) constitucional(is) permite(m) que a União legisle sobre as matérias, de acordo com a corrente que se forma nesse sentido?

10. Como ficou decidido o caso?

DIREITO À TERRA E À MORADIA

6.20 Reforma agrária e limitação para expropriação de imóveis rurais (ADI/MC 2.213-0-DF)

(Plenário – rel. Min. Celso de Mello – j. 4.4.2002)

Ação direta de inconstitucionalidade – A questão do abuso presidencial na edição de medidas provisórias – Possibilidade de controle jurisdicional dos pressupostos constitucionais da urgência e da relevância (CF, art. 62, *caput*) – Reforma Agrária – Necessidade de sua implementação – Invasão de imóveis rurais privados e de prédios públicos – Inadmissibilidade – Ilicitude do esbulho possessório – Legitimidade da reação estatal aos atos de violação possessória – Reconhecimento, em juízo de delibação, da validade constitucional da Medida

Provisória n. 2.027-38/2000, reeditada, pela última vez, como Medida Provisória n. 2.183-56/2001 – Inocorrência de nova hipótese de inexpropriabilidade de imóveis rurais – Medida provisória que se destina, tão somente, a inibir práticas de transgressão à autoridade das leis e à integridade da Constituição da República – Arguição de inconstitucionalidade insuficientemente fundamentada quanto a uma das normas em exame – Inviabilidade da impugnação genérica – Consequente incognoscibilidade parcial da ação direta – Pedido de medida cautelar conhecido em parte e, nessa parte, indeferido.

Possibilidade de controle jurisdicional dos pressupostos constitucionais (urgência e relevância) que condicionam a edição de medidas provisórias. (...).

ACÓRDÃO – Vistos, relatados, e discutidos estes autos: Acordam os Ministros do Supremo Tribunal Federal, em sessão plenária, na conformidade da ata de julgamentos e das notas taquigráficas, por unanimidade de votos, em indeferir a liminar sob o ângulo do vício formal. Votou o Presidente. Também, por unanimidade, rejeitou-se a preliminar de não conhecimento da ação direta de inconstitucionalidade quanto aos §§ 8º e 9º do art. 2º da Lei n. 8.629, de 25.2.1993, com redação decorrente da Medida Provisória n. 2.183-56, de 24.8.2001. Votou o Presidente, o Sr. Min. Marco Aurélio. Por unanimidade, o Tribunal não conheceu da ação direta de inconstitucionalidade ajuizada quanto à cabeça do art. 95-A, vencido o Presidente. O Tribunal, por maioria, indeferiu a liminar quanto ao parágrafo único do citado art. 95-A, vencido o Presidente. O Tribunal, por maioria, indeferiu a liminar quanto ao § 6º do art. 2º da Lei n. 8.629, de 25.2.1993, considerada a redação imprimida pelo art. 4º da Medida Provisória n. 2.183-56, de 24.8.2001, vencidos os Srs. Mins. Sepúlveda Pertence e Presidente, em menor extensão, o Sr. Min. Ilmar Galvão, nos termos dos votos proferidos. O Tribunal, por maioria de votos, indeferiu a liminar quanto aos §§ 8º e 9º do art. 2º da Lei n. 8.629, de 25.2.1993, com redação imprimida pelo art. 4º da Medida Provisória n. 2.183-56, de 24.8.2001, vencidos o Presidente e, em menor extensão, o Sr. Min. Sepúlveda Pertence, que excluía, no § 8º, a expressão "a qualquer título". Ausente, justificadamente, a Sra. Min. Ellen Gracie.

Brasília, 4 de abril de 2002 – *Marco Aurélio*, presidente – *Celso de Mello*, relator.

RELATÓRIO – *O Sr. Min. Celso de Mello*: Trata-se de ação direta, com pedido de medida cautelar, em que se objetiva a declaração de inconstitucionalidade de "dispositivos da Medida Provisória n. 2.027-38, de 4.5.2000, publicada no *DOU* de 5.5.2000, que promoveram a inclusão do art. 95-A e parágrafo único na n. Lei 4.504/1964, e dos §§ 6º, 7º, 8º e 9º no art. 2º da Lei n. 8.629/1993" (fls. 2). (...).

A medida provisória em questão, agora com uma nova designação numérica (Medida Provisória n. 2.183), veio a ser reeditada, por sua vez, em 28.6.2001 (Medida Provisória n. 2.183-54), em 27.7.2001 (Medida Provisória n. 2.183-55) e, finalmente, em 24.8.2001 (Medida Provisória n. 2.183-56), com idêntico conteúdo material:

"Art. 2º. A Lei n. 4.504, de 30 de novembro de 1964, passa a vigorar com as seguintes alterações:

"'Art. 95-A. Fica instituído o Programa de Arrendamento Rural, destinado ao atendimento complementar de acesso à terra por parte dos trabalhadores rurais qualificados para participar do Programa Nacional de Reforma Agrária, na forma estabelecida em regulamento.

"'Parágrafo, único. Os imóveis que integrarem o Programa de Arrendamento Rural não serão objeto de desapropriação para fins de Reforma Agrária enquanto se mantiverem arrendados, desde que atendam aos requisitos estabelecidos em regulamento.' (NR)

"(...).

"Art. 4º A Lei n. 8.629, de 25 de fevereiro de 1993, passa a vigorar com as seguintes alterações:

"'Art. 2º. (...).

"'(...).

"'§ 6º. O imóvel rural de domínio público ou particular objeto de esbulho possessório ou invasão motivada por conflito agrário ou fundiário de caráter coletivo não será vistoriado, avaliado ou desapropriado nos 2 (dois) anos seguintes à sua desocupação, ou no dobro desse prazo, em caso de reincidência; e deverá ser apurada a responsabilidade civil e administrativa de quem concorra com qualquer ato omissivo ou comissivo que propicie o descumprimento dessas vedações.

"'(...).

"'§ 8º. A entidade, a organização, a pessoa jurídica, o movimento ou a sociedade de fato que, de qualquer forma, direta ou indiretamente, auxiliar, colaborar, incentivar, incitar, induzir ou participar de invasão de imóveis rurais ou de bens públicos, ou em conflito agrário ou fundiário de caráter coletivo, não receberá, a qualquer título, recursos públicos.

"'§ 9º. Se, na hipótese do § 8º, a transferência ou o repasse dos recursos públicos já tiverem sido autorizados, assistirá ao Poder Público o direito de retenção, bem assim o de rescisão do contrato, convênio ou instrumento similar.' (NR)."

Sustenta-se, na presente sede de controle normativo abstrato, que a medida provisória em questão revela-se formalmente inconstitucional, porque editada com inobservância dos pressupostos da urgência e da relevância, referidos no art. 62 da Constituição da República.

Alega-se, de outro lado, que as normas inscritas na medida provisória em causa, objeto da presente ação direta, apresentam-se em situação de conflito material com o texto da Carta Política, eis que teriam desrespeitado o art. 5º, incisos VIII, IX, XVII, XVIII, XIX, XXIII, XXXV, XXXVI, LIII, LIV, LV e LVII; o art. 6º; os arts. 184, 185, incisos I e II, 186, incisos I, II, III e IV, e o art. 193, todos da CF.

Os autores afirmam, no que se refere às inovações introduzidas pela medida provisória ora questionada, que o parágrafo único do art. 95-A do Estatuto da Terra teria vulnerado o art. 185 da Carta da República, por supostamente haver criado "um novo tipo de propriedade insuscetível de desapropriação" (fls. 6), de todo incompatível com o caráter taxativo de que se revestiria, alegadamente, o preceito constitucional mencionado.

A presente ação direta também impugna o § 6º do art. 2º da Lei n. 8.629/1993, na redação dada pelo art. 4º da medida provisória em causa, eis que tal preceito normativo teria criado obstáculos jurídicos que não se legitimariam em face dos arts. 184 e 185 da Constituição da República.

É que – segundo sustentado pelos autores – as normas em questão frustrariam a efetiva concretização da função social da propriedade rural, pois o Presidente da República, ao editá-las, não teria tido a percepção de que as ocupações de terras, quando promovidas com o objetivo de agilizar o processo de Reforma Agrária e de viabilizar a expropriação do imóvel rural, não se qualificariam como atos caracterizadores de esbulho possessório, mas traduziriam instrumento legítimo e eficaz de luta política para compelir o Governo a proceder na forma indicada no art. 184 da Constituição.

Questiona-se, ainda, a validade constitucional dos §§ 8º e 9º do art. 2º da Lei n. 8.629/1993, na redação dada pelo art. 4º da medida provisória ora impugnada, porque supostamente conflitantes com os postulados constitucionais das liberdades de pensamento (CF, art. 5º, VIII e IX), de associação (CF, art. 5º, XVII, XVIII e XIX), da intangibilidade do ato jurídico perfeito (CF, art. 5º, XXXVI), do juiz natural (CF, art. 5º, LIII), do devido processo legal (CF, art. 5º, LIV), da amplitude de defesa e do contraditório (CF, art. 5º, LV) e da presunção *juris tantum* de não culpabilidade (CF, art. 5º, LVII).

Cabe também destacar que os autores sustentam que todos os preceitos ora impugnados vulnerariam o princípio da proporcionalidade e o postulado que veda o retrocesso social.

O Presidente da República, nas informações que prestou a esta Suprema Corte, suscitou questão preliminar de não conhecimento da presente ação direta, por ausência e por insuficiência de fundamentação, no que se refere ao art. 95-A, *caput*, da Lei n. 4.504/1964 e aos §§ 8º e 9º do art. 2º da Lei n. 8.629/1993, todos na redação que lhes deu a medida provisória em exame, bem assim quanto à alegada violação ao princípio da proporcionalidade e ao postulado constitucional que veda o retrocesso social.

O Chefe do Poder Executivo da União, nas informações que submeteu ao exame do STF, também defendeu a plena validade constitucional do diploma em questão (fls. 60-86), enfatizando, no que concerne à alegação de inconstitucionalidade formal, que "a intervenção judicial no controle dos pressupostos de urgência e relevância, quando admissível, afigura-se rigorosamente excepcional" (fls. 80), sustentando, ainda, quanto a tal aspecto, que a medida provisória em causa atendeu, integralmente, aos requisitos mencionados.

O Presidente da República, de outro lado, nos pontos que se referem à alegação de inconstitucionalidade material, acentuou que não procedem as impugnações deduzidas contra a medida provisória em causa, (...). (...).

Havendo pedido de medida cautelar, submeto esse pleito à apreciação do egrégio Plenário do STF.

É o relatório.

VOTO (Sobre inconstitucionalidade formal: controle jurisdicional dos pressupostos da medida provisória) – *O Sr. Min. Celso de Mello* (relator): Os autores sustentam que a medida provisória questionada na presente sede processual revela-se formalmente inconstitucional, eis que desatendidos, na espécie, os pressupostos concernentes à urgência e à relevância.

Para fundamentar essa pretensão de inconstitucionalidade formal, o Partido dos Trabalhadores assim expôs as razões de sua arguição (fls. 24-25): "(...) em que pese à importância e à relevância da questão fundiária, resgate-se que o tema é objeto de intenso debate no Congresso Nacional há anos, não sendo admissível que o Governo, 'na calada da noite', edite uma medida provisória para tratar do tema que poderia e deveria ser objeto de debate com a sociedade brasileira, posto que não se caracteriza a urgência requerida pela Constituição Federal".

Tenho registrado, em diversas decisões proferidas nesta Suprema Corte (RE n. 239.286-PR, rel. Min. Celso de Mello, *v.g.*), a minha extrema preocupação com o excesso de medidas provisórias que os sucessivos Presidentes da República têm editado, transformando essa prática extraordinária de sua competência normativa em exercício ordinário do poder de legislar, com grave comprometimento do postulado constitucional da separação de Poderes.

Não se pode desconhecer que o postulado da separação de Poderes – além de qualificar-se como um dos núcleos temáticos irreformáveis do ordenamento constitucional positivo brasileiro – reflete, na concepção do seu alcance, um significativo dogma de preservação do equilíbrio de nosso sistema político e de intangibilidade do modelo normativo das liberdades públicas, impedindo – a partir da estrita subordinação estatal aos limites impostos ao âmbito de atuação dos Poderes constituídos – que o regime democrático venha a ser conspurcado pelo exercício ilegítimo das prerrogativas estatais. (...).

O fato é que processos de contínua e indevida expansão de competências constitucionais – como aqueles que derivam da utilização excessiva de medidas provisórias – acabam por gerar, no âmbito da comunidade estatal, situações instauradoras de concreto desrespeito ao sistema de Poderes limitados consagrado no texto da Constituição da República, circunstância, esta, que confere preocupante atualidade à advertência feita, já no final do século XVIII (1787/1788), por James Madison quando, em texto lapidar, buscou ressaltar a necessidade política de estabelecer um modelo institucional que evitasse a concentração de poderes e que se revelasse apto a "deter o espírito usurpador do poder" (*O Federalista*, pp. 394-399 e 401-405, 401, arts. 47 e 48, 1984, Editora UnB).

Essa mesma preocupação revela-se evidente nas reflexões feitas por John Locke (*Segundo Tratado sobre o Governo*, pp. 89/92, itens 141-144, 1963, Ibrasa), em obra, que, escrita em pleno século XVII (1690), apresenta relevantíssima contribuição a propósito da questão pertinente aos limites do governo e à imprescindibilidade de "equilibrar o poder do governo pela colocação de diversas partes dele em diferentes mãos". (...).

Não podemos ignorar que a crescente apropriação institucional do poder de legislar, por parte dos sucessivos Presidentes da República, tem despertado graves preocupações de ordem jurídica, em razão do fato de a utilização excessiva das medidas provisórias causar profundas distorções que se projetam no plano das relações políticas entre os Poderes Executivo e Legislativo.

O exercício dessa excepcional prerrogativa presidencial, precisamente porque transformado em inaceitável prática ordinária de governo, torna necessário – em função dos paradigmas constitucionais, que, de um lado, consagram a separação de Poderes e o princípio da liberdade e que, de outro, repelem a formação de ordens normativas fundadas em processo legislativo de caráter autocrático – que se imponha moderação no uso da extraordinária competência de editar atos com força de lei, outorgada ao chefe do Poder Executivo da União pelo art. 62 da Constituição da República.

É natural – considerando-se a crescente complexidade que qualifica as atribuições do Estado contemporâneo – que se lhe concedam meios institucionais destinados a viabilizar produção normativa ágil que permita ao Poder Público, em casos de efetiva necessidade e de real urgência, neutralizar situações de grave risco para a ordem pública e para o interesse social.

Reconheço, por isso mesmo, que a outorga de competência normativa primária ao Poder Executivo (ou ao governo) traduz, ainda que excepcionalmente, medida incorporada ao processo legislativo contemporâneo e adotada, no plano do direito constitucional comparado, por diversos sistemas políticos, em ordem a legitimar respostas normativas imediatas em face de situações de crise que possam afetar a ordem estatal ou o interesse social.

Desse modo, e mesmo que o exercício (sempre excepcional) da atividade normativa primária pelo Poder Executivo possa justificar-se em situações absolutamente emergenciais, abrandando, em tais hipóteses, "o monopólio legislativo dos Parlamentos" (Raul Machado Horta, "Medidas provisórias", in *Revista de Informação Legislativa*, vol. 107/5), ainda assim revela-se profundamente inquietante – na perspectiva da experiência institucional brasileira – o progressivo controle hegemônico do aparelho de Estado decorrente da superposição da vontade unipessoal do Presidente da República, em função do exercício imoderado da competência extraordinária que lhe conferiu o art. 62 da Constituição. (...).

Eventuais dificuldades de ordem política – exceto quando verdadeiramente presentes razões constitucionais de urgência, necessidade e relevância material – não podem justificar a utilização de medidas provisórias, sob pena de o Executivo, além de apropriar-se ilegitimamente da mais relevante função institucional que pertence ao Congresso Nacional, converter-se em instância hegemônica de poder no âmbito da comunidade estatal, afetando, desse modo, com grave prejuízo para o regime das liberdades públicas e sérios reflexos sobre o sistema de *checks and balances*, a relação de equilíbrio que necessariamente deve existir entre os Poderes da República. (...). (...), para evitar que o texto de nossa Lei Fundamental se exponha a manipulações exegéticas, e seja submetido, por razões de simples interesse político ou de mera conveniência administrativa, ao império dos fatos e das circunstâncias, degradando-se em sua autoridade normativa, que entendo possível o exame, por parte do Poder Judiciário, dos pressupostos da relevância e da urgência, os quais, referidos no art. 62 da Constituição da República, qualificam-se como requisitos legitimadores e essenciais ao exercício, pelo Presidente da República, da competência normativa que lhe foi extraordinariamente outorgada para editar medidas provisórias.

Os pressupostos em questão – urgência da prestação legislativa e relevância da matéria a ser disciplinada – configuram elementos que compõem a própria estrutura constitucional da regra de competência que habilita o chefe do Executivo, excepcionalmente, a editar medidas provisórias.

Tais pressupostos, precisamente porque são requisitos de índole constitucional, expõem-se, enquanto categorias de natureza jurídica, à possibilidade de controle jurisdicional. (...).

Assentadas essas premissas, resta verificar se se registra, no caso ora em exame, a ocorrência, ou não, dos pressupostos da relevância e da urgência.

Cabe acentuar, desde logo, que a impugnação reconhece configurada a ocorrência, na hipótese, do requisito pertinente à relevância política, econômica, social e jurídica do tema versado na medida provisória em questão, tanto que – após destacar a existência de intenso debate sobre a matéria, no âmbito parlamentar – a parte ora requerente não hesitou em atribuir relevo à questão fundiária, (...). (...), a relevância da questão fundiária, que assume indisputável caráter histórico, evidencia-se por si própria, em virtude, até mesmo, das múltiplas implicações que lhe são inerentes.

Não se pode deixar de reconhecer, sob a perspectiva da questão fundiária, a importância que – em área socialmente tão sensível – assumem a formulação e a implementação de uma política pública que viabilize o acesso dos despossuídos à propriedade da terra, em ordem a permitir a participação de todos na justa distribuição da riqueza nacional, para que, erradicadas a pobreza e a marginalização, seja possível construir uma sociedade justa e livre, fundada em bases solidárias.

Indiscutível, pois, a relevância da matéria objeto de regulação normativa na medida provisória ora questionada na presente sede processual.

De outro lado, cumpre indagar da caracterização, no caso ora em exame, de hipótese reveladora de urgência, que justificasse – ante o caráter inadiável da prestação legislativa, ora questionada – a utilização pelo Presidente da República do instrumento excepcional da medida provisória.

O Sr. Presidente da República, ao prestar as informações, que lhe foram requisitadas, instruiu-as com cópia da Exposição de Motivos Interministerial n. 002/2000, em cujo texto – subscrito pelos Ministros de Estado do Desenvolvimento Agrário, da Fazenda, da Justiça e do Planejamento – assim se justificou a indispensabilidade, fundada em razões emergenciais, da imediata edição da medida provisória, ora impugnada (fls. 154-155):

"(...).

"(...), com objetivo de conformar a legislação de regência a recentes decisões judiciais predominantes que emergem do egrégio STJ, propõe-se a inserção no art. 15-A do Decreto-lei n. 3.365, de 21.6.1941, de dispositivo que proíba o pagamento de juros compensatórios quando o proprietário do imóvel rural desapropriado não houver auferido renda, em virtude de possuir graus de utilização da terra e eficiência na exploração iguais a zero.

"Outra modificação da maior relevância consiste na instituição do programa de arrendamento rural, com a finalidade de atender, em caráter complementar, ao acesso à terra de trabalhadores rurais integrantes do Programa de Reforma Agrária, acrescentando-se, desse modo, à Lei n. 4.504, de 30.11.1964, o art. 95-A, e seu parágrafo único.

"De outro modo, a proposta inclui alteração no art. 5º da Lei n. 8.177, de 12.3.1991, visando a fixar novas regras de remunerações dos títulos da dívida agrária, fixando-se novo período. Essa medida, vale ressaltar, implicou a inserção, também, ao art. 5º, § 3º, dos incisos I a III, da Lei n. 8.629, de 25.2.1993, fixando-se novo escalonamento quando do resgate destes.

"No sentido de coibir os excessos praticados pelos movimentos dos trabalhadores rurais sem terra seja com relação à invasão de imóveis rurais como à de bens públicos, acrescentou-se ao art. 2º da referida Lei n. 8.629, de 1993, os §§ 6º a 9º e o art. 2º-A, que, ao mesmo tempo, proíbe a realização de vistoria de imóveis rurais que venham a ser invadidos, venda [veda] a transferência de recursos para entidade, organização social ou movimento e sociedade de fato que direta ou indiretamente concorram para a prática dos referidos atos delituosos.

"(...).

"São estas, Sr. Presidente, as razões que justificam a proposição da presente medida provisória, afigurando-se oportuna e necessária a sua reedição, tendo-a, assim, como urgente e inadiável."

Note-se, neste ponto, que um dos motivos justificadores do caráter emergencial da medida provisória em questão prende-se ao declarado objetivo de neutralizar, de modo eficaz, os alegados excessos cometidos por movimentos de trabalhadores rurais que transformaram o esbulho possessório, praticado contra bens públicos ou contra a propriedade privada, em instrumento de pressão – nem sempre legítima – sobre o Poder Público, com grave ofensa a postulados e a valores essenciais resguardados pela ordem constitucional vigente em nosso País. (...).

Sendo assim, tendo presentes as razões que venho de expor – e por considerar configurados, cumulativamente, os pressupostos legitimadores da edição da medida provisória ora questionada, indefiro, no que concerne à alegada inconstitucionalidade formal, a pretendida concessão de medida cautelar. (...).
(...).

VOTO (Sobre inconstitucionalidade material) – *O Sr. Min. Celso de Mello* (relator): A presente ação direta veicula impugnação que tem por objeto o parágrafo único do art. 95-A do Estatuto da Terra, apoiando-se essa argüição de inconstitucionalidade material na sucinta alegação de que a norma em questão contrariaria o que dispõe o art. 185 da Carta Política, pelo fato de o preceito em causa criar, alegadamente, "um novo tipo de propriedade insuscetível de desapropriação" (fls. 06).

Eis, no ponto, as razões que – relativamente ao parágrafo único do art. 95-A do Estatuto da Terra – fundamentam a pretensão de inconstitucionalidade ora deduzida (fls. 7): "Sendo certo que o disposto no art. 185 exauriu as hipóteses de imóveis insuscetíveis de desapropriação, e que a disposição supra transcende, temos como inquinada de inconstitucionalidade, seja pela afronta à disposição expressa do art. 185, seja pela fraude ao escopo da política de Reforma Agrária, consubstanciada no *caput* do art. 184".

Tenho para mim que as razões expostas pelo Sr. Presidente da República descaracterizam a plausibilidade jurídica da tese suscitada pelos autores, pois a norma em questão – ao dispor que os imóveis que integrarem o

Programa de Arrendamento Rural não serão objeto de desapropriação, para fins de Reforma Agrária, enquanto se mantiverem arrendados e atenderem aos requisitos que lhes permitem realizar a sua função social – não criou um novo tipo de propriedade imobiliária, insuscetível à declaração expropriatória, para os fins a que se refere o art. 184 da Constituição.

É que os imóveis rurais assim arrendados – precisamente por integrarem o Programa Governamental de Arrendamento Rural – acham-se claramente comprometidos com a destinação social que lhes é inerente, viabilizando a plena realização dos requisitos a que alude o art. 186 da Constituição da República, circunstância que lhes confere, só por si, imunidade objetiva à ação expropriatória da União Federal, em tema de Reforma Agrária.

Com a inclusão do imóvel no Programa de Arrendamento Rural, dá-se plena efetividade ao requisito inerente à função social que incide sobre qualquer tipo de propriedade imobiliária, cabendo assinalar, por necessário, que esse projeto governamental busca concretizar finalidade específica, destinada a viabilizar, em favor dos trabalhadores rurais, um sistema de atendimento complementar de acesso à terra.

Vê-se, desse modo, que, longe de inovar o rol inscrito no art. 185 da Constituição, a norma em causa visa a dar concreção aos requisitos enumerados no art. 186 do Estatuto Fundamental, cuja satisfação permite o cumprimento, pleno e integral, da função social inerente à propriedade imobiliária.

É que, com a inclusão do imóvel no Programa de Arrendamento Rural, torna-se viável cumprir requisitos essenciais à realização da função social, pois o imóvel arrendado aos trabalhadores rurais certamente permitirá (a) o aproveitamento racional e adequado da propriedade rural, (b) a utilização satisfatória dos recursos naturais disponíveis e a preservação do meio ambiente, (c) a observância das disposições que regulam as relações de trabalho, destas afastando o seu indesejável componente de tensão social, e (d) a exploração que favoreça o bem-estar dos próprios trabalhadores rurais, agora garantidos em seu direito de acesso ao uso da terra. (...).

Em uma palavra: a vinculação da propriedade imobiliária ao Programa de Arrendamento Rural impõe a necessária submissão do imóvel rural a condições que, delineadas nesse projeto governamental, conduzem ao atendimento dos requisitos configuradores da função social da propriedade, tais como exigidos pelos arts. 184 e 186 da Constituição da República.

De outro lado, e ao contrário do que sustenta o autor, não me parece que o art. 185 da Carta Política contenha rol taxativo de hipóteses definidoras da inexpropriabilidade do imóvel rural.

Na realidade, esse preceito constitucional veicula um conjunto irredutível de situações cuja configuração impede e exclui a possibilidade de intervenção expropriatória da União Federal, para fins de Reforma Agrária, em imóveis que se qualifiquem (a) como pequena propriedade rural, (b) como média propriedade rural e (c) como propriedade produtiva.

Isso significa – considerada a natureza constitucional da cláusula inscrita no art. 185 da Carta Política – que nem o Executivo, nem o Legislativo da União poderá reduzir ou suprimir as hipóteses, que, por efeito da vontade soberana do constituinte, foram expressamente excluídas de qualquer desapropriação governamental, para fins de Reforma Agrária, com fundamento no preceito consubstanciado no art. 184 da Constituição. (...).

Cabe registrar, no entanto, que o parágrafo único do art. 95-A do Estatuto da Terra não instituiu um novo tipo de propriedade imobiliária, imune à desapropriação, para fins de Reforma Agrária, limitando-se, meramente, a estabelecer condições objetivas destinadas a dar um sentido de clara destinação social aos imóveis rurais que venham a ser incluídos no Programa Governamental de Arrendamento Rural.

Demais disso, a norma em questão – tendo em vista a destinação social a que se acham sujeitos, particularmente, os imóveis rurais – objetivou condicionar, no plano jurídico-administrativo, o exercício, pelo Presidente da República, de uma prerrogativa eminentemente discricionária de que se acha investido, pois, como se sabe, o chefe do Executivo da União, mesmo diante de estudos técnicos elaborados pelo INCRA que recomendem a desapropriação, para fins de Reforma Agrária, ainda assim não está obrigado a expedir o decreto consubstanciador da declaração expropriatória, pelo fato de submeter-se a prática desse ato ao exclusivo critério da autoridade presidencial.

Sendo assim, indefiro o pedido de suspensão cautelar da eficácia do parágrafo único do art. 95-A do Estatuto da Terra, na redação que lhe deu o art. 2º da Medida Provisória n. 2.027-38, de 4.5.2000, ora renumerada como Medida Provisória n. 2.183-56, de 24.8.2001. (...).

Sustenta-se que a norma inscrita no § 6º do art. 2º da Lei n. 8.629/1993, na redação dada pelo art. 4º da medida provisória em causa, por importar criação de obstáculo jurídico, alegadamente não autorizado pelo texto da Carta Política, teria vulnerado os arts. 184 e 185 da Constituição da República.

A pretensão de inconstitucionalidade, sob tal aspecto, foi assim fundamentada (fls. 8-9):

"(...). Com o advento da medida ora impugnada, criou-se óbice que não encontra amparo no ordenamento à intervenção estatal para fazer valer a função social da propriedade rural, nos termos preconizados pela Constituição. Ademais, sabemos que as ocupações de terras nas suas variadas formas não se constituem em esbulho, ao contrário, têm se revelado instrumento legítimo de luta e meio eficaz para que o próprio Governo possa agilizar o processo de Reforma Agrária, e nada justifica o retardo na desapropriação do imóvel para cumprimento de sua função.

"Nessa toada, vale ressaltar importante precedente consubstanciado pelo acórdão do STJ no HC n. 4.399-SP, rel. Min. William Patterson, cuja íntegra dos votos dos Mins. Luiz Vicente Cernicchiaro, Vicente Leal e Adhemar Maciel segue acostada, integrando a presente ação, onde vemos o reconhecimento de que as ocupações movidas por grupo organizado que reivindica o direito ao trabalho e à efetiva implementação da Reforma Agrária, assegurada constitucionalmente, não configura esbulho, mas, sim, reveste-se de 'sentido amplo, socialmente de maior grandeza, qual seja, a implantação da Reforma Agrária' (v. voto do Min. Luiz Vicente Cernicchiaro)."

Não vislumbro plausibilidade jurídica em tais alegações, mesmo porque – tal como precedentemente enfatizado – as normas em questão buscam neutralizar os excessos a que têm dado causa grupos organizados de trabalhadores rurais, que transformaram o esbulho possessório, praticado contra bens públicos ou contra a propriedade privada, em instrumento de ação política e de pressão social – nem sempre legítima – sobre o Poder Público, com grave ofensa a postulados e a valores essenciais resguardados pela ordem constitucional vigente em nosso País.

Não se pode desconsiderar, neste ponto, a circunstância de que, mais do que ilícito de ordem meramente civil, o esbulho possessório também pode configurar conduta revestida de tipicidade penal, caracterizando delito previsto tanto no art. 161, § 1º, II, do CP quanto no art. 20 da Lei n. 4.947/1966, cujo teor é o seguinte:

"Art. 161. Suprimir ou deslocar tapume, marco, ou qualquer outro sinal indicativo de linha divisória, para apropriar-se, no todo ou em parte, de coisa imóvel alheia: Pena – detenção, de 1 (um) a 6 (seis) meses, e multa.

"§ 1º. Na mesma pena incorre quem:

"(...);

"**Esbulho possessório**

"II – invade, com violência à pessoa ou grave ameaça, ou mediante concurso de mais de duas pessoas, terreno ou edifício alheio, para o fim de esbulho possessório."

"Art. 20. Invadir, com intenção de ocupá-las, terras da União, dos Estados e dos Municípios: Pena – detenção de 6 (seis) meses a 3 (três) anos.

"Parágrafo único. Na mesma pena incorre quem, com idêntico propósito, invadir terras de órgãos ou entidades federais, estaduais ou municipais, destinadas à Reforma Agrária."

Cabe registrar, por necessário, que os atos configuradores de violação possessória, além de instaurarem situações revestidas de inegável ilicitude civil e penal, traduzem – segundo jurisprudência que se vem formando no STF – hipóteses caracterizadoras de força maior, aptas, quando concretamente ocorrentes, a infirmar a própria validade da declaração expropriatória.

Esta Suprema Corte, por mais de uma vez, pronunciando-se sobre a questão específica do esbulho possessório praticado, mediante ação coletiva, por movimentos de trabalhadores rurais, não hesitou em censurar essa ilícita manifestação de vontade política, ao mesmo tempo em que invalidava o decreto presidencial consubstanciador da declaração expropriatória de imóveis rurais, pois, com a arbitrária ocupação de tais bens, não se viabiliza a realização de vistoria destinada a constatar se a propriedade invadida teria atingido, ou não, coeficientes mínimos de produtividade fundiária.

Esse entendimento – que identifica, no ato de esbulho possessório, causa impeditiva de declaração expropriatória do imóvel rural, para fins de reforma agrária (MS n. 23.323-PR, rel. Min. Néri da Silveira, *v.g.*) – acentua que a ocupação ilícita de propriedade imobiliária, notadamente nos casos em que esta se faz de modo coletivo, além de impedir, injustamente, que o proprietário nela desenvolva regular atividade de exploração econômica, representa motivo legítimo que justifica, ante o caráter extraordinário de tal situação, a impossibilidade de o imóvel invadido atender aos graus mínimos de produtividade exigidos pelo ordenamento positivo para, desse modo, realizar a função social que lhe é inerente.

Esse particular aspecto da questão resultou evidenciado quando do julgamento plenário, por esta Suprema Corte, do MS n. 22.666-PR, rel. Min. Ilmar Galvão, ocasião em que o Tribunal anulou declaração expropriatória que incidira sobre imóvel rural cujas atividades foram injustamente paralisadas por efeito de esbulho possessório praticado, coletivamente, por movimento de trabalhadores rurais. (...).

As normas ora em exame – que impedem a vistoria de imóveis rurais, dentro de determinado prazo, contado do término da ocupação ilícita – prendem-se à circunstância de que o processo de Reforma Agrária, em nosso País, não pode ser conduzido de maneira arbitrária, nem de modo ofensivo à garantia constitucional da propriedade.

Cabe enfatizar, neste ponto, que o procedimento expropriatório assenta-se em duas fases principais e sucessivas, em que se inserem, a par da finalidade intrínseca a cada uma delas, meios de consecução adequados ao alcance de todas as exigências ali consubstanciadas, sejam as de ordem constitucional ou as de caráter meramente legal.

Inicia-se a desapropriação por interesse social, para fins de Reforma Agrária, pela verificação preliminar – exercida, administrativamente, por meio dos órgãos competentes do Poder Executivo – das características da propriedade que se pretende apta a sofrer a desapropriação-sanção.

Isso significa, portanto, que esse procedimento administrativo visa a aferir, objetivamente, o grau de atendimento, por determinada propriedade rural, dos requisitos necessários à sua identificação como imóvel em harmonia com a função social que lhe é inerente.

Vê-se, desse modo, que a ação administrativa concernente à propriedade rural, instrumentalizada, em sua fase introdutória, mediante vistoria prévia, constitui procedimento inafastável, eis que tem por finalidade aferir tanto o grau de aproveitamento da terra quanto o nível de eficiência em sua exploração, a partir de índices e parâmetros que foram estabelecidos em legislação infraconstitucional. (...).

A necessidade dessa aferição traduz procedimento de caráter meramente técnico, que objetiva exteriorizar, a partir da descrição fática das condições econômicas, ambientais e das relações de trabalho desenvolvidas no imóvel rural, um quadro autorizador de sua qualificação como propriedade produtiva ou, ao contrário, a tornar incontestável a certeza de sua improdutividade, abrindo-se-lhe, então, de modo inteiramente legítimo, a via constitucional da desapropriação, para fins de Reforma Agrária.

De igual modo, a exigência introduzida pela medida provisória ora questionada, concernente à inocorrência de ocupação ilícita – que não pode nem deve ser tolerada pelo Poder Público –, em momento anterior ao da realização de vistoria prévia, traduz, por igual, mero pressuposto técnico, sem o qual não se efetivará a totalidade do levantamento das condições reais do imóvel.

Cumpre ressaltar, bem por isso, que a exigência de inocorrência de ocupação ilícita – identificada, esta última, pelo esbulho possessório – não institui um novo tipo de propriedade imune à desapropriação para fins de Reforma Agrária, mas, isso, sim, qualifica-se como requisito de ordem negativa, a ser constatado no procedimento que visa a aferir o atendimento, pelo imóvel rural a ser vistoriado, da função social que lhe é inerente, por efeito de expressa determinação constitucional. (...).

A exigência dessa vistoria administrativa é ditada pela necessidade de garantir ao proprietário a observância da cláusula constitucional do devido processo legal, sob pena de configuração de vício radical, apto a projetar-se sobre todas as fases subsequentes do procedimento de expropriação, contaminando-as por efeito de repercussão causal, em ordem a gerar, por ausência de base jurídica idônea, a própria invalidação do decreto presidencial consubstanciador de declaração expropriatória. (...).

Não se questiona a necessidade da execução, no País, de um programa de Reforma Agrária. O acesso à terra, a solução dos conflitos sociais, o aproveitamento racional e adequado do imóvel rural, a utilização apropriada dos recursos naturais disponíveis e a preservação do meio ambiente constituem, inegavelmente, elementos de realização da função social da propriedade. A desapropriação, nesse contexto – enquanto sanção constitucional imponível ao descumprimento da função social da propriedade (José Afonso da Silva, *Curso de Direito Constitucional Positivo*, p. 272, 10ª ed., 1995, Malheiros) –, reflete importante instrumento destinado a dar consequência aos compromissos assumidos pelo Estado na ordem econômica e social.

Sabemos que a função social da propriedade, quando descumprida, legitima a intervenção estatal na esfera das relações dominiais privadas. (...).

Advirta-se, portanto, que a propriedade da terra estará assegurada na medida em que desempenhe, em plenitude, a função social que lhe é inerente. (...).

Nada justifica, porém, o emprego ilegítimo do instrumento expropriatório, quando utilizado pelo poder estatal com evidente transgressão dos princípios e das normas que regem e disciplinam as relações entre as pessoas e o Estado. Não se deve perder de perspectiva, por mais relevantes que sejam os fundamentos da ação expropriatória do Estado, que este não pode desrespeitar a cláusula do *due process of law* que condiciona qualquer atividade do Estado tendente a afetar a propriedade privada.

Essa mesma advertência também se impõe a quaisquer particulares, movimentos ou organizações sociais que visem, pelo emprego arbitrário da força e pela ocupação ilícita de imóveis rurais, a constranger o Poder Público a promover ações expropriatórias. (...).

Eventuais contestações à autoridade da lei, quando tornadas inevitáveis, deverão efetivar-se com observância de mecanismos institucionais, que, estabelecidos pela própria Constituição, destinam-se a superar, seja pela via política do processo legislativo, seja pela utilização do processo judicial, os conflitos de interesses que hoje se pluralizam, qualificados, até mesmo, pela nota da metaindividualidade.

Impõe-se observar, por isso mesmo, que a instauração de processos judiciais traduz legítima expressão de uma prerrogativa constitucional assegurada, pela Carta Política, a qualquer pessoa, entidade ou organização que se sinta lesada ou ameaçada de lesão em seus direitos por comportamentos abusivos ou ilegais praticados pelo Poder Público, ou em virtude de omissões governamentais na formulação e implementação de políticas públicas, inclusive em tema de promoção e execução de uma política de Reforma Agrária.

Na realidade, o acesso ao Poder Judiciário reflete, na significativa projeção dos seus efeitos, uma expressiva garantia de índole constitucional destinada a permitir a intervenção do Poder Judiciário com o objetivo de restaurar a ordem jurídica vulnerada por atos eivados de ilicitude ou de desrespeito ao sistema normativo. (...). (...) a norma ora impugnada, revestida de força e eficácia legais, longe de criar hipótese nova de propriedade rural inexpropriável, limitou-se a estabelecer, em obséquio ao princípio da legalidade, requisitos e condições que deverão ser observados pelo Poder Público quando no desempenho da atividade administrativa pertinente à prática da declaração expropriatória de imóvel rural, para fins de Reforma Agrária.

Cabe registrar, ainda, neste ponto, que o STF tem reconhecido a extrema gravidade dos atos de ilícita invasão de imóveis rurais por integrantes de movimentos sociais organizados, a ponto de admitir a responsabilidade civil objetiva do Poder Público, com fundamento no art. 37, § 6º, da Carta Política, naqueles casos em que o Estado, omitindo-se no cumprimento de sua obrigação jurídica, deixa de fornecer a força policial necessária à execução de ordem judicial de reintegração de posse, permitindo, com tal inércia, que se destruam benfeitorias e outros bens situados no imóvel rural invadido, com manifesto prejuízo para o proprietário injustamente espoliado (RE n. 283.989-PR, rel. Min. Ilmar Galvão, 1ª Turma).

Extrai-se dessa decisão proferida pelo STF que o Poder Público não pode permanecer indiferente à prática ilícita de invasões fundiárias, pois, além de estas constituírem comportamentos absolutamente incompatíveis com o ordenamento jurídico, culminam por onerar a própria coletividade, na medida em que induzem a responsabilidade civil do Estado quando os agentes públicos se recusam a colaborar com o Poder Judiciário na efetivação executiva de ordens judiciais de reintegração ou de manutenção de posse.

Todos esses aspectos bem justificam, a meu juízo, a formulação, pelo Sr. Presidente da República, da norma ora impugnada, pois ao Estado não é lícito aceitar, passivamente, no que concerne a quaisquer movimentos sociais organizados, a imposição de uma agenda político-social notoriamente caracterizada por práticas ilegítimas de invasão de propriedades rurais, em desafio inaceitável à integridade e à autoridade da ordem jurídica. (...).

O fato irrecusável é um só, Sr. Presidente: o STF não pode validar comportamentos ilícitos. Não deve chancelar, jurisdicionalmente, agressões inconstitucionais ao direito de propriedade e à posse de terceiros. Não pode considerar, nem deve reconhecer, por isso mesmo, invasões ilegais da propriedade alheia ou atos de esbulho possessório como instrumentos de legitimação da expropriação estatal de bens particulares, cuja submissão a qualquer programa de Reforma Agrária, ainda que se trate de imóveis rurais alegadamente improdutivos, depende, sempre, da necessária observância das formas previstas no texto da própria Constituição da República.

Sendo assim, tendo presentes as razões expostas, não vislumbro nas regras inscritas no atual § 6º do art. 2º da Lei n. 8.629/1993, introduzido pelo art. 4º da Medida Provisória n. 2.183-56, de 24.8.2001 (que fundiu, nesse § 6º, os antigos §§ 6º e 7º, impugnados nesta sede processual), qualquer vulneração ao texto da Constituição, motivo pelo qual indefiro, quanto a tais normas, o pedido de medida cautelar.

Os autores sustentam, ainda, a inconstitucionalidade dos §§ 8º e 9º do art. 2º da Lei n. 8.629/1993, na redação que lhes deu o art. 4º da medida provisória ora questionada. (...).

A impugnação a tais normas está assim justificada (fls. 10-12):

"Visando a sufocar um movimento social legítimo que, no exercício de suas finalidades não vedadas por lei, questiona a política econômica do Governo, vale-se o Executivo de verdadeira 'caça aos inimigos', e, como franco atirador, esforça-se em penalizar o maior espectro possível de hipotéticos adversários. Para tanto, ao dispor de forma tão genérica que qualquer 'ente' que, 'de qualquer forma, direta ou indiretamente, auxiliar, colaborar, incentivar, incitar, induzir ou participar de invasão de imóveis rurais ou de bens públicos, ou em conflito agrário ou fundiário de caráter coletivo, não receberá, a qualquer título, recursos públicos', ignora a possibilidade de discussão política, de concepção divergente, ou mesmo de simples simpatia à causa.

"(...).

"A intenção da medida é cristalina: inviabilizar o funcionamento de movimentos populares, associações de trabalhadores e partidos políticos, em flagrante afronta à Carta Política no que diz respeito à criação e funcionamento de associações, que independem de autorização, sendo vedada a interferência estatal, bem como só poderão ser compulsoriamente dissolvidas ou ter suas atividades suspensas por decisão judicial, exigindo-se, no primeiro caso, o trânsito em julgado.

"(...).

"Com efeito, o ato jurídico perfeito não possui qualquer significado para o Poder Executivo. É irrefutável que cláusulas penais em contratos poderão ser executadas no caso concreto, sempre que o instrumento jurídico assim dispuser, mas não se pode inovar unilateralmente a relação contratual.

"Saliente-se que há a possibilidade de se reter recursos previstos por lei, como recursos orçamentários destinados a partido político, ou contribuição sindical compulsória."

Vê-se, do texto consubstanciado na petição inicial, que a impugnação ora deduzida, visando à declaração de inconstitucionalidade dos referidos §§ 8º e 9º do art. 2º da Lei n. 8.629/1993, na redação que lhes deu a medida provisória ora questionada, limitou-se a acentuar que as normas em causa teriam transgredido determinados preceitos da Constituição, assim vulnerando os princípios constitucionais neles proclamados, sem que se desenvolvesse, no entanto, de maneira pontual e específica, como se impunha aos autores da presente ação direta, qualquer fundamentação adicional que pudesse justificar e dar consistência à pretensão de inconstitucionalidade em exame.

Com efeito, o argumento de inconstitucionalidade deduzido pelos autores apoia-se, quanto aos referidos §§ 8º e 9º do art. 2º, na alegada transgressão aos postulados das liberdades do pensamento (art. 5º, VIII e IX), de associação (art. 5º, XVII, XVIII e XIX), da intangibilidade de situações jurídicas definitivamente consolidadas (art. 5º, XXXVI), do juiz natural (art. 5º, LIII), do devido processo legal (art. 5º, LIV), da amplitude de defesa e do contraditório (art. 5º, LV) e da presunção *juris tantum* de não culpabilidade (art. 5º, LVII). (...).

Registre-se, antes de mais nada, que as normas inscritas nos §§ 8º e 9º do art. 2º da Lei n. 8.629/1993 objetivam impedir que recursos públicos sejam entregues a entidades, organizações, pessoas jurídicas de direito privado, movimentos ou sociedades de fato que, de qualquer forma, direta ou indiretamente, incitem, induzam, auxiliem, colaborem, incentivem ou participem de invasões de imóveis rurais ou de bens públicos, em conflitos agrários ou fundiários de caráter coletivo.

As normas em questão – que não veiculam qualquer sanção de direito penal – visam a obstar a que se beneficiem com a incompreensível outorga de recursos públicos quaisquer organizações, movimentos ou entidades que, independentemente de sua posição no espectro ideológico, estejam envolvidos em práticas ilícitas (portanto, inaceitáveis) de invasão de propriedade privada ou de bens públicos. (...).

Enfatize-se que a simples definição, em sede normativa, de previsão meramente abstrata de rescisão contratual não se qualifica, só por si, como causa de lesão ao princípio da intangibilidade do ato jurídico perfeito, notadamente quando se tratar de relações obrigacionais ajustadas com o Poder Público e cuja execução sofre, necessariamente, o influxo do postulado que confere precedência ao interesse público sobre interesses de caráter simplesmente privado.

Nem se diga que as normas ora questionadas infringiriam o art. 5º, LV, da Constituição, por permitirem a vedação e o bloqueio do repasse de recursos públicos a entidades, associações, organizações ou movimentos que, direta ou indiretamente, promovam e estimulem invasões de propriedades privadas ou de bens públicos.

É que as regras em questão definem, meramente, as consequências materiais que resultarão, no plano financeiro, dos atos ilícitos de esbulho possessório e de espoliação dominial, não impedindo nem vedando que, na esfera administrativa, sejam observadas e respeitadas, pela autoridade competente, as garantias constitucionais do contraditório e da plenitude de defesa. (...).

Impõe-se registrar, de outro lado, que nem mesmo a alegação de ofensa, por parte da medida provisória em questão, ao princípio da proporcionalidade e ao postulado que veda o retrocesso social bastaria para conferir suficiente densidade jurídica à pretensão de inconstitucionalidade ora deduzida pelos autores.

É que a parte ora requerente, sem estabelecer qualquer correlação específica entre a medida provisória em causa e os referidos postulados constitucionais, limitou-se a discorrer, genericamente, sobre o significado teórico de tais princípios, transcrevendo, *in extenso*, trechos doutrinários de ilustres autores para, a final, concluir que o ato editado pelo Presidente da República teria criado restrições descabidas e desarrazoadas em relação ao que a Carta Política estabelece e ao que o próprio Governo divulga no tratamento das questões agrárias e fundiárias em nosso País (fls. 12-17).

No que concerne à proibição constitucional do retrocesso social, essa mesma parte ora requerente, de igual forma, apoiando-se em extensas transcrições doutrinárias, abstendo-se, no entanto, de promover uma específica análise comparativa entre tal princípio e cada uma das normas ora impugnadas, pôs-se, na realidade, a dissertar e a fazer considerações de ordem teórica, para concluir que as cláusulas garantidoras dos direitos sociais inerentes à própria concepção de democracia econômica e social exprimem limitações destinadas a vedar a contrarrevolução social e a condicionar a própria atividade normativa do legislador comum (fls. 17-22). (...).

Não tenho por consistentes, no presente caso, as alegações de violação ao princípio da proporcionalidade, eis que – tal como bem ressaltou o Sr. Presidente da República – os dispositivos ora impugnados não se revelam arbitrários ou irrazoáveis em suas prescrições, em suas determinações e em suas limitações.

Irrazoável seria admitir, isso, sim, que houvesse repasse de recursos financeiros públicos em favor de entidades, grupos ou movimentos que contribuíssem, de modo direto ou indireto, para a ilícita invasão de propriedades alheias e para o desrespeito ao ordenamento jurídico. Sob tal perspectiva, revelar-se-ia inconsequente e paradoxal o gesto da instituição estatal que financiasse a transgressão das leis da República. (...).

Há, ainda, Sr. Presidente, uma outra questão a considerar, concernente à alegada "ofensa à proibição constitucional do retrocesso social" (fls. 17-22).

Sustenta-se, a esse propósito, que (fls. 20):

"(...) a legislação infraconstitucional pode ampliar o conteúdo dos benefícios, em relação à legislação infraconstitucional existente, mas não restringi-los ou limitar a sua concessão.

"Portanto, mesmo em se tratando de normas de integração restringível, o legislador ordinário encontra limites para a restrição, pois, em se tratando de direitos fundamentais, sua regulamentação deve ser entendida de molde a assegurar o pleno exercício do direito, e não a sua supressão, existindo também o impedimento ao retrocesso em relação à legislação infraconstitucional existente."

Ao contestar tal alegação, pronunciou-se o Sr. Presidente da República, com razão, no sentido de que "parcela significativa da política em uma democracia centra-se na discussão acerca do que constitui um avanço ou retrocesso social" (fls. 85) . E aduziu, que, "por ora, parece legítimo concluir que a violência direta, imediata e contrária às instituições dificilmente pode ser percebida como um avanço social" (fls. 85), não podendo resultar, em consequência, qualquer grau de retrocesso, em tema de conquistas sociais, como efeito das medidas estatais em questão, destinadas a neutralizar, unicamente, comportamentos revestidos de ilicitude.

Também neste ponto – e acolhendo as razões expostas pelo Sr. Presidente da República –, indefiro o pedido de suspensão cautelar de eficácia dos §§ 8º e 9º do art. 2º da Lei n. 8.629/1993, na redação que lhes deu a Medida Provisória n. 2.027-38, de 4.5.2000, hoje renumerada como Medida Provisória n. 2.183-56, de 24.8.2001.

E o meu voto.

(...).

VOTO (Sobre os §§ 6º, 8º e 9º do art. 2º da Lei n. 8.629/1993) – *O Sr. Min. Nelson Jobim*: Sr. Presidente, a questão da Reforma Agrária aparece no Brasil no início dos anos 1960 e decorria das sustentações feitas pelo grupo Cepalino, que alegava ou sustentava economicamente que o desenvolvimento da América Latina tinha certas áreas de estrangulamento.

Entre essas áreas estava, exatamente, a estrutura agrária, que inviabilizava uma produção sustentável para manter o crescente e necessário processo de urbanização que a sociedade industrializada determinava.

Foi exatamente a partir dos anos 1960, quando se iniciou, no Brasil, a discussão, no Governo João Goulart, em relação a esse tema, dentro daquele guarda-chuva da época das reformas de base.

Depois, com o Governo Militar, não mais voltado a questões ideológicas, mas tentando alterar a estrutura agrária para modificar e viabilizar a autossustentabilidade dos produtos básicos de alimentação, é que se iniciou o processo de Reforma Agrária.

Começou-se a regulamentação desse instrumento para mudar a estrutura econômica do campo no País.

Em 1988, a Assembleia Nacional Constituinte resolve enfrentar esse tema. O art. 186 da CF define o elemento básico, o núcleo da questão relativa à Reforma Agrária, que é a definição da função social da propriedade.

O art. 186 estabelece a forma pela qual, a teor da linguagem de 1988, o imóvel cumpre a função social da propriedade e determina quatro requisitos simultâneos, ou seja, insuscetíveis de serem examinados separadamente: "Art. 186. A função social é cumprida quando a propriedade rural atente, simultaneamente, segundo critérios e graus de exigência estabelecidos em lei, aos seguintes requisitos: I – aproveitamento racional e adequado; II – utilização adequada dos recursos naturais disponíveis e preservação do meio ambiente; III – observância das disposições que regulam as relações de trabalho; IV – exploração que favoreça o bem-estar dos proprietários e dos trabalhadores".

A simultaneidade desses requisitos mostra que o cumprimento da função social vinculava-se, de um lado, à produção propriamente dita, ou seja, aos resultados de produção da terra, e, ainda, ao cumprimento de regras relativas às relações entre proprietários e trabalhadores. Como também às regras relativas à exploração vinculada ao que a Constituição chamou de bem-estar.

Remeteu-se para a lei este tema. Os critérios e os graus de exigência seriam estabelecidos em lei, no que diz respeito à aferição desses quatro requisitos necessários. Ou seja, nenhum deles era isoladamente suficiente, mas todos eram necessários, e a suficiência nascia da verificação dos quatro requisitos, nos termos do art. 9º da Lei n. 8.629, que foi votada em 1993.

Foi exatamente definido como parâmetro da função social, surgindo, portanto, o art. 184, ou seja, a possibilidade atribuída pela Constituição à União de desapropriar imóveis que não estejam exercendo a função social, ou seja, o não exercício, o não atendimento, das regras do art. 186, na forma definida na lei, autorizava a União – não a obrigava –, mas autorizava a União a promover a desapropriação para fins de Reforma Agrária, cujo pagamento dar-se-ia por títulos da dívida agrária, os famosos TDAs, que passou a se chamar de "desapropriação-sanção", porque importaria uma sanção ao proprietário, tendo em vista que, não atendendo à função social, viabilizaria, então, a desapropriação, cujo pagamento seria em títulos da dívida pública.

Pois bem, afora essa circunstância, ou seja, colocando dentro do eixo constitucional exclusivamente os imóveis que, a teor da Constituição, não cumpriam a função social, definia, portanto, a Constituição o âmbito de possibilidades de desapropriação: eram aqueles bens que não atendessem ao requisito estipulado no art. 186, que estavam dentro da possibilidade de a União desapropriá-los pelo método de não pagamento pelo preço justo em dinheiro, ou seja, em títulos.

Mas as discussões que se travaram na Assembleia Nacional Constituinte, em 1987, levaram também a retirar desse âmbito dois tipos de imóveis; mesmo que esses imóveis não atendessem à função social, saíram da possibilidade de estarem suscetíveis a Reforma Agrária, referidos no art. 185, ou seja, a pequena e média propriedade rural, assim definida em lei, cuja definição a lei o fez através da aferição de imóveis rurais, considerando regiões do País, e, ainda, a propriedade produtiva, o que significa que o âmbito de imóveis suscetíveis de Reforma Agrária não é o dos que não cumprem a função social *tout court*, são os que não cumprem as funções sociais e que não sejam pequena propriedade e que não sejam propriedade produtiva, ou seja, cumprir ou não a função social por propriedade produtiva e para a pequena e média propriedade é rigorosamente irrelevante para efeitos de Reforma Agrária. Basta ser produtiva, mesmo que não atenda àqueles requisitos.

Essa foi uma luta complicada na Assembleia Constituinte. Lembro-me que, à época, na condição de líder do PMDB, apresentei uma emenda, em segundo turno, para tentar suprimir o art. 185 e manter a integridade. Foi um erro de conduta da liderança do então Partido dos Trabalhadores, Deputado Plínio de Arruda Sampaio, que inviabilizou a possibilidade de termos esse resultado.

Foi uma questão de tipicidade regimental equivocada na condução do processo que manteve este texto. Faltaram três votos, à época, para esse texto não ser suprimido.

O que se passa aqui é que ternos um universo definido e a competência da União de fazê-lo. Não há obrigação alguma, por parte da União, de desapropriar os imóveis que não estejam cumprindo a função social e que não sejam propriedade produtiva nem pequena e média propriedade.

Há, isto, sim, a definição de um universo de atuação da União para efeitos da desapropriação, e, portanto, não temos aqui uma obrigação constitucional da União de estabelecer requisitos ou, pelo menos, produzir a Reforma Agrária e desapropriar imóveis que estejam dentro desse universo.

O que está definido neste ambiente, neste universo, pode ser formulado na política pública do Governo, democraticamente eleito, definindo quais as condutas prioritárias em relação ao atendimento da Reforma Agrária.

Ora, neste caso, Sr. Presidente, o que tivemos com esse dispositivo? A lei, já em 1993, estabeleceu, por exemplo, como regra de formulação de política pública, para efeitos de estimular a produção, que não será passível de desapropriação, para fins de Reforma Agrária, o imóvel que comprove estar sendo objeto de implantação de projeto técnico, ou seja, há, na lei, a possibilidade de um imóvel que esteja incluído dentro do universo de desapropriação, porque não cumpre a função social e não está dentro daqueles insuscetíveis; este imóvel, embora não esteja cumprindo a função social naquele momento, se ele está em vias de fazê-lo, porque está atendendo, implantando um projeto técnico de exploração e de mudanças da sua estrutura agrária de exploração, ele possa sair disso. O que mostra que temos aqui, mera e simplesmente, pela Constituição, a definição do âmbito de uma política pública de Reforma Agrária. (...).

Pergunto: a lei está criando uma figura nova de insuscetibilidade ou estabelecendo uma forma pela qual poderá o Governo formular a sua política pública de Reforma Agrária?

Tivemos, durante todo esse período, que o comando efetivo do processo de desapropriação acabava sendo imposto pelo movimento social que praticava as invasões. (...).

Sr. Presidente, essa regra, como fez sentir o eminente Ministro-Relator, num primeiro momento, tem um objetivo: permitir a recuperação do imóvel, ou seja, viabilizar que aquele que teve a sua área invadida tenha um tempo razoável de duas lavouras ou de duas colheitas, dependendo da região do País.

Se estivermos na Região Sul, teremos duas colheitas, por exemplo, de grãos de soja ou duas colheitas de grãos de trigo. Poderemos ter a produção de carne durante dois períodos de abate, o que é viável, nesses dois anos, se a apuração atendeu ao processo produtivo. (...).

Creio que está certo o eminente Ministro-Relator no sentido de não se estar criando uma hipótese nova; está, isto, sim, definindo regras legais para a formulação da política de Reforma Agrária. Não vejo qualquer inconstitucionalidade, porque não se está criando uma nova situação.

Se estivéssemos criando uma nova situação, teríamos também a eventual inconstitucionalidade do art. 7º, quando aduz sobre a implantação de projeto técnico como elemento exterior, impeditivo da Reforma Agrária. (...). (...).

VOTO (Sobre os §§ 6º, 8º e 9º do art. 2º da Lei n. 8.629/1993) – *O Sr. Min. Sepúlveda Pertence*: (...). (...).

O art. 184 atribui competência à União para desapropriar, por interesse social, para fins de Reforma Agrária, o imóvel rural que não esteja cumprindo sua função social, mediante justa indenização em títulos da dívida agrária.

A declaração do consequente interesse social na desapropriação de determinada gleba é de competência constitucional do Poder Executivo, o que decorre da alusão ao decreto declaratório de interesse social, conforme se lê no § 2º do mesmo art. 184.

Certo, e o Min. Nelson Jobim, como de hábito, foi extremamente didático no ponto, desse universo sujeito à desapropriação por reforma agrária, constituído pelas propriedades rurais que não estejam a cumprir sua função social, a Constituinte – numa das suas concessões mais gravosas à reação à Reforma Agrária – estabeleceu duas exceções no art. 185 e tornou imunes à Reforma Agrária, repito, ainda que não estejam a cumprir a sua função social – que é requisito da garantia constitucional da propriedade no art. 5º, XXII e XXIII –, ainda que assim aconteça, tornou imunes à desapropriação para fins de Reforma Agrária, primeiro, a pequena e a média propriedade rural, desde que seu proprietário não possua outra; segundo, a propriedade produtiva.

Ora, o § 6º da Medida Provisória n. 2.183, em sua última edição, a meu ver, inclui uma nova restrição, ainda que temporária, ao poder do Presidente da República de desapropriar determinada gleba para fins de Reforma Agrária. E, por isso, a mim me parece extremamente plausível a alegação de que viola o art. 185 da Constituição ao criar uma nova hipótese de inexpropriabilidade por interesse social, para fins de Reforma Agrária.

Aventou-se em contrário o art. 7º da Lei n. 8.629, que dispõe que: "Não será passível de desapropriação, para fins de Reforma Agrária, o imóvel que comprove estar sendo objeto de implantação de projeto técnico" que atenda aos requisitos a seguir enumerados.

Com todas as vênias, o argumento não me impressionou: trata-se aí de um mecanismo, como previsto na própria Constituição, de estímulo a que a propriedade venha a cumprir a sua função social (art. 185, parágrafo único). Sem me comprometer com a constitucionalidade integral do dispositivo, quando ele se enquadre neste preceito constitucional, a meu ver, não se tratará de uma hipótese nova, que a Constituição repila.

Por outro lado – o eminente Min. Ilmar Galvão enfatizou com propriedade –, trata-se, a meu ver, essa imunidade temporária, dobrada em caso de reincidência do esbulho possessório ou da invasão decorrente de conflitos agrários, segundo o § 6º, de uma estranha sanção: é uma sanção difusa, uma sanção por classe social. Não se sancionam os partícipes da invasão. Sancionam-se todos os excluídos da propriedade rural, que reivindicam o acesso à terra, mediante um prêmio ao proprietário, por menos que a sua propriedade seja produtiva, por mais distante esteja essa propriedade do cumprimento de sua função social, condição constitucional de sua proteção. Premia-se o proprietário com a imunidade e se pune difusamente a quem quer que possa ter a expectativa da expropriação desta propriedade morta, socialmente morta, para fins de Reforma Agrária.

De outro lado, Sr. Presidente, muito se falou aqui nos precedentes do Tribunal a respeito das consequências da ocupação de terras improdutivas ou produtivas sobre a sua futura expropriabilidade para fins de Reforma Agrária.

A meu ver, esses precedentes não contradizem o que disse sobre a incompatibilidade com a Constituição dessa proibição abstrata e dessa sanção difusa a toda uma classe social.

Nos mandados de segurança, entre outros, que pude colher, de ns. 22.193, rel. Min. Maurício Corrêa; 22.666, rel. Min. Ilmar Galvão, e 23.323, reconheceu-se que a ocupação precedente da terra afetou a possibilidade da aferição de sua produtividade e da imputação ao proprietário da eventual improdutividade. O que não exigiu lei, fez-se caso a caso. E tanto assim se fez, caso a caso, que em outros processos não se reconheceu tal efeito imunizatório à turbação passada: cito, por exemplo, os MS n. 23.010, rel. Min. Néri da Silveira, e 23.563, rel. Min. Ilmar Galvão. Fui – não recuperei aqui o número do processo – relator de um caso paradigmático no qual um imenso latifúndio tivera, segundo a própria vistoria, por 15 dias, 2 ou 3% de sua superfície objeto de uma ocupação/invasão – como se prefira chamar –, e o Tribunal me acompanhou por unanimidade ao assentar que raiava pela temeridade a alegação de que se pudesse atribuir àquele fato, logo reintegrado o proprietário na posse total do imóvel, caráter de força maior para explicar a improdutividade da gleba imensa.

No entanto, ao contrário dos casos decididos pelo Tribunal na consideração das circunstâncias de cada caso, e tendo em vista não a punição difusa a que antes me referi, mas o comprometimento objetivo da possibilidade de aferição da improdutividade de suas causas, ao contrário disso, o que está na medida provisória, no § 6º do art. 2º, que estamos a examinar, é uma proibição abstrata: se houve turbação, não pode haver vistoria; consequentemente, não pode haver expropriação.

Por isso, entendo violado o art. 185 da Constituição, neste juízo liminar, e tenho por plausível a arguição de inconstitucionalidade.

Ademais, tenho como de alta conveniência a suspensão cautelar. Não posso, aqui, alhear-me da realidade. No Brasil e no mundo, Reforma Agrária é uma política movida por um processo social dinâmico, que se desenvolve necessariamente em um ambiente de tensão entre o arraigado e explicável sentimento de apego à propriedade do senhor rural e a reivindicação dos excluídos de acesso à terra improdutiva. De outro lado, as ocupações sempre foram um dos sintomas, um dos sinais agudos da existência de uma situação de conflito que induz à Reforma Agrária.

Tenho verdadeiramente muitas dúvidas de que qualquer governo da República conseguirá dar cumprimento pontual a esta lei.

É o que ocorre com as leis de restrição irracional à greve, no Brasil e no mundo, sobre as quais acaba sempre se impondo a realidade de dar solução aos conflitos que surgem, sem antes buscar o salutar aconselhamento dos consultores jurídicos. Surgem porque a situação social os faz emergir.

De tudo, Sr. Presidente, defiro a medida cautelar quanto ao atual § 6º da Medida Provisória n. 2.183. Não há interpretação conforme possível. A lei estabeleceu, com as vênias do Min. Ilmar Galvão, uma proibição absoluta. Proibição da vistoria. Ora, sem a vistoria, jamais se poderá fazer aquele juízo que o Tribunal fez várias vezes, mesmo na cognição sumária do mandado de segurança, sobre a probabilidade, ou não, de que a turbação tenha sido responsável pela improdutividade. De tal modo que não vejo como acompanhar qualquer solução parcial.

Creio que a suspensão desse dispositivo não inibirá, seja neste Tribunal, na via do mandado de segurança ou nas instâncias ordinárias, a verificação de que a improdutividade decorreu de força maior, sejam elas forças da natureza, sejam elas forças sociais.

Acompanho o eminente Ministro-Relator no que toca aos §§ 8º e 9º, apesar do caráter igualmente difuso e aberto da punição prevista, sobretudo ao dar ênfase a que nada nesses dispositivos extremamente abertos impede ou, melhor, dispensa a observância das garantias constitucionais do devido processo legal e do contraditório no processo administrativo, nem inibe a ponderação *ad hoc* dos valores envolvidos, inclusive da negativa ou da suspensão de subsídios públicos a atividades lícitas e socialmente relevantes que possam estar sendo desenvolvidas. E só em tais casos é que tenho conhecimento de subsídios públicos a organizações motoras da Reforma Agrária, como é, notoriamente, o caso da CONTAG e dos movimentos informais dos "sem-terra".

O Sr. Min. Moreira Alves: A interpretação que V. Exa. está dando não abarca o "a qualquer título".

O Sr. Min. Sepúlveda Pertence: Sr. Presidente, como sempre, é bom ouvir os Mestres.

Acolho a sugestão do Min. Moreira Alves e, quanto ao § 8º, suspendo o "a qualquer título", porque impede, exatamente, a ponderação *ad hoc* e o exercício da proporcionalidade *in concreto*.

(...).

VOTO (Sobre os §§ 6º, 8º e 9º do art. 2º da Lei n. 8.629/1993) – *O Sr. Min. Marco Aurélio* (presidente): Tenho voto na matéria e, de logo, digo que o Estado não pode dar com uma das mãos, fazendo-o mediante diploma de estatura maior, que é a Constituição Federal, e retirar com a outra.

Não contamos na Carta da República com preceitos inócuos, que revelem simples faculdade outorgada àquele que tem competência para a prática de certo ato. Permito-me, com a devida vênia do Min. Nelson Jobim, que já não está presente, fazer um outra leitura do que se contém na Constituição Federal. No art. 184 da Carta está prevista a competência da União para desapropriar por interesse social. O dispositivo precisa ter alcance perquirido considerados os princípios, os objetivos fundamentais da República Federativa do Brasil, insertos no art. 3º da CF: "Art. 3º. Constituem objetivos fundamentais da República Federativa do Brasil: I – construir uma sociedade livre, justa e solidária; II – garantir o desenvolvimento nacional; III – erradicar a pobreza e a marginalização e reduzir as desigualdades sociais e regionais; IV – promover o bem de todos, sem preconceito de origem, raça, sexo, cor, idade e quaisquer outras formas de discriminação".

Entender-se que fica à livre discrição do Poder Executivo, de acordo com a política governamental em curso, implementar, ou não, o que previsto no art. 184 da CF – a Reforma Agrária – é olvidar esses princípios que norteiam a interpretação de todo e qualquer texto da Carta. (...). O Relator (...) indefere a liminar quanto ao parágrafo único do citado artigo:

"Art. 95-A. (...).

"Parágrafo único. Os móveis que integrarem o Programa de Arrendamento Rural não serão objeto de desapropriação para fins de Reforma Agrária enquanto se mantiverem arrendados, desde que atendam aos requisitos estabelecidos em regulamento."

Peço vênia a S. Exa. para deferir a liminar quanto a esse dispositivo, porquanto este repercute limitando, no campo da eficácia, o art. 184 da CF. E o faz de forma imprópria, porque não temos na medida provisória – instrumento de excepcionalidade maior – as balizas relativas a esse arrendamento rural. O que há aqui é a carta em branco para se disciplinar, mediante regulamento, o citado arrendamento rural. Evidentemente, não há como conceber que simples regulamento possa, de alguma forma, mitigar o alcance da própria Carta da República.

Quanto ao § 6º – o meu voto coincide com o proferido pelo Min. Sepúlveda Pertence –, entendo que o preceito acaba por introduzir no art. 185 da Carta mais uma hipótese em que não se terá, pouco importando a qualificação da propriedade quando da invasão, a desapropriação para o efeito de implementar-se a Reforma Agrária. Proíbe, terminantemente, o § 6º do art. 2º da Lei n. 8.629/1993 a feitura de perícia que poderia esclarecer a situação pretérita da propriedade e as consequências da invasão implementada, tendo em conta a produtividade.

O preceito – que é peremptório – revela que o imóvel rural objeto de esbulho possessório ou de invasão motivada por conflito agrário ou fundiário de caráter coletivo não será vistoriado nos dois anos seguintes à desocupação do imóvel.

É desconhecer-se – e vivemos ainda sob a influência do Plano Real – o que ocorre por esse Brasil afora, em que inúmeros imóveis estão ocupados.

Há um pormenor, também salientado pelo Min. Sepúlveda Pertence. O preceito surge como revelador de verdadeira pena, no que prevê, na hipótese de reincidência, anda que com um interregno mínimo, ainda que a ocupação primeira tenha sido diminuta, considerado o fator tempo, a majoração do prazo, projetando-o para quatro anos.

Por sua vez, está previsto no § 8º do art. 2º:

"Art. 2º. (...).

"(...).

"§ 8º. A entidade, a organização, a pessoa jurídica, o movimento ou a sociedade de fato que, de qualquer forma, direta ou indiretamente, auxiliar, colaborar, incentivar, incitar, induzir ou participar de invasão de imóveis rurais ou de bens públicos, ou em conflito agrário ou fundiário de caráter coletivo, não receberá, a qualquer título, recursos públicos."

A meu ver, a cláusula encerra uma indesejável coerção política: de um lado, o Estado não implementa o que quis o legislador constituinte de 1988, não providencia, com a largueza suficiente, a Reforma Agrária; de outro, para evitar certo exercício que considero como um direito natural – de ocupar terras improdutivas, os latifúndios –, impõe uma coerção política, obstaculizando, portanto, o fluxo de numerários que visem a este ou àquele benefício inicialmente de cunho social – e presumo que todos sejam de cunho social –, isso diante da necessidade de ter-se, no repasse de recursos públicos, sempre envolvido o interesse público primário, que é o interesse de toda a sociedade.

No § 9º autoriza-se a justiça pelas próprias mãos, ao dispor-se que, mesmo existente um ato jurídico perfeito e acabado, um contrato, um convênio, um instrumento similar, ou mesmo havendo uma autorização, é possível chegar-se à retenção do numerário ocorrida a hipótese do parágrafo anterior.

Há de avançar-se no campo da Reforma Agrária. Há de avançar-se no campo das ações afirmativas, considerada a Carta que Ulysses Guimarães apontou como "Carta-cidadã", voltada a atender, acima de tudo, à dignidade da pessoa humana. O quadro relativo às propriedades rurais não se harmoniza com o fundamento do Estado Democrático de Direito concernente à preservação da dignidade do homem. (...).

Pelas razões acima, defiro a liminar com maior extensão, para suspender a eficácia do parágrafo único do art. 95-A da lei em comento, bem como dos §§ 6º, 8º e 9º do art. 2º da Lei n. 8.629, de 25.2.1993, considerada a redação imprimida pela medida provisória mencionada no voto do nobre Relator.

EXTRATO DE ATA
(...).

Decisão: O Tribunal, por unanimidade, indeferiu a liminar sob o ângulo do vício formal. Votou o Presidente. Também por unanimidade, rejeitou a preliminar de não conhecimento da ação direta de inconstitucionalidade quanto aos §§ 8º e 9º do art. 2º da Lei n. 8.629, de 25.2.1993, com a redação decorrente da Medida Provisória n. 2.183-56, de 24.8.2001. Votou o Presidente, o Sr. Min. Marco Aurélio. Por unanimidade, o Tribunal não conheceu da ação direta de inconstitucionalidade ajuizada quanto à cabeça do art. 95-A da Lei n. 4.504, de 30.11.1964, com a redação imprimida pelo art. 2º da Medida Provisória n. 2.183-56, de 24.8.2001. Votou o Presidente. O Tribunal, por maioria, indeferiu a liminar quanto ao parágrafo único do citado art. 95-A, vencido o Presidente. O Tribunal, por maioria, indeferiu a liminar quanto ao § 6º do art. 2º da Lei n. 8.629, de 25.2.1993, considerada a redação imprimida pelo art. 4º da Medida Provisória n. 2.183-56, de 24.8.2001, vencidos os Srs. Mins. Sepúlveda Pertence e Presidente e, em menor extensão, o Sr. Min. Ilmar Galvão, nos termos dos votos proferidos. O Tribunal, por maioria de votos, indeferiu a liminar quanto aos §§ 8º e 9º do art. 2º da Lei n. 8.629, de 25.2.1993, com a redação imprimida pelo art. 4º da Medida Provisória n. 2.183-56, de 24.8.2001, vencidos o Presidente e, em menor extensão, o Sr. Min. Sepúlveda Pertence, que excluía, no § 8º, a expressão "a qualquer título". Ausente, justificadamente, a Sra. Min. Ellen Gracie. Plenário, 4.4.2002.

Presidência do Sr. Min. Marco Aurélio. Presentes à sessão os Srs. Mins. Moreira Alves, Néri da Silveira, Sydney Sanches, Sepúlveda Pertence, Celso de Mello, Carlos Velloso, Ilmar Galvão, Maurício Corrêa e Nelson Jobim.

* * *

PERGUNTAS

1. Quais são os fatos?
2. Existe um direito à terra previsto na Constituição?
3. No caso de a resposta ser afirmativa, contra quem esse direito deve ser exercido? No caso de a resposta ser negativa, como se justifica a desapropriação para fins de Reforma Agrária?
4. Em que termos o direito à propriedade, e a propriedade rural em específico, impede o poder de desapropriação para fins de reforma agrária?
5. O Estado tem um dever ou um poder de desapropriar a propriedade que não cumpre sua função social?
6. Qual objetivo do Governo ao editar a medida provisória analisada pelo Supremo no presente caso?
7. No que se refere ao regime das medidas provisórias, de que modo o Min. Celso de Mello interpreta os requisitos de urgência e relevância para a edição de medidas provisórias?
8. O que justifica, no caso, o indeferimento do pleito de inconstitucionalidade formal dos requerentes? Como é demonstrada a urgência?
9. As medidas provisórias construídas dessa forma se tornam um instrumento antidemocrático? A relevância das questões políticas decididas por via de medida provisória não as reservaria ao debate legislativo?
10. No que diz respeito à inconstitucionalidade material da medida provisória, quais são os pontos centrais questionados na presente ação direta de inconstitucionalidade?
11. A presente medida provisória estaria aumentando o número de limitações à possibilidade de desapropriação, expressamente estabelecidas pela Constituição? O que diz o Min. Celso de Mello sobre isso? O que diz o Min. Sepúlveda Pertence sobre isso?
12. O Min. Jobim sustenta a constitucionalidade do § 6º afirmando ser ele expressão de uma política pública de Reforma Agrária. Essa norma definiria uma ordem de prioridades políticas. Em que medida ou em que circunstâncias o Judiciário deve interferir no campo das políticas públicas?
13. Os Mins. Nelson Jobim e Celso de Mello empregam a teoria das chamadas "normas constitucionais programáticas" para a solução deste caso? O que isso significa?
14. O Min. Celso de Mello refere-se à utilização de invasões de terra como modo de pressão "nem sempre legítima". O Estado pode proibir integralmente uma conduta de luta social que se afigura às vezes ilegítima?
15. Como se chocam as leituras da Constituição feitas neste caso pelos Mins. Marco Aurélio e Nelson Jobim?
16. Qual a decisão da Corte sobre a inconstitucionalidade material da medida provisória?
17. O caso estabelece limites para os instrumentos de pressão pela efetivação de direitos. Quais são eles e o que os fundamenta? Ao mesmo tempo, a decisão concede algumas prerrogativas ao proprietário/possuidor rural. Caso haja invasão em suas terras, como se altera o regime a que ele se submete?

6.21 Caso da desapropriação de imóvel invadido pelo MST (MS 24.133-1-DF)

(Plenário – rel. para o acórdão Min. Carlos Ayres Britto – j. 20.8.2003)

Constitucional – Mandado de segurança – Reforma Agrária – Desapropriação – Imóvel invadido – Movimento dos Sem-Terra.

Afastada a incidência da Medida Provisória n. 2.183, porquanto instituidora de uma outra modalidade impeditiva de desapropriação, além das hipóteses previstas na Constituição Federal de 1988. Ademais, a invasão de parte mínima da gleba rural por integrantes do Movimento dos Sem-Terra não induz, por si só, ao reconhecimento da perda de produtividade do imóvel em sua totalidade.

Mandado de segurança indeferido.

ACÓRDÃO – Vistos, relatados e discutidos estes autos: Acordam os Ministros do Supremo Tribunal Federal, por seu Tribunal Pleno, na conformidade da ata do julgamento e das notas taquigráficas, por maioria de votos, vencidos os Mins. Carlos Velloso, Relator, Ellen Gracie, Nelson Jobim e Celso de Mello, em indeferir o mandado de segurança. Votou o Presidente, o Sr. Min. Maurício Corrêa. Impedido o Sr. Min. Gilmar Mendes.

Brasília, 20 de agosto de 2003 – *Maurício Corrêa*, presidente – *Carlos Ayres Britto*, relator para o acórdão.

RELATÓRIO – *O Sr. Ministro Carlos Velloso*: Trata-se de mandado de segurança, com pedido de liminar, fundado nos arts. 5º, LXIX, e 102, I, "d", da CF, impetrado pelo Espólio de Rosalino Astrogildo Pinheiro contra ato do Presidente da República que declarou de interesse social, para fins de Reforma Agrária, o imóvel rural denominado "Fazenda Dois Amigos", localizado no Município de Ipiaú/BA (fls. 403 – *DOU* 21.8.2001).

Sustenta o impetrante, em síntese, o seguinte: (a) ocorrência da praga "vassoura de bruxa", com reflexos na continuidade das atividades produtivas da Fazenda Dois Amigos, a qual restou recuperada, com apoio da CEPLAC/Comissão Executiva do Plano da Lavoura Cacaueira, mediante projetos elaborados em 1996, 1998 e 1999 (fls. 38-92), além de terem sido celebrados "Contratos de Parceria Agrícola" para ampliação do trabalho, ante a dimensão da propriedade, partilhando-se socialmente os resultados (fls. 93-251), cumprindo, assim, sua função social; (b) ocorrência de invasão da fazenda pelo Movimento dos Sem-Terra/MST, tendo o impetrante proposto, em 14.12.1999, ação de reintegração de posse, ainda em tramitação na Vara Cível da Comarca de Ipiaú/BA (fls. 252-388), certo que "fora concedida a liminar de reintegração então postulada, mas integrantes daquele Movimento ora se recusavam a cumprir a ordem, ora reinvadiam a propriedade" (fls. 6), tendo, nesse quadro, o Instituto Nacional de Colonização e Reforma Agrária/INCRA realizado inspeção na referida propriedade, com total conhecimento da situação em questão, na medida em que seu Ouvidor Agrário Nacional, em indevida intromissão naquele feito, em 10.2.2000, requereu ao Juízo Cível da Comarca de Ipiaú/BA a suspensão do mandado de reintegração do impetrante na posse da fazenda (fls. 284); (c) existência de abuso de poder do Superintendente Regional do INCRA, dada sua omissão em relação à impugnação oferecida pelo impetrante ao laudo de inspeção realizado para aferimento da produtividade da propriedade em questão, propriedade, essa, invadida e literalmente afetada por uma praga; (d) existência de liminar deferida, em 14.8.2001, em mandado de segurança impetrado, com fundamento no art. 6º, § 7º, da Lei n. 8.629/1993, na 7ª Vara Federal da Seção da Bahia, determinando-se ao Superintendente Regional do INCRA daquele Estado que se abstivesse de prosseguir no procedimento expropriatório (fls. 390-391); (e) superveniência do decreto presidencial ora impugnado, declarando de interesse social para fins de Reforma Agrária a Fazenda Dois Amigos, na vigência da referida ordem liminar; (f) existência de jurisprudência do STF favorável ao impetrante (MS n. 22.328-PR, Min. Ilmar Galvão, *DJU* 19.9.1997, e n. 29.323-PR, Min. Néri da Silveira, *DJU* 5.5.2000); (g) impossibilidade de ser vistoriado imóvel invadido, nos termos do art. 2º, § 6º, da Lei n. 8.629/1993, certo que a Fazenda Dois Amigos se encontra invadida pelo Movimento dos Sem-Terra/MST, fato, esse, de pleno conhecimento do INCRA; (h) impossibilidade de aferimento da produtividade do imóvel em questão, por se tratar de área invadida, sujeita a caso fortuito e força maior; (i) ocorrência do *periculum in mora*, consubstanciado na impossibilidade de o impetrante obter crédito junto a instituições financeiras, bem como no fato de o decreto ora impugnado servir de "estímulo para que os invasores reincidentes passem a esbulhar a totalidade do bem que, sistematicamente, turbam" (fls. 16).

Pede o impetrante, ao final, liminarmente, a suspensão dos efeitos do decreto presidencial de 20.8.2001 que declarou de interesse social, para fins de Reforma Agrária, a Fazenda Dois Amigos, e, no mérito, o "reconhecimento das ilegalidades da inspeção realizada" (fls. 18) e do referido decreto, anulando-o, por ter sido editado em flagrante violação ao ordenamento jurídico.

O então Relator, Min. Néri da Silveira, deferiu a liminar, "para suspender, até o julgamento final do presente mandado de segurança, a eficácia do decreto presidencial da ilustre Autoridade indigitada coatora" (fls. 28).

Requisitaram-se informações (fls. 36). O Presidente da República, reportando-se a pronunciamentos da Advocacia-Geral da União e do Ministério do Desenvolvimento Agrário (fls. 409-434), sustenta, em síntese, o seguinte: (a) encontrar-se desocupada a propriedade em questão, quando da realização da vistoria, conforme certificado pelo Oficial de Justiça da Comarca de Ipiaú/BA; (b) inocorrência de desrespeito ao art. 6º, § 7º, da Lei n. 8.629/1993, devendo-se registrar que, "uma vez não demostrada, incontroversa e induvidosamente, a alegada produtividade pretérita, ou seja, anterior à praga, por meio de prova documental pré-constituída, existindo, na verdade, no sentido oposto, evidências estremes de questionamento no presente feito, ou seja, pela improdutividade" (fls. 416), não resta demonstrado direito líquido e certo do impetrante; (c) inexistência de projeto técnico de recuperação das lavouras de cacau, tendo a vistoria realizada comprovado o total abandono das referidas lavouras, certo que, "segundo o relatório, as culturas estavam em estágio de Nível III de Infestação de Vassoura de Bruxa" (fls. 417); (d) inexistência de oferecimento de impugnação ao laudo de vistoria, no prazo legal; (e) inocorrência de violação de direito líquido e certo do impetrante, dado que, à época da vistoria, iniciada em 28.3.2000, não existia dispositivo legal que impedisse a sua realização em imóvel rural objeto de esbulho possessório ou invasão motivada por conflito agrário.

O então Procurador-Geral da República, Professor Geraldo Brindeiro, opina pelo indeferimento do *writ* (fls. 488-493).

Ante o impedimento do Min. Gilmar Mendes (fls. 497), redistribuíram-se os autos (fls. 499 e 501), que me foram conclusos em 7.5.2003.

É o relatório.

VOTO (Vencido) – *O Sr. Min. Carlos Velloso* (relator): (...). (...).

"A invasão do imóvel e a sua ocupação pelos denominados "sem-terra" constitui, na verdade, 'fato suficiente para justificar o descumprimento do dever de tê-lo tornado produtivo' (MS n. 22.328-PR, Min. Sepúlveda Pertence, *DJU* 22.8.1997). No mesmo sentido: MS n. 22.666-PR, Min. Ilmar Galvão, *DJU* 5.12.1997; MS n. 22.946-SP, Min. Néri da Silveira, *DJU* 1.3.2002.

"Aliás, o art. 4º do Decreto n. 2.250/1997 é expresso em não admitir a realização da vistoria enquanto não cessada a ocupação. Quando do julgamento do MS n. 23.054-PB, Relator o Min. Sepúlveda Pertence, decidiu o STF:

"'*Ementa:* Desapropriação para Reforma Agrária: validade.

"'1. Decreto n. 2.250/1997: proibição de vistoria preparatória da desapropriação enquanto não cessada a ocupação do imóvel por terceiros: inaplicabilidade, à vista da omissão da portaria do INCRA, que lhe fixasse os termos e condições de aplicação.

"'2. Improdutividade do imóvel rural – de bucólica virgindade, mal bulida pelos arrendatários –, que seria risível atribuir, a título de força maior, à ocupação por 'sem-terras', uma semana antes da vistoria, de fração diminuta do latifúndio' (*DJU* 4.5.2001).

"Acentuei, quando do citado julgamento – MS n. 23.054-PB –, o seguinte:

"'Srs. Ministros, a norma do art. 4º do Decreto n. 2.250, de 1997, a impedir a vistoria, no caso de o imóvel rural ter sido invadido, tem uma razão: é que a invasão pode balburdiar a propriedade, e esta, sendo produtiva, poderá, a partir daí, tornar-se improdutiva. Esta me parece a *ratio legis*, o motivo que levou à edição da norma mencionada, convindo lembrar que a condição primeira para a desapropriação, para fins de Reforma Agrária, é o imóvel rural ser improdutivo. Este é o pressuposto básico (CF, arts. 184 e 185, II).

"'No caso, demostrou o Sr. Ministro-Relator que a invasão ocorreu no dia 13.7.1997, e a vistoria se fez no dia 21.7.1997. Não me parece que teria a invasão, nesse curto espaço de tempo, dado causa à improdutividade das terras, a final verificada.

"'Ademais, também demonstrou o Sr. Ministro-Relator que a invasão se fez numa pequena área da propriedade, e a propriedade toda, afinal, foi verificada ser improdutiva.

"'Bem ressaltou o Sr. Min. Maurício Corrêa que, no caso, a invasão poderia, se tivesse dado causa à improdutividade, tornar improdutiva apenas a pequena área invadida, e não toda a propriedade.

"'Com essas breves considerações, que as faço em homenagem ao voto dissidente, peço licença ao Sr. Min. Marco Aurélio, o autor da dissidência, para acompanhar o voto do eminente Relator.'

"Do exposto, defiro o *writ* (*DJU* 23.9.2002).

No caso, é inegável que a propriedade rural foi invadida pelo MST, tanto que o impetrante ajuizou ação de reintegração de posse, tendo sido concedida, pelo Juízo de primeiro grau, liminar de reintegração, informando o impetrante que "integrantes daquele Movimento ora se recusavam a cumprir a ordem, ora reinvadiam a propriedade". (...).

Está comprovado nos autos: a ação de reintegração de posse foi ajuizada em dezembro/1999 (fls. 253-257). A liminar de reintegração foi concedida em 21.1.2000 (fls. 259-260). Em 10.2.2000, o Ouvidor Agrário Nacional, Des. Gercino José da Silva Filho, pediu ao Juiz a "suspensão do mandado de reintegração" (fls. 284). Em abril/2001, a Juíza da Comarca requereu ao Tribunal de Justiça intervenção federal em razão do não cumprimento do mandado de reintegração (fls. 383-386). A vistoria realizada pelo INCRA, que declarou improdutiva a propriedade, foi realizada em 21.3 a 2.4.2000 (fl. 394).

Verifica-se, pois, que a vistoria, no caso, ocorreu quando persistia a invasão da propriedade pelo MST

Do exposto, defiro o *writ*.

VOTO – *O Sr. Min. Carlos Ayres Britto*: Sr. Presidente, tenho um pouco de dificuldade em acompanhar o voto do eminente Relator, porque, pessoalmente, tenho a Medida Provisória n. 2.183-56, de 24.8.2001, como inconstitucional.

O Sr. Min. Nelson Jobim: Já foi objeto de decisão?

O Sr. Min. Sepúlveda Pertence: Também fui voto vencido na liminar. Mas estou lendo, no parecer, que essa medida provisória é posterior à vistoria. O que existia era um decreto do Presidente da República, de duvidosa oponibilidade ao ato do próprio Presidente. De qualquer maneira, nunca houve a portaria à qual condicionada a eficácia do decreto. Parece que esse não é o fundamento.

O Sr. Min. Carlos Velloso (relator): O fundamento é a nossa jurisprudência, apoiada na realidade da vida. Se a propriedade encontra-se invadida, ela está sendo balburdiada.

O Sr. Min. Marco Aurélio: V. Exa., então, presume que era produtiva.

O Sr. Min. Carlos Velloso (relator): O autor isso afirma.

O Sr. Min. Carlos Ayres Britto: Seria objeto de ação ordinária, mas não em mandado de segurança.

A Sra. Min. Ellen Gracie: Essa classificação já existe, porque todas as propriedades estão classificadas.

O Sr. Min. Carlos Velloso (relator): Estava a propriedade classificada como produtiva. Essa vistoria é que a desclassificou. Agora, a vistoria foi feita – V. Exa. lembrou bem, Min. Ellen, oficialmente ela era produtiva – estando a fazenda invadida.

O Sr. Min. Nelson Jobim: Essa liminar é de dezembro?

O Sr. Min. Carlos Ayres Britto: Sr. Presidente, insurjo-me contra a constitucionalidade da medida provisória, porque ela termina criando uma outra modalidade impeditiva de desapropriação para além do comando constitucional.

A Constituição já diz quais as hipóteses.

O Sr. Min. Nelson Jobim: Ela impede a vistoria até que desapareça o ato, partido da posse, ela não exclui essa definitivamente.

O Sr. Min. Carlos Velloso (relator): Não exclui a desapropriação.

O Sr. Min. Marco Aurélio: Mas ela fixa um prazo, posterior a dois anos.

O Sr. Min. Carlos Ayres Britto: Estaria criando uma terceira hipótese.

O Sr. Min. Sepúlveda Pertence: Se for reinvadida, duplica. O que nada tem a ver, *data venia*, com a produtividade de imóvel.

Apenas voltaria a insistir, a vistoria é de quando?

O Sr. Min. Carlos Velloso (relator): A vistoria foi realizada pelo INCRA, que declarou improdutiva a propriedade, de 21.3 a 2.4.2001.

O Sr. Min. Sepúlveda Pertence: A Medida Provisória 2.027, posterior.

O Sr. Min. Carlos Velloso (relator): Está comprovado nos autos: a ação de reintegração de posse foi ajuizada em dezembro/1999 (fls. 253-257), quer dizer, já estava invadida a propriedade.

A liminar de reintegração foi concedida em 21.1.2000, não cumprida. Em 10.2.2000, o Ouvidor-Agrário, o Sr. Gercino José da Silva Filho, pediu ao Juiz "a suspensão do mandado de reintegração". Em abril/2001, a Juíza da Comarca requereu ao Tribunal de Justiça intervenção federal em razão do não cumprimento do mandado. Quer dizer, uma balbúrdia.

O Sr. Min. Carlos Ayres Britto: A vistoria é de que data, Exa.?

O Sr. Min. Carlos Velloso (relator): A vistoria é de 21.3 a 2.4.2003.

O Sr. Min. Carlos Ayres Britto: Após a querela judicial, porque a vistoria foi posterior.

Feita a vistoria, foi comprovado que a propriedade não cumpria uma função social, sobreveio decreto de desapropriação.

O Sr. Min. Carlos Velloso (relator): Mas a a propriedade estava invadida, estava sendo, portanto, balburdiada.

O Sr. Min. Carlos Ayres Britto: Pelo relatório, sim. Mas isso não impede que a vistoria se realize.

O Sr. Min. Marco Aurélio: Antes de ser invadida, ela era produtiva? Está claro que não se trata de considerar a simples declaração do proprietário, desprovida de qualquer prova.

O Sr. Min. Carlos Velloso (relator): Assim estava classificada.

O Sr. Min. Marco Aurélio: Constava do cadastramento do INCRA? Isso fez cessar tudo.

O Sr. Min. Maurício Corrêa (presidente): V. Exa. pode concluir o seu voto.

O Sr. Min. Carlos Ayres Britto: Há uma contradição flagrante. O INCRA faz uma vistoria, lavra um laudo atestando a improdutividade da propriedade, o processo administrativo culmina com a expedição do decreto. Afasto, completamente, a incidência da medida provisória, *data venia*.
Indefiro o mandado de segurança.
(...).

ESCLARECIMENTO – *O Sr. Min. Marco Aurélio*: Sr. Presidente, apenas para reafirmar meu voto, pediria ao nobre Relator que me dissesse se há, realmente, prova da invasão, porque o item XI do parecer da Procuradoria-Geral da República revela que essa causa de pedir não foi demonstrada, não é?

O Sr. Min. Carlos Velloso (relator): A invasão está provada. Na ação de reintegração de posse, proposta pelo impetrante, a liminar foi concedida pelo Juiz e não foi cumprida. A Juíza chegou a pedir intervenção federal no Estado, a fim de fazer cumprida a decisão que deferiu a reintegração.

VOTO – *O Sr. Min. Sepúlveda Pertence*: Sr. Presidente, a minha perplexidade é que na própria inicial da ação de reintegração de posse fala-se na invasão de *parte* da fazenda, que o autor calcula em 4.000m².

O Sr. Min. Marco Aurélio: Um pedaço pequeno. Para uma fazenda é mínimo. Não chega a 1ha.

O Sr. Min. Sepúlveda Pertence: É menos que uma chácara.

O Sr. Min. Marco Aurélio: É um lote.

O Sr. Min. Nelson Jobim: Veja V. Exa. a localidade dessa fazenda: na zona do cacau, ou seja, resume-se a outro espaço. Piauí, não? A Bahia é zona do cacau.

O Sr. Min. Sepúlveda Pertence: 895ha. Temos precedentes de que não configura motivo de força maior a invasão de parte mínima da fazenda.

O Sr. Min. Nelson Jobim: V. Exa. está aceitando que uma parte mínima seria área improdutiva?

O Sr. Min. Sepúlveda Pertence: É do autor. Aqui se fala em 30 famílias.

O Sr. Min. Nelson Jobim: A circunstância é que ela era produtiva. Esse é um dado fundamental.

O Sr. Min. Carlos Velloso: A vistoria foi feita quando a fazenda estava invadida.

O Sr. Min. Nelson Jobim: A vistoria foi feita nessas circunstâncias.

O Sr. Min. Sepúlveda Pertence: Sr. Presidente, à vista dos termos da petição inicial da reintegração de posse, não posso dar por fato incontroverso que da invasão parcial tenha resultado a perda da produtividade do imóvel total.
Denego a segurança.

RETIFICAÇÃO DE VOTO – *O Sr. Min. Marco Aurélio*: Sr. Presidente, vou reajustar o meu voto, e o farei tendo em conta as balizas mencionadas pelo Min. Sepúlveda Pertence. Uma fazenda de 895ha teve 4.000m, apenas, invadidos. Posso presumir que o afastamento da produtividade haja decorrido desse ato, dessa invasão? Não, Sr. Presidente, não posso.

E sabemos que o cadastramento do INCRA não afasta a possibilidade de se chegar à conclusão da insubsistência, porque esse cadastramento decorre da declaração do próprio proprietário.

O Sr. Min. Nelson Jobim: Mas, sendo verdadeiro isso, o seu raciocínio invalida o Imposto de Renda. A nossa declaração seria toda ela presumidamente falsa?

O Sr. Min. Marco Aurélio: Não, Exa., não é isso. Estou dizendo que não posso presumir, no campo do *juris et de jure*, que o simples fato de o proprietário declarar que o imóvel é produtivo torna incontroversa a produtividade. Somo esse dado, e, portanto, não me impressiono tanto com o cadastramento primeiro, no INCRA, à circunstância de que a invasão foi mínima, foi de um espaço menor, considerado o grande todo que é a fazenda. Invadiu-se um espaço que é rotulado, normalmente, como revelador de um lote. Agora, há outros detalhes: o próprio impetrante aponta para a ausência de produtividade teria decorrido de uma praga. Talvez não houvesse na localidade – quem sabe – inseticida para combatê-la suficientemente.

O Sr. Min. Carlos Ayres Britto: Sr. Min. Marco Aurélio, o fato é que o laudo técnico do INCRA foi lavrado posteriormente a tudo isso e constatou a improdutividade do terreno.

O Sr. Min. Marco Aurélio: Por isso, concluo, reajustando o meu voto, para indeferir a segurança.

RETIFICAÇÃO DE VOTO – *O Sr. Min. Joaquim Barbosa*: Sr. Presidente, tendo em vista os dados fáticos trazidos pela intervenção dos Mins. Sepúlveda Pertence e Marco Aurélio, determinantes na fixação do meu entendimento – a minha compreensão prévia era na linha do voto do Min. Carlos Velloso, ou seja, no sentido de a improdutividade ter decorrido da invasão –, concordo desde o princípio com esse entendimento. Mas, esclarecida a questão relativa à parte do imóvel objeto da invasão, nasce para mim o convencimento de que há uma questão controversa, insuscetível de ser debatida em mandado de segurança: saber se a invasão desse quinhão de terreno – 4.000m² invadidos, diante de um total de 800.000m – seria suscetível de ocasionar a improdutividade do imóvel.

Surge, portanto, a meu ver, um obstáculo intransponível para exame em mandado de segurança.

Por essa razão, denego a ordem, reformulando o meu voto.

(...).

RETIFICAÇÃO DE VOTO – *O Sr. Min. Cézar Peluso*: Sr. Presidente, o Ministro-Relator está concedendo a segurança baseado na alegação da existência de fatos certos e incontroversos. Isso diz respeito à produtividade do imóvel, prejudicada pela invasão?

O Sr. Min. Sepúlveda Pertence: Interrompendo V. Exa., gostaria de ler o seguinte trecho da petição inicial da reintegração de posse (lê fls. 254): "Com efeito, na madrugada do dia 28 de outubro do corrente ano, os réus, em grupo, com cerca de 30 pessoas, invadiram sorrateiramente determinada área do prédio rural, a qual fica localizada na entrada da Fazenda Dois Amigos, limitada uma parte com a Rodovia Ipiaú-Ibirataia, e outra com a estrada municipal, sem asfaltamento (...) possuindo uma dimensão aproximada de 4000m²".

O Sr. Min. Cézar Peluso: Não preciso mais da aferição. Reconsidero o meu voto e denego a segurança.

O Sr. Min. Sepúlveda Pertence: V. Exa. me permite apenas uma curiosidade: há um ofício da Juíza pedindo que se dê urgência às providências para reintegração de posse, com medo de crescer o pequeno número de pessoas que lá se instalaram.

O Sr. Min. Nelson Jobim: Que invasão?

O Sr. Min. Sepúlveda Pertence: Depende da dimensão da fazenda. V. Exa. já me acompanhou aqui (MS n. 23.054).

O Sr. Min. Carlos Velloso (relator): A invasão foi na entrada da fazenda, conforme V. Exa. leu.

O Sr. Min. Sepúlveda Pertence: O que está em causa é se em mandado de segurança a invasão de um pedaço qualquer de terra, em uma fazenda de 900ha, faz presumir que dela tenha decorrido improdutividade da propriedade rural. O caso é de mandado de segurança: o ônus da prova inequívoca dos fatos relevantes é do impetrante.

O Sr. Min. Nelson Jobim: Quatro meses sem entrar na fazenda, veja onde é feita a invasão.

O Sr. Mins. Sepúlveda Pertence: Não são quatro meses, todas as petições estão aí.

O Sr. Min. Nelson Jobim: Não é de outubro? V. Exa. não leu que a reintegração é de outubro?

O Sr. Min. Sepúlveda Pertence: Sim.

VOTO – *O Sr. Min. Maurício Corrêa* (presidente): De toda a propriedade, apenas 4.000m² foram invadidos, portanto, o resto dela presume-se incólume. Logo, não se pode dizer que tenha sido alterado o seu estado. Já votei, no mandado de segurança referido pelo Min. Sepúlveda Pertence, exatamente nessa linha.

O Sr. Min. Carlos Velloso (relator): V. Exa. está se baseando na petição inicial, na qual também consta, no inciso IV: "IV – A atitude flagrantemente ilícita perpetrada pelos demandados causou aos herdeiros a privação, contra a sua vontade, do poder de fato que exercem sobre o prédio, caracterizando o que a doutrina e a jurisprudência conceituam como esbulho possessório".

Está dito aqui também: privação contra a sua vontade.

O Sr. Min. Maurício Corrêa (presidente): Peço vênia aos que entendem em sentido contrário para acompanhar a maioria já formada.

EXTRATO DE ATA

Decisão: O Tribunal, por decisão majoritária, vencidos os Srs. Mins. Carlos Velloso, Relator, Ellen Gracie, Nelson Jobim e Celso de Mello, indeferiu o mandado de segurança. Votou o Presidente, o Sr. Min. Maurício Corrêa. Redigirá o acórdão o Sr. Min. Carlos Britto. Impedido o Sr. Min. Gilmar Mendes. Plenário, 20.8.2003.

Presidência do Sr. Min. Maurício Corrêa. Presentes à sessão os Srs. Mins. Sepúlveda Pertence, Celso de Mello, Carlos Velloso, Marco Aurélio, Nelson Jobim, Ellen Gracie, Gilmar Mendes, Cézar Peluso, Carlos Britto e Joaquim Barbosa.

* * *

PERGUNTAS

1. Quais são os fatos?
2. Qual o direito reivindicado na presente ação?
3. Existe uma distinção entre direito à propriedade rural e suas demais formas protegidas pela Constituição?

4. Qual o significado de *função social da propriedade*? Como interpretá-la no caso da propriedade rural?
5. O que é declaração de interesse social para fins de Reforma Agrária?
6. A questão já não havia sido resolvida na ADI n. 2.213?
7. O que leva o Supremo a revisitar o tema?
8. O que está em causa no presente mandado de segurança, conforme o Min. Sepúlveda Pertence?
9. O Supremo decidiu contra a lei, neste caso? Ou apenas a aplicou à luz do princípio da razoabilidade?
10. Afinal, como decidiu o STF?
11. O decreto presidencial é constitucional, ou não?

6.22 Penhorabilidade do bem de família do fiador (RE 407.688-8-SP)

(Plenário – rel. Min. Cézar Peluso – j. 8.2.2006)

Fiador – Locação – Ação de despejo – Sentença de procedência – Execução – Responsabilidade solidária pelos débitos do afiançado – Penhora de seu imóvel residencial – Bem de família – Admissibilidade – Inexistência de afronta ao direito de moradia, previsto no art. 6º da CF – Constitucionalidade do art. 3º, inciso VII, da Lei n. 8.009/1990, com a redação da Lei n. 8.245/1991 – Recurso extraordinário desprovido – Votos vencidos. A penhorabilidade do bem de família do fiador do contrato de locação, objeto do art. 3º, inciso VII, da Lei n. 8.009, de 23.3.1990, com a redação da Lei n. 8.245, de 15.10.1991, não ofende o art. 6º da Constituição da República.

ACÓRDÃO – Vistos, relatados e discutidos estes autos: Acordam os Ministros do Supremo Tribunal Federal, em sessão plenária, sob a presidência do Sr. Min. Nelson Jobim, na conformidade da ata de julgamento e das notas taquigráficas, por maioria de votos, em conhecer e negar provimento ao recurso, nos termos do voto do Relator, vencidos os Srs. Mins. Eros Grau, Carlos Britto e Celso de Mello, que lhe davam provimento. Votou o Presidente, Min. Nelson Jobim. O Min. Marco Aurélio fez consignar que entendia necessária a audiência da Procuradoria, tendo em vista a questão constitucional.

Brasília, 8 de fevereiro de 2006 – *Cézar Peluso*, relator.

RELATÓRIO – *O Sr. Min. Cézar Peluso*: Trata-se de recurso extraordinário contra acórdão do antigo 2º TACivSP que negou provimento a agravo de instrumento interposto pelo ora recorrente. À base do agravo está decisão em que o Juiz da causa indeferiu pedido de liberação do bem de família do recorrente, objeto de constrição em processo executivo com fundamento na exceção legal à regra da impenhorabilidade de tais bens, nos termos do art. 3º, inciso VII, da Lei n. 8.009, de 29.3.1990, pois o devedor executado ostenta a condição incontroversa de fiador em contrato de locação (fls. 117-130).

O acórdão está assim ementado: "Locação – Despejo – Execução – Fiador – Responsabilidade solidária pelos débitos do afiançado –Constrição do seu imóvel residencial – Admissibilidade – Previsão da atual lei inquilinária – Direito de moradia – Norma do art. 6º da CF, ampliada pela Emenda n. 26/2000 – Regulamentação – Ausência – Recurso desprovido" (fls. 110).

Inconformado, o fiador interpôs recurso extraordinário. Como apontado na decisão que o admitiu na origem, "cinge-se a controvérsia em saber se a penhorabilidade do bem de família do fiador de contrato de locação persiste, ou não, com o advento da Emenda Constitucional n. 26, de 14.2.2000, que ampliou a disposição do art. 6º da CF, incluindo a moradia entre os direitos sociais" (fls. 203).

É o relatório.

VOTO – *O Sr. Min. Cézar Peluso* (relator): Tenho por inconsistente o recurso.

Não me parece sólida a alegação de que a penhora do bem de família do recorrente violaria o disposto no art. 6º da Constituição da República, que, por força da redação introduzida pela Emenda Constitucional n. 26, de 15.2.2000, não teria recebido a norma do art. 3º, inciso VII, da Lei n. 8.009, de 29.3.1990, a qual, com a redação da Lei n. 8.245, de 18.10.1991, abriu exceção à impenhorabilidade do bem de família.

A regra constitucional enuncia *direito social*, que, não obstante suscetível de qualificar-se como direito subjetivo, enquanto compõe o espaço existencial da pessoa humana, "independentemente da sua justiciabilidade e exequibilidade imediatas", sua dimensão objetiva supõe provisão legal de prestações aos cidadãos, donde entrar na classe dos chamados "direitos a prestações, dependentes da actividade mediadora dos Poderes Públicos". [**Rodapé**: CANOTILHO, J. J. Gomes, *Direito Constitucional e Teoria da Constituição*, 3ª ed., Coimbra, Almedina, pp. 446, C, I, e 447-448.]

Isto significa que, em teoria, são várias, se não ilimitadas, as modalidades ou formas pelas quais o Estado pode, definindo-lhes o objeto ou o conteúdo das prestações possíveis, concretizar condições materiais de exercício do direito social à moradia. Ao propósito dos direitos sociais dessa estirpe, nota a doutrina:

"A multiplicidade de opções que se registra no âmbito da atividade prestacional social do Estado tende a ser, em tese, ilimitada e constitui, por si só, instigante tema para uma reflexão mais aprofundada. Mesmo assim foram efetuadas diversas tentativas de sistematizar as prestações sociais estatais relevantes para a problemática dos direitos sociais, dentre as quais destacamos – pela sua plasticidade e abrangência – a proposta formulada pelo publicista germânico Dieter Murswiek, que dividiu as prestações estatais (que podem, em princípio, se constituir em objeto dos direitos sociais) em quatro grupos: (a) prestações sociais em sentido estrito, tais como a assistência social, aposentadoria, saúde, fomento da educação e do ensino etc.; (b) subvenções materiais em geral, não previstas no item anterior; (c) prestações de cunho existencial no âmbito da providência social (*Daseinsvorsorge*), como a utilização de bens públicos e instituições, além do fornecimento de gás, luz, água etc.; (d) participação em bens comunitários que não se enquadram no item anterior, como, por exemplo, a participação (no sentido de quota-parte) em recursos naturais de domínio público.

"O que se percebe, com base na sistematização proposta, é que os diversos direitos sociais prestacionais podem apresentar um vínculo diferenciado em relação às categorias de prestações estatais referidas (direito ao trabalho, assistência social, aposentadoria, educação, saúde, moradia etc.). Quais das diferentes espécies de prestações efetivamente irão constituir o objeto dos direitos sociais dependerá de seu reconhecimento e previsão em cada ordem constitucional, bem como de sua concretização pelo legislador, mesmo onde o constituinte renunciar à positivação dos direitos sociais prestacionais. Importante é a constatação de que as diversas modalidades de prestações referidas não constituem um catálogo hermético e insuscetível de expansão, servindo, além disso, para ressaltar uma das diferenças essenciais entre os direitos de defesa e os direitos sociais (a prestações), já que estes, em regra, reclamam uma atuação positiva do legislador e do Executivo, no sentido de implementar a prestação que constitui o objeto do direito fundamental." [**Rodapé:** SARLET, Ingo Wolfgang, *A Eficácia dos Direitos Fundamentais*, 4ª ed., Porto Alegre, Livraria do Advogado, 2004, p. 279.]

Daí se vê logo que não repugna à ordem constitucional que o direito social de moradia – o qual, é bom observar, se não confunde, necessariamente, com direito à propriedade imobiliária ou direito de ser proprietário de imóvel – pode, sem prejuízo doutras alternativas conformadoras, reputar-se, em certo sentido, implementado por norma jurídica que estimule ou favoreça o incremento da oferta de imóveis para fins de locação habitacional, mediante previsão de reforço das garantias contratuais dos locadores. (...).

A respeito, não precisaria advertir que um dos fatores mais agudos de retração e de dificuldades de acesso do mercado de locação predial está, por parte dos candidatos a locatários, na falta absoluta, na insuficiência ou na onerosidade de garantias contratuais licitamente exigíveis pelos proprietários ou possuidores de imóveis de aluguel. Nem, tampouco, que acudir a essa distorção, facilitando celebração dos contratos e com isso realizando, num dos seus múltiplos modos de positivação e de realização histórica, o direito social de moradia, é a própria *ratio legis* da exceção prevista no art. 3º, inciso VII, da Lei n. 8.009/1990. São coisas óbvias e intuitivas. (...).

Não admira, portanto, que, no registro e na modelação concreta do mesmo direito social se preordene a norma subalterna a tutelar, mediante *estímulo do acesso à habitação arrendada* – para usar os termos da Constituição lusitana –, o direito de moradia de uma classe ampla de pessoas (interessadas na locação), em dano de outra de menor espectro (a dos fiadores proprietários de um só imóvel, enquanto bem de família, os quais não são obrigados a prestar fiança). Castrar essa técnica legislativa, que não preexclui ações estatais concorrentes doutra ordem, romperia o equilíbrio do mercado, despertando exigência sistemática de garantias mais custosas para as locações residenciais, com consequente desfalque do campo de abrangência do próprio direito constitucional à moradia.

2. Do exposto, nego provimento ao recurso extraordinário.

VOTO – *O Sr. Min. Eros Grau*: Sr. Presidente, acompanhei o voto do Min. Cézar Peluso, sempre brilhante, muito bem construído, mas vou pedir vênia para divergir.

Já havia preparado umas anotações para o voto. Apesar da brilhante linha de raciocínio do Min. Cézar Peluso, não me convenço. Vou tomar essas anotações com um breve acréscimo.

A penhora incidiu sobre o único bem imóvel de propriedade do fiador. Há precedentes na Corte, os RE ns. 352.940 e 449.657, rel. Min. Carlos Velloso, nos quais se afirma o não recebimento, pelo art. 6º da Constituição do Brasil, com a redação que lhe foi conferida pela Emenda Constitucional n. 26/2000, da Lei n. 8.245/1991, que ressalva a penhora do imóvel residencial do fiador em contrato de locação.

A impenhorabilidade do imóvel residencial instrumenta a proteção do indivíduo e sua família quanto a necessidades materiais, de sorte a prover à sua subsistência. Aí, enquanto instrumento a garantir a subsistência individual e familiar – a dignidade da pessoa humana, pois –, a propriedade consiste em um direito individual e cumpre função individual. Como tal garantida pela generalidade das Constituições de nosso tempo. A essa propriedade, aliás, não é imputável função social; apenas os abusos cometidos no seu exercício encontram limitação, adequada, nas disposições que implementam o chamado poder de polícia estatal.

Se o benefício da impenhorabilidade viesse a ser ressalvado quanto ao fiador em uma relação de locação, poderíamos chegar a uma situação absurda: o locatário que não cumprisse a obrigação de pagar aluguéis, com o fito de poupar para pagar prestações devidas em razão de aquisição de casa própria, gozaria da proteção da impenhorabilidade. Gozaria dela mesmo em caso de execução procedida pelo fiador cujo imóvel resultou penhorado por conta do inadimplemento das suas obrigações, dele, locatário.

Quer dizer, sou fiador; aquele a quem prestei fiança não paga o aluguel, porque está poupando para pagar a prestação da casa própria, e tem o benefício da impenhorabilidade; eu não tenho o benefício da impenhorabilidade.

A afronta à isonomia parece-me evidente.

O Sr. Min. Cézar Peluso (relator): V. Exa. me permite só um esclarecimento?

Neste caso, V. Exa. está levantando hipótese de que o locatário teve que obter um fiador para poder morar e para poder enganar o locador?

O Sr. Min. Eros Grau: Estou formulando uma hipótese-limite, evidente.

O Sr. Min. Cézar Peluso (relator): Também estou raciocinando em limite. Então, V. Exa. está imaginando hipótese em que o locatário, para poder morar, teve de arrumar um fiador para o contrato?

O Sr. Min. Eros Grau: É verdade.

O Sr. Min. Cézar Peluso (relator): E se não tivesse arrumado o fiador?

O Sr. Min. Eros Grau: Se não tivesse arrumado o fiador, não se enfrentaria a situação.

O Sr. Min. Cézar Peluso (relator): Não morava.

O Sr. Min. Eros Grau: Não enfrentaria a situação.

Vou continuar, porque vou dar a resposta exatamente a essa situação. A minha discordância do voto de V. Exa. é que não estou me apegando à lógica do mercado no meu voto, mas, sim, ao que diz a Constituição. É nesse ponto que discordo de V. Exa.

O Sr. Min. Cézar Peluso (relator): Temos leituras diferentes da Constituição, Ministro.

O Sr. Min. Eros Grau: Na Constituição. Parto de um ponto de vista, V. Exa. partiu de outro.

Por outro lado – e aqui quero ferir o cerne do voto do Min. Carlos Velloso –, diria que o argumento centrado na afirmação do caráter programático do art. 6º da Constituição do Brasil não pode prosperar. Pois é certo que o legislador está vinculado pelos seus preceitos.

Ou seja, os textos da Constituição são dotados de eficácia normativa vinculante. E mais: já é mesmo tempo de abandonarmos o uso da expressão "normas programáticas", que aparece nos autos, não no voto de V. Exa., porque essa expressão porta em si vícios ideológicos perniciosos. Seguidamente pergunto-me por que terá sido esquecida a lição do Tribunal Constitucional da República Federal da Alemanha que, em acórdão já de 29.1.1969, assumiu, em síntese, o seguinte entendimento: (a) quando a teoria sobre normas constitucionais programáticas pretende que na ausência de lei expressamente reguladora da norma esta não tenha eficácia, desenvolve uma estratégia mal expressada de não vigência (da norma constitucional), visto que, a fim de justificar-se uma orientação de política legislativa – que levou à omissão do Legislativo –, vulnera-se a hierarquia máxima normativa da Constituição; (b) o argumento de que a norma programática só opera seus efeitos quando editada a lei ordinária que a implemente implica, em última instância, a transferência de função constituinte ao Poder Legislativo.

Porque bastaria a omissão do Poder Legislativo, para que o preceito constitucional fosse retirado de vigência. (...).

Por fim, no que concerne ao argumento enunciado no sentido de afirmar que a impenhorabilidade do bem de família causará forte impacto no mercado das locações imobiliárias, não me parece possa ser esgrimido para o efeito de afastar a incidência de preceitos constitucionais, o do art. 6º e a isonomia. Não hão de faltar políticas públicas, adequadas à fluência desse mercado, sem comprometimento do direito social e da garantia constitucional.

Creio que a nós não cabe senão aplicar a Constituição. E o Poder Público que desenvolva políticas públicas sempre adequadas aos preceitos constitucionais.

De modo que, com a vênia do Min. Cézar Peluso, dou provimento ao recurso extraordinário para afastar a impenhorabilidade no caso.

(...).

VOTO – *O Sr. Min. Celso de Mello*: O exame da controvérsia jurídica suscitada nesta sede recursal extraordinária faz instaurar instigante discussão em torno de tema impregnado do mais alto relevo constitucional.

Refiro-me à questão pertinente à eficácia do direito social à moradia, enquanto projeção expressiva de um dos direitos fundamentais elencados no texto da Constituição da República. (...).

Justificável, desse modo, a ponderação feita pelo eminente Min. Carlos Velloso, em decisão proferida no julgamento do RE n. 352.940-SP, quando reconheceu a impenhorabilidade *do único* imóvel residencial do prestador de fiança locatícia, vindo a assegurar-lhe a proteção constitucional fundada no direito à moradia e cuja concretização reside, em nosso sistema de direito positivo, na tutela estatal dispensada ao bem de família. Em consequência desse correto pronunciamento, o eminente Min. Carlos Velloso – cujas razões ora reproduzo – teve por insubsistente a ressalva constante do inciso VII do art. 3º da Lei n. 8.009/1990, na redação dada pela Lei n. 8.245/1991, porque conflitante com o direito à moradia:

"Em trabalho doutrinário que escrevi, *Dos Direitos Sociais na Constituição do Brasil*, texto básico de palestra que proferi na Universidade Carlos III, em Madri/Espanha, no Congresso Internacional de Direito do Trabalho, sob o patrocínio da Universidade Carlos III e da ANAMATRA, em 10.3.2003, registrei que o direito à moradia, estabelecido no art. 6º da CF, é um direito fundamental de segunda geração – direito social que veio a ser reconhecido pela Emenda Constitucional n. 26/2000.

"O bem de família – a moradia do homem e sua família – justifica a existência de sua impenhorabilidade: Lei n. 8.009/1990, art. 1º. Essa impenhorabilidade decorre de constituir a moradia um direito fundamental.

"Posto isso, veja-se a contradição: a Lei n. 8.245/1991, excepcionando o bem de família do fiador, sujeitou o seu imóvel residencial, imóvel residencial próprio do casal, ou da entidade familiar, à penhora. Não há dúvida de que a ressalva trazida pela Lei n. 8.245/1991 inciso VII do art. 3º, feriu de morte o princípio isonômico, tratando desigualmente situações iguais, esquecendo-se do velho brocardo latino: *ubi eadem ratio, ibi eadem legis dispositio*, ou, em vernáculo: 'onde existe a mesma razão fundamental, prevalece a mesma regra de Direito'. Isto quer dizer que, tendo em vista o princípio isonômico, o citado dispositivo, inciso VII do art. 3º, acrescentado pela Lei n. 8.245/1991, *não foi recebido* pela Emenda Constitucional n. 26/2000."

A *ratio* subjacente a esse entendimento prende-se ao fato de que o bem de família do devedor principal – que é o locatário – não pode ser penhorado, muito embora o fiador – que se qualifica como garante meramente subsidiário (CC, art. 827) – possa sofrer a penhora de seu único imóvel residencial, daí resultando um paradoxo absolutamente inaceitável, pois, presente tal contexto, falecer-lhe-á a possibilidade de, em regresso, uma vez paga, por ele, a obrigação principal, fazer incidir essa mesma constrição judicial sobre o único imóvel residencial eventualmente pertencente ao inquilino.

É por esse motivo que Pablo Stolze Gagliano e Rodolfo Pamplona Filho (*Novo Curso de Direito Civil – Parte Geral*, vol. I/288-289, item 5, 4ª ed., 2003, Saraiva), analisando esse específico aspecto da questão sob a égide do postulado da isonomia, corretamente observam:

"A Lei n. 8.245/1991 (Lei do Inquilinato) acrescentou o inciso VII ao art. 3º da Lei n. 8.009/1990, estabelecendo mais uma exceção à impenhorabilidade legal do bem de família: a obrigação decorrente de fiança em contrato de locação.

"Em outras palavras: 'se o fiador for demandado pelo locador, visando à cobrança dos aluguéis atrasados, poderá o seu único imóvel residencial ser executado, para a satisfação do débito do inquilino'.

"Não ignorando que o fiador possa se obrigar solidariamente, o fato é que, na sua essência, 'a fiança é um contrato meramente acessório' pelo qual um terceiro (fiador) assume a obrigação de pagar a dívida, se o devedor principal não o fizer.

"Mas seria razoável garantir o cumprimento desta obrigação (essencialmente acessória) do fiador com o seu único bem de família? Seria tal norma constitucional?

"Partindo-se da premissa de que as obrigações do locatário e do fiador têm a mesma base jurídica – o contrato de locação –, 'não é justo que o garantidor responda com o seu bem de família, quando a mesma exigência não é feita para o locatário'. Isto é, se o inquilino, fugindo de suas obrigações, viajar para o interior da Bahia, e 'comprar um único imóvel residencial', este seu bem será 'impenhorável', ao passo que o fiador continuará respondendo com o seu próprio 'bem de família' perante o locador que não foi pago.

"À luz do direito civil constitucional – pois não há outra forma de pensar modernamente o direito civil –, parece-me forçoso concluir que este dispositivo de lei 'viola o princípio da isonomia' insculpido no art. 5º da CF, uma vez que 'trata de forma desigual locatário e fiador', embora as obrigações de ambos tenham a mesma causa jurídica: o contrato de locação." (...).

VOTO – *O Sr. Min. Sepúlveda Pertence*: Sr. Presidente, não é necessário enfatizar que o caso é angustiante. E a divergência manifestada evidencia a sua grandeza.

Confesso que me impressionou, de início, a generosa inspiração da decisão pioneira do eminente Min. Carlos Velloso no RE n. 352.940, e, hoje, os magníficos votos proferidos pelos Mins. Eros Grau, Carlos Britto e Celso de Mello.

Cuida-se de saber da validade da penhorabilidade do bem de família do fiador de locação residencial. Creio que o problema é dar efetividade ao direito à moradia, não só com relação às prestações positivas relativas ao Estado, mas também à chamada eficácia horizontal desse direito, nas relações privadas.

Por isso, não consigo fugir ao problema posto pelo eminente Relator, Min. Cézar Peluso, de que viabilizar a locação residencial é modalidade de concretização desse direito fundamental à moradia. Dificulta-o, evidentemente, tornar ilusória a "fiação" dada pelo titular de um bem de família.

O Sr. Min. Carlos Britto: Volto a dizer, eu me enredei na "fiação" sem a intenção de acertar; errei, mesmo.

O Sr. Min. Sepúlveda Pertence: Repito a V. Exa. o que o Presidente já dissera: até na *aberratio ictus* V. Exa. é nosso Mestre. E revelou-me esse significado da palavra "fiação".

IGUALDADE   381

Com todas as vênias do mestre Eros Grau, creio não tratar-se aqui de ceder a imperativos do mercado, mas de ter em conta a realidade circundante da questão constitucional. A alternativa à "fiação" eficaz é enredar-se o inquilino na garantia bancária, inacessível à grande massa daqueles que não têm como realizar o seu direito à moradia senão mediante o arrendamento do imóvel residencial.

Por isso, acompanho o eminente Relator e nego provimento ao recurso.

(...).

EXTRATO DE ATA

Decisão: O Tribunal, por maioria, conheceu e negou provimento ao recurso, nos termos do voto do Relator, vencidos os Srs. Mins. Eros Grau, Carlos Britto e Celso de Mello, que lhe davam provimento. Votou o Presidente, Min. Nelson Jobim. O Min. Marco Aurélio fez consignar que entendia necessária a audiência da Procuradoria, tendo em vista a questão constitucional. Plenário, 8.2.2006.

Presidência do Sr. Min. Nelson Jobim. Presentes à sessão os Srs. Mins. Sepúlveda Pertence, Celso de Mello, Marco Aurélio, Ellen Gracie, Gilmar Mendes, Cézar Peluso, Carlos Britto, Joaquim Barbosa e Eros Grau.

* * *

PERGUNTAS

1. Quais são os fatos?
2. Qual o direito postulado no presente caso?
3. Qual a relação da impenhorabilidade dos bens de família com o direito à moradia, estabelecido no art. 6º, *caput*, da CF?
4. Quais as obrigações decorrentes do direito à moradia? Quem deve arcar com essas obrigações?
5. Esses e outros direitos sociais são "autoexecutáveis"? O que significa isso?
6. O que significa "eficácia horizontal" dos direitos fundamentais? Por que esse é um caso extremamente "angustiante", nas palavras do Min. Sepúlveda Pertence?
7. O Min. Peluso parece ter utilizado um argumento consequencialista (natural ao *Law and Economics*) para aumentar a eficácia do direito à moradia. Em que medida esta foi uma inovação relevante na doutrina da eficácia dos direitos fundamentais no Brasil?
8. Por que o Min. Eros Grau não concordou com o raciocínio feito pelo Min. Peluso? Qual o "conflito entre lógicas" apontado pelo Min. Eros Grau?
9. É possível pensar a efetividade da Constituição deforma independente da lógica econômica?
10. Em extremos, argumentos jurídicos sempre devem ceder à lógica econômica, ou os direitos devem sempre triunfar sobre argumentos de natureza econômica? É possível conciliar essas duas proposições?
11. Como ficou decidido o caso?
12. Caso o recurso houvesse sido provido, haveria inconstitucionalidade do dispositivo atacado da Lei 8.245? Em que extensão?

6.23 IPTU progressivo pós-EC 29/2000 (RE 423.768-SP)

(Plenário – rel. Min. Marco Aurélio – j. 1.12.2010)

Imposto Predial e Territorial Urbano – Progressividade – Função social da propriedade – Emenda Constitucional n. 29/2000 – Lei posterior. Surge legítima, sob o ângulo constitucional, lei a prever alíquotas diversas presentes imóveis residenciais e comerciais, uma vez editada após a Emenda Constitucional n. 29/2000.

ACÓRDÃO – Vistos, relatados e discutidos estes autos: Acordam os Ministros do Supremo Tribunal Federal em conhecer do recurso extraordinário e lhe dar provimento para indeferir a segurança, nos termos do voto do Relator e por unanimidade, em sessão presidida pelo Min. Cézar Peluso, na conformidade da ata do julgamento e das respectivas notas taquigráficas.

Brasília, 1 de dezembro de 2010 – *Marco Aurélio*, relator.

RELATÓRIO – *O Sr. Min. Marco Aurélio*: O 1º TACivSP acolheu pedido formulado em apelação, ante fundamentos assim sintetizados (fls. 216): "Tributo – Imposto Predial e Territorial Urbano – Município de São Paulo – Exercício de 2002 – Lei municipal n. 13.250/2001, que instituiu desconto ou acréscimo calculado sobre o valor venal do imóvel – Hipótese de progressividade – Legislação baseada na Emenda Constitucional n. 29/2000 – Ocorrência de alteração de cláusula pétrea – Inadmissibilidade – Inobservância da função social da propriedade – Ilegalidade reconhecida – Recurso provido".

O Município de São Paulo, no recurso extraordinário de fls. 229 a 248, interposto com alegada base na alínea "a" do permissivo constitucional, articula com a transgressão do art. 156, § 1º, incisos I e II, da Carta da República. Argumenta que a isonomia tributária e a necessidade de observância de capacidade contributiva são requisitos indispensáveis na elaboração e na aplicação de normas de direito tributário. Ressalta que o art. 156 da Lei Maior, com a redação da Emenda Constitucional n. 29/2000, não ultrapassa os limites materiais contidos no art. 60, § 4º, do Diploma Básico e não "aboliu direitos ou garantias individuais, até porque o suposto direito de só ser tributado progressivamente no caso dos impostos pessoais não existe" (fls. 239). Assevera que entre as cláusulas pétreas não se inclui a vedação ao direito de se instituir imposto progressivo de natureza real. O recorrente sustenta que a instituição de alíquotas diferenciadas em razão da localização, do valor e do uso do imóvel deu-se em respeito ao princípio da isonomia, "pois se tributa desigualmente os que se acham em situação de desigualdade" (fls. 234), atendendo-se ao princípio da capacidade contributiva. (...).

A recorrida apresentou as contrarrazões de fls. 256 a 275, nas quais tece considerações sobre a controvérsia, defendendo o acerto da conclusão adotada pela Corte de origem. Argumenta que a edição da Emenda Constitucional n. 29/2000 deu-se em desrespeito aos limites insertos no art. 60, § 4º, da CF e que o valor venal do imóvel não é suficiente para presumir-se a capacidade contributiva do proprietário. Diz do caráter confiscatório do imposto progressivo e combate a tese do Município de que a progressividade serve para atender à função social da propriedade. (...).

VOTO – *O Sr. Min. Marco Aurélio* (relator): (...).

A progressividade do IPTU tem merecido enfoques diversificados. Antes mesmo da Carta de 1988, a Corte assentou a necessidade de se ter presente o objetivo social do próprio tributo. Durante um bom período prevaleceu o entendimento no sentido de se admitir a progressividade sem qualquer restrição, conforme é dado depreender do julgamento do RMS n. 16.798, 1ª Turma, rel. Min. Victor Nunes Leal. Apreciando o IPTU relativo ao Município de Americana, previsto na Lei municipal n. 614/1964, o Relator, embora admitindo que o critério de variação pudesse ser enquadrado como injusto, levou em conta dados objetivos direcionados à finalidade social relevante. Proclamou o Colegiado: "Imposto Territorial Urbano – Incidência progressiva – Lei municipal de Americana (São Paulo) – Improcedência da alegada inconstitucionalidade".

Tal enfoque veio a merecer substancial modificação ainda sob a égide da Carta anterior. No julgamento do RE n. 69.784, vencido o Min. Aliomar Baleeiro, no que concluía que a Constituição Federal em vigor e o Código Tributário não vedavam a progressividade do IPTU, a Corte acabou por adotar entendimento que foi estampado no Verbete de Súmula n. 589: "É inconstitucional a fixação de adicional progressivo do Imposto Predial e Territorial Urbano em função do número de imóveis do contribuinte".

Em vigor a Constituição Federal de 1988, o Plenário julgou o RE n. 153.771 – *DJU* 5.9.1997 – e, então, assentou que nem mesmo o valor venal dos imóveis poderia ser tomado em consideração pelo legislador municipal para introduzir a progressividade. A óptica prevalecente, a partir do voto do Min. Moreira Alves, embasou-se no caráter real do tributo, no que ligado a bem imóvel. Mesmo assim, o Min. Carlos Velloso, a partir da doutrina de Sacha Calmon e Misabel Derzi, Geraldo Ataliba, Alcides Jorge Costa, entre outros, procurou demonstrar que todos os impostos podem ficar sujeitos à capacidade econômica dos contribuintes. Prevaleceu a premissa de que o princípio da capacidade contributiva não guarda sintonia com impostos enquadráveis como reais. No voto proferido, o Min. Sepúlveda Pertence procedeu ao exame do art. 145, § 1º, da CF e se disse tentado a admitir, na linha do que sustentado por Roque e Elizabeth Carrazza, a tese de que a propriedade mobiliária de grande valor gera presunção *juris et de jure* de capacidade contributiva. Recuou, todavia, em face das balizas constitucionais em vigor. Preponderou a conclusão de que a progressividade do IPTU apenas seria possível nos termos do art. 182, § 4º, da Lei Máxima, presentes, assim, a destinação do imóvel e o planejamento urbano. De minha parte, ainda no período anterior à Emenda Constitucional n. 29/2000, assim sintetizei o convencimento sobre o art. 145, § 1º, da CF, no julgamento do RE n. 234.105: "A meu ver, não temos no teor do dispositivo qualquer distinção, qualquer limitação ao alcance do que nele se contém. O alvo do preceito é único, a estabelecer uma gradação que leve à justiça tributária, ou seja, onerando aqueles com maior capacidade para o pagamento do imposto".

Continuo convencido quanto a esse enfoque. O § 1º do art. 145 da CF possui cunho social da maior valia, ao dispor: "§ 1º. Sempre que possível, os impostos terão caráter pessoal e serão graduados segundo a capacidade econômica do contribuinte, facultado à Administração tributária, especialmente para conferir efetividade a esses objetivos, identificar, respeitados os direitos individuais e nos termos da lei, o patrimônio, os rendimentos e as atividades econômicas do contribuinte".

Vê-se a opção do constituinte em torno do que o Min. Victor Nunes Leal, no RMS n. 16.798, apontou como "finalidade social relevante". O texto constitucional homenageia a individualização. Determina que se atente à capacidade econômica do contribuinte, e esta há de ser examinada sob os mais diversos ângulos, inclusive o valor, em si, do imóvel. Cumpre emprestar aos vocábulos da norma constitucional o sentido próprio, e aí descabe confundir a referência à capacidade econômica com a capacidade financeira, estando a primeira ligada ao todo patrimonial e a segunda a dados momentâneos, referentes à disponibilidade da moeda, à liquidez. A tradicional dicotomia entre tributo pessoal e real cede ao texto da Carta da República, apontada por Ulysses Guimarães como o documento da cidadania. Essa premissa deve nortear a solução de conflitos de interesse ligados à disciplina da progressividade, buscando-se, com isso, alcançar o objetivo da República, a existência de uma sociedade livre, justa e solidária. (...). Eis a questão que se coloca à Corte: é possível dizer-se que a Emenda Constitucional n. 29/2000 veio a afastar cláusula pétrea? Tenho como cláusula pétrea toda e qualquer previsão abrangida pela norma do art. 60 da CF. Se, prevendo o § 4º do art. 60 que não será sequer objeto de deliberação a proposta de emenda tendente a abolir a forma federativa de Estado, o voto direto, secreto, universal e periódico, a separação dos Poderes, os direitos e garantias individuais, forçoso é concluir que textos da Carta passíveis de serem enquadrados nos incisos do § 4º em comento encerram cláusulas pétreas. Ora, a Emenda Constitucional n. 29/2000 não afastou direito ou garantia individual. E não o fez porquanto texto primitivo da Carta já versava a progressividade dos impostos, a consideração da capacidade econômica do contribuinte, não se cuidando, portanto, de inovação a afastar algo que pudesse ser tido como integrado a patrimônio. O que decidido pelo Tribunal de origem implica extensão ao conceito de cláusula pétrea, incompatível com a ordem natural das coisas, com o preceito do § 1º do art. 145 e o do art. 156, § 1º, na redação primitiva. Nem se diga que esta Corte, apreciando texto da Carta anterior à Emenda n. 29/2000, assentou a impossibilidade de se ter, no tocante ao instituto da progressão do IPTU, a consideração do valor venal do imóvel, apenas indicando a possibilidade de haver a progressão no tempo de que cogita o inciso II do § 4º do art. 182 da CF. Atuou o Colegiado, em primeiro lugar, interpretando o todo constitucional e, em segundo, diante da ausência de explicitação quanto a se levar em conta, para social distribuição da carga tributária, outros elementos, como são o valor do imóvel, a localização e o uso.

Em síntese, esses dados não vieram a implicar o afastamento do que se pode ter como cláusula pétrea, mas simplesmente dar o real significado ao que disposto anteriormente sobre a graduação dos tributos. Daí concluir no sentido de conhecer e prover o extraordinário para afastar a pecha atribuída à Emenda Constitucional n. 29/2000 e, com isso, ter como harmônica com a Carta da República, na redação decorrente da citada Emenda, a Lei do Município de São Paulo n. 6.989, de 29.12.1966, na redação imprimida pela Lei n. 13.250, de 27.12.2001. O provimento do recurso resulta na improcedência do pedido formulado na inicial, ficando restabelecido o indeferimento da ordem constante da segurança, aliás resultado de julgamento procedido pelo Juízo.

(...).

VOTO (Vista) – *O Sr. Min. Ayres Britto*: (...). (...).

12. Com efeito, é a sobredita Emenda n. 29 a estrutura normativa que abre ensejo à revisitação do tema, seja doutrinária, seja no plano jurisdicional, importando anotar que o art. 3º dela mesma, Emenda n. 29, é objeto da ADI n. 2.732, sob a relatoria do Min. Dias Toffoli. Trata-se do dispositivo que introduziu a expressa possibilidade de IPTU progressivo, fora de qualquer referência temporal.

13. É neste ponto de análise dos dispositivos constitucionais em sua globalidade que me parece imperioso lembrar que são objetivos fundamentais da República Federativa do Brasil (art. 3º da Constituição) a construção de uma sociedade livre, justa e solidária, a garantia do desenvolvimento nacional, a erradicação da pobreza e da marginalização, a redução das desigualdades sociais e regionais e a promoção do bem de todos, sem preconceitos de origem, raça, sexo, cor, idade e quaisquer outras formas de discriminação. E claro está que a concretização desses objetivos implica para o Estado a disponibilização de recursos financeiros. Sendo certo que o alcance deles, objetivos fundamentais, se dá sob fatores de aceleração e de frenagem fincados no próprio lastro formal da Constituição. É que toda imposição de tributos tem por fato gerador algo já situado no âmbito de direitos subjetivos, como a propriedade privada, a titularidade de outras situações pecuniariamente mensuráveis e a própria esfera de liberdade econômica individual. Daí a necessidade de compatibilização entre o desfrute de tais situações jurídicas subjetivas e o dever de contribuir para as despesas de manutenção e de investimentos do Estado. Compatibilidade que se viabiliza pela estrita observância das normas que presidem o exercício do poder de tributar, tanto quanto das respectivas limitações. Normas centralmente constitucionais, sabido que, em nosso País, o sistema de direito tributário tem na própria Constituição Federal o seu principal espaço de conformação (como enfatizava Geraldo Ataliba).

14. Pois bem, é no âmbito de tal sistema constitucional-tributário que avulta o princípio da igualdade como fórmula ou critério da mais justa participação dos contribuintes no aporte dos recursos financeiros de que o Estado precisa para se manter enquanto máquina administrativa e para combater as mais temerárias assimetrias sociais e regionais, em demanda do desenvolvimento equilibrado do País e do bem-estar da nossa população (parágrafo único do art. 23 da CF). Sem descurar jamais dos outros objetivos fundamentais que a Lei Maior expressamente lista em seu art. 3º. (...).

17. Desse preciso contexto normativo é que se parte para o afunilamento de uma fundamental distinção: a diferenciação hermenêutica entre capacidade econômica e capacidade contributiva. Conceitos próximos, porém diferentes, na medida em que a capacidade econômica é de caráter puramente matemático, porquanto englobante do somatório absoluto do patrimônio e dos rendimentos de uma dada pessoa de direito privado. A seu turno, a capacidade contributiva é somente a parcela de riqueza passível de tributação; isto é, a parte do patrimônio e da renda que supera o razoavelmente necessário para a satisfação das necessidades básicas individuais, ficando essa parte sobejante disponível para o poder impositivo-fiscal do Estado. Vale dizer, a capacidade contributiva das pessoas

traduz-se na parcela da sua riqueza pessoal tributável. Em última análise, significa a *capacidade econômica de contribuir tributariamente*.

18. Claro que uma segunda diferenciação ainda caberia neste voto, sabido que a própria capacidade econômica não se confunde com capacidade financeira, entendida esta como a efetiva aptidão do indivíduo para satisfazer de imediato seus compromissos financeiros. É o que se tem chamado de liquidez; mas é tema sem maior serventia para o equacionamento desta causa, e por isso nele não me deterei.

19. De toda sorte, o que interessa reter como vetor interpretativo é a noção de que é pela consideração da capacidade contributiva de um dado sujeito passivo que o Estado faz a identificação do "signo presuntivo da riqueza" (Alfredo Augusto Becker) passível de apropriação por ele, tributariamente. (...). (...).

20. É o que me basta para ajuizar que a expressão constitucional "caráter pessoal" não é usada para classificar tributos, mas para exprimir que o tributo de natureza real não elimina o ingrediente da pessoalidade em sua abstrata conformação. Isso porque a relação jurídico-tributária é sempre entre sujeitos de direitos: o sujeito tributante e o sujeito tributado. E o fato é que o § 1º do art. 145 da CF contém recado explícito para o sujeito tributante: o recado de que o "caráter pessoal" dos tributos é de ser levado em conta na oneração do sujeito passivo da relação jurídico-tributária. Com o quê dita oneração fica adstrita à capacidade contributiva do sujeito tributado, sem o quê não há justiça tributária, altaneira modalidade de justiça social. Justiça social-tributária, em verdade, que se faz mediante imposição fiscal mais expressiva aos detentores daquela capacidade contributiva de maior compleição.

21. Em palavras diferentes, mas com o mesmo sentido, estamos a lidar com imposição fiscal vetorialmente proporcional aos signos presuntivos de uma personalizada capacidade contributiva, porque somente assim é que se tem isonomia entre os contribuintes. Isonomia que é o próprio norte da ação do sujeito tributante, mesmo quando se trate de impostos reais. Isonomia também na atividade estatal de bem aquilatar a "capacidade econômica do contribuinte" (trecho do § 1º do art. 145 da CF), atento ele ao visível elo entre função social da propriedade, justiça social-tributária e tratamento igualitário aos contribuintes que se achem em igualdade de situação.

22. É desse mais abrangente visual do nosso regime constitucional dos tributos que importa saber, alusivamente ao IPTU: quando, mediante ação de tributar, o Estado intenta concretizar a função social da propriedade, também promove o ideal da justiça dita social? Respondo que sim, atinentemente à propriedade imobiliária, pois somente ela é que é atingida pelo IPTU. O que se tem, então, é justiça social-imobiliária, pelo tratamento tributário desigual a quem é, imobiliariamente, desigual. O imposto é sobre a propriedade territorial ou predial urbana, de maneira que o IPTU fica jungido ao seu próprio nome. Não cabendo ao Estado fazer justiça social senão tributando mais aquele que tem mais, imobiliariamente. O horizonte de incidência do tributo é a propriedade imobiliária urbana, e o fato é que a alíquota variável cumpre melhor essa função se a base de cálculo é o valor venal da propriedade predial, ou, então, territorial urbana. É dizer: como a relação jurídico-tributária é entre sujeitos de direitos, assegura-se o princípio da igualdade pela consideração da capacidade contributiva, e, esta, em se tratando de IPTU, pela progressividade da alíquota em face das circunstâncias que revelem, por presunção, maior riqueza urbano-imobiliária. Logo, capacidade contributiva que se desata, por presunção constitucional, da propriedade imobiliária urbana de maior valor. Assim é que se imbricam, em congruente unidade, a função social da propriedade, a justiça social e a isonomia. Verdadeiro enlace do pessoal e do real. O real a condicionar a compreensão do pessoal e vice-versa.

23. Certo que a alíquota progressiva pode resvalar para o desvario do confisco, mas, aí, o caso será de aferição do caráter razoável e proporcional da lei. Controle judicial sobre a atividade legislativo-tributária, então, para que esta nem descambe para a zona da gula arrecadatória nem desequipare contribuintes em situação factual de igualdade.

24. Neste mesmo fluxo de ideias, sinta-se que a incompatibilidade entre impostos reais e capacidade contributiva é a falsa premissa que responde pelo erro de conclusão. A Constituição quer, sim, que se leve em conta a capacidade contributiva do sujeito passivo, mesmo quando se trate de impostos reais. Isto porque: (a) tal linha de conta é que tira a Constituição do papel para concretizar de modo conjugado os princípios da função social da propriedade, da justiça fiscal e da isonomia tributária; (b) se assim não fosse, para quê a Constituição faria expressa referência a impostos reais, a exemplo do IPTU, ITR, ITBI, num contexto de explícita referência à capacidade contributiva? E tal referência significa a imposição constitucional dos seguintes vetores hermenêuticos: a) nos impostos pessoais, a Administração Tributária faz o que é próprio dessa espécie de tributos: a rigorosa observância do critério da capacidade contributiva; b) nos impostos reais, o mesmo critério da aferição da capacidade contributiva prevalece, a menos que seja impossível (este o sentido da locução "sempre que possível", constante do § 1º do art. 145). E tenho como certo que a Emenda Constitucional n. 29 teve o sentido de reforçar tais proposições normativas. Com o quê a Constituição evidencia que a relação jurídica tributária é entre sujeitos de direitos (o tributante e o tributado), insista-se, e não entre sujeito tributante e o objeto da tributação. Equivale a concluir: pouco importa que o tributo seja da espécie real, pois o que interessa é o sujeito passivo da obrigação tributária. O imposto sempre jungido à regra elementar de que *quem tem mais, ou ganha mais, ou interage mais economicamente, deve pagar mais* (em linhas gerais, é isso). Fórmula que possibilita a concreção maximizada ou otimizada

dos princípios da função social da propriedade, da justiça social-tributária e da isonomia, como tantas vezes dito neste voto. (...).

27. Com estas considerações, conheço do recurso extraordinário e lhe dou provimento, como o fez o Min. Marco Aurélio, Relator deste processo.

É como voto.

VOTO – *O Sr. Min. Gilmar Mendes*: Sr. Presidente, inicialmente registro que há inúmeros precedentes nesta Corte segundo os quais seria inconstitucional a utilização da progressividade em impostos reais, como meio para aferir a capacidade contributiva dos cidadãos. E cito os precedentes, inclusive aquele já mencionado do RE n. 153.771, da relatoria do Min. Moreira Alves. Refiro-me também aos enunciados mencionados, ns. 656 e 668.

"Súmula 656. É inconstitucional a lei que estabelece alíquotas progressivas para o imposto de transmissão *inter vivos* de bens imóveis – ITBI com base no valor venal do imóvel."

E: "Súmula 668. É inconstitucional a lei municipal que tenha estabelecido, antes da Emenda Constitucional n. 29/2000, alíquotas progressivas para o IPTU, salvo se destinada a assegurar o cumprimento da função social da propriedade urbana".

Portanto, esse é o entendimento assente no Tribunal. Todavia, verifico que a Constituição previu uma clara exceção a essa disciplina, além da que já constava do art. 182, § 4º. A alíquota é progressiva de IPTU para garantir a função social da propriedade. A Emenda Constitucional n. 29/2000 alterou o disposto no art. 156, § 1º, para fazer constar o seguinte:

"Art. 156. Compete aos Municípios instituir impostos sobre: I – propriedade predial e territorial urbana; (...).

"§ 1º. Sem prejuízo da progressividade no tempo a que se refere o art. 182, § 4º, inciso II, o imposto previsto no inciso I poderá: I – ser progressivo em razão do valor do imóvel; e II – ter alíquotas diferentes de acordo com a localização e o uso do imóvel."

Portanto, com esses limites, é claro que o legislador constituinte permitiu essa diferenciação de alíquotas. (...). (...). Esse é o referencial. A Constituição dá a diretriz, e eventual incompatibilidade poderá ser aferida em face de cada disciplina, regulação ou lei municipal, tendo como parâmetro de controle essas normas que são bastante precisas, decorrentes da Emenda n. 29:

"Assim, a partir da Emenda Constitucional n. 29/2000, passou a ser possível a instituição de Imposto Progressivo sobre a Propriedade Predial e Territorial Urbana em quatro situações:

"• Para garantir a função social da propriedade nos casos de solo urbano não edificado, subutilizado ou não utilizado (art. 182, § 2º, II).

"• Progressividade em razão do valor do imóvel (art. 156, § 1º, I).

"• Ter alíquotas diferentes de acordo com a localização do imóvel (art. 156, § 1º, II). E:

"• Ter alíquotas diferentes de acordo o uso do imóvel (art. 156, § 1º, II).

"Em São Paulo, a Lei municipal n. 13.250/2001 modificou a Lei n. 6.989/1966, para, nos termos da Constituição, estabelecer alíquota progressiva em razão do valor venal do imóvel. Referida lei, portanto, materialmente compatível com a Constituição, em sua vigência atual.

"A questão paralela que surge no presente caso reside em saber se a própria Emenda Constitucional n. 29/2000 é inconstitucional, por desrespeitar limites materiais ao poder constituinte reformador." (...).

Então, a tese do Plenário, no caso de Belo Horizonte – RE n. 155 –, parece-me perfeita. Não havia solução, senão violentar as balizas constitucionais.

Dizia ele: "A Emenda não ofende, evidentemente, nenhuma pretendida cláusula pétrea".

Eu, sem nada a acrescentar, apenas para justificar a convicção formada e a antecipação do voto, acompanho inteiramente o voto do Relator. (...).

EXTRATO DE ATA

Decisão: Após o voto do Sr. Min. Marco Aurélio (Relator), que conhecia e dava provimento ao recurso para indeferir a segurança, no que foi acompanhado pela Sra. Min. Carmen Lúcia e pelos Srs. Mins. Eros Grau, Joaquim Barbosa e Sepúlveda Pertence, pediu vista dos autos o Sr. Min. Carlos Britto. Declarou impedimento o Sr. Min. Ricardo Lewandowski. Ausente, justificadamente, o Sr. Min. Celso de Mello. Falou pelo recorrente o Dr. Celso Augusto Coccaro Filho, Procurador-Geral do Município.

Presidência da Sra. Min. Ellen Gracie. Plenário, 28.6.2006.

Decisão: Prosseguindo no julgamento, o Tribunal, por unanimidade e nos termos do voto do Relator, conheceu e deu provimento ao recurso extraordinário para indeferir a segurança. Votou o Presidente, Min. Cézar Peluso. Não votou o Sr. Min. Dias Toffoli, por suceder ao Sr. Min. Sepúlveda Pertence, que votou em assentada anterior. Ausente, neste julgamento, o Sr. Min. Ricardo Lewandowski. Plenário, 1.12.2010.

Presidência do Sr. Min. Cézar Peluso. Presentes à sessão os Srs. Mins. Celso de Mello, Marco Aurélio, Ellen Gracie, Gilmar Mendes, Ayres Britto, Joaquim Barbosa, Ricardo Lewandowski, Carmen Lúcia e Dias Toffoli.

***
PERGUNTAS

1. Quais os fatos do caso?
2. Qual o direito reivindicado pela recorrida, autora original do mandado de segurança contra a Prefeitura de São Paulo (Ifer Estamparia e Ferramentaria Ltda.)?
3. Qual o poder reivindicado pela Prefeitura de São Paulo, e sob qual fundamento?
4. Como se configura o conceito de função social da propriedade no caso da propriedade urbana? Qual a sua diferença para a propriedade rural?
5. Qual a relação entre tributação progressiva e função social da propriedade?
6. Qual a distinção dos raciocínios sobre a validade da progressividade do IPTU apresentados pelos Mins. Victor Nunes Leal e Moreira Alves, de acordo com o histórico apresentado pelo Min. Marco Aurélio em seu voto?
7. A edição da Emenda 29/2000 torna essa discussão irrelevante?
8. O que pretendiam os autores do mandado de segurança? Que o Judiciário declarasse a inconstitucionalidade da Emenda 29/2000, que autorizou o IPTU progressivo?
9. É possível declarar a inconstitucionalidade de uma emenda à Constituição? Em que circunstâncias?
10. Há uma cláusula pétrea protegendo o proprietário do imóvel urbano de não ser tributado progressivamente? Onde? O que decidiu o Supremo sobre isso?
11. O que são cláusulas pétreas? Quais são as cláusulas pétreas de nossa Constituição?
12. Qual a diferença entre tributo de "caráter pessoal" e tributo de "caráter real"? Qual a relevância desta distinção para o enfrentamento do presente caso?
13. Os Mins. Marco Aurélio, Ayres Britto e Gilmar Mendes se baseiam nessa diferença para proferir seus votos?
14. Qual a finalidade dos tributos? Qual sua relação com os fins de realizar a justiça social previstos na Constituição? Qual a sua relação com o direito à propriedade?
15. Qual a decisão final da Corte?

TRABALHO

6.24 Caso Air France (RE 161.243-6-DF)

(2ª Turma – rel. Min. Carlos Velloso – j. 29.10.1996)

Constitucional – Trabalho – Princípio da igualdade – Trabalhador brasileiro empregado de empresa estrangeira – Estatutos do pessoal desta: aplicabilidade ao trabalhador estrangeiro e ao trabalhador brasileiro – CF/1967, art. 153, § 1º; CF/1988, art. 50, *caput*.

I – Ao recorrente, por não ser francês, não obstante trabalhar para a empresa francesa no Brasil, não foi aplicado o estatuto do pessoal da empresa, que concede vantagens aos empregados, cuja aplicabilidade seria restrita ao empregado de nacionalidade francesa – Ofensa ao princípio da igualdade: CF/1967, art. 153, § 1º; CF/1988, art. 5º, *caput*.

II – A discriminação que se baseia em atributo, qualidade, nota intrínseca ou extrínseca do indivíduo, como o sexo, a raça, a nacionalidade, o credo religioso etc., é inconstitucional – Precedente do STF: Ag n. 110.846 (AgR)-PR, Célio Borja, *RTJ* 119/465.

III – Fatores que autorizariam a desigualização não ocorrentes no caso.

IV – Recurso extraordinário conhecido e provido.

ACÓRDÃO – Vistos, relatados e discutidos estes autos: Acordam os Ministros do Supremo Tribunal Federal, em 2ª Turma, na conformidade da ata do julgamento e das notas taquigráficas, preliminarmente, conhecer do recurso para examinar desde logo a questão constitucional relativa à ofensa ao princípio da isonomia, vencido em parte o Sr. Ministro-Relator, que conhecia do recurso extraordinário e determinava retornassem os autos ao TST, para que julgasse a questão de ofensa ao princípio da isonomia. Prosseguindo no julgamento, examinando o mérito da questão constitucional, conhecer do recurso e lhe dar provimento, para determinar a aplicação ao recorrente do estatuto da empresa, nos termos solicitados na inicial, o que se apurará em liquidação de sentença. Ausente, justificadamente, neste julgamento, o Sr. Min. Marco Aurélio.

Brasília, 29 de outubro de 1996 – *Néri da Silveira*, presidente – *Carlos Velloso*, relator.

RELATÓRIO – *O Sr. Min. Carlos Velloso*: Trata-se de reclamação trabalhista ajuizada por Joseph Halfin contra a Cie. Nationale Air France, para quem o reclamante trabalhou durante 34 anos, objetivando a nulidade de rescisões contratuais, bem como da opção pelo FGTS e, ainda, os demais direitos amparados pela legislação trabalhista e pelo estatuto de pessoal da empresa francesa reclamada.

A 28ª JCJ/RJ julgou procedente, em parte, a ação, para condenar a reclamada a pagar ao reclamante as diferenças referentes ao FGTS que não foram depositadas em sua conta vinculada, inclusive acréscimos legais.

Ambas as partes interpuseram recurso ordinário; ao recurso ordinário da reclamada o reclamante juntou recurso adesivo.

A 2ª Turma do TRT-1ª Região não conheceu do recurso adesivo, por incabível, e negou provimento ao recurso do autor; por maioria, negou provimento ao recurso da empresa.

Interpostos recursos de revista para o TST, foram ambos os apelos inadmitidos pela decisão de fls. 96-97.

Ao agravo de instrumento, interposto pelo reclamante, foi negado seguimento pelo Ministro-Relator, com base nas Súmulas ns. 221, 126 e 208 do TST (fls. 181).

A 2ª Turma do TST, por unanimidade, negou provimento ao agravo regimental. Quanto à aplicação dos estatutos da empresa, assim se manifestou o voto-condutor do acórdão:

"O acórdão revisando, interpretando o regulamento da empresa, concluiu: '(...) não sendo realmente o reclamante cidadão francês, não faz jus ao que pretende, relativamente à aplicação dos estatutos do pessoal em terra da reclamada'.

"A discussão pretendida é inviável, por força dos Enunciados ns. 126 e 208, porquanto para chegar-se a um entendimento contrário ao do Regional necessário o reexame de provas e regulamento da empresa" (fls. 204).

Inconformado, o reclamante interpôs recurso extraordinário, fundado no art. 102, III, "a", da CF, alegando que o acórdão recorrido violou a mesma Carta ao não aplicar os estatutos da empresa francesa ao trabalhador nacional. Sustenta, em síntese, que: (a) o TRT, violando todo nosso sistema jurídico, privilegiou determinado empregado, em razão de sua nacionalidade (o francês em detrimento do brasileiro), sem qualquer diversificação objetiva, quer seja de produtividade, quer de local de prestação de serviços ou qualquer outra; (b) no caso, "há ofensa ao princípio constitucional da isonomia no art. 153, *caput*, e § 10, da CF de 1967/1969, não se tendo, pois, em nenhum momento, investido contra o campo regulamentar ou fático-probatório"; (c) "houve, por outro lado, ofensa aos princípios da completa entrega de prestação jurisdicional devida pelo Estado e da ampla defesa em razão do trancamento do recurso principal, inscritos no art. 5º, incisos XXXV e LV, da CF".

Contrarrazões a fls. 225-231.

Inadmitido o recurso pela decisão de fls. 233, subiram os autos ao ser provido o agravo de instrumento, em apenso.

A ilustre Subprocuradora-Geral da República, Dra. Anadyr de Mendonça Rodrigues, oficiando a fls. 241-245, opina no sentido de que o recurso extraordinário comporta conhecimento e provimento.

É o relatório.

(...).

VOTO – *O Sr. Min. Carlos Velloso* (relator): Sr. Presidente, vencido na preliminar, passo a proferir o voto de mérito.

No voto que proferi quando do julgamento do MS n. 21.154-DF, lembrei que a prática da igualdade está em tratar igualmente os iguais e desigualmente os desiguais, tal como ensinava Aristóteles.

No efetivar esse tratamento, entretanto, é que surgem as dificuldades, dado que é preciso estabelecer, registra o Professor Celso Antônio Bandeira de Mello, quem são os iguais e quem são os desiguais (*O Conteúdo Jurídico do Princípio da Igualdade*, p. 15).

O tema foi versado por mim, Sr. Presidente, por mais de uma vez. No antigo TFR, quando do julgamento da AMS n. 79.839-RJ, reportei-me à sentença que proferi, como Juiz em Minas, em que examinei a inconstitucionalidade da Lei n. 5.465/1968, que concedera privilégio a agricultores e filhos destes para matrícula nas Escolas Superiores de Agricultura e Veterinária mantidas pela União (*Revista do TFR* n. 60, p. 126). No já citado MS n. 21.154 a questão foi novamente posta (*RTJ* 155/440).

No despacho que proferi em diversos agravos e recursos extraordinários – por exemplo, o Ag n. 153.333-SP – que cuidavam da isenção do Imposto sobre Operações de Câmbio, instituída pelo art. 6º do Decreto-lei n. 2.434/1988 nas operações realizadas para pagamento de bens importados cujas guias foram emitidas após 1.7.1988, declarei que a citada norma concessiva da isenção parecia-me ilegítima sob o ponto de vista constitucional, porque tratava ela desigualmente a iguais, dado que não me parecia existir "correlação lógica entre o fator erigido em critério de discrímen e a discriminação legal decidida em função dele" (Celso Antônio Bandeira de Mello, *O Conteúdo Jurídico do Princípio da Igualdade*, p. 37).

É que "a discriminação não pode ser gratuita ou fortuita. Impende que exista uma adequação racional entre o tratamento diferenciado construído e a razão diferencial que lhe serviu de supedâneo"; ou, noutras palavras, "a lei não pode conceder tratamento específico, vantajoso ou desvantajoso, em atenção a traços e circunstâncias peculiarizadoras de uma categoria de indivíduos se não houve adequação racional entre o elemento diferencial e o regime dispensado aos que se inserem na categoria diferenciada" (Celso Antônio Bandeira de Mello, ob. cit., pp. 47-50).

Examinemos o caso em julgamento.

Aqui, deixou-se de aplicar, em relação ao empregado, ora recorrente, o estatuto da empregadora, que concede vantagens aos empregados, ao argumento puro e simples de que ele não seria aplicável porque o empregado não era de nacionalidade francesa, mas brasileira. Não se considerou, todavia, que a prestação de serviço realizava-se no Brasil, sujeita a empresa às leis brasileiras, convindo registrar que na empresa havia empregados franceses e brasileiros, todos empregados da mesma empresa, certo que não se reservava aos franceses um certo tipo de trabalho diferente do trabalho praticado pelos brasileiros. Noutras palavras, os empregados franceses não exercem tarefas típicas, em relação aos brasileiros. Brasileiros e franceses, empregados da empresa francesa sujeita às leis brasileiras, não exercem, uns em relação a outros, tarefas diferentes, ontologicamente, mais importantes ou mais difíceis, especiais, uns em relação a outros. Não há, aliás, nos autos uma só palavra a esse respeito. O fator desigualizador foi, não custa repetir, apenas isto: a nacionalidade.

Em síntese, no caso, o elemento usado para desigualar é simplesmente singularizador do destinatário; acresce que não há conexão lógica e racional que justifique o tratamento diferenciado e, ademais, não me parece ocorrer, no tratamento diferenciado, afinidade com o sistema normativo vigente. A existência desses três fatores é que autorizaria a desigualação (Celso Antônio Bandeira de Mello, ob. cit.).

Aqui, bem lembrou a Procuradoria-Geral da República, no parecer, o discrímen fundou-se em atributo, qualidade, nota intrínseca do recorrente, qual seja, a sua nacionalidade. O fator utilizado, entretanto, torna ilegítima, sob o ponto de vista constitucional – CF/1967, art. 153, § 1º, CF/1988, art. 5º, *caput* –, a discriminação, conforme decidiu o STF no Ag 110.846 (AgR)-PR, relator o Sr. Min. Célio Borja: "Princípio da isonomia. Não é vulnerado quando a mesma parte, em causas idênticas e processos distintos julgados pelo mesmo tribunal, recebe decisões diversas. A discriminação proibida é a que se funda em atributo, qualidade, nota intrínseca ou extrínseca do sujeito enunciados na Constituição, art. 153, § 10 – Agravo regimental negado" (*RTJ* 119/465).

No caso, porque não ocorrentes os fatores que justificariam o tratamento diferenciado, tem-se que iguais foram tratados desigualmente, o que é ofensivo ao princípio isonômico que a Constituição consagra e que é inerente ao regime democrático e à República.

Do exposto, conheço do recurso e dou-lhe provimento para o fim de julgar procedente, no ponto, a reclamação trabalhista.

VOTO – *O Sr. Min. Maurício Corrêa*: Sr. Presidente, uma empresa, quando vem se instalar no Brasil, quando consegue permissão para funcionar no ramo do transporte aéreo, tem que se submeter à legislação brasileira, que se presume ser de seu conhecimento.

Evidentemente, como o tom da nossa Constituição é de igualdade de tratamento, não podendo haver desigualdade entre iguais, razão pela qual quem aqui se instala há que obedecer ao nosso ordenamento legal, máxime no que diz respeito aos ditames ordenados pela Constituição Federal. Tanto mais que essa discriminação que foi feita não se coaduna com a razoabilidade, e muito menos não se coaduna com o ordenamento constitucional brasileiro.

Assim sendo, acompanho o eminente Ministro-Relator na sua conclusão, conhecendo do recurso e lhe dando provimento, nos limites do que foi excepcionado pela não aplicação do estatuto da empresa, no Brasil, com relação ao recorrente.

VOTO – *O Sr. Min. Néri da Silveira* (presidente): Estabelece a Constituição em vigor, reproduzindo nossa tradição constitucional, no art. 5º, *caput*: "Todos são iguais perante a lei, sem distinção de qualquer natureza, garantindo-se aos brasileiros e aos estrangeiros residentes no País a inviolabilidade do direito à vida, à liberdade, à igualdade, à segurança e à propriedade".

No genérico âmbito do conceito de propriedade compreendem-se os chamados direitos econômicos e direitos salariais.

De outra parte, no que concerne aos direitos sociais, nosso sistema veda, no inciso XXX do art. 7º da CF, qualquer discriminação decorrente – além, evidentemente, da nacionalidade – de sexo, idade, cor ou estado civil. Dessa maneira, nosso sistema constitucional é contrário a tratamento discriminatório entre pessoas que prestam serviços iguais a um empregador. No que concerne ao estrangeiro, quando a Constituição quis limitar-lhe o acesso a algum direito, expressamente estipulou. Assim, quando a própria Constituição estabelece que determinados cargos só podem ser providos por brasileiros natos, enquanto outros por natos ou naturalizados, certo que estrangeiros, naturalizados brasileiros, nacionais brasileiros passam a ser. Quando a Constituição quis fazer essas discriminações, ela o fez. Mas o princípio do nosso sistema é o da igualdade de tratamento. Em consequência, não pode uma empresa no Brasil, seja nacional ou estrangeira, desde que funcione, opere em território nacional, estabelecer discriminação decorrente de nacionalidade para seus empregados em regulamento de empresa, a tanto correspondendo o

IGUALDADE

estatuto dos servidores da empresa, tão só pela circunstância de não ser um nacional francês. Essa consideração parece-me suficiente para acompanhar o voto do Sr. Ministro-Relator no sentido de proceder o recurso do reclamante e ver a ele aplicável também o estatuto da empresa estrangeira, de cuja abrangência foi excluído pela só razão de não ser francês. Nosso sistema não admite esta forma de discriminação, quer em relação à empresa brasileira, quer em relação à empresa estrangeira.

Assim, acompanho o voto do eminente Ministro-Relator, conhecendo do recurso por ofensa ao princípio da isonomia, que compreendo devidamente prequestionado, e lhe dando provimento para determinar a aplicação ao reclamante do estatuto da recorrida.

EXTRATO DE ATA

Decisão: Preliminarmente, a Turma reconheceu do recurso para examinar desde logo a questão constitucional relativa à ofensa ao princípio da isonomia, vencido em parte o Sr. Ministro-Relator, que conhecia do recurso extraordinário e determinava retornassem os autos ao TST, para que julgasse a questão de mérito sobre ofensa ao princípio da isonomia. Prosseguindo no julgamento, a Turma, examinando o mérito da questão constitucional, conheceu do recurso e lhe deu provimento para determinar a aplicação ao recorrente do estatuto da empresa, nos termos solicitados na inicial, o que se apurará em liquidação de sentença. Ausente, justificadamente, neste julgamento, o Sr. Min. Marco Aurélio. Falou pelo recorrente o Dr. Roberto de Figueiredo Caldas e, pela recorrida, o Dr. Fernando Neves da Silva. 2ª Turma, 29.10.1996.

Presidência do Sr. Min. Néri da Silveira. Presentes à sessão os Srs. Mins. Carlos Velloso, Marco Aurélio e Maurício Corrêa.

* * *

PERGUNTAS

1. Quais são os fatos?
2. Qual o direito invocado na presente ação?
3. Em que sentido o conceito de devido processo foi invocado no presente caso?
4. Quem consta no polo passivo desta relação processual?
5. As obrigações impostas pelos direitos fundamentais afetam agentes privados na mesma dimensão que os agentes públicos?
6. Isso é específico para os direitos dos trabalhadores reconhecidos constitucionalmente, ou também se aplica aos demais direitos fundamentais?
7. O que significa dizer que não pode haver discriminação com base em atributo, qualidade ou nota intrínseca ou extrínseca à pessoa?
8. Neste sentido, toda discriminação com base no gênero ou na nacionalidade é ilegítima?
9. O Min. Néri da Silveira parece encontrar espaço para exceções em que a discriminação é autorizada. Que espaços são estes? Existem outras justificativas possíveis para a discriminação?
10. Qual o conceito de igualdade adotado pelo Tribunal neste caso?
11. Com que valor ou interesse o direito à igualdade está colidindo no presente caso?
12. Qual a decisão proferida pelo Tribunal?

6.25 Caso do salário-mínimo (ADI/MC 1.458-7-DF)

(Plenário – rel. Min. Celso de Mello – j. 23.5.1996)

Desrespeito à Constituição – Modalidades de comportamentos inconstitucionais do Poder Público. (...).

Salário-mínimo – Satisfação das necessidades vitais básicas – Garantia de preservação de seu poder aquisitivo. (...).

Salário-mínimo – Valor insuficiente – Situação de inconstitucionalidade por omissão parcial. (...).

Inconstitucionalidade por omissão – Descabimento de medida cautelar. (...).

ACÓRDÃO – Vistos, relatados e discutidos estes autos: Acordam os Ministros do Supremo Tribunal Federal, em sessão plenária, na conformidade da ata de julgamentos e das notas taquigráficas, por unanimidade de votos, em conhecer da ação e indeferir o pedido de medida liminar.

Brasília, 23 de maio de 1996 – *Sepúlveda Pertence*, presidente – *Celso de Mello*, relator.

RELATÓRIO – *O Sr. Min. Celso de Mello*: Trata-se de ação direta de inconstitucionalidade por omissão ajuizada pela Confederação Nacional dos Trabalhadores na Saúde/CNTS, que, com fundamento no art. 102, I, "p", e art. 103, § 2º, todos da Constituição, pretende o reconhecimento da ilegitimidade constitucional do art. 1º e respectivo parágrafo único da Medida Provisória n. 1.415, de 29.4.1996, cujo conteúdo normativo é o seguinte:

"Art. 1º. O salário-mínimo será de R$ 112,00 (cento e doze Reais), a partir de 1º de maio de 1996.

"Parágrafo único. Em virtude do disposto no *caput* deste artigo, o valor diário do salário-mínimo corresponderá a R$ 3,73 (três Reais e setenta e três centavos) e o seu valor horário a R$ 0,51 (cinquenta e um centavos)."

A Confederação autora da presente ação sustenta que o Presidente da República, ao fixar o novo valor do salário-mínimo em apenas 112 Reais, valeu-se, na medida provisória em referência, de índice absolutamente inadequado (porque conjuga componentes de variação de preços ao consumidor, ao produtor e ao construtor), incapaz, consequentemente, de refletir, com fidelidade, a perda inflacionária sofrida pelos trabalhadores.

O argumento de inconstitucionalidade da autora reside na alegada transgressão estatal da norma inscrita no art. 7º, IV, da Constituição, que dispõe, em comando imperativo destinado ao Poder Público, que o salário-mínimo, nacionalmente unificado, a ser estabelecido em lei, deverá atender às necessidades vitais básicas do trabalhador e dos membros de sua família com moradia, alimentação, educação, saúde, lazer, vestuário, higiene, transporte e previdência social, além de sofrer reajustes periódicos que visem a preservar-lhe o poder aquisitivo.

A Confederação promovente desta ação direta, depois de enfatizar que as normas impugnadas eliminam a garantia constitucional de preservação do poder aquisitivo do salário-mínimo, critica a absoluta impropriedade do índice de reajuste adotado pela Medida Provisória n. 1.415/96 (IGP-DI), salientando (fls. 3-4):

"(...).

"O salário-mínimo, que até a data de 30 de abril era de 100 Reais, acaba de ser reajustado por índice aleatório, inferior à variação de todos os índices mensurados por institutos oficiais e privados, de reconhecida idoneidade.

"A omissão da metodologia de cálculo, ou do processo de apuração do índice utilizado para alterar-se o valor do salário-mínimo, importa grave violação de três princípios constitucionais que são o sustentáculo da Administração Pública, da qual o Exmo. Sr. Presidente da República é servidor público número um.

"(...).

"As razões de ordem econômica, que não se fundamentam no interesse ou na segurança nacional, ao se sobreporem ao ordenamento jurídico vigente, corroem as estruturas democráticas, pondo em risco o Estado de Direito, além de gerar insegurança jurídica a parcela significativa da população, que reclama também, como outros segmentos da sociedade, o exercício pleno de sua cidadania, pedindo o cumprimento da Constituição, no caso particular, a preservação do poder de compra do salário-mínimo, assegurado pelo disposto no inciso IV do art. 7º da CF.

"Diz o art. 7º, inciso IV, da CF: '(...) com reajustes periódicos que lhes preservem o poder aquisitivo (...)'.

"O novo salário-mínimo ofende a Constituição, porque deixa de reajustar o seu valor anterior de 100 Reais. Através de um artifício, fixa-se um novo valor para o mesmo, desconectado da realidade, burlando, de forma flagrante, expressa disposição constitucional, que reclama o reajuste.

"Tanto é assim, que o valor fixado, considerada a variação nominal, é inferior a todos os índices, oficiais e não oficiais, atualmente disponíveis, capazes de refletir, de maneira aproximada, a desvalorização do poder de compra do salário.

"O índice que mais se aproxima, nos últimos 12 meses, é o Índice Geral de Preços – Disponibilidade Interna/IGP-DI, calculado por instituição privada (FGV), que conjuga componentes de variação de preços ao consumidor, ao produtor e ao construtor. Este mesmo índice é adotado, nos termos do art. 2º da medida provisória em comento, para reajustar os benefícios mantidos pela Previdência Social.

"Ao referir-se a reajuste, a norma constitucional deixa implícita a necessidade de um parâmetro a ser utilizado para tal finalidade que tenha relação com a preservação do poder aquisitivo do valor do salário-mínimo. A adoção de qualquer outro critério esbarra na norma constitucional.

"A fixação do salário-mínimo em 112 Reais significa um reajuste igual a 12%, inferior, inclusive, ao concedido aos trabalhadores inativos, beneficiários da Previdência Social, o que é inconstitucional, a teor do disposto no art. 5º, *caput*, da CF. Não se concebe que um trabalhador na atividade possa receber menor salário do que o trabalhador inativo. Tal situação colide com o princípio insculpido no *caput* do art. 170 da CF, que dispõe que: 'A ordem econômica, fundada na valorização do trabalho humano e na livre iniciativa, tem por fim assegurar a todos existência digna, conforme os ditames da justiça social, observados os seguintes princípios: (...)'.

"Não se concebe, portanto, reajuste diferenciado para o salário-mínimo e para o aposentado e pensionista, até porque, segundo dispõe o art. 201, § 5º, da CF: 'Nenhum benefício que substitua o salário-de-contribuição ou o rendimento de trabalho do segurado terá valor mensal inferior ao salário-mínimo'.

"(...)."

Com tais fundamentos – e não obstante reconhecendo a autora a ocorrência de hipótese de inconstitucionalidade por omissão (fls. 2) –, requer seja concedida medida cautelar para suspender, liminarmente, a eficácia das norma ora impugnadas, a fim de que (fls. 5): "(a) seja declarada a omissão inconstitucional do Exmo. Sr. Presidente da República e do Congresso Nacional, determinando-se o imediato reajuste do salário-mínimo por índice que demonstre a variação real do poder aquisitivo do mesmo, nos últimos 12 meses; ou, alternativamente: (b) que seja declarada a omissão inconstitucional do Sr. Presidente da República e do Congresso Nacional, para que o salário-mínimo seja reajustado no mesmo índice dos benefícios da Previdência Social, a teor do que dispõe o art. 2º da Medida Provisória n. 1.415, de 1996, a teor do que dispõem os arts. 5º, *caput*, 170, *caput*, e 201, § 5º, da CF".

Havendo pedido de medida cautelar, submeto o pleito à apreciação do Plenário desta Suprema Corte.

É o relatório.

VOTO – *O Sr. Min. Celso de Mello* (relator): A autora sustenta que a Medida Provisória n. 1.415/1996, ao fixar o novo salário-mínimo (112 Reais), teria vulnerado a norma inscrita art. 7º, IV, da Constituição, que assim dispõe: "Art. 7º. São direitos dos trabalhadores urbanos e rurais, além de outros que visem à melhoria de sua condição social: (...); IV – salário-mínimo, fixado em lei, nacionalmente unificado, capaz de atender às suas necessidades vitais básicas e às de sua família com moradia, alimentação, educação, saúde, lazer, vestuário, higiene, transporte e previdência social, com reajustes periódicos que lhe preservem o poder aquisitivo, sendo vedada sua vinculação para qualquer fim (...)". (...).

A Carta Política, ao inscrever a garantia jurídica concernente ao salário-mínimo dentre os direitos sociais da classe trabalhadora, determinou ao Poder Público que editasse lei veiculadora de valor remuneratório capaz de atender às necessidades vitais básicas do trabalhador e dos membros de sua família, em ordem a permitir-lhes a satisfação dos gastos essenciais com moradia, alimentação, educação, saúde, lazer, vestuário, higiene, transporte e previdência social.

Mais do que o reconhecimento formal do direito ao salário-mínimo, a Constituição da República promulgada em 1988 – demonstrando extrema preocupação com as perdas salariais geradas pelo processo inflacionário – impôs ao Estado a obrigação de adotar mecanismos destinados a preservar o próprio poder aquisitivo do salário-mínimo.

Com efeito, a cláusula constitucional inscrita no art. 7º, IV, da Carta Política – para além da proclamação da garantia social do salário-mínimo – consubstancia verdadeira imposição legiferante, que, dirigida ao Poder Público, tem por finalidade vinculá-lo à efetivação de uma prestação positiva destinada (a) a satisfazer às necessidades essenciais do trabalhador e de sua família e (b) a preservar, mediante reajustes periódicos, o valor intrínseco dessa remuneração básica, conservando-lhe o poder aquisitivo.

A preservação do poder aquisitivo do salário-mínimo, com a consequente conservação de seu valor real, constitui a grande inovação introduzida no tema pela Assembleia Constituinte de 1987/1988, eis que os anteriores documentos constitucionais republicanos, embora inspirados pelo sentimento de solidariedade que emana da ideia social – 1934 (art. 121, § 1º, "b"), 1937 (art. 137, "h"), 1946 (art. 157, I), 1967 (art. 158, I) e 1969 (art. 165, I) –, nada dispuseram sobre o princípio em referência.

Na realidade, a nova Constituição Federal de 1988, nesse específico ponto, nada mais fez senão reiterar compromisso assumido pelo Estado Brasileiro na esfera internacional. É que o Brasil subscreveu em 1970, no âmbito da OIT, a Convenção n. 131, já incorporada ao sistema de direito positivo interno (Decreto n. 89.686/184), comprometendo-se a adotar, no plano nacional, mecanismos vocacionados a operar reajustamentos periódicos necessários à preservação do real valor do salário-mínimo (art. 3º da Convenção OIT n. 131).

Vê-se, portanto, que o legislador constituinte brasileiro delineou um nítido programa social destinado a ser desenvolvido pelo Estado, mediante atividade legislativa vinculada. Ao dever de legislar imposto ao Poder Público – e de legislar com estrita observância dos parâmetros constitucionais de índole jurídico-social e de caráter econômico-financeiro (CF, art. 7º, IV) – corresponde o direito público subjetivo do trabalhador a uma legislação que lhe assegure, efetivamente, as necessidades vitais básicas individuais e familiares e que lhe garanta a revisão periódica do valor salarial mínimo, em ordem a preservar, em caráter permanente, o poder aquisitivo desse piso remuneratório.

É por essa razão que Luís Roberto Barroso, ao versar o tema ora em análise, discutindo-o na perspectiva da efetividade dos direitos e garantias de ordem social, expende considerações que devem constituir objeto de necessária reflexão (*O Direito Constitucional e a Efetividade de suas Normas*, pp. 151-152, 2ª ed., 1993, Renovar):

"Esta não é, definitivamente, uma norma programática. Não apenas porque o *caput* do dispositivo refere-se expressamente a um direito assegurado, como também porque o preceito descreve a utilidade a ser fruída – salário capaz de satisfazer as necessidades vitais básicas de um trabalhador e sua família – e especifica, embora de modo implícito, a conduta devida: pagar salário que atenda aos requisitos enunciados.

"(...).

"*Quid iuris* se o vício se contiver não no ato em si do empregador, mas no do Congresso Nacional, por fixar um salário-mínimo que desatenda aos requisitos constitucionais? Em outras palavras: existe remédio jurídico a ser utilizado contra o ato legislativo que institua um salário-mínimo incapaz de satisfazer as necessidades normais de um trabalhador e sua família?

"A resposta é afirmativa. Tanto mais agora que o novo texto constitucional simplificou a tarefa jurisdicional ao estabelecer uma série de parâmetros objetivamente aferíveis. No regime da Carta de 1969 a cláusula 'necessidades normais', sem qualquer outro detalhamento, padecia de um conteúdo fluido, algo impreciso, ainda que não indeterminável. Presentemente, todavia, o próprio inciso IV enuncia os fatores a serem tomados em conta na fixação do salário-mínimo: moradia, alimentação, educação, saúde, lazer, vestuário, higiene, transporte e previdência social. E, muito embora seja impossível erradicar-se totalmente um certo grau de subjetividade, é plenamente possível a um juiz, por dados oficiais ou mediante prova técnica, estimar, *v.g.*, o valor de aluguel de uma habitação modesta em bairro operário, o custo de alimentação valorado por uma cesta básica, as despesas de transporte tendo em vista o preço da passagem etc. Mesmo quando os valores pudessem oscilar significativamente, de acordo com o que cada um viesse a considerar como padrão mínimo de dignidade, o fato é que há um núcleo central em relação ao qual haverá consenso em qualquer circunstância.

"(...).

"Assentada a premissa, *é bem de ver que se a União*, por seu órgão legislativo, *fixa o valor do salário-mínimo em quantitativo insuficiente* para o atendimento das necessidades vitais básicas de um trabalhador e de sua família, *o ato que o institui vicia-se por inconstitucionalidade*" (grifei).

Tudo isso significa, na perspectiva do preceito consubstanciado no art. 7º, IV, da Carta Política, que a insuficiência do valor correspondente ao salário-mínimo, definido em importância que se revele incapaz de atender às necessidades vitais básicas do trabalhador e dos membros de sua família, configurará um claro descumprimento, ainda que parcial, da Constituição da República, pois o legislador, em tal hipótese, longe de atuar como o sujeito concretizante do postulado constitucional que garante à classe trabalhadora um piso geral de remuneração, estará realizando, de modo imperfeito, o programa social assumido pelo Estado na ordem jurídica. (...).

Há, na realidade, em tema de salário-mínimo, uma inderrogável obrigação estatal que vincula o Poder Público ao dever de fixar um piso remuneratório capaz de satisfazer as necessidades primárias de subsistência do trabalhador e dos membros de sua família.

O valor que emerge da norma ora impugnada não realiza os propósitos visados pelo legislador constituinte, eis que basta mera constatação objetiva – independentemente de qualquer discussão técnica sobre os índices aplicáveis – para concluir-se, sem qualquer dúvida, sobre a absoluta insuficiência do *quantum* fixado pelo Governo para o satisfatório atendimento das necessidades vitais básicas do trabalhador e de sua família.

A Medida Provisória n. 1.415/1996 decididamente não guarda fidelidade à Constituição Federal no ponto em que esta impõe ao Governo da República a dupla obrigação de (a) estipular, para o salário-mínimo, importância suficiente e necessária à satisfação das exigências vitais básicas relacionadas pelo próprio legislador constituinte e (b) de proceder a revisões periódicas que efetivamente preservem o poder aquisitivo do salário-mínimo.

O exame dos diversos índices resultantes de pesquisas efetuadas por instituições idôneas revela, a partir de uma simples análise comparativa, que a opção governamental pelo valor estipulado na norma impugnada – considerada a realidade socioeconômica prevalecente na sociedade brasileira – resiste a um confronto liminar com o texto da Constituição.

Enquanto o Governo Federal, na fixação do salário-mínimo, utilizou-se do índice de 12%, as pesquisas efetuadas por instituições qualificadas revelam os seguintes números, todos eles desprezados pelo Poder Público:

ICV/DIEESE 33,74%;
IPC/FIPE 20,03%;
INPC/IBGE 18,30%;
IGP-M/FGV 13,62%.

Em suma: o valor mensal de 112 Reais – que corresponde a um valor salarial diário de 3,73 Reais – é aviltante e é humilhante. Ele, na verdade, reflete importância evidentemente insuficiente para propiciar ao trabalhador e aos membros de sua família um padrão digno de vida.

A quantia em referência confere atualidade à crítica do eminente Professor Osiris Rocha, para quem: "A consciência nacional sabe que o trabalhador brasileiro, com o mínimo, não atende nem ao mínimo. Faz mágica de sobrevivência" (*Enciclopédia Saraiva do Direito*, vol. 66/452-457, verbete "Salário").

Tenho para mim que a norma em causa, precisamente por haver fixado valor insuficiente à integral realização do comando inscrito no art. 7º, IV, da Carta Política, configura típica hipótese de inconstitucionalidade por omissão parcial, que admite e autoriza, como instrumento válido de impugnação, a utilização da via jurisdicional, inclusive da própria ação direta de inconstitucionalidade por omissão (CF, art. 103, § 2º).

Impõe-se ressaltar que na tipologia das situações inconstitucionais também inclui-se aquela que deriva do descumprimento, por inércia estatal, de norma impositiva de determinado comportamento atribuído ao Poder Público pela própria Constituição.

O desrespeito à Constituição tanto pode ocorrer mediante ação estatal quanto mediante inércia governamental. A situação de inconstitucionalidade, portanto, pode derivar de um comportamento ativo do Poder Público, que age ou edita normas em desacordo com o que dispõe a Constituição, ofendendo-lhe, assim, os preceitos e os princípios que nela se acham consignados. Essa conduta estatal, que importa um *facere*, gera, mediante violação positiva, a inconstitucionalidade por ação.

Pode ocorrer, no entanto, que o Poder Público deixe de adotar as medidas que sejam necessárias para tornar efetivos, operantes e exeqüíveis os próprios preceitos da Constituição. Em tal situação, o Estado abstém-se de cumprir o dever de prestação que a Constituição lhe impôs. Desse *non facere* ou *non praestare* resulta a inconstitucionalidade por omissão, que pode ser total, quando é nenhuma a providência adotada, ou parcial, quando é insuficiente a medida efetivada pelo Poder Público. (...).

Dentro desse contexto, foi instituída a ação direta de inconstitucionalidade por omissão, vocacionada a preservar a supremacia da Carta Política e destinada, enquanto instrumento de controle abstrato, a impedir o desprestígio da própria Constituição, eis que – tal como adverte Pontes de Miranda, em magistério revestido de permanente atualidade (*Comentários à Constituição de 1967 com a Emenda n. 1, de 1969*, t. 1/15-16, 2ª ed., 1970, RT) – "nada mais perigoso do que fazer-se Constituição sem o propósito de cumpri-la. Ou de só se cumprir nos princípios de que se precisa, ou se entende devam ser cumpridos – o que é pior (...). No momento, sob a Constituição que, bem ou mal, está feita, o que nos incumbe, a nós, dirigentes, juízes e intérpretes, é cumpri-la. Só assim saberemos a que serviu e a que não serviu, nem serve. Se a nada serviu em alguns pontos, que se emende, se reveja. Se em algum ponto a nada serve – que se corte nesse pedaço inútil. Se a algum bem público desserve, que pronto se elimine. Mas, sem a cumprir, nada saberemos. Nada sabendo, nada poderemos fazer que mereça crédito. Não a cumprir é estrangulá-la ao nascer". (...).

O comportamento negativo dos Poderes constituídos, que deixam de editar normas regulamentadoras do texto constitucional previstas na própria Constituição, torna inviável – numa típica e perversa relação de causa e efeito – o exercício de direitos, liberdades e prerrogativas assegurados às pessoas pelo Estatuto Fundamental.

O desprestígio da Constituição – por inércia de órgãos meramente constituídos – representa um dos mais graves aspectos da patologia constitucional, além de evidenciar o inaceitável desprezo das liberdades públicas pelos Poderes do Estado.

Essa constatação, feita por Karl Loewenstein (*Teoría de la Constitución*, p. 222, 1983, Ariel, Barcelona), coloca em pauta um fenômeno que esse autor denominou de "erosão da consciência constitucional", que decorre do processo de desvalorização funcional da Constituição escrita.

A guarda da Constituição incumbe, precipuamente, ao STF, em cujas funções institucionais inclui-se, como magna prerrogativa político-jurídica, o poder de verificação da compatibilidade vertical que necessariamente deve haver entre normas e comportamentos estatais, de um lado, e o texto da Carta Política, de outro, em ordem a preservar a supremacia do estatuto constitucional.

Os processos de controle de constitucionalidade existentes no ordenamento jurídico brasileiro encontram fundamento de caráter teórico e de índole jurídico-positiva (a) no sistema difuso, que permite a fiscalização incidental, e (b) no modelo concentrado, que faz instaurar o controle normativo abstrato.

A fiscalização abstrata de constitucionalidade, por sua vez, tem como instrumentos formais de sua realização (1) a ação direta de inconstitucionalidade (CF, art. 102, I, "a"), (2) a ação direta de inconstitucionalidade por omissão (CF, art. 103, § 2º) e (3) a ação declaratória de constitucionalidade (CF, art. 102, I, "a").

A hipótese versada nos presentes autos refere-se – como já precedentemente enfatizado – a uma alegação de típica situação de inconstitucionalidade por omissão parcial, eis que o Poder Público, considerado o valor que estipulou para o salário-mínimo, cumpriu de maneira imperfeita e insatisfatória o encargo que lhe foi imposto pela própria Constituição.

É por essa razão que a Confederação autora, sustentando que as normas impugnadas violaram o princípio da preservação do poder de compra do salário-mínimo, pretende, em face do que dispõe o art. 7º, IV, da Carta Política, o reconhecimento do estado de omissão inconstitucional do Poder Público.

A autora, não obstante reconhecendo a existência de omissão inconstitucional na espécie, postula concessão de medida liminar para que se determine ao Presidente da República e ao Congresso Nacional, desde logo, o imediato reajuste do salário-mínimo por índice que se revele adequado à demonstração da real variação da inflação (fls. 6).

Tratando-se de ação direta de inconstitucionalidade por omissão parcial, como no caso, torna-se inviável a concessão de provimento liminar, eis que o eventual deferimento da medida cautelar importaria revivescência da legislação revogada (*RTJ* 101/499 – *RTJ* 120/64 – *RTJ* 146/461-462), o que – na hipótese ora em exame – implicaria imediata redução do valor (insuficiente) de 112 Reais para o valor (inaceitável) de 100 Reais por mês a título de salário-mínimo, o que agravaria ainda mais o estado deplorável em que se acham extensos segmentos da formação social brasileira. (...).

Cumpre enfatizar que a própria jurisprudência do STF firmou-se no sentido de proclamar incabível a medida liminar nos casos de ação direta de inconstitucionalidade por omissão (*RTJ* 133/569, rel. Min. Marco Aurélio; ADI n. 267-DF, rel. Min. Celso de Mello), eis que não se pode pretender que mero provimento cautelar antecipe efeitos positivos inalcançáveis pela própria decisão final desta Corte que, julgando procedente a ação direta, venha a reconhecer o estado de inércia do Poder Público. Em tal hipótese, caberá ao STF cientificar o legislador inadimplente, para que este adote as medidas necessárias à concretização da imposição constitucional.

Na realidade, o reconhecimento formal do estado de omissão inconstitucional imputável ao Poder Público somente pode gerar, nos precisos termos do que prescreve o art. 103, § 2º, da Carta Política, mera comunicação ao órgão estatal inadimplente de que este se acha em mora constitucional.

É inequívoco o sentido da norma inscrita no § 2º do art. 103 da Carta Política, que, ao assinalar a única e exclusiva providência a cargo desta Suprema Corte, assim dispõe, *verbis*: "Declarada a inconstitucionalidade por omissão de medida para tornar efetiva norma constitucional, será dada ciência ao Poder competente para a adoção das providências necessárias e, em se tratando de órgão administrativo, para fazê-lo em 30 (trinta) dias".

Vê-se, portanto, que, em tema de controle abstrato de omissão inconstitucional, são extremamente limitados os poderes deferidos pela Carta da República ao STF, que não poderá, em hipótese alguma, substituindo-se ao órgão estatal inadimplente, expedir provimentos normativos que atuem como sucedâneo da norma reclamada pela Constituição mas não editada – ou editada de maneira insatisfatória – pelo Poder Público. Daí a impossibilidade de concessão de medida liminar em sede de controle concentrado de omissão estatal, eis que, reduzindo-se o pronunciamento final da Corte à mera cientificação do órgão em situação de mora, torna-se evidente que o provimento cautelar não poderá revestir-se de força maior e mais abrangente que a própria decisão concernente ao mérito da causa, a ponto de determinar ao Presidente da República e ao Congresso Nacional a adoção das medidas legislativas adequadas.

Cumpre não desconhecer, neste ponto, a advertência de José Afonso da Silva (*Mandado de Injunção e Habeas Data*, p. 26, item 9, 1989, RT), cujo magistério, ao versar o controle concentrado de inconstitucionalidade por omissão, salienta: "A ação direta de inconstitucionalidade por omissão visa a obter o reconhecimento de falta de medida para tornar efetiva norma constitucional, dando-se ciência ao Poder competente para adoção das providências necessárias e, em se tratando de órgão administrativo, para fazê-lo em 30 dias (art. 103, § 2º). Quer-se, com o reconhecimento da omissão inconstitucional, que o Poder omisso supra a omissão, expedindo a medida requerida para integrar a eficácia da norma constitucional, a fim de que se torne imediatamente aplicável. Mas a *decisão judicial*, no caso, *se limitará a dar ciência* ao Poder competente para as providências cabíveis. Não pode *obrigar à produção da medida supridora da omissão, mormente se a medida requerida for lei*. Esta é ato político, por excelência. Depende da vontade discricionária do legislador, a quem cabe decidir do seu conteúdo e do momento de sua produção" (grifei).

Mesmo em Portugal – para referir fonte histórica em cujo estatuto fundamental o legislador constituinte brasileiro inspirou-se para conferir positividade à disciplina normativa do tema pertinente às omissões inconstitucionais – não são outros, senão os já assinalados, os efeitos derivados do reconhecimento formal da inércia estatal. Daí a observação de J. J. Gomes Canotilho (*Direito Constitucional*, p. 833, 4ª ed., 1987, Almedina, Coimbra): "A verificação de não cumprimento da Constituição, derivado de omissões legislativas inconstitucionais, obriga o tribunal constitucional a dar conhecimento da inconstitucionalidade por omissão ao órgão competente (...)".

É por tal razão que não se pode, na situação exposta pela autora, sequer cogitar da concessão de medida liminar.

Desse modo, Sr. Presidente – e tendo em consideração as razões expostas –, conheço da presente ação de inconstitucionalidade por omissão, que se revela perfeitamente viável em face da própria natureza da postulação nela deduzida, mas indefiro, por incabível, o pedido de suspensão cautelar de eficácia das normas impugnadas.

É o meu voto.

EXTRATO DE ATA

Decisão: Por votação unânime, o Tribunal conheceu da ação e indeferiu o pedido de medida liminar. Votou o Presidente. Ausentes, justificadamente, os Mins. Ilmar Galvão e Moreira Alves e, neste julgamento, o Min. Carlos Velloso. Plenário, 23.5.1996.

Presidência do Sr. Min. Sepúlveda Pertence. Presentes à sessão os Srs. Mins. Néri da Silveira, Sydney Sanches, Octávio Gallotti, Celso de Mello, Carlos Velloso, Marco Aurélio, Francisco Rezek e Maurício Corrêa.

* * *

PERGUNTAS

1. Quais são os fatos?
2. Qual o direito reivindicado na presente ação?
3. Qual o conteúdo do direito ao salário-mínimo?
4. Quais as obrigações derivadas desse direito?
5. Quem tem o dever de arcar com essas obrigações? Qual o dever do Estado e qual o dever dos empregadores (públicos e privados)?
6. Quais os argumentos da autora na impugnação da Medida Provisória 1.415/1996?
7. Qual a conclusão do Relator sobre o valor estipulado pela Medida Provisória 1.415/1996? Atende às exigências do art. 7º, IV, da CF?
8. Qual foi a decisão do Tribunal, e como foi fundamentada pelo Ministro-Relator?
9. Qual a conclusão do Min. Celso de Mello sobre a eficácia dos mecanismos criados pela Constituição para controlar a inconstitucionalidade por omissão?

6.26 Caso da Convenção 158 da OIT (ADI/ML 1.480-3-DF)

(Plenário – rel. Min. Celso de Mello – j. 4.9.1997)

Ação direta de inconstitucionalidade – Convenção n. 158/OIT – Proteção do trabalhador contra a despedida arbitrária ou sem justa causa – Arguição de ilegitimidade constitucional dos atos que incorporaram essa convenção internacional ao direito positivo interno do Brasil (Decreto Legislativo n. 68/1992 e Decreto n. 1.855/1996) – Possibilidade de controle abstrato de constitucionalidade de tratados ou convenções internacionais em face da Constituição da República – Alegada transgressão ao art. 7º, I, da Constituição da República e ao art. 10, I, do ADCT/1988 – Regulamentação normativa da proteção contra a despedida arbitrária ou sem justa causa, posta sob reserva constitucional de lei complementar – Consequente impossibilidade jurídica de tratado ou convenção internacional atuar como sucedâneo da lei complementar exigida pela Constituição (CF, art. 7º, I) – Consagração constitucional da garantia de indenização compensatória como expressão da reação estatal à demissão arbitrária do trabalhador (CF, art. 7º, I, c/c o art. 10, I, do ADCT/1988) – Conteúdo programático da Convenção n. 158/OIT, cuja aplicabilidade depende da ação normativa do legislador interno de cada País – Possibilidade de adequação das diretrizes constantes da Convenção n. 158/OIT às exigências formais e materiais do estatuto constitucional brasileiro – Pedido de medida cautelar deferido, em parte, mediante interpretação conforme à Constituição. (...).

ACÓRDÃO – Vistos, relatados e discutidos estes autos: Acordam os Ministros do Supremo Tribunal Federal, em sessão plenária, na conformidade da ata de julgamentos e das notas taquigráficas, por maioria de votos, em deferir, parcialmente, sem redução de texto, o pedido de medida cautelar, para, em interpretação conforme à Constituição, e até final julgamento da ação direta, afastar qualquer exegese que, divorciando-se dos fundamentos jurídicos do voto do Relator (Min. Celso de Mello) e desconsiderando o caráter meramente programático das normas da Convenção n. 158 da OIT, venha a tê-las como autoaplicáveis, desrespeitando, desse modo, as regras constitucionais e infraconstitucionais que especialmente disciplinam, no vigente sistema normativo brasileiro, a despedida arbitrária ou sem justa causa dos trabalhadores.

Brasília, 4 de setembro de 1997 – *Celso de Mello*, presidente e relator.

RELATÓRIO – *O Sr. Min. Celso de Mello*: A Confederação Nacional dos Transportes e a Confederação Nacional da Indústria ajuízam a presente ação direta, com pedido de liminar, visando à declaração de inconstitucionalidade parcial do Decreto Legislativo n. 68, de 16.9.1992, e do Decreto n. 1.855, de 10.4.1996, que, respectivamente, aprovaram e promulgaram a Convenção n. 158 da Organização Internacional do Trabalho/OIT.

As Confederações autoras sustentam que os arts. 4º a 10 da Convenção n. 158/OIT conflitam com o art. 7º, I, da Constituição da República e, também, com o que dispõe o art. 10, I, do ADCT/1988. (...)

As autoras, depois enfatizam que as normas convencionais em questão revestem-se de inconstitucionalidade formal e material, assim expõem, em seus aspectos essenciais, com fundamento em parecer da lavra do ilustre jurista Dr. Saulo Ramos, as razões de seu pleito (fls. 7-10): (...).

Os órgãos que emanaram os atos estatais domésticos ora impugnados (Presidência da República e Congresso Nacional), ao prestarem as informações que lhes foram previamente requisitadas, defenderam a plena validade constitucional dos diplomas em questão (fls. 398-408 e 413-448), cabendo assinalar, ainda, que o Sr. Presidente da República suscitou questões preliminares concernentes à legitimidade ativa das autoras e à inadmissibilidade, no caso, da ação direta de inconstitucionalidade.

Havendo pedido de medida cautelar, submeto o exame dessa postulação à apreciação do egrégio Plenário do STF.

É o relatório.

VOTO – *O Sr. Min. Celso de Mello* (relator): Trata-se de ação direta de inconstitucionalidade, com pedido de liminar, que, ajuizada em formação litisconsorcial ativa, tem por objetivo questionar a validade jurídico-constitucional do Decreto Legislativo n. 68/1992, que aprovou a Convenção n. 158 da Organização Internacional do Trabalho/OIT, e do Decreto n. 1.855/1996, que promulgou esse mesmo ato normativo de direito internacional público.

Sustenta-se, na presente sede de controle normativo abstrato, que os arts. 4º a 10 da Convenção OIT n. 158 qualificam-se como normas inconstitucionais, quer sob o aspecto formal (porque esse ato internacional, mesmo já incorporado ao sistema de direito positivo interno, não pode atuar como sucedâneo da lei complementar exigida pela Carta Política – art. 7º, I – para a disciplinação do tema concernente à proteção do trabalhador contra a despedida arbitrária), quer sob a dimensão material (a Convenção n. 158, ao dispor sobre a possibilidade de reintegração compulsória do empregado arbitrariamente demitido, divergiu do modelo constitucional que apenas consagra, nos termos do art. 7º, I, da Carta Política e do art. 10, I, do ADCT/1988, a garantia da indenização compensatória). (...).

Na realidade, a fiscalização de constitucionalidade dos atos de direito internacional (*rectius*: dos atos estatais domésticos que incorporaram as normas convencionais ao sistema de direito positivo interno) qualifica-se, na perspectiva do sistema jurídico vigente no Brasil, como consequência necessária que deriva da irrecusável supremacia da Constituição da República sobre todos os tratados internacionais celebrados pelo Estado Brasileiro.

Sabemos que o exercício do *treaty-making power* pelo Estado Brasileiro – não obstante o polêmico art. 46 da Convenção de Viena sobre o Direito dos Tratados (ainda em curso de tramitação perante o Congresso Nacional) – está sujeito à observância das limitações jurídicas emergentes do texto constitucional.

A Constituição qualifica-se como o estatuto fundamental da República. Nessa condição, todas as leis e tratados celebrados pelo Brasil estão subordinados à autoridade normativa desse instrumento básico. Nenhum valor jurídico terá o tratado internacional que, incorporado ao sistema de direito positivo interno, transgredir, formal ou materialmente, o texto da Carta Política.

É que o sistema jurídico brasileiro não confere qualquer precedência hierárquico-normativa aos atos internacionais sobre o ordenamento constitucional. É essencial reconhecer, portanto, que a inconstitucionalidade de tratados internacionais impedirá a aplicação de suas normas na ordem jurídica interna brasileira, ao contrário do que prevalece, por exemplo, no sistema normativo vigente em Portugal, cuja Constituição (1976) – com as alterações introduzidas pela Segunda Revisão Constitucional (1989) – excepcionalmente admite a incidência de normas formalmente inconstitucionais constantes de tratados internacionais (art. 277, n. 2): "A inconstitucionalidade orgânica ou formal de tratados internacionais regularmente ratificados não impede a aplicação das suas normas na ordem jurídica portuguesa, desde que tais normas sejam aplicadas na ordem jurídica da outra parte, salvo se tal inconstitucionalidade resultar de violação de uma disposição fundamental". (...).

Passo, em consequência, a examinar o pedido de suspensão cautelar de eficácia dos atos estatais ora impugnados na presente sede de controle abstrato.

A Convenção n. 158 foi adotada pela Organização Internacional do Trabalho/OIT, em 1982, com o objetivo de estabelecer normas destinadas a disciplinar o término ou a extinção da relação de trabalho por iniciativa do empregador. (...).

A questão da executoriedade dos tratados internacionais no âmbito do Direito interno – analisando esse tema na perspectiva do sistema constitucional brasileiro – supõe a prévia incorporação desses atos de direito internacional público ao plano da ordem normativa doméstica.

Não obstante a controvérsia doutrinária em torno do monismo e do dualismo tenha sido qualificada por Charles Rousseau (*Droit International Public Approfondi*, pp. 3-16, 1958, Dalloz, Paris), no plano do direito internacional público, como mera *discussion d'école*, torna-se necessário reconhecer que o mecanismo de recepção, tal como disciplinado pela Carta Política brasileira, constitui a mais eloquente atestação de que a norma internacional não dispõe, por autoridade própria, de exequibilidade e de operatividade imediatas no âmbito interno, pois, para tornar-se eficaz e aplicável na esfera doméstica do Estado Brasileiro, depende, essencialmente, de um processo de integração normativa que se acha delineado, em seus aspectos básicos, na própria Constituição da República.

Daí a precisa observação de João Grandino Rodas (*Tratados Internacionais*, p. 17, item 8, 1991, RT):

"*É corolário da teoria dualista a necessidade de, através de alguma formalidade, transportar o conteúdo normativo dos tratados para o Direito interno, para que estes, embora já existentes no plano internacional, possam ter validade e executoriedade no território nacional. Consoante o monismo, não será necessária a realização de qualquer ato pertinente ao Direito interno após a ratificação.*

"Grande parte dos Estados, seguindo a concepção dualista nesse pormenor, prescreve sejam os tratados já ratificados incorporados à legislação interna através da promulgação ou simples publicação."

Não se pode desconhecer, na linha da concepção dualista – que supõe a pluralidade, em caráter autônomo, de ordens normativas distintas e independentes e que sustenta a existência de limites definidos entre o Direito interno e o Direito externo –, que se impõe, para efeito de absorção das cláusulas constantes de tratados internacionais, um ato de formal recepção (que não se confunde com a mera ratificação) praticado segundo as regras inscritas no ordenamento positivo do Estado subscritor.

Impõe-se, neste ponto, fazer uma observação necessária: a visão dualista, precisamente por enfatizar que a ordem internacional e o ordenamento interno qualificam-se como ordens normativas independentes, entende necessário que o conteúdo normativo do ato internacional – para revestir-se de aplicabilidade no plano interno – deve ser transformado, mediante formalidade estabelecida no sistema constitucional, em norma jurídica interna, não bastando, em consequência, na perspectiva do regime instituído na Carta Política do Brasil, a mera e só ratificação do tratado, consoante pretendem os adeptos da concepção monista.

Não obstante tais considerações, impende destacar que o tema concernente à definição do momento a partir do qual as normas internacionais tornam-se vinculantes no plano interno excede, em nosso sistema jurídico, à mera discussão acadêmica em torno dos princípios que regem o monismo e o dualismo, pois cabe à Constituição da República – e a esta, somente – disciplinar a questão pertinente à vigência doméstica dos tratados internacionais.

Sob tal perspectiva, o sistema constitucional brasileiro – que não exige a edição de lei para o efeito de incorporação do ato internacional ao Direito interno (visão dualista extremada) – satisfaz-se, para efeito de executoriedade doméstica dos tratados internacionais, com a adoção de *iter* procedimental que compreende a aprovação congressional e a promulgação executiva do texto convencional (visão dualista moderada).

Uma coisa, porém, é absolutamente inquestionável sob o nosso modelo constitucional: a ratificação – que se qualifica como típico ato de direito internacional público – não basta, por si só, para promover a automática incorporação do tratado ao sistema de direito positivo interno. É que, para esse específico efeito, impõe-se a coalescência das vontades autônomas do Congresso Nacional e do Presidente da República, cujas deliberações individuais – embora necessárias – não se revelam suficientes para, isoladamente, gerarem a integração do texto convencional à ordem interna, tal como adverte José Francisco Rezek (*Direito Internacional Público*, p. 69, item 34, 5ª ed., 1995, Saraiva). (...).

O exame da Carta Política promulgada em 1988 permite constatar que a execução dos tratados internacionais e a sua incorporação à ordem jurídica interna decorrem, no sistema adotado pelo Brasil, de um ato subjetivamente complexo, resultante da conjugação de duas vontades homogêneas: a do Congresso Nacional, que resolve, definitivamente, mediante decreto legislativo, sobre tratados, acordos ou atos internacionais (CF, art. 49, I), e a do Presidente da República, que, além de poder celebrar esses atos de direito internacional (CF, art. 84, VIII), também dispõe – enquanto Chefe de Estado que é – da competência para promulgá-los mediante decreto. (...).

No caso, o *iter* procedimental de incorporação da Convenção OIT n. 158 à ordem positiva interna do Brasil já se concluiu, eis que, além de sua aprovação definitiva pelo Congresso Nacional (Decreto Legislativo n. 68/1992), sobreveio – a par da ratificação (que é ato de direito internacional público) – a promulgação do texto convencional pelo Presidente da República (Decreto n. 1.855/1996). (...).

Vê-se, portanto, que a aprovação congressual e a promulgação executiva atuam, nessa condição, como pressupostos indispensáveis da própria aplicabilidade, no plano normativo interno, da convenção internacional celebrada pelo Brasil (Celso D. de Albuquerque Mello, *Curso de Direito Internacional Público*, vol. 1/125, itens 89 e 90, 4ª ed., 1974, Freitas Bastos; Hildebrando Accioly, *Tratado de Direito Internacional Público*, vol. 1/577 e 601-603, itens 904 e 933-935, 2ª ed., 1956, Rio de Janeiro).

Torna-se irrecusável admitir, portanto, que a Convenção n. 158 da OIT está formalmente incorporada ao sistema de direito positivo interno do Brasil.

Fixadas as premissas que me pareceram essenciais – especialmente aquelas concernentes, de um lado, ao reconhecimento da incorporação formal da Convenção n. 158/OIT ao Direito interno brasileiro e, de outro, à possibilidade de controle normativo abstrato da constitucionalidade de atos internacionais –, resta verificar se a tese sustentada pelas Confederações sindicais autoras reveste-se, ou não, de plausibilidade jurídica quanto à alegada inconstitucionalidade dos arts. 4º a 10 da Convenção em referência.

As autoras da presente ação direta – apoiando-se em parecer da lavra do eminente jurisconsulto J. Saulo Ramos (fls. 93-153) – sustentam que as normas inscritas nos arts. 4º a 10 da Convenção n. 158/OIT qualificam-se como normas inconstitucionais, quer sob o aspecto material (a Convenção n. 158, ao dispor sobre a possibilidade de reintegração compulsória do empregado arbitrariamente demitido, divergiu do modelo constitucional, que apenas consagra, nos termos do art. 7º, I, da Carta Política, e do art. 10, I, do ADCT/1988, a garantia da indenização compensatória), quer sob a dimensão formal (porque esse ato internacional, já incorporado ao sistema de direito positivo interno, não pode atuar como sucedâneo da lei complementar exigida pelo art. 7º, I, da Carta Política, para efeito de disciplinação do tema concernente à proteção do trabalhador contra a despedida arbitrária).

Impõe-se examinar, portanto, a alegação de inconstitucionalidade material em que teriam incidido os atos ora impugnados.

As Confederações autoras enfatizam que a Constituição brasileira promulgada em 1988 – ao afastar o instituto jurídico da estabilidade e, por efeito consequencial, ao não mais admitir a validade da previsão legislativa concernente à reintegração compulsória, no emprego, do trabalhador demitido – "abonou a possibilidade de rescisão de contrato de trabalho, não só por justa causa, como também por razões de caráter técnico ou conveniência empresarial, econômica ou financeira, mediante indenização compensatória (...)" (fls. 114).

Sob tal perspectiva, as autoras – com suporte no parecer do Dr. J. Saulo Ramos (fls. 114) – fizeram consignar a absoluta inconvivência entre o instituto da reintegração forçada (que constitui consectário da estabilidade) e a garantia da indenização compensatória:

"É absolutamente subordinante este comando constitucional, pois o constituinte, entre outros direitos, mencionou e destacou a indenização compensatória, precisamente para que o legislador ordinário não a substituísse pela reintegração. Indenização compensatória e reintegração são distintos critérios jurídicos e políticos, que se excluem reciprocamente. Adotado um, estará excluído o outro.

"E os 'outros direitos', referidos genericamente no art. 7º, inciso I, da Constituição, dizem respeito, por exemplo, a 13º salário, participação nos lucros, quando regulada, férias proporcionais etc., igualmente devidos, e por maior razão, na dispensa sem justa causa. Nenhum desses possíveis direitos, a serem criados ou assegurados pelo legislador complementar, poderá eliminar aquele consubstanciado na indenização compensatória, cuja inclusão, na futura lei integradora, é ordenada sob o comando imperativo do verbo 'preverá'. Dúvida inexiste, portanto, sobre o critério adotado pelo constituinte de 1988, mesmo porque, entre os demais direitos do trabalhador, reiterou o Fundo de Garantia por Tempo de Serviço no inciso III do próprio art. 7º, completando, assim, a opção juspolítica que disciplinou a questão, e dando para o trabalhador direito autônomo sobre estes depósitos, que perderam, em consequência, o caráter indenizatório."

A Constituição do Brasil, ao proclamar os direitos sociais da classe trabalhadora, instituiu um mecanismo de significativa importância destinado a preservar o vínculo laboral. O legislador constituinte, atento à necessidade de expandir os direitos dos trabalhadores, prescreveu, no art. 7º, I, da Carta Política, que: "Art. 7º. São direitos dos trabalhadores urbanos e rurais, além de outros que visem à melhoria de sua condição social: I – relação de emprego protegida contra despedida arbitrária ou sem justa causa, nos termos de lei complementar, que preverá indenização compensatória, dentre outros direitos; (...)".

A União Federal ainda não editou a lei complementar exigida pelo texto constitucional. Com o objetivo de colmatar possível omissão inconstitucional do Poder Público, decorrente do inadimplemento da prestação legislativa reclamada pela Carta Política, o próprio legislador constituinte instituiu solução normativa destinada a impedir os graves inconvenientes que derivam de situações caracterizadoras de *vacuum legis*. Estabeleceu, no art. 10, I, do ADCT/1988, que, até a promulgação da lei complementar em referência, a proteção contra a despedida arbitrária ou sem justa causa deverá limitar-se a 40% dos valores depositados na conta vinculada do FGTS titularizada pelo empregado despedido.

A norma inscrita no art. 7º, I, da Constituição, ao enunciar a garantia jurídico-social da proteção contra a despedida arbitrária do trabalhador por iniciativa do empregador, contemplou, em seu texto, verdadeira fórmula de ponderação, que institucionalizou solução de caráter transacional destinada a conciliar posições contrastantes que se formaram no seio da Assembleia Nacional Constituinte: nem se reconheceu ao empregador o poder absoluto de despedir imotivadamente e nem se atribuiu ao empregado a garantia da intangibilidade do vínculo laboral.

Na realidade, o preceito consubstanciado no art. 7º, I, da Carta Política restringe o direito potestativo do empregador em tema de rescisão unilateral do contrato individual de trabalho, exigindo, para efeito de legítima extinção do vínculo laboral, a ocorrência de uma causa de justificação.

A infringência dessa regra constitucional – tendo-se presente a solução conciliatória consagrada pela Carta Política – imporá ao empregador o dever de prestar ao empregado, injusta ou arbitrariamente demitido, uma indenização compensatória, dentre outros direitos, afastado, no entanto, o acesso do trabalhador ao regime da estabilidade plena. (...).

Arnaldo Süssekind, em autorizado magistério (*Instituições de Direito do Trabalho*, vol. I/625-626, 13ª ed., 1993, LTr) , após destacar que o tema da estabilidade do trabalhador no emprego gerou ampla controvérsia no âmbito da Assembleia Nacional Constituinte, enfatiza a circunstância de que o mecanismo da indenização compensatória foi instituído como sucedâneo da garantia da estabilidade, expendendo, em torno do alcance do art. 7º, I, da Constituição, as seguintes e exatas considerações:

"(...). Ora, a indenização em caso de despedida arbitrária, adotada como regra, exclui a reintegração, que seria o corolário jurídico da despedida sem justa causa do empregado com direito à estabilidade.

"(...).

"A proteção ao emprego de que cogita a Lei Fundamental não configura nem a estabilidade absoluta, nem a relativa, porquanto não garante o emprego; corresponde apenas a normas que objetivam dificultar e compensar economicamente a despedida arbitrária, na qual se insere a praticada sem justa causa: (a) indenização compensatória (art. 7º, I); (b) seguro-desemprego (arts. 7º, II, e 239, § 4º); (c) levantamento dos depósitos do FGTS (art. 7º, III); (d) aviso prévio proporcional ao tempo de serviço (art. 7º, XXI).

"O ordenamento jurídico a respeito estatuído pela nova Constituição visa, destarte, à efetividade do emprego, e não, como regra, à estabilidade.

"A expressão 'dentre outros direitos' (art. 7º, I, *in fine*) há de ser interpretada à luz desse sistema.

"*Embora tenhamos defendido a tese de que a despedida arbitrária deveria gerar o direito de reintegração do trabalhador* – consequência lógica e jurídica da estabilidade no emprego – tal como na hipótese do art. 165 da CLT, por nós redigido, *não vemos como a lei complementar prevista no aludido inciso constitucional possa, agora, adotar essa solução como regra geral*" (grifei).

Impõe-se verificar, uma vez assentadas tais premissas, se as normas inscritas na Convenção n. 158/OIT, objetivo de impugnação na presente sede processual (arts. 4º a 10), ensejam, em função de seu próprio texto – e não em função de interpretações judiciais eventualmente equivocadas –, a possibilidade de aplicação imediata da garantia da reintegração forçada no emprego, com prejuízo do mecanismo de indenização compensatória.

A análise das normas impugnadas parece evidenciar que a Convenção n. 158/OIT, além de depender de necessária e ulterior intermediação legislativa para efeito de sua integral aplicabilidade no plano interno, não consagrou, como única consequência derivada da ruptura abusiva ou arbitrária do contrato de trabalho, o dever de os Estados-Partes instituírem, em sua legislação nacional, a garantia da reintegração no emprego. Pelo contrário, a Convenção n. 158/OIT expressamente permite a cada Estado-Parte (art. 10) que, em função de seu próprio ordenamento positivo interno, opte pela solução que se revelar mais consentânea e compatível com a legislação e a prática nacionais, adotando, em consequência, sempre com estrita observância do estatuto fundamental de cada País, a fórmula da reintegração no emprego ou da indenização compensatória.

O art. 4º da Convenção n. 158/OIT contém a enunciação de um princípio básico que, além de consagrado por esse ato de direito internacional público, também foi proclamado pelo ordenamento constitucional brasileiro, que instituiu norma destinada a proteger a relação de emprego contra despedidas arbitrárias ou dispensas sem justa causa. (...).

O art. 5º da Convenção n. 158/OIT, por sua vez, relaciona motivos que não poderão justificar a extinção unilateral, por iniciativa do empregador, do contrato individual de trabalho, fazendo expressa referência às seguintes situações: (a) filiação sindical e participação em atividades sindicais; (b) disputa e exercício de função de representação dos trabalhadores; (c) exercício do direito de petição, inclusive em juízo, para denunciar e reclamar contra violações legais e atos ilícitos supostamente praticados pelo empregador; (d) discriminação fundada em razões de ordem racial, étnica, sexual, política, social, fisiológica ou confessional; (e) ausência da mulher ao trabalho durante a licença-maternidade. (...).

Vê-se, portanto, que as hipóteses previstas no art. 5º da Convenção n. 158/OIT constituem situações já previstas no ordenamento positivo interno do Brasil, seja no plano constitucional, seja na esfera meramente legal ou jurisprudencial.

O art. 6º da Convenção n. 158/OIT, de sua vez, sensível à circunstância de que ausências transitórias ao trabalho, por motivo de doença ou de lesão, não devem qualificar-se como causa legitimadora da ruptura do contrato de trabalho por iniciativa patronal, remete ao plano da legislação interna de cada Estado-Parte a definição normativa do que deve constituir, para esse específico efeito, uma ausência temporária ao trabalho.

Como precedentemente pude assinalar, o direito positivo brasileiro já contém – desde antes da própria incorporação da Convenção n. 158/OIT ao nosso sistema normativo interno – normas legais que, ao dispensarem proteção jurídico-social aos empregados, visam a preservar-lhes o vínculo contratual com a empresa. (...).

Na realidade, a Convenção n. 158/OIT adotou princípios básicos já consagrados pelo ordenamento constitucional e pela legislação infraconstitucional do Brasil.

É certo, ainda, tal como enfatizou o eminente Min. Almir Pazzianotto, no exercício eventual da presidência do egrégio TST (*Revista LTr*, vol. 60, n. 8, p. 1.024, 1996), que a própria Convenção n. 158/OIT, considerando a essencial diversidade socioeconômica e político-institucional dos inúmeros Estados que viessem a subscrevê-la, não estabeleceu modelos rígidos ou critérios únicos concernentes à disciplina e à proteção da relação de emprego.

Ao contrário, esse ato de direito internacional público consagrou soluções normativas abertas e flexíveis destinadas a permitir que cada País, observando o seu próprio modelo constitucional, pudesse adequar o texto convencional às exigências formais e materiais de seu estatuto político.

A Convenção n. 158/OIT, portanto, não sendo um texto normativo de aplicabilidade imediata, constitui, na realidade, uma fonte jurídica de princípios gerais, consubstanciadora de verdadeiro compromisso de legislar assumido pelo Brasil, em ordem a viabilizar no plano interno, segundo o modelo de seu próprio sistema constitucional, as diretrizes consagradas pelo instrumento convencional.

A Convenção n. 158/OIT, de outro lado, enuncia, em seu art. 7º, um princípio de fundamental importância, destinado a permitir que o empregado tenha ciência prévia das causas que lhe são imputadas pelo empregador, e de cuja comprovação poderá resultar a ulterior ruptura do contrato individual de trabalho. (...).

O reconhecimento, em favor do empregado, da possibilidade de pronunciar-se, previamente, sobre a falta que lhe é imputada – e de cuja prática pode derivar a ruptura unilateral do contrato de trabalho – impõe-se, enquanto providência compatível com os princípios gerais do Direito, como medida indispensável à formalização desse ato, revestido de gravíssimas consequências no plano jurídico e social.

O art. 8º da Convenção n. 158/OIT – sempre permitindo ao Estado-Parte a adequação compatibilizadora do texto convencional ao que dispõem "a legislação e a prática nacionais" (art. 8º, n. 2, *in fine*) – assegura ao empregado que considerar injustificada a extinção unilateral do seu contrato de trabalho o direito de reclamar, inclusive perante órgãos competentes do Poder Judiciário, contra a despedida arbitrária que sofreu.

A norma convencional em referência nada mais reproduz senão uma significativa diretriz que, inscrita no art. 5º, XXXV, da Constituição de 1988, tem sido consagrada, explicitamente, em nosso sistema constitucional desde a Lei Fundamental promulgada em 1946. (...).

A Convenção n. 158/OIT, em seu art. 9º, por sua vez, veicula norma consubstanciadora de diretrizes destinadas à observância do legislador nacional, a quem incumbe definir – tal como o faz a Constituição do Brasil em seu art. 114 – o órgão competente para dirimir os conflitos de trabalho resultantes da ruptura abusiva, pelo empregador, do contrato individual de trabalho.

Mais do que isso, a norma inscrita no art. 9º da Convenção n. 158/OIT contém formulação de caráter programático, a ser desenvolvida "em conformidade com os procedimentos estabelecidos pela legislação e prática nacionais" (art. 9º, n. 2, "b", *in fine*), a evidenciar, claramente, a necessidade de intermediação normativa do legislador doméstico de cada Estado-Parte.

A própria questão do ônus da prova foi disciplinada de maneira flexível, em ordem a permitir que, na implementação do texto convencional, o sistema nacional de cada Estado-Parte preveja "uma ou outra das seguintes possibilidades, ou ambas" (art. 9º, n. 2, *in fine*): (a) incidência do *onus probandi* sobre o empregador no que se referir à demonstração da existência de causa justificadora da extinção unilateral, por iniciativa da empresa, do contrato individual de trabalho; ou (b) partilha do encargo probatório entre as partes do litígio e em conformidade com os procedimentos estabelecidos pela legislação e pela prática nacionais. (...).

Finalmente, o art. 10 da Convenção n. 158/OIT dispõe, sempre de maneira a permitir que cada Estado-Parte ajuste as prescrições convencionais às características específicas de seu próprio ordenamento interno, que a decisão que reconhecer o caráter arbitrário da despedida do empregado possa ou (a) ordenar a reintegração do trabalhador, ou, então, caso a legislação e a prática nacionais não permitam essa medida de reintegração compulsória, (b) determinar o pagamento "de uma indenização adequada ou outra reparação que for apropriada".

O conteúdo dessa cláusula convencional evidencia a sua índole essencialmente programática, pois, ao contrário do que sustentam as Confederações patronais autoras, o art. 10 da Convenção n. 158/OIT não impõe, como única consequência possível nas hipóteses de despedida arbitrária, a obrigação empresarial de reintegrar o empregado despedido. (...).

Entendo, portanto, consideradas as razões expostas, que nada parece afetar – ao menos à primeira vista – a validade da cláusula inscrita no art. 10 da Convenção n. 158/OIT. É que essa norma convencional, como já enfatizado, por qualificar-se como preceito de caráter programático, estabelece, em sede normativa, uma recomendação, que, dependendo da opção a ser feita pelo legislador nacional de cada País, em consonância com seu respectivo sistema constitucional, pode consagrar o regime de estabilidade, com reintegração no emprego, ou o mecanismo da indenização compensatória.

Vê-se, portanto, que essa norma convencional supõe, para efeito de sua aplicabilidade, o integral desenvolvimento de seu conteúdo eficacial, dependente de necessária e ulterior ação normativa a ser exercida, no âmbito de cada Estado-Parte, pelo respectivo legislador nacional.

Na realidade, as normas constantes da Convenção n. 158/OIT – objeto de exame nesta sede de controle abstrato – claramente evidenciam o conteúdo programático que delas emerge, tanto que a implementação das diretrizes nelas consagradas depende, essencialmente, no plano da regulação estatal da matéria, da necessária intervenção disciplinadora do legislador nacional de cada Estado-Parte. (...).

Isso significa, portanto, que a Convenção n. 158/OIT – por encerrar, a partir de princípios e diretrizes que enuncia, uma proposta de legislação exclusivamente dirigida ao legislador interno de cada Estado-Parte – não parece haver ofendido, no plano estritamente formal, o texto da Constituição da República, pois, como ressaltado, a eficácia das normas desse ato internacional depende, essencialmente, da superveniência da lei complementar reclamada e exigida pelo estatuto constitucional. (...).

Desse modo, tendo presentes as razões expostas, indefiro o pedido de medida cautelar.

É o meu voto.

VOTO (Vista) – *O Sr. Min. Moreira Alves*: (...). (...).

4. Em seu douto voto, o eminente Relator principia pelo exame da alegação de inconstitucionalidade material dos preceitos impugnados. Para isso, fixa, de início, as premissas de que partirá para essa análise. Observa S. Exa. que a Constituição Federal, ao proclamar os direitos sociais dos trabalhadores, para preservar o vínculo laboral, estabeleceu "a relação de emprego protegida contra despedida arbitrária ou sem justa causa, nos termos de lei complementar, que preverá indenização compensatória, dentre outros direitos"; que essa lei complementar ainda não foi editada, e, para preencher a lacuna de possível omissão legislativa, o próprio constituinte determinou, no art. 10, I, do ADCT, que, até a promulgação dessa lei complementar, a proteção contra a despedida arbitrária ou sem justa causa deverá limitar-se a 40% dos valores depositados na conta vinculada do FGTS de titularidade do empregado despedido; que essa norma encerra verdadeira "fórmula de ponderação", destinada a conciliar posições contrastantes no seio da Assembleia Nacional Constituinte, nem se reconhecendo ao empregador o poder absoluto de despedir imotivadamente, nem se atribuindo ao empregado a garantia de intangibilidade do vínculo de trabalho; e que o preceito do art. 7º, I, da Carta Magna restringe o direito potestativo do empregador de rescindir unilateralmente o contrato de trabalho, exigindo uma causa de justificação, e a infringência dessa norma constitucional "imporá ao empregador o dever de prestar ao empregado, injusta ou arbitrariamente demitido, uma indenização compensatória, dentre outros direitos, afastado, no entanto, o acesso do trabalhador ao regime de estabilidade plena", citando, em apoio dessa afirmação, obras doutrinárias de Amauri Mascaro Nascimento, Arion Sayão Romita, Octávio Bueno Magano e Estevão Mallet, que sustentam que a indenização compensatória, e não a reintegração no emprego, é a sanção constitucionalmente admissível para as hipóteses de despedida arbitrária ou sem justa causa por parte do empregador, bem como de Arnaldo Süssekind, que enfatiza que o mecanismo da indenização compensatória foi instituído como sucedâneo da garantia de estabilidade. (...).

5. No tocante à alegação de inconstitucionalidade formal, o eminente Min. Celso de Mello acentua que os tratados internacionais se incorporam ao ordenamento jurídico brasileiro como leis infraconstitucionais, e acentua: "*É preciso enfatizar, no entanto, que essa relação de paridade normativa entre tratado internacional e os atos legislativos internos não se estabelece quando se tratar de lei complementar, posto que, em tal situação, as peculiaridades que caracterizam a lei complementar (conteúdo temático próprio e exigência de aprovação por maioria qualificada) derivam de expressa reserva constitucional que permite distinguir esse especial tipo legislativo das leis*

ordinárias em geral". Mas, ainda que não considere que os tratados internacionais possam ingressar na ordem jurídica brasileira como leis complementares, e saliente que, em face do art. 7º, I, da Carta Magna, o instrumento exigido seja lei complementar, volta S. Exa. a salientar que, no caso, a Convenção n. 158/OIT é "uma convenção internacional essencialmente redutível à noção *interna* das leis de bases, ou leis de princípios, ou, ainda, leis-quadro", e que "essa Convenção, ao consagrar em seu texto referências paradigmáticas que constituem o núcleo fundamental justificador de sua própria celebração, tem por finalidade estimular o Estado-Parte a desenvolver os princípios nela proclamados, dando-lhes, mediante ação legislativa própria, consequência jurídica no plano interno"; e arremata: "isso significa, portanto, que a Convenção n. 158/OIT – por encerrar, a partir dos princípios e diretrizes que enuncia, uma proposta de legislação exclusivamente dirigida ao legislador interno de cada Estado-Parte – não parece haver ofendido, no plano estritamente formal, o texto da Constituição da República, pois, como ressaltado, a eficácia das normas desse ato internacional depende, essencialmente, da superveniência da lei complementar reclamada e exigida pelo estatuto constitucional".

6. Portanto, como se vê, o eminente Relator tem como relevantes os fundamentos jurídicos da arguição de inconstitucionalidade tanto material quanto formal dos dispositivos impugnados – como também eu os tenho, inclusive pelas razões que expendi em voto que S. Exa. cita –, mas, dando a essa Convenção a interpretação – que não vem sendo dada por juízes de primeiro grau e pelo menos por um tribunal de segundo grau da Justiça do Trabalho – de que ela "revela, nas diversas cláusulas discutidas na presente sede de controle abstrato, um conteúdo essencialmente programático, subordinando a sua aplicabilidade ao que emerge da prática e da legislação nacionais de cada País", termina por entender que esse caráter programático e a sua não autoaplicabilidade conduzem ao indeferimento do pedido liminar.

7. Como já salientei, estou inteiramente de acordo com o eminente Relator no estabelecimento das premissas que demonstram que são indubitavelmente relevantes os fundamentos jurídicos das arguições de inconstitucionalidade formal e material dos dispositivos objeto da presente ação direta, mas, no que concerne à conclusão de S. Exa., parece-me que toda a fundamentação de seu voto leva a concluir que, no âmbito do exame do pedido cautelar, só não defere a liminar por causa da interpretação que dá quanto à natureza das normas atacadas. Parece-me, no entanto, com a devida vênia do eminente Relator, que, em casos como tais, a orientação dessa Corte é deferir parcialmente a liminar para suspender todos os demais sentidos que as normas em causa possam ter que não aquele resultante dessa interpretação conforme à Constituição.

E é – tendo em vista, inclusive, a existência da divergência comprovada nos autos, entre decisões na Justiça do Trabalho em matéria dessa relevância, o que caracteriza o *periculum in mora* – neste sentido que voto: defiro, sem redução do texto, o pedido de medida cautelar para, em interpretação conforme à Constituição, afastar qualquer exegese que, divorciando-se dos fundamentos jurídicos do voto do Relator e desconsiderando o caráter meramente programático das normas da Convenção OIT n. 158, as repute autoaplicáveis, desrespeitando, desse modo, especialmente as regras constitucionais e infraconstitucionais que disciplinam, presentemente, no sistema normativo brasileiro, a despedida arbitrária ou sem justa causa dos trabalhadores.

VOTO (Retificação da parte dispositiva do voto) – *O Sr. Min. Celso de Mello* (relator): Acolho as ponderações constantes do voto do eminente Min. Moreira Alves, quer no que se refere à ilegitimidade de uma das litisconsortes ativas (Confederação Nacional do Transporte/CNT), quer no que concerne à proposta de interpretação conforme à Constituição, observados, no entanto, tal como salientado em seu douto pronunciamento, os estritos fundamentos jurídicos em que se assenta o meu voto.

Cumpre assinalar que essa proposta de interpretação conforme, fundada nas próprias razões que longamente expus em meu voto, enfatiza, de maneira ainda mais expressiva, que as normas convencionais ora impugnadas não se revestem de autoaplicabilidade, dependendo, por isso mesmo, para efeito de sua integral incidência, da necessária intermediação legislativa do Congresso Nacional.

Na realidade, e tal como pude acentuar em meu voto – que subsiste, integralmente, quanto às premissas e aos fundamentos jurídicos nele expostos –, a Convenção n. 158/OIT, além de depender de ulterior intermediação legislativa para efeito de sua integral aplicabilidade no plano doméstico, configurando, sob tal aspecto, mera proposta de legislação dirigida ao legislador interno, não consagrou, como única consequência possível derivada da ruptura abusiva ou arbitrária do contrato de trabalho, o dever de os Estados-Partes, como o Brasil, instituírem, em suas respectivas legislações nacionais, apenas a garantia da reintegração no emprego. Pelo contrário, a Convenção n. 158/OIT expressamente permite a cada Estado-Parte (Art. 10) que, em função de seu próprio ordenamento positivo interno, opte pela solução normativa que se revelar mais consentânea e compatível com a legislação e práticas nacionais, adotando, em consequência, sempre com estrita observância do estatuto fundamental de cada País (a Constituição brasileira, no caso), a fórmula da reintegração no emprego e/ou da indenização compensatória.

Desse modo, e tendo presentes as ponderações ora feitas pelo eminente Min. Moreira Alves, além de excluir do polo ativo a CNT, por ser parte ilegítima, defiro parcialmente, sem redução de texto, o pedido de medida cautelar para, em interpretação conforme à Constituição, e até final julgamento da ação direta, afastar qualquer exegese que, divorciando-se dos fundamentos jurídicos do meu voto, e desconsiderando o caráter meramente programático

das normas da Convenção n. 158 da OIT, venha a tê-las como autoaplicáveis, desrespeitando, desse modo, as regras constitucionais e infraconstitucionais que especialmente disciplinam, no vigente sistema normativo brasileiro, a despedida arbitrária ou sem justa causa dos trabalhadores.
(...).

EXTRATO DE ATA

Decisão: Apresentado o feito em Mesa, o julgamento foi adiado em virtude do adiantado da hora. Plenário, 18.9.1996.

Decisão: Por votação unânime, o Tribunal rejeitou as preliminares. Votou o Presidente. Em seguida, o julgamento foi adiado pelo pedido de vista do Min. Moreira Alves, depois do voto do Min. Celso de Mello, Relator, indeferindo o pedido de medida liminar. Ausente, justificadamente, o Min. Francisco Rezek. Plenário, 25.9.1996.

Decisão: Preliminarmente, por proposta do Min. Moreira Alves, o Tribunal excluiu do processo a Confederação Nacional do Transporte. Votou o Presidente. Unânime. Em seguida, após o voto do Min. Moreira Alves, que deferia, em parte, o pedido de medida liminar, para dar à Convenção questionada interpretação conforme à Constituição Federal, nos termos do seu voto, e da retificação, em parte, do voto do Min. Celso de Mello, Relator, aderindo ao do Min. Moreira Alves, pediu vista dos autos o Min. Carlos Velloso. Plenário, 18.12.1996.

Decisão: Prosseguindo no julgamento, o Tribunal, por votação majoritária, deferiu, parcialmente, sem redução de texto, o pedido de medida cautelar, para, em interpretação conforme à Constituição e até final julgamento da ação direta, afastar qualquer exegese que, divorciando-se dos fundamentos jurídicos do voto do Relator (Min. Celso de Mello) e desconsiderando o caráter meramente programático das normas da Convenção n. 158 da OIT, venha a tê-las como autoaplicáveis, desrespeitando, desse modo, as regras constitucionais e infraconstitucionais que especialmente disciplinam, no vigente sistema normativo brasileiro, a despedida arbitrária ou sem justa causa dos trabalhadores, vencidos os Mins. Carlos Velloso, Ilmar Galvão, Marco Aurélio e Sepúlveda Pertence, que o indeferiam, nos termos dos votos que proferiram. Participou desta sessão de julgamento, com voto, o Min. Nelson Jobim. Plenário, 4.9.1997.

Presidência do Sr. Min. Celso de Mello. Presentes à sessão os Srs. Mins. Moreira Alves, Néri da Silveira, Sydney Sanches, Octávio Gallotti, Sepúlveda Pertence, Carlos Velloso, Marco Aurélio, Ilmar Galvão, Maurício Corrêa e Nelson Jobim.

* * *

PERGUNTAS

1. Quais são os fatos?
2. Qual o direito fundamental que se busca proteger por intermédio da presente ação?
3. Pode haver controle de constitucionalidade de tratado?
4. Qual o procedimento para a incorporação de um tratado à ordem jurídica brasileira?
5. Qual posição hierárquica cabe aos tratados internacionais que disponham sobre direitos humanos em nossa ordem jurídica?
6. Isso mudou com a introdução dos §§ 2º e 3º no art. 5º da CF, por intermédio da Emenda Constitucional 45?
7. Que dispositivos da presente Convenção da OIT têm sua constitucionalidade questionada?
8. Que dispositivos constitucionais estariam sendo afrontados?
9. Quem se encontra no polo passivo dos direitos trabalhistas?
10. Que direitos estão em choque no presente caso?
11. Qual a eficácia conferida à Convenção 158 da OIT de acordo com o Min. Celso de Mello?
12. Este entendimento do Relator é consistente com seu próprio voto no caso referente à aplicação da Convenção Contra Tortura no Brasil (HC n. 70.389)?
13. Quais são os principais direitos trabalhistas assegurados pela Convenção 158?
14. Qual foi a conclusão do Min. Celso de Mello quanto à constitucionalidade da Convenção 158 da OIT?
15. Qual foi, por sua vez, a decisão proposta pelo Min. Moreira Alves?
16. Qual a decisão da Corte?

6.27 Regulamentação do direito a greve dos servidores públicos (MI 670-9-ES)

(Plenário – rel. para o acórdão Min. Gilmar Mendes – j. 25.10.2007)

Mandado de injunção – Garantia fundamental (CF, art. 5º, inciso LXXI) – Direito de greve dos servidores públicos civis (CF, art. 37, inciso VII) – Evolução do tema na jurisprudência do STF – Definição dos parâmetros de competência constitucional para apreciação no âmbito da Justiça Federal e da Justiça Estadual até a edição da legislação específica pertinente, nos termos do art. 37, VII, da CF – Em observância aos ditames da segurança jurídica e à evolução jurisprudencial na interpretação da omissão legislativa sobre o direito de greve dos servidores públicos civis, fixação do prazo de 60 dias para que o Congresso Nacional legisle sobre a matéria – Mandado de injunção deferido para determinar a aplicação das Leis ns. 7.701/1988 e 7.783/1989. (...).

ACÓRDÃO – Vistos, relatados e discutidos estes autos: Acordam os Ministros do Supremo Tribunal Federal, em sessão plenária, sob a presidência da Sra. Min. Ellen Gracie, na conformidade da ata de julgamento e das notas taquigráficas, por maioria de votos, conhecer do mandado de injunção e propor a solução para a omissão legislativa com a aplicação da Lei n. 7.783, de 28.6.1989, no que couber.

Brasília, 25 de outubro de 2007 – *Gilmar Mendes*, relator para o acórdão.

RELATÓRIO – *O Sr. Min. Maurício Corrêa*: O Sindicato dos Servidores Policiais Civis do Espírito Santo/SINDIPOL impetra mandado de injunção coletivo contra o Congresso Nacional, com pedido de medida liminar, objetivando seja reconhecido o direito de greve da categoria, com base na Lei federal n. 7.783/1989, dada a falta de norma regulamentadora da disposição contida no inciso VII do art. 37 da Constituição de 1988.

2. Esclarece que, após exaustivas e infrutíferas negociações com o Governo do Estado, que se recusou a atender a reivindicações mínimas da categoria, viu-se na obrigação de deflagrar um movimento grevista na Polícia Civil capixaba. O Juiz da Vara de Feitos da Fazenda Pública Estadual, contudo, deferiu tutela antecipada em ação ordinária (Processo n. 024.010.028918), impedindo o exercício do direito constitucional de greve por parte dos seus associados, que se encontram sob ameaça de prisão, pagamento de multa diária e de corte do ponto.

3. Fundamentando-se em julgados desta Corte e do Tribunal de Justiça espírito-santense, afirma que não se pode admitir que a mora do legislador em regulamentar o direito de greve assegurado pelo constituinte originário sirva de pretexto para punições absurdas contra o trabalhador. Segue-se o argumento de que "o STF tem entendido que, não obstante o 'caráter mandamental' do instituto, é possível a cominação de prazo para o órgão competente editar a norma demandada, suprindo, assim, a mora legislativa, sob pena de, vencido esse prazo, assegurar, concretamente, apenas em relação ao impetrante, o exercício do direito inviabilizado pela falta da norma", conforme ensinam Hely Lopes Meirelles e outros administrativistas que menciona.

4. Requer o impetrante a citação do Congresso Nacional para que regulamente o inciso VII do art. 37 da Carta Federal, no prazo de 30 dias, e a suspensão liminar dos efeitos da sentença proferida pelo Juiz da 1ª Vara dos Feitos da Fazenda Pública Estadual de Vitória, que "proibiu o movimento paredista" deflagrado pela categoria (fls. 26). No mérito, pede seja julgado procedente o mandado de injunção, garantindo-se aos seus associados o direito de greve na forma da Lei n. 7.783/1989, enquanto não editada norma específica, bem como para declarar a nulidade do Processo n. 024.010.018.918, instaurado pelo Estado do Espírito Santo. (...).

VOTO – *O Sr. Min. Maurício Corrêa* (relator): A jurisprudência desta Corte firmou entendimento de que o julgamento do mandado de injunção tem como finalidade verificar se há mora, ou não, da autoridade ou do Poder de que depende a elaboração de lei regulamentadora do Texto Constitucional, cuja lacuna torne inviável o exercício dos direitos, liberdades e prerrogativas asseguradas pela Carta Federal.

2. Ocorre que não pode o Poder Judiciário, nos limites da especificidade do mandado de injunção, garantir ao impetrante o direito de greve. Caso assim procedesse, substituir-se-ia ao legislador ordinário, o que extrapolaria o âmbito da competência prevista na Constituição. Também não lhe é facultado fixar prazo para que o Congresso Nacional aprove a respectiva proposição legislativa, nem anular sentença judicial, convolando o mandado de injunção em tipo de recurso não previsto na legislação processual.

3. Quanto ao pedido, formulado após a manifestação do Ministério Público Federal, para que seja reconhecida a eficácia da Lei estadual n. 7.311/2002, anoto que não é possível atendê-lo, quer pela impropriedade do meio utilizado, quer pela vedação processual de se modificar a inicial depois de a autoridade coatora [**Rodapé:** Transcrição suprimida do art. 164 do CPC/1973.] ter se pronunciado (CPC, art. 264 – aplicação subsidiária).

4. Relativamente à lacuna da norma regulamentadora do dispositivo constitucional em questão, assinalo que pedido idêntico já foi apreciado por esta Corte, a qual reconheceu a "mora do Congresso Nacional quanto à elaboração da lei complementar a que se refere o art. 37, VII, da Constituição. Comunicação ao Congresso Nacional e ao Presidente da República" (MI n. 438-GO, Néri da Silveira, *DJU* 16.6.1995). No mesmo sentido o MI n. 485-MT, de que fui Relator, *DJU* 23.8.2002.

Ante tais circunstâncias, conheço, em parte, do mandado de injunção, apenas para declarar a mora do Congresso Nacional quanto à edição da norma regulamentadora do art. 37, VII, da Carta da República, devendo, quanto a este fato, ser oficiado ao órgão impetrado.

(...).

VOTO (Vista) – *O Sr. Min. Gilmar Mendes*: (...). (...).
(A) O mandado de injunção na jurisprudência do STF
O STF, em questão de ordem no MI n. 107-DF (rel. Min. Moreira Alves), manifestou o seguinte entendimento: "*Ementa:* Mandado de injunção – Questão de ordem sobre sua autoaplicabilidade, ou não. Em face dos textos da Constituição Federal relativos ao mandado de injunção, é ele ação outorgada ao titular de direito, garantia ou prerrogativa a que alude o art. 5º, LXXI, dos quais o exercício está inviabilizado pela falta de norma regulamentadora, e ação que visa a obter do Poder Judiciário a declaração de inconstitucionalidade dessa omissão se estiver caracterizada a mora em regulamentar por parte do Poder, órgão, entidade ou autoridade de que ela dependa, com a finalidade de que se lhe dê ciência dessa declaração, para que adote as providências necessárias, à semelhança do que ocorre com a ação direta de inconstitucionalidade por omissão (art. 103, § 2º, da Carta Magna), e de que se determine, se se tratar de direito constitucional oponível contra o Estado, a suspensão dos processos judiciais ou administrativos de que possa advir para o impetrante dano que não ocorreria se não houvesse a omissão inconstitucional. Assim fixada a natureza jurídica desse mandado, é ele, no âmbito da competência desta Corte – que está devidamente definida pelo art. 102, I –, autoexecutável, uma vez que, para ser utilizado, não depende de norma jurídica que o regulamente, inclusive quanto ao procedimento, aplicável que lhe é analogicamente o procedimento do mandado de segurança, no que couber – Questão de ordem que se resolve no sentido da autoaplicabilidade do mandado de injunção, nos termos do voto do Relator" (MI n. 107, rel. Min. Moreira Alves, *DJU* 21.9.1990). (...).

Após esse *leading case*, todavia, esta Corte passou a promover alterações significativas no instituto do mandado de injunção, conferindo-lhe, por conseguinte, conformação mais ampla do que a até então admitida.

No MI n. 283-DF (*DJU* 14.11.1991), de relatoria do Min. Sepúlveda Pertence, o Tribunal, pela primeira vez, estipulou prazo para que fosse colmatada a lacuna relativa à mora legislativa, sob pena de assegurar ao prejudicado a satisfação dos direitos negligenciados. Explicita a ementa do acórdão:

"Mandado de injunção – Mora legislativa na edição da lei necessária ao gozo do direito à reparação econômica contra a União, outorgado pelo art. 8º, § 3º, do ADCT – Deferimento parcial, com estabelecimento de prazo para a purgação da mora e, caso subsista a lacuna, facultando ao titular do direito obstado obter em juízo, contra a União, sentença líquida de indenização por perdas e danos.

"1. O STF admite – não obstante a natureza mandamental do mandado de injunção (MI n. 107/QO) – que no pedido constitutivo ou condenatório, formulado pelo impetrante, mas de atendimento impossível, se contém o pedido, de atendimento possível, de declaração de inconstitucionalidade da omissão normativa, com ciência ao órgão competente para que a supra (cf. MI ns. 168, 107 e 232).

"2. A norma constitucional invocada (ADCT, art. 8º, § 3º – 'Aos cidadãos que foram impedidos de exercer, na vida civil, atividade profissional específica, em decorrência das Portarias Reservados do Ministério da Aeronáutica n. S-50-GM5, de 19 de junho de 1964, e S-285-GM5 será concedida reparação econômica, na forma que dispuser lei de iniciativa do Congresso Nacional e a entrar em vigor no prazo de 12 meses a contar da promulgação da Constituição') – vencido o prazo nela previsto, legitima o beneficiário da reparação mandada conceder a impetrar mandado de injunção, dada a existência, no caso, de um direito subjetivo constitucional de exercício obstado pela omissão legislativa denunciada.

"3. Se o sujeito passivo do direito constitucional obstado é a entidade estatal à qual igualmente se deva imputar a mora legislativa que obsta ao seu exercício, é dado ao Judiciário, ao deferir a injunção, somar aos seus efeitos mandamentais típicos o provimento necessário a acautelar o interessado contra a eventualidade de não se ultimar o processo legislativo no prazo razoável que fixar, de modo a facultar-lhe, quanto possível, a satisfação provisória do seu direito.

"4. Premissas de que resulta, na espécie, o deferimento do mandado de injunção para: (a) declarar em mora o legislador com relação à ordem de legislar contida no art. 8º, § 3º, do ADCT, comunicando-o ao Congresso Nacional e à Presidência da República; (b) assinar o prazo de 45 dias, mais 15 dias para a sanção presidencial, a fim de que se ultime o processo legislativo da lei reclamada; (c) se ultrapassado o prazo acima sem que esteja promulgada a lei, reconhecer ao impetrante a faculdade de obter contra a União, pela via processual adequada, sentença líquida de condenação à reparação constitucional devida pelas perdas e danos que se arbitrem; (d) declarar que, prolatada a condenação, a superveniência de lei não prejudicará a coisa julgada, que, entretanto, não impedirá o impetrante de obter os benefícios da lei posterior, nos pontos em que lhe for mais favorável" (MI n. 283-DF, rel. Min. Sepúlveda Pertence, *DJU* 14.11.1991). (...).

*(B) O mandado de injunção e o direito de greve
na jurisprudência do STF*

Na espécie, discute-se o direito de greve de servidores públicos civis.

Nesse particular, deve-se observar que, diferentemente das relativizações realizadas quanto ao decidido no MI n. 107-DF (*DJU* 2.8.1991), nos casos em que se apreciaram as possibilidades e condições para o exercício do direito de greve por servidores públicos civis esta Corte ficou adstrita tão somente à declaração da existência da mora legislativa para a edição de norma reguladora específica. (...).

Nessas ocasiões, entretanto, o Min. Carlos Velloso destacava a necessidade de que, em hipóteses como a dos autos, se aplicasse, provisoriamente, aos servidores públicos a Lei de Greve relativa aos trabalhadores em geral.

Registre-se, a propósito, trecho de seu voto no MI n. 631-MS (rel. Min. Ilmar Galvão, *DJU* 2.8.2002):

"Assim, Sr. Presidente, passo a fazer aquilo que a Constituição determina que eu faça, como Juiz: elaborar a norma para o caso concreto, a norma que viabilizará, na forma do disposto no art. 5º, LXXI, da Lei Maior, o exercício do direito de greve do servidor público.

"A norma para o caso concreto será a Lei de Greve dos trabalhadores, a Lei n. 7.783, de 28.6.1989. É dizer, determino que seja aplicada, no caso concreto, a lei que dispõe sobre o exercício do direito de greve dos trabalhadores em geral, que define as atividades essenciais e que regula o atendimento das necessidades inadiáveis da comunidade.

"Sei que na Lei n. 7.783 está disposto que ela não se aplicará aos servidores públicos. Todavia, como devo fixar a norma para o caso concreto, penso que devo e posso estender aos servidores públicos a norma já existente, que dispõe a respeito do direito de greve" (MI n. 631-MS, rel. Min. Ilmar Galvão, *DJU* 2.8.2002)

Vê-se, assim, que, observados os parâmetros constitucionais quanto à atuação da Corte como eventual legislador positivo, o Min. Carlos Velloso entendia ser o caso de determinar a aplicação aos servidores públicos da lei que disciplina os movimentos grevistas no âmbito do setor privado. (...).

(C) Direito de greve dos servidores públicos, omissão inconstitucional
e alternativas de superação

O direito de greve dos servidores públicos tem sido objeto de sucessivas dilações desde 1988. A Emenda Constitucional n. 19/1998 retirou o caráter complementar da lei regulamentadora, a qual passou a demandar, unicamente, lei ordinária e específica para a matéria. Não obstante subsistam as resistências, é bem possível que as partes envolvidas na questão partam de premissas que favoreçam o estado de omissão ou de inércia legislativa.

A representação de servidores não vê com bons olhos a regulamentação do tema, porque visa a disciplinar uma seara que hoje está submetida a um tipo de "lei da selva". Os representantes governamentais entendem que a regulamentação acabaria por criar o direito de greve dos servidores públicos. Essas visões parcialmente coincidentes têm contribuído para que as greves no âmbito do serviço público se realizem sem qualquer controle jurídico, dando ensejo a negociações heterodoxas ou a ausências que comprometem a própria prestação do serviço público, sem qualquer base legal.

Mencionem-se, a propósito, episódios mais recentes relativos à paralisação dos controladores de voo do País; ou, ainda, o caso da greve dos servidores do Judiciário do Estado de São Paulo, ou dos peritos do Instituto Nacional de Seguridade Social/INSS, que trouxeram prejuízos irreparáveis a parcela significativa da população dependente desses serviços públicos.

A não regulação do direito de greve acabou por propiciar um quadro de selvageria com sérias consequências para o Estado de Direito. Estou a relembrar que Estado de Direito é aquele no qual não existem soberanos.

Nesse quadro, não vejo mais como justificar a inércia legislativa e a inoperância das decisões desta Corte.

Comungo das preocupações quanto à não assunção pelo Tribunal de um *protagonismo legislativo*. Entretanto, parece-me que a não atuação no presente momento já se configuraria quase como uma espécie de "omissão judicial". (...).

Nesse contexto, é de se concluir que não se pode considerar simplesmente que a satisfação do exercício do direito de greve pelos servidores públicos civis deva ficar submetida absoluta e exclusivamente a juízo de oportunidade e conveniência do Poder Legislativo.

Estamos diante de uma situação jurídica que, desde a promulgação da Carta Federal de 1988 (ou seja, há mais de 18 anos), remanesce sem qualquer alteração. Isto é, mesmo com as modificações implementadas pela Emenda n. 19/1998 quanto à exigência de lei ordinária específica, o direito de greve dos servidores públicos ainda não recebeu o tratamento legislativo minimamente satisfatório para garantir o exercício dessa prerrogativa em consonância com imperativos constitucionais.

Por essa razão, não estou a defender aqui a assunção do papel de legislador positivo pelo STF.

Pelo contrário, enfatizo tão somente que, tendo em vista as imperiosas balizas constitucionais que demandam a concretização do direito de greve a todos os trabalhadores, este Tribunal não pode se abster de reconhecer que, assim como se estabelece o controle judicial sobre a atividade do legislador, é possível atuar também nos casos de inatividade ou omissão do Legislativo. (...).

A disciplina do direito de greve para os trabalhadores em geral no que concerne às denominadas "atividades essenciais" é especificamente delineada nos arts. 9º a 11 da Lei n. 7.783/1989.

O art. 9º desse diploma normativo dispõe que o sindicato ou comissão de negociação deve manter um número de empregados em atividade para que seja garantida a manutenção dos serviços que, se paralisados, podem acarretar prejuízo irreparável. Para isso, deve haver acordo entre o sindicato ou comissão de negociação e a entidade patronal ou empregador. Se não se chegar a esse acordo, o empregador pode contratar diretamente esses serviços, enquanto a greve durar.

O art. 10 da Lei Geral de Greve, por sua vez, elenca atividades e serviços que devem ser considerados como essenciais, *verbis*: "I – tratamento e abastecimento de água; produção e distribuição de energia elétrica, gás e combustíveis; II – assistência médica e hospitalar; III – distribuição e comercialização de medicamentos e alimentos; IV – funerários; V – transporte coletivo; VI – captação e tratamento de esgoto e lixo; VII – telecomunicações; VIII – guarda, uso e controle de substâncias radioativas, equipamentos e materiais nucleares; IX – processamento de dados ligados a serviços essenciais; X – controle de tráfego aéreo; XI – compensação bancária".

O art. 11 da referida lei dispõe sobre a obrigatoriedade de se garantir, durante a greve, os serviços indispensáveis ao atendimento das necessidades inadiáveis da comunidade. Tal obrigação se dirige tanto aos sindicatos quanto aos empregadores e trabalhadores. O parágrafo único desse artigo estipula o conceito da expressão "necessidades inadiáveis" como "aquelas que, não atendidas, coloquem em perigo iminente a sobrevivência, a saúde ou a segurança da população".

O art. 12 da Lei n. 7.783/1989, por sua vez, dispõe que, frustrada a obrigação prevista no artigo anterior, cabe ao Poder Público assegurar a prestação dos serviços indispensáveis.

No caso de aplicação dessa legislação geral ao caso específico do direito de greve dos servidores públicos, antes de tudo, afigura-se inegável o conflito existente entre as necessidades mínimas de legislação para o exercício do direito de greve dos servidores públicos (CF, art. 9º, *caput*, c/c art. 37, VII), de um lado, e o direito a serviços públicos adequados e prestados de forma contínua (CF, art. 9º, § 1º), de outro. Evidentemente, não se outorga ao legislador qualquer poder discricionário quanto à edição ou não da lei disciplinadora do direito de greve. O legislador poderá adotar um modelo mais ou menos rígido, mais ou menos restritivo do direito de greve no âmbito do serviço público, mas não poderá deixar de reconhecer o direito previamente definido na Constituição.

Identifica-se, pois, aqui, a necessidade de uma solução obrigatória da perspectiva constitucional, uma vez que ao legislador não é dado escolher se concede ou não o direito de greve, pode tão somente dispor sobre a adequada configuração da sua disciplina. (...)

(D) Conclusão

Em síntese, considerada a omissão legislativa alegada na espécie, voto, preliminarmente, pelo conhecimento do mandado de injunção.

No mérito, acolho a pretensão tão somente no sentido de que se aplique a Lei n. 7.783/1989 enquanto a omissão não for devidamente regulamentada por lei específica para os servidores públicos.

Nesse particular, ressalto, ainda, que, em razão dos imperativos da continuidade dos serviços públicos, não estou a afastar que, de acordo com as peculiaridades de cada caso concreto e mediante solicitação de órgão competente, seja facultado ao juízo competente impor a observância a regime de greve mais severo em razão de tratar-se de "serviços ou atividades essenciais", nos termos dos já mencionados arts. 9º a 11 da Lei n. 7.783/1989.

Creio que essa complementação na parte dispositiva de meu voto é indispensável porque, na linha do raciocínio desenvolvido, não se pode deixar de cogitar dos riscos decorrentes das possibilidades de que a regulação dos serviços públicos que tenham características afins a esses "serviços ou atividades essenciais" seja menos severa que a disciplina dispensada aos serviços privados ditos "essenciais". (...).

Diante dessa conjuntura, imprescindível que este Plenário densifique as situações provisórias de competência constitucional para a apreciação desses dissídios no contexto nacional, regional, estadual e municipal.

Assim, nas condições acima especificadas, se a paralisação for de âmbito nacional, ou abranger mais de uma região da Justiça Federal ou, ainda, abranger mais de uma unidade da Federação, entendo que a competência para o dissídio de greve será do STJ (por aplicação analógica do art. 2º, I, "a", da Lei n. 7.701/1988).

Ainda no âmbito federal, se a controvérsia estiver adstrita a uma única região da Justiça Federal, a competência será dos TRFs (aplicação analógica do art. 6º da Lei n. 7.701/1988).

Para o caso da jurisdição no contexto estadual ou municipal, se a controvérsia estiver adstrita a uma unidade da Federação, a competência será do respectivo Tribunal de Justiça (também por aplicação analógica do art. 6º da Lei n. 7.701/1988).

Ou seja, nesse último caso, as greves de âmbito local ou municipal serão dirimidas pelo respectivo Tribunal de Justiça ou TRF com jurisdição sobre o local da paralisação, conforme se trate de greve de servidores municipais, estaduais ou federais. (...).

Diante do exposto, voto no sentido de que o presente mandado de injunção seja conhecido e, no mérito, deferido para, nos termos acima especificados, determinar a aplicação das Leis ns. 7.701/1988 e 7.783/1989 aos conflitos e às ações judiciais que envolvam a interpretação do direito de greve dos servidores públicos civis.

É como voto.

(...).

VOTO (Vista) – *O Sr. Min. Ricardo Lewandowski*: (...). (...).

Preliminarmente, sublinho a especial relevância do pleito sob exame, porquanto, neste julgamento, encontra-se em causa precisamente a própria conformação que o STF emprestará a este inovador remédio constitucional.

Não resta dúvida, a meu ver, de que é chegada a hora de esta Corte avançar no sentido de conferir maior efetividade ao mandado de injunção, dando concreção a um dos mais importantes instrumentos de defesa dos direitos fundamentais concebidos pelo constituinte originário. (...).

Para que isso ocorra, não há dúvida, é preciso superar uma visão estática, tradicional, do princípio da separação dos Poderes, reconhecendo-se que as funções que a Constituição atribui a cada um deles, na complexa dinâmica governamental do Estado contemporâneo, podem ser desempenhadas de forma compartilhada, **[Rodapé**: ALAS, Leopoldo Tolívar, *Derecho Administrativo y Poder Judicial*, Madri, Editorial Tecnos, 1996. p. 14.**]** sem que isso implique a superação da tese original de Montesquieu.

Não vou tão longe, porém, a ponto de ultrapassar a finalidade do mandado de injunção – que é, nas palavras de José Afonso da Silva, a de "realizar concretamente em favor do impetrante o direito, liberdade ou prerrogativa sempre que a norma regulamentadora torne inviável seu exercício" **[Rodapé**: ob. cit., p. 166.**]** – avançando sobre a própria razão de ser do Poder Legislativo, ao qual compete expedir normas de caráter geral e abstrato para regular determinadas situações ocorrentes na realidade fenomênica.

Em outras palavras, não me parece possível, *data venia*, ao Poder Judiciário, a pretexto de viabilizar o exercício de direito fundamental por parte de determinada pessoa ou grupo de pessoas, no âmbito do mandado de injunção, expedir regulamentos para disciplinar, em tese, tal ou qual situação, ou adotar diploma normativo vigente aplicável a situação diversa.

Por isso, entendo, com o devido respeito, que não se mostra factível o emprego da Lei n. 7.783/1989 para autorizar-se o exercício do direito de greve por parte dos servidores do Poder Judiciário do Estado do Pará, inclusive fazendo tábula rasa de disposição legal nela contida que expressamente veda tal hipótese. Ademais, ao emprestar-se eficácia *erga omnes* a tal decisão, como se pretende, penso que esta Suprema Corte estaria intrometendo-se, de forma indevida, na esfera de competência que a Carta Magna reserva com exclusividade aos representantes da soberania popular, eleitos pelo sufrágio universal, direto e secreto.

É que, como sustentou o Min. Sepúlveda Pertence, em assim procedendo, o STF estaria recorrendo a uma analogia, que o levaria, inevitavelmente, a uma agenda de difícil, se não impossível, transposição.

Com efeito, a analogia foi definida por Norberto Bobbio como o "procedimento pelo qual se atribui a um caso não regulamentado a mesma disciplina que a um caso regulamentado semelhante". **[Rodapé**: BOBBIO, Norberto, *Teoria do Ordenamento Jurídico*, 10ª ed., Brasília, Editora UnB, 1997, p. 150.**]** O referido autor considerou-a o mais típico e importante dos procedimentos hermenêuticos, por meio do qual se verifica "a tendência de cada ordenamento jurídico a expandir-se além dos casos expressamente regulamentados". **[Rodapé**: Idem, ibidem.**]** Assenta ele, contudo, que esse método, para que seja validamente empregado, pressupõe que haja, entre as duas hipóteses, uma *semelhança relevante*. **[Rodapé**: Ob. cit., p. 152 – grifo meu.**]**

Concessa venia, não vejo, no caso presente, semelhança relevante entre a greve na esfera pública e a greve no âmbito privado que autorize o recurso à analogia. Embora ambas as situações refiram-se ao fenômeno social "greve", consistente na paralisação das atividades de determinado setor laboral em face de reivindicações não atendidas, as distinções que as separam são maiores do que os pontos comuns que as aproximam, a começar pelo regime jurídico diferenciado ao qual estão submetidos os seus protagonistas. (...).

Em face do exposto, pelo meu voto, conheço do mandado de injunção, concedendo a ordem em parte para garantir o exercício do direito de greve aos policiais civis do Estado do Espírito Santo, assegurada por estes a prestação dos serviços inadiáveis, devendo o Governo do Estado abster-se de adotar medidas que inviabilizem ou limitem esse direito, tais como o corte do ponto dos servidores ou a imposição de multa pecuniária diária.

(...).

VOTO – *O Sr. Min. Sepúlveda Pertence*: (...). (...).

Deixo apenas assinalado que não recuo das objeções que pus, desde o *leading case* do MI n. 107, ao que hoje o Min. Gilmar Mendes chamava um "protagonismo legislativo do STF", a utilizar-se, a mancheias, do mandado de injunção para substituir-se ao Congresso. Muitas vezes a demora do processo legislativo não é um problema de inércia, não é um problema de falta de vontade de legislar; é a impossibilidade política de chegar-se a uma fórmula aceita. E isso é do jogo democrático. E isso é, sobretudo, a grande virtude do processo legislativo democrático.

Mas – ainda há pouco recordava o Min. Celso de Mello, ao rever os anais da Casa – há inércia e inércia.

E esta é uma inércia, a meu ver, abusiva e geradora – demonstraram os Mins. Eros Grau e Gilmar Mendes – de uma anomia de relevo gritante: a disciplina do direito de greve, quando determinada pela Constituição, é um exemplo típico de um mandado de legislar que não pode ser abusivamente protraído.

Como anotei no voto vencido que proferi no MI n. 20 – quando pela primeira vez se discutiu a questão no Tribunal –, historicamente a greve nunca esperou pela lei para realizar-se. E isso é o que temos assistido.

Algumas vezes o papel do Supremo Tribunal, se não é de protagonismo legislativo, é, no entanto, de acicatar aos Poderes políticos para o dever de dar efetividade à Constituição.

Não prossigo. Nada teria a dizer à notável conferência com que acaba de nos brindar o eminente Min. Celso de Mello, a propósito. Recordo apenas como foi importante para a disciplina de um instrumento fundamental da investigação criminal moderna uma decisão do Supremo Tribunal que pareceu aterrorizar a Nação, num primeiro momento, a de dizer que, enquanto não houvesse lei, toda escuta telefônica constituiria prova ilegítima, prova ilícita. Não foram necessários mais que dois ou três meses para que o Congresso Nacional editasse a lei reguladora.

Não desconheço riscos de rejeição na aplicação com temperamentos da Lei n. 7.783 à greve dos servidores públicos. É da maior seriedade a ponderação trazida pela CUT e outras numerosas entidades: a inexistência nas questões salariais relativas aos servidores públicos de mecanismos institucionais de negociação coletiva.

Mas, ou nos conformamos com essa inércia, que, digo, é abusiva – o que seria demitirmo-nos da guarda da Constituição que nos foi confiada –, ou, a meu ver, a solução propugnada por ambos os Relatores – Mins. Eros Grau e Gilmar Mendes – me convence de que ela, no momento, é a mais razoável.

Para não adotá-la – pelas razões que expôs com muita ponderação –, o eminente Min. Ricardo Lewandowski acabou por chegar a uma solução mais radical: reconhecer o direito à paralisação, proibindo o desconto de dias parados, o que é risco inerente ao mecanismo da greve, o qual normalmente há de resolver-se mediante negociação que existirá – não tenhamos dúvida –, haja ou não mecanismos formais para tanto. Porque o risco da suspensão do pagamento pelos dias de greve será um instrumento necessário à ponderação de interesses em choque a fim de chegar-se ao fim da paralisação. (...).

O Sr. Min. Ricardo Lewandowski: Gostaria também de fazer um breve esclarecimento no sentido de que, realmente, eu garanto o serviço de greve desde que assegurada, por parte dos grevistas, a prestação dos serviços essenciais. Há um condicionamento aí que, de certa maneira, limita o amplo exercício do direito de greve.

O Sr. Min. Sepúlveda Pertence: Claro, V. Exa. sabe que, quanto à continuidade do serviço público, não há dúvida de que seu voto se casa com as nossas preocupações.

Mas, Sra. Presidente, renovando escusas ao Min. Joaquim Barbosa, também me somo ao voto dos eminentes Mins. Eros Grau e Gilmar Mendes.

(...).

EXTRATO DE ATA

(...).

Decisão: O Tribunal, por maioria, conheceu do mandado de injunção e propôs a solução para a omissão legislativa com a aplicarão da Lei n. 7.783, de 28.6.1989, no que couber, vencidos, em parte, o Sr. Min. Maurício Corrêa (Relator), que conhecia apenas para certificar a mora do Congresso Nacional, e os Srs. Mins. Ricardo Lewandowski, Joaquim Barbosa e Marco Aurélio, que limitavam a decisão à categoria representada pelo sindicato e estabeleciam condições específicas para o exercício das paralisações. Votou a Presidente, Min. Ellen Gracie. Lavrará o acórdão o Sr. Min. Gilmar Mendes. Não votaram os Srs. Mins. Menezes Direito e Eros Grau por sucederem, respectivamente, aos Srs. Mins. Sepúlveda Pertence e Maurício Corrêa, que proferiram voto anteriormente. Ausente, justificadamente, a Sra. Min. Carmen Lúcia, com voto proferido em assentada anterior. Plenário, 25.10.2007.

Presidência da Sra. Min. Ellen Gracie. Presentes à sessão os Srs. Mins. Celso do Mello, Marco Aurélio, Gilmar Mendes, Cézar Peluso, Carlos Britto, Joaquim Barbosa, Ricardo Lewandowski, Eros Grau e Menezes Direito.

* * *

PERGUNTAS

1. Quais são os fatos?
2. A que direito se busca dar eficácia com o presente mandado de injunção?
3. Quais são os requisitos para se interpor um mandado de injunção?
4. Como evoluiu a jurisprudência do Supremo em relação à resposta judicial a ser dada em mandados de injunção, conforme relato feito pelo Min. Gilmar Mendes?
5. Qual a preocupação manifestada pelo Min. Sepúlveda Pertence em relação ao exercício de uma posição mais ativa por parte do Supremo nos casos de mandado de injunção?
6. Há parâmetros para definir a mora estatal? O que configura uma mora abusiva?
7. Como se posicionam os Ministros na matéria? Como argumenta o Min. Gilmar Mendes para sustentar a necessidade de intervenção mais intensa do Judiciário na questão?
8. Sem que haja essa espécie de intervenção mais intensa do Judiciário, pode-se dizer que é dado ao processo democrático obstar a mandamentos constitucionais, como propõe o Min. Sepúlveda Pertence? Tal óbice é legítimo?
9. Como ficou decidido o caso?
10. Quais os contornos do exercício do direito de greve por parte de funcionários públicos?
11. Como pode responder o legislador aos parâmetros definidos pelo Supremo?

Capítulo 7
DEVIDO PROCESSO LEGAL

7.1 A origem do conceito. 7.2 Desenvolvimento do conceito pela Suprema Corte norte-americana. 7.3 Devido processo legal procedimental. 7.4 Devido processo legal substantivo. 7.5 Estado de Direito como meio ambiente indispensável ao devido processo. 7.6 A Constituição brasileira e o governo das leis. PRINCÍPIO DA RESERVA LEGAL: 7.7 STF, HC 70.389-5-SP. 7.8 STF, ADI 939-7-DF. 7.9 STF, ADI/MC 5.209-DF. SEGURANÇA JURÍDICA: 7.10 STF, MS/MC 23.047-3-DF. 7.11 STF, ADI/MC 1.910-1-DF. 7.12 STF, RE 363.889. 7.13 STF, ADPF 144-DF. 7.14 STF, ADC 29-DF, ADC 30 e ADI 4.578. DIREITO À PRESTAÇÃO JURISDICIONAL: 7.15 STF, ADI 223-6-DF. 7.16 STF, ADI 4.270-SC. 7.17 STF, RO/HC 79.785-7-RJ. 7.18 STF, AP/vigésimo sexto AgR 470-MG. 7.19 STF, RE 398.041-6-PA. 7.20 STF, SE/AgR 5.206-7-Reino da Espanha. DEVIDO PROCESSO FORMAL: 7.21 STF, RE 251.445-GO. 7.22 STF, HC 82.770-5-RJ. 7.23 STF, RE 573.232-SC.

É muito comum ouvirmos de advogados o argumento de que seus clientes foram privados de direitos sem que houvesse atenção à cláusula do devido processo legal. Escutamos estas lamentações de advogados tributaristas, penalistas, civilistas ou constitucionalistas, ao questionarem coisas tão distintas como: a inadequada forma de cobrança de impostos; a permissão judicial para que se levem em consideração provas ilícitas; a desconsideração de um contrato que já havia exaurido seus efeitos; ou, ainda, a desproporcional limitação de um direito por parte do Legislativo. Em todos esses casos reivindica-se que houve violação do devido processo legal, seja pela Administração, pelo Judiciário ou pelo Legislativo.

Em tempos de processos que geram grande interesse público, como investigações de corrupção governamental realizadas pelo Congresso Nacional, as pessoas que não são versadas em Direito ficam frequentemente indignadas com a autorização, assegurada pelo próprio STF, para que depoentes possam se recusar a responder a questões ou, mesmo, sobre elas mentir. Outra vez é o direito ao devido processo legal que está em jogo. Mas, afinal, que expressão mágica é esta que é sistematicamente invocada toda vez que alguém se sente ameaçado em seus direitos?

7.1 A origem do conceito

O conceito de devido processo legal tem uma longuíssima história no Ocidente. Talvez daí derive uma das dificuldades em se chegar a um acordo sobre seu exato significado. A primeira formulação desse princípio, ainda que em termos distintos do seu uso contemporâneo, deu-se por intermédio da Magna Carta, de 1215. Este documento, precursor das declarações modernas de direitos, buscava selar um pacto entre o Rei João e os barões. Por intermédio de seu Capítulo 39, a Magna Carta estabeleceu que "nenhum homem será detido ou preso, nem privado de seus bens, banido ou exilado ou, de algum modo, prejudicado, nem agiremos ou mandaremos agir contra ele, senão mediante um *juízo legal* de seus pares ou segundo a *lei da terra*".[1] O

---

1. "Magna Carta", in Fábio Comparato, *A Afirmação Histórica dos Direitos Humanos*, São Paulo, Saraiva, 2003, p. 83.

verdadeiro significado deste dispositivo na Idade Média é objeto de enorme controvérsia. Alguns historiadores do Direito compreendem que o dispositivo tinha o objetivo singelo de determinar que as pessoas fossem devidamente notificadas, pudessem apresentar sua defesa e fossem julgadas pela autoridade competente.[2] Outros atribuem um significado mais amplo ao princípio do devido processo, que se aproximaria à sua compreensão moderna. Neste sentido, o devido processo seria uma sinalização de que os privilégios concedidos pela Magna Carta e outros instrumentos medievais não poderiam ser restringidos de forma aleatória pelo rei. A limitação deveria ser precedida de rito específico, um *juízo legal de pares*, e em conformidade com o Direito *a lei da terra*. Ou seja: somente uma autoridade legítima e pré-constituída poderia limitar tais privilégios. Esta autoridade, no entanto, deveria agir em conformidade com procedimentos igualmente preestabelecidos pela lei.

A proposição de que alguém só poderia ter seus direitos limitados em conformidade com a *lei da terra* impõe, no entanto, algumas outras aclarações, que ultrapassam o imperativo de que a lei estabeleça previamente os procedimentos e garantias processuais de julgamento. No período medieval a *lei da terra* estava intimamente associada à ideia de Direito costumeiro, que decorria da sedimentação de decisões passadas, especialmente decisões judiciais. Nesse sentido, o Direito costumeiro era utilizado com o objetivo de limitar a ação legislativa dos parlamentos em ascensão, numa verdadeira guerra entre o Direito antigo e o Direito moderno.

São emblemáticos da noção de supremacia do Direito costumeiro diversos casos decididos por Lorde Coke, *Chief Justice* da *Court of Common Pleas*, no início do século XVII. No caso *Bonhan*, por exemplo, um decreto real, posteriormente reafirmado pelo Parlamento inglês, conferiu poderes ao Presidente e aos censores da Faculdade de Medicina para punir estudantes e praticantes de Medicina. O Dr. *Bonhan* foi sentenciado pelo Tribunal da Faculdade a multa e também a prisão, pela prática de Medicina sem licença. Licença, esta, que deveria ser conferida pela mesma entidade. De acordo com Lorde Coke, o Tribunal da Faculdade de Medicina não poderia ter imposto aquelas sanções, pois seria admitir àquela autoridade o privilégio de julgar em causa própria, o que era inadmissível ao Direito costumeiro, que tem entre suas máximas a de que ninguém pode ser juiz em causa própria. Consequentemente, conclui Lorde Coke, "quando um ato do Parlamento for contrário ao Direito costumeiro ou à razão, ou repugnante ou impossível de ser realizado, o Direito costumeiro irá controlá-lo e determinar que este seja cancelado".[3] Dois são os pontos que aqui nos interessam. Em primeiro lugar, a noção de que há limites legais substantivos ao exercício de autoridade pelo rei ou pelo próprio Parlamento. Em segundo, que estes limites são o Direito costumeiro e a razão. Esta proposição de que toda a autoridade do Estado se encontrava limitada pelo Direito foi incorporada pelo mais influente jurista inglês do século XVIII, William Blackstone, que, em seus *Comentários às Leis da Inglaterra*, de 1765, enfatiza que "atos do Parlamento contrários à razão não são válidos".[4] A ideia de devido processo no período medieval tinha, assim, dois significados distintos. O primeiro designava o estabelecimento de um juízo imparcial – equidistante das partes –, onde estivessem asseguradas determinadas garantias processuais, como contraditório e possibilidade de defesa, voltadas a conferir o maior grau possível de justiça aos julgamentos. Num segundo sentido, a ideia de devido processo legal estava associada aos limites substantivos que deveriam ser impostos

---

2. Raoul Berger, *Government by Judiciary*, Cambridge, Harvard University Press, 1977, p. 197.
3. G. Walker, *The Rule of Law*, Melburne, Melbourne University Press, 1988, p. 118.
4. Blackstone, *apud* John Orth, *Due Process of Law: a Brief History*, University Press of Kansas, 2003, p. 26.

ao exercício da autoridade. Neste caso, o Direito costumeiro era tomado como restrição material àquilo que poderia ser decidido pelo Parlamento ou outras instâncias de determinação de conduta.

7.2 Desenvolvimento do conceito pela Suprema Corte norte-americana

A Constituição norte-americana, de 1787, incorporou a cláusula do devido processo legal, por intermédio de suas Emendas 5 e 14,[5] estabelecendo que nenhuma pessoa poderia ser "privada da vida, liberdade e propriedade sem o devido processo legal". Como sugere um dos principais arquitetos da Constituição norte-americana, "as palavras 'devido processo' têm um significado técnico preciso, e são apenas aplicáveis aos processos e procedimentos levados a cabo pelas Cortes de Justiça, elas nunca poderão se referir a atos do Legislativo".[6] Para Hamilton, portanto, o devido processo era algo mais restrito do que a doutrina expressa por Coke no caso *Bonhan*, que autorizava ao Judiciário impugnar atos do Parlamento contrários ao Direito costumeiro ou à própria razão. Originalmente, a adoção desta cláusula tinha sentido predominantemente formal, voltado a assegurar procedimentos judiciais imparciais por intermédio de uma série de garantias processuais, como a devida notificação das partes, possibilidade de defesa, contraditório, direito a ser representado por um advogado, liberdade de apresentar provas, julgamento pelo Júri etc.

Com o caso "Marbury *versus* Madison", de 1803, a Suprema Corte irá se lançar na empreitada de também colocar limites às decisões legislativas, a partir da ideia de que a Constituição era a lei suprema da terra (*supreme law of the land*). A decisão de Marshall limita-se, no entanto, a impugnar ato do Legislativo que havia sido produzido à margem das competências formais que lhe haviam sido conferidas.[7] Marshall não questiona se a lei era boa ou ruim, contrária ou não a valores substantivos da Constituição, limitando-se apenas a detectar que ela havia sido produzida em desconformidade com os poderes conferidos ao Parlamento pela Constituição. No caso, não poderia a Constituição ter seu conteúdo substantivamente alterado por uma lei feita à margem das competências do legislador. Assim, o que se estava analisando era o devido processo legislativo no plano puramente formal.

Será apenas no final do século XIX que o Judiciário norte-americano dará um novo passo. Para a Suprema Corte a cláusula do devido processo deveria também ser empregada para impugnar atos do Legislativo com base na sua afronta a valores substantivos da Constituição, ou seja: o Judiciário deveria assumir a responsabilidade de analisar se a legislação aprovada em conformidade com os ritos constitucionais afronta, ou não, valores protegidos pela Constituição, como liberdade ou propriedade.

Em "Lochner *versus* New York", de 1905, o Estado de Nova York, por razões humanitárias, adota legislação voltada a limitar para o máximo de 10 horas a jornada de trabalho dos padeiros. A Corte, ao impugnar a legislação, justificou que esta "(...) necessariamente interfere com o direito de contrato entre empregadores e empregados, relativo ao número de

---

5. A diferença fundamental entre estas duas cláusulas é que na primeira a imposição se restringe ao Governo Federal, enquanto na segunda, elaborada após a Guerra Civil, o objetivo era ampliar a aplicação do princípio do devido processo também aos Governos Estaduais.

6. "The papers of Alexander Hamilton 35", *apud* Raoul Berger, *Government by Judiciary*, Cambridge, Harvard University Press, 1977, p. 194.

7. Oscar Vilhena Vieira, *Supremo Tribunal Federal – Jurisprudência Política*, 2ª ed., São Paulo, Malheiros Editores, 2002, pp. 63 e ss.

horas que os últimos devem trabalhar na padaria do empregador. O direito geral de realizar contrato em relação aos seus negócios é parte da liberdade protegida pela XIV Emenda à Constituição Federal. Sob esta Emenda nenhum Estado pode limitar o direito de qualquer pessoa à vida, liberdade, propriedade, sem o devido processo legal. (...). Em todo caso trazido a este Tribunal, em que se trata de legislação desta natureza, e em que a proteção da Constituição Federal é requerida, uma questão necessariamente aparece: *é este exercício justo, razoável e apropriado (...) ou é uma interferência não razoável, desnecessária e arbitrária nos direitos individuais (...)?*[8]

Percebe-se, aqui, que a cláusula do devido processo legal não está sendo empregada apenas para assegurar à parte em processo judicial o direito de ser julgada de forma imparcial. A Suprema Corte também não está apenas policiando os demais Poderes para que não ultrapassem as competências que lhes foram conferidas pela Constituição, como no caso "Madison *versus* Marbury". O que temos em *Lochner* é o Tribunal verificando se a substância de uma lei, devidamente processada pelo Parlamento, ofende, ou não, valores substantivos protegidos pela Constituição. Ao se lançar nesta nova empreitada, a Corte funda o conceito de *devido processo legal substantivo*. A utilização de critérios substantivos por parte do Judiciário para bloquear decisões legislativas, por ofensa à propriedade ou à liberdade, gerou forte reação. Para críticos da Corte, como o Juiz Holmes, *Lochner* foi "(...) decidido a partir de uma teoria econômica (...) e acredito que meu acordo ou desacordo não tem nenhuma relação com o direito que tem a maioria [*parlamentar*] de incorporar suas opiniões no Direito (...)",[9] deixando claro, assim, que a função do Judiciário não deve ser a de questionar as decisões substantivas do legislador, substituindo-as pelas suas próprias.[10] A Corte continuará usando a doutrina do devido processo legal substantivo para impugnar atos dos Legislativos Estaduais e Federal que restringiam a liberdade e a propriedade, como a legislação de Imposto de Renda, a regulação do trabalho, a determinação de salário-mínimo etc.

Somente no final dos anos 1930, após forte pressão do Governo Roosevelt sobre a Corte, é que esta decide começar a amenizar o controle substantivo que vinha exercendo sobre as decisões do Congresso. "West Coast Hotel Co. *versus* Parrish" (1937) e "United States *versus* Caroline Products Co." (1938) simbolizam esta mudança. Em *West Cost*, lei do Estado de Washington fixou salário-mínimo para mulheres e crianças. A legislação foi questionada a partir da cláusula do devido processo legal, sob o argumento de que era um interferência indevida no direito de liberdade contratual. Conforme o Presidente da Suprema Corte, *Justice* Hughes, "a liberdade sob a Constituição é necessariamente objeto de restrição pelo devido processo, e regulamentação que seja razoável em relação ao seu objeto e seja adotada no interesse da comunidade é devido processo (...)".[11] A Corte passa, assim, a demandar do Estado apenas a demonstração de um nexo mínimo de razoabilidade entre a legislação adotada e o objeto da regulamentação. Havendo um motivo racional, o legislador estaria autorizado a interferir no direito à propriedade ou à liberdade. A doutrina do devido processo substantivo, como defesa de interesses econômicos, entra em forte declínio nas décadas seguintes, sendo paradoxalmente resgatada, nos anos 1960 e 1970, para ampliar os direitos das mulheres, co-

---

8. "Lochner *versus* New York", 1485 U.S. 45 (1905).
9. Oliver Wendell Holmes, "Dissenting opinion", in *Lochner* **Versus** *New York*, 1905.
10. Como salienta Cass Sunstein, "na Era Lochner, a Corte buscou criar uma nova categoria separada de fins inadmissíveis, usando uma estrutura libertária da *Common Law* como base teórica. Sob esta teoria o poder de polícia do governo era extremamente limitado (...)" (in "Naked preferences and the Constitution", 84 *Columbia Law Review*, 1984, 1718).
11. Charles E. Hughes, "Opinion of the Court", *West Cost Hotel Co*. **Versus** *Parrish*, 1937.

mo nos casos "Griswold *versus* Connecticut" (1965) e "Roe *versus* Wade" (1973), em que a Corte, a partir da cláusula do devido processo, compreendeu que a legislação que restringia o emprego de meio contraceptivos e o próprio aborto era inconstitucional, pois atentava contra o direito à privacidade, assegurado pela Constituição, ainda que não expressamente. Assim, da mesma forma que em *Lochner*, a Corte volta a extrair da cláusula do devido processo poderes para impugnar decisões do Legislativo, com base em critérios substantivos.

A história inglesa e a norte-americana nos legam, assim, dois conceitos de devido processo legal, o primeiro de natureza procedimental, o segundo de natureza substantiva.

7.3 Devido processo legal procedimental

O *devido processo legal procedimental* está intrinsecamente associado à proposição de que ninguém deve ser juiz em causa própria.[12] Logo, que os processos judiciais devem ser organizados de forma a assegurar resultados os mais imparciais possíveis. Ao decidir sobre a restrição de direitos dos indivíduos, bem como a imposição de obrigações concretas a cada um, os juízes deveriam atender a uma série de requisitos formais que favorecessem uma decisão consequente com aquilo que foi apresentado em igualdade de condições pelas partes no processo. Entre estas garantias poderíamos citar os princípios do contraditório, ampla defesa, juízo natural, proibição de apresentação de prova ilicitamente obtida, publicidade dos atos judiciais, imparcialidade, obrigatoriedade de fundamentação das decisões etc.

Hoje em dia as garantias do devido processo legal procedimental foram estendidas a outros âmbitos da autoridade pública. Nosso próprio ordenamento jurídico determina que aos litigantes e acusados em geral aplicam-se os princípios do contraditório e da ampla defesa (art. 5º, LV). Assim, seja em processo administrativo ou mesmo em processo investigatório no Legislativo, ninguém poderá ser privado de seus direitos sem o devido processo. No campo parlamentar também é aceita a aplicação do devido processo legal legislativo, pelo qual podem ser impugnados todos os atos legislativos que não houverem sido produzidos em conformidade com as regras do processo legislativo, que entre outras coisas asseguram que o debate seja público, que as minorias sejam ouvidas, que os prazos e requisitos formais para a adoção da lei sejam respeitados.

A ideia de devido processo, além de se ter transformado num instrumento cada vez mais relevante não apenas para a tomada de decisões de natureza política ou jurídica, tem exercido muita influência em outros campos da atividade humana que demandam legitimidade. Há, assim, critérios procedimentais para o acreditamento de pesquisas, para a certificação de ideias e inventos, para a promoção de carreiras, para a demissão de empregados etc. Num mundo destituído de verdades absolutas, ou pelo menos num mundo tolerante a diversas verdades com pretensão de absolutas, mas que muitas vezes são autoexcludentes,[13] o princípio do devido processo aparece como instrumento privilegiado para a resolução de conflitos. Neste sentido, devemos aceitar um julgamento, nos submeter a uma decisão ou, mesmo, respeitar uma proposição científica não porque eles sejam *verdadeiramente verdadeiras*, mas, sim, porque os procedimentos pelos quais eles foram tomados são aceitos como legítimos para a produção de resultados com pretensão de verdade.

---

12. John Orth, *Due Process of Law: a Brief History*, cit., pp. 15 e ss.
13. Gunter Teubner, "*Altera pars audiatur*: law in the colision of discourses", in Richard Rawlings (org.), *Law, Society, and Economy – Centenary Essays for the London School of Economics and Political Science 1895-1995*, 1997.

Há que se distinguir aqui, no entanto, duas vertentes do procedimentalismo contemporâneo. Para a primeira dessas vertentes, que alguns chamam de sistêmica, a legitimidade do procedimento reside na sua aceitação social.[14] Para uma segunda corrente, no entanto, a legitimidade dos procedimentos está intimamente ligada à sua capacidade de se demonstrar imparcial. Neste sentido, válidos são os procedimentos que pelo seu desenho e características formais honestas e equitativas, favoreçam a tomada de decisões com alguma pretensão de justiça.[15]

7.4 Devido processo legal substantivo

O conceito de *devido processo legal substantivo*, por sua vez, é visto com muito mais reserva, pois ele significa entregar ao âmbito não majoritário do Poder Judiciário a competência para analisar se as escolhas realizadas pelo Parlamento ou pelo Executivo, no seu campo de discricionariedade, afetam de forma não razoável ou desproporcional um direito assegurado pela Constituição. Esta análise substantiva impõe, invariavelmente, a obrigação de que o Judiciário se engaje num processo de ponderação de valores e interesses que foram previamente ponderados pelo legislador ou pelo administrador, substituindo eventualmente as decisões tomadas na arena política pela sua interpretação de qual é a adequada ponderação entre esses valores ou interesses. Esta a razão pela qual a noção de devido processo substantivo é objeto de tanta controvérsia. Ao julgar que o legislador foi longe demais na restrição da liberdade contratual, na imposição de penas, na limitação da liberdade de expressão, o juiz estará afastando do processo político a decisão sobre como harmonizar e eventualmente restringir direitos. E isto cria para o pensamento jurídico uma enorme dificuldade da perspectiva democrática, para a qual apenas têm legitimidade aquelas decisões que decorram de um processo deliberativo onde cada um é levado em consideração em termos iguais.[16]

Os que defendem o devido processo legal substantivo, por sua vez, alegam que, por melhor e mais imparciais que sejam os procedimentos democráticos para a tomada de decisão, não se pode desprezar a possibilidade de que eles gerem decisões injustas, que afetem direitos fundamentais de forma desproporcional e não razoável, que violem os interesses e direitos de minorias vulneráveis.[17] Desta forma, sem que haja um âmbito não majoritário e razoavelmente imparcial, como o Judiciário, que tenha poderes de impugnar atos destituídos de razão produzidos pela democracia, corremos o risco de uma tirania das maiorias.[18] Desta forma, o conceito de devido processo legal substantivo está intimamente conectado com a própria ideia de Estado de Direito. Estado de Direito, aqui, não apenas no sentido formal, como governo de leis e procedimentos concebidos para a determinação de condutas dos indivíduos, mas de um Estado limitado pelos direitos fundamentais, reconhecidos aos indivíduos por uma Constituição rígida capaz de impor limites jurídicos à vontade política. A cláusula do devido processo legal, portanto, dificilmente poderá ser compreendida fora do contexto do Estado de Direito. Este é o seu meio ambiente.

---

14. Niklas Luhmann, *Legitimação pelo Procedimento*, Brasília, UnB, 1980, pp. 37 e ss.
15. V., nesse sentido: John Rawls, *Teoria da Justiça*, São Paulo, Martins Fontes, 2002, pp. 89 e ss. V., ainda: Jürgen Habermas, *Between Facts and Norms*, Cambridge, MIT Press, 1996; John Hart Ely, *Democracy and Distrust*, Cambridge, Harvard University Press, 1980, pp. 73 e ss.
16. John Hart Ely, *Democracy and Distrust*, cit., p. 5.
17. Robert Alexy, *Colisão e Ponderação como Problema Fundamental da Dogmática dos Direitos Fundamentais*, palestra proferida na Fundação Casa de Rui Barbosa, Rio de Janeiro, 1998.
18. Ronald Dworkin, *Uma Questão de Princípio*, São Paulo, Martins Fontes, 2005.

7.5 Estado de Direito como meio ambiente indispensável ao devido processo

Para Joseph Raz, o funcionamento do Estado de Direito pressupõe a realização de pelo menos oito pré-requisitos fundamentais: (a) leis prospectivas, públicas e claras, para que as pessoas possam saber o que é permitindo, o que é proibido, enfim, o que é esperado de cada um; (b) leis razoavelmente estáveis, pois, caso as regras mudem com grande rapidez, resta inviabilizada a construção de planos existenciais de mais longo prazo; (c) normas particulares que se conformem às normas gerais, para que a aplicação concreta do Direito não desvirtue o sentido das normas gerais, criando discriminações inaceitáveis; (d) um judiciário independente, para que o Direito possa ser aplicado com correção e imparcialidade; (e) um juiz natural, para que ninguém possa ser julgado por um tribunal de exceção, senão pela autoridade imparcial pré-constituída, além do que as audiências e decisões dessa autoridade devem ser públicas, permitindo-se o controle das razões que determinam as sentenças; (f) tribunais que tenham o poder de anular atos jurídicos em desconformidade com a legislação geral ou superior, o que também favorece a manutenção da integridade e da congruência do sistema legal; (g) fácil acesso da população aos tribunais, pois a falta de prestação jurisdicional pode fazer da lei mais clara apenas letra morta; (h) reduzida margem de discricionariedade por parte de órgãos de aplicação da lei, como as Polícias, para que sua aplicação não seja desvirtuada.[19]

Estas virtudes ou excelências do governo das leis, como preferia Lon Fuller, constituiriam um valor em si, uma moralidade interna do Direito, pois permitiriam a cada um de nós, que estamos submetidos a uma autoridade governamental, pautarmos nossas condutas por normas gerais, sem que a todo momento sejamos surpreendidos pelo arbítrio daqueles que detém o exercício do poder coercitivo. Trata-se, desta maneira, de instrumento de limitação do arbítrio das autoridades, a partir de padrões mínimos de racionalidade, buscando impedir que o poder seja exercido de forma arbitrária, segundo as paixões e preferências dos governantes.

7.6 A Constituição brasileira e o governo das leis

A Constituição de 1988, desde o seu primeiro artigo, deixa claro que o Brasil não é apenas uma democracia, mas um "Estado Democrático de Direito". Apontando, assim, que o exercício legítimo da autoridade não se esgota na expressão da vontade democrática, mas está intrinsecamente associado à sua conformidade ao Direito, em especial aos direitos fundamentais.

Poderíamos dividir as garantias do Estado de Direito asseguradas pela Constituição de 1988 em pelo menos três grupos, que se compatibilizam em grande medida com os parâmetros traçados por Raz: *legalidade*, *acesso à Justiça* e *imparcialidade*.

Num primeiro grupo de garantias do Estado de Direito encontraríamos as *garantias relativas à legalidade*. Logo no inciso II do art. 5º a CF estabelece que "ninguém será obrigado a fazer ou deixar de fazer alguma coisa senão em virtude de lei". Este dispositivo estabelece o princípio geral da legalidade, pelo qual apenas à lei é conferida autoridade para determinar condutas aos indivíduos. Este é o ponto de partida fundamental para a realização

---

19. Joseph Raz, "Rule of law and its virtues", in *Liberty and the Rule of Law*, Robert Cunningham ed., 1979.

do postulado do governo das leis. Há que se tomar algum cuidado, no entanto, pois não é absolutamente claro qual o sentido de lei adotado pela Constituição. Para alguns autores, lei, aqui, deve significar o próprio Direito, entendido como um sistema hierarquizado de normas que tem como fundamento de validade a Constituição. Assim, muitas vezes nos deparamos com uma determinação de conduta, por parte do Poder Público, que nos é veiculada por intermédio de uma mera portaria, ou mesmo por um simples semáforo de trânsito. Isto não quer, obviamente, dizer que estejamos sendo governados por um *ship* eletrônico que se encontra no poste ou pela vontade arbitrária do chefe da repartição. O princípio da legalidade determina que estes atos concretos estejam de alguma forma respaldados na lei, entendida aqui como ato formal produzido pelo Poder Legislativo, ou ato que lhe seja equiparado, como as medidas provisórias (art. 62), leis delegadas (art. 68) e, agora, as polêmicas[20] súmulas vinculantes, que uma vez editadas pelo STF, vincularão as condutas de todos os magistrados e órgãos da Administração Pública (art. 103-A).

O Presidente da República, quando exerce as atribuições que lhe foram conferidas pelo art. 84, IV, de expedir decretos e regulamentos, pode fazê-lo apenas e na medida em que esses decretos e regulamentos estejam voltados à fiel execução da lei. Ou seja: eles não inovam a ordem jurídica, mas apenas conformam e detalham aquilo que foi determinado por lei.

O princípio da legalidade não pode se esgotar, no entanto, na exigência de que o poder do Estado de determinar condutas de seus súditos dependa de autorização legal. Num Estado Constitucional, como o nosso, esta lei deverá respeito à Constituição. Assim, a lei não é absolutamente autônoma. Esta é uma espécie subordinada à Constituição. Por mais que o constituinte tenha conferido, em inúmeras circunstâncias, poderes ao legislador para que ele fizesse escolhas que não foram antecipadas pela Constituição, estas escolhas precisam sempre encontrar no texto constitucional algum fundamento. Ninguém duvida de que a competência para elaborar o Código Penal foi conferida ao legislador ordinário, e que esse deve fazê-lo por intermédio de lei. Esta, porém, não pode estabelecer condutas ou penas inaceitáveis pela Constituição.

Pergunta-se, ainda, se a lei exigida para a determinação de condutas deve sempre ser uma lei geral, no sentido que lhe emprestava Rousseau, depois recuperado por liberais do século XX, como Hayek. Parece-nos que nossa Constituição não está fazendo referência a um conceito ideal de lei, como regra geral da razão, mas, sim, a um ato formal, proveniente do Legislativo e aprovado em conformidade com os procedimentos estabelecidos pela Constituição. Até porque a própria Constituição, em diversos momentos, exige a interferência do legislador para sua implementação, e esta interferência jamais poderia ser feita por intermédio de lei geral e abstrata. O que se tem é algo com o nome de lei mas que pode ser mera decisão concreta ou, ainda, um programa.

Isto não significa, no entanto, que tudo o que se produz com nome de lei é válido. Entre os diversos valores constitucionais a que a lei deve se demonstrar em conformidade está o princípio da igualdade. Assim, mesmo que uma lei não seja geral, dando a todos o igual tratamento, mas seja uma lei voltada a beneficiar determinado grupo ou criar determinada classificação entre as pessoas, ela terá que demonstrar que estas diferenciações são necessárias, e não arbitrárias. Muitas vezes o legislador usa algo com o nome de lei para discriminar injustificadamente uma pessoa ou um grupo de pessoas. Atos como estes devem ser impug-

---

20. "Polêmicas" no sentido de que estará sendo dado a órgão do Judiciário o poder de criar verdadeiro enunciado normativo a todos aplicável, rompendo, assim, os dogmas da doutrina mais tradicional sobre separação de Poderes.

nados. Nossas leis, portanto, não precisam ser sempre gerais, porém devem ter uma excelente justificativa para classificar pessoas, grupos de pessoas ou situações.

Dito isto, importante também alertar ao leitor da Constituição que no campo penal e tributário, a autoridade do Estado demanda não a simples submissão ao princípio geral da legalidade, mas ao da estrita legalidade, ou da reserva legal. Por esse princípio, no campo penal, não poderá haver "crime sem lei anterior que o defina, nem pena sem prévia cominação legal" (art. 5º, XXXIX). O mesmo ocorre em relação à imposição de tributos. De acordo com o art. 150, I, da CF, é vedado a qualquer esfera do Poder Público "exigir ou aumentar tributo sem que lei o estabeleça". Novamente, o que se pretende aqui é a exigência de lei em sentido estrito, afastando-se, assim, a possibilidade de incidência de atos equiparados à lei no estabelecimento de crimes e tributos.

Ligado ainda ao princípio da legalidade, temos um conjunto de garantias que buscam dar à lei um caráter prospectivo, restringindo sua possibilidade de regular situações pretéritas, ou seja, um conjunto de *garantias voltadas a assegurar a chamada segurança jurídica*. Neste sentido, penso que podemos começar pelo próprio direito penal. Conforme dispõe o inciso XL do art. 5º da CF, "a lei penal não retroagirá, salvo para beneficiar o réu". Assim, não poderá o Estado, *ex post facto*, editar medida legislativa voltada a coagir alguém se, no momento em que praticou a conduta, esta não se encontrava prevista como delitiva.

Também na esfera tributária o constituinte foi particularmente cuidadoso ao determinar não apenas a necessidade de que a legislação seja prospectiva (art. 150, III, "a"), mas também que esta evite surpresas, não se devendo cobrar tributos "no mesmo exercício financeiro em que haja sido publicada a lei que os instituiu ou aumentou" (art. 150, III, "b").

Fora do campo penal e tributário a Constituição autoriza legislação que regule situação pretérita, desde que não atente contra o direito adquirido, o ato jurídico perfeito e a coisa julgada (art. 5º, XXXVI). Há enorme discussão sobre o significado exato destes conceitos. Alguns dos casos tratados neste livro referem-se diretamente a essa discussão. No entanto, algumas palavrinhas poderão ser antecipadas, sem com isso quebrar o encanto da leitura dos acórdãos.

Direito adquirido é aquele direito que, em alguma medida, foi incorporado ao patrimônio da pessoa, sendo que esta incorporação deu-se por meios legítimos. Esta última proposição é essencial para distinguir privilégios ilegitimamente adquiridos de direitos legitimamente adquiridos. Sem o quê a segurança jurídica, garantida pela Constituição, se transformaria numa mera trincheira para pilhagens passadas. Também é necessário distinguir entre direito adquirido e expectativa de direito. Neste último caso o que temos é um regime jurídico objetivo que nos promete a aquisição de um direito, cumpridas determinadas condições. Ocorre que, antes de terminado o cumprimento dessas condições (tempo para aposentadoria, por exemplo), o regime pode ser alterado. Temos algum direito ou não? Grande parte da doutrina e da jurisprudência entende que não. Temos, no entanto, que esta resposta não pode ser dada sem uma análise do caso concreto e a aplicação do princípio da proporcionalidade ou da razoabilidade. O que dizer de um regime jurídico que se altera um dia antes de a pessoa cumprir todas as condições? Seria justo privá-la da aquisição do direito? Penso que não. Devemos, antes de tudo, verificar o quanto a pessoa cumpriu a sua parte na realização das condições determinadas para a aquisição do direito.

O *ato jurídico perfeito* em muito se aproxima do direito adquirido. Talvez sua principal distinção se refira ao fato de que o direito adquirido seja diretamente decorrente de lei que conferiu direito subjetivo à pessoa, enquanto no ato jurídico o direito subjetivo é derivado diretamente de negócio. Evidentemente, esta aquisição, transferência ou modificação de direito subjetivo deverá estar em conformidade com o direito objetivo, ou seja, o ato jurídico perfeito deriva de transação lícita. Como nos ensina Hermes Lima, pela sistemática adotada pelo nosso direito civil, "ato jurídico" e "negócio jurídico" são expressões equivalentes.[21] Como negócio, o ato jurídico perfeito está diretamente associado à proteção da autonomia da vontade das partes que, em conformidade com o Direito, transacionaram, alterando a posição dos direitos subjetivos. Assim, ao adquirir um veículo da concessionária, por intermédio de contrato de compra e venda, os direitos e obrigações decorrentes da aquisição do veículo passaram para o patrimônio do comprador. É esta nova situação das coisas que vem protegida pelo inciso XXXVI do art. 5º da CF contra lei posterior.

Por fim, a *coisa julgada* completa o sistema de proteção estabelecido pelo constituinte de 1988 contra a ação do legislador. A coisa julgada em muito se assemelha ao ato jurídico perfeito. Em ambos os casos estamos no referindo a mecanismos de aquisição de direitos. Na coisa julgada, no entanto, o ato constitutivo é uma sentença judicial, e não um negócio. Conforme dispõe os arts. 467 e 485 do CPC/1973, art. 502 do CPC/2015, a coisa julgada torna "imutável e indiscutível a sentença", que não mais se encontra sujeita a recurso de natureza ordinária ou extraordinária. Importante apenas destacar aqui, no entanto, que esta sentença imutável poderá eventualmente ser rescindida, nos termos do art. 966 do CPC.

O segundo bloco de garantias do Estado de Direito está relacionado com o *acesso à Justiça*, entendida "Justiça", aqui, como instituição, não como uma razão de ordem moral. Este direito vem originalmente garantido em nossa Constituição por intermédio do disposto pelo art. 5º, XXXV, ao estabelecer que "a lei não excluirá da apreciação do Poder Judiciário lesão ou ameaça a direito". Trata-se de peça central não apenas na compreensão de nosso sistema de garantias constitucionais, como da própria estrutura de separação de Poderes adotada no Brasil. Por intermédio desse enunciado fica claro que nenhuma questão relativa a lesão ou ameaça a direito fundamental pode ser afastada do Judiciário. Assim, toda vez que alguém sentir que seus direitos estão sendo constrangidos indevidamente, mesmo quando esse constrangimento parta do legislador democraticamente eleito, poderá buscar no Judiciário um remédio que interrompa ou repare a violação. Neste sentido, muitas pessoas vislumbraram no inciso XXXV o fundamento geral para o direito de ação. Este dispositivo é igualmente importante, pois confere ao Judiciário o poder para dar a última palavra quando o assunto em questão for lesão ou ameaça a direito. Desta forma, nosso sistema constitucional deixa claro que alegações tradicionais da doutrina da separação de Poderes, como questão *interna corporis*, *political question* ou segurança nacional, não poderão servir para barrar a intervenção do Judiciário em casos relativos a lesão ou ameaça a direito. Trata-se, assim, de um dos pilares fundamentais de nosso Estado de Direito.

A garantia de poder recorrer ao Judiciário estaria esvaziada, no entanto, se não fossem disponibilizados, ao menos aos carentes, os meios materiais de acessar a Justiça. Num País marcado por amplas desigualdades de natureza econômica e social, é fundamental que o Poder Público seja obrigado, como dever correlato a um direito subjetivo, a prover assistência jurídica integral aos que dela necessitarem. Evidentemente que a questão do acesso à Justiça não se encontra superada pelo simples fato da presença de um advogado gratuito. Como salientam Mauro Cappelletti e Bryan Garth, diversos podem ser os obstáculos para que as pessoas acessem o Poder Judiciário. A ausência ou dificuldade de se constituir um

---

21. Hermes Lima, *Introdução à Ciência do Direito*, 33ª ed., Rio de Janeiro, Freitas Bastos, 2002, p. 66.

advogado é apenas um dos obstáculos. Consciência dos direitos, custos processuais, complexidade do sistema, demora, também se apresentam como obstáculos materiais à realização do direito fundamental a recorrer ao Judiciário.[22] Neste último aspecto parece importante destacar que a Emenda 45 introduziu em nosso sistema constitucional o direito à "razoável duração do processo" e aos "meios que garantam a celeridade de sua tramitação" (art. 5º, LXXVIII). Este novo direito, agora reconhecido pela Constituição, tem como inspiração o Pacto de San José da Costa Rica, de 1969, do qual o Brasil é parte. Logo, já tínhamos o direito a que o processo se realizasse em tempo razoável, ainda que não em plano constitucional. Embora seja pouco claro de que forma devemos determinar o que é *tempo razoável*, este conceito aberto desafiará a jurisprudência e a doutrina a criar parâmetros pelos quais a celeridade dos tribunais possa ser devidamente medida.

Ainda no que se refere ao acesso à Justiça, cumpre destacar que a Constituição de 1988 abrigou nada menos do que nove ações constitucionais: *habeas corpus*, ação popular, mandado de segurança (individual e coletivo), *habeas data*, mandado de injunção, ação civil pública, ação direta de inconstitucionalidade – por ação ou omissão –, ação declaratória de constitucionalidade e a arguição de descumprimento de preceito fundamental. Sendo que as três últimas só poderão ser interpostas pelos agentes autorizados pelo art. 103 da CF.

Por fim, as garantias voltadas a assegurar a *imparcialidade da Justiça* formam um terceiro bloco de garantias do Estado de Direito estabelecidas pela Constituição de 1988.

O *princípio do juiz natural*, que determina que as pessoas só possam ser julgadas por autoridade judicial pré-constituída, foi reconhecido por intermédio de dois dispositivos inscritos no art. 5º. da Constituição. No inciso XXXVII proíbe-se a criação de juízos ou tribunais de exceção, ou seja, juízos que no momento dos fatos não estejam estabelecidos como parte integral do sistema judiciário e revestidos das diversas garantias voltadas a assegurar sua imparcialidade. O inciso LIII, por sua vez, estabelece que ninguém poderá ser processado ou julgado senão pela autoridade competente. O que significa que, além de constituída, a instância judicial responsável pelo conhecimento de litígios deve ter sua competência predeterminada para aqueles casos. Com isso busca-se evitar a surpresa por parte dos jurisdicionados, assim como a escolha *ad hoc* do juízo que seja mais favorável à pretensão de uma das partes.

Compõem, ainda, as garantias de imparcialidade os princípios da *ampla defesa* e do *contraditório*, asseguradas pelo inciso LV do mesmo art. 5º aos litigantes e acusados. Importante frisar que o contraditório e a ampla defesa não se limitam a organizar o processo judicial, mas também se aplicam aos processos de natureza administrativa. A partir desses dois princípios o que se busca consignar é que as partes envolvidas no processo possam se manifestar livremente, aportando suas perspectivas ao órgão responsável pela tomada de decisão de natureza adjudicatória. Trata-se de peça fundamental de realização de um procedimento equânime e honesto, para que a decisão final seja a mais imparcial possível.

Para assegurar a transparência da atividade adjudicatória, bem como permitir seu controle não apenas pelas partes, mas também pela sociedade, os atos processuais devem ser públicos, podendo apenas ser restringida a publicidade quando a intimidade das partes ou o

---

22. Mauro Cappelletti e Bryan Garth, *Acesso à Justiça*, Porto Alegre, Sérgio Fabris Editor, 1988. Para o Brasil, v., em especial: Maria Tereza Sadek (org.), *Acesso à Justiça*, São Paulo, Konrad Adenauer Stfitung, 2001; e Luiz Werneck Vianna e outros, *A Judicialização da Política e das Relações Sociais no Brasil*, Rio de Janeiro, Revan, 1999.

interesse social o exigirem, devendo essa restrição ser precedida por lei, conforme dispõe o inciso LX do art. 5º. Há ainda a obrigação de que todas as decisões judiciais, jurisdicionais ou administrativas, sejam fundamentadas e motivadas, para que se saiba as razões que levaram à tomada de determinada decisão (art. 93, IX e X).

Inúmeras têm sido as dificuldades de realização do ideal de governo das leis no Brasil, que vão da instabilidade das leis até a falta de congruência entre o direito estabelecido pelos livros e sua efetiva implementação. O poder de editar medidas provisórias, conferido ao Presidente da República, tem tido enorme impacto sobre a criação de uma legislação cambiante, oriunda do Executivo, que rompe a possibilidade de amplo debate público na esfera do Parlamento. Embora este debate parlamentar ocorra, apenas se dá *a posteriori*, muitas vezes quando a legislação executiva já atingiu seus objetivos – logo, já determinou condutas sem que o Parlamento tenha tido a oportunidade de realizar o devido processo legal legislativo. Por outro lado, a falta de congruência entre o direito e sua implementação tem diversas razões, entre as quais o simples desrespeito por parte das autoridades das garantias do devido processo que deveriam guiar suas decisões. As imensas disparidades de recursos entre os nossos cidadãos, que geram a exclusão moral de muitos e o privilégio de outros, também contribuem para que a justiça tenha dificuldade de se realizar de forma equitativa.

PRINCÍPIO DA RESERVA LEGAL

7.7 Caso da tortura de adolescentes pela PM (HC 70.389-5-SP)

(Plenário – rel. para o acórdão Min. Celso de Mello – j. 23.6.1994)

Tortura contra criança ou adolescente – Existência jurídica desse crime no direito penal positivo brasileiro – Necessidade de sua repressão – Convenções internacionais subscritas pelo Brasil – Previsão típica constante do Estatuto da Criança e do Adolescente (Lei n. 8.069/1990, art. 233) – Confirmação da constitucionalidade dessa norma de tipificação penal – Delito imputado a policiais militares – Infração penal que não se qualifica como crime militar – Competência da Justiça Comum do Estado-membro – Pedido deferido em parte. (...).

ACÓRDÃO – Vistos, relatados e discutidos estes autos: Acordam os Ministros do Supremo Tribunal Federal, em sessão plenária, na conformidade da ata de julgamentos e das notas taquigráficas, por maioria de votos, em deferir, em parte, o pedido de *habeas corpus* para cassar a decisão proferida pelo STJ; em prosseguir-se no julgamento quanto ao art. 233 do Estatuto da Criança e do Adolescente (Lei n. 8.069/1990), na Justiça Comum Estadual; e em declarar a constitucionalidade do referido dispositivo (art. 233 da Lei n. 8.069/1990). Vencidos os Mins. Relator, Marco Aurélio, Ilmar Galvão, Moreira Alves e o Presidente (Min. Octávio Gallotti), que também deferiam em parte o pedido de *habeas corpus* para trancar a ação penal em curso perante a 4ª Vara Criminal de São José dos Campos/SP ou seja, quanto à imputação da prática de ato previsto no art. 233 da Lei n. 8.069/1990, devendo o processo por crime previsto no art. 209 do CPM prosseguir perante a Justiça Militar, e declaravam, ainda, a inconstitucionalidade do art. 233 da citada lei (n. 8.069/1990).

Brasília, 23 de junho de 1994 – *Octávio Gallotti*, presidente – *Celso de Mello*, relator para o acórdão.

RELATÓRIO – *O Sr. Min. Sydney Sanches*: 1. O ilustre Subprocurador-Geral da República, Dr. Cláudio Lemos Fonteles, no parecer de fls. 30-33, resumiu a hipótese e, em seguida, opinou, nos termos seguintes:

"*Ementa*: 1. *Fato único*: policiais militares que torturam adolescentes na delegacia de polícia.

"2. Injurídica a decisão em conflito de competência que determina a dupla persecução à luz da legislação penal militar e do Estatuto da Criança e do Adolescente: *bis in idem* caracterizado.

"1. Em favor de Herbert Fernando de Carvalho e Antônio da Silva, a advogada Tânia Nogueira ajuíza pedido de *habeas corpus*, argumentando com a existência de litispendência.

"2. Procede.

"3. Cuidemos de entender o fato.

"4. A 3ª Seção do STJ, por maioria, em exame de conflito de competência envolvendo a conduta dos ora pacientes, assentou que, *verbis*:

"'Constitucional e processual penal – Crimes de lesão corporal (art. 209 do CPM) e tortura contra adolescentes (art. 233 da Lei n. 8.069/1990), atribuídos a policiais militares, em serviço, no desempenho do policiamento civil.

"'Competência da Justiça Militar do Estado para julgamento do crime de lesão corporal cometido por policial militar em serviço (art. 125, § 4º, da CF, 9º, II, 'c', e 209 do CPM) e da Justiça Comum Estadual para julgamento do crime de tortura.

"'Precedentes jurisprudenciais' (...).

"5. Ocorre, entretanto, que um único evento foi perpetrado por Herbert e Antônio.

"(...).

"12. Somos pelo deferimento do pedido, para que, cassada a decisão da 3ª Seção do STJ, remanesça a pretensão punitiva unicamente à luz do art. 233 do Estatuto da Criança e do Adolescente, no MM. Juízo da 4ª Vara Criminal de São José dos Campos/SP."

2. A fls. 35, determinei providenciasse a impetrante cópia das denúncias apresentadas pelo Ministério Público Estadual e Militar, o que foi feito, com a juntada das peças de fls. 40-43.

É o relatório.

(...).

VOTO – *O Sr. Min. Celso de Mello*: Os ora pacientes insurgem-se contra decisão do STJ que, ao dirimir conflito positivo de competência instaurado entre o Juízo da 4ª Auditoria Militar do Estado de São Paulo e o Juízo de Direito da 4ª Vara Criminal da Comarca de São José dos Campos/SP, proferiu acórdão assim ementado (fls. 12), *verbis*:

"Constitucional e processual penal – Crimes de lesão corporal (art. 209 do CPM) e tortura contra adolescentes (art. 233 da Lei n. 8.069/1990), atribuídos a policiais militares, em serviço, no desempenho de policiamento civil.

"Competência da Justiça Militar do Estado para julgamento do crime de lesão corporal cometido por policial militar em serviço (art. 125, § 4º, da CF, 9º, II, 'c', e 209 do CPM) e da Justiça Comum Estadual para julgamento do crime de tortura.

"Precedentes jurisprudenciais."

Os ora impetrantes, que são policiais militares, sustentam que o acórdão ora impugnado viabilizou, de modo absolutamente ilegítimo, a possibilidade de ambos serem processados e julgados perante órgãos de natureza diversa do Poder Judiciário local, pelos mesmos fatos, aos quais o Ministério Público atribuiu qualificações jurídicas distintas: (a) crime militar de lesões corporais (CPM, art. 209, c/c art. 9º, II, "c") e (b) delito de tortura (Lei n. 8.069/1990, art. 233).

Inconformados com essa decisão – que traduziria frontal desrespeito ao princípio que veda a dupla punição penal pela prática de um mesmo e só ato delituoso (*non bis in idem*) –, os ora impetrantes postulam a concessão do *writ*, para que se defina, no caso presente, "(...) a competência da Justiça Militar ou da Justiça Comum para o julgamento do feito" (fls. 8).

Vê-se, daí, que os impetrantes não questionam a possibilidade de subsunção de seu comportamento típico ao preceito primário inscrito na norma de incriminação contida no art. 233 do Estatuto da Criança e do Adolescente. Buscam, tão somente, com a utilização da via heroica do *habeas corpus*, a definição do órgão judiciário competente para processar e julgar os fatos delituosos que lhes foram imputados.

O Ministério Público Federal, após sustentar a injuridicidade da decisão proferida pelo STJ – no ponto em que este autorizou, perante órgãos judiciários distintos, a instauração de dupla persecução penal contra os ora pacientes pela suposta prática do mesmo fato material –, manifestou-se pela configuração, no caso, de um único delito: aquele tipificado no art. 233 da Lei n. 8.069, de 13.7.1990, que dispõe sobre o Estatuto da Criança e do Adolescente (fls. 30-33). (...).

Entendo que se acha configurado na espécie, em todos os seus elementos essenciais, o delito de tortura contra criança e adolescente, tipificado no art. 233 da Lei n. 8.069/1990, que assim dispõe:

"Art. 233. Submeter criança ou adolescente sob sua autoridade, guarda ou vigilância a tortura: Pena – reclusão de 1 (um) a 5 (cinco) anos.

"§ 1º. Se resultar lesão corporal grave: Pena – reclusão de 2 (dois) a 8 (oito) anos.

"§ 2º. Se resultar lesão corporal gravíssima: Pena – reclusão de 4 (quatro) a 12 (doze) anos.

"§ 3º. Se resultar morte: Pena – reclusão de 15 (quinze) a 30 (trinta) anos."

A análise da peça acusatória permite acentuar que os ora pacientes, quando no exercício da função policial-militar, teriam submetido a tortura um adolescente, que estava – consoante descreve a denúncia – "sob autoridade, guarda e vigilância de ambos (...), com o fito de dele obter a confissão da prática de um furto, desferindo-lhe pontapés, socos e golpes de cassetete, que lhe provocaram extensas lesões descritas no laudo de exame de corpo de delito de fls. 53, verificadas, também, nas fotografias a fls. 55-56 (...)" (fls. 41).

O Ministério Público Estadual, ao oferecer essa denúncia perante a Justiça Comum do Estado de São Paulo, fez consignar, também, o seguinte: "Apurou-se, ainda, que os milicianos conduziram o adolescente ao indigitado posto de atendimento da Polícia Militar e, no seu interior, torturaram-no, submetendo-o a espancamento para obter a confissão, bem como informações sobre a localização da bicicleta, causando-lhe lesões corporais de natureza leve" (fls. 42).

Esse comportamento brutal, inaceitável e criminoso, que foi imputado pelo Ministério Público aos ora pacientes, além de expor-se ao juízo de reprovabilidade ético-social, revela, no gesto primário e irracional de quem o pratica, uma intolerável afronta aos direitos da pessoa humana e um acintoso desprezo pela ordem jurídica estabelecida.

Trata-se de conduta penal cuja gravidade objetiva torna-se ainda mais intensa, na medida em que a transgressão criminosa do ordenamento positivo decorre do abusivo exercício de função estatal, sob a égide de uma corporação – a Polícia Militar – cuja destinação constitucional reserva-lhe o papel eminente de órgão responsável pelo cumprimento da lei e pela preservação da ordem pública (CF, art. 144, § 5º).

A norma inscrita no art. 233 do Estatuto da Criança e do Adolescente veicula, na objetiva descrição que nela se contém, um tipo penal cujos elementos claramente permitem qualificar a conduta incriminada como reveladora do delito de tortura.

Essa regra típica constitui, notadamente no que se refere ao crime de lesões corporais definido pelo art. 209 do CPM, verdadeira *lex specialis*, revestindo-se, em consequência – até mesmo em função dos requisitos especializantes nela contidos –, de caráter preponderante, devendo aplicar-se, por isso mesmo, na medida em que se concretize a sua hipótese de incidência, com prejuízo do preceito tipificador do delito castrense em questão.

Tenho para mim que a Lei n. 8.069/1990 criminalizou, no sistema de direito penal positivo brasileiro, crime de tortura, atribuindo-lhe, dentro do contexto normativo em que se delinearam os elementos presentes na estrutura do tipo descrito no art. 233 desse Estatuto, o caráter de entidade delituosa autônoma

Trata-se, na realidade, de delito que requer sujeito passivo especial, eis que apenas a criança (pessoa com até 12 anos de idade incompletos) e o adolescente (pessoa que se situa na faixa etária entre 12 e 18 anos de idade) podem qualificar-se como vítimas dessa modalidade criminosa, que supõe, ainda, como requisito essencial de sua configuração típica, o estado de submissão ou de dependência em relação ao autor da prática infracional.

A violência física – ainda que geradora de meras lesões corporais leves – constitui um dos vários meios executivos de realização do delito de tortura, não havendo que exigir, para efeito de sua caracterização, a exaustiva referência, pelo legislador, sob *nomen juris* específico, de todas as formas concretizadoras dessa gravíssima infração penal.

O art. 233 da Lei n. 8.069/1990 contém, em seu preceito primário, norma que descreve, inequivocamente, o crime de tortura. O núcleo do tipo e os demais elementos que lhe compõem a estrutura formal evidenciam que o legislador penal dispensou ao tema da tortura, ainda que em condições especialmente delimitadas pela idade da vítima, tratamento normativo próprio, em ordem a permitir o reconhecimento, em nosso sistema jurídico, dessa espécie delituosa.

A circunstância de o Estatuto da Criança e do Adolescente não haver discriminado, objetivamente, os diversos meios de execução dessa modalidade criminosa não significa que deixou de tipificar adequadamente o delito de tortura, cuja existência jurídica – inclusive em função do princípio constitucional da tipicidade penal (CF, art. 5º, XXXIX) – decorre da previsão normativa de "Submeter criança ou adolescente (...) a tortura".

Impõe-se ressaltar, neste ponto, que o tipo penal em causa é passível de complementação, à semelhança do que ocorre com os tipos penais abertos, bastando, para esse efeito, que o aplicador da norma proceda à integração do preceito primário incriminador mediante utilização dos meios postos à sua disposição.

Cumpre destacar, pois, dentro dessa perspectiva, a existência de diversos atos internacionais que, subscritos pelo Estado Brasileiro, já se acham formalmente incorporados ao nosso sistema jurídico.

O Brasil, consciente da necessidade de prevenir e reprimir os atos caracterizadores da tortura, subscreveu, no plano externo, importantes documentos internacionais, de que destaco, por sua inquestionável importância, a Convenção Contra a Tortura e Outros Tratamentos ou Penas Cruéis, Desumanas ou Degradantes, adotada pela Assembleia-Geral das Nações Unidas em 1984; a Convenção Interamericana para Prevenir e Punir a Tortura, concluída em Cartagena em 1985; e a Convenção Americana sobre Direitos Humanos (Pacto de São José da Costa Rica), adotada no âmbito da OEA em 1969.

Esses atos internacionais já se acham incorporados ao plano do direito positivo interno (Decreto n. 40/1991, Decreto n. 98.386/1989 e Decreto n. 678/1992) e constituem, sob esse aspecto, instrumentos normativos que, podendo e devendo ser considerados pelas autoridades nacionais, fornecem subsídios relevantes para a adequada compreensão da noção típica do crime de tortura, ainda que em aplicação limitada, no que se refere ao objeto de sua incriminação, apenas às crianças e os adolescentes. (...).

Na realidade, Sr. Presidente, a simples referência normativa à tortura, constante da descrição típica consubstanciada no art. 233 do Estatuto da Criança e do Adolescente, exterioriza um universo conceitual impregnado de noções com que o senso comum e o sentimento de decência das pessoas identificam as condutas aviltantes que traduzem, na concreção de sua prática, as múltiplas formas de execução desse gesto caracterizador de profunda insensibilidade moral daquele que se presta, com ele, a ofender a dignidade da pessoa humana.

O respeito e a observância das liberdades públicas impõem-se ao Estado como obrigação indeclinável, que se justifica pela necessária submissão do Poder Público aos direitos fundamentais da pessoa humana.

O conteúdo dessas liberdades – verdadeiras prerrogativas do indivíduo em face da comunidade estatal – acentua-se pelo caráter ético-jurídico que assumem e pelo valor social que ostentam, na proporção exata em que essas franquias individuais criam, em torno da pessoa, uma área indevassável à ação do Poder.

As liberdades clássicas – cujo processo de afirmação histórica tem seu momento culminante no século XVIII – projetaram-se, no plano político-jurídico, como direitos de primeira geração, objeto de formulações constitucionais que visavam, precipuamente, à limitação dos poderes do Estado.

Nesse sentido – e no contexto histórico-social em que se formaram –, as Declarações de Direitos representaram, sempre, um poderoso instrumento de tutela e de salvaguarda dos direitos e garantias individuais. Era-lhes subjacente a ideia de conter, mediante limitações jurídicas, a onipotência do próprio Estado.

Essa visão do tema, derivada de uma perspectiva *ex parte populi*, consagrou, iniludivelmente, o postulado da liberdade e a primazia da pessoa humana, no campo delicado e complexo das relações estruturalmente desiguais entre o Estado e o indivíduo.

A problematização da liberdade individual na sociedade contemporânea não pode prescindir, em consequência, de um dado axiológico essencial: o do valor ético fundamental da pessoa humana.

Por isso mesmo, acentua Celso Lafer (*A Reconstrução dos Direitos Humanos*, p. 118, 1988, Cia. das Letras, São Paulo), *verbis*: "o valor da pessoa humana, enquanto conquista histórico-axiológica, encontra a sua expressão jurídica nos direitos fundamentais do homem. É por essa razão que a análise da ruptura – o hiato entre passado e o futuro, produzido pelo esfacelamento dos padrões da tradição ocidental – passa por uma análise da crise dos direitos humanos, que permitiu o Estado totalitário de natureza".

Esta é uma verdade que se não pode desconhecer: a emergência das sociedades totalitárias está causalmente vinculada, de modo rígido e inseparável, à desconsideração da pessoa humana, enquanto valor fundante e condicionante, que é, da própria ordem político-jurídica do Estado.

Atenta a esse fenômeno, a Assembleia Nacional Constituinte, ao promulgar a Constituição do Brasil, nela fez inscrever, como princípios fundamentais da nova ordem jurídica: (a) a dignidade da pessoa humana (art. 1º, n. III); (b) a prevalência dos direitos humanos (art. 4º, n. II); (c) o repúdio à tortura ou a qualquer outro tratamento desumano ou degradante (art. 5º, n. III); (d) a punibilidade de qualquer comportamento atentatório aos direitos e liberdades fundamentais (art. 5º, n. XLI); (e) a inafiançabilidade e a inagraciabilidade do crime de tortura (art. 5º, n. XLIII); (f) a proscrição de penas cruéis (art. 5º, n. XLVII); (g) a intangibilidade física e a incolumidade moral de pessoas sujeitas à custódia do Estado (art. 5º, n. XLIX); (h) a decretabilidade da intervenção federal, por desrespeito aos direitos da pessoa humana, nos Estados-membros e no Distrito Federal (art. 34, n. VII, "b"); (i) a impossibilidade de revisão constitucional que objetive a supressão do regime formal das liberdades públicas (art. 60, § 4º, n. IV). (...).

Tenho para mim, desse modo, que o policial militar que, a pretexto de exercer atividade de repressão criminal em nome do Estado, inflige, mediante desempenho funcional abusivo, danos físicos a menor momentaneamente sujeito ao seu poder de coerção, valendo-se desse meio executivo para intimidá-lo e coagi-lo à confissão de determinado delito, pratica, inequivocamente, o crime de tortura, tal como tipificado pelo art. 233 do Estatuto da Criança e do Adolescente, expondo-se, em função desse comportamento arbitrário, a todas as consequências jurídicas que decorrem da Lei n. 8.072/1990 (art. 2º), editada com fundamento no art. 5º, XLIII, da Constituição.

Por essa razão, e tendo presentes os exatos limites em que foi deduzido este pedido (fls. 8), peço vênia ao eminente Relator para deferir o *writ*, a fim de que, cassada a decisão proferida pelo STJ, sejam os ora pacientes unicamente submetidos, e apenas pela prática do delito tipificado no art. 233 do Estatuto da Criança e do Adolescente, à jurisdição penal da Justiça Comum Estadual, eis que o ilícito criminal em análise, por não guardar correspondência típica com qualquer dos comportamentos previstos pelo Código Penal Militar, refoge, por isso mesmo, à esfera de competência da Justiça Militar do Estado-membro.

Nesse sentido é o meu voto.

(...).

VOTO (Vista) – *O Sr. Min. Marco Aurélio*: Em exame está o art. 233 do Estatuto da Criança e do Adolescente, e que tem o seguinte teor:

"Art. 233. Submeter criança ou adolescente sob sua autoridade, guarda ou vigilância a tortura: Pena – reclusão de 1 (um) a 5 (cinco) anos.

"§ 1º. Se resultar lesão corporal grave: Pena – reclusão de 2 (dois) a 8 (oito) anos.

"§ 2º. Se resultar lesão corporal gravíssima: Pena – reclusão de 4 (quatro) a 12 (doze) anos.

"§ 3º. Se resultar morte: Pena – reclusão de 15 (quinze) a 30 (trinta) anos."

Questiona-se a observância, ou não, pelo Estatuto, do princípio da reserva legal.

O voto do ilustre Ministro-Relator foi no sentido da concessão da ordem, entendendo insubsistente o preceito do art. 233 suprarreferido, em face do princípio constitucional da reserva legal. S. Exa. aludiu ao fato de haver vários projetos em tramitação nas Casas do Legislativo visando à exata definição do que se entende como crime de tortura. Seguiram-se os votos dos Mins. Francisco Rezek e Celso de Mello, pela denegação da ordem, citando S. Exas. exemplos de tipos abertos constantes de nossa legislação penal. Pedi vista dos autos, salientando a necessidade de uma reflexão maior sobre a hipótese, tendo em conta o fato de a reserva legal consubstanciar a descrição do comportamento condenável, necessário à segurança jurídica e à preservação da liberdade. Apontei ser indispensável que o agente saiba, de antemão, o que é glosado penalmente. Feito este breve retrospecto, passo à análise da espécie.

No Código Penal encontramos a tortura não como um tipo autônomo, mas como qualificadora – inciso III do § 2º do art. 121 – e agravante – alínea "d" do inciso II do art. 61. Relativamente às citadas figuras, possível é o recurso à interpretação analógica, variando o enfoque considerada a formação profissional e humanística do julgador. A tortura, sob os ângulos versados no Código Penal, não se afigura, em si, um tipo, ou seja, não possui quer previsão, quer, muito menos, definição como crime. A Constituição de 1988 emprestou a certos crimes tratamento especial. Pelo preceito do inciso XLIII do rol das garantias constitucionais, o crime de tortura, ao lado do tráfico ilícito de entorpecentes e drogas afins, do terrorismo e dos definidos como crimes hediondos, é tido como inafiançável e insuscetível de graça ou anistia. Já, a Lei n. 8.072/1990 trouxe à balha a potencialização dos crimes citados, a revelá-los suficientes a desaguar em pena a ser cumprida, toda ela, no regime fechado. Acrescentou o afastamento do indulto e previu, mais, que a possibilidade de o agente recorrer em liberdade há de ser consignada, fundamentadamente, na sentença condenatória. Disciplinou a prisão temporária, elastecendo o prazo fixado na Lei n. 7.960, de 21.12.1989, de 5 para 30 dias, prorrogável por igual período em caso de extrema e comprovada necessidade. Confira-se com o que se contém no art. 2º da lei. Verifica-se, assim, que se deu aos crimes mencionados tratamento dos mais severos. Tendo em vista as repercussões da prática criminosa e o texto da Constituição Federal e da Lei n. 8.072, Alberto Silva Franco, citado pelo ilustre Relator, Min. Sydney Sanches, no voto proferido, ressaltou que: "A Constituição Federal inclui a prática da tortura entre os delitos inafiançáveis e insuscetíveis de graça ou anistia (art. 5º, XLIII, da CF) deixando, à evidência, para a lei ordinária a definição de sua estrutura típica. A Lei n. 8.072/1990 referiu-se, em seu art. 2º, à tortura, mas não se preocupou em defini-la, de maneira que, em sua relação, o novo texto legal não possui nenhuma possibilidade operacional: constitui um total vazio".

E assinalou, com a proficiência costumeira: "Não há como equiparar a tortura, utilizada pelo agente como meio para a concretização de um determinado fato criminoso, com o delito autônomo de tortura. Deste modo, o homicídio praticado com emprego de tortura (art. 121, § 2º, II, do CP), o abuso de autoridade que se traduza num atentado à incolumidade física do indivíduo (art. 3º, "i", da Lei n. 4.898/75 [*1965*]), as lesões corporais provocadas por atos de tortura (art. 129 do CP) etc. não poderão ser incluídos na Lei n. 8.072. Como afirmou, com propriedade, Antônio Scaranzi [*Scarance*] Fernandes ["Considerações sobre a Lei n. 8.072, de 29.7.1990 – Crimes hediondos", *RT* 660/262, 1990): se a Constituição impõe a criminalização da prática da tortura não se pode, de maneira ampliativa, pretender atuar o texto a outros fatos criminosos que, eventualmente, possam ser cometidos mediante tortura".

Analisando o Estatuto da Criança, mais e precisamente o art. 233, submetido ao crivo desta Corte, sentenciou: "Bem por isso – agora em flagrante discordância com autor antes citado –, inadmissível o entendimento de que o art. 233 da Lei n. 8.069/1990 (Estatuto da Criança e do Adolescente) atenda, apenas por ser posterior à Constituição Federal, ao objetivo do texto constitucional. Não há na realidade, na figura criminosa referida, descrição que comporte o *nomen iuris* de tortura. A conduta incriminada está contida no verbo 'submeter', que quer dizer: tornar objeto de, subordinar, sujeitar-se. Criança e adolescente são os objetos diretos da ação referida pelo núcleo do tipo. A tortura constitui o objeto indireto: aquilo a que a criança ou o adolescente é submetido. Mas, em verdade, o que é a tortura, no que ela consiste, o que está por detrás deste conceito, quais as ações ou, até mesmo, as omissões que lhe dão corpo e realidade, qual o dado de subjetividade que deve, necessariamente, fazer-se presente nessas ações ou omissões? O art. 233 do Estatuto da Criança e do Adolescente é a esse respeito totalmente silente, e admiti-lo como descrição adequada do delito de tortura, conforme exige o texto constitucional, constitui um verdadeiro absurdo. Tipos penais que se caracterizam pela indeterminação ou vacuidade de seus termos; que não permitem captar o que realmente é proibido ou ordenado; que não estabelecem fronteiras, possuindo uma enorme capacidade de expansão; que são dotados de cláusulas gerais; que necessitam de uma atividade de preenchimento de seus elementos de composição, por parte do juiz ou do intérprete, lesionam, sem dúvida, o princípio constitucional da legalidade".

E cita Hansimer e Munhoz Conde (*Introducción a la Criminología y al Derecho Penal*, 1989, p. 118), segundo os quais "o direito penal está obrigado a dar toda informação que seja possível e com a maior publicidade, tanto sobre suas normas proibitivas ou imperativas como sobre as sanções e o procedimento adequado para impô-las. A atuação do direito penal não pode nem surpreender nem enganar quem foi por ela afetado, e tem de ser publicamente controlável, criticável e, em caso de erro, suscetível de correção. Estas metas só podem ser alcançadas na medida em que os pressupostos e modos de controle social jurídico-penal sejam seguros: este é o sentido que tem o princípio da legalidade visto do ponto de vista da formalização" (in *Crimes Hediondos*, Ed. RT, 1992, 2ª ed., pp. 51-52).

E realmente assim o é. Colho do magistério de Heleno Cláudio Fragoso que "a interpretação não é atividade criadora, como alguns juristas supõem (Mezger), entendendo que através da interpretação existe uma formação de conceito que cria novos valores do material existente na lei e considerando também o aspecto emocional do processo mental em que se realiza a interpretação. Esta é apenas uma atividade cognoscitiva através da qual se indaga e se descobre a vontade da lei, aplicando-se um conjunto de regras e princípios. Tais regras e princípios não são normas jurídicas, de direito consuetudinário, como afirma Scialoja. Existem, evidentemente, verdadeiras normas jurídicas relativas à interpretação. Este é o caso do art. 5º da Lei de Introdução ao Código Civil, e é também o caso da chamada interpretação autêntica. Todavia, as normas ou regras de interpretação são apenas princípios de diversa índole, inclusive lógicos e sistemáticos, não tendo o caráter de verdadeiras normas jurídicas" (*Lições de Direito Penal, Parte Geral*, Ed. Forense, Rio de Janeiro, 1985, p. 81).

No caso dos autos, a simples menção à tortura, sem que se defina o comportamento suficiente a configurá-la, deixa ao sabor da capacidade até mesmo intuitiva daquele que exerce o ofício judicante o alcance da norma penal, a conclusão sobre a prática, ou não, do crime ao qual o contexto jurídico-constitucional impõe consequências das mais gravosas, como são o afastamento da graça, do indulto e da anistia, da fiança, o elastecimento da prisão temporária e o cumprimento da pena, na sua integralidade, no regime fechado. A insegurança grassará e, o que é pior, o julgamento das ações penais correrá à conta da formação do julgador. Como redigido o art. 233 do Estatuto da Criança e do Adolescente, reclama-se postura do magistrado que contraria a máxima gizada por Nelson Hungria em *Comentários ao Código Penal*, Ed. Forense, Rio de Janeiro, 1958, vol. I, t. I, p. 86, consoante a qual "a lei penal deve ser interpretada restritivamente quando prejudicial ao réu e extensivamente no caso contrário". O juiz partirá para o campo da interpretação extensiva, definindo ele próprio o que se entende como crime de tortura e assumindo, com isso, a posição reservada ao legislador. Talvez mesmo diante desse fato é que são encontrados os mais diversos enfoques sobre o alcance do vocábulo. Cito, como exemplo, ementa de acórdão do TJSP alusiva à Ap. n. 142.952 e reproduzida na *Tribuna do Advogado* 299: "Crime – Tortura e maus-tratos – Distinção. A tortura refere-se ao flagelo, ao martírio, à maldade, praticados por puro sadismo imotivado, ou na expectativa de extorquir notícia, confissão ou informação qualquer, sem se ligar a um sentimento de castigo, de repreenda, por ato que se repute errôneo, impensado ou mal educado, ao passo que o delito de maus-tratos, diferentemente, diz respeito ao propósito de punir, de castigar para censurar ou emendar".

A alusão aos substantivos "flagelo", "martírio", "maldade" e a referência à prática "por puro sadismo imotivado" dão a exata medida das oscilações passíveis de ocorrência por não se ter, em preceito de lei, os parâmetros objetivos definidores da prática delituosa. O crime está compreendido dentre os formais, a revelar uma atividade comissiva a ser definida, de forma exaustiva, pela norma de regência.

O grande leque de versões do tipo, passíveis de serem adotadas, deu origem a seis projetos em tramitação. (...). (...).

Forçoso é concluir que a iniciativa quanto aos projetos tem uma razão de ser, ou seja, a necessidade de descrever-se o comportamento penalmente condenável, sob o nome jurídico "tortura", para que, com isto, tenha-se como atendido o princípio da reserva legal. (...).

Sr. Presidente, entender-se que o Estatuto da Criança e do Adolescente, mais precisamente o art. 233 da Lei n. 8.069, de 13.7.1990, harmoniza-se com a Carta Federal é admitir que a lei possa vir a privilegiar determinadas pessoas, protegendo-as quanto à prática delituosa, muito embora esta transpareça contrária a todos os seres humanos; é agasalhar-se a existência do crime de tortura de forma setorizada, considerada a pessoa da vítima, quando, na verdade, a própria Carta da República indica que se trata de crime que, na expressão feliz dos componentes da Comissão designada para elaborar anteprojeto da Parte Especial do Código Penal, é cometido contra a Humanidade. É admitir que, em relação a um mesmo crime, possa-se ter um tipo aberto e outro fechado, conforme o bem protegido. A vingar um dos projetos sobre a matéria, ter-se-á em um mesmo cenário jurídico crime de tortura indefinido, ou, melhor, a ser balizado pelo julgador – no caso, contra a criança e o adolescente –, e crime de tortura revelado em tipo fechado, ou seja, contra pessoa que não seja nem criança nem adolescente. A dualidade discrepa das mais comezinhas noções sobre direito penal. A idade da vítima serve a outras consequências, como é o aumento da pena, mas não à diversidade de tipo penal.

Na história do direito penal, o exame dos enfoques conducentes à sua modernização revela a tendência a mitigarem-se as hipóteses de previsão de tipo penal aberto, já que gerador de insegurança jurídica, a comprometer a liberdade do indivíduo. No campo das noções relativas ao tipo, não é demais ter presente as palavras de Aníbal Bruno, contidas em *Direito Penal – Parte Geral*, Ed. Forense, Rio de Janeiro, 1967, t. I, p. 222, no que deixou consignado que tipo "é o conjunto de elementos do fato punível descrito na lei penal, ou, para dizermos com Belin, a imagem reguladora (*leitbild*), à qual tem de ajustar-se o fato para constituir crime. Tipicidade é essa conformidade do fato àquela imagem-diretriz traçada na lei, a característica que apresenta o fato quando realiza concretamente o tipo penal". Ora, não se tem no art. 233 qualquer descrição. Não decorre do citado preceito a imagem reguladora; não exsurge, portanto, abstraída a carga de construção atribuída ao órgão investido do ofício judicante, com a equidistância desejável, sem o envolvimento de paixões incompatíveis com a arte de julgar, a conformidade do fato à imagem-diretriz traçada na lei, na definição de Aníbal Bruno. Em *Princípios Básicos de Direto Penal*, de Francisco de Assis Toledo – 2ª ed., 1986, Saraiva –, encontramos também que "o termo tipo exprime a ideia de modelo, esquema", e que não pode ser tomado como "pura criação mental, mas sim descrição esquemática de indivíduos, coisas, objetos ou fenômenos".

A esta altura, indago eu: diante da singeleza do teor do art. 233 em comento, no que apenas se alude, como está na Constituição Federal e na Lei n. 8.072/1990, ao nome jurídico do crime, onde está a ideia de modelo, esquema, enfim, a descrição dos fatos que consubstanciam a tenebrosa figura da tortura? Também em Damásio constatamos a preocupação em situar o que se entende como fato típico. Eis um trecho suficientemente alertador: "O crime, sob aspecto jurídico-formal, apresenta-se com as características do fato típico e da antijuridicidade. O primeiro requisito é, pois, o fato típico, que consiste no fato que se enquadra no conjunto de elementos descritivos dos delitos contidos na lei penal" – *Direito Penal – Parte Geral*, Ed. Saraiva, São Paulo, 1991, p. 127.

O princípio da taxatividade deve presidir a formulação técnica da lei penal. Nisto está a essência da norma do inciso XXXIX do rol das garantias constitucionais: "*não há crime sem lei que o defina, nem pena sem prévia cominação legal*".

Atente-se para a utilização do verbo "definir". A definição não se limita à simples referência ao nome jurídico de um certo acontecimento. É preciso que a lei contenha a descrição dos fatos que o revelam, sob pena de cair no vazio o citado princípio. Por isso mesmo, Mantovani, em *Diritto Penale – Parte Generale*, Ed. CEDAM, Pádua, 1979, pp. 95 e ss., adverte que o legislador está compelido a proceder, quando elabora norma, de maneira precisa na determinação dos tipos legais, a fim de se saber, taxativamente, o que é penalmente ilícito e o que é penalmente admitido.

Sr. Presidente, encerro este voto salientando, de início, que ninguém é favorável à tortura. Todavia, até a edição da Carta de 1988 dela não se cuidou como tipo autônomo. O açodamento é nefasto à segurança jurídica que o princípio da reserva legal visa a proporcionar. É preciso que cada qual atue em sua área, e, portanto, que o legislador torne estreme de dúvidas, mediante preceito, o que se entende como tortura. Descabe ao Judiciário pretender substituí-lo, mormente quando a hipótese exige mais do que simples interpretação e em questão a liberdade. Não se trata, aqui, de perquirir a formação conservadora ou progressista do magistrado, mas de constatar que o legislador, ao dispor como o fez, no tocante à tortura, no art. 233 do Estatuto da Criança e do Adolescente, agiu distanciado da atual Carta. Cobra-se desta Corte a intangibilidade do Mandamento Maior, a preservação de princípios indispensáveis à vida gregária. Enfim, reclama-se do STF postura pedagógica e que em tudo esteja direcionada à supremacia da Lei Básica da República. Lanço a crença nesse norte e cito dois expoentes do direito penal. Um do passado, que se mostra sempre atual, e outro do presente, no que vem lutando pelo aprimoramento das letras jurídicas, especialmente no campo penal. Nélson Hungria, redator do Código Penal de 1940, deixou ressaltado em *Comentários* a esse Código, Ed. Forense, Rio de Janeiro, 1959, vol. I, t. I, p. 86, que "a lei penal deve ser interpretada restritivamente quando prejudicial ao réu e extensivamente no caso contrário". Ao intérprete não cabe ser rigoroso. Ao intérprete não cumpre preencher as lacunas da lei, fazendo-o ao sabor das emoções reinantes; o intérprete não pode atuar a partir do nada, e é justamente o nada, sob o ângulo da reserva legal, que verificamos no teor do art. 233, no que encerra a apenação do crime de tortura. Nele não há nem mesmo uma alusão superficial à conduta incriminada. Valho-me do magistério de Ariel Dotti, no que, com insuperável técnica, discorreu sobre o tipo, consideradas as garantias constitucionais: "O princípio da tipicidade constitui um corolário lógico do princípio da legalidade dos delitos e das penas, constitucionalmente instituído como direito e garantia individual. Uma das exigências fundamentais de segurança para um direito penal sob as coordenadas do Estado Democrático de Direito *é a observância do princípio da taxatividade. A expressão é assim cunhada pelos autores italianos e tem a sua correspondente na designação* 'tipicidade cerrada', segundo os autores de língua espanhola. Tal princípio se opõe ao uso abusivo das normas penais em branco, bem como à interpretação extensiva e à aplicação analógica em se tratando de normas incriminadoras. Salienta Rodriguez Devesa que a opinião dominante rechaça a teoria dos tipos penais abertos 'porque el tipo del injusto ha que ser siempre cerrado, en el sentido de que ha de contener todas las características determinantes del injusto' (José María Rodriguez Devesa, *Derecho Penal Español – Parte Geral*, Ed. Dickson, Madri, 1992, pp. 422-423). Para a submissão da conduta humana ao tipo penal de ilícito não valem as franquias legais estabelecidas pelos arts. 126 do CPC e 3º do CPP (no que admitem interpretação extensiva e aplicação analógica, bem como o suplemento dos princípios gerais de Direito). A exigência da tipicidade, ou seja, da adequação entre o fato humano e o modelo legal, constitui uma das missões de garantia do direito penal consagrada na fórmula romana: *nullum crimen, nulla poena, sine praevia lege poenali*. Esta é a enfática proclamação de segurança gravada na Constituição e no primeiro artigo do Código Penal e acolhida pela doutrina e pela jurisprudência como princípio de legalidade dos delitos e das penas ou princípio da reserva (ou anterioridade) da lei penal. O princípio da legalidade e o seu corolário lógico, o princípio da taxatividade, são incompatíveis com a analogia e a interpretação extensiva, sempre que em função de uma ou outra se pretenda se caracterizar um ilícito penal ou impor uma sanção correspondente".

Mais uma vez relembre-se, como deixou proclamado Aníbal Bruno, que "o direito punitivo da lei escrita, circunscrito aos fatos que, dentro dos limites da interpretação, ela compreende, não pode ser integrado nas suas lacunas pelo suprimento da analogia" – *Direito Penal – Parte Geral*, p. 222.

Ouso mesmo dizer que, como está, o art. 233 encerra, na verdade, consideradas a denúncia, a ambiguidade desta, a instrução penal, as balizas indispensáveis à boa defesa e à sentença, uma verdadeira tortura. Acompanho o Ministro-Relator, concedendo a ordem e conclamando a Corte a preservar este princípio tão caro ao Estado Democrático de Direito, que é o da reserva legal, consubstanciado que está no inciso XXXIX do art. 5º da Carta da República. É como voto na espécie, escusando-me do tempo tomado, mas que entendo plenamente justificado pela importância que assume este caso, especialmente no campo pedagógico, considerados a atuação do legislador e o respeito que este também deve à Lei Básica a que todos estamos submetidos, independentemente da formação angariada.

É o meu voto.

(...).

VOTO – *O Sr. Min. Carlos Velloso*: (...). (...).

Em princípio, estou plenamente de acordo com o raciocínio desenvolvido pelo eminente Ministro-Relator, e que contou com o apoio do Sr. Min. Marco Aurélio. Na verdade, é de sabença comum que a lei deve definir a conduta criminosa, vale dizer, deve definir o fato delituoso (CF, art. 5º, inciso XXXIX). Assim é, em princípio.

Acontece, entretanto, que, no caso sob julgamento, o Brasil subscreveu a Convenção das Nações Unidas Contra a Tortura e Outros Tratamentos ou Penas Cruéis, Desumanos ou Degradantes, aprovada pela Assembleia-Geral das Nações Unidas de 10.12.1984. Essa Convenção foi aprovada pelo Congresso Nacional (Decreto Legislativo n. 4/1989), tendo sido incorporada ao direito positivo brasileiro a definição do fato delituoso que faz nascer o crime de tortura.

Leio primeiro a definição de tortura posta no art. 1º da Convenção mencionada, incorporada ao direito positivo brasileiro:

"1. Para os fins da presente Convenção, o termo 'tortura' designa qualquer ato pelo qual dores e sofrimentos agudos, físicos ou mentais, são infligidos intencionalmente a uma pessoa a fim de obter, dela ou de uma terceira pessoa, informações ou confissões; de castigá-la por ato que ela ou uma terceira pessoa tenha cometido ou seja suspeita de ter cometido; de intimidar ou coagir esta pessoa ou outras pessoas; ou por qualquer motivo baseado em descriminação de qualquer natureza; quando tais dores ou sofrimentos são infligidos por um funcionário público ou outra pessoa no exercício de funções públicas, ou por sua instigação, ou com o seu consentimento ou aquiescência. Não se considerará como tortura as dores ou sofrimentos que sejam consequência unicamente de sanções legítimas, ou que sejam inerentes a tais sanções ou delas decorram.

"2. O presente artigo não será interpretado de maneira a restringir qualquer instrumento internacional ou legislação nacional que contenha ou possa conter dispositivos de alcance mais amplo."

Agora, passo à leitura do art. 4º, reclamada pelo Sr. Min. Marco Aurélio: "1. Cada Estado-Parte assegurará que todos os atos de tortura sejam considerados crimes segundo a sua legislação penal. O mesmo aplicar-se-á à tentativa de tortura e a todo ato de qualquer pessoa que constitua cumplicidade ou participação na tortura".

O Brasil, na linha da Convenção e do compromisso internacional que firmou, fazendo-a incorporar ao seu Direito interno, editou o Estatuto de Criança e do Adolescente, onde tipificou o crime de tortura contra a criança ou o adolescente.

Está no direito positivo brasileiro a definição de tortura. Não sei como seria possível, em nome de um formalismo excessivo, ou um apego excessivo à letra fria da lei, exigir mais do que está posto na Convenção, que é Direito interno.

Leio um trecho da denúncia para que os eminentes Colegas verifiquem se os fatos que tipificaram o crime de tortura se ajustam ou não à definição posta no Direito interno brasileiro: "Segundo se apurou, os denunciados foram solicitados para atender a uma ocorrência de furto de bicicleta no posto de serviço da 'Empresa de Segurança Patrol'. O ofendido se achava 'detido' por dois 'vigilantes' da tal Empresa acusado por Edson Henrique Frutuoso de lhe haver furtado a bicicleta. Acatando as bestuntas conclusões dos 'vigilantes', os denunciados detiveram o adolescente, que não tinha qualquer bicicleta em sua posse, e conduziram-no ao posto policial do Jardim Colonial, onde passaram a agredi-lo violentamente com golpes de cassetete para que confessasse haver subtraído a bicicleta. O resultado da sessão de tortura imposta ao menor vem estampado nas fotos de fls. 55 a 56, que evidenciam toda a selvageria dos denunciados" (fls. 40). (...).

VOTO – *O Sr. Min. Sepúlveda Pertence*: Sr. Presidente, o caso é relevantíssimo, no que diz com a aplicação da garantia constitucional da legalidade estrita dos crimes e das penas, mas o que já se disse aqui, de um lado e de outro, bastou, praticamente, a firmar a minha convicção.

2. Ontem, recordando Story, acentuava o eminente Min. Paulo Brossard que uma lei pode ser idiota, sem ser inconstitucional. Uma lei, sem ser idiota, pode também não ser exemplar, nem por isso será inconstitucional. É o caso do preceito cuja constitucionalidade aqui se discute.

3. Há numerosos tipos no direito penal positivo, daqui e dali, que, sem que se lhes pretenda imputar violação ao princípio *nullum crimen sine lege*, se valem, na definição da ação incriminada e de suas circunstâncias típicas, de conceitos culturais, que permanecem compatíveis com a exigência de definição legal, se o seu núcleo significativo é suficientemente unívoco.

4. Isto não afasta que, como todo conceito cultural, esses, utilizados na definição de figuras criminais, possam ter sua zona cinzenta; possam dar margem a intermináveis discussões sobre se determinado fato se inclui, ou não, na compreensão do conceito utilizado.

5. Nem recorro, Sr. Presidente, à hedionda Lei de Segurança Nacional, de 1969, onde se vê o art. 28 – que este Tribunal nunca cogitou de declarar inconstitucional –, no qual se tipificam, de cambulhada, ações de significado assaz impreciso, como as de devastar, saquear, assaltar, roubar, sequestrar, incendiar, depredar ou praticar atentado pessoal, ato de massacre, sabotagem ou terrorismo. Há, por exemplo, poucos conceitos que expõem à discussão uma zona cinzenta tão ampla quanto o conceito de terrorismo (cf. H. C. Fragoso, *Terrorismo e Criminalidade Política*, Forense, 1981, *passim*).

6. Mas fiquemos no Código Penal, e, aqui, já se falou no crime de injúria, no delito de redução a condição análoga à de escravo. E vilipendiar cadáver? E raptar? E praticar ato obsceno? E praticar adultério? A prova de que não são conceitos matematicamente inequívocos é que vários deles têm uma compreensão típica atemporal, mas variam o seu âmbito de significação no correr do tempo. Nesse sentido, o delito de ato obsceno parece exemplar.

7. Mas, Sr. Presidente, o conceito de tortura está em nosso Código Penal há 54 anos. Não como núcleo de um tipo, mas chegarei lá.

8. Sr. Presidente, lá está, no art. 121, § 2º, III, não só a utilização do conceito de tortura, mas de outros evidentemente mais amplos, menos inequívocos, a meu ver, que são outros meios insidiosos e cruéis, que não constituem tortura.

9. E aí se fala: "Mas aí não é tipo". Meu Deus do céu, o que é um delito qualificado senão uma figura típica que, além dos elementos do tipo simples, tem outro elemento típico que a qualifica e tem, neste caso, a consequência de elevar a pena da escala de 6 a 20 anos para escala de 12 a 30 anos? Óbvio que pouco importa se a circunstância elementar é de um tipo simples ou de um tipo qualificado: no caso, qualifica o homicídio.

10. No Estatuto da Infância e da Adolescência, ao contrário, o resultado morte qualifica a tortura. Vê-se que o elemento material nos dois casos há de ser o mesmo. A circunstância elementar "tortura" está presente no crime de tortura qualificada do art. 233, § 3º, do Estatuto da Infância, assim como está presente no tipo qualificado de homicídio. A única diferença entre essas duas figuras não está nos seus elementos materiais, não está no tipo objetivo, mas no dolo; num há dolo de homicídio, noutro não há dolo de homicídio, mas, sim, de tortura.

11. Por isso, Sr. Presidente, entendo que, assim como temos convivido com esses tipos tradicionais, sem que a ninguém tenha acudido a ideia de entendê-los inconstitucionais por violação ao princípio da tipicidade, não há como inquirir de inconstitucional a definição que se vale da noção de tortura, universalmente inequívoca em seu núcleo significativo básico e que, ademais, como mostraram os eminentes Mins. Relator, Celso de Mello e agora o Min. Carlos Velloso, tem, hoje, um conceito internacional incorporado ao direito positivo brasileiro. Pouco importa que nos tratados não se trate de norma penal: a remissão da lei interna a um conceito definido no tratado, cominando-se-lhe pena, é, evidentemente, forma de instituir uma norma penal.

Com esses fundamentos, peço vênia ao eminente Ministro-Relator e aos que o acompanharam para seguir o voto do Sr. Min. Celso de Mello.

EXTRATO DE ATA

(...).

Decisão: Por maioria de votos, o Tribunal deferiu, em parte, o pedido de *habeas corpus* para cassar a decisão proferida pelo STJ; prosseguir-se no julgamento quanto ao art. 233 do Estatuto da Criança e do Adolescente (Lei n. 8.069/1990), na Justiça Comum Estadual; e declarar a constitucionalidade do referido dispositivo (art. 233 da Lei n. 8.069/1990). Vencidos os Mins. Relator (Min. Sydney Sanches), Marco Aurélio, Ilmar Galvão, Moreira Alves e o Presidente (Min. Octávio Gallotti), que também deferiam em parte o pedido de *habeas corpus* para trancar a ação penal em curso perante a 4ª Vara Criminal de São José dos Campos/SP, ou seja, quanto à imputação da prática de ato previsto no art. 233 da Lei n. 8.069, de 13.7.1990, devendo o processo por crime previsto no art. 209 do CPM prosseguir perante a Justiça Militar, e declaravam, ainda, a inconstitucionalidade do art. 233 da citada lei (Lei n. 8.069/1990). Relator para o acórdão o Min. Celso de Mello. Plenário, 23.6.1964.

Presidência do Sr. Min. Octávio Gallotti. Presentes à sessão os Srs. Mins. Moreira Alves, Néri da Silveira, Sydney Sanches, Paulo Brossard, Sepúlveda Pertence, Celso de Mello, Carlos Velloso, Marco Aurélio, Ilmar Galvão e Francisco Rezek.

* * *

PERGUNTAS

1. Quais são os fatos?
2. Que direito se pretende proteger com o presente *habeas corpus*?
3. O que é o *princípio da estrita legalidade penal*? Trata-se de um direito fundamental?
4. Existia à época do julgamento tipificação do crime de tortura no Brasil?
5. O que é tipificação? Por que é necessário que um crime esteja tipificado?
6. Qual foi a posição assumida pelo Min. Marco Aurélio em seu voto?

7. Em que medida discordou dele o Min. Celso de Mello?
8. Por que o Min. Carlos Velloso diz que está, a princípio, de acordo com o Min. Marco Aurélio, mas chega a conclusão distinta da conclusão deste?
9. Qual o fundamento apresentado pelo Min. Carlos Velloso para indeferir o recurso?
10. E o Min. Sepúlveda Pertence, qual o fundamento de sua decisão?
11. Em alguma medida os Ministros que compuseram a maioria flexibilizaram o conceito de *estrita legalidade penal*?
12. No que se refere à hierarquia das normas de direito internacional em nosso sistema jurídico, como se posicionou o Tribunal?
13. Um outro ponto relevante sobre a relação entre o Direito Internacional e o Direito doméstico: qual a eficácia das normas internacionais em nosso sistema jurídico?
14. Por fim, qual a decisão do Tribunal? O que você entendeu por *princípio da reserva legal*?

7.8 Caso do IPMF (ADI 939-7-DF)

(Plenário – rel. Min. Sydney Sanches – j. 15.12.1993)

Direito constitucional e tributário – Ação direta de inconstitucionalidade de emenda constitucional e de lei complementar.

IPMF.

Imposto Provisório sobre a Movimentação ou a Transmissão de Valores e de Créditos e Direitos de Natureza Financeira/IPMF.

Arts. 5º, § 2º, 60, § 4º, incisos I e IV, 150, incisos III, "b", e VI, "a", "b", "c" e "d", da CF.

1. Uma emenda constitucional, emanada, portanto, de Constituinte derivada, incidindo em violação à Constituição originária, pode ser declarada inconstitucional, pelo STF, cuja função precípua é de guarda da Constituição (art. 102, I, "a", da CF).

2. A Emenda Constitucional n. 3, de 17.3.1993, que, no art. 2º, autorizou a União a instituir o IPMF, incidiu em vício de inconstitucionalidade ao dispor, no § 2º desse dispositivo, que, quanto a tal tributo, não se aplica "o art. 150, III, 'b', e VI", da Constituição, porque, desse modo, violou os seguintes princípios e normas imutáveis (somente eles, não outros): (1º) o princípio da anterioridade, que é garantia individual do contribuinte (art. 5º, § 2º, art. 60, § 4º, inciso IV, e art. 150, III, "b", da Constituição); (2º) o princípio da imunidade tributária recíproca (que veda à União, aos Estados, ao Distrito Federal e aos Municípios a instituição de impostos sobre o patrimônio, rendas ou serviços uns dos outros) e que é garantia da Federação (art. 60, § 4º, inciso I, e art. 150, VI, "a", da CF); (3º) a norma que, estabelecendo outras imunidades, impede a criação de impostos (art. 150, III) sobre: "b" – templos de qualquer culto; "c" – patrimônio, renda ou serviços dos partidos políticos, inclusive suas fundações, das entidades sindicais dos trabalhadores, das instituições de educação e de assistência social, sem fins lucrativos, atendidos os requisitos da lei; e "d" – livros, jornais, periódicos e o papel destinado à sua impressão.

3. Em consequência, é inconstitucional, também, a Lei Complementar n. 77, de 13.7.1993, sem redução de textos, nos pontos em que determinou a incidência do tributo no mesmo ano (art. 28) e deixou de reconhecer as imunidades previstas no art. 150, VI, "a", "b", "c" e "d", da CF (arts. 3º, 4º e 8º do mesmo diploma, Lei Complementar n. 77/1993).

4. Ação direta de inconstitucionalidade julgada procedente, em parte, para tais fins, por maioria, nos termos do voto do Relator, mantida, com relação a todos os contribuintes, em caráter definitivo, a medida cautelar, que suspendera a cobrança do tributo no ano de 1993.

ACÓRDÃO – Vistos, relatados e discutidos estes autos: Acordam os Ministros do Supremo Tribunal Federal, em sessão plenária, na conformidade da ata do julgamento e das notas taquigráficas, por maioria de votos, em julgar procedente, em parte, a ação, para declarar a inconstitucionalidade da expressão "o art. 150, III, 'b', e VI, nem", contida no § 2º do art. 2º da EC n. 3/1993, vencidos, em parte, os Mins. Sepúlveda Pertence, que declarava a inconstitucionalidade, apenas, da expressão "e VI", o Presidente (Min. Octávio Gallotti), que declarava a inconstitucionalidade da mesma expressão "e VI", mas apenas quanto à alínea "a" do referido inciso, e o Min. Marco Aurélio, que declarava a inconstitucionalidade de todo o art. 2º e seus §§ da mesma Emenda Constitucional. Em consequência, quanto à Lei Complementar n. 77/1993, o Tribunal, por maioria, declarou a inconstitucionalidade do art. 28, na parte em que permitia a cobrança do tributo no ano de 1993, vencidos, nesse ponto, os Mins. Sepúlveda Pertence e Presidente (Min. Octávio Gallotti). Ainda, por maioria, declarar a inconstitucionalidade, sem redução de textos, dos arts. 3º, 4º e 8º do mesmo diploma (Lei Complementar n. 77/1993) por haverem deixado de excluir da incidência do IPMF as pessoas jurídicas de direito público e as demais entidades ou empresas referidas nas alíneas "a", "b", "c" e "d" do inciso VI do art. 150 da CF. Nesses pontos, ficaram vencidos, em parte, o Min. Marco Aurélio, que declarava a inconstitucionalidade de toda a Lei Complementar n. 77/1993, e o Presidente (Min. Octávio Gallotti) que declarava a inconstitucionalidade, sempre sem redução do texto, dos dispositivos legais referidos, apenas no ponto em que deixaram de excluir as pessoas jurídicas de direito público referidas no art. 150, VI, "a", da CF. Finalmente, por maioria, tornar definitiva a medida cautelar de suspensão da cobrança do IPMF no exercício de 1993, vencidos, nessa parte, os Mins. Sepúlveda Pertence e Octávio Gallotti, que a revogavam. Falaram: pela requerente, o Dr. Benon Peixoto da Silva e, pelo Ministério Público Federal, o Dr. Aristides Junqueira Alvarenga, Procurador-Geral da República.

Brasília, 15 de dezembro de 1993 – *Octávio Gallotti*, presidente – *Sydney Sanches*, relator.

RELATÓRIO – *O Sr. Min. Sydney Sanches*: 1. O ilustre Subprocurador-Geral da República, em substituição, Dr. Paulo de Tarso Braz Lucas, no parecer de fls. 266-278, resumiu a hipótese e, em seguida, opinou nos termos seguintes:

"1. Trata-se de ação direta de inconstitucionalidade ajuizada pela Confederação Nacional dos Trabalhadores no Comércio/CNTC com o objetivo declarado de impugnar o "Imposto Provisório sobre Movimentação Financeira/IPMF, instituído pela Emenda Constitucional n. 3 e Lei Complementar n. 77/1993.

"(...).

"3. Segundo afirma a requerente, logo após transcrever o art. 150, *caput* e inciso III, alínea 'b', da Carta Magna em vigor, o referido 'tributo, ao ser instituído, feriu o consagrado *princípio da anterioridade'*, afrontando igualmente os princípios da não cumulatividade, do equilíbrio orçamentário, da capacidade contributiva e aquele que veda a bitributação do contribuente. De resto, tal como pode ser inferido da transcrição da alínea 'c' (indicada erroneamente como alínea 'a') do inciso VI do supracitado artigo, vulneraria a garantia de imunidade de impostos instituída em favor do patrimônio, renda ou serviços dos partidos políticos, inclusive suas fundações, das entidades sindicais dos trabalhadores, das instituições de educação e de assistência social sem fins lucrativos.

"(...)."
(...).

VOTO – *O Sr. Min. Sepúlveda Pertence*: Sr. Presidente, tendo de me retirar da sessão, para uma viagem de urgência, peço vênia para antecipar o meu voto. Serei breve.

2. No que diz respeito à ressalva da aplicação do art. 150, III, que consagra a regra da anterioridade, na incidência do IPMF, peço vênia ao eminente Relator para julgar improcedente a ação.

3. Creio que na demarcação de qual seja a extensão da limitação material ao poder de reforma constitucional, que proíbe a deliberação sobre propostas tendentes a abolir direitos e garantias individuais, o intérprete não pode fugir a uma carga axiológica a atribuir, no contexto da Constituição, a eventuais direitos ou garantias nela inseridos. E não consigo, por mais que me esforce, ver na regra da anterioridade, recortada de exceções no próprio Texto de 1988, a grandeza de cláusula perene que se lhe quer atribuir, de modo a impedir ao órgão de reforma constitucional a instituição de um imposto provisório que a ela não se submeta.

4. Com todas as vênias – não estive presente ao julgamento da medida cautelar – da maioria que se formou pela concessão da liminar, diria que a grandeza atribuída à regra da anterioridade, no contexto da Constituição vigente, é fruto mais de uma interpretação retrospectiva a que há dias aludia, citando Luís Roberto Barroso e Barbosa Moreira (v. MS n. 21.689), de uma interpretação nostálgica: o que se quer, à força, é ver na anterioridade o velho princípio da anualidade, da exigência de prévia autorização orçamentária anual para cobrança de cada imposto, que, esse, sim – não é preciso repetir a História a partir de João-sem-Terra –, teve uma carga histórica e política de grande relevo. Mas a verdade é que a dinâmica da administração financeira do contemporâneo Estado intervencionista a superou, mal ou bem, no constitucionalismo brasileiro.

5. *Brevitatis causa*, reporto-me, portanto, a dois votos proferidos no julgamento cautelar, que retratam exatamente o meu pensamento no ponto: os de V. Exa., Sr. Presidente, e o do eminente Min. Francisco Rezek. Permito-me relembrar, no voto de V. Exa., uma advertência salutar sobre a extrema contenção em que há de pôr-se este Tribunal na missão que é, por definição, a mais delicada que se lhe atribuiu, a de controle da validade da manifestação mais eminente dos Poderes constituídos: a emenda constitucional.

6. Disse S. Exa., peço vênia para subscrever: "(... a) estabilidade da Constituição Federal, onde reside a finalidade inequívoca das limitações postas ao poder constituinte derivado, poderá, a meu ver, ficar comprometida, ao invés de reforçada, com o rigor de uma interpretação que, exacerbando essas restrições, viesse a conduzir justamente àquilo que a Constituição quis evitar, ou seja, estimular a tendência de ruptura como um todo do texto constitucional".

7. No que toca, porém, à exclusão, por força do § 2º do art. 2º da Emenda Constitucional n. 3, da aplicação ao IPMF do art. 150, VI, da Constituição, que arrola as imunidades tributárias, também peço vênia ao eminente Ministro-Relator para aí julgar procedente a ação em maior extensão do que a do seu voto.

8. É que, ainda que não se trate tecnicamente de direitos e garantias individuais, as imunidades ali outorgadas, na alínea "b", aos "templos de qualquer culto", na letra "c", ao "patrimônio, renda ou serviços dos partidos políticos,

inclusive suas fundações, das entidades sindicais dos trabalhadores, das instituições de educação e assistência social, sem fins lucrativos", e, na letra "d", a "livros, jornais, periódicos e o papel destinado à sua impressão", constituem, todas elas, instrumentos de salvaguarda fundamentais de princípios, liberdades e direitos básicos da Constituição, como liberdade religiosa, de manifestação do pensamento, pluralismo político do regime, a liberdade sindical, a solidariedade social, o direito à educação e assim por diante.

9. Por isso, declaro a inconstitucionalidade, no § 2º do art. 2º, da menção ao inciso VI do art. 150, sem restrições, que estendo, consequentemente, ao § 2º do mesmo artigo. (...).
(...).

VOTO – O Sr. Min. Marco Aurélio: Sr. Presidente, em primeiro lugar, registro minha convicção firme e categórica de que não temos, como garantias constitucionais, apenas o rol do art. 5º da Lei Básica de 1988. Em outros artigos da Carta encontramos, também, princípios e garantias do cidadão, nesse embate diário que trava com o Estado, e o objetivo maior da Constituição é justamente proporcionar uma certa igualação das forças envolvidas – as do Estado e as de cada cidadão considerado *de per se*.

A demonstração inequívoca da procedência desse entendimento está no § 2º do art. 5º: "§ 2º. Os direitos e garantias expressos nesta Constituição não excluem outros decorrentes do regime e dos princípios por ela adotados, ou dos tratados internacionais em que a República Federativa do Brasil seja parte".

Veja, V. Exa., que o Diploma Maior admite os direitos implícitos, os direitos que decorrem de preceitos nela contidos e que, portanto, não estão expressos.

Sr. Presidente, para mim as exceções a esses direitos, insertas na própria Carta, apenas os confirmam, e ninguém coloca em dúvida, por exemplo, que a propriedade é um direito do cidadão; no entanto, esse direito está mitigado pela regra insculpida no inciso XXIV do art. 5º, que cuida da desapropriação. Ninguém duvida, também, de que a exclusão da pena de morte é um direito, é um direito previsto no rol do art. 5º e está excepcionado por regra insculpida na própria alínea "a" do inciso XLVII do art. 5º, admitindo-se-a em caso de guerra declarada, nos termos do art. 84, inciso XIX.

Sr. Presidente, os antigos já diziam que nada surge sem uma causa, sem uma justificativa, decorrendo daí o princípio do motivo *determinante*. Indago-me: por que a União desprezou o teor do art. 154, inciso I, da CF e, ao invés de utilizar-se do meio adequado nele inserto para a criação de um novo imposto, lançou mão de emenda constitucional? A resposta é, desenganadamente, a tentativa de burlar as garantias constitucionais vigentes, drible que não pode prosperar, porquanto o inciso IV do § 4º do art. 60 é categórico no que veda a tramitação de proposta de emenda tendente a abolir os direitos e garantias individuais. Buscou-se, mediante esse instrumento, que é a emenda constitucional, viabilizar um imposto que pela própria nomenclatura tem repercussões inconciliáveis com certas garantias do contribuinte.

De início, Sr. Presidente, vemos o afastamento da anterioridade, e creio que posso deixar de discorrer a respeito. A Corte, ao enfrentar o pedido de concessão de liminar, teve presente que a anterioridade encerra uma garantia constitucional, e não vejo, em face apenas de a Carta conter algumas exceções a esse princípio, como esvaziá-lo, como colocá-lo em plano secundário a ponto de dizer da impertinência do inciso IV do § 4º do art. 60 ou, até mesmo, num passo um pouco mais largo, assentar que não se está diante de uma garantia constitucional. É uma garantia constitucional, como está previsto, com todas as letras, na alínea "b" do inciso III do art. 150 da Carta: "Art. 150. Sem prejuízo de outras garantias asseguradas ao contribuinte é vedado à União, aos Estados, Distrito Federal e aos Municípios: (...)". E, aí, temos: "III – cobrar tributos: (...); b) no mesmo exercício financeiro em que haja sido publicada a lei que os instituiu ou aumentou; (...)".

Sr. Presidente, houve a opção pelo legislador constituinte de 1988 e, com ela, tivemos o esgotamento das exceções, porque taxativamente fixadas na Carta. Os dispositivos são *numerus clausus*, não apenas exemplificativos. Fora das hipóteses excepcionadas cabe observar, com rigor, a anterioridade. A Emenda também veio à baila com um preceito que afasta a imunidade de que cogita o inciso VI do art. 150 da CF. Creio que não há como distinguir os destinatários, em si, dessa imunidade. Se de um lado temos que alguns gozam dos predicados alusivos à Federação, de outro lado constatamos que os demais têm a imunidade como uma forma viabilizadora da própria atuação.

Peço vênia ao nobre Ministro-Relator para entender que não se pode, na espécie, excluir da pecha de inconstitucional a Emenda e, também, a lei complementar, no tocante à incidência desse novo tributo sobre patrimônio, renda ou serviço dos partidos políticos, das entidades sindicais dos trabalhadores, das instituições de educação e de assistência social sem fins lucrativos, atendidos os requisitos da lei, bem como relativamente a operações ligadas a livros, jornais, periódicos e o papel destinado à sua impressão. Estamos diante de atos normativos que conflitam com a imunidade assegurada constitucionalmente.

Também tenho como inconstitucional a Emenda no que acabou por afastar, pelo menos no tempo em que vigorou e vigorará, o § 5º do art. 153 da Lei Máxima. O citado parágrafo dispõe: "O ouro, quando definido em lei como ativo financeiro ou instrumento cambial, sujeita-se exclusivamente à incidência do imposto de que trata o inciso V do *caput* deste artigo, devido na operação de origem; a alíquota mínima será de 1% (um por cento), assegurada a transferência do montante da arrecadação nos seguintes termos: (...)".

O preceito versa sobre garantia dada àqueles que comercializam, àqueles que possuem o ouro como ativo financeiro, e exclui, por completo, a incidência de outros tributos além do imposto de que trata o inciso V do *caput* do artigo, que é dispositivo, portanto, único a incidir na espécie. (...).

VOTO – *O Sr. Min. Carlos Velloso*: (...). (...).

"Sr. Presidente, examino a questão posta na Emenda Constitucional n. 3/1993. Tenho como relevante, no ponto, a arguição, no sentido de que a Emenda Constitucional n. 3, desrespeitando ou fazendo tábula rasa do princípio da anterioridade, excepcionando-o, viola limitação material ao poder constituinte derivado, a limitação inscrita no art. 60, § 4º, IV, da Constituição.

"As demais questões postas, por exemplo, a capacidade contributiva, não tenho como relevantes, dado que a Constituição, no § 1º do art. 145, estabelece que: 'Sempre que possível, os impostos terão caráter pessoal e serão graduados segundo a capacidade econômica do contribuinte (...)'.

"É a própria Constituição, é o próprio poder constituinte originário, que possibilita, que abre a possibilidade da exceção, ao dizer 'sempre que possível'. No que toca à questão da cumulatividade, em linha de princípio a proibição é dirigida ao legislador ordinário, não ao legislador constituinte derivado (CF, art. 154, I). O mesmo pode ser dito em relação à não observância dos fatos geradores ou base de cálculos já estabelecidos na Constituição: a proibição é também dirigida ao legislador ordinário, e não ao legislador constituinte derivado (CF, art. 154, I). Isto em linha de princípio, é claro. Estamos num juízo de deliberação. Por ora, há, no ponto, pelo menos, dúvida, dúvida que deve ser resolvida em favor da constitucionalidade da Emenda.

"Sr. Presidente, o que entendo relevante, no caso, é a questão da anterioridade. Na verdade, o princípio da anterioridade, inscrito no art. 150, inciso XII, letra 'b', da Constituição, a estabelecer que não é possível a cobrança do tributo no mesmo exercício financeiro em que haja sido publicada a lei que o instituiu ou aumentou, é uma garantia individual, uma garantia do contribuinte; é a própria Constituição que deixa expresso que o princípio da anterioridade é uma garantia do contribuinte: no *caput* do art. 150 da Constituição está escrito que: 'Sem prejuízo de outras garantias asseguradas ao contribuinte, é vedado à União, aos Estados, ao Distrito Federal e aos Municípios' – e seguem-se as vedações estabelecidas como garantias do contribuinte.

"Ora, a Constituição, no seu art. 60, § 4º, inciso IV, estabelece que 'não será objeto de deliberação a proposta de emenda tendente a abolir: (...); IV – os direitos e garantias individuais'. Direitos e garantias individuais não são apenas aqueles que estão inscritos nos incisos do art. 5º. Não. Esses direitos e essas garantias se espalham pela Constituição. O próprio art. 5º, no seu § 2º, estabelece que os direitos e garantias expressos nesta Constituição não excluem outros decorrentes do regime e dos princípios por ela adotados, ou dos tratados internacionais em que a República do Brasil seja parte.

"É sabido, hoje, que a doutrina dos direitos fundamentais não compreende, apenas, direitos e garantias individuais, mas, também, direitos e garantias sociais, direitos atinentes à nacionalidade e direitos políticos. Este quadro todo compõe a teoria dos direitos fundamentais. Hoje não falamos, apenas, em direitos individuais, assim direitos de primeira geração. Já falamos em direitos de primeira, de segunda, de terceira e até de quarta geração.

"O mundo evoluiu, e assim também o Direito.

"É certo que é respeitável o argumento, mais metajurídico do que jurídico, propriamente, no sentido de que o raciocínio abrangente da matéria – a matéria dos direitos e garantias individuais –, sem distinguir direitos e garantias individuais de primeira classe e direitos e garantias de segunda classe, poderia impedir uma maior reforma constitucional. O argumento, entretanto, não deve impressionar. O que acontece é que o constituinte originário quis proteger e preservar a sua obra, a sua criatura, que é a Constituição. As reformas constitucionais precipitadas, ao sabor de conveniências políticas, não levam a nada, geram a insegurança jurídica, e a insegurança jurídica traz a infelicidade para o povo. É natural, portanto, que o constituinte originário, desejando preservar a sua obra, crie dificuldades para a alteração da Constituição. A Constituição norte-americana é de 1787, tem mais de 200 anos e apenas 26 emendas. Os Estados Unidos, por isso mesmo, ostentam pujança econômica, política e jurídica, o seu povo é feliz.

"Sr. Presidente, retomo o fio do raciocínio anterior: a Emenda Constitucional n. 3, ao estabelecer, no § 2º do art. 2º, que ao imposto de que trata este artigo não se aplica o art. 150, inciso III, letra 'b', incorreu em inconstitucionalidade. É o que me parece, pelo menos ao primeiro exame. É que, assim procedendo, a Emenda suprime, suspende e afasta garantia do contribuinte, assim garantia individual, intangível à mão do constituinte derivado ou de revisão. Tenho, portanto, como relevante o fundamento da inicial quando sustenta que não poderia a lei – e o Tribunal já entendeu que no vocábulo 'lei' está compreendida a Emenda Constitucional n. 3 – excepcionar, suspender ou suprimir garantia de direito individual, garantia do contribuinte.

"Com essas considerações, Sr. Presidente, meu voto é no sentido de, deferindo a medida cautelar, suspender, no § 2º do art. 2º da EC n. 3/1993, a expressão 'não se aplica o art. 150, inciso III, letra 'b'." (...).

VOTO – *O Sr. Min. Celso de Mello*: (...). (...).

O fundamento do poder de tributar reside, em essência, no dever jurídico de estrita fidelidade dos entes tributantes ao que imperativamente dispõe a Constituição da República.

As relações de direito tributário, desse modo, não podem ser invocadas pelo Poder Público como um vínculo de permanente e odiosa sujeição do contribuinte às pretensões arbitrárias do Estado.

Dentro desse contexto, tenho por irrecusável que a norma inscrita no art. 2º, § 2º, da EC n. 3/1993 – ao reduzir, ainda que temporariamente, a abrangência da cláusula de proteção representada pelo princípio da anterioridade – vulnera, nas múltiplas dimensões em que ele se projeta, o regime jurídico-constitucional dos direitos e garantias individuais dos contribuintes.

A norma questionada desconsidera – ante o que prescreve, cogentemente, o art. 60, § 4º, IV, da Constituição – o fato de que a anterioridade tributária, traduzindo limitação constitucional ao poder impositivo das pessoas políticas, constitui direito público subjetivo oponível ao Estado pelos contribuintes que dela se beneficiam.

Dentro dessa perspectiva, o ato normativo em causa efetivamente agride e afronta o regime dos direitos fundamentais dos contribuintes, na medida em que viabiliza a imediata exigibilidade desse novo imposto – típico e nominado – incluído, mediante emenda à Constituição, na esfera de competência impositiva ordinária da União Federal.

O princípio da anterioridade da lei tributária, além de constituir limitação ao poder impositivo do Estado, representa um dos direitos fundamentais mais relevantes outorgados pela Carta da República ao universo dos contribuintes. Não desconheço que se cuida, como qualquer outro direito, de prerrogativa de caráter meramente relativo, posto que as normas constitucionais originárias já contemplam hipóteses que lhe excepcionam a atuação.

Note-se, porém, que as derrogações a esse postulado emanaram de preceitos editados por órgão exercente de funções constituintes primárias: a Assembleia Nacional Constituinte. As exceções a esse princípio foram estabelecidas, portanto, pelo próprio poder constituinte originário, que não sofre, em função da própria natureza dessa magna prerrogativa estatal, as limitações materiais e tampouco as restrições jurídicas impostas ao poder reformador.

Não posso ignorar, de qualquer modo, que o princípio da anterioridade das leis tributárias reflete, em seus aspectos essenciais, uma das expressões fundamentais em que se apoiam os direitos básicos proclamados em favor dos contribuintes.

O respeito incondicional aos princípios constitucionais evidencia-se como dever inderrogável do Poder Público. A ofensa do Estado a esses valores – que desempenham, enquanto categorias fundamentais que são, um papel subordinante na própria configuração dos direitos individuais ou coletivos – introduz um perigoso fator de desequilíbrio sistêmico e rompe, por completo, a harmonia que deve presidir as relações, sempre tão estruturalmente desiguais, entre as pessoas e o Poder.

Não posso desconhecer – especialmente neste momento em que se amplia o espaço do dissenso e se intensificam, em função de uma norma tão claramente hostil a valores constitucionais básicos, as relações de antagonismo entre o Fisco e os indivíduos – que os princípios constitucionais tributários, sobre representarem importante conquista político-jurídica dos contribuintes, constituem expressão fundamental dos direitos outorgados, pelo ordenamento positivo, aos sujeitos passivos das obrigações fiscais. Desde que existem para impor limitações ao poder de tributar, esses postulados têm por destinatário exclusivo o Poder estatal, que se submete, quaisquer que sejam os contribuintes, à imperatividade de suas restrições.

A reconhecer-se como legítimo o procedimento da União Federal de ampliar, a cada vez, pelo exercício concreto do poder de reforma da Carta Política, as derrogatórias dessa fundamental garantia tributária, chegar-se-á, em algum momento, ao ponto de nulificá-la inteiramente, suprimindo, por completo, essa importante conquista jurídica que integra, como um dos seus elementos mais relevantes, o próprio estatuto constitucional dos contribuintes. (...).

Demais disso, tenho por inconstitucional a norma inscrita no. art. 2º, § 2º, da EC n. 3/1993, que, ao afastar as hipóteses tradicionais de imunidade tributária, permite que a União Federal, com a nova exação fiscal, interfira, de modo direto, na área sensível das liberdades públicas.

Essa norma constitucional, derivada do poder de reforma do Congresso Nacional, acarretar a grave possibilidade de se comprometer, pela ação tributante do Poder Público, o exercício desses direitos fundamentais, quaisquer que sejam as múltiplas dimensões em que se projeta e se desenvolve o regime das liberdades públicas

Devo observar que as disposições contidas na norma ora impugnada transgridem, em desfavor do contribuinte, o complexo dos direitos e garantias de ordem tributária.

Isso porque a supressão, ainda que temporária, da garantia de imunidade estabelecida pela ordem constitucional brasileira em favor dos organismos sindicais, representativos das categorias profissionais, dos templos de qualquer culto, dos partidos políticos, das instituições educacionais ou assistenciais e dos livros, dos jornais, dos periódicos e do papel destinado à sua impressão (CF, art. 150, VI), compromete, em última análise, o próprio exercício da liberdade de consciência, da liberdade de manifestação do pensamento e da liberdade de associação, valores em função dos quais essa prerrogativa de índole tributária foi conferida.

Não se pode desconhecer, dentro desse contexto, que as imunidades tributárias de natureza política destinam-se a conferir efetividade a determinados direitos e garantias fundamentais reconhecidos e assegurados às pessoas e às instituições. Constituem, por isso mesmo, expressões significativas das garantias de ordem instrumental, vocacionadas, na especificidade dos fins a que se dirigem, a proteger o exercício da liberdade sindical, da liberdade de culto, da liberdade de organização partidária, da liberdade de expressão intelectual e da liberdade de informação.

A imunidade tributária não constitui um fim em si mesma. Antes, representa um poderoso fator de contenção do arbítrio do Estado, na medida em que esse postulado da Constituição, inibindo o exercício da competência impositiva pelo Poder Público, prestigia, favorece e tutela o espaço em que florescem aquelas liberdades públicas.

Cumpre não desconhecer, neste ponto, a grave advertência lançada pelo saudoso Min. Aliomar Baleeiro (*Limitações Constitucionais ao Poder de Tributar*, p. 191, 5ª ed., 1977, Forense), para quem revela-se certo e inquestionável o fato de que: "(...) o imposto pode ser meio eficiente de suprimir ou embaraçar a liberdade da manifestação do pensamento, a crítica dos governos e homens públicos, enfim, de direitos que não são apenas individuais, mas indispensáveis à pureza do regime democrático".

Dentro dessa perspectiva, a cláusula normativa inscrita no art. 2º, § 2º, da EC n. 3/1993 afeta o regime dos direitos fundamentais, na medida em que viabiliza a ocorrência de uma inaceitável censura tributária – para usar a feliz expressão do eminente Min. Sepúlveda Pertence – à liberdade de natureza confessional, à liberdade de organização partidária e à própria liberdade de manifestação do pensamento.

Dessas razões emerge, a meu juízo, a inconstitucionalidade da norma consubstanciada no art. 2º, § 2º, da EC n. 3/1993 no ponto em que afeta garantias constitucionais básicas, como aquelas representadas pelo postulado da imunidade fiscal e pelo princípio da anterioridade em matéria tributária. (...).

(...).

EXTRATO DE ATA

Decisão: Por maioria de votos, o Tribunal julgou procedente, em parte, a ação, para declarar a inconstitucionalidade da expressão "o art. 150, III, 'b', e IV, nem", contida no § 2º do art. 2º da EC n. 3/1993, vencidos, em parte, os Mins. Sepúlveda Pertence, que declarava a inconstitucionalidade, apenas, da expressão "e IV", o Presidente (Min. Octávio Gallotti), que declarava a inconstitucionalidade da mesma expressão ("e IV"), mas apenas quanto à alínea "a" do referido inciso, e o Min. Marco Aurélio, que declarava a inconstitucionalidade de todo o art. 2º e seus §§ da mesma Emenda Constitucional. Em consequência, quanto à Lei Complementar n. 77/1993, o Tribunal, por maioria, declarou a inconstitucionalidade do art. 28, na parte em que permitiu a cobrança do tributo no ano de 1993, vencidos, nesse ponto, os Mins. Sepúlveda Pertence e Presidente (Min. Octávio Gallotti). Ainda, por maioria, declarou a inconstitucionalidade, sem redução de textos, dos arts. 3º, 4º e 8º do mesmo diploma (Lei Complementar n. 77/1993) por haverem deixado de excluir da incidência do IPMF as pessoas jurídicas de direito público e as demais entidades ou empresas referidas nas alíneas "a", "b", "c" e "d" do inciso VI do art. 150 da CF. Nesses pontos, ficaram vencidos, em parte, o Min. Marco Aurélio, que declarava a inconstitucionalidade de toda a Lei Complementar n. 77/1993, e o Presidente (Min. Octávio Gallotti), que declarava a inconstitucionalidade, sempre sem redução de texto, dos dispositivos legais referidos apenas no ponto em que deixaram de excluir as pessoas jurídicas de direito público referidas no art. 150, VI, "a", da CF. Finalmente, por maioria, o Tribunal tornou definitiva a medida cautelar de suspensão da cobrança do IPMF no exercício de 1993, vencidos, nessa parte, os Mins. Sepúlveda Pertence e Octávio Gallotti, que a revogavam. Falaram: pela requerente, o Dr. Benon Peixoto da Silva e, pelo Ministério Público Federal, o Dr. Aristides Junqueira Alvarenga, Procurador-Geral da República. Plenário, 15.12.1993.

Presidência do Sr. Min. Octávio Gallotti. Presentes à sessão os Srs. Mins. Néri da Silveira, Sydney Sanches, Paulo Brossard, Sepúlveda Pertence, Celso de Mello, Carlos Velloso, Marco Aurélio e Ilmar Galvão. Ausentes, justificadamente, os Srs. Mins. Moreira Alves e Francisco Rezek.

* * *

PERGUNTAS

1. Quais são os fatos?
2. Conforme a reivindicação da autora, quais foram os direitos violados pelo estabelecimento do IPMF?
3. Qual a espécie normativa adotada para a criação da CPMF?
4. Quais direitos encontram-se protegidos como cláusulas pétreas, conforme o voto do Min. Marco Aurélio?
5. O que significam *direitos implícitos*? Como saber quais são esses direitos?
6. O que é o *princípio da anterioridade*? Como ele se distingue do *princípio da anualidade*? Qual destes princípios está protegido pela Constituição?
7. Por que a Constituição estabelece limites mais fortes para a imposição tributária do que para as demais áreas do Direito?
8. Qual a relação entre o princípio da anterioridade e o regime político e econômico adotado pela Constituição?
9. Qual foi a decisão tomada pelo Tribunal?
10. Merece o princípio da anterioridade ser tratado como cláusula pétrea?
11. Como os Mins. Carlos Velloso, Celso de Mello e Sepúlveda Pertence responderam a esta questão? Qual a razão da discordância entre eles?

7.9 Caso da lista suja de trabalho escravo (ADI/MC 5.209-DF)

(Decisão Monocrática do Min. Ricardo Lewandowski –23.12.2014)

Decisão: Trata-se de ação direta de inconstitucionalidade, com pedido de medida cautelar, ajuizada pela Associação Brasileira de Incorporadoras Imobiliárias/ABRAINC contra a Portaria Interministerial MTE/SDH n. 2, de 12.5.2011, bem como a Portaria MTE n. 540, de 19.10.2004, revogada pela primeira.

O ato impugnado, que "Enuncia regras sobre o Cadastro de Empregadores que tenham submetido trabalhadores a condições análogas à de escravo e revoga a Portaria MTE n. 540, de 19 de outubro de 2004", autoriza o MTE a atualizar, semestralmente, o Cadastro de Empregadores a que se refere, e nele incluir o nome de empregadores que tenham submetido trabalhadores a condições análogas à de escravo.

A requerente alega ofensa ao art. 87, inciso II; ao art. 186, incisos III e IV, ambos da CF; aos princípios da separação dos Poderes, da reserva legal e da presunção de inocência. Sustenta que os Ministros de Estado, ao editarem o ato impugnado, "extrapolaram o âmbito de incidência do inciso II do art. 87 do texto constitucional, eis que inovaram no ordenamento jurídico brasileiro, usurpando a competência do Poder Legislativo".

Afirma, além disso, que "o pedido de declaração de inconstitucionalidade da portaria não significa menosprezo à legislação nacional e internacional de combate ao trabalho escravo, e muito menos uma defesa de prática tão odiosa", mas sim prestígio aos princípios fundamentais da República Federativa do Brasil mitigados pelos Ministros de Estado, que, por meio impróprio, legislaram e criaram restrições e punições inconstitucionais.

Assevera, dessa forma, que, "assim como é inconcebível que empregadores submetam trabalhadores a condições análogas às de escravo, também é inaceitável que pessoas sejam submetidas a situações vexatórias e restritivas de direitos sem que exista uma prévia norma legítima e constitucional que permita tal conduta da Administração Pública".

Nessa linha, alega que a inscrição do nome na "lista suja" ocorre sem a existência de um devido processo legal, o que se mostra arbitrário, pois "o simples descumprimento de normas de proteção ao trabalho não é conducente a se concluir pela configuração do trabalho escravo".

Defende, ainda, que a inclusão de uma pessoa em tal lista sem o respeito ao devido processo legal vulnera o princípio da presunção de inocência.

Ao final requer a concessão da medida cautelar para suspender os efeitos das Portarias ns. 2/2011 e 540/2004, até o julgamento final da ação direta, e, no mérito, a declaração, em caráter definitivo, da inconstitucionalidade dos atos impugnados.

Os autos foram encaminhada [sic] pela Secretaria Judiciária ao Gabinete da Presidência, nos termos do art. 13, VIII, do RISTF.

É o relatório necessário.

Decido.

Inicialmente, entendo que a requerente possui legitimidade para a propositura de ação direta de inconstitucionalidade, pois, dos documentos juntados, verifica-se a existência de nexo entre o objeto da presente ação direta e os seus objetivos institucionais, além da presença de suas associadas em número suficiente de Estados, apta a comprovar o seu caráter nacional.

Nesse mesmo sentido, destaco a decisão da ADI n. 3.102, da relatoria do Min. Dias Toffoli, em hipótese em tudo semelhante à presente, cuja decisão reconheceu a legitimidade de associação composta por empresas distintas, desde que presente em mais de nove Estados da Federação, o que constatado no caso em apreço.

Passo, portanto, ao exame do pedido de liminar.

O art. 10 da Lei n. 9.868/1999 autoriza que, no período de recesso, a medida cautelar requerida em ação direta de inconstitucionalidade seja excepcionalmente concedida por decisão monocrática do Presidente desta Corte – a quem compete decidir sobre questões urgentes no período de recesso ou de férias, conforme o art. 13, VIII, do RISTF.

O tema trazido aos autos – trabalho escravo – é muito caro à República Federativa do Brasil, que tem por fundamentos a dignidade da pessoa humana e os valores sociais do trabalho, sendo as políticas públicas, para a extinção de odiosa prática, um dever constitucionalmente imposto às Pastas ministeriais envolvidas.

Contudo, mesmo no exercício de seu múnus institucional de fiscalizar as condições de trabalho e punir os infratores, a Administração Pública Federal deve observância aos preceitos constitucionais, dentre os quais os limites da parcela de competência atribuída aos entes públicos.

A Portaria Interministerial MTE/SDH n. 2/2011 foi editada no exercício da competência do inciso II do art. 87 da Constituição da República, o qual permite ao Ministro de Estado expedir instruções para a execução das leis, decretos e regulamentos.

Ocorre que, para a expedição de tais atos, faz-se necessária a preexistência de uma lei formal apta a estabelecer os limites de exercício do poder regulamentar, pois este não legitima o Poder Executivo a editar atos primários, segundo afirma assente jurisprudência desta Corte Suprema.

No caso em apreço, embora se mostre louvável a intenção de criar o Cadastro de Empregadores que tenham submetido trabalhadores a condições análogas à de escravo, verifico a inexistência de lei formal que respalde a edição da Portaria n. 2/2011 pelos Ministros de Estado, mesmo porque o ato impugnado fez constar em seu bojo o intuito de regulamentar o art. 186 da Carta Constitucional, que trata da função social da propriedade rural.

Configurada, portanto, a edição de ato normativo estranho às atribuições conferidas pelo art. 87, inciso II, da Carta Constitucional, o princípio constitucional da reserva de lei impõe, ainda, para a disciplina de determinadas matérias, a edição de lei formal, não cabendo aos Ministros de Estado atuar como legisladores primários e regulamentar norma constitucional.

Observe-se que, por força da Portaria n. 2/2011 – e da anterior Portaria n. 540/2004 –, é possível imputar aos inscritos no Cadastro de Empregadores, criado por ato normativo administrativo, o cometimento do crime previsto no art. 149 do CP, além da imposição de restrições financeiras que diretamente afetam o desenvolvimento das empresas.

Embora a edição dos atos normativos impugnados vise ao combate da submissão de trabalhadores a condições análogas à de escravo, diga-se, no meio rural, a finalidade institucional dos Ministérios envolvidos não pode se sobrepor à soberania da Constituição Federal na atribuição de competências e na exigência de lei formal para disciplinar determinadas matérias.

Um exemplo que bem ilustra essa exigência de lei formal para criação de tais cadastros é Código de Defesa do Consumidor, que em seus arts. 43 a 46 prevê expressamente a criação "Dos Bancos de Dados e Cadastros de Consumidores", ou seja, parece-me que sem essa previsão normativa expressa em lei não seria possível criar um cadastro de consumidores inadimplentes.

Há outro aspecto importante a ser observado em relação a tal portaria interministerial: a aparente não observância do devido processo legal.

Isso porque a inclusão do nome do suposto infrator das normas de proteção ao trabalho ocorre após decisão administrativa final, em situações constatadas em decorrência da ação fiscal, e que tenha havido a identificação de trabalhadores submetidos a condições análogas à de escravo. Ou seja, essa identificação é feita de forma unilateral, sem que haja um processo administrativo em que seja assegurado contraditório e a ampla defesa ao sujeito fiscalizado.

Assim, considerando a relevância dos fundamentos deduzidos na inicial e a proximidade da atualização do Cadastro de Empregadores que submetem trabalhadores a condição análoga à de escravo, tudo recomenda, neste momento, a suspensão liminar dos efeitos da Portaria n. 2/2011 e da Portaria n. 540/2004, sem prejuízo da continuidade das fiscalizações efetuadas pelo Ministério do Trabalho e Emprego.

Isso posto, defiro, *ad referendum* do Plenário, o pedido de medida liminar formulado na inicial, para suspender a eficácia da Portaria Interministerial MTE/SDH n. 2, de 12.5.2011, e da Portaria TEM n. 540, de 19.10.2004, até o julgamento definitivo desta ação. Comunique-se com urgência.

Publique-se.

Brasília, 23 de dezembro de 2014.

* * *

PERGUNTAS

1. Qual questão foi levada ao STF? O que enuncia a Portaria Interministerial n. 2/2011, questionada perante o STF?

2. Por que a decisão liminar foi tomada monocraticamente pelo Min. Lewandowski? Ela poderá ser alterada pelo STF no futuro?

3. Qual foi a decisão do Ministro no caso? Quais foram os argumentos apresentados por ele?

4. Qual a consequência prática desta decisão?

5. Desde a publicação do acórdão em dezembro/2014 vige a decisão tomada pelo Min. Ricardo Lewandowski sem que o STF a tenha revisitado. Como você enxerga esta situação?

6. O principal argumento trazido pelo Ministro é o de que a portaria não tem respaldo em lei formal, e, portanto, violou o princípio da legalidade.

6.1 Você concorda com este argumento?

6.2 Qual seria o limite para o princípio da legalidade?

6.3 Existe a possibilidade de haver regulamentos (decretos e/ou portarias) autônomos em nosso ordenamento jurídico? Se sim, em quais situações?

7. A portaria determina que o nome da empresa somente possa ser acrescentado ao Cadastro após decisão administrativa final. Você concorda com o argumento do Ministro de que há prejuízo ao devido processo legal, contraditório e ampla defesa destas empresas?

8. Em sua opinião, qual seria a função desta lista pública de empresas que se utilizam de trabalho escravo? Você considera constitucional a existência desta? Por outro lado, você considera positiva a existência da lista?

SEGURANÇA JURÍDICA

7.10 Caso da Reforma da Previdência – PEC 33 (MS/MC 23.047-3-DF)

(Plenário – rel. Min. Sepúlveda Pertence – j. 11.2.1998)

I – Emenda constitucional – Limitações materiais ("cláusulas pétreas") – Controle jurisdicional preventivo (excepcionalidade) – A proposta de reforma previdenciária (PEC n. 33-I), a forma federativa de Estado (CF, art. 60, § 1º) e os direitos adquiridos (CF, art. 60, § 4º, IV, c/c art. 5º, XXXVI) – Alcance das cláusulas invocadas – Razões do indeferimento da liminar. II – Mandado de segurança – Pedido de liminar – Possibilidade de sua submissão ao Plenário pelo relator, atendendo à relevância da matéria e à gravidade das consequências possíveis da decisão. (...).

ACÓRDÃO – Vistos, relatados e discutidos estes autos: Acordam os Ministros do Supremo Tribunal Federal, em sessão plenária, na conformidade da ata do julgamento e das notas taquigráficas, preliminarmente por maioria de votos, em entender ser processualmente lícito ao relator, em sede de mandado de segurança, submeter à apreciação do Plenário o pedido de medida liminar e, prosseguindo no julgamento, também por votação majoritária, indeferir o pedido de medida liminar.

Brasília, 11 de fevereiro de 1998 – *Celso de Mello*, presidente – *Sepúlveda Pertence*, relator.

RELATÓRIO – *O Sr. Min. Sepúlveda Pertence*: Sr. Presidente, às 18h04min de ontem, 10.2.98, os nobres Deputados Miro Teixeira, Paulo Paim, Jandira Feghali e Arnaldo Faria de Sá impetraram mandado de segurança contra ato do Sr. Presidente da Câmara dos Deputados visando a obter liminarmente ordem suspensiva da votação pelo Plenário da Casa – marcada para hoje, 11.2.1998 – da Proposta de Emenda à Constituição (PEC) n. 33-I – dita reforma previdenciária – e, na decisão definitiva, para que da proposição se excluam vários dispositivos que aos impetrantes parece violarem "cláusulas pétreas", ou seja, limitações materiais ao poder de reforma constitucional.

Dadas a relevância da matéria e as consequências de difícil desfazimento que poderão resultar da decisão liminar – nos termos dos precedentes estabelecidos por este Plenário no MS n. 21.564, relator o Min. Octávio Gallotti, em 10.9.1992, e mais recentemente no MS n. 22.864, relator o Sr. Min. Sydney Sanches, em 4.6.1997, resolvi submeter ao Plenário a decisão do pedido cautelar.

É o relatório.

VOTO – *O Sr. Min. Sepúlveda Pertence*: (...). (...).

Cogita-se, no entanto, é fácil de entender, de hipótese excepcionalíssima de controle jurisdicional preventivo da constitucionalidade de normas, ao qual, em princípio, é de todo avesso o sistema brasileiro.

Há de ser particularmente densa a plausibilidade da arguição de inadmissibilidade material de uma simples proposta de emenda à Constituição para autorizar o Supremo Tribunal – mormente em juízo liminar – a vedar que sobre ela se manifeste o Congresso Nacional, no exercício do seu poder mais eminente, o da reforma constitucional.

Não me convenci – malgrado consciente da imensa gravidade social da proposta de reforma previdenciária – de que o caso, em termos estritamente jurídicos, legitime a radical intervenção judiciária pleiteada.

Duas são as "cláusulas pétreas" que os impetrantes pretendem ameaçadas pela proposta: a que resguarda a "forma federativa de Estado" (CF, art. 60, § 4º, I) e a que, vedando proposições tendentes a abolir "os direitos e garantias individuais", protege os direitos adquiridos.

Nem a angústia do tempo – resultante da impetração de última hora – nem a natureza deste juízo liminar permitiriam que me aventurasse à análise detida de cada um dos numerosos tópicos em que se desdobra a esmerada petição de segurança: cinjo-me a umas poucas observações gerais que bastam a fundar a decisão.

Reitero de logo que a meu ver as limitações materiais ao poder constituinte de reforma, que o art. 60, § 4º, da Lei Fundamental enumera, não significam a intangibilidade literal da respectiva disciplina na Constituição originária, mas apenas a proteção do núcleo essencial dos princípios e institutos cuja preservação nelas se protege.

Convém não olvidar que, no ponto, uma interpretação radical e expansiva das normas de intangibilidade da Constituição, antes de assegurar a estabilidade institucional, é a que arrisca legitimar rupturas revolucionárias ou dar pretexto fácil à tentação dos golpes de Estado. (...).

Desdobra-se a segunda parte da impetração no questionamento de numerosas inovações propostas pela PEC n. 33-I, especialmente no regime de aposentadorias e pensões dos servidores públicos: partem as impugnações da premissa comum de que os direitos adquiridos estão imunes à força das emendas constitucionais.

Nesse sentido, trazem os impetrantes valiosas opiniões doutrinárias, entre as [*quais*] são a de relevar a do Min. Carlos Velloso (*Ver. Dir. Público* 21/178) e a do autorizado Professor Michel Temer (*O Estado de S. Paulo*, 13.10.1995), que figura, no caso, como impetrado.

E inquestionável que, à vista do art. 60, § 4º – que erigiu em cláusula pétrea "os direitos e garantias individuais" –, em combinação com o art. 5º, XXXVI – que inclui no rol das últimas a salvaguarda contra a lei superveniente dos direitos adquiridos –, ganharam vigor novo as contestações doutrinárias ao bordão tradicional de que não há direito adquirido contra a Constituição, ao menos quando se pretenda aplicar esse entendimento rígido às emendas constitucionais.

Certo, uma visão mais ortodoxa tenderia a adstringir o alcance, no ponto, da cláusula pétrea invocada a tornar intangível por emenda à Constituição apenas a regra constitucional intertemporal que protege os direitos adquiridos contra a incidência da lei, vale dizer, de norma infraconstitucional superveniente.

Não nego, contudo, a força de convicção dos argumentos que vão além para resguardá-los também da aplicação da emenda sobrevinda à própria Constituição: a tese, contudo, não basta a suportar a plausibilidade da maioria das arguições da impetração contra a proposta discutida.

É que, independentemente dela, a salvaguarda das situações individuais aperfeiçoadas na matéria, segundo o Direito vigente na data da Emenda projetada, é objeto, na proposta questionada, de disposição transitória explícita:

"Art. 3º. E assegurada a concessão de aposentadoria e pensão, a qualquer tempo, nas condições previstas na legislação vigente à data da publicação desta Emenda, aos servidores públicos e aos segurados do regime geral de previdência social que, até essa data, tenham cumprido os requisitos para obtê-las.

"§ 1º. O servidor, de que trata este artigo, que tenha completado as exigências para aposentadoria integral e que opte por permanecer em atividade fará jus à isenção da contribuição previdenciária até completar as exigências para aposentadoria contidas no art. 40, § 2º, III, 'a', da Constituição.

"§ 2º. Os proventos de aposentadoria e as pensões dos servidores e seus dependentes que, na data da publicação desta Emenda, tenham cumprido os requisitos para obtê-los serão calculados de acordo com a legislação vigente naquela data.

"(...).

"§ 4º. São mantidos todos os direitos e garantias assegurados nas disposições constitucionais vigentes à data de publicação desta Emenda aos servidores inativos e pensionistas, civis e militares, anistiados e ex-combatentes, assim como àqueles que já cumpriram, até aquela data, os requisitos para usufruírem tais direitos, observado o disposto no art. 37, XI, da Constituição."

É verdade que os impetrantes vão além e sustentam a intangibilidade pela Emenda projetada dos "direitos adquiridos" de todos quantos "firmaram seus contratos com empresas privadas, ou se vincularam estatutariamente a entes estatais, com base nas normas constitucionais então vigentes", os quais, acentuam, "hão de ser preservados, visto que a segurança jurídica reveste-se de condição paradigmática da cidadania e constitui-se em sustentáculo do Estado Democrático de Direito".

Não sou insensível ao apelo humanitário da postulação, mas – na perspectiva estritamente jurídica a que, enquanto Juiz, devo limitar-me – não posso calar a impressão de que aí se desafia o dogma de que nem contra a lei ordinária superveniente há direito adquirido a um determinado regime jurídico objetivo, mas apenas à preservação das situações subjetivas favoráveis já constituídas, com base nele, por quem haja satisfeito os pressupostos respectivos.

Haverá, por certo, outros pontos questionáveis na reforma previdenciária, alguns deles suscitados na impetração, e que hão de ser objeto de exaustiva consideração neste e outros processos, que certamente virão.

Estou, contudo, repito, neste juízo liminar de delibação, em que no seu conjunto os problemas suscitados – alguns dos quais poderão ser superados na votação parlamentar – não justificam o trauma da suspensão do processo legislativo por ordem judicial.

Indefiro a liminar: é o meu voto.

(...).

VOTO – *O Sr. Min. Marco Aurélio*: (...). (...).

Agora, surge uma matéria que, para mim, tem plausibilidade maior e o risco relativamente a ela diz respeito ao óbice do § 4º, quanto à deliberação, simples deliberação – e o mandado de segurança é preventivo –, de proposta de emenda pendente a abolir direitos e garantias individuais.

Retiro, Sr. Presidente, desta menção a "direitos e garantias individuais" a maior eficácia possível. Não posso desconhecer que o problema previdenciário a envolver o tomador em si dos serviços, a União, o Estado, o Município, o Distrito Federal e, também, o próprio prestador dos serviços, encerra uma relação jurídica que, para mim, é sinalagmática e comutativa, já que há a contribuição do próprio servidor visando a um resultado, um benefício.

Ora, se isso ocorre, na expressão "direitos e garantias individuais", tem-se a preservação, pela Carta de 1988, das situações também em curso, não apenas dos direitos adquiridos, consideradas as situações concretas daqueles que já atenderam às exigências indispensáveis a alcançar-se a aposentadoria. A ordem jurídico-constitucional há de ser percebida com o alcance de viabilizar a almejada segurança jurídica. O que assento, e aqui sinalizo a visão que adotarei sobre a reforma previdenciária, é a imutabilidade das situações em curso, tenham o tempo que tiverem. Afinal, entender-se de forma diversa é admitir que o Estado, que tudo pode – legisla, executa e julga –, altere, unilateralmente, os parâmetros da aposentadoria, fazendo-o de forma substancial. Não, isso para mim não é possível, porquanto, repito, as contribuições satisfeitas têm objetivo próprio e a modificação as esvazia, implicando vantagem indevida para um dos envolvidos na relação jurídica e, o que é pior, justamente para aquele que, a todos os títulos, surge na posição mais confortável – o Estado.

Assim sendo, sob essa óptica, mais uma vez peço vênia para deferir a liminar.

É o meu voto.

(...).

EXTRATO DE ATA

Decisão: O Tribunal, preliminarmente, entendeu ser processualmente lícito ao Relator, em sede de mandado de segurança, submeter, à apreciação do Plenário, o pedido de medida liminar, vencido o Min. Marco Aurélio. Prosseguindo no julgamento, o Tribunal, também por votação majoritária, indeferiu o pedido de medida liminar, vencido o Min. Marco Aurélio, que o deferia. Votou o Presidente. Plenário, 11.2.1998.

Presidência do Sr. Min. Celso de Mello. Presentes à sessão os Srs. Mins. Moreira Alves, Néri da Silveira, Sydney Sanches, Octávio Gallotti, Sepúlveda Pertence, Carlos Velloso, Marco Aurélio, Ilmar Galvão, Maurício Corrêa e Nelson Jobim.

* * *

PERGUNTAS

1. Quais são os fatos?
2. A que direito se busca proteção com o presente mandado de segurança?
3. Esse direito constitui uma cláusula pétrea?
4. Pode o Judiciário interromper o processo legislativo de elaboração de uma lei ou emenda, exercendo, assim, o controle preventivo de constitucionalidade?
5. O que e quais são as clausulas pétreas protegidas pela Constituição?
6. Qual a posição do Min. Sepúlveda Pertence em relação à reforma dos dispositivos considerados pétreos?
7. É esta a posição predominante do Tribunal, conforme se pode depreender da leitura da ADI 939-7, referente à constitucionalidade da Emenda 3, que criou a CPMF?
8. Qual o conceito de *direito adquirido* que decorre do voto do Min. Sepúlveda Pertence?
9. Pode haver direito adquirido contra a lei? E contra emenda à Constituição?
10. Qual a distinção entre direito adquirido e regime jurídico objetivo, conforme observa o Min. Sepúlveda Pertence?
11. Qual é a divergência manifestada pelo Min. Marco Aurélio?
12. Qual a decisão proferida?

7.11 Caso da ampliação do prazo da ação rescisória (ADI/MC 1.910-1-DF)

(Plenário – rel. Min. Sepúlveda Pertence – j. 22.4.1999)

Ação rescisória – Arguição de inconstitucionalidade de medidas provisórias (Medida Provisória n. 1.703/1998 a Medida Provisória n. 1.798-3/1099) editadas e reeditadas para (a) alterar o art. 188, I, do CPC, a fim de duplicar o prazo para ajuizar ação rescisória quando proposta pela União, os Estados, o Distrito Federal, os Municípios ou o Ministério Público; (b) acrescentar o inciso X no art. 485 CPC, de modo a tornar rescindível a sentença, quando "a indenização fixada em ação de desapropriação direta ou indireta for flagrantemente superior ou manifestamente inferior ao preço de mercado objeto da ação judicial" – Preceitos que adoçam a pílula do edito anterior sem lhe extrair, contudo, o veneno da essência – Medida cautelar deferida.

1. Medida provisória – Excepcionalidade da censura jurisdicional da ausência dos pressupostos de relevância e urgência à sua edição – Raia, no entanto, pela irrisão a afirmação de urgência para as alterações questionadas à disciplina legal da ação rescisória, quando, segundo a doutrina e a jurisprudência, sua aplicação à rescisão de sentenças já transitadas em julgado, quanto a uma delas – a criação de novo caso de rescindibilidade –, é pacificamente inadmissível e quanto à outra – a ampliação do prazo de decadência – é pelo menos duvidosa – Razões da medida cautelar na ADI n. 1.753 que persistem na presente.

2. Plausibilidade, ademais, da impugnação da utilização de medidas provisórias para alterar a disciplina legal do processo, à vista da definitividade dos atos nele praticados, em particular, de sentença coberta pela coisa julgada.

3. A igualdade das partes é imanente ao *procedural due process of law*. Quando uma das partes é o Estado, a jurisprudência tem transigido com alguns favores legais que, além da vetustez, têm sido reputados não

arbitrários por visarem a compensar dificuldades da defesa em juízo das entidades públicas; se, ao contrário, desafiam a medida da razoabilidade ou da proporcionalidade, caracterizam privilégios inconstitucionais. Parece ser esse o caso na parte em que a nova medida provisória insiste, quanto ao prazo de decadência da ação rescisória, no favorecimento unilateral das entidades estatais, aparentemente não explicável por diferenças reais entre as partes e que, somadas a outras vantagens processuais da Fazenda Pública, agravam a consequência perversa de retardar sem limites a satisfação do direito do particular já reconhecido em juízo.

4. No caminho da efetivação do *due process of law* – que tem particular relevo na construção sempre inacabada do Estado de Direito Democrático – a tendência há de ser a da gradativa superação dos privilégios processuais do Estado, à custa da melhoria de suas instituições de defesa em juízo, e nunca a da ampliação deles ou a da criação de outros, como – é preciso dizê-lo – se tem observado neste decênio no Brasil.

ACÓRDÃO – Vistos, relatados e discutidos estes autos: Acordam os Ministros do Supremo Tribunal Federal, em sessão plenária, na conformidade da ata do julgamento e das notas taquigráficas, por unanimidade de votos, em deferir o pedido de medida cautelar, para suspender, até a decisão final da ação direta, a eficácia do art. 188 do CPC, na redação dada pelo art. 5º da Medida Provisória n. 1.703-18, de 27.10.1998, em sua reedição no art. 1º da Medida Provisória n. 1.798-3, de 8.4.1999, e, por maioria, também deferir a medida cautelar de suspensão da eficácia do inciso 5º da Medida Provisória n. 1.703-18/1998, reeditada na Medida Provisória n. 1.798-3/1999, em seu art. 1º.

Brasília, 22 de abril de 1999 – *Carlos Velloso*, presidente – *Sepúlveda Pertence*, relator.

RELATÓRIO – *O Sr. Min. Sepúlveda Pertence*: O Conselho Federal da OAB propõe ação direta de inconstitucionalidade, com pedido de suspensão cautelar, do art. 5º da Medida Provisória n. 1.703, de 27.10.1998, que altera os arts. 188 e 485 do CPC nestes termos:

"Art. 5º. Os arts. 188 e 485 da Lei n. 5.869, de 11 de janeiro de 1973 (Código de Processo Civil), passam a vigorar com as seguintes alterações:

"'Art. 188. O Ministério Público, a União, os Estados, o Distrito Federal, os Municípios, bem como suas autarquias e fundações, gozarão do prazo: I – em dobro para recorrer e ajuizar ação rescisória; e II – em quádruplo para contestar.'

"'Art. 485. (...): X – a indenização fixada em ação de desapropriação direta ou indireta for flagrantemente superior ou manifestamente inferior ao preço de mercado objeto da ação judicial'." (...).

Nessa linha, reitera a arguição de ofensa do art. 62 da Constituição:

"Não pode haver urgência na edição de norma que torne mais fácil atacar sentença transitada em julgado, seja aumentando o prazo para sua impugnação (com a nova redação do art. 188 do CPC), *seja criando nova hipótese de cabimento de ação rescisória (acrescentando o inciso X ao art. 485 também da lei processual)*. O sistema jurídico repele a pretensão do Executivo. É que, para a própria Constituição, sentença decorre de processo; e processo tem contraditório, ampla defesa, recursos. Sentença transitada em julgado é ato final de um dos Poderes da República proferido após procedimento repleto de fases. Tudo isso com o fim de garantir provimento conforme à lei. Detém a decisão final, para o ordenamento, forte presunção de correção.

"Urgir edição de norma provisória autocrata para ampliar prazo de ajuizamento de ação rescisória e para acrescentar hipóteses de rescisão pressupõe existência de sentenças incorretas, provocadoras de desmedido dano. A condição de urgência, necessária para expedir o decreto efêmero, parte do suposto de que tenha o Judiciário errado após regular processo. Essa pressuposição, a toda evidência, contudo, colide com a presunção de adequação à norma do ato jurisdicional derradeiro. Daí, não é dado ao Poder Executivo crer existente urgência. No plano normativo não pode haver urgência contra a coisa julgada." (...).

Finalmente, no tocante à nova redação do art. 188 do CPC, reitera-se a afirmação da afronta aos princípios da isonomia e do devido processo legal, igualmente acolhida, em juízo de delibação, na ADI/MC n. 1.753. (...).

Trago à Mesa o requerimento liminar: é o relatório.

VOTO – *O Sr. Min. Sepúlveda Pertence* (relator): Em relação ao art. 4º e seu parágrafo da Medida Provisória n. 1.577-6/1997 – objeto da cautelar concedida na ADI n. 1.753 –, estas as diferenças do dispositivo agora impugnado – na sua mais recente edição, o art. 1º da Medida Provisória n. 1.798, de 11.2.1999: (a) a ampliação do prazo da ação rescisória para as pessoas de direito público – que antes se dilatara de dois para cinco anos –, agora se reduziu para quatro anos e passou a beneficiar também o Ministério Público; (b) o novo pressuposto da rescisão da sentença, inicialmente adstrito à hipótese de ter sido a indenização expropriatória ou similar fixada em quanto "flagrantemente superior ao preço de mercado do bem objeto da ação judicial", agora compreende também o de ser o valor da indenização "manifestamente inferior" ao do mercado.

A meu ver, o adoçamento da pílula não lhe extraiu o veneno da essência, que é o do manifesto abuso da medida provisória, que contamina ambas as normas impugnadas.

Vale, portanto, com relação à presente, o que ficou assentado no voto que proferi na ADI/MC n. 1.753, acompanhado pela unanimidade do Plenário.

Permitam-me recordá-lo.

O caso – anotei de começo – faz retornar à Mesa do Tribunal a questão de sindicabilidade jurisdicional da concorrência dos pressupostos de relevância e urgência para a edição de medida provisória.

*Jamais lhes conferiu a Corte a carta de total imunidade à jurisdição; pelo contrário, desde a primeira vez – malgrado lhes reconhecendo o inegável coeficiente de discricionariedade – o Tribunal advertiu – invocando Biscaretti di Ruffia – a possibilidade de controlar o abuso de poder, que no ponto se manifestasse (ADI/MC n. 162, 14.12.1989, Moreira, e também in ADI/MC n. 1.130, 21.9.1994, Velloso, **Lex** 196/69): fácil compreender, no entanto, que se cuide de reserva para hipóteses excepcionalíssimas (cf. Moreira Alves in ADI n. 1.130, 10.8.1995, Rezek) – o que explica – malgrado a existência de votos vencidos em casos diversos (**v.g.**, Celso, Néri e Pertence, na ADI/MC n. 1.576, 16.4.1997; M. Aurélio) – jamais haja o Plenário admitido a relevância das arguições a propósito suscitadas.*

Sem desafiar essa tendência autorrestritiva do Tribunal – que é de louvar –, não tenho dúvida de que, na espécie, a afirmação da urgência à edição da medida provisória questionada raia pela irrisão.

O texto casuístico do parágrafo único, ora impugnado, retrata as preocupações subjacentes à edição da medida, ocorrentes em particular no Governo do Estado de São Paulo e na agência federal da reforma agrária, com o vulto de algumas indenizações fixadas em ações expropriatórias ou mais particularmente em ações indenizatórias de restrições à propriedade imóvel decorrentes de medidas de proteção ambiental. Não se pretende desconhecer a seriedade do problema.

Mas de duas, uma: ou há coisa julgada ou não há.

Se ainda não há coisa julgada, a presunção há de ser a de possibilidade de reverter a decisão ainda pendente de recurso, cuja absurdez se teme.

Se, ao contrário, já se formou a coisa julgada – além de casuística, o que lhe pode custar a irrogação de outros vícios –, a medida provisória já não pode alegar urgência, porque terá chegado tarde demais.

*Dos dois preceitos impugnados, o primeiro, no **caput** do art. 4º, amplia, de dois para cinco anos, o prazo da rescisória proposta pelas entidades de direito público e o segundo, no parágrafo único, acrescenta às previstas no Código de Processo Civil outra hipótese de rescindibilidade da sentença de mérito: a indenização flagrantemente superior ao preço de mercado do bem, nos casos cogitados.*

*Quanto a esse último – o que acresce hipótese de cabimento de ação rescisória –, a sua inaplicabilidade às sentenças antes transitadas em julgado é solução já consolidada tanto na doutrina (**v.g.**, J. C. Barbosa Moreira, **Comentários ao Código de Processo Civil**, Forense, 6ª ed., V/139, n. 90; Galeno Lacerda, **O Novo Direito Processual Civil e os Feitos Pendentes**, Forense, 1974, p. 100) quanto na jurisprudência do Supremo Tribunal (**e.g.**, RE n. 86.836, 8.3.1977, Moreira, **RTJ** 81/979; RE n. 85.750, 16.4.1977, Guerra, **RTJ** 82/982; AR n. 905, 22.2.1978, Moreira, **RTJ** 87/2; AR n. 1.066, 18.2.1987, Rezek, **RTJ** 120/969), assim como, parece, em todos os tribunais do País (cf. Theotônio Negrão, **Código de Processo Civil**, Saraiva, 29ª ed., art. 1.211, nota 8).*

A solução para indenizações teratológicas, que se dizem existentes e já tornadas definitivas, há de ser buscada, pois, no elenco originário dos casos de ação rescisória.

*Com relação à regra do **caput** do art. 4º, que amplia para cinco anos o prazo da ação rescisória de iniciativa estatal – se se tem em vista a rescisão de decisões já transitadas em julgado –, única hipótese em que a urgência da medida seria cogitável –, a aplicabilidade da regra nova aos prazos em curso é no mínimo duvidosa.*

*O autorizado Carlos Maximiliano (**Direito Intertemporal**, 1946, n. 232, p. 272) é peremptório: "prazo processual, uma vez começado, não é mais suscetível de ser aumentado, nem diminuído, sem retroatividade condenável"; e invoca nesse sentido a opinião de Gabba, "com apoio de três acórdãos".*

*Certo, enfrentando a questão inversa à presente – posta pelo art. 495 do CPC, que reduziu, de cinco para dois anos, o prazo de decadência da ação rescisória –, o Tribunal não negou a incidência da lei nova aos prazos em curso e – acolhendo a opinião de Galeno de Lacerda (ob. cit., p. 100) – resolveu o problema pela aplicação do critério utilizado para a hipótese similar da diminuição dos prazos de prescrição, já consagrado na Súmula n. 445 (**v.g.**, AR n. 905, 22.2.1978, Moreira, **RTJ** 87/2; AR n. 1.029, 29.8.1979, Thompson Flores, **RTJ** 93/509; RE n. 93.110, 5.11.1980, Xavier, **RTJ** 96/930; AR n. 1.025, 18.2.1981, Xavier, **RTJ** 97/969; RE n. 97.082, 11.10.1983, Oscar Corrêa, **RTJ** 107/1.152).*

*Mas aqui a solução não colheu a unanimidade formada a propósito da ampliação das hipóteses de admissibilidade da rescisória (cf., na doutrina, J. C. Barbosa Moreira, ob. cit., n. 131, p. 198, e Pontes de Miranda, **Tratado da Ação Rescisória**, 5ª ed., p. 378, e, na jurisprudência, os acórdãos referidos pelo primeiro (ibidem, nota 210) e por Theotônio Negrão, **Código de Processo Civil**, cit., art. 1.211, nota 9).*

Parece claro que a questão é ainda mais espinhosa quando se trata, como agora, não de diminuir, mas de ampliar o prazo de decadência da rescisão de sentenças já definitivas: é que à aplicação da lei nova se pode ainda opor, com seriedade, o constituir forma de enfraquecer a coisa julgada anterior, com fraude ao princípio constitucional que a protege.

De qualquer sorte, é patente – ainda quando não se queira tomar compromissos neste juízo de delibação – que a existência do dissídio – já manifestado a respeito da diminuição do lapso decadencial e tendente a exacerbar-se nesta hipótese contrária de sua ampliação – serve pelo menos para reforçar o juízo de conveniência da suspensão cautelar da regra nova.

Assim, efetivamente, a versão atual de ambas as normas não elide essas razões que serviram à suspensão de sua versão primitiva.

O caso mostra ademais a extrema dificuldade, em geral, da admissão da medida provisória para alterar a disciplina legal do processo. Impressiona-me a agudeza das observações a respeito do Professor Marcos Bernardes de Mello, da Universidade Federal de Alagoas, evocadas na inicial:

"Como é indiscutível, não há atos processuais provisórios ou condicionados. A característica própria dos atos processuais é a sua definitividade. Por isso, as leis processuais têm vigência imediata, mas sempre **ad futurum**, jamais retroagindo para modificar atos processuais já praticados validamente.

"Ora, em relação às medidas provisórias, a sua aprovação pelo Congresso Nacional dentro do trintídio constitucional opera uma condição resolutiva expressa quanto aos seus efeitos, pois, como já vimos, estes se resolvem *ex tunc* se não sobrevier a sua conversão em lei. Por isso, seus efeitos são sempre condicionados.

"Como decorrência dessa condicionalidade e consequente provisoriedade dos seus efeitos, medida provisória não pode, logicamente, regular matéria processual, em face de sua definitividade."

Não me comprometo de logo com a tese radical, de que não necessito, na espécie, para reafirmar o peso da arguição em Mesa; mas são considerações que reclamarão reflexão detida em casos futuros.

A decisão cautelar anterior reconheceu a plausibilidade da invocação do princípio da isonomia e do devido processo legal.

Sob esse prisma, a questão foi substancialmente alterada com a bilateralidade do novo pressuposto da ação rescisória, que passou a contemplar igualmente, em favor dos particulares, a patente inconformidade entre a indenização fixada e o preço de mercado do bem objeto de expropriação.

Nesse ponto, não há mais falar de ofensa da isonomia processual, que, porém, continua à primeira vista a macular a duplicação do prazo da rescisória apenas quando proposta pelo Ministério Público ou pelas pessoas de direito público.

No tópico do prazo, continua atual, por isso, a fundamentação da ADI/MC n. 1.753, que relembro.

*Dispensa demonstração, com efeito – assinalei –, que a igualdade das partes é imanente ao **procedural due process of law**.*

*Certo, quando uma das partes é o Estado a jurisprudência tem transigido com alguns favores legais da tradição do nosso processo civil: assim, o reexame necessário da sentença contrária e a dilatação de prazos para a resposta e os recursos (cf., quanto a estes, RE n. 181.130, Celso de Mello, **DJU** 12.5.1995; RE n. 196.430, Pertence, **DJU** 21.11.1997).*

*São discriminações, contudo, que, além da vetustez, que lhes dá uma certa aura de respeitabilidade, se têm reputado constitucionais porque não arbitrárias, na medida em que visem a compensar deficiências da defesa em juízo das entidades estatais: "O fundamento hodierno da exceção" – lê-se em Pontes de Miranda (**Comentários ao Código de Processo Civil**, art. 188, 3ª ed., 1996, pp. 111-145) – "está em precisarem os representantes de informações e provas que, dado o vulto dos negócios do Estado, duram mais que as informações e provas de que precisam os particulares".*

Se, ao contrário, desafiam a medida da razoabilidade ou da proporcionalidade, caracterizam privilégios inconstitucionais.

*Assim é, por exemplo, que, quando o art. 6º da Medida Provisória n. 314/1993 – no curso da implantação da AGU – suspendeu os prazos da União, o Tribunal restringiu o alcance da norma, a fim de excluir sua incidência nos processos em que a defesa da União coubesse à Procuradoria-Geral da Fazenda Nacional, instituição de há muito organizada, em relação à qual, portanto, não concorriam os motivos conjunturais que emprestavam razoabilidade ao dispositivo nas causas em que passaria a atuar a nascente Advocacia-Geral (QO no RE n. 148.754, Velloso, **RTJ** 150/888, p. 891).*

Nessa linha, parece denso o questionamento da razoabilidade dos preceitos questionados.

*Não está em causa que, pelo menos com relação a alguma das suas hipóteses do cabimento, o prazo bienal para a ação rescisória pode parecer demasiadamente curto ou inadequado o termo inicial único adotado no Código: assim, **v.g.**, na ação rescisória fundada na falsidade de documento apurada em processo criminal, o que levou autores de peso a sustentar quem aí, da sentença penal é que se deveria contar o prazo (assim, Pontes de Miranda, **Comentários ao Código de Processo Civil**, 1975, p. 464; Ernane Fidélis dos Santos, **Manual de Direito Processual Civil**, 1996, 4/590; contra: J. C. Barbosa Moreira, **Comentários...**, 7ª ed., 1998, V/215).*

Não parece ser o caso do novo pressuposto de rescindibilidade criado pela medida provisória, em que o correr do tempo, antes de facilitar, dificulta a prova do descompasso entre a indenização expropriatória ou reparatória de limitações à propriedade imóvel e o preço de mercado do bem.

De qualquer sorte, o que importa se possa pôr em dúvida não é razoabilidade em si de uma ou de outra das regras, mas sim a de sua unilateralidade, a favorecer unicamente o Poder Público.

Admita-se que a burocracia, o gigantismo e a consequente lerdeza da máquina estatal expliquem dilatação de prazos processuais em dimensões aceitáveis, qual a do prazo para responder – multiplicado de 15 para 60 dias, ou a duplicação dos prazos para a interposição de recursos.

Mas é difícil dizer o mesmo da disparidade criada pela regra discutida, que mantém em dois anos o prazo do particular para propor a rescisória, seja qual for o vício da sentença, mas eleva a cinco anos o da Fazenda.

Avulta mais a aparente discriminação quando se recorda que a diferença de prazo vai somar-se a três outras vantagens processuais da Fazenda Pública, todas com a consequência perversa de retardar sem limites a satisfação do direito do particular reconhecido em juízo: primeiro, o condicionamento da exequibilidade da sentença, malgrado a ausência de recurso, ao reexame em segundo grau; segundo, o sistema de execução mediante precatórios; terceiro, a possibilidade – recentemente explicitada – da suspensão dos efeitos da coisa julgada, a titulo de medida cautelar da ação rescisória.

Desse modo – conclui –, para ser razoável e proporcional ao sacrifício imposto à segurança jurídica que a coisa julgada se destina a criar, parece que o único a reclamar de ambas as alterações legislativas arguidas é que fossem equânimes, bilaterais, tratando igualmente as partes, dado que uma e outra poderão queixar-se, seja da angustia do prazo bienal, seja da falta de remédio contra a indenização injusta.

A nova versão, ora questionada, abriu ao particular a rescisória contra as indenizações mofinas – em afronta à garantia constitucional da justa e prévia compensação da propriedade expropriada, que, como notei no precedente, não é menos frequente que as indenizações exageradas.

Persistiu, contudo, na ereção do novo privilégio da duplicação de um prazo, não de dias, mas fixado em anos.

Creio chegada a hora de o Tribunal ponderar aos Poderes políticos que, no caminho da efetivação do *due process of law* – que tem particular relevo na construção sempre inacabada do Estado de Direito Democrático –, a tendência há de ser a da gradativa superação dos privilégios processuais do Estado, à custa da melhoria de suas instituições de defesa em juízo, e nunca a da ampliação deles ou a da criação de outros, como – é preciso dizê-lo – se tem observado neste decênio.

Persistem finalmente os motivos de conveniência para a suspensão cautelar das disposições questionadas: como acentuei na ADI/MC n. 1.753, *dada a impossibilidade da aplicação de uma às sentenças já transitadas em julgado e as dúvidas existentes quanto à aplicabilidade da outra aos prazos em curso, somadas à plausibilidade da arguição de invalidez, é patente a conveniência da suspensão cautelar da eficácia de ambas as normas, até no interesse do próprio do Estado, a evitar que a confiança nas facilidades por elas criadas leve ao prejuízo de pretensões rescisórias que acaso pudessem ter êxito na disciplina originária do Código.*

Defiro a medida cautelar: é o meu voto.

(...).

EXTRATO DE ATA

Decisão: O Tribunal, por unanimidade, deferiu o pedido de medida cautelar, para suspender, até a decisão final da ação direta, a eficácia do art. 188 do CPC, na redação dada pelo art. 5º da Medida Provisória n. 1.703-18, de 27.10.1998, em sua reedição no art. 1º da Medida Provisória n. 1.798-3, de 8.4.1999, e, por maioria, vencidos os Srs. Mins. Nelson Jobim, Maurício Corrêa, Octávio Gallotti e Moreira Alves, também deferiu a medida cautelar de suspensão da eficácia do inciso X, acrescentado ao art. 485 do CPC pelo art. 5º da Medida Provisória n. 1.703-18/1998, reeditada na Medida Provisória n. 1.798-3/1999, em seu art. 1º. Votou o Presidente. Ausentes, justificadamente, os Srs. Mins. Celso de Mello (Presidente) e Sydney Sanches. Presidiu o julgamento o Sr. Min. Carlos Velloso (Vice-Presidente). Plenário, 22.4.1999.

Presidência do Sr. Min. Carlos Velloso, Vice-Presidente. Presentes à sessão os Srs. Mins. Moreira Alves, Néri da Silveira, Octávio Gallotti, Sepúlveda Pertence, Marco Aurélio, Ilmar Galvão, Maurício Corrêa e Nelson Jobim.

* * *

PERGUNTAS

1. Quais são os fatos?
2. Que direito se busca proteger por intermédio da presente ação direta de inconstitucionalidade?
3. O que é uma ação rescisória?
4. Quais foram as mudanças propostas pela Medida Provisória 1.789/1999 no regime da ação rescisória?
5. Qual o conceito de *coisa julgada* que se pode depreender da leitura do acórdão?
6. Trata-se de um direito absoluto, pelo qual mesmo um erro judicial, desde que transitado em julgado, não pode ser corrigido?
7. Como justificar tal direito?

8. No caso concreto o problema foi a utilização da medida provisória para alterar as regras da ação rescisória, ou houve uma afronta material a algum direito fundamental?

9. Qual a decisão proferida pelo Tribunal?

7.12 Caso de flexibilização da coisa julgada (RE 363.889)

(Plenário – rel. Min. Dias Toffoli – j. 2.6.2011)

Recurso extraordinário – Direito processual civil e constitucional – Repercussão geral reconhecida – Ação de investigação de paternidade declarada extinta, com fundamento em coisa julgada, em razão da existência de anterior demanda em que não foi possível a realização de exame de DNA, por ser o autor beneficiário da justiça gratuita e por não ter o Estado providenciado a sua realização – Repropositura da ação – Possibilidade, em respeito à prevalência do direito fundamental à busca da identidade genética do ser, como emanação de seu direito de personalidade. (...).

ACÓRDÃO – Vistos, relatados e discutidos estes autos: Acordam os Ministros do Supremo Tribunal Federal, em sessão plenária, sob a presidência do Sr. Min. Cézar Peluso, na conformidade da ata do julgamento e das notas taquigráficas, por maioria de votos, em dar provimento aos recursos, nos termos do voto do Relator.

Brasília, 2 de junho de 2011 – *Dias Toffoli*, relator.

RELATÓRIO – *O Sr. Min. Dias Toffoli*: O Ministério Público do Distrito Federal e Territórios e Diego Goiá Schamltz interpõem recursos extraordinários (fls. 281 a 293 e 295 a 308, respectivamente) contra acórdão proferido pela 5ª Turma Cível do Tribunal de Justiça do Distrito Federal e Territórios, assim ementado:

"Civil e processual civil – Ação de investigação de paternidade – Preliminar de coisa julgada rejeitada na instância monocrática – Agravo de instrumento – Repetição da ação proposta em razão da viabilidade da realização do exame de DNA atualmente – Preliminar acolhida – Provimento do recurso.

"Havendo sentença transitada em julgado que julgou improcedente a intentada ação de investigação de paternidade, proposta anteriormente pelo mesmo interessado, impõe-se o acolhimento da preliminar de coisa julgada suscitada neste sentido em sede de contestação, cuja eficácia não pode ficar comprometida, sendo inarredável esta regra libertadora do art. 468 do CPC, com atenção ao próprio princípio prevalente da segurança jurídica – Hipótese de extinção do feito sem julgamento de mérito" (fls. 268).

Insurgem-se, nos apelos extremos, fundados na alínea "a" do permissivo constitucional, contra suposta violação dos arts. 5º, inciso XXXVI, e 227, § 6º, da CF, consubstanciada pelo reconhecimento da impossibilidade do prosseguimento de ação de investigação de paternidade, com fundamento em coisa julgada, dado o ajuizamento de anterior demanda, com o mesmo objeto, cuja sentença de improcedência já havia transitado em julgado.

Depois de apresentadas contrarrazões (fls. 314 a 327), os recursos foram admitidos, na origem (fls. 329 a 333), o que ensejou a subida os autos a esta Suprema Corte.

Por fim, o parecer subscrito pela Subprocuradora-Geral da República, Dra. Sandra Cureau, é no sentido do provimento do recurso (fls. 338 a 348). Assim diz sua ementa: "Recursos extraordinários – Filiação – Investigação de paternidade – Acolhimento de preliminar de coisa julgada. I – Sentença que julga improcedente o pedido, por insuficiência do conjunto probatório, aprecia o mérito da causa – Precedentes do STJ. II – Conflito entre princípios constitucionais. Aplicando-se na espécie, o princípio da proporcionalidade, deve imperar o direito do filho em saber quem é seu ascendente – Não incidência da eficácia de coisa julgada. III – Parecer pelo conhecimento e provimento".

É o relatório.

VOTO – (Mérito do recurso extraordinário) – *O Sr. Min. Dias Toffoli* (relator): Quanto à matéria de fundo, entendo que merece prosperar a irresignação.

O acórdão ora em análise reconheceu que, em razão de ter sido julgada improcedente, "por insuficiência de provas dos fatos alegados", anterior demanda de investigação de paternidade ajuizada com fundamento na mesma relação pessoal supostamente havida entre a mãe do autor e o réu, impossível seria a propositura de outra ação com idêntico objeto, dado o óbice intransponível da coisa julgada, outrora estabelecida naquele feito.

Manifestou-se tal decisão sobre a aplicação e a interpretação do art. 468 do CPC, pondo em causa o problema da coisa julgada em confronto com a existência de uma relação jurídica de direito de família, a saber, a paternidade. Embora o aresto não tenha feito alusão explicitamente a esse constructo teorético, o Tribunal *a quo* fez-se valer da técnica de conflito entre princípios, tendo, de um lado, a segurança jurídica e, do outro, a dignidade humana e a paternidade responsável.

Creio ser indispensável enaltecer a circunstância da desnecessidade da invocação da *dignidade humana* como fundamento decisório da causa. Tenho refletido bastante sobre essa questão, e considero haver certo abuso retórico em sua invocação nas decisões pretorianas, o que influencia *certa doutrina*, especialmente de direito privado, transformando a *conspícua dignidade humana*, esse conceito tão tributário das *Encíclicas* papais e do Concílio Vaticano II, em verdadeira panaceia de todos os males. Dito de outro modo, se para tudo se há de fazer emprego desse princípio, em última análise, ele para nada servirá. (...). (...).

Este STF já teve oportunidade de reconhecer a magnitude e a importância do direito personalíssimo, de que são dotados todos os seres humanos, de conhecer a verdade sobre sua origem biológica.

Tal ocorreu quando do julgamento, pelo Plenário desta Corte, do RE n. 248.869-SP, relatado pelo ilustre Min. Maurício Corrêa, o qual, embora não dissesse respeito, especificamente, à matéria em debate nestes autos, encerra preciosas lições a respeito do tema aqui em discussão. (...). (...).

A importância daquele julgamento não pode ser negligenciada, por ter sido a primeira manifestação clara e explícita deste STF sobre o tema depois da entrada em vigor da Constituição Federal de 1988 e por representar contundente tomada de posição quanto ao direito indisponível à busca da verdade real, no contexto de se conferir preeminência ao *direito geral da personalidade*.

Retomando o fio condutor da argumentação ora desenvolvida, a saber, da superação dos elementos (a) legitimidade familiar (e da paternidade), (b) apego às presunções e (c) recusa a julgamentos baseados em provas tecnicamente frágeis, tem-se como traçar um paralelo com a introdução de novo elemento nessas questões: *o exame de DNA e o direito de ter acesso a um meio de prova conducente ao que os alemães têm denominado de **direito fundamental à informação genética***.

A esse respeito, veja-se o tratamento que esta Corte dispensa ao dever do Estado em providenciar que os necessitados tenham acesso às técnicas de DNA, como forma de conhecer a verdade sobre sua origem genética, em ações de investigação de paternidade, citando-se, para ilustrar, a ementa do seguinte precedente: "Recurso extraordinário – Investigação de paternidade. Correto o acórdão recorrido ao entender que cabe ao Estado o custeio do exame pericial de DNA para os beneficiários da assistência judiciária gratuita, oferecendo o devido alcance ao disposto no art. 5º, LXXIV, da Constituição – Recurso extraordinário não conhecido" (RE n. 207.732-MS, rela. Min. Ellen Gracie, 1ª Turma, *DJU* 2.8.2002).

E de sua fundamentação, igualmente representativa da preocupação da Min. Ellen Gracie com a relevância do tema, destaque-se o seguinte trecho: "O Estado não pode se omitir em dar a maior eficácia possível a uma garantia tão importante ao Estado de Direito como a do acesso efetivo à prestação jurisdicional, principalmente aos mais carentes. Deve-se atentar para a importância social existente em uma ação de reconhecimento de paternidade, em que qualquer erro no julgamento poderá implicar sérios prejuízos, tanto para o investigando quanto ao investigado, exigindo a precisão inerente ao exame de DNA, em nome da segurança jurídica". (...).

Constata-se, portanto, que à semelhança do que obtemperou a Min. Ellen Gracie, nos autos do recurso antes referido, no caso presente mostra-se de todo conveniente permitir-se a realização do exame de DNA, para que, com absoluta segurança, venha a ser proferida decisão judicial acerca da origem biológica do autor da demanda, anotando-se, por oportuno, que contava ele com menos de oito anos de idade quando do ajuizamento da primeira demanda investigatória que aforou, representado por sua mãe. Atualmente ele conta com mais de 28 anos de idade e ainda não obteve uma resposta cabalmente fundamentada, calcada em uma prova de certeza inquestionável, acerca de sua veraz origem genética.

Nessa conformidade, além de esparsas menções em precedentes já mencionados, transcreve-se o seguinte trecho de decisão monocrática, assim disposto, da lavra do eminente Min. Cézar Peluso, proferido nos autos da AC n. 2.182-DF, na qual, depois de dissertar sobre o respeito à garantia constitucional da coisa julgada, que entre nós consubstancia "conspícuo direito fundamental (art. 5º, inciso XXXVI)", asseverou S. Exa. que "esse direito fundamental à segurança jurídica não é, como todos os demais, absoluto, podendo ceder em caso de conflito concreto com outros direitos de igual importância teórica. Ora, somente em hipótese nítida de colisão entre direitos fundamentais é que se pode admitir, em tese, a chamada 'relativização da coisa julgada', mediante ponderação dos respectivos bens jurídicos, com vistas à solução do conflito" (*DJe* 12.11.2008).

Embora esse *decisum* aluda à técnica de colisão de princípios, *a respeito da qual guardo reservas e só a tenho utilizado para demonstrar que, mesmo por essa via, se pode chegar a resultados simétricos*, é evidente que a ideia de coisa julgada como *topos* argumentativo isolado não se presta a resolver o problema do *direito fundamental à identidade genética*. Dito de outro modo, argumentar com a invocação pura e simples da coisa julgada, especialmente em matéria de suma relevância para a definição da personalidade, é o mesmo que se valer das antigas ficções jurídicas, tão úteis em tempos avoengos, de parcos recursos técnicos no campo das Ciências Naturais.

Pois bem. No caso ora em análise por esta Corte, entendo que, da forma como então destacada pelo eminente Min. Cézar Peluso, há de se proceder à relativização da coisa julgada formada ao cabo da primeira ação de investigação de paternidade ajuizada contra o ora recorrido, para permitir que se prossiga no julgamento da segunda demanda com esse fito contra ele proposta, para, agora, com a ampla possibilidade de realização da prova técnica que assegura, com um grau de certeza que se pode qualificar de absoluto, obter-se uma comprovação cabal acerca da eventual relação paterno-filial, que se alega existir entre as partes. (...).

No âmbito de nossos Tribunais Regionais e mesmo do STJ a matéria não é nova, podendo ser encontrados inúmeros precedentes proferidos em casos similares defendendo a relativização da coisa julgada, tal como ora proponho que se faça, neste caso.

Creio ser conveniente transcrever esses arestos, a despeito de esta Corte não se influenciar por decisões de órgãos que a ela se submetem ao crivo técnico-jurídico, pois eles demonstram o quanto se alastra o problema ora apreciado pelos juízos e tribunais do País. Essa circunstância faz com que se reforce a convicção de que o STF deve exercer sua função de uniformizar a interpretação do direito federal em conformidade à Constituição. (...).

Belmiro Pedro Welter (*Coisa Julgada na Investigação de Paternidade*, São Paulo, Síntese, 2000) assevera que "somente haverá coisa julgada material, nas ações de investigação e contestação de paternidade, quando tiverem sido produzidas, inclusive de ofício e sempre que possível, todas as provas, documental, testemunhal, pericial, especialmente exame genético DNA, e depoimento pessoal" (p. 113), bem como que "não faz coisa julgada material a sentença de improcedência da ação de investigação de paternidade por insuficiência de provas da paternidade biológica" (p. 121).

Assim, sempre segundo o raciocínio levado a efeito pelo referido escritor, se a decisão anterior tomar por fundamento a insuficiência da prova coligida aos autos para permitir a prolação de decreto de procedência da ação, tem-se que não se afirmou não ser o réu pai do autor e, a rigor, a demanda deveria ter sido extinta, nos termos do art. 267, inciso IV, do CPC, dada a falta de pressuposto ao eficaz desenvolvimento da demanda, porque se mostrou impossível a formação de um juízo de certeza sobre o fato. Sentença meramente terminativa, portanto, a possibilitar a repropositura da ação, para, com a realização de prova técnica mais conclusiva, vale dizer, exame de DNA, emitir-se um juízo de certeza sobre a suposta relação de paternidade objeto do processo.

É por isso que parece correto afirmar que, quando a demanda anterior foi julgada improcedente por falta de provas quanto à realidade do vínculo paterno-filial que se pretendia ver reconhecido, a verdade biológica não foi alcançada e, por isso, nova demanda pode ser intentada, para que, com o auxílio de provas técnicas de alta precisão, tal verdade possa, enfim, ser estabelecida, em respeito à dignidade da pessoa humana desse ser que não tem tal vínculo determinado em sua certidão de nascimento, direito personalíssimo, esse, cujo exercício nossa vigente Magna Carta lhe assegura, de forma incondicionada.

E tudo como corolário lógico de seu direito de personalidade, em discussão quando do ajuizamento de um tal tipo de demanda, de ver reconhecida a verdade sobre sua origem genética, emanação natural do estado da pessoa. (...).

Ante o exposto, pelo meu voto, Sr. Presidente, conheço dos recursos extraordinários e lhes dou provimento para, reformando o acórdão recorrido, afastar o arguido óbice da coisa julgada e, por conseguinte, o decreto de extinção do processo sem apreciação do mérito, para permitir o prosseguimento da ação de investigação de paternidade em tela, até seus ulteriores termos, tal como havia sido corretamente determinado pelo Juízo de primeiro grau.

É como voto.

(...).

VOTO (Vista) – *O Sr. Min. Luiz Fux*: (...). (...).

Encontram-se em oposição, no caso presente, de um lado a garantia fundamental da *coisa julgada material* (CF, art. 5º, XXXVI), informada pelo princípio da *segurança jurídica* (CF, art. 5º, *caput*), e, de outro, segundo a argumentação dos recorrentes, o *direito fundamental à filiação* (CF, art. 227, *caput* e § 6º) e a garantia fundamental da *assistência jurídica* integral aos desamparados (CF, art. 5º, LXXIV). Essa última é pertinente à hipótese pelo fato de na primeira demanda ter sido a insuficiência de recursos o motivo para a falta de realização do exame de DNA – cujo custo, na década de 1980, era de 1.500 Dólares –, o que levou, ao final, à improcedência do pedido por ausência de provas, como consta do seguinte trecho da sentença já transitada em julgado, proferida em 1992: (...).

Uma baliza preliminar é preciso deixar desde logo firmada, contudo. Ao contrário do que consta das alegações dos recorrentes, *a improcedência por insuficiência de provas, no campo da teoria do processo, constitui, sim, um julgamento de mérito*, e não uma sentença meramente terminativa. Tocar no mérito de uma demanda é apreciar o pedido formulado pelo autor, julgando-o procedente ou improcedente, seja por conta da prova produzida, seja em razão das regras de direito material aplicáveis ao caso. O julgamento conforme o ônus da prova, como ensina o Professor Barbosa Moreira, tem lugar justamente nos casos em que, apesar da insuficiência da prova produzida, não pode o magistrado se omitir no dever de prestar jurisdição a respeito da pretensão veiculada, de vez que inadmissível, nos dias atuais, o *non liquet*. (...).

Houve, portanto, coisa julgada material no processo anterior, de forma alguma afastada pela fundamentação lastreada apenas na ausência de provas. E é por essa razão que a decisão a ser tomada nestes autos não pode passar ao largo da controvérsia em torno da cognominada *relativização da coisa julgada material*.

Firmada essa premissa, ainda outra ressalva inicial tem de ser feita. É que encontram-se, em tese, inseridos no grande rol de questões relacionadas à *relativização da coisa julgada material* temas com perfis sutilmente diversos. Deveras, nesse rol se encaixam, por exemplo, as seguintes hipóteses: (i) o ataque a decisões transitadas em julgado não por conta apenas de uma interpretação jurídica, mas em razão da *superveniência, dado o avanço da tecnologia, de meios de prova inexistentes à época da prolação da decisão*, que, dependendo do resultado que se possa deles extrair para a instrução da causa, conduziriam a conclusão diversa da alcançada na decisão anterior, e que, apenas nesse caso, restaria configurada a violação de princípios ou regras constitucionais pela manutenção da coisa julgada; (ii) o puro e simples questionamento de decisões transitadas em julgado que já se chocassem, por *uma pura interpretação de direito a ser realizada pelo julgador do caso concreto*, com o teor de algum direito ou garantia constitucional; e (iii) a impugnação de decisões transitadas em julgado *na fase de execução* de condenações de pagar quantia certa, quando *a lei em que havia se fundado a decisão exequenda tiver a respectiva constitucionalidade rejeitada em decisão do STF*, como preveem no âmbito do processo civil e do processo trabalhista, respectivamente, os arts. 475-L, § 1º, e 741, parágrafo único, do CPC e o art. 884, § 5º, da CLT.

Cada uma dessas hipóteses apresenta particularidades que não podem ser ignoradas, e que se refletem diretamente na análise da respectiva compatibilidade com a Constituição Federal. No caso presente, contudo, trata-se apenas do exame da primeira hipótese narrada acima, e apenas a isto deve se restringir a decisão a ser tomada, isto é, sobre (i) a possibilidade de afastamento da coisa julgada material (ii) formada a respeito de relação de filiação (iii) diante da superveniência de novo meio de prova em razão da evolução tecnológica, meio, este, dotado de altíssimo grau de confiabilidade e capaz, justamente por isso, de reverter, por si só, a conclusão do julgamento anterior, e (iv) cuja realização não se mostrara possível por conta da deficiência do regime da assistência jurídica aos hipossuficientes. Essas balizas são essenciais para a definição da *ratio decidendi* a ser firmada neste *leading case*, na linha do que decidido preliminarmente ao ser reconhecida a repercussão geral deste recurso extraordinário. (...).

O princípio da segurança jurídica é tão relevante que, além de contribuir para a duração de um sistema político, na sua ausência qualquer sociedade entrara em colapso. Ela é um dos mais elementares preceitos que todo ordenamento jurídico deve observar. Nesse diapasão, cumpre a todo e qualquer Estado reduzir as incertezas do futuro, pois, segundo pontifica Richard S. Kay, "um dos mais graves danos que o Estado pode infligir aos seus cidadãos é submetê-los a vidas de perpétua incerteza". **[Rodapé:** No original: "One of the most serious injuries the State can inflict on its subjects is to commit them to lives of perpetual uncertainty" – KAY, Richard S., "American constitutionalism", in *Constitutionalism: Philosophical Foundations*, Ed. Larry Alexander, Cambridge, Cambridge University Press, 1998, p. 22. Sua citação foi feita em KIRSTE, Stephan, "Constituição como início do direito positivo. A estrutura temporal das Constituições", in *Anuário dos Cursos de Pós-Graduação em Direito*, n. 13, Recife, Universidade Federal de Pernambuco/Centro de Ciências Jurídicas/Faculdade de Direito do Recife, 2003, p. 116.**]**

Em última análise, portanto, a garantia da coisa julgada material pode ser reconduzida, ainda que indiretamente, também ao princípio-matriz da Constituição Federal, verdadeiro fundamento da República Federativa do Brasil, consistente na *dignidade da pessoa humana* (CF, art. 1º, III). Com efeito, no núcleo do princípio da dignidade da pessoa humana reside a possibilidade de que cada indivíduo, dotado de igual consideração e respeito por parte da comunidade em que se insere, formule e ponha em prática seu plano ideal de vida, traçando os rumos que entende mais afeitos ao livre desenvolvimento de sua personalidade. O projeto individual de futuro, no entanto, deve partir, para concretizar-se, de premissas dotadas de confiabilidade, cuja higidez não seja colocada em xeque a cada novo momento. E é justamente sobre essas premissas que a CF, no art. 5º, XXXVI, coloca o manto da inalterabilidade, protegendo o direito adquirido, o ato jurídico perfeito e a coisa julgada material das incertezas que as mudanças do futuro poderiam ocasionar. (...).

O drama humano narrado nestes autos, como já visto, coloca em rota de colisão as normas constitucionais que tutelam a *coisa julgada material* (CF, art. 5º, XXXVI) e o *direito fundamental à filiação* (CF, art. 227, *caput* e § 6º), aliado à garantia fundamental da *assistência jurídica* integral aos desamparados (CF, art. 5º, LXXIV). O primeiro dos dispositivos mencionados consubstancia verdadeira *regra jurídica*, porquanto enuncia uma hipótese de incidência e, simultaneamente, o comando a ser desencadeado pela configuração de seus pressupostos de fato, isto é: a invalidade de qualquer ato do Poder Público que afronte a autoridade da coisa julgada material **[Rodapé:** Nesse sentido, afirmando a natureza de regra da garantia da coisa julgada material, cf. BARROSO, Luís Roberto, *O Controle de Constitucionalidade no Direito Brasileiro*, São Paulo: Saraiva, 2009, pp. 223 e 226**]**. Já, os dois últimos dispositivos assumem a forma de *princípios jurídicos*, apontando para estados ideais a serem alcançados sem predeterminar, desde logo, quais as condutas vedadas ou permitidas e quais os efeitos que, em cada caso, devem ser produzidos. (...).

Os dois vetores mostram-se, assim, inconciliáveis, de modo que a prevalência de um leva ao afastamento da eficácia normativa do outro para a solução da presente controvérsia. Em um cenário como este, e na linha do que já mencionado, a única opção metodologicamente válida é a utilização, por esta Corte Constitucional, da técnica da ponderação.

Ressalte-se desde logo que a previsão normativa da garantia da coisa julgada sob a forma de regra não é suficiente, por si só, para pôr fim a qualquer perspectiva de ponderação. Como vem reconhecendo a novel doutrina da hermenêutica constitucional, também as regras jurídicas, em hipóteses excepcionais, submetem-se a um raciocínio ponderativo. **[Rodapé:** Assim, por exemplo, ÁVILA, Humberto, *Teoria dos Princípios – Da Definição à Aplicação dos Princípios Jurídicos*, São Paulo, Ed. Malheiros, 2009, pp. 112 e ss. Em sentido próximo, mas com distinções sensíveis, BARCELLOS, Ana Paula de, *Ponderação, Racionalidade e Atividade Jurisdicional*, Rio de Janeiro, Ed. Renovar, 2005, pp. 201 e ss.**]** Para tanto, deve ser realçada a razão subjacente à regra, isto é, o princípio que informa a sua interpretação finalística e a sua aplicação aos casos concretos: *in casu*, é o princípio da segurança jurídica

(CF, art. 5º, *caput*), como já visto, que serve de manancial para a definição do sentido e do alcance da garantia da coisa julgada material. Não basta, no entanto, cotejar, imediatamente após isso, o peso de tal razão subjacente diante dos outros princípios em jogo. É imprescindível que se leve em conta, ainda, que as regras jurídicas, como categoria normativa, têm por reflexo, em sua aplicação, a promoção de valores como previsibilidade, igualdade e democracia. **[Rodapé:** A aplicação das regras promove a *previsibilidade* pela certeza de que a configuração de seus pressupostos de fato desencadeará a consequência estabelecida em seu enunciado normativo; a *igualdade*, pois cada agente social que se deparar com a hipótese de incidência de uma regra poderá se pautar, diante dos demais membros da comunidade, de acordo com o que ela prescreve, sem que seu regime jurídico fique a depender de padrões comportamentais vagas ou imprecisos, definidos casuisticamente; e a *democracia*, na medida em que o legislador, constitucional ou ordinário, ao fixar um comando normativo através de uma regra jurídica, já realiza desde logo uma decisão conteudística sobre o que *deve ser*, sem que delegue ao Judiciário a maleabilidade na definição da conduta válida à luz do Direito. Nesse sentido, cf. SCHAUER, Frederick, *Thinking like a Lawyer – A New Introduction to Legal Reasoning*, Cambridge, Harvard University Press, 2009, pp. 35 e 195-196; e, do mesmo autor, *Playing by the Rules – A Philosophical Examination of Rule-Based Decision-Making in Law and in Life*, Oxford, Clarendon Press, 2002, pp. 135-166.**]**

Assim, a técnica da ponderação apenas poderá levar ao afastamento de uma regra jurídica quando restar demonstrado, de modo fundamentado, que os princípios que lhe são contrapostos superam, axiologicamente, o peso (i) da razão subjacente à própria regra e (ii) dos princípios institucionais da previsibilidade, da igualdade e da democracia. Deste modo, como afirma o Professor Luís Roberto Barroso especificamente quanto à tese da relativização da coisa julgada material, a técnica da ponderação, instrumentalizada pelo postulado da proporcionalidade, tem de ser usada com cautela, já que a previsão da coisa julgada como uma regra "reduz a margem de flexibilidade do intérprete".

A hipótese dos autos, no entanto, tende a caracterizar justamente a excepcionalidade capaz de autorizar o afastamento da regra da coisa julgada material, em prol dos direitos fundamentais à filiação e à assistência jurídica aos necessitados. (...).

Não é possível negar, como se assentou mais acima, que também a coisa julgada guarda relação com o princípio da dignidade da pessoa humana, na medida em que concretiza o princípio da segurança jurídica, assegurando estabilidade e paz social. Porém, tal conexão apresenta-se em grau distinto, mais tênue e, portanto, *mais afastada do núcleo essencial* **[Rodapé:** E, como ensina a moderna doutrina do direito constitucional contemporâneo, a eficácia jurídica do núcleo essencial da dignidade da pessoa humana se equipara, na realidade, à de uma regra jurídica, e não à de um princípio. Sobre o tema, cf. BARCELLOS, Ana Paula de, *A Eficácia Jurídica dos Princípios Constitucionais – O Princípio da Dignidade da Pessoa Humana*, Rio de Janeiro, Ed. Renovar, 2008, pp. 282 e ss.**]** *do princípio da dignidade da pessoa humana* do que o peso axiológico que, somados, ostentam os direitos fundamentais à filiação (CF, art. 227, *caput* e § 6º) e a garantia fundamental da assistência jurídica aos desamparados (CF, art. 5º, LXXIV). E é por esta razão que a regra da coisa julgada deve ceder passo, em situações-limite como a presente, à concretização do direito fundamental à identidade pessoal. (...).

Reitere-se, portanto, que o direito à filiação por certo ostenta uma conexão nuclear com a dignidade da pessoa humana. A partir, porém, (i) da previsão da coisa julgada como uma regra, que denota o prestígio que merece no conjunto de garantias fundamentais, (ii) da necessidade de preservação da eficácia mínima do princípio da segurança jurídica, que subjaz à própria coisa julgada material, e (iii) dos riscos que envolvem o exame de DNA, cuja perspectiva de realização nem sempre é idônea a trazer aos autos a verdade quanto à origem biológica, impõe-se balizar a relativização da coisa julgada com alguns parâmetros.

Na ausência de previsão legal específica, que poderia operar a conciliação adequada entre o princípio da segurança jurídica e os direitos fundamentais à filiação e à assistência jurídica, impõe-se buscar, no sistema processual em vigor, o regime mais aproximado e também tendente à tutela da segurança quando em causa o ataque à coisa julgada material, adaptando-o, porém, à ponderação ora desenvolvida. Preservar-se-á, assim, a eficácia mínima necessária do princípio da segurança jurídica, prestigiando-se, igualmente, o princípio democrático, pela adaptação às peculiaridades desta hipótese *sui generis* com a disciplina processual já prevista em lei.

O paralelo mais evidente a ser buscado, como é claro, é encontrado na ação rescisória (CPC, arts. 485 e ss.). As regras especiais com que o legislador processual disciplina essa espécie de demanda têm em vista a sensibilidade de alguns valores fundamentais que sobrepujam a coisa julgada material, e cuja violação, por isso mesmo, não poderia ficar eternizada por conta do esgotamento das possibilidades recursais em um determinado processo. (...). (...).

Do regime formal da ação rescisória decorre, como já mencionado, a necessidade de respeito ao prazo decadencial de dois anos (CPC, art. 495). O referido prazo, como já dito, inspira-se no princípio constitucional da segurança jurídica: embora permitida a desconstituição da coisa julgada, tal resultado apenas pode ser validamente alcançado com uma provocação tempestiva, em um período pré-delimitado, impedindo o legislador, assim, que a justiça da decisão transitada em julgado permaneça passível de revisão a qualquer tempo, do que decorreriam a instabilidade e a eterna incerteza nas relações sociais. Representa ele, portanto, a conciliação feita pelo legislador infraconstitucional entre os princípios que estão por detrás de cada hipótese de cabimento da rescisória e o princípio da segurança jurídica, em que se funda a garantia da coisa julgada. (...).

Em outras palavras, a harmonização entre os princípios constitucionais da segurança jurídica, de um lado, e do direito fundamental à filiação e da garantia da assistência jurídica aos desamparados, de outro, consiste na aplicação analógica do marco inicial *flexibilizado* para o ajuizamento da ação rescisória, que não pode permanecer rigidamente contado da data do trânsito em julgado. Ao contrário, o marco para a contagem dos dois anos deve poder ser alterado quando demonstrado pelo autor, argumentativamente, que não pudera ajuizar, anteriormente, a demanda, pela impossibilidade prática de obtenção do exame de DNA. Desta forma, é apenas da data da possibilidade prática de obtenção do DNA que deve ser contado o referido prazo, pois apenas nesse momento que se mostra possível o exercício, *in concreto*, do direito à tutela jurisdicional efetiva, de modo que apenas nessas condições a omissão em fazê-lo poderá ser imputada à própria parte. (...).

Ex positis, voto no sentido de dar provimento ao recurso para afastar o óbice da coisa julgada material e admitir a continuidade do processo.

(...).

VOTO – *O Sr. Min. Marco Aurélio*: (...). (...).

Há valores em jogo e, para mim, o maior está na segurança jurídica. Se, de um lado, é dado dizer que o autor, o recorrente, tem direito subjetivo de saber quem é o pai dele, é preciso imaginar que o réu pode ter uma família estruturada e que a possibilidade de revisão, a qualquer momento, de situação já definida pelo Estado-juiz, com a improcedência do pedido formulado na ação de investigação anterior e a reabertura da controvérsia, pode muito bem abalar essa situação familiar. A família também se faz em jogo sob uma outra óptica, que é a óptica favorável ao recorrido.

Presidente, sob pena de solapar, de ferir de morte, o princípio da segurança jurídica, de contribuir para a instalação de uma verdadeira babel – e os direitos fundamentais são muitos, não se restringem à paternidade –, não tenho como desconhecer esse contexto e, 20 anos após a entrega da prestação jurisdicional pelo Estado – sendo que no processo que a motivou se poderia ter feito o exame de DNA, porque já existente à época –, como dizer que simplesmente o que decidido pode ser colocado em plano secundário e que não se fez coberto pela coisa julgada. E digo mais: também pela preclusão maior, considerada a ação de impugnação autônoma, que é a rescisória.

Peço vênia aos Colegas que entenderam de forma diversa para desprover o recurso. E não saberia mesmo, se assim não concluísse, apontar o dispositivo da Lei Maior que teria sido vulnerado pelo TJDF ao reconhecer o pressuposto negativo de desenvolvimento válido do processo, que é a coisa julgada, já que se têm valores a serem sopesados, e esta Corte proclama – e reiteradamente – que a violência à Constituição Federal capaz de impulsionar o extraordinário há de ser frontal e direta.

Desprovejo o recurso.

(...).

EXTRATO DE ATA

(...)

Decisão: O Tribunal, por unanimidade, reconheceu a presença de repercussão geral na discussão acerca da incidência dos arts. 5º, incisos XXXVI e LXXIV, e 227, § 6º, ambos da CF, aos casos de ação de paternidade julgada improcedente por falta de condições materiais para a realização da prova. Votou o Presidente. Em seguida, após o voto do Sr. Min. Dias Toffoli (Relator), que conhecia dos recursos e lhes dava provimento para cassar o acórdão do TJDF que extinguiu o processo sem julgamento de mérito, pediu vista dos autos o Sr. Min. Luiz Fux. Ausentes, em participação na *U.N. Minimum Rules/World Security University*, em Belágio, Itália, o Sr. Min. Cézar Peluso e, justificadamente, a Sra. Min. Ellen Gracie. Falou, pelo recorrente, o Dr. Marcus Aurélio Dias de Paiva e, pelo Ministério Público Federal, o Dr. Roberto Monteiro Gurgel Santos.

Presidência do Sr. Min. Ayres Britto (Vice-Presidente). Plenário, 7.4.2011.

Decisão: Prosseguindo no julgamento, o Tribunal, por maioria e nos termos do voto do Relator, deu provimento aos recursos, contra os votos dos Srs. Mins. Marco Aurélio e Cézar Peluso (Presidente). Ausentes, justificadamente, o Sr. Min. Celso de Mello e, neste julgamento, a Sra. Min. Ellen Gracie. Plenário, 2.6.2011.

Presidência do Sr. Min. Cézar Peluso. Presentes à sessão os Srs. Mins. Marco Aurélio, Ellen Gracie, Gilmar Mendes, Ayres Britto, Joaquim Barbosa, Ricardo Lewandowski, Carmen Lúcia, Dias Toffoli e Luiz Fux.

* * *

PERGUNTAS

1. Quais os fatos?
2. Qual direito fundamental se pretende proteger por intermédio do presente recurso extraordinário?
3. Qual o ato atacado pelo presente recurso extraordinário?
4. Qual o fundamento constitucional do recurso?
5. Quais os bens jurídicos em tensão no presente caso, conforme o Min. Dias Toffoli?

6. Como o Min. Dias Toffoli determina o direito que deve ser protegido pela decisão? Para ele, sentença anterior que decide questão de paternidade sem utilizar o exame de DNA faz coisa julgada?

7. Em que medida a fundamentação proposta pelo Min. Luiz Fux se diferencia daquela articulada pelo Min. Toffoli?

8. Como o Min. Luiz Fux resolve a tensão entre os princípios envolvidos no caso?

9. Por que o Min. Luiz Fux estabelece condições para a flexibilização da coisa julgada? Quais são as condições e com base em quê elas são fixadas?

10. Em que medida o voto do Min. Marco Aurélio se diferencia dos votos dos Mins. Dias Toffoli e Luiz Fux?

11. Qual o papel da dignidade da pessoa humana que decorre da decisão da Corte?

12. Existe um conflito entre segurança jurídica e dignidade da pessoa humana no caso em questão?

13. Qual a decisão do Tribunal?

14. As condições fixadas no voto do Min. Luiz Fux poderiam ser estendidas para outras situações semelhantes? Seria possível flexibilizar uma decisão em outros casos que envolvessem outros direitos fundamentais?

7.13 Caso dos candidatos com "ficha suja" (ADPF 144-DF)

(Plenário – rel. Min. Celso de Mello – j. 6.8.2008)

Arguição de descumprimento de preceito fundamental – (...) – Mérito: relação entre processos judiciais, sem que neles haja condenação irrecorrível, e o exercício, pelo cidadão, da capacidade eleitoral passiva – Registro de candidato contra quem foram instaurados procedimentos judiciais, notadamente aqueles de natureza criminal, em cujo âmbito ainda não exista sentença condenatória com trânsito em julgado – Impossibilidade constitucional de definir-se como causa de inelegibilidade a mera instauração, contra o candidato, de procedimentos judiciais quando inocorrente condenação criminal transitada em julgado – Probidade administrativa, moralidade para o exercício do mandato eletivo, *vita anteacta* e presunção constitucional de inocência – Suspensão de direitos políticos e imprescindibilidade, para esse efeito, do trânsito em julgado da condenação criminal (CF, art. 15, III) – (...).

ACÓRDÃO – Vistos, relatados e discutidos estes autos: Acordam os Ministros do Supremo Tribunal Federal, em sessão plenária, sob a presidência do Min. Gilmar Mendes, na conformidade da ata de julgamentos e das notas taquigráficas, por unanimidade de votos, em acolher a questão de ordem suscitada pelo Sr. Min. Celso de Mello (Relator) no sentido de julgar, desde logo, o mérito da arguição de descumprimento de preceito fundamental. Em consequência do acolhimento desta questão de ordem, o Procurador-Geral da República, Dr. Antônio Fernando Barros e Silva de Souza, proferiu, oralmente, parecer na presente sessão. Em seguida, o Tribunal, por maioria, vencidos os Srs. Mins. Marco Aurélio, Menezes Direito e Eros Grau, reconheceu a legitimidade da Associação dos Magistrados Brasileiros/AMB, rejeitando, por unanimidade, as demais preliminares suscitadas. No mérito, o Tribunal, por maioria, vencidos os Srs. Mins. Carlos Britto e Joaquim Barbosa, julgou improcedente a arguição de descumprimento de preceito fundamental, nos termos do voto do Relator, decisão, esta, dotada de efeito vinculante, segundo a Lei n. 9.882/1999. Votou o Presidente, Min. Gilmar Mendes. Falaram: pela arguente, Associação dos Magistrados Brasileiros/AMB, o Dr. Alberto Pavie Ribeiro; pelo *amicus curiae*, Partido Progressista/PP, o Dr. Marcus Vinicius Furtado Coelho e, pela Advocacia-Geral da União, O Ministro José Antônio Dias Toffoli. O Relator comunicou ao Plenário que, em decorrência de pedido, somente nesta data formulado, admitiu a Associação dos Juízes Federais do Brasil/AJUFE como *amicus curiae*.

Brasília, 6 de agosto de 2008 – *Celso de Mello*, relator.

(...).

RELATÓRIO – *O Sr. Min. Celso de Mello*: Trata-se de arguição de descumprimento de preceito fundamental, ajuizada pela Associação dos Magistrados Brasileiros/AMB, na qual se postula seja declarada, pelo STF, a não recepção de "parte das alíneas 'd', 'e', 'g' e 'h' do inciso I do art. 14 e parte do art. 15, todos da Lei Complementar n. 64, de 18.5.1990" (fls. 02).

Sustenta-se, ainda, na presente sede de controle normativo abstrato, que: "Não pode mais a Justiça Eleitoral ficar obstada (a) quer diante do entendimento adotado pelo egrégio TSE no sentido de que não seria autoaplicável o § 9º do art. 14 da CF – diga-se e repita-se, em apertada maioria –, (b) quer diante da autoaplicabilidade do § 9º do art. 14 da CF em razão de a Emenda Constitucional de Revisão n. 4/1994 ter revogado parte das exigências contidas nas alíneas 'd', 'e', 'g' e 'h' do inciso I do art. 1º e no art. 15, todos da Lei Complementar n. 64/1990, quanto ao exercício de sua competência constitucional para promover o exame da vida pregressa dos candidatos" (fls. 32). (...).

(...).

VOTO (Sobre o mérito) – *O Sr. Min. Celso de Mello* (relator): (...). (...), o âmbito temático da presente arguição de descumprimento de preceito fundamental compreende, de um lado, o questionamento da "interpretação judicial dada pelo TSE ao texto do § 9º do art. 14 da CF, com a redação dada pela Emenda Constitucional de Revisão n. 4/1994" (fls. 7), e, de outro, a impugnação à Lei Complementar n. 64/1990, especificamente no ponto em que este diploma legislativo exige, para efeito de reconhecimento de inelegibilidade, *trânsito em julgado* para determinadas decisões (art. 14, inciso I, alíneas "e" e "h", e art. 15), ou, então, que acolhe ressalva alegadamente descaracterizadora da situação de inelegibilidade a que se refere o art. 1º, inciso I, alínea "g", dessa mesma Lei Complementar n. 64/1990 ("salvo se a questão houver sido ou estiver sendo submetida à apreciação do Poder Judiciário").

Eis as regras legais, que, constantes da Lei Complementar n. 64/1990, constituem objeto da presente arguição de descumprimento:

"Art. 1º. São inelegíveis: I – para qualquer cargo: (...); d) os que tenham contra sua pessoa representação julgada procedente pela Justiça Eleitoral, transitada em julgado, em processo de apuração de abuso do poder econômico ou político, para a eleição na qual concorrem ou tenham sido diplomados, bem como para as que se realizarem nos 3 (três) anos seguintes; e) os que forem condenados criminalmente, com sentença transitada em julgado, pela prática de crime contra a economia popular, a fé pública, a Administração Pública, o patrimônio público, o mercado financeiro, pelo tráfico de entorpecentes e por crimes eleitorais, pelo prazo de 3 (três) anos, após o cumprimento da pena; (...); g) os que tiverem suas contas relativas ao exercício de cargos ou funções públicas rejeitadas por irregularidade insanável e por decisão irrecorrível do órgão competente, salvo se a questão houver sido ou estiver sendo submetida à apreciação do Poder Judiciário, para as eleições que se realizarem nos 5 (cinco) anos seguintes, contados a partir da data da decisão; h) os detentores de cargo na Administração Pública direta, indireta ou fundacional, que beneficiarem a si ou a terceiros, pelo abuso do poder econômico ou político apurado em processo, com sentença transitada em julgado, para as eleições que se realizarem nos 3 (três) anos seguintes ao término do seu mandato ou do período de sua permanência no cargo; (...). (...).

"Art. 15. Transitada em julgado a decisão que declarar a inelegibilidade do candidato, ser-lhe-á negado registro, ou cancelado, se já tiver sido feito, ou declarado nulo o diploma, se já expedido."

A ora arguente, embora não impugne a Súmula n. 13/TSE, questiona a interpretação nela veiculada e que decorreu de sucessivas decisões que o egrégio TSE proferiu a propósito da aplicabilidade imediata, ou não, do § 9º do art. 14 da Constituição, na redação dada pela Emenda Constitucional de Revisão n. 4/1994.

O egrégio TSE, ao formular o enunciado constante da Súmula n. 13, proclamou a indispensabilidade de edição de lei complementar, para efeito de conferir aplicabilidade imediata e incidência direta ao § 9º do art. 14 do texto constitucional, que assim dispõe:

"Art. 14. (...).

"(...).

"§ 9º. Lei complementar estabelecerá outros casos de inelegibilidade e os prazos de sua cessação, a fim de proteger a probidade administrativa, a moralidade para o exercício do mandato, considerada a vida pregressa do candidato, e a normalidade e legitimidade das eleições contra a influência do poder econômico ou o abuso do exercício de função, cargo ou emprego na Administração direta ou indireta."

Em decorrência da orientação jurisprudencial prevalecente no egrégio TSE firmou-se entendimento, ora questionado nesta sede processual, no sentido de não ser autoaplicável o conteúdo normativo do § 9º do art. 14 da Constituição da República, na redação que lhe deu a Emenda Constitucional de Revisão n. 4/1994. (...). (...), a vida pregressa dos candidatos, particularmente naqueles pontos que possam representar fatores de comprometimento do interesse público, não deve constituir objeto de incompreensível segredo, pois, nesse domínio, e em face do sistema de direito positivo vigente no presente momento histórico, somente os eleitores dispõem de poder soberano e de legitimidade para rejeitar, pelo exercício do direito de voto, candidatos ímprobos, desonestos e moralmente desqualificados. (...).

Daí, Sr. Presidente, a necessidade de se privilegiar, em favor de todos os eleitores, o direito à informação plena, correta, integral e idônea, para que não se comprometa a própria legitimidade do processo eleitoral.

Devo salientar, no entanto, que o tema concernente ao direito do eleitor à informação não compõe, como anteriormente já enfatizado, o objeto da presente demanda, ainda que o direito público subjetivo do cidadão de ser adequadamente informado de todos os dados pertinentes aos candidatos em geral não se mostre incompatível com a exigência do trânsito em julgado, pois a observância do princípio da publicidade pode coexistir, harmoniosamente, com a garantia constitucional da presunção de inocência, notadamente se se considerar, no plano da teoria geral das inelegibilidades, que estas, embora não configurem pena, qualificam-se como matéria de direito estrito.

Assinalo, por isso mesmo, que a controvérsia constitucional exposta nesta sede processual, considerados os fundamentos deduzidos pela arguente, estimula reflexões e suscita, em última análise, para efeito de sua resolução e em decorrência dos pedidos que delimitam, de modo estrito, o objeto do presente litígio, as seguintes indagações:

(a) O postulado da não culpabilidade ou do estado de inocência restringe-se, unicamente, ao domínio penal ou, ao contrário, irradia os seus efeitos para além dos limites em que se delineia o processo penal de natureza condenatória?

(b) Em caso de projeção extrapenal, esse postulado constitucional impede que situações processuais ainda não definidas por sentenças transitadas em julgado provoquem, em decorrência da exigência de moralidade e de probidade administrativa, inelegibilidade ou obstem a candidaturas para mandatos eletivos?

(c) A exigência de coisa julgada, quer a estabelecida na própria Constituição (CF, art. 15, III), quer a prevista na legislação comum (Lei Complementar n. 64/1990, art. 1º, I, "d", "e" e "h", e art. 15), faz instaurar situação de conflituosidade com os postulados da probidade administrativa e da moralidade para o exercício do mandato eletivo, a que se refere o § 9º do art. 14 da Constituição, na redação dada pela Emenda Constitucional de Revisão n. 4/1994? E:

(d) Reveste-se, ou não, de autoaplicabilidade o § 9º do art. 14 da Constituição, na redação que lhe deu a Emenda Constitucional de Revisão n. 4/1994?

Vê-se, portanto, que a questão a ser inicialmente examinada nesta causa assim pode ser sintetizada: o direito fundamental à presunção de inocência restringe-se, quanto à sua incidência, apenas ao domínio processual penal ou, ao contrário, trata-se de postulado impregnado de espectro amplo, que também alcança e abrange a atividade do Poder Público em qualquer esfera de sua atuação, impondo-lhe limites inultrapassáveis? (...).

[*Presunção de inocência e devido processo*]

Com a instauração, em nosso País, de uma ordem plenamente democrática, assim consagrada pela vigente Constituição, intensificou-se o círculo de proteção em torno dos direitos fundamentais, (...). (...). (...) não se pode, como corretamente adverte o eminente Min. Eros Grau, buscar interpretação que substitua, com grave comprometimento da legalidade e do procedimento legal, a racionalidade formal do Direito, que se funda nas instituições e nas leis, por critérios impregnados de valorações que culminam por afetar a segurança e a certeza jurídicas, com sério risco à integridade do próprio sistema de garantias construído pela Constituição, cuja normatividade não pode ser potencializada nem tornada relativa, consoante ressalta o Min. Eros Grau, por uma explicitação teórica de distintos blocos de direitos e preceitos.

Daí a precisa observação que esse ilustre Magistrado e Professor fez, em tom de grave advertência, sobre a matéria ora em exame, quando da apreciação, pelo egrégio TSE, da Consulta n. 1.621-PB, considerando, então, na formulação da resposta, o próprio teor do que se contém no § 9º do art. 14 da Constituição, na redação que lhe deu a Emenda Constitucional de Revisão n. 4/1994: "(...). A suposição de que o Poder Judiciário possa, na ausência de lei complementar, estabelecer critérios de avaliação da vida pregressa de candidatos para o fim de definir situações de inelegibilidade importaria a substituição da 'presunção de não culpabilidade', consagrada no art. 5º, LVII, da Constituição ('ninguém será considerado culpado até o trânsito em julgado de sentença penal condenatória'), por uma 'presunção de culpabilidade' contemplada em lugar nenhum da Constituição (qualquer pessoa poderá ser considerada culpada independentemente do trânsito em julgado de sentença penal condenatória)".

Também o eminente Min. Marco Aurélio, em julgamento de que participou como Presidente do egrégio TSE, expendeu precisas e procedentes observações a respeito da matéria ora em exame (RO n. 1.069-RJ), reafirmando, de um lado, a não autoaplicabilidade do § 9º do art. 14 da Constituição, na redação dada pela Emenda Constitucional de Revisão n. 4/1994 e reconhecendo, de outro, que o Judiciário não pode, sem ofensa ao princípio da divisão funcional do Poder, substituir-se ao legislador para, na ausência da lei complementar exigida por aquele preceito constitucional, definir, por critérios próprios, os casos em que a vida pregressa do candidato implicar inelegibilidade:

"Indaga-se: a quem está dirigida a referência contida hoje, reconheço, em bom vernáculo, no § 9º do art. 14, ao objeto da previsão de casos de inelegibilidade – a fim de proteger a probidade administrativa e a moralidade para o exercício do mandato, tendo em vista a vida pregressa do candidato? Ao Judiciário? Trata-se de uma carta em branco quanto a casos de inelegibilidade, para se ter, como foi dito por um advogado militante nesta Corte, o implemento da ira cívica? A resposta para mim é desenganadamente negativa. Não somos legisladores, não nos podemos substituir ao Congresso Nacional no que o Poder Legislativo, muito embora, promulgada a Emenda Constitucional de Revisão n. 4/1994, em verdadeiro lembrete do que já estaria latente na previsão do § 9º, não veio a alterar a lei de 1990, a Lei Complementar n. 64.

"Qual o parâmetro de referência para o caso concreto? É aquele revelado pela Lei Complementar n. 64/1990, cujo art. 1º, inciso I, preceitua que a inelegibilidade, considerados os processos criminais, está jungida aos condenados criminalmente com sentença transitada em julgado.

"Posso substituir, revogando mesmo – e seria uma derrogação –, o que previsto na alínea 'e' dos citados artigos e incisos? Posso concluir que, onde está revelada a inelegibilidade em decorrência da existência de sentença transitada em julgado, é dado ler 'processo em curso'? A meu ver, não, a menos que caminhemos para o estabelecimento, no âmbito do próprio Judiciário, em um campo tão restrito como é o da inelegibilidade, de situações concretas ao sabor das circunstâncias reinantes, da quadra vivida no País, que, reconheço, realmente é de purificação. Enquanto o Direito for ciência, o meio justifica o fim, mas não o meio. Não se tem como olvidar que, no caso, exige-se bem mais para assentar-se a inelegibilidade do que o simples curso de processo criminal.

"(...).

"Mas, aqui, a questão não se define pela simples razoabilidade, este é o problema. Não posso, onde a Constituição exige a previsão em lei complementar, entender que é dispensável esse instrumental. E, à mercê de uma interpretação, de uma construção constitucional, segundo a minha concepção humanística, eleger outras causas. O subjetivismo vai grassar, e a insegurança jurídica será total.

"(...).

"(...) como conciliar a cláusula constitucional que revela suspensos os direitos políticos – só aí – quando existente sentença transitada em julgado com o assentamento de que é causa de inelegibilidade, sem previsão legal normativa, o simples curso de processo criminal?" (...).

Tenho para mim que a pretensão deduzida pela Associação dos Magistrados Brasileiros, considerados todos os fundamentos expostos, pelos eminentes Mins. Marco Aurélio, Cézar Peluso e Eros Grau, nos já mencionados julgamentos realizados pelo egrégio TSE, revela-se inacolhível, porque desautorizada não só pelo postulado da reserva constitucional de lei complementar (CF, art. 14, § 9º, c/c o art. 2º), mas, também, por cláusulas instituídas pela própria Constituição da República e que consagram, em favor da pessoa, o direito fundamental à presunção de inocência (CF, art. 5º, LVII) e que lhe asseguram, nas hipóteses de imposição de medidas restritivas de quaisquer direitos, a garantia essencial do devido processo (CF, art. 5º, LIV). (...). (...) a repulsa à presunção de inocência, com todas as consequências e limitações jurídicas ao poder estatal que dela emanam, mergulha suas raízes em uma visão incompatível com os padrões ortodoxos do regime democrático, impondo, indevidamente, à esfera jurídica dos cidadãos restrições não autorizadas pelo sistema constitucional. (...).

Mostra-se evidente, Sr. Presidente, que a Constituição brasileira, promulgada em 1988 e destinada a reger uma sociedade fundada em bases democráticas, é bem o símbolo representativo da antítese ao absolutismo do Estado e à força opressiva do Poder, considerado o contexto histórico que justificou, em nosso processo político, a ruptura com paradigmas autocráticos do passado e que baniu, por isso mesmo, no plano das liberdades públicas, qualquer ensaio autoritário de uma inaceitável hermenêutica de submissão, somente justificável numa perspectiva *ex parte principis*, cujo efeito mais conspícuo, em face da posição daqueles que presumem a culpabilidade do réu, ainda que para fins extrapenais, será a virtual esterilização de uma das mais expressivas e historicamente significativas conquistas dos cidadãos, que é a de jamais ser tratado, pelo Poder Público, como se culpado fosse!

O postulado do estado de inocência, ainda que não se considere como presunção em sentido técnico, encerra, em favor de qualquer pessoa sob persecução penal, o reconhecimento de uma verdade provisória, com caráter probatório, que repele suposições ou juízos prematuros de culpabilidade, até que sobrevenha – como o exige a Constituição do Brasil – o trânsito em julgado da condenação penal. Só então deixará de subsistir, em favor da pessoa condenada, a presunção de que é inocente.

Há, portanto, um momento claramente definido no texto constitucional, a partir do qual se descaracteriza a presunção de inocência, vale dizer, aquele instante em que sobrevém o trânsito em julgado da condenação criminal. Antes desse momento – insista-se – o Estado não pode tratar os indiciados ou réus como se culpados fossem. A presunção de inocência impõe, desse modo, ao Poder Público um dever de tratamento que não pode ser desrespeitado por seus agentes e autoridades.

[*Presunção de inocência e seus efeitos em âmbito extrapenal*] (...).

Torna-se importante assinalar, neste ponto, Sr. Presidente, que a presunção de inocência, embora historicamente vinculada ao processo penal, também irradia os seus efeitos, sempre em favor das pessoas, contra o abuso de poder e a prepotência do Estado, projetando-os para esferas processuais não criminais, em ordem a impedir, dentre outras graves consequências no plano jurídico – ressalvada a excepcionalidade de hipóteses previstas na própria Constituição –, que se formulem, precipitadamente, contra qualquer cidadão, juízos morais fundados em situações juridicamente ainda não definidas (e, por isso mesmo, essencialmente instáveis) ou, então, que se imponham ao réu restrições a seus direitos não obstante inexistente condenação judicial transitada em julgado. (...).

Cabe referir, por extremamente oportuno, que o STF, em recentíssimo julgamento plenário (RE n. 482.006-MG, rel. Min. Ricardo Lewandowski), e interpretando a Constituição da República, observou, em sua decisão, essa mesma diretriz – que faz incidir a presunção constitucional de inocência também em domínio extrapenal –, explicitando que esse postulado constitucional alcança quaisquer medidas restritivas de direitos, independentemente de seu conteúdo ou do bloco que compõe, se de direitos civis ou de direitos políticos.

Em mencionado julgamento, esta Suprema Corte assim se pronunciou:

"Art. 2º da Lei estadual n. 2.364/1961 do Estado de Minas Gerais, que deu nova redação à Lei estadual n. 869/1952, autorizando a redução de vencimentos de servidores públicos processados criminalmente – Dispositivo não recepcionado pela Constituição de 1988 – Afronta aos princípios da presunção de inocência e da irredutibilidade de vencimentos – Recurso improvido.

"I – A redução de vencimentos de servidores públicos processados criminalmente colide com o disposto nos arts. 5º, LVII, e 37, XV, da Constituição, que abrigam, respectivamente, os princípios da presunção de inocência e da irredutibilidade de vencimentos.

"II – Norma estadual não recepcionada pela atual Carta Magna, sendo irrelevante a previsão que nela se contém de devolução dos valores descontados em caso de absolvição.

"(...).
"IV – Recurso extraordinário conhecido, em parte e, na parte conhecida, improvido." (...).
Daí, Sr. Presidente, a regra de prudência estabelecida no art. 15, III, da Constituição da República, a exigir, para efeito de suspensão temporária dos direitos políticos, notadamente da capacidade eleitoral passiva, vale dizer, do direito de ser votado, o trânsito em julgado da condenação judicial. (...).

A condenação do réu pela prática de qualquer delito – até mesmo pela prática de uma simples contravenção penal – somente se justificará quando existentes, no processo, e sempre colhidos sob a égide do postulado constitucional do contraditório, elementos de convicção que, projetando-se *beyond all reasonable doubt* (além, portanto, de qualquer dúvida razoável), veiculem dados consistentes que possam legitimar a prolação de um decreto condenatório pelo Poder Judiciário.

No ordenamento positivo brasileiro não existe qualquer possibilidade de o Poder Público, por simples presunção ou com fundamento em meras suspeitas, reconhecer, sem prévia decisão judicial condenatória irrecorrível, a culpa de alguém, especialmente quando, para além da gravíssima privação da liberdade individual – ou da atribuição da qualidade de *improbus administrator* –, resultar, ainda, dentre outras sérias consequências, a suspensão temporária da cidadania, em particular do direito de ser votado.

[*Colisão com outros princípios*] (...).

A exigência de coisa julgada – que representa, na constelação axiológica que se encerra em nosso sistema constitucional, valor de essencial importância na preservação da segurança jurídica – não colide, por isso mesmo, com a cláusula de probidade administrativa nem com a que se refere à moralidade para o exercício do mandato eletivo, pois a determinação de que se aguarde a definitiva formação da autoridade da *res judicata*, além de refletir um claro juízo de prudência do legislador, quer o constituinte (CF, art. 15, III) , quer o comum (Lei Complementar n. 64/1990, art. 12, I, "d" e "h", e art. 15), encontra plena justificação na relevantíssima circunstância de que a imposição, ao cidadão, de gravíssimas restrições à sua capacidade eleitoral deve condicionar-se ao trânsito em julgado da sentença, seja a que julga procedente a ação penal, seja aquela que julga procedente a ação civil por improbidade administrativa.

Mostra-se relevante acentuar o alto significado que assume, em nosso sistema normativo, a coisa julgada, pois, ao propiciar a estabilidade das relações sociais e a superação dos conflitos, culmina por consagrar a segurança jurídica, que traduz, na concreção de seu alcance, valor de transcendente importância política, jurídica e social, a representar um dos fundamentos estruturantes do próprio Estado Democrático de Direito. (...).

Não se pode desconhecer, portanto, quanto à sentença ainda recorrível, que se registra, quanto a ela, a possibilidade – que não é simplesmente teórica – de vir a ser reformada pelos tribunais de segundo grau, inclusive por Cortes judiciárias superiores, como o próprio TSE, ou o STJ (quando não se tratar de processos de natureza eleitoral), ou, ainda, o STF, atuando em sua condição de instância de superposição.

Veja-se, desse modo, que a privação temporária (suspensão) dos direitos políticos – de que resulta a perda da elegibilidade, como consequência de condenação criminal transitada em julgado (CF, art. 15, III) ou da procedência definitiva da sentença que julga a ação civil de improbidade administrativa ou a representação em processo de apuração de abuso do poder econômico ou político (Lei n. 8.429/1992, art. 20, *caput*, c/c a Lei Complementar n. 64/1990, art. 1º, I, "d", "g" e "h") – acha-se condicionada à estrita observância do trânsito em julgado do respectivo ato sentencial.

Essa exigência de irrecorribilidade atende à própria racionalidade do sistema de direito positivo, considerados os fundamentos que justificam a coisa julgada como um dos valores estruturantes do Estado Democrático de Direito.

[*Recursos procrastinatórios*] (...).

Nem se diga, ainda, que se revelaria possível a utilização de recursos procrastinatórios para obstar, por um gesto de puro arbítrio do condenado, à formação da coisa julgada, o que frustraria a incidência da cláusula de inelegibilidade.

Essa alegação não se justifica, pois o STF formou jurisprudência de neutralização do abuso do direito de recorrer, mesmo em se tratando de processos de natureza eleitoral, com a determinação de imediata execução dos seus julgados ou daqueles mantidos, em sede recursal (tanto ordinária quanto extraordinária), por esta Suprema Corte (AI n. 469.699/ED/Ag-MA, rel. Min. Celso de Mello – RE n. 179.542/ED/ED-SP, rel. Min. Moreira Alves, *v.g.*):

"O STF – reputando essencial impedir que a interposição sucessiva de recursos, destituídos de fundamento juridicamente idôneo, culmine por gerar inaceitável procrastinação do encerramento da causa – tem admitido, em caráter excepcional, notadamente quando se tratar de processos eleitorais, que se proceda ao imediato cumprimento da decisão recorrida, independentemente da publicação de acórdão e de eventual oposição ulterior de embargos de declaração – Precedentes – Hipótese em que a decisão do TSE, embora proferida em 22.9.1998, ainda não havia sido executada" (RE n. 247.416/AgR/EDv/ED-SP, rel. Min. Celso de Mello, Pleno). (...).

Presente esse contexto, Sr. Presidente, não vejo como o respeito ao instituto da coisa julgada possa traduzir transgressão à exigência de probidade administrativa e de moralidade para o exercício do mandato eletivo.

Inexiste, na realidade, qualquer situação de antinomia entre esses valores constitucionais, pois eles convivem, harmoniosamente, em nosso sistema normativo, na medida em que a observância do trânsito em julgado de sentenças, cujos efeitos afetam e restringem, gravemente, a esfera jurídica de quem é condenado, apenas confere certeza e prestigia a segurança jurídica, que também se qualifica como valor constitucional a ser preservado. (...).

Pelas razões expostas, Sr. Presidente, e por entender que o postulado consagrador da garantia de inocência irradia os seus efeitos para além dos limites dos processos penais de natureza condenatória, impedindo, desse modo, que situações processuais ainda não definidas por sentenças transitadas em julgado provoquem a inelegibilidade dos cidadãos ou obstem a candidaturas para mandatos eletivos, não vejo como acolher, no ponto, e em relação ao art. 1º, inciso I, alíneas "d", "e" e "h", e ao art. 15 da Lei Complementar n. 64/1990, a pretensão deduzida pela ora arguente.

[*Aplicabilidade limitada do § 9º do art. 14 da CF*] (...).

A Associação dos Magistrados Brasileiros também argui que as sucessivas decisões do TSE que deram origem à Súmula n. 13 ("Não é autoaplicável o § 9º do art. 14 da Constituição, com a redação da Emenda Constitucional de Revisão n. 4/1994") teriam importado em descumprimento dos preceitos fundamentais por ela invocados.

Entendo não lhe assistir razão, eis que a norma constitucional em causa (CF, art. 14, § 9º) veicula típica norma de integração, que reclama, para fins de sua integral aplicabilidade, a necessária *interpositio legislatoris*, consoante adverte a doutrina ao analisar a questão do gradualismo eficacial das regras inscritas no texto da Constituição (Celso Ribeiro Bastos e Carlos Ayres Britto, *Interpretação e Aplicabilidade das Normas Constitucionais*, pp. 48-49, 1982, Saraiva; Maria Helena Diniz, "Norma constitucional e seus efeitos", pp. 101-102, 1989, Saraiva; Michel Temer, *Elementos de Direito Constitucional*, p. 27, 5ª ed., 1989, RT; José Afonso da Silva, *Aplicabilidade das Normas Constitucionais*, pp. 75-77, 1968, RT).

Na realidade, o exame do conteúdo material da regra inscrita no § 9º do art. 14 da Constituição evidencia que referida norma depende, para efeito de sua incidência, notadamente naquilo que se refere aos critérios e elementos nela estipulados (como a definição de outros casos de inelegibilidade e a fixação de prazos), de regulamentação normativa concretizável, unicamente, mediante lei complementar, pelo Congresso Nacional.

Isso significa, portanto, que o § 9º do art. 14 da Constituição qualifica-se como típica regra provida de eficácia meramente limitada, cuja aplicabilidade depende, em consequência, da edição de ato legislativo que atue como requisito indispensável ao pleno desenvolvimento da normatividade do preceito constitucional em questão. (...).

Outro não é, na matéria, o ensinamento de José Afonso da Silva (ob. cit., p. 75), para quem: "O que se pode admitir é que a eficácia de certas normas constitucionais não se manifesta na plenitude dos efeitos jurídicos pretendidos pelo constituinte enquanto não se emitir uma normação jurídica ordinária ou complementar executória, prevista ou requerida".

É, precisamente, o que ocorre com o preceito inscrito no § 9º do art. 14 da Constituição, que configura, na clássica acepção das regras constitucionais de eficácia limitada, uma estrutura jurídica sem suficiente densidade normativa. Sem a legislação integrativa da vontade do constituinte, normas constitucionais – como a de que ora se trata – "não produzirão efeitos positivos" nem mostrar-se-ão aplicáveis em plenitude, pois "não receberam (...) do constituinte normatividade suficiente para sua aplicação imediata" (Maria Helena Diniz, ob. cit., p. 101). (...).

A regra inscrita no § 9º do art. 14 da Carta Política – norma constitucional de eficácia limitada – constitui, pois, preceito de integração que reclama, em caráter necessário, para efeito de sua plena incidência, a mediação legislativa concretizadora do comando nela positivado.

O Congresso Nacional desempenha, nesse contexto, a relevantíssima função de sujeito concretizante da vontade formalmente proclamada no texto da Constituição.

Sem que ocorra a *interpositio legislatoris*, a norma constitucional de eficácia limitada não produzirá, em plenitude, as consequências jurídicas que lhe são pertinentes. (...).

Esta Suprema Corte não pode, por isso mesmo, substituindo-se, inconstitucionalmente, ao legislador, estabelecer, com apoio em critérios próprios, meios destinados a viabilizar a imediata incidência da regra constitucional mencionada (CF, art. 14, § 9º), (...). (...).

É que, se tal fosse possível, o Poder Judiciário – que não dispõe de função legislativa – passaria a desempenhar atribuição que lhe é institucionalmente estranha (a de legislador positivo), usurpando, desse modo, no contexto de um sistema de Poderes essencialmente limitados, competência que não lhe pertence, com evidente transgressão ao princípio constitucional da separação de Poderes. (...).

A legitimidade dos fins, Sr. Presidente, não justifica a ilegalidade ou inconstitucionalidade dos meios cuja adoção se entenda necessária à consecução dos objetivos visados, por mais elevados, dignos e inspirados que sejam.

Concluo o meu voto, Sr. Presidente. E, ao fazê-lo, deixo assentadas as seguintes conclusões:

1. A regra inscrita no § 9º do art. 14 da Constituição, na redação dada pela Emenda Constitucional de Revisão n. 4/1994, não é autoaplicável, pois a definição de novos casos de inelegibilidade e a estipulação dos prazos de sua

cessação, a fim de proteger a probidade administrativa e a moralidade para o exercício do mandato, considerada a vida pregressa do candidato, dependem, exclusivamente, da edição de lei complementar, cuja ausência não pode ser suprida mediante interpretação judicial.

2. A mera existência de inquéritos policiais em curso, ou de processos judiciais em andamento ou de sentença penal condenatória ainda não transitada em julgado, além de não configurar, só por si, hipótese de inelegibilidade, também não impede o registro de candidatura de qualquer cidadão.

3. A exigência de coisa julgada a que se referem as alíneas "d", "e" e "h" do inciso I do art. 1º e o art. 15, todos da Lei Complementar n. 64/1990, não transgride nem descumpre os preceitos fundamentais concernentes à probidade administrativa e à moralidade para o exercício de mandato eletivo.

4. A ressalva a que alude a alínea "g" do inciso I do art. 1º da Lei Complementar n. 64/1990 mostra-se compatível com o § 9º do art. 14 da Constituição, na redação dada pela Emenda Constitucional de Revisão n. 4/1994.

Sendo assim, e em face das razões expostas, julgo improcedente a presente arguição de descumprimento de preceito fundamental.

É o meu voto.

(...).

VOTO – *O Sr. Min. Carlos Ayres Britto*: (...). (...).

Sr. Presidente, basicamente a minha divergência com o voto do Min. Celso de Mello está nos seguintes aspectos: eu não absolutizo – permitam-me falar assim – a presunção de não culpabilidade até o trânsito em julgado de sentença penal condenatória, que se lê no inciso LVII do art. 5º da Constituição, isso porque não identifico de todo a esfera penal e a esfera eleitoral. Vale dizer, não identifico a individualidade e a representatividade política. Faço uma separação, não radical, mas entendo que são setores diferenciados da Constituição e que reclamam, de nossa parte, equacionamento jurídico também distinto.

Nessa mesma linha, não equiparo o instituto da suspensão dos direitos políticos e condição de elegibilidade, nem causa de inelegibilidade. Também eu distingo as coisas e tentarei, no tempo mais curto que me for possível, explicar meu ponto de vista. (...).

Os direitos fundamentais tanto quanto as garantias constitucionais do Título II distribuem-se por blocos menores, por subconjuntos em apartado, pela forte razão de que eles não mantêm vínculo funcional imediato com os mesmos princípios constitucionais estruturastes, que são aqueles cinco fundamentos que vão do inciso I ao inciso V do art. 1º da CF. Trata-se de direitos e garantias que operacionalmente se vinculam mais a uns protoprincípios constitucionais do que a outros, porque são modelos de direitos e garantias que têm a sua própria história de vida, o seu inconfundível perfil político filosófico, definidor das respectivas finalidades. Vale dizer, um perfil político filosófico que é a própria justificativa do vínculo funcional mais direto com esse ou com aquele outro princípio constitucional fundante da nossa República Federativa. (...). (...) eu salto para o sistema dos direitos políticos – agora, sim, é o que mais de perto nos interessa – a fim de apontar o seu vínculo funcional mais próximo com dois geminados princípios constitucionais: o princípio da soberania popular, que é o inciso I do art. 1º, e o princípio da democracia representativa ou indireta, que está no parágrafo único do art. 1º da Constituição.

Aqui, neste campo dos direitos políticos, o exercício deles não é para servir imediatamente aos seus titulares – e já vai aí uma primeira diferenciação fundamental –, mas para servir imediatamente a valores de índole coletiva – esses dois valores que acabei de dizer: da soberania popular e da democracia representativa ou democracia indireta. É uma diferenciação que precisa ficar bem clara. Quanto aos magnos princípios constitucionais da dignidade da pessoa humana e dos valores sociais do trabalho, para quê eles existem? Eles existem como a resultante lógica, como a consequência do particularizado exercício dos direitos de índole social e daqueles rotulados como de natureza individual. Logo, nestes últimos, o que se visa em primeiro plano é beneficiar por modo concreto os individualizados sujeitos das duas categorias de direitos: direitos individuais e direitos sociais. Somente no segundo momento lógico é que se pode falar de concreção desses dois fundamentos da República: dignidade da pessoa humana e valores sociais do trabalho.

Quando nos deslocamos, todavia, para os basilares princípios da soberania popular e da democracia representativa, quem primeiro resplende não são os bens de personalidade. Nem de personalidade individual nem de personalidade corporativa; pelo contrário, são valores ou ideias transindividuais, porque agora estamos no reino do coletivo. Reino de tudo aquilo que é de todos, pela sua maior abrangência individual, geográfica e material, tudo conjugadamente.

Por isso é que o eleitor, titular de direito político de votar, não exerce esse direito para primeiramente se beneficiar. Seu primeiro dever, no instante mesmo em que ele exerce o direito de votar, é para com a afirmação da soberania popular e da autenticidade do regime representativo. O mesmo acontecendo com o candidato. O candidato a cargo político eletivo só está autorizado a disputar a preferência do eleitorado para representar uma coletividade geográfica ou territorial por inteiro. Jamais para presentear a si mesmo, como diria Pontes de Miranda.

É por isso que o voto é um direito e um simultâneo dever, e ninguém pode vender o seu voto porque não se trata de direito potestativo, disponível. Não estamos no campo dos bens de personalidade individual, portanto, e não são bens também da chamada personalidade corporativa. O candidato também não pode comprar voto, porque o direito de votar e o de ser votado estão jungidos a valores outros que são dominados por um princípio da responsabilidade, que só podem ser exercidos nos quadrantes de valores muito mais abrangentes, como o da probidade administrativa e da moralidade para o exercício do cargo.

Portanto, a probidade administrativa e a moralidade para o exercício do cargo, considerada a vida pregressa do candidato, são valores condicionantes do exercício dos direitos políticos, os quais se dão nessa perspectiva da responsabilidade, que termina sendo um respeito ou uma reverência para com esses conjugados valores da soberania popular, do regime representativo, da probidade administrativa e da moralidade para o exercício do cargo. Sempre considerada a vida pregressa do candidato. (...).

Com essa base, procurei comparar a redação do Texto Magno – § 9º do art. 14 –, após a Emenda Constitucional n. 4/1994, com a redação originária da Constituição. Encontrei uma diferença substancial. Esse dispositivo na redação originária não se referia à vida pregressa do candidato, à probidade administrativa nem à moralidade para o exercício do cargo. Natural seria, portanto, que a Lei Complementar n. 64/1990, editada, portanto, à luz dessa originária redação constitucional, se referisse a trânsito em julgado da sentença penal condenatória. Aliás, assim o fez muitas vezes. Mas com a Emenda n. 4 houve uma diferença substancial. Agora, a Constituição aporta para esse dispositivo valores, ou seja, a moralidade para o exercício do cargo; a probidade administrativa, considerada a vida pregressa do candidato.

Vale dizer, a Lei Complementar n. 64, na medida em que tantas vezes exige trânsito em julgado, sofreu o que uns chamam de revogação, tecnicamente, e outros de inconstitucionalidade superveniente. Isso porque a exigência de trânsito em julgado é para proteger pessoas, o indivíduo, ao passo que a lei complementar, após a Emenda n. 4, somente foi requestada para proteger valores, não pessoas. A nova redação é esta, substancialmente diferente da anterior:

"*Art. 14.* (...).

"(...).

"§ 9º. Lei complementar estabelecerá outros casos de inelegibilidade e os prazos de sua cessação, a fim de proteger" – o único sentido da edição da lei complementar é proteger, salvaguardar valores, não indivíduos, não pessoas. Que valores? – "a probidade administrativa, a moralidade para o exercício do mandato, considerada a vida pregressa do candidato, e" – conforme já constava da redação anterior – "a normalidade e legitimidade das eleições contra a influência do poder econômico ou o abuso do exercício de função, cargo ou emprego na Administração direta ou indireta."

Como se não bastasse isso, se seccionarmos os núcleos deônticos ou os enunciados desse § 9º, poderemos dizer que probidade administrativa é uma coisa, é um enunciado, um núcleo; moralidade para o exercício do cargo é outra. Há um terceiro núcleo deôntico: "considerada a vida pregressa do candidato". Podemos concluir que, no mínimo, na parte em que se manda observar a vida pregressa do candidato, a norma seria de eficácia plena. No mínimo, não se pode desconsiderar a vida pregressa do candidato, seja como condição de elegibilidade, seja como causa de inelegibilidade. Vida pregressa como histórico de vida. Não se trata de um, dois ou três processos perdidos aqui e ali, muitos deles até abertos – conforme sabemos – por capricho, por perseguição, por açodamento, por maquinação. Falo é de um passivo processual somado a fatos públicos e notórios desabonadores da personalidade moral do candidato. (...).

No meu sentir, não há como fazer da vida pregressa do candidato à investidura em cargo político eletivo um indiferente jurídico. Peço vênia a todos que pensam divergentemente. No mínimo, a autoaplicabilidade estaria na expressão "considerada a vida pregressa do candidato".

Para concluir, quero dizer que não identifico, de todo, condições de elegibilidade e causas de inelegibilidade. Aliás, para mim, suspensão de direitos políticos é uma coisa, elegibilidade é outra, e inelegibilidade já é uma terceira categoria constitucional.

A Constituição, no art. 15 – e nisso ela não inovou, não foi modificada –, estabelece o seguinte: "Art. 15. É vedada a cassação de direitos políticos, cuja perda ou suspensão só se dará [*agora, sim, é em* **numerus clausus**, *diferentemente do § 9º do art. 14; agora o rol é taxativo, é fechado*] nos casos de: I – cancelamento da naturalização por sentença transitada em julgado; II – incapacidade civil absoluta; III – condenação criminal transitada em julgado, enquanto durarem seus efeitos; (...)".

Vou parar por aqui, porque, quando se fala em improbidade administrativa, não se exige o requisito do trânsito em julgado, mas se remete ao art. 37, § 4º, que fala na lei, e, aí, abriríamos uma discussão interminável aqui.

Centremos nossa atenção nesta exigência: condenação criminal transitada em julgado. Por que a exigência do trânsito em julgado? Porque a suspensão ou a perda dos direitos políticos irradia os seus efeitos para o campo dos direitos sociais e para o campo dos direitos individuais. O prejuízo é múltiplo, é grande, é *lato*. Aí, é diferente. Até no mercado de trabalho o cidadão que perdeu os seus direitos e deixa temporariamente de ser cidadão, ou que tem os seus direitos suspensos, já não pode, por exemplo, contratar com o Poder Público, participar de licitação, concorrer a cargo público, propor ação popular ou fazer denúncias perante o Tribunal de Contas, e, portanto, decai da sua capacidade fiscalizadora dos atos do Poder Público. Por isso se exige o trânsito em julgado. Mas não estou falando de inelegibilidade; estou falando, apenas, de suspensão dos direitos políticos: a categoria é outra.

Exigiu-se o trânsito em julgado para a suspensão ou perda dos direitos políticos, pela irradiação dos efeitos maléficos desse campo político para o campo social e para o campo individual. Aí o indivíduo já não se presenta em plenitude nos atos da vida civil. É diferente de inelegibilidade, porque, nela, os direitos políticos permanecem: não há suspensão, não há perda. A inelegibilidade é um *minus*, é uma precaução, é uma cautela. O cidadão não perde, sequer, o direito de votar. Ele tem, sim, obstruído o seu direito de representar uma coletividade, de ser votado, mas ele conserva todos os outros direitos.

Faço a seguinte pergunta, com a qual eu concluo: é proporcional, ou não, equiparar causas de elegibilidade com suspensão ou perda dos direitos políticos? Claro que a suspensão dos direitos políticos, ou a perda dos direitos políticos, implica uma causa de não elegibilidade, mas não se exaure nisso: vai muito além, há muitos outros efeitos nas esferas de vida do indivíduo e do cidadão.

Por isso estou assentando a procedência da arguição de descumprimento de preceito fundamental em todos os seus termos. (...). (...).
(...).

EXTRATO DE ATA

Decisão: (...). No mérito, o Tribunal, por maioria, vencidos os Srs. Mins. Carlos Britto e Joaquim Barbosa, julgou improcedente a arguição de descumprimento de preceito fundamental, nos termos do voto do Relator, decisão, esta, dotada de efeito vinculante, segundo a Lei n. 9.882/1999. Votou o Presidente, Min. Gilmar Mendes. Falaram: pela arguente, Associação dos Magistrados Brasileiros/AMB, o Dr. Alberto Pavie Ribeiro; pelo *amicus curiae*, Partido Progressista/PP, o Dr. Marcus Vinicius Furtado Coelho; e, pela Advocacia-Geral da União, o Min. José Antônio Dias Toffoli. O Relator comunicou ao Plenário que, em decorrência de pedido somente nesta data formulado, admitiu a Associação dos Juízes Federais do Brasil/AJUFE como *amicus curiae*. Plenário, 6.8.2008.

Presidência do Sr. Min. Gilmar Mendes. Presentes à sessão os Srs. Mins. Celso de Mello, Marco Aurélio, Ellen Gracie, Cézar Peluso, Carlos Britto, Joaquim Barbosa, Eros Grau, Ricardo Lewandowski, Carmen Lúcia e Menezes Direito.

* * *

PERGUNTAS

1. Quais os fatos?
2. Quais são os direitos fundamentais invocados pelos autores da ação?
3. Quem são as partes e qual é o objeto da arguição de descumprimento de preceito fundamental?
4. Qual é a posição do TSE quanto ao objeto?
5. O que é a *autoaplicabilidade* de normas constitucionais?
6. O que é alegado pelos arguentes? Quais são os valores constitucionais contrapostos no caso?
7. A presunção de inocência é posta pelo Relator como essencial para a manutenção do Estado de direito. De que maneira é construída essa argumentação?
8. A presunção de inocência necessariamente implica a necessidade de trânsito em julgado de decisões condenatórias? Como se associam a coisa julgada e a segurança jurídica?
9. A transposição ao âmbito eleitoral da presunção de inocência na extensão em que ela existe no âmbito penal é pressuposta ou construída? De que modo?
10. Por que a Lei Complementar 64/1990 não pode representar, no entendimento do Relator, a lei complementar a que se refere o art. 14, § 9º, da CF?
11. Como o STF decidiu o caso? Como se relaciona a essa decisão a edição posterior da Lei Complementar 135/2010?
12. Dada a posterior mobilização social para a edição de nova lei, é possível ver ativismo judicial na posição minoritária da Corte, expressa no voto do Min. Carlos Britto?

7.14 "Ficha Limpa" (ADC 29-DF, ADC 30 e ADI 4.578)

(Plenário – rel. Min. Luiz Fux – j. 16.2.2012)

Ações declaratórias de constitucionalidade e ação direta de inconstitucionalidade em julgamento conjunto – Lei Complementar n. 135/2010 – Hipóteses de inelegibilidade – Art. 14, § 9º, da CF – Moralidade para o exercício de mandatos eletivos – Inexistência de afronta à irretroatividade das leis: agravamento do regime jurídico eleitoral – Ilegitimidade da expectativa do indivíduo enquadrado nas hipóteses legais de inelegibilidade – Presunção de inocência (art. 5º, LVII, da CF): exegese análoga à redução teleológica, para limitar sua aplicabilidade aos efeitos da condenação penal – Atendimento dos princípios da razoabilidade e da proporcionalidade – Observância do princípio democrático: fidelidade política aos cidadãos – Vida pregressa: conceito jurídico indeterminado – Prestígio da solução legislativa no preenchimento do conceito – Constitucionalidade da lei – Afastamento de sua incidência para as eleições já ocorridas em 2010 e as anteriores, bem como e para os mandatos em curso.

1. A elegibilidade é a adequação do indivíduo ao regime jurídico – constitucional e legal complementar – do processo eleitoral, razão pela qual a aplicação da Lei Complementar n. 135/2010 com a consideração de fatos anteriores não pode ser capitulada na retroatividade vedada pelo art. 5º, XXXVI, da Constituição, mercê de incabível a invocação de direito adquirido ou de autoridade da coisa julgada (que opera sob o pálio da cláusula *rebus sic stantibus*) anteriormente ao pleito em oposição ao diploma legal retromencionado; subjaz a mera adequação ao sistema normativo pretérito (expectativa de direito).

2. A razoabilidade da expectativa de um indivíduo de concorrer a cargo público eletivo, à luz da exigência constitucional de moralidade para o exercício do mandato (art. 14, § 9º), resta afastada em face da condenação prolatada em segunda instância ou por um colegiado no exercício da competência de foro por prerrogativa de função, da rejeição de contas públicas, da perda de cargo público ou do impedimento do exercício de profissão por violação de dever ético-profissional.

3. A presunção de inocência consagrada no art. 5º, LVII, da CF deve ser reconhecida como uma regra e interpretada com o recurso da metodologia análoga a uma redução teleológica, que reaproxime o enunciado normativo da sua própria literalidade, de modo a reconduzi-la aos efeitos próprios da condenação criminal (que podem incluir a perda ou a suspensão de direitos políticos, mas não a inelegibilidade), sob pena de frustrar o propósito moralizante do art. 14, § 9º, da CF.

4. Não é violado pela Lei Complementar n. 135/2010 o princípio constitucional da vedação de retrocesso, posto não vislumbrado o pressuposto de sua aplicabilidade concernente na existência de consenso básico, que tenha inserido na consciência jurídica geral a extensão da presunção de inocência para o âmbito eleitoral.

5. O direito político passivo (*ius honorum*) é possível de ser restringido pela lei nas hipóteses que, *in casu*, não podem ser consideradas arbitrárias, porquanto se adequam à exigência constitucional da razoabilidade, revelando elevadíssima carga de reprovabilidade social, sob os enfoques da violação à moralidade ou denotativos de improbidade, de abuso de poder econômico ou de poder político.

6. O princípio da proporcionalidade resta prestigiado pela Lei Complementar n. 135/2010, na medida em que: (i) atende aos fins moralizadores a que se destina, (ii) estabelece requisitos qualificados de inelegibilidade e (iii) impõe sacrifício à liberdade individual de candidatar-se a cargo público eletivo que não supera os benefícios socialmente desejados em termos de moralidade e probidade para o exercício de referido *munus publico*.

7. O exercício do *ius honorum* (direito de concorrer a cargos eletivos), em um juízo de ponderação no caso das inelegibilidades previstas na Lei Complementar n. 135/2010, opõe-se à própria democracia, que pressupõe a fidelidade política da atuação dos representantes populares.

8. A Lei Complementar n. 135/2010 também não fere o núcleo essencial dos direitos políticos, na medida em que estabelece restrições temporárias aos direitos políticos passivos, sem prejuízo das situações políticas ativas.

9. O cognominado desacordo moral razoável impõe o prestígio da manifestação legítima do legislador democraticamente eleito acerca do conceito jurídico indeterminado de vida pregressa, constante do art. 14, § 9º, da CF.

10. O abuso de direito à renúncia é gerador de inelegibilidade dos detentores de mandato eletivo que renunciarem aos seus cargos, posto hipótese em perfeita compatibilidade com a repressão, constante do ordenamento jurídico brasileiro (*v.g.*, o art. 55, § 4º, da CF e o art. 187 do CC), ao exercício de direito em manifesta transposição dos limites da boa-fé.

11. A inelegibilidade tem as suas causas previstas nos §§ 4º a 9º do art. 14 da Carta Magna de 1988, que se traduzem em condições objetivas cuja verificação impede o indivíduo de concorrer a cargos eletivos ou, acaso eleito, de os exercer, e não se confunde com a suspensão ou perda dos direitos políticos, cujas hipóteses são previstas no art. 15 da Constituição da República, que importa restrição não apenas ao direito de concorrer a cargos eletivos (*ius honorum*), mas também ao direito de voto (*ius sufragii*). Por essa razão, não há inconstitucionalidade na cumulação entre a inelegibilidade e a suspensão de direitos políticos.

12. A extensão da inelegibilidade por oito anos após o cumprimento da pena, admissível à luz da disciplina legal anterior, viola a proporcionalidade numa sistemática em que a interdição política se põe já antes do trânsito em julgado, cumprindo, mediante interpretação conforme à Constituição, deduzir do prazo posterior ao cumprimento da pena o período de inelegibilidade decorrido entre a condenação e o trânsito em julgado.

13. Ação direta de inconstitucionalidade cujo pedido se julga improcedente – Ações declaratórias de constitucionalidade cujos pedidos se julgam procedentes, mediante a declaração de constitucionalidade das hipóteses de inelegibilidade instituídas pelas alíneas "c", "d", "f", "g", "h", "j", "m", "n", "o", "p" e "q" do art. 1º, inciso I, da Lei Complementar n. 64/1990, introduzidas pela Lei Complementar n. 135/2010, vencido

o Relator em parte mínima, naquilo em que, em interpretação conforme à Constituição, admitia a subtração, do prazo de oito anos de inelegibilidade posteriores ao cumprimento da pena, do prazo de inelegibilidade decorrido entre a condenação e o seu trânsito em julgado.

14. Inaplicabilidade das hipóteses de inelegibilidade às eleições de 2010 e anteriores, bem como para os mandatos em curso, à luz do disposto no art. 16 da Constituição – Precedente: RE n. 633.703, rel. Min. Gilmar Mendes (repercussão geral).

ACÓRDÃO – Vistos, relatados e discutidos este autos: Acordam os Ministros do Supremo Tribunal Federal, em sessão plenária, sob a presidência do Sr. Min. Cézar Peluso, na conformidade da ata de julgamentos e das notas taquigráficas, por maioria de votos, em julgar procedente a ação.

Brasília, 16 de fevereiro de 2012 – *Luiz Fux*, relator.

RELATÓRIO – *O Sr. Min. Luiz Fux*: (...). (...).

Postula o Partido Popular Socialista o reconhecimento da validade jurídica da aplicação das hipóteses de inelegibilidade instituídas pela Lei Complementar n. 135/2010 aos casos em que os atos ou fatos passíveis de enquadramento tenham ocorrido anteriormente à edição da lei em comento. Para tanto, invoca o art. 14, § 9º, da CF, com redação introduzida pela Emenda Constitucional de Revisão n. 4/1994, *verbis*: " § 9º. Lei complementar estabelecerá outros casos de inelegibilidade e os prazos de sua cessação, a fim de proteger a probidade administrativa, a moralidade para exercício de mandato, considerada a vida pregressa do candidato, e a normalidade e legitimidade das eleições contra a influência do poder econômico ou o abuso do exercício de função, cargo ou emprego na Administração direta ou indireta".

Argumenta-se que a expressa referência constitucional ao exame da vida pregressa do candidato é bastante para autorizar a previsão, pelo legislador complementar, de hipóteses de inelegibilidades que tomem em consideração fatos já passados e que raciocínio oposto esvaziaria o conteúdo da lei.

Sustenta-se, ademais, que a inelegibilidade não constitui pena, mas uma restrição do direito de ser votado (*ius honorum*). Por essa razão, afastar-se-ia a aplicação da regra constitucional de irretroatividade das leis penais no tempo, questão que, segundo seu relato, já teria sido objeto de enfrentamento na jurisprudência do TSE.

Afasta-se, ainda, eventual óbice do princípio constitucional da segurança jurídica, pela afirmativa de que a verificação das condições de elegibilidade se dá no momento de registro da candidatura, sendo que não haveria direito "inato e inalienável" à candidatura. (...).

O requerente apresentou petição em que afirma não ter discorrido sobre a constitucionalidade dos dispositivos legais em face da presunção de inocência por não haver identificado controvérsia jurisprudencial relevante sobre a questão. De todo modo, reitera os argumentos expendidos na exordial e afirma haver debate doutrinário sobre o tema, salientando que o estabelecimento de hipóteses de inelegibilidade decorrentes de decisão colegiada, ainda que não definitiva, é compatível com a ordem constitucional vigente.

Nesse diapasão, sustenta que a previsão do art. 14, § 9º, relativamente à observância da vida pregressa do candidato denotaria o propósito do constituinte reformador de ampliar os casos de inelegibilidade para além das condenações definitivas. Demais disso, salienta a distinção entre a inelegibilidade e a perda ou a suspensão dos direitos políticos, que alcançam também o direito de votar. Assim, não faria sentido que a lei complementar restringisse a inelegibilidade às condenações transitadas em julgado, sob pena de inocuidade, uma vez que a própria CF, no art. 15, III, determina a suspensão dos direitos políticos em virtude de sentença penal condenatória.

A ADC n. 29, ora em foco, foi distribuída por prevenção, considerada, para tanto, sua vinculação com a ADI n. 4.578. Nesta, a Confederação Nacional das Profissões Liberais/CNPL requer a declaração de inconstitucionalidade do art. 1º, inciso I, alínea "m", da Lei Complementar n. 64/1990, inserido pela Lei Complementar n. 135/2010.

Nesta ação direta de inconstitucionalidade, alega a requerente que o dispositivo legal está inquinado de inconstitucionalidade formal, pois confere aos Conselhos Profissionais competência em matéria eleitoral, ao admitir que a violação a regimentos internos elaborados por esses Conselhos possa ocasionar a imposição de sanções de cunho eleitoral. (...). (...).

Opinou a Advocacia-Geral da União no sentido do não conhecimento da ação direta de inconstitucionalidade, por ausência de impugnação especificada – caracterizando inépcia da inicial – e por ausência de pertinência temática da CNPL. Eventualmente superadas as preliminares, pugnou pela improcedência do pedido.

A ambas as ações foi apensada a ADC n. 30, ajuizada pelo Conselho Federal da OAB. (...).

São repisados na ADC n. 30 vários dos argumentos que lastreiam a ADC n. 29, com ênfase na questão da aplicabilidade da Lei Complementar n. 135/2010 com referência a fatos ocorridos anteriormente à sua edição, especialmente por força da distinção entre a inelegibilidade – à qual se recusa caráter sancionatório – e a suspensão ou perda de direitos políticos, bem como na restrição da presunção constitucional de inocência à esfera penal e processual penal. Concluir em sentido diverso, afirma-se na exordial, tornaria inócua a menção à vida pregressa do candidato no art. 14, 9º, da CF. Alega-se, ainda, que a Lei de Inelegibilidades tenciona a depuração do sistema político-partidário e o fortalecimento do regime democrático. (...).

A Procuradoria-Geral da República emitiu parecer no sentido do conhecimento das ações e da procedência dos pedidos na ADC n. 29 e na ADC n. 30, bem como da improcedência do pedido na ADI n. 4.578, com a declaração da constitucionalidade da Lei Complementar n. 135/2010 em sua integralidade.

É o relatório.

VOTO – *O Sr. Min. Luiz Fux* (relator): (...). (...).

Há três questões a responder neste julgamento, quais sejam: (1) se as inelegibilidades introduzidas pela Lei Complementar n. 135/2010 poderão alcançar atos ou fatos ocorridos antes da edição do mencionado diploma legal e (2) se é constitucional a hipótese de inelegibilidade prevista no art. 1º, I, "m", da Lei Complementar n. 64/1990, inserido pela Lei Complementar n. 135/2010. Sucede que o exame dessas questões demanda, previamente, (3) a própria fiscalização abstrata de constitucionalidade de todas as hipóteses de inelegibilidade criadas pela Lei Complementar n. 135/2010, que podem ser divididas, basicamente, em cinco grupos, a saber: (i) condenações judiciais (eleitorais, criminais ou por improbidade administrativa) proferidas por órgão colegiado; (ii) rejeição de contas relativas ao exercício de cargo ou função pública (necessariamente colegiadas, porquanto prolatadas pelo Legislativo ou por Tribunal de Contas, conforme o caso); (iii) perda de cargo (eletivo ou de provimento efetivo), incluindo-se as aposentadorias compulsórias de magistrados e membros do Ministério Público e, para os militares, a indignidade ou incompatibilidade para o oficialato; (iv) renúncia a cargo público eletivo diante da iminência da instauração de processo capaz de ocasionar a perda do cargo; e (v) exclusão do exercício de profissão regulamentada, por decisão do órgão profissional respectivo, por violação de dever ético-profissional.

Primeiramente, é bem de ver que a aplicação da Lei Complementar n. 135/2010 com a consideração de fatos anteriores não viola o princípio constitucional da irretroatividade das leis. De modo a permitir a compreensão do que ora se afirma, confira-se a lição de J. J. Gomes Canotilho (*Direito Constitucional e Teoria da Constituição*, 5ª ed., Coimbra, Almedina, 2001, pp. 261-262), em textual: "(...). *Retroactividade* consiste basicamente numa ficção: (1) decretar a validade e vigência de uma norma a partir de um marco temporal (data) anterior à data da sua entrada em vigor; (2) ligar os *efeitos jurídicos* de uma norma a situações de facto existentes antes de sua entrada em vigor. (...)" (os grifos são do original).

O Mestre de Coimbra, sob a influência do Direito Alemão, faz a distinção entre: (i) a retroatividade autêntica – a norma possui eficácia *ex tunc*, gerando efeito sobre situações pretéritas, ou, apesar de pretensamente possuir eficácia meramente *ex nunc*, atinge, na verdade, situações, direitos ou relações jurídicas estabelecidas no passado; e (ii) a retroatividade inautêntica (ou retrospectividade) – a norma jurídica atribui efeitos futuros a situações ou relações jurídicas já existentes, tendo-se, como exemplos clássicos, as modificações dos estatutos funcionais ou de regras de previdência dos servidores públicos (v. ADI ns. 3.105 e 3.128, rel. para o acórdão Min. Cézar Peluso).

Como se sabe, a retroatividade autêntica é vedada pela Constituição da República, como já muitas vezes reconhecido na jurisprudência deste Tribunal. O mesmo não se dá com a retrospectividade, que, apesar de semelhante, não se confunde com o conceito de retroatividade mínima defendido por Matos Peixoto e referido no voto do eminente Min. Moreira Alves proferido no julgamento da ADI n. 493 (j. 25.6.1992): enquanto nesta são alteradas, por lei, as consequências jurídicas de fatos ocorridos anteriormente – consequências, estas, certas e previsíveis ao tempo da ocorrência do fato –, naquela a lei atribui novos efeitos jurídicos, a partir de sua edição, a fatos ocorridos anteriormente. Repita-se: foi o que se deu com a promulgação da Emenda Constitucional n. 41/2003, que atribuiu regimes previdenciários diferentes aos servidores conforme as respectivas datas de ingresso no serviço público, mesmo que anteriores ao início de sua vigência, e recebeu a chancela desta Corte.

A aplicabilidade da Lei Complementar n. 135/2010 a processo eleitoral posterior à respectiva data de publicação é, à luz da distinção *supra*, uma hipótese clara e inequívoca de retroatividade inautêntica, ao estabelecer limitação prospectiva ao *ius honorum* (o direito de concorrer a cargos eletivos) com base em fatos já ocorridos. A situação jurídica do indivíduo – condenação por colegiado ou perda de cargo público, por exemplo – estabeleceu-se em momento anterior, mas seus efeitos perdurarão no tempo. (...).

Demais disso, é sabido que o art. 5º, XXXVI, da CF preserva o direito adquirido da incidência da lei nova. Mas não parece correto nem razoável afirmar que um indivíduo tenha o direito adquirido de candidatar-se, na medida em que, na lição de Gabba (*Teoria della Retroattività delle Leggi*, 3ª ed., Torino, Unione Tipografico-Editore, 1981, vol. 1, p. 1), é adquirido aquele direito "(...) que é consequência de um fato idôneo a produzi-lo em virtude da lei vigente ao tempo em que se efetuou, embora a ocasião de fazê-lo valer não se tenha apresentado antes da atuação da lei nova, e que, sob o império da lei vigente ao tempo em que se deu o fato, passou imediatamente a fazer parte do patrimônio de quem o adquiriu" (trad. livre do Italiano).

Em outras palavras, a elegibilidade é a adequação do indivíduo ao regime jurídico – constitucional e legal complementar – do processo eleitoral, consubstanciada no não preenchimento de requisitos "negativos" (as inelegibilidades). Vale dizer, o indivíduo que tenciona concorrer a cargo eletivo deve aderir ao estatuto jurídico eleitoral. Portanto, a sua adequação a esse estatuto não ingressa no respectivo patrimônio jurídico, antes se traduzindo numa relação *ex lege* dinâmica.

É essa característica continuativa do enquadramento do cidadão na legislação eleitoral, aliás, que também permite concluir pela validade da extensão dos prazos de inelegibilidade, originariamente previstos em três, quatro ou cinco anos, para oito anos nos casos em que os mesmos encontram-se em curso ou já se encerraram. Em outras palavras, é de se entender que, mesmo no caso em que o indivíduo já foi atingido pela inelegibilidade de acordo com as hipóteses e prazos anteriormente previstos na Lei Complementar n. 64/1990, esses prazos poderão ser estendidos – se ainda em curso – ou mesmo restaurados para que cheguem a oito anos, por força da *lex* nova, desde que não ultrapassem esse prazo.

Explica-se: trata-se, tão somente, de imposição de um novo requisito negativo para a que o cidadão possa candidatar-se a cargo eletivo, que não se confunde com agravamento de pena ou com *bis in idem*. Observe-se, para tanto, que o legislador cuidou de distinguir claramente a inelegibilidade das condenações – assim é que, por exemplo, o art. 1º, I, "e", da Lei Complementar n. 64/1990 expressamente impõe a inelegibilidade para período posterior ao cumprimento da pena.

Tendo em vista essa observação, haverá, em primeiro lugar, uma questão de isonomia a ser atendida: não se vislumbra justificativa para que um indivíduo que já tenha sido condenado definitivamente (uma vez que a lei anterior não admitia inelegibilidade para condenações ainda recorríveis) cumpra período de inelegibilidade inferior ao de outro cuja condenação não transitou em julgado.

Em segundo lugar, não se há de falar em alguma afronta à coisa julgada nessa extensão de prazo de inelegibilidade nos casos em que a mesma é decorrente de condenação judicial. Afinal, ela não significa interferência no cumprimento de decisão judicial anterior: o Poder Judiciário fixou a penalidade, que terá sido cumprida antes do momento em que, unicamente por força de lei – como se dá nas relações jurídicas *ex lege* –, tornou-se inelegível o indivíduo. A coisa julgada não terá sido violada ou desconstituída. (...).

Questiona-se, então: é razoável a expectativa de candidatura de um indivíduo já condenado por decisão colegiada? A resposta há de ser negativa. Da exigência constitucional de moralidade para o exercício de mandatos eletivos (art. 14, § 9º) se há de inferir que uma condenação prolatada em segunda instância ou por um colegiado no exercício da competência de foro por prerrogativa de função, a rejeição de contas públicas, a perda de cargo público ou o impedimento do exercício de profissão por violação de dever ético-profissional excluirão a razoabilidade da expectativa. A rigor, há de se inverter a avaliação: é razoável entender que um indivíduo que se enquadre em tais hipóteses qualificadas não esteja, *a priori*, apto a exercer mandato eletivo. (...).

A mesma lógica é aplicável à ordem jurídica brasileira e, com ainda maior razão, ao presente caso. *Permissa venia*, impõe-se considerar que o acórdão prolatado no julgamento da ADPF n. 144 reproduziu jurisprudência que, se adequada aos albores da redemocratização, tornou-se um excesso neste momento histórico de instituições politicamente amadurecidas, notadamente no âmbito eleitoral.

Já é possível, portanto, revolver temas antes intocáveis, sem que se incorra na pecha de atentar contra uma democracia que – louve-se isto sempre e sempre – já está solidamente instalada. A presunção de inocência, sempre tida como absoluta, pode e deve ser relativizada para fins eleitorais ante requisitos qualificados como os exigidos pela Lei Complementar n. 135/2010. (...).

Por oportuno, é de se salientar que, mesmo diante da constitucionalidade parcial da Lei Complementar n. 135/2010, resta a mesma inaplicável às eleições de 2010 e anteriores e, por conseguinte, aos mandatos em curso, como já reconhecido por esta Corte no julgamento do RE n. 633.703 (rel. Min. Gilmar Mendes), com repercussão geral. É aplicar, como naquela ocasião, a literalidade do art. 16 da CF, de modo que as inelegibilidades instituídas pela nova lei sejam aplicáveis apenas às eleições que ocorram mais de um ano após a sua edição, isto é, a partir das eleições de 2012.

Diante de todo o acima exposto, conheço integralmente dos pedidos formulados na ADI n. 4.578 e na ADC n. 29 e conheço em parte do pedido deduzido na ADC n. 30, para votar no sentido da improcedência do pedido na ADI n. 4.578 e da procedência parcial do pedido na ADC n. 29 e na ADC n. 30, de modo a: (a) declarar a constitucionalidade das hipóteses de inelegibilidade instituídas pelas alíneas "c", "d", "f", "g", "h", "j", "k", "m", "n", "o", "p" e "q" do art. 1º, inciso I, da Lei Complementar n. 64/1990, introduzidas pela Lei Complementar n. 135/2010; e (b) declarar parcialmente inconstitucional, sem redução de texto, o art. 1º, I, alíneas "e" e "l", da Lei Complementar n. 64/1990, com redação conferida pela Lei Complementar n. 135/2010, para, em interpretação conforme à Constituição, admitir a dedução, do prazo de oito anos de inelegibilidade posteriores ao cumprimento da pena, do prazo de inelegibilidade decorrido entre a condenação e o seu trânsito em julgado.

É como voto.

(...).

RETIFICAÇÃO DE VOTO – *O Sr. Min. Luiz Fux* (relator): (...). (...). De sorte que eu gostaria de reajustar o voto para evitar qualquer interpretação divergente, e nesses casos de interpretação divergente deve-se prestigiar a vontade do legislador para, reajustando o voto, declarar a constitucionalidade da alínea "k", à semelhança do que agora foi pronunciado. De sorte que, do meu voto, remanesce a declaração da constitucionalidade de todas essas alíneas até a alínea "k", dentro da restrição das causas de inelegibilidade, e o que eu mantenho apenas é a declaração parcial de inconstitucionalidade, sem redução de texto, do art. 1º, alínea "e", da lei complementar, com a redação conferida pela Lei n. 135, para a interpretação conforme – consoante eu já assentei –, admitir a dedução do prazo de oito anos de inelegibilidade, posteriores ao cumprimento da pena do prazo de inelegibilidade decorrido entre a condenação e o seu trânsito em julgado. Eu explico que, naquela oportunidade, esclareci que, uma vez que desde a condenação se torne inelegível, até o trânsito em julgado está inelegível, cumpre a pena inelegível e depois cumpre ainda mais a pena da inelegibilidade. Entendi que essa é uma forma oblíqua de cassação de direitos políticos; por isso dei essa interpretação conforme. (...).

VOTO – A Sra. Min. Carmen Lúcia: (...). (...).
O art. 16 da Constituição e a aplicação da Lei Complementar n. 135/2010 às eleições de 2010

7. A alegação de inconstitucionalidade formal da Lei Complementar n. 135 não pode prosperar em minha compreensão. (...).

Pelos precedentes deste Supremo Tribunal, é patente que a interpretação do art. 16 da Constituição deve levar em conta duas ordens de consideração.

(a) Em primeiro lugar, a incidência do princípio da anterioridade (art. 16) para obstar à aplicabilidade imediata de legislação eleitoral cuja vigência tenha se iniciado a menos de um ano do pleito não é automática, nem se circunscreve à questão de datas do calendário civil. Isso porque se deve atentar para as finalidades éticas que norteiam a interpretação daquela norma, como consagrado pela jurisprudência deste Supremo Tribunal. (...).

(b) De outra parte, também não incidirá o art. 16 da Constituição para impedir a aplicabilidade imediata de lei eleitoral editada no mesmo ano em que se realiza o pleito se esta não contiver dispositivos que alterem o processo eleitoral. (...).

Como sucessão ordenada de atos e estágios causalmente vinculados, para efeito de incidência do princípio da anterioridade inscrito no art. 16 da Constituição o processo eleitoral compreende três fases, que peço vênia para recordar, transcrevendo trecho da ementa do julgado da ADI n. 3.345-DF: "(a) fase pré-eleitoral, que, iniciando-se com a realização das convenções partidárias e a escolha de candidaturas, estende-se até a propaganda eleitoral respectiva; (b) fase eleitoral propriamente dita, que compreende o início, a realização e o encerramento da votação; e (c) fase pós-eleitoral, que principia com a apuração e contagem de votos e termina com a diplomação dos candidatos eleitos, bem assim dos seus respectivos suplentes".

Alega-se, nas ações em exame, que a Lei Complementar n. 135, de 7.6.2010, poderia ser aplicável para regular o processo de registro das candidaturas destas eleições gerais de 2010, porque não esbarraria no óbice temporal do art. 16 da Constituição do Brasil. A jurisprudência deste Supremo Tribunal e a doutrina constitucional estão conformes em que, não demonstrando de que modo a Lei Complementar n. 135 provocaria danos para a igualdade de oportunidades entre os candidatos, ou deformações capazes de afetar a normalidade das eleições, ou, ainda, como representaria manobra casuística que viesse a favorecer este ou aquele candidato, partido ou coligação em disputa, não se há cogitar de norma nova provocadora de alteração do processo eleitoral.

Como penso ter demonstrado nas premissas até aqui afirmadas, a jurisprudência desta Casa consagrou o entendimento de que a incidência do art. 16 não é automática, ou seja, não alcança toda e qualquer lei que trate de eleições e que entre em vigor no mesmo ano de realização destas, considerando-se, de toda sorte, não o calendário civil, mas o calendário constitucional, a saber, um ano contado retroativamente à data da eleição.

Tenho, portanto, que essa jurisprudência é perfeitamente ajustável ao caso ora em exame, ou seja, a Lei Complementar n. 135, de 7.6.2010, não agrediu, antes cumpriu as finalidades éticas resguardadas pelo art. 16 quando promoveu geral, ampla e isonômica alteração relativamente apenas aos casos de inelegibilidades. (...).

Patente, assim, que a Lei Complementar n. 135/2010 não alterou o processo eleitoral em sentido estrito, ou seja, aquele resguardado de mudanças casuísticas pelo art. 16 da Constituição. E não o fez pelo simples fato de que o processo eleitoral ainda não havia sequer começado quando da entrada em vigor da Lei Complementar n. 135, tendo sido ela promulgada em 7.6.2010.

Ainda que fosse possível admitir definição ampliada do que venha a ser o processo eleitoral, a compreender também suas fases preparatórias, como a fixação do domicílio eleitoral ou mesmo a filiação partidária, a serem estabelecidos pelos pretensos candidatos com pelo menos um ano de antecedência da data das eleições, não seria possível desconsiderar o sentido estrito de processo eleitoral definido por este Supremo Tribunal em processo de controle concentrado de constitucionalidade (ADI n. 3.345).

8. Por essas razões, afasto a alegação de afronta ao art. 16 da Constituição da República. (...).

VOTO – O Sr. Min. Gilmar Mendes: (...). (...).
I – Violação ao princípio da irretroatividade da lei
(...).

Quando a Lei Complementar n. 135/2010 estabelece como causa de inelegibilidade a condenação, por órgão judicial colegiado, em ação de improbidade administrativa (alínea "l" do inciso I do art. 1º), por exemplo, ela inevitavelmente assume um caráter retroativo. Essa retroatividade, poder-se-ia dizer, insere-se, pelo menos, na categoria dogmática da retroatividade mínima, podendo assumir até mesmo contornos de retroatividade máxima. (...).

Parece-me evidente que esse dispositivo não pode abarcar os casos de renúncia ocorridos antes de sua entrada em vigor. Isso sob pena de se tornar uma norma *ad hoc*, isto é, aprovada para punir destinatários previamente conhecidos, algo típico de regimes autoritários e, portanto, totalmente afastado dos princípios básicos do Estado de Direito e da democracia, que regem o constitucionalismo brasileiro.

Não se pode negar, nessa perspectiva de análise, que o legislador apanhou fatos jurídicos passados para modificar seus efeitos no futuro, em detrimento dos direitos políticos fundamentais de cidadãos específicos. (...).

O enquadramento, em termos de dogmática constitucional, deu-se com a observação do Min. Moreira Alves de que a questão colocava-se, repita-se, no apanhar fatos passados para atribuir-lhes efeitos no processo eleitoral. Dizia ele: "Sr. Presidente, a meu ver, o problema capital que se apresenta, em face desta lei, é que ela fere, com relação aos dispositivos que estão sendo impugnados, o princípio constitucional do devido processo legal, que, evidentemente, não é apenas o processo previsto em lei, mas abarca as hipóteses em que falta razoabilidade à lei. Ora, os dispositivos em causa partem de fatos passados e, portanto, já conhecidos do legislador quando da elaboração desta lei, para criar impedimentos futuros em relação a eles (...)".

Parece que o Min. Moreira Alves estava falando para nós, que compomos hoje o Plenário desta Corte; falava para este caso, para nos constranger, e constranger a todos que entendem que essa lei pode ser aplicada. E continuava o Min. Moreira Alves: "(...) constituindo-se, assim, em verdadeiros preceitos *ad hoc*, por terem como destinatários não a generalidade dos partidos, mas apenas aqueles relacionados com esses fatos passados, e, por isso, lhes cerceiam a liberdade por esse procedimento legal que é de todo desarrazoado". (...).

Não tenho dúvida, portanto, de que a Lei Complementar n. 135/2010, nas hipóteses em que apanha fatos passados para atribuir-lhes efeitos nos processos eleitorais futuros, viola o princípio da irretroatividade da lei.

II – Violação ao princípio da presunção de não culpabilidade

*II-1 Inelegibilidade por condenação penal não transitada
em julgado e o princípio da presunção de não culpabilidade*

(...).

Sobre a questão, deixo claro que me alinho à posição externada pela Corte na ADPF n. 144, com base nas lições emanadas do voto do Min. Celso de Mello, que bem assinalou os pontos nodais do tema:

"Como sabemos, a presunção de inocência – que se dirige ao Estado, para lhe impor limitações ao seu poder, qualificando-se, sob tal perspectiva, como típica garantia de índole constitucional, e que também se destina ao indivíduo, como direito fundamental por este titularizado – representa uma notável conquista histórica dos cidadãos, em sua permanente luta contra a opressão do poder.

"(...).

"Torna-se importante assinalar, neste ponto, Sr. Presidente, que a presunção de inocência, embora historicamente vinculada ao processo penal, também irradia os seus efeitos, sempre em favor das pessoas, contra o abuso de poder e a prepotência do Estado, projetando-os para esferas processuais não criminais, em ordem a impedir, dentre outras graves consequências no plano jurídico – ressalvada a excepcionalidade de hipóteses previstas na própria Constituição –, que se formulem, precipitadamente, contra qualquer cidadão, juízos morais fundados em situações juridicamente ainda não definidas (e, por isso mesmo, essencialmente instáveis) ou, então, que se imponham ao réu restrições a seus direitos, não obstante inexistente condenação judicial transitada em julgado."

O Min. Luiz Fux, em seu voto, afirmou que "ou bem se realinha a interpretação da presunção de inocência, ao menos em termos de direito eleitoral, com *o estado espiritual do povo brasileiro*, ou se desacredita a Constituição" (ênfases acrescidas).

Sobre essa afirmação, gostaria de fazer recordar, mais uma vez, as lições de Zagrebelsky sobre a democracia crítica:

"(...).

"Na democracia crítica, a autoridade do povo não depende de suas supostas qualidades sobre-humanas, como a onipotência e a infalibilidade.

"Depende, ao contrário, de fator exatamente oposto, a saber, do fato de se assumir que todos os homens e o povo, em seu conjunto, são necessariamente limitados e falíveis.

"Este ponto de vista parece conter uma contradição que é necessário aclarar. Como é possível confiar na decisão de alguém, como atribuir-lhe autoridade quando não se lhe reconhecem méritos e virtudes, e sim vícios e defeitos? A resposta está precisamente no caráter geral dos vícios e defeitos.

"(...)."

O Min. Fux também afirmou que "o STF não pode renunciar à sua condição de instância contramajoritária de proteção dos direitos fundamentais e do regime democrático. No entanto, a própria legitimidade democrática da Constituição e da jurisdição constitucional depende, em alguma medida, de sua responsividade à opinião popular".

Sobre o tema, recordo também as considerações que fiz na ocasião do julgamento do RE n. 633.703, em que também discutimos a denominada Lei da Ficha Limpa (Lei Complementar n. 135/2010). Naquele julgamento, esta Corte deixou bem claro o seu verdadeiro papel na proteção da Constituição, ainda que contra a opinião popular. O argumento de que a lei é de iniciativa popular não tem peso suficiente para minimizar ou restringir o papel contramajoritário da jurisdição constitucional. (...). Mas a missão desta Corte é aplicar a Constituição, ainda que contra a opinião majoritária. Esse é o *ethos* de uma Corte Constitucional. É fundamental que tenhamos essa visão. (...). (...).

Uma das características fundamentais de um regime democrático é a existência de múltiplos meios de impedir a chegada ou a permanência do mau governante no poder. Lembro, aqui, as palavras de Karl Popper, em sua monumental obra *A Sociedade Aberta e seus Inimigos*, segundo as quais "a democracia é o regime de governo que prevê mecanismos de destituição do mau governante do poder".

O primeiro e mais elementar mecanismo de controle é o voto. (...).

Outro mecanismo de controle é a escolha de candidatos no âmbito interno dos próprios partidos políticos. Cabe às agremiações políticas a eleição de candidatos cuja vida pregressa os qualifique para exercer, com probidade e moralidade, determinada função pública. (...).

O art. 14, § 9º, da Constituição, por si só, já traça uma inequívoca diretriz aos cidadãos eleitores, aos cidadãos candidatos e aos partidos políticos para que exerçam, eles próprios, esse controle das candidaturas tendo em vista a proteção da probidade administrativa e da moralidade para o exercício dos mandatos.

É completamente equivocado, portanto, utilizar "a vontade do povo" ou a "opinião pública" para se "relativizar" o princípio da presunção de inocência no âmbito do sistema de inelegibilidades do direito eleitoral. Não podemos proceder a uma tal "relativização" levando em conta uma suposta maioria popular momentânea que prega a moralização da política à custa de um princípio tão caro a toda a Humanidade, que é o princípio da presunção de não culpabilidade.

Não se deve esquecer, ademais, que essa tal "opinião pública" ou essa imprecisa "vontade do povo" é a mesma que elege os candidatos ficha-suja. Se formos então levar em consideração a vontade do povo, a qual dessas vontades devemos dar prevalência: àquela que subscreveu o projeto de lei de iniciativa popular e que é representada por grupos de interesse e muitas vezes manipulada pelas campanhas e meios de comunicação, ou àquela legitimamente manifestada e devidamente apurada nas urnas? Certamente, a jurisdição constitucional não pode se basear em critério tão fluido e tão falacioso para tomar decisões a respeito de princípios enraizados em nosso constitucionalismo.

Por fim, e ainda no contexto do princípio da presunção de não culpabilidade, não posso concordar com a afirmação de que não se trata de um princípio, mas de uma regra que deve ser interpretada restritivamente para que seu âmbito de aplicação seja restrito ao direito penal. Essa afirmação, indubitavelmente, parte de um mal entendimento e de uma interpretação claramente equivocada de tudo que a dogmática do direito constitucional e a filosofia do Direito construíram em torno da distinção entre regras e princípios. A norma prevista no art. 5º, LVII, da Constituição pode ser obviamente qualificada como princípio desde diversas perspectivas, seja por sua estrutura normativa (aspecto estrutural), por sua forma de aplicação (aspecto funcional) ou mesmo por seu caráter fundamental não apenas no sistema jurídico penal, mas no ordenamento jurídico como um todo. Seria plenamente possível denominar esse princípio de regra, utilizando-se desse critério distintivo como um recurso interpretativo ou argumentativo; porém, isso não poderia ser feito para afastar a sua aplicação – o que seria um contrassenso –, e sim para fazer sobressair as razões que fornece essa norma para sua aplicação ao caso.

II-2 A exigência do trânsito em julgado da ação de improbidade administrativa e a presunção de não culpabilidade

(...).

Com efeito, fosse rápido o trânsito em julgado das decisões judiciais, ninguém cogitaria ser dispensável a imutabilidade da decisão condenatória das instâncias ordinárias para a suspensão dos direitos políticos dos cidadãos. Contudo, as mazelas do Poder Judiciário não podem ser suplantadas com o sacrifício das garantias constitucionais, sob pena de se descumprir duas vezes a Constituição: violando-se o princípio da celeridade e o princípio da presunção de inocência.

Nesse ponto, gostaria de ressaltar a fragilidade do argumento de que a condenação em segundo grau reveste-se de segurança jurídica em razão de as instâncias ordinárias serem incumbidas do exame fático probatório, cuja análise é vedada no recurso extraordinário.

Sobre a questão, peço vênia para transcrever os apontamentos do Min. Ricardo Lewandowski na mencionada ADPF n. 144, que bem ilustra a falácia desse argumento (fls. 558-559): "(...). Quer dizer, um quarto dos postulantes a cargos eletivos impedidos de concorrer seriam mais tarde reabilitados pelo STF, mas apenas depois de já passadas as eleições. Isso significa que teriam coactado um dos mais importantes direitos fundamentais: o direito de participar da gestão da coisa pública por meio do voto, valor guindado à dignidade constitucional, desde o fim do século XVIII, como resultado das revoluções liberais deflagradas contra o absolutismo monárquico".

Assim, como defendido pelos Mins. Ricardo Lewandowski e Carmen Lúcia no julgamento da ADPF n. 144, a solução para o problema aqui enfrentado não se encontra em medidas ofensivas ao princípio da não culpabilidade, mas na necessária e permanente busca por celeridade processual e pela plena efetividade do princípio da duração razoável do processo. (...).

Em suma, a condição intransponível do trânsito em julgado de decisão colegiada condenatória para a suspensão dos direitos políticos não tisna o Estado Democrático de Direito, ao contrário, consagra a segurança jurídica como seu fundamento estruturante. (...).

VII – Conclusão

Ante o exposto, voto: (1) pela procedência total da ADI n. 4.578, para declarar a inconstitucionalidade da alínea "m"; (2) pela improcedência da ADC n. 29, para declarar o caráter retroativo da Lei Complementar n. 135/2010 e determinar sua aplicação apenas em relação aos fatos ocorridos após a sua vigência, respeitada a anualidade eleitoral prevista no art. 16 da Constituição, tal como já afirmado pela Corte no RE n. 633.703; (3) pela improcedência parcial da ADC n. 30, para declarar a inconstitucionalidade da alínea "n"; (4) pela improcedência parcial da ADC n. 30, para declarar a inconstitucionalidade da expressão "ou proferida por órgão judicial colegiado", contida nas alíneas "e" e "l"; (5) pela procedência parcial da ADC n. 30, para, aplicando a técnica de decisão da interpretação conforme à Constituição, fixar que a alínea "o" é constitucional desde que interpretada no sentido de que somente as hipóteses de demissão diretamente relacionadas a atos de improbidade administrativa podem constituir causas de inelegibilidade; (6) pela procedência parcial da ADC n. 30, para, aplicando a técnica de decisão da interpretação conforme à Constituição, fixar que a alínea "g" é constitucional desde que interpretada no sentido de que os chefes do Poder Executivo, ainda quando atuem como ordenadores de despesa, submetem-se aos termos do inciso I do art. 71 da Constituição; (7) pela procedência parcial da ADC n. 30, para, aplicando a técnica de decisão da interpretação conforme à Constituição, fixar que as alíneas "e" e "l" – retirada a expressão "ou proferida por órgão judicial colegiado" – são constitucionais desde que sejam interpretadas no sentido de que seja possível abater, do prazo de inelegibilidade de oito anos posterior ao cumprimento da pena, o período de inelegibilidade já decorrido entre a condenação não definitiva e o respectivo trânsito em julgado.

(...).

EXTRATO DE ATA

Decisão: Após o voto do Sr. Min. Luiz Fux (Relator), conhecendo em parte da ação e nessa parte julgando-a parcialmente procedente, pediu vista dos autos o Sr. Min. Joaquim Barbosa. Falaram, pelo requerente, o Dr. Renato Campos Galuppo; pela Advocacia-Geral da União, o Min. Luís Inácio Lucena Adams, Advogado-Geral da União, e, pelo Ministério Público Federal, o Dr. Roberto Monteiro Gurgel Santos, Procurador-Geral da República.

Presidência do Sr. Min. Cézar Peluso. Plenário, 9.11.2011.

Decisão: Após o voto do Sr. Min. Luiz Fux (Relator), que julgava parcialmente procedente a ação declaratória, nos termos do voto ora reajustado, apenas para dar interpretação conforme à alínea "e" do inciso I do art. 1º da Lei Complementar n. 64/90, com a redação dada pela Lei Complementar n. 135/2010, e o voto do Sr. Min. Joaquim Barbosa, que a julgava inteiramente procedente, nos limites conhecidos pelo Relator, pediu vista dos autos o Sr. Min. Dias Toffoli.

Presidência do Sr. Min. Cézar Peluso. Plenário, 1.12.2011.

Decisão: Após o voto-vista do Sr. Min. Dias Toffoli, julgando procedente a ação para declarar a constitucionalidade da aplicação da Lei Complementar n. 135/2010 a atos e fatos jurídicos que tenham ocorrido antes do advento do referido diploma legal, e os votos das Sras. Mins. Rosa Weber, que julgava totalmente procedente a ação, e Carmen Lúcia, que acompanhava o Relator para julgar parcialmente procedente a ação, o julgamento foi suspenso. Ausente, justificadamente, o Sr. Min. Joaquim Barbosa.

Presidência do Sr. Min. Cézar Peluso. Plenário, 15.2.2012.

Decisão: O Tribunal, por maioria, julgou procedente a ação, contra os votos dos Srs. Mins. Luiz Fux (Relator), que a julgava parcialmente procedente, e Gilmar Mendes, Marco Aurélio, Celso de Mello e Cézar Peluso (Presidente), que a julgavam improcedente. Plenário, 16.2.2012.

Presidência do Sr. Min. Cézar Peluso. Presentes à sessão os Srs. Mins. Celso de Mello, Marco Aurélio, Gilmar Mendes, Ayres Britto, Joaquim Barbosa, Ricardo Lewandowski, Carmen Lúcia, Dias Toffoli, Luiz Fux e Rosa Weber.

* * *

PERGUNTAS

1. Quais são os fatos?

2. Quais os direitos que se pretende proteger por intermédio da interposição da presente ação declaratória de constitucionalidade?

3. Qual o ato jurídico atacado?

4. Como se posiciona o Min. Luiz Fux em relação ao argumento da violação do princípio da não retroatividade da lei? Qual o posicionamento do Min. Gilmar Mendes diante da mesma questão?

5. Qual a abrangência do princípio da presunção de inocência, conforme o voto do Min. Luiz Fux?

6. O Min. Gilmar Mendes afirma em seu voto que: "É completamente equivocado, portanto, utilizar 'a vontade do povo' ou a 'opinião pública' para se 'relativizar' o princípio da presunção de inocência no âmbito do sistema de inelegibilidades do direito eleitoral". Ele tem razão?

7. Porque o Min. Gilmar Mendes considera frágil o argumento de que a condenação em segundo grau se reveste de segurança jurídica em razão de as instâncias ordinárias serem incumbidas do exame fático probatório?

8. Segundo a Min. Carmen Lúcia, qual é a interpretação do princípio da anterioridade da lei eleitoral segundo os precedentes do STF?

9. Qual a decisão tomada pelo Supremo neste caso? Como se relaciona essa decisão com a decisão da ADPF n. 144?

10. Qual o significado do princípio da presunção da inocência diante da segurança jurídica?

DIREITO À PRESTAÇÃO JURISDICIONAL

7.15 Caso das liminares no "Plano Collor" (ADI 223-6-DF)

(Plenário – rel. para o acórdão Min. Sepúlveda Pertence – j. 5.4.1990)

Ação direta de inconstitucionalidade contra a Medida Provisória n. 173, de 18.3.1990, que veda a concessão de "medida liminar em mandado de segurança e em ações ordinárias e cautelares decorrentes das Medidas Provisórias ns. 151, 154, 158, 160, 161, 162, 164, 165, 167 e 168" – Indeferimento do pedido de suspensão cautelar da vigência do diploma impugnado – Razões dos votos vencedores.

Sentido da inovadora alusão constitucional à plenitude da garantia da jurisdição contra a ameaça a direito: ênfase à função preventiva da jurisdição, na qual se insere a função cautelar, e, quando necessário, o poder de cautela liminar – Implicações da plenitude da jurisdição cautelar, enquanto instrumento de proteção ao processo e de salvaguarda da plenitude das funções do Poder Judiciário.

Admissibilidade, não obstante, de condições e limitações legais ao poder cautelar do juiz – A tutela cautelar e o risco do constrangimento precipitado a direitos da parte contrária, com violação da garantia do devido processo legal.

Consequente necessidade de controle da razoabilidade das leis restritivas ao poder cautelar – Antecedentes legislativos de vedação de liminares de determinado conteúdo – Critério de razoabilidade das restrições, a partir do caráter essencialmente provisório de todo provimento cautelar, liminar ou não.

Generalidade, diversidade e imprecisão de limites do âmbito de vedação de liminar da Medida Provisória n. 173, que, se lhe podem vir, a final, a comprometer a validade, dificultam demarcar, em tese, no juízo de delibação sobre o pedido de sua suspensão cautelar, até onde são razoáveis as proibições nela impostas, enquanto contenção ao abuso do poder cautelar, e onde se inicia, inversamente, o abuso das limitações e a consequente afronta à plenitude da jurisdição e ao Poder Judiciário.

Indeferimento da suspensão liminar da Medida Provisória n. 173 que não prejudica, segundo o Relator do acórdão, o exame judicial em cada caso concreto da constitucionalidade, incluída a razoabilidade da aplicação da norma proibitiva da liminar.

Considerações, em diversos votos, dos riscos da suspensão cautelar da medida impugnada.

ACÓRDÃO – Vistos, relatados e discutidos estes autos: Acordam os Ministros do Supremo Tribunal Federal, em sessão plenária, na conformidade da ata do julgamento e das notas taquigráficas, por maioria de votos, em indeferir o pedido de liminar.

Brasília/DF, 5 de abril de 1990 – *Néri da Silveira*, presidente – *Sepúlveda Pertence*, relator para o acórdão.

RELATÓRIO – *O Sr. Min. Paulo Brossard*: 1. O caso é de singular gravidade e importância. Desprezados aspectos circunstanciais, ele nos coloca diante desta indagação: a Constituição ontem promulgada solenemente e jurada publicamente está em vigor e a todos obriga ou é mero ornamento a ser observada *si et in quantum*, conforme as conveniências e oportunidades?

2. O autor da ADI n. 223-6-DF insurge-se contra a Medida Provisória n. 173; ocorre que esta se dirige a 10 outras medidas, com mais de uma centena de artigos, desdobrados em numerosos incisos, alíneas, letras, parágrafos; são leis revogadas e leis derrogadas e leis alteradas. As 10 medidas provisórias – ns. 151, 154, 158, 160, 161, 162, 164, 165, 167 e 168 – a que se refere a Medida Provisória n. 173 envolvem grande quantidade de normas, de con-

teúdo e alcance distintos. Por isso mesmo, chama a atenção a extrema ligeireza em que o árduo e complexo tema foi tratado na inicial. Nenhuma análise de cada uma das 11 medidas. Toda a fundamentação se resume à ofensa ao due *process of law*, que alega. (...).

4. Como foi dito, a ação visa à Medida Provisória n. 173, que visa à concessão de liminar em mandados de segurança e em ações ordinárias e cautelares decorrentes de medidas provisórias, bem como sua execução antes de transitada em julgado a sentença nelas proferidas.

É o relatório.

VOTO – *O Sr. Min. Paulo Brossard* (relator): 1. Considerando relevantes o fundamento jurídico e a possível ineficácia da medida, se deferida a final, o juiz pode concedê-la liminarmente para suspender o ato impugnado e que deu motivo ao pedido, Lei n. 1.533, art. 7º, II; RISTF, art. 203. Em determinadas situações, porém, a lei veda a sua concessão. De modo que, *in abstracto*, a proibição de liminares não chega a constituir novidade e tem sido admitida.

2. Salvo engano, a primeira lei a suprimir liminares foi a de n. 2.770, de 1956, que envolvia a liberação de bens, mercadorias ou coisas de procedência estrangeira. A propósito, existe a Súmula n. 262, deste teor: "Não cabe medida possessória liminar para liberação alfandegária de automóvel".

Depois foi a vez da Lei n. 4.348/1964, cujo art. 5º dispõe:

"Não será concedida a medida liminar do mandado de segurança impetrado visando à reclassificação ou equiparação de servidores públicos, ou à concessão do aumento ou extensão de vantagens.

"Parágrafo único. Os mandados de segurança a que se refere este artigo serão executados depois de transitada em julgado a respectiva sentença."

Seguiu-se a Lei n. 5.021/1966, cujo § 4º do art. 1º dispunha na mesma linha: "§ 4º. Não se concederá medida liminar para efeito de pagamento de vencimentos e vantagens pecuniárias".

Por sua vez, o art. 39 da Lei n. 4.347, de 16.7.1964, prescreveu que "*não será concedida a medida liminar em mandado de segurança, impetrada contra a Fazenda Nacional, em decorrência da aplicação da presente lei*", mas a Lei n. 4.862, de 29.11.1965, em seu art. 51, revogou expressamente o referido artigo, *verbis*: "Fica revogado o art. 39 da Lei n. 4.357, de 18 de julho de 1964, cessando os efeitos da medida liminar concedida em mandado de segurança contra a Fazenda Nacional, após o decurso do prazo de 60 (sessenta) dias contados da data da petição inicial ou quando determinada a sua suspensão por tribunal imediatamente superior".

Por derradeiro, a Lei n. 7.969/1989, em que se transformou a Medida Provisória n. 118, de 5.12.1989, segundo a qual, pelo seu art. 1º, "aplica-se *às* medidas cautelares previstas nos arts. 796 e 810 do CPC o disposto nos arts. 5º e seu parágrafo único e 7º da Lei n. 4.368, de 26 de junho de 1964".

O art. 796 do CPC reza: "O procedimento cautelar pode ser instaurado antes ou no curso do processo principal e deste é sempre dependente".

O art. 810 prescreve: "O indeferimento da medida não obsta a que a parte intente a ação, nem influi no julgamento desta, salvo se o juiz, no procedimento cautelar, acolher a alegação da decadência ou da prescrição do direito do autor".

Parece que em vez de 810, o artigo mencionado seria o 801, *verbis*:

"O requerente pleiteará a medida cautelar em petição escrita, que indicará: I – a autoridade judiciária a que for dirigida; II – o nome, o estado civil, a profissão e a residência do requerente e do requerido; III – a lide e seu fundamento; IV – a exposição sumária do direito ameaçado e o receio da lesão; V – as provas que serão produzidas.

"Parágrafo único. Não se exigirá o requisito de n. III senão quando a medida cautelar for requerida em procedimento preparatório."

A Medida Provisória n. 173, de 18.3.1990, dispõe em seu art. 1º: "Não será concedida medida liminar em mandado de segurança e em ações ordinárias ou cautelares decorrentes das Medidas Provisórias ns. 151, 154, 158, 160, 161, 162, 164, 165, 167 e 168, de 15 de março de 1990, aplicando-se-lhes o disposto no parágrafo único do art. 5º da Lei n. 4.348, de 26 de junho de 1964".

Reproduzo, por comodidade, o parágrafo único do art. 5º da Lei n. 4.348: "Os mandados de segurança a que se refere este artigo serão executados depois de transitada em julgado a respectiva sentença".

3. Como se vê, a medida em causa contém duas regras: (1) proíbe a concessão de liminares e (2) só permite a execução de sentença depois de ela transitar em julgado.

4. Nenhuma das normas anteriores, antes enumeradas, penso eu, teve sua constitucionalidade questionada perante o STF, de modo que, salvo erro, esta Corte não chegou a pronunciar-se sobre elas.

5. Devo, porém, observar que os mencionados antecedentes legislativos não se identificam, como se verá, com o caso da Medida Provisória n. 173, ora trazido ao conhecimento e apreciação desta Corte.

6. No caso vertente, o que chama desde logo a atenção é a amplitude e generalidade da medida, que envolve nada menos de 10 medidas provisórias, com mais de uma centena de dispositivos, bem como sua extensão. De chofre, por via unilateral e imperatória, sumariamente se proíbe a concessão de liminares, bem como a execução de

sentenças sem trânsito em julgado, em mandados de segurança, em ações ordinárias e em ações cautelares decorrentes das 10 medidas provisórias que enumera. Desse modo, a missão reparadora de lesões de direitos, inerente ao Poder Judiciário, fica bloqueada e durante um período relativamente longo, e que se pode tornar excessivamente longo, não se pode dar a reparação judicial, ainda que a lesão seja insigne e o direito líquido e certo.

7. Quando esse bloqueio envolve o exercício de direitos individuais constitucionalmente declarados e, em consequência, enseja a não reparação pronta de sua lesão ou ameaça patente, a questão se apresenta a uma luz particular.

8. Dir-se-á que a impossibilidade legal de conceder a liminar, ou seja, a proteção pronta, se bem que transitória, do direito individual, não veda ao Poder Judiciário o pelo conhecimento do caso. Convenha-se que seria demais que se pretendesse proibir ao Judiciário conhecer da espécie, quando, consoante regra anciã e de fúlgida resplandescência, a lei não pode fazê-lo. Nenhuma lesão de direito individual ou simples ameaça pode ser retirada, por lei, ao exame do Poder Judiciário, art. 5º, XXXV, da CF.

9. Mas se a medida provisória não veda a apreciação, é inequívoco que a posterga a uma data incerta, e o diferimento da proteção judicial pode acarretar a consumação da ameaça e a irreparabilidade do dano.

Parece-me, por isto, que a questão não é de feitio puramente acadêmico, mas envolve aspectos do maior relevo e atualidade.

10. Em relação a algumas normas, a irreparabilidade do dano é menos clara ou mais hipotética; da Medida Provisória n. 151, por exemplo. Em relação a outras, porém, qualquer procrastinação significaria o abandono do cidadão ao arbítrio da autoridade, sem que se pudesse levantar o escudo protetor da Lei Maior na defesa de seu direito, condenado por medidas de duvidosa constitucionalidade ou de transparente inconstitucionalidade.

Estabelecer, sumariamente, que em tais ou quais situações o cidadão não poderia obter o benefício supremo da lei com a celeridade, de ordinário, possível importaria, de fato, reconhecer que é ilusória, porque tardia, a proteção judicial, e a tábua de direitos individuais se transformaria em mero adorno, como essas flores artificiais, que servem para todas as estações e quaisquer solenidades.

11. Buscando um critério objetivo e seguro, quer me parecer que na medida em que se tratar de direito individual ferido ou ameaçado de lesão, para cuja proteção eficaz a própria Constituição outorga, também como direito individual, o mandado de segurança, não pode este ser tolhido; o mandado de segurança, na sua expressão tradicional, é um direito individual em si mesmo, tanto mais valioso quando, muitas vezes, é o mais apropriado e eficaz instrumento de defesa de outros direitos individuais, exatamente pela possibilidade de proteção liminar. De modo que permitir sua paralisia, ainda que parcial e limitada, importaria atingir, em maior ou menor grau, além do próprio mandado de segurança, outros direitos individuais, solenemente assegurados na Constituição. Ora, isto não me parece possível por via de lei e muito menos por medida provisória, que é uma modalidade excepcional de legislar.

Como observou o Min. Buzaid, em sua obra mais recente, *Do Mandado de Segurança Individual*, "o mandado de segurança é, a nosso ver, uma ação judiciária, que se distingue das demais pela índole do direito que visa a tutelar" (n. 37, p. 74).

Ora, o direito que ele visa a tutelar há de ser líquido e certo, a reclamar e exigir a pronta custódia judicial. Por ser direito líquido e certo, seu rito é sumariíssimo. Obstar-lhe a marcha rápida e eficaz, como o faz a Medida Provisória n. 173, é desnaturá-lo até a deformação. E quando um direito líquido e certo é de natureza e assento constitucional essa deformação chega à contrafação do instituto constitucional. Não digo o mesmo, com vistas à concessão da cautelar requerida, quanto às ações ordinárias e cautelares, a que se refere a Medida n. 173. (...).

26. Estas questões estão sendo levantadas em termos nacionais e interessam a milhões de pessoas. É natural que aquele que sofreu a incidência dessas medidas queira defender em juízo o que entende ser o seu direito, assegurado pela Constituição, e esta lhe assegura ampla defesa; a plenitude da defesa não se aplica apenas à matéria penal, mas a toda e qualquer situação; a Constituição é expressa, art. 5º, LV.

Parece-me que a mesma autoridade que adota as medidas constitucionalmente questionáveis não pode vedar que elas sejam apreciadas pela Justiça, sem corte e sem limitações.

Tirar do mandado de segurança a providência cautelar e impedir sua execução enquanto não transitar em julgado a sentença dele concessiva é atrofiar o instituto a ponto de reduzi-lo a um simulacro, deixando direitos individuais sem proteção real e reduzidos, por sua vez, a promessa vã, e isto não me parece que possa prevalecer em face da Constituição, da qual é guarda o STF, tanto mais quando, segundo a Súmula n. 271, "concessão de mandado de segurança não produz efeitos patrimoniais, em relação a período pretérito, os quais devem ser reclamados pela via judicial própria".

Impedir a liminar, em tais casos equivale a privar o mandado de segurança de sua utilidade. Deixa de ser prestante. E o cidadão, abandonado e desprotegido.

27. Transitada em julgado a sentença que venha a conceder o mandado de segurança, dentro em dois, quatro ou seis anos (em se tratando de matéria constitucional, cabe recurso extraordinário para o STF), que prestança terá o mandado de segurança concedido, o mandado que a Constituição assegura, como direito individual, para proteger direitos individuais, todos os direitos desde que líquidos e certos, não amparados pelo *habeas corpus*? A sentença,

trânsita em julgado, e nada valerão, praticamente, o mesmo. Suprema irrisão! Uma cláusula constitucional, de que se orgulha o sistema jurídico nacional, reduzida a solene inocuidade.

28. Para chegar-se a esses desvios, é preciso recorrer ao subsolo do Estado Novo. Como se sabe, criado pela Constituição de 1934 e disciplinado pela Lei n. 191/1936, o mandado de segurança foi esquecido pela Carta de 1937. O Código de Processo Civil, de 1939, cuidou dele, mas o fez à sua maneira. Não o admitiu contra ato do Presidente da República, de ministros de estado, governadores e interventores (art. 319) acrescentando que "não se dará mandado de segurança quando se tratar: de impostos e taxas, salvo se a lei, para assegurar a cobrança, estabelecer providências restritivas da atividade profissional do contribuinte" (art. 320, IV). Afinal, era o Código do Estado Novo. Isto para não falar num passado mais recente e ainda mais triste, quando o Executivo, de maneira absoluta e terminante, afastou, majestaticamente, a sindicabilidade dos seus próprios atos por parte do Poder Judiciário, AI n. 2, art. 19, AI n. 5, art. 11.

Estes expediente, compreensíveis àqueles tempos de ditadura pura e simples, não me parecem compatíveis com o regime constitucional.

29. De mais a mais, não faltavam expedientes legítimos para acautelar o que se entendesse por interesse público; o escolhido, no entanto, foi além da marca, pois atinge não apenas um direito individual constitucional, o mandado de segurança, mas os direitos individuais constitucionais em geral, que ele deixa de custodiar de maneira eficaz e pronta.

30. Aliás, para que não se limite o alcance normal do mandado de segurança parece-me, ainda, deva ser considerado o princípio da boa-fé, sem o qual não há ordem jurídica. Assim, dentre os depósitos, o depósito em poupança, desde a criação da chamada "caderneta de poupança", ligada à política de habitação, assoalhava-se, tinha a garantia do Governo Federal. A apropriação unilateral desses recursos ou o seu confisco atingem direitos que a Constituição assegura a todos. A propósito, convém lembrar que a Medida Provisória n. 172, de 17 de março, prescreveu em seu art. 17: "O Banco Central do Brasil utilizará os recursos em Cruzados Novos nele depositados para formar empréstimos para financiamento das operações ativas das instituições financeiras (...)".

31. Quer me parecer que aceitar como constitucional a proibição da concessão de liminar em mandado de segurança ou de medida cautelar para defesa de direito individual constitucionalmente assegurado importaria tratear a cláusula final do inciso XXXV do art. 5º da Constituição.

Com efeito, até 1988 a norma constitucional dizia que a lei não poderia excluir da apreciação do Poder Judiciário qualquer lesão de direito individual. Para que dúvida não houvesse quanto ao alcance do broquel, o texto fala em "lesão ou ameaça de direito". Mais do que a lesão, além da lesão a direito, a Constituição quis proteger, e de maneira explícita e formal o fez, a ameaça a direito, e esta é guarnecida exatamente pela liminar.

32. Como o mandado de segurança se destina a proteger direito líquido e certo, especialmente direito individual constitucionalmente assegurado, ele não pode sofrer as restrições ora impostas, pois elas importariam, por via de consequência, restrição dos demais direitos individuais de cunho e assento constitucional.

Esses direitos fundamentais, inscritos até na Declaração Universal dos Direitos do Homem, caracterizam-se, segundo Mauro Cappelletti, por estarem "in realtà permeati di un valore che trascede lo uomo singolo e investe tutta intera la società", de sorte que à sua ilegítima violação "se sentono in modo diretto colpiti tutti i cittadini e non quelli soli che immediatamente siano interessati: colpiti in quel loro diritto di libertà, che è in fondo uno solo (o meglio sta alla base, è la causa, di tutti i diritti): aspetta ad ogni uomo e la sua lesione lede ciascuno".

Tamanha relevância transindividual dos direitos fundamentais reclama uma tutela adequada, diferenciada e reforçada, de modo a possibilitar um reparação direta e imediata. Daí por que se denomina "jurisdição constitucional das liberdades a esse tipo autônomo e diferenciado de tutela jurídica". E prossegue Kazuo Watanabe: "Realmente não basta a simples declaração dos direitos fundamentais no Estatuto Maior. Necessário é que haja previsão de um sistema de garantias e instrumentos adequados à efetiva tutela desses direitos. Em nosso sistema jurídico-constitucional, além das garantias constitucionais constantes em prescrições que vedam determinadas ações do Poder Público que violariam direito reconhecido, temos as ações de *habeas corpus* e de mandado de segurança (...). Ambas as ações, no dizer de Araújo Cintra, Ada Pellegrini Grinover e Cândido Dinamarco, ativam a chamada 'jurisdição constitucional das liberdades'" (*Controle Jurisdicional e Mandado de Segurança Contra Atos Judiciais*, Ed. RT, 1980, ns. 7 e 8, pp. 99 e 100).

33. Quem seria capaz de admitir se restringisse o *habeas corpus*, fosse por medida provisória, fosse por lei? Quem defenderia a lei que vedasse ao juiz o concedê-lo *ex officio*, ou sem informações da autoridade coatora, quando evidente a ilegalidade da coação?

E o *habeas corpus* protege um direito, o de locomoção, enquanto o mandado de segurança visa a proteger todos os demais direitos não amparados por *habeas corpus*, sejam direitos fundamentais, sejam de origem infraconstitucional. Se o *habeas corpus* foi, historicamente, o paládio da liberdade, o mandado de segurança é, nos dias atuais, o paládio das liberdades.

34. Por derradeiro, é de lembrar-se que as franquias constitucionais podem sofrer limitações na ocorrência de estado de emergência e de estado de sítio, arts. 136 e 139. Não é o caso presente. Atrofiar o mandado de segurança por via ampla e genérica, em pleno regime constitucional, deixando sem proteção uma variedade de direitos indi-

viduais de natureza e assento constitucional, importaria deixar ao desamparo milhares, se não milhões de pessoas, entregues à sua própria insegurança. Mas bastaria que fosse uma única pessoa, pois a questão não é de número, é de observância de lei constitucional ou de seu desrespeito.

35. Para sustar a eficácia, até o julgamento do mérito, da Medida Provisória n. 173, de 15.3.1990, concedo a cautelar no que concerne às Medidas ns. 154, 158, 160, 162, 164, 165, 167 e 168, a que ela faz referência, tão somente em relação ao mandado de segurança, de maneira que, sem as restrições por ela impostas, possa ele ser empregado na defesa de todo e qualquer direito líquido e certo, e particularmente de direito individual constitucional ou direito fundamental, como é o próprio mandado de segurança.

VOTO – *O Sr. Min. Celso de Mello*: O brilhante voto do eminente Min. Paulo Brossard tornou virtualmente prescindíveis quaisquer considerações que pudesse fazer em torno da singular importância que assume, num regime de liberdade, o remédio jurídico-constitucional do mandado de segurança.

Desejo, no entanto, Sr. Presidente, expender algumas observações sobre o delicado tema cuja análise é ora ensejada pela ação direita de inconstitucionalidade ajuizada pelo PDT.

Com a Constituição de 1946 introduziu-se, em nosso sistema de direito positivo, um princípio fundamental, de essencialidade inquestionável, inerente à própria configuração e conceptualização mesma do Estado Democrático de Direito.

Refiro-me ao postulado da inafastabilidade do controle jurisdicional de qualquer lesão de ordem jurídica. A norma que o consagrou refletiu, na expressiva concreção do momento histórico em que editada, a necessidade de proclamar o irrestrito acesso das pessoas à atividade jurisdicional do Estado.

A regra institutiva desse princípio dogmático, inscrita, com maior ou menor latitude, em todos os documentos constitucionais promulgados no Brasil, a partir de 1946, contém, em si, a base normativa do direito de ação (*RT* 230/468), a que corresponde, no plano de suas funções institucionais, o dever-poder do Estado de apresentar a prestação jurisdicional invocada.

Essa correlação, que se traduz no binômio direito subjetivo ao processo/obrigação estatal de efetivação da tutela jurisdicional, não pode ser unilateralmente rompida pelo Poder Público, sob pena de configurar, o ato de sua inobservância, uma frontal ofensa ao dogma do *judicial review*.

O direito ao processo constitui, ele próprio, expressão das liberdades públicas, ineliminável por ato estatal. Dentro dessa perspectiva, como já proclamou esta Corte (*RTJ* 112/34), até mesmo a criação de obstáculos institucionais que impossibilitem o acesso à jurisdição traduz desrespeito à cláusula constitucional que impõe ao Estado o dever de tornar efetiva a prestação jurisdicional. Quando essa obrigação é descumprida pelos órgãos judiciários que compõem a estrutura institucional do Estado e este, por inércia ou inatividade, deixa de exercer a tutela jurisdicional invocada, incide, o Poder Público, em comportamento inconstitucional, posto que a indeclinabilidade, sendo um dos princípios que regem a jurisdição, funda-se no preceito da Carta Política que alberga o direito de ação e que impõe ao aparelho estatal o dever de administrar justiça. A recusa de prestação jurisdicional – já o reconheceu o STF (*RTJ* 99/794) – constitui ato passível de censura jurídica, porque incompatível com o caráter de indeclinabilidade da obrigação estatal de prestar a jurisdição, quando regularmente postulada.

Para José Frederico Marques (*A Reforma do Poder Judiciário*, vol. I/410, item 222, 1979, Saraiva), o princípio da inafastabilidade do *judicial control* evidencia, de modo singularmente expressivo, que o constituinte, ao adotá-lo, "reconheceu o direito ao processo (e o direito de ação) como um dos direitos básicos e fundamentais do indivíduo, e fez com que a tutela jurisdicional a esses direitos ficasse a salvo de restrições da lei ordinária".

A submissão plena do Estado ao Judiciário dá concreção efetiva ao princípio tutelar das liberdades públicas e rompe os rígidos círculos de imunidade do poder. Com a afetiva institucionalização desse controle, mediante atuação processual dos juízes e tribunais, suprime-se, por efeito consequencial, a invulnerabilidade judiciária do Estado (v. *RDP*, vol. 87/250), cujos atos passam, então, a sofrer livre contraste por via jurisdicional, ressalvadas as limitações derivadas de prescrições constitucionais.

O conteúdo normativo do ato ora impugnado não se reveste de originalidade qualquer. São múltiplos os precedentes legislativos, de teor redacional semelhante, que se orientam no sentido de vedar a concessão judicial de medidas liminares em sede processual cautelar ou no âmbito das ações de mandado de segurança: Lei n. 2.770, de 4.5.1956 (art. 1º), Lei n. 4.438, de 26.6.1964 (art. 5º), Lei n. 5.021, de 9.6.1966 (art. 1º , § 4º), e, mais recentemente, a Medida Provisória n. 118/1989, que se converteu na Lei n. 7.969, de 22.12.1989 (art. 1º).

Todos sabemos que, no âmbito da teoria processo, situam-se três grandes categorias procedimentais: o processo de cognição ou de conhecimento, o processo de execução e o processo cautelar.

O acesso à jurisdição, proclamado em norma constitucional de garantia, significa a possibilidade de irrestrita invocação da tutela jurisdicional cognitiva, da tutela jurisdicional executiva ou da tutela jurisdicional cautelar do Estado.

O direito de ação, a que se refere o art. 5º, inciso XXXV, do texto constitucional, nada mais significa – dentro dessa perspective da tríplice natureza das categorias procedimentais – do que o direito à ação de conhecimento, o direito à ação de execução e o direito à ação cautelar.

Por isso mesmo, ressalta o eminente José Frederico Marques (*Manual de Direito Civil*, vol. IV/331-332, item 1.021, 1976, Saraiva), *verbis*:

"O direito à tutela cautelar é direito subjetivo processual, e nada mais significa que o direito à ação cautelar.

"Assim como existe o direito de pedir o julgamento de uma pretensão (ação de conhecimento) e o direito de pedir o cumprimento coativo de uma prestação (ação executiva), existe igualmente o direito de pedir a tutela jurisdicional cautelar, direito, esse, que é exercido através da ação cautelar.

"A prestação jurisdicional cautelar tem por fim garantir o êxito de outro processo, em seu todo e complexivamente, compondo, assim, litígio entre o requerente da medida cautelar e o requerido.

"De outro lado, o processo cautelar, procurando garantir em seu complexo, de modo direto e imediato, o processo principal, também assegura, indireta ou mediatamente, a aplicação do direito material de que o juiz se serve para compor a lide no processo de conhecimento ou de execução. A pretensão provável, portanto, que constitui pressuposto do processo cautelar, acaba sendo protegida por este quando o juiz, com a prestação jurisdicional, procura afastar o *periculum in mora*."

Calamandrei (*Introduzione allo Studio Sistematico dei Provedimenti Cautelari*, p. 20, item 8, Pádua, CEDAM, 1936), ao ferir o tema, realça a destinação institucional da atividade cautelar desenvolvida pelo Poder Judiciário e observa, em lição permanentemente atual, concernente à questão da certeza, probabilidade e risco em direito processual (v. Cândido R. Dinamarco, *A Instrumentalidade do Processo*, pp. 336-371, 1987, RT), que os provimentos cautelares, *verbis*: "(...) representam uma conciliação entre duas exigências geralmente contrastantes na Justiça, ou seja, a da celeridade e da ponderação (...); entre fazer logo, porém mal, e fazer bem, mas tardiamente, os provimentos cautelares visam, sobretudo, a fazer logo, deixando que o problema do bem e do mal, isto é, da justiça intrínseca do provimento, seja resolvido mais tarde, com a necessária ponderação, nas sossegadas formas do processo originário".

Se é inequívoco que a tutela cautelar constitui modalidade da tutela jurisdicional; se é inquestionável que a tutela jurisdicional não pode constituir objeto de preexclusão por ato legislativo; se é certo que a função do processo cautelar, como assinala Vittorio Denti ("Sul concetto di funzione cautelare", in *Studi P. Ciapessoni*, p. 24, 1948, *apud* J. Frederico Marques, ob. cit., vol. IV/325), consiste em "garantir ao processo a consecução integral de seu escopo para que os meios de que deve servir-se ou a situação sobre a qual irá incidir não se modifiquem ou se tornem inúteis, antes ou durante o desenrolar do procedimento, frustrando-se, em consequência, a atuação da vontade concreta da lei material"; se, ainda, consoante adverte José Frederico Marques em seu magistério sobre a tutela cautelar (ob. cit., vol. IV/323, item 1.012), "necessário se torna (...), para que os fins do processo não fiquem substancialmente comprometidos ou frustrados, que se impeçam, dentro do possível e razoável, os efeitos lesivos, de caráter irreparável, que possam advir de dilação ou demora processual (...)"; se, finalmente, o próprio ordenamento jurídico contém instrumento de neutralização da eventual lesividade decorrente da execução de medida cautelar, ainda que deferida liminarmente, consistente na adoção das providências de contracautela (CPC, arts. 804, 811, 816, n. II), não vejo como inibir o Poder Judiciário, de modo genérico e absoluto, de conceder provimentos liminares, em sede mandamental ou cautelar, nos procedimentos judiciais instaurados em função das medidas de política econômico-financeira e monetária do novo Governo.

A proteção jurisdicional imediata, dispensável a situações jurídicas expostas a lesão atual ou potencial, não pode ser inviabilizada por ato normativo de caráter infraconstitucional que, vedando o exercício liminar da tutela jurisdicional cautelar pelo Estado, enseje a aniquilação do próprio direito material.

O princípio da inafastabilidade do controle jurisdicional representa, pelo seu caráter global e abrangente, instrumento de defesa do direito à ação de conhecimento, do direito à ação de execução e do direito à ação cautelar. Particularizar qualquer dessas situações, e, em consequência, excluí-la da tutela constitucional, significaria, em última análise, repudiar conquista de inegável valor político-jurídico.

O ato impugnado obsta ao acesso à tutela jurisdicional do Estado na precisa medida em que veda ao Poder Judiciário a concessão de provimentos cautelares *initio litis*, destinados, em função da plausibilidade jurídica da pretensão do autor e do *periculum in mora* decorrente da dilação temporal entre o ajuizamento da ação e a resolução da lide, a impedir a consumação de danos irreparáveis ao direito do postulante.

As providências cautelares – nunca é demais ressaltar – possuem uma função específica: assegurar, pelo exercício do poder cautelar geral deferido ao juiz, o resultado do processo. Por isso mesmo, o ordenamento positivo criou, ao lado da jurisdição de conhecimento e da jurisdição executiva, como categoria autônoma, a jurisdição cautelar.

O ato ora questionado inviabiliza o acesso a uma das modalidades da tutela jurisdicional do Estado e, por via de consequência, frustra, pela ausência de amparo imediato, a própria eficácia da proteção a ser conferida pelo Poder Judiciário em outro processo.

A medida presidencial impugnada fere, a meu ver, a instrumentalidade do processo cautelar, pois virtualmente neutraliza, em situações de grave e iminente perigo para o direito da parte, os próprios fins institucionais a que se destina. Com a interdição decretada pelo ato ora questionado, torna-se possível consolidar, de modo irreversível – circunstância, esta, que se revela extremamente grave –, a lesão causada ao direito material do autor.

É preciso acentuar que limites de ordem ética (prudente discrição judicial) e de ordem jurídica (meios institucionalizados de contracautela, previstos no ordenamento legal) atuam como causa de contenção de eventuais abusos cometidos pelo magistrado no desempenho do seu poder cautelar geral. Já existem, desse modo, em nosso Direito, mecanismos de proteção e de preservação dos legítimos interesses do Estado, quando potencialmente ameaçados.

A concessão de medida limiar, *v.g.*, em ações de mandado de segurança confere à pessoa estatal interessada a possibilidade de requerer ao presidente do tribunal, ao qual couber conhecimento do respectivo recurso, a suspensão de sua eficácia (Lei n. 4.348/1964, art. 4º). Trata-se de relevante meio de contracautela, posto à disposição do Estado, para efeito de preservação da intangibilidade do próprio interesse público.

A supressão da possibilidade de tutela, imediata e eficaz, dos direitos das pessoas afeta, gravemente, uma das dimensões em que se projeta a atividade jurisdicional, estimula o arbítrio do Estado e elimina um poderoso instrumento de proteção, individual e coletiva, das liberdades públicas.

Inobstante a análise efetuada haja ultrapassado os limites de um simples juízo de delibação – desejável e recomendável nesta fase meramente introdutória do processo de controle concentrado de constitucionalidade –, peço vênia à Corte pelas digressões feitas, justificando-as por sua íntima e indissociável conexão com o próprio mérito da causa.

Voto, assim, tendo presentes as razões expostas, pela concessão integral da liminar postulada.

VOTO – *O Sr. Min. Sepúlveda Pertence*: Sr. Presidente, a evolução do debate força-me a algumas considerações, maiores talvez do que a oportunidade processual aconselhasse, para deixar absolutamente clara a minha posição.

O caso – e isso ficou evidente nos dois magníficos votos que acabamos de ouvir – não é apenas juridicamente de extremo relevo; ele é institucionalmente preocupante, por suas implicações com o eventual cerceamento, e por medida provisória, da plenitude do controle jurisdicional da legitimidade da ação do Poder Público, que é uma das marcas mais salientes do nosso regime.

A relevância jurídica da arguição é inequívoca, ante a gravidade das indagações constitucionais que suscita. Vem logo à tona o art. 5º, XXXV, da Constituição, que, inovando sobre os textos anteriores, que se repetiam inalterados desde 1946, passou a dizer que "a lei não excluirá da apreciação do Poder Judiciário lesão ou ameaça a direito".

A inovadora alusão à plenitude da garantia jurisdicional, não apenas contra a lesão mas também contra a ameaça a direito, não pode ficar sem consequências, como se se tratasse de um mero reforço retórico. Ela dá ênfase à função preventiva da jurisdição.

Certo – e Calamandrei, na clássica monografia referida, sobre *I Provvedimenti Cautelari*, de 1936, já o mostrara – que a tutela jurisdicional preventiva não se identifica com a tutela jurisdicional cautelar. Isso porque há tutela preventiva de caráter definitivo: é pensar, em nosso ordenamento, no mandado de segurança preventivo e na ação declaratória. Mas, entre prevenção e cautelar, dizia ainda Calamandrei, a relação é de gênero para espécie. Portanto, a jurisdição cautelar não deixa de ser jurisdição preventiva, modalidade específica de jurisdição preventiva, igualmente voltada a obviar ameaça de lesão irreparável decorrente da lide ou decorrente da demora da composição definitiva da lide.

O *periculum in mora*, que o Mestre italiano definia como a existência de um perigo de dano jurídico derivado do retardamento de um provimento jurisdicional definitivo, é que substantiva o interesse de agir no processo cautelar.

Portanto, Sr. Presidente, cercear os instrumentos da jurisdição cautelar – dos quais o provimento *initio litis*, a liminar, é, muitas vezes, o único instrumento eficaz – pode resultar na subtração ao Poder Judiciário da tutela contra a ameaça ao direito. Quando e em que medida o ato impugnado acarretará essa subtração – dado que se mantém aberta a via de ação cautelar, apenas despida da possibilidade da concessão da liminar –, é questão que ultrapassa os lindes desta delibação da causa.

De outro lado, Sr. Presidente, o mesmo art. 5º, inciso XXXV, quando se conjuga com a regra da independência e harmonia dos Poderes, que o art. 2º erige em um dos princípios fundamentais da República, supera as dimensões da garantia da proteção jurisdicional ao cidadão para converter-se em garantia ao Poder Judiciário. É que nele se consagra, como reverso da medalha da garantia do direito de ação, a universalidade da jurisdição do Poder Judiciário, jurisdição que tem na sua função cautelar, mais que uma forma de tutela das partes, um mecanismo de garantia de si mesma, da jurisdição, isto é, da plenitude do exercício da função típica do Poder Judiciário.

Ao que parece, desde que Carnelutti situou a finalidade do processo cautelar não na tutela do direito material da parte, que só se acerta ao final do processo definitivo, mas na tutela do próprio processo, o que mais se acentua, entre os melhores estudiosos do tema, é a tendência de enfatizar esse prisma institucional, nimiamente publicístico, do poder cautelar dos órgãos da jurisdição.

É inevitável citar, mais uma vez, o grande Calamandrei, quando anota, nesse sentido, salvo engano antecipando-se à própria radicalização da tese do grande Carnellutti, que a tutela cautelar "più que a far giustizia serve a garantire l'efficace funzionamento della Giustizia".

Entre nós, dessa visão não está distante, em sua obra notabilíssima sobre o processo cautelar, nos seus comentários, o mestre Galeno de Lacerda. Na função cautelar, diz ele, a prestação jurisdicional se caracteriza pela outorga de segurança, com vistas a garantir o resultado útil das demais funções da jurisdição.

Mas, na linha de Carnellutti, no Brasil, o mais notável estudo é o do saudoso Professor mineiro Ronaldo Cunha Campos, que conclui, na *Introdução ao Estudo do Processo Cautelar*, que, "se é ao processo que se visa a garantir, necessita-se verificar não a existência ou probabilidade de direito subjetivo material, mas o direito da parte ao processo. Deve-se apurar a existência de um fato que ameace não um provável direito subjetivo material, mas a ocorrência da possibilidade de tornar-se ineficaz o processo. Isto nos parece claro, se o processo cautelar tem por fim tutelar o processo, o que se acerta no seu decorrer é a existência de ameaça ao direito da parte ao processo, isto é, o direito de ação, que não se confunde de forma alguma com o direito subjetivo material".

Na sua trilha, seu companheiro de escola de direito processual, Humberto Teodoro, no *Processo Cautelar*, ao dizer que "as medidas cautelares servem, na verdade, ao processo, e não ao direito da parte. Visam a dar eficácia e utilidade ao instrumento que o Estado engendrou para solucionar os conflitos de interesse entre os cidadãos".

E cita Pietro Castro, a enfatizar que "o interesse tutelado pelo processo cautelar é o interesse estatal público na manutenção da eficácia do instrumento através do qual se exerce o monopólio de justiça".

Essa visão publicística, que se vai afirmando cada vez mais, mostra a imbricação essencial entre a plenitude do processo cautelar, enquanto instrumento de proteção ao processo, e a salvaguarda da plenitude das funções do Poder Judiciário, que engloba, no Brasil, a universalidade da jurisdição.

Mas também quero deixar muito claro que as considerações sobre a gravidade do tema posto não significam, de minha parte, oposição de princípio a condicionamentos e limitações legais ao exercício do poder cautelar do juiz. Já na prática do mandado de segurança, e, ultimamente, depois de explicitado no Código Processual Civil de 1973, o poder cautelar geral, através da vulgarização das chamadas medidas cautelares inominadas, é inegável certa tendência ao abuso das virtualidades da tutela cautelar inicial.

É preciso não esquecer que a tutela cautelar traz consigo o risco do constrangimento precipitado, porque derivado essencialmente de uma cognição incompleta, a eventuais direitos da parte contrária àquela a quem se defere a medida cautelar.

Calamandrei mesmo, opondo-se, àquela época, à tese de Chiovenda da existência de um poder cautelar geral implícito, advertira, em passagem que creio útil recordar: "Se, em certos casos de perigo expressamente considerado pela lei, pode ser consentido que a esfera jurídica daquele contra o qual é pedida medida cautelar seja invadida e diminuída a sua liberdade antes que se torne certa a existência do direito afirmado pelo requerente, esta invasão e esta diminuição não podem vir, de regra, senão através de uma cognição regular completa e definitiva".

Por tudo isso, dizia, "os provimentos cautelares se devem, a meu parecer, considerar *de jure condito* excepcionais; por isso, as normas que os disciplinam são comumente reputadas *strictae interpretationis*".

De tal modo, Sr. Presidente, que, ante as implicações constitucionais da função cautelar, que, em breves linhas, procurei realçar, e as restrições legais impostas, não cabe, a meu ver, a recusa peremptória da validade de qualquer limitação por lei ao seu exercício pelo juiz, sobretudo a seu exercício *initio litis*.

Entre essas implicações constitucionais e a restrição determinada em lei não há de interpor-se o exercício de um poder delicadíssimo do Judiciário, que é, pelos mecanismos do controle da constitucionalidade das leis, o de controle da razoabilidade da lei restritiva. Controle de razoabilidade para o qual se conta, hoje, no Direito Brasileiro, não apenas com a garantia da plenitude jurisdicional do Poder Judiciário, mas também com a garantia do devido processo legal, conforme o desenvolvimento particularmente fértil que deu ao tema da razoabilidade da lei a sua prática americana, realçada entre nós por um trabalho clássico de Santiago Dantas, e agora recentemente por uma valiosa monografia do jovem Professor Carlos Roberto de Siqueira Castro.

Já se anotaram os precedentes brasileiros de vedação legal à concessão de liminar, sem resistências quanto à sua constitucionalidade. Primeiro, a Lei n. 2.770/1956, relativa à liberação de bens importados; depois, na área do mandado de segurança, a Lei n. 4.348/1964, a vedar, no art. 5º, a concessão de medida liminar nos mandados de segurança impetrados visando à reclassificação ou equiparação de servidores públicos ou à concessão de aumentos ou extensão de vantagens, e a impor, no seu parágrafo único, que os mandados de segurança a que se refere o artigo só serão executados depois de transitada em julgado a respectiva sentença, ao passo que o art. 7º, em consequência, dá efeito suspensivo ao recurso voluntário ou *ex officio* interposto de decisão concessiva de mandado de segurança que importe outorga ou adição de vencimento ou ainda reclassificação funcional. Seguiu-se a Lei n. 5.021, cujo art. 1º, § 4º, também rezava não se poder deferir medida liminar para efeito de pagamento de vencimentos e vantagens pecuniárias.

Já agora, sob a Constituição de 1988, a Lei n. 7.069, de dezembro último, resultante da conversão da Medida Provisória n. 118, estendeu às medidas das cautelares disciplinadas no Código de Processo Civil as mesmas restrições à liminar e à execução provisória, contidas, em relação ao mandado de segurança, nas duas leis antecedentemente referidas.

Essa última lei traduziu a resposta à manifestação daquele entusiasmado e bem-intencionado abuso da cautelar inominada, a que me referi, e que vinha provocando um fenômeno inusitado na prática brasileira, a fuga do mandado de segurança para a ação cautelar inominada, porque, em relação a esta, não vigoravam as vedações e limitações antecedentes do mandado de segurança, nem mesmo a da suspensão da liminar ou de sentença pelo presidente do tribunal para o recurso.

Todas essas leis anteriores vieram, porém, a coibir um tipo específico, um conteúdo determinado de medida cautelar, de alcance satisfativo, que mal ou bem se reputou, e elas não estão em causa, senão juridicamente, praticamente irreparáveis, quando não irreversíveis, e visaram a coibir casos típicos de abuso do poder cautelar.

O provimento cautelar desde a notável sistematização de Calamandrei se assentou que não se define por um conteúdo particular. Ao contrário do que sustentaram muitos praxistas, não é mero auxiliar da execução coativa, nem sempre tem caráter meramente conservativo, nem sempre consiste na mera manutenção do *status quo*: frequentemente, para desempenhar com eficácia o seu papel cautelar, a cautela é inovativa, altera a situação de fato e, não raras vezes, consiste na antecipação do provimento definitivo.

O que marca, o que distingue, o provimento cautelar não é, assim, o conteúdo, não é a qualidade dos seus efeitos, mas é a sua essencial provisoriedade: "il rapporto che il provvedimento cautelare costituisce è per sua natura destinato ad esaurirsi, in quanto il suo scopo sarà ormai raggiunto, al momento in cui sarà emanato il provvedimento sul merito della controversia", ensinou mestre Calamandrei.

Assim, essa específica provisoriedade de todo o provimento cautelar, liminar ou não, importa, necessariamente, a sua reversibilidade, ou pelo menos a sua reparabilidade; reversibilidade e reparabilidade que se não podem apreciar sob perspectiva puramente jurídica, mas hão de ser apreciadas com os pés na terra, em termos de reversibilidade e reparabilidade prática, de fato, sob pena de, no afã de propiciar a mais ampla tutela jurisdicional a uma das partes, negar-se à parte contrária o devido processo legal. E converter, de fato, quando não de direito, medidas cautelares de cognição incompleta, às vezes de cognição incompletíssima, em situações de fato definitivas, irreversíveis ou irreparáveis.

Nessa linha é que, em princípio, sem prejuízo de melhor exame, quando estiverem em causa, me parecem defensáveis os precedentes legislativos que, uns mais, outros menos, tiveram sempre a preocupação de vedar liminares de conteúdo preciso, aos quais se atribuiu, mal ou bem, um sentido definitivamente satisfativo, que contraria as próprias limitações finalísticas do processo cautelar e a sua própria natureza essencialmente provisória.

A medida provisória que se examina é de todo diversa. Ela não tem em vista o conteúdo da cautelar *initio litis* que proíbe; ela tem em vista o universo normativo de que decorra a pretensão ajuizada, no caso, uma série de variadas medidas provisórias editadas pelo novo Governo...

O Sr. Min. Moreira Alves: Mas, aí, será relação jurídica decorrente de norma. Todas elas são assim, não há nenhuma lei nossa que proíba, normativamente, a concessão de liminar, sempre com referência a relações jurídicas concretas...

O Sr. Min. Sepúlveda Pertence: Nas quais, porém, pela sua precisão, decorre o conteúdo da própria medida liminar vetada.

Agora, eu não sei, realmente, como dizer, como imaginar, em um laboratório, o que pode surgir de mandados de segurança, ações ordinárias, ações cautelares, decorrentes de medidas provisórias que cuidam de temas tão diversos como a extinção e dissolução de entidades da Administração direta e indireta; que se metem em relações de direito econômico – desde relações de direito econômico público até relações privadas, ao estabelecer normas de reajustamento de preços e salários –, que reforma, a fundo, numerosas leis de regência dos principais impostos federais; e finalmente a grande medida de reforma monetária.

De tal modo, Sr. Presidente, que o que choca, realmente, na Medida Provisória n. 173 são a generalidade e a imprecisão. Não se trata, apenas, de proteger leis de emergência. Repito: se faz uma reforma, que eu não tenho como avaliar, neste momento, as suas repercussões, uma reforma diversificada da legislação tributária federal, e até se chegou ao direito privado, ao direito cambial.

Por isso, tive profundas dúvidas quando hoje refletia sobre a matéria, dúvidas agravadas pelos votos aqui proferidos, que sublinharam, à evidência, que a aplicação desta medida provisória, na verdade, pode subtrair à jurisdição cautelar uma série incalculável de interesses e eventuais direitos, aos quais a proibição de proteção à medida pode acarretar danos irreparáveis e de monta.

Mas, Sr. Presidente, essa generalidade e essa imprecisão, que, a meu ver, podem vir a condenar, no mérito, a validez desta medida provisória, dificultam, sobremaneira agora, esse juízo sobre a suspensão liminar dos seus efeitos, nesta ação direta.

Para quem, como eu, acentuou que não aceita veto peremptório, veto *a priori* a toda e qualquer restrição que se faça à concessão de liminar, é impossível, no cipoal de medidas provisórias que se subtraíram ao deferimento de tais cautelares *initio litis*, distinguir, em tese – e só assim poderíamos decidir neste processo –, até onde as restrições são razoáveis, até onde são elas contenções não ao uso regular, mas ao abuso do poder cautelar, e onde se iniciam, inversamente, o abuso das limitações e a consequente afronta à jurisdição legítima do Poder Judiciário.

Não é preciso enfatizar, estamos num juízo cautelar da maior delicadeza, num momento econômico da maior gravidade, ao qual a suspensão indiscriminada da medida provisória poderia trazer consequências da maior seriedade para a política econômica em desenvolvimento.

Por isso, Sr. Presidente, depois de longa reflexão, a conclusão a que cheguei, *data venia* dos dois magníficos votos precedentes, é que a solução adequada às graves preocupações que manifestei – solidarizando-me nesse ponto com as ideias já manifestadas pelos dois eminentes Pares – não está na suspensão cautelar da eficácia, em tese, da medida provisória.

O caso, ao meu ver, faz eloquente a extrema fertilidade desta inédita simbiose institucional que a evolução constitucional brasileira produziu, gradativamente, sem um plano preconcebido, que acaba, a partir da Emenda Constitucional n. 16, a acoplar o velho sistema difuso americano de controla da constitucionalidade ao novo sistema europeu de controle direto e concentrado. Mostrei as dificuldades que vejo na suspensão cautelar da eficácia da própria lei em tese.

Procurou o eminente Relator reduzir o campo dessa suspensão ao mandado de segurança. Confesso não ver como dar essa dimensão à distinção entre o mandado de segurança e a ação ordinária. A diferença entre mandado de segurança e ação ordinária está na liquidez do direito; liquidez e certeza que a evolução da doutrina e da jurisprudência brasileira acabou por reduzir, e bem, a uma conotação acidental, a prova pré-constituída do fato de que emana o direito, o que, em si mesmo, pode não ser decisivo para averiguar-se da necessidade da proteção cautelar imediata.

O que vejo aqui, embora entendendo não ser de bom aviso, naquela medida de discricionariedade que não há decisão a tomar, da suspensão cautelar, em tese, é que a simbiose institucional a que me referi, dos dois sistemas de controle da constitucionalidade da lei, permite não deixar ao desamparo ninguém que precise de medida liminar em caso onde – segundo as premissas que tentei desenvolver e melhor do que eu desenvoleram os Mins. Paulo Brossard e Celso de Mello – a vedação da liminar, porque desarrazoada, porque incompatível com o art. 5º, XXXV, porque ofensiva do âmbito de jurisdição do Poder Judiciário, se mostre inconstitucional.

Assim, creio que a solução estará no manejo do sistema difuso, porque nele, em cada caso concreto, nenhuma medida provisória pode subtrair ao juiz da causa um exame da constitucionalidade, inclusive sob o prisma da razoabilidade, das restrições impostas ao seu poder cautelar, para, se entender abusiva essa restrição, se a entender inconstitucional, conceder a liminar, deixando de dar aplicação, no caso concreto, à medida provisória, na medida em que, em relação àquele caso, a julgue inconstitucional, porque abusiva.

Assim, peço vênia aos eminentes Mins. Relator e Celso de Mello para, com esses fundamentos, indeferir a cautelar.

(...).

EXTRATO DE ATA

Decisão: Após o voto do Sr. Ministro-Relator, que concedia, em parte, a medida liminar e suspendia a vigência, até o julgamento final da ação, no art. 1º da Medida Provisória n. 173, de 18.3.1990, das expressões "em mandado de segurança e", relativamente às Medidas Provisórias ns. 151, 154, 158, 160, 161, 162, 164, 165, 167 e 168, e do voto do Sr. Min. Celso de Mello, que deferia a liminar integralmente e suspendia a eficácia, até o julgamento final da ação, do referido art. 1º da Medida Provisória n. 173, bem assim após o voto do Sr. Min. Sepúlveda Pertence, que indeferia a liminar, o julgamento foi adiado em virtude do pedido de vista do Sr. Min. Sydney Sanches. Falou pelo Ministério Público Federal o Dr. Aristides Junqueira Alvarenga. Plenário, 4.4.1990.

Decisão: Por maioria, o Tribunal indeferiu o pedido de liminar, vencido o Sr. Min. Celso de Mello, que a deferia integralmente para suspender a eficácia do art. 1º da Medida Provisória n. 173, e vencido, em parte, o Sr. Ministro-Relator, que concedia parcialmente a cautelar, nos termos do voto que proferiu. Votou o Presidente. Plenário, 5.4.1990.

Presidência do Sr. Min. Néri da Silveira. Presentes à sessão os Srs. Mins. Moreira Alves, Aldir Passarinho, Sydney Sanches, Octávio Gallotti, Célio Borja, Paulo Brossard, Sepúlveda Pertence e Celso de Mello.

* * *

PERGUNTAS

1. Quais são os fatos?
2. Que direito fundamental está sendo protegido por intermédio desta ação direta de inconstitucionalidade?
3. Que interesse jurídico se contrapõe a este direito no caso em tela?
4. Por que o Min. Paulo Brossard alerta para a gravidade do caso?
5. De onde deriva nosso direito de acesso ao Judiciário? Qual o significado deste direito conforme o STF?
6. O que são *medidas cautelares* e *medidas liminares*?
7. As cautelares e liminares fazem parte do direito geral de acessar o Judiciário?
8. Busque distinguir as posições expressas pelos Mins. Paulo Brossard, Celso Mello e Sepúlveda Pertence em seus respectivos votos sobre o tema da questão acima. No que estão de acordo? No que estão em desacordo?
9. O que é *direito líquido e certo*?
10. O que significam, respectivamente, *fumus boni iuris* e *periculum in mora*?
11. Qual a distinção entre controle difuso e concentrado de constitucionalidade, conforme o voto do Min. Sepúlveda Pertence?

12. É possível que uma norma seja declarada constitucional em abstrato e inconstitucional em concreto? Isso seria uma contradição? O que pensa o Min. Sepúlveda Pertence sobre isso?

13. O que decidiu o Tribunal sobre a constitucionalidade da medida provisória que restringe a interposição de medidas cautelares contra o plano econômico?

7.16 Obrigatoriedade para defensoria de Convênio com a OAB (ADI 4.270-SC)

(Plenário – rel. Min. Joaquim Barbosa – j. 14.3.2012)

Art. 104 da Constituição do Estado de Santa Catarina – Lei Complementar estadual n. 155/1997 – Convênio com a Seccional da OAB (OAB/SC) para prestação de serviço de "defensoria pública dativa".

Inexistência, no Estado de Santa Catarina, de órgão estatal destinado à orientação jurídica e à defesa dos necessitados – Situação institucional que configura severo ataque à dignidade do ser humano – Violação do inciso LXXIV do art. 5º e do art. 134, *caput*, da redação originária da Constituição de 1988.

Ações diretas julgadas procedentes para declarar a inconstitucionalidade do art. 104 da Constituição do Estado de Santa Catarina e da Lei Complementar estadual n. 155/1997 e admitir a continuidade dos serviços atualmente prestados pelo Estado de Santa Catarina mediante convênio com a OAB/SC pelo prazo máximo de um ano da data do julgamento da presente ação, ao fim do qual deverá estar em funcionamento órgão estadual de defensoria pública estruturado de acordo com a Constituição de 1988 e em estrita observância à legislação complementar nacional (Lei Complementar n. 80/1994).

ACÓRDÃO – Vistos, relatados e discutidos estes autos: Acordam os ministros do Supremo Tribunal Federal, em sessão plenária, sob a presidência do Min. Cézar Peluso, na conformidade da ata do julgamento e das notas taquigráficas, por maioria e nos termos do voto do Relator, em julgar procedente a ação direta, com eficácia diferida a partir de 12 meses, a contar desta data, vencido o Min. Marco Aurélio, que a recebia em parte.

Brasília, 14 de março de 2012 – *Joaquim Barbosa*, relator.

RELATÓRIO – *O Sr. Min. Joaquim Barbosa*: Trata-se de ações diretas de inconstitucionalidade em face do art. 104 da Constituição e da Lei Complementar n. 155/1997 do Estado de Santa Catarina.

Os dispositivos impugnados autorizam e regulamentam a prestação de serviços de assistência judiciária pela OAB/Seção de Santa Catarina (OAB/SC), em substituição à Defensoria Pública.

De acordo com as associações requerentes, o resultado prático das normas questionadas é a inexistência do cargo de defensor público na estrutura do Estado de Santa Catarina: o serviço de assistência judiciária é prestado por advogados particulares, escolhidos sem processo de seleção prévia, pela própria OAB.

Ainda de acordo com as requerentes, as disposições impugnadas representam descumprimento do dever de criar e manter serviço público de assistência jurídica por meio de órgão de Estado (art. 5º, LXXIV, e art. 134, *caput* e §§ 1º e 2º, da CF).

A situação normativa existente no Estado de Santa Catarina também representaria violação aos princípios da competência legislativa dos entes federados, uma vez que o art. 134 dispõe que lei complementar federal – no caso, a Lei Complementar n. 80/1994 – disporá sobre as normas gerais aplicáveis à Defensoria Pública dos Estados. Nessa linha de argumentação, as requerentes lembram que a Lei Complementar n. 80/1994 prevê, em seus arts. 110 e 112, a criação de cargos efetivos de defensor público, preenchidos mediante aprovação em concurso público. Essas regras, de nítido caráter impositivo, não poderiam deixar de ser observadas pelo Estado de Santa Catarina.

As requerentes acrescentam que a promulgação da lei complementar estadual impugnada, por resultar da derrubada de veto total oposto pelo Governador de Santa Catarina a projeto de lei aprovado pela Assembleia Legislativa daquela unidade da Federação, representaria, também, violação ao princípio da simetria, uma vez que, dispondo sobre Defensoria Pública, conteria matéria de iniciativa legislativa privativa do chefe de Estado, conforme art. 61, § 1º, II, "d', da Constituição.

Não houve pedido de liminar.

As informações prestadas pelo Governador e pela Assembleia Legislativa do Estado de Santa Catarina defendem o sistema de assistência judiciária implantado naquela unidade da Federação. Segundo argumentam, o princípio federativo autoriza a prestação de serviços de Advocacia dativa mediante ajuste entre o Estado e a Seção local da OAB. Nessa linha de pensamento, sustentam que a eficiência do serviço prestado deve preponderar na análise da constitucionalidade da legislação impugnada.

O Advogado-Geral da União sustenta que a criação e implantação da Defensoria Pública de âmbito estadual, organizada em instituição própria e com carreira específica, é norma constitucional de observância obrigatória. O Advogado-Geral da União lembra que há lei complementar nacional que estabelece normas gerais sobre a constituição da Defensoria Pública (Lei Complementar n. 80/1994), promulgada com fundamento em competência concorrente, fato que torna obrigatória a observância, pelo Estado-membro, da respectiva norma geral (art. 24, XIII, e § 3º).

O Procurador-Geral da República aponta omissão do Estado de Santa Catarina na prestação de assistência jurídica. Com apoio em precedentes desta Corte, o Procurador-Geral da República afirma que a Constituição impõe aos Estados-membros o dever de criar e manter órgão de assistência judiciária organizado sob a forma de Defensoria Pública.

As seguintes entidades e pessoas foram admitidas como *amici curiae*: Conectas Direitos Humanos, Instituto Pro Bono, Instituto Terra, Trabalho e Cidadania, OAB/Seção de Santa Catarina e Associação Juízes para a Democracia.

É o relatório.

VOTO – *O Sr. Min. Joaquim Barbosa* (relator): (...). (...).

Leio o art. 104 da Constituição Estadual e trechos da lei complementar impugnada:

"Art. 104. A Defensoria Pública será exercida pela Defensoria Dativa e Assistência Judiciária Gratuita, nos termos de lei complementar".

"Art. 1º. Fica instituída, pela presente Lei Complementar, na forma do art. 104 da Constituição do Estado de Santa Catarina, a Defensoria Pública, que será exercida pela Defensoria Dativa e Assistência Judiciária Gratuita, organizada pela Ordem dos Advogados do Brasil, Seção de Santa Catarina – OAB/SC.

"§ 1º. A OAB/SC obriga-se a organizar, em todas as Comarcas do Estado, diretamente ou pelas Subseções, listas de advogados aptos à prestação dos serviços da Defensoria Pública e Assistência Judiciária Gratuita.

"§ 2º. Cada Subseção da OAB/SC organizará as listas a que se refere o parágrafo anterior, incluindo, mediante requerimento, os advogados que nela tenham sede principal de atividade. Na Comarca da Capital a confecção da lista caberá à Diretoria da OAB/SC.

"§ 3º. As listas serão organizadas de acordo com a especialidade dos advogados, indicada no requerimento a que se refere o parágrafo anterior, podendo o advogado constar em mais de uma área de atuação profissional.

"§ 4º. Somente poderão ser incluídos nas listas os advogados que assinarem termo de comprometimento e aceitação das condições estabelecidas na presente Lei Complementar, os quais serão designados pela autoridade judiciária competente.

"§ 5º. Para efeito de designação de assistente judiciário ou defensor dativo dever-se-á manter, o quanto possível, sistema de rodízio entre os advogados inscritos e militantes em cada Comarca."

"Art. 3º. Institui-se, nesta Lei, o regime de remuneração, pelo Estado de Santa Catarina, em favor dos advogados que, indicados em listas, na forma do art. 1º e seus parágrafos, e designados pela autoridade judiciária competente, promovam, no juízo cível, criminal e varas especializadas, a Defensoria Dativa e Assistência Judiciária às pessoas mencionadas no art. 2º."

Afirmo, com bastante tranquilidade, que os argumentos levantados em defesa das disposições impugnadas não me parecem convincentes.

Observo, inicialmente, que o fato de a lei complementar impugnada resultar de iniciativa parlamentar é razão suficiente para declarar a sua inconstitucionalidade formal. Isso porque, com fundamento no princípio da simetria, esta Corte tem estendido a regra constante no art. 61, inciso II, alínea "d", às outras unidades da Federação, do que resulta que a iniciativa para legislar sobre a organização da Defensoria Pública em âmbito estadual é exclusiva do Governador de Santa Catarina.

No entanto, o vício de inconstitucionalidade formal não é o único a ser corrigido no caso da legislação impugnada.

O apelo ao princípio federativo não resiste diante do inciso LXXIV do art. 5º e do art. 134, *caput*, do texto originário da Constituição. Tais disposições representam ordens ao legislador. Leio:

"Art. 5º. (...); LXXIV – o Estado prestará assistência jurídica integral e gratuita aos que comprovarem insuficiência de recursos; (...)".

"Art. 134. A Defensoria Pública é instituição essencial à função jurisdicional do Estado, incumbindo-lhe a orientação jurídica e a defesa, em todos os graus, dos necessitados, na forma do art. 5º, LXXIV."

As possíveis dúvidas a respeito da forma como se deveria responder ao comando constitucional foram esclarecidas por meio da Lei Complementar n. 80/1994, que contém normas gerais obrigatórias para a organização da Defensoria Pública pelos Estados. Destaco os arts. 110 e 112 da referida lei complementar nacional, também sublinhados pela requerente ANADEP:

"Art. 110. A Defensoria Pública do Estado é integrada pela carreira de Defensor Público do Estado, composta das categorias de cargos efetivos necessárias ao cumprimento das suas funções institucionais, na forma a ser estabelecida na legislação estadual".

"Art. 112. O ingresso nos cargos iniciais da carreira far-se-á mediante aprovação prévia em concurso público de provas e títulos, com a participação da Ordem dos Advogados do Brasil."

Feitos esses esclarecimentos iniciais, observo que o modelo catarinense de Defensoria Pública, impugnado por meio destas ações diretas, não se utiliza da parceria com a OAB como forma de suplementar a Defensoria Pública prestada pelo Estado. Pelo contrário. A Seccional da OAB naquele Estado supostamente cumpre o papel que seria da Defensoria. Não há outra Defensoria em Santa Catarina. Há apenas os advogados dativos indicados pela OAB. (...).

O arranjo é o seguinte: o Estado de Santa Catarina é responsável pelo pagamento dos honorários dos advogados dativos que atuam nos processos judiciais em que há declaração da necessidade da assistência judiciária gratuita. Os valores referentes a esses honorários constituem verba prevista no orçamento estadual e são liberados em duodécimos. Desses valores, a Seccional catarinense da OAB pode separar 10%. Esse valor que vai para o caixa da OAB consiste, portanto, em um verdadeiro estipêndio mensal pago pelos contribuintes daquele Estado à Seção local da Ordem dos Advogados. (...).

O argumento principal em favor da legislação impugnada, o de que importa mais a satisfação geral do cidadão com o serviço prestado do que o eventual desrespeito ao figurino constitucional, não resiste a uma observação mais acurada.

À primeira vista, é muito pouco provável que se possa afirmar que o cidadão catarinense esteja plenamente satisfeito com a prestação de assistência judiciária por meio de advogados dativos indicados pela Seção estadual da Ordem dos Advogados. As cifras apresentadas pelo Governo do Estado e pela própria OAB sugerem, apenas, que a proporção de advogados dativos em relação à população total do Estado seria maior em Santa Catarina do que em outros Estados nos quais foi criada a Defensoria Pública. Esses números não trazem, entretanto, qualquer possibilidade de juízo seguro sobre a qualidade dos serviços efetivamente prestados, até porque não existe comparação possível, em razão da inexistência de Defensoria naquele Estado.

Não se pode ignorar, também, que, enquanto o defensor público integrante de carreira específica dedica-se exclusivamente ao atendimento da população que necessita dos serviços de assistência, o advogado privado convertido em defensor dativo certamente prioriza, por uma questão de limitação da jornada de trabalho, os seus clientes que podem oferecer uma remuneração maior do que aquela que é repassada pelo Estado, a qual observa a tabela de remuneração básica dos serviços de advogado. Essas observações sugerem que a questão da criação de um serviço de assistência judiciária não pode ser vista apenas sob o ângulo estatístico e muito menos da perspectiva da mera economia de recursos.

Veja-se, a título de exemplo, o fato de que a defensoria dativa organizada pelo Estado de Santa Catarina com apoio da Seção local da OAB não está preparada e tampouco possui competência para atuar na defesa de direitos coletivos, difusos ou individuais homogêneos dos hipossuficientes e dos consumidores, atribuição que hoje se encontra plenamente reconhecida à Defensoria Pública (incisos VII e VIII do art. 4º da Lei Complementar n. 80/1994, na redação da Lei Complementar n. 132/2009).

Note-se, também, que a ênfase do modelo catarinense na assistência jurídica prestada sob o ângulo do apoio ao litígio judicial deixa de lado todos os esforços que vêm sendo empreendidos por várias organizações no sentido de consolidar a cultura da resolução extrajudicial de disputas. A Defensoria Pública como instituição do Estado encontra-se apta para atuar nessa frente, linha de ação essencial para reduzir a quantidade de processos e tornar mais ágil o funcionamento da Justiça (inciso II do art. 4º da Lei Complementar n. 80/1994, na redação da Lei Complementar n. 132/2009).

Confira-se, por fim, a dura realidade vivenciada pelos detentos do Estado de Santa Catarina, os quais, além de conviverem com as péssimas condições estruturais dos presídios daquela unidade da Federação, não contam, ao contrário daqueles recolhidos em unidades prisionais de outros Estados ou da União, com defensores públicos lotados nas próprias penitenciárias e centros de detenção. Essa realidade, que poderia ser facilmente alterada com a criação da Defensoria Pública, tem impacto direto sobre a regularidade da execução penal, gerando, como consequência, o indesejável fato do encarceramento ilegal ou por tempo que excede o do regular cumprimento da pena. (...). (...).

Ante o exposto, julgo procedente a ação direta para declarar a inconstitucionalidade de todos os dispositivos impugnados. (...).

Em linha com a proposta formulada pelas requerentes e com o precedente da ADI n. 3.819, rel. Min. Eros Grau, *DJe* 28.3.2008, sugiro que a Corte exija a continuidade da prestação dos serviços atualmente ofertados com fundamento nas normas questionadas durante o prazo de seis meses, ao fim do qual deve estar definitivamente criada e em funcionamento a Defensoria Pública do Estado de Santa Catarina.

É o voto.

(...).

DEBATE

(...).

O Sr. Min. Joaquim Barbosa (relator): Min. Rosa, V. Exa. deve ter percebido, pela sustentação do representante do Estado de Santa Catarina, que não há, na verdade, nenhuma vontade política de criar essa Defensoria no Estado. Na verdade, essas normas aqui até impediam – podemos dizer isso – qualquer movimento no sentido de criação dessas Defensorias. Nós estamos removendo esse empecilho, mas é fácil fazer uma análise sobre uma possível falta de disposição no Estado de criar, tanto é que esse é o caso mais grave de todos os que nós já examinamos aqui. É um caso em que há um pacto, ainda que não expresso, entre o poder político local e a Ordem dos Advogados.

A Sra. Min. Carmen Lúcia: Mas, Ministro, eu acho que a ponderação – não sei, estou perguntando à Min. Rosa – é de que vai ter que haver uma lei criando os cargos, a estrutura, o concurso público, porque os cargos são de provimento efetivo. Talvez essa seja a preocupação da Ministra, para fazer isso em 180 dias. Eu nem estou me antecipando sobre o prazo, mas, do que a Ministra disse, foi isso que depreendi.

(...).

A Sra. Min. Carmen Lúcia: Até um ano, exatamente, porque nós já demos prazo, Ministro, no caso de Tocantins, de um ano para fazer o concurso público, e eram 25.000 cargos, claro. De toda sorte, porque nós sabemos que um concurso público para prover cargos... E aqui nós vamos ter que criar a lei, criar a estrutura, implantar, fazer os concursos, prover, para então ter o atendimento pleno. Eu acho que essa é a preocupação, talvez.

O Sr. Min. Joaquim Barbosa (relator): Eu não mantenho a minha posição em relação a esse prazo.

O Sr. Min. Luiz Fux: Não, V. Exa. simplesmente colocou em discussão.

O Sr. Min. Joaquim Barbosa (relator): Coloco em discussão; acho que a Corte decide.

(...).

VOTO – *O Sr. Min. Ayres Britto*: Sr. Presidente, eu experimento dificuldade, nessa nossa técnica decisória, de assinar prazo, marcar prazo para, por exemplo, o Executivo tomar a iniciativa de lei, o Legislativo legislar. Isso porque o Executivo toma a iniciativa de lei se quiser, e o Legislativo não é obrigado a legislar. Nós é que somos obrigados a julgar, por efeito do art. 5º, inciso XXXV. Nós somos obrigados a julgar, mas nem o Legislativo é obrigado a legislar, nem o Poder Executivo é obrigado a tomar a iniciativa de lei.

(...).

VOTO – *O Sr. Min. Dias Toffoli*: Sr. Presidente, penso que o prazo dado pelo Relator é mais do que suficiente para a aprovação de uma lei e para a instalação da Defensoria Pública, como já aconteceu com outras instituições, como a própria Advocacia-Geral da União – que o Congresso Nacional levou quase cinco anos para implementar: prevista na Constituição/1988, foi criada por lei apenas em 1993, mas a sua implementação foi imediata, inclusive com procuradores da Fazenda Nacional, com procuradores de autarquias, que foram cedidos até que se realizassem os concursos públicos necessários para a sua efetivação. O mais importante aqui é que a Defensoria Pública seja instalada. Instalada a Defensoria Pública, ela começará a prestar os seus serviços com os convênios que forem necessários; depois, vai haver os concursos públicos.

(...).

DEBATE

O Sr. Min. Luiz Fux: Sr. Presidente, pela ordem.

É só para relembrar que o STF tem vários precedentes, e essa classificação de que na ação declaratória de constitucionalidade nós nos limitamos a declarar a nulidade é já uma tendência superada, como também já é superada essa questão de se imaginar que a Suprema Corte não exerça e nem possa exercer o papel de legislador positivo no caso das sentenças aditivas. Essa classificação moderna, hoje, da eficácia das decisões no controle de constitucionalidade modificou-se completamente.

Nós temos vários exemplos, inclusive mandando aplicar decisões a determinados funcionários que não estavam nem encampados na ação proposta, e há declarações de constitucionalidade eliminando outros dispositivos. De sorte que não há mais aquela ortodoxia de nós nos limitarmos a declarar a inconstitucionalidade. Então, como há possibilidade de sentença aditiva, a proposta do Relator talvez fosse ponderada, sob o ângulo do prazo razoável. (...).

O Sr. Min. Cézar Peluso (presidente): Min. Luiz Fux, V. Exa. me permite? Na verdade, o que nós estamos discutindo é qual o tempo que vamos dar de subsistência dessa legislação inconstitucional. Só isso. O Relator está propondo seis meses, mas não fecha a questão. A Min. Rosa está pensando num tempo um pouco maior. É isso que temos que resolver.

O Sr. Min. Joaquim Barbosa (relator): Sr. Presidente, eu estou absolutamente aberto à fixação de um prazo mais elástico.

O Sr. Min. Ricardo Lewandowski: Nós não estamos aqui em sede de ADO; nós estamos em sede de ADI. Nós não estamos obrigando o Estado a legislar, pelo seu Poder Executivo, pelo seu Poder Legislativo. Nós simplesmente estamos, nos termos do art. 27 da Lei n. 9.868, modulando temporalmente *pro futuro* a nossa decisão. Nós estamos dando uma sobrevida de seis meses, por proposta do eminente Relator, a esta lei, como podemos dar por um ano. A mim me parece que não se trata de obrigar ninguém a legislar. Nós estamos dentro do nosso papel e autorizados por disposição expressa da lei.

(...).
O Sr. Min. Cézar Peluso (presidente): Eu acho que nove meses é um tempo bom para parir a Defensoria!
(...).
RETIFICAÇÃO DE VOTO: *O Sr. Min. Joaquim Barbosa* (relator): Eu reajusto o meu voto para adotar também o prazo de um ano.
(...).
O Sr. Min. Marco Aurélio: Peço vênia para simplesmente assentar que o diploma é inconstitucional. E há situações que às vezes exigem que se chegue a um estágio crítico para realmente implementar-se o que é querido pela Lei Maior do País, pela Constituição Federal.

O que ocorrerá – e tenho dito que não precisamos de mais leis, de mais emendas constitucionais no Brasil, mas de homens, principalmente homens públicos, que observem as existentes – ante esse estado de coisas vivenciado? Passados seis meses, a Assembleia Legislativa atuará e criará a Defensoria Pública? E se não criar? Reclamação para o Supremo? Talvez possamos, quem sabe, nos transferir para a Assembleia Legislativa e atuar no campo legiferante, no campo da normatização.

Presidente, é hora de buscar-se a eficácia maior da Constituição Federal. É hora de impor-se a concretude, que é própria à Carta da República. Não vejo como se possa tergiversar e dizer que, realmente, em 1988, impôs-se a criação das Defensorias Públicas, mas, como o Estado de Santa Catarina, que é um Estado inclusive muito politizado, até aqui não a criou, poderá assim permanecer por mais seis meses, adentrando-se, quem sabe, um círculo vicioso, não vindo a ser criada a Defensoria Pública. Por isso, peço vênia, Presidente, para simplesmente, *tout court*, declarar inconstitucional o quadro, implementando a esse pronunciamento eficácia plena. Sim, desde o surgimento dessa lei que aponto esdrúxula, tendo em consideração o Diploma Maior, veio à balha a inconstitucionalidade.

É como voto.
(...).

EXTRATO DE ATA

Decisão: O Tribunal, por maioria e nos termos do voto do Relator, julgou procedente a ação direta, com eficácia diferida a partir de 12 meses, a contar desta data, contra o voto do Sr. Min. Marco Aurélio, que pronunciava a inconstitucionalidade com eficácia *ex tunc*. Votou o Presidente, Min. Cézar Peluso. Ausente, neste julgamento, o Sr. Min. Gilmar Mendes. Falaram, pela requerente Associação Nacional dos Defensores Públicos da União/ANDPU (ADI ns. 3.892 e 4.270), o Dr. Rafael de Cás Maffini; pela requerente Associação Nacional dos Defensores Públicos/ANADEP (ADI n. 4.270), o Dr. André Castro; pelo interessado Governador do Estado de Santa Catarina (ADI n. 3.892), o Dr. Fernando Filgueiras, Procurador do Estado; pelo *amicus curie* Associação Juízes para a Democracia (ADI n. 4.270), o Dr. Sérgio Sérvulo da Cunha; pelos *amici curiae* (ADI n. 4.270) Conectas Direitos Humanos, Instituto Pro Bono e Instituto Terra Trabalho e Cidadania, o Dr. Marcos Fuchs; e, pelo Ministério Público Federal, o Procurador-Geral da República, Dr. Roberto Monteiro Gurgel Santos. Plenário, 14.3.2012.

Presidência do Sr. Min. Cézar Peluso. Presentes à sessão os Srs. Mins. Celso de Mello, Marco Aurélio, Gilmar Mendes, Ayres Britto, Joaquim Barbosa, Ricardo Lewandowski, Carmen Lúcia, Dias Toffoli, Luiz Fux e Rosa Weber.

* * *

PERGUNTAS

1. Quais os fatos do caso?

2. Quais as questões jurídicas envolvidas? Quais os direitos violados e os dispositivos constitucionais invocados?

3. Para o Min. Joaquim Barbosa, qualquer atuação da OAB em assistência jurídica para os mais necessitados é inconstitucional? Há exclusividade da Defensoria Pública?

4. De que forma a manutenção da lei impugnada poderia contribuir para a inexistência da Defensoria Pública em Santa Catarina?

5. Por que para o Min. Joaquim Barbosa seria imprescindível a instalação de uma Defensoria Pública em substituição à atuação exclusiva da OAB? Existem razões jurídicas, ou são escolhas do governo?

6. De que forma a ausência de uma Defensoria Pública estruturada inviabiliza o direito dos jurisdicionados de acesso à Justiça?

7. Quais as consequências da decisão de inconstitucionalidade da lei impugnada caso adotada a posição do Min. Marco Aurélio?

7.17 Caso Georgina e fraude ao INSS (RO/HC 79.785-7-RJ)

(Plenário – rel. Min. Sepúlveda Pertence – j. 29.3.2000)

I – Duplo grau de jurisdição no Direito Brasileiro, à luz da Constituição e da Convenção Americana de Direitos Humanos.

1. Para corresponder à eficácia instrumental que lhe costuma ser atribuída, o duplo grau de jurisdição há de ser concebido, à moda clássica, com seus dois caracteres específicos: a possibilidade de um reexame integral da sentença de primeiro grau e que esse reexame seja confiado à órgão diverso do que a proferiu e de hierarquia superior na ordem judiciária.

2. Com esse sentido próprio – sem concessões que o desnaturem – não é possível, sob as sucessivas Constituições da República, erigir o duplo grau em princípio e garantia constitucional, tantas são as previsões, na própria Lei Fundamental, do julgamento de única instância ordinária, já na área cível, já, particularmente, na área penal.

3. A situação não se alterou com a incorporação ao Direito Brasileiro da Convenção Americana de Direitos Humanos (Pacto de São José), na qual, efetivamente, o art. 8º, 2, "h", consagrou, como garantia, ao menos na esfera processual penal, o duplo grau de jurisdição, em sua acepção mais própria: o direito de "toda pessoa acusada de delito", durante o processo, "de recorrer da sentença para juiz ou tribunal superior".

4. Prevalência da Constituição, no Direito Brasileiro, sobre quaisquer convenções internacionais, incluídas as de proteção aos direitos humanos, que impede, no caso, a pretendida aplicação da norma do Pacto de São José: motivação. (...).

ACÓRDÃO – Vistos, relatados e discutidos estes autos: Acordam os Ministros do Supremo Tribunal Federal, em sessão plenária, na conformidade da ata do julgamento e das notas taquigráficas, por maioria de votos, em negar provimento ao recurso.

Brasília, 29 de março de 2000 – *Carlos Velloso*, presidente – *Sepúlveda Pertence*, relator.

RELATÓRIO – *O Sr. Min. Sepúlveda Pertence*: A recorrente foi condenada em processo da competência originária do TJRJ, por figurar um Juiz de Direito como corréu.

Do acórdão interpôs recurso inominado, "com força de apelação", para o STJ, invocando a Constituição e a Convenção Americana de Direitos Humanos.

No Tribunal de origem, o Órgão Especial indeferiu liminarmente o apelo.

Donde o *habeas corpus* requerido por seu ilustre Defensor, advogado Luiz Carlos de Andrade, ao STJ, visando à subida do recurso inominado.

Da fundamentação do pedido se colhe:

"Basta uma interpretação isenta e profunda da Constituição Federal para se perceber o direito da paciente. Se a Carta Magna não inclui o reexame de mérito nas ações originárias, também não proíbe.

Não se pode esquecer que o duplo grau de jurisdição está incluído no capítulo referente às garantias individuais e coletivas, sendo pressuposto do contraditório, ampla defesa e devido processo legal (art. 5º, LV); *impossível falar em garantias processuais mínimas sem duplo grau de jurisdição*.

"(...).

"Logo no *caput* do art. 5º da Constituição está estipulado que "todos são iguais perante a lei, sem distinção de qualquer natureza, (...)". Seria restritivo admitir reexame de mérito para umas pessoas e não para outras, seja em razão de cargo, foro privilegiado ou outras escusas. Quando o TJRJ, autoridade coatora, veda seguimento do recurso da paciente, nega a igualdade de todos perante a lei e faz discriminação de natureza processual.

"No mesmo artigo, no inciso XXXV, está expresso que "a lei não excluirá da apreciação do Poder Judiciário lesão ou ameaça de direito". O direito da paciente está sendo lesado pela autoridade coatora quando esta impede seguimento de seu recurso objetivando o duplo grau de jurisdição.

"(...)." (...).

No STJ, o eminente Min. Fernando Gonçalves, Relator, indeferiu liminarmente o *habeas corpus*.

Dessa decisão houve agravo regimental, improvido, (...).

Daí o recurso ordinário para o STF, que insiste e desenvolve a argumentação expendida na impetração originária. (...).

VOTO – *O Sr. Min. Sepúlveda Pertence* (relator): Entendo oportuna uma breve revisão da estatura e do alcance reconhecidos ao princípio do duplo grau de jurisdição, antes que, já sob a égide do art. 5º, § 2º, da Constituição, a promulgação do Pacto de São José da Costa Rica – a Convenção Americana de Direitos Humanos – desse novo colorido ao tema.

Só era consensual que, explicitamente, apenas a Carta Política do Império, no art. 158, erigira o "duplo grau" em princípio constitucional.

Não obstante o silêncio das sucessivas Constituições da República – que leva autores de tomo a negar *status* constitucional ao princípio (...) – é numeroso e respeitável o rol dos que entendem ser a garantia do duplo grau de jurisdição uma derivação da própria organização constitucional do Poder Judiciário – seja em razão da previsão de tribunais competentes para o julgamento de recursos ordinários ou extraordinários (...), seja de outras garantias constitucionais, quer a da ampla defesa, quer particularmente aquela do devido processo legal – mesmo antes de sua consagração explícita na Lei Fundamental (...).

A leitura das opiniões divergentes permite verificar, contudo, que frequentemente o dissenso – em especial da parte dos que insistiram na hierarquia constitucional do postulado – tem menos de base dogmática do que de vigoroso *wishful thinking*, que parte da firme convicção na utilidade dos recursos como instrumentos de segurança, de controle e de isonomia. (...).

Não obstante as graves preocupações subjacentes à tese, não é fácil, no Brasil, alçar, *de lege lata*, o duplo grau a princípio e garantia constitucional, tantas são as previsões na própria Constituição de julgamentos de única instância, já na área cível, já, particularmente, na área penal.

A mim me parece que – para que tenha a eficácia instrumental, que lhe atribuem, na realização de eminentes valores – o "duplo grau" há de ser concebido, à moda clássica, com seus dois caracteres específicos: a possibilidade de um reexame integral da sentença de primeiro grau e que esse reexame seja confiado a órgão diverso do que a proferiu e de hierarquia superior na ordem judiciária.

Daí que – para sustentá-lo a qualquer custo e ajustá-lo às numerosas exceções constitucionais – autores de justa nomeada tivessem chegado a admitir no ponto tais concessões, que acabavam por esvaziar o princípio que insistiam em afirmar implicitamente acolhido e observado pela Constituição.

Exemplo dessa postura é o dos que se contentam, para entender respeitado o duplo grau, com a submissão dos acórdãos da competência originária dos Tribunais Superiores à eventualidade do cabimento do recurso extraordinário – no entanto, de devolução circunscrita à questão constitucional envolvida –, ou das decisões originárias dos tribunais de segunda instância ao mesmo recurso extraordinário e aos demais recursos de revisão *in jure* da questão federal ordinária, confiados aos demais Tribunais Superiores: tudo isso para tentar reduzir a exceção ao princípio às hipóteses de competência originária do Supremo Tribunal. É significativo observar que a notável Ada Grinover – que parece subscrever, com Cintra e Dinamarco (*Teoria Geral*..., cit., p. 75), a opinião referida –, em trabalho mais recente ("Um enfoque constitucional da teoria geral dos recursos", em Tabenchlak e Bustamante, *Livro de Estudos Jurídicos*, IEJ, Rio, 1994, pp. 70, 73) assinala, a meu ver corretamente, que "o princípio do duplo grau esgota-se nos recursos cabíveis no âmbito do reexame de decisão, por uma única vez. Os recursos de terceiro grau das Justiças Trabalhista e Eleitoral, o recurso especial para o STJ e o extraordinário para o STF não se enquadram na garantia do duplo grau, sendo outro seu fundamento".

Para outros estudiosos, de sua vez, não seria essencial à identificação do duplo grau de jurisdição que a competência para o recurso tocasse a um outro ou ao mesmo órgão do próprio tribunal *a quo* – a exemplo dos embargos – quando a melhor doutrina, nessa hipótese, não divisa mais que o princípio menos exigente de duplo exame da causa.

Para finalizar, recorde-se ainda a posição dos juristas que – persistindo na dignidade constitucional do princípio –, entretanto, aceitam que a lei ordinária possa ditar exceções ao duplo grau, o que não parece fácil de conciliar com a tese de que se cuidaria de regra compreendida no âmbito da garantia fundamental do *due process of law*.

Tudo isso me conduziu – sem negar-lhe a importância, mormente como instrumento de controle – à conclusão de que a Constituição – na linha de suas antecedentes republicanas – efetivamente não erigiu o duplo grau de jurisdição em garantia fundamental.

Certo, não desconheço ser ele quase universalmente um princípio geral do processo.

Daí a previsão constitucional de tribunais cuja função – básica nos de segundo grau (*v.g.*, art. 108, II) e extraordinária nos Superiores (arts. 105, II, e 121, § 4º, III a V) e até no Supremo (art. 102, II) – é a de constituir-se em órgão de recursos ordinários.

Entretanto, não só a Carta Política mesma subtraiu do âmbito material de incidência do princípio do duplo grau as numerosas hipóteses de competência originária dos tribunais para julgar como instância ordinária única, mas também, em linha de princípio, não vedou à lei ordinária estabelecer as exceções que entender cabíveis, conforme a ponderação, em cada caso, acerca do dilema permanente do processo entre a segurança e a presteza da jurisdição.

Essa convicção me levou duas vezes – esta é a terceira – a negar estatura constitucional ao duplo grau de jurisdição e até à regra menor do duplo exame: a primeira, no voto como Relator da ADI/MC n. 675, *DJU* 20.6.1997 – vencido por outros motivos –, e a segunda quando, com o respaldo da 1ª Turma, neguei força de garantia constitucional à embargabilidade das decisões das ações penais originárias que não as do Supremo Tribunal (HC n. 71.124, 1ª Turma, 28.6.1994, Pertence, *DJU* 23.9.1994).

Com a reserva, que entendo cabível, do exame, em cada hipótese, da razoabilidade da exclusão legal do recurso ordinário – continuo persuadido desse entendimento, isto é, de que Constituição, quando não o repila ela mesma, não garante às partes o duplo grau de jurisdição. (...).

EXTRATO DE ATA

Decisão: O Tribunal, por maioria, vencidos os Srs. Mins. Marco Aurélio e o Presidente (Min. Carlos Velloso), negou provimento ao recurso. Ausente, justificadamente, o Sr. Min. Celso de Mello. Falou pela recorrente o Dr. Luiz Carlos de Andrade. Plenário, 29.3.2000.

Presidência do Sr. Min. Carlos Velloso. Presentes à sessão os Srs. Mins. Moreira Alves, Néri da Silveira, Sydney Sanches, Octávio Gallotti, Sepúlveda Pertence, Marco Aurélio, Ilmar Galvão, Maurício Corrêa e Nelson Jobim.

* * *

PERGUNTAS

1. Quais são os fatos?
2. Qual o direito reivindicado no presente *habeas corpus*?
3. O que é *duplo grau de jurisdição* na visão do Min. Sepúlveda Pertence?
4. Ainda de acordo com o Relator, o princípio do duplo grau está presente na tradição constitucional brasileira?
5. Este é um direito garantido pela atual Constituição? Há uma garantia legal do duplo grau?
6. Qual o resultado proferido pelo Supremo?

7.18 Caso "Mensalão" – Garantia do duplo grau de jurisdição (AP/vigésimo sexto AgR 470-MG)

(Plenário – red. para o acórdão Min. Roberto Barroso – j. 18.9.2013)

Ação penal originária perante o STF – Cabimento de embargos infringentes quando haja quatro votos favoráveis à absolvição. (...).

ACÓRDÃO – Vistos, relatados e discutidos estes autos: Acordam os Ministros do Supremo Tribunal Federal, sob a presidência do Min. Joaquim Barbosa, na conformidade da ata de julgamento e das notas taquigráficas, em rejeitar a preliminar de preclusão suscitada pelo Min. Marco Aurélio. E, por maioria de votos, dar provimento ao agravo regimental para admitir os embargos infringentes, vencidos os Mins. Joaquim Barbosa (Presidente), Luiz Fux, Carmen Lúcia, Gilmar Mendes e Marco Aurélio.

Brasília, 18 de setembro de 2013 – *Luís Roberto Barroso*, redator para o acórdão.

RELATÓRIO – *O Sr. Min. Joaquim Barbosa* (relator): Trata-se de recursos de agravo regimental interpostos pelos réus Delúbio Soares de Castro (Pet n. 23.681/2013) e Cristiano de Mello Paz (Pet n. 22.880/2013) contra a decisão que proferi na AP n. 470 (fls. 62.750-62.757, vol. 284), publicada no *DJe* em 15.5.2013, (...). (...).

O agravante Delúbio Soares de Castro alega, em síntese, que:

1. A decisão agravada é intempestiva, uma vez que: "pelo que dispõe o art. 339 do Regimento (com apoio no art. 538, *caput*, do CPC), os embargos declaratórios suspendem o prazo para qualquer outro recurso contra a decisão embargada, tanto que o agravante, ao interpor os infringentes, protestou por novo prazo caso os declaratórios fossem recebidos ainda que em parte, de modo a emendar – se fosse o caso – sua petição. Assim, com prazo suspenso, (...) não cabia decidir sobre o seguimento dos infringentes, se somente se iniciaria após o julgamento dos declaratórios".

2. Ainda está em vigor o art. 333, I, do Regimento Interno desse Tribunal, pois esse Estatuto "é constantemente modificado, especialmente nos dispositivos que nunca tiveram força de lei e por isso não foram nesse *status* recepcionados. Quanto aos que o foram, há que se considerar as ponderações do eminente decano Celso de Mello, nesta mesma ação penal, no sentido de que, tendo força de lei, somente por lei em sentido formal poderiam essas disposições vir a ser revogadas".

3. A Lei n. 8.038/1990 não legislou sobre os embargos infringentes, nem mesmo revogou tacitamente esse recurso, nos termos do art. 2º, § 2º, da Lei de Introdução às Normas do Direito Brasileiro, bem assim "jamais pretendeu desprestigiar os regimentos dos tribunais, tanto assim que seu regramento para a ação penal originária vai até o término da instrução: 'Art. 12, Finda a instrução, o Tribunal procederá ao julgamento, *na forma determinada pelo Regimento Interno*'".

4. "Quando quatro Ministros da Suprema Corte entendem que uma pessoa não merece ser condenada por determinada conduta, a apreciação do recurso quer parecer não somente indicada, mas necessária, ao menos quando se reconhece que os juízes, por melhores que sejam, são humanos, e, portanto, falíveis."

5. A Lei n. 8.038/1990 não esgotou todos os recursos no âmbito dos Tribunais Superiores ou pretendeu marginalizar os regimentos internos, tanto que os embargos de declaração serão examinados por esta Corte e não estão previstos na citada lei. E:

6. "Há pouco mais um ano, essa Corte editou emenda regimental regulamentando o procedimento dos embargos infringentes, por meio da Emenda Regimental n. 47", o que torna inequívoca a subsistência desses embargos, como forma de preservar a ampla defesa e um "processo penal essencialmente justo".

Pede, ao final, o processamento dos embargos infringentes, nos temos dos arts. 335, § 3º, e 76 do RISTF. (...).

VOTO – *O Sr. Min. Joaquim Barbosa* (relator): (...). (...).

No mérito, conforme expus na decisão agravada: o art. 333, inciso I e parágrafo único, do RISTF prevê que "cabem embargos infringentes à decisão não unânime do Plenário (...) que julgar procedente a ação penal, desde que existam, no mínimo, quatro votos divergentes".

Também é sabido que o RISTF foi recepcionado pela atual Constituição com *status* de lei ordinária, uma vez que, à época em que concebido, essa Corte tinha competência normativa para dispor sobre os processos da sua competência originária e recursal. (...). (...) como ocorre com todas as espécies normativas, o RISTF, evidentemente, também pode ser alterado, total ou parcialmente, e mesmo tacitamente, quando norma posterior dispuser de forma diversa ou regular inteiramente a matéria de que ele tratava (art. 2º, § 2º, da Lei de Introdução às Normas do Direito Brasileiro).

É nesse cenário que intervém, com especial destaque, a Lei n. 8.038/1990, que tem por finalidade justamente instituir normas procedimentais para os processos que especifica, perante o STJ e o STF. (...).

A Lei n. 8.038/1990, além de dispor sobre os processos de competência originária, dentre eles a ação penal originária, também especifica quais são os recursos cabíveis no âmbito do STJ e do STF, esgotando, assim, o rol de medidas processuais voltadas ao reexame dos julgados dessas duas Cortes Superiores. E, ao especificar quais são os recursos cabíveis no âmbito do STJ e do STF, a Lei n. 8.038/1990 não previu o cabimento de embargos infringentes em ação penal originária.

Com efeito, a 8.038/1990 somente faz alusão a embargos infringentes (v. art. 42) quando dá nova redação a dispositivos do Código de Processo Civil. Noutras palavras, nos dias atuais, essa modalidade recursal é alheia ao STF quando este atua em ação penal originária. Assim, não estando os embargos infringentes no rol dos recursos penais previstos na Lei n. 8.038/1990, que regula taxativa e inteiramente a competência recursal desta Corte, não há como tal recurso ser admitido.

O já citado art. 333, inciso I e parágrafo único, do RISTF foi, dessa forma, revogado pela Lei n. 8.038/1990, cujo art. 44 estabelece expressamente a revogação das disposições em contrário, entre elas, naturalmente, aquelas que contemplavam recursos não previstos no novo diploma legal (Lei n. 8.038/1990).

Tal conclusão, aliás, não poderia ser diferente no sistema atualmente em vigor. Com efeito, a razão de ser dos embargos infringentes, nos casos em que ainda está previsto na legislação processual penal ordinária, é propiciar o reexame das decisões jurisdicionais proferidas por órgãos fracionários (Turmas, Câmaras, Seções etc.), possibilitando uma nova decisão por órgão diverso e de composição mais ampla. Sobre o tema, Guilherme de Souza Nucci explica que se trata de recurso "voltado a garantir uma segunda análise da matéria decidida por turma julgadora, por ter havido maioria de votos e não unanimidade, ampliando-se o quórum do julgamento. Assim, o recurso obriga que a Câmara seja chamada a decidir por completo e não apenas com os votos dos magistrados que compuseram a Turma Julgadora" (Nucci, 2013, p. 1.064). **[Referência:** NUCCI, Guilherme de Souza, *Código de Processo Penal Comentado*, 12ª ed., revista, atualizada e ampliada, São Paulo, RT, 2013.**]**

Por isso, nos termos do Código de Processo Penal, os embargos infringentes somente são cabíveis contra o julgamento de apelação ou recurso em sentido estrito, que são julgados nos órgãos fracionários, não se admitindo a interposição dessa modalidade recursal em ação penal originária (art. 609, *caput* e parágrafo único, do CPP). (...). (...).

Por outro lado, não há por que se falar na ausência, no caso, de duplo grau de jurisdição como justificativa informal ou implícita para admissão dos embargos infringentes, uma vez que se cuida de ação penal originária da competência mais alta Corte de Justiça do País. Os réus da presente ação penal foram julgados por esta Corte em razão de disposições constitucionais e legais expressas que lhes asseguraram a privilegiadíssima prerrogativa de responder às acusações que lhes foram feitas perante esta Corte, e não na primeira instância de jurisdição. A Constituição Federal e as leis brasileiras não preveem privilégios processuais adicionais.

Esta Corte já se debruçou sobre todas as minúcias do feito ao longo de quase cinco meses. Admitir embargos infringentes no caso é, em última análise, apenas uma forma de eternizar o feito.

O embargante argumenta, ainda, que a Lei n. 8.038/1990 não teria esgotado todos os recursos no âmbito dos Tribunais Superiores, sustentando que "os embargos de declaração serão examinados por esta Corte e não estão previstos na citada lei".

Trata-se de comparação absolutamente imprópria.

Com efeito, como é de conhecimento geral, a configuração jurídico-processual dos embargos de declaração destoa dos embargos infringentes. São institutos processuais absolutamente distintos, em sua natureza e finalidade. Basta mencionar que os embargos de declaração estão previstos no Código de Processo Penal e no Código de Processo Civil. Estas leis ordinárias não foram alteradas e continuam a prevê-los para os processos em geral, já que nenhuma lei foi promulgada com o fim de disciplinar, inteiramente, os recursos por elas regulados. Mais: o caráter integrativo dos embargos de declaração não se confunde com as finalidades dos demais recursos, e é por essa razão que o legislador lhes dá um tratamento distinto. (...).

Por todos esses motivos, voto pelo não provimento dos agravos regimentais interpostos por Delúbio Soares de Castro (Pet n. 23.681/2013) e Cristiano de Mello Paz (Pet n. 22.880/2013). (...).

VOTO – *O Sr. Min. Luís Roberto Barroso*: (...). (...).

II – Os embargos infringentes no Código de Processo Penal

2. Sendo, como visto, um instituto originário do direito processual civil, os embargos infringentes foram introduzidos no Código de Processo Penal por meio da Lei n. 1.720-B, de 3.11.1952, que deu nova redação ao art. 609. O parágrafo único deste artigo disciplina os embargos infringentes em matéria penal, com a seguinte redação: "Art. 609. (...).

"Parágrafo único. Quando não for unânime a decisão de segunda instância, desfavorável ao réu, admitem-se embargos infringentes e de nulidade, que poderão ser opostos dentro de 10 (dez) dias, a contar da publicação do acórdão, na forma do art. 613. Se o desacordo for parcial, os embargos serão restritos à matéria objeto de divergência."

3. Assim, nos termos do Código de Processo Penal, os embargos infringentes são oponíveis contra a decisão não unânime de segunda instância desfavorável ao réu. Ou seja: serão cabíveis sempre que, ao julgar uma apelação ou recurso em sentido estrito, a Câmara ou Turma de um tribunal decidir contra o réu por decisão majoritária. Nos casos em que a divergência verse sobre matéria estritamente processual, capaz de tornar inválido o processo, os embargos são denominados "de nulidade" e se destinam a possibilitar a renovação do julgamento.

III – Os embargos infringentes no STF

4. Conforme referido, o Código de Processo Penal somente previa a possibilidade de embargos infringentes em segundo grau de jurisdição. Seu cabimento pressupunha o julgamento por maioria da apelação ou do recurso em sentido estrito, não existentes na jurisdição do STF. A despeito disso, a matéria foi versada no Regimento Interno da Corte já em 1940, [**Rodapé:** RISTF (1940), art. 194: "Admitem-se embargos de nulidade ou infringentes do julgado às decisões terminativas do feito, proferidas: I – pelo Tribunal Pleno: a) nas ações cíveis ou criminais originárias; b) nas rescisórias de seus julgados ou dos das Turmas; c) nas homologações de sentença estrangeira; d) nas revisões criminais. (...)".] sendo posteriormente objeto de nova previsão no Regimento editado em 1970. [**Rodapé:** RISTF (1970), art. 310: "Caberão embargos à decisão não unânime do Plenário: I – que julgar procedente a ação penal (art. 223); II – que julgar improcedente a revisão criminal (art. 245); III – que julgar a ação rescisória (art. 241); IV – que julgar a representação inconstitucionalidade, se houver 3 (três) ou mais votos divergentes; V – que, em recurso criminal ordinário (art. 286), for desfavorável ao acusado".] É irrelevante investigar a validade de tais previsões, substituídas por novo dispositivo constante do Regimento Interno atualmente vigente, publicado no *Diário Oficial* de 27.10.1980, que também previu o cabimento de embargos infringentes em determinadas hipóteses.

5. Esse último diploma, como se sabe, foi editado já sob a vigência da Emenda Constitucional n. 7, de 13.4.1977, que alterou a Constituição de 1969 e conferiu ao STF atribuição normativa primária para dispor, em seu Regimento Interno, sobre "o processo e o julgamento dos feitos da sua competência originária e recursal". [**Rodapé:** CF/1969, art. 119, § 3º: "O Regimento Interno estabelecerá: a) a competência do Plenário, além dos casos previstos nas alíneas 'a', 'b', 'c', 'd', 'i', 'j', 'l' e o do item I deste artigo, que lhe são privativos; b) a composição e a competência das Turmas; c) o processo e o julgamento dos feitos de sua competência originária ou recursal e da arguição de relevância da questão federal; d) a competência de seu presidente para conceder o *exequatur* a cargas rogatórias e para homologar sentenças estrangeiras" – Redação dada pela Emenda Constitucional n. 7, de 13.4.1977).] Nesses termos, inexiste dúvida quanto à validade formal do dispositivo regimental em questão. Vale dizer: o Regimento atual tratou da matéria com base em delegação legislativa efetuada pela própria Constituição, admitindo a figura dos embargos infringentes já em sua redação originária.

6. Pouco à frente, a Emenda Regimental n. 2/1985 redefiniu as hipóteses de cabimento dos embargos infringentes, estabelecendo que, em relação a decisões do Plenário, o recurso é condicionado à existência de pelo menos quatro votos divergentes. Confira-se a dicção expressa do art. 333, tal como consta atualmente do Regimento Interno:

"Art. 333. Cabem embargos infringentes à decisão não unânime do Plenário ou da Turma: I – que julgar procedente a ação penal; II – que julgar improcedente a revisão criminal; III – que julgar a ação rescisória; IV – que julgar a representação de inconstitucionalidade; V – que, em recurso criminal ordinário, for desfavorável ao acusado.

"Parágrafo único. O cabimento dos embargos, em decisão do Plenário, depende da existência, no mínimo, de 4 (quatro) votos divergentes, salvo nos casos de julgamento criminal em sessão secreta."

7. A Constituição de 1988 não reproduziu a delegação normativa para que este STF disponha sobre matéria processual, submetida integralmente à competência legislativa da União. [**Rodapé:** CF/1988, art. 22: "Compete privativamente à União legislar sobre: I – direito civil, comercial, penal, processual, eleitoral, agrário, marítimo, aeronáutico, espacial e do trabalho; (...)".] Disso não decorre, porém, que tenha ocorrido a revogação imediata das antigas normas regimentais. Como é de conhecimento corrente, o Direito Brasileiro não admite a inconstituciona-

lidade formal superveniente, devendo os atos jurídicos ser avaliados – quanto ao aspecto procedimental – segundo as exigências vigentes ao tempo da sua edição. Nesse sentido, é fora de dúvida que as previsões do Regimento consideram-se mantidas, desde que haja compatibilidade material com a nova Constituição e não venham a ser revogadas por ato posterior. A ocorrência ou não de revogação, no caso, será objeto de análise adiante.

8. Antes disso, contudo – e completando a narrativa da sequência de atos normativos relevantes para a discussão –, destaca-se a edição da Lei n. 8.038, de 28.5.1990, que instituiu normas sobre determinados processos perante o STJ e o STF. Essa lei não faz menção ao cabimento de qualquer recurso contra a decisão proferida pelo Tribunal em ação penal originária. Diante disso, surge a discussão, materializada no presente recurso, relativa ao cabimento ou não de embargos infringentes. Vale dizer: diante do silêncio da lei, cumpre saber se subsiste ou não o recurso de embargos infringentes previsto no art. 333 do RISTF. Posta a questão, passo a analisar os argumentos que dão suporte a cada uma das duas posições contrapostas na matéria.

Parte II – CABIMENTO OU NÃO DE EMBARGOS
INFRINGENTES NA AP N. 470

I – Cabimento de embargos infringentes:
a presunção de validade do dispositivo constante do Regimento Interno
e aplicado em reiterados precedentes do Tribunal

9. A revogação de uma norma que continua nos livros não se presume. Justamente ao contrário, milita a seu favor a presunção de vigência. Esse ponto de vista é reforçado por algumas especificidades da situação em exame. Três pontos merecem especial destaque.

10. *Em primeiro lugar*, o Tribunal já editou inúmeras emendas regimentais após a Constituição de 1988, inclusive em relação ao processamento das ações penais originárias. Apesar disso, manteve o dispositivo de que se trata.

11. *Em segundo lugar*, há diversas decisões monocráticas e acórdãos do Tribunal, posteriores à edição da Lei n. 8.038/1990, nos quais se discute o âmbito de incidência do art. 333 do RISTF, sem que se tenha suscitado a suposta ocorrência de revogação. Embora nenhum desses julgados tenha resultado no conhecimento de embargos infringentes em ação penal originária, muitos deles adotaram como premissa expressa a vigência do art. 333 do RISTF, afirmando que os casos então em exame não se enquadravam nas hipóteses taxativas daquele dispositivo. Ainda que se venha a entender que tais decisões não caracterizam precedentes quanto ao tema específico do cabimento, é fato inequívoco que a subsistência do art. 333 constou das razões de decidir em diversas oportunidades, sem qualquer questionamento.

12. *Em terceiro lugar*, o exame dos debates legislativos que antecederam a edição da Lei n. 8.038/1990 não indica que o legislador teria pretendido, de forma deliberada ou mesmo implícita, uma substituição global dos dispositivos contidos no Regimento desta Corte a respeito dos processos de sua competência. Em verdade, o projeto original tratava somente dos processos de competência originária do STJ, o que foi alterado por Substitutivo. Mesmo depois disso, porém, os debates se concentraram com muito maior intensidade nos processos perante aquela outra Corte, instituída pela Constituição de 1988. O parecer da Comissão de Constituição e Justiça, por exemplo, não contém qualquer passagem alusiva à necessidade de afastamento em bloco das disposições regimentais vigentes neste Tribunal. E o texto final da lei, como visto, incorporou a previsão de que o julgamento das ações penais originárias continuaria a se processar na forma determinada pelo Regimento.

13. (...), em 1998, o Poder Executivo encaminhou projeto de lei ao Congresso Nacional – autuado como Projeto de Lei n. 4.070/1998 –, propondo diversas mudanças na legislação processual com o objetivo de racionalizar a atuação dos Tribunais Superiores. Dentre as inovações, propunha-se a introdução de um art. 43 na Lei n. 8.038/1990, justamente para o fim de suprimir os embargos infringentes nos processos de competência do STF. Veja-se a redação do dispositivo então proposto: "Art. 43. Não cabem embargos infringentes contra decisão do Plenário do Supremo Tribunal Federal".

14. O Relator do projeto na Comissão de Constituição e Justiça da Câmara dos Deputados, Deputado Djalma de Almeida Cesar, proferiu voto acolhendo a proposta de alteração. De forma sintomática, o referido voto reafirmou a vigência dos embargos infringentes previstos no art. 333 do RISTF, já após a edição da Lei n. 8.038/1990, defendendo a conveniência de sua extinção. Transcrevo a seguinte passagem do voto proferido pelo Deputado na ocasião:

"Já a sugestão de inclusão do art. 43 na aludida lei, por força do art. 7º do PL, procura estatuir que não mais caberão embargos infringentes contra decisão do Pleno do Supremo Tribunal Federal.

"O acerto da proposição reside no fato de que num colegiado formado por apenas 11 ministros não subsiste a ideia de se submeter, novamente, ao mesmo colegiado matéria já apreciada pelo simples fato de que a votação que dela resultou não foi unânime.

"Como sabemos, a mais alta Corte de Justiça do nosso País tem, entre outras, a característica zelosa e responsável de discutir longamente as matérias a ela submetidas.

"Assim, muito dificilmente a matéria seria reavaliada em uma segunda oportunidade (em embargos infringentes), possibilitando a reversão da decisão obtida anteriormente.

"Por outro lado, o permissivo legal, hoje vigente, autorizando a interposição de embargos infringentes contra decisão do Plenário do STF, faz com que as partes transformem o que seria uma exceção processual – os embargos – em regra, congestionando as pautas do julgamento daquela Corte.

"Aqui também não vislumbramos qualquer cerceamento às garantias constitucionais da ampla defesa e do contraditório, pois a parte continuará tendo apreciada pelo STF a sua pretensão deduzida na lide."

15. Na sequência, porém, o Deputado Jarbas Lima apresentou voto em separado, acolhendo boa parte das mudanças então propostas, mas defendendo a manutenção dos embargos infringentes. Disso resultou a apresentação de um Substitutivo, que viria a se transformar no texto afinal aprovado. Apenas para que não reste dúvida quanto ao debate específico realizado sobre o tema, confira-se o seguinte trecho da fundamentação contida no mencionado voto: "(...) a possibilidade de embargos infringentes contra decisão não unânime do Plenário do STF constitui importante canal para a reafirmação ou modificação do entendimento sobre temas constitucionais, além dos demais para os quais esse recurso é previsto. Perceba-se que, de acordo com o Regimento Interno da Suprema Corte (art. 333, par*ágrafo* único), são necessários no mínimo quatro votos divergentes para viabilizar os embargos. Se a controvérsia estabelecida tem tamanho vulto, é relevante que se oportunize novo julgamento para a rediscussão do tema e a fixação de um entendimento definitivo, que depois dificilmente chegará a ser revisto. Eventual alteração na composição do Supremo Tribunal no interregno poderá influir no resultado afinal verificado, que também poderá ser modificado por argumentos ainda não considerados ou até por circunstâncias conjunturais relevantes que se tenham feito sentir entre os dois momentos. Não se afigura oportuno fechar a última porta para o debate judiciário de assuntos da mais alta relevância para a vida nacional".

16. Esse ponto de vista prevaleceu sem maior questionamento e o Substitutivo foi aprovado pela Comissão de Constituição e Justiça, sem o dispositivo que suprimia os embargos infringentes contra decisões proferidas pelo Plenário deste STF. Esse texto viria a se tornar definitivo, tendo sido sancionado pelo Presidente da República na forma da Lei n. 9.756/1998. Em outras palavras, embora os embargos infringentes ainda se encontrem previstos em disposição regimental, a verdade é que a decisão política de manter esse recurso no âmbito desta Corte partiu do Poder Legislativo.

17. Em suma: a vigência do art. 333 do RISTF tem sido considerada um fato incontroverso, mesmo após a edição da Lei n. 8.038/1990. Em verdade, os três Poderes da União produziram manifestações explícitas nesse sentido, a ponto de ter havido proposta de revogação rejeitada em deliberação específica do Congresso Nacional. Ainda que não se queira atribuir um valor absoluto a essa constatação, é inequívoco que os elementos descritos reforçam intensamente a presunção de vigência do dispositivo regimental de que se trata. Por isso mesmo, e como é natural, o ônus argumentativo para desfazer essa premissa recai sobre quem pretenda demonstrar que não vale o que está escrito e foi confirmado por decisão expressa do Congresso Nacional. Passo a enunciar os fundamentos que têm sido invocados com esse objetivo.

II – *Argumentos contrários*
ao cabimento de embargos infringentes

18. O eminente Relator, Min. Joaquim Barbosa, em decisão monocrática e no voto apresentado em Plenário, considerou inadmissíveis os embargos infringentes interpostos por Delúbio Soares, negando-lhes seguimento. Em seu pronunciamento, articulou um conjunto de fundamentos que podem ser assim resumidos:

(i) O fato de o RISTF ter sido recepcionado como lei ordinária não dá a ele característica de eternidade nem impede que ele seja alterado pela própria Corte, como de fato já o foi, existindo 48 emendas regimentais.

(ii) A Lei n. 8.038/1990, ao instituir normas procedimentais para a ação penal originária perante o STJ e o STF, teve como consequência a revogação global das normas regimentais que cuidavam da matéria no âmbito da Corte.

(iii) Além disso, ao dispor sobre os processos de competência originária, a Lei n. 8.038/1990 especificou quais os recursos cabíveis, não tendo previsto o cabimento de embargos infringentes em ação penal originária. Logo, eles são incabíveis.

(iv) A razão de ser dos embargos infringentes é propiciar o reexame das decisões proferidas pelos órgãos fracionários dos tribunais, por composição diversa e ampliada. No caso em apreciação, porém, a questão seria submetida ao mesmo órgão: o Plenário do STF.

(v) Há precedente do próprio STF, relatado pelo Min. Celso de Mello, considerando descabidos embargos infringentes em ação penal originária perante TRF. De acordo com esse precedente, embargos infringentes somente são cabíveis em caso de apelação ou de recurso em sentido estrito, nos termos do art. 609, parágrafo único, do CPP.

(vi) O STJ não admite embargos infringentes em ação penal originária de sua competência. De modo que o STF seria a única Corte brasileira a admitir esse recurso contra decisões proferidas pelo seu órgão jurisdicional pleno.

(vii) Por fim, não haveria que se falar na ausência de duplo grau de jurisdição como justificativa informal ou implícita para admissão dos embargos infringentes, porque ser julgado na mais alta Corte é "privilegiadíssima prerrogativa" dos acusados.

(viii) Na ADI n. 1.289, o Plenário desta Corte entendeu que o art. 333, IV, do Regimento Interno, que previa o cabimento de embargos infringentes nas representações de inconstitucionalidade, foi revogado pela Lei n. 9.868/1999, que disciplinou as ações diretas de inconstitucionalidade e "não previu a hipótese de embargos infringentes". [Rodapé: V. Lênio Luiz Streck, "Não cabem embargos infringentes no Supremo", in *http://www.conjur. com.br/2012-ago-13/mensalao-nao-cabem-embargos-infringentes-supremo*.] Raciocínio análogo se aplicaria em relação à Lei n. 8.038/1990 e à ação penal originária.

19. Por fim, o Ministro-Relator afirmou que reconhecer o cabimento dos embargos infringentes significaria "eternizar" a presente ação penal. A despeito de seu caráter essencialmente metajurídico, esse argumento diz respeito à importância simbólica e efetiva da AP n. 470 para a sociedade brasileira, pelo quê justificará comentários adicionais.

III – Análise dos argumentos contrários aos embargos infringentes

20. A despeito do seu mérito intrínseco, nenhum dos argumentos contrários ao cabimento dos embargos infringentes me parece capaz de superar os elementos, inicialmente enunciados, que indicam a subsistência do art. 333 do RISTF. Examino cada um deles.

21. Quando ao ponto (i), é fato que o Regimento Interno não tem característica de eternidade. (...), entendo que as normas regimentais continuam a ostentar natureza infralegal, com a ressalva de que uma parte delas ainda pode tratar de matéria processual nos termos das balizas formais vigentes ao tempo da sua edição.

22. De toda forma, no ponto que interessa à questão em exame, é fora de dúvida que as normas regimentais podem ser alteradas, na linha do que sustentou o Min. Joaquim Barbosa. E por isso mesmo me parece que não se pode ignorar o fato de que o Regimento, nessa parte, não foi modificado. Em vez disso, as sucessivas emendas regimentais trataram de temas variados, incluindo a ação penal originária, e não suprimiram o dispositivo relevante.

23. Quanto ao ponto (ii), é fato que a Lei n. 8.038/1990 instituiu normas procedimentais para a ação penal originária no STF. Alguém poderia imaginar, diante disso, que o capítulo do RISTF que trata da ação penal originária tenha sido inteiramente revogado (arts. 230 e ss.). Em verdade, porém, não foi essa a compreensão do próprio STF. De fato, diversos dispositivos deste capítulo foram "atualizados" pela Emenda Regimental n. 44/2011, inclusive com acréscimo de novos artigos. Isso demonstra que a Corte não assumiu, até aqui, a premissa de que teria havido revogação de sistema.

24. Em rigor, essa premissa seria incompatível com a própria Lei n. 8.038/1990, cujo art. 12 determina que, terminada a fase de instrução, a ação penal perante esta Corte seja processada na forma do Regimento Interno. [Rodapé: Lei n. 8.038/1990, art. 12: "Finda a instrução, o Tribunal procederá ao julgamento, na forma determinada pelo Regimento Interno, observando-se o seguinte: I – a acusação e a defesa terão, sucessivamente, nessa ordem, prazo de uma hora para sustentação oral, assegurado ao assistente um quarto do tempo da acusação; II – encerrados os debates, o Tribunal passará a proferir o julgamento, podendo o presidente limitar a presença no recinto às partes e seus advogados, ou somente a estes, se o interesse público exigir.] Ainda que se possa argumentar no sentido de que a lei teria ressalvado apenas normas procedimentais – e não propriamente processuais –, essa seria uma construção que não decorre do sentido literal do seu enunciado.

25. Mas a questão central quanto à Lei n. 8.038/1990 nem é esta, mas outra, referida no item (iii), acima: saber se a nova lei impactou o sistema de recursos em geral e os embargos infringentes em particular. De acordo com a Lei de Introdução às Normas do Direito Brasileiro, em seu art. 2º, § 1º, "a lei posterior revoga a anterior quando expressamente o declare, quando seja com ela incompatível ou quando regule inteiramente a matéria de que tratava a lei anterior". Pois bem: a Lei n. 8.038/1990 não revogou explicitamente quaisquer das normas do RISTF, embora tenha revogado textualmente diversas outras regras, na previsão expressa do seu art. 44. Não há, igualmente, qualquer incompatibilidade entre a Lei n. 8.038/1990 e o art. 333 do RISTF, que trata dos embargos infringentes. Resta saber se a lei regulou inteiramente a matéria, vale dizer, se instituiu um sistema exauriente para o processamento de ações penais originárias perante este STF, notadamente em matéria de recursos.

26. De novo, a resposta não é inequívoca como seria exigível para se poder falar, de forma consistente, em uma revogação implícita na hipótese. Em primeiro lugar, ainda sob perspectiva geral, o mencionado art. 12 da Lei n. 8.038/1990 impede que se assuma o pressuposto de revogação genérica do RISTF na parte referente à ação penal originária. Em segundo lugar, o capítulo do RISTF dedicado à ação penal originária não cuidava de recursos, o que enfraquece a tese de que o art. 333 teria se perdido quando a lei pretendeu efetuar um novo regramento geral daquela classe processual. Os embargos infringentes, por exemplo, são tratados em outro título, dedicado especialmente aos recursos. Não é intuitivo e óbvio, portanto, que a Lei n. 8.038/1990 tenha revogado os embargos infringentes por substituir o bloco normativo da ação penal originária.

27. Em terceiro lugar, seria impreciso afirmar que a Lei n. 8.038/1990 teria tratado exaustivamente dos recursos cabíveis nas ações penais originárias. Basta constatar, como já mencionado, que o diploma também não faz referência a embargos de declaração. Isso não legitimou eventuais dúvidas quanto ao seu cabimento, tendo o STF investido diversas sessões na análise desses recursos na AP n. 470. A Corte, ademais, conhece rotineiramente de

habeas corpus substitutivo de recurso contra decisões do STJ, inclusive em ações originárias. Tampouco há qualquer referência a isso na Lei n. 8.038/1990. Não se trata de igualar os embargos infringentes aos embargos de declaração e ao *habeas corpus*, e sim de constatar que é no mínimo discutível o argumento de que a Lei n. 8.038/1990 teria instituído, de modo exauriente, o sistema de recursos e impugnações às decisões proferidas em processos de competência originária do STF.

28. Seguindo adiante, o argumento (iv) pode ser assim enunciado: os embargos infringentes deveriam propiciar o reexame da questão por órgão de composição diversa, embora integrante do mesmo tribunal. Tal argumento não procede. O art. 333 e seu parágrafo único do RISTF admitem, desde a sua redação originária, embargos infringentes contra decisão do Plenário. A competência para julgá-los sempre foi, naturalmente, do próprio Plenário. Vale dizer: o sistema foi concebido assim, e esta sempre foi a prática do Tribunal. A eventual redundância pode justificar – e acho que justifica – uma proposta de alteração da previsão regimental, mas não que se cogite de uma revogação retroativa. (...).

30. Quanto ao ponto (v), não se discute que os embargos infringentes previstos no Código de Processo Penal aplicam-se tão somente aos recursos em sentido estrito e às apelações – consoante previsão expressa do seu art. 609, parágrafo único –, e não às ações penais originárias. No STF, contudo, os embargos infringentes sempre foram regidos pelo Regimento Interno e não pelo Código de Processo Penal. De modo que dizer que o Código de Processo Penal não prevê os embargos infringentes em ação originária no STF é passar ao largo do problema.

31. Quanto ao ponto (vi), é fato que o RISTJ não prevê embargos infringentes em ação penal originária. Ou seja: trata do tema de maneira diversa da que consta do RISTF. Há uma razão para que isso sequer pudesse ser diferente: o RISTJ é posterior à Constituição de 1988 – até porque o próprio órgão não existia anteriormente. Quando da criação daquele Tribunal já não havia qualquer possibilidade de disciplina processual por meio de regimento. A questão ora em debate é fruto da delegação normativa efetuada ao STF sob a ordem constitucional anterior. Portanto, o fato de o RISTJ não tratar dos embargos infringentes não tem qualquer repercussão sobre a discussão de direito intertemporal aqui travada.

32. Quanto ao ponto (vii), relativo ao duplo grau de jurisdição, o STF realmente entendeu que não existe um direito constitucional ao reexame da decisão por instância superior. Essa constatação não é relevante para o tema em exame, já que a eventual apreciação de embargos infringentes pelo próprio STF não significará reexame do julgado por instância diversa. Em rigor, a excepcionalidade do julgamento único somente poderia servir como reforço à tese de que não se deve presumir a revogação dos embargos infringentes. Não considero, porém, que o argumento impressione, para qualquer dos lados.

33. Quanto ao argumento (viii), é fato que o STF, no julgamento da ADI n. 1.289, entendeu não serem cabíveis embargos infringentes nas ações diretas disciplinadas pela Lei n. 9.868/1999. Disso não resulta que eles seriam incabíveis em ação penal originária. A razão é simples e acaba reforçando a tese contraposta: é que o art. 26 da Lei n. 9.868/1999 afirma, de modo peremptório, que a decisão em ação direta é "irrecorrível", ressalvando, sintomaticamente, o cabimento de embargos de declaração. [**Rodapé:** Lei n. 9.868/1999, art. 26: "A decisão que declara a constitucionalidade ou a inconstitucionalidade da lei ou do ato normativo em ação direta ou em ação declaratória é irrecorrível, ressalvada a interposição de embargos declaratórios, não podendo, igualmente, ser objeto de ação rescisória".] Ou seja: aqui, ao contrário do que se alega ter ocorrido na Lei n. 8.038/1990, o legislador achou por bem ser explícito quanto à irrecorribilidade e, portanto, quanto à insubsistência de qualquer dispositivo anterior em sentido contrário.

34. Por fim, o argumento relativo à suposta "eternização" da AP n. 470 justifica alguns comentários. Em primeiro lugar, não se trata propriamente de um fundamento jurídico, sendo antes um convite a que o Tribunal reflita sobre o cabimento dos embargos infringentes a partir da conveniência de sua resposta. Ainda que as consequências sociais das decisões sejam um elemento importante a ser considerado, não é comum que esse tipo de raciocínio seja empregado para o fim de se negar aos acusados em processo penal um tipo de recurso que se encontre previsto em diploma normativo válido. O direito penal e o processual penal, mais do que quaisquer outros ramos do Direito, devem conciliar o exercício da pretensão punitiva estatal com o Estado de Direito e o devido processo legal.

35. De toda sorte, não me parece correta a afirmação de que os embargos infringentes tenham, no caso, o poder de eternizar a ação penal. Não apenas porque poderiam ser manejados por menos da metade dos condenados, mas também e sobretudo porque permitiriam nova discussão em relação a somente dois dos sete tipos penais discutidos no processo: "lavagem" de dinheiro e formação de quadrilha. De forma ainda mais concreta, apenas 11 das 68 condenações específicas poderiam ser objeto de discussão. E, mesmo em caso de eventual reversão integral desses pontos, os réus continuariam condenados por outras condutas não suscetíveis de revisão pela via dos embargos infringentes.

36. Na maior parte dos casos, os embargos sequer seriam capazes de afastar o regime inicial fechado, ainda quando providos integralmente. Apenas para três dos réus eventual provimento total resultaria na possibilidade de se fixar o regime inicial semiaberto, mas não de afastar a imposição de penas restritivas da liberdade individual. Ou seja, caso a Corte reconheça o cabimento dos embargos, as condenações continuariam mantidas em qualquer cenário e, em relação a parte significativa das penas, a própria execução poderia ter início.

37. E mesmo em relação às imputações suscetíveis de rediscussão há uma boa dose de exagero na afirmação de que o julgamento seria retomado do começo. Ao contrário, a instrução encontra-se pronta, já tendo sido objeto de exame por 9 dos 11 Ministros. Mesmo os dois novos Julgadores – o Min. Teori Zavascki e eu mesmo – já tiveram de iniciar o exame da matéria, ainda que de forma pontual, para o julgamento dos embargos de declaração. Todo esse esforço pode e deve ser aproveitado, permitindo que os embargos infringentes eventualmente opostos sejam julgados com a máxima celeridade possível, respeitadas as exigências básicas do devido processo legal.

38. Não se trata, portanto, de um recomeço, e sim de um capítulo final quanto a parte das imputações, previsto na própria ordem jurídica, o que impede a sua desconsideração por um órgão jurisdicional. A compreensível frustração social pelo adiamento da conclusão definitiva, quanto a essa parcela do julgamento, pode e deve ser objeto de atenção do Tribunal. Mas isso não autoriza que um órgão jurisdicional ignore um dispositivo que sempre considerou vigente – e que o Poder Legislativo decidiu manter – com o objetivo de suprimir um recurso previsto em norma válida. O que o Tribunal pode e deve fazer – e aqui limito-me a repetir o que já afirmei em Plenário, no voto oral que proferi – é assumir o compromisso de julgar os eventuais embargos infringentes de forma célere.

IV – A jurisprudência do STF

39. Cumpre, por fim, examinar como a jurisprudência do próprio STF enfrentou a questão, sobretudo após a edição da Lei n. 8.038/1990. O que se vai verificar é a existência de inúmeros pronunciamentos no sentido de que o art. 333 do RISTF continua em vigor. De forma textual, diversos precedentes afirmam que os embargos infringentes seriam cabíveis nas hipóteses taxativas enunciadas no referido art. 333, incluindo as ações penais originárias em que tenha havido condenação por maioria e pelo menos quatro votos divergentes. (...). (...).

40. Nessas condições, é a jurisprudência atual da Corte que se mostra incompatível com a tese de que o art. 333 teria sido objeto de revogação em 1990. Ainda que se quisesse afirmar que as menções não teriam integrado o dispositivo de um julgado específico, a reiteração de tantas referências à vigência do referido dispositivo não podem ser simplesmente ignoradas pela Corte. Sobretudo quando se constata que não se tratou apenas de *obiter dicta*, e sim da própria razão de decidir expressa, prevalente em algumas dezenas de decisões monocráticas e acórdãos, inclusive do Plenário.

41. É certo que cada um dos Ministros, incluindo os que tenham produzido manifestação escrita individual, pode fazer a opção legítima de modificar seu pronunciamento anterior, como acontece eventualmente pela natural evolução de entendimentos. No entanto, com todas as vênias às opiniões em sentido contrário, entendo que elementos constitucionais como os princípios do Estado de Direito, da segurança jurídica, do devido processo legal e da própria legalidade impedem o Tribunal de ignorar dispositivo que sempre se considerou vigente a fim de abreviar o desfecho de processo penal determinado. Em outras palavras, pode-se revogar o dispositivo regimental – e há boas razões para que isso seja feito –, mas não se justifica que a Corte ignore seus próprios pronunciamentos recentes para, na reta final de um julgamento emblemático, sustentar que ele se encontra revogado desde 1990.

42. Essa constatação me parece suficiente para divergir do entendimento de que o STF poderia e deveria, neste momento, entender que a Lei n. 8.038/1990 teria efetuado uma revogação de sistema, superando o mencionado art. 333.

IV – Conclusão (...).

44. Como já disse anteriormente, o julgamento da AP n. 470 é um marco simbólico e efetivo para reduzir o trágico caráter seletivo do direito penal no Brasil, que, no geral, sempre alcançou apenas os mais pobres. Pode também representar uma virada institucional, se contribuir para a mudança do modo como se faz política no País. Não há por que sujeitar um processo tão emblemático a uma decisão casuística. O que nós podemos fazer é assumir o compromisso de tratar os embargos infringentes que eventualmente venham a ser propostos com a máxima celeridade permitida pelo devido processo legal.

45. (...). Creio que, à exceção dos 11 acusados que ainda podem interpor embargos infringentes, mais ninguém deseja o prolongamento desta ação. Mas eles têm direito previsto em ato normativo válido, tido como vigente por manifestação do Poder Legislativo e por algumas dezenas de julgados deste STF. É para isso que existe uma Constituição: para que o direito de 11 pessoas não seja atropelado pelo interesse de milhões.

46. Por essas razões, voto pelo cabimento dos embargos infringentes nos casos em que tenha havido, pelo menos, quatro votos pela absolvição.

(...).

VOTO (Sobre admissibilidade dos embargos infringentes) – *O Sr. Min. Celso de Mello*: (...). (...).

O novo Estado Constitucional brasileiro, fundado em bases genuinamente democráticas e plenamente legitimado pelo consenso dos governados, concebeu a Suprema Corte de nosso País – que sempre se caracterizou como solo historicamente fértil em que germinou e se desenvolveu a semente da liberdade – como verdadeiro espaço de defesa e proteção das franquias individuais e coletivas, além de representar, em sua atuação institucional como órgão de cúpula do Poder Judiciário nacional, um veto permanente e severo ao abuso de autoridade, à corrupção do poder, à prepotência dos governantes e ao desvio e deformação da ideia de Estado Democrático de Direito.

Se é certo, portanto, Sr. Presidente, que esta Suprema Corte constitui, por excelência, um espaço de proteção e defesa das liberdades fundamentais, não é menos exato que os julgamentos do STF, para que sejam imparciais, isentos e independentes, não podem expor-se a pressões externas, como aquelas resultantes do clamor popular e da pressão das multidões, sob pena de completa subversão do regime constitucional dos direitos e garantias individuais e de aniquilação de inestimáveis prerrogativas essenciais que a ordem jurídica assegura a qualquer réu mediante instauração, em juízo, do devido processo penal.

A questão da legitimidade do Poder Judiciário e do exercício independente da atividade jurisdicional foi bem analisada em brilhante artigo da lavra do eminente Juiz Federal Paulo Mário Canabarro T. Neto, que examinou o tema na perspectiva das manifestações populares e da opinião pública, sustentando, com razão, que *"a legitimidade do Poder Judiciário não repousa na coincidência das decisões judiciais com a vontade de maiorias contingentes, mas na aplicação do Direito sob critérios de correção jurídica, conforme as regras do discurso racional"* (grifei).

Assim como a jurisprudência do STF tem entendido qualificar-se como abusiva e ilegal a utilização do clamor público como fundamento da prisão preventiva (*RTJ* 112/1115 – *RTJ* 172/159 – *RTJ* 180/262-264 – *RTJ* 187/933-934 – *RTJ* 193/1.050, *v.g.*), esse ilustre Magistrado federal, no trabalho que venho de referir, também põe em destaque o aspecto relevantíssimo de que o processo decisório deve ocorrer em "ambiente institucional que valorize a racionalidade jurídica", (...). (...).

O que mais importa, neste julgamento sobre a admissibilidade dos embargos infringentes, é a preservação do compromisso institucional desta Corte Suprema com o respeito incondicional às diretrizes que pautam o "devido processo penal" e que compõem, por efeito de sua natural vocação protetiva, o próprio "estatuto constitucional do direito de defesa", que representa, no contexto de sua evolução histórica, uma prerrogativa inestimável de que ninguém pode ser privado, ainda que se revele antagônico o sentimento da coletividade! (...).

Na realidade, a resposta do Poder Público ao fenômeno criminoso, resposta, essa, que não pode manifestar-se de modo cego e instintivo, há de ser uma reação pautada por regras que viabilizem a instauração, perante juízes isentos, imparciais e independentes, de um processo que neutralize as paixões exacerbadas das multidões, em ordem a que prevaleça, no âmbito de qualquer persecução penal movida pelo Estado, aquela velha (e clássica) definição aristotélica de que o Direito há de ser compreendido em sua dimensão racional, da razão desprovida de paixão!

Nesse sentido, o processo penal representa uma fundamental garantia instrumental de qualquer réu, em cujo favor – é o que impõe a própria Constituição da República – devem ser assegurados todos os meios e recursos inerentes à defesa, sob pena de nulidade radical dos atos de persecução estatal.

O processo penal figura, desse modo, como exigência constitucional (*nulla poena sine judicio*) destinada a limitar e a impor contenção à vontade do Estado e à de qualquer outro protagonista formalmente alheio à própria causa penal. (...).

Com efeito, a necessidade de outorgar-se, em nosso sistema jurídico, proteção judicial efetiva à cláusula do *due process of law* qualifica-se, na verdade, como fundamento imprescindível *à plena legitimação material* do Estado Democrático de Direito.

Nesse contexto, e jamais deixando de reconhecer que todos os cidadãos da República têm direito à livre expressão de suas ideias e pensamentos, torna-se necessário advertir que, sem prejuízo da ampla liberdade de crítica que a todos é garantida por nosso ordenamento jurídico-normativo, os julgamentos do Poder Judiciário, proferidos em ambiente de serenidade, não podem deixar-se contaminar, qualquer que seja o sentido pretendido, por juízos paralelos resultantes de manifestações da opinião pública que objetivem condicionar o pronunciamento de magistrados e tribunais, pois, se tal pudesse ocorrer, estar-se-ia a negar, a qualquer acusado em processos criminais, o direito fundamental a um julgamento justo, o que constituiria manifesta ofensa não só ao que proclama a própria Constituição, mas, também, ao que garantem os tratados internacionais de direitos humanos subscritos pelo Brasil ou aos quais o Brasil aderiu.

De outro lado, Sr. Presidente, não constitui demasia rememorar antiga advertência, que ainda guarda permanente atualidade, de João Mendes de Almeida Jr., ilustre Professor das Arcadas e eminente Juiz deste STF (*O Processo Criminal Brasileiro*, vol. I/8, 1911), no sentido de que a persecução penal, que se rege por estritos padrões normativos, traduz atividade necessariamente subordinada a limitações de ordem jurídica, tanto de natureza legal quanto de ordem constitucional, que restringem o poder do Estado, a significar, desse modo, tal como enfatiza aquele Mestre da Faculdade de Direito do Largo de S. Francisco, que o processo penal só pode ser concebido – e assim deve ser visto – como instrumento de salvaguarda da liberdade jurídica do réu.

É por essa razão que o processo penal condenatório não constitui instrumento de arbítrio do Estado. Ao contrário, ele representa poderoso meio de contenção e de delimitação dos poderes de que dispõem os órgãos incumbidos da persecução penal. Não exagero ao ressaltar a decisiva importância do processo penal no contexto das liberdades públicas, pois – insista-se – o Estado, ao delinear um círculo de proteção em torno da pessoa do réu, faz do processo penal um instrumento que inibe a opressão judicial e o abuso de poder. (...).

O magistério da doutrina, por sua vez, ao examinar a garantia constitucional do *due process of law*, nela identifica, no que se refere ao seu conteúdo material, alguns elementos essenciais à sua própria configuração, dentre os quais avultam, por sua inquestionável importância, as seguintes prerrogativas: (a) direito ao processo (garantia de acesso ao Poder Judiciário); (b) direito à citação e ao conhecimento prévio do teor da acusação; (c) direito a um julgamento público e célere, sem dilações indevidas; (d) direito ao contraditório e à plenitude de defesa (direito à autodefesa e à defesa técnica); (e) direito de não ser processado e julgado com base em leis *ex post facto*; (f) direito à igualdade entre as partes; (g) direito de não ser processado com fundamento em provas revestidas de ilicitude; (h) direito ao benefício da gratuidade; (i) direito à observância do princípio do juiz natural; (j) direito ao silêncio (privilégio contra a autoincriminação); (l) direito à prova; e (m) direito ao recurso.

Vê-se, daí, na abordagem tradicional do tema, que o direito ao recurso qualifica-se como prerrogativa jurídica intimamente vinculada ao direito do interessado à observância e ao respeito, pelo Poder Público, da fórmula inerente ao *due process of law*, (...).

Esses, portanto, Sr. Presidente, são o contexto normativo e as premissas que orientarão o meu voto a ser proferido em torno da controvérsia pertinente à subsistência, ou não, dos embargos infringentes nos processos penais originários instaurados perante esta Corte, na forma instituída e regulada no inciso I do art. 333 do RISTF. (...).

Antes de pronunciar-me, Sr. Presidente, sobre a questão pertinente à admissibilidade, ou não, dos embargos infringentes, entendo necessário relembrar, até mesmo para o específico efeito de explicitar o alcance do julgamento que se está a realizar, que a teoria geral dos recursos, ao tratar da utilização do sistema recursal, destaca a existência de dois momentos distintos referentes a qualquer recurso (ordinário ou extraordinário) que venha a ser interposto.

No contexto dessa ordem ritual, o primeiro momento a ser considerado impõe ao Poder Judiciário a formulação de um juízo prévio (positivo ou negativo) de admissibilidade da espécie recursal utilizada, que constitui, precisamente, a fase que ora se examina neste caso. Prematuro discutir, por isso mesmo, neste primeiro momento, o mérito subjacente ao recurso em questão. Uma vez admitido (e conhecido, portanto) o recurso interposto, será ele, então, submetido a regular processamento, para, alcançada a segunda fase, poder o Tribunal examinar-lhe o pedido central, ou seja, apreciar o mérito da causa. (...).

O STF, neste instante, ainda se acha no primeiro momento, ou seja, ainda examina se o recurso interposto é cabível ou não! Essa, pois, é a questão a ser resolvida.

Sob tal perspectiva, e adstringindo-me ao contexto normativo ora em exame, tenho para mim, Sr. Presidente, na linha do voto que proferi, em 2.8.2012, no julgamento de questão de ordem que havia sido então suscitada pelo eminente Revisor desta causa, que ainda subsistem, no âmbito do STF, nas ações penais originárias, os embargos infringentes a que se refere o art. 333, inciso I, do Regimento Interno desta Corte, que não sofreu, no ponto, derrogação tácita ou indireta em decorrência da superveniente edição da Lei n. 8.038/1990, que se limitou a dispor sobre normas meramente procedimentais concernentes às causas penais originárias, indicando-lhes a ordem ritual e regendo-as até o encerramento da instrução probatória, inclusive, para, a partir daí, submeter o julgamento ao domínio regimental, abstendo-se, no entanto, em silêncio eloquente, típico de lacunas normativas conscientes, voluntárias ou intencionais (Norberto Bobbio, *Teoria do Ordenamento Jurídico*, p. 144, 1989, Polis/Ed. UnB), de regular o sistema de recursos internos já extensamente disciplinado em sede regimental.

Ao reconhecer a viabilidade jurídico-processual de utilização, nesta Suprema Corte, dos embargos infringentes em matéria processual penal, salientei que a garantia da proteção judicial efetiva acha-se assegurada, nos processos penais originários instaurados perante o STF, não só pela observância da cláusula do *due process of law* (com todos os consectários que dela decorrem), mas, também, pela possibilidade que o art. 333, inciso I, do RISTF enseja aos réus, sempre que o juízo de condenação penal apresentar-se majoritário.

Referi-me, então, no voto por mim proferido, à previsão regimental de utilização, nos processos penais originários instaurados perante o STF, dos "embargos infringentes", privativos do réu, porque somente por este oponíveis a decisão "não unânime" do Plenário que tenha julgado "procedente a ação penal".

Cabe registrar, no ponto, que a norma inscrita no art. 333, n. I, do RISTF, embora formalmente regimental, qualifica-se como prescrição de caráter materialmente legislativo, eis que editada pelo STF com base em poder normativo primário que lhe foi expressamente conferido pela Carta Política de 1969 (art. 119, § 3º, "c").

É preciso ter presente que a norma regimental em questão, institutiva de espécie recursal nominada, embora veiculasse matéria de natureza processual, revelava-se legítima em face do que dispunha, então, o art. 119, § 3º, "c", da Carta Federal de 1969 (correspondente, na Carta Política de 1967, ao art. 115, parágrafo único, alínea "c"), que outorgava ao STF, como já anteriormente mencionado, poder normativo primário, conferindo-lhe atribuição para, em sede meramente regimental, dispor sobre "*o processo e o julgamento dos feitos de sua competência originária ou recursal* (...)" (grifei).

Vê-se, portanto, que o STF, no regime constitucional anterior, dispunha, excepcionalmente, de competência para estabelecer, ele próprio, normas de direito processual em seu Regimento Interno, não obstante fosse vedado **aos** demais tribunais judiciários o exercício dessa mesma prerrogativa, cuja prática – considerado o sistema institucional de divisão de Poderes – incumbia, exclusivamente, ao Poder Legislativo da União (*RTJ* 54/183 – *RTJ* 69/138, *v.g.*).

Essa excepcional competência normativa primária permitiu ao STF prescrever, em sede formalmente regimental, normas de caráter materialmente legislativo (*RTJ* 190/1.084, *v.g.*), legitimando-se, em consequência, a edição de regras como aquela consubstanciada no art. 333, inciso I, do RISTF.

Com a superveniência da Constituição promulgada em 1988, o STF perdeu essa extraordinária atribuição normativa, passando a submeter-se, como os demais tribunais judiciários, em matéria processual, ao domínio normativo da lei em sentido formal (CF, art. 96, I, "a").

Em virtude desse novo contexto jurídico, essencialmente fundado na Constituição da República (1988) – que não reeditou regra com o mesmo conteúdo daquele preceito inscrito no art. 119, § 3º, "c", da Carta Política de 1969 –, veio o Congresso Nacional, mesmo tratando-se de causas sujeitas à competência do STF, a dispor, uma vez mais, em plenitude, do poder que historicamente sempre lhe coube, qual seja, o de legislar, amplamente, sobre normas de direito processual.

E foi precisamente no exercício dessa atribuição constitucional que o Congresso Nacional editou, com inteira validade, diplomas legislativos como aqueles consubstanciados, por exemplo, na Lei n. 8.038/1990, na Lei n. 8.950/1994 e, também, na Lei n. 9.756/1998, posto que cessara, *pleno jure*, com o advento da Constituição de 1988, a excepcional competência normativa primária que permitira a esta Suprema Corte, sob a égide da Carta Política de 1969 (art. 119, § 3º, "c"), prescrever normas de direito processual relativamente às causas incluídas em sua esfera de competência.

Não se trata, portanto, de discutir se a prescrição regimental reveste-se de maior eficácia, ou não, que a regra legal no plano hierárquico-normativo, porque essa matéria há de ser analisada em função do que estabelece a Constituição, que claramente separa e distingue dois domínios: o da lei e o do regimento interno dos tribunais. Vale dizer, há que se examinar o tema à luz de dois critérios: o da reserva constitucional de lei, de um lado, e o da reserva constitucional de regimento, de outro. (...).

Em suma, Sr. Presidente, *é a própria Constituição* que delimita o campo de incidência da atividade legislativa, vedando ao Congresso Nacional a edição de normas que visem a disciplinar matéria que a Constituição reservou, com exclusividade, à competência normativa dos tribunais.

Foi por tal razão que o STF, em face dessa precisa delimitação material de competências normativas resultante da discriminação constitucional de atribuições, *julgou inconstitucionais* regras legais que transgrediram a cláusula de reserva constitucional de regimento, por permitirem, por exemplo, a sustentação oral, nos tribunais, após o voto do relator (ADI n. 1.105-DF), em julgamento que se apoiou em antigo precedente desta Corte, que declarara a inconstitucionalidade, em 30.11.1956, da Lei federal n. 2.970, de 24.11.1956 ("Lei Castilho Cabral").

Na realidade, a reserva constitucional de regimento transforma o texto regimental em verdadeira *sedes materiae* no que concerne aos temas sujeitos ao exclusivo poder de regulação normativa dos tribunais. (...).

Da mesma forma, esta Suprema Corte, ao julgar a Rp n. 1.092-DF, rel. Min. Djaci Falcão, declarou inconstitucionais determinadas prescrições constantes do Regimento Interno do TFR, por entender que a instituição, por aquela Corte judiciária, do instrumento processual da reclamação, viabilizada em sede meramente regimental, ofendia a cláusula da reserva constitucional de lei formal (*RTJ* 112/504-567).

A norma inscrita no art. 333, inciso I, do RISTF, contudo, embora impregnada de natureza formalmente regimental, ostenta, desde a sua edição, como precedentemente por mim enfatizado, o caráter de prescrição materialmente legislativa, considerada a regra constante do art. 119, § 3º, "c", da Carta Federal de 1969.

Com a superveniência da Constituição de 1988, o art. 333, n. I, do RISTF foi recebido, pela nova ordem constitucional, com força, valor, eficácia e autoridade de lei, o que permite conformá-lo à exigência fundada no postulado da reserva de lei.

Não se pode desconhecer, neste ponto, que se registrou, na espécie, com o advento da Constituição de 1988, a recepção, por esse novo estatuto político, do mencionado preceito regimental, veiculador de norma de direito processual, que passou, a partir da vigência da nova Lei Fundamental da República, como já assinalado, a ostentar força, valor, eficácia e autoridade de norma legal, consoante tem proclamado a jurisprudência do STF (*RTJ* 147/1.010, rel. Min. Octávio Gallotti – *RTJ* 151/278-279, rel. Min. Celso de Mello – *RTJ* 190/1.084, rel. Min. Celso de Mello).

O fenômeno da recepção, bem o sabemos, assegura a preservação do ordenamento infraconstitucional existente antes da vigência do novo Texto Fundamental, desde que com este guarde relação de estrita fidelidade no plano jurídico-material, em ordem a garantir a prevalência da continuidade do Direito, pois, conforme decidiu o STF, "a Constituição, por si só, não prejudica a vigência das leis anteriores (...), desde que não conflitantes com o texto constitucional (...)" (*RTJ* 71/289-293).

Esta Suprema Corte, fazendo aplicação do mecanismo da recepção, proclamou permanecerem válidas e eficazes as regras ordinárias anteriores à Constituição, "desde que não contrastantes com os seus princípios e normas, ou com o seu espírito" (*RTJ* 77/657-659).

É certo que falece, agora, ao STF o poder de derrogar normas regimentais veiculadoras de conteúdo processual, pois estas – porque consubstanciadoras de prescrições materialmente legislativas – somente poderão ser alteradas mediante lei em sentido formal, observado, em sua elaboração, o devido processo legislativo, tal como disciplinado no texto da vigente Constituição da República. (...).

É por isso que entendo, não obstante a superveniente edição da Lei n. 8.038/1990, que ainda subsiste, com força de lei, a regra consubstanciada no art. 333, I, do RISTF, plenamente compatível com a nova ordem ritual estabelecida para os processos penais originários instaurados perante o STF.

O fato, Sr. Presidente, é que não se presume a revogação tácita das leis, especialmente se se considerar que não incide, no caso ora em exame, qualquer das hipóteses configuradoras de revogação das espécies normativas, na forma descrita no § 1º do art. 2º da Lei de Introdução às Normas do Direito Brasileiro.

Com efeito, a regulação normativa veiculada no novo estatuto legislativo não abrangeu a totalidade da disciplina inerente ao processo penal originário no STF, mesmo porque a Lei n. 8.038/1990, ao instituir "normas procedimentais para os processos que especifica, perante o Superior Tribunal de Justiça e o Supremo Tribunal Federal", limitou-se, no plano da persecução penal originária, a dispor sobre a ordem ritual do respectivo procedimento até a conclusão da fase de instrução probatória (art. 12), relegando ao domínio regimental a normação concernente ao próprio julgamento da causa penal.

Na realidade, o diploma legislativo em questão, embora pudesse fazê-lo, absteve-se de disciplinar o sistema recursal interno do STF, o que representou, na perspectiva do § 1º do art. 2º da Lei de Introdução às Normas do Direito Brasileiro, a preservação do conteúdo eficacial da regra inscrita no inciso I do art. 333 do RISTF.

Esse silêncio do texto legal, tal como a ele me referi em passagem anterior deste voto, não é de ser equiparado a uma lacuna normativa involuntária (ou inconsciente), assim entendida aquela que decorre "de um descuido do legislador" (Norberto Bobbio, *Teoria do Ordenamento Jurídico*, p. 144, 1989, Polis/Ed. UnB). Ao contrário, trata-se de típica lacuna intencional (ou voluntária) do legislador ordinário, que, embora tendo presente a realidade normativa emergente do novo modelo constitucional, quis, conscientemente, deixar de regular a questão pertinente aos embargos infringentes, por entender desnecessário desarticular o sistema integrado de recursos fundado, validamente, no próprio RISTF.

Ao assim proceder, deixando de disciplinar, inteiramente, a matéria tratada no Regimento Interno desta Corte, o legislador não deu causa a uma situação de revogação tácita, implícita ou indireta do inciso I do art. 333 do diploma regimental, eis que – insista-se – essa modalidade de revogação somente ocorre em duas hipóteses: (a) quando a lei posterior for totalmente incompatível com a espécie normativa anterior e (b) quando a nova lei regular, inteiramente, a matéria de que tratava a legislação anterior. (...).

De outro lado, há a considerar, ainda, um outro aspecto que tenho por pertinente no exame da controvérsia ora em julgamento, e que se refere ao fato de que a regra consubstanciada no art. 333, inciso I, do RISTF busca permitir, ainda que de modo incompleto, a concretização, no âmbito do STF, no contexto das causas penais originárias, do postulado do duplo reexame, que visaria a amparar o direito consagrado na própria Convenção Americana de Direitos Humanos, na medida em que realiza, embora insuficientemente, a cláusula convencional da proteção judicial efetiva (Pacto de São José da Costa Rica, art. 8º, n. 2, alínea "h").

A adoção do critério do duplo reexame nos julgamentos penais condenatórios realizados pelo STF, possibilitando a utilização dos embargos infringentes na hipótese singular prevista no art. 333, inciso I, do RISTF, permitirá alcançar solução, não obstante limitada, nos casos em que o STF, atuando originariamente como instância judiciária única, proferir, por votação majoritária, julgamentos penais desfavoráveis ao réu.

Na realidade, não se pode deixar de reconhecer que os embargos infringentes, tal como instituídos no inciso I do art. 333 do RISTF, mostram-se insuficientes *à plena realização* de um direito fundamental assegurado pela Convenção Americana de Direitos Humanos (art. 8º, n. 2, "h"), e que consiste na prerrogativa jurídico-processual de o condenado "recorrer da sentença a juiz ou tribunal superior".

Esse direito ao duplo grau de jurisdição, consoante adverte a Corte Interamericana de Direitos Humanos, é também invocável mesmo nas hipóteses de condenações penais em decorrência de prerrogativa de foro, decretadas, em sede originária, por Cortes Supremas de Justiça estruturadas no âmbito dos Estados integrantes do sistema interamericano que hajam formalmente reconhecido, como obrigatória, a competência da Corte Interamericana de Direitos Humanos em todos os casos relativos à interpretação ou aplicação do Pacto de São José da Costa Rica.

Não custa relembrar que o Brasil, apoiando-se em soberana deliberação, submeteu-se *à jurisdição contenciosa* da Corte Interamericana de Direitos Humanos, o que significa – considerado o formal reconhecimento da obrigatoriedade de observância e respeito da competência da Corte (Decreto n. 4.463/2002) – que o Estado Brasileiro comprometeu-se, por efeito de sua própria vontade político-jurídica, "a cumprir a decisão da Corte em todo caso" de que é parte (Pacto de São José da Costa Rica, art. 68). *Pacta sunt servanda*...

Com efeito, o Brasil, no final do segundo mandato do Presidente Fernando Henrique Cardoso (Decreto n. 4.463, de 8.11.2002), reconheceu como obrigatórias a jurisdição e a competência da Corte Interamericana de Direitos Humanos, "em todos os casos relativos à interpretação ou aplicação desta Convenção" (Pacto de São José da Costa Rica, art. 62), o que legitima o exercício, por esse importante organismo judiciário de âmbito regional, do controle de convencionalidade, vale dizer, da adequação e observância, por parte dos Estados nacionais que voluntariamente se submeteram, como o Brasil, à jurisdição contenciosa da Corte Interamericana, dos princípios, direitos e garantias fundamentais assegurados e proclamados, no contexto do sistema interamericano, pela Convenção Americana de Direitos Humanos. (...).

Nem se diga que a soberania do Estado Brasileiro seria oponível à autoridade das sentenças da Corte Interamericana de Direitos Humanos quando proferidas no exercício de sua jurisdição contenciosa.

A questão central, neste tema, considerada a limitação da soberania dos Estados (com evidente afastamento das concepções de Jean Bodin), notadamente em matéria de direitos humanos, e a voluntária adesão do Brasil a esses importantíssimos estatutos internacionais de proteção regional e global aos direitos básicos da pessoa humana, consiste em manter fidelidade aos compromissos que o Estado Brasileiro assumiu na ordem internacional, eis que continua a prevalecer, ainda, o clássico dogma – reafirmado pelo art. 26 da Convenção de Viena sobre o Direito dos Tratados, hoje incorporada ao ordenamento interno de nosso País (Decreto n. 7.030/2009) – segundo o qual *pacta sunt servanda*, vale dizer: "Todo tratado em vigor obriga as partes e deve ser cumprido por elas de boa-fé", sendo--lhe inoponíveis, consoante diretriz fundada no art. 27 dessa mesma Convenção de Viena, as disposições do Direito Interno do Estado nacional, que não poderá justificar, com base em tais regras domésticas, o inadimplemento de suas obrigações convencionais, sob pena de cometer grave ilícito internacional.

Essa compreensão do tema – notadamente em situações como a ora em exame, em que o STF se vê dividido na exegese de um dado preceito normativo – permite realizar a cláusula inscrita no art. 29 da Convenção Americana de Direitos Humanos, que confere, no domínio de interpretação dos direitos e garantias fundamentais, primazia à *norma mais favorável*, consoante tem enfatizado a própria jurisprudência desta Suprema Corte (HC n. 90.450-MG, rel. Min. Celso de Mello, *v.g.*):

"Hermenêutica e direitos humanos: a norma mais favorável como critério que deve reger a interpretação do Poder Judiciário.

"Os magistrados e tribunais, no exercício de sua atividade interpretativa, especialmente no âmbito dos tratados internacionais de direitos humanos, devem observar um princípio hermenêutico básico (tal como aquele proclamado no art. 29 da Convenção Americana de Direitos Humanos), consistente em atribuir primazia à *norma que se revele* mais favorável *à pessoa humana*, em ordem a dispensar-lhe a mais ampla proteção jurídica.

"O Poder Judiciário, nesse processo hermenêutico que prestigia o critério da norma mais favorável (que tanto pode ser aquela prevista no tratado internacional como a que se acha positivada no próprio Direito Interno do Estado), deverá extrair a máxima eficácia das declarações internacionais e das proclamações constitucionais de direitos, como forma de viabilizar o acesso dos indivíduos e dos grupos sociais, notadamente os mais vulneráveis, a sistemas institucionalizados de proteção aos direitos fundamentais da pessoa humana, sob pena de a liberdade, a tolerância e o respeito à alteridade humana tornarem-se palavras vãs.

"Aplicação, ao caso, do art. 7º, n. 7, c/c o art. 29, ambos da Convenção Americana de Direitos Humanos (Pacto de São José da Costa Rica): um caso típico de primazia da regra mais favorável à proteção efetiva do ser humano" (HC 96.772-SP, rel. Min. Celso de Mello).

É de observar-se, ainda, por relevante, que, opostos os embargos infringentes, "serão excluídos da distribuição o relator e o revisor" (RISTF, art. 76), o que permitirá, até mesmo, uma nova visão sobre o litígio penal ora em julgamento. (...).

Cabe assinalar, finalmente, que a existência de votos vencidos qualifica-se como pressuposto necessário para a admissibilidade dos embargos infringentes, pois, como ninguém o ignora, a finalidade dessa espécie recursal consiste em fazer prevalecer, no rejulgamento da causa – limitado, topicamente, ao objeto da divergência –, a solução preconizada pela corrente minoritária. É de indagar-se, neste ponto, para efeito de utilização dos embargos infringentes contra acórdão não unânime do STF, na hipótese prevista no art. 333, inciso I, do RISTF, se a corrente minoritária deve compor-se de quatro votos vencidos ou, então, se se revela suficiente a existência de apenas um voto divergente.

O eminente Min. Gilmar Mendes formulou indagação relevante a propósito da questão pertinente aos votos vencidos. Por que quatro votos vencidos e não três, dois ou apenas um?

Entendo que essa questão mereceu adequada análise pelo eminente Min. Sepúlveda Pertence, que, em julgamento nesta Corte, de que foi Relator (HC n. 71.124-RJ), após haver destacado o descabimento de embargos infringentes criminais contra decisão condenatória não unânime nos processos de competência originária dos tribunais em geral, "salvo no STF", bem justificou a razão de ser da exigência mínima de 4 votos vencidos, salientando que esse número – bastante expressivo em um Tribunal com apenas 11 integrantes (tanto que 4 votos, nas Turmas, compõem a maioria) – revela-se apto a evidenciar, sem qualquer dúvida, a plausibilidade jurídica da pretensão deduzida pela parte embargante: (...).

Concluo o meu voto, Sr. Presidente. E, ao fazê-lo, peço vênia para dar provimento ao presente "agravo regimental", admitindo, em consequência, a possibilidade de utilização, no caso, dos embargos infringentes (RISTF, art. 333, inciso I) desde que existentes, pelo menos, quatro votos vencidos, acompanhando, por tal razão, a divergência iniciada pelo eminente Min. Luís Roberto Barroso.

É o meu voto. (...)

EXTRATO DE ATA (...).

Decisão: O Tribunal rejeitou a preliminar de preclusão suscitada pelo Min. Marco Aurélio. Por maioria, deu provimento ao agravo regimental para admitir os embargos infringentes, vencidos os Mins. Joaquim Barbosa (Presidente), Luiz Fux, Carmen Lúcia, Gilmar Mendes e Marco Aurélio. Redigirá o acórdão o Min. Roberto Barroso. Plenário, 18.9.2013.

Presidência do Sr. Min. Joaquim Barbosa. Presentes à sessão os Srs. Mins. Celso de Mello, Marco Aurélio, Gilmar Mendes, Ricardo Lewandowski, Carmen Lúcia, Dias Toffoli, Luiz Fux, Rosa Weber, Teori Zavascki e Roberto Barroso.

* * *

PERGUNTAS

1. Quais são os fatos do caso?
2. Quais os direitos fundamentais reivindicados neste recurso?
3. Em que medida o presente caso se diferencia, se é que se diferencia, do HC 79.785-RJ (caso Georgina)?
4. Quais elementos normativos e fáticos geraram controvérsia sobre a admissibilidade de embargos infringentes na AP 470?
5. Apesar de adotarem a mesma conclusão, os Mins. Luís Roberto Barroso e Celso de Mello não seguiram linhas argumentativas idênticas. Quais são as principais diferenças de foco entre ambos os votos?
6. Essa pluralidade argumentativa é benéfica ou prejudicial ao desempenho das funções institucionais do Supremo? Existe outra alternativa?
7. Ambos os Ministros fazem referência à jurisprudência consolidada do Supremo sobre o cabimento de embargos infringentes em ação penal originária. Não obstante, o Min. Barroso faz a ressalva de que cada um dos Ministros da Corte pode modificar seu entendimento sobre a questão. Os Mins. Barroso e Celso de Mello justificam de alguma maneira a adesão aos precedentes invocados?
8. Que papel cumpriu o direito internacional dos direitos humanos no voto do Min. Celso de Mello?
9. Como decidiu, finalmente, o Supremo? O direito ao duplo grau tem natureza constitucional ou meramente legal?

7.19 Crime de redução a condição análoga à de escravo e competência (RE 398.041-6-PA)

(Plenário – rel. Min. Joaquim Barbosa – j. 30.11.2006)

Direito penal e processual penal – Art. 149 do CP – Redução a condição análoga à de escravo – Trabalho escravo – Dignidade da pessoa humana – Direitos fundamentais – Crime contra a coletividade dos trabalhadores – Art. 109, VI, da CF – Competência – Justiça Federal – Recurso extraordinário provido. (...).

ACÓRDÃO – Vistos, relatados e discutidos estes autos: Acordam os Ministros do Supremo Tribunal Federal, em sessão plenária, sob a presidência do Min. Gilmar Mendes, na conformidade da ata do julgamento e das notas taquigráficas, por maioria de votos, em dar provimento ao recurso, nos termos do voto do Relator, vencidos os Mins. Cézar Peluso, Carlos Velloso e Marco Aurélio, que negavam provimento.

Brasília, 30 de novembro de 2006 – *Joaquim Barbosa*, relator.

RELATÓRIO – *O Sr. Min. Joaquim Barbosa*: Trata-se de recurso extraordinário (art. 102, III, "a", da Constituição) contra Sílvio Caetano de Almeida, interposto pelo Ministério Público Federal de acórdão do TRF-1ª Região que decidiu serem da competência da Justiça Comum Estadual o processo e julgamento do crime de redução a condição análoga à de escravo, inscrito no art. 149 do CP brasileiro.

Em 15.1.1992 o Ministério Público Federal denunciou Sílvio Caetano de Almeida, fazendeiro, e Raimundo Simão Filho, preposto, por infração aos arts. 149 e 203 do CP.

A denúncia foi recebida em 17.9.1992 pelo Juiz Federal de Marabá-PA.

Em decisão de 18.3.1998 o Juiz monocrático determinou a separação do processo relativamente ao corréu Raimundo Simão Filho, prosseguindo, portanto, a ação contra Sílvio Caetano de Almeida.

A sentença, de 23.6.1998, absolveu o réu quanto ao crime do art. 203 do CP, por entender que os atos caracterizadores dessa conduta constituem elementos necessários à configuração do crime de redução a condição análoga à de escravo, aplicando ao caso, por conseguinte, o princípio da consunção. No que se refere ao crime do art. 149 do CP, o Juiz condenou o réu, fixando a pena privativa de liberdade em quatro anos de reclusão, a serem cumpridos inicialmente em regime aberto.

Na apelação, o TRF-1ª Região, antes de proceder ao exame de mérito, declarou a incompetência absoluta da Justiça Federal e anulou todo o processo a partir da decisão que recebera a denúncia, inclusive. A ementa do acórdão tem o seguinte teor:

"Penal e processo penal – Competência da Justiça Federal não evidenciada – Art. 149 do CP – Crime contra a liberdade pessoal – Incompetência absoluta.

"1. O tipo do art. 149 do CP, redução de trabalhador a condição análoga à de escravo, classificado como crime contra a liberdade individual, não é considerado como crime contra a organização do trabalho, coletivamente considerada, não configurando, portanto, a competência da Justiça Federal – art. 109, VI, da CF, Sumula n. 115 do TFR.

"2. Em se tratando de incompetência absoluta, deve ser reconhecida de ofício, com a anulação do processo, a partir do ato de recebimento da denúncia, inclusive – Precedentes deste Regional.

"3. Apelação do réu prejudicada" (fls. 485).

Inconformado, o Ministério Público Federal interpôs o presente recurso extraordinário, alegando, em suas razões, que o acórdão recorrido viola o disposto no art. 109, VI, da Constituição, visto que, no presente caso, é flagrante a existência de crime contra a organização do trabalho e de crime contra a coletividade dos trabalhadores, justificando-se, portanto, a competência da Justiça Federal para processar e julgar a infração criminal em ame.

É o relatório.

VOTO – *O Sr. Min. Joaquim Barbosa* (relator): (...). (...).

Examino, pois, primeiramente, o problema da competência.

Sr. Presidente, transcendendo em muito a mera questão de competência, creio que estamos diante de uma das mais dolorosas feridas de nossa sociedade: a incrível e inadmissível persistência de trabalho escravo em nosso País. Subjacente à análise do presente processo, portanto, teremos uma tomada de posição desta Corte em relação ao combate ao trabalho escravo, realidade social que se choca frontalmente com diversos princípios fundamentais da Constituição Federal, de que esta Corte é guardiã. (...).

Especificamente no presente processo, há fortíssimos indícios da existência de trabalhadores em condição análoga à de escravo na fazenda do recorrido, conhecida como "Fazenda do Silva", situada no Estado do Pará. Para se ter ideia de quão escabrosa era a situação descrita nos autos, basta dizer que há neles notícia de trabalhadores que foram encontrados acorrentados (fls. 413-415 e 419-420).

Mas o problema que nos incumbe resolver neste momento diz respeito à questão da competência para o julgamento desse crime, em face de vetusta orientação predominante em nossos tribunais no sentido de que compete à Justiça Estadual, e não à Federal, o julgamento desse tipo de delito.

Com efeito, a jurisprudência do STF sobre o tema foi construída a partir da decisão prolatada nos autos do RE n. 90.042, cujo Relator foi o eminente Min. Moreira Alves. A ementa daquele acórdão está assim vazada:

"Conflito de competência – Interpretação do art. 125, VI, da CF.

"A expressão 'crimes contra a organização do trabalho', utilizada no referido texto constitucional, não abarca o delito praticado pelo empregador que, fraudulentamente, viola direito trabalhista de determinado empregado – Competência da Justiça Estadual.

"Em face do art. 125, VI, da CF, são da competência da Justiça Federal apenas os crimes que ofendem o sistema de órgãos e instituições que preservam, coletivamente, os direitos e deveres dos trabalhadores.

"Recurso extraordinário não conhecido."

Embora a leitura isolada da ementa conduza à ideia de que seriam sempre da competência da Justiça Estadual o processo e julgamento dos "crimes contra a organização do trabalho", exceto quando ofendam os "órgãos e instituições que preservam, coletivamente, os direitos e deveres dos trabalhadores", análise minuciosa do voto do Min. Moreira Alves conduz a entendimento diverso do que até hoje vem prevalecendo.

De fato, esse acórdão foi resultado da análise de um processo em que se discutia a existência de crime contra a organização do trabalho em virtude da anotação a menor na carteira de trabalho de um único trabalhador.

Esse último detalhe já basta para indicar que a esse precedente não pode ser dada a aplicação genérica que lhe vem sendo conferida: nele, afastou-se acertadamente a noção de "crime contra a organização do trabalho" porque se tratava de irregularidade na anotação na carteira de trabalho de um único trabalhador.

Totalmente diversa é a situação retratada nos presentes autos. No processo em exame cuida-se de inúmeros trabalhadores a laborar sob escolta, alguns acorrentados, em situação de total violação da liberdade e da autodeterminação de cada um.

A Corte entendeu naquele caso que são "da competência da Justiça Federal apenas os crimes que ofendem o sistema de órgãos e instituições que preservam, coletivamente, os direitos e deveres dos trabalhadores". Em outras palavras, tem-se a impressão, ao se proceder à leitura do acórdão, de que só poderiam ser qualificados como crimes contra a organização do trabalho aqueles que afetam diretamente o sistema de órgãos e instituições do trabalho. Ou seja, o exame da questão se resumiria a uma análise de natureza puramente orgânica.

Ora, não me parece ter sido essa a *ratio* do mencionado acórdão, uma vez que do voto do Min. Moreira Alves se podem extrair com total clareza o sentido e o alcance que ele queria emprestar ao tema. Confira-se:

"(...). O que, em realidade, justifica a atribuição de competência, nessa matéria, à Justiça Federal Comum *é um interesse de ordem geral* – e, por isso mesmo, se atribui à União sua tutela – na manutenção dos princípios básicos sobre os quais se estrutura o trabalho em todo o País, ou na defesa da ordem pública ou do trabalho coletivo. (...).

"Em síntese, tenho para mim como certo que o art. 125, VI, da CF atribui competência à Justiça Federal apenas para processar e julgar ações penais relativas a crimes que ofendem o sistema de órgãos e instituições que preservam, coletivamente, os direitos e deveres dos trabalhadores.

"(...)" (...).

Como se vê, a ementa do acórdão que vem servindo de *leading case* na matéria ao longo de todos estes anos diz bem menos do que foi dito no voto-condutor de meu ilustre antecessor.

Em realidade, a expressão "crimes contra a organização do trabalho" comporta outras dimensões, que vão muito além dos aspectos puramente orgânicos até hoje levados em conta pela doutrina e jurisprudência nacionais. Não se cuida apenas de velar pela preservação de um "sistema de órgãos e instituições" voltados à proteção coletiva dos direitos e deveres dos trabalhadores.

A meu sentir, a "organização do trabalho" a que alude o dispositivo em discussão deve necessariamente englobar um outro elemento: o "homem", compreendido na sua mais ampla acepção, abarcando aspectos atinentes à sua liberdade, autodeterminação e dignidade.

Com isso quero dizer que quaisquer condutas que possam ser tidas como violadoras não somente do sistema de órgãos e instituições com atribuições para proteger os direitos e deveres dos trabalhadores, mas também do homem trabalhador, atingindo-o nas esferas que lhe são mais caras, em que a Constituição lhe confere proteção máxima, são, sim, enquadráveis na categoria dos crimes contra a organização do trabalho, se praticadas no contexto de relações de trabalho.

A Constituição Federal de 1988 oferece, sem dúvida alguma, sólida sustentação a esse entendimento. (...). (...). Consulte-se, por exemplo, o capítulo reservado aos princípios gerais da atividade econômica, que sem dúvida alguma tem total pertinência com a questão da organização do trabalho, com a qual ora nos ocupamos. Diz o art. 170, *caput*, que "a ordem econômica, fundada na *valorização do trabalho humano* e na livre iniciativa, tem por fim assegurar a todos existência digna, conforme os ditames da justiça social (...)" (grifei).

Ora, diante de tão clara opção pelo homem enquanto tal, pela preservação da sua dignidade intrínseca, é inadmissível pensar que o respectivo sistema de organização do trabalho, atividade que dignifica o homem e em que ele se aperfeiçoa completamente, possa ser concebido unicamente à luz do que tradicionalmente se passou a caracterizar como "órgãos e instituições", excluindo-se dessa relação o ator principal de todo o sistema, isto é, o homem, esse ser dotado de dignidade intrínseca.

Não. *Data venia* dos que esposam pontos de vista diferentes, entendo que o componente humano, sobretudo em virtude da proteção elevada que a Constituição outorga à sua dignidade, deve, sim, ser considerado elemento indissociável da organização do trabalho.

A Constituição, no art. 109, VI, determina que são da competência da Justiça Federal "os crimes contra a organização do trabalho", sem explicitar que delitos se incluem nessa categoria. Embora no Código Penal brasileiro haja um capítulo destinado a tais crimes, o entendimento doutrinário e jurisprudencial dominante é no sentido de que não há correspondência taxativa entre os delitos capitulados no referido Código e aqueles indicados na Constituição, cabendo ao intérprete verificar em quais casos se está diante de "crime contra a organização do trabalho".

Cézar Bittencourt, analisando o dispositivo do Código Penal relativo ao crime de redução a condição análoga à de escravo (art. 149), sustenta que "o bem jurídico protegido, nesse tipo penal, é a liberdade individual, isto é, o *status libertatis*, assegurado pela Carta Magna brasileira. Na verdade, protege-se aqui a liberdade sob o aspecto ético-social, a própria dignidade do indivíduo, também igualmente elevada ao nível de dogma constitucional. Reduzir alguém a condição análoga à de escravo fere, acima de tudo, o princípio da dignidade humana, despojando-o de todos os valores ético-sociais, transformando-o em *res*, no sentido concebido pelos romanos. (...)". **[Rodapé:** BITTENCOURT, Cézar Roberto, *Tratado de Direito Penal – Parte Especial*, São Paulo, Saraiva, 2003, vol. 2, pp. 462-463.**]**

Assim, Sr. Presidente, entendo que, no contexto das relações de trabalho – contexto, esse, que, como já disse, sofre o influxo do princípio constitucional da dignidade da pessoa humana, o qual ilumina todo o nosso sistema jurídico-constitucional –, a prática do crime previsto no art. 149 do CP se caracteriza como crime contra a organização do trabalho, atraindo, portanto, a competência da Justiça Federal, na forma do art. 109, VI, da Constituição. (...).

Esse o quadro, conheço do recurso extraordinário e dou-lhe provimento, para o fim de anular o acórdão do TRF-1ª Região, fixando a competência da Justiça Federal para o julgamento da presente ação penal, para que outro *decisum* seja proferido.

(...).

ANTECIPAÇÃO AO VOTO – *O Sr. Min. Sepúlveda Pertence*: Sr. Presidente, sem examinar precisamente a questão das convenções da OIT que pudessem incidir no caso e que extensão se daria a essa obrigação internacional de reprimir o trabalho escravo ou análogo à escravidão, a mim me convenceu o primeiro fundamento do voto do Min. Joaquim Barbosa.

Na interpretação do que seja crime contra organização do trabalho, para o fim constitucional de determinar a competência, não estamos jungidos à capitulação do Código Penal. Ora é inequívoco que a chamada "redução a condição análoga à de escravo" agride o núcleo mesmo da organização constitucional do trabalho – e, como tal, deve ser considerado –, além de, obviamente, cada episódio constituir, como classificou o Código Penal, um atentado à liberdade individual.

Acompanho o voto do eminente Relator.

(...).

DEBATES

(...).

O Sr. Min. Carlos Velloso: O raciocínio de V. Exa. colide com o disposto na norma específica, o art. 149 do CP. É que em direito penal prevalece o princípio da tipicidade cerrada. E, aqui, a denúncia é: reduzir alguém a condição análoga à de escravo, posta no art. 149 do CP.

Não há dúvida de que isso atenta contra o trabalho, mas o legislador quis que estivesse nesses parâmetros, nessa tipificação. Como avançar? Pode, até, entender-se que atenta contra os direitos humanos? Pode, mas, aí, a Emenda Constitucional n. 45 deu a solução: caberá ao Procurador-Geral expor a questão perante o STJ, que determinará, se entender necessário, a remessa dos autos à Justiça Federal.

O Sr. Min. Sepúlveda Pertence: Ministro, perdoa-me, a classificação ou a escolha do bem jurídico primário dos crimes é apenas uma questão de predominância. A grande maioria das figuras penais são o que se chama de "crimes pluriofensivos". É difícil não encontrar um crime do qual se possa dizer que ofende apenas a pessoa humana ou apenas o patrimônio.

O Sr. Min. Carlos Velloso: Estou de acordo com V. Exa. É isso mesmo, só que o nosso legislador fez uma opção, e em direito penal prevalece o princípio da tipicidade cerrada. Da competência da Justiça Federal, segundo a Constituição, são os crimes praticados em detrimento de bens, serviços ou interesse da União ou de suas sociedades autárquicas ou empresas públicas.

O Sr. Min. Sepúlveda Pertence: Restrito ao art. 109, VI.

O Sr. Min. Carlos Velloso: E se se leva a questão para o campo do delito contra a organização do trabalho, a jurisprudência do STF é iterativa e firme...

O Sr. Min. Sepúlveda Pertence: Se mudar o Código Penal muda a competência da Justiça Federal?

O Sr. Min. Marco Aurélio: V. Exa. me permite? Há tipos – e não estou querendo interpretar a Constituição a partir do Código Penal – apontados como reveladores de crime contra a organização do trabalho.

O Sr. Min. Sepúlveda Pertence: Mas, veja V. Exa., e o Ministro-Relator começou por aí, que a nossa jurisprudência consolidada não aplica a cláusula constitucional da competência da Justiça Federal a todos os delitos que o legislador penal classificou como crimes contra a organização do trabalho.

O Sr. Min. Carlos Velloso: Somente os crimes que atentem contra o sistema e os institutos destinados a preservar coletivamente os direitos e deveres dos trabalhadores é que são da competência da Justiça Federal.

(...).

O Sr. Min. Carlos Velloso: Outra questão que é preciso a Corte meditar: no meu Estado natal, Minas Gerais, temos cerca de 300 Comarcas, e temos Justiça Federal em menos de meia dúzia de cidades do Interior.

(...).

O Sr. Min. Carlos Velloso: (...).

Lembro-me do Min. Adauto Cardoso, aqui, quando se discutiu a questão da competência da Justiça Federal para as ações da Rede Ferroviária Federal. Ele dizia o seguinte: o trem passa por centenas de cidades que são Comarcas e a Justiça Federal só existe na Capital. Dar pela competência da Justiça Federal é abolir a responsabilidade dessa ferrovia quanto aos casos ocorridos nessas Comarcas, porque poucos iriam à Capital demandar. É o caso; isso precisa ser meditado. Estamos sob o impacto de algo que está acontecendo no Norte do País.

Mas, quero dizer à Corte, com base nos meus quase 40 anos de Magistratura, que a Justiça Comum Estadual não é pior nem melhor do que a Justiça Federal. A Justiça Comum do meu Estado, do Estado de São Paulo, do Rio Grande do Sul, de Santa Catarina, por exemplo, é muito boa.

Esta decisão pode levar à impunidade relativamente a esses delitos. Dei este exemplo: no meu Estado natal, minas Gerais, há cerca de 300 Comarcas e a Justiça Federal existe em meia dúzia de cidades do Interior, se tanto!

(...).

O Sr. Min. Nelson Jobim (presidente): Há um problema sério também, porque o reconhecimento da competência da Justiça Federal importa algo relevante para esse tipo de delito, que é a competência investigatória da Polícia Federal e não da Polícia Estadual local e das autoridades federais que não têm inserção dentro da comunidade local.

O Sr. Min. Joaquim Barbosa (relator): Min. Nelson Jobim, nessa matéria são os órgãos federais que têm investigado o trabalho escravo.

O Sr. Min. Carlos Velloso: O eminente Min. Cézar Peluso quer se manifestar. Ouçamos S. Exa. (...).

O Sr. Min. Cézar Peluso: (...).

Sr. Presidente, além do mais, quando se diz que a dignidade do homem, a sua liberdade, é um dos bens mais importantes – e não há dúvida nenhuma sobre isso –, a pergunta que fica é: e a vida, que é fonte e pressuposto de todos os demais valores? Se for sacrificada em razão, a pretexto ou no ambiente de trabalho, em caso de homicídio? Nesse caso, seria considerado crime contra a organização do trabalho, quando se atinge o bem jurídico mais valioso da ordem jurídica, que, por isso mesmo, absorve todos os outros bens?

Se o raciocínio fosse válido – e a mim me parece que aqui é que está, com o devido respeito, o equívoco do argumento substancial do eminente Relator –, provaria demais, porque, levado às últimas consequências, um homicídio perpetrado nessas condições deveria *a fortiori* ser considerado crime contra a organização do trabalho.

O Sr. Min. Joaquim Barbosa (relator): Não, Min. Cézar Peluso, sacrificar a vida de uma pessoa num contexto de relações do trabalho não afeta todo o sistema de organização do trabalho, como quer a Constituição.

O Sr. Min. Cézar Peluso: E no que a restrição à liberdade individual o sacrificaria?

O Sr. Min. Joaquim Barbosa (relator): Porque afeta um princípio fundamental do nosso sistema constitucional: o da dignidade do trabalho.

O Sr. Min. Nelson Jobim (presidente): Min. Cézar Peluso, veja V. Exa. que a organização do trabalho, no Brasil, tem uma tipificação: os modelos das relações de trabalho admitidas no sistema brasileiro são tais, tais e tais. No momento em que se conduz a algo análogo à condição de escravo, está-se criando uma situação distinta daquela permitida num modelo de organização do trabalho. Se tivéssemos o trabalho escravo, a situação seria distinta, mas não o temos. Pelo contrário: vedamos. Logo, qualquer tipo de relação que conduza a condição análoga de trabalho escravo importa uma agressão à organização modelada de trabalho pelo sistema brasileiro.

(...).

VOTO (Vista) – *O Sr. Min. Gilmar Mendes*: (...). (...).

A questão central versada no presente recurso extraordinário cinge-se à definição da competência – se da Justiça Comum Estadual ou da Justiça Federal – para processo e julgamento do crime de redução de trabalhadores a condição análoga à de escravo. A controvérsia surge, e encontra sua solução, na interpretação do art. 109, inciso VI, da Constituição, que assim dispõe: "Art. 109. Aos juízes federais compete processar e julgar: (...); VI – os crimes contra a organização do trabalho (...)".

A competência da Justiça Federal é induvidosa com relação a alguns dos crimes descritos no Título IV do Código Penal brasileiro ("Dos Crimes Contra a Organização do Trabalho"); porém, no caso do crime de redução a condição análoga à de escravo, previsto no capítulo "Dos Crimes Contra a Liberdade Individual", especificamente pelo art. 149, ainda persistem as divergências doutrinárias e jurisprudenciais.

A orientação predominante nos tribunais pátrios é no sentido de que compete em regra à Justiça Comum Estadual o processo e julgamento do referido delito. A jurisprudência do STF está baseada na decisão prolatada nos autos do RE n. 90.042, de relatoria do eminente Min. Moreira Alves, que fixou entendimento segundo o qual "são da competência da Justiça Federal apenas os crimes que ofendam o sistema de órgãos e instituições que preservam, coletivamente, os direitos e deveres dos trabalhadores". (...).

Instigou-me o fato de que o Tribunal, até o momento deste julgamento, tenha justificado a competência da Justiça Federal na necessidade de se dar uma pronta e rígida resposta ao problema do trabalho escravo em nosso País. Está-se a partir da premissa de que o combate ao trabalho escravo somente será eficaz se protagonizado pelas autoridades federais, criando para o Tribunal quase que uma obrigação moral de decidir nesse sentido. Assim está expresso no voto proferido pelo Ministro-Relator: "Sr. Presidente, transcendendo em muito a mera questão de competência, creio que estamos diante de uma das mais dolorosas feridas de nossa sociedade: a incrível e inadmissível persistência de trabalho escravo em nosso País. Subjacente à análise do presente processo, portanto, teremos uma tomada de posição desta Corte em relação ao combate ao trabalho escravo, realidade social que se choca frontalmente com diversos princípios fundamentais da Constituição Federal, de que esta Corte é guardiã".

Em outras palavras, está-se a partir do pressuposto, a meu ver equivocado, de que a Polícia e a Justiça Estaduais, por razões de ordem histórica e cultural, econômica, social ou política, não se mostram dispostas ou não estão aptas para investigar, processar e julgar fatos criminosos cometidos em detrimento dos direitos fundamentais dos trabalhadores. Apenas as autoridades federais – Polícia, membros do Ministério Público e juízes –, reputadas, dessa forma, mais competentes e confiáveis, poderiam ficar a cargo de tão relevante missão, a de coibir as violações de direitos humanos nas relações de trabalho.

Em suma, a ideia – a meu sentir, preconceituosa – é de que a Justiça Estadual não funciona. (...). (...). O Estado está incumbido, dessa forma, do dever de criar mecanismos eficazes para a realização desse mister, [*a erradicação de todo tipo de escravidão*] dentre os quais sobressai a edição de normas de organização e procedimento destinadas a regular a investigação, processo e julgamento dos fatos transgressores dos direitos fundamentais dos trabalhadores.

Porém, isso não leva à conclusão, apodítica, de que o processo e julgamento dos fatos que impliquem situação análoga à escravidão de trabalhadores tenham de estar necessariamente na incumbência da Justiça Federal. Significa apenas que cabe ao Estado Brasileiro a criação de mecanismos eficazes para reprimir as lesões aos direitos humanos dos trabalhadores. (...).

É bem verdade, por outro lado, que é sobre a União que recai a responsabilidade internacional diante do compromisso que tem o Brasil de combater as violações contra os direitos humanos delimitados nos tratados e convenções dos quais é signatário.

O ordenamento jurídico, no entanto, já prevê os mecanismos processuais necessários para os casos – frise-se, excepcionais – nos quais a Justiça Estadual, por motivos vários (insuficiência do aparato persecutório, manipulação política, corrupção etc.), não esteja funcionando de forma eficiente. (...).

Faço essas considerações para esclarecer que não se pode partir do pressuposto equivocado de que o resultado do presente julgamento representará uma tomada de posição deste Tribunal a respeito do trabalho escravo em nosso País, como parece ter pretendido fazer crer, *data venia*, o voto do Relator.

O ordenamento jurídico brasileiro já prescreve os mecanismos necessários para a repressão desse tipo de conduta expressamente definida como crime no Código Penal.

A definição da competência – se da Justiça Comum Estadual ou da Justiça Federal – não alterará esse quadro. Aliás, é possível até se cogitar, como o fizeram Velloso e Peluso na sessão anterior, de que as autoridades estaduais, por estarem próximas ao local do crime, podem realizar esse trabalho de forma mais eficiente. Não quero me comprometer com tal argumento, mas tenho como certo que tanto a Justiça Estadual como a Justiça Federal estão plenamente aptas a processar e julgar o crime de redução à condição análoga à de escravo. (...).

O problema posto ao Tribunal no presente recurso diz respeito à interpretação do art. 109, inciso VI, da Constituição, para definir qual o âmbito normativo do dispositivo que prescreve a competência da Justiça Federal para processar e julgar os crimes contra a organização do trabalho.

A solução, a meu ver, está em definir quais são os bens jurídicos penais tutelados. Por isso, também não me impressiona o argumento, igualmente levantado pelo eminente Relator, de que a "organização do trabalho" a que se refere a norma constitucional deve "englobar outro elemento: o homem, compreendido na sua mais ampla acepção, abarcando aspectos atinentes à sua liberdade, autodeterminação e dignidade".

A própria noção de bem jurídico penal já engloba essa ideia, na medida em que faz referência aos valores da comunidade, que possuem seu núcleo no valor supremo da dignidade da pessoa humana. A função ético-social do direito penal, como ensina Hans Welzel, é proteger os valores elementares da vida em comunidade. (...). (...).

Cada norma penal, dessa forma, está marcada por uma diferenciada amplitude e intensidade no que diz com sua conexão com a dignidade humana. Assim, não é preciso muito esforço hermenêutico para concluir que os crimes contra a organização do trabalho constituem o desenvolvimento e a proteção, através do direito penal, do valor do trabalho e, com isso, do valor supremo da dignidade da pessoa humana. Isso não é novidade.

A questão, portanto, está em identificar a teleologia da norma constitucional que define a competência da Justiça Federal para processar e julgar os crimes contra a organização do trabalho.

Para tanto, *não creio que seja necessária uma mudança de posição do Tribunal em relação ao entendimento que vem sendo construído desde o precedente do RE n. 90.042-SP*. Na ocasião, o Min. Moreira Alves, Relator, interpretando o art. 125, VI, das Constituição de 1967/1969, assim deixou consignado: "(...). O que, em realidade, justifica a atribuição de competência, nessa matéria, à Justiça Federal Comum é um interesse de ordem geral – e, por isso mesmo, se atribui à União sua tutela – na manutenção dos princípios básicos sobre os quais se estrutura o trabalho em todo o País, ou na defesa da ordem pública ou do trabalho coletivo. (...)".

Estou certo de que os crimes contra a organização do trabalho aos quais faz referência o art. 109, VI, da Constituição não estão resumidos taxativamente no Título IV do Código Penal. Se é possível encontrar crimes definidos nesse título que não correspondem à norma constitucional do art. 109, VI, também é certo que outros crimes definidos na legislação podem configurar, dependendo do caso, crime contra a organização do trabalho.

A questão está, portanto, em identificar qual o bem jurídico afetado; ou seja, como o Min. Moreira Alves deixou delimitado, se na hipótese existe ofensa ao interesse de ordem geral na manutenção dos princípios básicos sobre os quais se estrutura o trabalho em todo o País. (...).

Não vislumbro, portanto, que todo fato que possa ser configurado em tese como crime de redução à condição análoga à de escravo implique uma ofensa ao bem jurídico "organização do trabalho", justificando, em todos os casos, a competência da Justiça Federal, conforme a determinação do art. 109, inciso VI, da Constituição da República. (...).

Há que se estar atento, portanto, para a possibilidade de abusos na tipificação de fatos tidos como de "trabalho escravo".

Por isso, entendo que a regra de competência fixada pelo art. 109, inciso VI, da Constituição deve incidir apenas naqueles casos em que esteja patente a ofensa a *princípios básicos sobre os quais se estrutura o trabalho em todo o País*. (...).

Assim, diante da patente violação, no caso concreto, ao bem jurídico "organização do trabalho", entendo como justificada a competência da Justiça Federal para processar e julgar o crime descrito nos autos, em aplicação do disposto no art. 109, VI, da Constituição.

Nesses termos, conheço e dou provimento ao recurso.

VOTO – *O Sr. Min. Marco Aurélio*: (...). (...).

Eis o enquadramento típico penal da espécie – o Ministério Público formalizou denúncia a partir do disposto no art. 149 do CP: "Art. 149. Reduzir alguém a condição análoga à de escravo, (...)".

O objeto jurídico protegido é a liberdade individual.

A narração dos fatos – narração com tintas fortes, narração que, realmente, estarrece – não é suficiente por si só a concluir-se que se está diante de um quadro a revelar a prática criminosa contra a organização do trabalho. Por que não se está diante desse quadro? Porque o sistema, em si, não é colocado em risco. Os direitos sociais, considerados de forma coletiva como um todo e decorrentes de certa disciplina, não se fizeram colocados em plano secundário. (...).

A situação, para mim, não alcança a organicidade social do trabalho, como um grande todo. A situação, tal como narrada na denúncia ofertada pelo Ministério Público, envolve, realmente, um tomador de serviços pouco sensível em relação aos prestadores e à situação destes.

Não me causa maior sensibilidade, a ponto de concluir pela competência da Justiça Federal, o fato de se haver aludido a mecanismo esdrúxulo para se manter os prestadores de serviços vinculados ao tomador, ocorrendo referência na denúncia até mesmo a métodos não usuais de chegar-se à manutenção desses trabalhadores no local, inclusive com algum capataz – o cidadão estará a merecer essa qualificação de capataz – tendo acorrentado este ou aquele prestador de serviços.

V. Exa., no início do voto, ressaltou muito bem que é uno o Judiciário, presente o julgamento de causas, o restabelecimento da paz social momentaneamente abalada pelo conflito de interesses. A divisão de atribuições, de competência – como queiram –, diz respeito ao funcionamento, à busca da agilização dos trabalhos judiciários.

A Corte já teve a oportunidade de deliberar sobre a matéria, considerando a regra do inciso VI do art. 109 da CF a revelar, indicando a competência da Justiça Federal, uma exceção.

No RE n. 90.042-SP – rel. Min. Moreira Alves –, este Plenário proclamou:

"*Ementa:* Conflito de competência – Interpretação do art. 125, VI, da CF.

"A expressão 'crimes contra a organização do trabalho', utilizada no referido texto constitucional, não abarca o delito praticado pelo empregador que, fraudulentamente, viola direito trabalhista de determinado empregado – Competência da Justiça Estadual.

"Em face do art. 125, VI, da CF, são da competência da Justiça Federal apenas os crimes – e, aí, vem a definição do alcance da Carta – 'que ofendem o sistema de órgãos e instituições que preservam, coletivamente, os direitos e deveres dos trabalhadores'." (...).

Não vejo, Presidente, com a devida vênia dos que entendem em sentido contrário, uma situação peculiar indicativa da prática de crime contra a organização do trabalho. Vejo, sim, a redução a condição análoga, semelhante, à de escravo; vejo, sim, um constrangimento, de início – considerados os fatos narrados –, à liberdade individual dos prestadores de serviços.

Ressaltando, mais uma vez, que a competência da Justiça Federal na área penal encerra uma exceção – de regra, é competente a Justiça Comum –, peço vênia ao Relator e aos que o acompanharam, Mins. Carlos Velloso e Cézar Peluso, para votar negando provimento ao recurso e desprovendo-o. (...).

EXTRATO DE ATA

(...).

Decisão: O Tribunal, por maioria, deu provimento ao recurso, nos termos do voto do Relator, vencidos os Srs. Mins. Cézar Peluso, Carlos Velloso e Marco Aurélio, que negavam provimento. Não participou da votação o Sr. Min. Ricardo Lewandowski, por suceder ao Sr. Min. Carlos Velloso, que proferira voto. Ausentes, justificadamente, a Sra. Min. Ellen Gracie (Presidente), o Sr. Min. Sepúlveda Pertence e, neste julgamento, a Sra. Min. Carmen Lúcia. Presidiu o julgamento o Sr. Min. Gilmar Mendes (Vice-Presidente). Plenário, 30.11.2006.

Presidência do Sr. Min. Gilmar Mendes (Vice-Presidente). Presentes à sessão os Srs. Mins. Celso de Mello, Marco Aurélio, Cézar Peluso, Carlos Britto, Joaquim Barbosa, Eros Grau, Ricardo Lewandowski e Carmen Lúcia.

* * *

PERGUNTAS

1. Quais são os fatos?
2. Quais os direitos fundamentais em discussão no presente recurso?
3. O que reivindicam os autores (agora recorridos)?

4. O que motivou o recurso do Ministério Público Federal?

5. Por que é importante definir se se trata de um crime comum ou de um crime contra a organização do trabalho?

6. Qual o cerne da discordância manifestada pelos Mins. Joaquim Barbosa e Gilmar Mendes sobre o tema?

7. Como fica ameaçado, no entender do Min. Velloso, o princípio da tipicidade cerrada em matéria penal?

8. Quanto à estrutura federativa brasileira, o que pode ser inferido do voto do Ministro-Relator? Por que seria mais gravoso o julgamento em nível federal, no entender do Min. Velloso?

9. Como ficou decidido o caso?

7.20 Lei de Arbitragem (SE/AgR 5.206-7-Reino da Espanha)

(Plenário – rel. Min. Sepúlveda Pertence – j. 8.5.1997)

1. Sentença estrangeira – Laudo arbitral que dirimiu conflito entre duas sociedades comerciais sobre direitos inquestionavelmente disponíveis – a existência e o montante de créditos a título de comissão por representação comercial de empresa brasileira no Exterior – Compromisso firmado pela requerida que, neste processo, presta anuência ao pedido de homologação – Ausência de chancela, na origem, de autoridade judiciária ou órgão público equivalente – Homologação negada pelo Presidente do STF, nos termos da jurisprudência da Corte, então dominante – Agravo regimental a que se dá provimento, por unanimidade, tendo em vista a edição posterior da Lei n. 9.307, de 23.9.1996, que dispõe sobre a arbitragem, para que, homologado o laudo, valha no Brasil como título executivo judicial. (...).

3. Lei de Arbitragem (Lei n. 9.307/1996) – Constitucionalidade, em tese, do juízo arbitral – Discussão incidental da constitucionalidade de vários dos tópicos da nova lei, especialmente acerca da compatibilidade, ou não, entre a execução judicial específica para a solução de futuros conflitos da cláusula compromissória e a garantia constitucional da universalidade da jurisdição do Poder Judiciário (CF, art. 5º, XXXV). (...).

ACÓRDÃO – Vistos, relatados e discutidos estes autos: Acordam os Ministros do Supremo Tribunal Federal, em sessão plenária, na conformidade da ata do julgamento e das notas taquigráficas, por unanimidade de votos, em prover o agravo para homologar a sentença arbitral, e, por maioria, declarar constitucional a Lei n. 9307, de 23.9.1996, vencidos, em parte, os Srs. Mins. Sepúlveda Pertence, Sydney Sanches, Néri da Silveira e Moreira Alves, que declaravam a inconstitucionalidade do parágrafo único do art. 6º; do art. 7º e seus §§; no art. 41, das novas redações atribuídas ao art. 267, inciso VII, e ao art. 301, inciso IX, do CPC; e do art. 42, todos do referido diploma legal.

Brasília 12 de dezembro de 2001 – *Marco Aurélio*, presidente – *Sepúlveda Pertence*, relator.

RELATÓRIO – *O Sr. Min. Sepúlveda Pertence*: Esta a decisão agravada (fls. 65):

"*M. B. V. Comercial and Export Management Establisment*, com sede em Genebra/Suíça, requer homologação de laudo arbitral proferido pelo advogado Juan Escudero Claramunt, em Barcelona/Reino da Espanha, em litígio entre a requerente e a empresa Resil Indústria e Comércio Ltda., sediada em território brasileiro.

"A requerida, tomando conhecimento da ação, deu-se por citada e concordou com o pedido (fls. 47).

"O Ministério Público Federal, em parecer subscrito pelo ilustre Subprocurador-Geral Miguel Frauzino Pereira e pelo eminente Procurador-Geral Geraldo Brindeiro, manifestou-se nestes termos (fls. 62-63):

"'A requerente pretende a homologação de laudo arbitral, proferido em Barcelona, na forma da Lei espanhola n. 36, de 5.12.1988.

"'Esclarece que o referido diploma confere força de sentença judicial aos laudos arbitrais, sendo desnecessária, e até vedada, a sua homologação perante as Cortes espanholas para que surta efeito.

"'A requerida compareceu espontaneamente a este processo, dando-se por citada e concordando inteiramente com o pedido.

"'Sucede, todavia, que a jurisprudência iterativa do Pretória Excelso, reafirmada no julgamento da SE n. 4.724-2, em 27.4.1994, sob a relatoria do ilustrado Ministro ora Presidente dessa Alta Corte, orientou-se no sentido da impossibilidade de homologação de laudo arbitral não chancelado, na origem, por autoridade judiciária ou *órgão público equivalente*.

"'Nestas condições, opinamos pelo indeferimento do pedido.'

"Com efeito, ao julgar a SEC n. 4.724-2, de que fui Relator, o Supremo Tribunal, em sessão plenária de 27.4.1994, reafirmou a firme jurisprudência da Corte no sentido de que "sentença estrangeira", suscetível de homologação no Brasil, não é o laudo do juízo arbitral ao qual alhures se tenham submetido as partes, mas, sim, a decisão do tribunal judiciário ou órgão público equivalente, no Estado de origem, o tenha chancelado, mediante processo no qual regularmente citada a parte contra quem se pretenda, no foro brasileiro, tornar exeq*uível* o julgado (cf. SE n. 1.982 – USA, Plen., 3.6.1970, Thompson, *RTJ* 54/714; SE n. 2.006, Plen., 18.11.1971, Inglaterra, Trigueiro, *RTJ*

60/28; SE n. 2.178, Alemanha, sentença, 30.6.1979, Neder, *RTJ* 91/48; SE n. 2.476, Plen., 9.4.1980, Inglaterra, Neder, *RTJ* 95/23; SE n. 2.766, Inglaterra, 1.7.83, SE n. 2.768, França, sentença, 19.1.1981, Neder, *DJU* 9.3.1981; SE n. 3.236, França, Plen., 10.5.1984, Buzaid, *RTJ* 111/157; SE n. 3.707, Inglaterra, Plen., 21.9.1988, Néri, *RTJ* 137/132).

"Decidiu-se, nessa assentada, que 'o que, para a ordem jurídica pátria, constitua ou não sentença estrangeira, como tal homologável no fórum, é questão de Direito Brasileiro, cuja solução independe do valor e da eficácia que o ordenamento do Estado de origem atribua à decisão questionada'.

"Assim sendo, na linha dos precedentes, indefiro o pedido."

Dessa decisão houve agravo: sustenta a agravante, em síntese – invocando o que lhe parece ser a doutrina da decisão do STF na SE n. 2.468 e as opiniões doutrinárias de Hermes Marcelo Huck (*Sentença Estrangeira e Lex Mercatoria*, Saraiva, 1994, p. 74), de José Carlos Magalhães e Luiz Olavo Baptista (*Arbitragem Comercial*, p. 109); Jacob Delinger e ainda Luiz Gastão de Barros Leães ("Juízo Arbitral: homologação de decisão estrangeira", *RT* 547/257) –, que, "na hipótese de ficar demonstrado – como no caso presente – que a legislação do País estrangeiro não prevê ou mesmo veda a homologação, o requisito será dispensado pelo Pretório Excelso brasileiro".

É o relatório.

VOTO – *O Sr. Min. Sepúlveda Pertence* (relator): Ao tempo em que proferida – como resulta de sua fundamentação –, acentuei, a decisão agravada se ajustava à jurisprudência consolidada do Tribunal e esta, *data venia*, à melhor doutrina. (...).

O Direito Brasileiro, contudo, vem de sofrer, no particular, radical inversão de rumos, que elide ambas as linhas de fundamentação da nossa jurisprudência anterior.

Refiro-me, é claro, à recentíssima Lei n. 9.307, de 23.9.1996, que dispõe sobre a arbitragem.

Na lei nova – em cotejo com a disciplina do juízo arbitral no Código de Processo Civil. (arts. 1.072 e ss.) – duas são as diferenças radicais.

A primeira, a possibilidade de execução específica da obrigação de firmar o compromisso arbitral objeto de cláusula compromissória, se necessário, mediante provimento judicial substitutivo da manifestação da vontade da parte recalcitrante (arts. 6º e 7º).

A segunda inovação, de interesse decisivo no caso, é a equiparação, no plano do Direito Interno, dos efeitos da sentença arbitral aos da sentença judiciária – incluída a formação de título executório, se condenatório o laudo – independentemente de homologação judicial (art. 31).

Certo, não se subtrai ao Judiciário a verificação da nulidade do laudo, por um dos vícios enumerados no art. 32: a nulidade, contudo, há de ser demandada em procedimento ordinário (art. 33, § 2º) ou, havendo execução da sentença arbitral, arguida mediante embargos do devedor, "conforme o art. 741 do CPC" (art. 33, § 3º), ou seja, nos mesmos termos prescritos para os embargos à execução fundada em sentença.

Essa completa assimilação, no Direito Interno, da decisão arbitral à sentença judicial já bastaria, a rigor, para autorizar a homologação, no Brasil, do laudo arbitral estrangeiro, independentemente de sua prévia homologação pela Justiça do País de origem.

Mas a Lei da Arbitragem, coerente, o deixou expresso, ao prescrever, no art. 35, que: "Para ser reconhecida ou executada no Brasil, a sentença arbitral estrangeira está sujeita, unicamente, à homologação do Supremo Tribunal Federal".

E, sendo válida a equiparação legal, no plano interno, da sentença arbitral à judiciária, *a fortiori*, nada impede a outorga da qualificação de sentença ao laudo arbitral estrangeiro, de modo a admitir a sua homologabilidade pelo Supremo Tribunal, para que, no foro, ganhe a eficácia própria das decisões judiciais. (...).

VOTO (Proposta de diligência) – *O Sr. Min. Moreira Alves*: Sr. Presidente, proponho que o julgamento seja convertido em diligência, a fim de ser ouvido o Ministério Público Federal sobre o problema de saber se a lei em causa, que disciplina a arbitragem, contraria, ou não, o princípio, que se insere entre os direitos fundamentais do livre acesso ao Poder Judiciário.

Trata-se de problema delicado, pois pode envolver a questão da renúncia de direito fundamental – que, em princípio, são irrenunciáveis por sua própria natureza.

Proponho, assim, a remessa dos autos à Procuradoria-Geral da República, para o exame incidente da inconstitucionalidade da Lei n. 9.307/1996.

(...).

VOTO – *O Sr. Min. Sepúlveda Pertence* (relator): I – Como assinalei no voto primitivo, duas são as inovações substanciais da nova Lei de Arbitragem em relação à disciplina do juízo arbitral no Código de Processo Civil: (...). (...).

II – (...). (...).

De minha parte – sem perder de vista, é claro, o imperativo de tais precauções contra imposição abusiva da arbitragem –, alinho-me à afirmação vitoriosa e quase unânime de sua constitucionalidade, sob a legislação anterior.

O que a Constituição não permite à lei – já aduzira no voto primitivo – é vedar o acesso ao Judiciário da lide que uma das partes lhe quisesse submeter, forçando-a a trilhar a via alternativa da arbitragem (Hamilton de Moraes e Barros, *Comentários ao Código de Processo Civil*, Forense, v/d, IX/377).

O compromisso arbitral, contudo, funda-se no consentimento dos interessados e só pode ter por objeto a solução de conflitos sobre direitos disponíveis, ou seja, de direitos a respeito dos quais podem as partes transigir.

O direito de ação – afinal, em síntese, o objeto da proteção constitucional invocada – nem por ser autônomo e abstrato deixa de ser essencialmente instrumental: a garantia da ação – que é direito à prestação jurisdicional – visa a assegurar a verificação pelo juiz da procedência ou não da pretensão material veiculada pela ação em cada caso e, se procedente, a sua efetivação, quando necessário, por meio da coação estatal. (...).

Irretocável, sob esse prisma, o parecer do em. Procurador-Geral.

"O que o princípio da inafastabilidade *do* controle jurisdicional estabelece" – enfatiza S. Exa. – "é que a lei não excluirá da apreciação do Poder Judiciário lesão ou ameaça a direito. Não estabeleceu que as partes interessadas não excluirão da apreciação judicial sua questões ou conflitos. Não determina que *os* interessados devam levar ao Judiciário suas demandas. Se se admite como lícita a transação relativamente a direitos substanciais objeto da lide, não se pode considerar violência à Constituição abdica do direito instrumental da ação."

(...).

III – Como visto, vale sintetizar, a sustentação da constitucionalidade da arbitragem repousa essencialmente na voluntariedade do acordo bilateral mediante o qual as partes de determinada controvérsia, embora podendo submetê-la a decisão judicial, optam por entregar a um terceiro, particular, a solução da lide, desde que esta, girando em torno de direitos privados disponíveis, pudesse igualmente ser composta por transação. (...).

Mas a renunciabilidade da ação – porque direito de caráter instrumental – não existe *in abstracto*: só se pode aferi-la em concreto, pois tem por pressuposto e é coextensiva, em cada caso, da disponibilidade do direito questionado, ou, melhor, das pretensões materiais contrapostas, que substantivam a lide confiada pelas partes à decisão arbitral.

Segue-se que a manifestação de vontade da qual decorra a instituição do juízo arbitral – onde exista a garantia constitucional da universalidade da jurisdição judicial e, pois, do direito de ação – não pode anteceder a efetiva atualidade da controvérsia a cujo deslinde pelo Poder Judiciário o acordo implica renunciar. Vale dizer que não prescinde da concreta determinação de um litígio atual.

A esse pressuposto de constitucionalidade do juízo arbitral atende o compromisso, mas não a cláusula arbitral: esta, no texto de Luiz Olavo Baptista (ob. loc. cits., p. 32), "*é genérica, objetivando resolver número não definitivo ou não definido de controvérsias*", ao passo que no compromisso o objeto é "específico, visando à solução de controvérsia ou controvérsias já definidas. É o futuro condicional" – conclui – "por oposição ao presente".

Por isso mesmo é que a doutrina firmada antes da Lei de Arbitragem repeliu, quase à unanimidade, a possibilidade da execução judicial específica da cláusula compromissória, como demonstrado, de modo definitivo, por José Carlos Barbosa Moreira (ob. e loc. cits.). (...).

Sendo a vontade da parte, manifestada na cláusula compromissória, insuficiente – dada a indeterminação do seu objeto – e, pois, diversa da necessária a compor o consenso exigido à formação do compromisso, permitir o suprimento judicial seria admitir a instituição de um juízo arbitral com dispensa da vontade bilateral dos litigantes, que só ela lhe pode emprestar legitimidade constitucional: entendo nesse sentido a lição de Pontes (ob. cit., XV/224) de que fere o princípio constitucional invocado – hoje, art. 5º, XXXV, da Constituição – atribuir ao compromisso que assim se formasse por provimento judicial substitutivo do assentimento de uma das partes "eficácia fora do que é a vontade dos figurantes em se submeterem". (...).

IV – Pressuposta, com a inconstitucionalidade dos preceitos mencionados, a instituição válida do juízo arbitral – vale dizer, mediante compromisso formado pelo consenso real de ambas as partes –, não oferece maiores problemas a indagação da validade das outras inovações relevantes que a Lei n. 9.307/1996 impôs à disciplina do velho juiz arbitral. (...).

Uma vez fundada a validade do juízo arbitral na disponibilidade da pretensão material questionada e no consenso das partes ao subtrair a decisão da lide ao Poder Judiciário, renunciando quanto a ela ao exercício do direito de ação, nenhum princípio impõe nem que a exequibilidade da sentença arbitral se condicione a homologação judicial prévia, nem que seja ela suscetível de recurso. (...).

Desse modo – não obstante a declaração incidente da inconstitucionalidade dos dispositivos da Lei n. 9.307/1996 antes enumerados –, dou provimento ao agravo – que trouxe ao Plenário à vista da novidade da questão – e homologo o laudo arbitral, para que valha, no Brasil, como título executivo judicial.

É o meu voto.

(...).

VOTO (Vista) – *O Sr. Min. Nelson Jobim*: (...). (...).
3. Análise do voto de Pertence
Analiso o voto. (...).

3.2 Segunda objeção. *A estipulação de cláusula compromissória e a instituição da arbitragem*

(...).

A minha divergência está, no modelo da lei, a "instituição da arbitragem" só se dará após a ocorrência do conflito, e nunca, antes, como pressupõe Pertence.

No modelo da lei há dois momentos distintos.

3.2.1 Estipulação da cláusula

O primeiro consiste na estipulação da cláusula compromissória (Lei n. 9.307/1996, art. 4º, § 1º).

É contemporânea ao contrato e precedente ao conflito. (...).

É na estipulação da cláusula que as partes decidem, de comum acordo, sobre a submissão dos conflitos decorrentes do pacto ao sistema de arbitragem. (...).

3.2.2 Instituição da arbitragem

O segundo momento consiste na "instituição da arbitragem".

Diz a lei que se considera "instituída a arbitragem quando aceita a nomeação pelo árbitro (...)" (Lei n. 9.307/1996, art. 19).

A instituição da arbitragem é posterior ao conflito.

Ela sucede ao conflito em concreto.

É nesse momento que se verificará se o conflito é de natureza dispositiva.

Se o for, institui-se a arbitragem.

Observar-se-á, então, quanto às regras, os termos da cláusula compromissória. (...).

Ora, se o objeto do contrato se insere no campo das obrigações, os litígios serão, em princípio, regidos pelo princípio da disponibilidade.

Para as situações em que, embora o contrato trate de interesses disponíveis, o litígio dele decorrente seja indisponível, o que se terá é a ineficácia da cláusula compromissória quanto a esse litígio indisponível.

Aliás, a própria lei determina a suspensão do procedimento arbitral na hipótese de superveniência de controvérsia acerca de direitos indisponíveis (art. 25). [**Rodapé**: Lei n. 9.307/1991: "Art. 25. Sobrevindo no curso da arbitragem controvérsia acerca de direitos indisponíveis e verificando-se que da sua existência, ou não, dependerá o julgamento, o árbitro ou o tribunal arbitral remeterá as partes à autoridade competente do Poder Judiciário, suspendendo o procedimento arbitral. Parágrafo único. Resolvida a questão prejudicial e juntada aos autos a sentença ou acórdão transitados em julgado, terá normal seguimento a arbitragem".]

Esse dispositivo reproduziu o art. 1.094 [**Rodapé**: CPC de 1973: "Art. 1.094. Surgindo controvérsia acerca de direitos sobre os quais a lei não permite transação e verificando-se que da sua existência, ou não, dependerá o julgamento, o juízo suspenderá o procedimento arbitral, remetendo as pastes à autoridade judiciária competente. Parágrafo único. O prazo para proferir o laudo arbitral recomeça a correr, depois de juntada aos autos a sentença, passada em julgado, que resolveu a questão prejudicial" – artigo revogado pela Lei n. 9.307/1996, art. 44.] do CPC de 1973.

A disponibilidade dos interesses, objeto do contrato, é condição de validade do contrato, como um todo, inclusive da cláusula compromissória.

A disponibilidade dos interesses litigiosos ou "das pretensões materiais contrapostas", para usar a expressão de Pertence, é condição de eficácia da cláusula compromissória.

Válido o contrato, válida a cláusula compromissória.

Ocorrido conflito com pretensões materiais indisponíveis, ineficaz, para essa lide específica, a cláusula compromissória.

Não poderá ser instituída a arbitragem.

É o que se passa, também, na hipótese de falecimento da parte deixando herdeiros incapazes – inviabiliza a solução do litígio pela arbitragem.

As condições para execução da cláusula compromissória são aferíveis no momento da instituição da arbitragem, que é posterior ao litígio.

A Constituição proíbe que lei exclua da apreciação do Poder Judiciário lesão ou ameaça a direito (art. 5º, XXXV).

Ela não proíbe que as partes pactuem formas extrajudiciais de solução de seus conflitos, atuais ou futuros.

Não há nenhuma vedação constitucional a que partes, maiores e capazes, ajustem a submissão de conflitos, que possam decorrer de relações jurídicas decorrentes de contrato específico, ao sistema de arbitragem.

Não há renúncia abstrata à jurisdição.

Há, isto, sim, convenção de arbitragem sobre litígios futuros e eventuais, circunscritos a específica relação contratual, rigorosamente determináveis.

Há renúncia relativa à jurisdição.

Circunscreve-se a renúncia aos litígios que decorram do pacto contratual, nos limites fixados pela cláusula.

Não há que se ler na regra constitucional (art. 5º, XXXV), que tem como destinatário o legislador, a proibição das partes de renunciarem à ação judicial quanto a litígios determináveis, decorrentes de contrato específico.

Lá não se encontra essa proibição.

Pelo contrário, o texto proíbe o legislador, não o cidadão.

É o reconhecimento da liberdade individual.

É esse o âmbito de validez da Lei n. 9.307/1996.

Observo que a lei, quanto à solução arbitral de litígios futuros, só a admite quando decorrentes de relação contratual específica.

Não é admitida cláusula compromissória pura ou autônoma ou absoluta.

A lei não admite um pacto autônomo em que as partes se comprometam a submeter à arbitragem todos e quaisquer conflitos futuros, decorrentes de qualquer situação jurídica futura.

A lei não permite renúncia absoluta da ação judicial.

É necessário o contrato, e a relação jurídica dele decorrente. (...).

Imaginemos que, no fluir de uma relação contratual, em cujo instrumento estipulou-se cláusula compromissória, advém uma controvérsia relativa a interesses indisponíveis.

Imaginemos que, mesmo assim, seja instituída a arbitragem ajustada no contrato.

Nessa hipótese, a sentença arbitral será viciada, pois a arbitragem instituída conflitou com a lei autorizadora (Lei n. 9.307/1996, art. 1º).

Neste caso, a parte prejudicada poderá: (a) ajuizar ação de anulação da sentença arbitral (Lei n. 9.307/1996, art. 33, c/c o art. 1º); ou (b) suscitar a questão em embargos à execução, se a sentença arbitral for condenatória (Lei n. 9.307/1996, art. 32, § 3º); ou (c) suscitar a questão em qualquer processo onde se busque a produção de efeitos dessa sentença arbitral; ou, ainda, (d) deduzir a questão quando do procedimento homologatório perante o STF, na hipótese de sentença estrangeira (Lei n. 9.307/1996, art. 39, I). **[Rodapé:** Lei 9.307/1996: "Art. 39. Também será denegada a homologação para o reconhecimento ou execução da sentença arbitral estrangeira se o Supremo Tribunal Federal constatar que: I – segundo a lei brasileira, o objeto do litígio não é suscetível de ser resolvido por arbitragem; (...)".] (...).

3.3 Terceira objeção. A execução compulsória

Examino, agora, a questão da ação do art. 7º da lei.

A questão é a da execução específica da cláusula compromissória "em branco", ou seja, aquela em que não há "(...) acordo prévio sobre a forma de instituir a arbitragem" (Lei n. 9.307/1996, art. 6º). (...).

O juiz nada cria quanto a conflito.

Está definido na inicial.

O juiz verificará se o conflito está, ou não, dentro do âmbito do contrato e da cláusula compromissória.

Verificará, também, se os interesses são disponíveis.

Há que se ter presente, como entendo ter demonstrado, a distinção entre cláusula compromissória e instituição da arbitragem. (...).

É evidente que o juiz, em cada caso, verificará se a cláusula, tal como pactuada, preenche os requisitos para execução específica.

Mas isso é terna para o juiz das ações específicas, caso a caso.

De resto, observo que a ação do art. 7º destina-se às cláusulas compromissórias "em branco", ou seja, aquelas em que não houve acordo prévio sobre a forma de instituir a arbitragem (Lei n. 9.307/1996, art. 6º).

Nos demais tipos de cláusulas, ocorrido conflito decorrente do contrato e abrangido pela cláusula, passa-se à instituição da arbitragem nos termos das regras da instituição ou órgão a que as partes se reportaram ou nos termos do fixado na própria cláusula (Lei n. 9.307/1996, art. 5º).

Entender de forma diversa é relegar, no Brasil, à inutilidade o sistema de arbitragem.

Divirjo de Pertence.

Entendo constitucionais o parágrafo único do art. 6º e o art. 7º, bem assim os arts. 41 a 44 (Lei n. 9.307/1996). (...).

Acompanho Pertence quanto ao provimento ao agravo.

Com Pertence, "homologo o laudo arbitral, para que valha, no Brasil, como titulo executivo judicial", e como tal deverá ser tratado.

(...).

VOTO (Vista) – *O Sr. Min. Ilmar Galvão*: (...). (...).

Para deslinde da controvérsia, duas questões hão de ser aqui examinadas: *primeiramente*, a de saber se tem aplicação à cláusula compromissória, para fim de efetivação do compromisso, a regra do art. 639 do CPC, segundo a qual, "se aquele que se comprometeu a concluir um contrato não cumprir a obrigação, a outra parte, sendo isso possível e não excluído pelo título, poderá obter uma sentença que produza o mesmo efeito do contrato a ser firmado"; e, *ao depois*, se a sentença, neste caso, será ofensiva ao princípio da irrecusabilidade da jurisdição.

A resposta à primeira indagação é insuscetível de ser dada sem um exame, em cada caso, do tipo de cláusula que se tem presente, em ordem a saber, mais precisamente, se foi ela omissa acerca de elementos em relação aos quais a vontade das partes se revele impossível de ser substituída pela sentença. (...).

Veja-se, agora, se iniciativa dessa ordem encontra óbice no princípio da garantia do acesso ao Judiciário, assim enunciado no inciso XXXV do art. 5º da Constituição: "A lei não excluirá da apreciação do Poder Judiciário lesão ou ameaça a direito". (...).

A norma, assim, não é de ser vista como impositiva do ingresso de pessoas físicas em juízo toda vez que seus direitos subjetivos são afrontados, constituindo antes uma garantia do que uma imposição, consoante ressalta o parecer da douta Procuradoria-Geral da República.

A desvalia do pacto compromissório diante do texto constitucional residiria, conforme proclamado, na circunstância de referir-se ele a lides futuras, de contornos obviamente indefinidos, caracterizando-se, por isso, como renúncia genérica à garantia constitucional do acesso à Justiça.

Não se cuida, entretanto, de ato por meio do qual alguém declara haver renunciado, de forma absoluta, a todo direito de ação, a partir de determinado momento, o que seria inadmissível, mas de simples cláusula contratual em que as partes vinculadas a determinada avença que tenha por objeto direito patrimonial de natureza disponível deliberam, de livre e espontânea vontade, que toda dúvida que o contrato vier a suscitar será, obviamente, por elas próprias dissipada de comum acordo; e, com certeza, se não lograrem êxito nesse propósito, será ela, aí já qualificada como controvérsia, resolvida, necessariamente, por terceiro ou por terceiros de sua confiança, cuja decisão será obrigatoriamente por eles acatada. (...).

De realçar-se, por fim, que a cláusula, nesse caso, não pode ser vista como incompatível com o princípio do livre acesso à jurisdição estatal, pelo singelo motivo de que a sua eficácia, em caso de resistência de uma das partes, justamente só poderá ser alcançada por via judicial, sendo certo que a sentença proferida pelo árbitro ou pelos árbitros, além de só poder ser executada na via judicial, quando condenatória, não escapa ao controle judicial, que, na forma do art. 33 da lei sob exame, poderá ser acionado pela parte interessada, em procedimento comum, com alegação de qualquer das nulidades enumeradas no art. 32.

Não há, porém, supressão do controle judicial.

Estabeleceu-se, apenas, a deslocação do momento em que o Poder Judiciário é chamado a intervir.

No sistema tradicional, ao Poder Judiciário se comete, em sua inteireza, o processo de conhecimento, dentro do qual se exaure a defesa.

No procedimento previsto na lei, a defesa judicial do réu sucede ao julgamento na esfera arbitral, no qual tem ele, também, o direito de expor as suas razões.

Inverteu-se a ordem. Deu-se prevalência ao que foi pactuado pelas partes, conferindo-se à defesa do réu caráter equivalente ao da rescisão, pois, se prosperarem as suas alegações no processo judicial do art. 33, desconstituir-se-á a sentença arbitral.

Antes da lei, portanto, a precedência das razões do réu; com a lei, a precedência da cláusula contratual, consequentemente, da autonomia da vontade.

Trata-se de mudança que, em termos de política legislativa, pode ser feita, na espécie, sem inflição de dano irreparável às garantias de defesa do devedor. Tem este à sua disposição a via do controle judicial da sentença arbitral. (...).

Escusando-me por haver-me alongado em demasia nas considerações que acabo de expor, peço vênia ao eminente Min. Sepúlveda Pertence para concluir meu voto no sentido da constitucionalidade dos dispositivos legais que S. Exa. teve por incompatíveis com o princípio da irrecusabilidade da jurisdição estatal. Acompanho S. Exa., no entanto, no ponto em que homologou a sentença arbitral.

(...).

VOTO – *O Sr. Min. Moreira Alves*: Sr. Presidente, desde o início não tive dúvida alguma de que não é possível – em face do texto constitucional que estabelece regra absoluta de livre acesso ao Poder Judiciário – haver, neste caso, livre acesso ao Poder Judiciário.

Nesta Corte muito se discutiu quando se sustentava que o INSS, para ver proposta ação contra ele, não podia exigir que se lhe comunicasse um acidente para efeito de pagamento de seguro. Alegava-se que isso feria o livre acesso. Aqui, o problema é muito pior, pois, na realidade, se abre mão em abstrato – não se discute que se possa abrir mão em concreto – do livre acesso ao Poder Judiciário.

Com todas as vênias, acompanho o eminente Ministro-Relator.

EXTRATO DE ATA

(...).

Decisão: O Tribunal, por unanimidade, proveu o agravo para homologar a sentença arbitral, vencidos parcialmente os Srs. Mins. Sepúlveda Pertence, Sydney Sanches, Néri da Silveira e Moreira Alves, no que declaravam a inconstitucionalidade do parágrafo único do art. 6º; do art. 7º e seus §§; no art. 41, das novas redações atribuídas ao art. 267, inciso VII, e ao art. 301, inciso IX, do CPC; e do art. 42, todos da Lei n. 9.307, de 23.9.1996. Votou o Presidente, o Sr. Min. Marco Aurélio. Plenário, 12.12.2001.

Presidência do Sr. Min. Marco Aurélio. Presentes à sessão os Srs. Mins. Moreira Alves, Néri da Silveira, Sydney Sanches, Sepúlveda Pertence, Celso de Mello, Carlos Velloso, Ilmar Galvão, Maurício Corrêa, Nelson Jobim e Ellen Gracie.

* * *

PERGUNTAS

1. Quais os fatos?
2. Qual o objeto da ação? Que direitos fundamentais estão em jogo?
3. Por que os Ministros discutem a constitucionalidade da Lei de Arbitragem?
4. Que direito seria violado pela Lei de Arbitragem para o Min. Sepúlveda Pertence?
5. Para o Min. Sepúlveda Pertence é constitucional a obrigatoriedade da cláusula compromissória que preveja que qualquer conflito entre dois contratantes será resolvido por meio de arbitragem?
6. Qual o motivo da divergência entre os Mins. Sepúlveda Pertence e Nelson Jobim, acompanhado do Min. Ilmar Galvão?
7. Os votos concordam quanto à abrangência do direito de acesso à Justiça? Trata-se de direito absoluto?
8. A quem se destina o direito de acesso à Justiça?
9. Os indivíduos podem dispor do direito de ação livremente? Em que condições isso seria possível?
10. Um contratante que se sinta lesado na instituição da arbitragem pode recorrer ao Judiciário?

DEVIDO PROCESSO FORMAL

7.21 Caso de pedofilia – Provas ilícitas (RE 251.445-GO)

(Decisão Monocrática do Relator, Min. Celso de Mello – 21.6.2000)

Prova ilícita – Material fotográfico que comprovaria a prática delituosa (Lei n. 8.069/1990, art. 241) – Fotos que foram furtadas do consultório profissional do réu e que, entregues à Polícia pelo autor do furto, foram utilizadas contra o acusado, para incriminá-lo – Inadmissibilidade (CF, art. 5º, LVI).

A cláusula constitucional do *due process of law* encontra no dogma da inadmissibilidade processual das provas ilícitas uma de suas mais expressivas projeções concretizadoras, pois o réu tem o direito de não ser denunciado, de não ser processado e de não ser condenado com apoio em elementos probatórios obtidos ou produzidos de forma incompatível com os limites ético-jurídicos que restringem a atuação do Estado em sede de persecução penal.

A prova ilícita – por qualificar-se como elemento inidôneo de informação – é repelida pelo ordenamento constitucional, apresentando-se destituída de qualquer grau de eficácia jurídica.

Qualifica-se como prova ilícita o material fotográfico que, embora alegadamente comprobatório de prática delituosa, foi furtado do interior de um cofre existente em consultório odontológico pertencente ao réu, vindo a ser utilizado pelo Ministério Público, contra o acusado, em sede de persecução penal, depois que o próprio autor do furto entregou à Polícia as fotos incriminadoras que havia subtraído.

No contexto do regime constitucional brasileiro, no qual prevalece a inadmissibilidade processual das provas ilícitas, impõe-se repelir, por juridicamente ineficazes, quaisquer elementos de informação sempre que a obtenção e/ou a produção dos dados probatórios resultarem de transgressão, pelo Poder Público, do ordenamento positivo, notadamente naquelas situações em que a ofensa atingir garantias e prerrogativas asseguradas pela Carta Política (*RTJ* 163/682 – *RTJ* 163/709), mesmo que se cuide de hipótese configuradora de ilicitude por derivação (*RTJ* 155/508), ou, ainda que não se revele imputável aos agentes estatais o gesto de desrespeito ao sistema normativo, vier ele a ser concretizado por ato de mero particular.

Garantia constitucional da inviolabilidade domiciliar (CF, art. 5º, XI) – Consultório profissional de cirurgião-dentista – Espaço privado sujeito à proteção constitucional (CP, art. 150, § 4º, III) – Necessidade de mandado judicial para efeito de ingresso dos agentes públicos – Jurisprudência – Doutrina.

Para os fins da proteção constitucional a que se refere o art. 5º, XI, da Carta Política, o conceito normativo de "casa" revela-se abrangente e, por estender-se a qualquer compartimento privado onde alguém exerce profissão ou atividade (CP, art. 150, § 4º, III), compreende os consultórios profissionais dos cirurgiões-dentistas.

Nenhum agente público pode ingressar no recinto de consultório odontológico, reservado ao exercício da atividade profissional de cirurgião-dentista, sem consentimento deste, exceto nas situações taxativamente previstas na Constituição (art. 5º, XI). A imprescindibilidade da exibição de mandado judicial revelar-se-á providência inafastável sempre que houver necessidade, durante o período diurno, de proceder-se, no interior do consultório odontológico, a qualquer tipo de perícia ou à apreensão de quaisquer objetos que possam interessar ao Poder Público, sob pena de absoluta ineficácia jurídica da diligência probatória que vier a ser executada em tal local.

Decisão: Trata-se de recurso extraordinário interposto pelo Ministério Público do Estado de Goiás contra decisão do Tribunal de Justiça local consubstanciada em acórdão assim ementado (fls. 586-587):

"Abuso sexual contra menores – Nulidades: prejuízo indemonstrado – Sentença – Provas ilícitas e ilegítimas – Conservação da parte imaculada – Absolvição das imputações que delas dependam – Correlação adequada entre a sintética denúncia e a condenação baseada em elementos dos autos – Pena: diminuição.

"Não basta a simples indicação de nulidades relativas, cobra-se para sua declaração, além da prova do prejuízo, a impugnação *congruo tempore*.

"Fotos surrupiadas de seu proprietário que atentem contra a intimidade, direito constitucionalmente reconhecido, são imprestáveis para sustentar um provimento condenatório, pois ilícitas, devendo ser retiradas dos autos e devolvidas. Não aproveitável é, ainda, a ilegítima perícia de verificação do local do delito, realizada em desacordo com a legislação penal.

"Sendo o processo uma sequência coordenada de atos, no seu aspecto extrínseco, devem prevalecer aqueles atos não atingidos pelos viciados, preceitua o art. 793, § 1º, do CPP, inclusive a sentença (ato múltiplo), em consonância com o princípio da conservação dos atos jurídicos.

"Com o expurgo das provas ilícitas e ilegítimas, deve prevalecer o provimento condenatório que guarda correlação com a sintética denúncia, somente quanto a uma das imputações, estribada nos elementos dos autos, consubstanciados na palavra coerente e concatenada da vítima em ambas as fases da persecução penal, corroborada pelas confissões extrajudiciais dos réus e demais provas documentais.

"Merece diminuição a pena imposta, considerando várias condutas, por não mais existirem no mundo do processo.

"Apelação parcialmente provida."

A douta Procuradoria-Geral da República, em manifestação da lavra do eminente Subprocurador-Geral da República, Dr. Mardem Costa Pinto, opinou pelo conhecimento e pelo provimento parciais do recurso extraordinário, em parecer assim ementado (fls. 658): "Recurso extraordinário – Alegação de contrariedade ao art. 5º, incisos X e LVI, da CF, consubstanciada na aplicação distorcida de tais dispositivos visando a reformar, parcialmente, a sentença condenatória – Provimento, em parte, do recurso da acusação, afastando-se a alegação de prova ilícita quanto ao crime do art. 241 da Lei n. 8.069/1990, por improcedente a tese da ilicitude da prova – Existência, ademais, de outras provas suficientes à condenação dos réus em relação ao delito acima referido – Aplicação do princípio da proporcionalidade – Pelo conhecimento parcial e provimento do presente recurso extraordinário".

Passo a apreciar o presente recurso extraordinário. E, ao fazê-lo, dele conheço, em parte, nos termos do parecer da douta Procuradoria-Geral da República, eis que o Ministério Público Estadual, ao pretender a restauração integral da sentença penal condenatória proferida em primeira instância, busca, na realidade, e no que se refere, especificamente, à absolvição dos ora recorridos quanto aos delitos de estupro (contra a menor D. P. M. F.) e de atentado violento ao pudor (contra os menores A. A. D. e A. O. M.), promover a reavaliação dos elementos fáticos produzidos no processo penal de conhecimento.

Essa pretensão – como corretamente advertiu a douta Procuradoria-Geral da República (fls. 661) – sofre as restrições inerentes ao recurso extraordinário, em cujo âmbito não se reexaminam fatos e provas, circunstância, essa, que faz incidir, na espécie, a Súmula n. 279 do STF.

Com efeito, impõe-se destacar a absoluta impropriedade de proceder-se, na sede excepcional do apelo extremo, a indagações que, em última análise, culminarão por induzir ao exame da prova, em ordem a viabilizar – a partir da incabível aferição dos elementos fáticos subjacentes à causa penal – a própria reforma do decreto de absolvição consubstanciado no acórdão ora recorrido.

Não custa enfatizar, por isso mesmo, consoante adverte o magistério da doutrina (Ada Pellegrini Grinover, Antônio Magalhães Gomes Filho e Antônio Scarance Fernandes, *Recursos no Processo Penal*, pp. 269-270, item 176, 1996, RT), que o reexame dos fatos e das provas constitui matéria estranha ao âmbito de atuação do recurso extraordinário (Súmula n. 279/STF).

Sendo assim, limito-me a examinar o presente recurso extraordinário unicamente no ponto em que o Tribunal de Justiça local, ao reconhecer a ilicitude da prova fotográfica produzida contra os ora recorridos, veio a absolvê-los da imputação referente ao delito tipificado no art. 241 do Estatuto da Criança e do Adolescente (Lei n. 8.069, de 13.7.1990).

Esse específico aspecto da questão foi bem resumido pelo Ministério Público Federal, que, ao expor os limites da controvérsia instaurada na presente sede recursal extraordinária, fez consignar, em seu parecer, que o acórdão proferido pelo TJGO, ao declarar a insubsistência da condenação penal dos ora recorridos, imposta em primeira instância com fundamento no art. 241 do Estatuto da Criança e do Adolescente, "sustentou que as fotografias acostadas aos autos foram obtidas de forma ilícita (...)" (fls. 663).

A douta Procuradoria-Geral da República, embora discordando da decretação, pelo Tribunal de Justiça local, da ilicitude da prova fotográfica, reconhece que as fotografias em questão "foram entregues, espontaneamente, a policiais civis, pelo menor F. B. C." (fls. 663) e que: *"Possível evento criminoso anterior, com arrombamento de cofre por parte de terceiro, que recolheu as fotos de seu interior, entregando-as depois à Polícia*, não tem o condão de afastar a realidade objetiva, que é a ocorrência ilícita consumada com o ato de fotografar crianças e adolescentes em poses pornográficas, e, assim, impedir a apuração e punição do fato" (fls. 663 – grifei).

A questão suscitada na presente causa, portanto, consiste em discutir se fotografias subtraídas do consultório profissional de um dos recorridos por terceira pessoa (que as furtou, entregando-as à Polícia – fls. 6 e 447) podem, ou não, ser utilizadas em juízo, contra os réus, para incriminá-los.

No caso, consoante registram os autos (fls. 6) e conforme atesta a própria sentença proferida em primeira instância (fls. 447), as fotografias – que constituem a prova material do delito tipificado no art. 241 da Lei n. 8.069/1990 – foram entregues à Polícia pelo menor F. B. C. (fls. 10), a quem se atribuiu a autoria do furto do álbum fotográfico em questão.

Segundo registram os autos, o recorrido, Waldemar Lopes de Araújo, foi procurado pelo menor F. B. C., que, objetivando auferir vantagem pecuniária indevida (ato infracional correspondente ao delito de extorsão), disse-lhe possuir algumas provas reveladoras de seu envolvimento em práticas delituosas, provas, essas, consubstanciadas no material fotográfico furtado do consultório odontológico desse mesmo réu. Como Waldemar Lopes de Araújo – conforme declarou em Juízo – nada recesasse, "chamou a Polícia (...)" (fls. 176).

Note-se, portanto, que a Polícia somente teve acesso ao material fotográfico incriminador desse recorrido e dos demais corréus porque localizou-o em poder de F. B. C., que, atuando juntamente com outro menor, teria promovido o arrombamento do consultório profissional de Waldemar Lopes de Araújo, subtraindo, do interior de um cofre ali existente, as fotografias em questão (fls. 48 e 175 v.-176), para sua ulterior utilização como instrumento de extorsão dos adultos que nelas figuravam em cenas pornográficas e de sexo explícito.

Observe-se, neste ponto, tal como destacado pela douta Procuradoria-Geral da República (fls. 663, item 15), que a portaria de instauração do inquérito policial consignou esse específico aspecto ora rememorado (fls. 6). Com efeito, enfatizou-se, nesse peça inaugural da investigação penal, que os agente policiais, acionados para atenderem a uma ocorrência de roubo, dirigiram-se ao local do fato (onde se situa o consultório profissional de Waldemar Lopes de Araújo) e, em ali chegando, abordaram o suposto autor do ilícito penal em questão, o menor F. B. C., "de posse de um álbum, com várias fotografias de crianças nuas (...)" (fls. 9-10).

A partir desses elementos de informação, os agentes policiais constataram que os menores F. B. C. e J. M. (este teria sido vítima de abusos sexuais praticados por Waldemar Lopes de Araújo), na realidade, objetivavam, com as fotografias de que dispunham (um total de 50 fotos, todas coloridas – fls. 10), extorquir dinheiro do recorrido em questão, ameaçando-o com a entrega do material fotográfico a uma emissora de televisão (TV Cultura de Planaltina/GO – fls. 9 e 90-91).

Esse, pois, é o quadro fático, dentro do qual caberá analisar-se a questão concernente à licitude, ou não, da utilização em juízo, pelo Estado, de material fotográfico incriminador cuja apreensão pela Polícia, no curso de investigação penal, somente ocorreu porque entregue pelo menor adolescente que o havia furtado do consultório profissional de um dos recorridos.

A controvérsia suscitada na presente sede recursal extraordinária impõe algumas reflexões em torno da relevantíssima questão pertinente ao tema da ilicitude da prova e das suas relações com os princípios constitucionais e os postulados legais que regem, em nosso sistema jurídico, o processo penal de condenação.

Como se sabe, o processo penal condenatório, em nosso ordenamento positivo, delineia-se como estrutura jurídico-formal em cujo âmbito o Estado desempenha a sua atividade persecutória. Nele, antagonizam-se exigências contrastantes que exprimem uma situação de tensão dialética configurada pelo conflito entre a pretensão punitiva deduzida pelo Estado e o desejo de preservação da liberdade individual manifestado pelo réu.

Essa relação de conflituosidade, que opõe o Estado ao indivíduo, revela-se, por isso mesmo, nota essencial e típica das ações penais tendentes à obtenção de provimentos jurisdicionais de caráter condenatório.

A persecução penal, cuja instauração é justificada pela suposta prática de um ato criminoso, não se projeta e nem se exterioriza como uma manifestação de absolutismo estatal. De exercício indeclinável, a *persecutio criminis* sofre os condicionamentos que lhe impõe o ordenamento jurídico. A tutela da liberdade, desse modo, representa uma insuperável limitação constitucional ao poder persecutório do Estado.

A própria exigência de processo judicial já traduz poderoso fator de inibição do arbítrio estatal e de restrição ao poder de coerção do Estado. A cláusula *nulla poena sine judicio* exprime, no plano do processo penal condenatório, a fórmula de salvaguarda da liberdade individual.

Com a prática do ilícito penal, acentua a doutrina, "a reação da sociedade não é instintiva, arbitrária e irrefletida; ela é ponderada, regulamentada, essencialmente judiciária" (Gaston Stefani e Georges Levasseur, *Droit Pénal Général et Procédure Penale*, t. II/1, 9ª ed., 1975, Paris; José Frederico Marques, *Elementos de Direito Processual Penal*, vol. 1/11-13, itens 2-3, Forense).

Dentro desse contexto, assume relevo indiscutível o encargo processual, que, ao incidir sobre o Ministério Público, impõe-lhe o ônus de comprovar, de modo lícito, os fatos constitutivos sobre os quais repousa a pretensão punitiva do Estado.

Daí a grave advertência constante do magistério jurisprudencial do STF no sentido de que: "O poder de acusar supõe o dever estatal de provar, licitamente, a imputação penal" (*RTJ* 161/264-265, rel. Min. Celso de Mello).

A exigência de comprovação plena dos elementos que dão suporte à acusação penal recai por inteiro, e com exclusividade, sobre o Ministério Público. Essa imposição do ônus processual concernente à demonstração da ocorrência do ilícito penal reflete, na realidade, e dentro de nosso sistema positivo, uma garantia jurídica de fundamental importância, destinada a tutelar e a proteger o próprio estado de liberdade que se reconhece às pessoas em geral.

Na verdade, e como nenhuma acusação penal se presume provada, também não se justifica sem base probatória juridicamente idônea a formulação possível de qualquer juízo condenatório, que deve sempre assentar-se – para que se qualifique como ato revestido de validade ético-jurídica – em elementos de certeza, que, ao dissiparem ambiguidades, ao esclarecerem situações equívocas e ao desfazerem dados eivados de obscuridade, revelam-se capazes de informar, com objetividade, o órgão judiciário incumbido de sentenciar a causa penal, afastando, desse modo, dúvidas razoáveis, sérias e fundadas que poderiam conduzir qualquer magistrado ou tribunal a pronunciar o *non liquet* (*RTJ* 161/264-266, rel. Min. Celso de Mello).

Assentadas tais premissas, devo reiterar, na linha de diversas decisões por mim proferidas no âmbito desta Corte Suprema, que ninguém pode ser denunciado, processado ou condenado com fundamento em provas ilícitas, eis que a atividade persecutória do Poder Público, também nesse domínio, está necessariamente subordinada à estrita observância de parâmetros de caráter ético-jurídico cuja transgressão só pode importar, no contexto emergente de nosso sistema normativo, a absoluta ineficácia dos meios probatórios produzidos pelo Estado.

Impõe-se registrar, até mesmo como fator de expressiva conquista dos direitos instituídos em favor daqueles que sofrem a ação persecutória do Estado, a inquestionável hostilidade do ordenamento constitucional brasileiro às provas ilegítimas e às provas ilícitas. A Constituição da República, por isso mesmo, tornou inadmissíveis, no processo, as provas inquinadas de ilegitimidade ou de ilicitude.

A norma inscrita no art. 5º, LVI, da Lei Fundamental promulgada em 1988 consagrou, entre nós, com fundamento em autorizado magistério doutrinário (Ada Pellegrini Grinover, *Novas Tendências do Direito Processual*, pp. 60-82, 1990, Forense Universitária; Mauro Cappelletti, "Efficacia di prove illegittimamente ammesse e comportamento della parte", in *Rivista di Diritto Civile*, p. 112, 1961; Vicenzo Vigoriti, "Prove illecite e Costituzione", in *Rivista di Diritto Processuale*, pp. 64 e 70, 1968), o postulado de que a prova obtida por meios ilícitos deve ser repudiada – e repudiada sempre – pelos juízes e tribunais, "por mais relevantes que sejam os fatos por ela apurados, uma vez que se subsume ela ao conceito de inconstitucionalidade (...)" (Ada Pellegrini Grinover, *Novas Tendências do Direito Processual*, p. 62, 1990, Forense Universitária).

A cláusula constitucional do *due process of law* – que se destina a garantir a pessoa do acusado contra ações eventualmente abusivas do Poder Público – tem no dogma da inadmissibilidade das provas ilícitas uma de suas projeções concretizadoras mais expressivas, na medida em que o réu tem o impostergável direito de não ser denunciado, de não ser julgado e de não ser condenado com apoio em elementos instrutórios obtidos ou produzidos de forma incompatível com os limites impostos, pelo ordenamento jurídico, ao poder persecutório e ao poder investigatório do Estado.

A absoluta invalidade da prova ilícita infirma-lhe, de modo radical, a eficácia demonstrativa dos fatos e eventos cuja realidade material ela pretende evidenciar. Trata-se de consequência que deriva, necessariamente, da garantia constitucional que tutela a situação jurídica dos acusados em juízo penal e que exclui, de modo peremptório, a possibilidade de uso, em sede processual, da prova – de qualquer prova – cuja ilicitude venha a ser reconhecida pelo Poder Judiciário.

A prova ilícita é prova inidônea. Mais do que isso, prova ilícita é prova imprestável. Não se reveste, por essa explícita razão, de qualquer aptidão jurídico-material. Prova ilícita, qualificando-se como providência instrutória repelida pelo ordenamento constitucional, apresenta-se destituída de qualquer grau, por mínimo que seja, de eficácia jurídica.

Tenho tido a oportunidade de enfatizar, neste Tribunal, que a *exclusionary rule* – considerada essencial pela jurisprudência da Suprema Corte dos Estados Unidos da América na definição dos limites da atividade probatória desenvolvida pelo Estado – destina-se a proteger os réus, em sede processual penal, contra a ilegítima produção ou a ilegal colheita de prova incriminadora ("Garrity *versus* New Jersey", 385 U.S. 493, 1967 – "Mapp *versus* Ohio", 367 U.S. 643, 1961 – "Wong Sun *versus* United States", 371 U.S. 471, 1962, *v.g.*), impondo, em atenção ao princípio do *due process of law*, o banimento processual de quaisquer evidências que tenham sido ilicitamente coligidas pelo Poder Público.

No contexto do sistema constitucional brasileiro, no qual prevalece a inadmissibilidade processual das provas ilícitas, a jurisprudência do STF, ao interpretar o sentido e o alcance do art. 5º, LVI, da Carta Política, tem repudiado quaisquer elementos de informação, desautorizando-lhes o valor probante, sempre que a obtenção dos dados probatórios resultar de transgressão, pelo Poder Público, do ordenamento positivo (*RTJ* 163/682 – *RTJ* 163/709), ainda que se cuide de hipótese configuradora de ilicitude por derivação (*RTJ* 155/508).

Foi por tal razão que esta Corte Suprema, quando do julgamento da AP n. 307-DF, rel. Min. Ilmar Galvão, desqualificou, por ilícita, prova cuja obtenção decorrera do desrespeito, por parte de autoridades públicas, da garantia constitucional da inviolabilidade domiciliar (*RTJ* 162/4, item 1.1).

Se, no entanto, como ocorreu no caso ora em exame, a prova penal incriminadora resultar de ato ilícito praticado por particular, e a *res furtiva*, por efeito de investigação criminal promovida por agentes policiais, for por estes apreendida, também aqui – mesmo não sendo imputável ao Poder Público o gesto de desrespeito ao ordenamento jurídico, posto que concretizado por um menor infrator – remanescerá caracterizada a situação configuradora de ilicitude da prova.

Cabe referir, neste ponto, o magistério de Ada Pellegrini Grinover (*Liberdades Públicas e Processo Penal*, p. 151, itens 7 e 8, 2ª ed., 1982, RT), para quem – tratando-se de prova ilícita, especialmente daquela cuja produção derivar de ofensa a cláusulas de ordem constitucional – não se revelará aceitável, para efeito de sua admissibilidade, a invocação do critério de razoabilidade do Direito Norte-Americano, que corresponde ao princípio da proporcionalidade do Direito Germânico, mostrando-se indiferente a indagação sobre quem praticou o ato ilícito de que se originou o dado probatório questionado:

"*A inadmissibilidade processual da prova ilícita torna-se absoluta sempre que a ilicitude consista na violação de uma norma constitucional*, em prejuízo das partes ou de terceiros. *Nesses casos, é irrelevante indagar se o ilícito foi cometido por agente público ou por particulares*, porque, *em ambos os casos*, a prova terá sido obtida com infringência aos princípios constitucionais que garantem os direitos da personalidade. Será também irrelevante indagar-se a respeito do momento em que a ilicitude se caracterizou (antes e fora do processo ou no curso do mesmo); será irrelevante indagar-se se o ato ilícito foi cumprido contra a parte ou contra terceiro, desde que tenha importado violação a direitos fundamentais; e será, por fim, irrelevante indagar-se se o processo no qual se utilizaria prova ilícita deste jaez é de natureza penal ou civil.

"(...).

"Nesta colocação, *não parece aceitável* (embora sugestivo) o *critério de 'razoabilidade' do Direito Norte-Americano, correspondente ao princípio de 'proporcionalidade' do Direito Alemão, por tratar-se de critérios subjetivos*, que podem induzir a *interpretações perigosas*, fugindo dos parâmetros de proteção da inviolabilidade da pessoa humana.

"A *mitigação* do rigor da admissibilidade das provas ilícitas deve ser feita através da análise da própria norma material violada: (...) *sempre* que a violação se der com relação aos direitos fundamentais e a suas garantias, *não haverá* como invocar-se o princípio da proporcionalidade" (grifei).

Essa mesma orientação é registrada por Vânia Siciliano Aieta (*A Garantia da Intimidade como Direito Fundamental*, p. 191, item 4.4.6.4, 1999, Lumen Juris), que, embora destacando a possibilidade de incidência excepcional do princípio da proporcionalidade em situações extraordinárias que exijam a preservação do equilíbrio entre valores fundamentais em antagonismo (como ocorre, por exemplo, no caso de interceptação telefônica, judicialmente não autorizada, das negociações entre sequestradores e familiares da vítima, com o conhecimento destes últimos: *RTJ* 163/759, rel. Min. Octávio Gallotti), reconhece que: "*Atualmente*, a teoria majoritariamente aceita é a da *inadmissibilidade processual* das provas ilícitas (colhidas com lesões a princípios constitucionais), *sendo irrelevante* a averiguação *se o ilícito foi cometido por agente público ou por agente particular*, porque em ambos os casos *lesa* princípios constitucionais" (grifei).

Por isso mesmo, assume inegável relevo, na repulsa à "crescente predisposição para flexibilização dos comandos constitucionais aplicáveis na matéria", a advertência de Luís Roberto Barroso, que, em texto escrito com a colaboração de Ana Paula de Barcellos ("A viagem redonda: *habeas data*, direitos constitucionais e as provas ilícitas", in *RDA* 213/149-163), rejeita qualquer tipo de prova obtida por meio ilícito, demonstrando, ainda, o gravíssimo risco de se admitir essa espécie de evidência com apoio no princípio da proporcionalidade:

"O *entendimento flexibilizador* dos dispositivos constitucionais citados, *além de violar* a dicção claríssima da Carta Constitucional, é de todo inconveniente em se considerando a realidade político-institucional do País.

"(...).

"Embora a ideia da proporcionalidade possa parecer atraente, deve-se ter em linha de conta os antecedentes de País, onde as exceções viram regra desde sua criação (vejam-se, por exemplo, as medidas provisórias). À vista da trajetória inconsistente do respeito aos direitos individuais e da ausência de um sentimento constitucional consolidado, não é nem conveniente nem oportuno, sequer *de lege ferenda*, enveredar por *flexibilizações arriscadas*" (grifei).

Também sustentando a tese de que o Estado não pode, especialmente em sede processual penal, valer-se de provas ilícitas contra o acusado, ainda que sob invocação do princípio da proporcionalidade, impõe-se relembrar o entendimento de Edgard Silveira Bueno Filho (*O Direito à Defesa na Constituição*, pp. 54-56, item 5.9, 1994, Saraiva) e de Guilherme Silva Barbosa Fregapani ("Prova ilícita no Direito pátrio e no Direito Comparado", in *Revista da Fundação Escola Superior do Ministério Público do Distrito Federal e Territórios* n. 6/231-235).

Cabe ter presente, ainda, que o princípio da proporcionalidade não pode converter-se em instrumento de frustração da norma constitucional que repudia a utilização, no processo, de provas obtidas por meios ilícitos. Esse postulado, portanto, não deve ser invocado indiscriminadamente, ainda mais quando se acharem expostos a clara situação de risco direitos fundamentais assegurados pela Constituição, como ocorre na espécie ora em exame, em que se decidiu, na esfera do Tribunal *a quo*, que a prova incriminadora dos ora recorridos foi produzida, na causa penal, com ofensa às cláusulas constitucionais que tutelam a inviolabilidade domiciliar e preservam a garantia da intimidade.

Sob tal perspectiva, tenho como incensurável a advertência feita por Antônio Magalhães Gomes Filho ("Proibição das provas ilícitas na Constituição de 1988", pp. 249-266, in *Os 10 Anos da Constituição Federal*, coord. de Alexandre de Moraes, 1999, Atlas):

"Após dez anos de vigência do texto constitucional, persistem as resistências doutrinárias e dos tribunais à proibição categórica e absoluta do ingresso, no processo, das provas obtidas com violação do direito material.

"Isso decorre, a nosso ver, em primeiro lugar, de uma equivocada compreensão do princípio do livre convencimento do juiz, que não pode significar liberdade absoluta na condução do procedimento probatório nem julgamento desvinculado de regras legais. Tal princípio tem seu âmbito de operatividade restrito ao momento da valoração das provas, que deve incidir sobre material constituído por elementos admissíveis e regularmente incorporados ao processo.

"*De outro lado*, a preocupação em fornecer respostas prontas e eficazes às formas mais graves de criminalidade tem igualmente levado à admissão de *provas maculadas pela ilicitude*, sob a justificativa da *proporcionalidade* ou *razoabilidade*. Conquanto não se possa descartar a necessidade de ponderação de interesses nos casos concretos, *tal critério não pode ser erigido à condição de regra capaz de tornar letra morta a disposição constitucional*. Ademais, certamente *não será com o incentivo às práticas ilegais* que se poderá alcançar resultado positivo na repressão da criminalidade" (grifei).

Cumpre analisar, finalmente, o fundamento do acórdão recorrido no ponto em que reputou ilegítima, sob uma perspectiva estritamente constitucional, a "perícia de verificação do local do delito" (v. laudo a fls. 98-103). O TJGO entendeu que a diligência probatória em questão, realizada sem mandado judicial no consultório odontológico de Waldemar Lopes de Araújo, e sem autorização deste (consoante expressamente reconhecido, em Juízo, pelos agentes policiais que participaram do levantamento pericial – fls. 211-212), importou transgressão ao art. 5º, XI, da Constituição, pelo fato de a perícia ali efetivada – de que resultaram elementos de informação contrários aos acusados (fls. 16) – haver sido procedida em local juridicamente qualificado como de natureza domiciliar (CP, art. 150, § 4º, III).

Também aqui entendo assistir plena razão ao Tribunal de Justiça de que emanou o acórdão ora recorrido, pois a ilicitude por ele proclamada teve por fundamento o reconhecimento de que a questionada atividade probatória do Poder Público – precisamente porque realizada sem ordem judicial – violou, efetivamente, a garantia constitucional da inviolabilidade domiciliar.

Impende acentuar, neste ponto, por necessário, que a jurisprudência do STF reconhece como abrangido pela proteção constitucional reservada ao domicílio o local onde alguém, como Waldemar Lopes de Araújo (que é cirurgião-dentista), exerce determinada atividade profissional (*RTJ* 162/3, 244-258).

A proteção constitucional ao domicílio emerge, com inquestionável nitidez, da regra inscrita no art. 5º, XI, da Carta Política, que proclama, em norma revestida do mais elevado grau de positividade jurídica, que "a casa é asilo *inviolável* do indivíduo, *ninguém* nela podendo penetrar *sem consentimento* do morador, *salvo* em caso de flagrante delito ou desastre, ou para prestar socorro, *ou, durante o dia, por determinação judicial*" (grifei).

A Carta Federal, pois, em cláusula que tornou juridicamente mais intenso o coeficiente de tutela dessa particular esfera de liberdade individual, assegurou, em benefício de todos, a prerrogativa da inviolabilidade domiciliar. Sendo assim, ninguém, especialmente a autoridade pública, pode penetrar em casa alheia, exceto (a) nas hipóteses previstas no texto constitucional ou (b) com o consentimento de seu morador, que se qualifica, para efeito de ingresso de terceiros no recinto privado, como o único titular do direito de inclusão e de exclusão.

Impõe-se destacar, por necessário, que o conceito de "casa", para os fins da proteção jurídico-constitucional a que se refere o art. 5º, XI, da Lei Fundamental, reveste-se de caráter amplo, pois compreende, na abrangência de sua designação tutelar, (a) qualquer compartimento habitado, (b) qualquer aposento ocupado de habitação coletiva e (c) qualquer compartimento privado onde alguém exerce profissão ou atividade.

Esse amplo sentido conceitual da noção jurídica de "casa" – que abrange e se estende aos consultórios profissionais dos cirurgiões-dentistas (Damásio E. de Jesus, *Código Penal Anotado*, pp. 505-506, 10ª ed., 2000, Saraiva) – revela-se plenamente consentâneo com a exigência constitucional de proteção à esfera de liberdade individual e de privacidade pessoal (*RT* 214/409 – *RT* 277/576 – *RT* 467/385 – *RT* 635/341).

É por essa razão que a doutrina – ao destacar o caráter abrangente desse conceito jurídico – adverte que o princípio da inviolabilidade domiciliar estende-se ao espaço em que alguém exerce, com exclusão de terceiros, qualquer atividade de índole profissional (Pontes de Miranda, *Comentários à Constituição de 1967 com a Emenda n. 1 de 1969*, t. V/187, 2ª ed., 2ª tir., 1974, RT; José Cretella Jr., *Comentários à Constituição de 1988*, vol. 1/261, item 150, 1989, Forense Universitária; Pinto Ferreira, *Comentários à Constituição Brasileira*, vol. 1/82, 1989, Saraiva; Manoel Gonçalves Ferreira Filho, *Comentários à Constituição Brasileira de 1988*, vol. 1/3637, 1990, Saraiva; Carlos Maximiliano, *Comentários à Constituição Brasileira*, vol. III/91, 1948, Freitas Bastos; Dinorá Adelaide Musetti Grotti, *Inviolabilidade do Domicílio na Constituição*, pp. 70-78, 1993, Malheiros, *v.g.*).

Sendo assim, nem a Polícia Judiciária, nem o Ministério Público, nem a administração tributária nem quaisquer outros agentes públicos podem, a não ser afrontando direitos assegurados pela Constituição da República, ingressar em domicílio alheio sem ordem judicial ou sem o consentimento de seu titular (como ocorreu no caso, segundo reconheceram, em Juízo, os próprios agentes policiais – fls. 211-212), com o objetivo de, no interior desse recinto, procederem a qualquer tipo de perícia (é a hipótese dos autos) ou de apreenderem, sempre durante o período diurno, quaisquer objetos que possam interessar ao Poder Público.

Em suma: a essencialidade da ordem judicial, para efeito de realização de qualquer diligência de caráter probatório em área juridicamente compreendida no conceito de domicílio, nada mais representa, dentro do novo contexto normativo emergente da Carta Política de 1988, senão a plena concretização da garantia constitucional pertinente à inviolabilidade domiciliar.

Daí a advertência – que cumpre ter presente – feita por Celso Ribeiro Bastos no sentido de que, tratando-se do ingresso de agentes estatais em domicílio alheio sem o consentimento do morador, "é forçoso reconhecer que *deixou de existir* a possibilidade de invasão por decisão de autoridade administrativa, *de natureza policial ou não*. Perdeu portanto a Administração a possibilidade da autoexecutoriedade administrativa" (*Comentários à Constituição do Brasil*, vol. 2/68, 1989, Saraiva – grifei).

Vê-se, portanto, tendo-se presentes as circunstâncias do caso ora em exame, que a Polícia Judiciária incidiu em dupla ilicitude em suas diligências probatórias, provendo o Ministério Público com elementos informativos que não podiam ser utilizados, no processo, contra os ora recorridos, porque contaminados pelo vício da transgressão constitucional.

Não vejo, desse modo, como acolher a postulação recursal deduzida pelo Ministério Público do Estado de Goiás.

Sendo assim, tendo em consideração as razões expostas, não conheço do presente recurso extraordinário.

Devolvam-se os autos ao egrégio STF, que os encaminhou a esta Corte, por vislumbrar, corretamente, a ocorrência, no caso, de uma típica hipótese de prejudicialidade (fls. 646-652).

Publique-se.

Brasília, 21 de junho de 2000 – *Celso de Mello*, relator.

* * *

PERGUNTAS

1. Quais são os fatos?
2. Que direitos se encontram em discussão neste caso?
3. Qual é a questão jurídica sob análise pelo Tribunal?
4. Qual a decisão do Tribunal recorrido?
5. O que o Relator quer dizer com a seguinte frase: "a tutela da liberdade, desse modo, representa uma insuperável limitação constitucional ao poder persecutório do Estado"?
6. De acordo com o Ministro-Relator, existe direito absoluto?
7. Por que, nesse caso, não cabe ponderação para o Min. Celso de Mello?
8. Existe algum fundamento para que algumas provas sejam constitucionalmente consideradas inadmissíveis? Em que medida essa inadmissibilidade se relaciona com o devido processo legal?
9. Quais provas foram consideradas "provas ilícitas"?
10. Não há como ponderar a proibição de apresentação de provas ilicitamente obtidas, mesmo em face do interesse prevalente da criança e adolescente ou do direito à dignidade humana, por exemplo?
11. Qual a decisão dada pelo STF ao caso?
12. Seria correto afirmar que os direitos relacionados ao devido processo legal gozam de proteção mais ampla (com pretensão absoluta) do que os demais direitos fundamentais?

7.22 Caso do crime hediondo e da presunção de inocência (HC 82.770-5-RJ)

(2ª Turma – red. para o acórdão Min. Gilmar Mendes – j. 27.5.2003)

Habeas corpus. 2. STJ. 3. Duplo homicídio qualificado. 4. Crime hediondo. 5. Apelação em liberdade. 6. Repugna-se a fundamentação de prisão cautelar assente simplesmente em clamor público. 7. Da leitura do § 2º do art. 2º da Lei n. 8.072, de 25.7.1990, extrai-se que a regra é a proibição de se apelar em liberdade, que só pode ser afastada mediante decisão fundamentada do juiz – Precedentes. 8. *Habeas corpus* indeferido.

ACÓRDÃO – Vistos, relatados e discutidos estes autos: Acordam os Ministros da 2ª Turma do Supremo Tribunal Federal, na conformidade da ata de julgamentos e das notas taquigráficas, por maioria, indeferir o pedido de *habeas corpus*, cassando, em consequência, a medida liminar anteriormente deferida, vencidos os Mins. Relator e Maurício Corrêa, que o deferiam.

Brasília, 27 de agosto de 2003 – *Celso de Mello*, presidente e relator – *Gilmar Mendes*, redator para o acórdão.

RELATÓRIO – *O Sr. Min. Celso de Mello*: Trata-se de *habeas corpus* impetrado contra decisão emanada do egrégio STJ, que, em sede de idêntico processo, denegou o *writ* constitucional ao ora paciente, em acórdão assim ementado (fls. 317, apenso):

"Processual penal – *Habeas corpus* – Duplo homicídio qualificado – Condenação – Direito de apelar em liberdade – Indeferimento – Fundamentação.

"I – Ainda que se trate de condenação por crime classificado como hediondo, a negativa do direito de apelar em liberdade exige motivação concretamente vinculada. *In casu*, a negativa do apelo em liberdade deu-se não só por causa da qualificação do delito como hediondo, mas também pela presença, concretamente demonstrada, de uma das circunstâncias autorizadoras da custódia cautelar, qual seja, a garantia da ordem pública.

"II – A primariedade e a ausência de maus antecedentes do réu, considerados de per si, não têm o condão de impedir a segregação cautelar quando presentes os requisitos previstos no art. 312 do CPP.

"*Writ* denegado." (...).

Alega-se, na presente impetração, "(...) a nulidade do decreto expedido contra o paciente, por manifesta inidoneidade da sua fundamentação, na qual não se demonstra a ocorrência de qualquer das condições a que estão adstritas, nos termos do art. 312 do CPP, as hipóteses de prisão preventiva – o que torna inadmissível negar-se-lhe o direito de recorrer em liberdade, tanto mais que se trata de réu primário e de bons antecedentes, com ocupação definida e domicílio certo, a quem o egrégio TJRJ reiteradamente assegurara o direito de responder ao processo em liberdade" (fls. 7 e 8). (...).

VOTO – *O Sr. Min. Celso de Mello* (relator): O ora paciente, julgado pelo IV Tribunal do Júri da comarca do Rio de Janeiro-RJ, foi condenado, em 24.5.2002, por maioria de votos (quatro votos a três), à pena de 19 anos e 10 meses de reclusão, em regime integralmente fechado, pela prática, em continuidade delitiva, na condição de mandante, do crime de homicídio duplamente qualificado – quer por motivo torpe (promessa de recompensa em dinheiro), quer por utilização de recurso que dificultou a defesa do ofendido –, com o reconhecimento da circunstância agravante genérica prevista no art. 62, I, do CP.

Eis o conteúdo da sentença, que, proferida pela ilustre Magistrada-Presidente do IV Tribunal do Júri, aplicou ao ora paciente a sanção penal decorrente da condenação que lhe foi infligida pelo Conselho de Sentença (fls. 1.879-1.883, Apenso 1):

"Rogério Costa de Andrade e Silva, devidamente qualificado nos autos, foi pronunciado e libelado por dupla violação das normas do art. 121, § 2º, I e IV, c/c art. 29, com a agravante do art. 62, I, todos do CP.

"O processo foi integralmente relatado em Plenário.

"Submetido a julgamento, os Srs. Jurados, por maioria de votos, afirmaram que terceira pessoa, com vontade de matar, desferiu disparos contra as vítimas, causando-lhes lesões que acarretaram sua morte. Os Srs. Jurados também afirmaram, por maioria de votos, que o réu Rogério concorreu para os crimes, reconhecendo as circunstâncias qualificadoras e a agravante libeladas. Por fim, os Srs. Jurados, por maioria, afirmaram a existência de atenuante genérica.

"Consigno, desde já, que, considerando as circunstâncias do art. 71 do CP, reconheço a continuidade delitiva relativa aos crimes cometidos pelo réu.

"Ante o exposto, declaro procedente a pretensão punitiva estatal, condenando o acusado Rogério Costa de Andrade e Silva pela dupla infringência aos preceitos do art. 121, § 2º, I e IV, c/c art. 29, na forma do art. 71, todos do CP.

"Passo à análise das circunstâncias judiciais previstas no art. 59 do diploma penal repressivo, certa de que a resposta penal também objetiva neutralizar o efeito do delito como exemplo negativo que é para a sociedade, contribuindo-se com tal resposta reprovadora ao fortalecimento da consciência jurídica. Rogério Costa de Andrade e

Silva, hoje julgado neste Tribunal, é primário, não constando anotações em sua FAC. Contudo, não se pode deixar de assinalar que o acusado ostenta personalidade absolutamente distorcida e perversa, porque, primo da vítima Paulo de Andrade, contratou terceira pessoa para ceifar sua vida, sem titubear, de forma premeditada e fria, mostrando sua opção pelo agir contrário ao Direito. Lamentavelmente, o intuito homicida do réu deu cabo também a outra vida, da vítima Haroldo Bernardo, pessoa vinculada à família, prestando serviços pessoais a seus familiares por muitos anos. Outrossim, é por demais notório que sua conduta social é desviada e pervertida, o que, inclusive, faz com que seja destaque rotineiramente das páginas policiais dos periódicos que circulam em nosso Estado. É preciso reconhecer que a vítima Paulo de Andrade não tinha conduta social digna de elogios. Mas isso em nada justifica o atuar criminoso do acusado e nem enseja diminuição da reprimenda. Tendo sido reconhecida a presença de duas circunstâncias qualificadoras pelo Conselho de Sentença, deve uma delas funcionar como circunstância do crime para o fim de majorar a pena-base. Por fim, no tocante à culpabilidade da conduta do réu, deve ser ressaltado que é de superlativa repugnância constatar que, já no Terceiro Milênio, ainda há seres humanos capazes de eliminar semelhantes tão somente à busca do vil metal, informando seu agir única e exclusivamente pela cobiça. *É por esses motivos que fixo a pena*-base, para cada um dos crimes, em 17 anos de reclusão.

"Considerando que o Conselho de Sentença reconheceu a circunstância atenuante genérica e agravante prevista no art. 62, I, do CP, reconheço a equivalência das mesmas para manter a pena intermediária, com relação a ambos os crimes, em 17 anos de reclusão.

"Considerando a inexistência de causas outras que possam minorar ou majorar a reprimenda ora imposta, fixo definitivamente a pena, para cada um dos crimes, em 17 anos de reclusão.

"Verificando que os crimes foram cometidos nas condições do art. 71 do CP, fixo a pena de um só dos delitos, que é de 17 anos de reclusão, aumentando-a em um sexto, para fixar a pena definitiva em 19 anos e 10 meses de reclusão.

"Fixo o regime integralmente fechado para o cumprimento da pena privativa de liberdade, com base no art. 2º, § 1º, da Lei n. 8.072/1990.

"É mais do que sabido que a Constituição da República consagra, dentre outros, o princípio irretocável do estado de inocência. Por isso, só em casos de extrema excepcionalidade e imperiosa necessidade é que se pode privar cautelarmente a liberdade de um indivíduo. No caso em tela, o que se tem verificado nesta longa jornada de julgamento é que a ordem pública de nosso Estado merece proteção, respeito, consideração e garantia. Não se pode admitir, sob pena de desmoralização da Justiça que merece o nosso País, que o ora condenado pelos dignos e corajosos Representantes de nossa sociedade saia pelas portas deste Palácio da Justiça, acompanhado da Corte que aqui o trouxe e que aqui o reverenciou todo o tempo, para continuar expondo a vida de outros, escudado no seu notório poder econômico, enxovalhando agentes públicos e, o que é pior, levando insegurança e medo aos cidadãos que licitamente sobrevivem nesta cidade. Não se pode negar o óbvio. A justiça deste IV Tribunal do Júri tem por dever restaurar e, frise-se, garantir que a ordem pública seja restabelecida, como autoriza o art. 312 do CPP, que neste particular foi recepcionado pela Lei Maior. É bom lembrar que o conceito de ordem pública não se limita a prevenir a reprodução de fatos criminosos, mas também acautelar o meio social e a própria credibilidade da Justiça, em face da gravidade do crime e de sua repercussão. A decisão dos Srs. Jurados merece respeito. O Tribunal do Povo merece respeito. Nossa cidade merece respeito. Nosso País merece respeito. Deixar Rogério Costa de Andrade e Silva solto seria desrespeito. Por isso, decreto a sua prisão cautelar, determinando a expedição do competente mandado.

"Condeno o réu a pagar as despesas processuais.

"Após o trânsito em julgado, determino que sejam feitas as anotações e comunicações de praxe, lançado o nome do réu no rol dos culpados e expedida a carta de sentença. Publicada em Plenário. Intimadas as partes."

Impende assinalar, por necessário, que a sentença em questão está sendo impugnada, perante o egrégio TJRJ, mediante recursos de apelação interpostos tanto pelo ora paciente (CPP, art. 593, III, "a", "b" e "d") como pelo assistente do Ministério Público, cumprindo esclarecer que tais recursos ainda não foram julgados.

Cabe rememorar, neste ponto, que o paciente, ao longo do procedimento penal em questão, sofreu duas decretações de prisão cautelar (a primeira quando do recebimento da denúncia, e a segunda logo após o deferimento do primeiro *writ*), impondo-se registrar, no entanto, que, em ambos os casos, o egrégio TJRJ invalidou tais atos decisórios, mediante concessão da ordem de *habeas corpus*, em julgamentos cujos acórdãos estão assim ementados (fls. 437 e 857-858 – Apenso 1):

"*Habeas corpus* – Júri – Prisão preventiva – Despacho encampando requerimento do Ministério Público contendo razões genéricas, vagas e imprecisas – Ilegalidade da prisão.

"É certo, e a jurisprudência tem tolerado, que o juiz pode adotar como razões de decidir a promoção do Ministério Público, embora tal proceder seja, tecnicamente, passível de censura. Contudo, sendo as razões do *Parquet* inconsistentes, vagas e imprecisas, como ocorre na hipótese, o decreto de prisão não pode subsistir, pois estar-se-ia violando o inciso IX do art. 93 da Carta Magna ('todos os julgamentos dos órgãos do Poder Judiciário serão públicos, e fundamentadas todas as decisões, sob pena de nulidade...'), bem como o art. 5º, inciso LXI, do Código Supremo ('ninguém será preso senão em flagrante delito ou por ordem escrita e fundamentada da autoridade judiciária competente...').

"Concessão da ordem para anular o despacho de prisão preventiva com relação ao paciente, por falta de fundamentação."

"*Habeas corpus* – Novo decreto de prisão com intuito de burlar o *writ*, anulando despacho anterior por falta de fundamentação e desnecessidade da custódia provisória.

"Alvará de soltura descumprido por ter o Magistrado *a quo* expedido outro mandado de prisão no mesmo dia da sessão que concedeu a ordem, repetindo fundamento já repelido – Afronta ao decidido pela Câmara.

"Expedição de outro alvará de soltura chancelado pelo Presidente em exercício na Câmara para o efetivo cumprimento da ordem.

"Novo decreto de prisão fundado em declarações de uma testemunha do processo, de identidade civil duvidosa, colhido no Gabinete da Promotora, com intuito de burlar a anterior ordem de soltura, pois de tais declarações não se infere qualquer alusão atribuindo ao paciente algum comportamento capaz de deixar a testemunha temerosa. Ao contrário, o temor dela teria nascido da circunstância de ter presenciado os crimes e da repercussão que o caso teve na mídia, o que lhe vem causando assédio constante de pessoas na busca de informações, provavelmente ligadas à imprensa (fls. 471), tanto que no depoimento judicial prestado no dia 22 de fevereiro declarou: '(...) o depoente não foi coagido, por qualquer pessoa, em momento algum, para prestar depoimento (...)' (fls. 511). Evidentemente que a testemunha deve estar envolvida por algum temor por ter presenciado os crimes, o que é natural, mas não que o paciente tenha para ele concorrido, porque de concreto nada existe nos autos que permita esta conclusão.

"Concessão da ordem, com remessa de peças ao Conselho da Magistratura."

Cumpre destacar, ainda, que a sentença que pronunciou o ora paciente, por haver concorrido, "como mentor intelectual, para a prática de dois homicídios consumados, qualificados pelo recurso que dificultou a defesa dos ofendidos e pela promessa de pagamento (...)" (fls. 54, Apenso 1), não lhe decretou a prisão cautelar, assim fundamentando, no ponto, essa decisão (fls. 55, Apenso 1):

"Rogério, no entanto, está em liberdade por força de acórdão da 3ª Câmara Criminal (fls. 980-988) que, por duas vezes, decidiu inexistir a necessidade de mantê-lo preso provisoriamente.

"Assim, resta-nos tão somente acatar a decisão da Câmara, não havendo o que prover quanto ao referido pedido de prisão."

Veja-se, portanto, considerada a invalidação, por ilegais, das duas prisões preventivas anteriormente decretadas, que o ora paciente permaneceu em liberdade durante o processo penal de conhecimento, somente vindo a sofrer prisão cautelar quando de sua condenação pelo Júri, ocasião em que lhe foi imposta, com apoio no art. 312 do CPP – e neste, unicamente –, a constrição decretada pela Juíza-Presidente do IV Tribunal do Júri da Comarca do Rio de Janeiro-RJ.

Recolhido à prisão, impetrou-se, em favor do ora paciente, perante o egrégio TJRJ, nova ordem de *habeas corpus*, que, no entanto, desta vez, veio a ser denegada (fls. 167-170, Apenso 1).

A denegação do *writ* constitucional motivou a impetração originária de *habeas corpus* perante o egrégio STJ. Foi o ora paciente, então, beneficiado por medida liminar concedida pelo eminente Vice-Presidente dessa colenda Corte, que, para deferir o provimento cautelar em questão, assim fundamentou o ato decisório (fls. 205-206, Apenso 1):

"Os motivos apresentados pelo Juízo de primeiro grau para determinar o recolhimento do réu como condição para apelar não têm respaldo na jurisprudência predominante neste STJ e, também, no STF.

"O ora paciente, réu primário, com bons antecedentes, residência fixa, atividade profissional lícita, compareceu a todos os atos processuais.

"Não havendo qualquer elemento objetivo a indicar a necessidade de sua custódia cautelar, impõe-se a concessão do benefício para que possa apelar solto.

"(...).

"Defiro a liminar, assegurando, ao paciente, o direito de aguardar em liberdade o resultado da apelação, tempestivamente interposta."

O egrégio STJ, por sua vez, não obstante o parecer favorável do Ministério Público Federal, da lavra do eminente Subprocurador-Geral da República, Dr. Samir Haddad (fls. 238-245, Apenso 1), veio a indeferir o pedido de *habeas corpus*, em virtude de entender necessária, no caso, a custódia cautelar do ora paciente, por se achar presente – segundo assinalado em tal decisão – o fundamento concernente à garantia da ordem pública e por tratar-se, ainda, na espécie, de crime hediondo (fls. 75).

Daí, Srs. Ministros, a impetração, perante o STF, da presente ordem de *habeas corpus*.

A controvérsia ora suscitada na presente causa cinge-se ao fato de que a Magistrada sentenciante negou, ao ora paciente, o direito de recorrer em liberdade sem fazer qualquer alusão, para tanto, à norma inscrita no art. 2º, § 2º, da Lei n. 8.072/1990, optando por invocar razões – fundadas, unicamente, no art. 312 do CPP – que lhe pareceram pertinentes (fls. 1.882, Apenso), embora destituídas de base empírica derivada da existência de fatos concretos reveladores da necessidade da adoção, no caso, da medida excepcional da privação cautelar da liberdade de locomoção física do paciente em questão.

O ilustre Impetrante, em substanciosas razões, sustenta que, omitida a referência à norma legal em questão (Lei n. 8.072/1990, art. 2º, § 2º), a decisão que decretou a prisão cautelar do ora paciente há de ser analisada em face dos fundamentos nela expostos, os quais, embora reputados inconsistentes e juridicamente inidôneos, constituem – segundo a impetração – os motivos determinantes da ordem de recolhimento prisional, cuja legitimidade deverá ser analisada sob a égide dos critérios invocados pela Magistrada sentenciante, especialmente porque em alegada desarmonia com o magistério jurisprudencial que o STF firmou em tema de privação cautelar da liberdade individual.

Cumpre registrar, neste ponto, que os instrumentos de tutela cautelar penal, tais como disciplinados em nosso ordenamento positivo – embora compatíveis com o princípio constitucional da não culpabilidade (*RTJ* 138/216 – *RTJ* 142/878 – *RTJ* 148/429) –, revestem-se, quanto à sua aplicabilidade, de caráter excepcional, notadamente quando implicarem a privação cautelar da liberdade individual do réu (*RTJ* 134/798).

Mostra-se irrecusável, de outro lado, que a exigência de fundamentação das decisões judiciais, além de traduzir imposição constitucional (CF, art. 93, IX) – cuja inobservância importa nulidade do próprio ato decisório –, representa garantia essencial do cidadão contra eventuais abusos ou gestos arbitrários emanados de órgãos do Poder Judiciário (*RTJ* 163/1.059 – *RTJ* 164/971-972).

Isso significa que aquele que sofre persecução penal instaurada pelo Estado tem o direito público subjetivo de saber quais são as razões que levaram determinado magistrado ou tribunal a ordenar-lhe a privação de sua liberdade.

É por esse motivo que Alberto Silva Franco (*Crimes Hediondos*, p. 418, item 1.00, 4ª ed., 2000, RT) adverte, com inteira razão, que o exercício do poder cautelar, em sede processual penal, para legitimar-se, notadamente quando afetar o *jus libertatis* do réu, "necessita ser fundamentado", cabendo referir, neste ponto, o autorizado magistério desse eminente Magistrado paulista: "Não é possível conceber-se uma coerção cautelar do direito de liberdade do cidadão sem que se ponha, de pronto, a questão de que a constrição desse direito deva partir da autoridade judicial e deva estar devidamente fundamentada. Nesse sentido, aliás, militam o disposto no inciso LXI do art. 5º da CF e o não menos relevante inciso IX do art. 93 da Magna Carta. A motivação não é um ato de favor do juiz: é um dever inafastável de quem tem, em suas mãos, o poder repressivo estatal. É a explicitação, em face da lei e dos fatos, dos motivos que dão suporte à decisão adotada. É, além disso, o único meio de que o próprio cidadão dispõe para avaliar a pertinência ou não, a justeza ou não, da providência cautelar. É, enfim, o modo de controlar, num Estado Democrático de Direito, a atuação jurisdicional".

Como consequência dessa indeclinável obrigação judicial, imposta pelo próprio texto da Constituição da República (art. 93, IX), torna-se irrecusável a conclusão de que, particularmente em tema de liberdade individual, a fundamentação constitui pressuposto de legitimação das decisões emanadas do Poder Judiciário (*RTJ* 164/971-972), de tal modo que, em se revelando ausente ou deficiente a motivação – ou expressando esta razões juridicamente inidôneas (*RTJ* 180/262-264, rel. Min. Celso de Mello, 2ª Turma) –, deixa de subsistir o ato decisório, considerada a sanção constitucional de nulidade prevista no art. 93, IX, da Carta Política.

Daí a observação de Alberto Silva Franco (*Crimes Hediondos*, p. 418, nota de rodapé n. 10, 4ª ed., 2000, RT), a propósito da norma inscrita no art. 2º, § 2º, da Lei n. 8.072/1990, em lição na qual enfatiza – considerada a realidade normativa emergente do texto constitucional – que, mesmo tratando-se de condenação por delito hediondo, "o juiz terá, *de modo fundamentado*, de decidir se o sentenciado poderá, ou não, apelar em liberdade, tornando-se evidente, em semelhante contexto, *que a motivação se mostra imprescindível*, quer seja *para a concessão*, quer seja *para a negação do direito de recorrer em liberdade*", pouco importando "se o réu, anteriormente à condenação, se encontre preso, por qualquer providência cautelar, ou esteja solte, sendo, ou não, revel, eis que, "no momento em que o juiz entrega a prestação jurisdicional, é obrigação sua definir-se, *fundamentadamente*, sobre o direito em questão", posto que "a existência de um decreto cautelar anterior ou o próprio ato condenatório *não o desoneram* do dever de proclamar, de forma clara e precisa, se o condenado pode, ou não, exercitar o direito de apelar em liberdade" (grifei).

A colenda 2ª Turma do STF, ao conceder ordem de *habeas corpus*, em favor de determinado paciente, acolheu o magistério acima referido e proferiu decisão consubstanciada em acórdão assim ementado: "*Toda e qualquer decisão judicial requer fundamentação* – art. 93, inciso IX, da CF. A norma do § 2º do art. 2º da Lei n. 8.072/1990 – 'em caso de sentença condenatória, o juiz decidirá fundamentadamente se o réu poderá apelar em liberdade' – *compele o órgão judicial a fundamentar quer a liberdade, quer a custódia*" (HC n. 80.531-PA, rel. Min. Marco Aurélio – grifei).

Assentadas essas premissas, tenho para mim que a decisão judicial que ordenou a privação cautelar da liberdade individual do ora paciente – e não se pode desconhecer, neste ponto, que a prisão decorrente de sentença condenatória recorrível reveste-se de cautelaridade, eis que possui natureza processual (Vicente Greco Filho, *Manual de Processo Penal*, pp. 235-247, 246, item 60.4, 1991, Saraiva) – apoia-se em fundamentos retóricos e genéricos, destituídos de qualquer referência individualizadora a fatos concretos, cuja efetiva ocorrência, desde que objetivamente demonstrada, poderia emprestar suporte legitimador ao ato constritivo da liberdade de locomoção física que se decretou contra o réu sentenciado.

Eis o teor da decisão cuja validade jurídica foi mantida pelo egrégio STJ, na decisão objeto da presente impetração (fls. 1.882, Apenso 1): "É mais do que sabido que a Constituição da República consagra, dentre outros, o princípio irretocável do estado de inocência. Por isso, só em casos de extrema excepcionalidade e imperiosa necessidade é que se pode privar cautelarmente a liberdade de um indivíduo. No caso em tela, o que se tem verificado nesta longa jornada de julgamento é que a ordem pública de nosso Estado merece proteção, respeito, consideração e garantia. Não se pode admitir, sob pena de desmoralização da Justiça que merece o nosso País, que o ora condenado pelos dignos e corajosos Representantes de nossa sociedade saia pelas portas deste Palácio da Justiça, acompanhado da Corte que aqui o trouxe e que aqui o reverenciou todo o tempo, para continuar expondo a vida de outros, escudado no seu notório poder econômico, enxovalhando agentes públicos e, o que é pior, levando insegurança e medo aos cidadãos que licitamente sobrevivem nesta cidade. Não se pode negar o óbvio. A justiça deste IV Tribunal do Júri tem por dever restaurar e, frise-se, garantir que a ordem pública seja restabelecida, como autoriza o art. 312 do CPP, que neste particular foi recepcionado pela Lei Maior. É bom lembrar que o conceito de ordem pública não se limita a prevenir a reprodução de fatos criminosos, mas também acautelar o meio social e a própria credibilidade da Justiça, em face da gravidade do crime e de sua repercussão. A decisão dos Srs. Jurados merece respeito, o Tribunal do Povo merece respeito. Nossa cidade merece respeito. Nosso País merece respeito. Deixar Rogério Costa de Andrade e Silva solto seria desrespeito. Por isso, decreto a sua prisão cautelar, determinando a expedição do competente mandado".

O exame do conteúdo desse ato judicial revela que os fundamentos invocados para decretar, com apoio no art. 312 do CPP, a privação cautelar da liberdade individual do ora paciente mostram-se conflitantes com a diretriz prevalecente na jurisprudência do STF (*RTJ* 180/262-264, rel. Min. Celso de Mello), segundo a qual a prisão cautelar possui natureza excepcional, somente devendo ser decretada em situação de absoluta necessidade, revelada pela verificação de fatos que indiquem, mediante efetiva demonstração da sua concreta ocorrência, a real imprescindibilidade dessa medida extrema, não bastando, para legitimá-la, a enunciação, no ato decisório, de simples conjecturas, ou de meras suposições, ou de afirmações genéricas ou, ainda, de frases de caráter retórico.

É por tal razão que esta colenda 2ª Turma do STF, a propósito do tema ora em exame, assim já se pronunciou:
"A prisão preventiva deve ser decretada quando absolutamente necessária. Ela é uma exceção à regra da liberdade" (*RTJ* 176/357, rel. Min. Nelson Jobim).
"A prisão preventiva constitui medida cautelar de natureza excepcional.
"A privação cautelar da liberdade individual reveste-se de caráter excepcional, somente devendo ser decretada em situações de absoluta necessidade.
"A prisão preventiva, para legitimar-se em face de nosso sistema jurídico, impõe – além da satisfação dos pressupostos a que se refere o art. 312 do CPP (prova da existência material do crime e indício suficiente de autoria) – que se evidenciem, com fundamento em base empírica idônea, razões justificadoras da imprescindibilidade dessa extraordinária medida cautelar de privação da liberdade do indiciado ou do réu.
"(...).
"Ausência de demonstração, no caso, da necessidade concreta de decretar-se a prisão preventiva do paciente.
"Sem que se caracterize situação de real necessidade, não se legitima a privação cautelar da liberdade individual do indiciado ou do réu. Ausentes razões de necessidade, revela-se incabível, ante a sua excepcionalidade, a decretação ou a subsistência da prisão preventiva" (*RTJ* 180/262-264, rel. Min. Celso de Mello).

A decretação da prisão cautelar do ora paciente apoiou-se, no caso, em razões – "gravidade do crime" e a alegada repercussão social dele resultante, além da necessidade de preservar-se "a própria credibilidade da Justiça" (fls. 1.882, Apenso 1) – que têm sido repelidas pela jurisprudência do STF, que, por mais de uma vez, já deixou assentado, na matéria, que tais fundamentos não se qualificam como suportes legitimadores da imposição dessa excepcional medida constritiva da liberdade individual:
"Constitui abuso da prisão preventiva – não tolerado pela Constituição – a sua utilização para fins não cautelares, mediante apelo à repercussão do fato e à necessidade de satisfazer a ânsias populares de repressão imediata do crime, em nome da credibilidade do Poder Judiciário: precedentes da melhor jurisprudência do Tribunal" (*RTJ* 179/1.135-1.136, rel. Min. Sepúlveda Pertence).
"O clamor público, ainda que se trate de crime hediondo, não constitui fator de legitimação da privação cautelar da liberdade.
"O estado de comoção social e de eventual indignação popular, motivado pela repercussão da prática da infração penal, não pode justificar, só por si, a decretação da prisão cautelar do suposto autor do comportamento delituoso, sob pena de completa e grave aniquilação do postulado fundamental da liberdade.
"O clamor público – precisamente por não constituir causa legal de justificação da prisão processual (CPP, art. 312) – não se qualifica como fator de legitimação da privação cautelar da liberdade do indiciado ou do réu, não sendo lícito pretender-se, nessa matéria, por incabível, a aplicação analógica do que se contém no art. 323, V, do CPP, que concerne, exclusivamente, ao tema da fiança criminal – Precedentes.
"A acusação penal por crime hediondo não justifica, só por si, a privação cautelar da liberdade do indiciado ou do réu.
"A preservação da credibilidade das instituições e da ordem pública não consubstancia, só por si, circunstância autorizadora da prisão cautelar.

"Não se reveste de idoneidade jurídica, para efeito de justificação do ato excepcional de privação cautelar da liberdade individual, a alegação de que o réu, por dispor de privilegiada condição econômico-financeira, deveria ser mantido na prisão, em nome da credibilidade das instituições e da preservação da ordem pública" (*RTJ* 180/262-263, rel. Min. Celso de Mello)

"Prisão preventiva: à falta da demonstração em concreto do *periculum libertatis* do acusado, nem a gravidade abstrata do crime imputado, ainda que qualificado de hediondo, nem a reprovabilidade do fato nem o consequente clamor público constituem motivos idôneos à prisão preventiva: traduzem, sim, mal disfarçada nostalgia da extinta prisão preventiva obrigatória" (*RTJ* 172/184, rel. Min. Sepúlveda Pertence).

Veja-se, portanto, que, segundo o magistério jurisprudencial do STF, o clamor público, ainda que se trate de crime hediondo, não constitui, só por si, fator de legitimação da privação cautelar da liberdade do indiciado/réu (*RTJ* 112/1.115, 1.119, rel. Min. Rafael Mayer – *RTJ* 172/159, rel. Min. Néri da Silveira – *RTJ* 179/1.135-1.136, rel. Min. Sepúlveda Pertence – HC n. 71.289-RS, rel. Min. Ilmar Galvão – HC n. 80.329-SP, rel. Min. Celso de Mello, *v.g.*).

Enfatize-se, por necessário, consoante evidenciam os precedentes jurisprudenciais ora mencionados, que a decretação da prisão processual não se justifica quando o ato decisório, invocando o art. 312 do CPP (como no caso), faz referência genérica à preservação da credibilidade do Poder Judiciário ou à situação econômica do réu ("escudado no seu notório poder econômico" – fls. 1.882, Apenso 1), sem que tais fundamentos, no entanto, encontrem suporte em fatos concretos, que, objetivamente indicados na decisão judicial, revelar-se-iam aptos a afetar os valores protegidos pela norma inscrita no art. 312 do CPP: "A boa ou má situação econômica do acusado não basta por si só para alicerçar prisão preventiva, não pode basear-se em meras presunções" (HC n. 72.368-DF, rel. Min. Sepúlveda Pertence).

Não foi por outro motivo que se sustentou, na presente impetração, a invalidade dos fundamentos, precários e inadequados, com que se buscou viabilizar medida que exige, para legitimar-se, mais do que as simples alusões genéricas e a formulação de suposições que, invocadas pela decisão questionada, apresentam-se, no entanto, destituídas da necessária base empírica reveladora da real ocorrência dos fatos que, acaso presentes, poderiam justificar a decretação da prisão cautelar.

Entendo assistir razão, desse modo, ao impetrante quando, com integral procedência, acentua (fls. 14-15 e 18-19):

"Mostra-se de todo equivocado e inaceitável o acórdão aqui impugnado, que confirmou a decisão do egrégio TJRJ sob a alegação de que 'a negativa do direito de apelar em liberdade, *in casu*, deu-se não só por causa da qualificação do delito como hediondo, mas também por estar presente no caso em exame uma das circunstâncias autorizadoras da custódia cautelar, qual seja, 'a garantia da ordem pública' (fl. 311 do Anexo).

"Com efeito, no voto-condutor do acórdão ora impugnado (fls. 309-315) – voto ao qual os demais Julgadores apenas aderiram, sem nada acrescer –, o Sr. Min. Félix Fischer limitou-se a aceitar as infundadas alegações, genéricas e retóricas, lançadas pela MM. Juíza de primeiro grau a propósito de garantia da ordem pública. Não se preocupou S. Exa. em verificar a procedência de tais alegações, que são absolutamente insustentáveis, por carecedoras de qualquer base empírica, conforme demonstrado na impetração e no parecer oferecido ao STJ pela Subprocuradoria-Geral da República, além de reconhecido de plano na decisão com que o Min. Edson Vidigal concedeu a liminar.

"Assim, o voto-condutor do acórdão impugnado adere às pretensas motivações do ato da MM. Juíza, mas sem perquirir-lhes a idoneidade – que é nenhuma. Diz, simplesmente: 'Consoante demonstrou a Magistrada sentenciante, a gravidade do delito, associada à sua repercussão, o notório poder econômico do réu, que, segundo explicitado na r. sentença, vinha insultando agentes públicos, tudo isto aponta a imprescindibilidade da medida cautelar, não obstante a primariedade e a inexistência de antecedentes criminais do paciente' (fl. 311 do Anexo).

"(...).

"Na concretude do caso presente, como se viu, o decreto de prisão preventiva – que atinge réu primário, de bons antecedentes, com ocupação definida e domicílio certo, a quem se assegurou o direito de responder ao processo em liberdade –, esse decreto de constrição cautelar não aponta qualquer fato objetivo a justificar a necessidade da prisão cautelar do paciente, seja para garantir a ordem pública, seja para assegurar a aplicação da lei penal. O ato impugnado não atende, pois, a nenhum dos requisitos indecliáveis previstos no art. 312 do CPP.

"2.12 Ora, é entendimento uniforme na doutrina e na jurisprudência que, em qualquer das suas modalidades – seja a prisão temporária, a prisão preventiva *stricto sensu* ou a prisão provisória resultante de pronúncia, e até mesmo a prisão aludida no art. 594 do CPP –, a prisão cautelar de índole processual só se legitima quando objetivamente demonstrada a sua necessidade.

"(...).

"Entre nós, já nos albores do século passado, João Mendes de Almeida Jr. escrevia que 'a indeclinável necessidade é o único fundamento' da prisão preventiva (*O Processo Criminal Brasileiro*, Typ. Baptista de Souza, Rio de Janeiro, 1.920, 3ª edição aumentada, vol. I, p. 309). E ainda hoje Fernando da Costa Tourinho Filho repete: 'Incontestável necessidade, eis o seu fundamento' (*Processo Penal*, 13ª ed., Saraiva, 1992, vol. III, p. 423). 'Medida extremada de exceção', como adverte Júlio Fabbrini Mirabete, a prisão preventiva há de ser decretada 'apenas quando necessária segundo os requisitos estabelecidos pelo direito objetivo' (*Processo Penal*, ed. Atlas, 1992, 2ª ed., pp. 369-370)."

Nem se diga, de outro lado, que a absoluta inadequação e a evidente precariedade da fundamentação com que se pretendeu justificar o decreto de prisão cautelar do ora paciente teriam sido corrigidas – e supridas – pelos acórdãos que, em sede de *habeas corpus*, foram proferidos pelo egrégio TJRJ e, agora, pelo egrégio STJ.

Não o foram, eis que as decisões emanadas dessas colendas Cortes judiciárias também se ressentem da falta de adequada motivação, não se legitimando a ulterior invocação, por esses Tribunais, da norma inscrita no art. 2º, § 2º, da Lei n. 8.072/1990, sequer referida pela Magistrada de primeira instância quando decretou a prisão cautelar do ora paciente, tendo por suporte, unicamente, o art. 312 do CPP.

Cabe assinalar, neste ponto, que não basta justificar *a posteriori*, já no âmbito do próprio processo de *habeas corpus*, as razões que deveriam ter sido expostas por ocasião da decretação da prisão cautelar, pois a existência contemporânea da motivação constitui pressuposto de legitimação do próprio ato decisório.

Impõe-se relembrar que a jurisprudência do STF não admite seja suprida a omissão (ou a insuficiência) da decisão judicial que ordena a prisão cautelar, seja pelas informações que a autoridade judiciária, a pretexto de justificar tardiamente o seu ato, venha a prestar apenas em sede de *habeas corpus*, seja, ainda, pelas decisões proferidas pelas instâncias superiores ao julgarem, em momento posterior, o remédio de *habeas corpus* ou eventuais recursos interpostos contra a decisão inicial que decretou, originariamente, a prisão do paciente.

A motivação há de ser própria e inerente à decisão que ordena o ato excepcional de privação da liberdade, pois – insista-se – a ausência ou a deficiência de fundamentação não podem ser supridas *a posteriori*:

"O despacho que decreta a prisão preventiva, quando falho, não se considera sanado por fundamentação suplementar, depois de haver produzido efeitos" (*RTJ* 59/31, rel. Min. Bilac Pinto).

"O despacho que decreta a prisão preventiva, quando falho, não se considera sanado por fundamentação suplementar (...)" (*RT* 543/472, rel. Min. Rafael Mayer).

"Despacho deficientemente fundamentado – Omissão que não pode ser sanada nas informações prestadas pelo magistrado" (*RT* 569/399, rel. Min. Soares Muñoz).

"Despacho totalmente omisso de fundamentação – Informações que pretendem suprir a falta – Nulidade insanável" (*RT* 591/431, rel. Min. Soares Muñoz).

"(...) a deficiência de fundamento não pode ser suprida por motivação, na oportunidade das informações" (*RT* 639/381, rel. Min. Djaci Falcão).

"Fundamentação das decisões judiciais – Sendo causa de nulidade de decisão de primeiro grau, não a podem suprir nem as informações nem o acórdão das instâncias superiores ao negar o *habeas corpus* ou desprover recurso – Precedentes" (HC n. 79.392-ES, rel. Min. Sepúlveda Pertence).

"Prisão preventiva – Análise dos critérios de idoneidade de sua motivação à luz de jurisprudência do Supremo Tribunal.

"1. A fundamentação idônea é requisito de validade do decreto de prisão preventiva. No julgamento do *habeas corpus* que o impugna não cabe às sucessivas instâncias, para denegar a ordem, suprir a sua deficiência originária, mediante achegas de novos motivos por ele não aventados – Precedentes" (*RTJ* 179/1.135-1.136, rel. Min. Sepúlveda Pertence).

De qualquer maneira, no entanto, e tal como bem o assinalou o ilustre Impetrante, a análise de todos esses atos decisórios – seja ela efetuada à luz do art. 312 do CPP ou promovida em face do art. 2º, § 2º, da Lei n. 8.072/1990 – evidencia a plena insubsistência do decreto de prisão cautelar proferido contra o ora paciente (fls. 48-49 e 50-51):

"Ora, se a prisão preventiva decretada contra o paciente teve por exclusivo fundamento o art. 312 do CPP, aplicado a pretexto de garantia da ordem pública, não tem cabimento invocar-se o art. 2º, § 2º, da Lei n. 8.072/1990, que a toda evidência não serviu de suporte para a adoção da medida coercitiva de caráter excepcional.

"(...).

"Evidente, pois, que o decreto de prisão cautelar impugnado na impetração há de ser examinado por seus próprios e exclusivos fundamentos. De consequência, se os motivos alegados – no caso, prisão a pretexto de garantir a ordem pública, art. 312 do CPP – inexistirem ou forem falsos, o ato terá nascido viciado pela mácula da nulidade, como reconheceu o Ministério Público Federal, perante o STJ, ser o caso dos autos.

"Inteiramente descabida, portanto, na presente impetração, qualquer especulação sobre o art. 2º, § 2º, da Lei n. 8.072/1990, que não foi considerado no ato impugnado. Restringe-se a questão à averiguação da ocorrência ou procedência dos motivos alegados pela Juíza-Presidente do IV Tribunal do Júri do Rio de Janeiro.

"(...).

"De qualquer forma, mesmo que no caso se pudesse cogitar da incidência do art. 2º, § 2º, da Lei n. 8.072/1990, a única forma de compatibilizá-lo com o art. 5º, LXI, da CF seria interpretá-lo e aplicá-lo conforme à Constituição – ou seja, sempre se exigindo demonstração da necessidade cautelar, à luz do art. 312 do CPP, para o recolhimento do condenado em primeira instância à prisão como condição para apelar –, a teor de expressivo precedente unânime da Suprema Corte lançado no HC n. 69.818-SP, de que foi relator o Min. Sepúlveda Pertence (*RTJ* 148/214), precedente, este, que, embora citado em epígrafe e no corpo da impetração, não foi considerado no despacho que indeferiu o pedido de liminar.

"Por sua expressividade, confira-se a ementa do mencionado acórdão:
"'II – Prisão para apelar de réu condenado por tráfico de entorpecentes – Lei n. 6.368/1976, art. 35, e Lei n. 8.072/1990, art. 2º, § 2º – Interpretação conforme à Constituição – Exigência de necessidade cautelar...

"'A prisão para apelar só se legitima quando se evidencia a sua necessidade cautelar, não cabendo inferi-la exclusivamente da gravidade em abstrato do delito imputado' (HC n. 69.818-SP, rel. Min. Sepúlveda Pertence, 1ª Turma, decisão unânime, *RTJ* 148/214)."

Conclui-se, desse modo, considerado o magistério jurisprudencial que o STF firmou no exame do tema, que, sem que se registre situação de necessidade, torna-se arbitrária e ilegítima a decretação da prisão cautelar de qualquer pessoa.

Daí a correta advertência que, sobre essa específica questão, faz a ilustre Magistrada Maria Lúcia Karam, em precisa abordagem doutrinária do tema ("Prisão e liberdade processuais", in *Revista Brasileira de Ciências Criminais*, n. 2/83-93, 86, 1993, RT):

"Assim, quer na *decretação da prisão preventiva* **stricto sensu**, quer na *manutenção* da prisão decorrente de flagrante, *como em qualquer decisão que importe a concessão da tutela cautelar consistente na prisão provisória, a necessidade de tal medida deverá estar devidamente demonstrada através de fatos que a revelem.*

"Veja-se o que diz, a respeito, o Professor Antônio Magalhães Gomes Filho: 'Seja como for, o que importa ressaltar é a imperatividade da declaração expressa dos motivos que ensejam a restrição da liberdade individual no caso concreto, tanto nas hipóteses em que há pronunciamento jurisdicional prévio (prisão preventiva, prisão em virtude de pronúncia ou de sentença condenatória recorrível), como na convalidação da prisão em flagrante; em que o juiz deve declarar as razões de sua manutenção e da não concessão da liberdade provisória (...). Sendo assim, não são suficientes à motivação das decisões sobre prisão as referências à 'ordem pública', à gravidade do delito ou aos antecedentes do acusado, *sendo indispensável que se demonstre cabalmente a ocorrência de fatos concretos que indiquem a necessidade da medida* por exigências cautelares de tipo fundamental ou final' (grifei)."

Na realidade, torna-se essencial rememorar, neste ponto – tal como o fez a colenda 1ª Turma desta Corte Suprema quando do julgamento do HC n. 68.530/DF, rel. Min. Celso de Mello (*RTJ* 135/1.111) –, que: "Não há, em tema de liberdade individual, a possibilidade de se reconhecer a existência de arbítrio judicial. Os juízes e tribunais, ainda que se cuide do exercício de mera faculdade processual, estão sujeitos, expressamente, ao dever de motivação dos atos constritivos do *status libertatis* que pratiquem no desempenho de seu ofício. A conservação de um homem na prisão requer mais do que um simples pronunciamento jurisdicional. A restrição ao estado de liberdade impõe ato decisório suficientemente fundamentado, que encontre suporte em fatos concretos".

Finalmente, cumpre ter presente o douto parecer que o Ministério Público Federal, por intermédio do ilustre Subprocurador-Geral da República, Dr. Samir Haddad, ofereceu, neste caso, perante o egrégio STJ, opinando pela concessão da ordem de *habeas corpus* em favor do ora paciente, em manifestação que reproduzo em seus aspectos essenciais (fls. 241-245):

"O parecer, profundamente examinada a hipótese dos autos, é pela concessão da ordem.

"Com efeito. O cerne do caso em tela repousa na pretensão dos impetrantes de que o paciente tenha seu decreto de prisão preventiva revogado, vez que ausentes os requisitos ensejadores da custódia *ante tempus*.

"(...)

"Num segundo momento, melhor refletindo acerca das consequências jurídicas oriundas do fato de o paciente ter respondido a todo o processo em liberdade – nada obstante por três vezes se lhe tenha decretado a custódia preventiva em primeiro grau, todas elas, entretanto, sem exceção, reformadas pela instância revisora – e devidamente sopesadas as dezenas de documentos e recortes de jornais apresentados pelo advogado da acusação sem vista, naturalmente, à parte impetrante, pareceu necessário, para não dizer vital, a este órgão ministerial que fosse aprofundado o exame em torno das circunstâncias, regularidade, validade, legitimidade e, principalmente, lisura das respeitáveis decisões de segundo grau que reformaram os decretos de custódia *ante tempus* durante a instrução, e isto por um motivo extraordinariamente simples, que escapou à percepção do advogado de acusação, afeito a insinuações tão velozes e deselegantes quanto despidas de qualquer prova: se íntegras tais revogações, evidentemente que aplicável à espécie a pacífica e tranquila orientação dessa Superior Corte de Justiça, no sentido de que:

"'Configura-se ilegal a decisão que, sem qualquer fundamentação, determina seja expedido mandado de prisão contra o réu condenado por crime hediondo, cerceando-lhe o direito de apelar em liberdade, se este respondeu solto ao processo, além do quê foi reconhecido como primário pela sentença (precedentes).

"'Ordem concedida' (HC n. 20.507-RJ, rel. Min. Félix Fischer, *DJU* 10.6.2002, p. 237).

"'Em se tratando de condenado que respondeu solto aos atos instrutórios, conforme reconhecido na sentença, a proibição do apelo em liberdade deve ser concretamente fundamentada e não apenas lastreada na gravidade do delito ou na ausência de comprovação de atividade laboral' (RHC n. 10.624-PR, rel. Min. Félix Fischer, *DJU* 11.12.2000, p. 219).

"'O direito de apelar em liberdade de sentença, assegurado pelo CPP, art. 594, não pode ser negado a réu que permaneceu em liberdade durante todo o curso do sumário, salvo se indicadas no dispositivo da sentença fortes razões para a imposição da custódia processual' (STJ, 6ª Turma, HC n. 12.465-SP, rel. para o acórdão Min. Vicente Leal, *DJU* 2.9.2002, p. 245).

"(...).

"Diante da excepcional circunstância de dúvida instalada (e não solucionada), afigura-se a este órgão ministerial escorreita a aplicação de diretriz segundo a qual aquela se resolve, em sede do remédio heroico, em favor do réu, paciente. E, no caso dos autos, não poderia, realmente, ser diferente, pois, se é certo que 'as fortes razões do decreto constritivo devam estar indicadas no dispositivo da sentença' (HC n. 12.465-SP, *DJU* 2.9.2002), não menos certo é que o exame minucioso daquela r. decisão deixa à mostra uma aparente fundamentação, tão só, sem indicação precisa e objetiva dos motivos de fato – reais – pelos quais deveria a custódia ser decretada.

"Assim, por exemplo, quando a r. decisão de primeiro grau alinha como 'razões' da custódia: (i) 'que a ordem pública do nosso Estado merece proteção, respeito, consideração e garantia, (...) sob pena de desmoralização da Justiça', sem demonstrar, calcada em fatos, onde e como a ordem pública estava carente de proteção e respeito; (ii) que se continue 'expondo a vida dos outros, expondo a vida de outros (...), enxovalhando agentes públicos (...) e levando insegurança e medo aos cidadãos que licitamente sobrevivem nesta cidade', sem, novamente, indicar, com elementos objetivos colhidos dos autos, quem são 'os outros', quem tivera sido enxovalhado e quem fora ameaçado ou se sentia inseguro e com medo; ou, ainda, (iii) 'acautelar o meio social e a própria credibilidade da Justiça, em face da gravidade do crime e de sua repercussão', sem apontar em quê consistia e em que fatos se baseava tal repercussão, ou gravidade (seria a inerente à própria conduta delitiva?), inevitável a conclusão de que, detidamente analisada, está-se, *data venia* do nobre Julgador, diante de uma decisão emocional, não, definitivamente, de conclusões emolduradas por razões técnico-jurídicas, apropriadas ao digno ofício judicante. E esta deficiência, *respecta maxima venia*, somente poderia ser contornada diante da confirmação, pelas diligências requeridas, de que as decisões reformadoras dos três decretos de custódia *ante tempus* estavam eivados de vício, de ausência de lisura e legalidade, aspecto que restou indeciso nos autos.

"A isto se acresce que, dos autos, emerge que o paciente é réu primário, tem bons antecedentes, família estruturada, profissão fixa, endereço residencial conhecido e, ainda, se apresentou espontaneamente à autoridade policial. E mais: as r. decisões proferidas pelas instâncias ordinárias não imputaram ao paciente qualquer tentativa de comprometer a instrução da causa e, por derradeiro, não há que se confundir, segundo valiosa orientação da Suprema Corte, a repercussão do fato na mídia com o clamor público exigido pela lei adjetiva penal.

"Ademais, é dessa própria Superior Corte de Justiça a advertência de que: 'O simples fato de se tratar de crime hediondo não basta para que seja determinada a segregação' (STJ, 5ª Turma, HC n. 18.320-SP, *DJU* 4.2.2002, p. 447).

"Indemonstrados cabalmente, com a devida vênia pela insistência, 'no dispositivo da sentença' (HC n. 12.465-SP, *DJU* 2.9.2002), os requisitos ensejadores da segregação cautelar, medida excepcional por excelência, faz-se mister a concessão da ordem, aplicável, ao caso, a regra em tantas oportunidades evidenciada por essa Superior Corte de Justiça, ou seja, acusado que responde ao processo solto apela, igualmente, solto."

Essa percepção do tema – que enfatiza, como regra básica, o postulado segundo o qual aquele que responde ao processo em liberdade tem, em princípio, o direito de recorrer em liberdade – tem sido reiteradamente manifestada em decisões que põem em destaque a circunstância de que: *"Em caso de sentença condenatória*, o juiz decidirá *fundamentadamente* se o réu poderá apelar em liberdade. Seja para vedá-la, seja para consenti-la. *A prisão processual tem como pressuposto a necessidade*. Assim, quando o réu responde ao processo em liberdade, para impor que recorra preso, *necessário se faz indicar*, na decisão, o fato novo para evidenciar a mudança de tratamento. *Não pode ser, evidente, a simples condenação*. Se assim fosse, retornar-se-ia a período superado pela legislação brasileira, que consentia a constrição ao exercício do direito de liberdade pela natureza da infração penal, ou pela sanção cominada" (*RT* 733/532, rel. Min. Luiz Vicente Cernicchiaro – grifei).

É por essa razão que a jurisprudência dos Tribunais, deste E. Tribunal e do colendo STJ, assim se tem pronunciado, a propósito do alcance do art. 594 do CPP: "A atual redação do art. 594 do CPP aproximou-o das mais recentes recomendações da doutrina penal e da Criminologia. A orientação inicial era de a restrição ao exercício do direito de liberdade decorrer do simples reconhecimento do crime; depois, se não demonstrados a primariedade e os bons antecedentes; hoje, por imperativo da Constituição da República, é diferente. *A proibição de recorrer em liberdade é excepcional*. Urge, além disso, a decisão *ser motivada e evidenciar a necessidade* do recolhimento" (*RT* 713/408, rel. Min. Luiz Vicente Cernicchiaro – grifei).

É relevante observar, finalmente, tal como acentuado ao longo deste voto, que, sem que se registre a necessidade cautelar da privação preventiva da liberdade individual do réu – e sem que se demonstre, objetivamente, a ocorrência de fatos concretos que justifiquem, *hic et nunc*, a imprescindibilidade da decretação, *ante tempus*, da prisão de alguém –, torna-se arbitrária a efetivação dessa medida excepcional.

Cabe registrar, neste ponto, Srs. Ministros, que a colenda 3ª Câmara criminal do egrégio TJRJ, quando deferiu a primeira ordem de *habeas corpus* em favor do ora paciente, fundamentou essa decisão concessiva do *writ* constitucional em razões plenamente aplicáveis, ante a sua inquestionável pertinência, ao presente julgamento, havendo, então, salientado, a esse respeito, que: *"Tampouco a gravidade do fato e sua repercussão social podem influenciar na retirada de qualquer cidadão do convívio social*, especialmente quando se trata de pessoa que tem residência fixa, ocupação definida, identidade certa, com família estável, primário, de bons antecedentes e que espontaneamente apresentou-se à autoridade policial tão logo soube da decretação de sua prisão temporária (...)" (grifei).

Esse entendimento – em tudo coincidente com os fundamentos expostos neste voto – ajusta-se, por inteiro, à advertência (que convém não ser desconsiderada) emanada da colenda 1ª Turma do STF quando do julgamento do RHC n. 79.200-BA, rel. Min. Sepúlveda Pertence (*RTJ* 172/184), ocasião em que esta Corte deixou assentado:

"*São vícios frequentes* nas prisões preventivas decretadas com base *unicamente* na invocação de *garantia da ordem pública*, confundida com a autorização para utilizar a medida com fins não apenas de prevenção especial, já em si discutíveis, mas sobretudo de prevenção geral, de todo incompatíveis com a presunção constitucional de não culpabilidade (*v.g.*, Giulio Illuminati, "Tutela de liberdade pessoal e exigências processuais na jurisprudência da Corte Constitucional italiana", *Revista Brasileira de Ciências Criminais*, 1999, 25-92; R. Delmanto Jr., *As Modalidades de Prisão Provisória e seu Prazo de Duração*, Renovar, 1998, pp. 151 e ss.; Maria Lúcia Karam, *Prisão e Liberdade Processuais*, *Revista Brasileira de Ciências Criminais*, 1993, 2/84).

"A *jurisprudência* do Tribunal – com raras exceções – tem sido *rigorosamente* avessa a expedientes do gênero: assim, por exemplo, temos proclamado que *nem a gravidade abstrata do crime*, ainda quando qualificado de hediondo (*v.g.*, HC n. 65.950, Rezek, *RTJ* 128/147; HC n. 67.850, Pertence, *RTJ* 131/667; HC n. 76.730, 10.3.1998, Galvão; HC n. 79.204, Pertence, 1.6.1999), *nem a reprovabilidade* do fato nem o consequente *clamor público* (HC n. 71.289, Galvão, 9.8.1994) *justificam* por si sós a prisão preventiva *se não se demonstra* em concreto a ocorrência do *periculum libertatis*, que é a medida da *necessidade cautelar* que a legitima" (grifei).

Concluo o meu voto, Srs. Ministros. Tendo em vista as razões ora expostas, defiro o pedido de *habeas corpus*, em ordem a invalidar e a reconhecer a ineficácia da decisão que, emanada da ilustre Magistrada-Presidente do IV Tribunal do Júri da Comarca do Rio de Janeiro-RJ, decretou a prisão cautelar do ora paciente, nos autos do Processo-Crime n. 98.001.199615-7, assegurando-lhe, em consequência do deferimento do presente *writ*, o direito de aguardar em liberdade o julgamento da apelação que interpôs perante o egrégio TJRJ (ACr n. 2002.050.02549, 3ª Câmara Criminal do TJRJ, rel. Des. Valmir de Oliveira Silva).

É o meu voto.

VOTO – *O Sr. Min. Gilmar Mendes*: Sr. Presidente, não teria dúvida em subscrever muitos dos fundamentos externados por V. Exa. ao conceder o presente *habeas corpus*.

Esta Turma tem declamado continuadas vezes que há de se repugnar a fundamentação da prisão cautelar, ou da prisão preventiva, ou de qualquer tutela de caráter provisório assente simplesmente no clamor público.

Não posso, todavia, deixar de levar em conta precedentes firmados tanto na 1ª quanto na 2ª Turma desta Corte.

Já no HC n. 70.634, da relatoria do Min. Francisco Rezek, assentou-se que: "(...). O art. 2º, § 2º, da Lei de Crimes Hediondos prevê, como regra, a compulsoriedade do encarceramento" (24.6.1994).

Também no HC n. 81.392, da relatoria do Min. Maurício Corrêa, refere-se que: "(...). 2. Homicídio qualificado – Crime hediondo – Lei n. 8.072/1990, art. 2º, § 2º: a regra é o recolhimento do réu como condição do recebimento do recurso de apelação, sem necessidade de fundamentação, que só é exigida quando, por exceção, o julgador conceder tal benefício – *Habeas corpus* denegado" (*DJU* 1.3.2002).

Na mesma linha, no HC n. 69.667, da relatoria do Min. Moreira Alves, expressa-se que: "(...). Da conjugação do art. 35 da Lei n. 6.368/1976 e do § 2º do art. 2º da Lei n. 8.072/1990 resulta que a proibição absoluta imposta por aquele foi parcialmente alterada por este (o que importa derrogação e não ab-rogação), transformando-se em proibição relativa, já que admite que a regra – que é a proibição de apelar solto – seja afastada (o que é exceção) por decisão fundamentada do juiz em sentido contrário" (*DJU* 26.2.1993).

E ainda no HC n. 71.105, rel. Min. Sydney Sanches, explicita-se que:

"(...). 2. O § 2º do art. 2º desse diploma impõe ao juiz, em caso de sentença condenatória, que decida, fundamentadamente, se o réu poderá apelar em liberdade.

"Havendo o magistrado, na hipótese, ordenado a prisão, sem aludir ao benefício de apelação em liberdade, muito menos fundamentadamente, é de se entender denegado, por ele, o benefício. (...)" (*DJU* 23.9.1994).

Tendo em vista esses precedentes, peço licença a V. Exa. para divergir e denegar a ordem pleiteada. (...).

VOTO – *O Sr. Min. Carlos Velloso*: Sr. Presidente, o juiz, ao interpretar a lei, para fazer valer a sua vontade concreta, não pode e não deve ficar alheio às circunstâncias ocorrentes no local do destinatário da prestação judicial.

O Estado do Rio de Janeiro, a cidade do Rio de Janeiro, hoje, encontra-se em renhida luta contra o crime organizado e o crime desorganizado, mesmo porque não se sabe o que seja um e outro. O que se sabe é que a criminalidade e a violência campeiam na velha São Sebastião do Rio de Janeiro. Há poucos dias, naquela cidade, um ilustre Magistrado, membro do STJ, foi espancado e quase foi morto, em sua residência, por bandidos. Um promotor musical, dos mais acatados, acaba de ser vítima do crime de latrocínio. A sociedade carioca vive amedrontada diante dos marginais, marginais que habitam morros e favelas e marginais que usam gravata em bem-arrumados colarinhos brancos. Naquela cidade e em outras, como São Paulo, não são os bandidos que estão acuados, são os homens de bem, é a sociedade. Bandidos existem em todo o mundo, em Nova York, em Londres, em Paris. O que acontece é que nessas cidades os bandidos vivem acuados, temem serem apanhados, porque sabem que serão punidos, exemplarmente. No Rio e em São Paulo – menciono essas duas cidades como exemplo, porque o problema parece ser nacional – os bandidos roubam, esfolam e matam. E o poder do Estado parece que encolheu, também ele amedrontado, ou porque seus atos e posturas estão em atraso de mais de século.

Pois bem, Sr. Presidente. Diante do que está ocorrendo no Rio de Janeiro, entendo e compreendo o que sustentou a Juíza ao não permitir que ficasse em liberdade o paciente, que praticara, o que foi reconhecido pelo Tribunal do Júri, crime hediondo.

Observada a realidade em que vive a Juíza, vejamos o que ela escreveu, justificando a necessidade de ser mantido na prisão o indivíduo que, repito, pratica crime hediondo: "No caso em tela, o que se tem verificado nesta longa jornada de julgamento é que a ordem pública de nosso Estado merece proteção, respeito, consideração e garantia. Não se pode admitir, sob pena de desmoralização da Justiça que merece o nosso País, que o ora condenado pelos dignos e corajosos Representantes de nossa sociedade saia pelas portas deste Palácio da Justiça, acompanhado da Corte que aqui o trouxe e que aqui o reverenciou todo o tempo, para continuar expondo a vida de outros, escudado no seu notório poder econômico, enxovalhando agentes públicos e, o que é pior, levando insegurança e medo aos cidadãos que licitamente sobrevivem nesta cidade".

A Juíza deixou claro: pessoas aguardavam o paciente, para com ele deixar o Tribunal, um homem poderoso, por "seu notório poder econômico, que enxovalha "agentes públicos e, o que é pior, levando insegurança e medo aos cidadãos que licitamente sobrevivem nesta cidade".

Sr. Presidente, a Juíza deixou claro que os cidadãos honestos não vivem, mas simplesmente sobrevivem naquela cidade. É verdade. Basta abrir os jornais do Rio para que se verifique que a violência faz amedrontada a sociedade carioca. Não, o que deixou claro a Juíza não é fruto de simples emoção. Raciocinar de outra forma é ignorar a realidade existente no Rio de Janeiro.

Quando da guerra do Iraque, uma manhã abro um dos jornais do Rio de Janeiro e leio sobre bombas atiradas em um hotel de luxo; na primeira página estavam fotografias de ônibus queimados, arruinados pelo fogo ateado pelos bandidos. Tive a impressão de que lia jornal que transmitia notícia de Bagdá. Não, Sr. Presidente, o jornal veiculava fatos ocorridos na cidade de São Sebastião do Rio de Janeiro.

Há locais naquela cidade onde a Polícia não entra, não vai. E não vai porque também está amedrontada.

Está aqui, como impetrante deste *habeas corpus*, um dos mais eminentes advogados brasileiro, o Dr. Nabor Bulhões. S. Exa. sabe melhor do que eu, estudioso que é do direito constitucional norte-americano, do sistema judicial daquele País, que, em determinados momentos da vida dos americanos, a Suprema Corte atua com mais rigor. Isto acontece quando as circunstâncias o exigem, fazendo, assim, o ajuste da norma formal à norma substancial, assentada esta nas realidades locais. Em determinados momentos a Suprema Corte decidiu pela ilegitimidade da pena de morte. Noutros, em que campeava a violência, em que esta tornava-se maior, a Suprema Corte admitia a pena de morte.

Assim deve ser. A Corte Suprema, que tem papel político relevante – político, evidentemente, no sentido próprio da palavra, no sentido grego do termo –, não pode alhear-se da realidade local.

O TJGO, por exemplo, por suas Câmaras Criminais, não vai decidir da mesmíssima forma que as Câmaras Criminais do Tribunal de Justiça do Rio de Janeiro ou de São Paulo, porque as circunstâncias existentes num e noutro Estado não são idênticas.

A Juíza deixou expresso que, no caso, "o que se tem verificado nessa longa jornada de julgamento é que a ordem pública do Estado estaria correndo perigo porque alguém, escudado no seu notório poder econômico, enxovalha agentes públicos e, o que é pior, leva insegurança e medo aos cidadãos que licitamente sobrevivem nessa cidade".

Sr. Presidente, os votos de V. Exa. contêm, sempre, lições que tenho o costume de acolher. Neste caso, entretanto, peço licença para divergir e indeferir o *habeas corpus*, acompanhando o voto do Min. Gilmar Mendes. Mas não sem antes prestar homenagem ao eminente advogado, Dr. Nabor, que fez excelente sustentação oral.

É como voto.

EXTRATO DE ATA

Decisão: A Turma, por votação majoritária, indeferiu o pedido de *habeas corpus*, cassando, em consequência, a medida liminar anteriormente deferida, vencidos os Mins. Relator e Maurício Corrêa, que o deferiam. Redigirá o acórdão o Min. Gilmar Mendes. Falou, pelo paciente, o Dr. Antônio Nabor Areias Bulhões e, pelo Ministério Público Federal, o Dr. Edinaldo de Holanda Borges. 2ª Turma, 27.5.2003.

Presidência do Sr. Min. Celso de Mello. Presentes à sessão os Srs. Mins. Carlos Velloso, Maurício Corrêa, Nelson Jobim e Gilmar Mendes.

PERGUNTAS

1. Quais são os fatos?
2. Que direito se busca proteger por intermédio do presente *habeas corpus*?
3. O que é *prisão preventiva*? Em que situações pode ocorrer?
4. Quais os critérios fáticos levados em consideração para a concessão do *habeas corpus* pelo STJ?
5. Todos esses critérios são razoáveis?
6. Por que a decisão da Magistrada de primeiro grau está sendo questionada?
7. Por que discordam os Mins. Celso de Mello, Gilmar Mendes e Carlos Velloso neste caso?
8. É constitucional a Lei dos Crimes Hediondos em face do princípio da inocência?
9. Qual o fundamento do voto do Min. Carlos Velloso?
10. A que decisão chegou o Tribunal?
11. Qual o significado do princípio da presunção da inocência?

7.23 Caso da legitimidade da representação pelas associações nas ações coletivas (RE 573.232-SC)

(Plenário – red. para o acórdão Min. Marco Aurélio – j. 14.5.2014)

Representação – Associados – Art. 5º, inciso XXI, da CF – Alcance. O disposto no art. 5º, inciso XXI, da Carta da República encerra representação específica, não alcançando previsão genérica do estatuto da associação a revelar a defesa dos interesses dos associados.

Título executivo judicial – Associação – Beneficiários. As balizas subjetivas do título judicial, formalizado em ação proposta por associação, é definida pela representação no processo de conhecimento, presente a autorização expressa dos associados e a lista destes juntada à inicial.

ACÓRDÃO – Vistos, relatados e discutidos estes autos: Acordam os Ministros do Supremo Tribunal Federal, por unanimidade, em conhecer parcialmente do recurso extraordinário e, nessa parte, por maioria, em dar-lhe provimento, nos termos do voto do Min. Marco Aurélio, em sessão presidida pelo Min. Ricardo Lewandowski, Vice-Presidente, na conformidade da ata do julgamento e das respectivas notas taquigráficas.

Brasília, 14 de maio de 2014 – *Marco Aurélio*, redator do acórdão.

RELATÓRIO – *O Sr. Min. Ricardo Lewandowski*: Trata-se de recurso extraordinário interposto pela União contra acórdão do Tribunal Federal da 4ª Região que decidiu que as associações e sindicatos, na qualidade de substitutos processuais, têm legitimidade para ajuizar ações, de qualquer natureza, inclusive mandamentais, visando à defesa de direitos de seus filiados, sem que seja necessária a autorização expressa ou procuração individual destes.

O referido Tribunal, no aresto contestado, deu provimento a recurso de membros do Ministério Público do Estado de Santa Catarina, decidindo, ainda, que eles poderiam executar, individualmente, direito assegurado em ação proposta pela Associação Catarinense do Ministério Público/ACMP.

O acórdão recorrido recebeu a seguinte ementa:

"Processual civil – Execução de sentença – Inclusão no polo ativo da demanda – Legitimidade da Associação para ajuizar ação.

"É pacífico o entendimento nesta egrégia Corte no sentido de que os sindicatos e associações, na qualidade de substitutos processuais, estão legitimados para ajuizar ações, não apenas mandamentais, visando à defesa dos direitos de seus filiados, independentemente de autorização de cada um deles ou em assembleia – Precedente do STJ" (fls. 252). (...).

Neste recurso extraordinário, fundado no art. 102, III, "a", da CF, alega a recorrente ofensa aos arts. 5º, XXI e XXXVI, e 8º, III, da mesma Carta Política.

Sustenta, em suma, a impossibilidade de execução de título judicial por aqueles que não tenham, na data da propositura da ação de conhecimento, autorizado, explicitamente, a associação a ajuizar a demanda, nos termos do art. 5º, XXI, da CF. (...).

"(...) até pela incidência do princípio da congruência (ou da correlação), só aqueles que foram representados, aqueles que autorizaram a ação, estão contemplados no título executivo.

"Assim, a decisão que permite que outras pessoas executem o título fere os arts. 467 e 472, bem como o art. 5º, XXXVI, da CF, tendo em vista que esta questão já está expressamente decidida no processo de conhecimento, ferindo, portanto, a garantia da coisa julgada" (fls. 273).

Em 15.5.2008, o Tribunal, por maioria de votos, reconheceu a existência de repercussão geral, (...). (...).
É o relatório.

VOTO – *O Sr. Min. Ricardo Lewandowski* (relator): (...). (...).

Recordo que, na origem, foi ajuizada ação ordinária pela Associação do Ministério Público Catarinense/ACMP, em que postulava, em prol de seus associados, a incidência e os pagamentos reflexos do percentual correspondente a 11,98% sobre a gratificação eleitoral, retroativamente a março/1994, calculada sobre os vencimentos dos juízes federais, mas reduzida por força de sua conversão em URVs.

O pedido foi considerado improcedente em primeira instância. Entretanto, a sentença foi reformada pelo TRF-4ª Região, que deu provimento a recurso interposto pela Associação, adotando o voto da Relatora Taís Shilling Ferraz, exarado nos seguintes termos: "(...) dou provimento à apelação, para julgar procedente o pedido inicial, e assegurar a adequação da gratificação eleitoral, auferida pelos substituídos, por força da modificação da fórmula de conversão dos vencimentos dos juízes federais, no Plano Real, mediante aplicação da fórmula de 11,98%, na forma da fundamentação" (fls. 50).

No momento da execução do acórdão, todavia, os recorridos tiveram a sua inicial indeferida pelo Juízo monocrático, em decisão interlocutória, sob o argumento a seguir transcrito: "Os efeitos do acórdão (...) alcançam apenas os associados que tenham, na datada da propositura da ação de conhecimento (...), autorizado expressamente à ACMP o ajuizamento daquela demanda, não abarcando todos os filiados, indistintamente, como interpreta o procurador dos credores (...)" (fls. 6). (...).

A questão que se discute neste recurso extraordinário, pois, diz respeito, basicamente, ao alcance da expressão "quando expressamente autorizados", constante do inciso XXI do art. 5º da Carta Política, e às suas consequências processuais.

Eis o teor do dispositivo em comento (grifos meus): "Art. 5º. (...); XXI – as entidades associativas, *quando expressamente autorizadas*, têm legitimidade para representar seus filiados judicial ou extrajudicialmente; (...)". (...).

A questão discutida nestes autos, registro, não é nova nesta Casa. Por ocasião do julgamento da AO 152-RS, rel. Min. Carlos Velloso, em 15.9.1999, o Plenário do STF acolheu os argumentos do Min. Sepúlveda Pertence, decidindo que para a propositura de ação de natureza coletiva basta a autorização colhida em assembleia-geral, conforme se observa do trecho de seu voto, abaixo transcrito (grifos no original): "Em síntese: no caso presente, como em outras hipóteses que tais, estou em que a legitimação da entidade *por força de deliberação da assembleia-geral* resulta, de um lado, de compreender-se o seu objeto nas finalidades estatutárias da associação, somado, em relação a cada um deles, ao ato voluntário de filiação do associado, que envolve a adesão aos respectivos estatutos". (...).

Entendo igualmente que a Carta Magna não faz qualquer alusão à forma como se dará a autorização dos filiados, mas apenas consigna que esta deverá ser expressa.

Ora, a locução "quando expressamente autorizados", a meu ver, significa, simplesmente, "quando existir manifesta anuência", o que acontece quando a autorização advém do estatuto da associação para que ele ajuíze ações de interesse de seus membros ou de deliberação tomada por eles em assembleia-geral.

Esse é, também, o entendimento de José Afonso da Silva, segundo o qual a Constituição previu hipóteses de "representação coletiva de interesses coletivos ou mesmo individuais integrados numa coletividade", aduzindo que "as entidades associativas, quando expressamente autorizadas, [*certamente em seus estatutos*] têm legitimidade para representar seus filiados em juízo ou fora dele (art. 5º, XXI) (...)". **[Rodapé:** SILVA, José Afonso da, *Curso de Direito Constitucional Positivo*, 21ª ed., São Paulo, Malheiros, 2006, p. 261, grifos do autor.**]**

A Constituição, como se vê, em nenhum momento exigiu que se colha uma autorização individual dos filiados para cada ação a ser ajuizada pelas associações, pois isso esvaziaria a importante atribuição que o constituinte originário cometeu a tais entidades, isto é, a de defender o interesse de seus membros.

Tal múnus conferido às associações, de resto, insere-se nos quadros da democracia participativa adotada pela Carta de 1988, de forma complementar à democracia representativa tradicionalmente praticada no País. (...).

O aresto guerreado está, portanto, em consonância com a doutrina e a jurisprudência desta Corte, que, por diversas vezes, após o julgamento da AO n. 152-RS, decidiu que a autorização prevista no art. 5º, XXI, da CF não pressupõe a outorga de procuração de cada um dos associados à associação para ingressar em juízo, visto que esta tanto pode constar do estatuto social quanto decorrer de deliberação dos associados em assembleia.

Ademais, assentou que qualquer filiado pode promover a execução da sentença, desde que sua pretensão esteja compreendida no âmbito da eficácia subjetiva do título judicial. (...).

Em suma, a autorização prevista no art. 5º, XXI, da CF, de fato, deve ser expressa, podendo, todavia, materializar-se por meio de decisão assemblear ou mediante previsão estatutária, sob pena de reduzir-se o relevante papel institucional conferido pela Carta de 1988 às associações.

Assinalo, por fim, que o ajuizamento de ações de interesse de seus filiados por parte das associações traz como consectário lógico que cada um deles, na espécie, cada membro da Associação Catarinense do Ministério

Público, possa executar a decisão que lhe foi favorável, mesmo que não a tenha autorizado, individualmente, a ingressar em juízo.

Isso posto, conheço parcialmente do recurso, negando-lhe provimento na parte conhecida.

VOTO – *O Sr. Min. Marco Aurélio*: Presidente, se puder utilizar a palavra, já que foi citado precedente da minha lavra, faço-o para distinguir dois institutos: o da representação e o da substituição processual.

É inconcebível que haja uma associação que, pelo estatuto, não atue em defesa dos filiados. É inconcebível. O que nos vem da Constituição Federal? Um trato diversificado, considerado sindicato, na impetração coletiva, quando realmente figura como substituto processual, inconfundível com a entidade embrionária do sindicato, a associação, que também substitui os integrantes da categoria profissional ou da categoria econômica, e as associações propriamente ditas.

Em relação a essas, o legislador foi explícito ao exigir mais do que a previsão de defesa dos interesses dos filiados no estatuto, ao exigir que tenham – e isso pode decorrer de deliberação em assembleia – autorização expressa, que diria específica, para representar – e não substituir, propriamente dito – os integrantes da categoria profissional.

Digo que o caso é péssimo para elucidar essa dualidade. Por quê? Porque, conforme consta do acórdão do TRF, a ação de conhecimento foi ajuizada pela Associação Catarinense do Ministério Público. E o que fez, atenta ao que previsto no inciso XXI do art. 5º da CF? Juntou a relação dos que seriam beneficiários do direito questionado. Juntou, também – viabilizando, portanto, a defesa pela parte contrária, a parte ré –, a autorização para atuar. Prevê o estatuto autorização geral para a associação promover a defesa, claro, porque qualquer associação geralmente tem no estatuto essa previsão. Mas, repito, exige mais a Constituição Federal: que haja o credenciamento específico.

Pois bem. Veio à balha incidente na execução, provocado em si – pelo menos considero o cabeçalho do acórdão do TRF – pela associação que atuara representando os interesses daqueles mencionados, segundo as autorizações individuais anexadas ao processo? Não, por terceiros, que seriam integrantes do Ministério Público, mas que não tinham autorizado a propositura da ação.

Indago: formado o título executivo judicial, como o foi, a partir da integração na relação processual da Associação, a partir da relação apresentada por essa quanto aos beneficiários, a partir da autorização explícita de alguns associados, é possível posteriormente ter-se – e aqui penso que os recorridos "pegaram carona" nesse título – a integração de outros beneficiários?

A resposta para mim é negativa. Primeiro, Presidente, porque quando a Associação, atendendo ao disposto na Carta, juntou as autorizações individuais, viabilizou a defesa da União quanto àqueles que seriam beneficiários da parcela e limitou, até mesmo, a representação que desaguou, julgada a lide, no título executivo judicial.

Na fase subsequente de realização desse título, não se pode incluir quem não autorizou inicialmente a Associação a agir e quem também não foi indicado como beneficiário, sob pena de, em relação a esses, não ter sido implementada pela ré, a União, a defesa respectiva.

Creio, e por isso disse que a situação sequer é favorável a elucidar-se a diferença entre representação e substituição processual, a esclarecer o alcance do preceito do inciso XXI do art. 5º, que trata da necessidade de a Associação apresentar autorização expressa para agir em juízo, em nome dos associados, e o do preceito que versa o mandado de segurança coletivo e revela o sindicato como substituto processual. Nesse último caso, a legitimação já decorre da própria Carta – representação-gênero – e também da previsão do art. 8º, do qual não me valho. Estou me valendo apenas daquele referente às associações.

Presidente, não vejo como se possa, na fase que é de realização do título executivo judicial, alterar esse título, para incluir pessoas que não foram inicialmente apontadas como beneficiárias na inicial da ação de conhecimento e que não autorizaram a Associação a atuar, como exigido no art. 5º, inciso XXI, da CF.

Por isso, peço vênia – e já adianto o voto – para conhecer e prover o recurso interposto pela União.

Os recorridos não figuraram como representados no processo de conhecimento. Pelo que estou percebendo, e pelo que está grafado no acórdão impugnado pela União, apenas pretenderam, já que a Associação logrou êxito quanto àqueles representados, tomar uma verdadeira "carona", incompatível com a organicidade e a instrumentalidade do Direito.

O Sr. Min. Ricardo Lewandowski (relator): Sr. Presidente, permita-me um esclarecimento.

A ação foi ajuizada antes de o Supremo ter definido, com muita clareza, que a autorização a que se refere a Constituição é aquela que consta ou dos estatutos da associação ou de uma autorização que é colhida em assembleia-geral.

A Sra. Min. Ellen Gracie: Isso para os sindicatos, não é, Min. Lewandowski? Os precedentes que nós temos são referentes todos a sindicatos, não a associações.

O Sr. Min. Marco Aurélio: Aí é que está o problema. Não sei sequer se esses recorridos são associados.

O Sr. Min. Ricardo Lewandowski (relator): Aí, então, como não havia definição ainda com relação a esse tema, aqui, no STF, a recorrida em contrarrazões esclarece que, *ad cautelam*, apesar de a Associação ter invocado expressamente que estava autorizada em seus estatutos, resolveu juntar algumas autorizações de seus filiados.

A Sra. Min. Ellen Gracie: Não houve assembleia, não houve nada?

O Sr. Min. Ricardo Lewandowski (relator): Não, havia e há nos autos uma disposição expressa muito clara.

O Sr. Min. Marco Aurélio: A autorização genérica não tem valia maior, porque a Carta exige que seja expressa.

O Sr. Min. Ricardo Lewandowski (relator): Sim, de representar os seus membros em juízo.

O Sr. Min. Marco Aurélio: Sim, Ministro, porque todo estatuto, até para angariar associados, contém a notícia de que haverá a defesa.

A Sra. Min. Ellen Gracie: Sim, mas o Tribunal, já anteriormente, com relação a sindicatos, reconheceu...

O Sr. Min. Ricardo Lewandowski (relator): Eu queria, por favor, continuar o esclarecimento.

A Sra. Min. Ellen Gracie: O Tribunal reconheceu que era possível uma autorização meramente assemblear.

O Sr. Min. Ricardo Lewandowski (relator): Meramente estatutária.

A Sra. Min. Ellen Gracie: Não, meramente assemblear. Se não me falha a memória.

O Sr. Min. Marco Aurélio: Nesse caso concreto, foram autorizações individuais.

O Sr. Min. Ricardo Lewandowski (relator): Não, aqui, não. Pelos precedentes que eu acabei de ler, existem várias manifestações, inclusive do Min. Velloso, que acabei de ler, no sentido de que tanto faz seja a autorização assemblear como haja previsão estatutária. Esse é o posicionamento do STF em vários acórdãos.

O Sr. Min. Marco Aurélio: Mas, Ministro, então relegamos à inocuidade a exigência constitucional de autorização expressa.

O Sr. Min. Carlos Britto: Mas esse "expressa" não precisa ser do próprio punho do servidor, pode ser de assembleia-geral.

O Sr. Min. Ricardo Lewandowski (relator): Eu queria apenas continuar.

O Sr. Min. Marco Aurélio: Pode ser em assembleia, mas que o seja. O que não posso é potencializar o estatuto, quando todo e qualquer prevê a representação pela associação – evidentemente existe para defender os interesses dos associados – e concluir que se tem a autorização expressa exigida pela Carta da República. Se o fizer, estarei colocando as associações, em que pese ao tratamento diferenciado da Lei Maior, no mesmo patamar dos sindicatos, no que autorizados, constitucionalmente, a impetrar mandado de segurança.

O Sr. Min. Ricardo Lewandowski (relator): Eu queria só terminar, por favor, os meus esclarecimentos, que são no seguinte sentido: a associação na inicial invoca "a qualidade de substituta dos membros do Ministério Público que atuaram no período de 1994 a 1999 como promotores eleitorais em Santa Catarina".

Então, o acórdão, a decisão judicial, reconheceu o direito de todos aqueles que se encontravam naquela situação. Ela invocou não apenas a autorização prevista em seu estatuto, como também fez menção ao art. 5º, XXI, da CF. E mais, como eu tive oportunidade de dizer aos eminentes Pares, a doutrina evoluiu um pouquinho relativamente à distinção rígida que se faz entre representação e substituição processual.

Trago à colação, como já fiz antes, um trecho de um estudo de um dos mais eminentes processualistas brasileiros, que é o Professor Nelson Nery Jr., e sua digna esposa Rosa Maria de Andrade Nery. Quer dizer, essa distinção que o Min. Marco Aurélio corretamente faz, e que sempre se fez, é atenuada nesse caso. Dizem esses dois eminentes processualistas: embora o texto constitucional fale em representação, a hipótese é de legitimação das associações para tutela de diretos individuais dos seus associados, configurando – até grifei aqui – verdadeira substituição processual, ou seja, não obstante a Constituição fale em representação. Na verdade, o que ocorre é uma representação processual, e diz ele: em harmonia com que o Supremo tem decidido, a autorização pode estar prevista em lei quando são aquelas associações ou entidades criadas por lei nos estatutos, ou ser dada pelos associados individualmente se ocorrer em assembleia. Em qualquer das hipóteses pode a associação em nome próprio defender em juízo o direito de seus associados.

Trago aqui, à colação, como disse, mas só para enfatizar, novamente, o voto do Min. Sepúlveda Pertence; em memorável voto, diz o seguinte: no caso – quer dizer, era um caso semelhante –, não exigível autorização expressa para propositura da ação, não há que se fazer exigência para respectiva execução de sentença, bastando que a pretensão do exequente se compreenda no âmbito de eficácia subjetiva do título judicial executado. Ou seja, todos aqueles promotores que se encontravam no período de 1994 a 1999 atuando como promotores eleitorais de Santa Catarina têm um título judicial, que, a meu ver, pode ser executado expressamente.

O Sr. Min. Marco Aurélio: Ainda que não sejam associados.

Agora há um detalhe. Permitam-me apenas expor, quanto à dualidade. Na substituição processual tem-se legitimação concorrente.

O Sr. Min. Celso de Mello: ... concorrente e extraordinária.

O Sr. Min. Marco Aurélio: Do titular do direito substancial e do substituto, que, pela Carta da República, no mandado de segurança coletivo, é o sindicato. O que houve na espécie? A Associação ajuizou ação, delimitou o quadro de beneficiários, apresentou as autorizações individuais desses associados, viu o pedido ser julgado. Houve o provimento da apelação para julgar procedente o pleito tal como delimitado na inicial, tendo em conta aqueles beneficiários. É o que está no acórdão: "(...) deu provimento à apelação da ACMP para assegurar aos substituídos da Associação o direito postulado".

Postulado tal como se contém na inicial.

O Sr. Min. Ricardo Lewandowski (relator): Mas V. Exa. admitiria que os associados que estivessem nessa situação pudessem executar o título?

O Sr. Min. Marco Aurélio: Presidente, se entendermos que as associações se igualam aos sindicatos, atribuiremos ao legislador constituinte a inserção não apenas de palavras, mas de preceitos inócuos na Constituição Federal. Partiremos para igualar o que previsto no inciso XXI do art. 5º com o que se contém no inciso LXX. Aqui, sim, tem-se o abandono da exigência da representação retratada numa autorização expressa, no que se previu: "Art. 5º. (...); LXX – o mandado de segurança coletivo pode ser impetrado por: (...); b) organização sindical, entidade de classe ou associação legalmente constituída e em funcionamento há pelo menos 1 (um) ano (...)".

Mas para essa ação específica, mandamental. Não ação ordinária de cobrança, como tivemos, e que desaguou no título executivo que se quer estender a quem não foi mencionado na inicial como beneficiário, ou seja, em relação...

O Sr. Min. Ricardo Lewandowski (relator): Mas que é associado.

O Sr. Min. Marco Aurélio: Não sei se são, não pesquisei. Também não assevero que não sejam associados, mas para mim isso não é importante.

O Sr. Min. Ricardo Lewandowski (relator): Essa distinção é importante.

O Sr. Min. Marco Aurélio: Ou seja, surpreendendo a ré. A ré foi condenada segundo o pedido formulado. O pedido se mostrou específico, ante as autorizações individuais, quanto a certos promotores. Aqueles que não autorizaram a Associação por isso ou por aquilo...

O Sr. Min. Ricardo Lewandowski (relator): A ré se defende da tese, e não do número de autores.

O Sr. Min. Marco Aurélio: Aqueles que não são associados e que, agora, viram o êxito do pleito podem simplesmente pretender executar um título judicial inexistente em relação a eles, sob o ângulo subjetivo? A meu ver não, Presidente.

O Sr. Min. Carlos Britto: Ministro-Relator, o caso dos autos, segundo li no acórdão, segundo ouvi da leitura, é de substituídos processuais, e não de representantes processuais.

O Sr. Min. Ricardo Lewandowski (relator): A Associação invoca, inclusive, essa natureza, essa qualidade.

O Sr. Min. Marco Aurélio: Ministro, há uma impropriedade, porque não coabitam o mesmo teto a representação e a substituição, isso sob o ângulo técnico.

O Sr. Min. Carlos Britto: Sim, eu ouvi. Trata de substituição. Já se fala de categoria, quer dizer, de uma base numérica maior do que a base dos filiados, porque categoria é mais expressiva numericamente do que os filiados.

O Sr. Min. Celso de Mello: O Relator, no TRF-4ª Região, destacou, em seu voto, que a Associação Catarinense do Ministério Público "promoveu a ação, na qualidade de substituto processual, de modo que os substituídos possuem o direito à execução do título judicial decorrente do acórdão com trânsito em julgado".

O Sr. Min. Carlos Britto: A base numérica é muito maior: categoria.

O Sr. Min. Marco Aurélio: Perdoe-me, V. Exa. É uma impropriedade porque, a teor do inciso LXX do art. 5º, a associação só é substituta processual para o mandado de segurança coletivo.

O Sr. Min. Carlos Britto: Mas aí, no inciso LXX, penso que não é nem substituição, é representação. O próprio sindicato requer sem precisar de... É legitimação direta no inciso LXX.

O Sr. Min. Marco Aurélio: Sim. A legitimação concorrente a que me referi. Claro que os titulares do direito substancial não ficam tolhidos. Agora, entender-se, primeiro, que uma associação pode atuar a partir apenas do estatuto, da previsão genérica de defesa dos associados, sem juntar o que exigido pelo inciso XXI do art. 5º – a autorização expressa, está no preceito –, que pode inclusive atuar fora dos limites societários, é passo demasiadamente largo.

O Sr. Min. Ricardo Lewandowski (relator): Mas ninguém está afirmando isso. Eu não afirmei isso, Min. Marco Aurélio.

O Sr. Min. Carlos Britto: Mas é que os limites societários, no caso da substituição.

O Sr. Min. Marco Aurélio: E no caso concreto? No caso concreto, a relação processual se formou de forma exaustiva – no tocante aos contidos em relação e respectiva autorização. Terceiros pretendem, na execução do título que decorreu desse pedido – como disse –, pegar uma verdadeira "carona" no sucesso judicial alheio.

O Sr. Min. Ricardo Lewandowski (relator): Membros da associação.

O Sr. Min. Carlos Britto: Os beneficiários da ação já eram filiados antes da propositura da ação.

O Sr. Min. Ricardo Lewandowski (relator): Sim, só que não ingressaram. Como eu esclareci – aliás, como a recorrida consignou nas contrarrazões –, era um momento de penumbra, um momento cinzento em que o Supremo Tribunal e a doutrina não tinham assentado essa tese com tanta clareza. Por isso, *ad cautelam*, eles ingressaram com autorizações, mas a Associação invocou o permissivo constitucional e a sua condição de substituta processual.

O Sr. Min. Marco Aurélio: Como ressaltou a Min. Ellen Gracie, os precedentes se referem a sindicatos.

O Sr. Min. Ricardo Lewandowski (relator): Agora, é claro, e aí todos aqueles que eram associados e estavam abrangidos pelo título ingressaram depois com a execução, ainda que não tenham, por alguma razão, anexado uma autorização específica, até porque alguns talvez não tivessem sido encontrados, por estarem no interior de Santa Catarina. Isso é muito comum na vida associativa, todo mundo conhece isso. Nós temos que tomar muito cuidado para não cortarmos essa possibilidade de uma associação ingressar em juízo em benefício de seus associados, parte deles ou a totalidade deles. Isso é extremamente comum em certas categorias profissionais que nós conhecemos, inclusive da Magistratura.

O Sr. Min. Marco Aurélio: Presidente, o Direito, principalmente o instrumental, é avesso a atalhos.

(...).

EXTRATO DE ATA

Decisão: Depois do voto do Sr. Min. Ricardo Lewandowski (Relator), conhecendo em parte do recurso extraordinário e, nessa parte, negando-lhe provimento, e do voto do Sr. Min. Marco Aurélio, conhecendo em parte do recurso e, nessa parte, dando-lhe provimento, o julgamento foi suspenso em virtude do pedido de vista do Sr. Min. Joaquim Barbosa. Ausentes, porque em representação do Tribunal no Exterior, os Srs. Mins. Gilmar Mendes (Presidente) e Cézar Peluso (Vice-Presidente).

Presidência do Sr. Min. Celso de Mello (art. 37, I, do RI). Plenário, 25.11.2009.

Decisão: Colhido o voto-vista do Min. Joaquim Barbosa (Presidente), que acompanhava o Relator, negando provimento ao recurso extraordinário, pediu vista dos autos o Min. Teori Zavascki. Declarou suspeição o Min. Roberto Barroso. Ausente, justificadamente, o Min. Dias Toffoli, participante da "V Conferência Iberoamericana sobre Justiça Eleitoral", em Santo Domingo, República Dominicana. Plenário, 3.10.2013.

Decisão: Prosseguindo no julgamento, o Tribunal, por unanimidade, conheceu em parte do recurso e, nessa parte, por maioria, deu-lhe provimento, nos termos do voto do Min. Marco Aurélio, que redigirá o acórdão. Vencidos os Mins. Ricardo Lewandowski (Relator), Joaquim Barbosa e Carmen Lúcia. Declarou suspeição o Min. Roberto Barroso. Ausentes, justificadamente, o Min. Joaquim Barbosa (Presidente), em viagem oficial a Lima, no Peru; o Min. Gilmar Mendes, para participar do Congresso em honra de Peter Häberle por ocasião do seu 80º aniversário, na Faculdade de Direito da Universidade de Lisboa, em Portugal, e do XVI Congresso da Conferência das Cortes Constitucionais Europeias, em Viena, na Áustria; e o Min. Dias Toffoli. Presidiu o julgamento o Min. Ricardo Lewandowski, Vice-Presidente no exercício da Presidência. Plenário, 14.5.2014.

Presidência do Sr. Min. Ricardo Lewandowski (Vice-Presidente). Presentes à sessão os Srs. Mins. Celso de Mello, Marco Aurélio, Carmen Lúcia, Luiz Lux, Rosa Weber, Teori Zavascki e Roberto Barroso.

* * *

PERGUNTAS

1. Quais são os fatos? Qual é a questão levada ao STF neste recurso extraordinário?
2. Qual foi a decisão do Tribunal de origem? Ela foi reformada pelo STF?
3. Quais foram os argumentos defendidos pelo Min. Ricardo Lewandowski?
4. Quais foram os argumentos defendidos pelo Min. Marco Aurélio?
5. Qual é a consequência desta decisão para as associações?
6. Qual seria a consequência da decisão neste caso específico caso o argumento e o resultado do Min. Ricardo Lewandowski tivessem sido vencedores?
7. Segundo o acórdão, existe diferença entre as associações e os sindicatos? Qual?
8. Após esta solução dada pelo STF, é possível que associações façam pedidos genéricos em suas ações coletivas?

Capítulo 8
DIREITO À CIDADANIA

8.1 O que significa "cidadania"?. 8.2 Um pouco de história do conceito. 8.3 Democracia e cidadania. 8.4 Democracia participativa. 8.5 Democracia representativa. 8.6 Democracia pluralista (e a nova sociedade civil). 8.7 O direito à cidadania na Constituição brasileira. 8.8 STF, ADI/MC 1.800-1-DF. 8.9 STF, ADI/MC 1.408-1-DF. 8.10 STF, ADI 4.795 e 4.430-DF. 8.11 STF, ADI 815-3-DF. 8.12 STF, RE 197.917-8-SP. 8.13 STF, ADI 956-7-DF. 8.14 STF, ADI 1.351-3-DF. 8.15 STF, MS 32.033-DF. 8.16 STF, ADI 4.650-DF.

8.1 O que significa "cidadania"?

Empregamos o termo "cidadania" em diversos sentidos. Não é incomum ouvirmos a ideia de cidadania ser reivindicada como um direito a participar do processo de tomada de decisões coletivas. É o que acontece quando milhares de pessoas vão às ruas exigir democracia na China, no Líbano, na Hungria ou, como ocorreu no Brasil, de forma mais intensa nos anos 1980, durante a campanha das "Diretas Já". Outras vezes ouvimos de pessoas que se vêm tratadas de forma arbitrária que aquele não é um tratamento digno a ser dispensado a um cidadão. Como se essa condição ou *status* de cidadão imediatamente lhes conferisse certos direitos e os colocasse numa posição de certa imunidade frente a abusos de poder. Por fim, a ideia de cidadania também é comumente invocada para criticar a distribuição de riquezas dentro de uma sociedade, ou mesmo no plano global, ao denunciar o estabelecimento de hierarquizações entre cidadãos de primeira classe, que se beneficiam dos bens e recursos produzidos socialmente, e uma segunda classe de cidadãos, que fica excluída dos meios e condições básicas de uma vida digna.

A cidadania seria, assim, um conceito-chave para determinar nosso sentimento de pertencimento e participação numa determinada comunidade, tanto no aspecto político, jurídico-moral, como socioeconômico. Pertencimento e participação política, como sujeito ativo do processo de tomada de decisão coletiva. Pertencimento e participação jurídico-moral, enquanto sujeito de direitos voltado à proteção da dignidade e realização da autonomia. Pertencimento e participação social e econômico, como produtor e beneficiário das riquezas (e demais recursos) socialmente produzidas.

8.2 Um pouco de história do conceito

A ideia de cidadania, no entanto, nem sempre teve esta amplitude. Na Antiguidade, ao menos se tomarmos Aristóteles como referência, a cidadania referia-se exclusivamente à participação no processo de tomada de decisão pela coletividade. Logo no início do Livro III da *Política*, ao descrever a constituição ou o governo como "ordem estabelecida entre os que habitam a cidade", Aristóteles destaca que "a cidade é uma multidão de cidadãos, e assim é preciso examinar o que é um cidadão, e a quem se deve dar este nome".[1] Duas são, assim,

---
1. Aristóteles, *A Política*, Bauru-SP, EDIPRO, 1995, p. 85.

as perguntas propostas por Aristóteles: a primeira refere-se à natureza da cidadania; a segunda diz respeito a quem deve a cidadania ser estendida. Para Aristóteles, "cidadão é aquele que tem uma parte legal na autoridade deliberativa e na autoridade judiciária" da cidade.[2] É aquele que tem autorização para participar das deliberações que tomam lugar na *ágora* por intermédio da igualdade de palavra, *isogoria*. Em posição igual os cidadãos podem tomar a palavra e dela fazer uso livremente, demonstrando seu interesse pela coisa pública, manifestando suas críticas e deliberando em comum com os demais cidadãos. A cidadania também confere, àqueles que a desfrutam, o direito-dever de servir à *polis* na condição de magistrados, no sentido mais amplo de gestores públicos. Trata-se, assim, não de um direito propriamente dito, como esfera de proteção do indivíduo contra o poder do Estado, mas de um *status*, de uma condição de partícipe. Diferentemente da concepção moderna de direitos, o *status* de cidadão não impõe limites negativos ao poder da *polis*, mas apenas confere uma habilitação aos cidadãos de participar do processo deliberativo e uma obrigação de se submeter aos seus resultados, quaisquer que eles sejam.[3]

A noção romana de cidadania é certamente mais extensa. O *status civitatis* está ligado ao reconhecimento recíproco, pelos membros da comunidade, da capacidade de ser sujeito de direitos – direitos, aqui, num sentido mais amplo: como direito a constituir família, a realizar contrato e também direito a participar das assembleias de natureza política. Como salienta Michelangelo Bovero, a noção de cidadania, como condição de sujeito de uma multiplicidade de direitos, pode ser melhor compreendida pela própria possibilidade de perda escalonada de direitos. A *capitis diminutio*, por exemplo, vai da perda total da liberdade, com a escravidão ou morte civil, à perda apenas da *civitas*, onde o indivíduo deixa de poder participar da vida política, mas não de ser sujeito de outros direitos na vida privada. Como alguns estrangeiros, esses indivíduos ficam numa condição de sujeitos parciais de direitos.[4]

Será apenas na Modernidade, especialmente por força dos ideais jusnaturalistas, que esta visão de cidadania decorrente do pertencimento à comunidade política vai passar por forte transformação. Após as Declarações americana e francesa, do final do século XVIII, fica muito claro que a condição para ser sujeito de direitos deriva, antes de tudo, da individualidade. O sujeito de direito é a pessoa, não o membro da comunidade política. Temos direitos porque somos humanos, e não somos humanos porque temos direito a participar do processo político. O direito a participar é apenas uma decorrência lógica do direito humano à igualdade e à liberdade.

Como vimos nos capítulos anteriores, a Modernidade nasce sob o signo dos direitos da pessoa humana. A Declaração de Independência dos Estados Unidos da América reconhece como "autoevidentes as seguintes verdades: que todos os homens são criaturas iguais; que são dotados pelo Senhor com certos direitos inalienáveis; e que, entre estes, encontram-se a vida, a liberdade e a busca da felicidade. Os governos são estabelecidos entre os homens para assegurar esses direitos (...)". Partindo dessa ideia do indivíduo como sujeito de direitos, entre os quais a igualdade e a liberdade, o poder do Estado passa a fundar sua validade no consentimento de homens livres e iguais. Os direitos, no entanto, não se apresentam apenas como barreira ao abuso por parte do Estado. Como vimos ao estudar o conceito de liberdade, esta não significa apenas a inexistência de obstáculos, mas também autonomia, ou seja, capacidade de determinar (regrar) o próprio destino. Além da autonomia, as Declarações de

---

2. Idem, p. 87.
3. Jürgen Habermas, *A Inclusão do Outro*, São Paulo, Edições Loyola, 2002, p. 272.
4. Michelangelo Bovero, *Contra o Governo dos Piores*, Rio de Janeiro, Campus, 2002, p. 124.

Direitos também reconheceram a igualdade entre as pessoas. E qual o critério para se organizar o poder a partir do pressuposto moral de que todas as pessoas são livres e iguais? A *Declaração de Direitos de Virgínia*, de 1776, irá responder a essa questão reconhecendo que "todo o poder reside no povo e, por consequência, deriva do povo; os magistrados são seus mandatários e servidores e responsáveis a todo o tempo perante ele". Da mesma forma, a *Declaração dos Direitos do Homem e do Cidadão*, de 1789, ao estabelecer que "os homens nascem livres e iguais em direitos", também será obrigada a reconhecer que, sendo a lei o único meio válido de determinar condutas, "todos os cidadãos têm o direito de concorrer, pessoalmente ou por meio de seus representantes, para a sua formação", numa clara alusão às ideias de Rousseau, expressas no *Contrato Social*.

A cidadania moderna surge, assim, como uma consequência direta do reconhecimento de que todas as pessoas, pelo simples fato de serem pessoas, são dotadas de certos direitos, entre os quais a liberdade e a igualdade. Há aqui uma profunda inversão em relação à Antiguidade, pois a cidadania deriva da capacidade de ter direitos, e não o inverso. A questão colocada pelo pensamento republicano, ontem e hoje, no entanto, é que esses direitos da pessoa humana não podem existir no vácuo, como uma predeterminação abstrata. Eles pressupõem a existência de uma comunidade política, que determine quais são os elementos constitutivos da cidadania e quem são os cidadãos. O que pode se dizer, com Habermas, no entanto, é que de fato há uma cooriginalidade, pois não podemos exercer nosso direito de cidadania, no sentido grego, sem dispor de uma esfera de liberdade. Por outro lado, essa esfera de liberdade só será efetivamente construída no âmbito de uma comunidade em que se exerçam os direitos de participação política.[5]

A dificuldade de se estabelecer um conceito preciso de cidadania apenas aumentou no século XX, com a publicação de *Cidadania, Classe Social e **Status***, do sociólogo inglês T. H. Marshall.[6] Neste clássico trabalho, Marshall busca descrever, sobretudo, o processo de evolução histórica do que ele chamou de "elementos de cidadania" na Europa Ocidental. Partindo das Revoluções burguesas, especialmente a Inglesa no século XVII, o autor descreve o processo de aquisição dos direitos civis, voltados à construção de uma esfera de liberdade individual, composta pela "liberdade de ir e vir, liberdade de imprensa, pensamento e fé, o direito de propriedade, e de concluir contratos válidos e o direito à justiça".[7] Sendo este último direito associado à proteção dos demais, por intermédio do acesso aos tribunais. Este contexto de liberdade individual, assegurado pelo Constitucionalismo, viabilizou, conforme Marshall, o surgimento de um ambiente político propício à extensão dos "direitos de participar no exercício do poder político, como membro de um organismo investido de autoridade política (...)",[8] aos homens adultos, mas apenas aqueles dotados de certa capacidade financeira e tributária. Estes direitos, no entanto, por intermédio das lutas entre os diversos segmentos ou classes sociais, foram sendo paulatinamente estendidos, primeiro para todos os homens (não mulheres), até sua eventual quase universalização (todos os adultos), em meados do século XX. Os direitos políticos, dirá Marshall, têm como seu âmbito de realização privilegiada os Parlamentos e Governos. Com a inclusão das classes populares e dos partidos de esquerda no processo de tomada de decisão política, por fim, o Estado é obrigado a voltar-se para o atendimento de necessidades de natureza econômica e social, ensejando

---

5. Jürgen Habermas, *Between Facts and Norms*, Cambridge, MIT Press, 1996, pp. 118 e ss.
6. T. H. Marshall, *Cidadania, Classe Social e **Status***, Rio de Janeiro, Zahar, 1969.
7. Idem, p. 63.
8. Idem, ibidem.

o surgimento do Estado de Bem-Estar Social. "O elemento social se refere a tudo que vai desde o direito a um mínimo bem-estar econômico e segurança ao direito de participar, por completo, na herança social e levar a vida de um ser civilizado de acordo com os padrões que prevalecem na sociedade. As instituições mais íntimas ligadas com ele são o sistema educacional e os serviços sociais."[9]

Marshall estabelece, com seu *Cidadania, Classe Social e Status*, um novo paradigma, pelo qual a cidadania se transforma numa força dinâmica pela qual grupos sociais subordinados lutam pela ampliação de suas esferas de direitos.[10] Embora esse trabalho tenha sido objeto das mais variadas críticas,[11] Marshall teve e ainda tem enorme importância em demonstrar que a cidadania política não pode ser vista de forma dissociada de outros elementos que favoreçam uma participação efetiva dos sujeitos de direitos numa sociedade política.

Dessa multiplicidade de conceituações, temos hoje que o termo "cidadania" designa para o pensamento social um conjunto dinâmico de direitos e obrigações que determina o grau de inclusão do sujeito nas diversas esferas da convivência social. No campo do Direito, no entanto, a ideia de cidadania designa normalmente coisa distinta, talvez mais singela, que é o direito de participar do processo de tomada de decisão política, seja como eleitor ou como postulante a uma posição pública.

Isso não significa que sociólogos e juristas não se entendam, nem mesmo que os juristas não sejam sensíveis à proposição sociológica de que o exercício da cidadania política fica prejudicado se não for acompanhado de direitos de natureza civil e social. Ou seja: de que sem liberdade, devido processo legal, educação e outras condições materiais básicas o exercício do direito à cidadania política fica prejudicado. Afinal, qual o sentido de participar do processo político se não há liberdade para realizar oposição ao governo? Se não há um Estado de Direito, que assegure os princípios da legalidade, da ampla defesa, da existência de uma justiça imparcial, que segurança terei para me engajar num processo político? Da mesma forma, participação política sem que haja educação, numa situação de miserabilidade, esvazia o processo de qualquer sentido, deixando os cidadãos, além do mais, vulneráveis à demagogia e à manipulação.

Enquanto juristas, no entanto, somos pressionados pela linguagem adotada por Constituições e outras leis em que a definição de cidadania está associada, sobretudo, à participação política, ainda que se reconheça sua interdependência em relação aos direitos de natureza civil ou social, que, embora sejam indispensáveis à sua realização, com ela não se confundem.

8.3 Democracia e cidadania

Qualquer que seja a definição de cidadania que estejamos dispostos a utilizar, esta não pode ser pensada em desconexão com o regime político. Se no tempo de Aristóteles era possível falar do exercício da cidadania nos contextos da Monarquia e da Aristocracia, hoje a expressão é indissociável da ideia de democracia. Sob o signo da igualdade moral, reivin-

---

9. Idem, p. 64.
10. Joe Foweraker e Todd Landman, *Citizenship, Rights and Social Movments*, Oxford, Oxford University Press, 1997, p. 1.
11. Para Bovero, por exemplo, o conceito de cidadania proposto por Marshall cria uma enorme confusão conceitual, "fonte de outras confusões, portanto um erro conceitual, como tal apenas danoso, que carregamos às costas simplesmente por imitarmos aquele que primeiro o cometeu" ("La faute est à Marshall", in *Contra o Governo dos Piores*, cit., p. 119).

dicada pelo Iluminismo, a cidadania passou a designar um direito com pretensões universais, ao menos dentro de cada comunidade política, de participar de um processo político necessariamente democrático. A cidadania é o instrumento pelo qual o povo determina a vontade pública, e somente um regime democrático é aberto a esta possibilidade de participação popular. Democracia e cidadania tornam-se, assim, as duas faces da mesma moeda.

Logo, quando falamos de direito à cidadania nos dias de hoje estamos nos referindo a um conjunto de prerrogativas e obrigações conferidas a todas as pessoas de participar do processo de formação e implementação da vontade pública. Nesse sentido, as obrigações decorrentes do direito à cidadania giram em torno do estabelecimento de instituições e construção de processos e práticas democráticas. Por mais simples que essa ideia possa parecer, ela encobre uma série de problemas, como: O que é democracia ou processo democrático? Da mesma forma, necessário entender o que significa participar e qual a extensão e profundidade dessa participação. Quais são os âmbitos de participação: todas as instâncias de poder ou apenas aquelas estatais? Quais estatais? Por outro lado, também é necessário compreender o que significa "todos"; todos mesmo, ou pode haver alguns pré-requisitos para que uma pessoa possa ser considerada cidadã? Por fim, cumpre indagar se qualquer decisão derivada do processo de participação democrático é válida, ou se há limites sobre o que pode ser e o que não pode ser objeto do processo deliberativo democrático.

As respostas a estas perguntas sobre significado de cidadania dependem diretamente do conceito de democracia que se adote. Daí a importância de compreender os diversos conceitos de democracia, para que se possa capturar os distintos sentidos de cidadania. Nos tópicos seguintes buscarei apresentar ao menos três correntes do pensamento político que exercem enorme influência sobre o debate democrático contemporâneo.

8.4 Democracia participativa

Tomarei como ponto de partida dessa discussão a proposta ideal de democracia formulada por Rousseau, no *Contrato Social*.[12] O problema central de Rousseau – e a partir dele para todos os teóricos da democracia – é como justificar o exercício da autoridade numa comunidade formada por iguais (no sentido moral).[13] Se todos os homens são livres e iguais, "nenhum homem tem autoridade natural sobre seu semelhante" – dirá Rousseau (Capítulo III, Livro I). Refuta, desta forma, todas as teorias religiosas ou tradicionais pelas quais o mundo é regido por uma ordem cósmica ou histórica, que determina a existência de hierarquias entre as pessoas. Para ele, a ordem política só será legítima, ou aceitável, quando os próprios cidadãos forem incumbidos do exercício do poder soberano.

Neste sentido, Rousseau também avança em relação às teorias contratualistas de Hobbes e Locke. Pois, embora estes autores também partissem do pressuposto da igualdade entre

---

12. Jean Jacques Rousseau, *O Contrato Social*, São Paulo, Martins Fontes, 1999. Importante destacar, aqui, que a democracia imaginada no contrato social é um regime construído pela razão para atender ao imperativo moral de que todas as pessoas são iguais. O próprio Rousseau, ao discutir o conceito de democracia, afirma que, "se tomarmos o termo no rigor da acepção, nunca existiu verdadeira democracia, nem jamais existirá". Ou seja: o objetivo de autores normativos não é descrever como os regimes políticos efetivamente funcionam, mas, sim, como se deve aspirar a que eles funcionem. A finalidade de criar modelos ideais pode parecer supérflua, porém sem estes modelos não disporíamos de parâmetros para mensurar se aquilo que efetivamente temos é bom ou ruim. A democracia que surge do *Contrato Social* de Rousseau nada mais é, assim, do que um padrão de medida, que nos habilita a julgar regimes de fato existentes.

13. Robert Dahl, *Sobre a Democracia*, Brasília, UnB, 2001, pp. 77 e ss.

os homens no estado de natureza, descreviam o pacto social como um processo de transferência de poderes dos indivíduos para um soberano, que deles se distinguia. No caso de Hobbes, esta transferência de poder se dá pela criação de um Estado Absoluto, o *Leviatã*, que irá, então, ordenar a vida social. Para Locke, por sua vez, a transferência de poder será apenas limitada àquele mínimo indispensável para que as pessoas possam viver em harmonia, preservando ao máximo suas liberdades naturais.[14] Embora Rousseau faça uma descrição mais positiva do estado de natureza do que seus antecessores contratualistas, como eles, entende a necessidade de sua superação, como medida indispensável à preservação do gênero humano.

A grande questão é como "encontrar uma forma de associação que defenda e proteja com toda a força comum as pessoas e os bens de cada associado, e pela qual cada um, unindo-se a todos, só obedeça, contudo, a si mesmo e permaneça tão livre quanto antes". O próprio Rousseau dirá que "este é o problema fundamental cuja solução é fornecida pelo contrato social" (Capítulo VI, Livro I).

No contrato social proposto por Rousseau os indivíduos devem abrir mão de todos os seus direitos naturais em favor da criação do soberano. A diferença em relação a Hobbes é que aqui o soberano não é uma entidade distinta dos próprios cidadãos. A alienação se dá em favor da própria comunidade da qual todos fazem parte, em igual medida. "Enfim" – dirá Rousseau –, "cada um, dando-se a todos, não se dá a ninguém, e, como não existe um associado sobre o qual não se adquira o mesmo direito que se lhe cede sobre si mesmo, ganha-se o equivalente a tudo que se perde e mais a força para conservar o que se tem" (Capítulo VI, Livro I). Por este pacto de alienação total de direitos naturais ao soberano comum, todos passam a ser cidadãos, ou seja, partes iguais do soberano. Cada um se torna súdito de si mesmo, como parte do soberano. Rousseau acredita que esta fórmula seja capaz de resolver o problema central do exercício da autoridade entre pessoas livres e iguais. A cidadania, por sua vez, seria esta condição de parte do corpo político, que garante a cada um o direito e a obrigação de participar dos processos de deliberação e tomada de decisão que a todos se imporão.

O soberano, no entanto, não pode ser confundido com a soma dos indivíduos ou de suas vontades particulares. Enquanto para os liberais a vontade soberana deve ser a agregação dos interesses individuais, mediadas pela regra da maioria – Locke e os utilitaristas são exemplo disto –, para Rousseau existe algo chamado de "vontade geral" que "se refere somente ao interesse comum". Esta vontade geral somente será atingida pela associação de dois fatores. O primeiro deles é a transformação do indivíduo em cidadão, o segundo é o processo de razão pública que encontra sua expressão idônea na formulação da lei geral. Temos, assim, um processo concomitante, em que o cidadão anula o indivíduo, na medida em que se destitui de seus interesses (direitos naturais) e se junta ao corpo político na formulação das leis gerais.[15]

A vontade geral não pode, portanto, ser compreendida como "a vontade (...) em cada indivíduo, um ato de puro entendimento, de razão no silêncio das paixões", como propunha Diderot.[16] Mas, sim, uma construção de razão pública, um ato coletivo, em que o indivíduo se transforma em cidadão pela sua integração à comunidade política. É esta crença na capacidade transformadora do cidadão envolvido com a coisa pública que diferencia a democracia direta e republicana da representativa e liberal. Desacreditando nas virtudes morais do

---

14. David Held, *Modelos de Democracia*, Belo Horizonte, Paideia, 1987, p. 68.
15. Giovanni Sartori, *Teoría de la Democracia*, Madri, Alianza Editorial, 1987, p. 386.
16. Diderot, *apud* Giovanni Sartori, *Teoría de la Democracia*, cit., p. 385.

cidadão, os liberais, como veremos, se satisfazem com uma democracia de baixa intensidade, tanto no sentido da participação quanto no que se refere ao campo aberto à decisão política. Para os republicanos, por sua vez, os cidadãos são capazes, por intermédio do engajamento político, de submeter suas paixões ao interesse público. É do processo dialógico, inerente à participação política, que surge a razão ou o interesse público.

A lei geral é o veículo idôneo da expressão da vontade geral, em função de suas características formais; "quando afirmo que o objeto das leis é sempre geral, entendo que a lei considera os súditos coletivamente e as ações como abstratas, nunca um homem como indivíduo nem uma ação em particular" (Capítulo VI, Livro II).

A democracia republicana para Rousseau é, portanto, algo muito distinto da mera agregação de interesses privados por intermédio da vontade da maioria. Trata-se de regime voltado à construção do bem comum, o que exige não apenas a transformação do homem em cidadão, por intermédio do processo de participação na coisa pública, mas também a construção da vontade geral, que somente poderá ser expressa por intermédio da lei geral. O que é uma garantia de que a soberania jamais promova interesses particulares.

No modelo de Rousseau é desnecessário o estabelecimento de limitações substantivas ao processo deliberativo democrático, como as modeladas pelo Constitucionalismo Liberal. O próprio procedimento democrático, associado à necessidade de que as decisões sejam veiculadas por lei, dará conta de impedir a tomada de decisões injustas ou contrárias ao interesse público.

A democracia participativa e republicana, tal qual proposta por Rousseau, demanda, assim, uma cidadania muito intensa, seja no sentido de extremamente ativa e participativa, seja no sentido ético, pelo quê o cidadão é obrigado a demonstrar virtudes cívicas que permitam a construção coletiva do bem comum.

8.5 Democracia representativa

Ora, exatamente este conceito de democracia direta, que demanda intensa participação de cidadãos iguais e imparciais na formulação do bem comum, é que será objeto de amplas críticas no século XX. O que um autor como Schumpeter buscará demonstrar, em seu *Capitalismo, Socialismo e Democracia*,[17] de 1942, é que esta versão clássica de democracia, além de idealizada e inatingível, é também indesejável, pois incompatível com uma sociedade pluralista, em que exista mais de uma noção de bem comum.[18] Mais que isto, a intensa participação será vista como ameaça à própria democracia, posto que os cidadãos não disporiam dos requisitos morais exigidos pelos republicanos. Neste sentido, o direito à cidadania é visto de forma mais acanhada pelo Realismo Liberal do século XX. Não se trata de um direito-obrigação de intensa participação na coisa pública, capaz, inclusive, de transformar o homem num ser imparcial e altruísta, mas, sim, de uma simples prerrogativa de escolher, entre os grupos dominantes em competição, quem ocupará os postos de governo.

Mais que isso, para o pensamento liberal, tanto conservador como progressista, do século XX, o exercício da cidadania deverá sempre ser contingenciado pelos direitos fundamentais. Para liberais conservadores, como Nozick, esta limitação deverá ser máxima, em homenagem à primazia do direito à propriedade e à liberdade individual. No Estado Míni-

---

17. Joseph Schumpeter, *Capitalism, Socialism and Democracy*, Nova York, Harper & Brothers, 1975.
18. Idem, p. 314.

mo, mínima também deverá ser a esfera de participação cidadã. Para liberais igualitaristas, como Dworkin, entre outros, a questão é saber de que forma a participação dos cidadãos deve ser canalizada e eventualmente limitada para que os resultados de suas deliberações não coloquem em risco os direitos morais de cada um, como seres merecedores de igual respeito e consideração.[19]

Para Schumpeter a definição clássica de democracia, como "arranjo institucional para se chegar a certas decisões políticas que realizam o bem comum, cabendo ao próprio povo decidir, através da eleição de indivíduos que se reúnem para cumprir-lhe a vontade", não se sustenta.[20] Inicia sua crítica ao modelo participativo contestando a pertinência do conceito de bem comum, que é fundamental ao conceito rousseauniano de democracia. As pessoas não apenas têm opiniões distintas sobre as melhores formas de se governar, como também diferem profundamente sobre os valores fundamentais básicos que guiam suas vidas. Nas sociedades contemporâneas, economicamente diferenciadas e estratificadas socialmente, diversas são as interpretações honestas do que seja o bem comum, não se podendo apelar a uma "vontade geral" unívoca. As diferentes concepções do que seja vida boa são muitas vezes irredutíveis a um ponto comum. Assim, a argumentação racional não é suficiente ou, mesmo, capaz de gerar consenso. A adoção de uma teoria democrática que aceite a ideia rousseauniana de bem comum e vontade geral, fruto da razão, é, portanto, incompatível com uma teoria liberal da democracia, pois os dissidentes são vistos como sectários irracionais, podendo, inclusive, ser privados de continuar participando do sistema político. A eleição de um líder, por sua vez, permite que este encontre políticas conciliatórias entre as diversas correntes da sociedade, sem que estas sejam vistas como irracionais ou marginais.

O consenso moderno é para Schumpeter apenas fruto da manipulação da sociedade que se dá por intermédio dos meios de comunicação de massa. Esta manipulação explora a irracionalidade do eleitor, assim como a propaganda explora o consumidor, que se vê, inúmeras vezes, influenciado à aquisição de coisas das quais não tem a mínima necessidade. Não sendo o povo racional, deve-se afastar a pretensão clássica de que ele deva ser o governante.[21] Seu papel deve ser o de mero seletor de governantes. Selecionando entre os candidatos e partidos apresentados pelas elites.

Para Schumpeter os partidos políticos são máquinas para ganhar o poder, e apenas existem em função da incapacidade dos cidadãos de se auto-organizarem.[22] Assim, o momento de participação cidadã se resume à escolha eleitoral entre os candidatos preestabelecidos pelos partidos. A função do eleitor é aceitar ou rejeitar o "patrão" político. Sendo assim, a política pode se tornar ineficiente. Para que isto não ocorra, Schumpeter estabelece as seguintes condições: alto calibre dos políticos, a competição entre rivais deve se limitar a uma esfera restrita de questões, a burocracia deve ser estável e bem treinada, a participação não pode ser extrema e, por fim, deve haver uma cultura de tolerância em relação às opiniões distintas.[23]

Em resumo: para os teóricos elitistas da democracia o direito à cidadania limita-se à escolha periódica daqueles que irão tomar decisões que afetarão todos os membros da *polis*. Trata-se de uma cidadania passiva, de uma mera prerrogativa de buscar agregar interesses

---

19. Ronald Dworkin, *Levando os Direitos a Sério*, São Paulo, Martins Fontes, 2002, pp. 283 e ss.
20. Joseph Schumpeter, *Capitalism, Socialism and Democracy*, cit., p. 313.
21. Idem, p. 320.
22. Idem, p. 327.
23. Idem, pp. 361 e ss.

privados por intermédio do voto. Cumpre destacar, ainda, que o processo democrático deve se encontrar estritamente limitado pela Constituição, não apenas no seu aspecto formal, como também substantivo.

O exercício desta cidadania amesquinhada é uma consequência das próprias limitações cognitivas e morais da massa de eleitores, para autores como Schumpeter. Isto não é visto como algo necessariamente negativo. Para uma boa parte dos elitistas, uma cidadania passiva, com uma agenda política bem delimitada, é pré-condição para a manutenção de democracias liberais.

8.6 Democracia pluralista
(e a nova sociedade civil)

Apesar das severas críticas apresentadas pelos elitistas ao modelo direto e participativo de democracia, muitos são os autores que continuam a entender que persistem possibilidades de uma maior participação dos cidadãos no processo de deliberação e tomada de decisão coletiva. Embora reconheçam que nas democracias contemporâneas, inclusive em função de seus enormes eleitorados, a participação direta ficou dificultada, criticam a incapacidade dos elitistas de compreender a existência de outros âmbitos do poder, que não apenas aquele da disputa partidária, em que os cidadãos se movimentam. Neste sentido, refutam que as democracias constitucionais contemporâneas se limitem a estabelecer a estrutura procedimental para uma competição de elites políticas pelos votos de um eleitorado apático e desavisado.

Um primeiro passo para desvendar os limites desta análise extremamente economicista e elitista da democracia talvez tenha sido dado por Robert Dahl. Conforme salienta David Held,[24] o pluralismo de Dahl vem a preencher o espaço vazio deixado de lado pela teoria elitista entre o indivíduo e a liderança. Inspirado em Tocqueville, Dahl busca captar o exercício da cidadania no espaço do que hoje se convencionou denominar sociedade civil.[25] Seu foco de atenção são os grupos intermediários que agem dentro do sistema político, sem se confundir com o próprio aparato do Estado ou os partidos. Esses grupos articulam-se não em busca do poder do Estado, como os partidos, mas da realização de interesses.

Os pluralistas, a partir de Dahl, aceitam sem grandes críticas a colocação de Weber e Schumpeter de que o elemento diferenciador da democracia é a criação de um procedimento pelo qual se selecionam os líderes.[26] No entanto, sob a influência de Madison, veem na política uma situação de competição de interesses representados por facções. Diferentemente de Madison, porém, veem este fato como algo positivo. A política liberal é uma fórmula de estimular a competição entre as diversas facções, de forma a estabelecer um equilíbrio den-

---

24. David Held, *Modelos de Democracia*, cit., pp. 169 e ss.
25. Robert Dahl entende, por exemplo, que uma democracia em grande escala exige, entre outros fatores, autonomia para as associações dentro da sociedade civil e uma cidadania inclusiva. A ideia fundamental é entender o processo político de forma continuada, onde a atividade política não deve ser interrompida entre as eleições. Desta maneira, Dahl reconhece o avanço da análise democrática ao se incluir nela as associações civis: "Foi preciso uma virada radical nas maneiras de pensar para aceitar a necessidade de associações políticas: grupos de interesse, organizações de *lobby*, partidos políticos. (...) a democracia na grande escala de um País faz com que as associações políticas se tornem ao mesmo tempo necessárias e desejáveis" (Robert Dahl, *Sobre a Democracia*, cit., pp. 111-112).
26. De acordo com Robert Dahl, "a solução de Schumpeter para a solução do problema da composição do demos é inaceitável, porque elimina qualquer distinção entre ordens democráticas e não democráticas dominadas por uma elite colegiada" (*Democracy and its Critics*, New Haven, Yale University Press, 1989, p. 128).

tro do sistema, impedindo a supressão de uma facção pela outra. Neste sentido, a função do sistema político seria favorecer a liberdade de competição entre estas facções, bem como a continuidade deste processo competitivo.²⁷ A política continua, aqui, a ser equiparada à economia. Porém, enquanto nesta última se busca a maximização do lucro, na política busca-se a maximização do interesse. Não há, portanto, bem comum ou vontade geral a ser atingido. Cada um pretende apenas satisfazer seus próprios interesses, e é por isso que buscam influenciar os que se encontram em posição de mais poder.²⁸

A velha ameaça de maiorias opressoras, representada pela democracia participativa formada por cidadãos engajados, se dilui, uma vez que não há maiorias constantes e alinhadas. Na maior parte das vezes as políticas de governo são resultado de uma conciliação de grupos antagônicos. Neste sentido, os governantes são, quando muito, mediadores entre as diversas facções, formadas por cidadãos que participam nos âmbitos dos corpos intermediários da sociedade civil, não havendo um centro do poder bem definido. O processo eleitoral, então, além de desempenhar o papel de selecionar os mediadores, também tem por finalidade responsabilizá-los em face dos cidadãos.²⁹

A participação do cidadão volta, portanto, a ser fundamental para que se conquistem os interesses almejados. Os pluralistas, no entanto, reconhecem como fato empírico que os indivíduos não têm uma participação tão ativa na vida política quanto gostariam os republicanos. Isto é visto como um fato positivo, pois, caso os grupos fossem extremamente ativos, certamente estabeleceriam uma situação de impasse, por excesso de demanda. A sobrevivência da democracia depende do equilíbrio entre os diversos grupos agindo dentro do sistema. A falta de participação, portanto, não é vista como uma afronta aos princípios fundamentais da democracia, pois a decisão de participar é tomada pelos próprios cidadãos. Não se trata de uma proibição, mas de uma atitude livre, que é, porém, funcional e não ameaçadora do sistema.

A crítica que se faz ao pluralismo de Dahl refere-se à falta de atenção para o fato de que os interesses que se articulam no âmbito da sociedade civil não sejam de natureza estritamente privada. De uma perspectiva normativa, a sociedade civil pode ser vista como uma esfera de articulação de interesses mais amplos, uma vez que se encontra mais protegida do *ethos instrumental* que domina tanto a esfera dos partidos políticos como do mercado, qual seja, a luta pelo poder ou pelo lucro. Em um mundo dominado pelo mercado e pelos partidos, a participação dos cidadãos no âmbito da sociedade civil é essencial para a criação de um discurso alternativo ao da maximização de interesses não públicos.

Jean Cohen e Andrew Arato apontam quatro características da sociedade civil que a diferenciam das esferas do Estado e do mercado, tornando-a uma esfera privilegiada da

---

27. Dentro dessa perspectiva, a democracia envolve os custos de tolerância e de repressão dentro de uma sociedade pluralista. Isto é: os diferentes grupos irão se respeitar na atividade política na medida em que, de acordo com seus interesses, o custo de tolerar a oposição for menor do que o custo de reprimi-la. Por isso, é importante o ambiente pluralista, pois traz estabilidade ao sistema político, uma vez que a contestação pública e o direito de participação, ao serem centrais no modelo plural, equilibram este raciocínio de custo e benefício dentro da sociedade fracionada" (Robert Dahl, *Poliarquia*, São Paulo, EDUSP, 2005, pp. 29 e ss.).

28. Os cidadãos, assim, somente vão ser considerados politicamente iguais se tiverem oportunidades plenas: de formular suas preferências; de expressá-las a seus concidadãos e ao governo através da ação coletiva e individual; e de ter estas preferências igualmente consideradas na conduta do governo. Essas são as três bases da cidadania pluralista, das quais decorrem os requisitos indispensáveis a uma democracia em grande escala, como a liberdade de expressão e o direito de voto (Robert Dahl, *Poliarquia*, cit., p. 27).

29. Dahl manifesta em *Poliarquia* que: "(...) gostaria de reservar o termo 'democracia' para um sistema público que tenha, como uma de suas características, a qualidade de ser inteiramente, ou quase inteiramente, *responsivo* a todos os seus cidadãos" (pp. 25-26).

participação dos cidadãos: a publicidade, como instância que favorece o discurso público; a pluralidade, como âmbito que privilegia a diferenciação de visões de mundo e formas de organização; a privacidade, como ambiente que sustenta o desenvolvimento e a autonomia do indivíduo; e a legalidade, como estrutura de leis e direitos básicos que propiciem a publicidade, a pluralidade e a privacidade.[30]

Com as diversas ondas de redemocratização na Europa e América Latina e posteriormente com a queda dos regimes comunistas do Leste, as organizações não governamentais, os movimentos sociais e outros grupos de interesse público, que já enriqueciam o tecido político das democracias estáveis do Ocidente, passaram a também desempenhar papel extremamente importante na construção de novos regimes democráticos.

Neste sentido, reivindica-se que a participação dos cidadãos nas diversas esferas da sociedade civil tem um potencial cívico transformador. Este potencial já era destacado por Tocqueville no século XIX, ao alertar para a importância dos corpos intermediários na constituição da democracia americana. O fortalecimento desta nova sociedade civil tem sido extremamente favorecido pelo estabelecimento de Constituições que permitem, por intermédio de suas cartas de direitos, uma esfera de liberdade que propícia ampla participação dos cidadãos. Ao lado disso, as novas tecnologias da informação também têm servido à formação de redes de cidadãos e organizações não governamentais voltadas a interferir no debate público.

Assim, quando falamos em cidadania nos dias de hoje não estamos nos referindo apenas à velha ideia de participação dos cidadãos por intermédio de canais tradicionais de formação da vontade do Estado. Da mesma forma, não estamos nos limitando a vislumbrar o exercício da cidadania como mera prerrogativa de escolha periódica de líderes que se alternam no poder. A nova cidadania se exerce em diversos âmbitos. A escolha de representantes por intermédio de eleições é apenas um destes âmbitos. Nas democracias contemporâneas os cidadãos têm outros mecanismos de participação direta na gestão da coisa pública. Podem ser tomadas como exemplos a participação em conselhos da comunidade, que desempenham papel importante na formulação de políticas públicas; a manifestação coletiva, viabilizada por instrumentos como o referendo, o plebiscito, a iniciativa popular; a participação em audiências públicas ou na conformação dos orçamentos participativos. Em muitos Países a Internet e a televisão a cabo têm sido utilizadas para promover o debate público de questões que posteriormente serão submetidas ao voto popular. Voto, este, que também pode se dar por meio eletrônico, em muitas circunstâncias.[31] Por fim, deve-se destacar, ainda no âmbito do Estado, a utilização de ações coletivas, que colocam o Judiciário como nova arena de participação política voltada à resolução de conflitos sociais.[32]

Ao lado desses mecanismos formais de participação direta na Administração, as cartas de direitos contemporâneas criam um imenso espaço para a produção de discurso público e articulação de interesses coletivos. Nesta esfera pública, mas não estatal, o cidadão tem a liberdade de formar organizações que promovem causas de interesse público. Da mesma forma, permite-se a livre circulação de informações, por intermédio de uma mídia cada vez mais descentralizada e acessível. Estes novos espaços de engajamento público têm enorme poten-

---

30. Jean Cohen e Andrew Arato, *Sociedad Civil y Teoría Política*, México, Fondo de Cultura Econômica, 2000.
31. Maria Victoria Benevides, "Nós, o povo: reformas políticas para radicalizar a democracia", in *Reforma Política e Cidadania*, São Paulo, ed. Perseu Abramo, 2003, p. 91.
32. Mauro Cappelletti, *Juízes Legisladores?*, Porto alegre, Sérgio Antônio Fabris Editor, 1993, pp. 56 e ss.

cial educativo, que favorece a qualificação dos cidadãos como agentes republicanos, capazes de assumir de forma mais consciente a responsabilidade pelos destinos da comunidade.

8.7 O direito à cidadania na Constituição brasileira

O que diz nossa Constituição sobre o direito à cidadania? Que cidadania temos? Qual a extensão desse direito? Quais temas podem ser objeto da deliberação dos cidadãos? Que âmbitos estão abertos à participação?

A expressão "cidadania" aparece inúmeras vezes em nosso texto constitucional, ora em sentido estrito e técnico, ora em sentido mais amplo. A cidadania em sentido estrito é a prerrogativa de participar dos canais formais de formação da vontade política, por intermédio do sufrágio. O sufrágio ou o voto são instrumentos formais pelos quais os cidadãos exercem o poder de escolha, dentre as alternativas que lhes são colocadas pelo sistema político. Neste sentido, por intermédio das eleições escolhemos quem serão nossos representantes parlamentares: vereadores, deputados estaduais, deputados federais e senadores; ou nossos governantes: prefeitos, governadores ou o presidente. Também é por intermédio do voto que manifestamos nossas preferências em relação a determinados pontos que nos são colocados numa escolha plebiscitária: Somos contra ou a favor da proibição do comércio de arma de fogo? Queremos o regime parlamentarista ou presidencialista?

O voto é o veículo pelo qual nossa cidadania se manifesta de forma jurídica, tendo como obrigação correlata do sistema constitucional levá-lo em consideração para a tomada de decisão. Se a maioria escolhe o candidato "X", ele é que deverá ocupar o governo pelo período e sob as condições que a Constituição determinar. Se a maioria escolhe o presidencialismo, como ocorreu em 1993, ou autoriza o comércio de armas de fogo, como ocorreu em 2005, então, essas decisões deverão ser respeitadas.

O sufrágio no Brasil é universal. Isto significa, então, que todos tenham o direito de exercer suas escolhas políticas formais, por intermédio do voto? Não exatamente. Ao dizer que "o sufrágio é universal", o art. 14 de nossa CF está buscando expressar que não há nenhum critério arbitrário para excluir uma pessoa do direito de votar. Não estão impedidos de adquirir direitos políticos os pobres, os negros ou as mulheres, como no passado. Mas há pré-requisitos, sim, como a nacionalidade brasileira ou não se encontrar prestando serviço militar obrigatório. Da mesma forma, exige-se a idade mínima de 16 anos para o alistamento eleitoral, ainda que de forma facultativa. Ao 18 anos todos são obrigados a fazê-lo. Isto significa que o direito ao sufrágio não é atribuído arbitrariamente a um grupo em detrimento do outro. Os requisitos de brasilidade e maturidade guardam certa racionalidade.

Compreendido o significado jurídico da universalidade do sufrágio, é importante destacar outro aspecto igualitarista do exercício da cidadania política no Brasil, que é o valor do voto. De acordo com o art. 14, *caput*, da CF, o voto deve ter igual valor para todas as pessoas. Com isto se quis vetar a possibilidade de que as preferências de alguns cidadãos tivessem peso maior que a dos demais. Pelo voto duplo ou múltiplo, um cidadão mais rico ou mais educado (formalmente) teria o direito de votar duas ou mais vezes.[33] Embora seja difícil encontrar um regime democrático que distribua explicitamente o direito de voto com valor diferenciado entre seus cidadãos, não é incomum, em face do sistema eleitoral, que os elei-

---
33. Maurice Duverger, *Os Grandes Sistemas Políticos*, Coimbra, Livraria Almedina, Coimbra, 1985, p. 89.

tores de determinado Distrito estejam sub-representados na composição dos órgãos de governo. Este é o caso brasileiro, que, ao determinar, por força do art. 45, § 1º, que a Câmara Federal seja composta por no mínimo 8 deputados e no máximo 70 deputados, cria uma desproporção no valor do voto dos cidadãos dos Estados mais populosos em relação aos cidadãos dos Estados menos populosos. O mesmo ocorre em diversos Países, onde muitas vezes o eleitor dos grandes centros urbanos tem um voto de menor valor do que o das zonas rurais, em face do desenho dos Distritos eleitorais.

A cidadania em sentido estrito não se limita, no entanto, à possibilidade de expressar preferência por intermédio do voto, conferida de forma universal e igualitária aos cidadãos, para a escolha de representantes ou de questões que lhes sejam submetidas pelos instrumentos de participação direta. É também peça fundamental de nosso sistema o direito de concorrer a postos públicos, sejam estes parlamentares ou executivos. De acordo com o § 3º do mesmo art. 14 da CF, são condições de elegibilidade: a nacionalidade brasileira; o pleno exercício dos direitos políticos; o alistamento eleitoral; o domicílio na circunscrição; a filiação partidária; e a idade mínima, respectivamente, de 35 anos para presidente da República, vice-presidente da República e senador; 30 anos para governador, vice-governador de Estado e do Distrito Federal; 21 anos para deputado federal, estadual ou distrital, prefeito, vice-prefeito e juiz de paz; e 18 anos para vereador. Os analfabetos são inelegíveis em nosso sistema.

Importante destacar, do parágrafo de nossa Constituição acima mencionado, a exigência de filiação partidária para que alguém possa concorrer a posto no Parlamento ou no Executivo, qualquer que seja a esfera federativa. Logo, não pode haver candidatura independente. Os partidos ocupam, assim, constitucionalmente, papel essencial no exercício da democracia, em sentido estrito. Eles são o elo entre o indivíduo e o Poder Público, no que se refere à apresentação de candidatos que são submetidos à escolha pelos cidadãos. Sem a intermediação dos partidos não há como chegar ao poder.

A cidadania, porém, é reconhecida como algo mais amplo do que o simples direito de votar e ser votado. Logo no art. 1º de nossa CF a cidadania aparece como fundamento de nossa República e de nosso Estado Democrático de Direito.

Comentando este dispositivo, José Afonso da Silva, um dos mais respeitados estudiosos de nossa Constituição, propõe que a cidadania deve ser entendida, como "pertinência à sociedade estatal como titular de direitos fundamentais, da dignidade como pessoa humana, da integração participativa no processo do poder, com igual consciência de que essa situação subjetiva envolve também deveres de respeito à dignidade do outro, de contribuir para o aperfeiçoamento de todos".[34]

Embora estejamos de acordo com esta definição do direito à cidadania proposta por José Afonso da Silva, ao se referir à sua adoção no inciso II do art. 1º da CF, entendemos que alguns cuidados devem ser tomados na sua interpretação. O primeiro cuidado deve ser o de não pressupor uma anterioridade do direito à cidadania em relação aos direitos fundamentais. Ou seja: embora os direitos fundamentais estejam relacionados à condição de cidadão, esta não deve ser vista como uma pré-condição para a titularidade dos direitos fundamentais. Do ponto de vista jurídico, a titularidade dos direitos fundamentais deriva de nossa condição de pessoas humanas, ou, numa leitura mais restritiva, infelizmente admitida por nossa Consti-

---

34. José Afonso da Silva, *Comentário Contextual à Constituição*, 9ª ed., São Paulo, Malheiros Editores, 2014, p. 38.

tuição, a titularidade dos direitos fundamentais está relacionada com a nacionalidade ou residência brasileira (art. 5º, *caput*).

No entanto, se alguma relação de precedência houver, parece ser a dos direitos fundamentais em relação aos direitos de cidadania, até porque os direitos fundamentais constituem, em última *ratio*, uma limitação habilitadora ao livre exercício da cidadania.[35] Afinal, pelo nosso sistema, a democracia, como âmbito de participação e deliberação dos cidadãos, está submetida à preservação dos direitos fundamentais, como determinantes substantivos do processo democrático.

Assim a cidadania, em sentido amplo, deve ser compreendida como o direito de participação não apenas nos canais formais de decisão política, por intermédio dos mecanismos de representação ou de participação direta, como também o direito de participar do processo deliberativo de formação do discurso público no âmbito da sociedade civil. Nesse aspecto, estão diretamente relacionadas ao exercício da cidadania as liberdade de pensamento, consciência, convicção filosófica e política, expressão, manifestação e reunião, protegidas pelo art. 5º da CF, bem como as condições materiais básicas à existência digna, como educação, trabalho, saúde e segurança, asseguradas pelo art. 6º do texto constitucional. Estes direitos constituem o esteio da cidadania e da formação de uma sociedade civil plural, flexível e capaz de criar alternativas para o exercício do poder. A cidadania ainda acarreta um conjunto de obrigações, que impõe a harmonização dos interesses e direitos individuais à realização recíproca dos direitos dos demais membros da comunidade e dos interesses da coletividade.

8.8 *Gratuidade nos Registros de Nascimento e Óbito, condição para exercício da cidadania (ADI/MC 1.800-1-DF)*

(Plenário – rel. Min. Nelson Jobim – j. 6.4.1998)

Constitucional – Arguida a inconstitucionalidade de artigos da Lei n. 9.534/1997 – Registros Públicos – Gratuidade pelo registro civil de nascimento, assento de óbito, pela primeira certidão desses atos e por todas as certidões aos "reconhecidamente pobres". Não há plausibilidade do direito alegado. Os atos relativos ao nascimento e ao óbito relacionam-se com a cidadania e com seu exercício e são gratuitos na forma da lei – art. 5º, LXXVII. Portanto, não há direito constitucional à percepção de emolumentos por todos os atos que delegado do Poder Público pratica; não há obrigação constitucional do Estado de instituir emolumentos para todos esses serviços; os serventuários têm direito de perceber, de forma integral, a totalidade dos emolumentos relativos aos serviços para os quais tenham sido fixados. Ação conhecida – Liminar indeferida.

ACÓRDÃO – Vistos, relatados e discutidos estes autos: Acordam os Ministros do Supremo Tribunal Federal, em sessão plenária, na conformidade da ata de julgamento e das notas taquigráficas, por maioria de votos, em indeferir o pedido de medida cautelar.

Brasília, 6 de abril de 1988 – *Celso de Mello*, presidente – *Nelson Jobim*, relator.

RELATÓRIO – *O Sr. Min. Nelson Jobim* (relator):
1. A lei
A Lei n. 9.534, de 10.12.1997, alterou dispositivos da Lei dos Registros Públicos (n. 6.015, de 31.12.1973) e das leis que regulamentaram o inciso LXXVII do art. 5º (n. 9.265, de 12.2.1996) e o art. 236 (n. 8.935, de 18.11.1994) da Constituição. **[Rodapé:** Transcrição suprimida dos arts. 1º a 8º da Lei n. 9.534/1997.**]**
Eis as regras:
1. Não serão cobrados emolumentos: (a) pelo registro civil de nascimento; (b) pelo assento de óbito; (c) pela primeira certidão desse atos; (d) e por todas as certidões aos "reconhecidamente pobres".

---

35. Stephen Holmes, *Passions and Constraints*, Chicago, Chicago University Press, 1995, pp. 134 e ss.

2. A comprovação do estado de pobreza será feita por declaração do próprio interessado e, se falsa, ensejará responsabilidade civil e penal (art. 1º).

3. Os Tribunais de Justiça poderão instituir serviços itinerantes de registros, apoiados pelos Estados e Municípios (art. 7º).

2. A ação

A Associação dos Notários e Registradores do Brasil (ANOREG-BR) ataca os dispositivos relativos à gratuidade (arts. 1º, 3º e 5º).

Alega "violação frontal aos preceitos constitucionais que (...)" (fls. 19): (a) "garantem o exercício da atividade registral em caráter privado" (art. 236); e que (b) "tratam: (b.1) da *requisição* (arts. 5º, XXV e 22, III); (b.2) da *expropriação de renda* (arts. 145 e ss.); (b.3) do *devido processo legal*" (art. 5º, LIV).

Aduz que, "(...) salvo aquelas serventias (...) oficializadas em data anterior à (...) Constituição, (...), todos os serviços notariais e de registro são exercidos em caráter privado por delegação do Poder Público" (fls. 19).

Extraio, da inicial, estas passagens:

(a) "(...) sendo de caráter privado, o funcionamento desses cartórios depende, exclusivamente, do recebimento de emolumentos para atender a seu custo operacional (...) (fls. 20).

(b) "(...). Compete ao legislador, portanto, apenas dar contornos mais precisos à locução 'reconhecidamente pobres' (...) (do art. 5º, LXXVI)" (fls. 20). (...).

E o relatório.

VOTO – O Sr. Min. *Nelson Jobim* (relator):
1. O registro de nascimento e o assento de óbito.

A cidadania

Impõe-se análise do registro de nascimento e do assento de óbito para identificarmos sua posição no sistema brasileiro.

Observe-se que um dos dispositivos impugnados alterou a Lei n. 9.265, de 12.2.1996, que regulamenta o inciso LXXVII [**Rodapé:** "LXXVII – são gratuitas as ações de *habeas corpus* e *habeas data*, e, na forma da lei, os atos necessários ao exercício da cidadania.] do art. 5º da Constituição.

A questão é: *o registro de nascimento, o assento de óbito e suas primeiras certidões são atos que se relacionam com a cidadania*?

Sobre o tema há trabalho importantíssimo do Professor Roberto DaMatta, extraordinário antropólogo brasileiro. Refiro-me ao ensaio "A mão visível do Estado: notas sobre o significado cultural dos documentos na sociedade brasileira". [**Rodapé:** In *Anais do Seminário Internacional – O Desafio da Democracia na América Latina: Repensando as Relações Estado/Sociedade*, org. de Eli Diniz, IUPERJ, 1996, pp. 417-434.]

DaMatta sustenta que: "No Brasil, a palavra 'documento' circunscreve um conjunto de experiências sociais fundamentais, demarcadas por uma das mais importantes exigências da cidadania moderna: o fato de cada cidadão ser obrigado por lei a ter vários registros escritos dos seus direitos e deveres, das suas capacidades profissionais, de sua credibilidade financeira e de sua capacidade política e jurídica junto ao Estado" (p. 417).

Continua o Professor e afirma que a identificação formal, "(...) concretizada na carteira de motorista ou na carteira de identidade, é um símbolo que materializa o que somos no sistema, estabelecendo os nossos direitos e deveres, os nossos limites e o nosso poder" (p. 420).

O Brasil tem uma série de documentos que, para efeito do trânsito social do indivíduo, são relevantes:

1. *A carteira de identidade:* É o documento, diz o Professor, que "prova quem é cidadão de modo legalístico e abstrato" (p. 424).

"O documento mais importante, mais valorizado e mais inclusivo é a 'carteira de identidade' emitida pela Polícia, que estabelece o seu portador junto ao 'mundo da rua', dando-lhe uma máscara cívica, estampada concretamente no retrato (...) tirado de frente e com 'cara séria', que, com a estampa da impressão digital, são os focos desta cédula. Com ela se estabelece (...) [*um*] elo genérico com o Estado e uma primeira prova de que a pessoa tornou-se também um cidadão, ou seja, um legítimo habitante do universo da rua, esse domínio marcado pela impessoalidade, pela formalidade e pelo 'movimento'. A carteira de identidade, por não provar, atestar ou habilitar coisa alguma, a não ser a existência do seu portador tal como ele ou ela é visto pelo Estado Brasileiro, é o documento – vale repetir – mais abstrato e universal existente na sociedade brasileira.

"(...) a posse da carteira de identidade é uma espécie de 'rito de passagem cívico' (...)" (p. 426).

Observe-se que "(...) certas carteiras de identidade, como certas pessoas, mudam a atitude das autoridades. Carteiras de policial, de militar, de senador, deputado, vereador, livram o cidadão da 'batida' e da busca policial, promovendo inversões do comportamento do investigador [*que passa, no mais das vezes,*] da arrogância à subserviência. É a famosa 'carteirada'. (...)" (p. 427).

2. *A carteira de trabalho:* A seguir, em importância, vem a carteira do trabalho.

Esta "(...) comprova um elo de trabalho e garante certos direitos".

A Consolidação das Leis do Trabalho dispõe ser "a carteira de trabalho (...) obrigatória para o exercício de qualquer emprego (...) e para o exercício por conta própria de atividade profissional remunerada" (art. 13).

A carteira do trabalho, criada pelo Estado Novo, passou a conferir, no dizer de Wanderley Guilherme dos Santos, uma "cidadania regulada" (*apud* DaMatta).

Luiz Antônio Machado da Silva, citado por DaMatta, investigou como essa carteira é vista pelo indivíduo comum.

Diz o investigador: "O símbolo de *status* mais valorizado é a carteira funcional ou profissional. Ela indica que o portador tem uma certa estabilidade (...). A frase 'fulano é funcionário da' tem uma conotação ao mesmo tempo elogiosa e reconhecedora da superioridade do outro. Isto se explica não só por causa da maior facilidade em obter crédito (...), como também pela proteção que o documento representa frente *à* polícia. (...)".

É bom lembrar que o Estado Novo "ampliou drasticamente suas zonas de controle, situando a mendicância e a vadiagem (...)" como contravenções penais ("entregar-se alguém habitualmente à ociosidade, sendo válido para o trabalho" – Decreto-lei n. 3.688, 3.10.1941, arts. 59 e 60).

A falta de prova de ter trabalho, família e residência leva à prisão (Kant de Lima, citado por DaMatta).

O Brasil tem, ainda, outros documentos relevantes:

3. O *"título de eleitor, que demonstra que a pessoa vota"* e se encontra no exercício do direito-dever político do voto.

4. O *"cartão de contribuinte do Imposto de Renda ou CPF ou CIC (que atesta que a pessoa tem renda e paga ou declara Imposto de Renda).*

5. A *"carteira de reservista, que certifica a quitação com o serviço militar – um documento exigido para obter emprego ou tirar outros documentos, (...).*

6. A *"carteira de motorista, que indica ser a pessoa habilitada a dirigir veículos".*

Na nossa área, devemos lembrar a *carteira profissional de advogado* e, mesmo, a nossa *carteira de Ministro do STF*, ostensiva (é vermelha), formal (tem a forma de uma bolsa retangular) e "séria" (preenchida à mão e em nanquim). Ela adverte, na sua sexta página (!), reproduzindo a legislação, que "o Ministro aposentado conserva o título e as honras inerentes ao cargo".

É importante ter presente que "criou-se, em torno dos órgãos expedidores de carteiras, certificados, um verdadeiro mercado de trabalho paralelo, (...) os (...) 'despachantes'" (p. 423).

Observo que a legislação brasileira começa a mover-se para enfrentar essa pletora de documentos.

Em 7.4.1997 foi publicada a Lei n. 9.454, que "institui o número único de registro de Identidade Civil", decorrente de projeto do Senador Pedro Simon, pelo Rio Grande do Sul. Ataca a nova lei a congestão numérica – cada documento tem um número próprio. Já é um avanço na desburocratização do Estado.

Por tudo isso, "os documentos revelam que, no Brasil, o Estado se manifesta concretamente por meio de dispositivos e exigências documentais e cartoriais", afirma DaMatta (p. 428).

E conclui: "(...) o Estado não desempenha apenas a função da administração coletiva, mas é também uma *instância conferidora de cidadania* e de dignidade social. (...)".

É a modalidade brasileira de cidadania: "(...) uma cidadania outorgada, legitimada, controlada e conferida pelo Estado, que se expressa materialmente por meio de uma série de documentos (...)" (idem, p. 429).

Há comportamentos sociais que são veementes quanto à importância dos documentos.

Basta passar os olhos nos classificados dos jornais brasileiros. "Neles, pode-se ler o desespero de pessoas que sabem que sem seus documentos perdem a segurança para movimentar-se (...). Do mesmo modo e pela mesma lógica, é comum nos assaltos (...) negociar-se (...)" para levar o dinheiro e deixar os documentos (pp. 425-426).

Mas o relevante é que, por detrás e como pré-requisito para esse conjunto de documentos, como "mãe de todos", está o registro e a certidão de nascimento, sem o qual não se obtêm os demais.

O registro do nascimento dá ingresso e localização jurídica na sociedade organizada.

A pessoa passa a ser reconhecida com membro de uma família legal.

Passa a ter "sobrenome".

É "alguém".

Aliás, para povos latinos, como o nosso, é bom ter presente as observações de Theodor Mommsen quanto ao sistema dos nomes próprios e sua relação com a família, em Roma e na Grécia.

Após fazer notas sobre "los antiguos tiempos", Mommsen indica que, "(...) mientras que en Grecia el nombre adjetivo de familia desapareció muy pronto, en Roma (...) se convirtió en principal, a que se subordinaba el nombre del individuo, e1 prenombre (...). [**Rodapé:** *História de Roma*, vol. I, pp. 30-31, Aguilar, Madri, 7ª edição, 1987.]

Qual o "sobrenome" de Pitágoras, de Sócrates, de Platão, de Aristóteles, de Péricles...? O nome de família não tem relevância e o tempo fez desaparecer.

Mas os latinos, os chamamos e os conhecemos pelo nome da família: Cícero, não Marcus Tulio; Sêneca, não Lucius Anneus; César, não Julius; Lucrécio, não Titus... Caro.

Na nossa sociedade, o *registro de nascimento* certifica que o indivíduo integra um grupo familiar e social.

"A personalidade civil (...) começa com o nascimento com vida" – é o Código Civil (art. 4º).

O nascimento será registrado no Registro Civil de Pessoas Naturais – é a Lei dos Registros Públicos (n. 6.015/1973, arts. 29, I, e 50).

Se o nascimento não for dado a registro no prazo de 15 dias, a lei impõe multa (art. 46 da LRP, 1/10 do salário-mínimo).

O assento de óbito é transformação da morte biológica em morte social e legal. Deixa a pessoa de integrar o grupo. É defunto, que vem de *defunctus*, o que deixa de ter funções, que já cumpriu.

"A existência da pessoa natural termina com a morte (...)", diz o Código Civil (art. 10).

Os óbitos serão registrados no Registro Civil de Pessoas Naturais, diz o art. 29, III, da LRP.

"Nenhum sepultamento será feito sem certidão (...)", preceitua o art. 77 da LRP.

São, portanto, atos e documentos que certificam o início e o fim da cidadania.

É deles que esta demanda trata.

É sobre a gratuidade desses atos do Estado que passo a discutir. (...).

Elenco as premissas:

1. Os atos relativos ao nascimento e ao óbito *relacionam-se com a cidadania e com seu exercício*.

2. Está no elenco dos *direitos e garantias constitucionais* que "são gratuitos, na forma da lei, os atos necessários ao exercício da cidadania" (art. 5º, LXXVII).

3. Os titulares das serventias de notas e registros "(...) são *típicos servidores públicos* (...)" (ADI n. 1.298, Celso).

4. "(...) a atividade notarial e registral (...) [*sujeita-se*] a um regime de direito público (...)" (ADI n. 1.378, Celso);

5. "(...). *Não é de clientela* a relação entre o serventuário e o particular (...)" (RE n. 178.236, Gallotti).

6. Os *emolumentos* são devidos como "(...) contraprestação do serviço público que o Estado, por intermédio (...) [*dos serventuários*] presta aos particulares que necessitam dos serviços públicos essenciais (...)" (Rp n. 997, Moreira).

7. "(...) os emolumentos (...) possuem natureza tributária, qualificando-se como *taxas remuneratórias de serviços públicos*" (ADI n. 1.378, Celso).

8. Não há impedimento a que o Estado preste serviço público a título gratuito, ou, como diz Marco Aurélio, relativo a entidades beneficentes: "(...) o fato de a Carta não dispor expressamente sobre a isenção (...) não consubstancia óbice a que o Estado, no âmbito da conveniência ou oportunidade política, faça-o (...)" (ADI n. 1.624).

E, por fim:

9. São serviços "(...) exercidos (...) por *delegação* do Poder Público" (art. 236 da CF).

Não há direito constitucional à percepção de emolumentos por todos os atos que delegado do Poder Público pratica.

Não há, por consequência, obrigação constitucional do Estado de instituir emolumentos para todos esses serviços.

Há, isto, sim, o direito do serventuário em perceber, de forma integral, a totalidade dos emolumentos relativos aos serviços para os quais tenham sido fixados emolumentos.

Concluo pela falta de plausibilidade do direito alegado.

Não desconheço os problemas que a gratuidade causa e causará à prestação dos serviços da competência dos Estados Federados.

No entanto, não é pela via da declaração de inconstitucionalidade ou da interpretação conforme que os problemas podem ser solucionados.

A via é outra.

O local competente também é outro.

Conheço da ação.

Indefiro a liminar.

(...).

VOTO (Medida Liminar) – *O Sr. Min. Marco Aurélio*: (...). (...)

Uma nova realidade foi inaugurada com a Carta de 1988, dando-se ênfase à atuação cartorária "em caráter privado".

Não há a menor dúvida quanto à natureza dessa atividade, segundo o que dispõe o art. 236 da Constituição de 1988: "Art. 236. Os serviços notariais e de registro são exercidos em caráter privado, por delegação do Poder Público".

Ora, podemos interpretar esse preceito pinçando e potencializando o vocábulo "delegação", olvidando normas contidas na própria Constituição? Olvidando os princípios da razoabilidade e da proporcionalidade, que são ínsitos à Constituição Federal, à Lei Maior do País? Penso que não, isso a ponto de simplesmente indeferirmos a liminar pleiteada. A referência à delegação não me sensibiliza, porque o serviço deve ser exercido e sabemos que existem despesas; sabemos que, no caso, os cartórios devem contratar empregados, devem funcionar em um certo local, e, portanto, têm despesas a serem executadas. Indispensável que haja uma fonte de receita. O Estado, pela simples circunstância de lançar mão da delegação, não pode, sob pena de desrespeitar-se o texto da própria Carta da República, chegar ao ponto de inviabilizar o serviço que esta delegação visa a alcançar.

Cuidou-se na Carta de 1988 da gratuidade em três incisos muito próximos, geograficamente, do art. 5º. O primeiro deles, o inciso LXXIV, revela que "o Estado prestará assistência jurídica integral e gratuita" – a todos? Não. Veio a cláusula limitadora: "aos que comprovarem insuficiência de recursos". O segundo, o inciso LXXVI, preceitua: "LXXVI – são gratuitos para os reconhecidamente pobres, na forma da lei: a) o registro civil de nascimento; b) a certidão de óbito; (...)".

O terceiro é do de n. LXXVII, e revela a gratuidade das ações constitucionais que são o *habeas corpus* e o *habeas data*, bem como ao exercício da cidadania.

Indaga-se, mais uma vez: a gratuidade, assegurada pela Carta da República, é linear, abrangente? A gratuidade, assegurada pelo Diploma Máximo, principalmente considerado o exercício da atividade cartorária "em caráter privado", é uma gratuidade que simplesmente torna pouco convidativa a aceitação da delegação prevista no art. 236 da Constituição de 1988? Não.

Argumenta, com perspicácia, o Min. Nelson Jobim que, no caso, ter-se-ia base para a conclusão sobre a harmonia da lei com a Constituição Federal no inciso que se segue ao LXXVI, o inciso LXXVII, no que revela: "LXXVII – são gratuitas as ações de *habeas corpus* e *habeas data*, e, na forma da lei, os atos necessários ao exercício da cidadania".

S. Exa. aponta que a obtenção do registro civil, o registro de óbito, das certidões correspondentes a esses registros, estariam no campo do exercício da cidadania, e, portanto, a gratuidade prevista no inciso LXXVII abrangeria a obtenção respectiva. Não me parece assim. Não penso que o simples fato de não se ter a gratuidade conduza a um obstáculo "ao exercício da cidadania". Creio que a referência a atos necessários deve ser perquirida, quanto ao alcance, considerada a situação socioeconômica daquele que requeira o documento, o registro. Aqui, para mim, o necessário "ao exercício da cidadania" não é, em si, o documento, mas o acesso ao documento, a viabilização de chegar-se à obtenção desse documento. Por isso, tenho que há de se conjugar, porque preceito algum se encontra isolado na Ciência do Direito, o previsto no inciso LXXVI com o teor do inciso LXXVII, sob pena de inocuidade do primeiro, no que revela a gratuidade "para os reconhecidamente pobres".

O Sr. Min. *Nelson Jobim* (relator): Min. Marco Aurélio, V. Exa. está pretendendo ver a expressão "só" no inciso LXXVI. Para se ter essa interpretação sustentada é necessário que se coloque a expressão "só", que não consta na redação.

O Sr. Min. *Marco Aurélio*: Para mim – vou asseverar com desassombro –, o registro de nascimento é indispensável "ao exercício da cidadania". Se é indispensável, e o legislador fez inserir na Carta a gratuidade apenas quanto aos "reconhecidamente pobres", como posso concluir pela constitucionalidade de uma lei que, inviabilizando o próprio serviço, estende a gratuidade a todos em geral, independentemente, como afirmei, da situação socioeconômica?

Sr. Presidente, creio que a matéria versada e a argumentação da inicial são relevantes, e, se há riscos, inclusive considerados os próprios interesses da sociedade, o maior está na preservação do quadro normativo delineado pela lei atacada. Tivemos um longo período após a promulgação da Carta de 1988 e antes da lei em tela, e durante esse longo período creio que a cidadania, em termos, continuou sendo exercida pelos cidadãos em geral.

O que implicará, na espécie, a concessão da liminar? Importará o restabelecimento automático do quadro normativo anterior, o qual, como querido pela própria Carta da República, contempla a concessão gratuita do registro de nascimento e da certidão de óbito aos "reconhecidamente pobres". Não estou aqui adotando posição contrária aos necessitados – não, não estou –, estou percebendo que há necessidade de tratarmos de forma diferenciada os desiguais, até mesmo para preservarmos o benefício em relação aos primeiros.

Por isso, peço vênia aos eminentes Mins. Nelson Jobim e Ilmar Galvão para conceder a liminar, restabelecendo, portanto, o quadro normativo, até decisão final desta ação direta de inconstitucionalidade, que vigorou de 1988 à promulgação da lei atacada nesta ação.

É como voto.

(...).

VOTO (Medida Liminar) – *O Sr. Min. Sepúlveda Pertence*: Sr. Presidente, também a mim o voto do eminente Min. Nelson Jobim pareceu incensurável.

O problema é que emolumentos são remunerações de um serviço público essencialmente estatal. Se se trata de taxa – portanto, tributo fixado em lei –, a delegação da prestação do serviço público obviamente não aliena o poder de isentar, que permanece com a entidade estatal competente para tributar.

O argumento dogmático mais engenhoso da arguição é o do art. 5º, inciso LXXVI. Nele, efetivamente, só se assegura – e apenas aos reconhecidamente pobres – a gratuidade do registro civil de nascimento e à certidão de óbito. A lei questionada estende a gratuidade – com relação a todos, porque necessários ao exercício da cidadania – aos assentos de nascimento e de óbito e às primeiras certidões respectivas. A diferença é substancial.

Mas a mim me parece, Sr. Presidente, que o objeto, o significado, da garantia constitucional de qualquer direito, salvo se expressamente dispuser em contrário a Constituição mesma, é a garantia de um conteúdo *mínimo* da lei: dispor, numa declaração constitucional de direitos, que são gratuitos dois atos é apenas dizer que a lei não poderá torná-los onerosos ou tornar gratuito apenas um dos dois. O que por si só não impede que a gratuidade se estenda a outros.

Não preciso, por isso, do art. 5º, LXXVII, para legitimar a lei.

Ouvi falar que a gratuidade representaria requisição de serviços; daí a indagação que fiz ao eminente Min. Maurício Corrêa do por que ninguém teria imaginado esse argumento nas décadas e décadas que se passaram, se não séculos, em que também os cartórios judiciais eram, na linguagem da "Constituição-tabeliã", com as vênias do Min. Sydney Sanches, remunerados por emolumentos e nunca se pôs a questão da validade constitucional da isenção das pessoas estatais ao pagamento de custas.

É claro que não se punha então o problema econômico que aqui se trouxe: na Vara da Fazenda Pública a renda dos processos em que havia pagamento de custas certamente compensaria aqueles em que, sendo vencida a Fazenda, não havia custas a pagar. Não desconheço e não tenho por que duvidar de que haverá circunscrições em que efetivamente a gratuidade desses assentos e a de sua primeira certidão levarão à situação de extrema dificuldade o serventuário. Mas, afora as soluções que se possam imaginar, mantido o sistema constitucional, o que vejo nisso é a denúncia da falência deste modelo quase privado de exercício de um serviço público que, sendo essencial e não comportando custos onerosos, deve ser prestado diretamente pelo Estado.

Acompanho o eminente Relator e indefiro a liminar.

(...).

EXTRATO DE ATA

Decisão: O Tribunal, por votação majoritária, indeferiu o pedido de medida cautelar, vencidos os Mins. Maurício Corrêa e Marco Aurélio, que o deferiam. Votou o Presidente. Plenário, 6.4.1998.

Presidência do Sr. Min. Celso de Mello. Presentes à sessão os Srs. Mins. Moreira Alves, Néri da Silveira, Sydney Sanches, Octávio Gallotti, Sepúlveda Pertence, Carlos Velloso, Marco Aurélio, Ilmar Galvão, Maurício Corrêa e Nelson Jobim.

* * *

PERGUNTAS

1. Quais os fatos?
2. Qual o objeto da presente ação direta de inconstitucionalidade?
3. Qual a relevância do argumento antropológico/sociológico trazido ao acórdão pelo Min. Nelson Jobim?
4. Devem os Ministros buscar elementos em outras áreas de saber para balizar seus julgamentos?
5. A certidão de nascimento é indispensável à cidadania, conforme o Min. Nelson Jobim?
6. O Min. Marco Aurélio sugere que a extensão da gratuidade para todos pode colocar em risco a própria continuidade do serviço? Este argumento de natureza econômica deve ser levado em conta?
7. Qual o argumento jurídico essencial na definição da causa, de acordo com o Min. Sepúlveda Pertence?
8. Como decidiu o Tribunal?

8.9 Caso do Direito de Antena do PC do B (ADI/MC 1.408-1-DF)

(Plenário – rel. Min. Ilmar Galvão – j. 15.2.1996)

Art. 57 da Lei n. 9.100, de 29.9.1995 – Eleições municipais – Distribuição dos períodos de propaganda eleitoral gratuita, em função do número de representantes de cada partido na Câmara Federal – Alegada ausência de generalidade normativa, além de ofensa ao princípio da isonomia.

Improcedência da alegação – Solução legislativa motivada pela profunda desigualdade que se verifica entre os partidos.

Cautelar indeferida.

ACÓRDÃO – Vistos, relatados e discutidos estes autos: Acordam os Ministros do Supremo Tribunal Federal, por seu Tribunal Pleno, na conformidade da ata do julgamento e das notas taquigráficas, por maioria de votos, em indeferir o pedido de medida liminar. Vencido o Min. Ilmar Galvão (Relator). Votou o Presidente.

Brasília, 15 de fevereiro de 1996 – *Sepúlveda Pertence*, presidente – *Ilmar Galvão*, relator.

RELATÓRIO – *O Sr. Min. Ilmar Galvão*: O Partido Comunista do Brasil/PC do B ajuizou a presente ação direta de inconstitucionalidade, tendo por objetivo os incisos I e II do art. 57 da Lei n. 9.100, de 29.9.1995, que estão assim redigidos: "Art. 57. A Justiça Eleitoral distribuirá cada um dos períodos referidos no artigo anterior entre os partidos e coligações que tenham candidatos registrados, conforme se tratar de eleição majoritária ou proporcional, observado o seguinte: I – um quinto do tempo, igualitariamente entre os partidos e coligações; II – quatro quintos do tempo, entre os partidos e coligações, proporcionalmente ao número de seus representantes na Câmara dos Deputados; (...)".

Alega que os referidos dispositivos estabelecem a distribuição da propaganda eleitoral para a rádio e a televisão de forma discriminatória, favorecendo os partidos políticos com maior presença na Câmara dos Deputados, além de denotar inegável ausência da generalidade normativa, posto que já se sabe quais os partidos que terão maior tempo para propaganda.

Invoca, ao abono de sua tese, as decisões proferidas pelo STF nas ADI ns. 958-3, 966-4 e 1.356-6, que cuidaram de matéria análoga.

Ao pedido de declaração de inconstitucionalidade dos dispositivos enfocados ajuntou-se requerimento de medida cautelar de pronta suspensão de sua vigência, que ora é submetida à apreciação do Plenário.

É o relatório.

VOTO – *O Sr. Min. Ilmar Galvão* (relator): Dispõe a CF no art. 17, § 3º, *in verbis*:
"Art. 17. (...).
"(...).
"§ 3º. Os partidos políticos têm direito a recursos do Fundo Partidário e acesso gratuito ao rádio e à televisão, na forma da lei."

Trata-se, portanto, de matéria cuja regulamentação foi cometida pelo constituinte, no dispositivo transcrito, ao legislador ordinário, sendo legítima, por conseguinte, a iniciativa deste, ao elaborar as normas sob enfoque.

Resta examinar, pois, se resultaram elas, ao disciplinarem o chamado direito de antena, em lesão aos princípios da razoabilidade e da isonomia, como alegado, além de outros, como o do pluripartidarismo e o da autonomia partidária.

O STF, nas ADI ns. 958 e 966, declarou a inconstitucionalidade dos §§ 1º e 2º do art. 5º da Lei n. 8.713, de 1.10.1993, que condicionavam o exercício, por partido político, do direito de registrar candidato próprio às eleições de 1994 para Presidente Vice-Presidente da República e para Senador, Governador e Vice-Governador à circunstância de ter obtido, na eleição de 1990, para a Câmara dos Deputados, 5% dos votos apurados, distribuídos, pelo menos, em um terço dos Estados; ou de contar com representantes titulares na Câmara dos Deputados em número equivalente a, no mínimo, 3% da composição da Casa.

Revelou-se, então, como decisivo para a conclusão do julgamento o argumento de ter sido posto como condicionante da participação do partido, em eleição futura, o resultado de seu desempenho em eleição passada, já do conhecimento do legislador quando da elaboração da lei, para não se falar dos partidos que, por terem sido criados após as ditas eleições, nenhum desempenho poderiam exibir. Considerou-se, por isso, que os dispositivos legais impugnados feriam o princípio da razoabilidade e o do devido processo legal.

Fundamento idêntico, entre outros, serviu de base ao julgamento de Medida Cautelar na ADI n. 1.355, que resultou na suspensão da vigência dos §§ 1º e 2º do art. 11 da mesma lei ora sob apreciação, que estabeleceu proporção, baseada no número de representantes na Câmara Municipal, registráveis por partido, para as eleições do corrente ano.

Aqui repete-se a situação, dando margem à mesma solução. Com efeito, como já registrado, submete-se a distribuição do tempo de propaganda eleitoral gratuita, no rádio e na televisão, ao mesmo critério de proporcionalidade da participação do partido político na composição da Câmara Federal. Conhecida que já era do legislador essa participação, parece haver ele elaborado *lex ad hoc* ou *ad persona*, destituída, por isso, do indispensável caráter de generalidade e afrontosa ao princípio do devido processo Legal.

Um outro aspecto que não pode deixar da ser considerado e que, por igual, serviu de fundamento ao deferimento da medida cautelar, na referida ADI n. 1.355, é o que diz com a natureza do critério estabelecido para desequiparação no tratamento dos diversos partidos políticos.

Com efeito, para eleições locais, a serem travadas nos nossos mais de 5.000 Municípios, estabeleceu-se, para o discrímen entre os diversos partidos, no que tange ao exercício do direito de antena, critério baseado na respectiva representação na Câmara Federal, quando é sabido que a correlação das forças partidárias no plano federal nem sempre corresponde ao que ocorre nas bases municipais, constituindo fenômeno comum que um partido de pequena expressão nacional se revele em condições de disputar o poder em determinado Município, circunstância suficiente para assinalar no sentido de que se está diante de critério caprichoso e discriminatório, que não guarda coerência lógica com uma eventual necessidade de dispensar-se tratamento desigual entre os partidos, em razão da maior ou menor representatividade que possuam.

Acresce que, em nosso sistema constitucional, disparidade dessa ordem não é sequer estimulada, encontrando-se consagrado, ao revés, no art. 1º, V, da Carta de 1988, o regime da democracia pluralista, que tem por essência justamente a institucionalização do dissenso, por meio da livre criação de partidos políticos representativos dos mais diversos segmentos sociais, notadamente os que representam as minorias. Certamente que a exigência do requisito do caráter nacional, previsto no inciso I do referido art. 17, longe de constituir um motivo para limitar a atuação dos pequenos partidos, soa obviamente como uma razão a mais para que não lhes sejam embaraçados os passos.

É verdade que o constituinte, ao instituir o "funcionamento parlamentar na forma da lei" (inciso IV do art. 17), como requisito a ser atendido pelos partidos políticos, parece ter autorizado o legislador ordinário a estabelecer um dique à proliferação dos partidos políticos, por meio do condicionamento de sua sobrevivência ao alcance, em certo prazo, de representação no Congresso Nacional (cf. Celso Bastos, *Comentários à Constituição*, 2º vol., ed. Saraiva, p. 610).

O dispositivo, todavia, não foi assim entendido pelo legislador ordinário, que, a propósito da matéria, ao editar a nova LOPP (Lei n. 9.096, de 19.9.1995), se limitou a disciplinar o modo pelo qual o partido funciona nas Casas Legislativas (art. 12) e a estabelecer os requisitos a serem por ele atendidos para que tenha direito a funcionamento parlamentar pelo modo estabelecido (art. 13).

Ainda, entretanto, que se possa ter o princípio do funcionamento parlamentar, na Câmara dos Deputados, como autorizador da imposição, pelo legislador ordinário, de exigência para o funcionamento do partido político, não se há de nela ver compreendida delegação para limitar a atuação eleitoral, em sede municipal, do partido em funcionamento, o que é coisa inteiramente diversa.

Na verdade, se o funcionamento parlamentar devesse, efetivamente, servir de baliza ao exercício do direito de antena, em eleição municipal, como a que se avizinha, haveria o requisito de ser considerado em relação às representações partidárias perante a respectiva Câmara Municipal, única hipótese em que se estaria diante de requisito razoavelmente dimensionado em face do desempenho eleitoral de cada agremiação.

Assim, portanto, além de estar-se diante de discriminação que não encontra nenhuma ressonância na Constituição, foi estabelecida, nos dispositivos impugnados, com base em critério ilógico e de todo inadequado.

A reserva que a Constituição fez à lei ordinária, no § 3º do art. 17, para regulamentar o acesso gratuito dos partidos políticos ao rádio e à televisão, por si só, não pode ser vista como uma delegação para instituir discriminação entre os partidos, em razão de sua maior ou menor expressão político-representativa, muito menos, como foi feito, sem a menor consideração às peculiaridades regionais ou locais, como se o bipartidarismo houvesse sido eleito como valor supremo a ser realizado a curto ou médio prazo.

De ter-se, portanto, pelas razões expostas, por relevante o fundamento do pedido, ante a perfeita plausibilidade da tese da inconstitucionalidade dos dispositivos impugnados, concorrendo, ao mesmo tempo, o requisito da conveniência do pronto deferimento da cautelar, dada a iminência do desencadeamento do processo eleitoral para o pleito do corrente ano.

Registre-se que a supressão das referidas normas não resultará em vácuo legislativo, posto que subsistirá a norma do *caput* do art. 57, suficiente para regular o "direito de antena", com observância do princípio da isonomia entre os partidos e coligações que apresentarem candidatos próprios.

Meu voto, pelas razões expostas, defere a cautelar, para o fim de suspender a vigência dos incisos I e II do art. 57 da Lei n. 9.100, de 19.9.1995.

(...).

VOTO (Medida Liminar) – *O Sr. Min. Sepúlveda Pertence* (presidente): Conforme alguns Colegas assinalaram, tenho como plausível, ponderável, a arguição de inconstitucionalidade. O tema é sempre delicado. A disciplina do processo eleitoral reclama, muitas vezes, um tratamento ao menos parcialmente diferenciado entre os partidos.

E aí se põe sempre uma colisão de valores a considerar.

De um lado, necessariamente, o significado e a inserção já demonstrados do partido no eleitorado, que necessariamente hão de ser medidos por algum índice de desempenho eleitoral passado de cada um; mas, de outro, esse não pode ser o fator exclusivo da diferenciação de tratamento, sob pena de engessar-se o quadro partidário de determinado momento, tendendo a inviabilizar as consequências efetivas do princípio, também eminente, da liberdade partidária e do pluripartidarismo.

No caso, como continuamos insistindo na prática viciosa das leis casuístas para cada eleição, acaso suspensa, no ponto, a lei questionada, não haveria norma anterior a observar (aliás, diga-se a verdade, às normas anteriores, por exemplo, às da eleição geral de 1994, alguns dos reparos feitos a esta lei de agora teriam também que ser feitos: verificava, há pouco, que, em 1994, a distribuição do tempo para eleições estaduais para governador do Estado também se fazia com base na representação dos partidos da Câmara dos Deputados).

O certo é que teríamos um vácuo legislativo, agravado pelo art. 16 da Constituição, que já não possibilita, pelo menos na via da legislação ordinária, preenchê-lo a tempo de reger a campanha das próximas eleições municipais. Admitida que fosse, nesse vácuo, a atuação do TSE, este, por outro lado, não teria outro critério plausível a seguir que não fosse o desempenho passado dos partidos políticos ou a simples divisão igualitária do tempo, que nenhum ordenamento pratica; fosse ele o desempenho passado nas eleições federais, fosse nas eleições municipais.

O eminente Relator inclinou-se por subscrever, no caso, o critério que presidiu nossa decisão na ADI n. 1.355, quando se assentou que para graduar o excesso de candidatos que cada partido seria autorizado a lançar às Câmaras Municipais era desarrazoado tomar como critério o desempenho federal e não o desempenho municipal da agremiação.

Mas aqui, no campo do "direito de antena", não.

Durante os debates tive a oportunidade de observar que precisamente para os pequenos partidos políticos, como o requerente, o sistema de tomar apenas o critério municipal é que seria profundamente iníquo: dado o pequeno número de membros das Câmaras Municipais, o normal é que, na grande maioria dos Municípios, os pequenos partidos não tenham representação alguma...

Por isso, à falta de alternativa melhor para disciplinar algo que tem que ser disciplinado a tempo de reger as campanhas eleitorais do corrente ano, acompanho o eminente Min. Maurício Corrêa, indeferindo a cautelar.

EXTRATO DE ATA

Decisão: Por maioria de votos, o Tribunal indeferiu o pedido de medida liminar, vencido o Min. Ilmar Galvão (Relator). Votou o Presidente. Plenário, 15.2.1996 (ausente, justificadamente, o Min. Marco Aurélio).

Presidência do Sr. Min. Sepúlveda Pertence. Presentes à sessão os Srs. Mins. Moreira Alves, Néri da Silveira, Sydney Sanches, Octávio Gallotti, Celso de Mello, Carlos Velloso, Ilmar Galvão, Francisco Rezek e Maurício Corrêa.

* * *

PERGUNTAS

1. Quais são os fatos?
2. Para quê serve o direito de antena? Ele está protegido pela Constituição?
3. Qual a sua relação com a democracia?
4. Qual o critério de distribuição deste direito entre os partidos?
5. O critério dessa distribuição está em conformidade com o princípio da isonomia?
6. É adequado à autonomia partidária?
7. E ao pluripartidarismo, previsto na Constituição?
8. O argumento do Min. Sepúlveda Pertence de que não há alternativa melhor para a distribuição do período eleitoral gratuito, uma vez que as eleições estão muito próximas, é um argumento jurídico? É aceitável, segundo sua opinião?
9. Qual a decisão do Tribunal?

8.10 Caso da divisão do tempo de propaganda entre partidos com e sem representação no Congresso (ADI 4.795 e 4.430-DF)

(Plenário – rel. Min. Dias Toffoli – j. 29.6.2012)

Ações diretas de inconstitucionalidade – Julgamento conjunto da ADI n. 4.430 e da ADI n. 4.795 – Art. 45, § 6º, e art. 47, incisos I e II, da Lei n. 9.504/97 (Lei das Eleições) – Conhecimento – Possibilidade jurídica do pedido – Propaganda eleitoral no rádio e na televisão – Inconstitucionalidade da exclusão dos partidos políticos sem representação na Câmara dos Deputados – Violação do art. 17, § 3º, da CF – Critérios de repartição do tempo de rádio e TV – Divisão igualitária entre todos os partidos que lançam candidatos ou divisão proporcional ao número de parlamentares eleitos para a Câmara dos Deputados – Possibilidade constitucional de discriminação entre partidos com e sem representação na Câmara dos Deputados – Constitucionalidade da divisão do tempo de rádio e de TV proporcionalmente à representatividade dos partidos na Câmara Federal – Participação de candidatos ou militantes de partidos integrantes de coligação nacional nas campanhas regionais – Constitucionalidade – Criação de novos partidos políticos e as alterações de representatividade na Câmara dos Deputados – Acesso das novas legendas ao rádio e à TV proporcionalmente ao número de representantes na Câmara dos Deputados (inciso II do § 2º do art. 47 da Lei n. 9.504/1997), considerada a representação dos deputados federais que tenham migrado diretamente dos partidos pelos quais foram eleitos para a nova legenda no momento de sua criação – Momento de aferição do número de representantes na Câmara Federal – Não aplicação do § 3º do art. 47 da Lei n. 9.504/1997, segundo o qual a representação de cada partido na Câmara Federal é a resultante da última eleição para deputados federais – Critério inaplicável aos novos partidos – Liberdade de criação, fusão e incorporação de partidos políticos (art. 17, *caput*, da CF/1988) – Equiparação constitucional – Interpretação conforme. (...).

ACÓRDÃO – Vistos, relatados e discutidos estes autos: Acordam os Ministros do Supremo Tribunal Federal, em sessão plenária, sob a presidência do Sr. Min. Ayres Britto, na conformidade da ata do julgamento e das notas taquigráficas, por maioria de votos, em rejeitar a preliminar de necessidade de procuração com poderes específicos para se ajuizar a ação, vencido o Min. Marco Aurélio. Por unanimidade de votos, acordam os Ministros em rejeitar a preliminar de inépcia da petição inicial e, por maioria de votos, em rejeitar a de impossibilidade jurídica do pedido, vencidos os Srs. Mins. Carmen Lúcia, Marco Aurélio, Ricardo Lewandowski e Joaquim Barbosa. No mérito, por maioria de votos, acordam os Ministros em julgar parcialmente procedente o pedido formulado na ADI n. 4.430, declarando a constitucionalidade do § 6º do art. 45 da Lei n. 9.504/1997; a inconstitucionalidade da expressão "e representação na Câmara dos Deputados" contida no § 2º do art. 47 da Lei n. 9.504/1997; e dando interpretação conforme à Constituição Federal ao inciso II do § 2º do art. 47 da mesma lei, assegurando, assim, aos partidos novos, criados após a realização de eleições para a Câmara dos Deputados, o direito de acesso proporcional aos dois terços do tempo destinado à propaganda eleitoral no rádio e na TV, considerada a representação dos deputados federais que migrarem diretamente dos partidos pelos quais foram eleitos para a nova legenda no momento de sua criação. Vencidos os Srs. Mins. Joaquim Barbosa e Carmen Lúcia, que julgavam totalmente improcedente a ação, e os Srs. Mins. Cézar Peluso e Marco Aurélio, que acompanhavam o Relator quanto à inconstitucionalidade da expressão "e representação na Câmara dos Deputados" e declaravam a inconstitucionalidade da expressão "um terço" contida no inciso I do referido art. 47, bem como de todo o seu inciso II.

Brasília, 29 de junho de 2012 – *Dias Toffoli*, Relator.

(...).

RELATÓRIO – *O Sr. Min. Dias Toffoli*: Cuida-se de ação direta de inconstitucionalidade, com pedido de medida liminar, proposta pelo Partido Humanista da Solidariedade (PHS), com o objetivo de questionar a validade da expressão "representação na Câmara dos Deputados" e dos incisos I e II contidos no § 2º do art. 47 Lei n. 9.504/1997 (Lei das Eleições), bem assim contra a integralidade do § 6º do art. 45 do mesmo diploma, para que, ao final, se estabeleça interpretação no sentido: (i) da repartição igualitária do tempo destinado à propaganda eleitoral entre os diversos partidos políticos e (ii) da impossibilidade "de veiculação de propaganda/participação de filiados/candidatos que integrem a coligação nacional no horário eleitoral gratuito dos pleitos estaduais/regionais".

Eis o teor dos dispositivos questionados:

"Art. 45. A partir de 1º de julho do ano da eleição, é vedado às emissoras de rádio e televisão, em sua programação normal e noticiário: (...).

"(...).

"§ 6º. É permitido ao partido político utilizar na propaganda eleitoral de seus candidatos em âmbito regional, inclusive no horário eleitoral gratuito, a imagem e a voz de candidato ou militante de partido político que integre a sua coligação em âmbito nacional."

"Art. 47. As emissoras de rádio e de televisão e os canais de televisão por assinatura mencionados no art. 57 reservarão, nos 45 (quarenta e cinco) dias anteriores à antevéspera das eleições, horário destinado à divulgação, em rede, da propaganda eleitoral gratuita, na forma estabelecida neste artigo.

"(...).

"§ 2º. Os horários reservados à propaganda de cada eleição, nos termos do parágrafo anterior, serão distribuídos entre todos os partidos e coligações que tenham candidato e representação na Câmara dos Deputados, observados os seguintes critérios: I – um terço, igualitariamente; II – dois terços, proporcionalmente ao número de representantes na Câmara dos Deputados, considerado, no caso de coligação, o resultado da soma do número de representantes de todos os partidos que a integram."

Sustenta o requerente que a legislação questionada promove tratamento diferenciado dos partidos políticos quanto à propaganda eleitoral no rádio e na TV, a qual constitui, ainda hoje, a despeito de outros meios de comunicação, o principal instrumento de divulgação das candidaturas.

Aduz que esta Corte já decidiu que a propaganda eleitoral tem por finalidade igualar os candidatos, por meios ponderados, no momento de exposição de suas propostas para o eleitorado. Diante desse objetivo, conclui o autor que o atual critério de distribuição do tempo do horário eleitoral gratuito, que supedâneo no número de deputados federais eleitos por cada partido nos pleitos anteriores, dele excluindo as representações sem participação na Câmara dos Deputados, fere o princípio da isonomia ou da igualdade de chances, previsto no art. 5º, *caput*, da CF.

VOTO – *O Sr. Min. Cézar Peluso*: Sr. Presidente, eu vou pedir vênia aos votos já proferidos por dois motivos: primeiro, porque vou expor ponto de vista absolutamente contrário; e, segundo, porque vou raciocinar em termos muito simples para manifestar uma convicção profunda que, infelizmente, os argumentos até agora trazidos não conseguiram alterar.

O art. 17 da CF não faz nenhuma distinção entre os partidos políticos. Concede a todos, oficial e regularmente criados e diante do seu registro, direitos iguais. Nem teria sentido que a Constituição concebesse diversidade entre os partidos que considera ingredientes do sistema democrático e representativo. Então, o simples fato de o partido ter registro oficial e regular lhe dá direito igual ao de todos os demais partidos. Isso me parece exigência do princípio democrático e, particularmente, do princípio da isonomia, do princípio da igualdade. Isso me parece, além do mais, solução absolutamente sensata, em termos práticos, porque, se o sistema e o ordenamento jurídico permitem que todos os partidos possam apresentar candidatos a cargos públicos, sem discriminá-los *a priori*, não teria sentido que algum partido obtivesse alguma vantagem na concorrência, isto é, nos meios de que dispõe para expor a importância das suas candidaturas e, vamos dizer, a supremacia dos princípios que sustenta. (...).

A minha pergunta, aqui, é esta: o que é que justifica que partidos com representação no Congresso tenham maior espaço no acesso aos meios de comunicação para efeito de propaganda partidária? Por que é que esse simples fato justifica que partidos criados posteriormente à eleição não tenham o mesmo direito de acesso aos meios de comunicação para veicular suas mensagens? Eu não o consigo entender, com o devido respeito. E mais: acho que essa interpretação, com o devido respeito, subordina a desigualação à lábil vontade do povo, por quê? Porque está baseada numa eleição que já passou, e não em razão objetiva e permanente que pudesse abrir exceção ao princípio da igualdade.

Mas vou até mais longe. O próprio eminente Relator reconheceu que se trata de um privilégio. Foram palavras usadas por S. Exa. Os partidos com representação no Congresso, nesse esquema da lei, gozam de um privilégio. E é privilégio que, como todo privilégio, sempre tem más consequências. E, neste caso, tem consequência que eu reputo extremamente grave e danosa por uma visão democrática que eu diria mais exigente. É que, na verdade, essa preferência dada aos partidos com representação leva à tendência de perpetuação da hegemonia dos partidos com maior representação no Congresso, porque eles é que terão maiores oportunidades de se dirigir ao povo e, portanto, de renovar a sua representação; enquanto os outros partidos que têm representação menor ou que não têm representação nenhuma veem diminuídas, de um modo extremamente grave, as chances, as oportunidades de poder eleger os seus representantes. (...).

Sabemos que esses partidos todos não vão apresentar candidatos em todos os níveis e para todas as eleições. Além do mais, a solução para isso está nas próprias coligações, pois aí, sim, a soma dos partidos que se coligam representa, por força da variedade dos partidos que se unem em torno da mesma plataforma eleitoral, pede que o tempo seja maior, porque é maior o número dos partidos. E, aí, não vejo nada que ofenda, de qualquer modo, a cláusula constitucional da igualdade e, particularmente, o art. 17 da Constituição. (...).

Do ponto de vista prático, o meu voto significa o seguinte: eu julgo inconstitucional o § 2º, na expressão "representação na Câmara dos Deputados", e declaro inconstitucional totalmente o inciso II e, em parte, o inciso I. De tal modo que a leitura resultante significaria o seguinte: "§ 2º. Os horários reservados à propaganda de cada eleição, nos termos do parágrafo anterior, serão distribuídos entre todos os partidos e coligações que tenham candidato e representação na Câmara dos Deputados, observados os seguintes critérios: I – igualitariamente".

E, para o caso concreto, o que isso significa? Significa que, se o partido está regularmente criado, então, tem direito de participação igualitária no uso da propaganda eleitoral, tal como prevista na lei.

É como, com o devido respeito, eminente Relator, eu voto nesta oportunidade, pedindo a máxima vênia.

(...).

(...).

VOTO – *O Sr. Min. Dias Toffoli* (relator): Srs. Ministros, conforme relatado, as duas ações diretas de inconstitucionalidade ora em análise versam sobre a disciplina legal e a respectiva interpretação concernentes à regulação da propaganda eleitoral, em especial relativamente aos critérios de divisão do tempo destinado à divulgação das candidaturas no rádio e na TV. (...).

4. A propaganda política e suas espécies:
propaganda partidária e propaganda eleitoral

Desde logo se vê que a análise do presente tema é de alto relevo institucional e social, assistindo razão aos requerentes quando ressaltam a importância do rádio e da TV como meios de divulgação do pensamento político-partidário. (...).

A análise destas ações diretas de inconstitucionalidade força-nos a refletir sobre temas de inegável importância para o desenvolvimento de nosso sistema político-eleitoral, como o desenvolvimento histórico do sistema partidário brasileiro, a propaganda política e o direito constitucional dos partidos ao acesso à TV e ao rádio, sua relevância no processo eleitoral, os critérios de participação nesses meios e de acesso proporcional a eles, a liberdade de criação dos partidos políticos e sua importância para o pluralismo político, além do tormentoso problema da representação dos deputados federais que migram dos seus partidos de origem para partidos criados após o pleito eleitoral, problema, esse, que tangencia questionamentos acerca da fidelidade partidária e da titularidade do mandato nos casos de mudanças de legendas, dentre outros. (...).

Nesse sentido, propaganda política é toda aquela que possui finalidade eleitoral, não apenas com o fim específico da conquista de votos, mas também com o objetivo de expor determinado posicionamento político. Por isso, correta a posição de que a propaganda política seria o gênero, pois ela, claramente, engloba os demais conceitos.

A propaganda política rege-se por princípios, dentre os quais destacam-se, na divisão de Joel J. Cândido, os princípios da legalidade, da liberdade, da responsabilidade, da igualdade, da disponibilidade e do controle judicial da propaganda.

Para o presente debate, sobressai a relevância dos princípios da liberdade e da igualdade.

De acordo com o princípio da liberdade, assegura-se total liberdade, dentro dos ditames constitucionais e legais, para a criação e a veiculação de propaganda política. Essa franquia decorre do pleno exercício do Estado Democrático de Direito e concerne aos direitos constitucionais de liberdade de expressão e de informação.

Por sua vez, o princípio da igualdade preconiza que todos os partidos políticos, coligações e candidatos devem ter as mesmas condições e oportunidades para veicularem seus programas e ideias.

Espécie de propaganda política, a propaganda partidária se presta à explicitação de ideias, programas e pensamentos do partido. Procura angariar eleitores e cidadãos que simpatizem com seus ideais e é regulada pelo art. 45 da Lei n. 9.096/1995 (Lei dos Partidos Políticos). (...).

Destaque-se que as presentes ações não versam sobre propaganda partidária, mas, sim, sobre a outra espécie de propaganda política, a propaganda eleitoral, analisada a seguir.

A propaganda eleitoral é aquela que se realiza antes de certame eleitoral e objetiva, basicamente, a obtenção de votos, tornando-se instrumento de convencimento do eleitor, que pode, por seu intermédio, ampliar seu conhecimento sobre as convicções de cada candidato ou partido, fazendo a escolha que mais lhe convier. (...).

5. Da propaganda eleitoral no rádio e na TV e seu espectro de alcance
comparativamente a outras mídias sociais

A Carta de 1988 assegurou às agremiações o "direito a recurso do Fundo Partidário e acesso gratuito ao rádio e à televisão, na forma da lei" (art. 17, § 3º, da Constituição), direitos, esses, indispensáveis à existência e ao desenvolvimento dos partidos políticos. Assim como o direito de repartição dos recursos do Fundo Partidário, a previsão constitucional do direito de acesso dos partidos políticos aos meios de comunicação, também conhecido como "direito de antena", foi inovação do texto constitucional de 1988. Esse direito ressalta a isonomia entre os partidos, evitando o uso do poder econômico para fins partidários. (...).

Pelas normas acima citadas, a repartição do horário gratuito tem como referência básica a representação dos partidos/coligações na Câmara dos Deputados resultante da última eleição. Um terço do horário deve ser repartido igualitariamente entre todos os partidos concorrentes que tenham representação na Câmara dos Deputados naquela data; e os dois terços restantes devem ser repartidos proporcionalmente ao número de deputados federais de cada partido naquela mesma data.

Na hipótese de coligação, é considerada a soma do número de deputados federais de todas as legendas que a integram, tendo em conta, novamente, o resultado do último pleito.

Por sua vez, o número de representantes do partido que tenha resultado de fusão ou a que se tenha incorporado outro corresponde à soma dos representantes que os partidos de origem possuíam na data mencionada no parágrafo anterior. (...).

Nos debates legislativos acerca da distribuição do tempo reservado à propaganda eleitoral no rádio e na TV, quando da aprovação do Projeto de Lei n. 2.695/1997, que resultou na Lei n. 9.504/1997, era também evidente a preocupação com a questão da fidelidade partidária. Àquela época ainda não existiam sólidos entendimentos combatendo a infidelidade, e, por essa razão, se decidiu que não bastava o partido ter candidato ao cargo eletivo, ele deveria, também, ter representação na Câmara dos Deputados. (...).

6.1 Da inconstitucionalidade da exclusão dos partidos políticos
sem representação na Câmara dos Deputados
da propaganda eleitoral gratuita

(...).

Em parte, assiste razão ao requerente. Talvez, neste particular, não propriamente pela ofensa ao princípio da igualdade, mas, primordialmente, pela exclusão do próprio direito de participação política e pela exclusão do direito constitucional das agremiações ao "acesso gratuito ao rádio e à televisão", consagrado no art. 17, § 3º, da Constituição, de inegável relevância para a existência e o desenvolvimento dos partidos políticos. (...).

A problemática reside na partícula aditiva "e", constante da expressão "serão distribuídos entre todos os partidos e coligações que tenham candidato e representação na Câmara dos Deputados", da qual é possível retirar juízo excludente em relação àquelas agremiações que apresentem candidaturas sem possuir representação na Casa Legislativa. (...).

Nesses termos, cabe à legislação regulamentar a regra constitucional sob seus aspectos instrumentais, viabilizando o exercício desse direito por todas as agremiações partidárias, definindo, inclusive, critérios de distribuição. A ela não se permite, no entanto, instituir mecanismos e exigências que venham a excluir e a inviabilização o próprio direito constitucional de participação dos partidos. (...). (...).

Ora, levar a cabo interpretação restritiva, que impeça a participação de partidos sem representação na Câmara Federal na propaganda eleitoral gratuita, é o mesmo que tolher direito atrelado, de forma imanente, à postulação de cargos eletivos. (...).

Ressalte-se que tem sido exatamente essa a leitura que tem sido feita pelo TSE (com exceção daquela conferida na Consulta n. 371/1997, antes mencionada), o qual tem promovido a repartição do tempo destinado à promoção eleitoral, quanto à terça parte, de forma isonômica entre todas as legendas com candidaturas, independentemente da exigência de representatividade na Câmara dos Deputados. No que toca aos dois terços restantes, a repartição é feita proporcionalmente entre aquelas agremiações que tenham representação na Câmara dos Deputados. (...).

Contudo, ainda que a atual interpretação realizada pelo TSE seja no sentido de que um terço do horário deve ser distribuído igualitariamente entre todos os partidos e coligações que tenham candidatos, independentemente de representação na Câmara dos Deputados, e, portanto, nos exatos termos aqui defendidos, não tem ela o condão de expungir o conteúdo normativo da referida expressão ofensiva do sistema, razão pela qual persiste a necessidade de se proferir juízo de inconstitucionalidade sobre a expressão "e representação na Câmara dos Deputados", insculpida na cabeça do § 2º do art. 47 da Lei n. 9.504/1997. (...).

*6.2 A distribuição do tempo de propaganda eleitoral
e a representação na Câmara dos Deputados: tratamento diferenciado
à luz dos princípios da igualdade e da razoabilidade*
(...).

Defende o partido autor da ADI n. 4.430 a necessidade de se declarar a inconstitucionalidade dos incisos I e II contidos no § 2º do art. 47 da Lei n. 9.504/97 (Lei das Eleições), de forma que a repartição do horário da propaganda eleitoral gratuita se faça de forma igualitária entre todos os partidos partícipes da disputa. (...).

Observo, contudo, quanto ao ponto-chave do questionamento, que o legislador infraconstitucional foi atento a um padrão equitativo de isonomia, melhor dizendo, ponderou os aspectos formal e material do princípio da igualdade.

A solução interpretativa reclamada pelo requerente, na direção do tratamento absolutamente igualitário entre todos os partidos, com a consequente distribuição do mesmo tempo de propaganda, não é suficiente para espelhar a multiplicidade de fatores que influenciam o processo eleitoral, desprezando, caso acatada, a própria essência do sistema proporcional.

Nesse sentido, a lei distinguiu, em um primeiro momento, os partidos que não têm representação na Câmara Federal dos partidos que a têm. Distribuiu, então, um terço do tempo de forma igualitária entre todos os partidos/coligações concorrentes e dois terços do tempo somente entre os partidos com representação na Câmara dos Deputados (art. 47, § 2º, I, da Lei n. 9.504/1997). Nesse ponto, adotou, isoladamente, o critério da representação.

Atento a essa particularidade, entendo possível, e constitucionalmente aceitável, a adoção de tratamento diversificado, quanto à divisão do tempo de propaganda eleitoral gratuita, para partidos com e sem representação na Câmara dos Deputados.

O critério adotado, do mesmo modo que *reserva espaço destinado às minorias,* não desconhece a *realidade histórica de agregação de representatividade política experimentada por diversos partidos políticos* que na atualidade dominam o cenário político.

Com efeito, não há igualdade material entre agremiações partidárias que contam com representantes na Câmara Federal e legendas que, submetidas ao voto popular, não lograram eleger representantes para a Casa do Povo. Não há como se exigir tratamento absolutamente igualitário entre esses partidos, porque eles não são materialmente iguais, quer do ponto de vista jurídico, quer da representação política que têm. *Embora iguais no plano da legalidade, não são iguais quanto à legitimidade política.*

Destaque-se que essa desigualdade está na própria Constituição, que faz a distinção entre os partidos com e sem representação no Congresso Nacional, albergando a possibilidade desse tratamento diferenciado, por exemplo, quando permite a inauguração do controle abstrato de normas e a impetração de mandado de segurança coletivo somente aos partidos políticos com representação no Congresso Nacional. (...). (...).

Por sua vez, a legislação estabeleceu, ainda, num segundo momento, outro critério de distinção, qual seja, a proporcionalidade da representação, distribuindo os dois terços do tempo restante proporcionalmente ao número de representantes de cada partido/coligação na Câmara dos Deputados (art. 47, § 2º, II, da Lei n. 9.504/1997). Por que não distribuiu o legislador o tempo de dois terços igualitariamente entre todos os partidos que possuem representantes na Câmara Federal?

Evidentemente, não se pode colocar em igualdade de situações partidos que, submetidos ao teste de representatividade, angariaram maior legitimação popular do que outros.

A soberania popular, consagrada no parágrafo único do artigo inaugural da Constituição Federal de 1988 ("Todo o poder emana do povo, que o exerce por meio de representantes eleitos ou diretamente, nos termos desta Constituição"), e que constituiu elemento nuclear da democracia, é manifesta pelo povo, de maneira mais pujante, no momento do voto. (...).

Daí se vê que os critérios equitativos adotados nos incisos I e II do § 2º do art. 47 da Lei n. 9.504/1997 decorrem todos do próprio regime democrático e da lógica da representatividade proporcional, sem descuidarem, por outro lado, da garantia do direito de existência das minorias. (...).

8. A criação dos partidos políticos
e as alterações de representatividade na Câmara dos Deputados
(...)

8.1 Processo histórico de formação dos partidos políticos
no Brasil e o processo de implantação da representação
proporcional (sistema de listas abertas) (...).

Com efeito, a Constituição Federal de 1988, dando sequência ao modelo adotado desde 1932, estabeleceu, em seu art. 45, o sistema proporcional para as eleições de deputados federais, de deputados estaduais e de vereadores. Não adentrou o texto constitucional no modelo especificamente a ser adotado, embora, durante os debates da Assembleia Nacional Constituinte, se tenha tentado adotar modelos específicos, como o sistema distrital misto.

Pessoalmente, entendo que a conjugação do sistema proporcional de listas abertas e de votação uninominal com a exigência constitucional de partidos nacionais, com bases distritais nas unidades da Federação – Estados-membros e Distrito Federal –, é, acima de tudo, solução adequada à representação federativa no âmbito da Nação. (...).

A minha conclusão é que, no nosso sistema proporcional, não há como afirmar, simplesmente, que a representatividade política do parlamentar está atrelada à legenda partidária para a qual foi eleito, ficando em segundo plano a legitimidade da escolha pessoal formulada pelo eleitor por meio do sufrágio.

Pelo contrário, em razão das características próprias do sistema de listas abertas, diversas daquelas das listas fechadas, o voto amealhado dá prevalência à escolha pessoal do candidato pelo eleitor, em detrimento da proposta partidária. (...).

Bem por isso, o "peso" do parlamentar, eleito nominalmente, deve ser considerado, sim, para fins de representatividade, no caso de criação de novo partido político para o qual migrou o deputado (assim como nos casos de fusão e de incorporação).

Disso já decorre, portanto, a inviabilidade de se declarar a inconstitucionalidade da interpretação questionada pelos autores da ADI n. 4.795 com fundamento no sistema proporcional de eleição (art. 45 da CF/1988).

8.2 O caput do art. 17 da CF e a equiparação constitucional
entre as hipóteses de criação, fusão e incorporação
de partidos políticos

Além das razões acima, para chegar à conclusão do meu voto, tomo ainda por base, em resumo, os seguintes preceitos: (a) a liberdade de criação de partidos políticos (art. 17 da CF/1988); (b) a paridade constitucional entre as hipóteses de criação, fusão e incorporação de partidos políticos; (c) a inviabilidade de aplicação do critério do desempenho eleitoral para os casos de criação de novas legendas partidárias; (d) a distinção entre a hipótese de migração direta de deputados federais para partido político novo (criação, fusão e incorporação de partido político) e a hipótese de migração para legenda que já participou de eleições anteriores (justa causa sem perda de mandato). (...).

Na atualidade, são os partidos políticos os principais entes pluralistas. Consectárias diretas do pluralismo, as agremiações partidárias constituem fundamento próprio da República Federativa do Brasil, conforme inscrito no art. 1º, V, da Lei Fundamental. (...).

A Carta da República consagra, ademais, logo na cabeça do art. 17 da Carta Maior, a liberdade de criação, fusão, incorporação e extinção de partidos políticos, limitada essa liberdade à necessidade de resguardar os valores da soberania popular, do regime democrático, do pluripartidarismo e dos direitos fundamentais da pessoa humana. (...). (...).

Extraio, portanto, do princípio da liberdade de criação e transformação de partidos, contido no *caput* do art. 17 da Constituição da República, o fundamento constitucional para reputar como legítimo o entendimento de que, na hipótese de criação de um novo partido, a novel legenda, para fins de acesso proporcional ao rádio e à TV, leva consigo a representatividade dos deputados federais que para ela migraram diretamente dos partidos pelos quais foram eleitos.

Destaque-se que *não se está a falar apenas em liberdade abstrata de criação, no sentido formal de não se estabelecerem obstáculos à sua formação, mas, especialmente, no seu sentido material de viabilizar a permanência e o desenvolvimento dessas novas agremiações.* (...).

Com efeito, impedir que o parlamentar fundador de novo partido leve consigo sua representatividade, para fins de divisão do tempo de TV e rádio, esbarra, exatamente, no princípio da livre criação de partidos políticos, pois atribui, em última análise, um desvalor ao mandato do parlamentar que migrou para o novo partido, retirando-lhe parte das prerrogativas de sua representatividade política. Restaria, em evidência, desestimulada a criação de novos partidos, em especial por parte daqueles que já ocupam mandato na Câmara Federal.

Ressalte-se, ademais, que *a liberdade de criação de agremiações foi prevista, constitucionalmente, ao lado da liberdade de fusão, de incorporação e de extinção de partidos*. Recebeu, portanto, *o mesmo patamar constitucional dos direitos de fusão e incorporação, cabendo à lei, e também ao seu intérprete, preservar essa equiparação do sistema constitucional*. (...).

Os debates relativos à fidelidade partidária são, sem dúvida, relevantes para o deslinde da questão aqui posta, especialmente no que toca à criação de novas legendas e à legítima migração de parlamentares para o novel partido. Entretanto, a pergunta a ser respondida, na presente análise, não é se o mandato pertence ao eleito (mandato livre) ou ao partido (mandato partidário). Não se está a discutir a titularidade do mandato, mas a representatividade do parlamentar que, legitimamente, migra para um partido recém-criado.

Ora, se se entende que a criação de partido político autoriza a migração dos parlamentares para a novel legenda, sem que se possa falar em infidelidade partidária ou em perda do mandato parlamentar, essa mudança resulta, de igual forma, na alteração da representação política da legenda originária.

Prestigiando a Constituição da República o pluralismo político e o nascimento de novas legendas, não é consonante com o espírito constitucional retirar dos parlamentares que participarem da criação de novel partido a representatividade de seu mandatos e as benesses políticas que deles decorrem. Fazer isso seria o mesmo que dizer que os parlamentares que migram para uma nova legenda mantêm o mandato mas não mais carregam, durante toda a legislatura sequente, a representatividade que lhes conferiram seus eleitores.

Desse modo, não há "autêntica" liberdade de criação de partidos políticos se não se admite que os fundadores de uma nova agremiação que detenham mandato parlamentar possam contar com sua representatividade para a divisão do tempo de propaganda. Permitir que isso ocorra significa desigualar esses parlamentares de seus pares.

Cumpre observar, ademais, que a Lei das Eleições, ao adotar o marco da última eleição para deputado federal para fins de verificação da representação do partido (art. 47, § 3º, da Lei n. 9.504/1997), não considerou a hipótese de criação de nova legenda. (...).

Todavia, não faz a Lei Maior distinção em relação ao momento em que é auferida a representação pela agremiação partidária, se resultante da eleição ou de momento posterior. A Carta Maior exige a representação, mas não faz nenhum tipo de restrição em relação ao momento em que o partido a adquire. Sendo assim, não poderia fazê-lo o legislador ordinário nos casos de criação, fusão e incorporação, haja vista o princípio da liberdade de criação e transformação dos partidos políticos contido no *caput* do art. 17 da CF. (...).

Compare-se, ademais, a criação de partido novo com a fusão de legendas em momento posterior às eleições. Nesse caso, a agremiação resultante da fusão de legendas também não participa do pleito eleitoral pertinente. No caso de fusão, desaparecem dois partidos para formar um terceiro, que não se confunde com nenhuma das agremiações que lhe dão origem, podendo, inclusive, contar com programa partidário completamente distinto de desses. Nesse caso, contudo, ainda que esse partido também não tenha participado de eleições gerais para a Câmara dos Deputados, tal como na hipótese de criação de partido, conforme disposição expressa no § 4º do art. 47 da Lei das Eleições, ele preserva a representatividade dos partidos que o originam.

(...).

Por todas essas razões, reputo constitucional a interpretação que reconhece aos partidos criados após a realização de eleições para a Câmara dos Deputados o direito à devida proporcionalidade na divisão do tempo de propaganda eleitoral no rádio e na TV prevista no inciso II do § 2º do art. 47 da Lei n. 9.504/1997, devendo-se considerar, para tanto, a representação dos deputados federais que, embora eleitos por outros partidos, migrarem direta e legitimamente para a novel legenda na sua criação.

Essa interpretação prestigia, por um lado, a liberdade constitucional de criação de partidos (art. 17, *caput*, da CF/1988) e, por outro, a representatividade do partido que já nasce com representantes parlamentares, tudo em consonância com o sistema de representação proporcional brasileiro.

9. Conclusão

(...).

Nesses termos, na medida em que assentada em meu voto a constitucionalidade do § 6º do art. 45 da Lei n. 9.504/1997 e que o pedido maior, veiculado na ADI n. 4.430, autoriza o juízo de constitucionalidade sobre os vários sentidos do texto impugnado, inclusive aquele referido na ADI n. 4.795, julgo parcialmente procedente a ADI n. 4.430, no sentido de: (i) declarar a inconstitucionalidade da expressão "e representação na Câmara dos Deputados" contida na cabeça do § 2º do art. 47 da Lei n. 9.504/1997; (ii) dar interpretação conforme à Constituição Federal ao inciso II do § 2º do art. 47 da mesma lei, para assegurar aos partidos novos, criados após a realização de eleições para a Câmara dos Deputados, o direito de acesso proporcional aos dois terços do tempo destinado à propaganda eleitoral no rádio e na TV, considerada a representação dos deputados federais que migrarem diretamente dos partidos pelos quais foram eleitos para a nova legenda na sua criação. (...).

VOTO – *A Sra. Min. Carmen Lúcia*: (...).
(...).
Por um lado, talvez seja tempo de pensar se há coerência entre o que a Constituição tem em seu texto sobre a representação partidária e o que tem sido praticado em seu nome no Brasil, porque o que se verifica é que, no Brasil, partidos e legendas não se têm necessariamente confundido. Quer dizer, legendas, às vezes, são nomes dados a grupos que não têm qualquer dos elementos que a Constituição e a lei fixam, e, às vezes, sobre eles pouco se tem, enquanto partidos são tidos como realidades sujeitas, não poucas vezes, também, a comando de grupos ou pessoas, sem que isso signifique liderança. Muitas vezes o candidato consegue uma legenda, para ele isoladamente se candidatar, e acaba se elegendo, e não tem partido, porque o partido não tem nem a capilaridade para se fazer meio e instrumento de representação popular.

Por outro lado, este julgamento mostrou a preocupação – acho que de todos, e o Ministro-Relator mostrou isso na passagem histórica do seu voto – com um verdadeiro mercado de partidos que nós poderíamos ter, conforme a interpretação a ser dada a essas normas. Quer dizer, oferecem-se os direitos dos partidos como se fossem benesses, aproveitadas por legenda, de forma igual, e isto realmente pode gerar o que o Min. Joaquim Barbosa afirmou quando votou pela improcedência: que o sistema poderia permitir o chamada "troca-troca" de partidos, numa situação única e absolutamente indesejável, a uma estrutura partidária que desse segurança e que quem votasse soubesse em quem está votando. (...).

A Sra. Min. Carmen Lúcia: E me preocupa um dado, Presidente. Nem falo de um ou de outro partido, nem dos que se apresentaram como *amici curiae*, nem é o caso, porque estamos em sede de controle abstrato de constitucionalidade, mas me preocupa, enormemente, a circunstância de que alguns partidos já foram formados historicamente no Brasil por pessoas que perderam espaços de comando nos partidos e formam um novo. Várias pessoas que ganham e têm a mesma condição, ou as mesmas posturas ideológicas, acabam permanecendo no partido originariamente constituído. Já tivemos situações como essa no Brasil, e não foi em pouca ocasião; quer dizer, se aquele eleito não passou por uma eleição ainda, e, em boa parte dos quadros dos parlamentares que compõem os novos partidos nós temos, até mesmo, a figura de suplentes, eu levo isso em consideração para interpretar a Constituição e saber, exatamente, qual é o seu espírito. Essas pessoas que formam um novo partido, esses parlamentares, principalmente, valeram-se de toda a estrutura do partido do qual saíram para serem guindados à condição de parlamentares e, agora, pretendem arrastar consigo o que veio a ele por meio daquele partido, por meio daquela estrutura, deixando em desvalia aquele partido pelo qual ele ingressou.

(...).
Também não me toca em nada afirmar que a desfiliação é legítima – claro que ela pode ser legítima mesmo –, prevista na resolução do TSE. O que importa é que o parlamentar que tenha se desfiliado por justa causa não perde o mandato, porque teve um direito reconhecido e garantido por determinação da própria Justiça. Ele não perder o mandato não significa, a meu ver, que ele possa transferir os direitos que são do partido, e que ele obteve na eleição, para uma nova agremiação já com vantagens, que são essas decorrentes do tempo de TV e do Fundo Partidário.

Como dito, a eleição desse parlamentar foi proporcionada pela estrutura do partido pelo qual ele concorreu e que o guindou a essa condição. Não me parece razoável, portanto, que o parlamentar, que pode desfiliar-se por motivos legítimos mesmo com a criação de um novo partido, possa se beneficiar da estrutura que lhe foi garantida pelo partido, de forma isolada ou coligada, e que não foi obtida por ele, porque era o partido que tinha o tempo de propaganda e o Fundo Partidário. (...). (...).

Acho que a conclusão do Ministro-Relator é extremamente engenhosa, pode realmente levar a uma legitimidade. Mas, a despeito dessa visão, que me pareceu realmente muito avançada, até porque não se chega a uma situação de acabar com tudo, nem de igualdade de uma aplicação que pode levar a essa mercancia partidária, a um mercado de partidos realmente para ter até venda, como foi dito aqui da tribuna, minimizam-se os males decorrentes da criação contínua de novos partidos, mas vou votar vencida, acompanhando a divergência iniciada pelo Min. Joaquim Barbosa, para manter a constitucionalidade com a interpretação que vem sendo aceita, que vem sendo adotada, julgando improcedente a Ação 4.430, acompanhando o Ministro-Relator no prejuízo da n. 4.795. (...).

VOTO – *A Sra. Min. Carmen Lúcia*: (...). (...).
9. A consolidação do sistema de representação partidária no Brasil integra a redemocratização do País, consubstanciada no sistema positivado na Constituição de 1988: (...).

Desde então, como ensina, dentre outros, José Afonso da Silva, "segundo nosso direito positivo, os partidos destinam-se a assegurar a autenticidade do sistema representativo". São eles os "canais por onde se realiza a representação política do povo, desde que no sistema pátrio não se admitem candidaturas avulsas, pois ninguém pode concorrer a eleições se não for registrado por uma partido", o que "ficou explícito no art. 14, § 3º, V, que exige a filiação partidária como uma das condições de elegibilidade". (...).

11. (...)

É na composição da Câmara dos Deputados que se podem delinear, com maior precisão (quantitativa e qualitativa), os contornos da democracia representativa e, por conseguinte, da soberania popular: (...). (...).

12. (...)

São essas conformações políticas que, não raro ultrapassando as pessoas dos próprios partidos e resvalam para as coligações, viabilizam o acesso ao poder. (...). (...).

13. (...)

Partindo dessas premissas, há que se respeitar a segurança jurídica dos partidos políticos e das coligações, cujo tempo de propaganda eleitoral tenha sido definido pelo resultado das eleições pretéritas para a Câmara dos Deputados.

Daí por que, não obstante não se possa invocar direito adquirido à manutenção de regimes jurídicos, também não há como se desconsiderar o ato jurídico aperfeiçoado nos termos do art. 47, § 2º, inciso II, segundo o resultado das últimas eleições para a Câmara dos Deputados.

Desse modo, a associação entre o tempo de propaganda eleitoral no rádio e na TV e o número de candidatos eleitos para a Câmara dos Deputados por determinada coligação homenageia o esforço conjunto dos partidos para a superação do quociente eleitoral e partidário, calculado segundo os arts. 106 a 108 do Código Eleitoral [**Rodapé:** Transcrição suprimida dos arts. 106 a 108 do Código Eleitoral.] brasileiro. (...).

15. Quanto à alegação de que haveria afronta ao princípio da igualdade, é de se encarecer que a conclusão de que todos os partidos são iguais perante a lei não é o mesmo que "os partidos são absolutamente iguais uns aos outros", como pretende o autor da ADI n. 4.430.

Tampouco autoriza concluir que todos os partidos formalmente constituídos fazem jus à distribuição igualitária de tempo gratuito de propaganda no rádio e na TV (ou a qualquer outro direito). (...).

18. (...)

A *contrario sensu*, e pelo que se defende pela invocação do princípio da igualdade de oportunidades, a desconsideração da representatividade efetiva do partido subjugaria o interesse coletivo ao interesse partidário, em inegável inversão de valores constitucionais. (...).

20. (...)

Quer-se com isso exigir, com a prudência que um regime democrático complexo como o brasileiro exige, a harmonização entre o princípio do pluripartidarismo formal com o do pluripartidarismo material, o qual não se consolida sem o amadurecimento de nova ideologia partidária no eleitorado.

21. As garantias constitucionais e infraconstitucionais para a criação de novos partidos não suprimem a sua indispensável legitimação obtido com o crivo do eleitorado e construído no esforço do convencimento próprio do debate democrático com as dificuldades e os méritos que lhe são inerentes.

Pelo exposto, conheço, em parte, da ação de inconstitucionalidade na Ação Direta n. 4.430, julgando-a improcedente na parte conhecida. E julgo improcedente a Ação Direta n. 4.795.

É o meu voto.

EXTRATO DE ATA

Decisão: Após o voto do Relator, julgando parcialmente procedente o pedido na ADI n. 4.430, no sentido de declarar a constitucionalidade do § 6º do art. 45 da Lei n. 9.504/1997; da inconstitucionalidade da expressão "e representação na Câmara dos Deputados", contida no § 2º do art. 47 da Lei n. 9.504/1997; dar interpretação conforme à Constituição Federal ao inciso II do § 2º do art. 47 da mesma lei, para assegurar aos partidos novos, criados após a realização de eleições para a Câmara dos Deputados, o direito de acesso proporcional aos dois terços do tempo destinado à propaganda eleitoral no rádio e na TV, considerada a representação dos deputados federais que migrarem diretamente dos partidos pelos quais foram eleitos para a nova legenda na sua criação, e julgando prejudicado o pedido contido na MC/ADI n. 4.795, no que foi acompanhado pelos Srs. Mins. Luiz Fux, Rosa Weber, Ricardo Lewandowski, Gilmar Mendes, Celso de Mello e Presidente; e após o voto do Sr. Min. Joaquim Barbosa, julgando totalmente improcedentes os pedidos em ambas as ações, e os votos dos Srs. Mins. Cézar Peluso e Marco Aurélio, acompanhando o Relator quanto à inconstitucionalidade da expressão "e representação na Câmara dos Deputados", contida no § 2º do art. 47 da Lei n. 9.504/1997, e declarando a inconstitucionalidade de todo o inciso II e da expressão "um terço", contida no inciso I do referido art. 47, o julgamento foi suspenso para colher o voto da Sra. Min. Carmen Lúcia, ausente justificadamente. Presidência do Sr. Min. Ayres Britto. Plenário, 28.6.2012.

Decisão: Colhido o voto da Sra. Min. Carmen Lúcia, o Tribunal, prosseguindo no julgamento, julgou parcialmente procedente o pedido formulado na ADI n. 4.430 para declarar a constitucionalidade do § 6º do art. 45 da Lei n. 9.504/1997; a inconstitucionalidade da expressão "e representação na Câmara dos Deputados", contida no § 2º do art. 47 da Lei n. 9.504/1997, e para dar interpretação conforme à Constituição Federal ao inciso II do § 2º do art. 47 da mesma lei, para assegurar aos partidos novos, criados após a realização de eleições para a Câmara dos Deputados, o direito de acesso proporcional aos dois terços do tempo destinado à propaganda eleitoral no rádio e na TV, considerada a representação dos deputados federais que migrarem diretamente dos partidos pelos quais foram eleitos para a nova legenda na sua criação, vencidos os Srs. Mins. Cézar Peluso e Marco Aurélio, que acompanhavam o Relator quanto à inconstitucionalidade da expressão "e representação na Câmara dos Deputados", contida no § 2º do art. 47 da Lei n. 9.504/1997, e declaravam a inconstitucionalidade de todo o inciso II e da expressão "um terço", contida no inciso I do referido art. 47, e os Srs. Mins. Joaquim Barbosa e Carmen Lúcia, que julgavam totalmente improcedente a ação. Quanto ao pedido formulado na MC/ADI n. 4.795, o Tribunal, por maioria, julgou prejudicado o pedido, em face da decisão tomada na ADI n. 4.430, vencido o Sr. Min. Joaquim Barbosa, que a julgava improcedente. Votou o Presidente, Min. Ayres Britto. Ausentes, neste julgamento, os Srs. Mins. Celso de Mello, Gilmar Mendes e Joaquim Barbosa, com votos proferidos na assentada anterior. Plenário, 29.6.2012.

Presidência do Sr. Min. Ayres Britto. Presentes à sessão os Srs. Mins. Marco Aurélio, Cézar Peluso, Ricardo Lewandowski, Carmen Lúcia, Dias Toffoli, Luiz Fux e Rosa Weber.

* * *

PERGUNTAS

1. Quais os fatos do caso?
2. Quais as questões jurídicas centrais neste caso?
3. Qual a relação que o Min. Dias Toffoli faz entre partidos políticos, parlamentares e representatividade do eleitor? Essa relação é a mesma feita pela Min. Carmen Lúcia?
4. De que modo a mudança de partido altera a representatividade no Parlamento? Como isso interfere na soberania popular e na cidadania dos eleitores?
5. O que significa *igualdade de oportunidades* entre os partidos? Qual ou quais os critérios utilizados pelo Min. Dias Toffoli para tratar os partidos de maneira igual?
6. Os critérios utilizados pelo Min. Dias Toffoli são os mesmos empregados pelo Min. Cézar Peluso? Os dois tratam a igualdade da mesma maneira?
7. A igualdade de oportunidades e a representatividade articulam-se da mesma forma nos votos dos Mins. Dias Toffoli, Cézar Peluso e Carmen Lúcia?
8. Qual a decisão final do Supremo?

8.11 Caso da representação política desproporcional na Câmara dos Deputados (ADI 815-3-DF)

(Plenário – rel. Min. Moreira Alves – j. 28.3.1996)

Ação direta de inconstitucionalidade – §§ 1º e 2º do art. 45 da CF.

A tese de que há hierarquia entre normas constitucionais originárias dando azo à declaração de inconstitucionalidade de umas em face de outras é incompossível com o sistema de Constituição rígida.

Na atual Carta Magna "compete ao Supremo Tribunal Federal, precipuamente, a guarda da Constituição" (art. 102, *caput*), o que implica dizer que essa jurisdição lhe é atribuída para impedir que se desrespeite a Constituição como um todo, e não para, com relação a ela, exercer o papel de fiscal do poder constituinte originário, a fim de verificar se este teria, ou não, violado os princípios de direito suprapositivo que ele próprio havia incluído no texto da mesma Constituição.

Por outro lado, as cláusulas pétreas não podem ser invocadas para sustentação da tese da inconstitucionalidade de normas constitucionais inferiores em face de normas constitucionais superiores, porquanto a Constituição as prevê apenas como limites ao poder constituinte derivado ao rever ou ao emendar a Constituição elaborada pelo poder constituinte originário, e não como abarcando normas cuja observância se impôs ao próprio poder constituinte originário com relação às outras que não sejam consideradas como cláusulas pétreas, e, portanto, possam ser emendadas.

Ação não conhecida por impossibilidade jurídica do pedido.

ACÓRDÃO – Vistos, relatados e discutidos estes autos: Acordam os Ministros do Supremo Tribunal Federal, em sessão plenária, na conformidade da ata do julgamento e das notas taquigráficas, por unanimidade de votos, por impossibilidade jurídica do pedido.

Brasília, 28 de março de 1996 – *Sepúlveda Pertence*, presidente – *Moreira Alves*, relator.

RELATÓRIO – *O Sr. Min. Moreira Alves*: O Exmo. Sr. Governador de Estado do Rio Grande do Sul em ação direta argui a inconstitucionalidade das expressões "para que nenhuma daquelas unidades tenha menos de 8 (oito) ou mais de 70 (setenta) deputados", do § 1º, e da expressão "quatro", § 2º, ambos do art. 45 da CF.

Depois de sustentar, forte principalmente na tese de Bachof e na análise de decisões judiciais alemãs, que há normas constitucionais inconstitucionais, ainda quando aquelas derivem do constituinte originário, por haver normas constitucionais – como as cláusulas pétreas – superiores a outras normas também constitucionais, salienta: (...). (...).

VOTO – *O Sr. Min. Moreira Alves* (relator): 1. Correto o parecer da Procuradoria-Geral da República. Não sustenta o autor que as expressões impugnadas nos §§ 1º e 2º do art. 45 da Constituição sejam violadoras de direito suprapositivo não incorporado à Constituição pelo constituinte originário – posição mais extremada dos que admitem a possibilidade da inconstitucionalidade das leis constitucionais originárias por estar o constituinte originário subordinado à observância desse direito suprapositivo que, em última análise, se confunde com o direito natural –, mas, sim, que elas violam as normas de grau superior da própria Constituição ou as que incorporaram esse direito suprapositivo, e que, portanto, são também normas superiores às demais, dando sua violação por estas margem à declaração de inconstitucionalidade. Daí alegar o autor que as expressões atacadas "ofendem, a um tempo, os princípios constitucionais – superiores, como se viu, porque consagrados em cláusulas pétreas e porque concreções positivas de direito supralegal – (a) de "igualdade" (CF/1988, art. 5º), (b) da "igualdade do voto" (CF/1988, art. 14), (c) do exercício, pelo povo, do poder (CF/1988, art. 1º, parágrafo único) e (d) da cidadania (CF/1988, art. 1º, II), que se manifestam através do sufrágio, e, consequentemente, (e) da democracia mesma instituída pela Constituição (CF/1988, art. 1º). E, mais, na medida em que, discriminado desarrazoadamente o valor político de brasileiros absolutamente iguais em razão exclusivamente das Regiões a que pertencem, lançam a semente da discórdia e da desigualdade desarrazoada entre essas, atingindo também, e fundamente, a própria Federação, que, como se sabe, se constrói a partir da ideia de união (*foedus*) e constitui, ela também, "princípio fundamental" da ordem constitucional consagrado em cláusula pétrea (CF/1988, art. 1º, art. 60, § 4º, I)" (fls. 23).

Essa tese – a de que há hierarquia entre normas constitucionais originárias, dando azo à declaração de inconstitucionalidade de umas em face de outras – se me afigura incompossível com o sistema de Constituição rígida, como bem observou Francisco Campos (*Direito Constitucional*, I, p. 392, Livraria Freitas Bastos S/A, Rio de Janeiro/São Paulo, 1956) ao acentuar que "repugna, absolutamente, ao regime de Constituição escrita ou rígida a distinção entre leis constitucionais em sentido material e formal; em tal regime são indistintamente constitucionais todas as cláusulas constantes da Constituição, seja qual for o seu conteúdo ou natureza". E repugna, porque todas as normas constitucionais originárias retiram sua validade do poder constituinte originário, e não das normas que, também integrantes da mesma Constituição, tornariam direito positivo o direito suprapositivo que o constituinte originário integrou à Constituição ao lado das demais e sem fazer qualquer distinção entre estas e aquelas. É o que, com outras palavras, salienta Jorge Miranda (*Manual de Direito Constitucional*, II, n. 72, p. 291, 2ª ed. revista, Coimbra Editora Ltda., 1983): "No interior da mesma Constituição originária, obra do mesmo poder constituinte (originário), não divisamos como possam surgir normas inconstitucionais. Nem vemos como órgãos de fiscalização instituídos por esse poder seriam competentes para apreciar e não aplicar, com base na Constituição, qualquer das suas normas. É um princípio de identidade ou de não contradição que o impede. Pode haver inconstitucionalidade por oposição entre normas constitucionais preexistentes e normas constitucionais supervenientes, na medida em que a validade destas decorre daquelas; não por oposição entre normas feitas ao mesmo tempo por uma mesma autoridade jurídica. Pode haver inconstitucionalidade da revisão constitucional, porque a revisão funda-se, formal e materialmente, na Constituição; não pode haver inconstitucionalidade da Constituição".

Por isso mesmo, nossas Constituições republicanas – inclusive a atual – não mais contêm princípio distintivo que se assemelhe ao constante na Constituição Imperial de 1824, que, em seu art. 178, preceituava: "Art. 178. É só constitucional o que diz respeito aos limites e atribuições respectivas dos poderes políticos, e aos direitos políticos, e individuais do cidadão. Tudo o que não é constitucional pode ser alterado sem as formalidades referidas, pelas legislaturas ordinárias".

Ao contrário, delas resulta a estrita observância do princípio da unidade da Constituição. Assim, na atual Carta *Magna* "compete ao Supremo Tribunal Federal, precipuamente, a guarda da Constituição" (art. 102, *caput*), o que implica dizer que essa jurisdição lhe é atribuída para impedir que se desrespeite a Constituição como um todo, e não para, com relação a ela, exercer o papel de fiscal do poder constituinte originário, a fim de verificar se este teria, ou não, violado os princípios do direito suprapositivo que ele próprio havia incluído no texto da mesma Constituição. Ademais, essa função de guardião da Carta Magna Federal que é expressamente conferida ao STF ele a exerce por meio da declaração de inconstitucionalidade no controle difuso e no controle concentrado. Ora, como reconhece Bachof (*Normas Constitucionais Inconstitucionais?*, trad. de Cardoso da Costa, pp. 62-63, Atlântida Editora, Coimbra, 1977), "se uma norma constitucional infringir uma outra norma da Constituição, positivadora de direito supralegal, tal norma será, em qualquer caso, contrária ao Direito Natural", o que, em última análise, implica dizer que ela é inválida, não por violar a "norma da Constituição positivadora de direito supralegal", mas, sim, por não ter o constituinte originário se submetido a esse direito suprapositivo que lhe impõe limites. Essa violação não importa questão de inconstitucionalidade, mas questão de ilegitimidade da Constituição no tocante a esse dispositivo, e para resolvê-la não tem o STF – ainda quando se admita a existência desse direito suprapositivo – competência. A propósito, bem acentua Jorge Miranda (ob. cit., II, n. 72, p. 290): "(...) não cremos que, a dar-se qualquer forma de contradição ou de violação dessa axiologia, estejamos diante de uma questão de inconstitucionalidade, mas sim diante de uma questão que a ultrapassa, para ter de ser encarada e solucionada em plano diverso – no da

Constituição material que é adotada ou no do tipo constitucional ao qual pertence. No extremo, poderá haver invalidade ou ilegitimidade da Constituição. O que não poderá haver será inconstitucionalidade: seria incongruente invocar a própria Constituição para justificar a desobediência ou a insurreição contra as suas normas".

Ademais, o próprio Bachof (ob. cit., pp. 54 e ss.), que distingue a inconstitucionalidade de normas constitucionais por contradição com normas constitucionais de grau superior da inconstitucionalidade das normas constitucionais por "infração de direito supralegal positivado na lei constitucional", reconhece que, quanto à primeira dessas duas hipóteses, o constituinte originário, por não estar vinculado ao direito suprapositivo, inexistente no caso, tem liberdade para determinar quais sejam essas normas constitucionais de grau superior, podendo, igualmente, estabelecer exceções a elas, no próprio dispositivo que as encerra ou em outro, salvo se essas exceções forem arbitrárias.

Portanto, não tendo o STF, como já se salientou, jurisdição para fiscalizar o poder constituinte originário, não pode ele distinguir as exceções que, em seu entender, sejam razoáveis das que lhe pareçam desarrazoadas ou arbitrárias, para declarar estas inconstitucionais. E isso sem considerar que a restrição admitida por Bachof é incongruente, pois quem é livre para fixar um princípio o é também para impor-lhe exceções.

Por outro lado, as cláusulas pétreas não podem ser invocadas para a sustentação da tese da inconstitucionalidade de normas constitucionais inferiores em face de normas constitucionais superiores, porquanto a Constituição as prevê apenas como limites ao poder constituinte derivado ao rever ou ao emendar a Constituição elaborada pelo poder constituinte originário, e não como abarcando normas cuja observância se imponha ao próprio poder constituinte originário com relação às outras que não sejam consideradas como cláusulas pétreas, e, portanto, possam ser emendadas. Como observa Gilmar Ferreira Mendes (*Jurisdição Constitucional*, p. 120, Ed. Saraiva, São Paulo, 1996), a admissão dessas cláusulas decorre de concepção que foi desenvolvida por Carl Schmitt na vigência da Constituição de Weimar e que não se coaduna com a aceitação da tese da hierarquia entre normas constitucionais: "as emendas constitucionais haveriam de pressupor uma Constituição e seriam válidas em virtude desta Constituição", e, portanto, "nesse sentido, uma mudança da Constituição seria apenas possível se preservasse a identidade e a continuidade do texto constitucional como um todo". Daí acentuar Schmitt (*Teoría de la Constitución*, pp. 122-123, Ed. Nacional, México/D.F., 1966): "Las decisiones políticas fundamentales de la Constitución son asuntos propios del poder constituyente del pueblo alemán y no pertenecen a la competencia de las instancias autorizadas para reformar y revisar las leyes constitucionales. Aquellas reformas dan lugar a un cambio de Constitución; no a una revisión constitucional"; para, mais adiante, tirar esta conclusão: "Si por una expresa prescripción legal-constitucional se prohíbe una cierta reforma de la Constitución, esto no es más que confirmar tal diferencia entre revisión y supresión de la Constitución".

Por isso, não se limitam as cláusulas pétreas a princípios que poderiam decorrer do direito suprapositivo ou supralegal a que estaria sujeito o constituinte originário, direito, esse, caraterizado por Bachof (ob. cit., p. 80) como direito natural, "não no sentido de princípios regulativos, mas no de normas de conduta imediatamente jurídico-vinculativas", encerrando "aquele mínimo sem o qual uma ordem já não mereceria a qualificação de ordem jurídica"". Assim, por exemplo, a forma federativa de Estado – uma de nossas cláusulas pétreas atuais – nada tem que ver com esse mínimo.

Não podendo, pois, o Supremo Tribunal, em controle de constitucionalidade difuso ou concentrado, fiscalizar o poder constituinte originário, quer em face do direito suprapositivo não positivado na Constituição, quer diante do direito suprapositivo positivado na Carta Magna, quer com base em normas constitucionais que seriam de grau superior ao das demais, não pode ele, com base no princípio da igualdade (que a própria Constituição limita, como se vê, por exemplo, do disposto no art. 5º, I) e de seus consectários segundo os termos da inicial, conhecer da presente ação direta, por impossibilidade jurídica do pedido, ou seja, o de declarar a alegada inconstitucionalidade parcial dos §§ 1º e 2º do art. 45 da CF, que dizem respeito ao sistema representativo que é disciplinado nos termos da Carta Magna, como está determinado no parágrafo único do art. 1º, que traduz o fundamento mesmo da democracia: "Todo o poder emana do povo, que o exerce por meio de representantes eleitos ou diretamente, nos termos desta Constituição".

2. Em face do exposto, e acolhendo o parecer da Procuradoria-Geral da República, não conheço da presente ação, por impossibilidade jurídica do pedido.

EXTRATO DE ATA

Decisão: Por votação unânime, o Tribunal não conheceu da ação, por impossibilidade jurídica do pedido. Votou o Presidente. Ausentes, justificadamente, os Mins. Néri da Silveira e Francisco Rezek. Plenário, 28.3.1996.

Presidência do Sr. Min. Sepúlveda Pertence. Presentes à sessão os Srs. Mins. Moreira Alves, Sydney Sanches, Octávio Gallotti, Celso de Mello, Carlos Velloso, Marco Aurélio, Ilmar Galvão e Maurício Corrêa. Ausentes, justificadamente, os Srs. Mins. Néri da Silveira e Francisco Rezek.

* * *

PERGUNTAS

1. Quais são os fatos?
2. O que significa o direito ao voto? Qual o seu núcleo fundamental?

3. Como esse direito se relaciona ao direito à igualdade, previsto no art. 5º da CF?

4. O direito ao voto, nestes termos, é compatível com a desproporcionalidade na representação parlamentar criada pelos §§ 1º e 2º do art. 45 da CF?

5. Essa desproporcionalidade pode ser, de alguma forma, justificada?

6. A Constituição criou uma espécie de ação afirmativa no campo político? Dando mais força aos eleitores dos Estados menos populosos?

7. Pode funcionar como justificativa para se buscar a redução das desigualdades sociais e regionais prevista como objetivo fundamental da República no art. 3º da CF?

8. Podem existir normas constitucionais inconstitucionais?

9. Existe hierarquia entre os dispositivos originários da Constituição?

10. Qual o papel do STF neste embate? Quais são os limites de sua atuação?

11. Qual foi a decisão dada pelo Tribunal ao caso?

8.12 Caso Mira Estrela (RE 197.917-8-SP)

(Plenário – rel. Min. Maurício Corrêa – j. 6.6.2002)

Recurso extraordinário – Municípios – Câmara de Vereadores – Composição – Autonomia municipal – Limites constitucionais – Número de vereadores proporcional à população – CF, art. 29, IV – Aplicação de critério aritmético rígido – Invocação dos princípios da isonomia e da razoabilidade – Incompatibilidade entre a população e o número de vereadores – Inconstitucionalidade, *incidenter tantum*, da norma municipal – Efeitos para o futuro – Situação excepcional. (...)

ACÓRDÃO – Vistos, relatados e discutidos estes autos: Acordam os Ministros do Supremo Tribunal Federal, em sessão plenária, na conformidade da ata do julgamento e das notas taquigráficas, por maioria de votos, dar parcial provimento ao recurso para, restabelecendo, em parte, a decisão de primeiro grau, declarar inconstitucional, *incidenter tantum*, o parágrafo único do art. 6º da Lei Orgânica n. 226, de 31.3.1990, do Município de Mira Estrela/SP, e determinar à Câmara de Vereadores que, após o trânsito em julgado, adote as medidas cabíveis para adequar a sua composição aos parâmetros ora fixados, respeitados os mandatos dos atuais vereadores.

Brasília, 24 de março de 2004 – *Maurício Corrêa*, pres. e relator.

(...).

RELATÓRIO – *O Sr. Min. Maurício Corrêa*: O Ministério Público do Estado de São Paulo ajuizou ação civil pública visando a reduzir de 11 para 9 o número de Vereadores da Câmara Municipal de Mira Estrela, sob a alegação de que o parágrafo único do art. 6º da Lei Orgânica do Município não obedeceu à proporção estabelecida no art. 29, IV, alínea "a", da CF, o que acarreta prejuízo ao Erário local.

2. O Juiz de primeiro grau de jurisdição julgou a ação procedente em parte (fls. 101-113), visto que, reconhecida a inconstitucionalidade da norma impugnada, reduziu o número de Vereadores, decretando a extinção dos mandatos que sobejaram o número fixado, e condenou-os a restituir o que eventualmente viessem a receber a partir da sentença, restando indeferida apenas a devolução dos subsídios anteriormente percebidos.

3. O Município e a Câmara de Vereadores apelaram, tendo o Tribunal de Justiça do Estado provido o recurso, em acórdão assim ementado: "Ação civil pública – Propositura pelo Ministério Público, objetivando assegurar incolumidade do Erário Municipal, com a invalidade, por inconstitucionalidade, de norma da Lei Orgânica Municipal que fixou número excessivo de Vereadores para o quadriênio 1993/1997: 11, ao invés de 9 – Legitimação ativa, possibilidade jurídica, interesse de agir e adequação da via eleita reconhecidos – Número, porém, que não se afasta dos limites estabelecidos no art. 29, IV, da CF, coincidindo, ademais, com a composição da legislatura precedente – Inocorrência de violação frontal e manifesta do preceito constitucional – Improcedência, sem imposição, porém, das verbas de sucumbência, por falta de previsão legal – Recurso provido para esse fim" (fls. 184-190).

4. Dessa decisão sobrevém o presente recurso extraordinário, interposto com fundamento nas alíneas "a" e "c" do art. 102 da Constituição, em que se alega ofensa ao art. 29, inciso IV. Sustenta o recorrente que o art. 6º, parágrafo único, da Lei Orgânica local, em contraste com a proporcionalidade exigida pela Carta Federal, fixou número excessivo de Vereadores, dado que o Município em questão possui somente 2.651 habitantes (fls. 194-201).

5. Em contrarrazões, os recorridos propugnaram pela constitucionalidade da disposição, acrescentando que ela manteve o mesmo número de membros previamente aprovado pelo TRE, conforme certidão constante dos autos. Colaciona jurisprudência havida como divergente (fls. 203-220).

(...).

É o relatório.

VOTO – *O Sr. Min. Maurício Corrêa* (relator): Sustenta o recorrente que a Câmara Legislativa de Mira Estrela, Município paulista com apenas 2.651 habitantes, não poderia ter 11 Vereadores, tendo em vista a exigência contida na alínea "a" do inciso IV do art. 29 da CF, que preconiza seja cumprida a devida proporção entre o número de vereadores e a população local. (...).

9. A Carta de 1988 (art. 29, IV), ao contrário das anteriores, introduziu novo conceito sobre o critério da proporcionalidade, referindo-se, agora expressamente, ao número de habitantes do Município. Criou, por outro lado, três faixas de classificação, sendo a primeira para os Municípios de até 1.000.000 de habitantes; a segunda, para os de mais de 1.000.000 e menos de 5.000.000 de habitantes; e a última, desse marco para frente. **[Rodapé:** Transcrição suprimida do art. 29, IV, da CF/1988.]

10. Desde então, muita discussão tem sido travada na doutrina e na jurisprudência em relação ao número exato de vereadores a ser fixado pelos Municípios. Uma corrente entende que, observados os parâmetros mínimo e máximo estabelecidos para cada uma das faixas, tem a Câmara de Vereadores autonomia para fixar o seu número; a outra sugere que a composição deve obedecer a valores aritméticos que legitimem a proporcionalidade constitucional. (...).

15. Depois de muito refletir sobre a controvérsia, acabei por situar-me ao lado daqueles que buscam na proporcionalidade aritmética a mais lídima resposta à exigência constitucional, até porque não havia ainda meditado sobre qual das correntes seguiria, quando de minha passagem pelo TSE.

16. Tal reflexão funda-se primacialmente no pressuposto de que a Constituição não contém palavras ou expressões vazias, sem nenhum sentido. Daí por que, ao determinar que o "número de vereadores" deve ser "proporcional à população do Município", torna-se evidente que outra exegese não pode ser extraída do texto senão aquela que resulte nítida e expressivamente do seu próprio sentido.

17. Com efeito, deixando-se ao alvedrio do legislador municipal a fixação do número de vereadores apenas pela relação mínimo-máximo, permitindo-se-lhe uma opção aleatória e subjetivamente baseada tão só na vontade de cada Câmara Legislativa – 9, 10 , 11, 12, ..., 20 ou 21, como quiser –, sem a observância da relação vereador/população, pode tal opção significar tudo, menos a proporcionalidade constitucionalmente reclamada, exigência clara e manifestamente definida na oração "número de vereadores proporcional à população do Município".

18. A essa conclusão penso não dever o aplicador do Direito furtar-se, particularmente para dizer o que a Constituição é. (...).

23. Ora, se a intenção fosse a de estabelecer apenas os limites mínimo e máximo, seria supérflua toda a discussão desenvolvida em torno da relação da proporcionalidade, o que claramente revela não reproduzir o objetivo perseguido pelos legisladores. Note-se, também, que o mesmo princípio prevaleceu para a fixação do número de deputados federais por Estado (CF, art. 45, § 1º) e de deputados estaduais (CF, art. 27). (...). (...).

30. É desarrazoado que um Município com 2.000 habitantes tenha 21 vereadores e outro com 900.000 possua apenas 9 representantes, sendo a população do segundo 450 vezes maior que a do primeiro. O exemplo, que é hipotético, revela-se factível, haja vista o que se dá com Guarulhos, se comparado com outros Municípios que possuem igual número de vereadores. (...).

32. A atuação legislativa deve realizar-se em harmonia com o interesse público, não se admitindo a edição de leis destituídas de certa razoabilidade, sob pena de caracterizar-se excesso do poder de legislar, hipótese que, a meu ver, exemplificativamente ocorre com os Municípios que aprovam suas leis orgânicas com número de vereadores incompatível com a proporção ditada pela Constituição Federal.

33. Conclui-se, à evidência, tanto sob a ótica da interpretação teleológica quanto da literal ou histórica da norma constitucional, que a proporção reclama observância dos princípios da razoabilidade e da isonomia. (...).

40. Feitos esses esclarecimentos, passemos ao exame da fórmula que me parece a ideal para conjurar o até aqui inexistente melhor critério para o caso, visando a dar cumprimento efetivo à proporcionalidade da alínea "a" do inciso IV do dispositivo constitucional em foco.

Lê-se nesse preceito: "mínimo de 9 (nove) e máximo de 21 (vinte e um) nos Municípios de até 1.000.000 (um milhão) de habitantes". Como se vê, está definida uma relação de proporção entre 1.000.000 e 21. Dividindo-se esses dois números encontraremos o quociente de 47.619, que representa – na proporcionalidade de 1.000.000 para 21 – o quantitativo de habitantes correspondente a 1 vereador. Ou, seguindo-se regra de três simples: 1.000.000 está para 21, assim como 1 está para "x", cujo quociente será o mesmo de 47.619. Em outras palavras, para cada grupo de 47.619 munícipes deverá haver 1 vereador.

41. Ocorre que a mesma norma constitucional fixou em 9 o número mínimo de vereadores para a composição das Câmaras Legislativas. Como consequência, tem-se uma ficção legislativa que transpôs, para essa finalidade específica, a proporção de 1 para 9. Assim, o número correspondente a 47.619, que é o mínimo-base de cada Município, será o indicador permanente para todos os que tenham população até esse limite.

42. Sabido que todos os Municípios que têm até 47.619 habitantes terão 9 vereadores, segue-se que para alcançar-se a segunda série do intervalo da alínea "a"' do dispositivo em causa somam-se mais 47.619, cujo resultado

será de 95.238 habitantes, sendo esse o patamar para 10 vereadores; para atingir-se o de 11, multiplica-se 47.619 por 3 e chegar-se-á ao resultado de 142.857 habitantes, seguindo-se esse critério sucessivamente até obter-se o número-limite de vereadores dessa faixa, que é de 21, (...). (...)..

43. Como a maioria dos Municípios brasileiros possui menos de 47.619 habitantes, fica evidente que para boa parte deles haverá substancial economia de recursos, já que pela amostragem do Estado de São Paulo, antes citada, a forma de escolha do número de vereadores, pela inexistência de critério correto de proporcionalidade, tem permitido a existência de um número indiscriminado e desarrazoado de representantes em suas Câmaras Legislativas, o que acarreta gastos abusivos, supérfluos e desnecessários.

44. Quanto à alínea "b" do inciso IV: "mínimo de 33 (trinta e três) e máximo de 41 (quarenta e um) nos Municípios de mais de 1.000.000 (um milhão) e menos de 5.000.000 (cinco milhões) de habitantes". Seguindo o mesmo raciocínio do modelo referido anteriormente, tem-se a proporção definida de 4.999.999 para 41. Dividindo-se esses números obtém-se o quociente de 121.951, o que significa dizer que a partir de 1.000.001 habitantes, a cada grupo de 121.951 soma-se mais 1 vereador, observado, sempre, o patamar mínimo de 33.

Poder-se-ia, nesse intervalo específico, questionar a causa da não utilização da proporção de 1.000.001 e 33, parâmetros também disponibilizados pela norma constitucional. Verifica-se, porém, um grande salto no número de vereadores da primeira para a segunda faixa – 21 para 33 –, o que significa dizer que tais números não estabeleceram a proporção, apenas fixaram o marco inicial da segunda faixa em relação à população e aos seus representantes. Objetivou o legislador valorizar com maior densidade representativa os Municípios mais populosos, prevendo para as cidades com número de habitantes superior a 1.000.000 e inferior a 5.000.000 o patamar inicial de 33 vereadores e não de 22, como seria de esperar-se caso a sequência fosse seguida. (...).

47. Por último, com relação à alínea "c": "mínimo de 42 (quarenta e dois) e máximo de 55 (cinquenta e cinco) nos Municípios de mais de 5.000.000 (cinco milhões) de habitantes". Examinemos o Quadro IV. Importante notar que essa faixa é a última e, diferentemente da primeira, os parâmetros de proporcionalidade são definidos a partir de patamares mínimos, até porque é impossível determinar o número máximo de habitantes a que podem chegar os Municípios brasileiros. Definidas as referências de 42 **[Rodapé:** Não subsiste a tese, defendida por alguns, de que o número de vereadores deve ser sempre ímpar, de modo a evitar-se empate nas votações. A Constituição Federal não estabelece qualquer diretriz nesse sentido; ao contrário, na alínea "c" do inciso IV do art. 29 prevê, expressamente, a possibilidade de representação correspondente a 42 vereadores, o que ratifica o entendimento de que as Câmaras Municipais, observado o critério da proporcionalidade, poderão ser compostas de um número par ou ímpar de vereadores, conforme o número de habitantes do Município respectivo. A questão de eventuais empates nas votações deverá ser resolvida sob a ótica regimental de cada Casa Legislativa.] e 5.000.000, **[Rodapé:** Por evidente falha de redação, a faixa populacional prevista na alínea "b" termina com menos de 5.000.000 de habitantes, enquanto a da alínea "c" inicia-se com mais de 5.000.000. Numa interpretação literal, uma população de exatos 5.000.000 de habitantes não se enquadraria em nenhuma das faixas, o que se revela inaceitável. Por essa razão, considerei tal patamar na alínea "c", embora essa situação seja praticamente impossível de verificar-se.] tem-se novamente que a divisão desses números fornece o quociente correspondente a 1 vereador para a faixa. Dessa forma, 5.000.000 dividido por 42 é igual a 119.047. Em consequência, a cada grupo de 119.047 munícipes a representação será acrescida de 1 vereador, até o limite máximo de 55, a partir do quê não será mais alterado, encerrando-se o ciclo da proporcionalidade. (...).

56. Cumpre ressaltar que, embora a Carta Federal ofereça as diretrizes para operar-se a regra aritmética de proporção, ficou nela estabelecido que somente a Lei Orgânica do Município deverá fixar o número de integrantes de suas Câmaras Legislativas, ajustando o número de vereadores à população. Se inobservados, porém, os parâmetros constitucionais, o Poder Judiciário, provocado, pode e deve dizer sobre a conformação da respectiva norma local com a Constituição. (...). (...).

58. Oficiado à Câmara Legislativa local acerca da inconstitucionalidade do preceito impugnado, cumpre a ela tomar as providências cabíveis para tornar efetiva a decisão judicial transitada em julgado.

59. Registro que, nas razões do extraordinário, o recorrente impugnou tão só a inconstitucionalidade da Lei Orgânica Municipal, ratificando a pretensão de reduzir o número de Vereadores de 11 para 9, nada aduzindo, porém, quanto aos demais consectários requeridos na inicial, como o afastamento dos Vereadores excedentes e a devolução dos subsídios por eles recebidos, questões, por esse motivo, aqui não enfrentadas.

60. Assinale-se que, a despeito de a legislatura a que se refere a decisão de primeiro grau – quadriênio 1993/1997 – já ter se exaurido, o presente recurso não se acha prejudicado. Com efeito, a ação promovida pelo *Parquet* questionou a composição da Câmara Legislativa do Município por entendê-la contrária à Carta da República, em face do excesso de representantes. Tal situação persiste, porquanto os eleitores de Mira Estrela elegeram para o quadriênio 2001/2004 o mesmo quantitativo de 11 Vereadores. Remanescem, portanto, o interesse em reduzir esse número e a consequente declaração incidental de inconstitucionalidade da norma municipal. (...).

62. Observo, por fim, *obter dictum*, que a declaração de cassação dos mandatos, em situação como a presente, deveria ser precedida de reavaliação do quociente eleitoral, tendo em vista os partidos políticos que participaram das respectivas eleições, o que demandaria prévio exame da Justiça Eleitoral.

Ante essas circunstâncias, conheço do recurso extraordinário e lhe dou parcial provimento para, restabelecendo em parte a decisão de primeiro grau, declarar inconstitucional, *incidenter tantum*, o parágrafo único do art. 6º da Lei Orgânica n. 226, de 31.3.1990, do Município de Mira Estrela-SP, e determinar à Câmara Legislativa que, após o trânsito em julgado, adote as medidas cabíveis para adequar sua composição aos parâmetros ora fixados. (...).

VOTO (Vista) – *O Sr. Min. Gilmar Mendes*: (...).

Tal como sintetizado no ilustrado voto, a questão está restrita ao significado normativo da expressão "proporcional" no art. 29, IV, da CF. E as opções são radicais e inconciliáveis: ou ela tem algum sentido normativo ou ela quase ou nada significa do ponto de vista jurídico-normativo.

Nessa linha também entendo, como o nobre Relator, que a consideração segundo a qual "a proporcionalidade está mitigada pela determinação de observância de limites (MS n. 1.949) não pode mais prosperar, pois sua aplicação prática provoca, conforme já dito, resultados que violam de maneira frontal a Constituição, tornando inócua a relação população/vereadores, além de situar-se em descompasso com a isonomia e o devido processo legal substantivo". (...).

Como se pode ver, se se entende inconstitucional a lei municipal em apreço, impõe-se que se limitem os efeitos dessa declaração (*pro futuro*).

Embora a Lei n. 9.868, de 10.11.1999, tenha autorizado o STF a declarar a inconstitucionalidade com efeitos limitados, é lícito indagar sobre a admissibilidade do uso dessa técnica de decisão no âmbito do controle difuso.

Ressalte-se que não estou a discutir a constitucionalidade do art. 27 da Lei n. 9.868/1999. Cuida-se aqui tão somente de examinar a possibilidade de aplicação da orientação nele contida no controle incidental de constitucionalidade. (...).

Há de se reconhecer que o tema assume entre nós peculiar complexidade, tendo em vista a inevitável convivência entre os modelos difuso e direto. Quais serão, assim, os efeitos da decisão ex *nunc* do STF, proferida *in abstracto*, sobre as decisões já proferidas pelas instâncias afirmadoras da inconstitucionalidade com eficácia *ex tunc*? (...).

Essas colocações têm a virtude de demonstrar que a declaração de inconstitucionalidade *in concreto* também se mostra passível de limitação de efeitos. A base constitucional dessa limitação – necessidade de um outro princípio que justifique a não aplicação do princípio da nulidade – parece sugerir que, se aplicável, a declaração de inconstitucionalidade restrita revela-se abrangente do modelo de controle de constitucionalidade como um todo. É que, nesses casos, tal como já argumentado, o afastamento do princípio da nulidade da lei assenta-se em fundamentos constitucionais, e não em razões de conveniência. Se o sistema constitucional legitima a declaração de inconstitucionalidade restrita no controle abstrato, esta decisão poderá afetar, igualmente, os processos do modelo concreto ou incidental de normas. Do contrário poder-se-ia ter inclusive um esvaziamento ou uma perda de significado da própria declaração de inconstitucionalidade restrita ou limitada. (...).

Assim, pode-se entender que, se o STF declarar a inconstitucionalidade restrita, sem qualquer ressalva, essa decisão afeta os demais processos com pedidos idênticos pendentes de decisão nas diversas instâncias. Os próprios fundamentos constitucionais legitimadores da restrição embasam a declaração de inconstitucionalidade com eficácia *ex nunc* nos casos concretos. A inconstitucionalidade da lei há de ser reconhecida a partir do trânsito em julgado. Os casos concretos ainda não transitados em julgado hão de ter o mesmo tratamento (decisões com eficácia *ex nunc*) se e quando submetidos ao STF. (...).

Assim, configurado eventual conflito entre o princípio da nulidade e o princípio da segurança jurídica, que, entre nós, tem *status* constitucional, a solução da questão há de ser, igualmente, levada a efeito em um processo de complexa ponderação.

Desse modo, em muitos casos há de se preferir a declaração de inconstitucionalidade com efeitos restritos à insegurança jurídica de uma declaração de nulidade, como demonstram os múltiplos exemplos do Direito Comparado e do nosso Direito. (...).

Portanto, o princípio da nulidade continua a ser a regra também no Direito Brasileiro. O afastamento de sua incidência dependerá de um severo juízo de ponderação, que, tendo em vista análise fundada no princípio da proporcionalidade, faça prevalecer a ideia de segurança jurídica ou outro princípio constitucionalmente relevante manifestado sob a forma de interesse social relevante. Assim, aqui, como no Direito Português, a não aplicação do princípio da nulidade não se há de basear em consideração de política judiciária, mas em fundamento constitucional próprio.

No caso em tela, observa-se que eventual declaração de inconstitucionalidade com efeito *ex tunc* ocasionaria repercussões em todo o sistema vigente, atingindo decisões que foram tomadas em momento anterior ao pleito que resultou na atual composição da Câmara Municipal: fixação do número de vereadores, fixação do número de candidatos, definição do quociente eleitoral. Igualmente, as decisões tomadas posteriormente ao pleito também seriam atingidas, tal como a validade da deliberação da Câmara Municipal nos diversos projetos e leis aprovados. (...).

Na espécie, não parece haver dúvida de que um juízo rigoroso de proporcionalidade recomenda a preservação do modelo legal existente na atual legislatura. É um daqueles casos notórios, em que a eventual decisão de caráter cassatório acabaria por distanciar-se ainda mais da vontade constitucional. (...).

Não há dúvida, portanto, de que no presente caso, e diante das considerações antes esposadas, acompanho o voto do Relator, para conhecer do recurso extraordinário e lhe dar parcial provimento, no sentido de se declarar a inconstitucionalidade do parágrafo único do art. 6º da Lei Orgânica n. 222, de 31.3.1990, do Município de Mira Estrela-SP. Faço-o, todavia, explicitando que a declaração da inconstitucionalidade da lei não afeta a composição da atual legislatura da Câmara Municipal, cabendo ao Legislativo Municipal estabelecer nova disciplina sobre a matéria, em tempo hábil para que se regule o próximo pleito eleitoral (declaração de inconstitucionalidade *pro futuro*).

É como voto.

VOTO (Vista) – *O Sr. Min. Sepúlveda Pertence*: (...). (...).

17. Com todas as vênias, estou em que, no caso, o voto do eminente Relator – entre duas leituras possíveis do texto constitucional – optou, uma vez mais, pelo excesso de centralização uniformizadora, que há muito a jurisprudência do Tribunal tem imposto à ordenação jurídico-institucional de Estados e Municípios, sob a inspiração mítica de um princípio universal de simetria, cuja fonte não consigo localizar na Lei Fundamental.

18. Prefiro ver no art. 29, IV, um campo experimental de exercício do inédito poder de auto-organização municipal, da Constituição vigente; e não vejo mal em que a cada Município se permita demarcar com maior ou menor grandeza numérica a representação popular na Câmara.

19. Certo, não desconheço nem sou insensível à preocupação – várias vezes sublinhada no voto de V.Exa., Sr. Presidente – com os gastos acarretados às finanças municipais por Câmaras de maior número de vereadores.

20. Sucede que essa mesma preocupação já levou à edição da Emenda Constitucional n. 25/2000, que alterou o inciso VI do art. 29 CF, contendo, em faixas rígidas, os subsídios do vereador e impondo, no art. 29-A, que inseriu na Carta, teto proporcional à receita realizada da despesa total do Município com o seu Poder Legislativo. (...).

22. É solução que, a meu ver, teve precisamente o sentido de submeter as despesas públicas locais a limites rígidos e variáveis conforme a grandeza do Município, sem lhe castrar a autonomia política na determinação do maior ou menor número de vereadores.

23. Esse o quadro, com todas as vênias conheço do recurso, mas lhe nego provimento.

24. Conforme venha a ser a decisão de mérito, reservo-me para eventuais considerações acerca do âmbito de eficácia do julgado.

(...).

EXTRATO DE ATA

Decisão: Por unanimidade, a Turma deliberou afetar ao Plenário o julgamento do feito. Ausente, justificadamente, neste julgamento, o Sr. Min. Celso de Mello. 2ª Turma, 31.8.1999.

Decisão: Após o voto do Sr. Min. Maurício Corrêa, Relator, conhecendo e provendo parcialmente o recurso, no sentido de julgar procedente, em parte, o pedido formulado na inicial, declarando a inconstitucionalidade do parágrafo único do art. 6º da Lei n. 226, de 31.3.1990, do Município de Mira Estrela, Estado de São Paulo, a Presidência indicou adiamento. Ausente, justificadamente, o Sr. Min. Ilmar Galvão. Plenário, 6.6.2002.

Decisão: Após o voto do Sr. Min. Maurício Corrêa, Relator, conhecendo e provendo parcialmente o recurso, para acolher, em parte, o pedido formulado na inicial, declarando a inconstitucionalidade do parágrafo único do art. 6º da Lei n. 226, de 31.3.1990, do Município de Mira Estrela, Estado de são Paulo, pediu vista o Sr. Min. Gilmar Mendes. Presidência do Sr. Min. Marco Aurélio. Plenário, 27.6.2002.

Decisão: Colhido o voto do Sr. Min. Gilmar Mendes, acompanhando, parcialmente, o voto do Sr. Min. Maurício Corrêa, Relator, para fixar a eficácia da declaração de inconstitucionalidade considerada a próxima legislatura, pediu vista o Sr. Min. Sepúlveda Pertence. Presidência do Sr. Min. Marco Aurélio. Plenário, 10.4.2003.

Decisão: Após os votos dos Srs. Mins. Relator, Gilmar Mendes, Nelson Jobim, Joaquim Barbosa e Carlos Britto, que conheciam do recurso extraordinário e lhe davam parcial provimento para, restabelecendo em parte a decisão de primeiro grau, declarar inconstitucional, *incidenter tantum*, o parágrafo único do art. 6º da Lei Orgânica n. 226, de 31.3.1990, do Município de Mira Estrela-SP, e determinar à Câmara de Vereadores que, após o trânsito em julgado, adote as medidas cabíveis para adequar sua composição aos parâmetros ora fixados, e dos votos dos Srs. Mins. Sepúlveda Pertence e Marco Aurélio, que conheciam do recurso mas lhe negavam provimento, pediu vista dos autos o Sr. Min. Cézar Peluso. Presidência do Sr. Min. Maurício Corrêa. Plenário, 11.12.2003.

Decisão: O Tribunal, por maioria, deu parcial provimento ao recurso para, restabelecendo, em parte, a decisão de primeiro grau, declarar a inconstitucionalidade, *incidenter tantum*, do parágrafo único do art. 6º da Lei Orgânica n. 226, de 31.3.1990, do Município de Mira Estrela-SP, e determinar à Câmara de Vereadores que, após o trânsito em julgado, adote as medidas cabíveis para adequar sua composição aos parâmetros ora fixados, respeitados os mandatos dos atuais vereadores, vencidos os Srs. Mins. Sepúlveda Pertence, Marco Aurélio e Celso de Mello. Presidiu o julgamento o Sr. Min. Maurício Corrêa. Plenário, 24.3.2004.

Presidência do Sr. Min. Maurício Corrêa. Presentes à sessão os Srs. Mins. Sepúlveda Pertence, Celso de Mello, Carlos Velloso, Marco Aurélio, Nelson Jobim, Ellen Gracie, Gilmar Mendes, Cézar Peluso, Carlos Britto e Joaquim Barbosa.

***
PERGUNTAS

1. O que está sendo questionado no presente recurso extraordinário?
2. Qual foi o resultado final da ação?
3. O que significa dizer que a decisão terá efeito *pro futuro*? Por que o STF determinou isto? Faz sentido esse tipo de determinação em controle concreto de constitucionalidade?
4. O Ministro-Relator Maurício Corrêa estabeleceu parâmetros para a determinação do número de vereadores, no que foi seguido pela maioria. Esta decisão deveria ser tomada pelo Poder Judiciário? Por quê?
5. Quais foram os argumentos do Min. Gilmar Mendes para justificar a declaração de inconstitucionalidade com efeitos *ex nunc*? Você concorda com eles? É papel do STF pensar nas consequências de sua decisão? E controlá-las? Por quê?
6. Quais foram os argumentos utilizados pelo Min. Sepúlveda Pertence para divergir da decisão do Tribunal? Você concorda com eles? O voto do Min. Sepúlveda foi mais ou menos deferente às competências do Poder Legislativo?

8.13 Caso da propaganda eleitoral (ADI 956-7-DF)

(Plenário – rel. Min. Francisco Rezek – j. 1.7.1994)

Ação direta de inconstitucionalidade – Propaganda eleitoral gratuita – Art. 76 da Lei n. 8.713/1993 – Art. 220 da CF.

O horário eleitoral gratuito não tem sede constitucional. Ele é a cada ano eleitoral uma criação do legislador ordinário, que tem autoridade para estabelecer os critérios de utilização dessa gratuidade, cujo objetivo maior é igualizar, por métodos ponderados, as oportunidades dos candidatos de maior ou menor expressão econômica no momento de expor ao eleitorado suas propostas.

Ação direta julgada improcedente.

ACÓRDÃO – Vistos, relatados e discutidos estes autos: Acordam os Ministros do Supremo Tribunal Federal, em sessão plenária, na conformidade da ata de julgamento e das notas taquigráficas, por maioria de votos, em julgar improcedente a ação e declarar a constitucionalidade do § 1º do art. 76 da Lei n. 8.713, de 1.10.1993 [*de 30.9.1993*].

Brasília, 12 de julho de 1994 – *Octávio Gallotti*, presidente – *Francisco Rezek*, relator.

RELATÓRIO – *O Sr. Min. Francisco Rezek*: Tomo por relatório o parecer final do Vice-Procurador-Geral da República, subscrito pelo Chefe do Ministério Público Federal, e concebido nestes termos:

"O Partido dos Trabalhadores, com fundamento nos arts. 102, I, 'a', e 103, VIII, da CF, propõe ação direta visando à declaração de inconstitucionalidade do § 1º do art. 76 da Lei n. 8.713, de 1.10.1993, que dispõe:

"'Art. 76. Os programas destinados à veiculação no horário gratuito pela televisão devem ser realizados em estúdio, seja para transmissão ao vivo ou pré-gravados, podendo utilizar música ou *jingle* do partido, criados para a campanha eleitoral.

"'§ 1º. Nos programas a que se refere este artigo, é vedada a utilização de gravações externas, montagens ou trucagens.'

"'2. Sustenta o requerente que o dispositivo impugnado afronta o princípio da liberdade de informação e de imprensa, contemplado no art. 220, §§ 1º e 2º, da CF, argumentando, em síntese, que: '(a) o § 1º veta qualquer embaraço à plena liberdade de informação jornalística, em qualquer veículo de comunicação social, observadas unicamente regras de alguns incisos do art. 5º, isto é, a proibição do anonimato (inciso IV), o direito de resposta e de indenização, em caso de abuso (inciso V), a inviolabilidade da intimidade, da vida privada, da honra e da imagem das pessoas (inciso X), a liberdade do exercício de trabalho, ofício ou profissão (inciso XIII) e o resguardo do sigilo da fonte, quando necessário ao exercício profissional (inciso XIV); (b) a liberdade de comunicação compreende a criação, expressão e manifestação do pensamento e de informação; por outro lado, ao direito de informar corresponde o direito à informação, que é um direito da coletividade, dando conotação de função social à informação; e (c) a propaganda eleitoral gratuita, de uma lado, tem o sentido de garantir tratamento isonômico entre as forças políticas, impedindo que as forças econômicas se imponham, e, de outro, possibilita o acesso às informações, para facilitar a escolha soberana e o exercício efetivo da cidadania, de sorte que a proibição do uso de imagens externas limita drasticamente a comunicação do pensamento e a livre circulação da informação, afrontando a liberdade constitucional de informar e de receber informações'.

"3. Chamado a manifestar-se, o Exmo. Sr. Presidente do Senado Federal refere que a regra do § 1º do art. 76 da Lei n. 8.713 trata dos programas veiculados no horário gratuito pela televisão, e não programas pagos pelos próprios partidos políticos interessados, devendo ser entendida a restrição no sentido de que o Governo não custeará, com recursos públicos, os programas que realizem gravações externas, montagens e trucagens, o que nada tem a ver com a liberdade de informação.

"4. O Exmo. Sr. Presidente da República, por seu turno, encaminha as informações prestadas pela Advocacia-Geral da União, que podem ser assim resumidas: '(a) a vedação do § 1º do art. 76 impede que os partidos políticos mais obsequiados pela fortuna se utilizem de recursos em detrimento dos demais e provocando a desigualdade entre os candidatos a postos eletivos: (b) as pugnas eleitorais recentes demonstraram que as montagens ou trucagens visavam a denegrir no vídeo a vida privada dos postulantes a cargos eletivos, com o intuito de deformação, e não de informação; (c) a 'trucagem' tem o sentido de iludir com declarações mentirosas, de sorte que a vedação da norma impugnada contribui para garantir a lisura do processo eleitoral; e (d) essas limitações não são inconstitucionais, antes encontram apoio no art. 17, incisos I e IV, e § 3º, da CF, que restringem a plena liberdade de organização partidária'.

"5. Prestadas as informações, vieram os autos, em seguida, à Procuradoria-Geral da República, para manifestar-se sobre a controvérsia constitucional (CF/1988, art. 103, § 1º).

"II

"6. O § 1º do art. 76 da Lei n. 8.713/1993 veda a utilização de gravações externas, montagens ou trucagens nos programas destinados a veiculação no horário gratuito pela televisão.

"7. Os programas devem ser realizados em estúdio, estando proibidas, portanto, não só imagens externas, como a utilização de recursos técnicos que possam degradar ou ridicularizar candidato, partido ou coligação ou que deformem a realidade, em proveito ou em detrimento de candidato. Na essência, as limitações estabelecidas para os partidos, nos programas eleitorais gratuitos, são semelhantes às restrições estabelecidas para as emissoras, em sua programação normal, no art. 66 e seus incisos da Lei n. 8.713/1993.

"8. No enquadramento constitucional da matéria, a primeira questão é a de saber se a propaganda eleitoral gratuita está compreendida – como sustenta o autor – no alcance do art. 220 e seus §§ 1º e 2º da CF, que dispõem:

"'Art. 220. A manifestação do pensamento, a criação, a expressão e a informação, sob qualquer forma, processo ou veículo não sofrerão qualquer restrição, observado o disposto nesta Constituição.

"'§ 1º. Nenhuma lei conterá dispositivo que possa constituir embaraço à plena liberdade de informação jornalística em qualquer veículo de comunicação social, observado o disposto no art. 5º, IV, V, X, XIII e XIV.

"'§ 2º. É vedada toda e qualquer censura de natureza política, ideológica e artística.'

"9. As normas constitucionais transcritas estão inseridas no capítulo específico sobre a comunicação social, isto é, a destinada ao grande público e transmitida através de veículos próprios, como jornais, periódicos, emissoras de rádio e televisão (cf. Aurélio Buarque de Holanda Ferreira, *Novo Dicionário da Língua Portuguesa*, p. 357). Dirigem-se, portanto, aos veículos de comunicação social, diferentemente do que ocorre com a regra impugnada do § 1º do art. 76, cujos destinatários são os próprios candidatos e respectivos partidos políticos, aos quais se garante o acesso à televisão e assumem, eles próprios, a responsabilidade integral pela propaganda eleitoral, no horário gratuito fixado no mesmo diploma legal, sem qualquer ingerência das emissoras.

"10. O § 2º do art. 76 da Lei n. 8.713/1993, aliás, fixa sanção para o candidato que infringir a proibição, e o art. 78 estende ao partido, na propaganda eleitoral no horário gratuito, as vedações indicadas nos incisos I e II do art. 66, de forma até certo ponto redundante, cominando igualmente penalidade à própria agremiação partidária, em caso de infringência da regra.

"11. Por outro lado, o art. 220 e seus §§ asseguram a liberdade de imprensa, a liberdade de informação e de opinião jornalística, ao passo que o § 1º do art. 76 se refere à publicidade, mais precisamente à publicidade política gratuita, que pode ser limitada por lei, no interesse público. Em parecer no MS n. 731 – Classe 2ª, o então Procurador-Geral Eleitoral e atual eminente Ministro Sepúlveda Pertence já deixara nítida a distinção, sob a égide da Constituição anterior, entre a regulamentação jurídica da imprensa e da publicidade, nos seguintes termos (*Pareceres do Procurador-Geral da República – 1985-1987*, Brasília, MPF/PGR, 1988, p. 315):

"'A primeira é a da liberdade de manifestação de pensamento, na qual se insere a liberdade de imprensa, enquanto direito de divulgar informações e opiniões de qualquer natureza, através dos veículos de comunicação social.

"'Trata-se de liberdade constitucionalmente assegurada, em termos que repelem explicitamente toda forma de censura ou de controle prévio: seus únicos limites derivam da responsabilidade – que há de apurar-se em concreto e *a posteriori* – pelos abusos cometidos (art. 153, § 8º, da CF).

"'(...).

"'Outro campo, inteiramente diverso da disciplina jurídica da imprensa, é o da publicidade. Aí, os meios de comunicação social já não funcionam como o instrumento fundamental de exercício das liberdades constitucionais de opinar e de informar, mas como veículo de uma atividade empresarial (Nuvolone, *Diritto Penale della Stampa*, 1971, p. 273).

"'Atividade empresarial, a publicidade é livre, em princípio, mas sujeita, como os demais setores da vida econômica, às limitações legais impostas em nome do interesse público, que podem assumir a forma de medidas de polícia administrativa, incluídas as de caráter preventivo.

"'Donde a induvidosa validade das normas legais que, com a finalidade, privilegiada na Constituição (art. 151, III), de coibir o abuso do poder político ou do poder econômico nas eleições, proíbem, no rádio e na televisão (arts. 1º e 3º da Lei n. 5.708/1986) e cerceiam rigidamente, na imprensa escrita (art. 3º, parágrafo único), a propaganda eleitoral paga.'

"12. O acesso dos partidos políticos ao rádio e à televisão é hoje assegurado no § 3º do art. 17 da CF, que dispõe:

"'Art. 17. (...).

"'(...).

"'§ 3º. Os partidos políticos têm direito a recursos do Fundo Partidário e acesso gratuito ao rádio e à televisão, na forma da lei.'

"O que se assegura nessa norma de eficácia limitada é o direito de acesso gratuito ao rádio e à televisão, nas condições estabelecidas em lei. Nada dispõe sobre a forma de acesso, assunto remetido à regulamentação legal.

"13. No regime constitucional anterior, o acesso ao rádio e à televisão dependia de lei editada pela União no exercício de sua competência para legislar sobre direito eleitoral e telecomunicações (EC n. 1/1969, art. 8º, XVII, 'b' e 'i'). Por outro lado, na ausência de norma constitucional autorizativa, a União podia validamente impor a propaganda eleitoral gratuita às emissoras de radiodifusão, pois estas exploravam como exploram serviços de telecomunicações mediante autorização ou concessão federal (EC n. 1/1969, arts. 8º, XV, 'a', e 174, § 2º).

"14. Diversamente, a Constituição em vigor já confere aos partidos políticos o acesso gratuito ao rádio e à televisão, subordinando-o, contudo, à forma estabelecida em lei. Dessa forma, a lei integrativa do § 3º do art. 17, com maioria de razão, constitui instrumento idôneo para disciplinar o acesso, inclusive estabelecer limitações quanto à utilização de recursos técnicos na propaganda eleitoral, fundadas no interesse público.

"15. Seja como for, no exercício de sua competência para legislar sobre direito eleitoral (CF/1988, art. 22, I), a União tem o poder de estabelecer restrições tendentes a conferir efetividade à própria finalidade da garantia de acesso à televisão, estreitamente vinculada ao funcionamento do regime democrático.

"16. A propaganda eleitoral gratuita permite aos cidadãos o conhecimento dos programas e ideias dos partidos e dos candidatos, para que façam a escolha consciente de seus representantes. Observa José Carlos Cal Garcia que não se pode aspirar a um Estado Democrático senão pela eleição livre e autêntica dos representantes do povo, através do debate público em todos os meios de comunicação, completando (*Linhas Mestras da Constituição de 1988*, 1989, p. 49):

"'No particular, a televisão, nos horários gratuitos, representa uma expressão significativa do exercício pleno do regime democrático. No passado, para saber-se as ideias dos candidatos ia-se aos comícios. A praça pública era o único lugar de encontro entre o candidato e o povo. A televisão, principalmente, mudou muitos hábitos, como o de o eleitor precisar ir ao comício para conhecer e ouvir o candidato.

"'(...).

"'É mister, somente, que os partidos políticos assumam a responsabilidade específica nesse campo da propaganda eleitoral, não só com o objetivo de educar o povo, mas, também, para que o horário gratuito não atenda a pequenos interesses eleitoreiros, mas à necessidade de debater e ilustrar os grandes temas nacionais. A escolha nesse quadro, além de autêntica, será inteiramente consciente.'

"17. A regulamentação da publicidade eleitoral, nesse grande veículo de comunicação de massa que é a televisão, deve ser dirigida à realização de dois valores jurídicos relevantes: de um lado, garantir tratamento isonômico aos partidos políticos e aos candidatos concorrentes na comunicação ao grande público de seus programas, propostas e ideias e, de outro, correlativamente, velar para que as informações, levadas através das forças políticas em disputa, não sejam desvirtuadas pelas influências do poder econômico ou pela utilização de recursos tendentes a falsear as tendências do eleitorado ou a expor ao ridículo ou à degradação partidos ou candidatos.

"18. A propaganda através da televisão, que permite levar ao eleitorado as discussões e as informações políticas, por isso mesmo, impõe regulamentação coibitiva do abuso do poder político, ou do poder econômico nas eleições – como, aliás, ressaltou o parecer do Procurador-Geral da República no MS n. 731 –, porque esses abusos são incompatíveis com os valores inerentes ao regime democrático, estruturado na Lei Fundamental.

"(...).

"23. A regra do § 1º do art. 76 tem por finalidade afastar a influência do poder econômico na propaganda eleitoral, impedindo a utilização de recursos técnicos de áudio e vídeo sofisticados e dispendiosos, realizados por grandes empresas de publicidade, que constituiria privilégio de alguns poucos partidos políticos, inatingíveis pelos demais.

"24. Esses recursos técnicos, por outro lado, à semelhança do que ocorre com as pesquisas resultantes de manipulação de dados, poderiam facilmente servir para induzir em erro quanto às tendências do eleitorado, ou mesmo para falsear a realidade, em proveito ou em detrimento de partido político ou candidato.

"25. Ademais, seja a proibição legal tem ainda o sentido de impedir a degradação ou ridicularização de partido político ou candidato que poderiam ocorrer com a utilização de trucagens ou montagens ou mesmo com gravações externas, a exemplo de que se verificou nos últimos pleitos eleitorais.

"26. Em suma, a regra impugnada visa a garantir, de um lado, tratamento isonômico entre partidos e candidatos em disputa nas eleições e, de outro, que o corpo eleitoral seja esclarecido dos seus programas, ideias e propostas, vetando a utilização de recursos que comprometam a própria finalidade da propaganda eleitoral, que falseiem a realidade, gerando a desorientação e a desinformação políticas.

"27. Sem prejuízo da livre manifestação das opiniões, ideias e propostas dos candidatos e dos partidos nos programas eleitorais gratuitos, que não podem sofrer em nenhuma hipótese e sob qualquer pretexto cortes instantâneos ou qualquer tipo de censura prévia (Lei n. 8.713/1993, art. 75), a vedação contida no § 1º do art. 76 combate o exercício abusivo e desenfreado desse instrumento democrático de comunicação social quando dirigido a falsear ou tergiversar a verdade dos fatos, regras que vem tutela da lisura e autenticidade das eleições, com vistas a assegurar que a discussão e a informação políticas cheguem ao eleitorado livres de deturpações, de forma a garantir a sua participação ativa e consciente no processo eleitoral.

"III

"Em face do exposto, o parecer é no sentido da improcedência da ação" (fls. 40-50).

É o relatório, cujas cópias se farão presentes aos demais integrantes do Plenário, na forma regimental.

VOTO – *O Sr. Min. Francisco Rezek* (relator): Uma informação preliminar: tanto o Presidente do Senado quanto o Advogado-Geral da União lembram que a norma impugnada resulta de um projeto de autoria do Deputado José Dirceu, do Partido dos Trabalhadores, que veio agora a ajuizar esta ação direta.

Esse fato – e bem o demonstra o parecer da Procuradoria-Geral da República havê-lo ignorado – não tem nenhuma influência sobre a questão jurídica em Mesa; nem temos elementos para saber se o projeto, quem quer que tenha sido seu autor, foi adotado sem modificações. De qualquer modo, não teria influência.

O que a presente ação direta traz à Mesa como paradigma constitucional, alegadamente afrontado pela norma ordinária trazida a exame, é a regra do art. 220, no que tem a ver com a liberdade de expressão, de comunicação, de difusão de ideias.

O TSE tem uma história de valorização constante da norma que garante nas Constituições do Brasil, e de modo mais explícito na Carta de 1988, a amplitude, virtualmente ilimitada, da liberdade de difusão de ideias.

Foi sob essa inspiração que se lavrou no Plenário do TSE, em outubro/1988, o acórdão no MS n. 997, de que fui Relator. Impetrado pela empresa Folha da Manhã, proprietária dos jornais *Folha de S. Paulo* e *Folha da Tarde*, ele se dirigia contra ato do próprio TSE que, honrando preceito da lei, proibia a divulgação do resultado de pesquisas eleitorais nos derradeiros dias anteriores ao pleito. Esse julgamento do TSE ilustrou um dos aspectos mais admiráveis da instituição judiciária, e destacadamente da Justiça Eleitoral: a possibilidade de que, com isenção, uma Corte faça em juízo togado, em sala judiciária, a crítica daquilo que seus próprios componentes, em Mesa administrativa, tenham outrora deliberado. Com efeito, o que se colocava sob crivo de constitucionalidade nesse mandado de segurança era um comando administrativo do próprio TSE, proibitivo da divulgação das pesquisas nesse período cronológico imediatamente anterior ao pleito, em nome da norma constitucional que agora volta à Mesa, ou seja, em nome do art. 220 e §§ da Constituição, que asseguram a liberdade da manifestação do pensamento, criação, expressão e informação.

Estatuímos na época, por voz unânime, o seguinte:

"Cerceando a liberdade de informação pura e simples, a referida norma proibitiva da divulgação das pesquisas padece de incompatibilidade com o art. 220, § 1º, da Carta de 1988, e há de entender-se ab-rogada desde quando vigente a nova Lei Fundamental.

Mandado de segurança, dessarte, conhecido e provido."

Assim, à unanimidade do TSE, sob o regime da Carta de 1988 e à luz do seu art. 220, pareceu que não havia como pudesse o legislador ordinário limitar a divulgação de informação em estado de pureza. Falou na época (e no sentido de seu parecer foi a decisão) o Procurador-Geral Eleitoral, Sepúlveda Pertence, e enfatizou esse ponto: há uma distinção entre propaganda – seja comercial, seja eleitoral – e informação. E foi isso o que o Tribunal identificou naquele caso concreto: informação em estado de pureza. Ir o jornalista à rua, perguntar às pessoas em quem vão votar, retornar à redação e escrever que as pessoas na rua, quando perguntadas sobre sua intenção de voto, estão dizendo isto e aquilo: eis aí um modelo antológico e singelo de informação em estado de pureza. A Carta de 1988 não permite que se restrinja a divulgação da informação.

Muitos daqueles que entendiam nociva ao bom andamento do pleito eleitoral a divulgação de resultados de pesquisas, feitas às vezes à boca da urna, admitiam, entretanto, em nome do bom direito, que o legislador ordinário não pode inventar a restrição. Seria preciso que a Carta dissesse que a liberalidade de divulgação da informação pode ser restrita pelo legislador ordinário, em nome do interesse público. Outros tantos entendiam – e penso que era esse o pensamento majoritário no TSE da época – que melhor era, sob todos os ângulos, derrubar o preceito ordinário proibitivo dessa divulgação, porque não a entendíamos intrinsecamente nociva. Este era um juízo político. Juízes eleitorais são com frequência levados a formular convicção política independentemente da técnica jurídica que orienta suas decisões, porque são eles os gerentes do processo eleitoral, os que padecem dos eventuais defeitos da lei eleitoral em primeira mão. Pareceu-nos, à maioria, que o que estava acontecendo era salutar, porque era nossa tese a de que o eleitor tem direito de, até a derradeira hora, saber quais são as preferências coletivas. Tem direito de exercitar aquilo que a alguns parecia uma expressão quase que imoral, o "voto útil"; ou seja, tem direito de ficar sabendo, porventura, que o candidato da sua preferência não tem possibilidade sequer mínima de sucesso, fazendo, então, uma opção alternativa e decidindo, dentre os viáveis, o que lhe parece melhor.

Tudo isso é para recordar que o TSE, e com ele o Relator do presente feito, tem uma tradição de apreço pela norma do art. 220 e §§ da Carta, e todos sabemos disso. Entretanto, o que se nos impõe neste juízo de inconstitucionalidade é o confronto do paradigma com a norma ordinária atacada, o artigo da Lei 8.713, de outubro passado, que diz:

"Art. 76. Os programas destinados à veiculação no horário gratuito pela televisão devem ser realizados em estúdio, seja para transmissão ao vivo ou pré-gravados, podendo utilizar música ou *jingle* do partido, criados para a campanha eleitoral.

"§ 1º. Nos programas a que se refere este artigo, é vedada a utilização de gravações externas, montagens ou trucagens."

Penso que na singeleza extrema da página e meia com que o Presidente do Congresso Nacional nos prestou informações está sumariada a questão jurídica e proposto o seu adequado deslinde. Cuida-se, aqui, de algo patrocinado pelo Estado. Algo que os proprietários dos sistemas privados de televisão poderiam entender custeado por eles, mas que sabemos que em última análise é patrocinado pelo Estado e, pois, bancado pela sociedade no seu conjunto. É, portanto, um domínio completamente estranho àquele do coreto, da praça pública, da tribuna, dos ambientes onde, ao vivo, cada pessoa manifesta livremente seu pensamento por sua própria conta. É um contexto diverso também daquele em que quem fala tem o domínio do meio de comunicação que utiliza, ou é aceito por quem tem tal domínio, obedecidos alguns limites legais.

Estamos aqui num quadro completamente outro: o horário caracterizado pela gratuidade, oferecido pelo Estado aos partidos e candidatos para a campanha, para a propaganda que precede o embate eleitoral. Se ao menos estivéssemos falando do art. 17, § 3º, da Constituição, que diz que os partidos têm acesso gratuito ao rádio e à televisão, na forma da lei, poderia fazer algum sentido a tese de que aí se há de exercitar, do modo mais amplo, a liberdade de manifestação do pensamento, cabendo à lei apenas regular a forma, e não o conteúdo. É que para os horários de que dispõem os partidos ano a ano existe uma sede constitucional, e seria no mínimo digna de análise a tese de que essa sede constitucional condiciona a liberdade do legislador para estabelecer critérios ou limites.

Aquilo de que estamos agora falando, o horário gratuito, não tem sede constitucional; ele é a cada ano eleitoral uma criação do legislador ordinário, que tem autoridade para estabelecer os critérios de utilização dessa gratuidade, cujo objetivo maior é igualar, por métodos ponderados, as oportunidades dos candidatos de maior e menor expressão econômica na sua oportunidade de expor ao eleitorado suas propostas.

Em síntese, o que não encontro no caso é uma sede constitucional da disciplina no horário gratuito; não vejo algo que possa ser confrontado com o art. 76 e seu § 1º da Lei n. 8.713 para o fim de derrubar tais normas, visto que nos encontramos em domínio onde o legislador ordinário tem a prerrogativa de estatuir sobre como aquele favor, patrocinado pela sociedade através do Estado, deverá utilizar-se.

Nos termos do parecer do Procurador-Geral da República, meu voto é pela improcedência da ação direta. (...).

VOTO – *O Sr. Min. Marco Aurélio*: Sr. Presidente, creio que a ação direta de inconstitucionalidade está direcionada, apenas, contra expressões do § 1º do art. 76 da Lei n. 8.713, de 1.10.1993, ou seja, pretende-se ver fulminada a expressão "vedada a utilização de gravações externas, montagens e trucagens". O *caput* do artigo preceitua que: "Os programas destinados à veiculação no horário gratuito pela televisão devem ser realizados em estúdio, seja para transmissão ao vivo ou pré-gravados, podendo utilizar música ou *jingle* do partido, criados para a campanha eleitoral".

Não há a menor dúvida de que a Carta de 1988 objetivou garantir uma liberdade maior de manifestação do pensamento, preservando a criação, a expressão e a informação. Essa cláusula, a encerrar, sem dúvida alguma, uma garantia constitucional, vem lançada de modo abrangente, já que o art. 220 contém alusão à manifestação do pensamento, à criação, à expressão e à informação sob qualquer forma, processo ou veículo, impedindo que haja restrição. Já, o § 2º desse mesmo artigo dispõe que: "É vedada toda e qualquer censura de natureza política, ideológica e artística".

Ora, qual é o alcance do § 1º do art. 76? O que fica excluído com o preceito segundo o qual nos programas a que se refere esse artigo "é vedada a utilização de gravações externas, montagens e trucagens"? O que se afasta do cenário relativo ao processo eleitoral? A meu ver, rechaça-se a manifestação do pensamento e a criação preservadas mediante o disposto no art. 220 da CF. No meu entender, obstaculiza-se, a mais não poder, a possibilidade de um certo partido, um certo candidato, produzir programa que revele, até mesmo, a realidade nacional, os grandes contrastes no campo social que temos no Brasil, afim, as desigualdades existentes.

Peço vênia, Sr. Presidente, para, na linha que tenho adotado nesta Corte, no que visa a preservar, acima de tudo, as garantias constitucionais ligadas à liberdade, liberdade aqui tomada no sentido lato, ousar divergir do nobre

Relator – já que S. Exa. traz ao Plenário uma bagagem, no campo eleitoral, invejável –, e concluir que a limitação imposta pelo § 1º do art. 76 da Lei n. 8.713/1993 conflita com a liberdade de manifestação do pensamento e a liberdade de participação política preservadas na Constituição Federal. Nem se diga que o preceito tem como escopo maior a igualação dos candidatos, ou seja, a preservação do equilíbrio na disputa, no certame eleitoral, visto que qualquer dos que se apresentem poderá lançar mão quer de gravações externas, quer de montagens e trucagens, aliás, fatos que tenho imensa dificuldade em delimitar.

Penso que a propaganda eleitoral deve se fazer da forma mais clara, mais transparente, mais livre possível, não se afastando desses programas o que de fato ocorre – algo realmente pesaroso, quando se constata que é a própria realidade nacional.

Portanto, peço licença ao eminente Ministro-Relator e ao Min. Ilmar Galvão, que o acompanhou, para julgar procedente o pedido formulado pelo Partido dos Trabalhadores nesta ação direta de inconstitucionalidade, fulminando as expressões atacadas.

(...).

VOTO – *O Sr. Min. Celso de Mello*: O direito de antena traduz expressão com que o ordenamento constitucional português designa importante instrumento de difusão das ideias e de exteriorização das mensagens doutrinárias dos partidos políticos.

A norma inscrita no art. 17, § 3º, da Constituição brasileira, ao prever essa prerrogativa partidária de acesso gratuito ao rádio e à televisão, confere-lhe típica função instrumental, posto que o exercício da franquia constitucional em questão traduz meio necessário à prática concreta da liberdade de manifestação do pensamento, da liberdade de expressão das ideias e da liberdade de comunicação dos fundamentos programáticos que orientam a ação política dos partidos políticos.

A circunstância de o direito de antena ser suscetível de exercício, consoante prescreve a nossa Constituição, apenas na forma da lei não confere legitimidade jurídica ao Poder Público para, a pretexto de regulamentar a publicidade eleitoral, restringir os meios e ditar as técnicas de exercício dessa liberdade fundamental, que representa, no contexto do processo político, instrumento de inquestionável importância na disputa das agremiações partidárias pelo acesso ao poder do Estado.

Os valores que informam a ordem democrática, dando-lhe o indispensável suporte axiológico, revelam-se conflitantes com toda e qualquer pretensão estatal que vise a nulificar ou a coarctar a hegemonia essencial de que se revestem, em nosso vigente sistema constitucional, as liberdades do pensamento, especialmente quando exercidas para a exteriorização da plataforma de ação partidária e de revelação de seus fundamentos doutrinários.

O regime constitucional vigente no Brasil privilegia, de modo particularmente expressivo, o quadro em que se desenvolvem as liberdades do pensamento. Esta é uma realidade normativa, política e jurídica que não pode ser desconsiderada pelo STF.

A liberdade de expressão representa, dentro desse contexto, uma projeção significativa do direito que a todos assiste de manifestarem, sem qualquer possibilidade de intervenção estatal na conformação legislativa dessa prerrogativa básica, o seu pensamento e as suas convicções, expondo as suas ideias e fazendo veicular as suas mensagens doutrinárias.

A vedação constante da norma ora impugnada claramente obstruiu o concreto exercício do direito de expressão, cerceando a liberdade de comunicação dos partidos políticos na divulgação plena de suas mensagens doutrinárias e dos projetos de implementação de suas propostas governamentais.

É evidente que os abusos no exercício da liberdade de manifestação do pensamento exporão aqueles que os praticarem a sanções jurídicas a serem impostas *a posteriori*. A perspectiva do abuso, contudo, não deve justificar reação antecipada do Poder Público, em ordem a conferir ao Estado a inaceitável possibilidade de impor restrições prévias ao exercício dessa eminente liberdade pública que se reflete no direito de a agremiação partidária expor, de modo pleno, sem quaisquer condicionamentos pertinentes à utilização de recursos técnicos ou cênicos, as informações que entender essenciais à compreensão e à divulgação de seu programa de ação política.

A nova Constituição do Brasil revelou hostilidade extrema a quaisquer práticas estatais tendentes a restringir, mediante prescrições normativas ou práticas administrativas, o legítimo exercício da liberdade de expressão e de comunicação de ideias e de pensamento.

A repulsa constitucional bem traduziu o compromisso da Assembleia Nacional Constituinte de dar expansão às liberdades do pensamento. Estas são expressivas prerrogativas constitucionais cujo integral e efetivo respeito pelo Estado qualificam-se como pressuposto essencial e necessário à prática do regime democrático. A livre expressão e manifestação de ideias, pensamentos e convicções não pode e não deve ser impedida pelo Poder Público e nem submetida a ilícitas interferências do Estado.

O procedimento estatal consubstanciado na regra legal ora impugnada constitui ato inerentemente injusto, arbitrário e discriminatório. Uma sociedade democrática e livre não pode institucionalizar essa intervenção prévia do Estado e nem admiti-la como expediente dissimulado pela falsa roupagem do cumprimento e da observância da Constituição.

É preciso reconhecer que a vedação dos comportamentos estatais que afetam tão gravemente a livre expressão e comunicação de ideias significou um notável avanço nas relações entre a sociedade civil e o Estado. A regra legal ora impugnada encerra um *diktat* que não pode ser aceito e nem tolerado, na medida em que compromete o pleno exercício, pelos *mass media*, da liberdade de criação no processo de divulgação publicitária das informações e das mensagens políticas, programáticas e doutrinárias dos partidos políticos. A Constituição, ao subtrair o processo de criação artística, cultural e publicitária da interferência, sempre tão expansiva quão prejudicial, do Poder Público, mostrou-se atenta à grave advertência de que o Estado não pode dispor de poder algum sobre a palavra, sobre as ideias e sobre os modos e técnicas de sua divulgação.

Essa garantia básica da liberdade de expressão do pensamento representa, em seu próprio e essencial significado, um dos fundamentos em que repousa a ordem democrática. Nenhuma autoridade pode prescrever o que será ortodoxo em política, ou em outras questões que envolvam temas de natureza filosófica, ideológica ou confessional, e nem estabelecer padrões cuja observância implicará, tal como no caso ocorre, clara restrição aos meios de divulgação do pensamento e aos processos de criação publicitária. Isso porque "o direito de pensar, falar e escrever livremente, sem censura, sem restrições ou sem interferência governamental" é, conforme adverte Hugo Lafayette Black, que integrou a Suprema Corte dos Estados Unidos da América, "o mais precioso privilégio dos cidadãos (...)" (*Crença na Constituição*, p. 63, 1970, Forense).

Uma Constituição – e a do Brasil não se divorcia desse padrão – representa uma obra de compromisso, que consagra, nas disposições que nela se contêm, uma solução político-jurídica que busca harmonizar os múltiplos interesses antagônicos que impulsionam o constituinte, a partir de recíprocas transigências dos segmentos sociais representados, a modelar e a criar um documento formal em que se vejam consensualmente preservados "determinados valores ou parâmetros axiológicos (...) segundo o espírito do tempo" (Miguel Reale, *Aplicações da Constituição de 1988*, p. 5, 1990, Forense), bem assim os desejos e as aspirações das comunidades, estratos e setores que integram a sociedade, valores, estes, que tenho como vulnerados pela norma inscrita no art. 76, § 1º, da Lei n. 8.713/1993, objeto de impugnação na presente sede processual.

Assim sendo, Sr. Presidente – e considerando que a Constituição do Brasil repudia a solução autoritária consubstanciada na regra legal ora impugnada –, peço vênia ao eminente Relator para, dissentindo de S. Exa., julgar inconstitucional a norma consubstanciada no § 1º do art. 76 da Lei n. 8.713/1993. Acompanho, desse modo, o voto do eminente Min. Marco Aurélio.

É o meu voto.

VOTO – *O Sr. Min. Carlos Velloso*: Sr. Presidente, a garantia inscrita no art. 220, §§ 1º e 2º, da Constituição diz respeito à liberdade de informação, de manifestação do pensamento. A propaganda eleitoral gratuita, a meu ver, e na linha do excelente voto do Sr. Ministro-Relator, não me parece, em princípio, compreendida na liberdade pública mencionada, inscrita no art. 220, §§ 1º e 2º, da Lei Maior.

As normas inscritas no art. 76, *caput* e § 1º, da Lei n. 8.713/1993, objeto desta ação direta, dizem respeito à propaganda eleitoral gratuita. Ora, essa propaganda gratuita pode, ao que me parece, ser limitada, de modo razoável, pelo legislador ordinário, tendo em vista o que dispõe o § 3º do art. 17 da Constituição, a estabelecer que "os partidos políticos têm direito a recursos do Fundo Partidário e acesso gratuito ao rádio e à televisão, na forma da lei".

Trata-se, a norma constitucional indicada – § 3º do art. 17 – de norma de eficácia limitada, dependente de normatização ulterior, normatização que veio com a Lei n. 8.713/1993, art. 76, § 1º. Essa norma infraconstitucional, que confere eficácia à norma constitucional referida, tem um bom sentido: baratear, tornando acessível a todos os candidatos e partidos, a propaganda eleitoral, assim afastando da pugna eleitoral as nefastas influências do poder econômico. É que os candidatos com mais dinheiro poderiam fazer vídeos maravilhosos, programas requintados, mediante o pagamento de vultosas somas de dinheiro, em detrimento dos mais pobres.

O Sr. Min. Marco Aurélio: Mas aí está a limitação, Exa., que a própria lei prevê.

O Sr. Min. Carlos Velloso: É exatamente isto que desejamos registrar e trazer ao debate. A lei, de outro lado, se preocupou, sobremaneira, também, em regulamentar a forma das doações e dos gastos da campanha.

A Lei n. 8.713, de 30.9.1993, quer evitar o falseamento da verdade mediante programas caríssimos e que os truques, as trucagens, as montagens e os recursos técnicos da mídia eletrônica costumam transformar imagens, superestimar conceitos, projetar imagens falsas para um público desarmado, que espera que os candidatos apresentem as suas ideias, mostrem as suas exatas personalidades.

Sob esse aspecto, a lei é boa.

Debrucei-me sobre essa lei durante muitos dias. Tive notáveis debates com os representantes da imprensa, na companhia e sob a liderança do Min. Sepúlveda Pertence, Presidente do TSE, e de outros eminentes Colegas. O que percebi, o que constatei, é que os "pesos pesados" da imprensa escrita, do rádio e da televisão raciocinavam, de regra, no sentido de aplaudir as restrições inscritas na lei. Muitos afirmavam que, agora, poderiam os candidatos ser vistos sem artifícios eletrônicos, poderiam ser avaliados pelos eleitores, já que deveriam apresentar ideias, programas, deveriam se expor, mostrar o que efetivamente fizeram e produziram. É que não seriam possíveis, com a Lei

8.713, os maravilhosos vídeos que transformam personalidades e imagens. Personalidades até um certo ponto ridículas são transformadas em personalidades notáveis, em detrimento da verdade.

A maioria, Srs. Ministros, dos comunicadores sociais aplaudiram a lei, sob tal aspecto. A unanimidade, entretanto, dos publicitários, das agências fabricadoras de vídeos, receberam mal a lei, criticaram as instruções do TSE. É que deixaram eles de ganhar milhões de Dólares.

Esclareça-se que não há limites para os gastos. Há limites, sim, para as doações. Não havendo limites para os gastos, se a lei não estabelece as apontadas restrições, os programas seriam de elevado custo.

Sr. Presidente, com estas breves considerações, peço licença ao Sr. Min. Marco Aurélio para acompanhar o voto do Sr. Min. Francisco Rezek, pelo quê julgo improcedente a ação.

VOTO – *O Sr. Min. Sepúlveda Pertence*: Sr. Presidente, a contingência de estar à frente da Justiça Eleitoral desde quando se discutia esta lei forçou-me à constante reflexão sobre o tema objeto desta ação direta.

2. Impugna-se, no art. 76, § 1º, da Lei n. 8.713, a vedação, nos programas de propaganda eleitoral gratuita pela televisão, da utilização de gravações externas, montagens ou trucagens.

3. Creio, Sr. Presidente, que a questão constitucional posta passa necessariamente ou começa no art. 17, § 3º, da Constituição, que assegura aos partidos políticos o direito de antena, "o acesso gratuito ao rádio e à televisão, na forma da lei": dispositivo, na terminologia conhecida de José Afonso e Crisafulli, de eficácia limitada, porque insuscetível de efetivar-se sem disciplina legal complementar.

4. É óbvio, Sr. Presidente, que essa lei, prevista para disciplinar o "direito de antena", não é livre, está sujeita à observância, ao respeito, de direitos, garantias e valores constitucionais, explícitos ou implícitos. Ela está sujeita, primariamente, à própria instrumentalidade do acesso de partidos e candidatos gratuito ao rádio e à televisão. E, se está sujeita ao respeito aos valores constitucionais, também a um truísmo da hermenêutica constitucional, à necessidade de ponderar valores aparentemente contrapostos e encontrar a solução de equilíbrio entre eles.

5. Convenci-me – depois de muita reflexão – de que efetivamente não há valor constitucional algum afetado por essas restrições à utilização de determinadas técnicas na veiculação da propaganda eleitoral gratuita.

6. Deixo claro, Sr. Presidente – e nisso divirjo de certo modo da perspectiva dos eminentes Mins. Relator e Carlos Velloso –, que não excluo a propaganda eleitoral gratuita do campo normativo abrangido pela liberdade de manifestação de pensamento. Propaganda eleitoral gratuita sem liberdade de manifestação de pensamento é contradição em si mesma. Por isso, seja com base no art. 220 ou, se se quiser restringir o art. 220 aos veículos de comunicação, seja com base no art. 5º, III, excluo em qualquer hipótese, por exemplo, a censura prévia, a proibição de veicular esta ou aquela ideia no programa gratuito de propaganda eleitoral.

7. Mas, Sr. Presidente, será que efetivamente se viola a liberdade de manifestação de pensamento quando se impõem restrições formais atentas à instrumentalidade do "direito de antena", realçado no início de seu voto pelo Min. Celso de Mello? Quando se impõe a substituição de artifícios de publicidade comercial pela palavra? Não é mais a palavra o instrumento por excelência da manifestação de pensamento?

8. Tem-se comparado esse dispositivo da "lei do ano", como gosta de dizer o Min. Francisco Rezek, a uma Lei Falcão n. 2. Insisto, porém: esse dispositivo é o contrário da Lei Falcão. O que estava ocorrendo, à custa de milhões de Dólares, era a Lei Falcão sofisticada, era a substituição da ideia, da palavra, pela cena, pelo antigo "retratinho" do candidato, apenas, agora embelezado pelos recursos técnicos de venda de mercadorias.

9. De tal modo, Sr. Presidente, creio perfeitamente compatível com a inspiração finalística, com a instrumentalidade do "direito de antena", que se imponha que o programa gratuito, prodigilizado a partidos e candidatos, seja usado de acordo com a finalidade de sua previsão constitucional, que é a transmissão de ideias, de propostas, de convicções.

10. Por outro lado, não posso fugir da realidade à qual veio acudir essa restrição legal. Realidade que a reclamou como arma de resguardar, de assegurar, a eficácia da própria ideia de acesso gratuito ao rádio e à televisão, que é de inspiração evidentemente isonômica; que é de dar relativa igualdade às correntes políticas no acesso a veículos que se tornaram absolutamente imprescindíveis nas campanhas eleitorais das sociedades contemporâneas de massa.

11. Ora, observa-se, no mundo real, quer nas campanhas eleitorais, quer nos programas de divulgação programática dos partidos, a mais absoluta distorção, o desvirtuamento escancarado das finalidades isonômicas dessa utilização, ao cabo de conta suportada pela sociedade, mercê do encarecimento astronômico do custo de sua produção, que vinha forçando, com frequência, a recorrer a nítidas manobras de *merchandising*, à busca de formas de seu financiamento.

12. Estou, assim, em que, ao regular para as eleições do corrente ano a propaganda gratuita, o questionado § 1º do art. 76 da Lei n. 8.713 se manteve dentro do marco dos valores constitucionais a considerar, fazendo entre eles ponderação equilibrada e perfeitamente válida.

Peço vênia aos Srs. Mins. Marco Aurélio e Celso de Mello para acompanhar o voto do Sr. Ministro-Relator e julgar improcedente a ação direta.

VOTO – *O Sr. Min. Néri da Silveira*: Sr. Presidente, impressionam, sem dúvida, os fundamentos do voto do Sr. Min. Celso de Mello quando disserta, com o brilho de sempre, a respeito da liberdade de manifestação do pensamento, da garantia constitucional de criação, expressão e informação, sob qualquer forma, processo ou veículo de comunicação.

Penso, todavia, que a presente questão não pode ser visualizada nesse amplo espectro da comunicação social a que se referem os arts. 220 a 224, do Capítulo V, sobre "Comunicação Social', integrado no Título VIII, "Da Ordem Social", da Constituição.

A matéria, a meu pensar, há de ser vista a partir do que dispõe o art. 17, § 3º, da Carta Magna: "§ 3º. Os partidos políticos têm direito a recursos do Fundo Partidário e acesso gratuito ao rádio e à televisão, na forma da lei".

Esse dispositivo não autoriza qualquer restrição à liberdade de pensamento, bem assim à sua livre manifestação, além de assegurar o direito de resposta proporcional ao agravo, como a indenização por dano material e moral ou à imagem. A lei da propaganda eleitoral não poderia impedir isso, eis que estaria infringindo o art. 5º, incisos IV e V, da Constituição. O dispositivo impugnado diz, exclusivamente, com matéria relativa à instrumentalidade do programa gratuito que o Estado assegura aos partidos políticos no período de propaganda eleitoral, vedando, para tanto, a utilização de gravações externas, montagens etc.

Dir-se-á que estaria infringindo o art. 220 da Constituição, quando estipula que a manifestação do pensamento, a criação, a expressão e a informação, sob qualquer forma, processo ou veículo, não sofrerão qualquer restrição. Não há dúvida de que, na norma impugnada, se estabelece uma restrição, quanto à instrumentalidade. Não significa, entretanto, por si só, restrição à manifestação do pensamento, prevista no art. 5º, inciso IV, da Lei Maior: "é livre a manifestação do pensamento".

Se a lei estabelecesse, quanto aos programas, determinadas restrições a seu desenvolvimento, ao tratamento de certos temas, ou impedisse os candidatos de debaterem ideias ou determinados fatos históricos ou, por exemplo, limitasse o tratamento a ser dado a quadras da história ou fatos históricos, aí não teria eu dúvida de reconhecer que a Lei Eleitoral, editada com base no art. 17, § 3º, da Constituição, não poderia fazê-lo.

Mas, não é disso que ela cuida. Pretende a norma em foco – e esse é seu objetivo – assegurar, quanto possível, o princípio da igualdade por parte dos partidos na utilização dos espaços de propaganda gratuita, que o Estado garante a todos. Que igualdade é essa? É basicamente aquela que busca afastar a intervenção do poder econômico. No espírito da norma está a preocupação de os partidos não utilizarem diferentemente esses espaços, com consequentes resultados ou com proveitos diversos, a partir do abuso do poder econômico, fazendo gravações externas extremamente ricas em sua apresentação, podendo, inclusive – como já se tem experiência em pleitos eleitorais anteriores –, precisamente pela utilização do poder econômico, valer-se de recursos técnicos para iludir o eleitorado ou criar confusões em seu seio, notadamente no que respeita à posição de candidato adversário.

O Estado quer, com essa norma, fazer com que os candidatos venham, eles próprios – e num determinado instante, na campanha eleitoral de 1986, a lei previa isso –, transmitir o seu pensamento ao eleitorado. Os espaços eleitorais gratuitos são feitos para os candidatos se comunicarem com o eleitorado, de viva voz, quanto possível, para que os eleitores possam avaliar a capacidade dos mesmos, não aparecendo eles ao eleitorado em programas gravados, com riqueza de detalhes, de técnicas e coloridos, sob uma forma que não corresponda à sua realidade e, mais que tudo isso, não traduza o pensamento, as ideias que eles tenham e queiram, numa comunicação direta, revelá-las ao eleitorado.

Penso que esses espaços só terão sentido à medida que assegurarem, de um lado, a igualdade entre todos os concorrentes e, de outro, a possibilidade de eles se comunicarem, nas mesmas condições, com o eleitorado e contribuírem, assim, para que se alcance aquilo que é objetivo fundamental do processo eleitoral, ou seja, a verdade eleitoral. O Estado não há de pagar ou assegurar esses espaços, nos meios de comunicação social, para que o abuso do poder econômico neles se manifeste, eis que, em realidade, todas essas expressões de riqueza e luxo de técnicas não podem ser utilizadas se não houver poder econômico atrás de tudo isso.

A lei quer evitar que tal ocorra, porque as experiências, dentro da nossa história política, estão a revelar que as propagandas feitas com artimanha, por vezes, em momentos nos quais não há mais possibilidade de responder eficientemente, ao término das campanhas eleitorais, trazem imagens, montagens de cenas, que não correspondem à verdade e se tornam irreversíveis à vista do eleitorado.

Parece-me que a lei atual quis evitar tudo isso. É uma experiência nova. O País vive, em cada campanha eleitoral, experiência de propaganda nova, e isso enriquece o processo eleitoral. Não coloco, pois, a questão no amplo capítulo da comunicação social. Creio que se deve compreender a matéria dentro do processo da propaganda eleitoral, para que se preservem seus valores fundamentais, que não se expressam, em sua maneira mais significativa, pela riqueza da tecnologia, mas, sim, com a possibilidade da comunicação do pensamento e das ideias dos candidatos, enquanto os nossos partidos políticos não superarem a dificuldade para ser, exatamente, eles próprios, manancias de expressão do pensamento político. Decerto, a lei que assegura espaços de propaganda gratuita, durante o período não eleitoral, aos partidos políticos precisa ser modificada ou, ao menos, fiscalizada na sua aplicação. Não é possível que a lei, ao garantir tais espaços aos partidos durante período não eleitoral, para que eles divulguem seus programas e ideias, sirva exclusivamente para determinados líderes partidários fazerem sua pré-campanha eleitoral. Não foi para isso que a lei assegurou tais espaços aos partidos, mas, exatamente, para que os mesmos divulguem seus programas. Não se está praticando isso dentro da realidade brasileira, o que é lamentável. Sem partidos organizados e com ideários definidos e bem divulgados a democracia representativa encontra dificuldade à sua efetiva consolidação, com vistas ao Estado de Direito Democrático real, aspiração de todos.

O Sr. Min. Sepúlveda Pertence: Há outro aspecto relevante a considerar. Os militantes políticos têm dito à saciedade que se tornara uma anedota falar-se em horário de propaganda eleitoral gratuita, tal o custo, que se tornara obrigatório para todos, da sofisticação publicitária imposta nas últimas campanhas eleitorais. Por isso, é verdade que uma imagem pode representar um milhão de palavras. Agora, certamente custa um milhão de Dólares.

O Sr. Min. Néri da Silveira: Penso que toda essa utilização de luxo, de riqueza, de imagem etc. tem atrás de si algo que é pernicioso ao processo eleitoral, qual seja, o abuso do poder econômico; e tudo que puder exatamente coibir esse abuso no processo eleitoral é louvável por parte da legislação.

Sr. Presidente, com essas sucintas considerações, meu voto acompanha o do eminente Ministro-Relator para julgar improcedente a ação, com a devida vênia dos votos dos Srs. Mins. Marco Aurélio e Celso de Mello. (...).

EXTRATO DE ATA

Decisão: Por maioria de votos, o Tribunal julgou improcedente a ação e declarou a constitucionalidade do § 1º do art. 76 da Lei n. 8.713, de 1.10.1993, vencidos os Mins. Marco Aurélio e Celso de Mello, que a julgavam procedente e inconstitucional o referido dispositivo. Votou o Presidente. Ausentes, justificadamente, os Srs. Mins. Sydney Sanches e Paulo Brossard. Plenário, 1.7.1994.

Presidência do Sr. Min. Octávio Gallotti. Presentes à sessão os Srs. Mins. Moreira Alves, Néri da Silveira, Sepúlveda Pertence, Celso de Mello, Carlos Velloso, Marco Aurélio, Ilmar Galvão e Francisco Rezek.

* * *

PERGUNTAS

1. Quais são os fatos?
2. Para quê serve o horário da propaganda eleitoral gratuita? Qual a relação com a democracia?
3. Qual a relação entre o direito à informação e a democracia?
4. Os direitos à liberdade de informação e de imprensa, estabelecidos no art. 220, §§ 1º e 2º, se estendem à propaganda eleitoral?
5. Trata-se de um direito absoluto a liberdade de informação?
6. Existe um fundamento para a vedação da utilização de gravações externas, montagens ou trucagens?
7. Quais as vantagens e desvantagens do financiamento público da campanha eleitoral? E do financiamento privado?
8. Como decidiu o Tribunal?

8.14 Cláusula de barreira e pluralismo (ADI 1.351-3-DF)

(Plenário – rel. Min. Marco Aurélio – j. 7.12.2006)

Partido político – Funcionamento parlamentar – Propaganda partidária gratuita – Fundo Partidário. Surge conflitante com a Constituição Federal lei que, em face da gradação de votos obtidos por partido político, afasta o funcionamento parlamentar e reduz, substancialmente, o tempo de propaganda partidária gratuita e a participação no rateio do funda partidário.

Normatização – Inconstitucionalidade – Vácuo. Ante a declaração de inconstitucionalidade de leis, incumbe atentar para a inconveniência do vácuo normativo, projetando-se, no tempo, a vigência de preceito transitório, isso visando a aguardar nova atuação das Casas do Congresso Nacional.

ACÓRDÃO – Vistos, relatados e discutidos estes autos: Acordam os ministros do Supremo Tribunal Federal, em sessão plenária, sob a presidência da Min. Ellen Gracie, na conformidade da ata do julgamento e das notas taquigráficas, por unanimidade, em julgar procedente a ação direta para declarar a inconstitucionalidade dos seguintes dispositivos da Lei n. 9.095, de 19.9.1995: art. 13; a expressão "obedecendo aos seguintes critérios", contida na cabeça do art. 41; incisos I e II do mesmo art. 41; art. 48; a expressão "que atenda ao disposto no art. 13", contida na cabeça do art. 49, com redução de texto; cabeça dos arts. 56 e 57, com interpretação que elimina de tais dispositivos as limitações temporais neles constantes, até que sobrevenha disposição legislativa a respeito; e a expressão "no art. 13", constante no inciso II do art. 57. Também por unanimidade, em julgar improcedente a ação no que se refere ao inciso II do art. 56. Votou a Presidente, Min. Ellen Gracie. Ausente, justificadamente, o Min. Joaquim Barbosa.

Brasília, 7 de dezembro de 2006 – *Marco Aurélio*, relator.

RELATÓRIO – *O Sr. Min. Marco Aurélio*: Inicialmente, consigno que o relatório e o voto referem-se às ADI ns. 1.351-3-DF e 1.354-8-DF, estando esta apensa àquela.

No julgamento da medida cautelar na segunda ação, o Min. Maurício Corrêa formalizou o relatório de fls. 115 a 120, (...). (...).

Naquela assentada, o Tribunal, por unanimidade, indeferiu o pedido de medida liminar.

O Advogado-Geral da União manifestou-se, a fls. 147 à 153 da ADI n. 1.354-8-DF, pela improcedência do pedido. Aponta que, do exame dos dispositivos atacados, depreende-se que a análise da constitucionalidade restringe-se ao art. 13 da Lei n. 9.096/1995, tendo em conta a referência a este ser nas demais normas impugnadas. Busca demonstrar que a não inclusão da matéria na Constituição de 1988, embora contida nas Cartas anteriores, não veda o legislador ordinário a adotá-la novamente sob a égide da ordem atual. A limitação aos partidos políticos estaria em consonância com a adequação da lei ordinária para disciplinar o "caráter nacional" previsto no inciso I do art. 17 do texto constitucional. O legislador apenas fixou critérios para evitar a criação e a atuação de partidos excessivamente pequenos, não dotados de expressiva representatividade. Refuta o argumento segundo o qual o caráter nacional está totalmente conceituado pelo § 1º do art. 7º da mesma lei, asseverando aludir cada dispositivo a um momento distinto de verificação de regularidade, sendo este a do registro e a do art. 13 da natureza periódica. Menciona a doutrina sobre o tema e o que decidido no julgamento da medida cautelar.

Vieram-se, então, os processos em razão de o Relator ter ascendido à Presidência do Tribunal, conforme peça de fls. 154. (...).

Na ADI n. 1.351-3-DF, cuja inicial não encerrou pedido de suspensão de preceitos, mas implicou pleito de abrangência maior, são impugnados os arts. 13, 56, inciso II – todo ele –, e 57 – na integralidade – e ainda as expressões "(...) que tenha preenchido as condições do art. 13 (...)", do inciso II do art. 41, e "(...) que atenda ao disposto no art. 13 (...)", do art. 49, também da Lei 9.096, de 19.9.1995. (...).

Ante as peculiaridades apresentadas, o Advogado-Geral da União, a fls. 231 a 239 da ADI n. 1.351-3-DF, defende que o princípio da plenitude partidária resguarda somente a existência de partidos autênticos, assim entendidos aqueles que se amparam em parcela razoável da população e não numa individualidade forte, capaz de obter a adesão de apenas alguns seguidores. Diz não versar o art. 13, sob análise, a liberdade de criação dos partidos, mas o funcionamento parlamentar, apenas evidenciando, indiretamente, a incidência do inciso I do art. 17 da Constituição da República. Logo, o óbice à criação de partidos pequenos estaria neste dispositivo constitucional, não no questionado. Aduz, alfim, inexistir ofensa ao princípio da igualdade, tendo em conta justamente o tratamento desigual dispensado aos partidos relevantes e pequenos, limitando a atuação destes últimos. (...).

É o relatório.

VOTO – *O Sr. Min. Marco Aurélio* (relator): (...). (...). (...). O art. 1º revela como um dos fundamentos da própria República o pluralismo político – inciso V. Já, o parágrafo único do citado artigo estabelece que "todo o poder emana do povo, que o exerce por meio de representantes eleitos ou diretamente, nos termos" do Diploma Maior. Este, ao fixar as condições de elegibilidade, menciona a necessária filiação partidária, ou seja, não existe a possibilidade de o cidadão sem respaldo de partido político lograr mandato eletivo, presente o sufrágio universal, o voto direto e secreto.

O Capítulo V de título compreendido em parte básica da Constituição Federal – o II, porque trata dos direitos e garantias fundamentais – encerra como medula a liberdade dos partidos políticos, predicado inafastável quanto a essas pessoas jurídicas de direito privado. Pedagogicamente consigna a liberdade na criação, fusão, incorporação e extinção de partidos políticos, revelando a necessidade de se resguardar a soberania nacional, o regime democrático, o pluripartidarismo e os direitos fundamentais da pessoa humana. Vê-se o relevo maior atribuído à multiplicidade política. Relembrem: como fundamento da República, versou-se o pluralismo político e, quanto aos partidos políticos, previu-se a livre criação, fazendo-se referência, de maneira clara, ao pluripartidarismo. Tratou-se do caráter nacional das entidades para, a seguir, dispor-se que os partidos adquirem personalidade jurídica na forma da lei civil, devendo ter os estatutos registrados no TSE. O que se contém no art. 17 da Carta Federal diz respeito a todo e qualquer partido político legitimamente constituído, não encerrando a Norma Maior a possibilidade de haver partidos de primeira e segunda classes, partidos de sonhos inimagináveis em termos de fortalecimento e partidos fadados a morrer de inanição, quer sob o ângulo da atividade concreta no Parlamento, sem a qual é injustificável a existência jurídica, quer da necessária difusão do perfil junto ao eleitorado em geral, dado indispensável ao desenvolvimento relativo à adesão quando do sufrágio, quer visando, via Fundo Partidário, a recursos para fazer frente à impiedosa vida econômico-financeira. Em síntese, tudo quanto venha à balha em conflito com os ditames maiores, os constitucionais, há de merecer a excomunhão maior, o rechaço por aqueles comprometidos com a ordem constitucional, com a busca do aprimoramento cultural. (...). (...).

Ainda sob o ângulo do pluripartidarismo, da representatividade dos diversos segmentos nacionais, é dado perceber a ênfase atribuída pela Carta Federal às minorias. No tocante às Comissões Permanentes e Temporárias da Câmara dos Deputados e do Senado Federal, o § 1º do art. 58 do Diploma Maior assegura sem distinguir, considerada a votação obtida, o número de eleitos, a representação proporcional dos partidos ou dos blocos parlamentares que participam da respectiva Casa. Aliás, na cabeça do artigo há a remessa aos Regimentos Internos do Congresso bem como das duas Casas, e versa o preceito algo compreendido no gênero funcionamento parlamentar, disciplina em sintonia com a independência dos Poderes. No processo legislativo, no aperfeiçoamento da lei em sentido formal e material, nesse ato complexo, atua, ao término da linha, o Executivo, sancionando ou vetando o que aprovado pelas Casas Legislativas. Fica no ar: existentes partidos com deputados eleitos, é dado a Poder diverso – o Executivo – compor e balizar o funcionamento interno, embora de forma conjunta com Senado e Câmara? Di-lo que não o jurista e ex-Ministro Célio Borja. Endosso a óptica por S. Exa. externada. Da mesma forma que ao Judiciário cumpre reger órgãos internos – art. 96, inciso I, alínea "a", da CF – via Regimento Interno, tem-se, preservado o sistema como único, idêntico enfoque quanto à vida interna de cada Casa Legislativa – arts. 51, incisos III e IV, 52, incisos XII e XIII, e 58 da Carta da República. Vale repetir o que consignado pelo parecista em peça elaborada a pedido da Mesa da Câmara dos Deputados, considerada transcrição contida em memorial:

"Da independência do órgão colegiado do Poder Legislativo e da inviolabilidade dos seus membros, no exercício do mandato, resulta a impossibilidade de lhes regular a conduta parlamentar por lei formal, dado que assim facilitar-se-ia a intromissão de outra Casa e do Presidente da República em assunto entregue à autonomia de cada uma das Câmaras.

"(...).

"As bancadas são instituições de direito parlamentar exclusivamente. Constituem-se, nos corpos legislativos, pela reunião dos representantes que se identificam pela unidade de propósito e pela uniformidade da atuação. Agrupam-se sob a liderança que designam."

Sim, presentes deputados necessariamente vinculados a certo partido, cuja existência civil e registro no TSE sejam incontestáveis, a eles são aplicáveis, em termos de atividade parlamentar, as normas constantes do Regimento Interno. Fora isso é menosprezar a independência funcional da Casa Legislativa.

Estabelece o § 3º do mesmo art. 58 que a criação de Comissão Parlamentar de Inquérito se faz mediante requerimento de um terço dos membros da Câmara dos Deputados ou do Senado Federal, ou, se Comissão Mista, de ambas as Casas. A Constituição Federal atribui ainda legitimidade aos partidos políticos para provocarem a jurisdição constitucional concentrada, sendo suficiente contar, para tanto, com um único representante em qualquer das Casas do Congresso. Em última análise, as previsões constitucionais encerram a neutralização da ditadura da maioria, afastando do cenário nacional óptica hegemônica e, portanto, totalitária. Concretizam, em termos de garantias, o pluralismo político tão inerente ao sistema proporcional, sendo com elas incompatível regramento estritamente legal a resultar em condições de exercício e gozo a partir da gradação dos votos obtidos. Aliás, surge incongruente admitir que partido sem funcionamento parlamentar seja, a um só tempo, legitimado para a propositura das ações direta de inconstitucionalidade e declaratória de constitucionalidade, não tendo atuação na Casa Legislativa, mas agindo via credenciamento popular no âmbito do Judiciário, tudo acontecendo – repito – sem que existente a restrição constitucional.

Vê-se que a Lei Básica de 1988 não manteve a vinculação, surgida com a Constituição de 1967, para o desenvolvimento da atividade política pelo partido, aos votos obtidos em determinado certame. Nem se diga que o inciso IV do art. 17 remete o funcionamento parlamentar à disciplina mediante lei, podendo esta última dispor sobre algo de fundamental relevância, ou seja, sobre a criação de partidos políticos de primeira e segunda categorias, considerado o desempenho nas urnas. A previsão quanto à competência do legislador ordinário para tratar do funcionamento parlamentar há de ser tomada sem esvaziar-se os princípios constitucionais, destacando-se com real importância o revelador do pluripartidarismo. Vale dizer que se deixaram à disciplina legal os parâmetros do funcionamento parlamentar sem, no entanto, viabilizar que norma estritamente legal determinasse a vida soberba de alguns partidos políticos e a morte humilhante de outros. Verificada a existência jurídica do partido, a participação em certas eleições, o êxito quanto a mandatos políticos em disputa, não há como afastar do cenário a vontade dos cidadãos que elegeram candidatos, que vieram a preencher cadeiras em Casas Legislativas, desvinculando-os, em quase um passe de funesta mágica, do próprio partido que respaldou a candidatura. Surge incongruente assentar a necessidade de um candidato ter, em um primeiro passo, o aval de certo partido e, a seguir eleito, olvidar a agremiação na vida parlamentar. O casamento não é passível desse divórcio.

Aliás, para aqueles preocupados com a proliferação dos partidos políticos, há de levar-se em conta que o enxugamento do rol é automático, presente a vontade do povo, de quem emana o poder. Se o partido político não eleger representante, é óbvio que não se poderá cogitar de funcionamento parlamentar. Considerada a ordem natural das coisas, cuja força é insuplantável, a conveniente representatividade dos partidos políticos no Parlamento fica jungida tão somente ao êxito verificado nas urnas, entendendo como tanto haver sido atingido o quociente eleitoral, elegendo candidatos, pouco importando o número destes. Só assim ter-se-á como atendido o fundamento da República, ou seja, o pluralismo político, valendo notar que o verdadeiro equilíbrio decorre do somatório de forças que revelem a visão dos diversos segmentos que perfazem a sociedade. Em síntese, não elegendo candidato, o partido fica automaticamente fora do contexto parlamentar. Estão enquadrados nessa situação, porquanto não alcançaram o coeficiente eleitoral, os seguintes partidos: Partido Socialista dos Trabalhadores Unificado/PSTU, Partido Social Liberal/PSL, Partido Trabalhista Nacional/PTN, Partido Comunista Brasileiro/PCB, Partido Social Democrata Cristão/PSDC, Partido Renovador Trabalhista Brasileiro/PRTB, Partido da Causa Operária/PCO e Partido Republicano Progressista/PRP.

Resumindo, surge com extravagância maior interpretar-se os preceitos constitucionais a ponto de esvaziar-se o pluripartidarismo, cerceando, por meio de atos que se mostram pobres em razoabilidade e exorbitantes em concepção de forças, a atuação deste ou daquele partido político.

Tenham presente que a necessidade do trato constitucional da matéria, conforme a tradição, conforme a assegurada liberdade de criação dos partidos, foi percebida quando dos trabalhos de revisão da Carta de 1988. O então Relator da revisão, Deputado Nelson Jobim, apresentou, em 1994, Substitutivo ao Parecer n. 36. Neste ressaltou que a chamada "cláusula de barreira" não teria sido tratada na Constituição, aspecto que vinha dando margem a "perplexidades interpretativas por parte do legislador". O Substitutivo acrescentava ao § 2º do art. 17 da CF, relativizando-o, a necessidade de o partido político comprovar o apoiamento de eleitores exigido em lei. Acrescentava os §§ 5º e 6º ao citado artigo e revogava o inciso IV nele contido, a versar sobre a remessa à lei do funcionamento parlamentar. Eis o teor dos preceitos que, caso aprovada a Emenda Constitucional de Revisão, estariam hoje em vigor, afastando a celeuma que deu margem a este julgamento pelo Supremo, guarda maior da Constituição:

"§ 5º Somente terá direito a representação na Câmara dos Deputados o partido que obtiver o apoio mínimo de 5% (cinco por cento) dos votos válidos, excluídos os brancos e os nulos, apurados em eleição geral e distribuídos em pelo menos um terço dos Estados, atingindo 2% (dois por cento) em cada um deles.

"§ 6º. Somente o partido que cumprir o disposto no parágrafo anterior poderá registrar candidato a Presidente da República."

O Substitutivo data de 1994. Não houve o consenso indispensável à aprovação da Emenda, em que pese aos parâmetros flexibilizados, para alterar-se a Carta da República, previstos no art. 3º do ADCT – voto da maioria absoluta dos membros do Congresso Nacional em sessão unicameral. Pois bem, após histórico e disciplina a revelarem a necessidade do trato da matéria com envergadura maior – constitucional –, o legislador comum veio a aprovar o texto do que seria o § 5º do art. 17 da CF, olvidando a natureza rígida desse diploma. A Carta acabou alterada mediante lei ordinária! Transportou-se – sem o advérbio "somente", é certo – para o estatuto dos partidos políticos aprovado no ano seguinte as regras submetidas ao Congresso Nacional e rejeitadas para inserção no Documento Maior da República. Não houve sequer alteração quanto às percentagens. Está-se a ver que o disposto no art. 13 da Lei n. 9.096/1995 veio a mitigar o que garantido aos partidos políticos pela Constituição Federal, asfixiando-os sobremaneira, a ponto de alijá-los do campo político, com isso ferindo de morte, sob o ângulo político-ideológico, certos segmentos, certa parcela de brasileiros. E tudo ocorreu a partir da óptica da sempre ilustrada maioria.

Sob o ângulo da razoabilidade, distancia-se do instituto diploma legal que, apesar da liberdade de criação de partidos políticos prevista na Constituição Federal, admite a existência respectiva e, em passo seguinte, inviabiliza o crescimento em termos de representação. A exigência de 5% dos votos válidos para a Câmara dos Deputados implica, considerados os dados da última eleição, a necessidade de o partido haver alcançado 4.681.293 votos em um universo de 93.625.858 votos. Aliás, assentada, em relação a todos os partidos hoje registrados no TSE, a necessidade de alcançar 5% dos votos, ter-se-ia que contar não com 100% correspondentes à totalidade dos sufrágios, mas com 145%!

Ainda no tocante à razoabilidade, mostra-se imprópria a existência de partidos políticos com deputados eleitos e sem o desempenho parlamentar cabível, cumprindo ter presente que, a persistirem partidos e parlamentares a eles integrados, haverá, em termos de funcionamento parlamentar, o esvaziamento da atuação das minorias.

A cláusula constitucional a remeter o funcionamento parlamentar, as balizas deste, a preceito legal – o que, no entendimento do Min. Célio Borja, constante de parecer, leva à disciplina mediante Regimento Interno – não pode ser tomada a ponto de admitir-se que a lei inviabilize, por completo, o dito funcionamento, acabando com as bancadas dos partidos minoritários e impedindo os respectivos deputados de comporem a Mesa Diretiva e as Comissões, em flagrante contrariedade à disposição do § 1º do art. 58 da CF, no que sinaliza, em bom vernáculo, a necessidade de ambas – Mesa e Comissões – serem integradas, se houver possibilidade física, de forma proporcional, pelos partidos e blocos parlamentares existentes na Casa, vale dizer, que tenham deputados eleitos.

Nos dias de hoje, tem-se exemplo marcante da extravagância da disciplina legal. O histórico e fidedigno Partido Comunista do Brasil logrou obter 2,12% da totalidade dos votos para a Câmara dos Deputados, significando esta percentagem substancial votação – 1.982.323 votos em 93.625858 votos –, perfazendo a percentagem de 2% dos votos em nove Estados – Acre, Amazonas, Piauí, Rio Grande do Sul, Ceará, Maranhão, Bahia, Pernambuco e Amapá – e elegendo 13 Deputados. Conta hoje com integrante a presidir a Câmara dos Deputados – o Deputado Aldo Rebelo. Pois bem, ante a incidência do art. 13, na próxima legislatura, de duas, uma: ou o Deputado Aldo Rebelo migra para outro partido, em condenável polivalência político-ideológica, ou terá que desistir de concorrer à reeleição, esta última admitida pelo Supremo desde que se trate de nova legislatura – mui o embora o § 4º do art. 57 da Carta contenha cláusula vedando "a recondução para o mesmo cargo na eleição imediatamente subsequente". Mais ainda: o atual Vice-Presidente da República, José Alencar, é do Partido Republicano Brasileiro/ PRB. Foi reeleito. O Partido não veio a atender às exigências legais nas últimas eleições, elegendo um Deputado. Contará com integrante Vice-Presidente da República, mas com Deputado órfão, sem endosso partidário, na Câmara dos Deputados.

Quanto ao rateio do Fundo Partidário, a circunstância de ter-se a divisão inicial considerados os percentuais de 99% e de 1%, concorrendo ao primeiro os partidos ditos, sob o ângulo da representação, majoritários – com aumento da fatia de cada qual – e à percentagem ínfima de 1% todos os 29 partidos registrados no TSE, haverá situações concretas em que a redução de valor a ser recebido alcançará percentagem superior a 99%.

Levem em conta a situação do Partido Trabalhista Brasileiro/PTB, que elegeu 22 Deputados e obteve 4.416.566 votos, o que, a toda evidência, não é pouco em termos de representatividade. Considerada a eleição de 2002, teve jus, em 2006, à cota de 6.746.125,64 Reais. Com a nova disciplina, repetido em 2007 o valor arrecadado em 2006 para o Fundo Partidário, o PTB ficará com a quota de 40.646,70, verificada, assim, diminuição de 99,40%. O mesmo se diga em relação ao Partido Liberal/PL, cujos votos chegaram a 4.074.393, elegendo 23 Deputados. Ante a eleição de 2002 e considerado o Fundo Partidário relativo a 2006, alcançou 6.708.093,13 Reais. Incidentes as novas regras e mantida a arrecadação de 2006 relativamente a 2007, caberá a ele 40.646,70 Reais, ocorrendo decréscimo de 99,39%. Enquanto isso, todos os sete partidos que lograram atender às exigências legais, com 5% dos votos nacionais distribuídos em nove Estados, obtendo em cada qual 2% dos votos, terão majoração, a saber: Partido Progressista/PP, de 0,54%; Partido da Social Democracia Brasileira/PSDB, de 17,08%; Partido do Movimento Democrático Brasileiro/PMDB, de 34,29%; Partido da Frente Liberal/PFL, de 1,59%; Partido dos Trabalhadores/PT, de 12,68%; Partido Socialista Brasileiro/PSB, de 43,53%; e Partido Democrático Trabalhista/PDT, de 25,25%. Ocorrendo alteração positiva e sendo alcançados valores que vão de 8.408.598,08 a 24.158.085,91. Não é aceitável, sob o ângulo da razoabilidade, tal equação, dividindo 7 partidos o grande bolo de 99% do que vier a ser arrecadado para o Fundo Partidário e os 29 partidos registrados no TSE, inclusive esses 7, 1%. O mesmo enfoque é dado verificar em termos de horário reservado à propaganda partidária. Os 7 partidos que conseguiram atender aos requisitos legais terão, por semestre, cada qual, 20 minutos em rede nacional e 20 minutos em rede estadual, bem como inserções nas duas cadeias, a totalizarem, em relação a cada uma, por semestre, 40 minutos. Já, os 22 partidos de representação menor, aquém das rigorosas exigências legais, terão, cada qual, 2 minutos por semestre e unicamente em rede nacional, não contando com o tempo para inserções.

Esta Corte é chamada a pronunciar-se sobre a matéria a partir da Constituição Federal. Descabe empunhar a bandeira leiga da condenação dos chamados "partidos de aluguel", o preconceito, mesmo porque não se pode ter como a revelá-los partidos, para exemplificar, como o Partido Popular Socialista/PPS, o Partido Comunista do Brasil/PC do B, o Partido Verde/PV e o Partido Socialismo e Liberdade/PSOL, sendo que este último, aliás, é condenado a não subsistir sem que tenha experimentado espaço de tempo indispensável a lograr grau de acatamento maior frente ao eleitorado. Se impossibilitado de figurar junto à Casa para a qual elegeu Deputados, tendo substancialmente mitigada a participação no Fundo Partidário e no horário de propaganda eleitoral, não deixará jamais a situação embrionária, própria ao surgimento de uma nova sigla. Permanecerá, se tanto, em plano secundário, inviabilizado o acesso eficaz a eleitores, o que somente ocorre em virtude da atuação parlamentar e da divulgação de metas partidárias. A dose é cavalar, implicando a potencialização do objeto visado em detrimento de princípios constitucionais. Possíveis circunstâncias reinantes, possíveis desvios de finalidade hão de ser combatidos de forma razoável, sem a colocação em segundo plano de valores inerentes à democracia, a um Estado Democrático de Direito. Levem em conta ainda que o funcionamento parlamentar não o é apenas nas Assembleias e Câmaras, alcançando o Senado da República e neste os seguintes partidos, da ala excluída, elegeram nas últimas eleições Senadores – sem contar aqueles que se encontram em meio ao mandato: Partido Trabalhista Brasileiro/PTB, 3 Senadores; Partido Comunista do Brasil/PC do B, 1 senador; Partido Renovador Trabalhista Brasileiro/PRTB, 1 senador; Partido Popular Socialista/PPS, 1 senador; e Partido Liberal/PL, 1 senador.

Indaga-se: ter-se-á dois pesos e duas medidas com funcionamento parlamentar no Senado e ausência nas demais Casas Legislativas? Se positiva a resposta, o sistema estará capenga, distinguindo-se onde o legislador não distinguiu.

Que fique ressaltado, em verdadeira profissão de fé, em verdadeiro alerta a desavisados, encontrar-se subjacente a toda esta discussão o ponto nevrálgico concernente à proteção dos direitos individuais e das minorias, que não se contrapõe aos princípios que regem o governo da maioria – cuja finalidade é o alcance do bem-estar público, a partir da vontade da maioria, desde que respeitados os direitos dos setores minoritários, não se constituindo, de forma alguma, em via de opressão destes últimos.

No Estado Democrático de Direito, a nenhuma maioria, organizada em torno de qualquer ideário ou finalidade – por mais louvável que se mostre –, é dado tirar ou restringir os direitos e liberdades fundamentais dos grupos minoritários, dentre os quais estão a liberdade de se expressar, de se organizar, de denunciar, de discordar e de se fazer representar nas decisões que influem nos destinos da sociedade como um todo, enfim, de participar plenamente da vida pública, inclusive fiscalizando os atos determinados pela maioria. Ao reverso, dos governos democráticos espera-se que resguardem as prerrogativas e a identidade própria daqueles que, até numericamente em desvantagem, porventura requeiram mais da força do Estado como anteparo para que lhe esteja preservada a identidade cultural ou, no limite, para que continue existindo.

Aliás, a diversidade deve ser entendida não como ameaça, mas como fator de crescimento, como vantagem adicional para qualquer comunidade, que tende a enriquecer-se com essas diferenças. O desafio do Estado Moderno, de organização das mais complexas, não é elidir as minorias, mas reconhecê-las, e, assim o fazendo, viabilizar meios para assegurar-lhes os direitos constitucionais. Para tanto, entre outros procedimentos, há de fomentar diuturnamente o aprendizado da tolerância como valor maior, de modo a possibilitar a convivência harmônica entre desiguais. Nesse aspecto, é importante sublinhar, o Brasil se afigura como exemplo para o mundo.

Democracia que não legitima esse convívio não merece tal *status*, pois, na verdade, revela a face despótica da inflexibilidade, da intransigência, atributos que, normalmente afetos a regimes autoritários, acabam conduzindo à escravidão da minoria pela maioria.

Alfim, no Estado Democrático de Direito, paradoxal é não admitir e não acolher a desigualdade, o direito de ser diferente, de não formar com a maioria. Mais: o Estado Democrático de Direito constitui-se, em si mesmo – e, sob certo ponto de vista, principalmente –, instrumento de defesa das minorias. Esse foi o entendimento adotado, levando o Supremo a garantir a criação de Comissão Parlamentar de Inquérito pela vontade de um terço – e não da maioria – dos parlamentares, no julgamento do MS n. 24.831-9-DF, relatado pelo Min. Celso de Mello e cujo acórdão foi publicado no *Diário da Justiça* de 4.8.2006.

É de repetir até a exaustão, se preciso for: democracia não é a ditadura da maioria! De tão óbvio, pode haver o risco de passar despercebido o fato de não subsistir o regime democrático sem a manutenção das minorias, sem a garantia da existência destas, preservados os direitos fundamentais assegurados constitucionalmente.

Então, encerro este voto, no julgamento conjunto das Ações ns. 1.351-3-DF e 1.354-8-DF, acolhendo os pedidos formulados – exceto quanto ao inciso II do art. 56 – e, com isso, declarando a inconstitucionalidade na Lei n. 9.096/1995: (a) do art. 13; (b) da expressão "obedecendo aos seguintes critérios", na cabeça do art. 41, e dos incisos I e II do mesmo preceito; (c) do art. 48; (d) da expressão "que atenda ao disposto no art. 13", no art. 49; (e) da expressão "no art. 13" do inciso II do art. 57.

É o voto.

(...).

DEBATES

O Sr. Min. Gilmar Mendes: Sra. Presidente, já me havia manifestado inicialmente no sentido da concordância com o voto do eminente Ministro-Relator.

Gostaria apenas de destacar dois aspectos que me parecem decisivos – e vou fazer juntada de voto. Na verdade, a discussão que se colocou aqui é a possibilidade, ou não, de se estabelecer o que se tem chamado entre nós, num certo eufemismo, de "cláusula de barreira" ou "cláusula de desempenho".

O Sr. Min. Sepúlveda Pertence: No caso, mais propriamente "cláusula de desempenho". Não mata: deixa morrer.

O Sr. Min. Gilmar Mendes: Essa disposição encontrou base no texto constitucional, no próprio art. 17, que tratou do funcionamento parlamentar nos termos da lei. Isso fica evidente, e, a partir daí, também o legislador tirou outras consequências no que concerne aos programas de televisão e ao acesso ao Fundo Partidário, reduzindo, significativamente, esse acesso para os tais partidos que não lograrem preencher ou satisfazer essa cláusula de barreira.

Como sabemos, essa fórmula tem paradigmas no Direito Comparado. No Direito Alemão consagra-se que o partido político que não obtiver 5% dos votos, na votação proporcional, não obterá mandato algum, ou, pelo menos, três mandatos diretos, também na eleição, portanto, para o chamado "primeiro voto". E, nesse caso, despreza-se a votação dada ao partido.

Todavia, nunca se atribuiu consequência no que concerne àquilo que chamamos de "igualdade de oportunidades" ou "igualdade de chances". A legislação até tentou estabelecer um limite de 2,5% dos votos, para fazer aquilo que, no modelo alemão, é o financiamento público das campanhas. Mas a Corte Constitucional entendeu que essa cláusula era, sim, violadora do princípio da igualdade de oportunidades, porque impedia o partido político com uma pequena expressão conseguisse um melhor desempenho, exatamente porque ele não teria nem acesso à televisão, muito menos acesso aos recursos públicos. Daí a legislação ter fixado esse percentual em 0,5% dos votos para o pagamento dessa indenização pelo desempenho dos partidos nas eleições.

Tenho para mim que, entre nós, tivesse o legislador encontrado uma fórmula para fixar de fato uma cláusula de barreira semelhante, ainda que em patamares inferiores, talvez não estivéssemos tendo essa discussão. Acredito que se trataria de uma fórmula constitucional. É possível, sim, ao legislador – não precisaria elevar a questão para o patamar da legislação constitucional – estabelecer uma cláusula de barreira.

De certa forma, o modelo proporcional já dá ensejo a alguma limitação quando estabelece o quociente eleitoral, a distribuição dos mandatos pela sobra – cláusula específica dizendo que só aquele que consegue o quociente eleitoral obtém a disputa dos mandatos pelos restos ou sobras; portanto, já há cláusula semelhante na regulação, na concretização do modelo proporcional. Então, parece-me que isso é possível de se fazer entre nós.

Todavia, a via eleita pelo legislador parece extremamente delicada, como já demonstrado no voto do Relator, por duas razões. A primeira razão é que se compromete o chamado funcionamento parlamentar *in totum*, uma violação clarissima do próprio princípio da proporcionalidade. Não se deixou qualquer espaço, não se fez qualquer mitigação, mas, simplesmente, negou-se o funcionamento parlamentar das instituições ou agremiações partidárias que, como vimos, obtiveram um expressivo cabedal de votos. Portanto, aqui, há um sacrifício radical da minoria. Isto realmente parece comprometer o próprio art. 17.

O Sr. Min. Marco Aurélio (relator): Com eleição de duas dezenas de deputados.

O Sr. Min. Gilmar Mendes: Realmente, a fórmula, ainda que compartilhemos do pensamento político, da teleologia quanto à necessidade de governabilidade – esse é um dos pensamentos, um *leitmotiv* desse tipo de fórmula –, é evidente que aqui há um comprometimento da própria cláusula democrática. Não tenho, portanto, nenhuma dúvida quanto à inconstitucionalidade dessa chamada cláusula de barreira "à brasileira".

Outro dado que realmente preocupa é a questão da igualdade de oportunidade e o seu reflexo, tanto no que diz respeito ao Fundo Partidário como no que concerne ao modelo da distribuição do horário de televisão e rádio – questão já antiga, o Min. Sepúlveda Pertence e eu discutíamos isso na Procuradoria-Geral da República nos anos 1986/1987, consagrando e deixando claro que, embora não explicitado no nosso ordenamento constitucional, na verdade, essa cláusula integra, sim, o nosso sistema jurídico-constitucional-partidário. Inclusive, a partir daquela decisão do TSE, a própria legislação passou a albergar um espaço maior para as minorias partidárias, porque reconhecer a autonomia e a liberdade partidária e não permitir acesso ao Fundo, e não permitir acesso ao rádio e à televisão, é fazer algo...

O Sr. Min. Sepúlveda Pertence: O que essa lei fez foi garantir um outro direito: o direito de acesso ao que o Professor Marcelo Cerqueira chama de "corredor da morte".

O Sr. Min. Gilmar Mendes: É verdade, porque, ao garantir 1% do Fundo Partidário para essas agremiações e dois minutos para divulgação dos seus programas, na verdade, o modelo acabou por comprometer aqui o princípio da igualdade de chances ou da igualdade de oportunidades, que entendo presente na legislação brasileira.

É claro, como também já disse o Relator, que as preocupações do legislador são legítimas. O nosso sistema proporcional, consagrado a partir de 1932, vem dando sinais de alguma exaustão. A crise política que aí está bem o demonstra. E acredito que nós aqui estamos inclusive desafiados a repensar esse modelo a partir da própria jurisprudência do STF – e vou um pouco além da questão posta neste voto, neste caso: talvez estejamos desafiados a pensar inclusive sobre a consequência da mudança de legenda por aqueles que obtiveram o mandato no sistema proporcional. É um "segredo de carochinha" que todos dependem da legenda para obter o mandato. E depois começa esse festival de trocas já anunciadas. Uma clara violação à vontade do eleitor.

(...).

VOTO – *A Sra. Min. Carmen Lúcia*: (...). (...).

Não vou repetir tudo o que foi dito, até porque está escrito e farei anexar voto. Quero apenas fazer minhas ponderações no sentido de que, em primeiro lugar, quando se fala em ditadura da maioria, não tenho tanta preocupação com o fato de que estamos enaltecendo minorias. A minoria de hoje tem de ter espaço para ser a maioria de amanhã. Se não for assim, a cidadania se perde.

O Sr. Min. Marco Aurélio (relator): A proteção decorre do fato de o Supremo ter as portas abertas.

A Sra. Min. Carmen Lúcia: Claro, e de termos uma Constituição – como foi tantas vezes repetido – que faz isso. Em um País plural como o nosso, temos de ter pluralismo.

Não sou capaz ainda de entender, Sra. Presidente, por mais que se tenha dito – como bem ponderou o Min. Gilmar Mendes, que é preciso tomar cuidado com questões ético-partidárias –, os partidos que se prestam a aluguel, que não são sempre nem necessariamente apenas pequenos, e a história da Humanidade bem demonstra isso. É preciso que se saiba que estamos tentando construir uma sociedade inclusiva.

Esta cláusula, que, às vezes também chamada "de exclusão", para mim, já peca, democraticamente, pelo nome, porque o nome acaba virando verdade, o pensamento e, depois, a experiência de cada pessoa. Não gosto da expressão. Não gosto até da expressão "exclusão", porque parece que queremos incluir para vir para o nosso lado o outro, mas, realmente, esse apelido, por exemplo, não é bom.

Um outro dado que creio não ter sido tão enfatizado aqui – todos os outros já o foram – é que chamamos muita atenção para o fato de que, tal como posto na Lei n. 9.096, sempre se chama atenção para o inciso V do art. 1º: o pluralismo. O pluralismo podia não ensejar o multipartidarismo, como até chegou a ser ponderado.

Chamo mais atenção para o art. 14 da Constituição da República, quando diz: "Art. 14. A soberania popular será exercida pelo sufrágio universal e pelo voto direto e secreto, com valor igual para todos (...)".

Quer dizer, isto chegou a ser comentado também: talvez nós, brasileiros, tenhamos de interpretar a Constituição no sentido de que voto não é depósito em urna. O voto começa na urna e continua quando eleito o candidato. Aí, sim, dá-se cumprimento ao art. 17, quando chama atenção para o funcionamento parlamentar – algo sobre o qual os constitucionalistas, aliás, não se debruçaram tanto –, para saber se esse funcionamento parlamentar, na forma da lei, é o exercício de funções parlamentares ou se é o preenchimento dos cargos de função – função no sentido de cargo.

O que se quer é que tudo isso possa acontecer; que o partido que consiga chegar a ter eleitores chegue aos cargos postulados; e que o Parlamento funcione com todos os representantes do povo, que o povo não tem candidatura avulsa, e, portanto, o partido, necessariamente, haverá de ser o caminho pelo qual se chega lá.

Concordo, quanto ao demais, que o princípio da proporcionalidade e o princípio da oportunidade foram agredidos.

Por tudo quanto posto aqui – não vou, realmente, me alongar –, acho que essa cláusula fere enormemente a Constituição, não apenas no art. 1º; fere no *caput* do art. 1º: o Estado não é Democrático quando eu voto e o meu eleito entra sabendo não poder ter a participação que eu queria que ele tivesse.

Acompanho o Relator, com as modificações finais, e vou entregar o voto por escrito.

(...).

VOTO – *O Sr. Min. Cézar Peluso*: Sra. Presidente, não trouxe voto escrito, até porque, depois de tantos votos escritos que serão juntados, seria inútil juntar mais um. Duvido pudesse trazer alguma novidade a respeito, depois do brilho que, com certeza, esses votos escritos contêm.

Também acho que dar opinião sobre certos assuntos ficaria mais próprio para seminários. De qualquer maneira, só para marcar posição, quero dizer que a mim não me repugna e – na minha visão – não repugna tampouco ao sistema jurídico-constitucional vigente um tratamento normativo que, embora prestigiando o pluralismo, evite o que os autores costumam chamar de "multipartidarismo", essa pulverização, fragmentação, que – a meu ver –, com o devido respeito, não serve propriamente à proteção de minorias, como tais, suscetíveis de múltiplas configurações, mas serve, antes, a expressar, em termos de representação, ideias e concepções políticas – no sentido mais amplo da palavra, de convivência na pólis, como projeto de convivência ética – que componham corpo organizado dentro da sociedade. Duvido muito que dentro dessa sociedade, qualquer que ela seja, possa encontrar-se, nesses termos, *corpus* organizado de ideias ou de visão do mundo que ultrapasse a duas ou três dezenas, quando qualquer sistema poderia admitir pluralidade tal de partidos que comportaria, por exemplo, o "Partido de Produtores de Banana do Vale do Ribeira". Acho que não é essa a função do sistema partidário, até porque a tutela e a proteção de minorias podem ser objeto de programas partidários. As minorias podem ser tuteladas, podem ser protegidas por qualquer partido, cujo programa as contemple. Mas isso é mais próprio para um seminário. (...).

Quero ater-me, apenas, só para expressar ponto de vista pessoal, ao art. 13 – é o que me parece ter mais densidade em termos de discussão. Além de ofender textualmente o art. 17, *caput*, o art. 1º e vários outros, também dificilmente escapa ao teste do postulado da igualdade. Toda desigualdade se funda em algum critério. A idade, por exemplo, é critério de desigualação. É um critério legal e constitucional quando, por exemplo, seja caso de medir a capacidade civil das pessoas. Nesse caso, o critério da idade tem toda a adequação para estabelecer diferenças de tratamento. O uso do critério tem de ser examinado à luz da sua finalidade.

O que temos no caso? Temos um critério de desigualdade baseado no número de votos atribuídos ou imputáveis aos partidos políticos como tais, isto é, qualidade atribuída aos partidos políticos nas razões da sua existência e, em particular, na razão da sua capacidade jurídica específica de apresentar e eleger candidatos.

Portanto, se esse critério fosse usado com a finalidade de restringir a existência ou essa capacidade dos partidos, eu não teria nenhuma dúvida em aceitá-lo, porque vejo aí uma conexão lógico-jurídica entre o critério e a consequência.

O que sucede aqui? Usa-se esse critério para finalidade diferente: restringir a atuação parlamentar, decotando prerrogativas próprias do partido que a ordem jurídica reconhece como existentes e inerentes à existência desse mesmo partido. Vejo nisso uma contradição insuperável com a ordem constitucional.

Essa a razão, Presidente, por que também estou de inteiro acordo com todas as brilhantes razões e fundamentações de todos os votos, em particular o do eminente Relator. E, mais do que isso, não vejo, sequer do ponto de vista prático, qual a conveniência em manter as restrições que levariam – como têm levado, segundo dizem – a fusões de heterogeneidades. O que fará um deputado filiado ao Partido Verde em partido que não guarde espaço nenhum para preocupações ambientais, ecológicas etc.? Ou, então, que lugar poderia ocupar o candidato de um partido socialista ou o candidato de um partido comunista em partido que não tem a mesma ligação ideológica – pode ter até aversão e, provavelmente, reconheça que são partidos de ideias obsoletas etc.? É exatamente a fusão desses heterogêneos que não constrói nada para a democracia. Só alimenta um jogo falso da vida parlamentar que, depois, conduz a desvios graves.

O Sr. Min. Carlos Britto: V. Exa. me permite? Na linha do seu lúcido pensamento, estas duas ações diretas de inconstitucionalidade são um atestado eloquente de que determinados partidos brasileiros, com muita dificuldade para alcançarem a cláusula de barreira, não querem partir para fusões ou incorporações desnaturadoras deles; querem persistir com fidedignidade.

O Sr. Min. Sepúlveda Pertence: Recentes experiências de fusões me fazem indagar se não são piores do que a atomização partidária.

O Sr. Min. Carlos Britto: Perfeitamente, se não é pior do que a atomização. Então, para preservar sua identidade é que esses partidos propõem as presentes ações diretas de inconstitucionalidade, sinalizando que eles são eminentemente orgânicos; são partidos que fazem, do ponto de vista ideológico, viagem de verticalidade; não são partidos simplesmente lineares ou figurativos. Quer dizer, há que se elogiar, também, esse tipo de disposição para vir a esta Casa persistir naquilo que estamos a exaltar: fidelidade partidária, fidedignidade aos seus propósitos institucionais.

O Sr. Min. Cézar Peluso: Louvo, em particular, a iniciativa desses partidos, aos quais acho que o regime democrático e a Constituição brasileira teriam até de reconhecer o direito de se extinguirem fiéis às suas ideias. São as razões breves por que acompanho integralmente o voto do eminente Relator.

VOTO – *O Sr. Min. Gilmar Mendes*: (...). (...). (...) a Constituição brasileira definiu que as eleições dos deputados federais, dos deputados estaduais e dos vereadores efetivar-se-ão pelo critério proporcional (CF, arts. 27, § 1º, e 45). E nada mais disse! É certo, por isso, que o legislador dispõe de alguma discricionariedade na concretização do sistema proporcional, inclusive o sistema de lista partidária fechada ou o sistema de lista com mobilidade.

Essa margem de ação conferida ao legislador também abrange a limitação do funcionamento parlamentar, tendo em vista que, como anunciado, a Constituição, em seu art. 17, inciso IV, assegura aos partidos políticos o funcionamento parlamentar, *de acordo com a lei*.

Não se deve esquecer, todavia, que se tem, também neste caso, uma *reserva legal proporcional*, que limita a própria atividade do legislador na conformação e limitação do funcionamento parlamentar dos partidos políticos.

Estou certo de que, se o legislador brasileiro tivesse conformado um modelo semelhante ao adotado no Direito Alemão, por exemplo, tal como explicado anteriormente, talvez não estaríamos aqui a discutir esse tema. É possível, sim, ao legislador pátrio o estabelecimento de uma cláusula de barreira ou de desempenho que impeça a atribuição de mandatos à agremiação que não obtiver um dado percentual de votos.

A via eleita pelo legislador brasileiro, no entanto, parece-me extremamente delicada. A regra do art. 13 da Lei dos Partidos Políticos não deixa qualquer espaço, não realiza qualquer mitigação, mas simplesmente nega o funcionamento parlamentar à agremiação partidária. Como ressaltado pelo Min. Pertence, "a cláusula de barreira não mata, mas deixa morrer". Há aqui, portanto, uma clara violação ao princípio da proporcionalidade. (...). (...) a realização de eleições com o propósito de formar um Parlamento capaz de tomar decisões respaldado por uma nítida maioria enseja, não raras vezes, modificações legítimas nas condições de igualdade. Disso pode resultar, à evidência, um congelamento (*Erstarrung*) do sistema partidário. [**Rodapé**: HESSE, Konrad, *Grundzüge des Verfassungsrechts der Bundesrepublik Deutschland*, Heidelberg, 1982, p. 69.]

Todavia, há de se observar que o direito de "igualdade de chances" não se compadece com a ampliação ou a consolidação dos partidos estabelecidos. Eventual supremacia há de ser obtida e renovada em processo eleitoral justo (*fairer Wettbewerb*) e abrangente da totalidade da composição partidária. [**Rodapé**: Lipphardt, ob. cit., p. 700.]

Como já ressaltado, a gradação da igualdade de chances, tal como desenvolvida pelo Tribunal Constitucional e assente na Lei dos Partidos (§ 5), há de levar em conta a "significação do partido". Esta deve corresponder à sua participação na formação da vontade política (... *Anteil den sie an der politischen Willensbildung des Volkes* hat). [**Rodapé**: BVerfGE 24, 344; Lipphardt, ob. cit., p. 446.] E o critério fundamental para aferição do grau de influência na vontade política é fornecido, basicamente, pelo desempenho eleitoral. [**Rodapé**: Lipphardt, ob. cit., p. 446; TSATSOS, Dimitris Th., e MORLOK, Martin, *Die Parteien in der politischen Ordnung*, cit., p. 25.]

Não há dúvida de que a gradação da "igualdade de chances" deve realizar-se *cum grano salis*, de modo a assegurar razoável e adequada eficácia a todo e qualquer esforço partidário. [**Rodapé**: Lipphardt, ob. cit., pp. 700-701 e 438-439; Tsatsos, *Deutsches Staatsrecht*, cit., p. 43; Battis, ob. cit., pp. 22-25.] Até porque o abandono da orientação que consagra a igualdade formal entre os partidos não pode ensejar, em hipótese alguma, a nulificação do tratamento igualitário que lhes deve ser assegurado pelo Poder Público. Eventual gradação do direito de igualdade de chances há de se efetivar com a observância de critério capaz de preservar a própria seriedade do sistema democrático e pluripartidário. [**Rodapé**: BATTIS, Ulrich, *Einführung in das Offentliche Recht*, cit., pp. 21-22; cf. também *BVerfGE* 24, 300.]

Tal constatação mostra-se particularmente problemática no que concerne à distribuição dos horários para as transmissões radiofônicas e televisivas. Uma radical gradação do direito de igualdade de chances acabaria por converter-se em autêntica garantia do *status quo*. (...). (...).

RECEITAS AUFERIDAS PELAS DIREÇÕES NACIONAIS DOS PARTIDOS EXERCÍCIO FINANCEIRO – 2005

PARTIDO	*RECURSOS F. P.	%	*RECURSOS PRÓPRIOS	%	TOTAL	%
PT	24.690.181,55	69,36%	10.907.790,47	30,64%	35.597.972,02	100%
PSDB	19.239.678,07	99,45%	106.786,40	0,55%	19.346.464,47	100%
PMDB	17.949.068,71	95,72%	801.965,17	4,28%	18.751.033,88	100%
PFL	17.800.148,30	99,07%	166.904,47	0,93%	17.967.052,77	100%

(*continua*)

RECEITAS AUFERIDAS PELAS DIREÇÕES NACIONAIS
DOS PARTIDOS EXERCÍCIO FINANCEIRO – 2005 *(continuação)*

PARTIDO	*RECURSOS F. P.	%	*RECURSOS PRÓPRIOS	%	TOTAL	%
PP	10.518.884,51	97,54%	265.531,18	2,46%	10.784.415,69	100%
PSB	7.114.067,31	88,05%	965.557,98	11,95%	8.079.625,29	100%
PTB	6.941.278,19	99,89%	7.384,51	0,11%	6.948.662,70	100%
PDT	6.908.638,95	98,95%	73.587,57	1,05%	6.982.226,52	100%
PL	6.900.799,97	91,50%	640.858,22	8,50%	7.541.658,19	100%
PPS	1.181.644,31	65,98%	609.384,99	34,02%	1.791.029,30	100%
PV	1.151.497,31	93,57%	79.118,39	6,43%	1.230.615,70	100%
PC do B	878.655,93	33,20%	1.767.710,52	66,80%	2.646.366,45	100%
PRONA	44.190,71	15,74%	236.617,44	84,26%	280.808,15	100%
PSC	44.190,71	47,45%	48.937,18	52,55%	93.127,89	100%
PSDC	44.190,71	41,64%	61.943,32	58,36%	106.134,03	100%
PHS	44.190,71	58,17%	31.782,86	41,83%	75.973,57	100%
PSTU	39.937,04	4,19%	912.262,44	95,81%	952.199,48	100%
PCO	29.198,22	100,00%	Não informado	0,00%	29.198,22	100%
PMN	24.435,09	4,86%	478.547,72	95,14%	502.982,81	100%
PRTB	23.944,55	19,48%	98.945,98	80,52%	122.890,53	100%
PMR/PRB	12.102,83	52,78%	10.827,78	47,22%	22.930,61	100%
PTC/PRN	8.442,60	15,57%	45.784,61	84,43%	54.227,21	100%
PSOL	8.442,60	54,03%	7.183,37	45,97%	15.625,97	100%
PAN	5.256,79	40,55%	7.706,31	59,45%	12.963,10	100%
PCB	2.523,11	11,20%	20.000,00	88,80%	22.523,11	100%
PRP	2.523,11	2,21%	111.554,19	97,79%	114.077,30	100%
PSL	–	–	111.425,41	100%	111.425,41	100%
PT do B	–	–	55.820,00	100%	55.820,00	· 100%
PTN	–	–	Não informado	–	–	–

* Os valores provenientes do Fundo Partidário tiveram como base os relatórios emitidos pelo SIAFI. Os valores correspondentes aos Recursos Próprios podem sofrer alterações.

Tem-se, portanto, um modelo legal do Fundo Partidário assaz restritivo para com os partidos menores e, especialmente, com as agremiações em formação.

Em outros termos, o art. 41 da Lei n. 9.096/99 [1995] condena as agremiações minoritárias a uma morte lenta e segura, ao lhes retirar as condições mínimas para concorrer no prélio eleitoral subsequente em regime de igualdade com as demais agremiações.

Não bastasse isso, a lei restringe em demasia o acesso ao rádio e à televisão dos partidos que não alcancem os percentuais estabelecidos pelo art. 13, na medida em que lhes assegura a realização de um programa em cadeia nacional, em cada semestre, com a duração de apenas dois minutos.

Levando-se em conta que, atualmente, a disputa eleitoral é travada prioritariamente no âmbito do rádio e, principalmente, da televisão, parece não haver dúvida de que tal regra, em verdade, torna praticamente impossível às agremiações minoritárias o desenvolvimento da campanha em regime de "igualdade de chances" com os demais partidos, os quais têm assegurada a realização de um programa em cadeia nacional e de um programa em cadeia estadual, em cada semestre, com a duração de 20 minutos cada, assim como a utilização do tempo total de 40 minutos, por semestre, para inserções de 30 segundos ou 1 minuto nas redes nacionais, e de igual tempo nas emissoras estaduais.

Todos sabem que há muito as eleições deixaram de ser resolvidas nos palanques eleitorais. Na era da comunicação, o rádio e a televisão tornam-se poderosos meios postos à disposição dos partidos para a divulgação de seus conteúdos programáticos e de suas propostas de governo. Na medida em que permitem o contato direto e simultâneo entre candidatos/partidos e eleitores, constituem ferramentas indispensáveis à própria sobrevivência das agremiações partidárias. Dessa forma, uma limitação legal assaz restritiva do acesso a esses recursos de comunicação tem o condão de inviabilizar a participação dos partidos políticos nas eleições e, com isso, a sua própria subsistência no regime democrático.

É preciso ressaltar, por outro lado, que a adoção de critério fundado no desempenho eleitoral dos partidos não é, por si só, abusiva. Em verdade, tal como expressamente reconhecido pela Corte Constitucional alemã, não viola o princípio de igualdade a adoção pela lei do fator de desempenho eleitoral para os fins de definir o grau ou a dimensão de determinadas prerrogativas das agremiações partidárias.

Não pode, porém, o legislador adotar critério que congele o quadro partidário ou que bloqueie a constituição e desenvolvimento de novas forças políticas.

A regra da "cláusula de barreira", tal como foi instituída pela Lei n. 9.096/1995, limitando drasticamente o acesso dos partidos políticos ao rádio e à televisão e aos recursos do Fundo Partidário, constitui uma clara violação ao princípio da "igualdade chances".

VI – A crise do sistema eleitoral proporcional no Brasil:
novas reflexões sobre a fidelidade partidária na jurisprudência do STF

É preciso deixar enfatizado, não obstante, que as preocupações do legislador são, de fato, legítimas. A criação de uma "cláusula de barreira" para o pleno funcionamento parlamentar dos partidos políticos tem o claro intuito de antecipar alguns pontos de uma reforma política mais ampla.

Hoje, parece inegável que o sistema eleitoral de feição proporcional, que corresponde à nossa prática política brasileira desde 1932, vem apresentando significativos déficits e emitindo sinais de exaustão.

Recentemente o País mergulhou numa das maiores crises éticas e políticas de sua história republicana, crise, esta, que revelou algumas das graves mazelas do sistema político-partidário brasileiro, e que torna imperiosa a sua imediata revisão.

De tudo que foi revelado, tem-se como extremamente graves o aparelhamento das estruturas estatais para fins político-partidários e a apropriação de recursos públicos para o financiamento de partidos políticos.

A crise tornou, porém, evidente, para todos, a necessidade de que sejam revistas as atuais regras quanto à fidelidade partidária.

Em outros termos, estamos desafiados a repensar o atual modelo a partir da própria jurisprudência do STF. Devemos refletir, inclusive, sobre a consequência da mudança de legenda por aqueles que obtiveram o mandato no sistema proporcional, o que constitui, sem sombra de dúvidas, uma clara violação à vontade do eleitor e um falseamento grotesco do modelo de representação popular pela via da democracia de partidos!

Com efeito, é assegurada aos partidos políticos autonomia para fixar, em seus programas, seus objetivos políticos e para definir sua estrutura interna e funcionamento, devendo seus estatutos estabelecer normas de fidelidade e disciplina partidárias **[Rodapé:** O art. 3º da Lei n. 9.096/1995 diz que "é assegurada, ao partido, político, autonomia para definir sua estrutura interna, organização e funcionamento". O art. 14 da mesma lei diz que "o partido é livre para fixar, em seu programa, seus objetivos políticos e para estabelecer, em seu estatuto, a sua estrutura interna, organização e funcionamento".**]** (CF, art. 17 e § 1º).

Nesse aspecto, tem sido até aqui pacífica a orientação no STF e no TSE de que a infidelidade partidária não terá repercussão sobre o mandato exercido. **[Rodapé:** MS n. 20.297, rel. Moreira Alves, j. 18.12.1981. Acórdão TSE n. 11.075, rel. Célio de Oliveira Borja, *DJU* 15.5.1990.**]** A maior sanção que a agremiação partidária poderia impor ao filiado infiel é a exclusão de seus quadros.

Se considerarmos a exigência de filiação partidária como condição de elegibilidade e a participação do voto de legenda na eleição do candidato, tendo em vista o modelo eleitoral proporcional adotado para as eleições parlamentares, essa orientação afigura-se amplamente questionável.

Assim, ressalvadas situações específicas decorrentes de ruptura de compromissos programáticos por parte da agremiação ou outra situação de igual significado, o abandono da legenda, a meu ver, deve dar ensejo à perda do mandato. Na verdade, embora haja participação especial do candidato na obtenção de votos com o objetivo de posicionar-se na lista dos eleitos, tem-se que a eleição proporcional se realiza em razão de votação atribuída à legenda. Como se sabe, com raras exceções, a maioria dos eleitos sequer logra obter o quociente eleitoral, dependendo a sua eleição dos votos obtidos pela agremiação.

Nessa perspectiva, não parece fazer qualquer sentido, do prisma jurídico e político, que o eventual eleito possa, simplesmente, desvencilhar-se dos vínculos partidários originalmente estabelecidos, carregando o mandato obtido em um sistema no qual se destaca o voto atribuído à agremiação partidária a que estava filiado para outra legenda.

Daí a necessidade imperiosa de revisão da jurisprudência do STF acima referida.

VII – A necessidade de uma solução diferenciada:
 a interpretação das disposições transitórias (art. 57) com efeitos aditivos
O Min. Marco Aurélio, Relator, votou no sentido da declaração de inconstitucionalidade/nulidade total dos dispositivos impugnados: o art. 13; expressão contida no art. 41, inciso II; o art. 48; expressão contida no *caput* do art. 49; e os arts. 56 e 57, todos da Lei n. 9.096, de 19.9.1997 [*1995*] (Lei dos Partidos Políticos).

Essa conclusão me preocupa, pois temos, no caso, os arts. 56 e 57, que trazem normas de transição e que regeram o tema desde a publicação da lei, em 20.9.1995. A declaração de nulidade total dessas normas, com eficácia *ex tunc*, resultará, invariavelmente, num vácuo legislativo.

Por isso, o Tribunal deve encontrar uma solução que, ao declarar a inconstitucionalidade da regra do art. 13 e do sistema normativo dele decorrente, preserve as normas de transição do art. 57 que regem a questão atualmente, pelo menos até que o legislador elabore novas regras para disciplinar a matéria.

Nesse sentido, a técnica da interpretação conforme à Constituição pode oferecer uma alternativa viável.

Há muito se vale o STF da interpretação conforme à Constituição. [**Rodapé:** Rp n. 948, Rel. Min. Moreira Alves, *RTJ* 82/55-56; Rp n. 1.100, *RTJ* 115/99 e ss.] Consoante a prática vigente, limita-se o Tribunal a declarar a legitimidade do ato questionado desde que interpretado em conformidade com a Constituição. [**Rodapé:** Cf., a propósito, Rp n. 1.454, rel. Min. Octávio Gallotti, *RTJ* 125/997.] O resultado da interpretação, normalmente, é incorporado, de forma resumida, na parte dispositiva da decisão. [**Rodapé:** Cf., a propósito, Rp n. 1.389, rel. Min. Oscar Corrêa, *RTJ* 126/514; Rp n. 1.454, rel. Min. Octávio Gallotti, *RTJ* 125/997; Rp n. 1.399, rel. Min. Aldir Passarinho, *DJU* 9.9.1988.]

Segundo a jurisprudência do STF, porém, a interpretação conforme à Constituição conhece limites. Eles resultam tanto da expressão literal da lei quanto da chamada "vontade do legislador". A interpretação conforme à Constituição é, por isso, apenas admissível se não configurar violência contra a expressão literal do texto [**Rodapé:** Bittencourt, *O Controle jurisdicional*, cit., p. 95.] e não alterar o significado do texto normativo, com mudança radical da própria concepção original do legislador. [**Rodapé:** ADI n. 2.405-RS, rel. Min. Carlos Britto, *DJU* 17.2.2006; ADI n. 1.344-ES, rel. Min. Joaquim Barbosa, *DJU* 19.4.2006; Rp n. 1.417-DF, Rel. Min. Moreira Alves, *DJU* 15.4.1988; ADI n. 3.046-SP, rel. Min. Sepúlveda Pertence, *DJU* 28.5.2004.]

Assim, a prática demonstra que o Tribunal não confere maior significado à chamada "intenção do legislador", ou evita investigá-la, se a interpretação conforme à Constituição se mostra possível dentro dos limites da expressão literal do texto. [**Rodapé:** Rp n. 1.454, rel. Min. Octávio Gallotti, *RTJ* 125/997; Rp n. 1.389, rel. Min. Oscar Corrêa, *RTJ* 126/514; Rp n. 1.399, rel. Min. Aldir Passarinho, *DJU* 9.9.1988.]

Muitas vezes, porém, esses limites não se apresentam claros e são difíceis de definir. Como todo tipo de linguagem, os textos normativos normalmente padecem de certa indeterminação semântica, sendo passíveis de múltiplas interpretações. Assim, é possível entender, como o faz Rui Medeiros, que "a problemática dos limites da interpretação conforme à Constituição está indissociavelmente ligada ao tema dos limites da interpretação em geral". [**Rodapé:** MEDEIROS, Rui, *A Decisão de Inconstitucionalidade. Os autores, o Conteúdo e os Efeitos da Decisão de Inconstitucionalidade da Lei*, Lisboa, Universidade Católica Editora, 1999, p. 301.]

A eliminação ou fixação, pelo Tribunal, de determinados sentidos normativos do texto quase sempre tem o condão de alterar, ainda que minimamente, o sentido normativo original determinado pelo legislador. Por isso, muitas vezes a interpretação conforme levada a efeito pelo Tribunal pode transformar-se numa decisão modificativa dos sentidos originais do texto.

A experiência das Cortes Constitucionais europeias – destacando-se, nesse sentido, a *Corte Costituzionale* italiana [**Rodapé:** Cf. MARTÍN DE LA VEGA, Augusto, *La Sentencia Constitucional en Italia*, Madri, Centro de Estudios Políticos y Constitucionales; 2003] – bem demonstra que, em certos casos, o recurso às decisões interpretativas com efeitos modificativos ou corretivos da norma constitui a única solução viável para que a Corte Constitucional enfrente a inconstitucionalidade existente no caso concreto, sem ter que recorrer a subterfúgios indesejáveis e soluções simplistas como a declaração de inconstitucionalidade total ou, no caso de esta trazer consequências drásticas para a segurança jurídica e o interesse social, a opção pelo mero não conhecimento da ação.

Sobre o tema, é digno de nota o estudo de Joaquín Brage Camazano, [**Rodapé:** CAMAZANO, Joaquín Brage, "Interpretación constitucional, declaraciones de inconstitucionalidad y arsenal sentenciador (un sucinto inventario de algunas sentencias 'atípicas')", in Eduardo Ferrer MacGregor (ed.), *La Interpretación Constitucional*, Porrúa, México, 2005, *en prensa*.] do qual cito a seguir alguns trechos: "La raíz esencialmente pragmática de estas modalidades atípicas de sentencias de la constitucionalidad hace suponer que su uso es prácticamente inevitable, con una u otra denominación, y con unas u otras particularidades, por cualquier órgano de la constitucionalidad consolidado que goce de una amplia jurisdicción, en especial si no seguimos condicionados inercialmente por la majestuosa, pero hoy ampliamente superada, concepción de Kelsen del TC como una suerte de 'legislador negativo'. Si alguna vez los tribunales constitucionales fueron legisladores negativos, sea como sea, hoy es obvio que ya no lo son; y justamente el rico 'arsenal' sentenciador de que disponen para fiscalizar la constitucionalidad de la ley, más allá del planteamiento demasiado simple 'constitucionalidad/inconstitucionalidad', es un elemento más, y de importancia, que viene a poner de relieve hasta qué punto es así. Y es que, como Fernández Segado destaca, 'la praxis de los tribunales constitucionales no ha hecho sino avanzar en esta dirección' de la superación de la idea de los mismos como legisladores negativos, 'certificando [así] la quiebra del modelo kelseniano del legislador negativo'"

Certas modalidades atípicas de decisão no controle de constitucionalidade decorrem, portanto, de uma necessidade prática comum a qualquer jurisdição constitucional.

Assim, o recurso a técnicas inovadoras de controle da constitucionalidade das leis e dos atos normativos em geral tem sido cada vez mais comum na realidade do Direito Comparado, na qual os tribunais não estão mais afeitos às soluções ortodoxas da declaração de nulidade total ou de mera decisão de improcedência da ação com a consequente declaração de constitucionalidade.

Além das muito conhecidas técnicas de interpretação conforme à Constituição, declaração de nulidade parcial sem redução de texto, ou da declaração de inconstitucionalidade sem a pronúncia da nulidade, aferição da "lei ainda constitucional" e do apelo ao legislador, são também muito utilizadas as técnicas de limitação ou restrição de efeitos da decisão, o que possibilita a declaração de inconstitucionalidade com efeitos *pro futuro* a partir da decisão ou de outro momento que venha a ser determinado pelo tribunal.

Nesse contexto, a jurisprudência do STF tem evoluído significativamente nos últimos anos, sobretudo a partir do advento da Lei n. 9.868/199, cujo art. 27 abre ao Tribunal uma nova via para a mitigação de efeitos da decisão de inconstitucionalidade. A prática tem demonstrado que essas novas técnicas de decisão têm guarida também no âmbito do controle difuso de constitucionalidade. [**Rodapé:** RE n. 197.917-SP, rel. Min. Maurício Corrêa, *DJU* 7.5.2004.]

Uma breve análise retrospectiva da prática dos tribunais constitucionais e de nosso STF bem demonstra que a ampla utilização dessas decisões, comumente denominadas "atípicas", as converteram em modalidades "típicas" de decisão no controle de constitucionalidade, de forma que o debate atual não deve mais estar centrado na admissibilidade de tais decisões, mas nos limites que elas devem respeitar.

O STF, quase sempre imbuído do dogma kelseniano do legislador negativo, costuma adotar uma posição de *self-restraint* ao se deparar com situações em que a interpretação conforme possa descambar para uma decisão interpretativa corretiva da lei. [**Rodapé:** ADI n. 2.405-RS, rel. Min. Carlos Britto, *DJU* 17.2.2006; ADI n. 1.344-ES, rel. Min. Moreira Alves, *DJU* 19.4.1996; Rp n. 1.417-DF, rel. Min. Moreira Alves, *DJU* 15.4.1988.]

Ao se analisar detidamente a jurisprudência do Tribunal, no entanto, é possível verificar que em muitos casos a Corte não atenta para os limites, sempre imprecisos, entre a interpretação conforme delimitada negativamente pelos sentidos literais do texto e a decisão interpretativa modificativa desses sentidos originais postos pelo legislador. [**Rodapé:** ADI n. 3.324, ADI n. 3.046, ADI n. 2.652, ADI n. 1.946, ADI n. 2.209, ADI n. 2.596, ADI n. 2.332, ADI n. 2.084, ADI n. 1.797, ADI n. 2.087, ADI n. 1.668, ADI n. 1.344, ADI n. 2.405, ADI n. 1.105, ADI n. 1127.]

No recente julgamento conjunto das ADI ns. 1.105 e 1.127, ambas de relatoria do Min. Marco Aurélio, o Tribunal, ao conferir interpretação conforme à Constituição a vários dispositivos do Estatuto da Advocacia (Lei n. 8.906/1994), acabou adicionando-lhes novo conteúdo normativo, convolando a decisão em verdadeira interpretação corretiva da lei. [**Rodapé:** ADI n. 1.105-DF e ADI n. 1.127-DF, rel. orig. Min. Marco Aurélio, rel. para o acórdão Min. Ricardo Lewandowski.]

Em outros vários casos mais antigos [**Rodapé:** ADI n. 3.324, ADI n. 3.046, ADI n. 2.652, ADI n. 1.946, ADI n. 2.209, ADI n. 2.596, ADI n. 2.332, ADI n. 2.084, ADI n. 1.797, ADI n. 2.087, ADI n. 1.668, ADI n. 1.344, ADI n. 2.405, ADI n. 1.105, ADI n. 1.127.] também é possível verificar que o Tribunal, a pretexto de dar interpretação conforme à Constituição a determinados dispositivos, acabou proferindo o que a doutrina constitucional, amparada na prática da Corte Constitucional italiana, tem denominado de "decisões manipulativas de efeitos aditivos". [**Rodapé:** Sobre a difusa terminologia utilizada, v.: MORAIS, Carlos Blanco de, *Justiça Constitucional*, t. II, "O Contencioso Constitucional Português entre o modelo misto e a tentação do sistema de reenvio", Coimbra, Coimbra Editora, 2005, pp. 238 e ss.; MARTÍN DE LA VEGA, Augusto, *La Sentencia Constitucional en Italia*, Madri, Centro de Estudios Políticos y Constitucionales, 2003; DÍAZ REVORIO, Francisco Javier, *Las Sentencias Interpretativas del Tribunal Constitucional*, Valladolid, Lex Nova; 2001; LÓPEZ BOFILL, Héctor, *Decisiones Interpretativas en el Control de Constitucionalidad de la Ley*, Valência, Tirant lo Blanch, 2004.]

Sobre a evolução da jurisdição constitucional brasileira em tema de decisões manipulativas, o constitucionalista português Blanco de Morais fez a seguinte análise:

"(...) o fato é que a Justiça Constitucional brasileira deu, 11 anos volvidos sobre a aprovação da Constituição de 1988, um importante passo no plano da suavização do regime típico da nulidade com efeitos absolutos, através do alargamento das decisões manipulativas das decisões de inconstitucionalidade. Sensivelmente, desde 2004 parecem também ter começado a emergir com maior pragnância decisões jurisdicionais com efeitos aditivos.

"Tal parece ter sido o caso de uma acção directa de inconstitucionalidade, a ADI n. 3.105, a qual se afigura como uma sentença demolitória com efeitos aditivos. Esta eliminou, com fundamento na violação do princípio da igualdade, uma norma restritiva que, de acordo com o entendimento do Relator, reduziria arbitrariamente para algumas pessoas pertencentes à classe dos servidores públicos o alcance de um regime de imunidade tributária que a todos aproveitaria. Dessa eliminação resultou automaticamente a aplicação, aos referidos trabalhadores inactivos, de um regime de imunidade contributiva que abrangia as demais categorias de servidores públicos."

Em futuro próximo o Tribunal voltará a se deparar com o problema no julgamento da ADPF n. 54, rel. Min. Marco Aurélio, que discute a constitucionalidade da criminalização dos abortos de fetos anencéfalos. Caso o Tribunal decida pela procedência da ação, dando interpretação conforme aos arts. 124 a 128 do CP, invariavelmente proferirá uma típica decisão manipulativa com eficácia aditiva.

Ao rejeitar a questão de ordem levantada pelo Procurador-Geral da República, o Tribunal admitiu a possibilidade de, ao julgar o mérito da ADPF n. 54, atuar como verdadeiro legislador positivo, acrescentando mais uma excludente de punibilidade – no caso de o feto padecer de anencefalia – ao crime de aborto.

Portanto, é possível antever que o STF acabe por se livrar do vetusto dogma do legislador negativo e se alie à mais progressiva linha jurisprudencial das decisões interpretativas com eficácia aditiva, já adotadas pelas principais Cortes Constitucionais europeias. A assunção de uma atuação criativa pelo Tribunal poderá ser determinante para a solução de antigos problemas relacionados à inconstitucionalidade por omissão, que muitas vezes causa entraves para a efetivação de direitos e garantias fundamentais assegurados pelo texto constitucional.

O presente caso oferece uma oportunidade para que o Tribunal avance nesse sentido. O vazio jurídico a ser produzido por uma decisão simples de declaração de inconstitucionalidade/nulidade dos dispositivos normativos impugnados – principalmente as normas de transição contidas no art. 57 – torna necessária uma solução diferenciada, uma decisão que exerça uma "função reparadora" ou, como esclarece Blanco de Morais, "de restauração corretiva da ordem jurídica afetada pela decisão de inconstitucionalidade". [**Rodapé:** Segundo Blanco de Morais, "às clássicas funções de valoração (declaração do valor negativo do acto inconstitucional), pacificação (força de caso julgado da decisão de inconstitucionalidade) e ordenação (força *erga omnes* da decisão de inconstitucionalidade) juntar-se-ia, também, a função de reparação, ou de restauração corretiva da ordem jurídica afectada pela decisão de inconstitucionalidade" – MORAIS, Carlos Blanco de, *Justiça Constitucional*, t. II, "O Contencioso Constitucional Português Entre o Modelo Misto e a Tentação do Sistema de Reenvio", Coimbra, Coimbra Editora, 2005, pp. 262-263.]

Entendo que as normas de transição contidas no art. 57, que disciplinaram a matéria desde o advento da Lei dos Partidos Políticos, de 1995, devam continuar em vigor até que o legislador edite nova lei que dê nova regulamentação ao tema.

Dessa forma, proponho ao Tribunal que o art. 57 da Lei n. 9.096/1995 seja interpretado no sentido de que as normas de transição nele contidas continuem em vigor até que o legislador discipline novamente a matéria, dentro dos limites esclarecidos pelo Tribunal neste julgamento.

VIII. Conclusão

Por todos esses motivos, não tenho nenhuma dúvida sobre a inconstitucionalidade dessa "cláusula de barreira à brasileira".

A inconstitucionalidade não reside na natureza desse tipo de restrição à atividade dos partidos políticos, mas na forma e, portanto, na proporção estabelecida pelo legislador brasileiro. Não se deixou qualquer espaço para a atuação parlamentar das agremiações partidárias que não atingiram os percentuais exigidos pelo art. 13 da Lei n. 9.096/1995 e que, contraditoriamente, podem eleger um cabedal expressivo de representantes. O modelo é patológico, na medida em que impede o funcionamento parlamentar do partido mas não afeta a própria eleição de representante.

Na prática, a subsistência de um modelo como esse tem o condão de produzir, a curto prazo, dois principais efeitos indesejados. O primeiro é o de anular a efetividade da atuação do partido como bancada específica, o que se afigura decisivo para que se encontre uma solução que supere esta inevitável "situação de isolamento", mediante a fusão com outras agremiações partidárias que consigam atingir os percentuais de votação exigidos pela lei. O segundo, como consequência, é a acentuação do desvirtuamento da fidelidade partidária, com a integração dos parlamentares eleitos a partidos detentores do direito de funcionamento parlamentar, sem qualquer respeito ou preocupação com as intenções programáticas de cada agremiação.

Portanto, a cláusula de barreira estabelecida pela Lei n. 9.096/1995 não representa nenhum avanço, mas, sim, um patente retrocesso em termos de reforma política, na medida em que intensifica as deformidades de nosso singular sistema eleitoral proporcional, que atualmente apresenta visíveis sinais de exaustão.

Deixo enfatizado, não obstante, que o legislador pode estabelecer uma cláusula de desempenho que fixe, de forma proporcional, certo percentual de votação como requisito para que o partido político tenha direito não só ao funcionamento parlamentar, mas à própria eleição de representantes, ficando, porém, assegurado a todos os partidos, com observância do princípio da igualdade de chances, o acesso aos meios e recursos necessários para competir no prélio eleitoral seguinte, incluídos, nesse sentido, o acesso ao rádio e à televisão e aos recursos do Fundo Partidário.

Até que o legislador brasileiro edite novas regras com essa conformação, as normas de transição do art. 57 devem permanecer em vigor, regulando a matéria.

Em conclusão, voto pela declaração de inconstitucionalidade dos seguintes dispositivos da Lei n. 9.096/1995: do art. 13; da expressão "obedecendo aos seguintes critérios", contida no art. 41, assim como dos incisos I e II deste artigo; do art. 48; da expressão "que atenda ao disposto no art. 13", contida no art. 49; e da expressão "no art. 13 ou", contida no inciso II do art. 57. Ademais, o art. 57 da Lei n. 9.096/1995 deve ser interpretado no sentido de que as normas de transição nele contidas continuem em vigor até que o legislador discipline novamente a matéria, dentro dos limites esclarecidos pelo Tribunal neste julgamento.
(...).

EXTRATO DE ATA

Decisão: O Tribunal, à unanimidade, julgou procedente a ação direta para declarar a inconstitucionalidade dos seguintes dispositivos da Lei n. 9.096, de 19.9.1995: art. 13; a expressão "obedecendo aos seguintes critérios", contida no *caput* do art. 41; incisos I e II do mesmo art. 41; art. 48; a expressão "que atenda ao disposto no art. 13", contida no *caput* do art. 49, com redução de texto; *caput* dos arts. 56 e 57, com interpretação que elimina de tais dispositivos as limitações temporais neles constantes, até que sobrevenha disposição legislativa a respeito; e a expressão "no art. 13", constante no inciso II do art. 57. Também por unanimidade, julgou improcedente a ação no que se refere ao inciso II do art. 56. Votou a Presidente, Min. Ellen Gracie. Ausente, justificadamente, o Sr. Min. Joaquim Barbosa. Falaram, pelos requerentes, Partido Comunista do Brasil/PC do B e outros, o Dr. Paulo Machado Guimarães e, pelo Partido Socialista Brasileiro/PSB, o Dr. José Antônio Figueiredo de Almeida. Plenário, 7.12.2006.
Presidência da Sra. Min. Ellen Gracie. Presentes à sessão os Srs. Mins. Sepúlveda Pertence, Celso de Mello, Marco Aurélio, Gilmar Mendes, Cézar Peluso, Carlos Britto, Eros Grau, Ricardo Lewandowski e Carmen Lúcia.

* * *

PERGUNTAS

1. Quais são os fatos?
2. Qual é o cerne da controvérsia? Quais são os principais argumentos que se contrapõem neste caso? Quais são os direitos e interesses que se contrapõem neste caso?
3. No que consiste a cláusula de barreira adotada pelo legislador brasileiro?
4. Como o Min. Marco Aurélio associa o pluripartidarismo, o direito das minorias e a inconstitucionalidade da cláusula de barreira?
5. Seria possível fazer algum processo de ponderação com vistas a harmonizar a necessidade de se garantir o pluripartidarismo e sem colocar em risco a governabilidade do Parlamento?
6. Para o Min. Gilmar Mendes, seria admissível alguma espécie de cláusula de barreira? E para Marco Aurélio?
7. Para cada um desses Ministros, onde reside a inconstitucionalidade de uma cláusula legal desse tipo?
8. Que solução é proposta por Gilmar Mendes?
9. Como o STF decide o caso?
10. Qual foi o resultado desta decisão para o sistema político brasileiro?

8.15 Restrições a novos partidos (MS 32.033-DF)

(Plenário – red. para o acórdão Min. Teori Zavascki – j. 20.6.2013)

Constitucional – Mandado de segurança – Controle preventivo de constitucionalidade material de projeto de lei – Inviabilidade. (...).

ACÓRDÃO – Vistos, relatados e discutidos estes autos: Acordam os Ministros do Supremo Tribunal Federal, em sessão plenária, sob a presidência do Min. Joaquim Barbosa, na conformidade da ata de julgamentos e das notas taquigráficas, preliminarmente, em negar provimento ao agravo regimental interposto pela União, que impugnava a admissão dos *amici curiae*, vencidos os Mins. Teori Zavascki, Ricardo Lewandowski, Marco Aurélio e Joaquim Barbosa (Presidente). Por maioria, o Tribunal conheceu do mandado de segurança, vencidos os Mins. Marco Aurélio e Carmem Lúcia, e, no mérito, indeferiu-o, cassando a liminar concedida, vencidos os Mins. Gilmar Mendes (Relator), Dias Toffoli e Celso de Mello, que deferiam em parte o mandado de segurança. Votou o Presidente.
Brasília, 20 de junho de 2013 – *Teori Zavascki*, redator para o acórdão.

RELATÓRIO – *O Sr. Min. Gilmar Mendes*: Trata-se de mandado de segurança preventivo, com pedido de medida liminar, impetrado pelo Exmo. Sr. Senador Rodrigo Sobral Rollemberg, em que se alega violação constitucional em razão da tramitação do Projeto de Lei n. 4.470/2012, o qual estabeleceria que "a migração partidária que ocorrer durante a legislatura não importará na transferência dos recursos do fundo partidário e do horário de propaganda eleitoral no rádio e na televisão". (...).

O impetrante alega que, logo após o julgamento da ADI n. 4.430 (rel. Min. Dias Toffoli, Pleno, ata de julgamento publicada em 9.8.2012), que dispôs expressamente sobre o tema, houve a apresentação do mencionado projeto de lei (de autoria do Deputado Edinho Araújo – PMDB/SP), com disposições que colidiriam com os termos da mencionada decisão desta Corte acerca da adequada interpretação de dispositivos constitucionais e legais. (...).

Em síntese, afirma que o seu direito líquido e certo consiste na demonstração do abuso de poder legislativo, o que se verificaria a partir dos seguintes aspectos: (1) tramitação de projeto de lei casuisticamente forjado para prejudicar destinatários certos e definidos na presente legislatura; (2) ofensa a cláusula pétrea, em virtude do esvaziamento do direito fundamental à livre criação de novos partidos e do pluralismo político, nos termos definidos pelo STF na decisão proferida na ADI n. 4.430; (3) esmagamento e sufocamento de novos movimentos políticos; (4) quebra do princípio da igualdade entre partidos, ainda que permitida certa gradação de tratamento diferenciado; (5) discriminação indevida pela criação de parlamentares de primeira e de segunda categorias; (6) excepcionalidade do caso. (...).

VOTO – *O Sr. Min. Gilmar Mendes* (relator): (...). (...).

A jurisprudência clara, uníssona e antiga da Corte, somada ao comprovado conhecimento que dela possuem os atores centrais da vida política brasileira, tem o condão de demonstrar que a impetração de mandado de segurança com vistas ao trancamento do trâmite de proposta legislativa ofensiva a cláusula pétrea da Constituição é algo que está inserido na tradição constitucional brasileira, por fazer parte da rotina do nosso sistema político-constitucional há mais de 30 anos. (...).

Quanto às alegações de que essas vedações apenas devem incidir sobre propostas de emendas constitucionais, parece evidente que uma leitura sistemática da Carta de 1988 e da história da criação do controle judicial de constitucionalidade conduz-nos à admissão do controle, também, dos projetos de lei. (...).

A rigidez e a supremacia da Constituição, que garantem o seu núcleo essencial até mesmo em face do constituinte reformador, não podem ser relativizadas ante o legislador ordinário. (...).

Já são inúmeros os precedentes em que o STF conheceu de ações diretas em face de emendas constitucionais. Ora, se a Corte controla repressivamente a constitucionalidade de emendas, não há distinção nos procedimentos de fiscalização de constitucionalidade de reformas constitucionais e de legislação, de modo que também não deverá haver, como de fato não há, diferenciação no tratamento do controle preventivo por intermédio do mandado de segurança impetrado por parlamentar. (...).

(b) O art. 60, § 4º, da CF exige a análise do mérito da proposição legislativa impugnada
(...).

Ao dispor, portanto, que não será objeto sequer de deliberação a proposta de emenda tendente a abolir cláusulas pétreas, a Constituição, evidentemente, não coloca apenas limites procedimentais ou formais ao processo legislativo, mas a ele impõe, de modo explícito, limitações de ordem material.

Isso quer dizer que o parlamentar, para impetrar mandado de segurança com vistas ao trancamento da tramitação de proposição legislativa, deve fazer juízo sobre o objeto da proposta. O impetrante precisa analisar, na prática, se a proposta de emenda constitucional ou o projeto de lei veiculam matéria cuja tramitação é vedada pelo art. 60, § 4º, da CF. (...).

Por essa razão, só se consegue perceber a inconstitucionalidade do Projeto de Lei da Câmara/PLC n. 14/2013 verificando-se o seu conteúdo e a circunstância que envolvia a sua deliberação, que revelou seu caráter casuístico, ofensivo a direitos fundamentais como a isonomia, a igualdade de chances, a proporcionalidade, a segurança jurídica e a liberdade de criação de legendas, todos cláusulas pétreas da Constituição Federal de 1988. (...). (...).

É bom que fique claro do que se está a cuidar. No referido julgamento da ADI n. 4.430, ocorrido em 29.6.2012, o Plenário desta Corte, por maioria, acompanhou o voto do Relator, Min. Dias Toffoli, para entender que o art. 17 da Constituição protege, de modo especial, os partidos políticos que tenham representação no Congresso, não importando se esta representatividade é resultado da criação de nova legenda ou criada no curso da legislatura, em razão do direito político fundamental da liberdade de criação de partidos. (...). (...).

Há menos de um ano o STF adotou essas razões ao analisar o art. 17 da Constituição. O projeto de lei em exame (PLC n. 14/2013), nos termos em que foi aprovado pela Câmara dos Deputados, dispôs em sentido diametralmente oposto à interpretação constitucional do Supremo, impedindo que os parlamentares que deixem seus partidos para criarem novas legendas portem consigo as prerrogativas da representação (tempo de rádio e TV e cotas de Fundo Partidário).

Haverá evidente casuísmo se o sistema político brasileiro, em uma mesma legislatura, permitir que um grupo de parlamentares (beneficiados pela decisão desta Corte na ADI n. 4.430) carregue consigo as prerrogativas da representação e vedar o mesmo benefício a outros parlamentares, que seriam atingidos pelo PLC n. 14/2013. Daí o ajuizamento do presente mandado de segurança.

Isso porque a simples lesão ao princípio da isonomia, cláusula pétrea da Constituição de 1988, configura razão suficiente para embasar a irresignação. (...).

II – Mérito

(a) O direito à participação política como direito fundamental (cláusula pétrea) e a centralidade dos partidos políticos no regime democrático disciplinado pela Constituição Federal/1988 (...).

A Corte já reconheceu, portanto, e não poderia ser de outra forma, que os direitos políticos, tanto no que dizem respeito à segurança do processo eleitoral e estabilidade de suas regras quanto no que concerne à participação política, com todos os seus consectários, são considerados cláusulas pétreas da Constituição Federal de 1988.

Assim, nesse processo de concretização ou realização somente podem ser admitidas interpretações que não desbordem os múltiplos significados admitidos pelas normas constitucionais concretizadas. Da perspectiva de proteção a direitos individuais, tais como as prerrogativas constitucionais dos partidos políticos e dos cidadãos na qualidade de potenciais criadores de novas legendas, deverá ser observado especialmente o princípio da proporcionalidade, que exige que as restrições ou ampliações legais sejam adequadas, necessárias e proporcionais.

A inclusão de elementos ou procedimentos "estranhos" ou diferentes dos inicialmente previstos, além de afetar a segurança jurídica das regras do devido processo legal eleitoral, influencia a própria possibilidade de que as minorias exerçam suas estratégias de articulação política em conformidade com os parâmetros inicialmente instituídos.

Trata-se, portanto, de uma garantia destinada a também assegurar o próprio exercício do direito das minorias políticas e parlamentares em situações nas quais, por razões de conveniência da maioria – ainda que qualificada – dos parlamentares, o Poder Legislativo ou constituinte derivado pretenda modificar, a qualquer tempo, as regras e critérios que regerão o processo democrático-eleitoral.

Nesse particular, é pertinente mencionar, por exemplo, os efeitos drásticos que seriam impostos à própria autonomia dos partidos políticos nos casos de introdução, a qualquer momento, de uma cláusula de barreira não razoável.

Trata-se, sem dúvida, de alterações que comprometem a segurança das leis eleitorais até então vigentes. Entretanto, o que pretendo enfatizar é que, ao se reconhecer a legitimidade de uma imposição aleatória da conformação do processo eleitoral, coloca-se em risco uma dimensão indisponível dos direitos e garantias fundamentais relacionados aos partidos políticos, tanto na dimensão de criação de novas legendas quanto na dimensão da funcionalidade e viabilidade eleitoral delas, uma vez constituídas. (...).

(b) A violação ao direito fundamental relativo à igualdade de chances na concorrência democrática

Ainda mais relevante é que a aprovação do projeto de lei, nos termos atuais, significaria o tratamento desigual de parlamentares e partidos políticos em uma mesma legislatura. Essa interferência seria ofensiva à lealdade da concorrência democrática, afigurando-se casuística e direcionada a atores políticos específicos. (...).

Uma vez que veio a lume a referida decisão da Corte e que ela surtiu efeitos políticos e jurídicos, admitir-se o tratamento diferenciado entre os atores envolvidos significaria uma chapada afronta ao princípio da igualdade de chances, inerente à concorrência democrática pelo poder e garantidor da lealdade e da segurança jurídica em democracias modernas.

Importa observar que, no referido julgamento das ADI ns. 1.351 e 1.354, de relatoria do Min. Marco Aurélio, o Tribunal, por unanimidade, fixou que a igualdade de chances no processo de concorrência democrática é direito fundamental e, assim, cláusula pétrea de nossa Constituição. (...): (...).

Considere-se, de imediato, que o postulado geral de igualdade tem ampla aplicação entre nós, não se afigurando possível limitar o seu alcance, em princípio, às pessoas naturais, ou restringir a sua utilização a determinadas situações ou atividades. (...). (...).

Vê-se, pois, que o princípio de igualdade entre os partidos políticos constitui elementar exigência do modelo democrático e pluripartidário. No entanto, não se pode ignorar que a aplicação do princípio de igualdade de chances encontra dificuldade de ordem jurídica e fática. Do prisma jurídico, não há dúvida de que o postulado da igualdade de chances incide sobre uma variedade significativa de objetos (*Gegenstand*). E, do ponto de vista fático, impende constatar que o Estado, que deve conduzir-se de forma neutra, é, ao mesmo tempo, um Estado partidariamente ocupado (...).

Aludidas dificuldades não devem ensejar, à evidência, o estabelecimento de quaisquer discriminações entre os partidos estabelecidos e os *newcomers*, porquanto eventual distinção haveria de resultar, inevitavelmente, no próprio falseamento do processo de livre concorrência.

É fácil de ver, assim, que toda e qualquer distorção no sistema de concorrência entre os partidos afeta de forma direta e frontal o princípio de isonomia, enquanto parâmetro e baldrame dos demais direitos e garantias.

Não se afirme, outrossim, que ao legislador seria dado estabelecer distinções entre os concorrentes com base em critérios objetivos. Desde que tais distinções impliquem alteração das condições mínimas de concorrência, evidente se afigura sua incompatibilidade com a ordem constitucional calcada no postulado de isonomia. (...). (...).

Ademais, como já observado, faz-se mister notar que o princípio da igualdade de chances entre os partidos políticos parece encontrar fundamento, igualmente, nos preceitos constitucionais que instituem o regime democrático, representativo e pluripartidário (CF, arts. 1º, § 1º, 152 e 148). (...). (...).

Portanto, não se afigura necessário despender qualquer esforço de argumentação para que se possa afirmar que a concorrência entre os partidos, inerente ao próprio modelo democrático e representativo, tem como pressuposto inarredável o princípio de igualdade de chances. Assim, tal princípio constitui cláusula pétrea da Constituição de 1988 e pilar do próprio regime democrático brasileiro. (...).

No presente feito, a violação ao princípio da igualdade de chances apresenta-se nítida, em razão da diferença de tratamento jurídico dispensada a atores e partidos políticos no curso de uma mesma legislatura, sem que para tanto haja qualquer justificativa plausível, o que revela o casuísmo da deliberação apressada do projeto de lei em exame, conforme ficará evidenciado a seguir. (...).

Nota-se, portanto, que a aprovação de leis casuísticas caminha lado a lado com intenções discriminatórias da parte do legislador. Esse tipo de providência atenta frontalmente contra o princípio da isonomia e, no caso em exame, contra a igualdade de chances, sem a qual não há processo democrático-eleitoral imparcial e justo.

(c) A proteção à minoria como pilar legitimador
da jurisdição constitucional

Além de todo o exposto, tem-se que a proteção da minoria parlamentar e política em geral representa um fundamento elevado da razão de ser da jurisdição constitucional. (...).

O casuísmo da aprovação do PLC n. 14/2013, após a referida decisão do Supremo, exatamente no momento em que forças políticas minoritárias mobilizavam-se para a criação de partidos novos, os quais certamente contariam com a adesão de parlamentares eleitos, significa um bloqueio dessa mesma mobilização, em razão da frustração das expectativas nutridas pelos atores políticos envolvidos.

Isso tem o condão de desrespeitar o direito das minorias de livremente associarem-se politicamente, por meio de manobra que eleva sobremaneira os ônus relacionados à liberdade de criação de legendas. E o faz de modo desrespeitoso, por um lado, ao princípio da isonomia e da igualdade de chances, visto que visa a tratar distintamente grupos políticos que merecem igual consideração, em especial no curso de uma mesma legislatura; e, por outro lado, a aprovação do PLC n. 14/2013 significaria um duro golpe contra o Estado de Direito, corporificado em afronta ao princípio da segurança jurídica, que deve nortear todo o processo democrático, sobretudo em sua modalidade de proteção à confiança legítima, uma vez que os grupos políticos mobilizavam-se para a criação de novos partidos ancorados em pronunciamento recentíssimo do STF deste País (ADI n. 4.430). (...).

(d) A jurisdição constitucional como garante
das condições da democracia

(...).

O ponto é que uma das principais características da jurisdição constitucional – e que, por isso mesmo, torna-se parte de sua essência – é funcionar como uma espécie de garante das condições mínimas da democracia. Esse tipo de atuação das Cortes constitucionais e das Supremas Cortes é consensual, aceito e prestigiado até pelos mais fervorosos críticos do chamado ativismo judicial. (...).

Note-se que o processo de criação de legendas é relativamente complicado e demorado. Requer o recolhimento de assinaturas em âmbito nacional (mais de nove Estados da Federação) e consolidação de complexa documentação, além da observância de prazos específicos e improrrogáveis. A viabilidade eleitoral de um novo partido está intimamente relacionada ao tempo de rádio e televisão de que poderá usufruir, assim como à cota do Fundo Partidário que receberá, de modo que a adesão de parlamentares às novas legendas, em nosso modelo, tornou-se questão de sobrevivência para as novas agremiações políticas.

Também não se pode ignorar, por imperdoável ingenuidade, que para todos os atores políticos envolvidos no processo eleitoral a decisão sobre manter-se na agremiação em que se encontra ou dela se retirar para ingressar em legenda em processo de formação é extremamente delicada. Os cálculos empreendidos são diversos e complicados, pois os atores políticos tentarão antever as consequências de suas respectivas adesões aos novos partidos em termos de tempo de rádio e televisão, de verbas do Fundo Partidário, de financiamento de suas campanhas, de situação política local, estadual e nacional, bem como em termos de posicionamento a favor ou em oposição aos governos em todas as esferas da Federação. (...).

Há ainda elementos graves a serem considerados. Nas presentes circunstâncias, e ante a referida decisão desta Corte na ADI n. 4.430, a aprovação do PLC n. 14/2013 implicaria uma de duas alternativas, ambas ofensivas a direitos fundamentais tutelados pela Constituição Federal de 1988: (i) ou representaria grave violação ao princípio da igualdade de chances; ou (ii) significaria ofensa frontal ao princípio da segurança jurídica, considerado em sua acepção especial de proteção à confiança legítima. E até mesmo ambas. (...).

Ao criar um verdadeiro estatuto, o qual dispõe que as cotas do Fundo Partidário bem como os tempos de rádio e televisão proporcionais terão como marco para a definição de sua distribuição o resultado das últimas eleições (2010) para a Câmara dos Deputados, o projeto tem o condão de: (i) desmobilizar as forças políticas que se reúnem para a formação de novos partidos (viola a isonomia e a igualdade de chances); (ii) afigurar-se ofensivo à segurança jurídica, ao quebrar a confiança legítima dos parlamentares que fundaram anteriormente, mas nesta mesma legislatura, novas legendas; (iii) e, além disso, afronta diretamente a decisão desta Corte na ADI n. 4.430, na qual se deu interpretação conforme ao § 3º do art. 47 da Lei n. 9.504/1997, para se fixar que ele não se aplicaria aos novos partidos, criados após as últimas eleições (2010). (...).

Nesse sentido, o projeto revela-se, também, ofensivo aos direitos das minorias parlamentares, pois a sua simples tramitação tem o condão de desestimular a mobilização política visando à criação de novas legendas, cujo prazo final é outubro deste ano, o que inviabilizaria a constituição de partidos eleitoralmente competitivos para o pleito de 2014. (...).

Conclusão
Em conclusão, pode-se afirmar, com tranquilidade, que:
(i) Os direitos políticos, neles contidos a livre criação de partidos em situação isonômica à dos demais atores envolvidos, o pluripartidarismo e o direito à participação política, são cláusulas pétreas da Constituição Federal de 1988.
(ii) O projeto de lei em exame pretendia impor interpretação constitucional diametralmente oposta à exarada pelo STF na ADI n. 4.430.
(iii) O projeto afigura-se casuístico, resultando no atingimento de atores políticos previamente identificáveis.
(iv) A sua aprovação significaria a introdução de odiosa discriminação política entre parlamentares em uma mesma legislatura, com nefastos efeitos para o regime democrático, ante a produção de uma desigualdade prejudicial à concorrência democrática.
(v) O projeto viola o princípio da igualdade de chances e, assim, viola o direito das minorias políticas de livremente mobilizarem-se para a criação novas legendas. E:
(vi) Viola a segurança jurídica, em sua expressão concernente à proteção da confiança legítima, uma vez que todo o sistema político confiava que, pelo menos nessa legislatura, isto é, nas próximas eleições gerais, a regra seria aquela fixada pelo STF na ADI n. 4.430. (...).
Assim, concedo parcialmente a segurança, para reconhecer a ilegitimidade do PLC n. 14/2013, nos termos em que aprovado pela Câmara dos Deputados, por ofensa às cláusulas pétreas da Constituição Federal de 1988. (...).

VOTO – *O Sr. Min. Teori Zavascki* (redator para o acórdão): (...). (...).
3. É sabido que nosso sistema constitucional não prevê nem autoriza o controle de constitucionalidade de meros projetos normativos. A jurisprudência desta Corte Suprema está firmemente consolidada na orientação de que, em regra, devem ser rechaçadas as demandas judiciais com tal finalidade. (...). (...).
Somente em duas situações a jurisprudência do STF abre exceção a essa regra: a primeira, quando se trata de proposta de emenda à Constituição/PEC que seja manifestamente ofensiva a cláusula pétrea; e a segunda, em relação a projeto de lei ou de PEC em cuja tramitação for verificada manifesta ofensa a alguma das cláusulas constitucionais que disciplinam o correspondente processo legislativo. Nos dois casos, as justificativas para excepcionar a regra estão claramente definidas na jurisprudência do Tribunal: em ambos, o vício de inconstitucionalidade está diretamente relacionado a aspectos formais e procedimentais da atuação legislativa. Assim, a impetração de segurança é admissível, segundo essa jurisprudência, porque visa a corrigir vício já efetivamente concretizado no próprio curso do processo de formação da norma, antes mesmo e independentemente de sua final aprovação ou não. (...).
4. Todavia, a hipótese dos autos não se enquadra em qualquer dessas duas excepcionais situações. Aqui não se está a tratar de PEC ofensiva a cláusula pétrea, mas de projeto de lei. Tampouco se alega, na inicial, que na tramitação do projeto de lei tenha sido descumprida alguma das exigências estabelecidas pela Constituição para o regular processo legislativo. O que se afirma, simplesmente, é que o projeto de lei tem conteúdo incompatível com o art. 1º, V, e com o art. 17, *caput*, da CF. Com fundamento nessa exclusiva alegação de inconstitucionalidade material é que se pede ao STF para suspender a tramitação do projeto e inibir qualquer discussão ou deliberação parlamentar a respeito.
Ora, admitir mandado de segurança com essa finalidade significa alterar radicalmente o entendimento até aqui adotado a respeito do controle da atividade parlamentar pelo STF. A mais notória e evidente consequência será a universalização do controle preventivo de constitucionalidade, em manifesto desalinhamento com o sistema estabelecido na Carta da República, abonado, nesse aspecto, por antiga e pacífica jurisprudência da Corte, como ao início ficou demonstrado. (...). (...).
9. Em suma, ainda que se reconheça – e se reconhece – a plausibilidade da alegação de inconstitucionalidade material do projeto de lei aqui atacado, e ainda que se dê crédito à afirmação do impetrante – de que a aprovação do projeto é de interesse da maioria hegemônica do Parlamento e da Presidência da República e que, portanto, é elevada a probabilidade de sua transformação em lei –, isso não justifica, no meu entender, que se abra precedente com tão graves consequências para a relação institucional entre os Poderes da República, que é o de inaugurar e

universalizar a tutela jurisdicional da atividade parlamentar mediante controle de constitucionalidade material de projetos de lei, tudo fundado na presunção de que tanto o Legislativo quanto o Executivo permitirão que a inconstitucionalidade se concretize. Aliás, quanto mais evidente e grotesca for a inconstitucionalidade material de projetos de leis – como seriam as dos exemplos trazidos no voto do Relator (instituição de pena de morte, descriminalização da pedofilia ou instituição de censura aos meios de comunicação) –, menos ainda se deverá duvidar do exercício responsável do papel do Legislativo, de negar-lhe aprovação, e do Executivo, de apor-lhe veto, se for o caso. (...).

10. Ante o exposto, por não ver presente a alegada ameaça ao afirmado direito líquido e certo do impetrante de não participar do processo legislativo aqui questionado e por não reconhecer como direito subjetivo ou prerrogativa constitucional de parlamentar a de provocar o controle preventivo de inconstitucionalidade material de projetos de lei, voto no sentido de revogar a liminar e denegar a ordem. É o voto.

(...).

VOTO – *O Sr. Min. Ricardo Lewandowski*: (...). (...).

Cumpre notar, ademais, que a partir de uma simples leitura da Carta Maior depreende-se que o limite constitucional imposto ao legislador derivado, previsto em seu art. 60, § 4º, que pode ensejar o trancamento do próprio processo legislativo, diz respeito tão somente a propostas de emenda ao texto constitucional. (...).

E aqui é preciso esclarecer importante questão constitucional: por que o limite imposto pelo constituinte originário ao constituinte derivado, que autoriza o controle judicial preventivo de constitucionalidade, diz respeito, apenas, a propostas de emendas à Constituição atentatórias às cláusulas pétreas, mas silencia a respeito das leis infraconstitucionais que padeceriam do mesmo vício? (...).

O "silêncio eloquente" da Constituição, nesse ponto, se justifica, em primeiro lugar, porque um mero projeto de lei em discussão, ainda que possa vir a ser aprovado, não tem a força de alterar as balizas constitucionais que configuram paradigmas para o controle judicial repressivo de constitucionalidade. Quer dizer, um simples projeto de lei, ainda que aprovado, sancionado e publicado, não ameaça, em absolutamente nada, a higidez da Carta Maior. (...).

Com efeito, penso, com o devido respeito, que impedir o Parlamento de deliberar sobre um projeto de lei que disciplina matéria de natureza eminentemente política é que colidiria – isso, sim – com uma das cláusulas pétreas, a saber, aquela que assegura a separação dos Poderes, postulado fundamental do Estado Democrático de Direito (art. 60, § 4º, IV, da Constituição). (...).

Por fim, assento que não impressiona, *data venia*, o argumento da "velocidade" na tramitação do projeto de lei ora atacado, pois, como bem observou Virgílio Afonso da Silva, Professor Titular de Direito Constitucional da Faculdade de Direito da USP, "desde que respeitadas as regras do processo legislativo, o quão rápido um projeto é analisado é uma questão política, não jurídica. Não cabe ao STF ditar o ritmo do processo legislativo" ("A emenda e o Supremo", jornal *Valor Econômico*, de 3.5.2013).

Também não sensibiliza a alegação de que se trataria de uma "manobra casuística" da maioria parlamentar, pois não é lícito à Suprema Corte ingressar prematuramente no próprio mérito dos projetos de lei em tramitação no Congresso Nacional e, assim, impedir que os distintos temas sejam exaustivamente debatidos pelos representantes do povo legitimamente eleitos, como é próprio do regime democrático. (...).

Isso posto, pelo meu voto, casso a liminar concedida e, no mérito, denego a segurança.

EXTRATO DE ATA

(...).

Decisão: Preliminarmente, o Tribunal, por maioria, negou provimento ao agravo regimental interposto pela União, que impugnava a admissão dos *amici curiae*, vencidos os Mins. Teori Zavascki, Ricardo Lewandowski, Marco Aurélio e Joaquim Barbosa (Presidente). Por maioria, o Tribunal conheceu do mandado de segurança, vencidos os Mins. Marco Aurélio e Carmen Lúcia, e, no mérito, indeferiu-o e cassou a liminar concedida, vencidos os Mins. Gilmar Mendes (Relator), Dias Toffoli e Celso de Mello, que deferiam em parte o mandado de segurança. Votou o Presidente. Redigirá o acórdão o Min. Teori Zavascki. Retificada a proclamação da assentada do dia 5 de junho, para constar que o Min. Joaquim Barbosa (Presidente) dava provimento ao agravo regimental da União. Plenário, 20.6.2013.

Presidência do Sr. Min. Joaquim Barbosa. Presentes à sessão os Srs. Mins. Celso de Mello, Marco Aurélio, Gilmar Mendes, Ricardo Lewandowski, Carmen Lúcia, Dias Toffoli, Luiz Fux, Rosa Weber e Teori Zavascki.

* * *

PERGUNTAS

1. Quais os fatos do caso?

2. Quais as questões jurídicas envolvidas? Que direitos se busca proteger com o presente mandado de segurança?

3. O Supremo pode controlar a constitucionalidade do processo de elaboração legislativa, tendo em vista a potencial lesão a cláusula pétrea da Constituição? Em que circunstâncias?

DIREITO À CIDADANIA 601

4. Os Mins. Gilmar Mendes, Teori Zavascki e Ricardo Lewandowski concordam em relação às hipóteses de controle?

5. O mandado de segurança é instrumento adequado para o controle de constitucionalidade com base em cláusulas pétreas?

6. O controle preventivo de projetos de lei pode interferir nos trabalhos do Legislativo, inclusive na velocidade de tramitação? Existem fundamentos para isso?

7. A restrição de participação de novos partidos no tempo de propaganda partidária viola direitos fundamentais dos partidos? Quais?

8. Os direitos políticos constituem cláusulas pétreas? Todos eles?

9. Os Ministros deveriam considerar inconstitucionais quaisquer restrições à criação de novos partidos políticos que fossem além das restrições estabelecidas pela Constituição?

10. Qual o resultado final da deliberação?

8.16 Financiamento de campanha eleitoral (ADI 4.650-DF)

ACÓRDÃO – Vistos, relatados e discutidos estes autos: Acordam os Ministros do Supremo Tribunal Federal, em sessão plenária, sob a presidência do Sr. Min. Ricardo Lewandowski, na conformidade da ata de julgamento e das notas taquigráficas, por maioria e nos termos do voto do Ministro-Relator, em julgar procedente em parte o pedido formulado na ação direta para declarar a inconstitucionalidade dos dispositivos legais que autorizavam as contribuições de pessoas jurídicas às campanhas eleitorais, vencidos, em menor extensão, os Mins. Teori Zavascki, Celso de Mello e Gilmar Mendes, que davam interpretação conforme, nos termos do voto ora reajustado do Min. Teori Zavascki. O Tribunal rejeitou a modulação dos efeitos da declaração de inconstitucionalidade por não ter alcançado o número de votos exigido pelo art. 27 da Lei n. 9.868/1999, e, consequentemente, a decisão aplica-se às eleições de 2016 e seguintes, a partir da sessão de julgamento, independentemente da publicação do acórdão. Com relação às pessoas físicas, as contribuições ficam reguladas pela lei em vigor.

Brasília, 17 de setembro de 2015 – *Luiz Fux*, relator.

RELATÓRIO – *O Sr. Min. Luiz Fux*: O Conselho Federal da OAM/CFOAB ajuíza a presente ação direta de inconstitucionalidade, aparelhada com pedido liminar, em face dos arts. 23, § 1º, incisos I e II; 24; e 81, *caput* e § 1º, da Lei n. 9.504/1997 (Lei das Eleições) e dos arts. 31; 38, inciso III; 39, *caput* e § 5º, da Lei n. 9.096/1995 (Lei Orgânica dos Partidos Políticos).

A presente ação direta originou-se de representação dirigida à Presidência do Conselho Federal da OAB pelo Conselheiro Federal Cláudio Pereira de Souza Neto e pelo Professor Daniel Sarmento, cujas razões foram integralmente endossadas. Nesta ação direta de inconstitucionalidade, o requerente postula que *"seja declarada a inconstitucionalidade parcial, sem redução de texto, do art. 24 da Lei n. 9.504/1997, na parte em que autoriza, a contrario sensu, a doação por pessoas jurídicas a campanhas eleitorais, bem como a inconstitucionalidade do parágrafo único do mesmo dispositivo e do art. 81, caput e § 1º, do referido diploma legal, atribuindo-se, em todos os casos, eficácia ex nunc à decisão"* (grifou-se); (b) *"seja declarada a inconstitucionalidade parcial, sem redução de texto, do art. 31 da Lei n. 9.096/1995 na parte em que autoriza, a contrario sensu, a realização de doações por pessoas jurídicas a partidos políticos; e a inconstitucionalidade das expressões "ou pessoa jurídica", constante no art. 38, inciso III, da mesma lei, e "e jurídicas", inserida no art. 39, caput e § 5º, do citado diploma legal, atribuindo-se, em todos os casos, eficácia ex nunc à decisão"* (grifou-se); (c) "seja declarada a inconstitucionalidade, sem pronúncia de nulidade, do art. 23, § 1º, incisos I e II, da Lei n. 9.504/1997, autorizando-se que tais preceitos mantenham a eficácia por mais 24 meses, a fim de se evitar a criação de uma "lacuna jurídica ameaçadora" na disciplina do limite às doações de campanha realizadas por pessoas naturais e ao uso de recursos próprios pelos candidatos nessas campanhas"; (d) "seja declarada a inconstitucionalidade, sem pronúncia de nulidade, do art. 39, § 5º, da Lei n. 9.096/1995 – com exceção da expressão "e jurídicas", contemplada no pedido "b", *supra* – autorizando-se que tal preceito mantenha a eficácia por até 24 meses, a fim de se evitar a criação de uma "lacuna jurídica ameaçadora" na disciplina do limite às doações a partido político realizadas por pessoas naturais"; (e) "seja instado o Congresso Nacional a editar legislação que estabeleça (1) limite *per capita* uniforme para doações à campanha eleitoral ou a partido por pessoa natural, em patamar baixo o suficiente para não comprometer excessivamente a igualdade nas eleições, bem como (2) limite, com as mesmas características, para o uso de recursos próprios pelos candidatos em campanha eleitoral, no prazo de 18 meses, sob pena de, em não o fazendo, atribuir-se ao TSE a competência para regular provisoriamente tal questão".

Para melhor compreensão da pretensão veiculada, transcrevo o teor dos dispositivos impugnados:

Lei. 9.096/1995:

"Art. 31. É vedado ao partido receber, direta ou indiretamente, sob qualquer forma ou pretexto, contribuição ou auxílio pecuniário ou estimável em dinheiro, inclusive através de publicidade de qualquer espécie, procedente de: I – entidades ou governos estrangeiros; II – autoridades ou órgãos públicos, ressalvadas as dotações referidas no art. 38; III – autarquias, empresas públicas ou concessionárias de serviços públicos, sociedades de economia mista e fundações instituídas em virtude de lei e para cujos recursos concorram órgão ou autoridades governamentais; IV – entidade de classe ou sindical".

"Art. 38. O Fundo Especial de Assistência Financeira aos Partidos Políticos (Fundo Partidário) é constituído por: (...); III – doações de pessoa física ou jurídica, efetuadas por intermédio de depósitos bancários diretamente na conta do Fundo Partidário; (...)."

"Art. 39. Ressalvado o disposto no art. 31, o partido político pode receber doações de pessoas físicas e jurídicas para constituição de seus fundos.

"(...).

"§ 5º. Em ano eleitoral, os partidos políticos poderão aplicar ou distribuir pelas diversas eleições os recursos financeiros recebidos de pessoas físicas ou jurídicas, observando-se o disposto no § 1º do art. 23, no art. 24 e no § 1º do art. 81 da Lei n. 9.504, de 30 de setembro de 1997, e os critérios definidos pelos respectivos órgãos de direção e pelas normas estatutárias."

Lei 9.504/1997:

"Art. 23. As pessoas físicas poderão fazer doações em dinheiro ou estimáveis em dinheiro para campanhas eleitorais, obedecido o disposto nesta Lei.

"§ 1º. As doações e contribuições de que trata este artigo ficam limitadas: I – no caso de pessoa física, a 10% (dez por cento) dos rendimentos brutos auferidos no ano anterior à eleição; II – no caso de candidato que utilize recursos próprios, ao valor máximo de gastos estabelecido pelo seu partido, na forma da lei."

"Art. 24. É vedado a partido e candidato receber direta ou indiretamente doação em dinheiro ou estimável em dinheiro, inclusive por meio de publicidade de qualquer espécie, de: I – entidade ou governo estrangeiro; II – órgão da Administração Pública direta ou indireta ou fundação mantida com recursos provenientes do Poder Público; III – concessionário ou permissionário de serviço público; IV – entidade de direito privado que receba, na condição de beneficiária, contribuição compulsória em virtude de disposição legal; V – entidade de utilidade pública; VI – entidade de classe ou sindical; VII – pessoa jurídica sem fins lucrativos que receba recursos do Exterior; VIII – entidades beneficentes ou religiosas; IX – entidades esportivas; X – organizações não governamentais que recebam recursos públicos; XI – organizações da sociedade civil de interesse público.

"Parágrafo único. Não se incluem nas vedações de que trata este artigo as cooperativas cujos cooperados não sejam concessionários ou permissionários de serviços públicos, desde que não estejam sendo beneficiadas com recursos públicos, observado o disposto no art. 81."

"Art. 81. As doações e contribuições de pessoas jurídicas para campanhas eleitorais poderão ser feitas a partir do registro dos comitês financeiros dos partidos ou coligações.

"§ 1º. As doações e contribuições de que trata este artigo ficam limitadas a 2% (dois por cento) do faturamento bruto do ano anterior à eleição."

Em amparo de sua pretensão, noticia o Conselho Federal, em erudita e alentada peça vestibular, que a atual disciplina normativa de financiamento das campanhas eleitorais maximiza os vícios da dinâmica do processo eleitoral, máxime porque gera uma intolerável dependência da política em relação ao poder econômico. Tal modelo criaria também uma assimetria entre seus participantes, de vez que exclui *ipso facto* cidadãos que não disponham de recursos para disputar em igualdade de condições com aqueles que injetem em suas campanhas vultosas quantias financeiras, seja por conta própria, seja por captação de doadores.

Diante desse quadro, articula que o modelo vigente de financiamento de campanhas eleitorais vulnera (i) o princípio da isonomia (CRFB/1988, art. 5º, *capu*t, e art. 14), (ii) o princípio democrático (CRFB/1988, art. 1º, *caput* e parágrafo único, art. 14, art. 60, § 4º, II), (iii) o princípio republicano (CRFB/1988, art. 1º, *caput*) e (iv) o princípio da proporcionalidade, em sua dimensão de vedação à proteção insuficiente (*Untermassverbot*). Explicito, na sequência, as principais alegações do requerente.

Segundo o Conselho Federal da OAB, os critérios adotados pelo legislador para o financiamento de campanhas ofendem o princípio da isonomia (CRFB/1988, art. 5º, *caput*, e art. 14), "por exacerbar, ao invés de corrigir, as desigualdades políticas e sociais existentes, ao permitir que os ricos, por si ou pelas empresas que controlam, tenham uma possibilidade muito maior de influírem nos resultados eleitorais e, por consequência, nas deliberações coletivas e políticas públicas".

Assevera que, quando examinado sob a ótica do cidadão-eleitor, as regras de financiamento de campanhas privilegiam "os que têm mais recursos econômicos, em detrimento dos que não os possuem, na medida em que se fortalece o poder político dos primeiros, em detrimento dos segundos". Por outro lado, sob a ótica do cidadão-candidato, alega que "[*se*] favorece indevidamente àqueles mais ricos – que podem financiar as próprias campanhas, sem limites – bem como aqueles que têm mais conexões com o poder econômico, ou que adotam posições convergentes com a sua agenda política".

Articula, ainda, quanto à doação por pessoas naturais, que "o critério adotado pelo legislador para limitar o valor das doações é absolutamente desarrazoado, não guardando qualquer correlação lógica com a finalidade perseguida pela instituição do limite, que é a redução da influência do poder econômico sobre as eleições". Ademais, assinala que "a regra em análise cria uma distinção entre cidadãos com base em critério arbitrário e injustificável, considerado o ambiente de que se trata". E conclui, no ponto, para assentar que "o legislador (...) impôs uma inaceitável discriminação jurídica, pois proibiu um indivíduo mais pobre de doar a mesma importância que o mais abastado, mesmo se dispuser dos recursos".

Além disso, a peça vestibular destaca que as normas impugnadas atentam contra o princípio democrático, previsto em inúmeras disposições constitucionais (CRFB/1988, art. 1º, *caput* e parágrafo único, art. 14 e art. 60, § 4º, II), na medida em que "infunde elementos fortemente plutocráticos na nossa jovem democracia, ao converter o dinheiro no 'grande eleitor'". Nas palavras do requerente, "[*o princípio democrático*] não se compatibiliza com a disciplina legal da atividade política que tenha o efeito de atribuir um poder muito maior a alguns cidadãos em detrimento de outros", que seria justamente o resultado da incidência das normas atacadas. Nesse sentido, sustenta que "o funcionamento da democracia pressupõe que se estabeleçam instrumentos que, na medida do possível, imponham uma prudente distância entre o poder político e o dinheiro, tendo em vista a tendência natural deste último de se infiltrar sobre os demais subsistemas sociais, dominando-os".

Argui também violação ao princípio da igualdade de chances, corolário do postulado democrático, porquanto "fortalece[*m*] aqueles que têm mais acesso ao poder econômico, seja pelas bandeiras políticas que sustentam, seja pela sua participação no governo de ocasião".

Afirma que a legislação eleitoral conferiu primazia aos interesses do capital em detrimento de interesses da sociedade civil organizada. Em suas palavras, "enquanto entidades de classe, entidades sindicais e a maior parte das instituições que compõem o chamado Terceiro Setor não podem fazer tais doações, ditas contribuições são passíveis para a absoluta maioria das empresas privadas que perseguem finalidade lucrativa". E finaliza que "esta injustificável discriminação tende a favorecer, no espaço político, determinados interesses economicamente hegemônicos em detrimento de outros contra-hegemônicos, o que se não se compadece com a neutralidade política que deveria caracterizar a legislação eleitoral".

Quanto à violação ao princípio republicano, o requerente alega que "o sistema de financiamento de campanhas fomenta práticas antirrepublicanas ao invés de combatê-las", uma vez que, ante a comprovada dependência do poder econômico para a obtenção do sucesso na competição eleitoral, os políticos tenderiam a favorecer os interesses de seus financiadores tanto em suas funções políticas (*e.g.*, elaboração de leis) quanto no uso da máquina administrativa (*e.g.*, execução do orçamento, licitações, contratos públicos).

O Conselho Federal da OAB aponta, ainda, que as normas impugnadas ultrajam o princípio da proporcionalidade, em sua faceta de proibição de proteção insuficiente (*Untermassverbot*), de vez que, em suas palavras, "não protegem de maneira suficiente a igualdade, a democracia e o princípio republicano". Afirma que, "sob a perspectiva dos interesses constitucionais em conflito, o que se perde por força desta deficiência em proteção estatal não é minimamente compensado pelas vantagens obtidas em razão da tutela insuficiente". Defende, assim, que "a restrição à liberdade econômica das pessoas jurídicas que resultaria da vedação às suas doações a campanha eleitoral ou a partido político seria muito reduzida", de vez que "não envolveria qualquer limitação ao uso dos recursos destas entidades para o desempenho das suas atividades negociais ou institucionais, mas tão somente para o financiamento, direto ou indireto, das campanhas eleitorais".

Por outro lado, sustenta que a legislação de vigência, ao não estabelecer um limite igualitário, mas, diversamente, fundado apenas no critério de renda, também não tutela de forma suficiente os princípios da isonomia, democrático e republicano. Daí que, a seu juízo, "a limitação às doações impostas às pessoas naturais que não vede ditas contribuições, mas imponha teto igualitário ao seu valor, não se afigura restrição excessiva ao direito à participação política, uma vez que este, como acima destacado, deve ser concebido em termos também igualitários, pela sua própria natureza".

Em 6.9.2011 determinei a aplicação do rito previsto no art. 12 da Lei n. 9.868/1999, visando ao julgamento definitivo do mérito da presente ação direta pelo Plenário da Suprema Corte.

A Presidência da República apresentou suas informações, por intermédio da Consultoria-Geral do Ministério da Justiça e da Consultoria-Geral da União, defendendo a constitucionalidade das disposições impugnadas. No parecer encaminhado pela Consultoria-Geral do Ministério da Justiça, a Presidência da República sustenta a impossibilidade de alijar as pessoas jurídicas do processo político, na medida em que "são um segmento da sociedade e constituem a organização dos fatores de produção dessa mesma sociedade". Afirma que "a possibilidade de pessoas jurídicas financiarem campanhas eleitorais, por si só, não se configura em critério de desequilíbrio, respeitadas as disposições legais no que concerne a limites máximos para os montantes dos aportes privados e à qualidade do financiador". Articula, na sequência, que "constitui a possibilidade de aporte privado às campanhas garantia de pluralismo partidário, na medida em que evita pode evitar [*sic*] uma hegemonia entre os partidos dominantes e de maiores representações sobre os de menores adeptos". Pontua, por fim, que a discussão deve gravitar em torno dos mecanismos de controle e de transparência, visto que, a seu sentir, "as normas, por melhores que sejam, se tornarão letra morta e as relações entre dinheiro e política se desdobrarão por canais paralelos, à margem de todo controle". A seu turno, o parecer desenvolvido pela Consultoria-Geral da União endossa essas razões e reitera os termos da CGMJ.

Em sede de informações, a Presidência da Câmara dos Deputados manifestou-se pela constitucionalidade, *formal* e *material*, do complexo normativo relativo ao financiamento de campanhas. Afirma, sob o prisma *formal*, que todas as disposições impugnadas nesta ação direta "foram processadas dentro dos estritos trâmites constitucionais e regimentais inerentes à espécie". Sob o aspecto *material*, aduz que "a decisão sobre o formato do financiamento das campanhas eleitorais não é dado pronto e acabado contido na norma constitucional, extraível pelo hermeneuta habilidoso", mas, ao revés, se trata de "uma decisão política do Congresso Nacional".

Articula também ser incabível a pretensão deduzida pelo arguente no sentido de instar o Congresso a editar uma lei estabelecendo limite *per capita* uniforme para doações a campanhas eleitorais ou a partidos políticos por pessoa natural ou por candidatos em campanha, fixando prazo de 18 meses para que tal providência seja levada a efeito, sob pena de transferir ao TSE a prerrogativa de editar tal norma. Isso porque, consoante alega, "não há que se falar, na hipótese, em inconstitucionalidade da norma ou em norma em 'processo de inconstitucionalização'". Além disso, advoga que, "se é obrigatório o financiamento privado por pessoas físicas, todas as propostas que sustentam o financiamento público exclusivo de campanha, por exemplo, violariam a Constituição (ainda que excluíssem as pessoas jurídicas do rol de doadores)". Ao final, adverte que, "se o uso ao 'Apelo ao Legislador' nas circunstâncias postas já se mostra bastante questionável, mais impróprio ainda seria atribuir ao TSE a responsabilidade por proferir uma espécie de sentença aditiva (em substituição ao STF) em matéria que claramente extrapola seu poder regulamentar".

Por sua vez, a Presidência do Senado Federal, em parecer confiado à sua Advocacia, também propugnou pela constitucionalidade das normas legais adversadas. A despeito de reconhecer a inadequação do atual modelo de doações e contribuições a campanhas eleitorais e partidos políticos, refuta as ofensas apontadas pelo requerente. Em suas palavras, "as razões apresentadas (isto é, violação aos princípios democrático, republicano, da isonomia e da proporcionalidade, em sua dimensão de proibição de proteção insuficiente) são efetivamente verdadeiras, constituindo-se em evidências *prima facie* da inadequação do regramento atual em face das expectativas da população e aos objetivos do processo eleitoral. Contudo, *não há como dizer que existem as violações aos princípios descrita* [sic] *acima, principalmente porque o sistema atual prevê diversos mecanismos para equilibrar a disputa eleitoral*, como a fiscalização das contas, o limite de gastos de campanha, a distribuição de recursos públicos, para todos os partidos e candidatos, etc." (grifos no original).

Prossegue para assentar que "o desejo de um novo sistema não pode servir de base para considerar o antigo como inconstitucional", destacando que "é o Poder Legislativo o ambiente propício e constitucionalmente adequado para a escolha e delimitação de um novo modelo de financiamento de atividades partidárias e de campanhas eleitorais". Nesse sentido, menciona a existência de inúmeros projetos de lei e de Comissões, tanto na Câmara dos Deputados quanto no Senado Federal, para tratar da temática e, consequentemente, formular um novo regime de financiamento.

Em cumprimento ao art. 103, § 3º, da Constituição da República, o Advogado-Geral da União, na qualidade de defensor *legis*, pronunciou-se, preliminarmente, pelo conhecimento parcial da presente ação direta.

No mérito, pugnou pela improcedência dos pedidos deduzidos. Eis a ementa de sua manifestação: "Eleitoral – Arts. 23, § 1º, incisos I e II; 24; e 81, *caput* e § 1º, da Lei n. 9.504/199, e arts. 31; 38, inciso III; e 39, *caput* e § 5º, da Lei n. 9.096/1995 – Doações por pessoas jurídicas para campanhas eleitorais e partidos políticos – Fixação de limites para as doações efetuadas por pessoas físicas e para a utilização de recursos próprios em campanhas políticas – Preliminar – Impossibilidade jurídica de parte dos pedidos veiculados na inicial e parcial inadequação da via eleita – Mérito – Inexistência de afronta aos princípios democrático, republicano, da igualdade e da proporcionalidade. Os dispositivos impugnados atendem ao conceito amplo de cidadania e de pluralismo político – Manifestação pelo não conhecimento parcial da ação direta e, no mérito, pela improcedência do pedido".

Preliminarmente, pugnou o Advogado-Geral da União pelo não conhecimento parcial da ação direta, especificamente quanto aos pedidos veiculados nos itens "e.1", *"e.2"* e "e.5" da peça vestibular, de vez que são "(i) juridicamente impossíveis, por contrariarem o princípio da separação de Poderes (art. 2º da Carta Política); e (ii) inadequados para a via eleita, pois não se coadunam com o objeto próprio à ação direta de inconstitucionalidade". No tocante à incompatibilidade com o princípio da separação de Poderes, alega que os itens referidos pretendem "que esse STF instaure nova disciplina sobre o tema versado pelas normas atacadas, bem como imponha ao Poder Legislativo o dever de alterar a legislação vigente", razão por que "seriam juridicamente impossíveis". Assevera, por outro lado, a inadequação da via eleita, na medida em que se verifica "cumula[ção], em um só processo, [de] pedidos de ação direta de inconstitucionalidade e de ação direta de inconstitucionalidade por omissão". Colhe-se de seu pronunciamento que, "(...) ainda que a lacuna legislativa suposta pelo requerente venha a se formar a partir de eventual procedência dos demais pedidos por ele veiculados na presente ação direta – o que se admite por mera hipótese –, não se afigura viável o exame do pleito de declaração de inconstitucionalidade por omissão, constante do referido item 'e.5'. Admitir essa hipótese corresponderia a permitir que essa Suprema Corte declarasse a invalidade de determinado diploma normativo e, ato contínuo, reconhecesse a existência de mora legislativa sobre a matéria que, até então, era regularmente disciplinada por ele".

No mérito, afirma inexistir fundamento constitucional que interdite as pessoas jurídicas de "atuar[em] de forma participativa em algum modelos de financiamento de campanhas políticas, através de doações legalmente contabilizadas". Nesse sentido, aduz que "a Constituição Federal de 1988 não traz um modelo previamente estabelecido para o financiamento das campanhas eleitorais", de maneira que incumbe "ao legislador a escolha por um deles, mediante edição de lei específica sobre a matéria". Pelas mesmas razões, pontua que a utilização de recursos próprios pelos candidatos para financiar suas campanhas, antes de violar a Lei Maior, "homenageia os princípios da liberdade de participação política, da cidadania e do pluralismo político".

Defende, ainda, que "a fixação de percentual sobre os rendimentos auferidos no ano anterior à eleição como critério para limitar as doações feitas por pessoas físicas a partidos e campanhas eleitorais não revela qualquer inconstitucionalidade por afronta aos postulados da isonomia e da proporcionalidade", porquanto "[se] trata de opção política exercida pelo Poder Legislativo no âmbito de sua atuação discricionária, cuja decisão, por não ser incompatível com qualquer disposição constitucional, não pode ser simplesmente substituída pelo critério sugerido pelo requerente". Prossegue afirmando que "a mera alegação do autor de que a fixação de um limite absoluto para as doações constituiria uma opção política melhor do que a adotada pelos dispositivos atacados não implica a inconstitucionalidade destes, que, como dito, foram editados pelo legislador dentro das possibilidades de sentido dos princípios constitucionais que regem a matéria".

O Ministério Público Federal, em seu parecer, opinou pela procedência dos pedidos veiculados na exordial da ação direta. O pronunciamento ministerial restou assim ementado: "Ação direta de inconstitucionalidade – Arts. 23, § 1º, incisos I e II; 24; e 81, *caput* e § 1º, da Lei n. 9.504/1997 – Arts. 31; 38, inciso III; e 39, *caput* e § 5º, da Lei n. 9.096/1995 – Financiamento por pessoas jurídicas e limitação às doações por pessoas físicas a partidos políticos e campanhas eleitorais – Utilização de recursos próprios por candidatos no limite de gastos fixado por seus partidos – Preliminares de impossibilidade jurídica de parte dos pedidos e inadequação da via eleita – Descaracterização – Fungibilidade entre a ação direta de inconstitucionalidade e a ADO – Mérito – Violação aos princípios constitucionais da cidadania, democracia, República, igualdade, pluralismo político e proporcionalidade (proibição de proteção deficiente) – Parecer pela procedência do pedido".

Prossigo no relato para informar que, tendo em vista o caráter interdisciplinar da temática versada nesta ação direta, que ultrapassa os limites dos subsistemas político, econômicos e social, convoquei Audiência Pública, na forma do art. 9º, § 1º, da Lei n. 9.868/1999, colhendo opinião de especialistas (*e.g.*, cientistas políticos, juristas, membros da classe política) e de entidades representativas da sociedade civil no afã de subsidiar a Corte ao melhor deslinde da controvérsia.

A referida Audiência Pública foi realizada nos dias 17 e 24 de julho do corrente ano, contando com a participação de 30 expositores, de onde se extraíram valiosas informações empíricas que permitiram identificar, com maior nitidez, as consequências concretas da incidência do modelo vigente de financiamento de campanhas sobre a democracia brasileira, além de auscultar o sentimento de parte da sociedade civil organizada sobre a temática.

Após, a Procuradoria-Geral da República emitiu parecer acerca dos pontos debatidos na Audiência Pública, corroborando as razões expendidas anteriormente e, por fim, requerendo a procedência dos pedidos.

Na sequência, admiti, na qualidade de *amici curiae*, o ingresso da Secretaria Executiva do Comitê Nacional do Movimento de Combate à Corrupção Eleitoral/SE-MCCE, do Partido Socialista dos Trabalhadores Unificados/PSTU, da Conferência Nacional dos Bispos do Brasil/CNBB, do Instituto dos Advogados Brasileiros/IAB e, em petição conjunta, da Clínica de Direitos Fundamentais da Faculdade de Direito da Universidade do Estado do Rio de Janeiro/Clínica UERJ Direitos e do Instituto de Pesquisa Direitos e Movimentos Sociais/IPDMS.

É o relatório, cuja cópia deverá ser encaminhada aos Ministros deste SRF, na forma da lei (art. 9º, *caput*, da Lei n. 9.868/1999).

(...).

VOTO – *O Sr. Min. Luiz Fux* (relator): (...).

Desde a promulgação da Carta-cidadão de 1988 o País talvez viva o seu momento de maior estabilidade institucional. Viu-se não apenas a consolidação de estabilização da economia com o fim da hiperinflação, mas também a melhoria nos indicadores sociais e a redução das desigualdades regionais. Tais avanços, embora inquestionáveis e dignos de aplausos, não eliminam algumas patologias crônicas ainda entranhadas na democracia brasileira. E a correção desses desvios e disfunções perpassa necessariamente por uma urgente reforma política. (...).

Ciente desse desafio, um dos pontos centrais da reforma política é precisamente o do financiamento de campanhas eleitorais. Nos últimos anos verificou-se uma crescente influência do poder econômico sobre o processo político, como decorrência do aumento nos gastos de candidatos e de partidos políticos durante a competição eleitoral. De acordo com informações apresentadas na Audiência Pública, nas eleições de 2002 os candidatos gastaram, no total, 798.000.000 de Reais, ao passo que em 2012, 10 anos depois, os valores arrecadados superaram 4.500.000.000 de reais, um aumento de 471%. Para que se tenha uma magnitude desse crescimento, basta compará-lo com outros indicadores importantes. No mesmo período o PIB brasileiro cresceu 41%, a inflação acumulada foi de 78%. Não há justificativa razoável para essa expansão volumosa dos gastos com campanhas.

Na mesma Audiência, o expositor e Professor Geraldo Tadeu demonstrou que o gasto *per capita* nas campanhas eleitorais no Brasil é bastante superior aos da França, da Alemanha e do Reino Unido. No Brasil esta cifra atinge o montante de $10,93, enquanto na França é de $0,45, no Reino Unido de $0,77 e na Alemanha chega a 2,21. Quando comparado proporcionalmente ao PIB, o Brasil também se encontra no topo do *ranking* dos Países que gastam com campanhas eleitorais: 0,89% de toda a riqueza gerada no País se presta a financiar candidaturas a cargos representativos. Aqui, ultrapassamos, inclusive, os Estados Unidos, em que apenas 0,38% do PIB vai para as campanhas eleitorais.

Há mais. Nas eleições gerais de 2010 a vitória de um deputado federal custou, em média, R$ 1,1 milhão, ao passo que a de um senador R$ 4,5 milhões. Para se tornar governador, em média se gastaram R$ 23,1 milhões. Uma campanha presidencial pode amealhar mais de R$ 300 milhões (*http://www.tse.jus.br/eleicoes/eleicoesanteriores/ eleicoes-2010/eleicoes-2010/estatisticas*).

É considerando esse quadro empírico que a Corte irá se pronunciar acerca dos critérios vigentes de financiamento de campanhas eleitorais. (...).

In casu, o arguente questiona especificamente o complexo normativo de financiamento de campanhas eleitorais e de partidos políticos, que, a seu juízo, permitiria a captura do sistema político pelo poder econômico, em flagrante ultraje aos princípios democrático, republicano e da igualdade. Sobre o tema, o panorama legislativo atual é o seguinte:

1. As pessoas jurídicas podem fazer doações e contribuições até o limite de 2% do faturamento bruto do ano anterior ao da eleição, ressalvados os casos definidos em lei (Lei n. 9.504/1997, art. 81, § 1º).

2. As pessoas jurídicas também podem realizar doações diretamente a partidos políticos, hipóteses em que as agremiações poderão aplicar ou distribuir pelas diversas eleições os recursos financeiros recebidos a candidatos, observados os limites impostos pela legislação (Lei n. 9.096/1995, art. 39, *caput* e § 5º; e Resolução TSE n. 23.376/2012, art. 20, § 2º, II, c/c art. 25, *caput* e inciso II).

3. As pessoas naturais podem fazer doações e contribuições em dinheiro para campanhas eleitorais, limitadas a até 10% dos rendimentos brutos auferidos no ano anterior ao pleito (Lei n. 9.504/1997, art. 23, *caput* e § 1º, I).

4. As pessoas naturais podem fazer doações e contribuições "estimáveis em dinheiro" relativas à utilização de bens móveis ou imóveis de propriedade do doador, desde que o valor não ultrapasse 50.000 Reais (Lei n. 9.504/1997, art. 23, *caput* e § 7º).

5. Se o candidato utilizar recursos próprios, o limite de gastos equivalerá ao valor máximo estabelecido pelo seu partido, na forma da lei (Lei n. 9.504/1997, art. 23, *caput* e § 1º, II).

6. As pessoas naturais também podem realizar doações diretamente para partidos políticos, hipótese em que as agremiações poderão aplicar ou distribuir pelas diversas eleições os recursos financeiros recebidos, observados os limites impostos pela legislação (Lei n. 9.096/1995, art. 39, *caput* e § 5º; e Resolução TSE n. 23.376/2012, art. 20, § 2º, II, c/c art. 25, *caput* e inciso I). (...).

*III – Breves reflexões sobre os limites
e as possibilidades da jurisdição constitucional em matéria de reforma política*

A ação direta ora em análise suscita uma reflexão acerca dos limites e possibilidades da jurisdição constitucional em um Estado Democrático de Direito, porquanto conclama que esta Suprema Corte se pronuncie acerca da validade *jurídico-constitucional* das normas relativas ao financiamento de campanhas eleitorais – um dos pontos nucleares do nosso sistema político. Daí que a incursão em seu mérito depende do enfrentamento prévio de três pontos centrais, os dois primeiros expressamente suscitados pela Presidência da Câmara dos Deputados e do Senado Federal: (1º) saber se o Poder Judiciário, mais especificamente o STF, possui algum *espaço legítimo* para apreciar temas que atingem o núcleo do processo democrático, como é o caso do financiamento de campanhas eleitorais; se houver tal campo de atuação, (2º) delimitar a exata *extensão* desse controle jurisdicional, para não restar caracterizada indevida (e, portanto, inconstitucional) interferência judicial no âmbito de atribuições conferidas precipuamente aos poderes políticos; (3º) definir se eventual pronunciamento da Corte é em si *definitivo*, interditando a rediscussão da matéria nas instâncias políticas e na sociedade em geral. (...). (...).

Com efeito, não raro se vislumbram hipóteses em que se exige uma postura mais *incisiva* da Suprema Corte, especialmente para salvaguardar os pressupostos do regime democrático. Em tais cenários, diagnosticado o inadequado funcionamento das instituições, é dever da Corte Constitucional *otimizar* e *aperfeiçoar* o processo democrático, de sorte (i) a *corrigir* as patologias que desvirtuem o sistema representativo, máxime quando obstruam as vias de expressão e os canais de participação política, e (ii) a *proteger* os interesses e direitos dos grupos políticos minoritários, cujas demandas dificilmente encontram eco nas deliberações majoritárias. (...). (...).

Pela sensibilidade da matéria, afeta que é ao funcionamento do *processo* político-eleitoral, acredito que haja, sim, terreno amplo o suficiente para viabilizar o escrutínio judicial mais estrito e criterioso sobre as opções exercidas pelas maiorias políticas no seio do Parlamento, instância, por excelência, vocacionada à tomada de decisão de primeira ordem sobre a matéria. Há algumas razões para isso. (...).

No caso em comento, confiar a uma só instituição, ainda que legitimada democraticamente, como o Poder Legislativo, a prerrogativa de reformular a disciplina do financiamento de campanhas pode comprometer a própria higidez do regime democrático. Não é preciso ir tão longe para perceber a veracidade desta constatação. Exemplo recente da história política brasileira foi a *fidelidade partidária*, que, conquanto salutar ao bom funcionamento das instâncias representativas, só veio a ser, de fato, uma realidade no País após a intervenção deste STF (MS n. 26.602-DF, rel. Min. Eros Grau, Tribunal Pleno, j. 4.10.2007, *DJe*-197, 16.10.2008; MS n. 26.603-DF, rel. Min. Celso de Mello, Tribunal Pleno, j. 4.10.2007, *DJe*-241, 18.12.2008; STF, MS n. 26.604-DF, rela. Min. Carmen Lúcia, Tribunal Pleno, j. 4.10.2007, *DJe*-187, 2.10.2008).

Exatamente porque matérias intimamente ligadas ao processo eleitoral aumentam consideravelmente as chances de manipulação e parcialidade no seu tratamento pelos órgãos eleitos por este mesmo processo, justifica-se, a meu sentir, uma postura mais expansiva e particularista por parte do STF, em detrimento de opções mais deferentes e formalistas. Creio que, ao assim agir, a Corte não amesquinha a democracia, mas antes a fortalece, corrigindo pelo menos algumas de suas naturais disfuncionalidades.

Com isso, todavia, não se pretende advogar uma progressiva transferência de poderes decisórios das instituições representativas – Legislativo e Executivo – para o Judiciário, o que configuraria um processo de "juristocracia", para valer-me de uma expressão cunhada por Ran Hirschl (HIRSCHL, Ran, *Towards Juristocracy: the Origins and Consequences of the New Constitutionalism*, Cambridge/Massachusetts, Harvard University Press, 2004, p. 1), incompatível com o regime democrático. Muito pelo contrário. A despeito da crise por que passa a democracia representativa, é dos órgãos políticos a tarefa precípua de formular marcos normativos conformadores da vida social. Sem embargo, as considerações aqui tecidas servem para mostrar que qualquer visão da separação de Poderes não prescinde de uma discussão *sincera* e *realista* acerca das instituições existentes e dos incentivos a que elas são responsivas.

Frise-se, ademais, que essa opção por uma postura mais particularista do STF não tem que ver com uma suposta *expertise* para tratar com processo eleitoral. (...). (...).

Assentada a premissa de que *existe* espaço ao controle jurisdicional pela Suprema Corte para apreciar a matéria, o passo seguinte é delimitar a *extensão* dessa atuação. E tal empreitada depende fundamentalmente do exame prévio dos paradigmas constitucionais atinentes à matéria, de ordem a identificar em que *medida* o legislador ordinário se encontra limitado pela Constituição na disciplina do sistema de doações e contribuições a candidatos e partidos políticos. (...). (...): em matéria relativa ao financiamento de campanhas eleitorais, a Constituição *não* encerra uma *ordem-fundamento* em *sentido quantitativo* (Alexy, Robert, *Teoria dos Direitos Fundamentais*, São Paulo, Malheiros, 2008, pp. 583-84), que institua deveres, imposições ou proibições ao legislador. Ao contrário: pode-se dizer, sem incorrer em equívocos, que o constituinte conferiu uma competência decisória autônoma ao legislador para tratar da temática. No ponto, a consequência disso é que existe uma ampla margem de conformação legislativa na formulação de um modelo constitucionalmente adequado de financiamento. Indaga-se, assim: a ausência de um arranjo constitucional *predeterminado*, com regras específicas versando o tema, significa a outorga de um *cheque em branco* ao legislador que o habilite a adotar os critérios de financiamento que melhor lhe aprouver? Penso que não.

A Constituição, a despeito de não ter estabelecido regras impondo ou proibindo diretamente um dado modelo de financiamento de campanhas, forneceu uma *moldura* que traça limites à discricionariedade legislativa. É dizer: o constituinte procedeu à escolha de *questões fundamentais* (e.g., princípio democrático, o pluralismo político ou a isonomia política) que norteiam o processo político, e que, desse modo, reduzem, em alguma extensão, o espaço de liberdade do legislador ordinário na elaboração de critérios para as doações e contribuições a candidatos e partidos políticos. (...).

Há ainda uma consideração final. Firmada a *existência* de controle jurisdicional e delimitada a *extensão* dessa atuação na espécie, mister deixar estreme de dúvidas que tal intervenção *em si* não produz uma solução *definitiva* acerca da matéria. Conquanto finalize uma rodada de deliberações, eventual pronunciamento da Corte (isto é, procedência ou improcedência) se destina a abrir os canais de diálogo com os demais atores políticos, notadamente o Poder Legislativo, para a formulação de um modelo constitucionalmente adequado de financiamento de campanhas. Como bem assinala Louis Fisher, "(...) o direito constitucional (...) é um processo em que todos os três Poderes convergem e interagem com suas interpretações separadas. Contribuições importantes também vêm dos Estados e do público em geral" (Fisher, Louis, *Constitutional Dialogues*, Princeton, Princeton University Press, 1988, p. 3). No mesmo sentido, a jurista canadense Christine Bateup preleciona que o uso judicial das *virtudes passivas* promove o *diálogo constitucional*, por propiciarem aos poderes políticos de governo, em conjunto com a sociedade, a oportunidade de debater e resolver questões constitucionais divisoras por meio de canais democráticos (Bateup, Christine, "The dialogic promise. Assessing the normative potential of theories of constitutional dialogue", *Brooklyn Law Review*, vol. 71 (3), 2006, p. 1.132). Trata-se, à evidência, de desenho por meio do qual o processo de interpretação constitucional reclama a atuação comum entre o Judiciário e outros atores constitucionais, como, no caso, o Poder Legislativo. (...).

IV – Doações por pessoas jurídicas
(...).

Um primeiro ponto a ser enfrentado consiste em saber se a autorização de doações em campanhas eleitorais por pessoas jurídicas, tal como prevista na legislação eleitoral, promove, em alguma medida, o princípio democrático, ou, ao revés, se revela prejudicial ao seu adequado funcionamento.

De início, não me parece que seja inerente ao regime democrático, em geral, e à cidadania, em particular, a participação política por pessoas jurídicas. É que o exercício da cidadania, em seu sentido mais estrito, pressupõe três modalidades de atuação cívica: o *ius suffragii* (isto é, direito de votar), o *jus honorum* (isto é, direito de ser votado) e o direito de influir na formação da vontade política através de instrumentos de democracia direta, como o plebiscito, o referendo e a iniciativa popular de leis (SILVA, José Afonso da, *Curso de Direito Constitucional Positivo*, 34ª ed., São Paulo, Malheiros, 2011, p. 347). Por suas próprias características, tais modalidades são inerentes às pessoas naturais, afigurando-se um disparate cogitar a sua extensão às pessoas jurídicas. Nesse particular, esta Suprema Corte sumulou entendimento segundo o qual "as pessoas jurídicas não têm legitimidade para propor ação popular" (Enunciado da Súmula n. 365 do STF), por essas não ostentarem o *status* de cidadãs. (...). (...).

Deveras, o exercício de direitos políticos é incompatível com a essência das pessoas jurídicas. Por certo, uma empresa pode defender bandeiras políticas, como a de direitos humanos, causas ambientais etc., mas daí a bradar pela sua indispensabilidade no campo político, investindo vultosas quantias em campanhas eleitorais, dista uma considerável distância. É o que defende o saudoso filósofo norte-americano Ronald Dworkin: "as empresas são ficções legais. Elas não têm opiniões próprias para contribuir e direitos para participar com a mesma voz e voto na política" (do original: "Corporations are legal fictions. They have no opinions of their own to contribute and no rights to participate with equal voice or vote in politics") (Dworkin. Ronald, "The devastating decision", in *The New York Tomes Review of Books*, 25.2.2010, disponível em http://www.public.iastate.edu/~jwcwolf/Law/DworkinCitizens United.pdf). Assim é que autorizar que pessoas jurídicas participem da vida política seria, em primeiro lugar, contrário à essência do próprio regime democrático.

Poder-se-ia cogitar, em franca oposição ao que se afirmou, que a participação de pessoas jurídicas no processo político, por meio de contribuições a campanhas e partidos políticos, encerraria um reforço às próprias instituições democráticas, máxime porque permitiria a circulação de mais propostas e a ampliação das discussões em torno de temas públicos. A meu juízo, ocorre justamente o oposto: a participação de pessoas jurídicas tão só encarece o processo eleitoral, sem oferecer, como contrapartida, a melhora e o aperfeiçoamento do debate. De fato, ao vertiginoso aumento dos custos de campanhas não se segue o aprimoramento do processo político, com a pretendida veiculação de ideias e de projetos pelos candidatos. A rigor, essa elevação dos custos possui uma justificativa pragmática, mas dolorosamente verdadeira: os candidatos que despendam maiores recursos em suas campanhas possuem maiores chances de êxito nas eleições.

Este cenário se agrava quando se constata que as pessoas jurídicas, nomeadamente as empresas privadas, são as principais doadoras para candidatos e partidos políticos. (...). (...).

Mais: se considerarmos que existe uma correlação de quase 100% entre a quantidade de dinheiro despendida na campanha eleitoral e os votos amealhados pelos candidatos, como restou demonstrado pelo Professor e cientista político Geraldo Tadeu, na Audiência Pública, conclui-se que há irrefragável dependência de partidos políticos e candidatos com relação ao capital dessas empresas. (...). (...).

Não bastasse, outra consequência da adoção deste modelo é que o peso político atribuído à participação de uma pessoa jurídica variará de acordo com a sua renda. Quanto maior o poderio econômico da empresa doadora, maior será a sua capacidade de influenciar decisivamente no resultado das eleições, o que induziria à indesejada "plutocratização" da política brasileira. (...).

Há, porém, um complicador no ponto: consiste em saber se há algum interesse constitucional contraposto que, a um só tempo, autorize a doação por pessoas jurídicas e justifique essa proteção insuficiente aos princípios democrático e republicano. Ou, como sustentam os defensores do modelo, o âmbito de proteção da liberdade de expressão abarca um direito fundamental de as pessoas jurídicas realizarem doações em campanhas? Mais uma vez, a resposta é desenganadamente negativa. (...).

Embora não se negue o seu caráter *substantivo*, o princípio da liberdade de expressão, no aspecto político, assume uma dimensão *instrumental* ou *acessória*. E isso porque a sua finalidade é estimular a ampliação do debate público, de sorte a permitir que os indivíduos tomem contato com diferentes plataformas e projetos políticos. Como decorrência, em um cenário ideal, isso os levaria a optar pelos candidatos mais alinhados com suas inclinações políticas.

Ocorre que a excessiva penetração do poder econômico no processo político compromete esse estado ideal de coisas, na medida em que privilegia alguns poucos candidatos – que possuem ligações com os grandes doadores – em detrimento dos demais. Trata-se de um arranjo que desequilibra, no momento da competição eleitoral, a igualdade política entre os candidatos, repercutindo, consequentemente, na formação dos quadros representativos. O quadro empírico também aqui é decisivo para demonstrar o que se acaba de sustentar. (...).

O que se verifica, assim, é que uma mesma empresa contribui para a campanha dos principais candidatos em disputa e para mais de um partido político, razão pela qual a doação por pessoas jurídicas não pode ser concebida, ao menos em termos gerais, como um corolário da liberdade de expressão. A práxis, antes de refletir as preferências políticas, denota um *agir estratégico* destes grandes doadores, que visam a estreitar suas relações com o Poder Público, de forma republicana ou não republicana. Além disso, e como destacou Daniel Sarmento e Aline Osório, esse *pragmatismo* empresarial objetiva também evitar "represálias políticas", que podem acarretar a perda de concessões e benefícios concedidos pelo Estado. (...) (Sarmento, Daniel, e Osório, Aline, Eleições, *Dinheiro e Democracia: a ADI 4.650 e o Modelo Brasileiro de Financiamento de Campanhas Eleitorais*, 2013, p. 5; v. também Abramo, Cláudio Weber, *Corrupção no Brasil: a Perspectiva do Setor Privado*, 2003. *Transparência Brasil*, 2004). (...).

Outro ponto a ser analisado se refere aos mecanismos de controle dos financiamentos de campanhas. Nesse sentido, a Presidência da República afirma que a discussão em torno das doações por pessoas jurídicas deve girar em torno dos instrumentos de fiscalização e de controle. Também neste pormenor, penso que tal argumento não tem o condão de afastar a inconstitucionalidade do modelo de doação por pessoas jurídicas. Isso porque defender com fortes tintas que a questão da doação por pessoas jurídicas se restringe aos mecanismos de controle e de transparência dos gastos, *data maxima venia*, me parece insuficiente para amainar o cenário de cooptação do poder político pelo econômico e resgatar a confiança da população no processo eleitoral. O argumento de que as empresas continuariam a investir elevadas quantias nas campanhas eleitorais, desta vez não contabilizadas ("Caixa 2"), não impede que se constate a *disfuncionalidade* do atual modelo e, bem por isso, se promova o seu aperfeiçoamento. Na realidade, tanto a proibição de doações por empresas privadas quanto o aperfeiçoamento das ferramentas de controle podem caminhar juntos. E, a este respeito, proscrever a doação por pessoas jurídicas pode, inclusive, facilitar a tarefa dos órgãos de controle, uma vez que se tornam *autoevidentes* as campanhas mais dispendiosas.

Por fim, mas não menos importante, também vislumbro a inconstitucionalidade dos critérios de doação a campanhas por pessoas jurídicas sob o enfoque da isonomia entre pessoas jurídicas. E isso porque a Lei das Eleições, em seu art. 24, não estende tal faculdade a toda e qualquer espécie de pessoa jurídica. Em verdade, o indigitado preceito estabeleceu um rol de entidades que não podem realizar doações em dinheiro ou estimáveis em dinheiro a candidatos e a partidos políticos, proscrevendo, por exemplo, contribuições por associações de classe e sindicais, bem como de entidades integrantes do denominado Terceiro Setor. E, como resultado dessa vedação, as empresas privadas, cuja esmagadora maioria se destina à atividade lucrativa, são as protagonistas entre as pessoas jurídicas em detrimento das entidades sem fins lucrativos e dos sindicatos.

Com efeito, ao vedar que associações civis sem fins lucrativos e entidades sindicais realizem doações, a legislação eleitoral cria, sem qualquer *fundamento constitucional*, uma desequiparação entre pessoas jurídicas, razão por que a violação à isonomia é manifesta. Com efeito, o princípio geral de igualdade, encartado no art. 5º, *caput*, da Lei Maior, se afigura como limite *material*, e não apenas *formal*, ao legislador. Ele impõe que exista uma *razão constitucional suficiente* que justifique a diferenciação, bem como reclama a necessidade de que esse tratamento diferenciado guarde pertinência com a causa jurídica distintiva. (...)

Na realidade, não existem *princípios contrapostos* que justifiquem a autorização de doações a campanhas por parte de empresas, mas que não franqueiem similar possibilidade às entidades sindicais. A mesma racionalidade pode ser estendida à proibição de doações por entidades não governamentais que recebam recursos públicos, prevista no art. 24, X, da Lei n. 9.504/1997. Ora, se as empresas privadas que contratam com o governo não apenas podem doar como também figuram entre os maiores doadores, é inelutável que entidades não governamentais também devem poder realizar doações a campanhas políticas. Daí por que, se a *mens legislatoris* do art. 24, X, da Lei n. 9.504/1997 quis impedir a formação de pactos antirrepublicanos entre associações que recebem recursos governamentais com o Poder Público, a permissão de doações por empresas privadas colide frontalmente com a sua finalidade subjacente. Trata-se, destarte, de critérios injustificáveis, que, além de não promoverem quaisquer valores constitucionais, deturpam a própria noção de cidadania e de igualdade entre as pessoas jurídicas.

Ex positis, voto pela procedência do pedido contido no item "e.1" da peça vestibular, para declarar a inconstitucionalidade parcial sem redução de texto do art. 24 da Lei n. 9.504/1997, na parte em que autoriza, *a contrario sensu*, a doação por pessoas jurídicas a campanhas eleitorais. Ademais, voto pela inconstitucionalidade do art. 24, parágrafo único, e do art. 81, *caput* e § 1º, da Lei n. 9.507/1994.

Outrossim, voto pela procedência do pedido veiculado no item "e.2" da exordial, assentando a inconstitucionalidade parcial sem redução de texto do art. 31 da Lei n. 9.096/1995, na parte em que autoriza, *a contrario sensu*, a realização de doações por pessoas jurídicas a partidos políticos. Voto também pela declaração de inconstitucionalidade das expressões "ou pessoa jurídica", constante no art. 38, inciso III, e "e jurídicas", inserta no art. 39, *caput* e § 5º, todos os preceitos da Lei n. 9.096/1995.

*V.1 Doações por pessoas naturais
e uso de recursos próprios por candidatos*
(...).

Ab initio, manifestei-me pela incompatibilidade material das normas *sub examine* com os cânones jusfundamentais da igualdade política e de gênero, bem como por ultraje aos princípios republicano e democrático. Contudo, após refletir sobre as ponderações lançadas pelos meus eminentes Pares, evoluí em meu posicionamento para acompanhar a maioria do Colegiado que se formou, no sentido de reconhecer a constitucionalidade do arcabouço normativo reitor das doações para pessoas naturais e do uso de recursos próprios pelos candidatos, razão por que reajusto, apenas neste particular, meu voto anteriormente proferido.

Pelo exposto, julgo improcedentes os pedidos deduzidos pelo Conselho Federal da OAB acerca dos critérios de doação de pessoas naturais e do uso próprio de recursos pelos candidatos, para declarar a constitucionalidade do art. 23, § 1º, I e II, da Lei n. 9.504/1997 e do art. 39, § 5º, da Lei n. 9.096/1995.
É como voto, reajustando parcialmente minha manifestação anteriormente proferida nesta Corte.

VOTO (Vista) – *O Sr. Min. Teori Zavascki*: (...). (...). (...). A centralidade da questão decorre, por um lado, da importância que tem para a preservação do princípio democrático e da legitimidade da escolha dos representantes políticos e, por outro, da sua extrema complexidade, que se manifesta sobretudo pela enorme dificuldade para se chegar até mesmo a consensos mínimos sobre os problemas que envolve. É que as relações do poder econômico com a área política despertam um conflito de valores que tracionam em sentidos opostos. Se é certo afirmar – e esse é o aspecto salientado na presente demanda – que o poder econômico pode interferir negativamente no sistema democrático, favorecendo a corrupção eleitoral e outras formas de abuso, também é certo que não se pode imaginar um sistema democrático de qualidade sem partidos políticos fortes e atuantes, especialmente em campanhas eleitorais, o que, evidentemente, pressupõe a disponibilidade de recursos financeiros expressivos. E, sob esse ângulo, os recursos financeiros contribuem positivamente para a existência do que se poderia chamar de democracia sustentável, com partidos políticos em condições de viabilizar o sadio proselitismo político, a difusão de doutrinas e de ideários, de propostas administrativas e assim por diante. Como lembra Zovatto, "embora a democracia não tenha preço, ela tem um custo de funcionamento que é preciso pagar" (cit., p. 289). (...).

Não há dúvida de que, nesse contexto, é de importância fundamental o estabelecimento de um adequado marco normativo. Mas somente ele não é suficiente para coibir as más relações entre política e dinheiro. Há, sobretudo, a questão da conduta. É preciso que as normas sejam efetivamente cumpridas e a punição seja efetivamente aplicada, se for o caso. Talvez aqui, mais do que na precariedade do marco normativo, esteja a fonte principal dos abusos do poder econômico e da corrupção política: no desrespeito das normas e na impunidade dos responsáveis. (...).

Portanto, a primeira realidade que se deve ter presente é que o financiamento de partidos e de campanhas eleitorais é contingência inelinável em nosso sistema democrático, e que, para evitar que ele produza, ou continue produzindo, efeitos negativos indesejáveis e perversos não há fórmulas simples, nem soluções prontas. Trata-se, ao contrário, de questão tormentosa, no plano social e político em primeiro lugar e no plano jurídico como consequência.

3. A segunda constatação – essa no estrito domínio normativo e, portanto, mais sensível ao juízo a ser feito na presente ação – é a de que a Constituição Federal não traz disciplina específica a respeito da matéria. Essa constatação resulta claramente estampada na própria petição inicial, que, para sustentar a inconstitucionalidade dos preceitos normativos atacados, invocou três princípios constitucionais de conteúdo marcadamente aberto e indeterminado: o princípio democrático, o princípio republicano, o princípio da igualdade.

Há na Constituição apenas duas referências à influência do poder econômico em seara eleitoral, ambas em §§ do art. 14, inserido em capítulo que trata dos direitos políticos. Eis o que dispõem os parágrafos:

"Art. 14. (...). (...).

"§ 9º. Lei complementar estabelecerá outros casos de inelegibilidade e os prazos de sua cessação, a fim de proteger a probidade administrativa, a moralidade para exercício de mandato considerada vida pregressa do candidato, *e a normalidade e legitimidade das eleições contra a influência do poder econômico* ou o abuso do exercício de função, cargo ou emprego na Administração direta ou indireta.

"§ 10. O mandato eletivo poderá ser impugnado ante a Justiça Eleitoral no prazo de 15 (quinze) dias contados da diplomação, instruída a ação com provas de *abuso do poder econômico*, corrupção ou fraude."

O que essas normas visam a combater não é, propriamente, o concurso do poder econômico em campanhas eleitorais, até porque, como já afirmado, não se pode promover campanhas sem suporte financeiro. O que a Constituição combate é a influência econômica abusiva, ou seja, a que compromete a "normalidade e legitimidade das eleições" (§ 9º). É o *abuso*, e não o uso, que enseja a perda do mandato eletivo (§ 10).

Não havendo, além das indicadas, outras disposições constitucionais a respeito, passa a ser dever e prerrogativa típica do legislador infraconstitucional a importante e espinhosa empreitada de formatar a disciplina normativa das fontes de financiamento dos partidos e das campanhas, em moldes a coibir abusos e a preservar a normalidade dos pleitos eleitorais. Ao Judiciário, por sua vez, fica reservado, nesse plano normativo, o papel de guardião da Constituição, cabendo-lhe o controle da legitimidade constitucional das soluções apresentadas pelo legislador. (...).

4. No caso, o que está em questão não é saber se o modelo normativo brasileiro é conveniente, ou não, se é adequado, ou não, ou mesmo se é eficiente, ou não, se representa, ou não, a melhor forma de enfrentar as mazelas produzidas pela interferência do dinheiro na seara política. O que está em questão é a *legitimidade constitucional* das normas indicadas na petição inicial, editadas para dar viabilidade e legitimidade ao aporte de recursos privados aos partidos políticos e às campanhas eleitorais. Pois bem, embora reconhecendo a inadiável necessidade de alteração do atual estado das coisas, em que campeiam práticas ilegítimas de arrecadação de recursos, de excessos de gastos e de corrupção política, nem por isso se pode concluir que as contribuições financeiras, só por serem de pessoas jurídicas, encontram óbice direto e frontal na Constituição.

Afirma-se, como argumento central da inconstitucionalidade, que as pessoas jurídicas "não exercem cidadania", pois não têm aptidão para votar. É, com o devido respeito, um argumento do qual não se pode extrair a radical conclusão de que a Constituição proíbe, terminantemente, o aporte de recursos a partidos políticos. A Constituição não faz, nem implicitamente, essa relação necessária entre capacidade de votar e habilitação para contribuir, até porque há também muitas pessoas naturais sem habilitação para votar e nem por isso estão proibidas de contribuir financeiramente para partidos e campanhas. É que o voto é apenas uma das variadas formas de participar da vida em sociedade e de influir para que a escolha de representantes políticos recaia sobre os mais eficientes e mais qualificados. As pessoas jurídicas, embora não votem, embora sejam entidades artificiais do ponto de vista material, ainda assim fazem parte da nossa realidade social, na qual desempenham papel importante e indispensável, inclusive como agentes econômicos, produtores de bens e serviços, geradores de empregos e de oportunidades de realização aos cidadãos. Mesmo quando visam a lucro, são entidades que, a rigor, não têm um fim em si mesmas: ao fim e ao cabo, as entidades de existência formal só existem para, direta ou indiretamente, atender e satisfazer interesses e privilegiar valores das pessoas naturais que por trás delas invariavelmente gravitam e das quais funcionam como instrumentos jurídicos de atuação. Bem por isso há quem sustente, por exemplo, que, "em uma comparação internacional, a vedação do financiamento por entidades de classe e sindicatos, [*que também são pessoas jurídicas e não votam*] herdada da ditadura militar no Brasil, poderia ser considerada anacrônica", porque inibe, em boa medida, que o conflito entre capital e trabalho se projete na representação política e no sistema partidário (...).

Diz-se, por outro lado, que pessoas jurídicas só contribuem por interesse. Não se contesta esse fato. Todavia, é exatamente isso o que ocorre também com as pessoas naturais: suas contribuições não podem ser consideradas desinteressadas. (...).

Portanto, longe de negar a existência, em muitos casos, de interesses condenáveis nas contribuições feitas a candidatos e partidos, o que se afirma é que não se pode ver nesse fato, isoladamente considerado, um fundamento suficiente para a conclusão radical de que toda e qualquer contribuição de pessoas jurídicas é inconstitucional. Como demonstrado, sob o aspecto da motivação que impulsiona as contribuições, as mesmas razões que determinariam uma proibição constitucional às pessoas jurídicas se aplicariam, igualmente, às pessoas naturais, a significar que, por esse ângulo, apenas o financiamento exclusivamente público seria compatível com a Constituição, tese que a própria inicial se encarrega de afastar.

Na verdade, olhada a questão pelo prisma do interesse que move os doadores, o fator decisivo para aferir a legitimidade acaba se transferindo, mais uma vez, do marco normativo para o marco comportamental: tanto as doações de pessoas jurídicas quanto as de pessoas naturais serão incompatíveis com a Constituição *se abusivas*. As más práticas, os excessos, a corrupção política, *não podem ser simplesmente debitadas às contribuições feitas nos limites autorizados* por lei, mas àquelas provindas da ilegalidade. Em outras palavras: é preciso ter cuidado para não atribuir a inconstitucionalidade das normas ao seu sistemático descumprimento. (...).

Foi justamente no rumo dessa segunda alternativa, ou seja, com essa deliberada finalidade de tentar disciplinar, limitar e dar transparência às contribuições de pessoas jurídicas, que o legislador editou os preceitos normativos objeto de ataque na presente ação. Não nos iludamos, portanto, e insisto no ponto: o problema da abusiva interferência do poder econômico na política e nas campanhas eleitorais – que é uma realidade e que precisa ser combatida – não está no marco normativo, mas no seu sistemático descumprimento. Não é a norma, e sim o seu descumprimento, que propicia fenômenos sobejamente conhecidos da nossa história política, dos tipos eufemisticamente chamados, em tempos recentes, de "recursos não contabilizados" (AP n. 470), mas que, em todo o tempo, se conhecem popularmente como contribuições de "Caixa 2" e que, no passado, deu origem às malsinadas "sobras de campanha" (CPI do governo Collor de Mello). A solução, consequentemente, não é eliminar a norma, mas estabelecer e aplicar mecanismos de controle e de sanções que imponham a sua efetiva observância. (...). (...).

7. Relativamente às doações feitas por pessoas naturais – que a petição inicial reconhece, em princípio, como legítimas –, a demanda questiona a constitucionalidade da norma que fixa o critério para apuração dos limites máximos permitidos, por ofensa ao princípio da igualdade. Com idêntico fundamento, imputa-se a inconstitucionalidade da ausência de limite para o aporte de recursos próprios dos candidatos, o que favoreceria os candidatos mais ricos. (...). (...). (...) a grande dificuldade que se tem, em situações assim, é a que decorre dos dados da realidade: é no plano fático e material que as pessoas são desiguais em sua capacidade de fazer doações financeiras, e essa desigualdade é insuscetível de eliminação mediante simples atuação no plano formal, por provimentos jurisdicionais ou normativos. (...). Portanto, a não ser que se proíba toda e qualquer doação por parte de pessoas naturais (hipótese em que a igualação entre ricos e pobres se daria pela submissão de todos a uma proibição universal e absoluta), qualquer que seja o critério ou o nível de permissão de doações, não eliminará, jamais, essa desigualdade no plano material. Sempre haverá pessoas – e talvez elas formem a grande maioria da nossa sociedade – que estarão em situação de desvantagem, porque desprovidas de recursos para fazer qualquer doação a partidos ou campanhas eleitorais, seja qual seja o valor permitido. (...). (...).

10. Ante o exposto, julgo improcedente o pedido. É o voto.[36] (...).

---

36. O voto foi reajustado em sessão posterior, em conformidade com a ata de julgamento publicada no acompanhamento processual e transcrita neste resumo.

EXTRATO DE ATA

Decisão: O Min. Luiz Fux (Relator) julgou procedente a ação direta para: declarar a inconstitucionalidade parcial sem redução de texto do art. 24 da Lei n. 9.504/1997 na parte em que autoriza, *a contrario sensu*, a doação por pessoas jurídicas a campanhas eleitorais com eficácia *ex tunc* salvaguardadas as situações concretas consolidadas até o presente momento, e declarar a inconstitucionalidade do art. 24, parágrafo único, e do art. 81, *caput* e § 1º, da Lei n. 9.504/1997, também com eficácia *ex tunc* salvaguardadas as situações concretas consolidadas até o presente momento; declarar a inconstitucionalidade parcial sem redução de texto do art. 31 da Lei n. 9.096/1995, na parte em que autoriza, *a contrario sensu*, a realização de doações por pessoas jurídicas a partidos políticos, e declarar a inconstitucionalidade das expressões "ou pessoa jurídica", constante no art. 38, inciso III, e "e jurídicas", inserta no art. 39, *caput* e § 5º, todos os preceitos da Lei n. 9.096/1995, com eficácia *ex tunc* salvaguardadas as situações concretas consolidadas até o presente momento; declarar a inconstitucionalidade, sem pronúncia de nulidade, do art. 23, § 1º, I e II, da Lei n. 9.504/1997 e do art. 39, § 5º, da Lei n. 9.096/1995, com exceção da expressão "e jurídicas", devidamente examinada no tópico relativo à doação por pessoas jurídicas, com a manutenção da eficácia dos aludidos preceitos pelo prazo de 24 meses; e para recomendar ao Congresso Nacional a edição de um novo marco normativo de financiamento de campanhas, dentro do prazo razoável de 24 meses, tomando os seguintes parâmetros: (a) o limite a ser fixado para doações a campanha eleitoral ou a partidos políticos por pessoa natural deve ser uniforme e em patamares que não comprometam a igualdade de oportunidades entre os candidatos nas eleições; (b) idêntica orientação deve nortear a atividade legiferante na regulamentação para o uso de recursos próprios pelos candidatos; e (c) em caso de não elaboração da norma pelo Congresso Nacional, no prazo de 18 meses, outorgar ao TSE a competência para regular, em bases excepcionais, a matéria. O Min. Joaquim Barbosa (Presidente) acompanhou o voto do Relator, exceto quanto à modulação de efeitos. Em seguida, o julgamento foi suspenso para continuação na próxima sessão com a tomada do voto do Min. Dias Toffoli, que solicitou antecipação após o pedido de vista do Min. Teori Zavascki. Falaram, pelo requerente Conselho Federal da OAB, o Dr. Marcus Vinicius Furtado Coelho; pela Advocacia-Geral da União, o Min. Luís Inácio Lucena Adams, Advogado-Geral da União; pelo *amicus curiae* Secretaria Executiva do Comitê Nacional do Movimento de Combate à Corrupção Eleitoral/SE-MCCE, o Dr. Raimundo Cézar Britto Aragão; pelo *amicus curiae* Partido Socialista dos Trabalhadores Unificado/PSTU, o Dr. Bruno Colares Soares Figueiredo Alves; pelos *amici curiae* Instituto de Pesquisa, Direitos e Movimentos Sociais/IPDMS e Clínica de Direitos Fundamentais da Faculdade de Direito da Universidade do Estado do Rio de Janeiro/Clínica UERJ, a Dra. Aline Osório; pelo *amicus curiae* Conferência Nacional dos Bispos do Brasil/CNBB, o Dr. Marcelo Lavenère Machado; e, pelo Ministério Público Federal, o Dr. Rodrigo Janot Monteiro de Barros, Procurador-Geral da República. Plenário, 11.12.2013.

Decisão: Prosseguindo no julgamento, após o voto do Min. Dias Toffoli, que acompanhava o Relator, deixando para se pronunciar sobre a modulação de efeitos em momento oportuno, e o voto do Min. Roberto Barroso, acompanhando integralmente o Relator, o julgamento foi suspenso ante o pedido de vista formulado pelo Min. Teori Zavascki em assentada anterior. Ausentes, justificadamente, os Mins. Joaquim Barbosa (Presidente) e Ricardo Lewandowski (Vice-Presidente). Presidiu o julgamento o Min. Celso de Mello (art. 37, I, do RISTF). Plenário, 12.12.2013.

Decisão: Após o voto-vista do Min. Teori Zavascki, julgando improcedente a ação direta; o voto do Min. Marco Aurélio, julgando-a parcialmente procedente para declarar, com eficácia *ex tunc*, a inconstitucionalidade parcial, sem redução de texto, do art. 24, cabeça, da Lei n. 9.504/1997, na parte em que autoriza a doação, por pessoas jurídicas, a campanhas eleitorais, bem como a inconstitucionalidade do parágrafo único do mencionado dispositivo e do art. 81, cabeça e § 1º, da mesma lei, assentando, ainda, com eficácia *ex tunc*, a inconstitucionalidade parcial, sem redução de texto, do art. 31 da Lei n. 9.096/1995 no ponto em que admite doações, por pessoas jurídicas, a partidos políticos, e a inconstitucionalidade das expressões "ou pessoa jurídica", presente no art. 38, inciso III, e "e jurídicas", constante do art. 39, cabeça e § 5º, todos do citado diploma legal; e após o voto do Min. Ricardo Lewandowski, julgando procedente a ação, acompanhando o voto do Relator, mas reservando-se a pronunciar-se quanto à modulação dos efeitos da decisão ao final do julgamento, pediu vista dos autos o Min. Gilmar Mendes. O Min. Luiz Fux (Relator) esclareceu que se manifestará em definitivo sobre a proposta de modulação ao final do julgamento. Ausente, justificadamente, o Min. Celso de Mello. Presidência do Min. Joaquim Barbosa. Plenário, 2.4.2014.

Decisão: Após o voto-vista do Min. Gilmar Mendes, julgando improcedente o pedido formulado na ação direta, o julgamento foi suspenso. Ausentes o Min. Dias Toffoli, participando, na qualidade de Presidente do TSE, do Encontro do Conselho Ministerial dos Estados-Membros e Sessão Comemorativa do 20º Aniversário do Instituto Internacional para a Democracia e a Assistência Eleitoral (IDEA Internacional), na Suécia, e o Min. Roberto Barroso, participando do *Global Constitutionalism Seminar* na Universidade de Yale, nos Estados Unidos. Presidência do Min. Ricardo Lewandowski. Plenário, 16.9.2015.

Decisão: O Tribunal, por maioria e nos termos do voto do Ministro-Relator, julgou procedente em parte o pedido formulado na ação direta para declarar a inconstitucionalidade dos dispositivos legais que autorizavam as contribuições de pessoas jurídicas às campanhas eleitorais, vencidos, em menor extensão, os Mins. Teori Zavascki, Celso de Mello e Gilmar Mendes, que davam interpretação conforme, nos termos do voto ora reajustado do Min. Teori Zavascki. O Tribunal rejeitou a modulação dos efeitos da declaração de inconstitucionalidade por não ter alcançado o número de votos exigido pelo art. 27 da Lei n. 9.868/1999, e, consequentemente, a decisão aplica-se às eleições de 2016 e seguintes, a partir da sessão de julgamento, independentemente da publicação do acórdão. Com relação às pessoas físicas, as contribuições ficam reguladas pela lei em vigor. Ausentes, justificadamente, o Min. Dias Toffoli, participando, na qualidade de Presidente do TSE, do Encontro do Conselho Ministerial dos Estados-Membros e Sessão Comemorativa do 20º Aniversário do Instituto Internacional para a Democracia e a Assistência Eleitoral (IDEA Internacional), na Suécia, e o Min. Roberto Barroso, participando do *Global Constitutionalism Seminar* na Universidade de Yale, nos Estados Unidos. Presidiu o julgamento o Min. Ricardo Lewandowski. Plenário, 17.9.2015.

Presidência do Sr. Min. Ricardo Lewandowski. Presentes à sessão os Srs. Mins. Celso de Mello, Marco Aurélio, Gilmar Mendes, Carmen Lúcia, Luiz Fux, Rosa Weber, Teori Zavascki e Edson Fachin.

* * *

PERGUNTAS

1. Quais os fatos do caso?

2. Quais as questões jurídicas envolvidas? Quais os direitos violados e os dispositivos constitucionais invocados?

3. Os Mins. Luiz Fux e Teori Zavascki fazem o mesmo diagnóstico sobre o contexto fático que ensejou a ação direta de inconstitucionalidade? E sobre o marco constitucional aplicável à matéria?

4. Os Ministros lidam da mesma forma com o problema do sistemático descumprimento das normas que regulam as doações partidárias e a probidade da Administração? De que forma esse problema afeta o resultado dos seus votos?

5. De acordo com os votos, pessoas jurídicas fazem parte da sociedade civil? Elas são titulares de direitos de cidadania? O fato de não serem pessoas naturais as impede de contribuir para as campanhas políticas financeiramente? E de outra forma – por exemplo, por meio de declarações de seus dirigentes ou apoio expresso a candidatos?

6. Qual o limite de influência do poder econômico nas eleições? O marco normativo proíbe apenas o abuso do poder econômico ou qualquer exercício de poder econômico que altere os resultados da eleição e a igualdade entre os candidatos? Como isso se refletiu nos votos dos Ministros?

7. De acordo com o que foi exposto, seria constitucional uma lei que previsse que pessoas jurídicas sem fins lucrativos pudessem contribuir para as eleições? E uma lei que restringisse essas doações a uma única candidatura? E uma lei que permitisse as doações mas proibisse as empresas de celebrar contratos com o Poder Público?

8. Os Ministros enxergam o papel do STF em matéria de reforma política da mesma forma? A dificuldade prática de alterar as regras políticas no Legislativo autoriza o Tribunal a conduzir a reforma? Se sim, há condições?

00195

GRÁFICA PAYM
Tel. [11] 4392-3344
paym@graficapaym.com.br